开发区升级1周年

威海临港经济技术开发区起步于2005年初，2006年3月成立省级开发区，2008年4月成立威海工业新区，2013年11月20日经国务院批准升级为国家级经济技术开发区。全区总面积297平方公里，辖3个镇、1个办事处，169个村、5个社区，人口13万人。2014年，全区完成生产总值比上年增长11.1%，工业增加值增长12.3%，工业用电量增长8.7%，固定资产投资增长17.4%，实现外贸进出口增长21.8%，公共财政预算收入增长26%。

威海年鉴

WEIHAI YEARBOOK

2015

威海市人民政府主办
威海市地方史志办公室编

方志出版社
Publishing House of Local Records

图书在版编目（CIP）数据

威海年鉴. 2015／威海市地方史志办公室编. --北京：方志出版社，2015.10

ISBN 978-7-5144-1702-9

Ⅰ.①威… Ⅱ.①威… Ⅲ.①威海市-2015-年鉴 Ⅳ.①Z525.23

中国版本图书馆CIP数据核字（2015）第225494号

威海年鉴（2015）

编　　者：威海市地方史志办公室
责任编辑：梅中英
出 版 人：冀祥德
出 版 者：方志出版社
地址　北京市朝阳区潘家园东里9号（国家方志馆4层）
邮编　100021
网址　http://www.fzph.org
发　　行：方志出版社发行中心
电话（010）67110500
经　　销：各地新华书店
印　　刷：威海红太阳彩印有限公司
开　　本：889×1194　1/16
印　　张：28.25
字　　数：1186千字
版　　次：2015年10月第1版　2015年10月第1次印刷
印　　数：0001~5000册
ISBN 978-7-5144-1702-9　**定价**：158.00元

威海市地方史志编纂委员会
（兼威海年鉴编纂委员会）

名誉主任：孙述涛

主　　任：张　惠

第一副主任：张　波

副 主 任：吴永刚　刘增威　张宗波　王云鹏　刘建忠
于东海　许祖强　徐东明　李文基　刘勤显
耿祥星

委　　员：赵熙强　王　强　于胜涛　王厚全　于荣范
周永迪　连承鹏　邓　勇　林　强　王子明
李耀华　李家强　孙盛川　耿　涛　张修成
胡禄太　于文胜　冷文波

《威海年鉴（2015）》编审人员

主　　审：张　波

副 主 审：吴永刚　张宗波

主　　编：耿祥星

执行主编：冷文波

副 主 编：赵　刚　张军勇　李美志　宋明岩

执行副主编：李洪格

编　　辑：（按姓氏笔画排列）
于鹏飞　王　瑛　任天庆　闫拥军　李传强
李洪格　沙　鋆　侯志杰　陶晓红

数据审核：邹　伟

英文翻译：于鹏飞　侯志杰

编　　务：郑　凯

威海市地图

威海市地图审图号：鲁 SG(2013)247 号

市委
市政府
孙家疃街道
鲸园街道
环翠楼街道
竹岛街道
环翠区
刘公岛
刘公岛景区(5A)
威海至青岛200海里
黄
海
鸡鸣岛
海驴岛
经济技术开发区
管委会
皇冠
街道
西苑街道
嵩山
街道
凤林街道
威海站
温泉镇
嵩山镇
嵩山水库
泊于镇
港西镇
成山镇
好运角
西霞口
景区(4A)
荣成湾
天鹅湖景区(3A)
埠柳镇
临港经济技术
开发区管委会
毛泽东像章珍藏馆(3A)
桥头镇
草庙子镇
苘山镇
圣水观
景区(3A)
纸坊水库
伟德山
553
花斑彩石风景区(2A)
俚岛镇
汤泊温泉
度假村(4A)
天福山起义纪念馆
所前泊水库
崖西镇
文登东站
文登营镇
荫子镇
后龙河水库
夏庄镇
天福街道
龙山街道
威海机场
大水泊镇
城西街道
荣成市
寻山
街道
崖头街道
荣成站
G309
坤龙水库
张家产镇
大疃镇
崂山
街道
桑沟湾
威海至青岛200海里
天沐温泉
度假区(4A)
高村镇
湾头水库
滕家镇
荣乌高速
G18
侯家镇
长会口
上庄镇
王连
街道
东山街道
宁津街道
泽库镇
虎山镇
斥山
街道
桃园街道
万米
海水浴场
靖海湾
赤山景区(4A)
石岛湾
镆铘岛
人和镇
港湾街道
至韩国仁川210海里
张家埠新港
(建设中)
槎山风景区(3A)
王家岛
青岛至张家埠120海里
青岛至石岛128海里
苏山岛
图例
设区市驻地
区、市驻地
镇、街道办事处驻地
设区市界
区、市界
威海站
铁路及车站
城际铁路
建设中
高速公路
G309
国道及编号
省道

威海市城区图审图号：鲁 SG(2013)248 号

威海中心城区
市委
市政府
环翠区委
区政府
环翠楼公园
人民广场
刘公岛
威海湾
黄海
杨家湾
经济技术开发区

图片专辑

刘公岛客运中心　*李传强 摄*

政务活动

2014 年 8 月 23 日，中共威海市委书记、市人大常委会主任孙述涛（左三）到第五届山东文博会威海分会场考察　　夏志忠　摄

2014 年 7 月 7 日，中共威海市委副书记、市长张惠（右）在东山宾馆会见比利时根特市市长丹尼尔·特蒙（左）　　高伟希　摄

2014 年 5 月 28 日，威海市政协主席刘玉党（中）带领部分政协委员到中国移动通信集团山东有限公司威海分公司视察

高伟希　摄

2014 年 1 月 28 日，威海市人大常委会常务副主任董进友（右）带队到环翠区环卫局慰问环卫工人

李晓娟　摄

2014 年 11 月 18 日，中共威海市委副书记赵熙殿（右二）带队到文登区视察社会组织孵化园

林伟强　摄

威海市第十六届人民代表大会第三次会议

2014 年 1 月 9 日，威海市第十六届人民代表大会第三次会议在威海国际会议中心开幕　　高伟希　摄

中国人民政治协商会议第十二届威海市委员会第三次会议

2014 年 1 月 8 日，中国人民政治协商会议第十二届威海市委员会第三次会议在威海国际会议中心开幕　　夏志忠　摄

党的群众路线教育实践活动

根据中央、省委统一部署，威海市党的群众路线教育实践活动从2014年2月启动，市级领导班子和各区(市)领导班子，103个市直部门单位、327个县直部门单位、75个镇（街道）、2865个村（城市社区）、2468个“两新”组织和425个其他基层组织，党员22.38万人（其中流动党员1.07万人）参加活动。

2014年2月24日，威海市党的群众路线教育实践活动动员大会召开

2014 年 3 月 10 日，市级领导班子开展群众路线集中学习讨论

2014 年 8 月 22 日，中共威海市委书记、市人大常委会主任、市委党的群众路线教育实践活动领导小组组长孙述涛（右三）到教育实践活动联系点荣成市成山镇，全程指导镇领导班子专题民主生活会，并到小石家泊村参加党支部专题组织生活会

威海日报社提供

文明城市创建活动

2015年2月28日，威海市获得第四届“全国文明城市”称号，综合测评成绩在全国60余个新参评地级市中名列第一。

2015年2月28日，在全国精神文明建设暨学雷锋志愿服务大会上，中共威海市委书记、市人大常委会主任孙述涛领取“全国文明城市”奖牌

2014 年 10 月 20 日，威海市创建全国文明城市推进会议召开

2015 年 3 月 1 日，市领导与市民代表迎接“全国文明城市”奖牌荣归威海

市文明办提供

道德模范

2014 年 11 月 27 日，以“爱国 敬业 诚信 友善”为主题的全国道德模范与身边好人（山东 威海）现场交流活动在威海举行

陈华丽（左），威海临港经济技术开发区陈家山村村民。父母瘫痪后，她毅然辞去工作，20 多年如一日照顾父母，50 岁依然没有出嫁，被誉为“最美孝女”。2012 年，被评为第七届“山东省十大孝星”。2014 年，被中央文明办选入“中国好人榜”。

张茹文（左），荣成市港湾街道大鱼岛村居民。为了一句承诺，7 年来，她一直为失去联系的船员保管着 6000 元工资并苦苦寻找这笔钱的主人。几经周折，这笔钱终于物归原主。张茹文也被誉为“诚信好大姐”。2014 年，被中央文明办选入“中国好人榜”。

谷昭敏，威海高技术产业开发区田和街道古寨社区退休老教师。作为耄耋老人，为了社区居民有一个更好的生活环境，甘当“社区保姆”，清扫路面垃圾，修理楼道门窗，清除水沟污泥……这些微不足道的小事，他一干就是 20 多年。2014 年，被中央文明办选入“中国好人榜”。

刘长青（右），威海临港经济技术开发区普通市民。虽然日子过得紧紧巴巴的，可捡到 10 万元后，他却主动寻找归还失主，被誉为“最具‘君子之风’的威海人”。2014 年，被中央文明办选入“中国好人榜”。

市文明办提供

蓝色经济区建设

2014 年 6 月 12 日，威海市落实省蓝区规划实施情况汇报会在东山宾馆召开

2014 年 10 月 25 日，位于荣成市总建筑面积 2.62 万平方米的海洋食品博览中心对外开放。这是全国首家集旅游资源展示、海洋食品产业推介、海洋科普体验、市民休闲购物等功能于一体的海洋食品主题博览中心。

2014年底，位于威海职业学院南区总建筑面积8233.9平方米的国家海产品质量监督检验中心（威海）一期工程主体建筑与装修基本完工，完成检测设备采购。这是继浙江、广东之后全国第三个，也是北方首个国家海产品质检中心。

海洋食品博览中心海产品展区

市蓝色经济区管理办公室提供

威海中韩自贸区地方经济合作示范区建设

2012 年 5 月，中韩自贸区谈判正式启动，历经 14 轮谈判，2014 年 11 月，双方完成实质性谈判。2015 年 2 月，威海与仁川自由经济区被中韩两国选定为地方经济合作示范区，威海市成为中国首个写入自贸协定的城市。6 月 1 日，《中华人民共和国政府和大韩民国政府自由贸易协定》正式签署，中国威海和韩国仁川自由经济区正式被两国选定为中韩自贸区地方经济合作示范区。

2013 年 6 月 19 日，中韩自贸区推动地方经济合作研讨会在威海市举行

2013 年 11 月，中韩自贸区第八轮谈判期间，中共威海市委书记、市人大常委会主任孙述涛作为中韩双方唯一的城市代表，在仁川出席中韩 FTA 论坛，发表“中韩（威海）经济合作示范区——中韩自贸区建设先行先试区”主题演讲

2015 年 7 月 22 日，中共威海市委副书记、市长张惠（左）代表威海市政府与仁川广域市厅签署《中华人民共和国威海市人民政府和大韩民国仁川广域市厅加强地方经济合作议定书》

市商务局提供

威海中韩自贸区地方经济合作示范区建设

威海市规划建设了5个韩国食品日用品交易集散中心，启动了与仁川市的磋商机制，在韩国仁川设立了中国在韩国的第一个城市展示馆——威海馆，开通了中韩海运邮路、中韩跨境电商一般出口业务、中韩跨境电商“直购进口”业务，举办了中韩FTA投资贸易论坛、中韩电商大会等一系列活动，全面推动示范区建设。

中韩陆海联运通道

韩乐坊全景　*王晓光 摄*

2015 年 5 月 6 日，中韩 FTA 投资贸易论坛在威海市举办

姜琳 摄

2014 年 6 月 20 日，韩国商品交易中心开业仪式在威海经济技术开发区乐天 · 双子星广场举行

2015 年 6 月 26 日—29 日，第六届威海国际食品博览会暨中韩（威海）品尚生活博览会、中韩商品博览会在威海国际展览中心举办。展会设置韩国展区，展出正宗韩国商品

田巍巍 摄

市商务局提供

威海临港经济技术开发区（国家级）成立

2014 年 1 月 6 日，威海临港经济技术开发区（国家级）成立大会在临港经济技术开发区文化艺术中心举行

夏志忠 摄

文登撤市设区

2014年1月25日，国务院批复同意威海市部分行政区划调整方案。2月27日，省政府下发《关于调整威海市部分行政区划的通知》，撤销文登市，设立威海市文登区。

海军在刘公岛附近海域举行甲午战争120周年海上祭奠仪式

2014年8月27日，海军在威海刘公岛附近海域隆重举行甲午战争120周年海上祭奠仪式，缅怀甲午战争中为国捐躯的北洋海军将士。

张凯　查春明　胡善敏　蒲海洋　摄

“甲午战争与东亚历史进程——纪念甲午战争 120 周年”国际学术研讨会

2014 年 9 月 17 日—18 日，“甲午战争与东亚历史进程——纪念甲午战争 120 周年”国际学术研讨会在威海召开

王晓光 摄

第五届威海国际食品博览会

2014 年 6 月 20 日，第五届威海国际食品博览会暨中韩（威海）品尚生活博览会在威海国际展览中心和威海经济技术开发区韩乐坊启帷。国内外 488 家企业参展，展出面积 5 万平方米，搭建国际展位 987 个，并设置 1 个韩国商品交易中心。主会场国际食品博览会举办 4 天，分会场品尚生活博览会举办 17 天，是历届博览会中规模最大、档次最高的展会。

李传强　摄

第七届中国威海国际渔具博览会

2014 年 10 月 17 日—19 日，第七届中国威海国际渔具博览会在威海国际展览中心举办。博览会设 1443 个国际标准展位，687 家国内外企业参展，展览规模和参展商数量均创历史新高。为期 3 天的渔具博览国际贸易成交额达 9800 万美元，比上届增长 14%；国内贸易成交额 3.75 亿元，比上届增长 12%。

李传强　夏志忠　摄

第五届山东文博会威海分会场·2014 中韩（威海）文化创意产业合作交流会

2014 年 8 月 22 日—25 日，由省委宣传部和威海市人民政府共同主办的第五届山东文博会威海分会场 · 2014 中韩（威海）文化创意产业合作交流会在威海举行。整体活动分为展馆展览、发展论坛、中韩文化交流三大活动板块和威海经济技术开发区韩乐坊、文登市民中心两个展区。展会期间，韩乐坊展区现场交易和意向额 3.42 亿元，文登市民中心展区现场交易和意向额 1.1 亿元。

韩国大学生志愿者

威海日报社提供

文博会民间工艺品展区　　李晓娟　摄

第 17 届韩国仁川亚运会火炬在威海传递

2014 年 8 月 12 日，第 17 届韩国仁川亚运会火炬在威海传递，来自中韩两国的 50 名火炬手参加，这是亚运会历史上主办国首次在境外传递火炬，威海市是唯一的境外传递城市。

中共威海市委副书记、市长张惠（中）参加火炬传递仪式

亚运会火种抵达威海

夏志忠 赵刚 王晓光 张书卿 摄

2014 年全国帆板冠军赛

2014 年 7 月 5 日—9 日，2014 年全国帆板冠军赛在威海市刘公岛海域开赛。比赛由国家体育总局水上运动管理中心、中国帆船帆板运动协会联合主办，来自国内 8 个省 9 支代表队的 84 名专业帆板运动员参加。这是威海市首次承办全国性的正式帆板比赛。

张书卿　摄

2014 横渡刘公岛海湾全国游泳邀请赛

2014 年 8 月 30 日，“双举海参杯”2014 横渡刘公岛海湾全国游泳邀请赛在刘公岛海域举办，全国 20 个城市的 431 名游泳爱好者参加，威海市代表队获得团体冠军。

赵学军　摄

2014 年威海长距离铁人三项世界锦标赛

2014 年 9 月 20 日—21 日，“华发股份杯”2014 年威海长距离铁人三项世界锦标赛在半月湾中国铁人三项运动专用赛场举行，来自 34 个国家和地区的 1408 名中外运动员报名参赛。这是长距离铁人三项世界锦标赛首次在亚洲举办。

夏志忠 摄

省内首条区域性城际高速铁路
——青荣城际铁路（即墨荣成段）正式开通运营

2014 年 12 月 28 日，连接青岛、烟台、威海、荣成等沿海城市的省内首条区域性城际高速铁路——青荣城际铁路（即墨荣成段）正式开通运营。

李传强 夏志忠 摄

数字威海

面积：5797 平方公里
常住人口：280.92 万人
海岸线：985.9 公里
地区生产总值：2790.34 亿元
固定资产投资：2229.37 亿元
外贸进出口总值：165.87 亿美元
接待旅游总人数：3288.65 万人次
旅游总收入：383.86 亿元
社会消费品零售总额：1181.87 亿元
公共财政预算收入：220.79 亿元
城乡居民储蓄存款余额：1483.48 亿元
城市居民人均可支配收入：34254 元
农民人均纯收入：17296 元
城市居民恩格尔系数：31.1%
农村居民恩格尔系数：33.1%
城市供水总量:1.49 亿立方米
实际用电量：102.38 亿千瓦小时
固定电话用户数：60.98 万户
移动电话用户数：317.03 万户
宽带网用户：71.65 万户
城镇化率：61.31%
建成区绿化覆盖率：48.4%

编辑说明

一、《威海年鉴》是威海市人民政府主办的综合性资料年刊，1998年创刊。自创刊以来，《威海年鉴》全面、系统、准确地记载了威海市自然、政治、经济、文化、社会等方面发展变化的基本情况，旨在为各级领导科学决策提供市情依据，为各行各业提供信息服务，为国内外各界人士了解威海、研究威海提供窗口和媒介，同时为续修地方志储备资料。

二、《威海年鉴（2015）》是创刊以来的第18册，承载2014年度全市各项事业发展的基本情况，重点反映社会主义现代化建设进程中的新成就、新经验、新举措和遇到的新问题。为增强信息的时效性，保证资料的连续性和完整性，部分资料适当上溯下延。封底设二维码，可链接威海市情网。

三、本着与时俱进和科学性的原则，对《威海年鉴（2015）》框架作了适当调整。全书设31个类目：特载、专记、大事记、威海概况、政党·政务、人民团体、政法、军事、经济监督与管理、农业、海洋与渔业、工业、交通·邮电、城乡建设与环境保护、商贸服务业、对外及港澳台经济贸易、口岸、旅游·会展、财政·税务、金融、科学技术、教育、文化、卫生、体育、社会生活、区市概况、开发区建设、人物、外地传媒中的威海、统计资料。

四、《威海年鉴（2015）》主要分类目、分目、条目三个层次，部分分目下设子目。条目为主要信息载体和基本撰写形式，条目标题用黑体，外加【】。各类目、分目间交叉重复的资料，或区别视角、各有侧重分别记述，或设置参见，引导查找。

五、《威海年鉴（2015）》检索方法有目录和索引，分设在卷首和卷尾。目录有中、英文两种，中文目录编排到条目，英文目录编排到分目；索引主要采取主题分析法制作，并按主题词首字汉语拼音字母顺序排列。

六、年鉴资料由市直各部门（单位）、各区（市）、中央和省驻威单位负责提供，且均经撰稿单位负责人审签。反映全市国民经济和社会发展总体情况的数据，以威海市统计局公布的为准，已经市统计局审核；各项事业中具体数字由各部门（单位）提供，使用时请注意出处。2014年2月27日，文登市撤市设区，书中有关市区资料如无特别说明，均不含文登区。

七、年鉴在编纂过程中，得到各级各部门及有关专家的大力支持，在此谨表诚挚的谢意。因水平所限，错误与纰漏在所难免，恳请广大读者批评指正。

2015年7月

供稿单位审稿人名单

（按供稿单位顺序排列）

吴永刚	张宗波	倪国良	王　涛	蔡　琳	鞠宏宇
于所航	许祖强	姜文秋	张　璟	赵熙强	曲　赓
张修成	苑圣慧	张思玉	于开禄	刘昌清	丛培祥
李文高	于连波	王云鹏	谷衍宁	任怀平	黄晓光
毕礼伟	陈伟胜	李光华	于富波	贾国哲	岳连宏
赵　冰	张春晓	王麦壮	张　德	刘昌毅	安　立
李元敬	刘竹林	马英川	段大伟	高振平	王书国
张成禹	魏清培	刘召海	毕可德	张建强	单杰锋
王子明	刘健民	张兴民	高建斋	彭　霞	李耀华
邓　勇	王文强	刘树伟	戴海波	孙少伟	李延茂
王　清	张文强	王焕孟	王　强	牟春华	张　健
连承鹏	王东平	刘　鹏	孙　阳	于　洋	于　莉
刘玉华	孙茂琰	牛海滨	周永迪	徐东晖	李　刚
宋修德	李猷民	徐承峰	刘德柏	李洪伟	宋修骞
隋秀敏	邓基刚	吕呈兴	王　滨	戚黎明	高　飞
王　迪	刘俊倩	商振海	陈俊新	彭合同	王曙明
李英春	周明伟	张建岭	李文基	宋修广	张洪起
曲吉光	于明文	张展开	刘志远	姜　宁	耿曙明
王　骏	孙传波	林　波	王　洁	刘韶伟	丁新强
谭先国	孙晓东	邹积会	肖洪冰	李令武	马常清
曲　斌	齐　卫	霍　明	王世军	李世新	杨志伟
齐彩芬	李文胜	于胜涛	顾　炜	钟诗胜	徐向晨
李建刚	李爱玲	蔡中霞	孙承武	常建忠	徐援政
徐洪龙	梁　晰	宋学文	耿祥星	隋福鹏	王月海
张移民	崔　江	刘永忠	栾　波	孙世都	车长驰
高玉泉	唐会启	李支润	褚昭晓	隋良杰	邵光明
王继静	王星淘	于志宏	毕建忠	倪建明	王年刚

目 录

政党·政务

人民团体

法　治

武　装

经济监督与管理

农　业

海洋与渔业

工 业

交通·邮电

城乡建设与环境保护

商贸服务业

对外及港澳台经济贸易

口 岸

旅游·会展

财政·税务

金 融

科学技术

教　育

文　化

卫 生

体　育

社会生活

区市概况

开发区建设

人 物

外地传媒中的威海

统计资料

附 录

索 引

CONTENTS

Special Issue

Special Article

Chronicle of Events

General Situation of Weihai

Political Party • Government Affairs

Mass Organizations

Rule of Law

Armed Forces

Economic Supervision and Management

Agriculture

Ocean and Aquatic Products Industry

Industry

Transportation • Posts • Telecommunications

Urban and Rural Construction& Environmental Protection

Commercial Trade and Service Trade

Trade and Economic technical Cooperation with foreign countries and Hong Kong, Macao , P.R.C. and Taiwan,China

Port

Tourism • Exhibition

Public Finance • Tax

Finance

Science and Technology

Education

Culture

Health

Sports

Social Life

General Situation of the District and County-level Cities

Development Zones Construction

Figures

Weihai in Outside Media

Statistic Materials

Appendices

Index

特　载

中共威海市委关于贯彻落实党的十八届四中全会和省委十届十次全会精神全面推进依法治市的意见

（2014年11月27日中国共产党威海市第十四届委员会第五次全体会议通过）

为深入贯彻党的十八届四中全会和省委十届十次全会精神，根据《中共中央关于全面推进依法治国若干重大问题的决定》和《中共山东省委关于贯彻落实党的十八届四中全会精神全面推进依法治省的意见》，结合威海实际，就全面推进依法治市、加快法治威海建设提出如下意见：

一、准确把握中央、省委全会精神，明确依法治市的目标要求

在全面建成小康社会决定性阶段和全面深化改革关键时期召开的党的十八届四中全会，重点研究全面推进依法治国问题，意义重大，影响深远。全会通过的《中共中央关于全面推进依法治国若干重大问题的决定》，深刻总结了我国社会主义法治建设的成功经验，明确提出了全面推进依法治国的指导思想、总体目标、基本原则，对科学立法、严格执法、公正司法、全民守法、法治队伍建设、加强和改进党的领导作出全面部署，回应了人民呼声和社会关切，体现了广大人民群众的根本利益和共同意志，是加快建设社会主义法治国家的纲领性文件。省委十届十次全会，以党的十八届四中全会精神为指导，提出了全面推进依法治省的具体要求，为加快推进法治山东建设规划了路径、指明了方向。全市各级党组织和广大党员干部要认真学习党的十八届四中全会和省委十届十次全会精神，深刻领会中央、省委全会的精神实质和丰富内涵，切实把思想和行动统一到中央、省委重大战略部署上来，把智慧和力量凝聚到落实依法治国的各项任务上来。

良好的法治环境是威海加快发展、改革创新的重要前提和保证。长期以来，在依法治国基本方略的指引下，全市上下坚持法治建设与经济社会发展相融合，扎实推进依法治市工作，依法行政水平不断提高，司法体制改革稳步推进，普法依法治理深入开展，全社会法治观念持续增强，法治威海建设取得了明显进步。同时必须清醒看到，依法治市工作还有许多需要加强和改进的地方。主要是：少数部门对法治建设认识不足，重视不够；执法司法体制机制有待进一步完善，执法司法不规范、不严格、不透明、不文明，多头执法、重复执法、选择性执法等问题时有发生，群众对执法司法不公和腐败问题反映强烈；法治宣传教育需要进一步加强，部分社会成员尊法信法守法用法、依法维权意识不强，一些国家工作人员特别是领导干部依法办事的观念不强、能力不足；法治工作队伍建设存在薄弱环节，基层法治人才明显不足，职业素养和专业水平有待进一步提高，等等。这些问题严重影响法治威海建设，必须高度重视并下大气力加以解决。

全面推进依法治市、加快法治威海建设总的要求是，认真贯彻落实党的十八大和十八届三中、四中全会精神，高举中国特色社会主义伟大旗帜，以马克思列宁主义、毛泽东思想、邓小平理论、“三个代表”重要思想、科学发展观为指导，深入贯彻习近平总书记系列重要讲话精神，坚持党的领导、人民当家作主、依法治国有机统一，紧紧围绕建设中国特色社会主义法治体系、建设社会主义法治国家总目标，全面推进科学立法、严格执法、公正司法、全民守法，提高依法治市水平，为全面深化改革提供坚强的法治保障，为现代化幸福威海建设营造良好的法治环境。

全面推进依法治市、加快法治威海建设，必须坚持党的领导、坚持人民主体地位、坚持法律面前人人平等、坚持法治与德治相结合、坚持从实际出发。全市各级党组织和全体党员干部要准确把握中央、省委部署要求，切实增强加快法治威海建设的使命感和责任感，发扬敢于担当、勇于负责的精神，以踏石留印、抓铁有痕的劲头，一项任务一项任务地抓好落实，确保依法治国、依法治省和依法治市决策部署落地生根。

二、全面正确实施宪法法律，积极开展地方立法工作

坚持以宪法为根本活动准则，维护宪法法律尊严，保证宪法法律正确实施。以中央赋予设区的市地方立法权为契机，健全立法制度和程序，提高地方立法工作的前瞻性、及时性、系统性、针对性和有效性。

（一）维护宪法法律权威。全市任何组织和个人都必须在宪法规定的范围内活动，依照宪法法律行使职权、履行义务，一切违反宪法法律的行为都必须予以追究和纠正。各级党委要带头遵守宪法和法律，支持人大及其常委会依法行使职权。健全完善人大监督“一府两院”的制度体系，探索司法改革新形势下的监督工作机制。健全完善规范性文件备案审查制度，把所有规范性文件纳入备案审查范围，依法撤销和纠正违宪违法的规范性文件。落实宪法宣誓制度，凡经人大及其常委会选举或者决定任命的国家工作人员正式就职时公开向宪法宣誓。在国家宪法日普遍开展宪法教育，弘扬宪法精神。

（二）建立地方立法工作体制机制。及时准确把握赋予地方立法权的内容和范围，积极谋划地方立法权承接的相关工作。加强党对立法工作的领导，探索建立市委对立法工作中重大问题决策的程序。坚持立法报告制度，对立法规划、计划以及法规制定和修改中的重大问题，及时向市委报告。发挥人大及其常委会在地方立法工作中的主导作用，加强对立法工作的组织协调。按照上级要求，加强人大立法专门机构建设。建立由人大相关专门委员会、人大常委会法制工作机构组织起草、联合起草、委托起草等制度，落实先行审议、统一审议、集中审议的立法机制。增加有法治实践经验的人大专职常委比例，建立立法专家顾问制度。强化立法相关人员的业务培训，加强对立法工作制度、流程的学习研究。

（三）开展重点领域立法调查研究。围绕提高立法质量这个关键，根据地方立法权限和范围，坚持问题导向，抓住稳增长、调结构、促改革、惠民生等重点领域，深入开展立法调研，推进精细化立法。发挥人大代表作用，鼓励支持人大代表开展调研、提出议案。建立调研课题征集制度，充分听取政协委员、民主党派、工商联、无党派人士、人民团体、社会组织的意见。探索建立重点课题向专家学者、专业机构、社会团体等咨询论证的机制。拓展公民有序参与途径，健全公众意见表达、采纳和反馈机制。

三、着力推进法治政府建设，不断提高依法行政水平

坚持以打造职能科学、权责法定、执法严明、公开公正、廉洁高效、守法诚信的法治政府为目标，依法履行职能，规范权力运行，推动各级政府在党的领导下、在法治的轨道上开展工作。

（一）依法全面履行政府职能。加快转变政府职能，推进机构、职能、权限、程序、责任法定化。制定政府权力清单、责任清单，做到法定职责必须为、法无授权不可为。深化行政审批制度改革，加强对行政审批事项的动态管理，强化对行政审批实施情况的监督检查。改革市场监管体系，深入推进商事制度改革。明确市、县政府职责重点，推动政府事权的规范化、法律化。完善规范性文件制定程序，重要规范性文件由政府法制机构组织起草或委托第三方起草，防止部门利益法制化。建立健全政府法制机构人员为主体、吸收专家和律师参加的法律顾问队伍，完善法律顾问参与行政事务的工作机制，发挥法律顾问在重大行政决策和推进依法行政工作中的积极作用。整合电子政务资源，加快行政权力“一库四平台”建设。

（二）深入推进科学民主决策。完善政府重大行政决策程序规定，把公众参与、专家论证、风险评估、合法性审查、集体讨论决定作为法定程序，确保决策制度科学、程序正当、过程公开、责任明确。作出重大决策前，必须广泛征求群众意见，经过专家学者、专业机构论证，进行规范化的风险评估；提请政府全体会议、常务会议或部门领导班子会议集体审议决定前，必须通过法制机构合法性审查。建立和完善一般性行政决策程序，对涉及群众利益、社会影响较大的决策事项引入合法性审查和风险评估机制。建立重大决策终身责任追究制度及责任倒查机制，对决策严重失误或者依法应该及时作出决策但久拖不决造成重大损失、恶劣影响的，严格追究行政首长、负有责任的其他领导人员和相关责任人的法律责任。

（三）深化行政执法体制改革。整合、规范市县两级政府行政执法队伍，合理配置执法力量，减少执法层级。推进执法重心下移，加强食品药品、安全生产、环境保护、劳动保障、海域海岛等领域的执法力量。推进综合执法，大幅减少执法队伍种类，重点推进食品药品安全、工商质监、公共卫生、安全生产、文化旅游、资源环境、农林水利、交通运输、城乡建设、海洋渔业等领域内的综合执法。抓好跨部门、跨行业综合执法试点工作，探索在县级政府设立统一的综合行政执法机构。加强对行政执法的统一领导，建立行政执法争议协调机制。完善城管执法体制，加强城市管理综合执法机构建设。健全行政执法和刑事司法衔接机制，完善案件移送标准和程序，建立行政执法机关、公安机关、检察机关、审判机关信息共享、案情通报、案件移送制度。

（四）坚持严格规范公正文明执法。推进行政执法规范化建设，完善行政执法程序，细化执法流程，建立执法全程记录制度，重点规范行政许可、行政处罚、行政强制、行政征收、行政收费、行政检查等执法活动。加大关系群众切身利益的重点领域执法力度，依法惩处各类违法行为。建立重大执法决定事前法制审核和事后备案制度。健全行政裁量权基准制度，强化对制度落实情况的监督检查，避免执法随意性。全面落实行政执法责任制，准确界定不同部门及机构、岗位执法人员的执法责任，强化责任追究机制。加强对执法活动的监督检查，及时发现和纠正行政执法中存在的问题，坚决排除对执法活动的非法干预，惩治执法腐败。

（五）完善行政权力监督制约机

制。加强党内监督、人大监督、民主监督、行政监督、司法监督、审计监督、社会监督、舆论监督等制度建设，形成权力运行制约和监督的合力。在政府内部财政资金分配使用、国有资产监管、政府投资、政府采购、公共资源转让、公共工程建设等权力集中的部门和岗位，实行分事行权、分岗设权、分级授权、定期轮岗。建立公共资金、国有资产、国有资源和领导干部履行经济责任情况审计全覆盖制度，推进审计职业化建设。健全完善行政违法预防工作机制，强化对行政权力运行的过程监督，预防和减少行政违法行为的发生。加强行政复议规范化建设，完善行政复议委员会工作机制，强化层级监督，加大纠错力度。加强行政事业单位合同管理，强化合同签订、履行情况的监督检查，建立合同履行情况年度报告制度。完善纠错问责机制，健全责令公开道歉、停职检查、引咎辞职、责令辞职、罢免等问责方式和程序。

（六）全面推进政务公开。以公开为常态、不公开为例外，拓宽决策公开、执行公开、管理公开、服务公开、结果公开领域。依据行政权力清单，向社会全面公开权力名称、实施主体、法律依据、职责权限、办理时限、运行流程、监督方式等事项，重点推进财政预算、"三公经费"细目、公共资源配置、重大建设项目批准和实施、社会公益事业建设等领域的政府信息公开。严格执行规范性文件统一登记、统一编制登记号、统一公布制度，定期公布规范性文件备案、登记目录，未列入目录的规范性文件不得作为行政管理的依据。推行行政执法公示制度，涉及公民、法人或其他组织权利和义务的规范性文件以及行政执法决定文书要依法及时公布。加强政府网站建设管理，完善新闻发言人制度，统筹办好政务微博、微信，拓宽政务信息公开渠道。

四、保证公正司法，维护社会公平正义

坚持把公正作为法治的生命线，深入落实中央、省规定要求，积极推进司法体制改革，完善司法权力运行机制，充分发挥司法公正对社会公正的重要引领作用，努力让人民群众在每一起司法案件中感受到公平正义。

（一）支持法院、检察院依法独立公正行使职权。严格执行领导干部干预司法活动及插手具体案件处理的记录、通报和责任追究制度。任何党政机关和领导干部都不得让司法机关做违反法定职责、有碍司法公正的事情，任何司法机关都不得执行党政机关和领导干部违法干预司法活动的要求。对干预司法机关办案的，给予党纪政纪处分；造成冤假错案或者其他严重后果的，依法追究刑事责任。落实行政机关依法出庭应诉、支持法院受理行政案件、尊重并执行法院生效裁判的制度。坚决惩戒妨碍司法机关依法行使职权、拒不执行生效裁判和决定、藐视法庭权威等违法犯罪行为。保护司法人员履行法定职责，非因法定事由，非经法定程序，不得将法官、检察官调离、辞退或者作出免职、降级等处分。

（二）稳妥推进司法体制改革。认真落实中央、省优化司法职权配置的各项规定，推动公安机关、检察机关、审判机关、司法行政机关各司其职，侦查权、检察权、审判权、执行权相互配合、相互制约。支持司法机关人财物管理体制改革。实行法院立案登记制度，对人民法院依法应当受理的案件，做到有案必立、有诉必理。完善检察建议工作机制，督促行政机关及时纠正违法行使职权或者不行使职权的行为。探索建立检察机关提起公益诉讼制度。明确纪检监察和刑事司法办案标准和程序衔接，依法严格查办职务犯罪案件。推进以审判为中心的诉讼制度改革，确保侦查、审查起诉的案件事实证据经得起法律的检验。

（三）保障人民群众参与司法。坚持人民司法为人民，依靠人民推进公正司法，在司法调解、司法听证、涉诉信访等司法活动中保障人民群众参与。完善人民陪审员制度，保障公民陪审权利，扩大参审范围，提高人民陪审制度公信度。构建开放、动态、透明、便民的阳光司法机制，推进审判公开、检务公开、警务公开、狱务公开。加强人权司法保障，强化诉讼过程中当事人和其他诉讼参与人的知情权、陈述权、辩护辩论权、申请权、申诉权的制度保障。实行诉访分离，保障当事人依法行使申诉权利。对不服司法机关生效裁判、决定的申诉，逐步实行由律师代理制度，对聘不起律师的申诉人，纳入法律援助范围。健全社区矫正制度，加强专门机构和专职队伍建设，鼓励和支持社会工作服务机构、社会工作者、志愿者参与社区矫正工作。

（四）加强对司法活动的监督。支持检察机关依法行使法律监督权，加强对刑事诉讼、民事诉讼、行政诉讼的法律监督。完善人民监督员制度，重点监督检察机关查办职务犯罪的立案、羁押、扣押冻结财物、起诉等环节的执法活动。规范媒体对案件的报道。依法规范司法人员与当事人、律师、特殊关系人、中介组织的接触、交往行为。对因违法违纪被开除公职的司法人员、吊销执业证书的律师和公证员，终身禁止从事法律职业，构成犯罪的依法追究刑事责任。坚决破除各种潜规则，绝不允许法外开恩，绝不允许办关系案、人情案、金钱案。坚决反对和惩治粗暴执法、野蛮执法行为，对司法领域的腐败零容忍，坚决清除害群之马。

五、增强全民法治观念，推进法治社会建设

大力弘扬社会主义法治精神，建设社会主义法治文化，增强全社会厉行法治的积极性和主动性，提升全社会法治意识，形成守法光荣、违法可耻的社会氛围，让法治信仰植根于人民心中。

（一）深入开展法治宣传教育。把全民普法和守法作为法治建设的长期基础性工作，认真实施普法规划，扎实开展"法律进机关、进乡村、进社区、进学校、进企业、进单位"主题活动，引导群众办事依法、遇事找法、解决问题用法、化解矛盾靠法。把领导干部带头学法、模范守法作为关键，完善国家工作人员学法用法制度，将宪法法律列入党委（党组）中心组学习内容，列为党校、行政学院、社会主义学院必修课。突出抓好青少年的法治宣传教育，实现中小学校法制课计划、教材、课时、师资"四落实"。创新普法机制和手段，落实国家机关"谁执法谁普法"的普法责任制，建立法官、检察官、行政执法人员、律师等以案释法制度，加强法治宣传阵地建设，鼓励和引导各类媒体办好普法节目，推进新媒体新技术在普法中的运用。把法治教育纳入精神文明创建内容，开展群众性法治文化活动。积极培育和践行社会主义核心价值观，加强“四德”工程（爱德、诚德、孝德、仁德工程）建设，增强法治的道德底蕴，强化规则意识，倡导契约精神，弘扬公序良俗。加强社会诚信建设，完善守法诚信褒奖机制和违法失信行为惩戒机制，树立诚信威海良好形象。

（二）完善全方位的依法治理体系。坚持系统治理、依法治理、综合治理、源头治理，深入开展系列法治创建活动，逐步提高创建标准。加强基层民主法治建设，以“四民主、两公开”为重点内容，健全基层选举、议事、公开、述职、问责等机制，实现政府行政管理和基层群众自治组织的有效衔接和良性互动。充分发挥市民公约、乡规民约、行业规章、团体章程等社会规范的积极作用，依法支持和保障各类社会主体自我约束、自我管理。发挥社会组织在参与社会事务、维护公共利益、救助困难群众、帮教特殊人群、预防违法犯罪等方面的积极作用，支持行业协会商会类社会组织发挥行业自律和专业服务功能。强化对在威少数民族群众的服务管理，依法开展宗教领域治理工作，促进民族关系、宗教关系和谐。

（三）加快建立覆盖城乡的公共法律服务体系。统筹城乡、区域法律服务资源，大力发展律师、公证等法律服务业，在企事业单位、社会组织、村（居）等普遍建立法律顾问制度，在社区依托调委会普遍设立法律服务工作室，不断拓展民生领域法律服务。降低法律援助门槛，扩大援助覆盖面，打造法律援助 1 小时服务圈，让困难群众和特定当事人获得及时有效法律保护。健全完善司法鉴定管理体制，优化司法鉴定机构布局，强化执业监管，规范执业行为。大力发展高端、新兴和涉外法律服务业，满足日益增长的法律服务新需求。

（四）依法推进海陆一体平安建设。坚持海陆平安一体谋划、海陆治安一体维护、海陆纠纷一体化解、海陆治理一体推进、海陆民生一体保障。坚持依法维权和化解纠纷，强化法律权威地位，引导和支持人们理性表达诉求、依法维护权益。把信访纳入法治化轨道，推进涉法涉诉信访改革。加强市、县两级医患、道路交通、劳动人事等行业性、专业性调解组织建设，完善人民调解、行政调解、司法调解联动工作体系，健全调解、仲裁、行政裁决、行政复议、诉讼等有机衔接、相互协调的多元化纠纷解决机制。加强社会治安综合治理，完善立体化社会治安防控体系。依法严厉打击多发性侵财犯罪及暴力恐怖、涉黑势力、邪教和黄赌毒等违法犯罪活动。强化危害食品药品安全、影响安全生产、损害生态环境、破坏网络安全等重点问题治理。

六、打造高素质法治工作队伍，为法治威海建设提供强有力的组织和人才保障

以提高思想政治素质、业务工作能力、职业道德水准为重点，优化法治工作队伍结构，健全人才培养选拔机制，着力建设一支忠于党、忠于国家、忠于人民、忠于法律的社会主义法治工作队伍。

（一）加强法治专门队伍建设。坚持党的事业、人民利益、宪法法律至上，把思想政治建设贯穿于立法队伍、行政执法队伍、司法队伍建设的始终。突出政治标准，加强立法、执法、司法机关领导班子建设。推进法治专门队伍正规化、专业化、职业化。加强立法队伍建设，制定立法人才培养选拔规划，建立立法工作人才库，探索建立从符合条件的律师、法学专家中招录立法工作者制度，尽快培养一批立法工作专业人才。加强行政执法队伍建设，完善行政执法人员资格准入制度，未经执法资格考试合格，不得从事执法活动。加强司法队伍建设，落实逐级遴选制度，提高职业素养和专业水平。畅通执法、司法部门干部和人才相互之间以及与其他部门具备条件的干部和人才交流渠道，畅通具备条件的军队转业干部进入法治专门队伍的通道，健全从政法专业毕业生中招录人才的规范便捷机制。

（二）加强法律服务队伍建设。探索构建社会律师、公职律师、公司律师等优势互补、结构合理的律师队伍。加强律师队伍思想政治建设，巩固律师行业党建成果，切实发挥律师事务所党组织的政治核心作用。提高律师队伍业务素质，完善落实律师执业权利保障机制。强化律师职业道德和行风建设，完善律师违法违规执业惩戒制度。各级党政机关和人民团体普遍设立公职律师，鼓励企业设立公司律师，参与决策论证，提供法律意见。大力发展公证员、人民调解员队伍，推动法律服务志愿者队伍建设。

（三）加强基层法治队伍建设。把基层法治队伍建设作为法治威海建设的重要基础工程，在岗位设置、人才选拔上向基层倾斜，解决基层法治工作人才不足的问题。健全基层法治机构，着力抓好人民法庭、派驻检察室、公安派出所、司法所等基层执法、司法单位规范化建设，加大财政保障力度，改善基层基础设施和工作生活条件，吸引更多法治人才到基层工作。深入开展法治工作人员下基层活动，充分发挥服务基层发展、提升基层法治水平的作用。加强法治监督队伍建设。

七、加强和改进党的领导，凝聚法治威海建设的强大合力

党的领导是全面推进依法治市、加快法治威海建设最根本的保证。各级党组织必须充分发挥总揽全局、协调各方的领导核心作用，统一领导、统一部署、统筹协调，确保法治威海建设顺利推进。

（一）健全领导制度和工作机制。建立党委统一领导，人大、政府、政协、各部门各司其职、各负其责，人民群众广泛参与的法治工作推进机制。完善党委依法决策机制，确保决策于法有据，决策行为和程序依法进行。党委要定期听取依法治市工作汇报，研究解决法治威海建设中的重大问题。党政主要负责人要履行推进法治建设第一责任人职责。各级党委要领导和支持工会、共青团、妇联等人民团体和社会组织在依法治市中积极发挥作用。人大、政府、政协、审判机关、检察机关的党组织和党员干部要坚决贯彻党的理论和路线方针政策，贯彻党委决策部署，领导和监督本单位模范遵守宪法法律，坚决查处知法犯法、违法用权等行为。政法委员会是党委领导政法工作的组织形式，必须长期坚持。各级政法委员会要把工作着力点放在把握政治方向、协调各方职能、统筹政法工作、建设政法队伍、督促依法履职、创造公正司法环境上，带头依法办事，保障宪法法律正确统一实施。政法机关党组织要建立健全重大事项向党委报告制度。

（二）加大党内法规制度执行力度。各级党组织和全体党员要坚决贯彻执行党章这一最根本的党内法规，做到自觉学习党章、遵守党章、贯彻党章、维护党章。加强党内法规的学习和宣传工作，认真贯彻党内监督条例和纪律处分条例等法规。加大党内法规执行力度，运用党内法规将党要管党、从严治党的要求落到实处，促进党员干部带头遵守国家法律法规。根据中央和省委要求，结合我市实际，制定完善我市管党治党的制度规定。各级党组织和广大党员干部要按照党规党纪，以更高标准严格要求自己，坚定理想信念，践行党的宗旨，坚决同违法乱纪行为作斗争。严格落实党风廉政建设党委主体责任和纪委监督责任，严肃处理党内违规违纪行为，对腐败行为和腐败分子依纪依法予以坚决惩处。

（三）提升党员干部法治思维和依法执政能力。各级党员干部要牢固树立法治意识，自觉提高运用法治思维和法治方式深化改革、推动发展、化解矛盾、维护稳定的能力，带动全社会学法尊法守法用法。牢记法律红线不可逾越、法律底线不可触碰，对法律怀有敬畏之心，严格在法律界限内按照法定程序行使权力，不能以言代法、以权压法、徇私枉法。强化领导干部法律知识培训，加强任前法律知识考察和依法行政能力测试，考试结果与干部考核任用相挂钩。

（四）加强对法治建设的督查考核。各级党委、人大、政府和各级司法机关要加强对法治建设各项工作的督促检查，确保落实到位。各级政协要通过视察、调研等方式，加强对法治建设各项工作的民主监督。要建立科学的法治建设指标体系和考核标准，把法治建设成效作为衡量各级领导班子和领导干部工作实绩的重要内容，纳入绩效考核指标体系。及时总结推广典型经验，表彰先进，形成人人关心、人人支持、人人参与法治建设的良好社会氛围。

在中共威海市委十四届五次全体会议上的讲话（摘要）

（2014年11月27日）

中共威海市委书记　孙述涛

一、认真学习、深刻领会党的十八届四中全会精神，坚定不移地把思想和行动统一到中央和省委的指示精神上来

党的十八届四中全会是在我国全面建成小康社会决定性阶段和全面深化改革关键时期召开的一次十分重要的会议，会议提出了依法治国的总目标和重大任务，开启了全面推进依法治国、建设社会主义法治国家的新征程。省委十届十次全会以十八届四中全会精神为指导，对推进依法治省进行了全面部署，为我们进一步指明了工作方向。全市各级各部门和广大党员干部群众要切实把思想统一到中央和省委全会精神上来，把力量凝聚到落实中央和省委部署要求上来，努力把学习宣传贯彻引向深入。

一要深刻认识党的十八届四中全会的重大意义。党的十八届四中全会，第一次以全会的形式专题研究全面推进依法治国，把法治提到前所未有的高度，是我们党执政更加成熟的一个重要标志，是推进国家治理体系和治理能力现代化的重要里程碑。从党的十八大提出全面推进依法治国、加快建设社会主义法治国家，到十八届三中全会作出全面深化改革、推进国家治理体系和治理能力现代化，再到十八届四中全会全面部署法治中国建设，这是党的十八大以来党中央对依法治国理念的不断深化，是对中国特色社会主义法治理论的丰富和延展，为推进国家治理体系和治理能力现代化指明了根本路径和努力方向，具有极其重要的现实意义和深远的历史意义。我们一定要深刻认识到，全面推进依法治国事关我们党执政兴国大业、事关人民幸福安康、事关党和国家长治久安，切实把全面推进法治建设的政治责任牢牢扛在肩上。

二要全面把握党的十八届四中全会精神实质。贯彻落实十八届四中全会精神，首先要在加深理解、把握实质上下功夫。要在原原本本学习十八届四中全会文件的基础上，着重把握蕴含其中的新思想、新论断、新要求，准确理解贯穿其中的立场、观点、方法，紧紧抓住坚持和拓展中国特色社会主义法治道路这条红线，抓住建设中国特色社会主义法治体系、建设社会主义法治国家这一总目标，抓住科学立法、严格执法、公正司法、全民守法这一系列重点任务，抓住加强党对社会主义法治的领导这个根本保证，不断拓宽学习的广度和深度。要把学习贯彻十八届四中全会精神，与深入学习党的十八大、十八届三中全会精神结合起来，与深入学习习近平总书记系列重要讲话精神结合起来，与深入学习省委十届十次全会精神结合起来，学深学透，融会贯通，进一步增强贯彻落实的思想自觉和行动自觉。

三要迅速掀起学习党的十八届四中全会精神的热潮。学习宣传贯彻党的十八届四中全会精神，是当前和今后一个时期必须全力抓好的重大政治任务。全市各级党组织要加强领导，精心组织，确保实效。各级领导干部特别是主要负责同志要发挥表率作用，先学一步、深学一层，以上率下、形成示范。各级党委（党组）要把全会精神作为理论中心组学习的重点内容，制定专门的学习意见和工作方案，列出专题认真研讨学习。要通过举办研讨班、报告会等形式，组织好广大基层党员干部群众的学习，帮助他们深化对十八届四中全会精神实质的理解和把握。各级宣传部门以及新闻媒体要开展十八届四中全会精神系列宣传活动，真正让十八届四中全会精神深入人心，在全市营造学习宣传贯彻十八届四中全会精神的浓厚氛围。要通过广泛的学习宣传，把法治精神、道德意识渗透到我们依法治国、依法治市、依法行政、守法作为的全过程，渗透到我们工作、生活的全过程，直至渗透到每一个人的血液中、脑海中，变成我们深化改革、扩大开放、推动发展的务实工作和务实实践。

二、准确把握依法治市的重点任务，切实加快法治威海建设步伐

全面落实十八届四中全会和省委全会精神，要在维护宪法和法律权威、确保宪法和法律全面正确实施的基础上，从法治工作基本格局出发，把科学立法、严格执法、公正司法、全民守法的各项要求落实到法治威海建设的实际工作中，实实在在地提高法治威海建设水平。

（一）按照科学化民主化的要求，探索推进立法工作。科学立法是推进依法治国的前提。十八届四中全会提出的“依法赋予设区的市地方立法权”，将为法治威海建设带来新的机遇、增添新的动力。全国人大常委会正在对《立法法》进行修改，这项工作即将提到重要的议事日程。要在认真学习借鉴较大市立法经验的基础上，紧密结合我市实际，积极稳妥地做好前期准备工作。

一是要尽快建立立法工作机制。与国家和省层面的立法工作体制机制相比，设区的市立法工作机制尽管相对简单，但在科学化、民主化的要求上是完全一致的，在工作机制的建立上必须细之又细，严之又严，确保不出问题。当前，要抓紧建立我市与省人大立法工作机构的沟通协调机制，市委对立法工作中重大问题的决策机制，市人大及其常委会主导、有关部门参加、专家学者等广泛参与的立法运行机制等，争取省人大常委会一经确认，立即投入实质性工作。目前，我市立法工作机构和专业力量明显不足，要抓紧与国内相关法律机构进行接洽，做好委托起草的相关事宜。

二是要加强重点领域立法研究。在地方立法权限和范围尚不明确的情况下，要密切关注政策走向，不等不靠不拖，超前做好调查研究工作。要以城市建设管理中需要用法律规范的问题，国家在威海开展的综合改革或专项改革试点，威海在全国、全省具有引领地位、可复制推广的成熟经验等方面为重点，认真扎实做好地方立法准备工作。要坚持针对性、有效性、操作性相结合，使我市立法既关照当前、又兼顾长远，既在市域范围内立得住、行得通、能管用，又在全国和全省范围内有创制性和借鉴性。

三是要做好立法服务工作。配合全国人大、省人大做好立法调研相关工作，是我们参与立法的重要途径。今年以来，市人大及相关部门先后配合开展了9部法律、7部地方法规的立法调研和征求意见工作，提出了一些有价值的意见建议。要继续利用好上级立法调研的机会，组织各级人大代表、各级各有关部门和广大群众及时提出立法建议，尽可能多地把我市改革发展的生动实践和人民群众的愿望要求上升为国家法律法规。

（二）按照建设法治政府的要求，深入推进依法行政。严格执法是全面推进依法治国的关键，只有始终严格遵循法治思维、运用法治方式、在法治的轨道上行使各项权力，才能建成职能科学、权责法定、执法严明、公开公正、廉洁高效、守法诚信的法治政府。

一是要依法全面履行职能。牢牢把握法治政府建设的要求，坚持法定职责必须为、法无授权不可为，把依法行政的基本准则落实到政府工作各个方面，真正做到以法治凝聚改革共识、规范发展行为、促进矛盾化解、保障社会和谐。要按照中央和省里的要求，制定好权力清单、责任清单，落实好负面清单，进一步简政放权，进一步界定政府与市场、社会的关系，进一步规范行政行为程序，切实提高依法行政水平。要结合正在推进的政府机构改革，明确职责，加强工作对接配合，依法把该管的工作管起来，防止出现管理空白、工作断档现象。

二是要依法规范从政行为。机关作风建设年活动开展三年来，各级各部门坚持“做过的事情有规范、没有做过的事情有预案”，自觉转作风、重规范、求创新、提效能，收到了明显成效。要认真总结机关作风建设年的经验，进一步加大规章制度、流程规范的建设和执行力度，真正使我们的决策、执法、服务等各项工作步入规范化、法治化轨道。实践证明，只有受法律规范的公权力才能有效树立权威、真正提高效率。要按照十八届四中全会的要求，把决策作为善政之始，既要依法决策、慎重决策，又要敢于担当、善于决策，使各项重大决策都经得起实践和人民群众的检验。要全面落实行政执法责任制，建立健全行政裁量权基准制度，减少执法的随意性，努力做到严格规范公正文明执法。

三是要强化执法监督。只有把行政执法置于阳光之下，才能真正赢得群众的信任。要综合利用各项监督渠道和监督手段，完善科学有效的权力运行制约和监督体系，增强合力和实效。要坚持问题导向，抓住群众反映强烈的实际问题进行集中整治，有什么问题就解决什么问题，什么问题突出就解决什么问题，使法治政府建设更好地体现威海实际、反映人民期盼。要坚持以公开是常态、不公开为例外的原则，推进决策公开、执行公开、管理公开、服务公开、结果公开，以公开方便监督，以公开强化约束，以公开促进公正。

（三）按照彰显公平正义的要求，着力推进公正司法。公正司法是全面推进依法治国的保障，司法公正对社会公正具有重要引领作用，司法不公对社会公正具有致命破坏作用。要严格落实十八届四中全会的新要求，加强司法规范化建设，进一步提高司法公信力，让人民群众在每一个司法案件中感受到公平正义。

一是要把司法公正作为核心价值追求。每名政法工作人员都要强化公平正义是司法的生命线，司法机关是维护社会公平正义的最后一道防线的意识，像爱护自己的生命一样维护司法公正。各级司法机关要牢固树立以人为本、执法为民的理念，紧紧围绕社会热点、焦点问题，紧紧抓住人民群众意见较大的执法问题和影响执法公信力的关键环节，规范执法流程，严密执法程序，确保每一项执法活动、每一个执法环节都有法可依、有章可循，办理的每一起案件都经得起法律、历史和人民的检验。

二是要把司法体制改革作为根本动力。司法体制改革作为我国推进政治体制改革、推进法治建设的关键点和切入口，是凸现“法治中国”的标志和宣言，也是对司法公正的促进和保障。中央和省委关于司法体制改革的政策措施正在陆续出台，我们一定要在思想上及时跟进，行动上积极推进。同时，司法体制改革政治性、政策性、法律性都很强，必须严格按照上级的部署，自上而下、有步骤、有秩序地推进。对中央和省委没有统一部署、法律没有授权的，不冒进、不抢跑、不急于求成；对中央和省委已部署、法律已授权、条件已具备的，要不等不靠不拖，抓紧实施，坚决落实到位。

三是要把杜绝司法腐败作为长期任务。近年来，我们痛下决心，狠下功夫整治司法腐败现象，依法惩治了一批害群之马，净化了队伍，重塑了形象。但这是一项长期的任务，必须坚持不懈地抓下去。尤其要在体制机制上下功夫，建设“阳光司法”，完善贯穿司法活动全过程的监督制约机制，进一步规范司法行为、纯洁司法队伍。每名司法人员都要坚守公正司法的底线，坚决杜绝“关系案、人情案、金钱案”。各级党政机关和领导干部要积极支持法院、检察院依法独立公正行使职权，不得违法干预司法活动，插手具体案件办理。

（四）按照弘扬法治精神的要求，全面推进普法守法。法律的权威源自人民的内心拥护、真诚信仰与共同维护。各级要把握好全民守法这个基础，使全市人民都成为社会主义法治的忠实崇尚者、自觉遵守者、坚定捍卫者。

一是要深化普法教育，推动形成学法尊法守法用法的社会氛围。要不断创新法制宣传教育的载体、手段和形式，注重发挥大众传媒、现代网络技术、法制宣传阵地、法律咨询服务以及警示教育的作用，寓法制于新闻事件，寓法制于典型案例，寓法制于百姓生活，寓法制于文化娱乐，真正使法律知识和法律意识在潜移默化中深入人心。要把法制宣传教育与法律服务和法治实践紧密结合起来，大力开展法律服务，教育引导广大干部群众知法懂法、守法用法，切实做到学用结合、普治并举。

二是要强化领导干部的法治思维，提高依法办事能力。各级党员干部既是依法治市的组织者、推动者，也是全民守法的引领者、带动者。要把领导干部带头学法、模范守法作为树立法治意识的关键，完善学法用法制度，使宪法法律成为各级党员干部履职从政的必修课。广大党员干部要牢记法律红线不可逾越、法律底线不可触碰，带头学法守法，依法办事，不断提高运用法治思维和法治方式深化改革、推动发展、化解矛盾、维护稳定的能力。

三是要大力弘扬中华民族传统美德，奠定法治建设的思想道德基础。法律是成文的道德，道德是内心的法律。全社会人人诚实守信，崇尚道德，遵守规矩，既能够最大限度地减少矛盾纠纷，又能够最大限度地减少法治建设的阻力。要以创建全国文明城市为契机，大力弘扬社会主义核心价值观，加强“四德”建设，增强法治的道德底蕴。要以社会诚信体系建设为抓手，完善守法诚信褒奖机制和违法失信行为惩戒机制，强化规则意识，倡导契约精神，使崇德尊法成为全市上下的共同追求和自觉行动。

三、切实加强党对依法治市的领导，保证法治威海建设的正确方向

十八届四中全会《决定》强调，党的领导是全面推进依法治国、加快建设社会主义法治国家最根本的保证。各级党委（党组）要按照“三统一”①“四善于”②的部署要求，发挥好总揽全局、协调各方的领导核心作用，切实做到党领导立法、保证执法、支持司法、带头守法。

一要旗帜鲜明坚持党的领导。党和法治的关系是全面推进依法治国的核心问题。历史和实践充分证明，办好中国的事，关键在党。坚持党的领导，是中国特色社会主义最本质的特征，是社会主义法治的根本要求，这是一个不容置疑的原则性问题。当前，一讲到法治，社会上一些人就会与多党制联系起来，片面解读依法治国，鼓吹“司法独立”“三权鼎立”，炒作究竟是“党大”还是“法大”的伪命题，处心积虑在制度、思想等方面引起混乱。广大党员干部务必要深刻领会党的领导和社会主义法治的一致性，始终保持理论上的清醒、政治上的坚定，理直气壮地向群众讲清楚这一重大的原则性问题，旗帜鲜明地同各种错误思潮作坚决斗争。

二要严格执行党规党纪。国有国法，党有党规，党规党纪严于国家法律，不容违逆。各级党组织要坚持聚精会神抓党建，切实履行从严治党责任，把依法依规管党治党建设党的要求落到实处。广大党员干部不仅要模范遵守国家法律，而且要按照党规党纪以更高标准严格要求自己。要严明党的政治纪律，自觉做到讲政治顾大局，坚决维护上级权威，确保政令畅通。要严守党的组织纪律，坚持做到“四个服从”，维护好党组织的团结统一。要不断巩固拓展教育实践活动成果，持续深入抓好作风建设，努力形成抓常抓细抓长的有效机制和刚性约束。要严格落实党风廉政建设“两个责任”，党委书记作为党风廉政建设第一责任人，要切实履行好选人用人、正风肃纪、源头预防、领导支持和表率示范五项职责；各级纪委要强化监督责任，积极转职能、转方式、转作风，落实好纪律检查体制改革各项任务。要按照中央和省委的部署，持续保持高压态势，凡腐必反、除恶务尽，坚定不移地把反腐败斗争进行到底。

三要健全齐抓共管的责任落实机制。建设法治威海，必须要在市委统一领导下进行，建立党委统一领导，人大、政府、政协、各部门各司其职、各负其责，人民群众广泛参与的推进机制。各级党委要加强对法治建设的统一领导、统一部署、统筹协调，党政主要负责人要履行推进法治建设第一责任人职责，定期听取汇报，研究推进措施，加强督导落实。要领导和支持各人民团体、社会组织在依法治市中积极发挥作用。各级人大、政府、政协、审判机关、检察机关的党组织和党员干部，要坚决贯彻党的理论和路线方针政策，贯彻党委决策部署，模范遵守宪法和法律。各级人大要依法履行好立法权、重大事项决定权、选举任免权和监督权，在法治威海建设中发挥更加重要的作用。各级政法委作为党委领导政法工作的组织形式，要把工作着力点放在把握政治方向、协调各方职能、统筹政法工作、建设政法队伍、督促依法履职、创造公正司法环境上，带头依法办事，保障宪法法律正确统一实施。各级各部门要抓紧制定贯彻落实市委《意见》的分工方案，明确责任分工，有力有序推进好各项工作。

四要狠抓法治工作队伍建设。法治工作队伍，包括立法、执法、司法和法律服务队伍等，其思想政治素质、业务工作能力、职业道德水准如何，直接关系依法治市的水平。要强化忠于党、忠于国家、忠于人民、忠于法律的意识，把思想政治建设摆在首位，队伍建设坚持“三个至上”，干部选拔突出政治标准。要按照正规化、专业化、职业化的要求，创新人才培养引进机制，提高职业素养和专业水平。要坚持重心下移、力量下沉，强化基层队伍建设，改善设施装备水平。要在全面加强法治工作队伍建设的同时，适应开展地方立法工作的新任务，顺应群众对法律服务水平的更高要求，突出加强立法队伍和律师队伍建设，尽快补齐这两块短板。

四、以党的十八届四中全会精神为指导，统筹做好经济社会发展各项工作

十八届四中全会强调，必须全面推进社会主义法治国家建设，从法治上为解决党和国家事业发展面临的一系列重大问题提供制度化方案，推动我国经济社会持续健康发展。我们要更好发挥法治的引领和规范作用，把法治思维和法治方式贯穿于工作的各方面，贯穿于深化改革、推动发展、化解矛盾、维护稳定的全过程。

一要坚持以法治思维和法治方式推进经济建设，确保经济运行规范有序。社会主义市场经济本质上是法治经济。面对复杂多变的宏观形势和经济下行压力，更加需要运用法治方式解决好发展中的系列问题，为经济提质增效、行稳致远提供重要保障。对事关长远的重大决策，既要在法律框架下进行谋划论证，又要善于通过法定程序依法决定、依法监督，把市委、市政府的决策部署变成全市各级各部门必须贯彻落实的责任。对经济交流合作、企业破产重组、土地征用拆迁等经济行为，要依法进行规范，避免漏洞、不留隐患。对法律法规没有明令禁止的准入领域，要进一步解放思想、改革创新，坚决破除影响市场主体公平竞争和生产要素优化配置的体制机制障碍，真正打造有利于创新创业、有利于健康发展的一流营商环境。

二要坚持以法治思维和法治方式全面深化改革，确保重大改革于法有据。改革需要法治保障，法治需要改革推进。当前，全面深化改革已进入攻坚期和深水区，面对市场经济和多元社会环境，任何层面、任何领域的改革，都应在法律框架下实施、在法治轨道中运行，保证各项重大改革于法有据，最大限度地降低改革的社会成本。强调改革要于法有据，并不意味着消极对待改革。要善于运用法律具有的高度权威性、稳定性和可预期性，聚焦解决改革过程中的矛盾和问题，突破体制机制障碍和利益固化藩篱，用法治保障改革推进。要把实践证明行之有效的改革创新成果，及时用法律制度的形式巩固、稳定下来，使经济社会发展各方面的制度更加成熟完善。

三要坚持以法治思维和法治方式创新社会治理，确保群众权益保障有力。法治是社会治理的基本手段，是以理性平和方式解决矛盾纠纷的最佳途径。要坚持系统治理、依法治理、综合治理、源头治理，充分发挥法治在社会治理中的引导、规范、保障、惩戒作用。要运用法治思维来改善民生，依法维护群众的就业创业、社会保障、教育医疗、养老服务等合法权益。当前，维护稳定的难度不断加大。我们必须要养成遇事找法、解决问题用法的高度自觉，正确引导群众依法有序维权，做到诉求合理的解决问题到位，诉求无理的思想教育到位，生活困难的帮扶救助到位，违法犯罪的依法处理，推动信访维稳工作法治化。要深入推进海陆一体平安建设，扎实开展多种形式的基层平安创建活动，依法打击各种违法犯罪行为，进一步增强群众的安全感。要严格落实安全生产责任，认真抓好新版《安全生产法》的宣传、贯彻、执行，严肃查处安全生产违法行为，坚决杜绝重特大安全事故的发生。

（市委办公室提供）

政府工作报告（摘要）

——在威海市第十六届人民代表大会第四次会议上

(2015年2月5日)

威海市市长　张惠

一、2014年政府工作回顾

过去的一年，在省委、省政府和市委的坚强领导下，市政府紧紧依靠全市人民，主动适应经济发展新常态，扎实做好各项工作，实现了经济社会持续稳步发展。

（一）坚持稳中求进，经济运行总体保持平稳。全市生产总值2790.3亿元，比上年增长9.8%。粮食和主要农产品产量保持稳定，工业增加值增长11.8%，服务业增加值增长10.6%。固定资产投资增长15.9%，社会消费品零售总额增长12.9%，外贸出口增长6.3%。居民消费价格上涨2.4%。一般公共预算收入220.8亿元，增长13.1%。税收占一般公共预算收入比重达到86.1%，位居全省第二。

（二）强化创新驱动，经济结构调整出现积极变化。设立科技孵化器扶持发展资金、科技成果转化先导资金，建成科技创新综合服务平台、技术交易市场，新增科技孵化器12家、孵化面积27万平方米，发明专利申请量、授权量分别增长36.4%和25.5%。战略性新兴产业增速明显加快，高新技术产业产值比重达到37.7%，提高1.1个百分点。推广农业实用技术，“三品一标”（无公害农产品、绿色食品、有机农产品和农产品地理标志）产品产地认定面积比重达到54.1%。建成海洋科技产业项目孵化基地，入选全国首批海洋高技术产业基地试点城市，荣成海洋生物产业园成为省级高新区。新增47艘专业远洋渔船，被确定为中国远洋水产品加工物流基地和中国海洋食品名城。成功创建全国旅游标准化示范城市，新增4A级景区3家，新建6处国家级休闲渔业示范基地。加快发展新兴服务业，电子商务交易额增长38.9%，信息消费增长20%。三次产业比重由8∶51.5∶40.5调整为7.7∶50.5∶41.8。

（三）统筹区域发展，基础设施建设取得新突破。东部滨海新城开发建设全面展开，重点区域开发建设加快推进。文登撤市设区，进入同城化发展的新阶段。青荣城际铁路正式通车，威海北站综合交通枢纽、301省道外移、威海机场升级改造等工程完工投入使用，荣文高速公路、文莱高速公路加快建设。蓝色经济区建设16个重大事项进展顺利，国家海产品质检中心一期工程完工，海洋商品国际交易中心投入运营。组织实施142项市级重点项目、67项重点工业技改项目和36项城建重点工程。新建农村新型社区25个，实施棚户区改造2.2万户，补助建设改造农房1.5万户，入选国家新型城镇化综合试点城市。深入推进智慧城市建设，开通智能公交服务，50条公交线路、520辆公交车实现智能调度和到站信息手机实时查询；完成智慧交通一期工程，实现道路交通智能化指挥调度；成为首批信息惠民国家试点城市、宽带中国示范城市。

（四）优化营商环境，市场主体活力有效激发。推行建设工程项目模块化审批，实施市场主体设立联审联批，取消下放行政审批事项175项，市级审批项目实现能取消下放的全部取消下放。全市新登记各类市场主体3.97万户，增加69.6%，其中新登记私营企业9956户，增加106.6%，创历史新高。出台支持企业创新发展的各类政策，设立小微企业贷款风险补偿基金，扩大科技支行扶持范围，引进8家金融机构，29家企业实现场外市场挂牌，其中新三板10家；社会融资总量达到420.3亿元，增长33.3%。成立市小微企业创业服务中心，创办威海创业大学，新建大学生创业孵化基地4处；发放创业小额担保贷款2.3亿元，扶持2336人自主创业。引进各类人才3.1万人，新增高技能人才6834人，6个创新团队入选泰山学者蓝色产业计划。

（五）深化改革开放，制度创新活力加速释放。积极争创改革试点带动相关领域改革，新增10个国家级、省级试点。转变国有资本经营管理模式，成立国有资本运营公司。建立并实施政府向社会力量购买服务制度。实施中小学校长职级制改革试点、初中学业考试、责任督学挂牌督导等教育领域改革，成为全国义务教育学校管理标准化实验区。完成县级公立医院综合改革。农村三项改革扎实推进。全面实施关检合作“三个一”（一次申报、一次查验、一次放行）口岸通关模式。加快建设韩国食品日用品集散地。实际到账外资10.1亿美元，增长10%；实际利用内资638亿元，增长15.2%。企业走出去步伐加快，备案核准境外投资4.2亿美元，增长51.5%；对外承包工程营业额达到7.5亿美元，增长40.1%。

（六）坚持生态立市，生态环境保护力度持续加大。深入开展大气污染防治行动，加强扬尘污染、弃土堆清理、散流物体运输、燃煤小锅炉专项整治，建成燃煤机组脱硝设施22处，淘汰黄标车及老旧车5.7万辆，省测“蓝天白云”天数达到326天，空气质量优良率保持全省首位。实施6个污水处理厂提标改造工程，治理河道63公里，完成80座病险塘坝除险加固工程。实施15个海岸带修复整治项目。处置闲置土地、盘活低效利用土地1.5万亩，关停采石场26家。完成20个旧生活区改造和255个村的环境综合整治，成片造林12万亩。万元生产总值能耗预计下降4.5%，主要污染物排放量持续下降。

（七）强化民生保障，公共服务水平进一步提升。各项民生保障政策加速并轨整合，实施城乡统一的居民基本医疗保险制度，将外来务工贫困家庭和支出型贫困家庭纳入最低生活保障，独生子女父母养老补助实现城乡全覆盖。上调了居民基本养老保险基础养老金、企业退休人员基本养老金、失业保险金、城乡最低生活保障、农村五保、高龄津贴、残疾人护理补贴等标准，提高了居民医保、基本公共卫生服务的财政补助标准。扎实办理25项民生实事，开工建设公共租赁住房1201套；新增节能环保型公交车290辆；新增机构养老床位4547张；建成市乒羽健身中心，新建城市健身慢行道32.5公里；新建公办幼儿园14所，为41所学校建设塑胶跑道和运动场地，市中小学生综合实践教育中心投入使用，农村中小学新模式校车实现全覆盖。新增城镇就业4.5万人，转移农村劳动力1.9万人，城镇登记失业率降为1.52%。城镇居民人均可支配收入34254元，农民人均纯收入17296元，分别增长8.9%和11%。

（八）加强文化建设，文明创建工作取得新成效。扎实推进全国文明城市创建工作，突出全民共建、全民共享的理念，结合创建工作办理了改善生活环境、治理背街小巷、升级便民设施、规范经营秩序等关系群众切身利益的身边事20余万件，使创城的过程成为改善城市管理、为民办实事的过程。在中央文明委刚刚公布的公示通知中，威海市进入全国文明城市候选名单，测评成绩位列地级市第一名。广泛开展社会主义核心价值观宣传教育活动，被评为全省“四德”工程建设示范市。开展幸福威海文化活动，成为全省首批公共文化服务体系示范区。开展纪念甲午海战120周年系列活动，组织仁川亚运会火炬传递活动，举办长距离铁人三项世界锦标赛，提升了城市影响力。

（九）创新社会治理，社会保持和谐稳定。深化海陆一体平安建设，采取信息化手段强化社会治安综合治理，社会治安群众满意度位居全省第一。理顺食品药品监管体制，启动国家食品安全城市创建工作，成为全国肉菜流通追溯体系建设试点城市。启用安全生产网格化监管信息平台，采取政府购买服务方式引入专业力量参与安全生产检查，各类生产安全事故下降42.9%。国防动员、人民防空、民兵预备役工作进一步加强。各项社会事业都取得新进步，被评为全国“六五”普法中期先进城市。

（十）坚持依法行政，政府自身建设不断加强。扎实开展党的群众路线教育实践活动，机关作风进一步改进。完成新一轮政府机构改革，组建政府法律顾问团，扩大政府信息公开范围，健全行政复议工作运行机制。开通市民网，增强了网上办事功能。整合88条公共服务热线，建立政务服务、应急联动、便民服务3个热线平台。自觉接受人大的法律监督、政协的民主监督，办理人大代表建议和政协委员提案240件。坚持和完善民主决策机制，广泛征求群众意见建议。强化监察、审计监督，开展廉政风险防控“回头看”活动，加强防止利益冲突试点工作，法治政府、服务型政府、廉洁政府建设取得新成效。

去年5月29日，我市里口山发生山火，暴露出基层森林防火工作措施不到位、基础设施不完善等问题，我们必须深刻反思，认真吸取教训，采取有力措施，全力保障人民群众的生命财产安全。在山火扑救过程中，威海人民表现出来的文明素质和精神风范令人感动，各级各部门快速反应、果断处置，部队官兵和专业队伍奋不顾身、冲在第一线，广大干部群众众志成城，每一个热爱家园的威海人，都以各种方式奉献爱心、贡献力量，迸发出空前的凝聚力，汇聚起强大的正能量。这种宝贵的精神财富，也是激励我们不断做好工作的力量。

我们还清醒地认识到，我市经济社会发展仍存在不少矛盾和问题。经济下行压力较大，造船等行业很不景气，部分企业生产经营困难，我们引进和培植的新项目、大项目、好项目还不够多，产业领域的有效投资不足，经济稳定增长的基础还不牢固。推进经济结构调整仍是我们需要解决的重点难题，服务业增加值比重低于全省平均水平0.9个百分点，制造业发展层次和水平有待提升，开放型经济也面临转型升级难题。全社会科技创新投入不足，人才瓶颈制约依然突出。一些园区和镇街的公共服务设施不够完善，市域一体化的公共服务体系需要加强。全市还有120个省定贫困村，部分群众的生活还比较困难。安全生产事故时有发生，基层基础工作还不牢固。部分政府工作人员法治意识淡薄，作风转变不到位，企业和群众反映的突出问题没有得到根治，廉政建设还需要进一步加强。我们将按照逆向切入的思路，采取有效措施，扎实解决这些问题，努力加强和改进政府工作。

二、2015年政府工作目标和总体思路

2015年政府工作的总体要求是：全面贯彻党的十八大和十八届三中、四中全会精神，以邓小平理论、“三个代表”重要思想、科学发展观为指导，深入贯彻习近平总书记系列重要讲话精神，坚持稳中求进工作总基调，坚持以提高经济发展质量和效益为中心，主动适应经济发展新常态，坚定推动工作指导重大转变，努力在转方式调结构、强化创新驱动方面有新突破，在深化改革扩大开放、激发市场活力方面有新成效，在扩大内需、释放发展潜力方面有新举措，在加强社会治理、弘扬优秀传统文化方面有新进展，深入实施生态立市、科教兴市、产业强市战略，推动全域城市化、市域一体化发展，着力保障改善民生，促进经济平稳健康发展和社会和谐稳定，加快建设现代化幸福威海。

主要预期目标为：生产总值增长8.5%左右，一般公共预算收入增长10%左右；固定资产投资增长15%左右，社会消费品零售总额增长12.5%左右，居民消费价格涨幅控制在3%左右；新增城镇就业3.3万人，转移农村劳动力1.1万人，城镇登记失业率控制在2%以内；外贸进出口总额增长5%左右，实际到账外资稳步增加，实际利用内资增长15%左右；城镇和农村居民人均可支配收入分别增长9%左右和10%左右。全面完成省下达的年度节能减排约束性目标。

实现上述目标，要深刻把握经济发展新常态的内涵和规律，打破传统思维惯性束缚，推动工作指导重大转变。一是坚持以提高经济发展质量和效益为中心。切实把经济工作的着力点放到转方式调结构上来，下大力气突破制约我市经济转型升级的瓶颈问题，着力在提质增效升级上取得新突破。二是坚持走创新驱动发展的道路。彻底摒弃依靠资源环境消耗的增长方式，更多依靠人力资本质量和技术进步增强发展动力，更多依靠新技术、新产品、新业态、新商业模式提升产业层次，着力让创新成为驱动发展新引擎。三是坚持向深化改革开放要动力。以先行先试的胆识和魄力，深入推进制度创新持续释放改革红利，深度融入国家开放战略抢抓发展机遇，着力增创对外开放新优势。四是坚持用法治思维和法治方式开展工作。牢固树立依法行政的理念，依法履行政府职能，依法约束行政权力，依法规范行政行为，在法治轨道上深化改革、推动发展、化解矛盾、维护稳定。五是坚持把人民对美好生活的向往作为奋斗目标。巩固党的群众路线教育实践活动成果，把一切为了群众、一切依靠群众作为工作的出发点和落脚点，凝聚方方面面的智慧和力量，形成干事创业的强大合力，不断开创各项工作新局面。

三、2015年政府工作安排

（一）加快推进经济转型升级。坚持产业强市、工业带动，按照一产抓特色促跨越、二三产抓结构上规模的思路，推动传统产业向中高端迈进，增强现代制造业和新兴服务业的支撑作用。

努力保持经济稳定增长。注重发挥投资的关键作用、消费的基础作用、出口的支撑作用，支持企业扩大投资、开拓市场，有效应对经济下行压力。组织实施155项市级重点项目、110项重点工业投资项目、42项城建重点工程，以更大的力度支持内涵效益型投资，鼓励更多的社会资本参与公共基础设施建设，进入公共服务领域。深入实施消费惠民、消费便民工程，鼓励发展网络消费等新型消费方式，打造多点支

撑的消费增长格局，力争信息消费规模超过150亿元。注重发挥企业家才能，尊重企业家、理解企业家、培育企业家、服务企业家，建立更加有效的对接服务机制，提振企业家发展信心，更好地发挥企业家作用，夯实经济增长微观基础。

培育发展新型制造业。实施产业集群“3+4”发展战略③，大力发展新信息、新医药、新材料等战略性新兴产业，促进传统产业加速向产业链两端延伸，重点突破医疗器械产业、海洋生物产业集群发展。继续化解过剩产能、淘汰落后产能，促进造船等行业转型发展。促进信息技术与传统制造业跨界融合，推广应用云计算、大数据、物联网等信息技术，培植机器人、3D打印产业。降低技术改造贴息门槛，支持企业提升技术装备水平。加快建设医疗器械检验检测中心等公共检测平台，推广应用工业设计云平台。加快军民结合产业发展。引导企业加强质量和标准化体系建设，发展自主品牌。

鼓励发展新兴服务业。着眼于拉长服务业“短腿”，今年把促进服务业发展提速、比重提高、水平提升作为一项重大课题来研究，运用“敲开核桃”的方式，分行业解剖分析，制定转型升级实施方案。鼓励发展互联网经济，推动工业企业开展电子商务应用，支持环翠区争创国家电子商务示范基地，力争电子商务交易额突破1000亿元。加大金融机构引进力度，促进金融业持续健康发展。加强现代物流园区规划布局，支持发展第三方物流。培育发展法律、咨询、会计、审计等商务服务业。鼓励社会资本进入教育、医疗、健康、养老、文化、体育等公共服务业。引导企业分离和外包非核心业务。服务业增加值比重提高1个百分点。

大力发展高效生态安全农业。加快转变农业发展方式，推广现代农业技术，稳定粮食和主要农产品产量。支持发展新型农业经营主体，新培育家庭农场100个、农民专业合作示范社50个。推动本地农产品品牌化建设，新增农业标准化生产基地8万亩，争创国家农产品质量安全市。加快建设供销社为农服务中心，畅通农产品流通渠道。提升苹果、西洋参、无花果、茶叶、苗木花卉等特色农业发展层次，促进一产向二产三产跨越延伸。

积极发展海洋特色产业。深入推进蓝色经济区建设，着力培植10个海洋经济特色园区，支持荣成海洋高新技术产业园优化专业服务，提升产业层次。设立现代海洋渔业发展专项资金，促进海洋渔业转型升级。加快海外综合性远洋渔业基地建设，加强涉外渔船管理。支持建设综合性海洋生物遗传育种中心，突破水产苗种产业。依托海洋商品国际交易中心，做大海产品交易市场。积极开发海洋生物新材料、海洋生物保健品、新型海洋药物、海洋冷冻调理食品等新产品，提高海产品增值水平。推进国家浅海海上综合试验场建设，打造海洋仪器装备研发制造基地。

（二）全面优化创新创业环境。进一步简政放权，优化行政服务，营造有利于大众创业、万众创新的政策环境和制度环境。

优化行政服务环境。下大力气拆除不必要的审批门槛，去除不应有的繁文缛节，铲除权力寻租的土壤。全面推行市场主体设立联审联批、建设工程项目模块化审批，切实减少审批环节，避免部门之间推诿扯皮。最大限度精简前置审批，推动事前审批向事中事后监管转变，从制度上解决管得过多、管得过死的问题。完善市县镇一体的电子审批系统，丰富市民网服务功能，扩大网上办事范围，以接地气的办事流程、快精准的办事效率，进一步方便群众办事。加强与行政审批相关中介机构监管，排查清理设定强制性中介服务、指定中介机构和中介机构垄断定价等问题，在市级权限内引进更多中介机构打破垄断，清除隐性审批行为。加强水电气暖、通信、广电网络等公共服务行业监管，切实优化公共服务。规范涉企执法检查、收费行为，严肃查处吃拿卡要等痼疾，着力解决不作为、乱作为等问题。以更大的决心清除“灰色地带”，打破“潜规则”，打碎“玻璃门”、“弹簧门”，以企业和群众的真实感受来检验简政放权的实际成效。

优化创新支撑环境。实施“一产业一特色”科技创新行动计划，推进创新型城市建设。组织实施“千帆计划”，培育科技型中小企业1000家。推动科技金融结合，引导企业加大研发投入。支持建设机器人与智能装备产业研究院、中韩生命科技研究院、海洋药物与功能食品研究院等高水平的研发机构和产业技术创新联盟，促进产学研协同创新。整合科研基础资源，构建统一检测服务联盟和仪器设备租赁平台。发挥科技创新综合服务平台作用，健全科技标准化评价体系，鼓励发展科技中介服务，繁荣技术市场。促进各类开发区完善公共创新服务平台，提升产业项目承载力。完善创业孵化链条，推动有条件的企业创办各类专业孵化器，市级以上科技孵化器发展到20家，新增孵化面积20万平方米。促进专利创造与运营，发明专利申请量、授权量均增长20%以上。

优化创业和就业服务环境。完善创业服务体系，进一步降低创业门槛和创业成本。健全创业培训实训机制，积极创建省级示范创业大学，全年完成创业实训3000人。鼓励社会力量创办创业孵化基地，完善各类创业孵化平台功能。实施万名大学生聚威创业计划，引领扶持大学生自主创业。继续开展“快易贷”行动，积极引入风险投资机构，为创业者提供资金支持。实施城乡统一的就业失业登记制度和就业扶持政策。拓宽高校毕业生就业渠道，实施农民工职业技能提升、权益保障、公共服务行动计划，促进就业困难群体充分就业。规范用工中介市场，依法取缔黑中介。严厉打击恶意欠薪等违法行为，构建和谐劳动关系。

优化人才发展环境。深入实施“英才计划”，大力强化招才引智，在全社会营造尊重知识、尊重人才的氛围。实行重点产业和新兴产业人才需求目录发布制度，支持企业引进紧缺急需的专业人才。实施企业家培育计划，提升企业经营管理队伍的职业化水平。实施海外人才聚集、企业博士聚集计划，打通人才交流快速通道，吸引高端人才携带项目和科技成果来我市创业。实施首席技师、乡村之星选拔计划，加强实用型人才队伍建设。实施文化名家、教育名家、首席专家等计划，在文化、教育、卫生等公共服务领域培养一批拔尖人才。完善人才激励机制，营造吸引人、留住人、激励人、成就人的良好人才环境。全年引进各类人才2万人以上，培养高技能人才5000人以上。

（三）全力增创开放新优势。中韩自贸协定将正式签署实施，威海作为中韩经贸文化交流“桥头堡”的地位更加突出。我们要紧紧抓住与仁川自由经济区合作的有利机遇，借力提升开放型经济发展水平，谋求对外开放新突破。

在更高层次上推进对韩交流合作。加强战略谋划和对策研究，在贸易、投资、服务、产业合作等领域，积极争取先行先试政策，扎实推进中韩（威海）经济合作示范区建设，努力实现对韩交流合作新突破。推动旅游业合作创新试点，打造“威韩连线”旅游品牌。创新中韩陆海联运业务模式，加快推动中韩港铁联运。推进韩国食品日用品集散地建设，依托威海国际物流园，打造韩国商品中国分拨中心。推动农产品质量认证互信互认，促进中韩共建食品农产品质量安全示范区。规划建设中韩信息技术产业园。加大韩国金融机构引进力度，探索在双方优势互补产业设立产业基金。

提高通关便利化水平。加强与仁川口岸互联互通，推进中韩优秀进出口企业互认工作，让企业享受更多通关便利。加快口岸开放步伐，稳步推进进口冰鲜水产品口岸建设，争取获批进境肉类指定口岸。推动内销选择性征税、集中汇总纳税、保税展示交易等海关监管制度创新，实现口岸通关全流程电子化管理。抓好综合保税区申报建设。

提升招商引资实效。深化招商工作机制创新，建立招商培训平台，推行专业化招商、产业集群招商和产业链招商。强化以商招商，鼓励外资企业以技术出资、境外借款、利润再投资等方式增资。鼓励国内外企业采取并购、风险投资等方式加强投资合作。发挥各类对外交流资源优势，拓宽招商引资渠道。加大央企和民营企业招商力度，促进国内经济合作。

扩大对外经贸合作。支持新型贸易业态发展，开展跨境电子商务业务。大力发展服务贸易，加快培育服务外包产业。培育自主出口品牌，引导加工贸易企业转型升级。支持内贸企业拓展对外贸易功能，促进内外贸一体化发展。实施进口促进战略，扩大大宗商品、先进装备进口规模。加强与国家海外投资基金合作，支持企业安全高效走出去，到境外建立生产基地、营销网络和研发中心，提高对外投资效率和质量，拓展对外合作新空间。

（四）积极推动市域一体化发展。强化重点区域带动，加快新型城镇化建设步伐，统筹城乡区域协调发展。

推动重点区域开发建设。实施四个“三年突破”战略④，加快东部滨海新城建设，推进文登区与中心城区对接融合、同城化发展，促进南海新区提升集聚发展能力，加快乳山市产业结构调整。推动高区、经区、临港区三个国家级开发区上档升级，提升各类省级开发区发展层次，增强公共服务能力，促进各类开发区切实发挥创新发展的引擎作用。强化产业招商和项目建设，加快双岛湾科技城、好运角旅游度假区、乳山滨海新区、里口山风景名胜区等重点区域开发建设进程。

统筹城乡基础设施建设。扎实推进城际铁路威海站综合交通枢纽、荣文高速公路、文莱高速公路、香水河大桥等重点交通设施项目。实施25个电网建设项目和12项燃气热力工程。完成刘公岛客运中心搬迁，并建成市级旅游公共服务中心；依托4个城铁站配建旅游集散中心，优化旅游服务功能。推进休闲植物园、里口山城市山地公园、城市绿道等工程建设。完成棚户区改造8000户。实施既有居住建筑供热计量及节能改造948.3万平方米。新建农村新型社区24个。实施病险塘坝除险加固、农村规模化供水工程，改造农村公路150公里。完成39个旧生活区、231个村的环境综合整治，优化城乡居住环境。

加强城市规划与管理。做好“十三五”规划编制工作，科学编制城乡规划、新型城市化发展规划、城市环境总体规划，强化各类规划的统筹衔接。加强智慧城市建设，推进智慧旅游、智慧交通续建项目，实施智慧环保、智慧教育、智慧医疗等项目。发展绿色公交、便民公交、智能公交，新增280辆节能环保型公交车，新开、优化公交线路7条，新建电子站牌100套。优化城市精细化管理的办法和流程，扩容改造城市综合管理信息系统，将文登区、临港区纳入城市精细化管理范围。实施城市生命线智能工程，提高城市基础设施管理智能化水平。

（五）深入推进重点领域改革。坚持以改革创新精神推动各项工作，最大限度激发市场和社会活力，增强发展新动能。

深化财税管理改革。健全全口径政府预算体系，设立预算稳定调节基金，实现跨年度预算平衡。创新财政支持产业发展方式，紧跟全市产业发展需要，设立分行业的产业投资基金，推进种子基金、天使基金、创业投资基金发展。健全债务风险预警及化解机制，加强政府性债务管理，规范举债行为，控制举债规模。

推进金融改革创新。大力发展普惠金融，推动金融机构创新金融产品和服务模式，加大服务中小微企业和“三农”力度。扩大科技支行覆盖范围，加大对科技型中小企业信贷支持。鼓励金融机构创设服务海洋经济发展的特色金融产品。推进企业上市和科技型企业场外市场挂牌，拓宽直接融资渠道。争取民营银行试点。促进小额贷款公司、融资性担保公司、民间资本管理公司规范健康发展。鼓励保险公司开发新型险种，拓宽利用保险资金的途径。加强金融监管，防范区域性、系统性金融风险。

完善公共资源管理机制。加强国有资本运营管理，构建国有资本流动重组、布局调整的有效平台。建立出资人权利清单制度，深化国有资本经营预算管理。大力发展混合所有制经济，推动机关事业单位所办企业脱钩。促进海域资源使用市场化配置，完善海域使用权收回补偿制度，规范和盘活海域流转二级市场。

健全城乡一体化体制机制。开展国家新型城镇化综合试点工作，争创全国中小城市综合改革试点。统筹推进示范镇建设。基本完成农村土地承包经营权确权登记。健全农村集体“三资”监管制度，完成中心城区城中村集体产权制度改革。探索开展农村产权交易市场建设试点工作。

深化行政管理体制改革。推进事业单位分类改革，全面推开事业单位绩效考核。稳步推行县以下机关公务员职务与职级并行制度。探索跨部门、跨行业综合执法试点工作，理顺城管执法体制，合理配置执法力量，减少执法层级。

（六）着力加强生态文明建设。坚持生态立市，强化“三生”（生态、生产、生活）共融理念，健全生态建设与保护长效机制，持续改善环境质量，巩固生态环境比较优势。

加强污染综合治理。深入开展大气污染防治行动，强化扬尘、异味、废气等污染治理，严格落实散流物体密闭运输、黄标车区域限行措施，进一步提高空气质量。深入推进水生态环境治理，加强水功能区和排污企业监管。强化农业面源污染防治，加强土壤环境保护工作。启动市区养殖用海三年整治行动。加强噪声污染治理。建成餐厨废弃物处理和利用设施。加快推进智能化环境执法监控平台建设，新建6个空气质量和10个水源地水质自动监测站。

加强资源节约利用。实施重点工业企业清洁生产提升计划，大力发展循环经济。严格落实节能评估审查制度，积极推行合同能源管理，加强建筑节能工作。实行最严格的水资源管理制度，加大饮用水水源地保护力度，加强地下水和地热水资源管理。扎实推进增减挂钩和工矿废弃地复垦调整利用工作，加大闲置和低效利用土地处置力度，提高土地投资强度和节约集约利用标准。

加强生态环境建设。实施生态红线管理，建立生态补偿机制和生态环境损害责任追究制度。强化山体、湿地、水系、沙滩、海域保护，实施29个生态修复项目，加强刘公岛、小石岛、海西头等7处国家级海洋特别保护区建设。实施森林防火能力建设三年行动计划，加快完善森林防火基础设施，成片造林8.8万亩。

优美的生态环境是威海最宝贵的财富，保护生态环境是我们义不容辞的责任。今年集中力量抓好八个重点事项，全面完成热电企业脱硝设施建设，确保重点企业脱硫脱硝设施全部正常运行；试点推行燃煤机组提标改造，达到燃气机组排放水平，实现超低排放；拆除58座分散燃煤锅炉；淘汰3.9万辆黄标车和老旧车，全面完成黄标车淘汰任务；全面完成330座加油站的油气回收治理工程，严厉打击销售劣质成品油的违法行为；实施3条农村中小河道和13条城郊河道综合治理；推进6座污水处理厂提标改造；完成132家规模化畜禽养殖场污染整治，努力完成“十二五”节能减排约束性目标任务，把威海建设成山清水秀、宜居宜业的美丽家园。

（七）大力加强文化建设。威海有着深厚的文化底蕴，秦汉文化、道教文化、民俗文化、海权文化、红色文化与现代文明交融，形成特色鲜明的威海文化，是齐鲁文化的重要组成部分。我们要对这些历史文化资源进行挖掘和阐发，大力弘扬优秀传统文化，加快推进文化建设，提升城市文化软实力。

积极践行社会主义核心价值观。深入开展群众性精神文明创建活动，强化未成年人思想道德教育，推进美德威海建设，弘扬传统美德，倡树新风正气。加强诚信威海建设，大力开展公众诚信宣传教育，探索建立公共联合征信系统，统筹推进政务诚信、商务诚信、社会诚信、司法公信建设。加强爱国主义教育、民族团结教育，举办好纪念抗日战争暨世界反法西斯战争胜利70周年活动。

加强文化遗产保护利用。开展本土文化资源普查，鼓励本土历史文化课题研究，组织实施“乡村记忆”工程，延续城市历史文脉。加强老洋房、海草房等文化遗产保护利用。推动第二轮地方志编修。加强档案信息资源挖掘利用，开展抗日战争档案公布活动。加强尼山书院建设，开展经典诵读活动。

完善公共文化服务体系。建设公共文化服务云平台，推进公共文化服务标准化建设。加快建设市图书馆、群众艺术馆、档案馆，改造威海剧院。办好文化惠民实事，开展幸福威海文化活动。扎实推进全民阅读活动，完善提升社区图书室、农家书屋功能，扩大公共图书资源覆盖范围。

推动经济文化融合发展。大力发展文化创意产业，建设一批具有较强竞争力的文化产业示范园区、骨干文化企业和文化品牌。发挥文化产业融资战略合作联盟作用，探索建立向文化实体提供融资担保新机制。促进文化旅游融合发展，开发高铁旅游市场，推进休闲渔业和乡村旅游业特色发展。大力发展体育产业，促进体育消费，举办长距离铁人三项世界系列赛。办好第八届中国威海国际人居节及国际建筑设计大奖赛。

（八）切实保障和改善民生。强化政府责任，更加注重保障基本民生，更加关注低收入群众生活，更加重视社会大局稳定，编密织牢保障民生安全网。

办好人民满意教育。深化教育综合改革，促进各类教育协调发展。大力发展素质教育，推动义务教育优质均衡发展。实施中小学办学条件标准化提升工程，改善133所中小学校的办学条件。实施第二期学前教育行动计划，新建、改扩建10所公办幼儿园。实施体卫艺教育三年行动计划，开展足球进校园等活动，为38所学校建设塑胶跑道和运动场地。扎实推进普通高中学业水平考试和综合素质评价改革。加快建设适应经济社会发展需要的现代职业教育体系，扩大中等职业教育“双证互通”试点范围，开工建设威海中等职业学校。推进中小学校长职级制改革试点工作，探索建立“县管校聘”教师管理体制。促进民办教育规范办学，探索建立非营利性民办学校教师与公办学校教师同等待遇的社会保障机制。强化与驻威海高校共建，推进威海职业学院校企合作示范基地建设，实施山东药品食品职业学院扩建工程，推进北京交通大学威海校区、山东交通学院威海校区的建设与招生工作。

提高社会保障水平。实施机关事业单位工作人员养老保险制度改革，继续提高企业退休人员基本养老金。健全居民大病保险制度，扩大基本医疗保险定额结算病种范围，居民医保财政补助标准由每人每年330元提高到390元。启动人力资源和社会保障公共服务一体化信息便民工程建设，新增自助服务终端600台，实现各项业务市域通收通办。整合社会救助资源，建立社会救助申请综合服务平台，切实发挥社会救助托底功能。实施残疾人奔小康工程，改建市残疾人康复中心。推广医养融合发展模式，大力发展养老服务业，新增机构养老床位1300张。对

50个贫困村实施精准扶贫，改善贫困户的生产生活条件。扩大住房公积金保障范围。强化保障性住房建设，新建公共租赁住房3287套。

强化医疗健康服务。促进基本公共卫生服务均等化，基本公共卫生服务财政补助标准由人均35元提高到40元。免费发放信息卡，实行新生儿预防接种信息化管理。提高“两癌”筛查财政补助标准。设立疾病应急救助基金，加强医疗应急保障工作。加快推进市全科医生培训基地、文登中心医院综合病房楼等重点项目建设，新建改造农村急救站23处、农村标准化卫生室142处。推进中医药综合改革，扩大中医药优势病种收费方式改革实施范围，积极创建省级中西医结合区域医疗中心。建立医疗专家到社区医疗机构巡诊制度，提升基层医疗服务能力。加强计划生育特殊困难家庭救助。

加大社会治理创新力度。深化海陆一体平安建设，健全立体化社会治安防控体系。加快公共安全视频监控系统建设，提升社会治安管控能力。全面推行安全生产网格化监管，健全隐患排查治理和安全预防控制体系。积极创建国家食品安全城市，建立肉菜流通追溯管理系统，严厉打击食品安全违法行为。强化应急教育培训和预案演练，提高突发事件的应对处置能力。加强法律援助、司法救助，完善人民调解与行政调解、司法调解衔接联动工作机制，提升基层化解矛盾纠纷能力。

协调发展各类社会事业。广泛开展全民健身活动，新建公共体育场地和综合性健身设施7处，新增体育设施向社会开放学校12处，组织全民健身运动会等36项群众性体育赛事。强化基层民主法治建设，健全基层群众自治组织。支持社会组织孵化园发展，发挥社会工作者的作用，构建社区公共服务、便民利民服务、志愿互助服务相互衔接的社区服务体系。加强国防动员、民兵预备役、人民防空和打击走私等工作，抓好双拥共建和优抚安置。加强民族宗教、妇女儿童、仲裁、气象、防震减灾和对口支援等工作。

四、大力加强法治政府建设

建设法治政府、服务型政府和廉洁政府，是本届政府的不懈追求。我们一定牢固树立宗旨意识，始终敬畏宪法和法律，大力推进依法行政，在法治轨道上开展各项工作。

依法履行政府职能。坚持法定职责必须为、法无授权不可为，督促政府工作人员带头学法尊法守法用法，严格按照法定权限和程序行使权力、履行职责。依法向社会公开行政权力清单、政府责任清单，固化行政权力行使程序。完善政府重大行政决策程序，全面推行政府法律顾问制度，健全合法性审查和风险评估机制。完善规范性文件制定程序，防止部门利益法制化。加强行政执法监督，建立重大执法决定事前法制审核、事后备案制度和执法全程记录制度，公开行政处罚裁量基准，避免执法随意性。加强行政违法预防工作，优化行政复议工作机制。强化法无例外、政府必须守法的理念，今年各级政府和所属单位都要带头清偿拖欠的工程款，补交应缴税费。

依法接受各方面监督。自觉接受人大的法律监督、政协的民主监督、媒体的舆论监督、群众的社会监督，认真办理人大代表建议和政协委员提案。加大政府信息公开力度，拓宽政务公开范围，依法公开公共资源配置、重大建设项目批准和实施、社会公益事业建设等领域的政府信息，今年市县两级政府、部门和“三公”经费预决算全面公开，保障群众知情权、监督权。完善新闻发言人制度，办好政府网站和政务微博、微信，及时回应社会关切。强化监察、审计等内部监督，行政事业单位和国有企业都要按计划进行全面严格的审计，行政事业单位签订合同及合同履行情况都要按规定报告，努力把规矩定得细一点，制度执行得严一点，提高人民群众的满意度和信任度。

加强政府廉政建设。坚持党风廉政建设与经济社会发展一起谋划、一起部署、一起考核，强化“一岗双责”，认真落实党风廉政建设责任制。认真遵守政治纪律和政治规矩，严格落实中央八项规定精神和省委、市委实施办法，始终保持反“四风”高压态势。牢固树立过“紧日子”思想，严格执行厉行节约反对浪费各项规定，深化公务用车制度改革，严控“三公”经费支出，从细节抓起，防微杜渐。持续开展廉政警示教育活动，加强廉政风险防控和防止利益冲突工作，行政权力集中的部门和岗位必须分级授权、定期轮岗，发生过违纪违法案件的岗位必须进行流程再造、弥补监管漏洞。严肃查处各类违纪违法案件，保持惩治腐败高压态势，以为民务实清廉的政府形象，赢得人民群众的信任和支持。

（市政府办公室提供）

编辑　闫拥军

注释：

① **三个“统一”**即把依法治国基本方略同依法执政基本方式统一起来，把党总揽全局、协调各方同人大、政府、政协、审判机关、检察机关依法依章程履行职能、开展工作统一起来，把党领导人民制定和实施宪法法律同党坚持在宪法法律范围内活动统一起来。

② **四个“善于”**即善于使党的主张通过法定程序成为国家意志，善于使党组织推荐的人选通过法定程序成为国家政权机关的领导人员，善于通过国家政权机关实施党对国家和社会的领导，善于运用民主集中制原则维护中央权威、维护全党全国团结统一。

③ **“3+4”发展战略**即培育壮大新信息、新医药与医疗器械、新材料及制品3个战略性新兴产业集群，改造提升机械制造、食品加工、运输设备、纺织服装4个传统优势产业集群，打造工业的强大支撑。

④ **四个“三年突破”战略**即实现东部滨海新城建设三年突破发展，实现文登区与中心城区对接融合、同城化三年突破发展，实现南海新区提升集聚发展能力三年突破发展，实现乳山市产业结构调整三年突破发展。

专　　记

党的群众路线教育实践活动

根据中央、省委统一部署，威海市党的群众路线教育实践活动从2014年2月启动，参加活动的有市级领导班子和各区（市）领导班子，103个市直部门单位、327个县直部门单位、75个镇（街道）、2865个村（社区）、2468个“两新”组织和425个其他基层组织，党员22.38万人，其中流动党员1.07万人。在中央、省委的正确领导和省委督导组的悉心指导下，市委带领全市各级党组织和广大党员干部，紧紧围绕“为民、务实、清廉”主题，按照“照镜子、正衣冠、洗洗澡、治治病”的总要求，精心组织，统筹安排，稳妥推进，教育实践活动取得良好效果。

一、基本做法

教育实践活动开展以来，市委把开展教育实践活动作为落实党要管党、从严治党的重大政治责任，作为加强领导班子和干部队伍建设、提升基层组织建设水平、加快威海经济社会发展的重大战略机遇，坚持从严抓标准、从细抓落实、从实抓督导，全市教育实践活动稳扎稳打、健康发展、有序推进。

（一）持续深化学习，筑牢思想根基。坚持把学习教育贯穿始终，把解决思想问题作为根本，做到活动向前推进，思想武装同步跟进，切实增强反“四风”、改作风的思想自觉和行动自觉。一是研读原著学理论。坚持原汁原味、系统研读，坚持集中讨论、交流提升，深入学习党章、十八大报告、习近平总书记系列讲话等规定书目，补理论之课，强精神之“钙”。市委常委会先后开展10多次集中学习，采取“班长”领学、逐人领读、集体研讨等方式，读原文、看原著、讲感受、谈体会，每人撰写2000字以上的学习心得，开展6次分组讨论、4次集中交流，巩固提升学习效果。召开集中学习讲评会，组织各区（市）和市直六大系统党（工）委书记交流心得体会，由市委常委进行点评，进一步统一认识、明确任务。各级党组织都把学习教育摆在首要位置，集中不少于5天时间学习规定内容，各村（社区）、“两新”组织通过送学上门、观看电教片等灵活形式，不断深化学习效果。二是深入群众强宗旨。坚持到群众中去，拜人民为师，在联系群众、了解民生中接地气、增底气、查不足、强宗旨。18名市级党员领导干部每人联系指导1个区（市）或市直部门，确定1个镇（街道）作为联系点，挂点联系一个软弱涣散基层党组织，分包4个信访积案，到基层作动员、搞调研、上党课、听意见，在活动关键环节强化一线指导，带动活动开展。各区（市）领导班子成员，共联系指导496个部门、镇（街道）和村（社区），分包信访积案290个，到基层上党课98次，受教育1.4万人次。市直235个单位联系包扶238个村，全市选派524名“第一书记”驻村，2.7万名干部结对帮扶2.9万困难户，增进了与群众的感情，提高了服务群众的自觉性。三是对标立规提境界。以革命先辈、典型先进、党员标准、群众期盼为镜，深学细照笃行。深入挖掘本地红色资源，组织党员干部到刘公岛甲午战争纪念地等爱国教育基地，天福山、马石山、胶东育儿所等革命传统教育基地，以及毛主席像章纪念馆等党史教育基地开展现场教学，从党的光辉历史和优良传统中触动思想、净化心灵，汲取营养、提升境界。组织全市党员干部学习弘扬焦裕禄精神，学习山东省涌现的孔繁森、朱彦夫、王乐义等先模人物，集中观看《焦裕禄》《杨善洲》《力量》《永恒》等影视教育片，通过对标学习抬高标尺、增强压力、激发动力。

（二）坚持聚焦“四风”，找准找实问题。把问题摆在聚光灯下，采取背靠背和面对面、请上来与走下去、面上找和定点查、群众提和个人摆相结合等方式，突出重点、不避难点，找准问题、触及要害。一是敞开大门听。组织党员干部深入基层一线，通过走访调研、座谈交流、个别谈话等方式，沉下去问、坐下来听，做到村“两委”干部、村（居）民代表、老党员、贫困户、信访人“五必访”，班子建设、社情民意、矛盾纠纷、民生工程、群众疾苦“五必问”，查找“四风”突出问题。全市发放征求意见表54.5万份，召开各类座谈会1741个，各督导组同领导干部个别谈话2863人次，收集意见建议

3.1万条。二是多方联动找。对省委巡视组和各级督导组反馈的意见、机关作风建设年查摆的不足、经济责任审计结果、人大代表和政协委员等的相关提案、群众来信来访、典型案例和基层暴露的问题等，集中汇总梳理，及时进行反馈，督促领导机关、领导班子和领导干部深刻反思，对号入座，认真“梳辫子”，主动查“四风”，力求把问题找全、找准、找深、找透。三是主动摆进去查。坚持班子查摆的问题，班子成员摆进去；下级查摆的问题，上级领导摆进去；业务部门查摆的问题，分管领导摆进去。市委常委勇于直面问题、主动认领问题、坦诚指出问题，详细列出“三张清单”，召开会议集体会诊，从严从实查摆问题。各级领导班子和领导干部，主动从分管领域和下属单位反映的问题中、从本区域本系统本单位发生的重大事件和典型案件中、从个人日常生活具体表现中查找问题，真正把“四风”问题查具体、查实在。

（三）严肃开展批评，严格党内生活。把召开高质量的专题民主生活会和组织生活会作为严格党内政治生活的一次生动实践，在开展批评和自我批评上动真格、开新风。一是谈心谈话做到谈通、谈透、谈好。市委常委集中3天时间，与各区（市）、分管部门主要负责人、联系指导单位班子成员“一对一”谈心谈话。各级各部门通过“一对一”“双向约谈”等方式，开诚布公，坦诚相待，把班子的问题谈透、个人的问题谈透、对方的问题谈透、拟在会上批评的意见谈透、改进的措施谈透，沟通了思想、打消顾虑、增进理解、形成共识。二是剖析检查做到见人、见物、见思想。针对查摆的问题，联系岗位职责、成长经历、思想和工作实际等，从理想信念、宗旨意识、党性修养、纪律观念、“三严三实”要求等方面深挖思想根源，找准问题症结，深刻对照检查。市委常委亲自撰写对照检查材料，深入思考、深刻剖析，力求把准脉、画准像、有深度。12名常委查摆“四风”问题190条。各级各部门领导班子和领导干部，都突出自己动手、突出个人特点、突出多点聚焦、突出深化剖析，做到查深摆实写准、见人见物见思想。三是批评与自我批评做到红脸、出汗、有“辣味”。在市委常委专题民主生活会上，市委书记代表班子作对照检查，带头自我批评，带头开展批评，各常委分别作个人对照检查，抛开面子自揭短处，直指要害批评同志，心悦诚服接受批评，每名常委都提出了2条以上批评意见，真正做到查摆问题不回避、有深度，开展批评真刀真枪、见筋见骨。各级各部门专题民主生活会普遍采取“一人谈、众人帮、逐人进行”的方式，开门见山、直面问题，对班子的问题主动认领、自觉承担，对个人的问题揭短亮丑、见深见底，对别人的问题大胆提出、见真见心。在基层专题组织生活会上，广大党员批评与互相批评不绕弯子、不留情面、有一说一、有二说二，真正让人人红了脸、出了汗。召开全市党员队伍纯洁性机制建设工作会议，开展民主评议党员工作，通过个人自评、党员互评、民主评测、上级点评，全市参加民主评议的21.32万名党员中，评定为“好”的占93.37%，评定为“一般”的占6.56%，评定为“差”的149名，初步认定为不合格的60名。

（四）坚持立说立行，狠抓整改落实。坚持边学边改、边查边改、即知即改，把问题整改贯彻始终，让群众看到变化、见到实效、得到实惠。一是领导带头整改。市委专题召开常委会，研究制定常委班子《整改工作方案》，按照“四个回应”的要求，与人对应、与事对接，确定7大类46项整改内容及措施，由市委、市政府主要领导负总责，市委常委具体抓好整改事项的落实，切实发挥好示范牵头作用。在《威海日报》等媒体开设《整改进行时》专栏，将重点整改事项向社会公示，接受群众监督，推动问题整改。各级领导班子和领导干部认真制定整改方案，列出整改问题清单，建立工作台账，实行项目化管理，努力以“钉钉子”精神抓落实。二是狠抓专项整治。从活动一开始，就从清理超标超配公车、多占办公用房，清查城乡低保中错保、漏保、骗保和人情保、关系保等入手，着力解决一批群众关注、反映强烈的突出问题。随着活动深入，进一步深化专项整治，以“准、狠、韧”精神向“四风”顽疾开刀。市委常委会将中央确定的32项、省委确定的25项、市委确定的7项专项整治任务，分解落实到相关市级领导和市直责任部门，集中开展专项整治。各级各部门结合实际确定专项整治重点，明确目标任务、主要措施、牵头领导、责任人员和完成时限，一项一项整治，一个一个突破，在短时间内取得快的转变、大的突破。三是强化正风肃纪。注重从信访举报、网络舆情、民意调查中掌握线索，充分运用巡视、审计、干部考察等成果，对顶风违纪的，严格落实“一案双责”规定，加大震慑力度，形成高压态势。年内，全市查处违反中央八项规定精神问题93起，处理104人，给予党政纪处分16人；受理“庸懒散”问题投诉113件，办结113件，查处直接责任人56人，给予党政纪处分6人，通报20起，曝光2起。市纪委专门印发2期《案件通报》，下发《开展案件专题剖析的通知》，将几年来全市发生的30个违纪违法案件、3起安全责任事故进行通报和剖析，以身边鲜活的事例教育全体领导干部深刻汲取教训，增强廉政意识，严守党纪国法。

（五）强化督促指导，落实从严要求。坚持“严”字当头，贯彻“认真”精神，从严从实抓好每个环节工作。一是注重分类指导。在各区（市），根据领导班子建设情况、机关作风建设状况和区域经济社会发展特点等，指导制定好《实施意见》等文件，注重发挥各级党委和“一把手”的作用，示范引领活动开展。在市直部门特别是窗口单位，注重把握单位特点，推行“AB角”轮岗、预约排班、延时补课等制度，有效解决工学矛盾。在镇（街道）、村（社区），立足基层生产生活实际，便民中心夜间办公，机关干部晚上走访群众，“倒时差”服务保证活动实效。在“两新”组织，针对组织活动经验少的实际，实行“一对一”指导，面对面督促，全过程参与，紧贴实际求实效。二是严格质量要求。立足高标准开展，按照“规定动作不打折扣、自选动作紧扣主题”的要求，组织各级各部门认真学习把握上级要求，坚决克服“敷衍应付”心态，杜绝以形式主义反对形式主义。立足高质量推进，坚持时间服从质量，梯次展开、压茬进行，对准备不充分、条件不成熟的决不启动；对各级活动的时间节点适当“弹性化”，不做硬性要求，不求整齐划一，确保活动质量。立足高水平引领，第一时间把习近平总书记“五个准确把握”、学习弘扬焦裕禄精神、认真践行“三严三实”等要求传达到基层，使之内化于心、外化于行，贯穿于活动全过程，落实到作风建设的各个方面。三是严格督导检查。市县两级共派出督导组43个210人，镇（街道）向每个村（社区）、“两新”组织派出督导员，全程指导督导活动开展。坚持严的标准，全面落实“五个不放过”要求，对工作不扎实的约谈主要领导，对活动走过场的责令重来。共约谈各级各部门主要领导23人次。坚持严的措施，建立提前预审、三级会审、集中反馈、签字备案等制度，对活动进行严格把关，对照检查材料普遍修改6稿以上，整改落实方案普遍修改4稿以上；参与督导单位重要活动，全程参加专题民主生活会，当场指出问题。坚持严的纪律，讲原则不讲关系，讲规矩不讲面子，讲公心不讲私心，敢于“唱黑脸”“当包公”，发现问题盯住不放，提出问题不留情面，督促整改一抓到底。先后对个别谈话中避重就轻、遮遮掩掩的51名干部，进行严肃批评教育，并责令重新谈话。

（六）强化舆论宣传，营造浓厚氛围。发挥新闻媒体的“喉舌”作用，深入开展宽领域、多层级、高密度的宣传引导，在全社会营造浓厚活动氛围。一是注重动态宣传。依托《威海日报》及广播电视等市级媒体，统一开设《走群众路线、建幸福威海》专栏，深度宣传中央和省委、市委关于教育实践活动的重要精神。动态报道教育实践活动进展，及时宣传解决突出问题、改进工作作风的举措成效，推进各级各部门把准方向、抓住关键。各区（市）和各部门也都利用各类宣传平台，开展专题宣传。市级媒体刊播动态报道422篇，各区（市）发布宣传稿件1389篇。二是注重评论引导。强化评论言论指导，组织专门力量，搜集上年教育实践活动开展以来《人民日报》《大众日报》刊发的154篇评论言论，汇编成册，发给市级领导班子成员及各区（市）、市直各部门单位和督导组，作为辅助学习教材。在《威海日报》等媒体撰发、转载评论文章134篇，解疑释惑，统一思想，凝聚共识，形成合力，引导活动健康开展。三是注重典型引路。坚持正面引导，强化示范带动，注重以身边的事来教育身边的人，结合威海实际和教育实践活动开展情况，深入挖掘、大力宣传殷树山、刘昌仁、沈秀芹等7名优秀基层党员干部和威海供电公司等优秀党组织典型，制作播出《为民务实先进党员典型人物》专题片，使党员干部学有榜样、行有示范，“照镜子”有比较、“正衣冠”有参照，带动活动深入推进。

二、主要成效

这次教育实践活动，紧扣作风建设、密切联系实际，坚持从严要求、贯彻整风精神，使广大党员干部得到一次的党性锻炼，“四风”问题得到了有效遏制，党风政风社风民风明显好转，贯彻群众路线的长效机制和刚性约束初步形成，教育实践活动取得积极成果。

（一）党员干部深受教育，践行群众路线的自觉性进一步增强。通过教育实践活动，广大党员干部进一步坚定了理想信念，清洗了思想灰尘，补足了精神之“钙”，拧紧了世界观、人生观、价值观这个“总开关”。老党员通过重温经典言论，感到自己找回了群众观点，站正了群众立场；年轻党员通过系统学习教育，进一步增进了同群众的感情，拉近了同群众的距离。各级领导班子思想境界有了新提升，思想政治能力、动员组织能力、驾驭复杂矛盾能力有了新提高，进一步坚定了全面深化改革的信心，凝聚了干事创业的共识，形成了服务群众的合力。人民群众对党员干部的评价有了新转变，社会各界对党委、政府的满意度明显提高。

（二）“四风”问题有效遏制，干部作风进一步好转。教育实践活动，紧紧扭住“四风”问题，对作风之弊、行为之垢进行一次大排查、大检修、大扫除。以解决工作不实问题为重点，制定并落实了5月、8月“无会月”制度，以党委、政府名义召开的会议同比精简22.3%，下发的文件简报同比精简25.1%，清理评比达标表彰项目63个，精简各类领导小组、议事协调机构54个，减少“一票否决”事项45个。以解决对群众利益不维护不作为问题为重点，市级取消、下放和改变管理方式的行政审批和监督服务事项129项，减少流程环节370余个；全市取消、暂停行政事业性收费15项，降低收费标准11项。以克服及时享乐和特权现象为重点，全市清理违规配备公务用车380辆，全面取消“O”牌车和违规配备的军警号车；腾退清理超标办公用房7.7万平方米；各级党员干部全部作出会员卡“零持有”报告；199名在行业协会、商会类社会组织兼职的领导干部按规定辞去了兼任社会组织职务。以治理挥霍浪费和骄奢淫逸不良风气为重点，“三公”经费支出比上年下降23%，全市党政干部因公临时出国（境）人次减少63批191人次。

（三）整风精神得到弘扬，党内生活进一步规范。各级各部门以习近平总书记参加河北省委和兰考县委常委班子专题民主生活会时的重要讲话精神为指导，引导广大党员干部贯彻整风精神，在开展批评和自我批评上动真格、开新风，力戒好人主义和党内生活“庸俗病”，普遍召开一次高质量的专题民主生活会，受到一次严格的党性锻炼。大家普遍反映，这次专题民主生活会是多年来触动最深、效果最好的一次，收到了相互教育、相互警醒的效果，达到“团结—批评—团结”的目的，发扬了党的好传统，展现了党内生活的新气象，既为用好批评和自我批评武器、提高领导班子解决自身问题能力提供了有益借鉴，又为召开民主生活会、开展积极健康的思想斗争作出了示范。各级领导班子和领导干部认真反思干工作作决策尊重群众意愿不够、个人说了算等问题，发扬民主、集体领导观念普遍增强，践行民主集中制迈出了新步伐。

（四）制度机制更加健全，作风建设成果进一步巩固。立足标本兼治，坚持整改一类问题，健全一套制度，消除一个病灶，以制度机制巩固作风建设成果。市委常委会围绕加强自身作风建设，带头修订完善《市委常委会议议事决策规则》等13项制度，新建立《关于做好谈心谈话的规定》等5项制度。全市面上围绕整治“四风”突出问题，修订完善制度14项，新建立制度21项。其中，围绕反对形式主义，重点建立健全加强和改进党委督促检查工作、规范各类会议文件简报、清理评比表彰和达标活动、严格学会协会管理等制度规定；围绕反对官僚主义，重点建立健全规范领导机关、领导干部以及执法监管部门和窗口单位、服务行业履职行为，完善党员干部直接联系群众、畅通群众诉求反映渠道等制度规定；围绕反对享乐主义，重点建立健全规范党政机关领导干部工作生活待遇、规范国有企业负责人职务消费管理等制度规定；围绕反对奢靡之风，重点建立健全党政机关厉行节约反对浪费、楼堂馆所建设管理、“三公”经费预算管理和公开以及规范节庆、论坛、展会和招商引资活动等制度规定；围绕规范选人用人，重点建立健全市直部门县级干部考核和民主测评、市属国有企业负责人经营业绩考核和薪酬管理等制度规定。各区（市）、市直部门单位积极推进规章制度的改、立、废工作，贯彻群众路线、推进作风建设的长效机制和刚性约束初步形成。

（五）人民群众广泛受益，对党的信任和拥护进一步增进。各级各部门积极回应群众关切，着力解决群众最关心最直接最现实的利益问题，着力解决群众身边的不正之风问题，把改进作风成效落实到基层，切实让群众受益得实惠，得到群众的广泛支持和赞誉。认真落实各项民生政策，扎实推进重点民生工程，着力解决群众在教育、就业、社会保障等方面的基本需求，启动总投资82.9亿元的315件为民实事，连续六年开展农村环境综合整治，年内重点整治255个村，预计2015年全面完成任务。着力查处纠正一批涉法涉诉、征地拆迁、安全生产、食品药品安全等方面侵害群众利益行为，解决了一批关系群众切身利益、群众反映强烈、久拖不决的信访积案，其中市级领导分包64件社会关注度高、解决难度大的信访积案，化解26起。各级党政机关、执法部门、窗口单位和服务行业，广泛开展创先争优活动，围绕“让群众好办事、为群众办好事”转作风，政务服务更加高效，群众办事更加方便。启动建设工程项目模块化审批，缩短审批时限，提升审批效能。广大党员领导干部纷纷走出高楼深院，深入实际、深入基层、深入群众，知民情、解民忧、暖民心，为群众办实事、做好事、解难事。

（六）基层基础更加夯实，联系服务群众“最后一公里”进一步畅通。以加强基层服务型党组织建设为手段，引导各级抓基层、打基础，进一步扩大党的组织覆盖和工作覆盖，打通联系服务群众“最后一公里”。教育培训党员干部，开展“双找”活动，对排查出的2799名党员全部落实了参加活动的党组织；加强党员培训管理，各级利用党校主阵地，培训基层党组织书记9351人次、基层党员9.33万人次。整顿建强基层组织，召开了市、区（市）、镇三级书记参加的农村基层组织建设工作会议，加大软弱涣散基层党组织整顿力度，通过区（市）领导联系、“第一书记”帮带等方式，帮助284个软弱涣散基层党组织整改转化，新建扩建党员活动场所496个；完成了农村财务审计，坚决查处拉票贿选等干扰破坏选举的行为，为农村“两委”换届打好基础。强化基层基础保障，制定基层党组织经费保障制度，每个村级组织运转财政补助资金达到5万元、2020年可达到10万元以上，每个城市社区为民服务专项经费达20万元。健全服务群众体系，在全市普遍建立镇级政务服务中心，在村设立便民服务代办点，着力打通联系服务群众“最后一步路”。

三、经验启示

实践证明，党的十八大作出的在全党深入开展党的群众路线教育实践活动的战略决策是完全正确的，党中央关于这次活动的一系列部署是完全正确的。这次活动，为保持党的先进性和纯洁性、增强各级党组织的凝聚力和战斗力、树立党员干部良好作风和形象，积累了经验，提供了启示。

（一）坚持领导带头，做到以上率下。在中央和省委的示范带动下，市委常委坚持抓带结合，既以身作则，自觉以普通党员身份把自己摆进去，每个环节都走在前、作表率，又高度重视全市活动的组织，层层传递压力；各级党组织一把手切实履行“受教育、抓活动”两个主体责任，既把自己摆进去，又把党员干部带起来，实现了领导带头、以上率下的良好局面，这是决定活动成败的关键因素。

（二）坚持问题导向，着力纠正“四风”。坚持问题导向是教育实践活动的首要任务和鲜明特色。活动中，始终聚焦“四风”，着眼于突出问题，从群众感受最直观、反映最强烈的问题抓起，既查找“病灶”又深挖“病根”，既抓问题整改又抓制度建设，既治标又治本，找准了靶子、点中了穴位，促进作风根本好转。实践证明，加强作风建设，必须强化问题意识，一风一风地查，一项一项地整，抓一件成一件，积小胜为大胜，积小成为大成，促进作风根本好转。

（三）坚持学用一致，力求知行合一。始终坚持把学习教育贯穿始终，把解决问题贯穿始终，做到教育和实践两手抓、两结合。坚持不懈的理论武装，为解决实际问题增添了精神动力、破除了思想障碍；强化即知即改、立行立改，为提高思想认识、增强党性修养提供了现实教材和真切感悟。只有坚持知行合一，以知促行、以行促知，不断让思想自觉引导行动自觉、让行动自觉深化思想自觉，作风建设才能抓得实、做得深、走得远。

（四）坚持敞开大门，紧紧依靠群众。坚持把群众满意作为重要衡量标准，把开门搞活动作为重要工作方法，查找问题直接听取群众意见，整改落实直接吸收群众参与，活动成效直接交给群众评判，确保活动取得群众满意的成效。实践充分证明，群众参与是动力、也是压力，群众满意是标准、也是目的。加强作风建设，必须敞开大门，从群众中来、到群众中去，形成党内外良性互动，真正把群众的意愿和智慧转化为改进作风的强大动力。

（五）坚持“严”字当头，落实“认真”精神。始终贯彻认真精神，以严的标准、严的举措、严的纪律，从细处入手，向实处着力，为教育实践活动取得实效提供根本保障，保证活动不虚不空不偏、不走过场。世间事，做于细，成于严。加强作风建设，既要注重激发党员干部的内生动力，又要坚持高标准、严要求，真实抓、抓真实，增强改进作风的外在压力，形成上下协同、内外联动、合力推进的良好态势。

（董志超）

编辑　李洪格

大　事　记

1　月

1 日

△即日起，威海市 336 个加油站全部开始销售“国四”标准汽油。

△威海市老龄办、民政局、财政局联合下发《关于提高长寿补贴高龄津贴标准扩大高龄津贴发放范围的通知》，威海市高龄津贴发放范围扩大到 80 周岁以上威海市户籍老年人，同时提高相关补贴、津贴标准。100 周岁以上老年人的长寿补贴标准由每人每月 300 元提高到每人每月 400 元；90 ～ 99 周岁老年人的高龄津贴由每人每月 30 元提高到每人每月 40 元；80 ～ 89 周岁老年人每人每年发放高龄津贴 100 元。

4 日

△威海市首部原创三维动画片《繁星点点》央视首映新闻发布会暨公益捐赠仪式在刘公岛举行，该片由威海本土团队担任主创，并由威海本地动漫企业制作完成。

6 日

△威海临港经济技术开发区（国家级）成立大会在临港经济技术开发区文化艺术中心举行。市委书记、市人大常委会主任孙述涛出席会议并讲话，孙述涛与市委副书记、市长张惠为临港经济技术开发区党工委、管委会揭牌。

8 日

△　中国人民政治协商会议第十二届威海市委员会第三次会议在威海国际会议中心开幕。大会应到代表 337 名,实到代表 318 名,符合法定人数。会议历时 2 天半，完成了各项议程，于 10 日在威海国际会议中心闭幕。

9 日

△威海市第十六届人民代表大会第三次会议在威海国际会议中心开幕。大会应到代表 332 名，实到代表 306 名，符合法定人数。会议历时 2 天半，完成了各项议程，于 11 日在威海国际会议中心闭幕。

13 日

△在新春佳节即将到来之际，市委书记、市人大常委会主任孙述涛走访慰问了威海市部分困难群众、老党员、劳动模范和敬老院老人。

14 日

△春节将至，市委副书记、市长张惠走访慰问了威海市部分劳动模范、老党员、困难群众和老年公寓的老人。

29 日

△俄罗斯芭蕾舞剧院在威海国际会议中心大剧院为威海观众演出经典芭蕾舞《天鹅湖》。

2　月

20 日

△由威海市企业生产的 41.4 吨花生酱，经威海检验检疫局检验合格放行，在台湾顺利通关，这是威海市花生酱产品首次销售到台湾。

23 日

△以省委赴威海市督导组组长、省人大常委会副主任贾万志为组长的省委党的群众路线教育实践活动督导组进驻威海，并听取威海市党的群众路线教育实践活动准备工作情况。市委书记、市人大常委会主任孙述涛汇报工作。

24 日

△威海市党的群众路线教育实践活动动员大会召开，省委赴威海市督导组组长、省人大常委会副主任贾万志出席并讲话。市委书记、市人大常委会主任孙述涛主持并讲话。

28 日

△市委副书记、市长张惠在东山宾馆会见马尔代夫驻华大使莫芮德 · 拉希德一行。

△“第二届中国智慧城市年会”在北京裕龙国际酒店举行，会上公布了11个中国智慧城市创新奖名单，威海市工业设计云平台名列其中，这是威海市首次获此荣誉。

3 月

1 日

△威海市月最低工资标准由1380元提高到1500元；小时最低工资标准则由14.5元提至15元。

18 日

△威海市文登区成立大会在文登市民文化中心召开，市委书记、市人大常委会主任孙述涛讲话，市委副书记、市长张惠主持。文登区委、区人大常委会、区政府、区政协揭牌。1月25日，国务院批复同意威海市部分行政区划调整方案。2月27日，省政府下发了《关于调整威海市部分行政区划的通知》：撤销文登市，设立威海市文登区。

20 日—21 日

△省委赴威海市督导组组长、省人大常委会副主任贾万志一行到联系点荣成市调研指导党的群众路线教育实践活动，威海市委书记、市人大常委会主任孙述涛等陪同调研。

29 日

△威海市创业政策说明会暨威海创业大学成立仪式在蓝天宾馆举行。威海创业大学由省人力资源和社会保障厅、威海市人民政府、北京华普亿方有限公司三方共建。

4 月

9 日

△威海市举行纪念甲午战争120周年报告会，军事科学院战略研究部研究员、中国政策科学研究会国家安全政策委员会副秘书长、少将彭光谦，围绕铭记甲午战争历史教训、建设海洋强国主题作专题报告。

28 日

△由威海华夏集团斥资4.73亿元打造的威海神游海洋世界正式开业，填补了威海作为沿海城市没有海洋馆的空白。

5 月

6 日

△“‘时代楷模’朱彦夫同志先进事迹报告会”在东山宾馆举行。报告会前，市委书记、市人大常委会主任孙述涛会见了省委宣传部报告团成员。

8 日

△省委赴威海市督导组组长、省人大常委会副主任贾万志到联系点荣成市作群众路线教育实践活动辅导报告。

9 日

△省人大常委会副主任贾万志一行到威海市就基层人大履职工作情况开展专题调研。

14 日—15 日

△副省长王随莲率调研组到威海调研卫生、体育工作。市委书记、市人大常委会主任孙述涛，市委副书记、市长张惠等陪同调研。王随莲一行先后实地调研了文登整骨医院、威海市中医院和威高血液净化中心，调研了合庆湾铁人三项赛场、省体育训练基地、市体育中心训练场馆和城里中学。

19 日

△省委常委、政法委书记才利民率调研组到威海市调研平安建设工作。市委书记、市人大常委会主任孙述涛，市委副书记、市长张惠等陪同调研。

20 日

△威海市纪念甲午战争120周年书画名家名作大型展览活动在位于威海经济技术开发区的台湾会馆举办，展出作品600余幅。

21 日

△省委赴威海市督导组组长、省人大常委会副主任贾万志到文登区政务服务中心、天润曲轴集团、万图高分子、蓝岛科技公司调研，详细了解了文登区行政效能提速、企业发展等情况，市委副书记、市长张惠等陪同调研。

29 日

△15时许，环翠区里口山区域发生山火。市委、市政府第一时间行动，快速启动应急预案，科学组织扑救；各部门闻令而动，迅速集结，奋力扑火，全力保障；广大市民沉着冷静，尽己所能，配合扑救疏散；兄弟地市紧急增援；军地携手，干群合力，人机配合，全市上下众志成城，昼夜坚守，奋力灭火。至6月1日上午11时5分，所有着火点全部被扑灭。

6 月

8 日

△威海市符合条件的“单独”夫妇可生育第二个子女，即日开始受理“二孩”生育证办理。

11 日

△K1、K2 公交线路正式实现车载 Wi-Fi 网络覆盖，乘客只要进入车厢，即可免费使用。

12 日

△国家发改委、财政部、工信部等 12 个部委联合下发《关于同意深圳市等 80 个城市建设信息惠民国家试点城市的通知》，威海市被列为“信息惠民国家试点城市”。

△国家旅游局印发《关于确定第二批“全国旅游标准化示范单位”的通知》，确定 26 个城市（区、县）为全国旅游标准化示范城市（区、县）。威海市被列为“全国旅游标准化示范城市”。

20 日

△第五届威海国际食品博览会暨中韩（威海）品尚生活博览会在威海国际展览中心和威海经济技术开发区韩乐坊启帷。国内外 488 家企业参展，展出面积 5 万平方米，搭建国际展位 987 个，并设置 1 个韩国商品交易中心。主会场国际食品博览会举办 4 天，分会场品尚生活博览会举办 17 天，是历届博览会中规模最大、档次最高的展会。

7 月

1 日

△威海市社会各界以唱红歌、献爱心、志愿者服务等丰富多彩的形式，庆祝中国共产党建党 93 周年。

△市人力资源和社会保障局、财政局联合发布《关于提高我市居民基本养老保险基础养老金标准的通知》，即日起全面提高全市居民基本养老保险基础养老金。调整后最低标准为每人每月 85 元，最高标准为每人每月 100 元。

5 日—9 日

△2014 年全国帆板冠军赛在威海市刘公岛海域开赛，由国家体育总局水上中心、中国帆船帆板运动协会联合主办，来自国内 8 个省份 9 支代表队的 84 名专业帆板运动员参加。这是威海市首次承办全国性的正式帆板比赛。

7 日

△比利时根特市市长丹尼尔·特蒙率团到威海开展经济合作交流，并举行威海——根特经济合作交流会。市委副书记、市长张惠出席会议并致辞。

9 日

△第八届中国威海国际建筑设计大奖赛专家研讨会在蓝天宾馆举行。国务院参事、中国建筑学会理事长车书剑，故宫博物院院长、中国文物学会会长单霁翔，中国建筑学会副理事长兼秘书长、国际建协理事周畅，中国工程院院士、全国建筑设计研究院副院长、总建筑师崔愷等 60 多名建筑设计领域权威专家应邀出席会议。

11 日—12 日

△省委赴威海市督导组组长、省人大常委会副主任贾万志一行，威海市委书记、市人大常委会主任孙述涛等，全程参加、指导了荣成市委常委会召开的党的群众路线教育实践活动专题民主生活会。

21 日

△住房城乡建设部、国家发展改革委、财政部等 7 部委下发《关于开展全国重点镇增补调整工作的通知》，威海市环翠区苘山镇、张村镇、温泉镇，文登区宋村镇，荣成市俚岛镇、成山镇，乳山市海阳所镇、白沙滩镇 8 个镇被列为全国重点镇。

22 日

△副省长孙绍骋一行到乳山市就养生养老服务业发展、房地产市场运营情况以及减灾防灾工作进行实地调研。市委书记、市人大常委会主任孙述涛等陪同调研。

25 日

△位于刘公岛上的北洋海军提督署原状复原陈列工程历时 4 年完工，并正式开馆。

8 月

1 日—6 日

△全国政协副主席、九三学社中央主席韩启德到威海市调研。市委书记、市人大常委会主任孙述涛，市委副书记、市长张惠等分别陪同。

6 日

△纪念甲午战争 120 周年书画摄影作品展在威海市美术馆举行，展出作品 70 多件，提醒世人以史为鉴，增强民族忧患意识，强化海洋、海防、国防观念，激发全社会的凝聚力和爱国热情。

8 日—9 日

△全国政协副主席、农工党中央常务副主席刘晓峰到威海考察。省政协副主席、农工党省委主委王新陆，市委书记、市人大常委会主任孙述涛等分别陪同。

12 日

△第 17 届韩国仁川亚运会火炬在威海传递，来自中韩两国的 50 名火炬手参加，这是亚运会历史上主办国首次在境外传递火炬，威海市是唯一的境外传递城市。

15 日

△第三届“中国城市公益慈善指数”对外公布，在七星级评定体系中，威海市的公益慈善指数为六星级，在 109 个“中国城市慈善百强城市”中位列 53 位。

22 日—25 日

△由省委宣传部和威海市人民政府共同主办的第五届山东文博会威海分会场·2014 中韩（威海）文化创意产业合作交流会（简称文交会）在威海举行。整体活动分为展馆展览、发展论坛、中韩文化交流三大活动板块和威海

经济技术开发区韩乐坊、文登市民文化中心两个展区。展会期间，韩乐坊展区现场交易和意向额3.42亿元，文登市民文化中心展区现场交易和意向额1.1亿元。

27日

△海军在刘公岛附近海域举行甲午战争120周年海上祭奠仪式。

△国际环保组织自然资源保护协会（NRDC）在北京发布《中国城市步行友好性评价报告》，威海总排名第13位列入“适宜步行”城市，其中舒适性指标位列第7。

30日

△“双举海参杯”2014横渡刘公岛海湾全国邀请赛在刘公岛海域进行，全国20个城市的431名游泳爱好者参加，威海市代表队获得团体冠军。

9 月

3日

△是全国人大常委会确定的第一个中国人民抗日战争胜利纪念日，威海市社会各界以多种方式缅怀抗日英烈，追思历史，表达以史为鉴、祈愿和平、圆梦中华的情怀。

4日

△省委赴威海市督导组组长、省人大常委会副主任贾万志一行到荣成市崂山街道地宝圈村指导村党支部专题组织生活会，并到环翠区调研经济社会发展情况。市委书记、市人大常委会主任孙述涛等陪同活动。

17日—18日

△“甲午战争与东亚历史进程——纪念甲午战争120周年”国际学术研讨会在威海市召开。中国社会科学院院长王伟光，中国社会科学院副院长李培林，副省长季缃绮，中国人民解放军军事科学院原政委张序三，中国人民解放军海军原副司令员丁一平，中国史学会会长张海鹏，市委副书记、市长张惠等出席开幕式。此次研讨会由中国社会科学院和山东省人民政府联合主办，中国史学会、中国社会科学院近代史研究所、山东省社会科学界联合会和威海市人民政府承办，来自世界各地的150余名专家学者参加。

20日—21日

△“华发股份杯”2014年威海长距离铁人三项世界锦标赛在半月湾中国铁人三项运动专用赛场举行，来自34个国家和地区的1408名中外运动员报名参加这场首次在亚洲举办的长距离铁人三项比赛的最高级别赛事。

△副省长王随莲在东山宾馆会见了国际铁联主席玛丽索·卡索多一行。国家体育总局自行车击剑运动管理中心副主任、中国铁人三项运动协会副主席许海峰会见时在座，市委副书记、市长张惠等陪同活动。王随莲与玛丽索·卡索多一同观看了铁三世锦赛优秀组比赛，并详细了解了赛事组织、安全、后勤保障等方面的情况。

24日

△谷牧旧居对外开放。2014年是谷牧100周年诞辰，荣成市对宁津街道东墩村的谷牧旧居进行了整体修缮，打造成一个内涵丰富、特色鲜明的红色教育基地。

28日

△教育部副部长刘利民到威海市调研，市委副书记、市长张惠等陪同调研了文登区特殊教育学校、第二实验小学、南海高中及北京交通大学威海校区。

29日

△刘公岛驻岛部队、边防所、消防中队和刘公岛管委等军地单位官兵及干部职工代表200余人，共同举行烈士纪念日纪念活动（9月30日是中国首个烈士纪念日）。

10 月

7日

△国庆黄金周期间，全市纳入统计监测的18个有门票收入的A级景区接待游客70.1万人次，实现旅游收入7420.8万元，比上年分别增长2%和7.5%。海陆空发送旅客量达54.91万人次。其中，市公路局所辖各收费站车流量同比大增22.16%，水路、铁路与2013年基本相当。

16日

△威海市党的群众路线教育实践

9月23日，市委书记、市人大常委会主任孙述涛（左一）一行到谷牧旧居瞻仰参观　　共青团威海市委提供

活动总结大会在威海国际会议中心召开，省委赴威海市督导组组长、省人大常委会副主任贾万志出席会议，市委书记、市人大常委会主任孙述涛主持会议并讲话，市委副书记、市长张惠等参加会议。

17日

△2014年中国—欧盟膜技术研究与应用研讨会在威海市召开。欧洲膜学会名誉主席恩瑞克·德里奥利、科技部国际合作司参赞莫鸿钧、中国工程院院士高从堦等出席研讨会开幕式。

17日—19日

△第七届中国威海国际渔具博览会在威海国际展览中心举办。博览会设1443个国际标准展位，687家国内外企业参展，展览规模和参展商数量均创历史新高。为期3天的渔具博览国际贸易成交额达9800万美元，比上届增长14%;国内贸易成交额3.75亿元，比上届增长12%。

28日

△威海市蓝色经济研究院在南海新区挂牌成立，4家研究所和1家产业联盟同时进驻。

29日

△威海市与韩国群山市共同签署建立友好合作关系协议书。

11 月

7日

△住房城乡建设部公布了第三批中国传统村落名录，荣成市俚岛镇大庄许家、东烟墩和烟墩角3个村入选名录。

11日

△威海市与国家海洋技术中心签署共建国家浅海海上综合试验场协议书，首个国家浅海海上综合试验场正式落户威海市褚岛北部海域。国家海洋局海洋科学技术司司长雷波，国家海洋技术中心主任罗续业，山东省海洋与渔业厅厅长王守信，市委副书记、市长张惠等出席签字仪式。

27日

△全国道德模范与身边好人（山东威海）现场交流活动在威海市举行。15名道德模范和身边好人代表与现场观众进行了互动交流，传递道德和爱的力量。

29日

△国家发改委、住建部等11部委联合印发《国家新型城镇化综合试点方案》，威海市成功入选试点城市名单。

12 月

1日

△威海市区开始禁行黄标车，并对符合规定条件提前淘汰的黄标车给予差别化资金补贴。

8日—9日

△青海省海北州委副书记、州长万玛多杰率海北州党政代表团到威海市参观考察。市委书记、市人大常委会主任孙述涛会见考察团一行，市委副书记、市长张惠等陪同考察。

10日—13日

△市委副书记、市长张惠率团赴韩国开展经贸促进活动，推动威海市同仁川市深化地方经济合作。

27日

△在成都市举行的2014中国智慧城市推进大会暨第四届中国城市信息化50强发布会上，威海市第四次跻身“中国城市信息化50强”。威海市也是唯一获得“中国城市信息化50强”并同时成为国家“智慧城市试点”“信息消费试点”“宽带中国试点”“信息惠民试点”“基于云计算的电子政务云平台试点示范地区”的地级市。

△纪念甲午战争120周年大型音乐史诗《甲午祭》音乐会在威海大剧院演出，表达了对甲午海战的铭记以及对民族振兴的祝愿。

28日

△连接青岛、烟台、威海等沿海城市的省内首条区域性城际高速铁路——青荣城际铁路（即墨荣成段）正式开通运营。

31日

△按照交通运输部的统一部署，山东省高速公路与京津冀晋高速公路区域联网电子收费系统开通运行。威海市近5万ETC用户可在这五省市畅行。

△威海市黄标车提前淘汰财政补贴政策实施满一年，据山东省黄标车提前淘汰信息管理系统显示，威海市累计审核通过的提前淘汰黄标车达7148辆，淘汰进度居全省第二位。

△根据省环保厅公布的全省17城市大气环境质量排名，2014年威海市的“蓝天白云　繁星闪烁”天数为326天，居全省第一。

编辑　闫拥军

社会主义核心价值观

中共十八大提出，倡导富强、民主、文明、和谐，倡导自由、平等、公正、法治，倡导爱国、敬业、诚信、友善，积极培育和践行社会主义核心价值观。

“富强、民主、文明、和谐”是国家层面的价值目标，“自由、平等、公正、法治”是社会层面的价值取向，“爱国、敬业、诚信、友善”是公民个人层面的价值准则，这24个字是社会主义核心价值观的基本内容。

“富强、民主、文明、和谐”，是中国社会主义现代化国家的建设目标，也是从价值目标层面对社会主义核心价值观基本理念的凝练，在社会主义核心价值观中居于最高层次，对其他层次的价值理念具有统领作用。富强即国富民强，是社会主义现代化国家经济建设的应然状态，是中华民族梦寐以求的美好夙愿，也是国家繁荣昌盛、人民幸福安康的物质基础。民主是人类社会的美好诉求。中国追求的民主是人民民主，其实质和核心是人民当家作主。它是社会主义的生命，也是创造人民美好幸福生活的政治保障。文明是社会进步的重要标志，也是社会主义现代化国家的重要特征。它是社会主义现代化国家文化建设的应有状态，是对面向现代化、面向世界、面向未来的，民族的科学的大众的社会主义文化的概括，是实现中华民族伟大复兴的重要支撑。和谐是中国传统文化的基本理念，集中体现了学有所教、劳有所得、病有所医、老有所养、住有所居的生动局面。它是社会主义现代化国家在社会建设领域的价值诉求，是经济社会和谐稳定、持续健康发展的重要保证。

“自由、平等、公正、法治”，是对美好社会的生动表述，也是从社会层面对社会主义核心价值观基本理念的凝练。它反映了中国特色社会主义的基本属性，是中国共产党矢志不渝、长期实践的核心价值理念。自由是指人的意志自由、存在和发展的自由，是人类社会的美好向往，也是马克思主义追求的社会价值目标。平等指的是公民在法律面前的一律平等，其价值取向是不断实现实质平等。它要求尊重和保障人权，人人依法享有平等参与、平等发展的权利。公正即社会公平和正义，它以人的解放、人的自由平等权利的获得为前提，是国家、社会应然的根本价值理念。法治是治国理政的基本方式，依法治国是社会主义民主政治的基本要求。它通过法制建设来维护和保障公民的根本利益，是实现自由平等、公平正义的制度保证。

“爱国、敬业、诚信、友善”，是公民基本道德规范，是从个人行为层面对社会主义核心价值观基本理念的凝练。它覆盖社会道德生活的各个领域，是公民必须恪守的基本道德准则，也是评价公民道德行为选择的基本价值标准。爱国是基于个人对自己祖国依赖关系的深厚情感，也是调节个人与祖国关系的行为准则。它同社会主义紧密结合在一起，要求人们以振兴中华为己任，促进民族团结、维护祖国统一、自觉报效祖国。敬业是对公民职业行为准则的价值评价，要求公民忠于职守，克己奉公，服务人民，服务社会，充分体现了社会主义职业精神。诚信即诚实守信，是人类社会千百年传承下来的道德传统，也是社会主义道德建设的重点内容，它强调诚实劳动、信守承诺、诚恳待人。友善强调公民之间应互相尊重、互相关心、互相帮助，和睦友好，努力形成社会主义的新型人际关系。

（市委宣传部提供）

威海概况

建置沿革

【地理位置】 威海市位于山东半岛东端，地处北纬36°41′—37°35′、东经121°11′—122°42′。北东南三面濒临黄海，北与辽东半岛相对，东及东南与朝鲜半岛隔海相望，西与烟台市接壤。东西最大横距135公里，南北最大纵距81公里，总面积5797平方公里，其中市区面积777平方公里。海岸线长985.9公里。辖环翠区、文登区、荣成市和乳山市。

【建置隶属】 威海历史悠久，新石器时代中期，境内就有人类聚居。夏、商、周三代，今市境为东方嵎夷之地，有莱夷聚居。北齐天统四年（568年），境内设文登县，今市境尽属之。此后，朝代更替，但隶属文登县未变。

明洪武三十一年（1398年），为防倭寇侵扰，设威海卫，威海之名即由此而来。清光绪二十四年（1898年），英国强租威海卫。光绪二十六年（1900年），设威海卫行政长官署，属英国殖民部。1930年10月，中国收回威海卫，置威海卫行政区，直属国民政府行政院。

1950年5月，成立文登专区，辖威海、荣成、文登、昆嵛、乳山、海阳、牟平、福山8县。1956年2月，文登专区撤销，今威海地域改属莱阳专区。1958年10月，莱阳专区改为烟台专区，1967年2月，烟台专区更名为烟台地区，今威海地域属之。1983年8月撤销烟台地区，设烟台市（地级），同时威海市改为省辖县级市，由烟台市代管，文登、荣成、乳山3县归烟台市管辖。

1987年6月15日，威海市升为地级市，原县级威海市设为环翠区；烟台市的荣成、文登、乳山3县划归威海市管辖。1988年10月，文登县改为省辖县级市，由威海市代管；11月，荣成县改为省辖县级市，由威海市代管。1993年7月，乳山县改为省辖县级市，由威海市代管。2014年2月27日，撤销文登市，设立威海市文登区。

（市史志办）

【行政区划】 至2014年底，威海市辖环翠区、文登区、荣成市和乳山市2区2市（威海火炬高技术产业开发区、威海经济技术开发区、威海临港经济技术开发区属于国家级开发区，开发区管理委员会是市政府派出机构），共48个镇、24个街道，2496个村、425个社区。

2014年末威海市行政区划表

表1

区市名称	镇、街道名称			
环翠区	张村镇	羊亭镇	温泉镇	环翠楼街道
	竹岛街道	鲸园街道	嵩山街道	孙家疃街道
文登区	文登营镇	大水泊镇	张家产镇	高村镇
	泽库镇	侯家镇	宋村镇	泽头镇
	小观镇	葛家镇	米山镇	界石镇
	龙山街道	环山街道	天福街道	
荣成市	人和镇	成山镇	滕家镇	埠柳镇
	俚岛镇	大疃镇	崖西镇	港西镇
	夏庄镇	虎山镇	上庄镇	荫子镇

续表1

区市名称	镇、街道名称			
荣成市	港湾街道	桃园街道	东山街道	斥山街道
	王连街道	宁津街道	崖头街道	城西街道
	崂山街道	寻山街道		
乳山市	夏村镇	海阳所镇	白沙滩镇	大孤山镇
	徐家镇	南黄镇	冯家镇	下初镇
	午极镇	育黎镇	诸往镇	崖子镇
	乳山寨镇	乳山口镇	城区街道	
威海火炬高技术产业开发区	初村镇	田和街道	怡园街道	
威海经济技术开发区	崮山镇	泊于镇	桥头镇	凤林街道
	西苑街道	皇冠街道		
威海临港经济技术开发区	草庙子镇	汪疃镇	苘山镇	

说明：荣成市的港湾、桃园、东山、斥山、王连和宁津6个街道由石岛管理区（派出机构）管理

（王书清）

自然环境

【地质】 威海市位于山东省胶北断块隆起的东端，其南侧与胶莱凹陷的东部边缘接壤。境内出露地层自老至新有晚太古界的胶东群、中生界上侏罗系莱阳组和白垩系下统青山组及新生界第四系。褶皱构造有乳山—威海复背斜，其轴在乳山台依，向北东经昆嵛山主峰、汪疃、羊亭，在田村倾没，轴向北东。断裂构造有近南北向的双岛断裂，北北东向的金牛山断裂和老母猪河断裂，北东向的牟平—即墨断裂（迹经乳山西部），北西向的望岛断裂、海埠—神道口断裂、俚岛—海西头断裂。岩浆岩主要有元古代的昆嵛山岩体和文登岩体及中生代燕山晚期艾山阶段的伟德山岩体和石岛岩体、崂山阶段的槎山岩体和龙须岛岩体。

（苗丰麟）

【地貌】 威海市属于起伏缓和、谷宽坡缓的波状丘陵区。区内除昆嵛山主峰泰礴顶海拔高度923米以外，其他山地丘陵都在700米以下，大部分为200米～300米的波状丘陵，坡度在25度以下。山体主要由花岗闪长岩构成，山基表面多为风化残积物形成的棕壤性土，土层覆盖较薄，但土壤通透性好。山丘中谷地多开阔，多平谷；平原多为滨海平原和山前倾斜平原。其中，低山占土地总面积的15.77%，丘陵占52.38%，平原占27.56%，岛屿占0.28%，滩涂占4.01%。河网密布，河流畅通，地表排水良好。地势中部高，山脉呈东西走向，水系由脊背向南北流入大海。北东南三面环海，海岸类型属于港湾海岸，海岸线曲折，岬湾交错，多港湾、岛屿。

（王文刚）

【气候】 威海市地处中纬度，属于北温带季风型大陆性气候，四季变化和季风进退都较明显。与同纬度的内陆地区相比，具有雨水丰富、年温适中、气候温和的特点。另外，受海洋的调节作用，又具有春冷、夏凉、秋暖、冬温，昼夜温差小、无霜期长、大风多和湿度大等海洋性气候特点。全市历年平均气温12.2摄氏度，历年平均降水量737.7毫米，历年平均日照时数2480.0小时。2014年，全市气温略偏低，降水偏少，日照时数偏少。

（秦俊岭）

【水文】 威海市河流属半岛边沿水系，为季风区雨源型河流。河床比降大，源短流急，暴涨暴落。径流量受季节影响差异较大，枯水季节多断流。全市有大小河流1000多条，流域面积50平方公里及以上河流共35条，其中母猪河、乳山河、黄垒河三条较大河流贯穿于文登、乳山境内，总流域面积2766平方公里，占全市土地总面积的48%。母猪河流域面积1092平方公里，河长64公里；乳山河流域面积1039平方公里，河长78公里；黄垒河流域面积635平方公里，河长71公里。2014年全市径流系数为0.23。

2014年威海市大中型水库蓄水量统计表

表2 单位：万立方米

日期（月.日）	1.1	2.1	3.1	4.1	5.1	6.1	7.1	8.1	9.1	10.1	11.1	12.1
大型	8940	8380	7920	7150	7210	7810	7430	11910	11670	11180	10400	9710
中型	9886	9690	9598	9261	9607	9475	9548	11342	10919	10614	9921	9664
大中型合计	18826	18070	17518	16411	16817	17285	16978	23252	22589	21794	20321	19374

说明：大型水库包括米山水库、龙角山水库、八河水库

（张明芳）

【土壤】 全市土壤类型有棕壤、潮土、盐土、风沙土、褐土、水稻土、山地草甸土，共7个土类。依其各自的发育程度、附加成土过程和土壤属性，又分为棕壤性土、棕壤、潮棕壤、白浆化棕壤、潮土、盐化潮土、褐土、滨海盐土、流动风沙土、半固定风沙土、固定风沙土、潜育水稻土、山地草甸土13个亚类、18个土属、153个土种。

棕壤土类是全市分布最广、面积最大的土类，遍及全市的山丘地区，占土壤总面积的83.5%。潮土类为威海市第二位的分布土类，占土壤总面积的13.2%。

从土壤(耕地)质地可归为3大类：砂性土、轻壤土、中壤土。从土体构型可分为15种类型；按其对作物的影响主要归纳为5大类型：均壤质型，均沙、夹沙、夹砾石型，夹黏、均黏型，夹白浆型，硬（酥）石底型。从化学性状看，威海市成土母质大部分为酸性岩风化物，土壤pH值为6.5—7，一般呈微酸性，有明显的淋溶作用、黏化作用和生物积累作用。但由于多年来化肥施用量居高不下，有机肥施用量严重不足，导致耕地土壤pH值呈下降趋势，全市耕地土壤pH值众数为5.39。

（陈洪江）

【海域】 威海北、东、南三面为黄海环绕，海岸线总长985.9公里，约占山东省的1/3、全国的1/18。海岸类型属于港湾海岸，海岸线曲折，沿海有大小港湾30多处，岬角20多个，并有众多优质海滩分布。全市大小海岛114个，其中，面积500平方米以上的84个，有居民岛屿6个。

（市史志办）

自然资源

【土地资源】 2014年底，全市土地总面积57.97万公顷（5796.98平方公里）。其中，农用地44.51万公顷，占总面积的76.78%；建设用地8.58万公顷，占14.81%；未利用土地4.88万公顷，占8.41%。耕地面积为19.57万公顷，占总面积的33.75%；园地面积为3.61万公顷，占总面积的6.24%；林地面积为10.86万公顷，占总面积的18.74%；草地面积为1.64万公顷，占总面积的2.83%；城镇及工矿用地面积为7.61万公顷，占总面积的13.13%；交通运输用地面积为2.49万公顷，占总面积的4.29%；水域及水利设施用地面积为6.05万公顷，占总面积的10.44%；其他土地面积为6.14万公顷，占总面积的10.58%。

（毕宇亮）

【水资源】 威海市地处山东半岛最东端，内无大江大河，外无客水入境，水资源主要来源于境内的大气降水。全市多年平均年降水量770.6毫米，降水总量44.67亿立方米，多年平均径流深256.0毫米，地表水资源量14.84亿立方米，地下水资源量为5.14亿立方米，扣除地表水与地下水相互补给的重复计算量后，全市多年平均水资源总量16.86亿立方米。

（于贵泉）

【矿产资源】 2014年底，威海市共发现矿产（含亚矿种）49种，其中金属矿产11种，主要有铁、铜、铅、金、锆、锌等。非金属矿产35种，主要有玻璃用砂、花岗岩、钾、钠长石、石墨、高岭土等。其他矿种包括地热、矿泉水等。其中查明矿产资源储量的23种（含地下水）。主要矿种储量情况：保有矿石资源储量为金（岩金）640.61万吨、铁513.46万吨、长石842.28万吨、饰面用花岗岩1328.26万立方米、建筑用花岗岩6895.59万立方米、玻璃用砂409.47万吨。

（毕宇亮）

【生物资源】 威海海域广阔，浅海和潮间带有丰富的生物资源。全市海域平均生物量为353克/平方米，平均生物密度586个/平方米；有生物资源779种，其中，动物647种、植物132种。动物中，鱼类主要有大黄鱼、小黄鱼、梭鱼、鲻鱼、鲈鱼、鲅鱼、鲳鱼、黄姑、比目鱼等100余种；虾蟹类主要有鹰爪虾、对虾、毛虾、脊尾白虾、三疣梭子蟹等；贝类主要有栉孔扇贝、鲍鱼、泥蚶、文蛤、毛蚶、魁蚶、牡蛎、中国蛤蜊、贻贝、青蛤等；棘皮类中有刺参、海蜇、马粪海胆、海星等。植物中，藻类主要有海带、裙带菜、石花菜、条斑紫菜、大叶藻等。

陆生野生哺乳动物有梅花鹿、狐狸、豹猫、獾、黄鼬、刺猬、野兔、蝙蝠等。鸟类已查到250种，其中，候鸟、旅鸟占70%以上，留鸟种类较少。列入国家一级保护动物的有梅花鹿、中华秋沙鸭、金雕、黑鹳4种，国家二级保护动物有大天鹅、鸳鸯、灰鹤、苍鹰等12种；其余鸟类及狐狸、豹猫、獾、黄

鼬、刺猬等列入山东省重点保护野生动物。野生经济植物70科248种，如车前、地黄、天麻、黄芩等；野生牧草12科92种，如马唐、黄背草、白茅草等；木本植物70科457种，其中，乔木315种，如黑松、刺槐、法桐、苹果、梨、桃、银杏、板栗等；灌木112种，如紫穗槐、胡枝子等；藤本30种，如葛藤、紫藤、爬墙虎等。粮食作物主要有小麦、玉米等，经济作物主要有花生、大豆等。

（王吉明）

【旅游资源】　威海市旅游资源丰富，自然资源与人文资源兼备。2014年，全市有旅游景区（点）80多处，其中，刘公岛风景区为国家AAAAA级旅游景区，成山头风景区、银滩旅游度假区、赤山法华院、大乳山滨海旅游度假区、华夏城景区、天沐温泉度假村、仙姑顶景区、汤泊温泉度假区、环翠楼公园、威海海滨生态公园风景带·侨乡号游轮、林海湾旅游区11处为国家AAAA级旅游景区。自然资源以“海、岛、滩、湾、泉、山”为特色，全市有近1000公里海岸线，沿线沙滩细腻绵延，海水碧蓝纯净，有国际海水浴场、文登金海滩、乳山银滩等10多处天然海水浴场，有威海湾、伴月湾、九龙湾等16个海湾，有刘公岛、海驴岛等大小海岛114个，有8处优质地下温泉，有昆嵛山、圣经山、里口山、铁槎山、大乳山等山地风景区。人文资源以秦汉文化、民俗文化、道教文化、甲午文化、英租文化为代表，全市登录的不可移动文物点490处，各级文物保护单位85处，全国重点文物保护单位2处，省级文物保护单位29处。其中，刘公岛甲午战争纪念地、圣经山摩崖石刻、威海英式建筑、天福山革命遗址等在全国都有重要影响。中国甲午战争博物馆被评为首批国家一级博物馆，天福山起义纪念馆被评为全国爱国主义教育基地，全市初步形成以东夷文化遗存、成山头秦汉遗迹、圣经山摩崖石刻、明清海防遗迹、刘公岛甲午战争纪念地、威海英式建筑、天福山革命遗址等板块为主的人文旅游景观体系。

（蒙春丽）

自然灾害

【地震灾害】　2014年1月7日22时24分，乳山市（北纬36.8度，东经121.7度）发生4.3级地震，震源深度7000米。据统计，此次地震造成乳山市白沙滩镇、徐家镇、海阳所镇、乳山口镇和城区街道部分居民房屋受损，受灾人口1.25万人，紧急转移安置312人；严重损坏房屋169户289间，一般损坏房屋210户706间；直接经济损失3230万元。其中，家庭财产损失3200万元，基础设施损失20万元，公益设施损失10万元。

2014年4月4日00时12分，乳山市（北纬36.8度，东经121.7度）发生4.0级地震，震源深度9000米。据统计，此次地震造成白沙滩镇、徐家镇、乳山口镇部分居民房屋受损，受灾人口72人，一般损坏房屋30户92间；直接经济损失50万元，均为家庭财产损失。

【台风灾害】　受2014年第10号台风“麦德姆”影响，2014年7月24日20时至25日18时，威海市遭遇强降雨过程，平均降水量214.3毫米。25日17时10分，台风从荣成市虎山镇沿海登陆，18时10分从成山镇入海。据统计，此次台风造成全市55个镇（街道）16.72万人受灾，紧急转移安置1019人；倒塌房屋3户4间，严重损坏房屋31户52间，一般损坏房屋332户540间；农作物受灾面积2.40万公顷，其中，成灾面积1.78万公顷，绝收面积406公顷；直接经济损失1.29亿元，其中，农业损失8874万元，工矿企业损失284万元，基础设施损失3285万元，公益设施损失101万元，家庭财产损失327万元。

（吴　刚）

人口·民族

【人口】　2014年末，威海市常住人口280.92万人，其中城镇人口172.23万人，分别比上年末增加3600人和3.02万人。

（刘　妍）

【民族】　威海市有46个少数民族，分别是朝鲜族、满族、佤族、蒙古族、回族、彝族、苗族、拉祜族、土家族、傣族、维吾尔族、白族、壮族、达斡尔族、布朗族、布依族、傈僳族、锡伯族、侗族、哈尼族、藏族、瑶族、土族、纳西族、哈萨克族、黎族、撒拉族、赫哲族、鄂温克族、畲族、仫佬族、仡佬族、羌族、鄂伦春族、东乡族、俄罗斯族、水族、景颇族、柯尔克孜族、裕固族、高山族、塔吉克族、独龙族、毛南族、乌孜别克族、京族。据2010年第六次人口普查统计，威海市少数民族常住人口24433人。对公安户政部门的人口数据进行分析比对，实有少数民族暂住人口约2万人，共计有少数民族人口约4.5万人，占全市总人口的1.6%。

（刘炳刚）

方　言

【概况】　分布在威海市辖区内的汉语方言，称威海方言。威海方言属于汉语官话方言中的胶东方言。在李荣主编的《中国语言地图集》中，威海方言属于胶辽官话区。威海方言具有胶辽官话的一些基本特点，例如：

1．声母分尖团，如：精≠经，积≠基，尖≠坚；趣≠去，妻≠期，千≠牵；相≠香，西≠希，线≠现。

2．普通话读t§　t§Á　§ 声母

的字，方言中分为两组声母，例如：知≠枝，耻≠齿，超≠抄，处相处≠楚，书≠梳。

3．中古日母字方言里基本读为零声母，例如：乳＝雨，荣＝永，人＝阴，日＝椅，染＝眼，软＝远，等等；少部分读为 l 声母，例如“仍扔锐”等字。

4．中古端组合口呼韵母，方言里大多丢失韵头 u 而变读为开口呼，例如“段 tan、对 tei、推 tÁei、团 tÁan、村 tsÁen、蹲 ten、孙 sen”等字。

5．普通话中，韵母为 e 而声母为零声母或舌根音的部分字，方言读为 uo 韵母，例如“饿蛾河”等字。

6．中古咸深摄韵母和山臻摄韵母合并读为 n 韵尾，没有主要元音鼻化现象，这一点跟其他山东方言有所不同，例如“胆蓝三暂寻林餐滩难但赞线天前端真春顺纯村”等字。

7．中古平声次浊字，无规则地分化为两类读音，一部分为阳平，另一部分为阴平，即蓝≠兰，南≠男，鱼≠余。

8．清声母入声字基本归入上声，例如“急笔曲出黑福桌窄切质拍歇说发”等字。

威海方言内部存在着一定的差异。青少年与中老年之间，有新、老派的差异，表现在新派词汇上有比较明显向普通话靠拢的趋势，而老派则更多地保留着地方特色。但是这并不是威海方言的主要内部差异，威海方言的主要内部差异表现在地域上。根据其内部差异，威海方言大致可以分为三个片儿，即环翠片儿、文荣片儿、乳山片儿。

（市史志办）

民　俗

【概况】　新石器时期东夷先民就在威海耕山牧海、繁衍生息，民俗文化源远流长。考诸史志，境内先民“大约朴鲁为多”。相传秦始皇东巡于境内登山召士而“文教大兴”，此后淳朴仁厚之古俗与“尚礼仪”之风蔼然交融，成为境内民俗突出特色，传承千年，至今亦然。因所处自然地理环境等因素，境内各地传统习俗也有细微差别，以种植业为主的农村、以渔业为主的沿海渔村，其生产、生活、禁忌和信仰习俗呈多样化。

境内生产、生活、宗教信仰等习俗，也随历史的演进而不断发展变化。在这个过程中，移民、航运、外出谋生等都对民俗的变化产生重要影响。如有些节日习俗邻村之间往往不同，即是明清以后大量移民带来的外地民俗与境内习俗兼容并存的结果。元代海运兴起，产生于东南沿海的“妈祖”信仰随之传播到境内沿海地区。清初以后延续 300 多年的“闯关东”，不但把威海民俗带到东北，也将东北民俗携回家乡，如“秃尾巴老李”的传说和“人参”的故事，在威海和东北同样广泛流传。而正月十五到祖茔送灯，看灯碗水汽和灯花大小预卜当年旱涝丰歉这一产生于东北长白山区的满族古俗，当地早已失传，在威海各地却流传至今。

近代以来，随着封建社会的没落和西方文化的传入，威海民俗也随之不断变化。辛亥革命后，男人剪辫子、女人禁缠足，各种封建礼教逐渐废除，出现新的社会风尚。英租威海卫，把西方一些风俗传入境内。抗日战争时期人民政府成立后，不断挑战封建陋习，树立新的社会风气。新中国成立后，在打击封建陋习的同时，乡间一些正常的传统民俗活动也遭到禁止。20 世纪 80 年代后，随着改革开放的不断深入，民主进程的推进，民俗文化活动逐渐活跃，地方政府更是借助一些民俗活动推动经济发展，谷雨节（渔民节）、庙会（山会）等成为促进经济发展的重要平台。同时，在广泛的交流中，一些传统民俗逐渐被漠视，而一些西方风俗却受到年轻人的青睐，部分地方民俗也在社会发展中逐渐消失。

【婚嫁习俗】　择偶　旧时青年男女婚配多由家长包办，通媒结亲，即所谓“父母之命，媒妁之言。”择偶考虑的基本条件是门户相当，品貌、年龄般配，同时也很重视家风优劣等。20 世纪 40 年代，境内在抗日根据地农村废除了封建包办婚姻，青年男女始有婚姻自主权。50—60 年代，自由恋爱者较少，多数青年仍由介绍人牵线搭桥。70—80 年代，多数青年自由恋爱。90 年代后，出现婚姻中介机构，许多人找对象更注重个性，涉外婚姻开始出现并逐渐增多。

订婚　正式确定婚姻关系为订婚，俗称“定亲”“掰亲”。富裕人家定亲时双方要交换定亲文书，俗称“送柬”“下柬”。正式定亲比较隆重，双方家庭都要设宴会亲族。男女所用柬帖分别印有龙、凤图案，称“龙凤帖”。一般人家往往简易行事，双方互换庚帖既视为“下柬”，亲事就可定下。有的甚至不用柬帖，只凭口头一诺，即可定亲。新中国成立后，以上习俗随《中华人民共和国婚姻法》的颁布而消亡。青年男女经过接触和了解，感觉满意，互赠礼品即视为定亲，然后登记领取结婚证。

送日子与下彩礼　结婚日子由男方选定，称“择好日”。婚嫁“好日”选好后通知女方家以征求同意，俗称“送日子”。“送日子”男方向女方送聘礼，俗称“下彩礼”“送彩礼”。旧时富裕之家彩礼一般有金银首饰、钱币、布料、小麦、全猪、全羊等。贫寒人家的彩礼不过一两块做衣服的布料。新中国成立后，结婚为求吉利，多数人仍要找人“择好日”。也有挑选具有纪念意义的“好日”，如春节、五一劳动节、五四青年节、国庆节等。彩礼价值不断上涨，1001 元为千里挑一，10001 元为万里挑一等。

结婚　境内俗称男子娶亲为“将媳妇”，女子出嫁叫“出门子”。“好日”前一天，荣成、乳山等地女家要向男家送嫁妆。文登、威海卫等地则是迎娶之日嫁妆随花轿一起到男家。新中国成立后，婚礼习俗日趋文明、简便，但仍有沿袭旧俗之例。20 世纪 50 年代，迎亲由坐花轿改为坐马车，盖头、抱轿、跨鞍、坐三日、婚后告庙、拜族中长辈等习俗逐渐消失，女方嫁妆多为被褥、箱柜、椅子、凳子及梳洗用具。60 年代，迎亲一般用自行车。“文化大革命”期间按“革命化”要求，不举行婚礼仪式、不宴请亲朋。登记后，选一“好日”，男方把女方领进门，全家人吃碗喜面，婚礼即告成。在农村有结婚当日，新郎、新娘即下地参加生产队集体劳动的。70 年代，结婚迎亲除乘自行车外，农村也有坐拖拉机的。嫁妆有自行车、缝纫机等“大件”。20世纪70代末至80年代初，结婚铺张之风渐兴。虽然政府和群团组织大力倡导喜事新办，并组织集体婚礼，但铺张之风没有得到有效遏制。在一些贫困农村，结婚索要彩礼之风日甚。80年代后，迎亲的交通工具逐步改用汽车。嫁妆多为电视机、录音机等家用电器，并在结婚前送到新房中。90年代起，结婚仪式日趋隆重，并呈中西结合之势。新娘传统的红妆，多改为白色婚纱。家家用鲜花装饰的轿车迎娶新娘、接送女方宾客，并租用录像车全程拍摄婚礼过程。城乡许多家庭陪嫁物品从彩电、冰箱、洗衣机、空调等全套家电到沙发、家具、摩托车等。进入21世纪，陪送轿车、房子的亦不在少数。结婚典礼一般在饭店、宾馆举行，并请婚庆公司和专职司仪主持。婚宴一般都摆几桌、几十桌，有的甚至上百桌。参加婚礼者除亲戚外，同学、战友、同事人数大增。宴后，喜主要向宾朋回赠“喜包”（内装“喜饼”或“抓果”，喜糖、喜烟等）。结婚后，新郎、新娘外出旅游度蜜月也渐成时尚。

看出息与站九 新婚三日后，新娘家人要择日到新郎家看望新娘，俗称“看出息”“望出息”，乳山称“开箱”。乾隆《威海卫志》载：婚后第九天，新郎陪伴新娘回娘家省亲，俗称“站九”。近现代以来，多改在新婚后第二日或第三日回娘家省亲，但习俗仍称之为“站九”。站九时，女家要烙“喜饼”，文登、荣成、乳山称“媳妇饼”，环翠区要烙“抓果”，由女儿带回婆家分赠亲友、邻里。自婚宴设于宾馆、饭店起，女家要在结婚前日将“喜饼”“媳妇饼”或“抓果”送到男家，待婚宴结束时分赠宾朋。至此，婚嫁程序结束。

【谷雨节】 为农事节气，时值境内谷、黍、玉米、高粱等春作物播种季节，农谚有“清明耕一半，谷雨种一半”。因地理位置及鱼虾洄游规律所致，每逢此日，鱼虾便洄游到境内近海，一年一度的大海市正式开始，有“谷雨百鱼上岸”之谚。沿海渔民视此节为仅次于春节的重要节日。届时，渔民备全猪（带皮脱毛并用腔血抹红）、大枣饽饽、白酒、香烛、鞭炮等，聚集于海边举行隆重的祭船、祭海、祭海神娘娘的活动，以祈出海平安，回来鱼虾满舱。祭毕会饮，共食祭余。“文化大革命”初期，祭海、祭海神娘娘的习俗被禁止，但祭船聚餐活动沿袭至今。改革开放后，沿海渔民将新文化、新观念、新思想渗透到谷雨节中，逐年增加具有现代海文化内容的娱乐活动，吸引了大批中外游客。境内海岸线最长的荣成市自1991年起在谷雨节期间举办渔民节，1992年改为荣成国际渔民节。后因沿海气温较低，不便游客海上游乐，1993年起荣成国际渔民节改在7月下旬举办。

（市史志办）

国民经济与社会发展

【国民经济平稳较快发展】 2014年，全市实现生产总值2790.34亿元，按可比价格计算，比上年增长9.8%。其中，第一产业增加值214.50亿元，增长4.2%；第二产业增加值1410.07亿元，增长10.0%；第三产业增加值1165.77亿元，增长10.6%。三次产业结构由上年的8.0∶51.5∶40.5调整为7.7∶50.5∶41.8。

【三次产业协调并进】 *农业生产稳步发展* 全年实现农业增加值54.13亿元，比上年增长1.8%；林业增加值0.48亿元，增长1.9%；畜牧业增加值31.66亿元，增长4.3%；渔业增加值121.32亿元，增长5.0%；农林牧渔服务业增加值6.92亿元，增长9.7%。受土地干旱严重、播种面积减少等因素影响，全市粮食总产量比上年下降3.3%，达到86.93万吨。全年水果总产量99.07万吨，增长5.4%。全年肉类总产量18.20万吨，下降1.4%；禽蛋类总产量14.15万吨，下降0.8%；奶类总产量17.66万吨，增长1.0%。全年水产品总产量240.25万吨，增长1.0%。水产养殖面积7.77万公顷，增长4.6%；养殖产量160.00万吨，增长2.4%。全年投产专业远洋渔船306艘，远洋渔业实现产量20.1万吨，增长212%。全市规模以上农业产业化龙头企业发展到350家，其中国家级10家、省级44家、市级137家。新注册农民专业合作社439家，总数达到2429家，入社成员14万户，辐射带动农户25万户。

工业生产较快增长 全市规模以上工业企业达到1517家，实现增加值比上年增长11.8%；主营业务收入6561.43亿元，增长9.7%；利税561.49亿元，增长11.6%；利润354.44亿元，增长12.8%。产销衔接良好，产品销售率98.4%。高新技术产业产值2510.22亿元，占规模以上工业总产值比重37.7%，比年初提高1.1个百分点；新认定高新技术企业22家，总数达到163家；新认定科技型中小企业183家，总数达到328家；省级创新型企业、省级创新试点企业分别达到16家和21家。节能减排工作取得新进展，全年完成污染减排项目123个，投资额4.58亿元。

服务业繁荣发展 成功举办国际食品博览会、国际渔具博览会等活动，大力推进中心商圈建设，社会消费品零售总额达到1181.87亿元，比上年增长12.9%。全年接待旅游总人数3288.65万人次，旅游总收入383.86亿元，分别增长9.7%和13.3%。年末公路通车里程达到7060公里（含农村公路）。全年各种运输方式完成客运量4030.5万人次，下降3.0%；货运量7929.8万吨，增长2.0%；港口货物吞吐量7110.3万吨，增长1.6%；集装箱吞吐量103万标准箱，增长2.8%。

名牌创建迈上新台阶 全市有中国驰名商标31件，地理标志商标7件；山东省著名商标121件，其中新增10件；威海市知名商标142件。有中国名牌产品19个，山东名牌产品212个，山东省服务名牌55个，山东省省长质量奖获奖企业4家，获奖个人1人。

【内需拉动作用增强】 全面贯彻落实国家宏观调控政策，坚持投资消费协调拉动，国内需求保持平稳增长。注重调整优化投资结构，固定资产投资较快增长，全年完成固定资产投资2229.37

亿元，比上年增长15.9%。第一产业投资7.26亿元，下降40.4%；第二产业投资1383.66亿元，增长104.0%，其中，工业投资1270.94亿元，增长101.9%；第三产业投资838.45亿元，下降32.0%。三次产业投资比重为0.3∶62.1∶37.6。房地产开发有所放缓，全年完成投资357.23亿元，下降13.3%；房屋施工面积3986.70万平方米，增长1.7%；竣工面积729.19万平方米，下降3.1%；商品房销售面积847.46万平方米，下降3.6%。

消费需求持续繁荣 全年社会消费品零售总额达到1181.87亿元，增长12.9%，其中批发和零售业实现零售额1077.55亿元，增长13.0%；住宿和餐饮业实现零售额104.32亿元,增长11.2%。城镇市场实现消费品零售额986.88亿元，增长13.1%；农村市场实现消费品零售额194.99亿元，增长11.8%。全年居民消费价格累计上涨2.4%，与人们日常生活密切相关的商品以及消费升级类商品全面增长。其中，家具类增长32.0%，电子出版物及音像制品类增长23.6%，中西药品类增长23.5%，通信器材类增长22.5%，化妆品类增长18.5%，日用品类增长17.0%。全年工业生产者出厂价格累计下降1.3%，工业生产者购进价格累计上涨0.3%。

【对外经济依然疲软】 全年完成进出口总额165.87亿美元，比上年下降3.3%。其中出口总额113.72亿美元，增长6.3%；进口总额52.15亿美元，下降19.1%。从贸易方式看，一般贸易进出口额77.25亿美元，下降2.2%；加工贸易进出口额83.18亿美元，下降5.1%；其他贸易进出口额5.44亿美元，增长10.5%。从出口商品看，机电产品出口45.83亿美元，增长0.1%；纺织服装出口25.40亿美元，增长15.6%；农产品出口15.28亿美元，增长2.8%。从主要贸易市场看，市场多元化成效显著，威海市企业与200多个国家和地区建立贸易关系，传统市场进一步巩固，对韩国市场与上年基本持平外，对欧盟、美国出现不同程度的增长，对日本贸易额下降3.7%。

招商引资工作扎实推进 全市新批准外资项目129个，合同外资9.34亿美元，比上年增长1.2%；实际到账外资10.12亿美元，增长10%。其中第一、二、三产业到账外资分别占全市到账外资的6.9%、53.0%和40.1%，外资的投资结构进一步优化。引进内资项目806个，利用国内资金638.08亿元，项目数量和投资总额均比上年有所增长。对外经济合作迈出新步伐，全市新核准设立境外企业（机构）25家，完成中方投资额4.2亿美元，增长51.5%；对外承包工程完成营业额7.5亿美元，增长40.1%；外派各类劳务人员1.23万人，增长2.8%。

【财税金融稳健运行】 全市实现公共财政预算收入220.79亿元，比上年增长13.1%，其中税收190.21亿元，增长14.2%。公共财政预算支出280.60亿元，增长6.3%。其中，一般公共服务支出增长23.2%，公共安全支出增长22.5%，城乡社区事务支出增长15.4%，粮油物资储备管理事务支出增长14.9%，交通运输支出增长12.0%，社会保障和就业支出增长11.7%，科技支出增长11.6%。

金融业平稳运行 年末全市金融机构本外币存款余额2632.33亿元，比年初增加253.07亿元，其中城乡居民储蓄存款余额1483.48亿元，比年初增加132.04亿元。本外币贷款余额1735.28亿元，比年初增加170.30亿元，其中，中长期贷款790.19亿元，比年初增加66.65亿元。保险机构实现保费收入63.02亿元，比上年增长11.3%；支付各项赔款和给付21.74亿元，增长10.0%。

【城市建设加快推进】 全市城镇化率达到61.31%，比上年提高1.0个百分点。年末，城市建成区面积143.87平方公里，建成区绿化覆盖率达48.91%，人均公园绿地面积达25.31平方米。城市载体功能加快提升，全年发电163.97亿千瓦小时，增长3.9%；全社会用电量102.38亿千瓦小时，比上年增长2.0%，其中工业用电量66.43亿千瓦小时，增长1.8%。全年供水总量7085万立方米，增长7.0%。市区天然气用气人口58.29万人，天然气供气量7565万立方米，增长19.4%，燃气普及率100%。集中供热面积达3508万平方米，增长9.8%。全市环境监测站4个，地表水集中式饮用水源保护区12个，面积1406平方公里；全年完成污染减排项目123个，投资额4.58亿元。市区空气质量指数类别为优和良的天数344天，达标率94.2%。城市基础设施不断完善，青荣城际铁路、威海机场跑道改造、"301省道"石烟线江家寨至双岛段改建工程等全部完工，荣文高速公路、市区综合交通枢纽工程扎实推进，重点区域基础设施建设、道路交通改造建设等36项城建重点工程加快实施。

【社会事业协调发展】 *城乡居民收入稳步提高* 全年城市居民人均可支配收入34254元，比上年增长8.9%；农民人均纯收入17296元，增长11.0%。2014年全日制就业劳动者月最低工资标准为1500元，非全日制就业劳动者小时最低工资标准为15元。

劳动就业形势良好 实施更加积极的就业创业政策，印发实施《关于进一步加强就业创业工作推进全域城市化市域一体化发展的意见》，每年安排8000万元作为促进创业带动就业专项资金，安排1亿元作为市级小额担保贷款担保基金，与省人力资源和社会保障厅、北京华普亿方联合创建"威海创业大学"，引导和鼓励城乡劳动者自主创业或转移就业。2014年，全市城镇新增就业4.5万人，其中失业人员实现再就业1.1万人；新增农村劳动力转移就业1.9万人；城镇登记失业率为1.52%。

社会保障体系进一步完善 全市有84.3万人参加城镇职工基本养老保险，22.5万名离退休职工享受养老保险，90.9万人参加城镇职工基本医疗保险，160.7万人参加居民医疗保险，2.4万人领取失业保险金，7008名职工享受工伤保险待遇，1.10万名女职工享受生育津贴待遇。城镇职工基本养老、医疗、失业、工伤和生育保险参保人数分别比上年末增长3.6%、1.8%、7.8%、3.9%和3.9%。城乡居民养老保险参保人数达99.3万人，42.8万城乡居民每月领取养老

金，发放养老金5.9亿元。城市居民低保标准由每人每月450元提高到500元，农村居民低保标准由每人每年2600元提高到3240元，五保对象集中供养标准由每人每年4500元提高到5000元，分散供养标准由每人每年2700元提高到3200元。年末，全市各种收养性社会福利单位136家，床位2.35万张，收养人员1.25万人。全市投入资金7742万元，将5.47万名低保对象纳入保障范围；投入资金4808.8万元，保障全市五保老人1.02万人，敬老院83所。

科技事业成果丰硕　全年取得重要科技成果178项，其中获得国家奖励1项，省级奖励6项，颁发市科学技术奖99项。全年促成技术合同1280项，成交金额20.4亿元。全市专利申请量6241件，比上年增长17.8%。创新体系建设取得新进展，新认定市级孵化器12家，总数达到17家；新增孵化面积27万平方米，总孵化面积达到51万平方米；新增在孵企业330家，在孵企业总数达到423家。新增大型科学仪器平台入网仪器224台，累计数量达到487台。全市产业技术创新战略联盟累计达到12家，其中国家级2家，省级5家。

其他社会事业协调发展　年末，全市常住人口280.92万人，其中，城镇人口172.23万人，分别比上年末增加0.36万人和3.02万人。教育、文化、卫生、体育、广播电视、新闻出版、外事、侨务、史志、档案、气象、妇女儿童、老龄、残疾人等事业都取得了新成绩。

（孙茂堃）

蓝色经济区建设

【概况】　2014年，威海市紧紧围绕蓝色经济区建设，大力实施高端高质高效发展战略，着力构建现代海洋产业体系，全力推动渔业大市向海洋经济强市跨越。全年实现海洋产业增加值925亿元，比上年增长11.4%，占GDP比重达到33.2%。威海市入选全国首批海洋高技术产业基地试点城市，成为全国8个沿海试点城市之一。

海洋第一产业提升发展　海水增养殖由粗放型向集约型转变，积极实施海水养殖升级改造，力促水产养殖上档升级，培育了一批优质海水鱼工厂化养殖基地和现代渔业示范区。2014年，全市完成水产品产量240万吨，比上年增长1%。海洋牧场达到25处，全国现代渔业种业示范场发展到3处，部级水产健康养殖示范场发展到43处。积极开展“海上粮仓”建设，支持鼓励企业发展远洋捕捞，打造全国重要的远洋渔业基地，威海市具有农业部远洋渔业资格的企业发展到24家。远洋渔船规模逐步扩大，全市新增专业远洋渔船47艘，船队规模总数达到330艘，占全省的82%、全国的20%。远洋捕捞产量20.1万吨，增长212%。

海洋第二产业转型发展　坚持传统产业改造和新兴产业培育双轮驱动，加快用高新技术和先进适用技术应用。海洋生物产业异军突起，以胶原蛋白、深海鱼油、海参多肽等为重点，积极开发海洋生物保健品、新型海洋药物等新产品。2014年，海洋生物制品产业实现产值27亿元，比上年增长17.4%。海产品精深加工水平不断提高，建成了全国重要的海洋生物活性物质生产基地。全市海产品加工厂发展到1100家，加工能力达到550万吨。威海市被农业部授予“中国海洋食品名城”称号。加速船舶工业转型升级，压缩淘汰落后产能，依托黄海造船、中航威海船厂、中复西港等船舶企业，推进船舶企业向产业高端、产业链上游迈进。2014年，全市造船完工量达到84.12万载重吨。围绕临港机械制造、海洋油气装备开发、探测检测设备研制等领域，实施北洋电气光纤水听系统、双轮股份海水淡化关键用泵等一批重点项目。

海洋第三产业多元发展　2014年，以临港物流、海洋文化旅游为龙头，全面提升传统服务业，大力培育新兴服务业，构建海洋第三产业发展新格局。继续深化中韩陆海联运业务，努力扩大口岸开放，优化通关环境。2014年底，中韩陆海联运累计完成进出境挂车778辆次，运输货物2156吨，贸易额约2430万美元。加快威海国际物流园建设和冷链物流产业发展，全市港口货物吞吐量达到7110.3万吨，比上年增长2%；集装箱吞吐量102.8万标准箱，增长3%。不断提升温泉资源利用档次和刘公岛文化旅游品位，成功创建全国旅游标准化示范城市。全市旅游总收入382.9亿元，增长13%；收费景点接待游客694.7万人次，增长17.3%。大力发展休闲渔业旅游，全市规划建设了一批海钓基地项目，整合了一批渔家民俗旅游项目，举办了海参节、采贝节等节庆活动。全市新建6处国家级休闲渔业示范基地。

【蓝色经济区重大事项建设】　科学确定推进事项　年初，对省蓝色经济区规划和实施意见提出的65项重大支持政策和事项进行了全面摸排，研究提出了2014年16个全市蓝色经济区重大事项，新增了推进海外综合性远洋渔业基地建设、促进非上市科技型企业场外市场融资2个蓝色经济区重大事项。3月，市政府召开蓝色经济区重大事项现场调度会议，以市政府专题会议纪要逐一明确各重大事项责任主体、年度目标、季度和月度工作任务。

不断强化考核督导　制定完善蓝色经济区重大事项考核赋分办法，纳入2014年度全市目标绩效管理考核。年中、年末开展两次重大事项考核，对重大事项推进工作情况进行现场查勘，以考核促进建设工作，确保完成年度工作目标。

深入落实调度机制　严格执行“月调度、季通报”制度，按照2014年目标任务，每月调度各事项的进展情况，以蓝区简报的形式向全市蓝色经济区建设工作推进领导小组成员单位通报；每季度将重大事项建设情况报市委、市政府。

重大事项建设取得积极进展　2014年，东部滨海新城、双岛湾科技城、威海南海新区、好运角旅游度假区、乳山滨海新区、里口山风景名胜区六大重点区域共实施62个基础设施项目，累计完成投资77.1亿元，超额完成年度投资计划1.9%；开工建设85个产业项目，累计完成投资112.4亿元，超过年度投资计划的6.4%。国家海产品质检中心一期工程接近尾声，获得质量安全检测机构资质认定；海洋商品国际交易中心开业运营，电子商务平台完成前期土建工程；山东船舶技术研究院增创海洋通信装备、深海工程材料与防污防腐技术等各类产学研平台7个；威海出口加工区升级综合保税区规划重新调整后重新上报，海关总署正式启动审核程序；中韩自贸区谈判将威海市与仁川市列为两国地方合作示范城市；山东交通学院威海校区迁建一期开工建设；海洋博物馆筹建确定项目建设主体，完成项目选址及初步规划设计；前岛集中集约用海片区规划通过国家海洋局初审；促成24家非上市科技型企业场外市场融资；全市6处远洋渔业基地获商务部批准，其中靖海集团印尼基地、蓝越公司斯里兰卡基地动工建设。

【省蓝色经济区规划实施推进情况检查】 6月11日—16日，省落实蓝色经济区规划实施情况检查组到威海市实地检查推进蓝色经济区规划实施工作，市政府主要领导和分管领导参加汇报会及反馈会。检查组对威海市53个亮点典型项目进行了检查，评价认为威海市各项工作为蓝色经济区建设积累了经验，走在了全省前列。10月29日，省委、省政府召开省区域发展战略推进工作领导小组扩大会议，省发改委领导通报了《半岛蓝色经济区、黄河三角洲高效生态经济区规划》实施检查推进工作有关情况，多次提到并表扬威海市蓝色经济区建设成效和所采取的工作措施，对威海市蓝色经济区建设工作给予了高度肯定。

【蓝色产业领军人才团队支撑计划】 2014年，威海市深入开展省泰山学者蓝色产业领军人才团队支撑计划，在全市召开泰山蓝色产业领军人才团队支撑计划推进暨培训会议。经过申报、答辩、复评等环节，北洋电气光纤水声系统产业化、天润曲轴大型船用曲轴产业化等6个项目入选省级蓝色产业领军人才支撑计划。实施市级蓝色产业领军人才支撑计划，在全省率先出台了《威海市蓝色产业领军人才团队支撑计划实施办法》，冠通蓝海石油管材海洋超深水柔性管产业化、怡和专用设备海洋激光光谱遥感监测仪器生产项目等4个团队入选市蓝色产业计划。

【蓝色经济区对外交流活动】 加大蓝色经济区对外宣传推介力度，参与中国东西部合作与投资贸易洽谈会、省蓝色经济区投资洽谈会及海洋国际高峰论坛等大型活动，采取制作宣传片、编印招商手册等方式宣传推介威海市的优势产业、优惠政策和招商项目。参加第十五届中国西部国际博览会和山东半岛蓝色经济区重点园区推介会，重点介绍威海南海新区规划建设情况和招商引资重点，推出招商项目29个，计划投资569亿元。

（戚　真）

民营经济

【概况】 2014年，全市以推动提质增效和转型升级为核心，大力开展“三项服务（政策、融资和公共服务）、三个提升（企业素质、企业规模和产业层次提升）”工作，深入实施“扶助小微企业专项行动”，积极宣传落实各项政策，不断加大公共服务力度，全市民营经济总体实现了平稳运行、稳中有进。

总量规模迅速膨胀 至2014年底，全市实有民营经济市场主体15.92万户，注册资金1507.08亿元，比上年分别增长25.4%和54.56%，增速分别提高20.8和32个百分点。其中，私营企业3.95万户，注册资金1397.49亿元，分别增长29.42%和53.36%，分别提高20.8和32.6个百分点；全年新登记私营企业9956户，增长106.6%；万人拥有私营企业140户，增加31户，列全省第3位；规模以上民营工业企业1054户，实现主营业务收入4570.65亿元，占规模以上工业的69.66%。

贡献份额逐步提高 2014年，全市民营经济市场主体实缴税金87.78亿元，比上年增长17.84%。其中，私营企业实缴税金78.22亿元，增长22.25%，提高4.9个百分点；规模以上民营工业企业实现利税405.76亿元，占规模以上工业的比重为72.27%，提高3.3个百分点；规模以上民营工业企业从业人员35.65万人，增加2.68万人，占全市规模以上工业企业的比重达到67.64%，提高5.6个百分点。

科技创新成效显著 威海市继续开展自主创新年活动，省级以上创新平台达到257家（其中国家级21家），80%以上的依托单位为民营企业；科技型中小企业328户，全部为民营企业。2014年，全市新增科技企业孵化器12家、孵化面积27万平方米、在孵企业330家，促进科技成果转化314项；每万户中小微企业当年授权专利数506件，列全省第5位；高新技术企业163户，高新技术产业产值占工业总产值的比重达37.7%，比上年提高了1.1个百分点。

营商环境持续改善 全市各级各有关部门积极转变职能，深化行政审批制度改革，实行审批流程再造，为民营经济发展创造良好的政务环境。2014年威海市围绕促进创业、推动创新、加大金融支持等方面出台配套政策措施，投入财政性资金近6亿元，兑现各类涉企税收优惠90多亿元，取消、暂停、降低市级15个部门26项近600万元的行政事业性收费项目，进一步激发了民营经济发展活力。

公共服务不断增强 建成公共服务平台102家、小企业创业基地29家，年均开展特色服务7000多次、培训民营企业专业人才3万多人，为民营经济发展构筑技术支撑和孵化载体。成立了威海市小微企业创业服务中心，组织30多家签约服务机构把“服务超市”开进厂区车间，提供创业代理、融资担保等专业化服务，累计开展服务活动2259次，服务企业5112户。

【优化经济发展环境】 积极配合全省民营经济工作会议筹备工作，推荐荣成市政府和天润曲轴股份有限公司列入会议书面交流典型，《大众日报》对威海市民营经济工作进行了专版宣传。整合各级各部门政策措施，开设网上

“政策总览”专栏，编发民营经济和中小微企业政策汇编3000多册，不断扩大政策知晓率。深入开展扶助小微企业专项行动，动员全市中小企业系统加快转变职能，加大服务小微企业力度，有效推动各项惠企政策落实。将“个转企”“小升规”与中小企业户数、私营企业实缴税金4项指标列入全市中小企业发展考核体系，每季度调度各区（市）指标完成情况，充分发挥了考核的激励导向作用。结合国家和省级扶持政策改革方向，对《威海市中小企业发展专项资金管理办法》进行修订完善，2014年，市级专项资金扶持签约服务机构、公共技术平台、创业辅导基地、融资性担保机构等中小微企业公共服务载体项目达到43个、519万元，比上年增长29%，落实国家和省级中小企业服务体系、融资环境和创业补助创新奖励专项资金项目21个、1162万元，推动扶持资金由点到面惠及更多小微企业。

【增强企业核心竞争力】 支持民营企业加快技术改造和自主创新，培育市级“一企一技术”研发中心15家、创新企业10家，累计认定市级研发中心和创新企业分别达到63家、52家，其中省级分别达到34家、35家，对行业发展起到良好的辐射带动作用。出台威海市“专精特新”中小企业认定办法和培育意见，认定首批市级“专精特新”中小企业100家，择优推荐其中40家通过省级认定。实施中小微型企业“百千万”梯次成长计划，建立2014年企业培育信息库，完成第二批“20（行业领军企业）+200（高成长性企业）+2000（小微企业）”专项培育工作，并筛选出142个固定资产投资重点项目向银行、担保及服务机构进行推荐对接，为项目顺利实施提供技术、资金、人才等服务，推动“个转企、小升规、普升高”梯次发展。

【提升产业发展水平】 围绕龙头骨干企业、配套企业及生产性服务企业发展情况，对全市中小企业产业集群现状进行了摸底调查，建立市级产业集群、特色产业镇33个，建立省级产业集群、特色产业镇信息库16个，做好储备培育基础工作。制定2014年医疗器械产业集群服务行动计划，积极引导威高集团将辅助生产环节转移给中小微企业配套协作，进一步完善医疗器械产业链条。加快建设“中国钓具之都·博览城”项目，首期200多家国内外商家入驻，2014年实现线上线下交易额2亿元，推动钓具产业做优做强。组织多家企业参加第八届APEC中小企业技术交流暨展览会、2014两岸农产品交流大会、第十一届中国国际中小企业博览会和首届中国（山东）网络商品博览会等展会，达成意向协议3亿多元；积极引导小微企业入驻阿里巴巴“威海产业带”，上线企业380多家，累计成交额2.8亿元，进一步加大了市场开拓的广度和深度，提升了威海市海洋食品等特色产业的发展水平。

4月11日，威海市2014年扶助小微企业专项行动暨小微企业创业服务中心签约服务工作启动会议在东山宾馆召开　　市中小企业局提供

【缓解企业融资难题】 编印《全市金融机构中小微企业信贷产品服务手册》向企业发放5000多册，积极推介有融资需求的企业与银行进行深度对接，推荐符合条件的企业纳入市区小微企业贷款风险补偿基金“企业池”进行增信融资，进一步建立健全银企良性合作长效机制。至2014年底，全市中小微企业贷款余额729.67亿元，比上年增长13.3%，占全市贷款余额的比重为42.05%。威海齐东融资担保有限公司成立，国有全资注册资本10亿元，可撬动银行信贷100亿元，增加社会隐形税收4.5亿元。不断完善担保业务报送、信用评级等工作机制，引导担保机构加大对中小微企业融资担保服务力度，2014年全市担保业新增担保额47.9亿元，比上年增长16.83%，有效缓解了中小微企业融资压力。召开威海市中小企业直接融资培训推介会，150多家中小微企业参加，向企业宣传上市、挂牌等股权融资政策，组织条件成熟的企业到上海股权托管交易中心实地考察、培训对接，并建立服务档案进行跟踪服务。2014年全市有24家企业成功挂牌，挂牌企业总数达到32家，进一步拓宽了企业融资渠道。

【提高服务企业效率】 依托威海市小微企业创业服务中心，创新开展签约服务工作，形成实体与网络相结合、线下与线上相结合、服务中心提供免费公共服务与中介机构提供低收费市场化服务相结合的综合性服务模式，累计开展服务活动2259次，服务企业5112家。着眼于提升企业经营管理者的综合素质，先后开办海洋科技产业转型升级、工业设计云平台、企业信息化、绩效管理和医疗器械等重点产业提升培训班65场次，培训6000多人次，为企业提高市场竞争力提供了人才保障和智力支持。认定了市级中小企业公共服务平台31家、小企业创业辅导基地4家、创业辅导师20人，推荐认定省级公共服务示范平台6家、服务机构5家、小企业创业辅导基地1家，推荐山东天弘质量检验中心获得国家中小企业公共服务示范平台认定，引导服务机构开展多层次、多元化、多方位创业服务。

（周永平）

【个体私营企业协会工作】 *开展“联手助企促发展”活动* 主动加强与建设银行、邮政储蓄银行等金融机构的合作，积极向各级金融机构推介信用良好的会员企业，为会员企业搭建融资绿色渠道。全年组织召开银企融资见面会12场次，参加会员单位700多户，达成融资意向200多笔，帮助融资6700多万元。

帮助会员企业解决用工难题 联合市人力资源和社会保障部门，组织发动500多家会员企业参加“网上用工招聘”“联手民企走进校园”“民营企业人才专场招聘会”等活动，帮助会员企业招工3000多人。

切实维护会员企业的合法权益 协调市司法局，联合市律师协会成立威海市个体私营企业律师服务团，维护会员企业的合法权益，协调解决法律纠纷。全年受理会员投诉案件3起，解答会员咨询50人次。

（于　源）

精神文明建设

【全国文明城市创建】 2014年，印发《2014年度创建全国文明城市工作实施方案》《全国文明城市测评体系责任分解》《全国未成年人思想道德建设工作测评体系责任分解》和《实地考察测评记录手册》等。常年开通创城热线电话，组织市民巡访听证，畅通问题反馈渠道，发放105期热线问题督办单，督办问题695个。多种形式开展创城宣传，发放创城问卷80余万份，组织9次随机街访，问访1.12万人次，市民创城知晓率和支持率达98%以上。整理创城文档资料1600余件、图片1400余幅，创城表格150余张。市文明委负责人带队，文明办和实地检查组工作人员骑车穿大街走小巷，看盲点查死角，组织专项检查34次，全市解决群众身边事20余万件，威海市“单车徒步·深入创城”的做法被山东省文明办作为典型经验予以推广。在第四届全国文明城市测评中，威海市综合测评成绩在全国60余个新参评地级市中名列第一，摘取第四届全国文明城市桂冠。

【诚信建设制度化】 推动12个部门建立“红黑榜”发布平台，实现网络平台实时可查。召开新闻发布会，公布1315家企业和个人荣登诚信“红榜”，150家企业和个人被列入诚信“黑榜”，并宣布对列入黑榜企业和个人的惩戒措施。通过报纸、广播、电视、网络、手机等媒体，发布诚信“红名单”和失信“黑名单”，广泛开展“诚信做产品”“诚信经营示范店”“人民满意”等主题创建活动，联合媒体开展“美德威海·诚信威海”主题宣传，营造诚信守信的社会氛围。

【志愿服务制度化】 开发建设“威海志愿者”信息综合管理系统，注册志愿者25万人，建立志愿服务活动招募管理、信息发布、资源调配、服务记录、回馈嘉许等制度，实现了志愿服务的有效对接。以城乡社区为重点，广泛开展“四关爱”（关爱空巢老人、农民工、留守儿童、残疾人）志愿服务，形成了涵盖5300余名帮扶对象和3万名志愿者的《志愿服务对接台账》，广泛开展“争做文明表率”“志愿者进社区”“送医送药送温暖”“我是你的眼睛”等主题活动，全年开展志愿服务100多万人次。评选表彰全市首批8名优秀五星级志愿者，刘长城获全国首批优秀五星级志愿者。《威海以制度化推动志愿服务常态化》的做法在中央文明办简报刊发。

【“讲文明树新风”公益宣传】 在社区利用宣传栏、宣传橱窗，在机场、码头、客运站和主干道、商业大街、广场公园利用灯箱、广告牌，在公交车、出租车利用车体、LED显示屏、司机座椅靠背以及车内座套等部位，广泛刊载“社会主义核心价值观”等公益广告；把24字“社会主义核心价值观”印在购物袋、文化衫、私家车贴上，形成随处可见、广泛覆盖宣传势头。市民对“社会主义核心价值观”的知晓率达到98%以上，广大中小学生知晓率达到100%。协调相关部门完成了170个公益广告灯箱安装工作。威海“社会主义核心价值观”公益广告宣传做法在全省作典型经验交流。深入推进文明餐桌行动，实现全覆盖，大力培育厉行节约、反对浪费的良好风尚。

【公民文明旅游】 建立联席会议制度，以出境游为重点，重点从办理护照、组团、出境、交通、落地、行程6个方面把好文明旅游“出门关”。在7个街道的11个社区开展“文明旅游进社区”主题公益活动，倡导市民文明旅游，理性消费。联合开展文明景区创建活动，在旅游行业加大文明景区和文明单位创建力度，把文明旅游工作开展情况融入到旅游景区评定，搭建起旅游企业诚信建设平台，定期公布违规经营企业名单及旅游投诉情况，形成文明旅游长效工作机制。

【乡村文明行动】 以环卫一体化建设为重点，建立农村生活垃圾“户清理、村收集、镇清运、县（市、区）处理”体制，实现农村生活垃圾城乡一体化处理全覆盖。在2014年6月和12月全省城乡环卫一体化农村群众满意度电话调查中，成绩均居全省前列。广泛开展“新农村、新生活”培训，培训376场2.64万人次。7月14日—16日，全省乡村文明行动第三次现场推进会议在威海召开。全市建成乡村文明行动示范镇（街道）22个，“乡村文明行动”达标村、示范村1633个，75%的村达到了县级以上文明村标准。

【好人学习宣传】 进一步健全完善市、县（区）、镇（街道）三级联动的好人评选工作机制，开展寻找身边好人、美德之星评选、威海好人365宣传等，评选威海好人64人，其中，29人获山东好人，2人获山东好人之星，4人获中国好人。组织道德模范宣讲100余次，组织有关部门创作道德模范文艺作品6个，深入基层巡演活动50余场次。11月27日，成功承办了全国道德模范与身边好人现场交流活动，用地方特色文艺演绎好人故事，受到中央文明办的充分肯定。开展各类老模范走访慰问活动，为147名市级道德模范进行健康查体，对14名生活困难道德模范走访慰问。

【未成年人思想道德建设】 突出抓好社会主义核心价值观、中国梦、“爱学习、爱劳动、爱祖国”教育实践活动，引领未成年人践行“社会主义核心价值观”的做法在中央文明办简报刊发；组织好清明祭英烈、学习和争做美德少年、童心向党、向国旗敬礼等教育实践活动，不断深化“我的中国梦”学习教育主题。开展“文明行为养成进校园”等主题活动，引导未成年人从身边做起、从小事做起，告别不文明行为。全面落实中央和省级专项彩票公益金支持乡村学校少年宫项目建设任务，有9所学校获得专项彩票公益金支持。强化联动治理，定期持续开展校园周边小饭桌、非法出版物等校园周边环境专项治理，净化未成年人健康成长的社会文化环境。

【传统节日和重大纪念日活动】 全面抓好传统节日和重大纪念日活动，传播主流价值。春节、元宵节期间，组织开展“邻里守望·情暖新春”主题志愿服务；清明节期间，在未成年人中广泛开展网上“清明祭英烈”活动；端午节、中秋节期间，将爱国主义教育、讲文明树新风、“文明餐桌”、志愿服务等活动融入节日文化中，使节日活动更加贴近实际、贴近生活、贴近群众。“五一”“七一”“八一”等重要节庆日和9月3日抗日战争胜利纪念日、9月30日烈士纪念日、12月13日南京大屠杀遇难同胞纪念日等，围绕爱国主义教育主题，组织开展了老模范走访、拥军拥属、文艺演出、童心向党等丰富多彩的主题活动。

【网络文明传播】 不断完善机制，丰富内容，强化融合，紧跟宣传提示，突出威海特色，用心办好联盟网站，努力打造本地精神文明建设的宣传平台和展示窗口，大力传播“君子之风·美德威海”品牌正能量，威海文明网在全国146个市（区）联盟网站年度综合测评名列第一。威海文明网建设做法在全省精神文明建设重点工作推进会上作为典型经验进行交流，在中国文明网地方联盟网站培训班上介绍推广。在网络文明传播志愿者方面，开展“诗说文明威海”等网上活动，威海探索社会主义核心价值观网上宣传新样板的做法，被中国文明网作为典型案例推广。

（李忠蕾）

体制改革

【财税金融体制改革】 对市直预算单位2014年部门预算进行公开，对18个预算绩效评价项目实行支出绩效管理。开展政府债务考核，审核编制市级部分单位政府债务融资计划。出台《关于加快金融创新发展的意见》，积极引导发展“金融超市”、融资仓储公司等新型金融业态，全市小额贷款公司、民间融资机构、融资租赁公司、村镇银行分别达到22家、25家、6家和3家。成立威海市首个由央企投资设立的地方金融组织——威海市邦信小额贷款公司。启动文登区、乳山市农信联社的银行化改革。开展小麦、玉米、花生、苹果等4个政策性农业保险，中国人民财产保险股份有限公司威海分公司为成山集团承保了2亿元的风力指数保险，为全省海水养殖风力指数保险首例。乳山农信联社为乳山日胜农业投资有限公司办理了首笔林权抵押贷款2100万元。出台《威海市区小微企业贷款风险补偿基金管理办法》，建立了4500万元的风险补偿金，首批150家小微企业纳入帮扶范围，发放贷款5200万元。扩大区域覆盖范围，为36家企业提供8.61亿元的授信支持，贷款余额达4.97亿元，其中，实现知识产权、股权、订单等质押融资1.45亿元。

【国有企业改革】 对市属73家国有企业进行全面调查摸底，研究制定企业改革台账，组建威海市国有资本运营有限公司，并发起设立了国有独资融资性担保机构——齐东融资担保有限公司（注册资本10亿元，位列全省第二位）。完成市民航局和报业集团公司制改革前期审计和评估等工作。威海昌佳贸易有限公司、海港大信国际旅行社等两家企业进入改制审批程序。组建威海市国有企业董事监事工作管理中心，进一步修改完善董事会、监事会、经理层议事规则、工作制度，建立工作情况报备制度。出台《关于鼓励支持企业创新发展的意见》《威海市“专精特新”中小企业认定办法》《威海市区小微企业贷款风险补偿基金使用管理办法》等一系列支持民营经济发展的政策措施。实施重点中小企业管理提升计划，筛选280家重点企业与相应服务部门签订对接协议，完成136家企业的对接活动。成立市小微企业创业服务中心，签约入驻服务机构31家，开展各类服务活动2005次，服务企业4766家。完成公共服务云平台建设，开展培训12场，培训企业300家。

【农村体制改革】 全市完成799个村的土地承包经营权确权登记颁证工作，占计划指标的114.1%，全市累计达到1484个村，占全市需确权村数的64.8%。完成188个村的农村集体经济组织产权制度改革，注册成立农村经济股份合作社，占计划指标的127%，全市累计注册股份经济合作社337个。制定出台支持推进土地规模化流转的奖励意见，年内新增土地流转面积1.33万公顷（规模流转8900公顷，占新增的67%），全市累计流转土地4.41万公顷，占家庭承包地面积的32%，其中规模流转2.68万公顷，占流转面积的61%。积极稳妥开展农村土地股份合作社试点，荣成市登记注册了16个农村土地股份合作社。全市注册登记的农民专业合作社2429家、家庭农场281家。积极稳妥推进文登区、荣成市、乳山市供销社综合改革，开展“党建带社建、社村共建”活动，有26处基层社参与共建，共建村达到181个，共建各类经营服务项目346个。

【加快推进全域城市化】 积极落实国

家新型城镇化试点，开展中小城市综合改革试点调研，围绕产业发展体制机制、城市发展体制机制、现代农业经营制度、社会事业改革创新等7大领域、29个方面编制《中小城市综合改革试点总体方案》，并上报国家发改委。出台《关于加快推进新型社区建设的实施意见》，制定了新型社区考核细则，明确各区（市）建设任务。启动城市化发展规划、新型社区发展规划编制工作。出台《威海市基本公共服务体系建设行动计划（2014—2015年）》，着力创新体制机制，加快建立健全基本公共服务体系，促进基本公共服务均等化。

【医药卫生体制改革】 出台《威海市深化医药卫生体制改革2014年重点工作安排》，提出了6大方面、33项医改主要工作安排，推动医改从打好基础向提升质量转变，从形成框架向制度建设转变，从试点探索向全面推进转变，为全域城市化提供医疗卫生保障。加快第一批县级公立医院综合改革试点改革步伐，乳山市5家试点医院门急诊次均费用、“药占比”比上年分别下降9.6%、6.18%，住院费用报销比例和在职职工收入分别上升6.37%、13.3%，基本实现“降低费用、减轻负担、增进效益”的预期目标。进一步扩大改革范围，争取文登区、荣成市被纳入全国第二批县级公立医院综合改革试点，印发《威海市关于推动县级公立医院综合改革的实施方案》，于10月1日正式启动实施。

【行政体制改革】 印发《威海市人民政府关于推行行政权力清单制度的通知》，推行政府行政权力清单工作。公布市级行政审批和监督服务事项目录，编制《威海市市级行政审批和监督服务事项流程再造规范》，规范审批依据、条件、材料、流程环节1.2万多个，精减审批条件230多个，减少申报材料240多个、流程环节370多个，绘制流程图620多个，压缩审批时限730多个工作日。扎实推进“两集中、四到位”，将30多个部门的行政审批权相对集中到部门行政审批科和市政务服务中心，实现科室设立、编制人员、项目进驻、窗口授权“四到位”，全程办理的审批事项达到90%以上。在全市推行建设工程项目模块化审批，审批时限由串联审批的281个工作日缩减到28个工作日。出台《市场主体设立联审联批试行方案》，推行“一次告知、一口受理、同步审批、信息共享、统一发证”的运行模式，在全省率先实现了市、县、镇三级市场主体设立联审联批。

进一步下放投资管理权限，市级只保留需统筹安排的保障性住房、净水厂、污水处理厂、垃圾处理厂等项目核准，直接办件量减少90%以上。出台政府投资项目管理办法、行政事业单位投资管理办法、国有企业投资管理办法等一系列规范性文件，对政府投资非经营性房屋建筑项目实行代建制。完成市县两级政府机构改革及食品药品、工商、质监管理体制改革，设立了3个国家级开发区市场监督管理局。发布《关于进一步做好相关人员在行业协会商会类社会组织兼职（任职）清理整顿工作的通知》，全市93家行业协会商会221名相关人员全部辞去了社团职务。

【对外开放体制改革】 出台《关于推进口岸大通关建设促进外经贸发展的实施意见》，取消区域通关跨关区授权检查的限制，对B类生产型出口企业全面推行“属地申报、口岸验放”通关模式，对A类及以上企业推行“属地申报、属地放行”通关模式，大幅降低了企业通关时间和成本。在威海港口岸、威海出口加工区、威海机场的6个监管区9个固定查验区域全面启动了“一次申报、一次查验、一次放行”的“三个一”通关模式，申报效能提高30%以上，申报时间缩短30%以上。在威海出口加工区复制推广了上海自贸区的“批次进出、集中申报”“简化统一进出境备案清单”和“简化无纸化通关随附单证”等3项海关监管创新制度。通过建立电子证书核查机制，扩大与韩国口岸部门的数据共享和互信认证范围，实现签发的所有出境检验检疫证书和原产地证书的数据共享，威海检验检疫技术中心被韩国食药厅认可为“国外公证检测机关”。通过连续参加多轮中韩自贸区谈判，有效反映了“威海诉求”，推动威海同仁川自由经济区的合作写入中韩自贸协定。威海综合保税区申建工作顺利推进，落实海关总署启动了审核程序，土地利用规划调整完善方案获国土资源部批准，并完成了全部征地工作。

【社会保障体制改革】 出台《关于促进创业带动就业推动全域城市化发展的意见》《关于切实做好拆迁村居民转移就业培训工作的通知》等一系列促进就业创业的政策文件，每年安排8000万元创业带动就业扶持资金，安排1亿元市级小额担保贷款担保基金，提高了各类创业补贴、培训补贴、企业吸纳农村劳动力转移就业补贴和小额担保贷款额度。实施新一轮大学生创业引领计划，对大学生创业者给予工商登记、税收、担保贷款等方面的资金和政策扶持，各区（市）每年扶持不少于100名大学生实现自主创业。通过政府向社会力量购买服务的方式开展了就业创业培训、大学生就业微信平台建设、人才引进配套服务、劳动保障法律事务服务等11项就业创业工作。整合建立了城乡统一的居民基本养老和基本医疗保险制度，在全省率先打破居民社会保障城乡二元分割结构，全市居民社会保障实现同城同待遇，市域一体的社会保障体系进一步完善。职工养老保险实现省级统筹，城乡居民基本养老保险、职工基本医疗保险和居民基本医疗保险等各项社会保障实现市级统筹。出台《威海市实施政府购买社区居家养老服务管理暂行办法》《威海市养老服务评估工作实施办法》等13个社会养老方面的规范性文件，建立生活长期不能自理经济困难老年人护理补贴制度。在环翠区、威海高技术产业开发区、威海经济技术开发区开展政府购买社区居家养老服务工作。全年新增养老机构18个，新增床位3146张，千名老人拥有床位35张。建成市域一体、覆盖城乡、惠及全体居民的“12349”便民服务平台，加盟企业2998家，入网居民16万人，其中入网老年人5.4万人。建成260处城市社区老年人日间照料中心、233处农村幸福院，分别覆盖65%的城市社区、35%的农村社区。成立威海市养老服务业协会，吸纳会员181个。在全省率先建立养老机构综合责任保险制度，启动建设6所大型养老机构护理院项目，30%的养老机构实现医养融合式发展。

（孙海峰）

机　构

【中国共产党威海市委员会】

书　记　孙述涛
副书记　张　惠(女)　赵熙殿
常　委　孙述涛　张　惠(女)
赵熙殿　董天祥　徐东升
汤光运　王学文　刘茂德
李在武*　王　亮　曹元怀
田治颖
秘书长　王学文
市委办公室
主　任　吴永刚
△市委、市政府信访局
局　长　苑圣慧
市委组织部
部　　长　田治颖
常务副部长　周春杰*　于东海
市委两新工委
书　　记　王厚全
△市委老干部局
局　　长　于东海*　于所航
市委离退休干部工委
书　　记　张思玉(女)
市委宣传部
部　　长　王　亮
常务副部长　许祖强
市委统战部
部　　长　李在武*
常务副部长　董旭日*　姜文秋
市委政法委（社会管理综合治理委员会办公室与其合署）
书　　记　刘茂德
常务副书记　李元敬
社会管理综合治理委员会办公室
主　　任　李忠楠
市委政策研究室
主　　任　吴永刚*
张　璟(主持工作)

编　　办
主　　任　赵熙强
市委台湾工作办公室（挂市政府台湾事务办公室牌子）
主　　任　于连波
市委市直机关工委
书　　记　刘　鹏

市委火炬高技术产业开发区工作委员会
书　　记　姜玉毅*
副 书 记　王政玉　王　刚

市委经济技术开发区（出口加工区）工作委员会
书　　记　吕晓东
副 书 记　王炳刚　马端兴

市委威海临港经济技术开发区工作委员会
书　　记　于文江
副 书 记　董晓阳　王　文

市委威海南海新区工作委员会
书　　记　张海军
副 书 记　邢海文

【威海市人民代表大会常务委员会】

主　　任　孙述涛
第一副主任　董进友
副 主 任　张建军　毕礼伟
季恩远　丛培卿(女)
秘 书 长　于开禄
办 公 室
主　　任　刘增威
研究室
主　　任　苗　雨
人事代表工作室
主　　任　张栩翊
财政经济工作委员会
主　　任　张立成
内务司法工作委员会
主　　任　焦　杨(女)
教育科学文化卫生工作委员会（挂民族侨务外事工作委员会牌子）
主　　任　李大超
农业与农村工作委员会
主　　任　穆荣庆
城乡建设和环境资源保护工作委员会
主　　任　曲静娟

【威海市人民政府】

市　　长　张　惠(女)
副 市 长　徐东升　汤光运
房德阳　张　波(女)
傅广照　徐连新
刘广华
秘 书 长　夏景华
市政府办公室
党组书记　夏景华
主　　任　张宗波
△人防办
主　　任　毕可德
党组书记　邵建业*　毕可德
发展和改革委员会
主　　任　刘　伟
△物价局
局　　长　刘健民
经信委
主　　任　王　强
市委工业工委
书　　记　王　强
教 育 局
局　　长　于胜涛
科 技 局
局　　长　张宗军
公 安 局
局　　长　叶立耘
常务副局长　车　斌
监察局（与纪委机关合署）
局　　长　陈　舰
民 政 局
局　　长　袁学恩
司 法 局
局　　长　刘志东
财 政 局
局　　长　李文基
人 社 局
局　　长　刘勤显
国土资源局
局　　长　高建斋
城乡建设委（规划局与其合署）
主　　任　周永迪
规 划 局
局　　长　徐东晖
交通运输局
局　　长　连承鹏
水 利 局
局　　长　王　清
农 业 局
局　　长　戴海波

林 业 局
局　　长　　李延茂
海洋与渔业局
局　　长　　王焕孟
商 务 局
局　　长　　徐东明
文化广电新闻出版局
局　　长　　林　强
体 育 局
局　　长　　张凌翔
卫生和计划生育委员会(中医药管理局)
局　　长　　王大虎
审 计 局
局　　长　　王子明
环 保 局
局　　长　　刘德柏
统 计 局
局　　长　　李耀华
旅 游 局
局　　长　　李英春
工 商 局
局　　长　　宋宗良*　张兴民
质 监 局
局　　长　　许　光*　彭　霞
安 监 局
局　　长　　高玉峰*　王文强
食品药品监督管理局
局　　长　　孙世都*　刘树伟
外事侨务办公室
主　　任　　李文高
民族宗教事务局
局　　长　　褚昭晓
市政务服务中心管理办公室
主　　任　　丛培祥

威海火炬高技术产业开发区管委
主　　任　　姜玉毅*
副 主 任　　王政玉*　王　刚
　　　　　　许　日　丛建波*
　　　　　　王　涛*　秦　克*
　　　　　　傅华涛　吴惠民
　　　　　　孙旭勃　岳初建
　　　　　　于海容　谭远国

威海经济技术开发区管委（挂出口加工区管委牌子）
主　　任　　吕晓东
副 主 任　　王炳刚　张天泉*
　　　　　　宋克军　郭传利*
　　　　　　王祖友　姚桂礼
　　　　　　谭乐胜*　乔　军
　　　　　　梁永波　汤华海
　　　　　　张　刚
　　　　　　许宏妮（女）

威海临港经济技术开发区管委
主　　任　　于文江
副 主 任　　董晓阳　王　文
　　　　　　张向阳*　吴加友
　　　　　　梅延良　邵明光
　　　　　　王海民

威海南海新区管委
主　　任　　张海军
副 主 任　　邢海文　宋　斌
　　　　　　乔新跃　迟永伟

法制办（部门内设机构）
主　　任　　刘昌清
粮食局（部门内设机构）
局　　长　　宋修骞
贸易办（部门内设机构）
主　　任　　郭志刚
山东省威海监狱
第一政委　　刘志东
监 狱 长　　车　良
公安局交警支队（分局）
支队长（局长）　王道珊
政　　委　　　　刘　勇
国 资 办
主　　任　　　　李家强

【中国人民政治协商会议威海市委员会】

主　　席　　刘玉党
副 主 席　　张　剑　　任怀平
　　　　　　李淑芳(女)　戚建波
　　　　　　刘亚东(女)　李　丹
　　　　　　王汝壮　　任慧春
秘 书 长　　林治刚
办 公 室
主　　任　　江连志*　王云鹏
研 究 室
主　　任　　王云鹏
委员活动工作室
主　　任　　宋林继*　于加林
提案法制委员会
主　　任　　袁文龙
经济委员会
主　　任　　王金昌
科教文史委员会
主　　任　　徐志勤
台港澳侨和民族宗教外事委
主　　任　　王　晓

【中国共产党威海市纪律检查委员会】

书　　记　　董天祥
常务副书记　陈　舰
副 书 记　　姜子敏　邱洪京
第一纪检组(监察室)
组长(主任)　蒋　泽*　单锦国
第二纪检组(监察室)
组长(主任)　张培旭
第三纪检组(监察室)
组长(主任)　李建军
第四纪检组(监察室)
组长(主任)　曲建龙
第五纪检组(监察室)
组长(主任)　徐　科
第六纪检组(监察室)
组长(主任)　曲爱民
第七纪检组(监察室)
组长(主任)　谷　军

【法院、检察院】

威海市中级人民法院
院　　长　　段大伟*　李向阳
副 院 长　　时述森　杨文昌
　　　　　　王树远　邱会军
　　　　　　于荣勋
威海高技术产业开发区法院
院　　长　　李少波
威海经济技术开发区法院
院　　长　　黄宗殿

威海市人民检察院
检 察 长　　马英川
副检察长　　王锡友　敖国良*
　　　　　　孟　莲（女）　任建波
　　　　　　马绪福　姜　勇
威海高技术产业开发区检察院
检 察 长　　王　健*
　　　　　　姜志芳(主持工作)
威海经济技术开发区检察院
检 察 长　　耿建忠

【民主党派】

民革威海市委
主　　委　　任怀平

民盟威海市委
主　　委　　黄晓光
民建威海市委
主　　任　　毕礼伟
民进威海市筹委会
主　　任　　陈伟胜
农工党威海市筹委会
主　　委　　李光华
致公党威海市委
主　　委　　于富波
九三学社威海市委
主　　委　　贾国哲

【人民团体】

总 工 会
主　　席　　任慧春
常务副主席　岳连宏
共青团威海市委
书　　记　　赵　冰
妇女联合会
主　　席　　张春晓(女)
科学技术协会
主　　席　　王麦壮
社会科学界联合会（与宣传部合署）
主　　席　　刘昌毅
文学艺术界联合会
主　　席　　于加林*　安　立
归国华侨联合会（与市政府侨务办公室合署）
主　　席　　王　钢
工商业联合会
主　　席　　夏春亭
党组书记　　张　德
红十字会
会　　长　　梁　良
常务副会长　丛卫东

【市属事业单位、经济组织】

中共威海市委党校
校　　长　　孙述涛
常务副校长　曲　赓
副 校 长　　单杰锋　连殿武
　　　　　　杨荣华*　史凤鸣
　　　　　　王绍臣
市行政学院
院　　长　　曲　赓
副 院 长　　赵熙波
市社会主义学院
院　　长　　李在武*
副 院 长　　陈　文

威海日报社
总 编 辑　　孙盛川
报业集团
党委书记　　孙盛川
市老年大学
校　　长　　谷立波
市接待处
处　　长　　周德纯
市档案馆（挂市档案局牌子）
局长（馆长）　耿　涛
市委党史研究室
主　　任　　肖　怡
市政府驻北京办事处
主　　任　　丛华清
市政府驻济南办事处
主　　任　　刘　震
市政府驻韩国办事处
主　　任　　刘永胜
威海仲裁委员会秘书处
秘 书 长　　王书国
市住房保障和房产管理局
局　　长　　宋修德
市地方铁路管理局
局　　长　　吴宏飞
市经济合作局（挂威海市人民政府对口支援办公室牌子）
局　　长　　邓　勇
市公路管理局
局　　长　　李树刚
市港航管理局
局　　长　　徐海洋
市民用航空管理局（市民用航空站）
局（站）长　周　兵
市广播电视台
台　　长　　胡禄太
市畜牧兽医局
局　　长　　孙少伟
市农业机械管理局
局　　长　　张广强
中国国际贸易促进委员会威海市委员会（中国国际商会威海商会）
会　　长　　戚黎明
市中小企业局、民营经济办公室
局长（主任）　蔡　琳
刘公岛管理委员会（市景区管理行政执法局）（挂市旅游发展中心牌子）
主任（局长）　王京伟
市文化市场综合执法局
局　　长　　于文胜

市市级机关事务管理局
局　　长　　吴顺中
市政府调查研究室
主　　任　　王树芳
市地方史志办公室
主　　任　　毕吉玲(女)*　耿祥星
蓝色经管办（高端产业聚集区管理办）
主　　任　　宋吉信*　王　涛
威海职业学院（市技术学院）
党委书记　　张言报
院　　长　　金志涛*　周春杰
副 书 记　　金志涛*　周春杰
　　　　　　高亮亭　王　波
副 院 长　　孙忠峰　吕　伟
　　　　　　李建刚　孙思炯
　　　　　　曲桂东　张秀玲(女)
山东省文登师范学校
党委书记　　张华燕
校　　长　　丛阳滋
山东省乳山幼儿师范学校
党委书记　　徐　明*　车学辉
校　　长　　陈福超
市体育运动学校
校　　长　　隋贵君*
　　　　　　李小谦(主持工作)
市立医院
院　　长　　侯文金
文登中心医院
院　　长　　丛海波
党委书记　　崔卫兵
市中医院
党委书记　　鞠立民*　兰胜才
院　　长　　兰胜才
市妇幼保健院（市妇女儿童医院）
院　　长　　林治军
市疾病控制中心
主　　任　　邹东明
市残疾人联合会
理 事 长　　李支润
市供销合作社联合社
主　　任　　隋秀敏
监事会主任　邹德强
市住房公积金管理中心
主　　任　　颜祥布*　孙世都
市会展办公室
主　　任　　张建岭
市口岸办
主　　任　　高　飞

市金融办
主　　任　　张展开
市胶东地区引黄调水工程建设局
局　　长　　矫　健
市政府投融资中心
主　　任　　于荣范
省会校威海分校（市财政干部教育中心）
党委书记　　邓炳奎
校　　长　　孙启辉*　杨荣华
农业综合开发办
主　　任　　于晓绵
社会保险服务中心
主　　任　　王吉会
人力资源公共服务中心
主　　任　　孙　波*
　　　　　　李志杰(主持工作)
城市综合管理办
主　　任　　周永迪

【区、市】

中国共产党威海市环翠区委员会
书　　记　　林红玉
副 书 记　　常红军　刘光辉*
　　　　　　傅世涛
常　　委　　林红玉　常红军
　　　　　　刘光辉*　傅世涛
　　　　　　陈学凯　邹智敏
　　　　　　王永池　迟振海*
　　　　　　孙青松(女)　王　桥
　　　　　　王志波　梁　明
威海市环翠区人民代表大会常务委员会
主　　任　　曲兆平*　林红玉
副 主 任　　刘光辉　柳富胜
　　　　　　韩　静(女)　刘恒军
　　　　　　张才波　吕剑峰
威海市环翠区人民政府
区　　长　　常红军
副 区 长　　陈学凯　王　桥
　　　　　　隋良杰(女)　张利春
　　　　　　张宗浩　荣传伟
政协威海市环翠区委员会
主　　席　　连业礼
副 主 席　　谢洪禄　许德勤
　　　　　　周　宁　黄福涛
　　　　　　张华龙　邓　洁(女)
中国共产党威海市环翠区纪律检查委员会
书　　记　　邹智敏

中国共产党文登区委员会
书　　记　　张　竞(女)
副 书 记　　栾　波　张海军
常　　委　　张　竞(女)　栾　波
　　　　　　张海军　崔卫兵
　　　　　　毕庶杰*　张建亭
　　　　　　李文勋*　迟永伟*
　　　　　　曲　波*　黄峻峰
　　　　　　林　恒　姜进军
　　　　　　刘昌松　刘　杰
　　　　　　宋跃进
文登区人民代表大会常务委员会
主　　任　　张　竞(女)
第一副主任　吕洪波
副 主 任　　李健夫　丛日俊*
　　　　　　曲衍安　王丽珍(女)
　　　　　　江先才
文登区人民政府
市　　长　　栾　波
副 市 长　　崔卫兵
　　　　　　曲　波*　姜进军*
　　　　　　刘昌松　孟艳玲(女)
　　　　　　宫本杲　张　炜
　　　　　　刘黎宁
政协文登区委员会
主　席　马端兴*　毕庶杰
副主席　王江炜　邓树科
　　　　杨学文　黄梅花（女）
　　　　张世模　刘建舫
中国共产党文登区纪律检查委员会
书　记　张建亭

中国共产党荣成市委员会
书　记　侯世超
副书记　江　山　王笑丰*
　　　　战大海
常　委　侯世超　江　山
　　　　王笑丰*　战大海
　　　　吕劭伟　张瑞英(女)
　　　　韩宗元　王洪晓
　　　　张宏璞　于松涛
　　　　姜全文
荣成市人民代表大会常务委员会
主　任　王秉伟
副主任　于志平　刘书国
　　　　王凤阳　慕林辉
　　　　田永霞(女)
荣成市人民政府
市　长　江　山
副市长　吕劭伟　王洪晓
　　　　周承凯　王继静(女)
　　　　郑跃文　王　刚
政协荣成市委员会
主　席　宋厚永
副主席　张积聚　刘建忠
　　　　郭光远　孙建明
　　　　毕天夫　张新颖(女)
中国共产党荣成市纪律检查委员会
书　记　姜全文

中国共产党乳山市委员会
书　记　高书良
副书记　隋建波　毕兴全
常　委　高书良　隋建波
　　　　毕兴全　徐　明
　　　　丛龙海　谭　磊
　　　　李国徽　王星淘
　　　　邢海波　王建华（女）
　　　　隋同朋
乳山市人民代表大会常务委员会
主　任　高书良
第一副主任　马　泽
副主任　赵钧波　刘航周*
　　　　于新建　高翠玲(女)
　　　　矫伟宏
乳山市人民政府
市　长　隋建波
副市长　徐　明
　　　　隋同朋　陈卫萍(女)
　　　　温训昌*　战国生
　　　　孙　军　丁甫春
政协乳山市委员会
主　席　兰胜强
副主席　李德忠*　李新权
　　　　丛宝云　冯日竹*
　　　　王月珍　宫洪霞(女)
　　　　王海波　高　波
中国共产党乳山市纪律检查委员会
书　记　丛龙海

威海市援青干部
宋华东　姜文一

（市委组织部提供）

【中央、省驻威海单位】

威海市国家安全局
局　长　刘华明
威海市气象局
局　长　王孝卿

威海市盐务局
局　长　张　健
山东省威海市国家税务局
局　长　宋修广
威海市地方税务局
局　长　张洪起
中华人民共和国威海海关
关　长　王　迪* 魏晓光
中华人民共和国荣成海关
关　长　刘俊倩* 董　军
中华人民共和国威海出入境检验检疫局
局　长　商振海* 陈俊新
中华人民共和国荣成出入境检验检疫局
局　长　陈俊新* 黄　强
中华人民共和国威海海事局
局　长　彭合同
山东省威海船舶检验局
局　长　龚建东* 王曙明
威海市邮政局
局　长　于　莉（女）
中国联合网络通信有限公司威海分公司
总经理　司书国
中国移动通信集团山东有限公司威海分公司
总 经 理　孙茂琰
党委书记　王　军
中国电信股份有限公司威海分公司
总 经 理　张继顺
威海供电公司
总 经 理　李猷民
党委书记　吕学贵
中国银行业监督管理委员会威海监管分局
局　长　于明文* 侯庆华
中国人民银行威海市中心支行
行　长　葛志强
中国农业发展银行威海市分行
行　长　刘志远* 曲天军

中国工商银行股份有限公司威海分行
行　长　姜　宁
中国农业银行威海市分行
行　长　耿曙明
中国银行股份有限公司威海分行
行　长　王　骏
中国建设银行股份有限公司威海市分行
行　长　吕元礼* 梅　宁
中国邮政储蓄银行威海市分行
行　长　李 忠
交通银行股份有限公司威海分行
行　长　姜孔瑞* 王　洁
山东省农村信用社联合社威海办事处
主　任　丁新强* 刘韶伟
威海市商业银行
董事长　谭先国
行　长　赛志毅
监事长　孙宝镇
山东威海农村商业银行股份有限公司（威海农商银行）
董事长　鞠世一* 丁新强
中国人民财产保险股份有限公司威海市分公司
总经理　顾恩谭
中国人寿保险股份有限公司威海分公司
总经理　李洪涛* 马常青
威海市烟草专卖局（公司）
局　长（经理）　邓基刚
中国石化销售有限公司山东威海石油分公司
经　理　吕呈兴
党委书记　李　义
中国石油天然气股份有限公司山东威海销售分公司
经　理　王　滨
党委书记　徐　辉

华能威海发电有限责任公司
厂　长　牟春华
党委书记　姜伟国
山东省威海体育训练基地
主　任　孙经国
山东大学（威海）
党委书记　仝兴华
校　长　韩圣浩
党委副书记　刘玉殿　柴月禄　周慧如
副 校 长　韩建新　赵玉璞　陈冠军　刘　海　郭培良
哈尔滨工业大学（威海）
党委书记　姜　波
校　长　徐晓飞
副 书 记　冯吉才　王建文
副 校 长　钟诗胜　温广武　曲世友　赵国亮
山东药品食品职业学院
党委书记　张立敏
院　长　李爱玲(女)
副 书 记　李爱玲(女)
副 院 长　张维洲　李淑霞(女)　贾　强
山东交通学院海运学院
党总支书记　季相林
院　长　任　威(女)
山东外事翻译学院（威海）
党委书记　魏世江
院　长　孙承武
哈尔滨理工大学荣成校区
党委书记　端木永东
院　长　徐向晨

说明：* 表示年内离任
△ 表示部门管理的机构
（各相关单位提供）
编辑　闫拥军

政党·政务

中国共产党威海市委员会

【概况】 中国共产党威海市第十四届委员会于2012年4月产生,任期5年。至2014年底，实有委员40人，候补委员9人，常委12人。市委下设办公室、信访局、组织部（市委非公有制经济组织和社会组织工委）、老干部局（市委离退休干部工委）、宣传部（社科联）、统战部、政法委（综治办）、政研室（全面深化改革领导小组办公室）、编办、台办、市直机关工委11个工作机构和市纪委机关。

【全市党风廉政建设和反腐败工作会议】 1月26日，全市党风廉政建设和反腐败工作会议举行。会议传达学习中纪委十八届三次全会和省纪委十届四次全会精神，研究威海市贯彻落实意见。

会议指出，中纪委十八届三次全会是在全党深入贯彻中共十八大和十八届三中全会精神、全面深化改革的新形势下召开的一次十分重要的会议。全市各级党组织要深入学习领会中央和省委的指示精神，更加清醒地认识反腐败斗争的长期性、复杂性、艰巨性，进一步增强做好反腐倡廉工作的责任感和紧迫感，统筹谋划，有序推进，推动党风廉政建设和反腐败工作不断取得新成效。

会议要求，各级党组织和广大党员干部要从坚持党性原则的高度，严肃政治纪律和组织纪律，加强监督检查，切实增强党的组织纪律性，靠严密的组织和铁的纪律，凝聚起推进改革发展的强大力量，为全市改革发展稳定提供有力保障。要深入贯彻落实中央八项规定精神，从细节入手，以民意为本，在“常”“长”二字上下功夫，持之以恒地深化作风建设，以实实在在的成效取信于民。要以“零容忍”态度惩治腐败，坚持有腐必反、有贪必肃，聚焦中心任务，及时掌握情况，摸清规律，对症下药，同时深入开展理想信念教育、法律法规和案例警示教育，提高党员干部的拒腐防变能力，坚决遏制腐败蔓延势头。

会议强调，各级要按照中央和省委的要求，进一步健全惩治和预防腐败体制，完善纪律检查工作双重领导机制，健全权力制约监督机制，真正把反腐倡廉制度建设贯穿到全面深化改革总体部署之中，落实到加强党风廉政建设各项工作之中。各级领导干部要带头执行廉洁从政各项规定，带头履行“一岗双责”，带头守住底线，自觉接受监督，做廉洁自律模范。各级纪检监察机关要自觉加强业务培训和实践锻炼，树立监督者更要接受监督的意识，敢于坚持原则，不断开创党风廉政建设和反腐败工作新局面。

【全市工作暨机关作风建设年活动总结表彰会】 2月7日，全市工作暨机关作风建设年活动总结表彰大会召开。会议表彰过去一年在各条战线上作出突出成绩的先进单位和个人，动员全市上下进一步解放思想、振奋精神，稳中求进、改革创新，推动各项工作不断跃上新的台阶。

会议指出，2014年是机关作风建设年活动的第三年，也是成效年，要在进一步完善制度规范和工作流程的基础上，推动广大机关工作人员按照这些制度和流程来规范从政行为、提高服务效能，把持续开展机关作风建设年的成效逐步显现出来，进一步开创各项工作新局面。要把机关作风建设年成效体现在“实”上,坚持“实”字当头,大兴求真务实之风，扎扎实实、实实在在地抓好各项工作的落实。要出实招，牢固树立“功成不必在我”的理念，多做打基础利长远的工作，只要是符合科学发展、符合人民利益，定下来的事情，就要一任接着一任干，一张蓝图绘到底,持之以恒地抓下去。要办实事,坚持眼睛向下看、身子往下沉，从解决一个个具体困难入手，从办好一件件具体实事做起，做到情况在一线掌握、措施在一线落实、问题在一线解决。要求实效，树立正确政绩观，把抓落实的出发点放在为党尽责、为民造福上，把抓落实的落脚点放到办实事、求实效上，把主要精力放在促进经济结构不断优化、质量效益不断提高、内生动力不断增强上来，努力实现实实在在、没有水分的速度。

会议要求，要把机关作风建设年成效体现在“干”上，能干、会干、干好、干出成绩。要通过持续深入地开展机关作风建设年活动，始终保持昂扬向上、时不我待的精神状态，保持干事创业、攻坚克难的澎湃激情；要营造干事创业的氛围，引导每名干部创造性地开展工作，既能干好本职工作，也能主动配合其他人共同干好需要联合干的事情；要勇争一流，瞄准更高目标、树立更高追求，以省内、国内同类型的最高水平为标杆，横向对比找差距，纵向对比看发展，使各项工作始终走在前列。要把机关作风建设年成效体现在“明白”上，想得明白，说得明白，干得明白。要学深学透、深刻领会上级系列政策和精神，既要明确方向，又要做好结合文章，紧密联系威海实际，制定符合威海发展要求、切实可行的思路、政策、办法和措施，争取率先发展的新优势；要准确传递市委市政府的战略决策和政策、思路、办法，用清晰的目标思路影响人、感染人、鼓舞人，进一步统一思想、统一行动，朝着既定目标不断努力；要知行合一，说到做到，知难而上，不畏惧、不推诿、敢担当，按照“做过的事情有规范，没做的事情有预案”的要求，行之有效，干之能成。

会议强调，要把机关作风建设年成效融入第二批党的群众路线教育实践活动中去，认真学习领会中央和省委的指示精神，深刻认识开展党的群众路线教育实践活动的重要性、紧迫性，把教育实践活动与机关作风建设年活动紧密结合起来，加强领导，精心组织，从严要求，务求实效。广大党员干部要切实增强思想的自觉和行动的自觉，按照“照镜子、正衣冠、洗洗澡、治治病”的总要求，切实解决好“四风”方面存在的突出问题，真正把为民务实清廉的价值追求融入血脉、化为行动，始终保持党同人民群众的血肉联系，以作风建设的实际成效取信于民。

【全市组织工作会议】 2月14日，全市组织工作暨组织部长会议召开。会议深入学习贯彻中共十八届三中全会精神和习近平总书记系列重要讲话精神，认真落实全国、全省组织工作、组织部长会议精神，研究部署全市党的建设和组织工作任务。

会议指出，落实中央、省委全面深化改革的部署，实现市第十四次党代会以来市委、市政府确定的一系列目标任务，加快建设现代化幸福威海，关键在党，关键在人，关键在发挥党的创造力、凝聚力和战斗力。新的形势和任务，要求必须把党的建设和组织工作摆在更加重要的位置，以改革创新精神开创工作新局面，为各项事业发展提供更加坚强有力的保证和支撑。

会议要求，要把握好党要管党、从严治党这一根本方针。各级党委要切实履行好管党治党责任，把党的建设和组织工作摆上重要议事日程，纳入制度化、规范化轨道；组织工作要始终坚持围绕中心、服务大局，围绕深化改革来定任务、强措施、建机制；要把组织工作与群众路线教育实践活动结合起来，充分发挥职能作用，加强指导督导，确保活动不走过场，取得实效。要抓好明确导向、选准用好干部这一重中之重。准确把握选人用人标准，在威海改革发展的实践中发现干部、培养干部、使用干部；不断完善考核评价体系，突出德在干部标准中的优先地位和主导作用，注重考核干部的工作实绩和作风；有序推进干部双向交流，切实增强交流的计划性、系统性和科学性；严明组织人事纪律，严格选人用人监督，大力营造风清气正的用人环境。要运用好改革创新、建章立制这一根本方法。人才工作要突出营造育才环境、广开进贤之路；领导班子建设要突出维护团结统一、增进创造活力；基层党建工作要突出组织和工作全覆盖。要强化组织部门自身建设这个根本保障。各级组织部门和广大组工干部要坚定理想信念、加强学习实践、勇于探索创新、坚持公道正派，以实际行动让党委满意、干部满意、群众满意。

【市委政法工作会议】 2月18日，市委政法工作会议召开。会议深入学习贯彻中央和省委政法工作精神，加强党对政法工作的领导，建设高素质政法队伍，维护社会和谐稳定，促进社会公平正义，保障人民安居乐业，为建设现代化幸福威海提供坚强的法治保障。

会议指出，新的一年，各级各部门要切实把思想和行动统一到中央、省委要求上来，不断提高政法工作现代化水平，开创政法工作新局面。要毫不动摇地加强党对政法工作的领导，在任何时候任何情况下都要保持政治清醒和政治自觉，始终在思想上、政治上、行动上与党中央保持高度一致。各级党委要全面加强和改善对政法工作的领导，认真研究新形势下政法工作面临的新情况新问题，支持政法机关依法履行职能，领导和推动政法机关贯彻落实好党的路线方针政策。各级政法机关要进一步强化大局意识，自觉地将政法工作置于经济社会发展全局中来谋划和推进，找准政法工作服务科学发展的切入点和结合点，努力服务保障现代化幸福威海建设。

会议要求，各级各部门要把维护社会和谐稳定作为基本任务，坚持开展专项整治与构建长效机制相结合，深入推进海陆一体平安建设，坚定不移地维护国家安全，全力以赴地抓好治安防控，坚持不懈地推进矛盾化解，努力让群众居家更安心、出行更放心、生活更舒心。要把促进社会公平正义作为核心价值追求，坚持严格执法、公正司法，切实提高运用法治思维和法治方式推动工作的能力，严格按照法定的权限和程序行使权力，重点解决影响司法公正和制约司法能力的深层次问题，让人民群众感受到公平正义就在身边。深入开展法制宣传教育，让法治成为全社会的共同意识和行为准则。要把保障人民安居乐业作为根本目标，切实维护群众权益，提高群众工作能力，解决好群众最期盼、最迫切、最急需的民生问题，努力把执法过程变成为群众服务的过程。要把创新社会治理方式作为保稳定、促和谐的重要环节，积极推进社会服务管理制度、体制机制和方法创新，确保社会既充满活力又和谐有序。

【全市农村工作会议】 2月21日，全市农村工作会议召开。会议学习贯彻中央和全省农村工作会议精神，研究部署全市“三农”工作。

会议指出，解决好“三农”问题是各项工作的重中之重，深化农村改革、加快农业现代化步伐是推动经济转型升级的重要方面，是推进新型城镇化的重要内容，也是保障和改善民生的重要职责。会议要求，威海农村低资源占有水平、低人口出生率、低人口聚集度、低农业生产人口和老龄化程度高等“三农”工作特点，必须跳出“三农”看“三农”，站在全局抓“三农”，围绕实现工业化、信息化、城镇化、农业现代化“四化同步”和威海市加快实施“全域城市化、市域一体化”“产业强市、工业带动”发展战略，走出一条符合威海实际、具有威海特色的强农富民之路。

会议指出，城市化是解决“三农”问题的根本途径，要在全力推进全域城市化的大背景下谋划和推进“三农”工作，以城市化带动城乡一体化和市域一体化，推进农业转移人口市民化，让农村居民享受城市一样的生活。要实现城镇乡村规划一体化，进一步强化大规划的理念和规划的严肃性，按照符合科学规律、符合百姓意愿的要求，抓紧编制覆盖全市所有城镇、农村的全域城市化总体发展规划，真正实现各功能区合理布局、有机衔接、相得益彰。要积极推进市域农村居民市民化，进一步加大相关政策落实力度，让有意愿进城的农民进得了城，最大限度地让本地农民过上城里人的美好生活，最大限度地降低农民的绝对数量，最大限度地增加务农居民的资源占有量，从而实现农民富裕的目的。要加快推进市域重大基础设施和公共服务建设，强化一体化思维，打破条块分割体制，突出交通基础设施的龙头地位，同步推进公共服务一体化，使广大农村居民能享受到城市化的便利优质生活和服务。

会议强调，要在加快实施产业强市的大战略中谋划和推进“三农”工作，既要发展高效农业、标准农业，更要实现农业的产业化，推动一产向二三产业延伸，实现农业现代化。要用精致化的理念改造提升现代农业，加大科技农业、设施农业的扶持力度，推动全市农业产业结构向高级化方向调整，实现农业高产、高质、高效，努力提高威海市农业市场综合竞争能力。要用产业化的思维发展农村经济，鼓励农村发展合作经济、鼓励产业化经营，加快发展农村合作组织，通过龙头企业或合作经济组织带动，实现产加销一体化经营，提高农民进入市场的组织化程度。要用工业化的途径转移农民，坚定不移地实施产业强市、工业带动战略，大力发展农产品精深加工业和流通等服务业，大力发展城市经济和园区经济，推动城乡二三产业繁荣发展，增强对农村劳动力的吸纳承载能力。

会议要求，要在全面深化改革的大格局中谋划和推进“三农”工作，通过改革切实保障农民的财产权利，让农民吃上定心丸，消除后顾之忧，真正变成城市居民；通过改革拓宽农民增收渠道，增加农民财产性收入，让农民得到更多实惠；通过改革让一切有利于农村经济发展的积极因素充分汇聚，让农村焕发新的生机活力。要在打造生态宜居威海的大品牌中谋划和推进“三农”工作，严控生态红线，严把审批关口，严肃环境治理，统筹抓好城乡生态环境建设，进一步打响生态宜居城市的品牌。要在创新社会治理的大框架中谋划和推进“三农”工作，以维护广大农民的根本利益为出发点，坚持系统治理、依法治理、综合治理、源头治理，最大限度地调动广大农民的积极性、主动性，最大限度地增加和谐因素，确保广大农民安居乐业，广大农村安定有序。

会议强调，做好“三农”工作，关键在党，关键在人。要深入开展的党的群众路线教育实践活动，深入查摆和解决“四风”方面存在的突出问题，进一步转变工作，真心实意地为农村、农业和农民服好务。要精心组织好农村“两委”换届工作，选优配强村“两委”班子，使之成为带领广大农民致富奔小康的“领头雁”。各级各部门要按照“实”“干”“明白”的总要求，积极作为、科学务实、锐意改革、狠抓落实，努力开创全市“三农”工作的新局面。

【全市党的群众路线教育实践活动动员大会】 2月24日，全市党的群众路线教育实践活动动员大会召开。会议认真学习贯彻中央和省委精神，对威海市开展党的群众路线教育实践活动进行动员部署。

会议指出，在全党深入开展以“为民、务实、清廉”为主要内容的党的群众路线教育实践活动，是中共十八大作出的战略部署，是以习近平同志为总书记的党中央坚持从严治党、加强党的建设的重大决策。全市各级党组织和广大党员干部一定要认真学习领会中央和省委的指示精神，深刻认识开展党的群众路线教育实践活动的重要性、紧迫性，切实增强思想的自觉和行动的自觉，以高昂的精神状态积极投身到教育实践活动中来，坚决把中央和省委、市委各项部署要求落到实处，确保教育实践活动达到预期目的。

会议要求，要准确把握指导思想和目标要求，推动教育实践活动深入开展。要坚持聚焦“四风”，反对形式主义、官僚主义、享乐主义和奢靡之风，突出主题、扭住不放，从小事做起，从具体事情抓起，有针对性地进行检查、整改，确保让群众尽快看到实实在在的成效。要坚持领导带头，发挥好“一把手”的示范带动作用，要求别人做到的自己首先做到，要求别人不做的自己坚决不做。要坚持群众参与，活动安排向群众公开，关键节点请群众参与，进展情况受群众监督，活动成效让群众评判，真正使教育实践活动成为群众支持、群众检验、群众满意的民心工程。要坚持“严”字当头，把“认真”要求和“钉钉子”精神贯穿活动始终，思想上要严起来，查摆上要严起来，整改上要严起来，正风肃纪要严起来，用严的标准、严的措施、严的纪律抓好每个环节的工作。要坚持分类指导，针对不同层级、不同领域、不同对象提出不同要求，找准需要解决的突出问题，明确具体任务和推进措施。

会议强调，开展教育实践活动，必须不折不扣贯彻落实中央和省委的部署要求，结合威海实际，着力增强解决“四风”问题的针对性，对作风之弊、行为之垢切实来一次大排查、大检修、大扫除。全市各级党组织和广大党员都要紧密结合各自实际，着力解决“四风”突出问题。在形式主义方面，主要抓工作不务实、不深入，失之于“虚”、失之于“浅”、失之于“松”，推动广大党员干部真正把心思用在干事创业上，把功夫下到察实情、出实招、办实事、求实效上。在官僚主义方面，主要抓脱离实际、脱离群众、高高在上、漠视现实、唯我独尊、自我膨胀等问题，大兴亲民为民利民之风，大力弘扬密切联系群众之风，实现科学发展向上攀登、联系群众向下扎根。在享乐主义方面，主要抓精神懈怠、不思进取、追名逐利、贪图享受、讲究排场、自由散漫、玩风盛行等问题，着力推动广大党员干部始终保持谦虚谨慎、戒骄戒躁的精神状态，始终保持锐意进取、昂扬向上的精神风貌。在奢靡之风方面，主要抓铺张浪费、挥霍无度、生活奢华、骄奢淫逸，甚至以权谋私、腐化堕落等问题，引导每个党员干部清廉自守、勤政为民，克己奉公、履职尽责，始终保持为民务实清廉的政治本色。各级各部门要严格按照方法步骤，准确把握每个环节的任务和要求，坚持“规定动作不走样、自选动作有特色、自选动作要更好地为规定动作服务”，确保教育实践活动不虚、不空、不偏、不走过场。要加强学习教育，广泛听取意见，为找准问题、整改落实打下坚实基础。要深入查摆问题，开展批评和自我批评，认真查摆“四风”问题，组织召开一次高质量的专题民主生活会。要抓好整改落实，注重建章立制，用制度管住干部行为、规范权力运行、固化活动成果。

会议要求，各级各部门要切实加强组织领导，着力强化保障措施，确保教育实践活动取得实实在在的成效。要落实领导责任，各级党委（党组）是抓好本地区本部门本单位教育实践活动的责任主体，市委教育实践活动领导小组及办公室要充分发挥牵头抓总、综合协调的作用，切实抓好工作落实。要加强督导检查，各督导组要紧紧依靠所督导单位党委（党组）开展工作，强化担当意识，做到尽职不越位、督导不包办，真正把严的标准、严的措施、严的纪律贯彻始终。要强化宣传引导，大力宣传中央和省委、市委关于教育实践活动的重要精神和决策部署，宣传教育实践活动的工作进展和实际成效，宣传活动中的好经验好做法，为活动深入开展营造良好舆论氛围。要注重统筹兼顾，既要按照中央和省委的要求，切实把活动组织好，把“四风”问题解决好，又要把开展活动同做好当前工作紧密结合起来，把在活动中激发出来的进取精神和工作热情转化为做好工作的动力，用经济社会发展成效检验活动成效，真正做到两手抓、两不误、两促进。

【党的群众路线教育实践活动总结大会】 10月16日，全市党的群众路线教育实践活动总结大会召开。会议对全市党的群众路线教育实践活动进行总结，对巩固和拓展教育实践活动成果、加强党的作风建设、落实从严治党责任进行部署。

会议指出，在全党开展以为民务实清廉为主要内容的党的群众路线教育实践活动，是中共十八大作出的重大部署。市委把开展教育实践活动作为落实党要管党、从严治党的重大政治责任，作为加强领导班子和干部队伍建设、推进科学发展的重大战略机遇，紧紧围绕“为民、务实、清廉”主题，按照“照镜子、正衣冠、洗洗澡、治治病”的总要求，从严抓标准、从细抓落实、从实抓督导，扎实深入推进活动开展。各级党组织精心组织，各级活动办和督导组严督实导，广大党员干部主动参与，广大人民群众热情支持，整个活动进展有序、稳妥推进，达到了中央和省委要求的预期目标，取得了明显成效。广大党员干部深受教育，践行群众路线的自觉性进一步增强，社会各界对党委、政府的满意度明显提高；有效整治“四风”积弊，进一步密切了党群干群关系，党风、政风和社会风气为之一新；严肃党内政治生活，进一步弘扬了批评和自我批评的优良传统，展现了党内生活的新气象；不断完善制度机制，进一步规范了从政履职行为，按规矩办事、按规矩用权意识显著增强；着力夯实基层基础，联系服务群众“最后一公里”进一步畅通，方便了群众办事和反映诉求；切实维护群众利益，人民群众对党的信任进一步增强，赢得了各界赞誉。

会议指出，在肯定成绩的同时，必须认识到，现在取得的作风建设成效还只是初步的，基础还不够稳固。作风建设必须环环相扣，必须以锲而不舍的决心、驰而不息的毅力、不达目的不罢休的精神，把作风建设深入抓下去，把活动成效坚决巩固好，实现党风政风的持续好转。

会议强调，习近平总书记在党的群众路线教育实践活动总结大会上的讲话，是新时期加强党的建设的纲领性文件。全市各级党组织和广大党员干部要把学习贯彻习近平总书记重要讲话精神作为一项重大政治任务，深刻理解、高度重视，进一步增强从严治党的紧迫感和责任感，增强管党治党意识、落实管党治党责任，切实做到真管真严、敢管敢严、长管长严。要强化从严治党意识，明确从严治党责任，切实做到在党言党、在党忧党、在党为党，党要管党、从严治党，不断提升从严治党水平。要坚持严字当头，高标准、严要求、动真格，把从严要求贯穿工作始终，严明党的政治纪律、组织纪律，强化严格执纪，努力做到有令必行、有禁必止，有规必循、违规必究。要严肃党内政治生活，严格执行民主集中制，用好批评与自我批评这个武器，认真执行党内政治生活制度，加强党内政治生活创新，努力提高党内政治生活的政治性、原则性、战斗性，推动全市形成风清、气正、心齐、事成的良好氛围。要从严管理干部，坚持从严教育、从严选拔、从严管理、从严监督，切实选好人、用好人，严格执行干部管理规定，突出管好“一把手”，充分发挥人民的监督作用，着力打造一支信念坚定、为民服务、勤政务实、敢于担当、清正廉洁的高素质干部队伍。

会议强调，作风建设永远在路上，永远没有休止符，必须抓常、抓细、抓长，持续用力、久久为功。各级要着力推进集中反“四风”，改进作风并向经常性的作风建设转变，积极巩固扩大教育实践活动成效，推进作风建设常态化长效化。要持之以恒深化整改落实，紧紧抓住“四风”不放，以高度负责的态度和“钉钉子”精神抓好整改。要着眼长远推进建章立制，将教育实践活动中积累的有效做法、管用措施上升到制度层面，着力形成整体配套、严密完备、科学管用的制度体系。要集中力量狠抓专项整治，对群众反映强烈的突出问题，用重典、下猛药，以“准狠韧”的劲头抓好任务落实，确保已采取的措施、形成的机制扎根落地、见到实效。要不断激发干事创业激情，把教育实践活动中激发出来的热情转化为推动改革发展的强大动力，进一步强化求真务实的工作作风，强化舍我其谁的担当精神，强化勇争一流的进取意识，积极投身现代化幸福威海建设的生动实践。

【全市村、城市社区“两委”换届选举工作会议】 10月16日，全市村、城市社区“两委”换届选举工作会议召开。会议贯彻落实全省村、城市社区“两委”换届选举工作视频会议精神，对全市换届选举工作进行动员部署。

会议指出，“两委”换届选举工作，是全市政治生活中的一件大事，也是基层组织建设的重中之重。各级各有关部门要按照中央和省委的部署要求，站在政治和全局的高度，准确把握换届选举面临的新形势、新任务，进一步统一思想、深化认识，全力以赴抓紧抓好。要坚持加强党的领导、充分发扬民主和严格依法办事相统一，严把标准条件，严格换届程序，严明换届纪律，切实尊重和落实广大党员和群众的民主权利，推动换届选举工作健康有序进行。要进一步落实责任，加强领导，在充分调研的基础上，因地制宜，统筹推进，扎实稳妥地做细做实各个环节工作，确保完成换届选举任务。

【创建全国文明城市推进会议】 10月20日，创建全国文明城市推进会议召开。会议总结工作，交流经验，查找问题和不足，明确目标任务，动员全市上下心往一处想、劲往一处使，以必胜的信心打赢创建全国文明城市攻坚战。

会议指出，全国文明城市是体现城市整体发展水平和市民文明程度的综合性荣誉称号。争创全国文明城市，是市委、市政府为加快城市转型升级、努力建设现代化幸福威海而作出的重大决策部署，是一项最实实在在的民生工程。各级各部门将创城工作与教育实践活动、深化作风建设年活动紧密结合，真心实意为群众办实事、办好事，人居环境、公共道德、政务服务等方面都发生了明显变化，广大市民真切感受到创城带来的实实在在的好处，创城工作正向制度、规范化迈进。从现在开始，全市上下必须以夺取文明城市这个称号为目标，以志在必得的信心、敢打必胜的勇气、舍我其谁的气魄，全力以赴靠上去，确保文明城市创建目标如期实现。

会议强调，创城工作已经进入最后冲刺阶段，要把创城测评标准作为文明城市创建的最低目标，逐项比对检查，逐项分解任务，逐项落实责任，逐项查漏补缺，确保每个隐患都排查到位，每个问题都有效化解，每项指标都合乎要求。要坚持问题导向，看好自家门，扫好门前雪，切实负起责任，把该抓的工作抓起来，把该履行的职责履行好。要坚持从严从实，严字当头，从细处着眼，从实处着手，从根处着力，以最严格的标准，逐项逐条摸排梳理，一个一个问题地整改，形成一整套较为完善的工作机制，以基础工作的扎实有效推动创城工作实现新的突破。要坚持依靠群众，发挥好专业队伍的骨干作用、人民群众的主体作用和新闻媒体的引导作用，正确处理好“突击”与“治本”的关系，建立切实管用的长效管理机制，通过搭建各种平台，切实做到创建的过程靠群众参与、创建的实效请群众检验、创建的成果由群众共享，营造良好的创城舆论氛围。要坚持合力共促，层层分解责任，加强协调配合，强化督导检查，实行问题销号管理，充分发挥社会监督、舆论监督的作用，全力以赴打赢这场创城攻坚战，为建设现代化幸福威海增添新光彩。

【中共威海市第十四届委员会第五次全体会议】 11月27日，中国共产党威海市第十四届委员会第五次全体会议召开。全委会深入学习贯彻中共十八届四中全会和省委十届十次全会精神，听取和讨论了市委常委会2014年工作报告，审议通过了《中共威海市委关于贯彻落实党的十八届四中全会和省委十届十次全会精神全面推进依法治市的意见》。

全委会通过的《中共威海市委关于贯彻落实党的十八届四中全会和省委十届十次全会精神全面推进依法治市的意见》，从七个方面作出部署。(一)准确把握中央、省委全会精神，明确依法治市的目标要求；(二)全面正确实施宪法法律，积极开展地方立法工作；(三)着力推进法治政府建设，不断提高依法行政水平；(四)保证公正司法，维护社会公平正义；(五)增强全面法治观念，推进法治社会建设；(六)打造高素质法治工作队伍，为法治威海建设提供强有力的组织和人才保障；(七)加强和改进党的领导，凝聚法治威海建设的强大合力。

【全市经济工作会议】 12月29日，全市经济工作会议召开。会议贯彻落实中央和全省经济工作会议精神，总结2014年全市经济工作，部署2015年经济发展任务，动员全市上下进一步统一思想、凝聚力量、扎实工作，在经济发展新常态下开创各项工作新局面。

会议指出，2015年全市经济工作总的要求是：全面贯彻中共十八大和十八届三中、四中全会精神，以邓小平理论、“三个代表”重要思想、科学发展观为指导，以习近平总书记视察山东重要讲话和重要批示精神为指引，坚持稳中求进工作总基调，坚持以提高经济发展质量和效益为中心，主动适应经济发展新常态，坚定推动工作指导重大转变，努力在转方式调结构、实施创新驱动方面有新突破，在深化改革扩大开放、激发市场活力方面有新成效，在扩大内需、释放发展潜力方面有新举措，在加强社会治理、弘扬优秀传统文化方面有新进展，深入实施生态立市、科教兴市、产业强市战略，推动全域城市化、市域一体化发展，促进经济平稳健康发展和社会和谐稳定，加快建设现代化幸福威海。

会议指出，发展是第一要务，是党的中心工作。新常态下要有新动力，创造性地做好结合文章，把握经济工作“稳中求进”的总基调，以更加积极的精神状态来准确把握“稳”，以更加务实的工作作风来落实“进”，坚持符合科学发展的速度能搞多快搞多快，坚持“产业强市、工业带动”和“全域城市化、市域一体化”等发展战略不动摇，不断激发新动力、凝聚新动力。要向全面深化改革要动力，用创新的思维、改革的办法化解难题；要向全方位对外开放要动力，创新工作法招商引资、招才引智；要向加快推进全域城市化要动力，举全市之力突破东部滨海新城等重点区域，加速基础设施一体化建设；要向扩大有效投入要动力，加快项目建设，加大企业膨胀发展支持力度，放大财政资金对产业发展的扶持引导作用；要向推动大众创业和万众创新要动力，加快市场主体培育，大力实施创新驱动战略，营造良好营商环境；要向民生保障要动力，像抓经济建设一样抓民生保障，像落实发展指标一样落实民生任务。

会议强调，新常态要有新作为，在新常态的大背景下把握新机遇、实现新发展，人是决定性因素，领导干部是关键。各级领导干部务必保持昂扬向上的进取心，务必保持干事创业的精气神，切实把各项任务落到实处、干出实效。强化学习才能提高能力，要把学习中共十八届三中、四中全会及习总书记系列讲话精神作为基本技能，切实提高领导能力和工作水平。解放思想才能抓住机遇，要敏锐看到机遇、充分把握机遇、切实用好机遇，主动对标、大胆借鉴，不断开创各项工作新局面。科学谋划才能赢得主动，要强化全市“一盘棋”思想，用超前的思维、发展的眼光科学谋划，最大限度地抢占先机、赢得主动。扎实推进才能实现目标，用好督查这个利器，常规性工作求实效，创新性工作求突破，切实提高执行力。要切实加强党对经济工作的领导，强化党委领导经济工作制度化建设，各级党委要切实发挥好领导核心作用，把经济工作牢牢抓在手上，坚持正确方向，坚定发展信心，激发改革力量，加强舆论引导，集聚多方合力。

【重要决策和部署】 2月12日　市委、市政府印发《贯彻落实中发、鲁发〔2014〕1号文件精神全面深化农村改革加快推进农业现代化的实施意见》，就积极稳妥推进农村改革、大力发展现代农业、切实抓好农产品质量和食品安全、积极推进城乡一体化、全面落实强农惠农富农政策、创新农村社会治理机制等工作进行部署。

2月19日　市委印发《威海市落实〈建立健全惩治和预防腐败体系2013～2017年工作规划〉实施方案》，对全市惩治和预防腐败工作进行部署。

2月23日　市委印发《关于深入开展党的群众路线教育实践活动的实施意见》，就开展好全市党的群众路线教育实践活动作出部署。

2月28日　市委、市政府、威海军分区印发《关于加强新形势下民兵工作的意见》，对贯彻上级关于加强民兵工作的指示精神，推动威海市民兵工作科学发展进行部署。

3月3日　市委印发《市委常委会关于深入开展党的群众路线教育实践活动的实施方案》，根据中央和省委的部署要求，就市委常委会开展党的群众路线教育实践活动作出部署。

3月17日　市委、市政府印发《关于调整部分行政区划的实施意见》，就调整部分行政区划，优化城市空间布局等工作进行部署。

3月24日　市委、市政府印发《威海市党政机关厉行节约反对浪费办法》，就贯彻执行中央、省关于党政机关厉行节约反对浪费系列文件要求，建设节约型机关作出部署。

5月23日　市委、市政府印发《关于鼓励支持企业创新发展的意见》，就鼓励支持市区企业创新发展作出部署。

5月23日　市委、市政府印发《关于推动威海临港经济技术开发区加快发展的意见》，就推动临港区加快发展，更好地发挥在全市经济社会发展中的支撑、引领、带动作用作出部署。

7月17日　市委、市政府印发《关于贯彻落实党风廉政建设责任制的实施办法》，就提高党的执政能力，保持和发展党的先进性和纯洁性等进行部署。

7月22日　市委印发《关于加强和改进新形势下妇女工作的意见》，就进一步加强和改进新形势下妇女工作作出部署。

9月24日　市委、市政府印发《关于进一步加强安全生产工作的决定》，就健全安全生产责任体系、隐患排查治理体系、安全预防控制体系、基层基础保障体系、组织领导和考核评价体系等作出部署。

9月24日　市委印发《市委常委班子党的群众路线教育实践活动整改工作方案》的通知，对党的群众路线教育实践活动中查摆出的“四风”问题进行逐项分解，确定了整改内容和措施，明确了牵头领导、责任单位和整改时限。

10月24日　市委、市政府印发《关于威海市人民政府职能转变和机构改革的实施意见》，就切实转变政府职能、深化政府机构改革、严格控制机构编制、做好部门“三定”等作出部署。

11月4日　市委印发《关于认真学习贯彻党的十八届四中全会精神的通知》，就学习贯彻中共十八届四中全会精神、推动法治威海建设等工作进行部署。

11月24日　市委、市政府印发《关于三年突破文登区同城发展的意见》，就贯彻实施“三年突破”战略，推动文登区同城发展工作作出部署。

11月24日　市委、市政府印发《关于三年突破南海新区发展的意见》，就贯彻实施“三年突破”战略，推动南海新区在全域城市化、市域一体化建设中持续快速健康发展作出部署。

11月24日　市委、市政府印发《关于三年突破乳山市产业结构转型升级的意见》，就贯彻实施“三年突破”战略，推动乳山市产业结构在市域一体化建设中转型升级作出部署。

12月4日　市委印发《关于贯彻落实党的十八届四中全会和省委十届十次全会精神全面推进依法治市的意见》，就全面推进依法治市、加快法治威海建设作出部署。

12月31日　市委、市政府印发《关于实施威海英才计划的意见》，就威海市推进人才强市战略，实施英才计划作出部署。

（许庆耀　崔博）

·组织工作·

【领导班子和干部队伍建设】 坚持立体选拔　2014年，市委组织部门改进干部选拔任用工作，完善了动议、推荐、考察等环节，强化领导班子和分管领导在干部推荐考察中的权重和责任；加强对班子和干部的日常考察了解；对干部考核办法在考核周期、等次和项目设置、考核序列划分等方面进行了改进完善；坚持“人岗相适、用其所长”，综合分析岗位特点、干部专长和推荐考察情况，加大交流轮岗力度，使一批专业干部“回归”熟悉领域，让干部用当其职、用当其位。建立从源头抓起的选拔体系，进一步完善了市直部门科级干部选拔任用工作实施办法，并全面推行市直部门科级及以下公务员、事业单位工作人员经常性、竞争性考核制度，严格规范科级干部选拔任用、考核工作。印发《关于市委、市政府派出机构科级及以下人员选配管理工作有关问题的通知》，对各国家级开发区科级及以下人员选配管理的职责权限进行重新界定明确，加强干部信息档案管理。加强国企领导班子建设，完成10家市管企业换届工作，对各企业党委会、董事会、经营班子进行调整充实。市委成立国企工委，设立监事中心，强化对国有企业经营的监管。拟定规范机关事业单位与市管企业间干部流动有关意见建议。加大年轻干部培养选拔力度，常态化开办"年轻干部周六学校"，培训学员367名，选拔一批能力和实绩突出、具有培养前途和发展潜力的优秀年轻干部到重要岗位。

坚持重点培养 突出党政领导干部、企业经营管理人才、青年干部三大重点。强化党性教育，提升理论素养。围绕学习贯彻中共十八届三中全会和习近平总书记系列讲话精神，举办7期集中培训班和2场专题报告会，轮训各级干部1760余名。强化能力建设，实施重点培训。围绕市委市政府中心工作，举办重点骨干企业产业拓展、中小企业海洋科技产业转型升级、金融创新发展与资本运营、现代服务业发展等培训班12期，培训企业家77人、各类专业干部570余人次；举办"名家论坛""发展论坛"等5大讲堂102期，开展市级"名师送教"155次，培训基层干部2万余人次。强化学风建设，提高培训质量。严肃培训纪律，实行请销假通报制度。积极推进市委党校教学改革创新，探索"参与式教学""两段式教学"模式，完善市级领导干部上讲台制度。加强学习培训结果运用，学员参训表现向部门党委（党组）反馈。

坚持从严监管 围绕规范机关、企业事业单位干部管理，研究出台规范性文件，初步形成严把"入口"、贯穿各层级干部队伍的管理机制。积极开展领导干部任期经济责任审计工作，对审计对象实行"三级谈话"。扎实开展领导干部个人有关事项报告材料汇总综合和抽查核实、清理党政领导干部企业兼职等工作，加强配偶已移居国（境）外国家工作人员的任职岗位管理，对超职数配备干部和干部提前离岗进行认真整改。探索建立干部监督工作信息共享沟通制度，并与年度考察、"一报告两评议"和经济责任审计等情况相互对照，进一步提高干部监督工作的针对性和预见性。

【基层服务型党组织建设】 *基层组织和工作覆盖* 狠抓"两新"组织（新经济组织和新社会组织）工作覆盖，采取"协会＋党委"的模式，积极向注册税务师行业、文化、科技类民办非企业单位及文联十大文艺家协会等领域拓展；引导各区（市）加大小微企业聚集区党组织组建力度，新建"两新"组织党组织70个。组织全市38名党组织书记到复旦大学进行学习培训。狠抓结对帮扶服务覆盖，组织开展第三批机关干部担任"第一书记"、第九轮市直单位联系村、党员干部联系基层困难群众工作，落实帮扶资金2489.1万元，帮助硬化整修村路280公里，新建修缮村级活动场所264个。狠抓远程教育学用覆盖，建设蔬菜、苹果、葡萄及电子商务等创业富民产业特色站点16个。开展远程教育专家"村村行"活动。摄制《为党旗添彩》《身边的榜样》《激活一池村水》等29集（部）系列专题片。

基层党组织服务保障 着眼"有人服务"，积极抓好村"两委"换届选举工作。换届前，结合教育实践活动，倒排确定284个软弱涣散基层党组织进行集中整治。召开全市农村基层组织建设工作会议，强化各级"书记抓、抓书记"的责任意识。换届中，加大骨干培训力度，严格把握标准条件，组织各级对不得担任村党组织成员和不宜提名为村委会成员候选人的情形进行细化量化，进一步改进完善目标选人办法，严格换届程序和纪律，一批"好人＋能人"选进"两委"班子。着眼"有场所服务"，狠抓村级活动场所的升级改造，年内新建扩建496个，并落实管理维护、村干部坐班、代办服务等制度，较好地解决了活动场所"重建设、轻管理，有阵地、无活动"等问题。按照"不求所有、但为所用"的原则，推动驻区单位活动阵地向社区免费开放。着眼"有钱服务"，严格落实《关于进一步提高村级组织运转财政保障水平的实施办法》，2014年全市村级运转财政补助资金村均达到5.7万元，计划到2020年达到10万元以上。发布《关于落实非公有制企业党建工作经费的通知》，为非公企业党组织提供稳定的经费来源。按照每个城市社区每年20万元的标准，落实166个城市社区为民服务专项经费3320万元，在全省率先实现了"全覆盖"。

党员队伍建设 注重提高党员发展质量，探索实行发展党员全程纪实、票决、三地公示、联审联查、责任追究等制度。对重点领域发展党员实行结构比例控制法，对市直12个社会组织行业（协会）党委和在岗职工2000人以上或年度缴税金额1亿元以上的10家大型非公企业党委实行党员发展计划单列，并要求各区（市）"两新"组织发展党员不低于总数的30%。注重党员到社区服务，根据党员工作特点、个人特长，开展"微心愿"认领、组团式服务，组织引导党员到社区直接联系服务群众。注重强化党员队伍纯洁性，结合教育实践活动民主评议党员工作，9月，组织召开了全市党员队伍纯洁性机制建设工作会议，总结推广乳山市试点经验做法，研究部署深化措施。中组部《关于做好处置不合格党员工作的通知》发布后，各区（市）均结合实际研究制定了指导意见，约谈民主评议为"差"的党员149名，认定不合格党员60名，已处置21名。

党建制度改革 积极统筹推进党建制度改革，对党建制度改革的15项重点任务进行了梳理，制定要点，落实责任，明确分工，并坚持每月一调度，确保各项工作有序推进。广泛深入调研，结合承担的11项牵头任务，在组织系统开展了两级组织部长"大调研"活动，特别是与省委组织部、省委党校组成联合调研组，承担了中组部"党的建设制度改革目标任务研究"重点调研课题。11月4日—5日，中组部在威海市召开"党的建设制度改革总体规划问题研究"成果交流研讨会，对威海市的工作给予高度评价。

【创新平台建设】 *优化政策平台* 市委出台《关于加强党管人才工作的实施意见》，从资金投入、目标绩效考核、力量配备等方面，构建起科学高效的工作体系。以实施威海英才计划为主旨，对人才政策集聚整合、创新完善，研究制定人才工作综合性政策，形成具有明显区域竞争力的人才政策比较优势。加大人才经费投入，设立市级人才工作专项经费，纳入财政预算，并理顺经费管理使用机制。根据省人才发展指数考核，及时改进各区（市）人才工作的考核办法，将人才工作纳入市直相关部门目标责任制考核，最大限度地激发各级“一把手抓第一资源”的积极性。

构筑引才平台　突出人才工作服务产业发展，按照引领作用强、科技含量高、市场潜力大的标准，大力引进一批领军人才和团队到威海创新创业。制定《威海市蓝色产业领军人才团队支撑计划实施办法》（试行），开展首批高层次蓝色产业创新创业领军人才团队申报评选，给予每个团队100万~150万元的扶持资金；评选威海市第三批“人才项目产业工程特聘专家”13名，进一步加大资金扶持力度，做好后续跟踪、管理和服务工作，打造过硬的创新创业领军人才工程品牌。制定《威海市海外引才工作站建设实施办法》，开展“海外高层次人才威海行”活动，将高科技项目竞赛和现场洽谈相结合，组织40名海外博士与威海市企业、园区和孵化器进行项目对接，搭建引进海外高层次人才的直通车。

搭建服务平台　制定威海市高层次人才服务办法，开展2014年度专家健康查体和休假考察活动，在出入境、居住落户、子女入学等方面搭建绿色通道，为人才发展提供全程服务。大力营造鼓励和支持人才创新创业的社会氛围，在威海广播电视台开设《创业英才筑梦威海》栏目，在黄金时间集中宣传威海市15名高层次人才的创新创业事迹；在《威海日报》开设《威海英才》栏目，报道威海各条战线上的人才典型，在全市营造爱才惜才敬才的浓厚氛围。年内，全市新增省级以上重点人才工程人选（团队）16名，其中，国家“千人计划”专家2名，泰山学者蓝色产业领军人才团队2个，泰山学者海外特聘专家2名。

（吴　珂）

·宣传工作·

【习近平总书记系列重要讲话和中共十八届三中、四中全会精神宣传普及】 2014年，市委宣传部把学习宣传贯彻习近平总书记系列重要讲话作为重大政治任务，坚持不懈地用中国特色社会主义理论体系武装干部群众。认真组织中共十八届三中、四中全会精神学习宣传，抓好《习近平总书记系列重要讲话读本》《习近平谈治国理政》等的发放和学习，邀请军事科学院彭光谦、苏州大学朱永新等专家到威海举办理论讲坛讲座60余场，组织百姓宣讲活动1100多场次。结合纪念甲午战争120周年，围绕建设海洋强市，组织开展系列学术研讨、理论讲座活动。

【中国特色社会主义理论和中国梦宣传教育】 组织开展“幸福威海·我的梦”主题研讨、“幸福威海我的梦、参与改革见证发展”演讲比赛等宣教活动90多场次，威海市获得全省“我的中国梦”百姓宣讲比赛组织工作奖。深入推进党委中心组理论学习和学习型党组织建设，加强党委（党组）中心组学习安排、督导检查，分别有3个党委中心组和单位被评为全省先进党委中心组、理论工作先进单位。精心开展“学理论、懂政策，做明白人”理论大众化普及活动，先后选树推广理论大众化普及典型15个。在广播、电视、网络、微博、微信开设政民互动平台，每周邀请1个市直部门负责人与网民“在线交流”，解读各级政策、回答网民提问，全年“上线”单位19个，答复问题322个。积极利用社科普及周、“热点大家谈”等载体平台，引导群众自我教育、自我提升。

【巩固壮大主流舆论宣传】 深入宣传阐释习近平总书记系列重要讲话和中共十八届三中、四中全会精神，宣传实施全域城市化、市域一体化，产业强市、工业带动发展战略、优化营商环境、推进创新创业的新进展新成效，宣传开展群众路线教育实践活动、落实中央“八项”规定、反对“四风”、保障和改善民生带来的新变化新风貌，报纸、广播、电视、网络等媒体推出“锐变2014”“威海智造”“开放威海纪实”等重点专栏专题专版120多个，新华社、《人民日报》《大众日报》等中央和省主流媒体刊发威海市稿件保持良好势头。认真执行新闻例会制度和新闻阅评制度，加强住房、教育、医疗等社会关注问题正面引导，促进形成良好社会预期。

【加强网络舆论引导】 组织开展清理政治类有害信息、整治网络谣言和淫秽色情低俗信息等专项活动，威海文明网在全国市级联盟网站测评中位列第一。强化舆情收集、分析、研判，完成重大舆情课题11个，整理报送舆情信息2000多篇，中宣部、省委宣传部采用700多篇，居全省前列。稳妥组织“5·29”山火舆情应急引导，报纸、广播、电视、微博、微信等各类媒介整体协调联动，第一时间准确发声，有力抢占舆论制高点，使积极救援、祈福加油、文明威海、爱心接力等主流声音始终成为舆论主基调。加大文化市场整治，组织做好各类论坛讲座、报告会、研讨会等管理，深入开展“扫黄打非”专项行动，有效净化了社会文化环境。

【2014仁川亚运会火炬传递活动及宣传工作】 韩国仁川亚运会期间，作为主办国境外的唯一火炬传递城市，威海市成功举办了2014仁川亚运会火炬传递活动，50名中外火炬手顺利完成圣火传递，中央电视台和韩国KBS、MBC、SBS等中韩主流媒体对传递活动进行现场报道。采取在亚运会主体育场设立威海主题形象馆、邀请韩国媒体到威海拍摄制作高清纪录片、在亚运会场馆设置挡板广告、在亚运会官方出版物和门票登载“走遍四海　还是威海”LOGO等多种途径全方位宣传推介威海，扩大威海知名度。

【对外宣传交流】 组织文艺工作者赴台湾举办“乡音·海峡两岸文化交流音乐会”、赴韩国举办2014中韩（威海—大邱）美术作品交流展，组织文化企业和文艺团体参加2014“首尔·中国日”演出、光州中韩文化交流年、韩国富川第16届国际学生动漫节、2014澳大利亚文化艺术节等境外文化活动，通过多种形式的文化元素宣传展示威海城市软实力。策划制作旅游宣传片《蓝色休闲之都 世界宜居城市》、图书《威海滋味》、多语种画册《中国威海》等系列外宣品，采取在媒体投放、重大经贸文化活动中发放、宾馆饭店和旅游景点摆放等方式加大宣传推广。配合蓝色经济发展，在市广播电视台开办国内首家海洋频道，还创办精彩威海静默频道，全天候展示威海城市魅力。加大网上传播，邀请新华网、人民网、齐鲁网、凤凰网等重点网站举办2次网络媒体威海行活动，刊发原创宣传稿件1700多篇。加强新闻发布，组织举办新闻发布会20场。推动各区（市）和市直部门全部开通政务微博并入驻“威海发布”官方微博发布厅，形成新闻发布集群优势，@威海发布在新浪网山东政府发布类微博影响力排名中名列前茅。

【“君子之风·美德威海”建设】 坚持在大众化、具体化上下功夫，推进社会主义核心价值观贯穿渗透社会各领域，努力打造“君子之风·美德威海”。扎实做好核心价值观落细落小文章。把核心价值观纳入党员干部培训课程，作为道德讲堂的重要内容，融入未成年人课堂教学，组织开展“树典型、扬正气、传递正能量”“书香威海”全民阅读、经典诵读、童谣传唱、向国旗敬礼等活动，举办传统文化大讲堂12期、国学礼仪培训班22期。在社区和公共场所利用宣传栏、LED显示屏、建筑围挡、车体、标志性公益广告设施等载体，投放核心价值观公益广告3.5万块，把24字社会主义核心价值观印在购物袋、文化衫、私家车贴上，核心价值观广告在街头巷尾处处可见，威海市核心价值观公益广告宣传的经验做法在全省推广。深入实施“四德”（爱德、诚德、孝德、仁德）工程。建立善行义举“四德”榜3400多个，实现农村社区全覆盖。推进志愿服务制度化，建成涵盖23万多名志愿者的全市志愿服务数据库。持续开展“威海好人”和“美德少年”评选、节俭养德全民行动、道德模范巡讲等活动，推出“威海好人”63名，其中32人入选“山东好人榜”、4人入选“中国好人榜”。中央文明办在威海市举办了全国道德模范与身边好人现场交流活动，威海市被授予全省“四德”工程建设示范市。各区（市）、各行业、各部门结合各自特点，积极推进道德品牌建设，“诚信荣成”“仁孝文登”“仁爱乳山”“厚德环翠”等道德品牌更加响亮。突出抓好诚信建设。围绕诚信主题，在党政机关开展“阳光机关、服务机关、责任机关”建设活动，在窗口行业开展优质服务竞赛、诚信之星评选活动，在生产企业开展“诚敬做产品”“做精工产品、做诚信企业”创建活动，在商贸流通企业开展“履约守信”“诚信经营示范店”创建活动。推动法院、质监、商务等12个部门建立“红黑榜”发布制度，坚持每2个月组织1次“红黑榜”发布会，并通过媒体发布企业“红黑名单”，努力营造“诚信者一路绿灯、失信者寸步难行”的社会氛围。

【全力创建全国文明城市】 坚持问题导向、台账式推进创建全国文明城市各项工作，在对目标任务进行责任分解的基础上，汇总形成61个类别的台账明细表，逐条落实、限期整改、动态清零，创建全国文明城市期间解决大大小小群众身边事20余万件，城市生活环境更加优美、公共秩序更加规范、公共服务更加高效，单车徒步穿街走巷督导创建全国文明城市的做法被省文明办推广。将城区划分为52个大网格、2700个单元格大力推行精细化管理，针对热点难点问题制定出台加强市区养犬、小餐饮店食品安全、早夜市和马路市场、房屋附属储藏室管理等系列规范性文件，创建全国文明城市工作不断上档升级，逐步纳入各级、各部门日常工作，走上制度化、常态化轨道。

【推进乡村文明行动】 围绕新城乡、新布局、新村庄、新生态、新农家、新生活、新农民、新风尚“八新”目标，持续推进农村环境综合整治和农村生活方式转变，组建“新农村、新生活”培训讲师团开展培训386场次，建成10个市级文化特色示范镇、100个市级乡村文明家园示范村，全市80%以上的村达到县级以上文明村标准，全省乡村文明行动第三次现场推进会议在威海市召开，在2014年度全省城乡环卫一体化群众满意度电话调查中威海市名列前茅。在机关、企事业、农村、社区、窗口行业等各层面，继续开展文明村镇、文明社区、文明行业、文明单位创建活动，推荐新增全国文明村镇、文明单位6个，省级文明村镇6个、文明社区14个、文明单位19个。

【优化公共文化服务】 在全省率先开展公共文化服务标准化认证，威海市被评为首批全省公共文化服务体系示范区、首批全省公共文化服务标准化试点城市，乳山市继文登区、荣成市之后，被评为全国文化先进县。升级改造400个农村文化大院、50个社区图书室、20个镇中心学校少年宫，为815个农家书屋更新了图书。评定市级第四批非物质文化遗产名录17项，扶持40位非物质文化遗产传承人收徒传艺，毛泽东像章珍藏馆获批威海市首家省级民营博物馆。超额完成年初确定的文化实事任务，为1300个村（社区）广场舞蹈队配备移动音响和道德舞曲，开通3辆流动图书车，放映公益电影3.3万多场次，免费送戏下乡500场次，扶持10个爱国主义教育基地改陈布展，开展“幸福威海”文艺汇演、“和平颂·中国梦”群众合唱音乐会、京剧广场演出周等群众文化活动6000多场次。高质量建成“尼山书院”并对外开放，开设音乐、舞蹈、书法、剪纸等公益文化培训班38个，举办“威海视觉·本土油画家优秀作品展”和“威海风光”摄影大赛、威海市第四届曲艺小品电视大赛等展览展示和赛事活动110余场次。组织百余名文艺骨干深入企业、厂矿、农村、社区开展采风创作活动，加大对本土题材重点作品生产扶持引导，戏剧《乳娘》、广播剧《首尔人在威海》等5部作品入选全省精品工程奖并获得全省组织工作奖，大型历史舞台剧《一代帝师》和数来宝《登陆上海滩》等11件作品入选第七届泰山文艺奖，是威海市作品获泰山文艺奖数量最多的一届。在第十二届全国美术作品展中威海市有《海带工》等9件作品入选，取得参加全国美术作品展的最好成绩。

【加快释放文化发展活力】 深入推进文化体制改革，完成24项重点文化改革任务，威海报业集团内部改革顺利进行，市广播电视台管理运行机制得到优化，威海电影发行放映公司完成改制，县级艺术院团普遍建立工效挂钩激励机制，市图书馆、科技馆试点率先组建理事会。培育培植文化市场主体，遴选首批市级重点文化产业园区20家、重点文化企业83家，大乳山滨海旅游度假区、金石湾艺术园区等4个文化项目被命名为全省文化产业示范园区（基地），电子科大（威海）数字出版有限公司被确定为全省数字出版基地。筹建威海画廊协会和“威海书画”微信公众平台，集中开通百位威海画家个人专网，推动里口山艺术写生基地与国内重点美术机构和院校建立合作关系，引导和支持书画艺术、影视拍摄、文化旅游、动漫游戏等重点文化产业加快发展，《梦回甲午》《我的野蛮女友2》等多部影视剧到威海拍摄，威海光远动画公司制作的26集动画片《繁星点点》在央视播出。优化文化发展环境，与山东大学威海文化创意研究中心合作开展全市文化创意产业发展情况专题调研，研究起草了加快文化产业发展的实施意见，启动编制《威海市文化创意产业发展规划（2014—2020）》；邀请清华大学专家到威海举办专题讲座，加强文化产业政策解读；建立文化金融合作机制，引导金融机构支持文化企业发展，威海市商业银行成立文化支行并为工艺美术、动漫游戏等行业提供授信额度近4亿元；组织企业参加省文博会和深圳文博会等各项展会活动，推介威海市文化企业和文化项目。

【2014中韩威海文化创意产业合作交流会成功举办】 积极搭建文化产业和贸易合作发展平台，成功举办2014中韩威海文化创意产业合作交流会，除本市文化企业外，吸引61家韩国企业和90家市外企业参展，涉及数字出版、影视服务、文化教育、文化旅游等领域的17个文化项目达成合作协议。

【纪念甲午战争120周年系列活动】 成功举办“甲午战争与东亚历史进程——纪念甲午战争120周年国际学术研讨会”，邀请境内外150多名知名学者参会，收到论文113篇，全面展示了甲午战争研究最新成果，被评为2014年“山东社科论坛十佳研讨会”。围绕全市经济社会发展重大理论和实践问题，组织理论骨干开展深入研究，完成市级社会科学重点研究课题24个。组织完成威海市第17次社会科学优秀成果奖评选工作。

【宣传思想文化队伍思想作风建设】 抓好党报党刊征订、哲学社会科学阵地管理、新闻宣传报道、理论中心组学习等整治规范工作，清理、修改、完善相关制度规定20多项。围绕“转作风、重规范、求创新、提效能”，切实加强宣传新闻从业人员教育培训，深入开展“走基层、转作风、改文风”和“深入生活、扎根人民”主题实践活动，宣传思想文化队伍服务基层、服务群众的能力进一步提升。围绕宣传思想文化工作形势和工作重点，深入开展调查研究，推出了一批有价值的调研成果。着力加强基层宣传文化力量培训，全年培训文化站长、农村文化大院管理员、文艺骨干8000多人次。

（林一龙）

·统战工作·

【落实中国共产党领导的多党合作和政治协商制度】 2014年，市委统战部加强政治引导，巩固共同思想政治基础。深入贯彻落实中共十八大，十八届三中、四中全会和习近平总书记系列重要讲话精神。组织召开民主党派负责人暑休会，创办党外文化艺术工作者联谊会会刊《威海同心苑》。深入开展坚持和发展中国特色社会主义学习实践活动。举办“‘与共和国同行 为中国梦添彩’威海市党外文化艺术工作者联谊会庆祝建国65周年书画展”，编辑出版书画集，组织民主党派负责人进行爱国主义教育。开展“双岗建功标兵”“十佳民主党派成员”评选活动，组织社会新阶层党外知识分子联谊会开展“同心牵手服务社区活动”。拓宽“统一战线服务和谐社会直通车工程”内涵，采取组建特色服务小分队形式，开展以送科普知识到田间、送创新技术进企业、送健康知识到农村、送法律知识进社区、送文化艺术到基层为主要内容的“五送”活动，惠及村（社区）群众2000余人次。开展非公有制经济人士理想信念教育实践活动，着力推进协商民主广泛多层制度化，充分发挥统一战线在协商民主中的重要作用，协助市委根据年度工作重点制定了协商计划。举办“威海统一战线讲坛”4期，围绕全市中心工作召开6次民主党派负责人情况通报会、协商会、座谈会，开展4次考察调研。聚焦改革重点积极建言献策，引导广大统战成员围绕全面深化改革的重大决策部署和转调创大局，结合各自优势科学选题，分领域、分专题研究，提出有价值的意见建议。完善调研报告工作机制，建立参阅件制度，印发21期参阅件，其中有14期得到市委、市政府主要领导批示。开展民主党派优秀调研报告评选活动，提高参政议政工作质量。提升民主监督水平。加大特约人员工作力度，拓展特约人员聘任领域，规范人员选聘和归口管理，支持特约人员更好地发挥民主监督作用。

【党外代表人士队伍建设】 加强教育引导和实践锻炼，举办党外代表人士培训班、民主党派新成员培训班，与有关部门协调沟通，切实抓好党外代表人士实践锻炼基地建设。改进监督管理，召开党外代表人士队伍建设工作联席会议，健全完善统战部门与民主党派负责人联系交友制度，加强与已作政治安排和社会安排的党外代表人士的联系，及时掌握思想动态，认真听取意见建议，协调解决困难问题。支持民主党派加强自身建设，落实民主党派负责人述职和民主评议制度，切实加强领导班子建设。按照有一个好的支部主委、一支素质较高的成员队伍、一套比较规范的规章制度、一处相对固定的活动场所、一定的经费保障等“五个一”要求，推进民主党派基层组织规范化建设。协助民主党派有计划稳步做好组织发展工作，健全民主党派代表人士数据库，实行动态管理，做好党外人士人才储备。

【服务经济建设】 深入推进经济统战工作，积极助推区域经济发展。指导工商联借助全国工商联十一届三次执委会暨全国知名民营企业家助推山东转调创大会在山东召开的有利时机，协调有关部门积极做好招商引资工作，组织人员先后赴京、津、晋、陕、浙、闽、粤、黑、辽等省市，与筛选出的符合威海产业发展的10家商会和100多家重点企业进行对接，吸引更多企业落户威海。加强新形势下工商联建设。支持工商联深入开展银企对接、人才对接、科技对接等“三对接”活动，与各有关银行合作，通过互保、联保，互助金信贷保障方式，授信6.5亿元；依托会员企业兴办的小额贷款公司和担保公司，面向小微型会员企业投放贷款5.4亿元。支持工商联深入开展“千家民企回馈民生”活动，新增55家工商联会员企业参与农村环境综合整治，捐助款物220万元；176家企业帮扶困难家庭260户、贫困学生880人；帮扶“三老”（老干部、老党员、老模范）人员95名。做好港澳台海外统战工作，出台了《加强海外联谊工作意见》。开展“走基层、摸实情、办实事”活动，深入了解掌握港澳台情和海外侨情，帮助解决困难问题。组织归国留学人员联谊会专家团开展技术帮扶，举办技术咨询服务活动2次。

【民族工作】 认真学习贯彻中央民族工作会议精神，协调成立威海市民族团结进步促进会，深入开展民族团结进步宣传月和民族团结进步创建活动，着力促进各民族交往交流交融。加强宗教团体和宗教界代表人士队伍建设。指导市佛教协会完成换届工作，开展宗教团体领导班子述职评议工作，深入落实领导干部联系宗教界代表人士制度。推动宗教界对教规教义作出符合时代发展进步要求的阐释，促进宗教与社会主义社会相适应。积极探索宗教界参与公益事业的方式和途径，引导宗教团体和宗教界人士开展社会慈善活动。发挥统战部门在宗教工作中的牵头协调作用，出台《威海市宗教工作联席会议制度》。会同有关部门制止乱建寺观教堂、滥塑宗教造像、处置非法宗教活动等，查处利用宗教私设聚会点非法活动10余起，维护宗教界和谐稳定。

【统战工作科学化建设】 联系基层、联系党外人士，推动统战工作向基层延伸、向社会拓展、向网络推进。召开全市统战工作向基层延伸向社会拓展向网络推进现场会，举办全市统战委员培训班，实施“统战工作品牌建设工程”，引导各区（市）争创统战工作特色品牌。建立健全社区统战工作协调小组338个、相关工作制度67条。组建园区统战工作领导小组19个，381家企业建立健全统战工作制度和运行机制。将759名统战成员纳入“街道—社区—楼宇”三级单元工作网格，实现对统战成员的动态管理。召开全市社会组织统战工作会议，构建党委统战部门领导、社会组织管理机构协同、社会组织成员积极参与的社会组织统战工作格局，把一些长期游离于体制外的党外人士纳入统战工作范围。全市统战部门与210个社会组织建立联系，将7003名社会组织成员纳入统战工作范围。搭建网络统战宣传平台8个，建立健全统战工作QQ群9个、手机短信平台2个、微博1个、微信1个。举办全市统战调研宣传信息工作培训班，强化统一战线宣传引导工作，增进和巩固政治共识。扎实做好帮扶联系村、扶助困难群众等工作。

【协商民主活动】 1月6日，市委各界人士民主协商会召开，就市十六届人大三次会议和市政协十二届三次会议人事安排情况征求意见，进行民主协商，市委常委、统战部部长李在武主持会议，市委常委、组织部部长田治颖出席会议并讲话。3月17日，文登撤市设区情况通报会召开，市委副书记赵熙殿，市委常委、统战部部长李在武出席会议。3月17日，全市党风廉政建设情况通报会召开，市委常委、统战部部长李在武主持会议并讲话。4月9日，市委党外人士座谈会召开，征求对教育实践活动和常委会工作的意见建议。市委书记、市人大常委会主任孙述涛主持会议并讲话。8月20日，全市各民主党派工商联负责人学习研讨会召开，市委常委、统战部部长李在武出席会议并讲话。8月27日，威海市第十六届人民政府第四次全体（扩大）会议召开，各民主党派、工商联负责人应邀列席会议。10月29日，召开各民主党派、统战团体负责人学习中共十八届四中全会精神座谈会。

【威海海外联谊会开展“走基层、摸实情、办实事”活动】 4月，印发了开展“走基层、摸实情、办实事”活动通知。6月至8月，对全市海外联谊会会员企业经营情况、服务经济社会发展情况、履行社会责任开展社会公益活动情况等进行了走访调查，帮助10家企业解决了存在的困难和问题。

【统一战线开展“五送”活动】 2014年，继续开展送科普知识到田间、送创新技术进企业、送健康知识到农村、送法律知识进社区、送文化艺术进基层为主要内容的“五送”活动，义务为群众提供咨询服务2000多人次，为企业解决技术难题。组织市新阶层联谊会在环翠区环翠楼街道前进社区启动“同心—牵手”服务社区活动，以前进社区作为服务社区工作站，为社区群众提供医疗、法律咨询服务及康复训练指导，捐赠了爱心慰问品。组织市党外文化艺术工作者联谊会到威海临港经济技术开发区阳泉村开展送文化到基层活动。

【威海市归国留学人员联谊会专家团开展技术咨询服务活动】 6月20日，威海市归国留学人员联谊会专家团赴爱威海百姓网进行考察调研，就网站建设提出合理化建议，达成合作意向。6月20日，威海市归国留学人员联谊会专家团在山东大学威海天文台举办科普讲座。10月15日，威海市归国留学人员联谊会专家团赴荣成市进行海洋文化、海洋食品为主题的考察调研，就海洋食品产业发展提出意见建议。

【全市各民主党派工商联负责人暑期学习研讨会】 8月19日—20日，全市各民主党派工商联负责人暑期学习研讨会召开，学习贯彻中共十八大以及十八届三中、四中全会精神，学习贯彻习近平总书记系列重要讲话精神，巩固统一战线共同的思想政治基础。市委常委、统战部部长李在武出席会议并讲话，各民主党派、工商联负责人进行了座谈交流。会议期间，考察了南海新区重点项目建设情况。

【“‘与共和国同行 为中国梦添彩’威海市党外文化艺术工作者联谊会庆祝建国

65周年书画展”】 9月29日，“‘与共和国同行 为中国梦添彩’威海市党外文化艺术工作者联谊会庆祝建国65周年书画展”在市美术馆开展。市委常委、统战部部长李在武，市人大常委会副主任季恩远，市政协副主席王汝壮出席开展仪式。书画展由威海市党外文化艺术工作者联谊会与威海市美协、威海画院联合举办，征集作品104幅，展览持续至9月30日。

【全市统战委员培训班】 11月7日，市委统战部在市社会主义学院（市委党校）举办了全市统战委员培训班，各区（市）党（工）委统战部（党务部）干部及镇（街道）党委专（兼）职统战委员91人参加培训。市委统战部、市工商联、市宗教局负责人作统一战线理论与实践专题辅导。

【全市党外代表人士队伍建设工作联席会议暨特约人员工作交流会】 12月19日，全市党外代表人士队伍建设工作联席会议暨特约人员工作交流会召开，专题研究推进特约人员工作，市委办公室、组织部、宣传部、统战部负责人，市直有关部门分管领导、业务科室负责人，各区（市）党（工）委统战部（党务部）分管部长、部分特约人员代表共70人参加会议。市委常委、统战部部长李在武出席会议并讲话。

（孙冬青）

·政策研究·

【调查研究】 *开展重要课题调研* 2014年，市委政策研究聚焦市委、市政府中心工作，立足服务全市发展大局，从各个层面、多个角度选取重点工作、重要事项和重大信息，及时开展深入研究分析，为领导决策提供参考。全年编发《参阅件》11期，其中3篇被市委主要领导批示。围绕健康产业等领导关注的课题，开展专题调研和学习考察，并形成调研报告。

搞好政策跟踪调研 密切跟踪中央、省委重大政策和市委重要决策贯彻落实情况，深入开展调查研究，先后对“三年突破东部滨海新城”、创新驱动战略和创新创业开展专题调研，形成专题报告4篇，其中2篇被市委主要领导批示。配合省联合调研组完成“开放型经济”“社会治理体系建设”“高新技术产业”“全面深化改革和全域城市化”等调研，有2篇调研被省委刊发推广。

探索开展预警性调研 围绕经济发展领域的趋势性问题和社会领域的苗头性、倾向性问题，深入研究发展变化规律，及时提出对策建议，先后完成了《资本市场改革为我市企业融资带来的机遇分析》《关于利用外国政府贷款和国际商贷推动企业转型升级的建议》《青荣城际铁路开通对威海发展影响研究》《关于有效预防和妥善化解邻避矛盾的建议》等4篇调研报告。

【信息服务】 *做好专题信息服务* 及时捕捉时事焦点、社会热点，选取简政放权、依法治国、城镇化等专题，汇集各级政策、各地做法、专家观点，编发《学习借鉴》12期，为市委领导提供专业化信息服务，其中有2期被市委主要领导批示。

提供日常信息服务 紧跟全市经济社会发展需求，搜集各级最新政策和外地创新做法、典型经验，编发《每日参考》244期，其中有34期被市委主要领导批示。

加强信息交流服务 以《威海通讯》为平台，及时刊发各级各部门形成的优秀调研报告，促进交流经验、相互学习、指导工作。全年出版发行12期，刊载各级各部门工作思路、行业调研、典型经验等各类文章270多篇。以《威海通讯》为媒介，与国内26个城市开展横向交流，起到了宣传威海、推介威海的作用。

【协调指导】 创新调研机制，完善政研室主任联席会议制度，全年召开政研室主任座谈会5次，确定阶段性调研重点；建立调研联系点制度，在市直重要经济部门、民生部门和全市重要行业骨干企业、镇（街道）中，选择了20个重点单位作为调研联系点，经常走访座谈，开展双向交流、双向服务；建立特邀调研员制度，从全市相关部门、行业、高校当中聘请了10名专家型领导干部、学者作为特约调研员，委托开展专业领域课题调研，取得了很好的成效。开展“百题调研”活动，全年收到调研文章165篇，并择优在《威海通讯》予以刊发，年终组织开展评选活动，评出优秀调研成果113篇。强化调研成果运用，将2014年度优秀调研报告集结成册，出版《谋事之基》，有力推动了区市之间、部门之间的交流学习。

【深化改革】 2月，市委成立全面深化改革领导小组，领导小组下设办公室（简称“市委改革办”），与政研室合署办公，专门负责全面深化改革的协调推进工作。自成立以来，市委改革办坚持科学谋划、统筹推进，各项改革工作健康有序开展。年内确定的198项改革事项全部完成，33项省级以上改革试点稳步推进。履行服务职能，紧跟中央要求，突出改革重点，筹备召开了3次全体会议，协调起草各类工作方案、实施意见等10个，进一步明确改革推进方向和实现路径。开展改革调研，围绕改革热点和存在问题，协调、引导各专项小组从6个专项领域选择83个重点课题进行深入调研，为改革决策夯实理论基础。挖掘改革经验，及时调度总结、宣传推介基层改革经验，刊发《改革工作动态》19期，行政审批制度改革、公共服务提供模式创新等5项改革经验被省委改革办推广。

（张 锐）

·机构编制工作·

【机构编制管理】 2014年，市编制委员会办公室组织开展全市机构和人员编制核查工作，对全市40%以上的单位进行实地抽检，对所有区（市）进行检查验收，达到数据完整度100%、核查范围100%、部门公示率100%，实现机构清、编制清、领导职数清、实有人员清的“四清”目标，顺利通过省编制委员会办公室检查验收。组织开展全市机关事业单位精简压缩编制工作，研究提出精简收回编制使用管理办法，调剂用于加强党委、政府中心工作和关系群众切身利益民生工作。严格实行机关事业单位进人计划管理，编制完成全市2014年度机关事业单位用编进人计划，主要保障教育、卫生、安全生产、环保等重点行业、民生领域的用编需要，职能弱化、工作任务减少和体制建制面临调整的机关事业单位，一律不安排“用编”“进人”计划。加强基层食药监管力量建设，全市镇（街道）设立食品药品监管所74个，配备行政编制406名，调整到位公务员352名。加强镇级安全生产监管、民政保障、法制建设支持力度，确保每个镇（街道）配足配齐专（兼）职工作人员。

【行政管理体制改革】 政府机构改革顺利完成　召开全市政府职能转变和机构改革工作会议，印发《关于威海市人民政府职能转变和机构改革的实施意见》，对改革全面动员部署。深化大部门制，新组建的食品药品监督管理局、卫生和计划生育委员会先行组建运行，国家级开发区的工商、质监、食药监管等部门整合为市场监督管理局；理顺城市管理与城管执法机构关系，组建市城市管理与行政执法局；整合政府外事、侨务部门职责，组建市政府外事侨务办公室；将畜牧兽医、农机管理机构调整为农业部门管理，将文化市场综合执法机构调整为文化广电新闻出版部门管理，解决机构设置分散、分工过细问题。改革后，市政府设置工作部门32个，政府组织体系更加精干高效。

事业单位分类改革稳妥推进　按照全省分类工作统一部署，印发《关于做好全市事业单位分类工作的通知》，以社会功能为分类唯一标准提出划分类别意见，组织事业单位改革领导小组成员单位研究全省事业单位改革配套政策，结合威海实际，出台《威海市市直事业单位绩效考核办法（试行）》《关于在推进事业单位改革中加强和改进党的建设工作的实施意见》，促进事业单位规范运行。

【简政放权】 修订公布市级行政审批事项目录清单　5月23日，率先在省内公布市级行政审批事项目录和监督服务事项目录。12月26日，经市政府常务会议研究通过，修订完善后的市级行政审批事项224项（加上子项共364项），其中行政许可206项，非行政许可审批事项18项（均为中央和省设置）；确定新承接中央、省年内下放和授权委托行政审批事项39项；取消行政审批事项31项（加上子项共75项）；下放行政审批事项15项。新的市级行政审批事项清单在市政府网站和市机构编制网站进行全面公开。

全面推行行政权力清单制度　加强组织领导，提请市政府成立威海市转变政府职能简政放权工作领导小组，印发《威海市人民政府关于推行行政权力清单制度的通知》。举办全市全面推行行政权力清单制度业务培训班，组织对市直有关部门单位行政权力进行清查、集中审核确认。

【事业单位登记监管】 事业单位绩效考核全面推开　健全政策依据，经市政府常务会议、市委常委会议研究同意，市委办公室、市政府办公室联合印发《威海市市直事业单位绩效考核办法（试行）》，指导考核工作开展。健全考核主体，成立市事业单位考核委员会，明确办事机构，具体负责考核组织、指导和监督工作。明确考核对象，以公益类事业单位为重点，在257家市直事业单位全面推开考核工作。

事业单位年报公开　印发《关于取消事业单位法人年检、做好年度报告和换发证书工作的通知》，取消事业单位法人年检事项和代收代缴的登记年检公告费。加强事中事后监管，组织落实事业单位法人年度报告和公示制度，提高网上登记监管系统使用效率，全市登记管理机关组织核准登记和授权管理的1300多个事业单位法人依法开展年度报告、网上公示和换发新证工作，年报合格率达到99%以上，全面完成年度报告和公示工作。部署开展政务和公益域名注册管理与网站挂标工作，全市已注册中文域名1732个，注册率达到70%。启动实施党政机关网站标识管理工作，会同市委宣传部联合印发通知，对全市党政机关网站开办审核、资格复核及网站标识管理工作进行全面部署，挂标网站达到991个，挂标率39.9%，实现预期目标。

【机构编制监督检查】 会同审计部门将机构编制重大决策部署和管理制度贯彻落实情况、用编进人管理规定执行情况纳入审计监督，实现机构编制监督检查与审计监督无缝衔接，形成部门优势互补、防控结合的工作合力。总结机构编制工作考核经验，制定各区（市）机构编制工作绩效管理实施办法和2014年度各区（市）绩效管理评价标准，实行机构编制工作绩效管理，对列入绩效管理项目全程跟踪问效，实现日常管理与年终评价有机结合，提高考核工作公正性、客观性。选择市经济和信息化委、体育局等5个政府部门作为2014年度机构编制执行情况评估对象，将政策宣传融入评估过程，掌握被评估部门机构编制执行及履职情况，为后续改革和具体机构编制事项调整提供依据。另外，组织开展上级业务部门干预下级机构编制事项专项检查，配合有关部门完成在编不在岗“吃空饷”问题、超职数配备干部和提前离岗问题整改工作，严肃机构编制纪律。

（许　昌）

·党校工作·

【概况】 2014年，市委党校围绕干部教育培训工作的总目标、总要求，认真学习、研究、宣传中共十八大和十八届三中、四中全会精神以及习近平总书记系列讲话精神，充分发挥职能作用，深入开展党的群众路线教育实践活动，切实加强班子和队伍的思想作风建设，不断提高党校科学化办学水平。在全省行政学院工作座谈会、全省党校系统思想库建设工作座谈会上，分别就整体工作、科研工作等作典型交流。

【扩大干部培训规模】 全年举办教学班次40个，培训学员6417人；警示教育基地讲解108场次，受众4849人；招收省委党校在职研究生班学员53人，在校研究生班6个班次，有学员188人。走出校门到市区、到部门、到基层组织各类宣讲140多场次，受众1.5万多人次；在电视上作解读73次，在报纸上作点评13次。

精心办好主体班次　全年举办主体班次20期，培训学员1800人。主要包括：全市领导干部学习贯彻十八届三中全会和习近平总书记系列讲话精神专题培训班1期，参训学员360人；处级干部任职培训班5期，参训学员215人；科级干部任职培训班4期，参训学员145人；年轻干部周六学校2期，参训学员368人；全市镇（街道）党（工）委书记群众路线专题培训班1期，参训学员95人；市直单位第三批“第一书记”培训班1期，参训学员75人；全市村、城市社区“两委”换届选举工作骨干培训班1期，参训学员130人；市直部门政工干部培训班1期，参训学员140人；初任公务员培训班1期，参训学员29人；中韩（威海）经济合作示范区建设与招商引资实务专题培训班1期，参训学员182人；威海对口支援门源初级中学教育教学管理示范培训班1期，参训学员20人；师资培训班1期，参训学员41人。

积极开展合作办班 与部门、区（市）合作，全年举办各类合作班次、报告会及讲座20个，培训学员4617人。其中，合作班次12个，培训学员2172人，主要包括：经区村（社区）党组织书记党的群众路线教育实践活动专题培训班、全市电子商务知识培训班、威海临港经济技术开发区村（社区）党组织书记党的群众路线教育实践活动专题培训班、威海市2014年第一期技术经纪人培训班、威海市地税系统中心税务所长培训班、全市新农村新生活骨干培训班、全市统战委员培训班、全市学习贯彻十八届四中全会精神专题培训班、经区农村（社区）干部培训班；甘肃省靖远县农业产业化建设中青年干部威海培训班2期，柳州市委党校赴威海市委党校全员异地培训班。合作举办专题报告会及讲座8个，培训学员2445人，其中包括：纪念甲午战争120周年专题报告会、“弘扬中华文化，实现‘中国梦’”专题报告会、“能源危机与可再生能源”院士报告会、“我阅读 我幸福”全民阅读活动报告会、威海统一战线讲坛（4期）、“新刑诉法中的证据规则适用问题”专题讲座。

深入打造特色品牌 特色品牌“五大讲堂”举办123期，其中，名家讲堂57期，发展讲堂49期，书记讲堂6期，红色讲堂8期，英才讲堂3期。

【提升干部培训水平】 *构建“一主多元”教学布局* “一主”就是以十八届三中、四中全会精神和习近平总书记系列讲话精神为主线，抓好以重大理论、政策的学习宣讲为主要内容的理论教育。“多元”就是围绕深入开展党的群众路线教育实践活动，抓好以马克思主义群众观为主题的党性教育；围绕党性党风问题，抓好反腐倡廉和作风教育；围绕市委、市政府的决策、部署，抓好以现代化幸福威海建设为主题的市情教育；围绕全市及部门工作热点，抓好以推进各项工作落实为目标的能力教育。

丰富培训内容 围绕市委、市政府的决策部署，根据“党委政府重点推动什么工作就突出什么培训、重点工作任务落实给谁就培训谁”的原则，设置现代化幸福威海建设、全域城市化市域一体化、东部滨海新城建设等培训内容；开设“基本理论”教学单元，邀请中央党校多位教授讲授马克思主义、中国特色社会主义等理论课程，增强学员道路自信、理论自信、制度自信和文化自信。开设“群众路线与党性修养”教学单元，培养学员马克思主义群众观和党的群众观，抓好党风廉政建设及警示教育。开设全面深化改革问题研究、创新思维与创新人才、领导干部政德建设、法治思维与法治方式等培训内容。围绕纪念甲午战争120周年、能源资源开发利用、加快发展电子商务等主题，邀请国内著名专家学者开展专题讲座，促进干部知识更新。

创办“年轻干部周六学校” 使培训对象由处级干部为主向处级、科级干部统筹转变，有效扩大培训范围；培训时间由工作日为主向工作日、双休日统筹转变，有效地解决工作学习时间冲突矛盾；培训目标由立足当前向既管当前、又管长远转变，有效提升培训实效。这一做法在省委组织部干训通讯上刊发。

落实“领导干部上讲台”工作 邀请市委常委、市政府副市长以及市直部门主要负责人到党校授课，全年邀请34人次。其中，市委常委9人，副市长5名，使党校的授课形式更加丰富多彩，培训内容更贴近市委、市政府的中心工作。

丰富教学方式 针对“5·29”山火等案例，开展情景模拟教学13次，培训学员600多人，并邀请市应急办、电视台参与开发突发事件应急处置、媒体沟通两个专题课；开发完善现场教学基地，到成山林场、大福山起义两处基地开展现场教学7次，到三角集团、恒科精工两处体验式教学基地开展教学活动2次；开发“思维工具训练及应用”系列课程，丰富教学内容和方式。

完善教学组织 举办师资培训周，召开党校系统教学座谈会，开展全市党校系统精品课评选活动；重点落实淘汰准入机制，对进入主体班次的课程实行试讲、研讨，对进入重大理论宣讲的课程实行校委集体试听，全年组织集体研讨15次，试讲16次。

【提升决策咨询水平】 坚持把科研作为强校之基，充分利用党校的教师资源、学员资源和理论研究优势，突出重大现实问题和社会热点、难点问题研究，实现了“三个突破”。一是高端立项上有新突破。全年完成各类科研成果229项，15项立结课题中，省部级及以上课题10项。围绕贯彻落实十八届三中全会精神，加强全面深化改革问题的前瞻性研究，3篇研究报告入选市委理论中心组读书会参考资料；参与中组部、省委组织部《推进党代会闭会期间充分发挥党代表作用问题研究》《党的建设制度改革目标任务研究》两项课题的研究，5篇科研成果直接提供给有关部门。二是高层次获奖上有新突破。在2014年度全省党校系统优秀科研成果评奖中，获得一等奖2项，二等奖1项、三等奖2项，获奖层次和数量位居全省党校系统前列；在全市社科联年度评奖中，获得一等奖1项、二等奖1项、三等奖3项。在全省党校思想库建设工作会议和十八届四中全会精神座谈会上，均进行了典型交流，获得省委党校领导的高度评价，并在《山东省党校报》上发表。三是横向课题上有新突破。围绕十八届四中全会，突出全面推进依法治市的研究，与市法制办联合就全市经济社会发展的法制环境展开调研。与市海洋渔业局合作完成5项课题，对全市海洋发展战略、海洋产业、海洋渔业、海洋生态等问题进行了研究分析；完成市发展改革委《威海农村居民城市发展问题研究》等。

【完善制度机制】 在坚持原有好的制度

的基础上，完善出台《落实党风廉政建设责任制和履行“一岗双责”的实施办法》《预算管理办法》《资产管理办法》等10多项规章制度，基本形成了完整的制度体系。认真学习贯彻《干部选拔任用条例》，严格遵守组织人事纪律；严格按校委集体研究的议事程序对大笔开支、大型维修改造项目进行审议。对新校建设工程实行代建制，邀请监察、审计、财政等部门全过程监管，确保建成“阳光工程”“廉洁工程”。

（梁　斌）

·党史资料征集研究·

【概况】 2014年，市委党史研究室围绕全市中心工作，以开展群众路线教育实践活动为契机，按照党史室工作基础化、规范化、精细化、网络化、创新化目标，着力打造“围绕中心，服务大局，以史鉴今，资政育人”服务品牌，致力建设学研型、创新型、服务型、清廉型机关，取得明显成效。年内，获得“全省党史系统先进集体”称号。

【《中共威海地方史》第二卷（1949—1978）初稿完成】 年内，动员多方力量，查阅、收集、整理相关历史资料，编写完成《中共威海地方史》第二卷（1949—1978）初稿。党史研究室全体人员按照分工，与外聘学者一道，多次深入各区（市）及烟台、济南等地市搜集史料，整理相关史料600多万字，完成约50万字的二卷初稿。该书完成后将成为威海市党史党建的基础教育读本。指导各区（市）完成地方史第二卷的编写出版工作。其中，《中共乳山地方史》（第二卷）、《中共文登地方史》（第二卷）已出版，荣成市、环翠区正在做初稿资料的搜集工作。

【地方党史宣传教育】 *“威海党史网”建设*　为适应社会日益网络化的趋势，建立“威海党史网”。网站具有兼容性、立体性，涵盖威海区域内地方党史重要历史背景、事件人物、地方史料、编研成果、红色文化、影视作品等内容，兼顾全国性重要人物事件，网站的建设极大地提高威海市地方党史宣传教育的影响力、辐射力和带动力。

编辑好“红色教材”　针对党员干部队伍理想信念教育的紧迫性，将编纂“红色教材”作为重要工作，出版了《铁肩担道义，热血书春秋——威海地方革命史漫谈》教材，致力打造威海党史宣传教育品牌，把党史教材设计展出在“威海党史网”相关栏目中，取得较好的学习效果。

服务社会工作　为山东省“齐鲁红色文化讲坛”组织撰写2篇各1万余字的演讲稿，并选派2人参加演讲录制，光盘作为齐鲁红色文化宣传活动的影视教材，发放到全市所有的初高中学校。积极开展送党史进学校、进社区、进企业活动，向市图书馆、中小学校、联系村及相关部门赠送党史书籍；协助进行《谷牧》《人民的胜利——淮海战役人民群众支前纪实》等纪录片的编写、拍摄工作。

【党史资料收集整理】 做好中央党史研究室统一部署的抗战调研系列工作，参编省委党史研究室主编的《山东省百县（市、区）抗日战争时期死难者名录》，整理全市抗战资料，完成省委党史研究室、省委宣传部“网上抗战纪念馆”抗战史料的提供工作；根据山东八路军抗战研究会胶东分会的安排，围绕《胶东新民主主义革命历史资料选编》丛书的编辑，搜集整理新中国成立前威海党组织在自身建设、领导活动等方面的史料，完成资料的查找、筛选、拍摄、复制等工作，入选资料500多份。《中共威海历史大事记（2008.1—2012.12）》获得全省党史部门党史优秀成果二等奖。

（邵　洁）

·机关党务工作·

【思想教育工作】 *开展党的群众路线教育实践活动*　2014年，市机关党务工作按照全市总体要求，认真开展群众路线教育实践活动，向所属基层党组织广泛征求意见，认真撰写对照检查材料，开好民主生活会和组织生活会，制定整改方案和措施，通过活动进一步加强工委自身建设。

抓好反腐倡廉教育　组织工委全体党员干部认真学习《关于厉行节约反对食品浪费的意见》《关于在党的群众路线教育实践活动中严肃整治“会所中的歪风”的通知》《威海市党政机关国内公务接待管理办法》等中央、省委、市委关于反腐倡廉的一系列文件、规定，做到令行禁止，筑牢拒腐防变的思想防线。

开展争创文明表率活动　组织市直机关党员干部配合创建全国文明城市开展“争做文明表率”活动，发放公益广告移车卡、车贴各1.1万份，发动市直机关基层党组织每月组织党员干部佩戴公益袖标，以志愿者身份到街道、社区和群众中开展文明宣传、环境整治、政策咨询等公益活动，以实际行动践行党的群众路线教育实践活动。

【基层组织建设】 *引导基层党组织严格落实各项组织生活制度*　采取平时抽查的方式，不定期深入基层党组织开展调研，对各部门、单位的党费收缴、使用与管理情况，发展党员工作进行随机抽查，发现问题及时纠正解决，督促各级党组织严格落实各项组织生活制度。

建设“动态考核系统”全程掌握各级党组织工作动态　将95个市直部门和30个中央省属驻威单位全部纳入一个考核平台，将机关党建工作责任目标全部量化、细化，增强了考核的客观性和科学性。注重日常考核，对基层党组织党建工作时时跟踪，加大对平时日常工作的考核力度，调动各单位抓党建的积极性。

推行机关党组织书记专项述职制度　在市直部门继续推行党组织书记专项述职制度，组织市直部门和中央、省属驻威海单位的112名机关党组织书记进行专项述职，强化机关党组织书记的管党意识和管党责任，推进机关党建工作的规范化、制度化和长效化。

加强党内民主建设　对市直机关需要调整补缺的党委、总支、支部进行了换届调整。按照规定新成立了电子政务管理中心党支部和东部滨海新城办公室机关党支部，扩大了基层党组织的覆盖面。

抓好党员发展工作　举办2014年度入党积极分子培训班，对80名入党积极分子进行了理想信念教育，对民主推荐入党积极分子和发展对象进行

全程公开、全程审核、全程记实、全程问责。

举办党务干部培训班 为市直各部门及中央省属驻威海单位机关的党务干部作了全面落实《中国共产党党和国家机关基层组织工作条例》，推进机关党的工作科学化、民主化、制度化的专题辅导，引导市直机关党务干部正确把握党中央对机关党建工作的总体要求，为加强机关党的建设提供启示和帮助。

【机关文化建设】 *开展争创机关优秀服务品牌活动* 1月，市总工会的“服务到家 维权到位”机关服务品牌、市信访局的“信畅访通 解难促和”机关服务品牌，市会展办公室的“创新管理增活力 优化服务促发展”等30个单位的服务品牌被命名为威海市直机关第二批“优秀服务品牌”，并汇编成册发放到各基层党组织。

举办“传播正能量——最美的感动”演讲比赛 6月，在市直机关中开展“传播正能量——最美的感动”演讲比赛，49名选手用真实、生动的语言讲述了发生在身边的最美共产党员的感人事迹。

开展“透视党建工作亮点”图片征集及书画摄影作品评选活动 征集记录机关党建亮点工作和新闻图片等作品，反映各级机关党组织积极推进机关党建工作的好举措、好经验、好典型。收到新闻图片作品170余篇，书画摄影作品150余幅，评选出21篇优秀党建新闻图片，评选出20幅优秀书画摄影作品，并择优在《威海机关建设》刊发。

开展“我阅读 我幸福”读书活动 在市直机关开展“我阅读 我幸福”读书活动，倡导机关党员干部与经典为伴，多读书、好读书、读好书。开展“好书伴我行”读书体会文章征集活动，并将优秀体会文章在《威海机关建设》刊发。

办好《威海机关建设》专刊和威海机关建设党建网站 通过《威海机关建设》专刊和党建网站，全方位宣传市直机关各基层党组织加强机关思想建设、组织建设、作风建设、文化建设的生动实践和新鲜经验，及时反映机关工委的工作动态。

建立“善行义举四德榜” 加大对市直机关先进典型的挖掘、推树、培育和激励，营造广大机关干部“学好人、敬好人、帮好人、做好人”的良好社会风尚。市直机关各单位开展了为凡人善举立传、让善行义举上榜等活动，宣传身边好人先进事迹，在门厅、宣传栏等显著位置，设立“善行义举四德榜”，展示社会公德、职业道德、家庭美德、个人品德方面的好人好事。

【群团工作】 机关工会开展了第五期工会会员安心互助补充医疗保险工程；组织举办了市直机关第七届乒乓球比赛，推动了全民健身活动的深入开展；在市直机关发放创建全国文明城市知识答卷1.3万份，加大相关知识在市直机关的普及力度，配合市创城办做好年底创城工作的检查验收；协助市委考核办做好市直机关的社会测评工作等；组织2400名党员干部观看第17届韩国仁川亚运会（中国·威海）火炬传递活动。团工委在学雷锋日和国际志愿者日组织“学习雷锋志愿者服务队”在社区开展志愿服务活动；在建军节组织部分市直机关青联委员到驻威海部队进行走访慰问，并举行军地联谊活动；在纪念中日甲午战争120周年之际，组织“登古炮台，思甲午殇，抒强国梦”市直机关青年骑行刘公岛活动，增强机关团组织的号召力和影响力。

（陈春林）

·信访工作·

【概况】 2014年，威海市、县两级党政信访部门受理群众信访事项3881件，其中来信2047件，来访1834起。全市所发生的上访案件基本化解在当地，没有发生影响社会稳定的恶性信访案件。

开展依法逐级走访集中宣传活动 举办集中宣传月活动，在新闻媒体、网站开辟专栏，以答记者问、问题答疑等形式全面解读依法逐级走访实施办法；在镇、村办公地点显著位置设置逐级走访流程图、明白纸，并进村入户宣传；在市、县两级信访部门人民来访接待室全部设立宣传栏、电子屏、流程图，做到信访接待场所全覆盖。全市发放宣传材料40余万份，举办各类培训班12期。

进一步畅通诉求反映渠道 加强网上信访建设，在全省率先建成视频会议系统，启用网上信访信息系统，最大限度方便群众信访。依托网络化管理，积极整合各方力量，探索建立第三方调解模式，试点建立非官方性质的调解室，促进疑难信访问题化解，提高信访公信力。

有效推进信访积案化解 组织开展“信访积案化解年”“非访专项治理”和“百日清仓”等活动，综合运用多种措施，推进“事要解决、案结事了”，减少信访“存量”。排查梳理的241件积案，彻底化解122件；列入“百日清仓”活动的347起案件全部办结，其中彻底化解174件。通过化解积案，促进全市进京非访总量下降53.8%。

深入推进复查复核工作 各级信访事项复查复核工作机构，严格落实上级有关要求，对处理意见不服的，积极导入复查复核程序。加大对信访事项书面答复意见书的审查力度，确保答复主体适格、答复要件齐全、答复工作规范。全年办理复查案件30件，复核案件7件，申报审核认定14件，推动化解信访事项24件，完成历年复查复核事项网上录入50件。

压实信访工作责任 严格执行依法逐级走访制度，督促基层特别是有权处理的部门按照国务院《信访条例》要求，及时、妥善处理职权范围内的信访事项。定期通报信访事项办理情况，对各区（市）推进依法逐级走访宣传、信访事项办理等工作定期组织明察暗访。对工作被动单位进行约谈、通报批评，通过落实责任推动工作落实。

（蔡云松）

·老干部工作·

【离退休干部组织建设】 *强化离退休干部党支部建设* 2014年，市委老干部局印发《关于进一步做好市直离退休干部党支部工作的通知》《关于规范市直机关事业单位退休干部活动经费管理使用的通知》，按照每人每年200元的标准，为老干部学习活动提供经费保障，提升离退休干部党支部规范化运作水平。9月，全省离退休干部组织建设工作现场经验交流会在威海市召开，宣传推广威海市在加强离退休干部组织建设方面的有关经验做法。

规范老干部社团组织建设 加强调度指导，健全老干部社团组织建设，为老干部老有所学、老有所乐搭建平台。针对不同层次、不同年龄的老干部特点，注重分类组建，通过打造专业学会、品牌社团和兴趣小组“三级社团”的形式，全市建立各类社团120余个，参与人数3000多人。老干部社团积极开展送演出进社区、送文化下基层、送技术进农村等活动350多场次。

提升老干部志愿服务组织建设 注重结合本地实际，打造志愿服务品牌，其中，市直推出“夕阳红”老干部志愿服务品牌，环翠区、文登区、荣成市、乳山市分别推出“海未老”志愿者联盟、“红枫”爱心团队、“夕阳映万家”“枫叶情”老干部志愿服务品牌，进一步提高社会影响力。年内，先后开展了“法律门诊”“农技大课堂”“送书画进农村、送关爱进校园、送戏曲进社区”三送活动等特色志愿服务活动，服务城市建设和社会发展，全市各级组织老干部开展各类志愿服务活动400多场次。

【离退休干部思想政治建设】 *开展主题活动* 围绕学习贯彻中共十八大和十八届三中、四中全会精神，在全市离退休干部中开展“为改革献计献策，做改革坚强后盾”主题实践活动，引导老干部发挥余热、凝心聚力。开展“我与群众两三事”主题征文活动，通过老干部回忆在任在职时为群众办实事解难题的难忘经历，展现老干部的优良作风，收集老干部征文200篇，集结36篇优秀征文汇编成册。

强化典型带动 3月，组织召开全市老干部工作暨“双先”（先进集体和先进个人）表彰会议，对35个离退休干部先进集体、35个老干部工作先进集体、35名离退休干部先进个人、45名老干部工作先进个人进行了集中表彰。做好先进典型推荐表彰工作，9月份，5个离退休干部党支部、5名离退休干部被评为全省“五好”离退休干部党支部、党员；11月，乳山市下初镇离退休干部党支部和威海高技术产业开发区退休干部刘昌仁被中组部评选为全国离退休干部先进集体和先进个人。

【老干部亲情化服务】 *落实好老干部政治生活待遇* 协调市财政、人力资源和社会保障等部门，将市直离休干部“两项经费”（解决特殊困难、购买慰问品）总额进行上调，为全市无工作离休干部遗属每年发放取暖补贴。按照上级文件要求，对全市离休干部护理费进行及时调整。

深化全面联系离休干部制度 以践行党的群众路线为载体，扎实做好全面联系老干部工作，全年电话联系老干部1200人次，为老干部解决报刊征订、困难救助、医药费报销等方面实际困难80件；建立老干部住院探望制度，年内看望老干部17人；组织对异地安置离休干部进行走访慰问，送去党组织的关怀和温暖。

抓好离退休干部社区服务示范点创评工作 从老干部实际需求出发，加大投入力度，完善基础设施，为其提供更加主动化、精细化服务，使广大老干部能够就近学习活动、就近得到照顾。11月，组织对申报的示范点进行检查验收，年内全市新增14处离退休干部社区服务示范点，累计57处。

【老干部文化养老建设】 *推进活动阵地建设* 抓好总投资3500万元的市老年大学配套项目工程建设，做好工程的立项、规划、设计、招标、施工等工作，打造“优质、满意、放心、安全”工程，项目工程主体12月底顺利完工。

举办全市老干部艺术节 9月，以庆祝新中国成立65周年为主题，联合市委组织部、市文化广电新闻出版局、市广播电视台举办“金秋赞歌”全市老干部艺术节，通过文艺汇演和书画作品展的形式，展示老干部的良好精神面貌，丰富老干部的精神文化生活。

组织丰富多彩的文娱活动 立足保持老干部身心健康，加强老干部文化养老建设，先后举办全市老干部门球赛、市直老干部乒乓球赛、台球赛及老干部趣味运动会等活动；举办市直离退休干部国内政治形势报告会和学习贯彻十八届四中全会精神辅导报告会，培训老干部300人次；组织老干部对部分大项目和重点企业参观观摩，让老干部感受发展变化，凝聚发展共识。

【拓展老干部活动空间】 *提升老年大学办学水平* 市老年大学组织机关工作人员、任职教师、在校学员等代表，以召开座谈会、开展调研活动的方式，认真听取意见建议，不断提升老年大学办学水平。年内，新增老年街舞、形象设计等专业课程，共设置28个专业110个教学班，在校学员人数突破2500人。充分利用校报、工作网站等媒体，办好教学成果展览。全年编印《威海老年大学报》7期。以老年大学艺术团为依托，组织举办各类师生书画展、文化下乡活动40场次。

发挥老干部活动中心示范引领作用 注重发挥市老干部活动中心在引领全市老干部文化建设方面的重要作用，依托各老干部专业学会，举办多项主题活动。结合党的群众路线教育实践活动，举办“心系群众跟党走—老干部庆五一”音乐会，与北京、上海等地戏曲爱好者开展文化交流活动2场次。组织活动中心艺术团、各专业学会到社区、军营等地进行慰问演出300场次，受到群众欢迎。

开辟老干部网上活动空间 抓好离退休干部网上党建平台建设，8月，在乳山市组织举办全市老干部“网络家园”工作培训班，引导老干部主动学网用网。组织全市离退休干部党支部积极参与网上党支部落户工作，参与网上发帖、讨论、留言等活动。组织老干部参加“同心共筑中国梦”系列主题活动，参赛作品1000幅，其中18幅作品分获一、二、三等奖。

【关心下一代工作】 加大对各区（市）的工作指导与协调，全市各级关工委办公室隶属关系全部由团市委理顺到老干部局。

开展社会主义核心价值观教育活动 组织“五老”（即老干部、老战士、老专家、老教授、老模范）宣讲团，开展党的历史和共和国历史“两史”教育，组织参加“全省老少共话‘中国梦’文章书画征集活动”“点燃孩子生命之火”家庭教育行动等系列活动，促进青少年健康成长，受益学生5000名。

加强基层关心下一代工作委员会建设　加强学校、社区、企业等基层关心下一代工作委员会建设，扩大组织覆盖面。全市建立关工委组织2200个，"五老"志愿者2.2万人。2014年，全市3个单位被评为全国创建"五好"关工委先进单位，4个单位被评为全省创建"五好"关工委优秀组织奖，9个单位被评为全省创建"五好"关工委先进集体。

推进"三项教育"（品德教育、法纪教育和安全教育）活动持久开展　全市203所中小学全部开展"三项教育"活动，参与率100%。开展"三项教育"活动"小明星"评选工作，表彰先进学生8500名。

进一步优化青少年成长环境　组织开展第二届"关爱明天、普法先行"青少年普法教育活动，开展法律讲座170场，受益青少年10万人次。市关心下一代工作委员会被中国关心下一代工作委员会、司法部、中央综治委联合表彰为青少年普法教育活动"优秀组织奖"。联合有关部门筹集助学金100万元，资助贫困学生1200名。

（林理杰）

威海市人民代表大会

【概况】　威海市第十六届人民代表大会代表总额为338名，市十六届人大三次会议时，实有代表332名。市人大常委会下设办公室、研究室、人事代表工作室、财政经济工作委员会、内务司法工作委员会、教育科学文化卫生工作委员会（挂民族侨务外事工作委员会的牌子）、农业与农村工作委员会、城乡建设和环境资源保护工作委员会。

【威海市第十六届人民代表大会第三次会议】　威海市第十六届人民代表大会第三次会议于1月9日—11日举行。会议听取、审议了市人民政府市长张惠作的《政府工作报告》，书面印发并审议了《关于威海市2013年国民经济和社会发展计划执行情况与2014年国民经济和社会发展计划（草案）的报告》《关于2013年威海市和市级财政预算执行情况与2014年威海市和市级财政预算（草案）的报告》，听取、审议了市人大常委会常务副主任董进友作的《威海市人大常委会工作报告》，市中级人民法院院长段大伟作的《威海市中级人民法院工作报告》，市人民检察院检察长马英川作的《威海市人民检察院工作报告》，分别作出了相应的决议。会议补选李向阳为市中级人民法院院长，接受段大伟辞去市中级人民法院院长。会议补选市十六届人大常委会委员3名。

【常委会会议】　第11次会议　1月3日举行。会议听取、审议了市政府关于办理人大代表建议情况的报告，关于社会治安工作情况的报告，关于贯彻实施《中华人民共和国海域使用管理法》和《山东省海域使用管理条例》情况的报告，关于2013年市级财政预算增加财力安排使用意见的报告。会议决定于2014年1月9日召开威海市第十六届人民代表大会第三次会议。讨论、通过了市人大常委会向市十六届人大三次会议所作的工作报告；审议、通过了市十六届人大三次会议建议议程、主席团和秘书长建议名单、预算审查委员会建议名单、议案审查委员会建议名单，决定提交市十六届人大三次会议预备会议表决。听取、审议了关于补选的市十六届人大代表的代表资格审查报告，确认补选的市人大代表的代表资格有效。决定了人事任免事项。

第12次会议　3月17日举行。会议听取市政府关于调整部分行政区划工作情况报告。决定了人事任免事项。

第13次会议　4月18日举行。会议听取、审议市政府关于服务业发展、养老工作和林业工作情况的报告。决定了人事任免事项。

第14次会议　6月26日举行。会议听取、审议市政府关于农产品质量安全工作和食品安全法贯彻实施情况的报告，关于2013年财政预算执行审计和财政决算情况报告。决定了人事任免事项。

第15次会议　8月26日举行。会议听取、审议市政府关于2014年国民经济计划和财政预算上半年执行情况的报告，环保世纪行组委会关于组织开展"环保世纪行"活动情况的报告，市中级人民法院关于提升审判和执行工作质效情况的报告。批准了2014年市级预算调整方案。决定了人事任免事项。

第16次会议　10月29日举行。会议听取、审议市政府关于科技型中小企业发展和促进创业带动就业工作情况报告。补选一名省人大代表，由省人大常委会代表资格审查委员会审查代表资格后予以公告。确认市人大常委会主任会议有关决定，许可对个别代表采取强制措施，暂时停止其执行代表职务。决定了人事任免事项。

第17次会议　12月30日举行。会议听取、审议市政府关于办理人大代表建议情况的报告，关于教育工作情况的报告，关于贯彻实施《中华人民共和国城乡规划法》和《山东省城乡规划条例》的报告。审议、批准2014年市级财政预算增加财力及安排使用意见。会议决定于2015年1月下旬召开威海市第十六届人民代表大会第四次会议。讨论、通过市人大常委会向市十六届人大四次会议所作的工作报告。对市政府提交的《海水浴场管理办法（草案）》进行审查，要求有关部门根据提出的意见修改完善后报人大备案。

【常委会主要工作】　加强计划和预算执行监督　一是重视计划和预算编制。组织有关人大代表，对初步形成的计划和预算草案进行调研论证，就编制程序和编制方法的规范性、预算收入和支出定额预测的准确性、计划指标和预算安排的合理性、重点支出和重大项目预算的适当性、部门财政财务和收支核算的合法性等重点问题进行认真审查，提出建议意见。市政府按照国家规定标准和方法，编制报送计划和预算草案，确定了经济增长、结构调整、节能减排、民生保障等方面预期目标和工作重点，把公共预算、政府性基金预算、国有资本经营预算、社会保险基金预算等全部收支纳入预算，增强计划和预算体系的完整性和约束力，为指导经济社会科学发展和规范透明使用财政资金奠定了基础。二是监督计划和预算执行。两次听取审议计划和预算执行情况报告，多次开展调研检查，推动计划和预算落实。围绕促进经济提质增效升级，对固定资产投入、工业运行、农业发展、内需释放、外贸增长、市场主体培育和市场体系建设等问题，进行调查研究，督促有关部门抓好重大战略实施和工作措施落实，确保完成全年计划任务。围绕盘活财政存量资金，加强专项转移支付、结余结转资金、国库集中收付、部门预算管理等工作监督，督促财政部门健全管理机制，规范部门收费和“三公”经费、会议费、培训费、政府采购经费使用，严肃预算执行纪律，提高财政支出绩效。围绕扩大财政增量资金，通过调研检查等工作，督促有关部门清理规范到期税收优惠政策，及时足额征收应征预算收入。财税部门坚持依法征收、依率计征，提高税收收入和“四税”（营业税、企业所得税、个人所得税、土地增值税）收入所占比重。围绕审批决算，实行重大预算事件分项审查制度，重点审查了预算收入支出政策落实和预算周转金、稳定调节金、重大投资项目资金使用情况，批准市级预算调整方案，批准新增财力安排使用意见，确保决算收支真实、数额准确、内容完整，与预算相对应。三是加强对审计工作的监督。调查审计工作情况，审查审议审计报告，支持审计机关加强财政、产业、投资等政策执行审计，关注农业设施、社会保障、生态保护、扶贫开发等资金投向，强化政府投资项目管理和国有权益保护，加强公共工程建设、土地矿产出让、国有资产处置、厉行勤俭节约等工作检查。审计机关坚持实事求是、依法审计，辩证客观审慎提出了审计建议。多次听取汇报、实地检查，督促政府落实审计建议、整改查出问题，推动解决了未在规定时间批复预算、财政专户滞留非税收入、部门存量资金规模较大、政府投资项目虚增结算、不符合条件获得城市低保等问题，运用审计成果加大预算执行监督力度。

加强法治建设工作监督　一是加强立法调研和备案审查。把加强立法调研作为参与国家和省立法、开展地方立法、推进法律规范体系建设的重要途径，对《中华人民共和国立法法》《中华人民共和国刑法》《中华人民共和国预算法》3部法律修正案和农村金融、水土保持、房屋征收等方面13 部法规提出立改废释建议，就全市开展地方立法工作进行前期准备。立足维护法制统一、发挥规范性文件在依法治市中的作用，进一步加强备案审查工作，完善制度，规范程序，聘请有法治实践经验的人大代表担任咨询，逐条审查22件规范性文件中有关行政许可、行政处罚、行政强制、行政征收、行政收费、行政检查、减损公民法人和其他组织合法权益或增加其义务等规定的合法性、可行性、出台时机、社会影响，确保各项规范性文件有特色、合规制、能管用。二是加强执法检查。为督促提高执法水平，做好维稳处突、管理服务等工作，对公安执法规范化建设情况进行了监督，要求各级公安机关树立依法行政、执法为民理念，健全执法制度，改善执法场所，公开执法流程，强化执法考评，实现执法法律效果与社会效果相统一。顺应群众对教育工作的高度关注，做好《中华人民共和国义务教育法》和《中华人民共和国职业教育法》执法检查工作，督促政府落实教育经费法定要求，建设现代教育体系，科学配置教育资源，加强教师队伍建设，办好人民满意教育。适应残疾人事业发展需要，开展《中华人民共和国残疾人保障法》及《山东省残疾人保障条例》执法检查，要求有关部门加强残疾人生活、服务、就业保障，让残疾人平等参与社会生活，同样享有出彩人生。三是加强司法监督。抓住社会对司法公正的关注热点，加强对法院审判和执行工作的监督，听取了专项工作报告，视察了基础建设情况，召开部分重点案件联席会议，督促各级法院强化审判管理，完善执行机制，规范司法行为，提升司法能力，增强司法公信，确保有理有据的人打得赢官司、打赢官司的人及时实现权益。强化对检察院履行诉讼法律监督职责情况的监督，检查了控申举报、案件管理、自侦办案和基层检察室工作情况，要求各级检察机关坚持用制度管权管事管人，加强司法活动和司法权力制约监督，维护社会公平正义。法院和检察院切实落实人大意见，进一步提高了审判、执行和检察保障等工作水平。

围绕推进全域城市化和市域一体化发展、实施产业强市和工业带动战略等重大决策部署，加强重点工作监督　一是监督促进规划工作。结合城乡规划法系列宣传实施活动，组织专门力量到部分区域、镇村、企业检查，与专家学者和人大代表座谈，提出适当超前制定规划、合理有序推进规划、依法调控建设发展的意见。有关部门积极落实，加快重点区域总体规划、控制性详细规划和工业园区配套设施、海岸线保护利用等专项规划修编工作。二是监督促进重点项目建设。组织常委会委员和人大代表进行视察，着重了解产业项目建设和储备、城建项目推进和管理、民生项目投入和落实等情况，要求科学谋划项目布局，强力推动项目建设，切实搞好项目储备，打造多元发展、多极增长项目建设格局。走访30多家人大代表所在企业，召开3次企业界人大代表座谈会，听取并督办合理意见，推动有关部门解决了一些项目园区电力、供热、交通、职工生活等功能性基础设施问题。三是监督促进产业发展。为促进产业转型升级，对战略性新兴产业和农村产业结构调整等工作持续进行监督，提出加强和改进工作的建议，督促政府健全鼓励扶持政策，完善土地流转市场体系，壮大产业规模，提升产业层次。在此基础上，拓展监督领域，延伸监督范围，深入16家服务业企业调研，就发展环境、人才队伍、新兴业态、载体建设等工作提出了建议，督促有关部门进一步强化支持保障措施，加快发展现代服务业，逐步提高服务业增加值占国民经济比重。四是监督促进科技创新。调研了科技型中小企业发展情况，视察创新服务平台建设情况，检查企业技术进步和自主创新工作情况，督促加强企业为主体、市场为导向、政产学研金相结合的创新体系建设，更多依靠产业化创新培育增长点，实现由科技强带动产业强、经济强。政府及有关部门不断加强和改进工作，提高科技创新对经济增长的贡献度。五是监督促进海洋经济发展。根据市委部署和代表建议，选择发展海洋经济、加强海洋管理、保护海洋环境等重点工作，进行视察和调研。常委会成员和人大代表指出，做好海洋与渔业工作，对威海是影响深远、关系

重大的战略问题。要整合要素资源，落实海洋规划，加强海洋执法，强化科技支撑，大力发展远洋渔业、海水增养殖业、海产品精深加工业，加快发展休闲渔业和滨海旅游业，做大做强海洋经济。有关部门认真研究落实意见，在构筑现代渔业产业体系、保护利用海洋资源、创新海洋综合管理等方面做了大量工作，取得重大突破。六是监督促进融资工作。对融资工作开展跟踪监督，对审议融资平台公司和融资服务体系建设、金融改革创新和融资项目监管等工作时提出意见落实情况进行检查，督促政府进一步加强融资工作，提高融资能力，支持经济社会发展。围绕用好举借资金，组织深度调研，要求在发展经济、保障民生、改善环境等方面找准举借资金使用的着重点和平衡点，提高资金投入产出效益。为管控债务风险，结合审查审批预算，督促市和区（市）政府对举债情况进行调查摸底，对债务余额和利息与经常性收入比例进行核算分析，明确举债主体、规模、方式、用途和偿债资金、计划；要求高度关注镇级政府债务，健全风险预警、应急处置、责任追究机制，确保政府债务规模适度、风险可控。七是监督促进民生工作。着眼提高创业就业工作水平，加强促进创业带动就业工作监督，督促政府建立经济发展与扩大就业联动机制，激发大企业创大业热情，加大高校毕业生、下岗职工、城镇零就业家庭、退役军人、农村转移劳动力创业就业帮扶力度，实现更加充分、更高质量就业。依据威海市老龄化程度高于全国全省平均水平的实际，着眼满足群众日益增长的养老服务需求，开展监督工作，督促政府加快构建以居家养老为基础、社区养老为依托、机构养老为支撑的社会养老服务体系，推动投资主体多元化、运作机制市场化、养老方式多样化、服务对象公众化、从业人员专业化，更快更好发展养老服务业。着眼提高人民健康水平，在继续推动解决市级医院设施装备、就医环境、医疗水平等问题的同时，加大对卫生资源配置和公共卫生服务能力、农村急救网络建设等工作的监督力度，进一步促进医疗卫生事业发展。着眼保障食品和农产品质量安全，深入农民合作社、果蔬基地、畜牧养殖场、海水养殖企业视察，开展农副产品、食品药品、海产品检测能力调研，督促有关部门加强婴幼儿乳粉、儿童食品、食用油等重点食品和学校周边、农村地区等重点区域整治，打造从田间到餐桌食品安全链条，有效保障群众“舌尖上的安全”。着眼加强环境保护工作，配合全国人大检查大气污染防治法执法情况，协助省人大调研建筑节能工作情况，组织“环保世纪行”检查采访活动，开展创建全国文明城市工作视察，实地察看燃煤电厂、污水处理厂、垃圾中转站、机动车尾气检测站、河流入海口、饮用水源地、农村饮水工程、湿地保护区、近海养殖区和“五小”行业整治、散流物体运输、建筑扬尘治理、农用地膜处理现场121处次，走访代表和群众400多人次，有力促进热电企业烟气旁路拆除和脱硫脱硝设施建设、黄标车和老旧车辆淘汰、近海养殖和畜禽养殖污染治理、饮用水源地保护和农村规模化供水等工作，推动提升环境质量。

加强人大代表工作　一是实现联系代表制度化。制定加强与人大代表联系的意见，对常委会、主任会、工作委成员和机关工作人员联系服务代表工作提出明确要求。完善常委会成员参加代表小组活动机制，坚持主任会成员到基层调研与驻地代表座谈制度，形成多层面、全员性、规范化联系代表局面。常委会成员联系代表150多人次，主任会成员与60多位代表保持经常性直接联系，各工作委带着参与立法、开展监督议题走访代表100多人次，认真听取意见。人大机关定期向代表提供经济社会发展资料，帮助代表了解党和国家政策、市委重大决策和“一府两院”工作情况，为代表履职提供保障。二是推进代表活动常态化。坚持邀请人大代表参与人大工作和重大活动制度，50多人次列席7次常委会会议，190多人次参加调研、视察、检查、审查、座谈等活动。积极拓展人大代表民主监督渠道，组织推荐220多人次担任陪审员、监督员、调解员，对政府决策、法院庭审、环保论证、行风评议等工作进行监督。有计划组织人大代表开展集中视察、交叉视察、会前视察，推进重点区域建设、经济转调发展、社会治理创新、基层医疗卫生等工作。重视发挥人大代表小组作用，制定指导意见，组织观摩交流，全市43个人大代表小组组织活动90多次。人大代表积极参加会议和活动，提出了许多务实中肯意见。对人大代表意见认真听取、分析，汇总纳入常委会审议意见，交有关部门研究办理。全年开展各类监督形成的110多条审议意见中，基层人大代表的意见36条。三是增强建议办理实效性。出台加强建议办理工作意见，召开人大代表建议工作会议，就建议办理工作作出部署、提出要求。认真梳理通过走访、座谈、电话沟通、网络联系等渠道获得的大量代表意见，逐条研究代表书面提出的40条建议，连同需跨年度办理的意见，交34个部门、单位研究办理，并确定市域公交网络建设等7类16件建议作为重点，由工作委对口督办。开展相关调查，审议专项报告，组织督办和测评，强力推动建议落实。常委会领导带领工作委多次实地调研，结合日常工作督促检查，既加强与提出建议的人大代表沟通，又加强与承办部门协调，着力打通办理工作“最后一公里”，推动解决那些与全局关联紧密、党委要求办、政府想着办、群众期盼办、又力所能办的问题。在各方努力下，人大代表建议办理取得明显成效。有关部门修编了公交专项规划，新增环保公交车辆，完成城郊公交集约化改造，推进文登公交同城化发展，开通威乳公交快线。其他建议中关于扶持产业发展、重视产业职工民生、完善社会保障体系等意见，在政府出台的相关政策措施中都得到广泛采纳、充分体现。

加强常委会自身建设　按照省委和市委部署，扎实开展了党的群众路线教育实践活动，聚焦“四风”，狠抓整改，着力解决“为了谁、依靠谁、我是谁”这一根本问题。把加强理论学习列为教育实践活动首要任务，深入学习群众路线理论、十八届四中全会精神、习近平总书记在庆祝全国人民代表大会成立60周年大会上的重要讲话，进一步增强了群众观点、法治观念、制度自信。把加强调查研究作为贯彻群众路线、转变工作作风主攻方向，围绕全域城市化和市域一体化发展、产业强市和工业带动战略实施、司法体制改革

和法治威海建设、城市建设和管理、环境保护和资源利用、保障和改善民生等重要课题，开展了24次专题调研，把问题带有普遍性、内容涉及全局性、对策具有指导性的调研成果，向市委主要领导汇报，与政府领导进行会商，并融入作出的决议决定、开展的监督检查、督办的代表建议中。把加强制度建设作为巩固和拓展教育实践活动成果重要措施，在改进监督方式、提高审议质量等方面作出规定。

（盖悦强）

威海市人民政府

【第16届人民政府常务会议纪要目录】

第39次　2月8日　市长张惠主持

1. 徐东明汇报《关于加快建设中韩（威海）经济合作示范区的实施意见（草案）》。

2. 周永迪汇报《威海市新型社区建设实施意见（草案）》。

3. 周永迪汇报《威海市区沿海岸带环境综合整治工程实施方案》。

4. 刘德柏汇报《威海市大气污染防治行动计划（草案）》。

5. 高建斋汇报威海市区土地级别调整与基准地价更新成果。

6. 王强汇报《威海市电力设施和电能保护办法（草案）》。

7. 李家强汇报关于市民航局经营体制和薪酬制度改革的意见。

8. 林强汇报全省文化工作会议精神及威海市贯彻意见。

第40次　2月19日　市长张惠主持

1. 于文江汇报《关于推动威海临港经济技术开发区加快发展的意见（草案）》。

2. 张展开汇报《关于加快金融创新发展的意见（草案）》。

3. 张展开汇报《威海市民间融资机构管理办法（草案）》。

4. 周永迪汇报《威海市城际铁路沿线环境综合整治实施方案》。

5. 李文基汇报《威海市政府向社会力量购买服务实施办法（草案）》。

6. 刘勤显汇报人事任免事项。

第41次　3月14日　市长张惠主持

1. 传达学习十二届全国人大二次会议和十二届全国政协二次会议精神。

2. 于胜涛汇报《关于进一步推进威海市初中学生学业考试改革的实施意见（草案）》。

3. 李文基汇报《威海市市直机关会议费管理办法（草案）》。

4. 周德纯汇报《威海市党政机关国内公务接待管理办法（草案）》。

5. 高建斋汇报《威海市区2014年经营性建设用地出让计划（草案）》。

6. 周永迪汇报《关于政府投资非经营性房屋建筑项目实行代建制管理的实施意见（草案）》。

7. 徐东晖通报关于东部滨海新城总体规划提升及启动区城市设计有关情况。

8. 唐会启通报威海市部分行政区划调整有关情况。

9. 刘勤显汇报人事任免事项。

第42次　3月31日　市长张惠主持

1. 刘伟汇报《威海市贯彻鲁政发〔2014〕4号文件化解过剩产能实施方案（草案）》。

2. 刘昌清汇报关于市级行政审批事项清理及流程再造工作情况。

3. 刘昌清汇报关于2013年市政府规范性文件制定情况及2014年制订计划。

4. 王维强汇报《威海交通场站管理有限公司组建方案（草案）》。

5. 张兴民汇报《关于实行城镇部分独生子女父母养老补助制度的意见（草案）》。

第43次　4月17日　市长张惠主持

1. 王强汇报《关于加快四大传统产业集群转型升级的指导意见（草案）》和《关于加快发展三大战略性新兴产业集群的指导意见（草案）》。

2. 张展开汇报《威海市区小微企业贷款风险补偿基金使用管理暂行办法（草案）》。

3. 张兴民汇报《关于进一步做好计划生育特殊家庭扶助工作的实施意见（草案）》。

4. 刘昌清汇报《刘公岛风景名胜区扩大景区管理相对集中行政处罚权范围工作方案》。

第44次　5月12日　市长张惠主持

1. 李文基汇报《关于鼓励支持企业创新发展的意见（草案）》。

2. 刘伟汇报全国、全省“十三五”规划编制工作电视电话会议精神及威海市贯彻意见。

3. 王钢汇报《关于加快发展电子商务的意见（草案）》。

4. 王钢汇报《关于加快现代流通业发展的意见（草案）》。

5. 王清汇报《威海市实行最严格水资源管理制度考核办法（草案）》。

6. 刘昌清汇报《全省行政审批制度改革工作领导干部专题培训情况及威海市贯彻意见》。

7. 刘勤显汇报人事任免事项。

第45次　6月5日　市长张惠主持

1. 王强汇报《关于加强化工行业监督管理的意见（草案）》。

2. 许光汇报《威海市实施标准化战略奖励办法（修订草案）》。

3. 李延茂汇报关于“5·29”环翠区里口山山火处置情况。

4. 刘勤显汇报《关于进一步加强创业就业工作的意见（草案）》。

5. 刘勤显汇报关于改革“预提高、预发放”工资形式的意见。

6. 刘勤显汇报关于2014年调增企业退休人员基本养老金的意见。

7. 刘昌清汇报《关于全面建立政府法律顾问制度的意见（草案）》《威海市人民政府法律顾问团组建方案（草案）》《威海市人民政府法律顾问团工作规则（草案）》。

8. 戴海波汇报全省农村扶贫开发精准识别工作会议精神及威海市贯彻意见。

第46次　6月26日　市长张惠主持

1. 王文强汇报《关于进一步加强安全生产工作的决定（草案）》。

2. 梁皓汇报《关于开展城市环境综合治理集中行动的实施方案》。

3. 陈伟胜汇报《关于进一步加强与行政审批相关中介机构管理的若干意见（草案）》。

4. 苑顺汇报《关于公共服务热线平台建设的实施意见（草案）》

5. 包英汇报威海市上半年教育督导工作。

6. 林强汇报关于开展第四批市级非物质文化遗产项目申报工作情况。

第 47 次　7 月 28 日　市长张惠主持

1. 分析研究全市当前经济形势，安排部署下半年经济工作。

2. 高建斋汇报全市土地管理工作情况。

3. 李家强汇报威海市民用航空管理局内部经营体制改革实施方案。

4. 李家强汇报关于组建威海市国有资本运营有限公司的意见。

第 48 次　8 月 4 日　市长张惠主持

1. 刘伟汇报全市“十三五”规划编制有关工作情况。

2. 刘伟汇报《威海市基本公共服务体系建设行动计划（2014—2015）》。

3. 张兴民汇报《关于支持个体工商户转型升级为企业的实施意见（草案）》。

4. 王强汇报《关于加快促进信息消费扩大内需的实施意见（草案）》。

5. 王道珊汇报关于深化“平安行·你我他”行动和黄标车淘汰工作推进情况。

6. 张辉侠汇报《威海市旅游船舶安全管理办法（草案）》。

7. 张辉侠汇报《威海市港口水域禁（限）航管理规定（草案）》。

8. 张展开汇报《关于推进科技支行工作的意见（草案）》。

9. 林治胜汇报人事任免事项。

10. 部署安全生产工作。

第 49 次　8 月 18 日　市长张惠主持

1. 王清汇报威海市区河道综合整治实施方案。

2. 王清汇报威海市农村规模化供水工作实施方案。

第 50 次　9 月 16 日　市长张惠主持

1. 徐东明汇报关于中韩（威海）经济合作示范区建设情况。

2. 徐东明汇报《关于促进家庭服务业发展的实施意见（草案）》。

3. 陈舰汇报关于行风热线和民主评议政风行风工作情况。

4. 丛培祥汇报《威海市市场主体设立联审联批试行方案》。

5. 丁玉敏汇报关于威海市涉企收费清理工作的意见。

第 51 次　9 月 29 日　市长张惠主持

1. 王树芳汇报《关于实施三年突破文登区同城发展战略的意见（草案）》。

2. 刘伟汇报《关于三年突破南海新区发展的意见（草案）》。

3. 刘伟汇报《关于推动乳山产业结构三年突破的意见（草案）》。

4. 王焕孟汇报《关于促进现代海洋渔业持续健康发展的意见（草案）》。

5. 王焕孟汇报《威海市海洋功能区划（2013—2020 年）》。

6. 王焕孟汇报《威海市无居民海岛保护与利用规划（2013—2020 年）》。

7. 张宗军汇报《关于鼓励支持机器人产业发展的意见（草案）》。

8. 赵熙强汇报《威海市市直事业单位绩效考核办法（草案）》。

9. 赵熙强汇报全省推行行政权力清单制度工作电视会议精神及威海市贯彻意见。

第 52 次　10 月 8 日　市长张惠主持

1. 李文高汇报关于授予朴永台等 9 人“威海市荣誉市民”称号的意见。

2. 王孝卿汇报全省推进气象现代化工作会议精神及威海市贯彻意见。

3. 赵熙强汇报《威海市人民政府职能转变和机构改革实施意见（草案）》。

第 53 次　10 月 30 日　市长张惠主持

1. 叶立耘汇报《威海市公共安全图像信息系统管理办法（草案）》。

2. 张愈汇报《关于加快服务业发展的若干意见（草案）》。

3. 张愈汇报《关于加快推进企业主辅业分离工作的意见（草案）》。

4. 孙世都汇报关于创建国家食品安全城市的意见。

5. 周永迪汇报《关于全面推进绿色建筑发展的实施意见（草案）》。

第 54 次　11 月 24 日　市长张惠主持

1. 林强汇报《威海市党政机关使用正版软件管理办法（草案）》。

2. 唐会启汇报《威海市和谐使者选拔管理办法（草案）》。

3. 于胜涛汇报《关于推行中小学校长职级制改革的实施意见（草案）》。

4. 刘勤显汇报关于第四批威海市有突出贡献的中青年专家选拔推荐的意见。

5. 李文基汇报关于调整威海市区城镇土地使用税土地等级的意见。

第 55 次　12 月 16 日　市长张惠主持

1. 周永迪汇报《威海市海水浴场管理办法（草案）》。

2. 周永迪汇报《关于加快城乡基础设施一体化建设的实施意见（草案）》。

3. 唐会启汇报《关于加快发展养老服务业的意见（草案）》。

4. 唐会启汇报《关于进一步建立和完善新型社会救助体系的实施意见（草案）》。

5. 唐会启汇报《威海市优待老年人规定（修订草案）》。

6. 戴海波汇报《威海市农产品质量安全监督管理规定（草案）》。

7. 王清汇报《威海市节约用水办法（草案）》。

8. 王清汇报《威海市饮用水水源地保护办法（草案）》。

9. 王大虎汇报《关于建立疾病应急救助制度的实施意见（草案）》。

10. 孙明汇报关于授予姜宗奎等 10 名外国专家“威海友谊奖”的意见。

11. 张展开汇报《威海市农村土地承包经营权抵押贷款管理办法（草案）》。

12. 许光汇报关于 2014 年度威海市市长质量奖获奖企业及个人的推荐意见。

第 56 次　12 月 26 日　市长张惠主持

1. 刘伟汇报关于 2014 年全市主要经济指标完成情况预计及 2015 年计划初步安排意见。

2. 刘伟、王强、周永迪、王炳刚分别汇报 2015 年威海市市级重点项目安排建议方案、2015 年威海市重点工业投资项目安排建议方案、2015 年威海市城建重点工程安排建议方案、2015 年东部滨海新城重点项目安排建议方案。

3. 刘伟汇报 2015 年威海市市级政府类投资项目计划（草案）。

4. 赵熙强汇报关于修订市级行政审批事项目录的意见。

5. 王清汇报《威海市病险塘坝除险加固行动计划（草案）》。

6. 李文基汇报关于调整价格调节基金征收政策的意见。

【重要决策和部署】 1月13日 威政发〔2014〕2号文《威海市人民政府关于印发威海市出租汽车客运管理办法的通知》，要求加强出租汽车客运管理，维护出租汽车客运市场秩序，保障出租汽车客运各方当事人的合法权益。

1月13日 威政发〔2014〕3号文《威海市人民政府关于进一步加强行政事业单位内部审计工作的意见》，要求进一步加强行政事业单位内部审计工作，建立健全内部审计制度，规范内部审计行为，提高规范化管理水平。

1月14日 威政发〔2014〕4号文《威海市人民政府关于扶持科技企业孵化器发展的意见》，要求深入实施创新驱动发展战略，着力引进科技创业人才，聚集科技创新资源，培育和发展高新技术产业，推动经济转型升级。

1月26日 威政发〔2014〕5号文《威海市人民政府关于印发威海市森林防火责任追究规定的通知》，要求有效预防和扑救森林火灾，保护森林资源和人民群众生命财产安全，严肃追究森林火灾事故责任。

1月26日 威政发〔2014〕6号文《威海市人民政府关于印发威海市有突出贡献的中青年专家选拔管理办法的通知》，要求大力实施人才强市战略，进一步做好高层次创新型中青年领军人才的选拔培养工作，努力营造尊重劳动、尊重知识、尊重人才、尊重创造的社会环境，充分调动广大专业技术人员的积极性和创造性。

2月8日 威政发〔2014〕7号文《威海市人民政府关于印发威海市城乡规划管理办法的通知》，要求科学合理地制定城乡规划，加强城乡规划管理，保障城乡规划实施，统筹城乡空间布局，保护生态资源，改善人居环境，促进城乡经济社会全面协调可持续发展。

2月12日 威政发〔2014〕8号文《威海市人民政府关于发布政府核准的投资项目目录（威海市2013年本）的通知》，要求进一步深化投资体制改革和行政审批制度改革，加大简政放权力度，切实转变政府投资管理职能。

2月20日 威政发〔2014〕9号文《威海市人民政府关于印发威海市留学人员创业园区管理办法的通知》，要求加快留学人员创业园区发展，吸引更多的海外留学人员到威海市创新创业。

2月26日 威政发〔2014〕10号文《威海市人民政府关于进一步加强行政违法预防工作的意见》，要求有效预防行政违法行为，及时化解行政争议，大力推进依法行政，加快建设法治政府、服务型政府和廉洁政府。

2月28日 威政发〔2014〕11号文《威海市人民政府关于印发威海市电力设施和电能保护办法的通知》，要求加强电力设施和电能保护，规范供用电秩序，保障电力生产和建设顺利进行，维护公共安全和公共利益。

2月28日 威政发〔2014〕12号文《威海市人民政府关于加快建设中韩（威海）经济合作示范区的实施意见》，要求抢抓推进中韩自贸区建设的历史机遇，加快建设中韩（威海）经济合作示范区，不断提升威海市对韩经济合作水平，增创开放型经济新优势。

3月24日 威政发〔2014〕14号文《威海市人民政府关于印发威海市区公共租赁住房管理办法的通知》，要求加强公共租赁住房管理，保障公平分配，规范运营与使用，健全退出机制。

5月12日 威政发〔2014〕16号文《威海市人民政府关于加快金融创新发展的意见》，要求加快金融创新发展，推动经济结构调整和转型升级。

5月16日 威政发〔2014〕17号文《威海市人民政府关于政府投资非经营性房屋建筑项目实行代建制管理的通知》，要求规范政府投资非经营性房屋建筑项目建设管理，提升项目建设质量和投资效益。

5月27日 威政发〔2014〕19号文《威海市人民政府关于印发威海市区小微企业贷款风险补偿基金使用管理办法的通知》，要求鼓励和引导银行业金融机构加大对小微企业的信贷支持力度，缓解小微企业融资难问题，促进小微企业健康发展。

6月19日 威政发〔2014〕22号文《威海市人民政府关于全面建立政府法律顾问制度的意见》，要求切实提高各级政府依法行政的能力和水平，推进法治威海建设。

7月17日 威政发〔2014〕24号文《威海市人民政府关于加快现代流通业发展的意见》，要求适应新形势下经济社会发展需要，加快现代流通业发展。

9月3日 威政发〔2014〕26号文《威海市人民政府关于印发威海市旅游船舶安全管理办法的通知》，要求加强旅游船舶安全管理，规范营运秩序，保障乘客、船员和旅游船舶安全，促进水上旅游业健康发展。

9月18日 威政发〔2014〕27号文《威海市人民政府关于印发威海市港口水域禁（限）航管理规定的通知》，要求强港口水域交通安全管理，保障船舶航行安全。

9月19日 威政发〔2014〕28号文《威海市人民政府关于进一步推进科技支行工作的意见》，要求进一步推进科技支行工作，更好地支持科技型中小企业发展。

10月20日 威政发〔2014〕30号文《威海市人民政府关于鼓励支持机器人产业发展的意见》，要求鼓励支持机器人产业发展，提升制造业信息化水平，加快产业结构调整，培育新的竞争优势。

10月20日 威政发〔2014〕32号文《威海市人民政府关于印发威海市基本公共服务体系建设行动计划（2014—2015年）的通知》，要求建立健全基本公共服务体系，促进基本公共服务均等化，全面建设服务型政府。

12月8日 威政发〔2014〕33号文《威海市人民政府关于全面推进绿色建筑发展的实施意见》，要求深入推进建筑节能，促进城乡建设转型升级。

12月8日 威政发〔2014〕34号文《威海市人民政府关于印发威海市公共安全图像信息系统管理办法的通知》，要求规范公共安全图像信息系统管理，保障公共安全，维护公民、法人和其他组织的合法权益。

12月26日 威政发〔2014〕36号文《威海市人民政府关于印发威海市农产品质量安全监督管理规定的通知》，要求加强农产品质量安全监督管理，维护公众身体健康，保护生态环境，促进农业和农村经济发展。

12月26日 威政发〔2014〕38

号文《威海市人民政府关于加快发展养老服务业的意见》，要求积极应对人口老龄化，加快推进养老服务业发展。

12月26日　威政发〔2014〕39号文《威海市人民政府关于印发威海市海水浴场管理办法的通知》，要求加强海水浴场管理，维护海水浴场秩序，保障游客安全，保护公共沙滩及其附近海域的生态环境。

12月29日　威政发〔2014〕40号文《威海市人民政府关于印发威海市节约用水办法的通知》，要求合理开发、有效利用和保护水资源，促进节约用水，保障经济与社会可持续发展。

12月30日　威政发〔2014〕41号文《威海市人民政府关于印发威海市农村土地承包经营权抵押贷款管理办法的通知》，要求规范农村土地承包经营权抵押贷款管理，创新农村金融服务，促进农业规模化经营。

12月31日　威政发〔2014〕42号文《威海市人民政府关于印发威海市饮用水水源地保护办法的通知》，要求加强饮用水水源地保护，提高水源质量，保障饮水安全，促进经济社会持续健康发展。

12月31日　威政发〔2014〕45号文《威海市人民政府关于加快推进国家海洋高技术产业基地试点的实施意见》，要求加快推进国家海洋高技术产业基地试点，增强海洋高技术产业创新能力，壮大海洋高技术产业规模，推动海洋高技术产业高端发展、集聚发展。

12月31日　威政发〔2014〕46号文《威海市人民政府关于加快推进信息惠民国家试点城市建设的实施意见》，要求加快推进信息惠民国家试点城市建设，增强民生领域信息服务能力，提升公共服务均等普惠水平。

【市人大代表建议、市政协委员提案办理工作】　2014年，市政府系统承办市人大代表建议39件、政协委员提案201件，涉及经济发展、民生保障、城乡建设、公共交通、环境保护、依法行政等多个方面。经过各承办单位的共同努力，办复率均达到100%。

【电子政务工作】　理顺管理工作体制　市政府调整全市电子政务管理工作体制，将市信息中心更名为市电子政务管理中心，由市经济和信息化委管理调整为市政府办公室管理，承担全市电子政务规划、建设、管理、协调和技术支持等工作。按照“市域一体化”工作思路，提出了电子政务专网虚拟化平台、外网容灾备份系统、信息资源共享平台、网站群等4个项目建设方案。

建成电子政务外网云平台　投资1300多万元建成电子政务外网云平台，部署服务器等硬件设备28台、平台管理系统等基础软件5套。按照电子政务集约化建设运维模式，对全市电子政务外网资源进行整合，建设98条光纤链路，接入230个市级部门、单位，迁移35台网络服务器，部署30套业务应用系统，为政务资源共享和业务协同奠定了基础。

完善政府网站服务功能　不断完善“信息公开、办事服务和公众参与”等服务功能，设计了“创建全国文明城市活动”“图说我们的价值观”“2014铁三”等9个图文专题以及“走遍四海还是威海”等2个视频专题；发布意见征集、网上调查、在线访谈37次，参与人数超过1万人；部署了面向视障人士的无障碍浏览系统。在2014年度中国政府网站绩效评估中取得全国地级市政府网站第22名、省内第2名的优异成绩。

优化提升技术保障水平　做好政府信息公开工作，审核信息1.5万条，排查修正错误149处，为100多个部门单位提供栏目维护、数据迁移200余次，发布政府公报10次，完成综合统计4次，涉及78个部门（单位）、三大类936个数据库。做好网络监督首接办理工作，接收、复核20个网络监督员提出的意见建议332条，督促90多个部门单位进行整改，编写网络监督工作简报9期，汇总各类数据1000条。对市级机关1—7号楼中心机房及办公网络进行梳理整合，将舆情监控等应用系统迁移至云平台，全年处理各类网络和应用故障110多次。

【政务信息】　2014年，市政府办公室信息科采用各区（市）、国家级开发区、南海新区及各部门、单位信息1104篇，其中采用各区（市）、国家级开发区、南海新区297篇，采用各部门、单位807篇；刊发《参阅件》8期、《威海政务信息》126期、《信息参考》49期。上报信息529篇，被省级以上政务信息刊物采用167篇。其中，《国办专报》采用20篇，《国办综合》采用5篇，《国办要情》采用1篇，《山东政务信息·报国办》采用54篇，《山东政务信息·专报》采用16篇，《山东政务信息·要情》采用3篇，《山东政务信息·普刊》采用68篇。国务院办公厅领导批示10次，省领导批示3次，市领导批示13次。

【政务调研】　2014年，市政府调研室撰写调研报告40余篇，专呈市领导参阅31篇；被《山东省政府研究室系统重要文稿汇编》编入3篇；获得全省政府系统优秀调研成果一、二、三等奖8篇。一是参政辅政水平有了新的提高。开展重点调研，形成规范性文件12篇；开展针对性调研，市委、市政府主要领导批示19篇；积极组织、协调、配合国务院发展研究中心在威海市成功举办了“中韩自贸区谈判成果第三方评估工作”会议，对国务院科学决策，推进中韩自贸区谈判，促进威海与韩国仁川友好合作伙伴关系的确立，起到了积极的推动作用。二是调研层次有了新的提升。突出了海洋经济转型升级、中小城市综合改革两个重大课题调研；开展前瞻性研究，撰写日韩发展启示系列和改革政策动向及建议系列研究报告。三是信息咨询服务载体不断完善。编发《威海发展研究》12期，刊发各类调研文章150余篇，编印《呈阅件》《威海政务调研》31期，刊发人大代表、政协委员以及各民主党派人士参政议政文章近40篇；借助省政府研究室《山东经济战略研究》《决策参阅》等省级刊物平台，精心制作宣传威海旅游景观的彩色封面，刊发调研文章5篇，实现了更高层次上的成果转化。

【市长公开电话和网上信箱】　2014年，市长公开电话接听处理群众来电、来信13.8万余个（件）。其中，办理来电13万余个，办结率99%以上；处理信箱邮件8000余件（其中人民网网民留言、威海市民网网民留言、省长信箱和政府信息公开200条），办结率

99%以上；完成回访8000余次。全年编发《12345市长公开电话简报》27期，《12345市长公开电话呈批件》4期，网上信息公开354条。群众关注的热点问题主要集中在城市建设、城郊公交、劳动保障、城市供暖、房屋管理、物业管理、墙体保温、环境保护等方面。对群众反映的问题，按照“事事有落实、件件有回音”的要求，做到及时接办、认真落实、快速反馈，解决了许多热点、难点问题，市长公开电话的作用得到切实有效的发挥，成为密切干群关系的重要桥梁，领导掌握社情民意的重要渠道。

（丁文升）

【机关事务管理】 *机关房产管理* 2014年，市机关事务管理局按照全省统一部署，开展了多占办公用房、滥建楼堂馆所专项整治，督导全市各级各部门抓好办公室面积超标整改，登记全市党政机关办公用房面积30.3万平方米，清理腾退面积4.3万平方米。根据省委落实中央巡视组反馈意见有关要求，开展了领导干部多占住房专项整治和公有存量住房普查登记，完成登记县处级以上干部各类房产3986套，登记市直机关公有存量住房257套，清理腾退多占住房21套。对市委党校综合楼、武警支队原办公楼、市经济合作局部分办公楼、原雅苑酒店等资产的统筹利用进行调研，提出安排使用意见。

公共机构节能 广泛开展创建节约型示范单位活动，根据有关评价标准，指导各机关单位深入加强节能工作，2014年创建国家级节约型公共机构示范单位1个，省级3个，市级10个，并推荐和指导市立医院、文登市交通局等单位申报第二批国家级、省级节约型公共机构示范单位。开展“携手节能低碳，共建碧水蓝天”为主题的节能宣传周，发放《节俭养德全民节约行动倡议书》500余份，大力宣传第一批国家级、省级节约型示范单位先进经验，切实营造节约勤俭良好氛围。加强废旧物品回收。做好年度公共机构能耗统计，完成了年度节能指标。

公务用车管理 2014年受理公车购置申请118份，批准购买41辆，处置202辆，确保全市公车保有总量只减不增。推行公务用车定点加油，公务用车凭卡加油，加油卡具备限车号、限油站、限次数、限金额、限加油量“五种限制”，切实堵塞用油上的“跑冒滴漏”，通过政府集中采购，降低公务用车用油成本。根据省统一部署，开展公务用车情况普查，采用专门软件对公车编制数量、司勤人员等情况进行统计汇总，上报省车改领导小组，为全市公车改革做好前期准备。

服务保障工作 机关餐饮服务方面，对机关一食堂进行升级改造，改为自选餐厅，使供餐方式、种类进一步多样化，烹饪水平精细化，食谱更为丰富。机关物业服务方面，全年完成市级机关空调系统维护、供暖设施改造、给排水管路维修、房屋防水、绿化亮化、生活区增建停车场、办公用房调整改造、机关宿舍改造等维修建设项目42项，保障了市级机关办公、生活的有序运转。机关安全保卫方面，组织召开全市机关安保工作现场观摩会，观摩安保工作现场、消防防恐演练、监控指挥程序等，促进全市机关安保工作。

机关幼儿教育 针对幼儿园园舍不达标问题，通过实地勘查、专业鉴定和多方协调，编制机关幼儿园园舍维修改造方案；针对办园经费缺口问题，协调市财政局改进财政拨款方式，足额保障在编教师工资，核定生均经费；全年完成《幼儿交往的特点和培养研究》等省级教研课题3个；9月，在机关幼儿园召开为期一周的开放日活动，全市100多名幼教系统工作人员参加了观摩学习，带动全市幼儿教育事业的发展。

局属企业管理 机关印刷所、机关汽修所完善工作流程、升级生产设备，在有力保障机关单位需求的基础上，以市场为导向，积极推进后勤服务社会化，推进企业改制进程。

（于立军）

·政府法制·

【规范性文件制定与审查】 2014年，市政府法制办公室围绕推动全域城市化和市域一体化发展、保障和改善民生等中心工作，确定2014年度市政府规范性文件制订计划项目22个。全年审查市政府规范性文件28件，其他涉法性文件58件。着力扩大制度建设的透明度和公众参与度，先后召开听证会、协调会30余次，发送征求意见函500余份，收到反馈意见200多条，采纳100多条。严格执行规范性文件“统一登记统一编号统一公布”制度，全年审查市政府有关部门、单位报送登记规范性文件86件，对81件符合要求的规范性文件予以登记、编号备案，对5件不属于规范性文件或者违反上位法有关规定的文件，不予登记、编号，并及时向有关部门、单位提出了纠正意见。认真做好规范性文件备案审查工作，以市政府名义向省政府和市人大常委会报备规范性文件19件；对各区（市）政府（管理委员会）向市政府报备规范性文件33件予以备案登记。建立规范性文件登记、备案半年通报制度。督导各部门对实施满1年的22件规范性文件实施情况评估，并根据评估情况提出修改意见。

【行政审批制度改革】 按照国务院和省政府取消、下放的行政审批和监督服务事项，对市级行政审批和监督服务事项进行重新调整规范，印发《市级保留和取消、下放、改变管理方式的行政审批和监督服务事项目录》。清理市级61个部门行政审批和监督服务事项554项，经审核，保留427项，取消、下放和改变管理方式127项。清理程序性工作事项51项，并从办理依据、条件、材料、程序、时限等方面依法予以规范。清理规范审批依据、条件、材料、流程环节等1.2万条，查阅法律、法规、规章及规范性文件1200件，绘制流程图620个，精减审批条件230个，减少申报材料240个，减少流程环节370个，在原有基础上又压缩审批时限730个工作日。

【行政执法监督协调】 市政府印发《威海市人民政府关于进一步加强行政违法预防工作的意见》，从事前预防、事中监督和事后补救3个环节入手，深入开展行政违法预防体系的构建工作。通过加强对苗头性、倾向性问题的分析研判，开展依法行政预警工作，对5起部门不当行政行为分别制发依法行政预警通知书。会同市档案局开展行政执法档案检查，联合市监察局对40

余个重点执法部门的案卷进行评查，提出评查意见40余条，及时帮助有关部门加强和改进行政执法工作。严格行政执法证件申领人员资格审查，结合行政执法证件年度审验，对全市行政执法人员资格进行专项清理，2014年新办执法证件1163个，审验执法证4545个，清理超期未年检、退休未注销、离开执法岗位未注销证件134个。修订编印执法人员公共法律知识读本和行政执法人员警示教育读本，强化法制教育，树立执法人员勤政廉政理念。印发《关于调整规范行政处罚裁量基准工作的通知》，组织市政府工作部门对行政处罚裁量基准进行调整规范。研究制定《行政调解程序规定》和《行政调解文书范本》，在全市建立行政调解工作平台。会同市机构编制委员会办公室联合下发《关于在全市镇政府（街道办事处）配备专（兼）职政府法制员的实施意见》，在全市镇政府、街道办事处配备专职或兼职政府法制员80名，并对法制员进行系统培训。

【行政复议应诉】 突出行政复议工作重点，全力服务经济社会发展大局，通过行政复议化解东部滨海新城、南海新区等行政纠纷8起。畅通行政复议受理渠道，申请人可以以口头、信函、传真等方式提出复议申请，在镇（街道）普遍设立兼职复议联络员，降低行政复议受理门槛。建立健全公开听证审理机制，制定《行政复议听证程序规定》，召开听证会20余次，行政复议听证工作步入了制度化、规范化、经常化的轨道。完善行政复议调解制度，出台《行政复议案件调解和解规定》，有4起案件经快速调处机制得到有效解决，占调解结案案件总数的44.4%，提高了工作效率。健全行政复议委员会运行机制，充分发挥行政复议委员会的作用。召开案件审理会议12次，发挥专家、学者的专长和智慧，提高了办案质量。进一步优化行政复议委员会组成人员的结构，将常任委员增至46名，非常任委员增至25名，其中，专家、学者增加到9名，增强行政复议委员会的议事能力和办案能力。年内，收到行政复议申请100件，依法办理93件，办案量比上年增长69%。依法受案率和按时办结率均达到100%，综合纠错率达到40%。办理以市政府为被告的行政应诉案件4件，已结案3件，全部维持。以市政府为被申请人的行政复议案件2起，全部维持。

【机关事业单位合同管理】 按照《威海市市级机关事业单位签订合同管理办法》的规定，进一步明确合同审查重点，突出抓好重大合同审查。优化合同审查程序，建立主办人员、科室负责人、分管负责人和主要负责人4级合同审查机制。会同市国土资源局、市政府投融资中心等单位，选择国有建设用地使用权收回、房产出租等重点领域，制定了2个合同范本。会同市财政局、审计局等部门，对市直部门合同管理和履约情况进行全面检查，对检查中发现的问题，及时进行纠正处理。2014年，审查各类合同932份，合同总金额约70亿元，提出修改意见1988条。

【法律服务】 全年办理重大涉法案件30多件，依法提出处理意见，化解社会矛盾，维护国有资产安全，保障重点项目的顺利推进。制定《威海市人民政府关于全面建立政府法律顾问制度的意见》和《威海市人民政府法律顾问团工作规则》，组建首届政府法律顾问团并于8月29日正式运行，成为全省首家运行的城市。法律顾问团参与重大决策论证7件，参与规范性文件论证41件，参与处置重大信访案件14件，代理诉讼案件44件，审查民商事合同84件次，推动了政府及其部门依法行政、科学决策。会同市委党校开展经济社会发展的法治环境调研，召开座谈会66次，发放调查问卷5200余份，通过社情民意调查中心成功完成电子问卷400份，形成了高质量的调研报告，为威海市加快建设法治政府、优化经济社会发展法治环境提供决策参考和对策建议。

（牛建军）

·政务服务中心工作·

【概况】 2014年，市政务服务中心进驻窗口单位58个，其中，部门单设窗口41个，综合代理窗口1个（由10个部门组成），公共服务单位窗口7个，进驻窗口工作人员近200人，进驻行政审批及服务事项496项。全年办理各类服务事项12.2万件，咨询服务事项8.7万件，窗口收费1.45亿元。年内，收到锦旗40面、感谢信函210件。

【窗口事项调整规范】 根据市政府批准的改造方案，重新设置市政务服务中心各层大厅服务功能，将一、二、三层分别整合为企业设立联审联批办事大厅、建设工程项目联审联批办事大厅和综合事务办事大厅，增加办事窗口18个。组织公安交警、散装水泥办公室、供电公司和热电集团等4个单位进驻市政务服务中心设立服务窗口。协调市发展改革、公安、房管、国税等18个部门增加窗口服务事项36项，新增窗口工作人员22人，建设工程项目和企业设立审批链条上的所有行政审批、公共服务及收费事项全部进驻市政务服务中心。扎实推进部门相对集中行政审批权工作，会同市机构编制委员会办公室、法制办公室印发《关于进一步落实部门相对集中行政审批权和事项进驻政务服务中心工作的通知》，拟定进驻市政务服务中心部门和事项的调整方案。

【建设工程项目模块化审批】 组织出台配套文件 组织市发展改革、国土、规划、建设等牵头部门，按照《威海市建设工程项目模块化审批流程试行方案》要求，统一制定印发《〈威海市建设工程项目模块化审批流程试行方案〉施工许可阶段服务实施细则》及《威海市建设工程项目施工许可阶段联审联批服务指南》，以单行本形式向全市建设企业免费邮发1000套，并同时在市、区两级政务服务中心窗口免费发放。

建立完善配套机制 组织市发展改革、财政、物价等相关部门建立市区一体的“一单收费”、联席会议、联合踏勘等配套工作机制。研究制定《建设工程项目模块化审批工作考核办法》，纳入2014年市级岗位目标责任制考核

加强区（市）业务指导 召开4次全市建设工程项目模块化审批工作调度会，对环翠区、威海高技术产业开发区、威海经济技术开发区、威海

临港经济技术开发区进行了6次检查指导。市政府召开全市建设工程项目模块化审批工作现场观摩会，促进全市模块化审批工作稳步推进。

市级重点项目审批纳入模块化审批机制　与市发展改革委、重点公共建设项目管理办公室、经济和信息化委和城乡建设委做好工作衔接，建立由市、区（市）两级政务服务中心和项目主管部门、项目责任单位共同组成的服务信息共享与审批服务联动机制，将2014年市级重点项目、城建重点项目、重点工业项目和政府投资项目全部纳入建设工程项目模块化联审联批，向160个项目建设单位邮寄模块化审批运行机制及《办事指南》资料。全年为152个市级重点项目开展联审联批服务46批次，召开联席会议24次，组织联合踏勘、现场办公21次，压缩审批时限300余工作日。

抓好宣传培训　采用新闻报道、政策解读、企业辅导、制作动漫宣传片等形式对推行建设工程模块化审批工作深入进行宣传，在市级以上电视、报纸、杂志及党政信息报道28次，其中省级3篇、国家级1篇。通过集中辅导、专题培训、现场指导等形式，对市、区政务服务中心相关人员进行了全员培训。市、区（市）两级全年办理模块化审批事项360件，审批时限比上年压缩90%以上。

【市场主体设立联审联批】　根据国家和省关于工商登记注册制度便利化改革精神和市政府指示，牵头组织市工商、公安、质监、国税、地税等部门组成专门工作班子，在进行深入调研论证的基础上，对市场主体设立进行审批流程再造，制定《威海市市场主体设立联审联批工作试行方案》，按照"一次告知、一口受理、同步审批、信息共享、统一发证"的运行模式，在三级政务服务中心（便民服务中心）建立市场主体设立联办窗口，完善无前置审批的"三证一照一章"（国税登记证、地税登记证、机构代码证、工商执照、企业公章）链条，开发软件服务平台，变串联审批为并联审批，大幅压缩审批时限，使无前置审批市场主体设立由11个工作日压缩至1个工作日内，在省内开创了市场主体设立市县镇三级同步联审联批新模式，推动行政审批服务再提速。《威海市市场主体设立联审联批工作试行方案》实施后，企业设立联审联批工作在中心顺利启动运行，设立了联办窗口，配齐专用办公设备，完善办事指南资料，受理联审联批事项全部按照规定时限办结。

【电子审批系统建设】　组织对全市电子审批系统进行科学构架。内网方面，完成了政务服务中心网上办事大厅和事项管理平台、事项办理平台、联审联批平台、综合管理平台及短信平台、语音平台、信息查询等软件项目开发工作，更新了系统事项基础信息和流程信息，梳理项目信息2万多条，同时完成全市电子审批系统及应用功能的全面升级。外网方面，对市、区（市）两级政务服务中心门户网站及网上办事大厅进行全面升级；按期完成建设工程项目模块化联审联批平台及"一单收费"软件开发与部署工作，对各区（市）的实施应用进行了专门培训；根据市场主体设立联审联批工作推进要求，投资390万元组织开发了市区一体的市场主体联审联批系统，其中企业设立联审联批软件已在市级和各区（市）部署运行；根据市政府对涉行政审批中介机构规范管理工作要求，组织制定了网上中介超市的建设方案、运行机制，启动了软件平台开发工作，拟于2015年3月底前建成投入运行。

【公共服务热线平台知识库建设】　根据市政府办公室《关于加快推进公共服务热线平台建设的实施意见》，承担了公共服务热线平台知识库建设任务。牵头组织市经济和信息化委、电子政务中心、档案局等部门，学习借鉴济南、温州、宁波等地先进经验，制定《威海市公共服务热线平台知识库建设方案》，组织完成公共服务热线平台知识库基础信息框架设计、软件平台政府采购与开发等工作，通过以会代训的方式对市直信息录入工作人员进行专题培训。年内，录入信息5000余条、100万字，顺利通过专家验收并投入使用。

【窗口监督管理考核】　深入开展"庸懒散"专项整治工作，转变监督重点，完善监督方式，突出对窗口运行情况的监督管理与考核，修改完善《市级行政审批工作综合考核办法》，制定《建设工程项目模块化审批工作专项考核办法》，纳入2014年市级岗位目标责任制考核。采取统一登记制度、大厅巡查、不定期抽查等措施，对窗口事项办理情况进行全程实时监督。定期调度部门办事大厅运行情况，巡回走访检查16个部门办事大厅，督导整改各类问题15条。抓好窗口月份、季度考核评比工作，通过现场评价、电话回访、短信评价、满意度测评等方式，窗口办件测评率达到100%，群众满意率保持在99.9%以上。

【组织建设】　深入开展创先争优活动，深入开展微笑服务活动，推行预约服务、延时服务，开展"我为中心建设献一言"主题活动，每季度评选表彰一次"优胜服务窗口""优秀窗口工作者""文明服务窗口""文明服务标兵"，全年通报表彰先进个人120人次。深入推进文明建设，组织爱心志愿服务等公益活动500人次，市政务服务中心管理办被市文明委授予"全市优秀志愿服务组织"，2人被授予"威海市优秀志愿服务者"称号，1人获得"全国五星级优秀志愿者"称号。

（曹术友）

·机关事业单位人事管理工作·

【公务员队伍建设】　公务员考录　不断完善公务员考录流程，面试首次实行考生抽签确定考场，进一步提高考录工作的科学化水平。全市计划公开考录公务员268名，网上报名8676人，经笔试、面试、体检、考察、公示，依法录用公务员（含参照公务员法管理人员）257人。

公务员管理　完成全市工商质监药监体制改革工作，1356名划转人员按时移交到位，根据市特巡警管理体制调整意见，将原市公安局特巡警支队30名特巡警划入市公安局4个直属分局管理。积极争取省支持，将威海市企业财务管理处、威海市金融工作办公室纳入参照公务员法管理范围，对新批参照公务员法管理单位的47名工作人员进行参照管理登记，对因机构名称变化的威海市食品药品稽查支队向省相关部门进行参照管理备案。

考核与奖励表彰 创新考核评价机制，与市委组织部联合发布《关于进一步做好市直部门科级及以下工作人员考核工作的通知》，在市直机关全面推行经常性和竞争性考核办法。严格控制评比达标表彰活动，规范表彰奖励事项申报程序，全年审核推荐16个部门和单位获省以上先进单位20个、先进个人47名。

【事业单位人事管理】 *公开招聘* 完善事业单位公开招聘制度，印发《威海市事业单位公开招聘工作笔试工作业务规范手册》，会同市教育局印发《省人力资源和社会保障厅、省教育厅关于印发〈山东省中等职业学校教师公开招聘实施办法（试行）〉、〈山东省高等职业学校教师公开招聘实施办法（试行）〉的通知》，加大公开招聘监管力度，全面提高事业单位公开招聘的规范化、科学化水平，全市事业单位公开招聘工作人员1428人。

事业单位岗位设置管理 为全市140个事业单位调整核准岗位设置方案，指导市属30个事业单位审核岗位竞聘工作方案，为362人办理竞聘备案核准工作，全市事业单位完成岗位设置占应实施岗位设置管理事业单位总数的99%。除参照公务员法管理事业单位外的事业单位全部推行人员聘用制度，全市2079个事业单位的5.4万名在岗职工与单位签订了聘用合同。

【工资福利管理】 成立市直“吃空饷”专项治理办公室，开展“吃空饷”专项治理工作。顺利完成34个事业单位预提高预发放工资改革工作。调整市直机关公务员津贴补贴，在职人员人均月增加470元，离休人员人均月增加440元，退休人员人均月增加230元。市直事业单位在职人员基础性绩效工资标准人均月增加582元，奖励性绩效工资由人均每月783元调整到800元，同时调整离退休人员生活补贴。对机关事业单位发放物业补贴，人均月增175元。

【军队转业干部安置】 *接收安置* 全市接收安置军转干部157人，其中选择计划安置79人，选择自主择业安置78人。计划安置的军队转业干部中正团职7人，副团职10人，营职以下及技术干部62人，接收总数列全省地级市第5位。在第六次全国军转表彰大会暨2014年全国军转安置工作会议上，威海经济技术开发区泊于镇党委书记程洁被表彰为“全国模范军转干部”，在大会上作典型发言；市人力资源和社会保障局调研员林治胜被表彰为“全国先进军转工作者”，两人受到了党和国家领导人的亲切接见。4人分别获得省委、省政府表彰，市人力资源和社会保障局被授予“全省军转安置工作先进单位”称号。

教育培训 积极开展军转干部各项培训，为军转干部尽快适应地方工作打好基础。先后组织全市2014年安置的122名军转干部进行了集中培训，组织2013年度59名自主择业军转干部参加了清华大学网络课堂学习。

自主择业军转干部管理服务 认真开展自主择业军转干部年终登记和档案管理工作，与市直负责管理的282名自主择业军转干部进行了联络，了解他们的情况和需求，对其基本情况数据库进行更新完善。做好自主择业军转干部退役金等各项待遇发放工作，为769人按时兑现各种待遇，为78名新增自主择业军转干部申请办理了退役金银行卡和医保卡，为3名去世的自主择业军转干部发放丧葬费和抚恤金。

（朱复刚　刘元娇）

·外事工作·

【概况】 *外事接待* 2014年，全市外事系统邀请接待到访团组20批230多人次。其中，重要团组11批120多人次，主要有马尔代夫驻华大使、斐济驻华大使、所罗门群岛渔业部部长、新西兰蒂马鲁市市长、荷兰阿克马市副市长、比利时根特市市长等。

友好交往 结合全市涉外布局的需要，有针对性地在澳大利亚、欧洲、以色列、印度尼西亚、柬埔寨等国家和地区发展友好合作城市结好对象。在深入了解和广泛交流的基础上，进一步加大工作力度，促成威海市与韩国全罗北道群山市正式签署了缔结友好合作城市关系协议书。

因公出国管理 审批出国（境）团组270批583人次，办理因公签证154批366人次，颁发护照200本。取消各类不合理出国团组6批15人次，压缩不合理团组3批5人次。为企业人员申办APEC商务旅行卡213张，办结125张。

涉外管理 妥善处理涉外案件6起、领事保护案件20起。办理对外邀请确认函 506批640人次，拒办不合规定的邀请确认函11批41人次。为持公务护照外国人办理居留手续12批137人次。办理领事认证5507份。

【澳大利亚昆士兰州常务副州长助理一行到威海考察】 1月18日—19日，澳大利亚昆士兰州常务副州长助理罗伯特·莫尔胡克、李冠成全球国际投资控股集团有限公司董事会主席李冠成一行到威海考察，副市长刘广华会见了考察团一行，双方就缔结友好合作城市关系及李冠成集团在威海投资项目等有关事宜进行深入交流。在威海期间，考察团一行参观考察了威海市区，并到荣成市经济技术开发区实地考察了李冠成生物医药基地项目。

【马尔代夫驻华大使一行到威海考察】 2月28日至3月2日，马尔代夫驻华大使莫芮德一行到威海考察。威海市委副书记、市长张惠在东山宾馆会见了考察团一行，副市长刘广华会见时在座。在威海期间，考察团一行考察了威海国际合作公司，与公司负责人就马尔代夫INIA机场改扩建工程进行了洽谈。

【比利时荣誉大使到威海考察】 3月26日—30日，比利时荣誉大使帕特里克·奈斯（Patrick Nijs）到威海考察，威海市委副书记、市长张惠，副市长刘广华会见了奈斯大使。在威海期间，奈斯大使参观了经济技术开发区，详细了解了东部滨海新城的远景规划，考察了威海迪沙药业集团、威海紫光生物科技开发有限公司、威海华东重工有限公司及博优技术纺织品（威海）有限公司等企业。29 日，奈斯大使赴哈尔滨工业大学（威海）为 200 多名学生作了题为《比利时—欧洲—中国携手共建和平世界》的演讲。

【荷兰阿克玛市副市长一行到威海考察】 4 月 25 日—27 日，荷兰阿克玛市副市长彼得·巴特和城市营销局理事会主席汉斯·范德里卡福到威海考察，签署了两市公务员交流协议，希望通过人员交流带动两市的经济、文化等各领域的务实合作。在威海期间，彼得副市长一行与威海市旅游局负责人进行了沟通，详细了解威海市丰富的旅游资源，实地考察了国际海水浴场、汤泊温泉等。彼得一行还考察了比利时博优集团在经济技术开发区东部滨海新城投资建设的纺织品工业园，了解威海市开发东部滨海新城的远景规划，表示回国后将积极宣传威海市良好的投资环境和人文环境，鼓励阿克玛市以及其他城市有实力的企业前来投资。

【新西兰蒂马鲁市代表团到威海考察】 6 月 25 日—28 日，新西兰蒂马鲁市市长戴蒙·欧迪率代表团一行 8 人到威海考察。威海市委副书记、市长张惠，副市长刘广华会见了代表团一行。蒂马鲁市男子高中和女子高中分别与威海一中签署了友好合作协议书，奥拉克职业技术学院与山东药品食品职业学院签署了友好合作协议书，并给予学院 4 个奖学金名额；与山东大屋集团达成互派实习生和员工培训等意向。代表团还就农业、旅游、体育等领域的合作进行了洽谈。

【比利时根特市市长一行到威海考察】 7 月 6 日—9 日，比利时根特市市长丹尼尔·特蒙一行 10 人到威海考察，威海市委副书记、市长张惠，副市长刘广华会见了代表团一行。在威海期间，两市举办了以城市规划、节能环保为主题的座谈会和“威海—根特经济合作交流会”，为双方务实合作打下了坚实基础。两市制定了下一步合作行动计划草案，确定了在城镇化、产业园区、投资贸易和展览、新技术、人才以及体育、文化方面的合作意向。随行的 4 名根特大学教授与哈尔滨工业大学（威海）洽谈了学生交流和科研合作意向。考察团一行还参观考察了威海市重点企业和产业园区，为寻找新的合作切入点做准备。

【韩国群山女子商业高等学校师生到威海交流】 7 月 29 日，韩国群山女子商业高等学校师生 8 人到威海外国语进修学院进行为期 2 周的汉语言文化研修。这是自 2012 年两校开展汉语言文化研修活动以来，韩方连续第三次组织学员到该校交流。活动中，学生们主要进行语言学习、文化体验、旅游观光等三个方面的活动。

【韩国华城海洋水产科金正相一行到威海考察】 8 月 6 日—8 日，韩国华城海洋水产科金正相等一行 9 人到威海考察帆船运动开展情况。考察团一行参观了帆船游艇码头停泊设施，与威海市体育局等相关部门洽谈“莱州杯”2014 年及 2015 年中韩海上丝绸之路城市帆船拉力赛事宜。

【巴布亚新几内亚政党代表团到威海考察】 9 月 25 日—26 日，巴布亚新几内亚国民议会财政委员会主席安通·亚伽马率领的政党干部考察团一行 12 人到威海考察，威海市委副书记赵熙殿会见了代表团一行。代表团此行的主要目的是考察中国国情、中国共产党党情，了解中国全面深化改革、扩大对外开放情况，学习中国共产党加强自身建设的经验等。在威海期间，参观了刘公岛甲午战争博物馆和陶家夼社区，考察了解威海市经济、社会发展情况。

【韩国群山市市长一行到威海考察】 10 月 28 日—29 日，韩国群山市市长文东信一行 9 人到威海考察。副市长张波会见了文东信一行，双方共同签署了两市建立友好合作关系协议书。双方表示将以此次正式缔结友好合作城市关系为契机，进一步推动两市在更高水平和更宽领域的交流与合作。

【阿根廷经贸代表团到威海考察】 12 月 18 日—19 日，阿根廷经贸代表团一行 5 人到威海考察。在威海期间，代表团到石岛考察了造船、渔业捕捞和加工企业，与荣成永进水产集团洽谈渔业捕捞和加工方面的合作事宜。

（赵　静）

·港澳事务与华侨事务·

【概况】 联络联谊工作　2014 年，全市办理港澳通行证 139 本、签注 280 人次。接待海外侨团 11 个、海外侨胞 400 余人次，保持与 50 个重点社团、100 名重点人士的密切联系；召开了市侨联七届四次全委（扩大）会议暨海外交流协会四届一次理事会；承办了“2014 年中国文化行—坤祥山东齐鲁营”活动；赴韩国开展“2014 共庆中国年·齐鲁文化走进韩国”活动。新结识海外侨胞 150 多人，与欧洲、美洲地区 9 个侨团签订了友好协议。

引资引智工作　开展“邀请侨商看威海”活动，先后邀请 7 个侨商团队到威海考察。促成上海裕坤合集团昊坤能源科技有限公司在威海投资 2 亿元建设 20 兆瓦分布式光伏发电项目落地。新设 4 个引智联络点，聘请 4 位招才引智联络员。在 56 家海外华文媒体宣传推介威海。参与“香港山东周”活动；举行 2014 山东旅韩华侨华人恳亲大会，促成两个项目签约落地。在第五届新侨创新成果交流系列活动中，威海东生能源科技有限公司总经理王庆生、威海海创模具科技有限公司的“IMD 模内装饰技术”，分别获得“中国侨界贡献奖创新人才奖”和“中国侨界贡献奖创新成果奖”。全市侨务部门促成项目落地 15 个，在谈项目 9 个，招商融资项目 2 个。

为侨服务工作　年内，接受处理来信来访 33 件次，办理归侨侨眷身份认定 6 人、回国定居 3 人、“三侨考生”（归侨青年、归侨子女、华侨在国内的子女）10 人、华侨子女入学 7 人。为近 881 名符合规定的归侨侨眷发放困难补贴 170 万元。重大节日走访慰问了 100 多位重点人士，发放慰问信 200 多件。送去慰问金和慰问品价值 25 万元。建立 10 家重点侨资企业信息检测制度，定期走访调研，帮助解决实际困难。新创建文登峰南社区等国家级“侨务明星社区”1 个、“侨务示范社区”1 个、“侨法宣传角”1 个，省级“侨务示范社区”2 个、“侨法宣传角”2 个。市侨办获得“全省侨务工作先进单位”称号。

【威海市侨联七届四次全委（扩大）会议暨海外交流协会四届一次理事会召开】 1月21日，威海市侨联七届四次全委(扩大）会议暨海外交流协会四届一次理事会召开。市侨联委员、常委，各区（市）侨办主任、侨联驻会负责人，海交会理事和理事单位，以及市委组织部、市民政局相关负责人等120人参会。副市长刘广华出席大会并讲话。王钢当选为市侨联主席，12人当选为国内理事，6名华人华侨当选为海外理事。

【举办第二届“共庆中国年·齐鲁文化走进韩国”活动】 5月20日—28日，由中国华文教育基金会主办，山东省海外交流协会承办，威海市海外交流协会协办，完美（中国）有限公司资助的“共庆中国年·齐鲁文化走进韩国”活动成功举办。5月20日，在韩国汉城华侨中学举行了隆重的开幕仪式，中国驻韩国大使馆总领事董敏杰、中国华文教育基金会联络宣传部主任黄毅及部分韩国侨领出席。代表团在首尔、仁川两地侨团、侨校开展了中华节庆文化、国学、山东快板、民歌赏析、民族舞蹈、武术等六门中华文化课程的教学活动。5月28日，“共庆中国年·齐鲁文化走进韩国”活动在韩国仁川华侨中山中、小学闭幕。

【美国纽约山东同乡会考察团到威海考察】 5月22日—23日，美国纽约山东同乡会考察团安全忠会长一行6人应邀到威海考察，这是纽约山东同乡会换届后，新任会长的首次组团考察。考察团实地考察了威海临港经济技术开发区优势产业项目和基础设施配套情况，听取了临港区管委对区域发展环境和产业发展需求的介绍，参观了中国侨联爱国主义教育基地——刘公岛。

【美国新发现资本集团总裁王昕博士一行到威海考察】 6月5日，美国新发现资本集团总裁王昕博士和加拿大OligoMedic公司副总裁Berrada Sounni Marwane到威海，实地考察了威高集团，就加拿大OligoMedic公司研发的可注射关节软骨产品JointRep进行考察洽谈和对接。经过深度的交流探讨，双方达成了初步的合作意向。

【李淼芳到威海考察】 6月4日—7日，毛里求斯华商经贸专业联合会前会长、ALBERT GROUP总经理李淼芳一行到威海，重点就海产品养殖加工、旅游接待服务、房产开发进行考察。李淼芳一行分别考察了威建集团、荣成寻山养殖基地、环翠区海洋与渔业局以及部分宾馆。与威建集团领导和工程技术人员座谈交流，考察了别墅工地现场；与寻山养殖基地领导座谈交流海珍品育苗养成技术并查看育苗基地；与环翠区海洋与渔业局、区水产研究所负责人及北海水产开发公司等3家企业负责人就毛里求斯海产品捕捞、养殖环境、扶持政策等进行交流；与海悦建国、威海卫大厦、白天鹅宾馆总经理分别座谈，就提高酒店接待服务水平和投资合作事宜进行交流。

【“2014年中国文化行——坤祥山东齐鲁营”在乳山闭营】 8月1日，由中国华文教育基金会主办，省侨办承办，山东外事翻译职业学院协办，深圳坤祥投资有限公司资助的“2014年中国文化行——坤祥山东齐鲁营”闭营仪式在乳山市举行。美国、加拿大、日本、韩国等国家的100多名华裔青少年以及中国华文教育基金会和省、市侨办的有关人员参加了闭营仪式。此次活动历时5天，营员们学习了书法、绘画、音乐、剪纸、面塑、武术等传统文化课程，领略了威海自然风光和独具特色的人文景观，体验了胶东半岛特色的民俗风情和渔家生活。

【香港、缅甸爱国侨胞在刘公岛举行纪念甲午战争120周年活动】 8月3日，香港和缅甸的100余名爱国侨胞到刘公岛北洋海军忠魂碑前，向甲午英烈敬献花圈，表达缅怀之情。市侨办（侨联）、教育局以及刘公岛管委负责人参加了祭奠仪式。侨胞们还听取了中国甲午战争博物馆副馆长史丰永关于“甲午战争120周年”海战历史专题讲座，参观了中国甲午战争博物馆、中国甲午战争博物馆陈列馆等地。

【举办2014山东旅韩华侨华人恳亲大会（威海区）活动】 10月13日—16日，由山东省侨办、威海市人民政府主办，威海市侨办承办的“2014山东旅韩华侨华人恳亲大会（威海区）”活动在威海举办，旅韩山东籍侨社团会长、副会长以及旅韩侨胞重要人士，包括在经贸、实业领域从业多年拥有自主公司和经济实力的华商、专业人士等约100人，相聚威海，同叙亲情，寻求合作，共谋发展。10月14日，在蓝天宾馆举行了开幕式。省侨办主任刘方会，市委副书记、市长张惠，副市长刘广华出席了开幕式。会议由省侨办副主任孙西忠主持，刘方会、张惠分别致辞。举行关于“韩华历史变迁与未来韩华发展”的专题讲座和互动座谈交流，以及“感知威海”恳谈会、“滨城故地 侨乡情缘”恳亲联谊晚会、“铭记历史 珍爱和平 同圆中国梦”纪念甲午战争120周年等主题活动。

【吴凤仪一行到威海考察】 11月24日—26日，美国著名侨领、美国华人互助会会长、美国国际移民房产商贸集团总裁吴凤仪及美国华人互助会创办人、荷里活东方影视集团中国执行主席、北京穗侨投资管理有限公司董事长袁丽一行到威海，就合作筹建美国五星级养老连锁品牌“安逸轩”项目及合作开发养生矿泉水项目等对环翠区和南海新区进行实地考察。市侨办（侨联）、环翠区外侨办、文登区外侨办负责人分别陪同考察，市商务局等部门参加接待座谈。吴凤仪一行分别考察了环翠区嵩山办事处、温泉镇海源温泉度假村，并表示回美国后将利用电台广播等形式大力宣传威海，择机带领投资考察团再次到威海，力争促成有关合作项目谈成落地。

【新西兰华人艺术家姜宏光画展在威海举办】 12月6日，《故乡情，彩墨江山》姜宏光画展在威海市美术馆开展，展出新西兰华人艺术家姜宏光个人作品76幅。山东省文化厅副厅长王廷琦，市委常委、宣传部部长王亮，市政府副市长张波，中央美术学院城市设计学院院长、中国艺术研究院中国版画院副院长徐仲偶，中国艺术研究院中国版画院艺术委员会秘书长穆智飞观看了画展。活动由市文化广电新闻出版局、市侨办共同主办，威海市美术馆承办。威海市爱好书画的各界人士、山东大学（威海）艺术学院部分师生、归侨侨眷代表近100人参观了画展。

（杨肖红）

·对台工作·

【概况】 台胞接待 2014年，到威海台胞2.4万余人次，比上年增长9.9%。

台胞服务 全面走访了台资企业，看望、慰问全市常驻台胞和重点台属。新受理台胞投诉案件和求助事项6件，已全部处结，结案率100%。

对台经济 全市批准台资项目3个，增资项目3个，实际到位台资2302万美元。

交流交往 全市应邀赴台交流项目73项、341人次。全市累计有464项、1804人次赴台考察交流。8项两岸交流活动被评为全省优秀交流项目。

涉台宣传教育 向台胞发送各种宣传资料3800多册（份）；在中国台湾网、华夏经纬网等各类网站、媒体发稿800多篇次，中国台湾网本网快讯栏目发稿17篇；台湾媒体年内报道威海相关内容20多篇次；为多家旅行社赴台负责人及领队作涉台教育讲座。

【市委对台工作会议召开】 3月21日，市委对台工作会议在东山宾馆召开。会议贯彻落实了中央和省委对台工作会议精神，总结2013年全市对台工作，安排部署2014年工作任务。市委副书记赵熙殿出席会议并讲话，副市长刘广华主持会议。各区（市）党委、开发区工委分管领导，市委对台工作领导小组成员单位、部分重点涉台部门负责人，市台胞台属联谊会会长，各区（市）台办主任、涉台机构负责人参加了会议。

【在威海设立台湾居民口岸签注点】 7月，公安部、国台办正式授权在威海国际机场设立台湾居民口岸签注点，11月3日正式启动落地签注业务。

【鲁台产研合作交流】 5月29日，鲁台产研合作交流中心启动仪式在威海东山宾馆举行，2014年鲁台产业合作交流洽谈会召开。鲁台产业合作交流洽谈会是第二十届鲁台经贸洽谈会暨2014山东·台湾周的重要组成部分，由山东省科技厅和威海市政府共同主办。省科技厅副厅长李储林、副市长徐连新等200余人出席活动，台湾10多家科研院所和企业代表与山东各地及威海企业进行合作洽谈。洽谈会上，来自台湾的科研机构和企业推介了以电子信息技术、绿色能源和节能减排技术为主的高科技项目，签约项目10个。年内，鲁台产研合作交流中心促成两岸企业签订合作意向书20多份，有5个项目进入实质性运作。

【“纪念中日甲午战争爆发120周年海峡两岸120位书法家走进甲午战争博物院”活动在威海举办】 7月19日，“纪念中日甲午战争爆发120周年海峡两岸120位书法家走进甲午战争博物院”活动在刘公岛举行。活动以“勿忘国耻 振兴中华”为主题，来自海峡两岸的120位书法家面向大海，祭奠中日甲午战争中遇难的中国同胞，并共同创作120米书法长卷，捐赠给中国甲午战争博物院。十一届全国政协副主席、中央国家机关书协名誉主席李金华出席活动，并第一个开笔。中国外文局副局长陆彩荣，华夏易明书画院院长马宝善，全国政协常委、中国书法家协会副主席苏士澍、台湾书法学会理事长沈荣槐，原国台办常务副主任、海峡两岸关系协会书画交流分会副理事长李炳才，市政协主席刘玉党等在开幕仪式上分别致辞，省台办主任张雪燕出席仪式。

【海峡两岸学子共祭甲午暨第八届台湾大学生研习营活动在威海举办】 7月2日—9日，海峡两岸学子共祭甲午暨第八届台湾大学生研习营活动在威海、烟台、青岛三地举行。3日，活动启动仪式和祭奠仪式在刘公岛北洋海军忠魂碑前广场举行。来自台湾高校的大学生、驻威海高校大学生代表、驻威海台胞台商及威海市台属代表200多人参加仪式，共同祭奠甲午忠魂，缅怀忠烈。

【市经济文化交流团赴台湾考察】 10月下旬，市委副书记赵熙殿率威海市经济文化交流团赴台湾，进行经济文化交流和经贸洽谈活动，拜访了台湾高校、医疗机构、公会团体、知名企业和台商。在台湾期间，团组出席了台北市立动物园建园100周年庆祝活动，与台北市立动物园专家组就梅花鹿、长鬃山羊保育及种群发展再引进等相关事宜进行探讨。

【全国台企联在威海举办联谊活动】 4月15日—17日，全国台湾同胞投资企业联谊会（简称台企联）与山东省各市台协会会长联谊活动在威海举行，全国台企联常务副会长、天津市台协会会长韩家宸率山东省15市台协会会长到威海出席联谊活动。市委副书记、市长张惠会见台湾客人。在威海期间，实地参观了威海刘公岛海峡两岸交流基地，考察了威海水产品市场、威海温泉养生产业等。

【第三届海峡两岸珍稀动物保育技术交流研讨会在台北市立动物园举办】 第三届海峡两岸珍稀动物保育技术交流研讨会于10月26日至11月1日在台北市立动物园举行，刘公岛森林公园专家与台北市立动物园专家组就梅花鹿、长鬃山羊保育及种群发展再引进等相关事宜进行沟通探讨，初步确定动物交流数量为梅花鹿1雄与长鬃山羊雌、雄各1只。

【开展“台资企业走访季”活动】 在全市开展“台资企业走访季”活动，对全市台资企业进行“全覆盖”走访，进一步摸清了威海市台资企业现状，完善了台资企业资料库。帮助企业解决遇到的问题12件，提供法律咨询服务9次，发放宣传材料300余份。市政府副市长刘广华带领市直有关部门负责人走访了4家驻威海重点台资企业，并现场办公。

【涉台动画片《繁星点点》热播】 威海首部原创三维动画片《繁星点点》前26集，1月在中央电视台少儿频道播出。主人公以台湾赠送大陆梅花鹿、长鬃山羊为原型创作，填补了威海原创动画片在央视播出的空白。全国48家省市电视台播放，山东卫视及山东省17个地市级电视台全部播放。

【“第五届海峡两岸（威海）道教文化研讨会”举办】 11月10日—15日，举办“第五届海峡两岸（威海）道教文化研讨会”，台湾省道教会理事长陈录星、台湾正宗全真道教会理事长巫平仁率台湾道教参访团到威海参会。两岸道教界人士围绕“道教与养生”议题进行了研讨，考察了圣经山、玉虚观、玉皇阁等多处道教全真派发源地。台湾省道教会理事长陈录星与威海德道福文化传媒公司初步达成合作意向，拟在威海设立办事机构。

【“两岸情深——第一期台湾精英水墨画邀请展”举办】 10月13日，“两岸情深——第一期台湾精英水墨画邀请展”在威海东方艺术学校明德艺术馆举办，展览展出了两岸80余位书画家的300多幅书画作品，以及威海东方艺术学校成立20多年来大量对台交流成果，展览面积2500平方米。台湾美术协会理事长刘平衡、两岸和平文化艺术联盟创会理事长李沃源、美国华人艺术家协会执行会长王艾伦、两岸文化艺术教育交流协会理事长黄中泰4位台胞为本期邀请展的特邀画家，现场展出作品近150幅。台湾书画家、威海各界人士、东方艺术学校师生200余人参加开幕式，并观看参展作品。

【参加第二十届鲁台经贸洽谈会】 8月31日至9月3日，市台办牵头组织市科技局、商务局以及鲁台产研合作交流中心等部门和单位，赴潍坊参加第二十届鲁台经贸洽谈会。在主题展区进行了科技创新成果展示，开展项目对接洽谈；鲁台产研合作交流中心邀请了8家台湾企业赴潍坊参会，与省内相关企业就拟合作项目成果转化等进行对接洽谈。

【2014两岸青年书画家作品展在威海举办】 8月29日，2014两岸青年书画家作品展在台湾会馆举办。国台办《两岸关系》杂志社社长、总编辑汪舟，文化部中国画艺术研究院院长张津诚，台湾中国文化大学美术系主任许坤成等出席开幕式并剪彩。作品展共展出两岸30余位青年画家120多幅作品，集中展示了两岸青年书画家对中华文化的热爱与传承，体现了大家对两岸关系和平发展的期望。

【“我们的节日——粽情重义过端午 同根同脉两岸情”活动举办】 5月29日，组织威海市台胞、台属在台湾会馆举办了一场主题为“我们的节日——粽情重义过端午 同根同脉两岸情”的端午节活动。40余名台胞台属一同包粽子，庆祝中华民族的传统节日端午节。台湾工商建设研究会南区会长、青创会南区会长、德奥生物科技有限公司董事长王嘉年等台胞参加了包粽子活动。

【两岸纪念甲午战争120周年学术研讨会在威海举行】 7月24日—26日，来自海峡两岸70多位退役将领和专家学者齐聚甲午战争故地——威海，就反思战争教训、共同维护“祖权”“祖产”、共同推动民族复兴等重大议题进行研讨，达成10项共识。市委副书记赵熙殿到会并致辞，省台办主任张雪燕等参加了研讨会。

【“两岸情深——台湾艺术家李沃源精品展”举办】 7月23日，“两岸情深——台湾艺术家李沃源精品画展”在威海东方艺术学校举办，展出了两岸和平文化艺术联盟创会理事长李沃源近期在大陆创作的50余幅精品画作。同日，两岸和平文化艺术联盟胶东文创中心、台北市山痴画会胶东美术创作基地相继在威海东方艺术学校揭牌。

（郎松波）

中国人民政治协商会议威海市委员会

【概况】 中国人民政治协商会议第十二届威海市委员会于2012年4月换届产生。至2014年底，有委员337名，常委70名。其中，中共委员135名，占委员总数的40.1%；非中共委员202名，占委员总数的59.9%。市政协十二届委员会下设办公室、研究室、委员活动工作室3个办事机构以及提案和社会法制委、人口资源环境和经济委、科教文卫体和文史资料委、台港澳侨和民族宗教外事委4个专门委员会。

【政协第十二届威海市委员会第三次会议】 1月8日—10日在威海举行。应出席委员337名，实到委员318名。会议听取并审议了十二届市政协常委会工作报告和提案工作报告。与会委员列席威海市人大十六届三次会议，听取并讨论政府工作报告和其他报告。会议审议通过有关人事和选举事项。大会收到提案218件，收到大会议政发言材料19份，7位委员在大会议政会上作口头发言，委员们围绕全面深化改革和经济社会发展重要问题进行了议政建言。会议增选4名政协委员为十二届市政协常务委员。会议审议通过了政协第十二届威海市委员会第三次会议决议。

【常委会会议】 第12次会议 1月9日召开。应到常委66人，实到常委60人。市政协主席刘玉党，市委常委、组织部部长田治颖，市政协副主席张剑、任怀平、李淑芳、刘亚东、李丹、王汝壮、任慧春，秘书长林治刚出席会议，李丹主持会议。田治颖代表市委通报了对市政协常委会有关人事安排的意见，对增选十二届市政协常务委员候选人情况作了说明。会议同意将增选十二届市政协常务委员候选人协商名单提交各委员组进行协商。会议讨论通过了大会选举办法（草案）和总监票人、监票人名单（草案），讨论修改了市政协十二届三次会议决议（草案），并同意将上述草案提交各委员组进行审议。

第13次会议 1月10日召开。应到常委66人，实到常委59人。市政协主席刘玉党，副主席张剑、任怀平、李淑芳、戚建波、刘亚东、李丹、王汝壮、任慧春，秘书长林治刚出席会议。王汝壮主持会议。会议听取大会秘书处关于委员审议和讨论情况的综合汇报。通过增选十二届市政协常务委员候选人名单。通过选举办法（草案），大会总监票人、监票人名单（草案）和市政协十二届三次会议决议（草案），并决定将上述草案提交市政协十二届三次会议闭幕大会通过。会议审议通过了《市政协2014年工作要点》。

第14次会议　3月21日召开。应到常委70人，实到常委65人。市政协主席刘玉党主持会议并讲话，副主席张剑、任怀平、李淑芳、刘亚东、李丹、王汝壮，秘书长林治刚出席会议。会议传达学习全国政协十二届二次会议精神，听取市城乡建设委、农业局、人力资源和社会保障局、东部滨海新城建设办公室负责人关于全市重点区域规划建设、农村土地流转制度改革、城乡社会保障并轨等工作情况的通报。会议围绕推进威海全域城市化、市域一体化发展组织常委进行了议政建言。

第15次会议　7月31日召开。应到常委70人，实到常委68人。市政协主席刘玉党出席会议并讲话，市委常委、副市长徐东升出席会议并通报情况，市政协副主席张剑、任怀平、李淑芳、刘亚东、李丹、王汝壮，秘书长林治刚出席会议，张剑主持。会议听取市政府关于上半年全市经济社会发展情况的通报和市政府办公室关于市政协十二届三次会议以来提案办理情况的通报；听取市商务局、工商局和质监局关于深化行政审批制度改革、简政放权情况的介绍；审议通过有关人事事项；围绕转变政府职能、深化行政审批制度改革组织常委进行了议政建言。

【专门委员会工作】　提案和社会法制委员会　政协十二届威海市委员会第三次会议，共收到提案218件，立案216件。至2014年底，立案提案全部办复，办复率100%。开展提案评议协商活动。围绕教育事业相关的18件提案，组织提案者与市教育局、人力资源和社会保障局、财政局、公安局、城乡建设委、规划局等承办单位开展双向评议协商活动，促进委员"满意率"和提案"落实率"的双提高；开展新闻媒体跟踪协商。加强与新闻媒体的协作，在市电视台开办"提案追踪"栏目，邀请媒体参与对委员提案及办理落实情况进行新闻跟踪协商，加大提案工作宣传的广度和深度；召开全市政协提案办理协商工作座谈会。传达全国、全省政协提案办理协商工作座谈会精神，研究和总结开展提案办理协商工作的经验做法，进一步规范提案办理协商工作，推动提案办理协商制度化建设；修订完成了《政协威海市委员会重点提案遴选与督办办法》，经市政协十二届十一次主席会议通过颁布实施。

人口资源环境和经济委员会　围绕威海市担保行业发展和中小企业融资方面存在的问题，到山东仁合担保公司开展调研；围绕保障和改善民生，组织开展了家政服务业发展情况调研，形成的调研报告经市政协主席会议研究决定，作为市政协十二届四次会议议政会发言。开展了政府承诺民生实事办理落实情况的视察；围绕促进对外开放，开展了中韩（威海）经济合作示范区建设情况的视察；围绕推进经济转型发展，开展了现代农业发展、工业转型升级情况的视察。

科教文卫体和文史资料委员会　围绕推进全域城市化、市域一体化和促进文化繁荣发展，调研形成《关于促进我市城乡基本公共事业性服务均等化发展的建议》《繁荣艺术品市场，丰富城市文化内涵》的报告，均入编市政协十二届三次会议议政会发言辑。围绕推动全民健身活动开展，组织视察了市区健身场所和健身器材配备情况；加强文史资料征集和研究工作。发挥市政协文史研究会的作用，编辑出版《威海早期报业史》，开展《天南地北山东人》威海篇史料和抗日战争史料征集工作；加强团结联谊，扩大对外文化交流。成立威海市政协摄影联谊会，以市政协书画联谊会和摄影联谊会为依托，组织举办纪念甲午战争120周年书画摄影作品展和"两岸一家亲——石艸前卫水墨油画展"，开展甲午战争百题知识问答活动。配合山东省政协、南通市政协、东营市政协分别开展了"科技创新体系建设""构筑技能人才高地　促进产业转型升级""加快科技研发平台建设　促进产业转型升级"专题调研。

台港澳侨和民族宗教外事委员会　针对威海市新医药与医疗器械产业集群发展情况开展调研，形成专题调研报告。协助省政协开展关于县级少数民族农民专业合作社发展状况的调研。组织对新型城镇化中心镇及农村新型社区建设情况进行视察。多方开展联谊活动，密切与各界人士的联系，组织召开了市政协中秋节各界人士座谈会，邀请全市各界代表畅叙友情，共谋发展。参加全省政协港澳台侨和外事工作座谈会，所作"紧扣发展大局，发挥独特优势，努力开创港澳台侨外事工作新局面"发言获得好评。参加全省民族宗教工作学习交流会，交流探讨做好新形势下政协民族和宗教工作的思路和举措。

【其他重要活动】　"界别月"和"三进"活动　6月底至7月底，市政协举行委员"亲民为民界别月"和"三进"（进社区、进企业、进学校）活动。6月17日，启动仪式通过召开界别召集人会议形式举行。活动期间，市政协各界委员参加公益慈善活动260多人次，为基层和群众办实事好事190多件，资助困难学生、职工130多人，得到社会广泛好评。

反映社情民意信息月活动　6月底至7月底，举办反映社情民意信息月活动。与同期举行的委员"亲民为民界别月"和"进社区、进企业、进学校"活动紧密结合，发动市政协委员和参加政协的各民主党派、工商联、人民团体、无党派及各族各界人士，深入基层，倾听民声，反映社情民意。累计收集、整理和报送社情民意信息128篇。

中秋节各界人士座谈会　9月4日，召开中秋节各界人士座谈会。会议邀请全市各民主党派、工商联、人民团体、无党派及各族各界人士代表，畅叙友情，共谋发展。市政协副主席李丹出席会议并讲话，秘书长林治刚主持会议。

庆祝人民政协成立65周年暨全市政协工作经验交流会　9月26日，召开庆祝人民政协成立65周年暨全市政协工作经验交流会。会议学习贯彻习近平总书记在庆祝中国人民政治协商会议成立65周年大会上的重要讲话精神，总结交流工作经验，研究探讨新形势下做好政协工作的思路和举措。市委书记、市人大常委会主任孙述涛为会议发贺信。市政协主席刘玉党出席会议并讲话，副主席任怀平主持会议，副主席王汝壮宣读贺信，副主席李淑芳、刘亚东、任慧春等出席会议。

全市政协宣传信息暨文史工作会 12月2日，召开全市政协宣传信息暨文史工作会。会议传达学习了全省政协宣传工作经验交流会、信息化工作座谈会和文史工作会议精神，总结交流了全市政协宣传信息和文史工作经验，对进一步做好下一步工作进行了部署。市政协副主席张剑出席会议并讲话。

（王 冰）

中国共产党威海市纪律检查委员会

【概况】 市纪委机关与市监察局合署办公，实行一套工作机构、两个机关名称的体制，履行党的纪律检查和政府行政监察两种职能。中共威海市第十四届纪律检查委员会共有常委9名，委员36名。2014年，市纪委设12个职能室（部）、7个派驻纪检组，共有干部职工89人。

【体制改革】 2月，按照上级要求，启动市级纪律检查体制改革，制定《威海市纪律检查体制改革实施方案》，明确各项改革的路线图、时间表。推进议事协调机构清理。经过两轮清理，市纪委保留和参与的议事协调机构总数由133个精简至14个，全市县级纪委保留和参与的议事协调机构总数由370个精简至57个。推进内设机构改革。落实省纪委部署要求，推进机关内设机构调整，办公室不再加挂监察综合室牌子；撤销干部管理室，设立组织部；撤销研究宣教室，设立宣传部（研究室）；撤销党风政风监督室、执法和效能监督室，设立党风政风监督室（市纠正行业不正之风办公室）；设立纪检监察干部监督室。调整后，执纪监督室占内设机构总数77%，监督执纪问责干部编制数占机关编制总数75%。进一步完善市反腐败协调小组职能，健全协调机制，加强纪检机关与组织、公安、审计、法院、检察院等单位的协作配合，工作合力增强。

【落实中央八项规定精神纠正“四风”】 持续推进中央八项规定精神落实，揪住“四风”问题持续发力，紧盯关键节点，抓住具体问题，以点带面、逐步深入。抓住元旦、春节、中秋、国庆等重要节日，先后成立检查组357个，组织巡查5000余次。聚焦公车私用，公款吃喝、旅游、送节礼和违规发放津贴补贴及领导干部出入私人会所，收受“红包”、购物卡等重点问题严查不懈。查处违反“四风”典型问题142起，处理158人。其中，诫勉谈话、通报批评131人，党政纪处分27人。对24起典型违纪问题进行媒体点名曝光。

【案件查办】 畅通信访举报渠道，排查筛选违纪问题线索，强化重要举报件交办督办工作，保持惩治腐败高压态势。全年接受来信来访2523件，立案221件，给予党政纪处分249人，其中，县处级干部10人、科级干部48人，挽回经济损失1510万元。建立案件线索集中管理制度，完善办案制度，确保办案安全。强化案件审理，开展自查自纠，规范审理程序。强化安全生产事故和重大影响事件问责，先后对43名责任人进行责任追究。

【权力制约监督】 建立健全抓早抓小工作机制，做到早发现、早提醒、早纠正，防止小错变成大错、小案变成大案。深化廉政谈话制度，同23名县处级干部进行了谈话。探索发挥纪委全委会监督作用，组织各区（市）领导班子87名成员向市纪委全委会述廉。开展廉政风险防控“回头看”活动，完善廉政风险点动态管理机制，修订完善廉政风险防控措施1031项，实施预警312次。继续推进防止利益冲突工作，综合信息管理平台基本建成，利用科技手段预防和纠正利益冲突行为效能明显提高。注重分层分类开展警示、示范和岗位廉政教育，筛选威海市几年来查处的42起典型违纪案件、安全生产责任事故及“庸懒散”典型案例，开展典型违纪案件专题剖析和违纪违法案件集中通报。深入推进廉政文化建设，打造42个省、市级廉政教育基地和示范点，开展廉政戏剧巡演，组织全市1100多名县处级以上领导干部参加德廉知识测试，筑牢党员领导干部反腐倡廉思想道德防线。

【政风行风建设】 抓好政风行风建设，行风热线组织上线219次，为群众解决问题3000个；开展政风行风评议，征集意见建议700条，解决实际问题590个。开展“庸懒散”专项治理，受理投诉135起，查处56人。开展会议纪律专项督查，整改问题140个。推进科技防腐系统软硬件建设，启用行政处罚电子监察系统，46个具有处罚权的部门单位、3903项处罚事项纳入电子监察，监察处罚事项744件。强化行政审批电子监察使用效能，全市各级办理行政许可审批事项7.68万件，按期办结率100%，发出预警信息1152条；对全市450个服务窗口监控点、2000多个岗位进行工作纪律监察，发布纠错通知书11份。

【李法泉到威海调研】 9月1日，省委常委、省纪委书记李法泉到威海市，就贯彻中央纪委和省纪委全会精神，落实党风廉政建设主体责任和监督责任，深化转职能、转方式、转作风，持之以恒纠正“四风”等情况开展调研。在威海期间，李法泉主持召开纪委书记座谈会，听取市纪委和各区（市）纪（工）委有关工作情况汇报，并作重要讲话。市委书记、市人大常委会主任孙述涛，市委副书记、市长张惠等分别陪同调研。

【王喜远到威海调研】 4月26日—27日，省纪委副书记王喜远到威海市，就贯彻落实习近平总书记系列讲话精神，落实中共十八届三中全会和十八届中央纪委三次全会、省纪委十届四次全会精神，特别是党委（党组）履行党风廉政建设主体责任情况，与市委书记、市人大常委会主任孙述涛和市委副书记、市长张惠分别座谈交流，并为全市领导干部作党风廉政建设形势辅导报告。

【重要会议】 1月7日，2013年度民主评议政风行风表彰发布会议召开。会议总结2013年度工作情况，通报表彰优秀单位，安排部署2014年度工作任务。市委常委、市纪委书记董天祥讲话，市委常委、常务副市长徐东升宣读市委、市政府表彰决定。

1月26日，全市党风廉政建设和反腐败工作会议召开。会议传达学习十八届中央纪委三次全会和省纪委十届四次全会精神，研究贯彻落实意见。市委书记、市人大常委会主任孙述涛作重要讲话，市委副书记、市长张惠主持会议。

1月26日，中共威海市纪委十四届四次全体会议召开。会议总结2013年全市党风廉政建设和反腐败工作，研究部署2014年工作任务。市委常委、市纪委书记董天祥代表市纪委常委会作工作报告。

2月18日，全市纪检监察机关党的群众路线教育实践活动总结会议召开。会议学习贯彻中央、省委党的群众路线教育实践活动第一批总结暨第二批部署会议和全省纪检监察机关党的群众路线教育实践活动总结会议精神，总结全市纪检监察机关教育实践活动情况，部署下一步工作。市委常委、市纪委书记董天祥出席会议并讲话。

4月27日，全市领导干部党风廉政建设形势报告会召开，省纪委副书记王喜远作党风廉政建设形势报告，市委书记、市人大常委会主任孙述涛主持报告会。

7月31日至8月1日，国家级开发区工委（管委）班子成员向市纪委全委会述廉会议召开。述廉会上，班子成员依次述廉，市纪委委员现场对述廉人员提出询问，进行民主测评，并提出意见、建议。市委常委、市纪委书记董天祥参加述廉会议并讲话。

11月28日，中共威海市纪委十四届五次全体会议召开。会议学习贯彻中共十八届四中全会、十八届中央纪委四次全会、省纪委十届五次全会和市委十四届五次全会精神，对全市纪检监察机关学习贯彻工作进行部署。市委常委、市纪委书记董天祥代表市纪委常委会讲话。

（张月明）

民主党派

·中国国民党革命委员会威海市委员会·

【概况】 2014年，民革威海市委组织党员学习贯彻中共十八大和十八届三中、四中全会精神，突出民革特色，继续开展“坚持和发展中国特色社会主义学习实践活动”。培养了20名入党积极分子，发展新党员4人。通过办班培训、实体考察和听取讲座等形式，提升新党员和入党积极分子的统战理论水平和参政议政能力。1人被中共威海市委统战部评为“威海市十佳民主党派成员”，6人被授予“双岗建功标兵”称号。

【参政议政】 参加各种议政会、座谈会和征求意见会16次，向省委有关部门、中共威海市委、市政府和市政协提出意见建议23条，提交政协提案10件。撰写的《关于我市海参产业发展的调研报告》《关于我市地热温泉产业发展情况的调研报告》和《关于我市律师行业有关情况的调研报告》调研报告得到市主要领导批示。其中，《关于我市海参产业发展的调研报告》获“2014年度全市民主党派优秀调研报告”一等奖。《关于我市防护林保护工作的现状、存在问题和对策》被市政协列为重点提案，《关于加强我市湿地保护工作的建议》和《关于加快我市葡萄酒产业发展的建议》等5件提案被市政协评为2014年度优秀提案。撰写《为实体经济“供奶”迫在眉睫》《促进职业教育发展的三个对策》等专项信息6篇。向《人民政协报》《光明日报》《山东民革》等中央和省级报刊投稿56篇。其中，国家级报刊3篇，省级报刊15篇。

【党务活动】 年内，开展主题活动5个。开展学习孙中山爱国、革命和不断进步思想的主题活动，坚持与时俱进；开展“观故居，走多党合作之路”主题活动，保证薪火相传；开展纪念中日甲午战争爆发120周年主题活动，弘扬爱国主义精神；开展扶危济困和慈善救灾主题活动，倡导互助友爱；开展宣传信息和调研主题活动，参政议政争创一流。

【社会服务工作】 组织市税务、法律、银行等部门专家，分3次深入党员经营的铸造、装饰等6个企业现场办公，查找问题，共商解决方案，为2个困难企业解决融资难的问题。先后3次组织有关人员到养老院、儿童福利院和企业送书画、送食品、送文具。高考前夕，组织民革党员推出“爱心文具袋，高考送祝福”公益活动，为威海市的部分高考学生免费赠送价值4万元的爱心文具袋。“5·29”山火发生后，民革市委积极参加灭火行动，骨干党员捐赠了矿泉水和药品等折合人民币10.68万元的救灾物资。

（赵　江）

·中国民主同盟威海市委员会·

【概况】 2014年，民盟威海市委新发展盟员15人，盟员总数270人，其中，中上层人士240人，占盟员总数的89%。年内，民盟威海市委被民盟省委评为“山东民盟基层组织先进集体”“参政议政工作先进集体”，获“社会服务工作创新实践奖”。所属8个支部中，1个支部被民盟中央评为“全国基层组织建设先进集体”，3个支部被民盟省委评为“全省先进基层组织”、1个支部被评为“全省思想宣传工作先进集体”；3人获省“参政议政工作先进个人”称号，3人被中共威海市委统战部评为“威海市十佳民主党派成员”，9人被授予“双岗建功标兵”称号。

【参政议政】 在省、市“两会”期间提交集体与个人提案36件。其中，《关于加快我市市域一体化进程几点建议》和《以市场为导向服务为宗旨全力推动招商引资工作实现新跨越》等3件提案入选大会发言书面材料。有11件被评为市政协优秀提案。全年先后撰写调研报告7个。其中，《以实施海洋强国战略为契机，推动我市蓝色经济区建设》《着力打造我市绿色、低碳节能港口》《发展我市节能建筑提升人居品质》《强化我市排污费征收工作》等多个调研报告得到市主要领导批示。《关于餐厨废弃物无害化处理资源化利用》等5个调研报告被市政府《威海政策与研究》刊载。《关于强化我省排污费征收，增加企业违法成本》的建议由市委统战部上报省委统战部以参阅件形式报送省领导。《关于规范我省政府采购行为》的提案在省政协会议上作交流发言，并得到省委常委、常务副省长孙伟的批示。

【组织建设】 以坚持和完善中国特色社会主义学习实践活动和基层组织建设年两项活动为重点，深入开展各项学习活动，着力推进基层组织建设。为支部购置笔墨纸砚等文化用品，统一制做活动室标牌。接待临沂、枣庄两地盟市委学习调研团队，考察了盟市委机关和老年、文艺、体育支部及活动场所，交流了基层组织建设方面的经验做法。积极开展丰富多彩的组织活动，在纪念台儿庄战役75周年之际，组织盟员赴台儿庄参观了抗战纪念馆。在认真选拔、培养和考查的基础上，发展了15名新盟员，其中，博士研究生3人，硕士研究生2人。

【社会服务工作】 积极组织盟员参加市委统战部和市党外文化艺术工作者联谊会组织的各类活动，多位盟员参加统战部组织的送医疗下乡、文化演出等活动，参加并协助市党外文化艺术工作者联谊会举办"'与共和国同行 为中国梦添彩'威海市党外文化艺术工作者联谊会庆祝建国65周年书画展"，参与《威海同心苑》创刊号的出版和撰稿工作。民盟书法家史世奇向北师大教育基金会捐赠2000万元人民币，并在北京举行书法作品展，近50家媒体进行了报道。盟员杨荣明出资500万元参与慈善事业。

（姜茂林）

·中国民主建国会威海市委员会·

【概况】 2014年，民建威海市委新发展会员7人，全市有会员79人。其中，企业界40人，占50.6%；机关30人，占38%；高等教育机构2人，占2.5%，新阶层代表人士5人，占6.3%；40岁以下的会员32人，占40.5%。会员中有市人大常委会副主任1人，区人大常委会副主任1人，市政协常委1人，市人大代表1人，市政协委员8人，区政协常委2人，区人大代表1人，区政协委员3人。1人被中共威海市委统战部评为"威海市十佳民主党派成员"，6人被授予"双岗建功标兵"称号。

【参政议政】 市委会领导班子成员积极参加各类考察调研座谈会20次，就相关议题坦诚建言。担任行风评议员、特邀监督员的会员，认真调查研究，积极履行职责，坦诚监督。围绕市委、市政府中心工作，完成了《威海渔具产业》等3篇调研报告，在调研中对企业反映的困难，积极协调有关部门帮助解决。改变调研方式，主动与市委党校联系，联合调研，共同研究设计调查问卷。年内，提交提案24件，提案数量列各界别前列，提案质量不断提升。《关于促进农村合作社发展的建议》作为民建省委提案提交到省政协会上，关于《推进农村集体产权制度改革中应注意的几个问题和有关建议》刊登在威海政协内刊上，并被省政协汇编成册，上报全国政协。

【政务活动】 积极组织学习培训，参加民建中央、民建省委和中共威海市委组织的各类学习培训班30人次。举办主题征文活动，组织会员重温历史。5月26日—29日，组织会员观看山东公共频道《统战春秋》栏目播出的民建省委首任主委苗海南《实业救国、跟共产党走、为中国革命和建设作出重大贡献》的光荣事迹电视片。

【社会服务工作】 *关注教育发展事业，为贫困地区小学捐助图书* 民建威海市委为青海省海北藏族自治州门源回族自治县西滩乡寄宿制小学捐赠1.6万册图书馆馆藏用书及教师授课用书，价值40多万元。会员个人为学校和学生捐助图书、资金10余万元，并资助7名困难中小学生上学，为环翠区慈善总会捐款1万元。

搭建"民建免费查体关爱活动"平台，关注特殊群体身体健康状况 会员企业国际体检中心到社区、市集、养老院、建筑工地、海港码头等地免费查体10余场，受益群众2000多人次，为400多名妇女免费进行乳腺病筛查。9月，启动了为5类特殊群体500人免费查体5年系列活动。

党派活动进社区，搭建"基层支部与社区共建平台"，探索民主党派基层民主协商新途径 经协调，民建威海市委高区支部与威海高技术产业开发区后峰西社区结成共建对子，利用会员资源优势为社区服务。民建省委到威海调研时，对该做法给予充分肯定。

发挥会员特长优势，积极推动社区文化发展 2014年，民建威海市委经区支部联合媒体搭建"文化活动平台"，发起承办"放飞梦想秀"大型公益圆梦活动，在荣成市各大社区，举办文艺活动4场。

志愿者活动 青年节，组织青年志愿者到荣成港湾区广场清扫卫生；儿童节，购置了儿童读物、文具，送到文登区天福实验小学；全国肢残人活动日，携带爱心物品，到肢残人家中看望，帮其打扫卫生、做家务。

（曲志华）

·中国民主促进会威海市委员会筹备委员会·

【概况】 2014年，民进威海市委筹委会新发展会员6人，调出1人，会员总数56人。其中，具有中高级专业技术职称43人，占会员总数的77%。会员中有市政协委员7人，其中常委2人。职业教育小组被民进中央授予"民进全国组织建设先进基层组织"，机关事业小组被民进省委授予"民进山东省组织建设先进基层组织"，1人被评为民进全国组织建设先进个人，1人被评为民进山东省组织建设先进个人，1人被中共威海市委统战部评为“威海市十佳民主党派成员”，5人被授予“双岗建功标兵”称号。

【参政议政】 市政协十二届三次会议上，提交集体提案15件，政协委员提案7件，全部立案，6件提案被市政协评为优秀提案。《关于进一步健全我市物业管理体系的建议》《让科技的种子在更多中小企业开花结果》被市政协列为重点提案，并在议政大会上发言交流和书面交流。《关于加快公益普惠性学前教育发展的调研报告》《关于我市加工贸易转型升级的调研报告》《关于我市电子商务发展的调研报告》和《加快我市现代职业教育建设的调研报告》，得到市领导的重视与批示，责成相关部门研究落实。

【社会服务工作】 积极响应威海“慈心一日捐”活动，会员累计捐款8900元。为庆祝中华人民共和国成立65周年暨人民政治协商会议成立65周年、迎接民进成立70周年，民进市委筹委会组织会员举办钢琴音乐会，市政协副主席、民革主委仁怀平等领导出席音乐会，山东大学（威海）学生400余人观看音乐会，威海公共频道转播了此次音乐会。“5·29”山火发生后，13名民进会员深入火灾现场参与大火扑灭工作，组织民进会员免费给市民发放口罩6.1万个，并为部队提供创可贴、烫伤膏、胶带等物资、补给。举办“同心·书香彩虹”活动，组织民进会员为后峰西小学和山东大学（威海）贫困学生捐款5万元。

（刘　辉）

·中国农工党威海市委员会筹备委员会·

【概况】 2014年，农工党威海市委筹委会新发展党员4人，党员总数54人。其中，具有中高级专业技术职称43人，占党员总数的80%。有市政协委员5人，其中，常委2人，环翠区政协委员3人。年内，农工党威海市委筹委会和环翠区小组被农工党山东省委评选为先进基层组织，5人被农工党山东省委评选为先进个人和优秀党员，1人被中共威海市委统战部评为“威海市十佳民主党派成员”，5人被授予“双岗建功标兵”称号。

【参政议政】 年初，向政协大会提交《关于建设平安医院、切实保障医护人员安全的建议》《关于推进企业落实带薪年休假制度的建议》等12份提案，涉及医疗卫生、信息、交通等人民群众广为关注的方面，全部得到相关部门的面复。年内，向农工党省委提交社情民意信息6篇，1篇得到了采纳。农工党威海市委筹委会继续遵循“围绕中心、服务大局、提高质量、讲求实效”的工作方针，将“十二五”规划提出的关于加快医疗卫生事业改革、做好人口和生态环境保护等工作作为重点调研内容，发挥农工党联系广泛的优势，组织了专题调研，形成了《关于重大疾病防控和突发公共卫生应急处置的调研报告》《关于生物医药公共技术服务平台的调研报告》《关于卫生计生信息化建设的调研报告》3份调研报告，其中《关于生物医药公共技术服务平台的调研报告》得到了市主要领导批示。

【社会服务工作】 三八妇女节之际，组织农工党威海市委筹委会内的妇科、乳腺科专家赴合庆社区开展健康大讲堂活动，为200多位女性讲解了关于养生、乳腺疾病及妇科疾病的防治等方面的医学常识，发放宣传材料500余份。6月，组织农工党党员医疗专家，赴荣成崖西镇开展义诊活动，接诊300多人次，发放卫生宣传资料1000份。积极参加中共威海市委统战部组织的三下乡活动，多次到荣成市、乳山市等地义诊，通过多种途径开展社会服务工作。

（杜　平）

·中国致公党威海市委员会·

【概况】 2014年，致公党威海市委全年考察发展新党员5人，大都是侨属或有海外留学经历。年底，全市致公党党员77人，有24人在各级政协、人大中任职，占党员总数的31%。其中，省政协委员1人，市政协委员14人（常委3人），环翠区政协委员5人（常委1人），市级人大代表2名，区级人大代表1名。致公党威海市委积极参加党派组织的各项活动，获得中央、省、市级多项表彰。在致公党省委“同心·创先争优”活动中获参政议政先进集体，基层组织与社区结对共建活动获省级“同心·创先争优”党派工作创新成果奖，高区支部获省级“同心·创先争优”社会服务工作先进集体，哈工大（威海）支部获省级“同心·创先争优”组织建设工作先进集体，8人获省级“同心·创先争优”致公党优秀党员，3人获省级“同心·创先争优”社会服务重大贡献奖，1人获省级“同心·创先争优”优秀机关工作者。1人被中共威海市委统战部评为“威海市十佳民主党派成员”，6人被授予“双岗建功标兵”称号。

【参政议政】 致公党市委高度重视调研信息工作，围绕致公党省委、中共威海市委统战部提出的参政议政工作目标，深入开展调研活动，取得显著成果。全年完成调研报告3篇，其中，1篇获全市民主党派调研报告优秀成果评选二等奖，2篇获三等奖。提交提案、社情民意信息32篇，其中中央统战部刊物《零讯》录用1篇，并得到国务委员、国务院党组成员、国家减灾委员会主任王勇批示，同时获得全省参政议政优秀成果奖。致公党中央录用1篇；致公党省委录用13篇；省政协录用10篇；市政协录用14篇；市委统战部录用17篇。在“两会”提交的14份提案得到商务局、规划局等部门的采纳和答复，其中，集体提案4篇，个人提案10篇，1篇提案作为重点提案在政协会上进行交流。

【社会服务工作】 积极开展基层组织与社区结对共建活动，致公党市委会先后组织了4名党内专家党员，深入威海高技术产业开发区东河北社区、皂河北社区，开展了“送健康到社区——妇女保健知识讲座”及医疗义诊活动、书画联谊活动、中医药与健康知识讲座活动、口腔保健知识讲座活动。

（刘京璞）

·九三学社威海市委员会·

【概况】 2014年，九三学社威海市委发展新社员7名，总人数122人，全部具有中高级专业技术职称。其中，省政协委员1人；市政协委员15人（1人被聘任为十二届市政协特邀信息员），市人大代表2人；区政协委员4人。九三学社威海市委参政议政工作成效突出，宣传工作成绩显著，社会服务领域不断拓宽和延伸，参政党理论研究成果丰硕，参政党政治美德理念和培育实践活动深入开展，得到市、省以及国家有关领导、组织的高度关注和赞扬。主委贾国哲被九三学社中央委任为《九三学社章程》修改小组成员。2人被九三学社山东省委评为2014年度坚持和发展中国特色社会主义学习实践活动先进个人；2人被评为九三学社山东省2014年度参政议政工作先进个人；2人被评为九三学社山东省2014年度社会服务工作先进个人。1人被市政府授予“威海市优秀机关工作人员”称号。2人被中共威海市委统战部评为“威海市十佳民主党派成员”，6人被授予“双岗建功标兵”称号，1人被评为全市统战系统调研宣传信息工作先进个人。

【参政议政】 九三学社威海市委通过倡导“科学参政、民主参政、依法参政”，不断提高参政议政、民主监督的能力和质量。“两会”期间，发动全体社员积极建言献策，提交省政协提案5件、市人大建议7件、市政协提案42件，共计54件，数量创历史新高，质量也有很大提升。其中，2件人大建议得到市主要领导批示，2件政协提案入编市政协全会议政材料汇编，11件提案获得优秀提案表彰。调研报告《关于大力发展我市画廊产业的建议》《关于我市建立食品农产品安全可追溯体系的调研报告》《关于促进我市无花果产业上档升级的调研报告》获得市主要领导批示。在中共威海市委统战部“同心创未来—服务现代化幸福威海建设金点子征集活动”中，8人提交的14个“金点子”获得表彰，其中6个获得一等奖。

【重大理论研究】 2月27日，根据九三学社中央、九三学社省委“坚持和发展中国特色社会主义学习实践活动”的重要部署，印发《九三学社威海市委关于开展坚持和发展中国特色社会主义学习实践活动的实施方案（2014年）》，指导学习实践活动。主委贾国哲在全国首先提出了参政党政治美德理念，撰写了《关于培育和践行参政党政治美德的思考》《论参政党政治美德与中华传统文化美德》《论参政党政治美德与社会主义核心价值体系和价值观》予以论述，这一理论成果的提出在社会上引起广泛关注，得到了中共威海市委、市政协、市委统战部的重视和认同，得到山东省副省长、九三学社山东省委主委王随莲的重视和称赞，在市政协《民主与团结》《威海日报》等报刊，人民网、威海政府门户网站、威海市委统战部网站等网络媒体进行了宣传报道。申报的2014—2015年度九三学社中央参政党理论研究招标课题《参政党政治美德研究》获批立项。

【宣传工作】 4月初，编写《九三学社威海市委参政党理论研究成果选编》，选编收录了3年来九三学社威海市委撰写的11篇具有较高学术水平的参政党理论研究文章，作为学习实践活动辅助材料，发给社员参考学习。4月底，编写《九三学社威海市委参政议政成果选编（2007—2013）》，为社员更好地参政议政提供了范本和参考。鼓励社员争做践行参政党政治美德的模范，组织评选表彰“社员楷模”，开展了“用自己的话讲好社员楷模故事”活动，并于10月编辑出版了《九三学社楷模故事》，使广大社员见贤思齐、学有榜样、行有示范。年内，发表各类稿件81件，其中，在九三学社中央发表稿件10篇，在《齐鲁社刊》发表稿件4篇，在《山东统一战线》发表文章稿件1篇。九三学社威海市委获得九三学社山东省委2014年度全省网站供稿工作三等奖。

【社会服务工作】 3月9日，组织社员在九三学社威海市委纪念林举行第9次植树活动，植树120棵。“5·29”山火发生后，九三学社威海市委机关人员和广大社员迅速投入灭火行动，捐助口罩3.1万个、手套6000副、毛巾100条、北京同仁堂藿香正气水2箱等急需物资。7月29日，威海市政协九三学社界别组一行7人到山东威达机械股份有限公司考察调研，学习推介企业先进管理经验。9月20日，经区支社社员到威海威海经济技术开发区崮山镇养老院，捐献了50件价值1万元的羽绒服。10月9日，环翠支社邀请市中医院国家二级心理咨询师、沙盘心理治疗师在环翠区鲸园办事处北山社区举行“如何向心理要健康”辅导讲座，受众100人，威海电视台《直播威海》栏目记者进行了采访。2014年，市直支社副主委、威海眼耳鼻喉专科医院眼科主任孟薇实施“威高光明行动”免费白内障复明手术100例，连续11年累计复明2200多人。

【韩启德到威海考察调研】 8月1日—6日，全国政协副主席、九三学社中央主席韩启德一行到威海考察调研，市委书记、市人大常委会主任孙述涛，市委副书记、市长张惠分别会见或陪同活动。韩启德一行先后实地察看了好运角旅游度假区、宝威学堂和威高集团，详细听取了威海市经济社会发展情况的介绍。韩启德对威海市坚持产业强市和工业带动发展战略，大力推进全域城市化和市域一体化，加快建设现代化幸福威海的做法给予充分肯定。8月2日，韩启德在山东威海蓝天宾馆与九三学社威海市委领导进行座谈，高度赞扬九三学社威海市委在参政议政、参政党理论研究等方面取得的显著成绩，尤其是对在全国首次提出的参政党政治美德这个理念给予高度评价和关注。8月4日，韩启德一行在山东省政协副主席孙继业、威海市政协副主席张剑等领导的陪同下视察宝威教育集团，并与九三学社威海市委部分社员座谈。

（曲兴　王志远）

编辑　闫拥军

人民团体

威海市总工会

【概况】 2014年，威海市总工会辖5区（环翠区、文登区、威海高技术产业开发区、威海经济技术开发区、威海临港经济技术开发区）、2市（荣成市、乳山市）总工会。市总工会机关设办公室、组织宣教部、生产保障部、财务部、女工部，下设职工服务中心、法律顾问处、经费审查委员会办公室3个事业单位（威海市政府于2014年12月26日批复威海市困难职工帮扶中心更名为威海市职工服务中心）。全市有基层工会组织4430个，会员54.9万人。年内，积极推进企业文化、职工文化建设，在全国总工会新闻宣传工作会议上作交流发言。突出抓好劳模（高技能人才）创新工作室建设，建成各类职工创新工作室246家。广泛开展劳动竞赛，举办50多个工种的技能比武活动。全市事业单位和国有、集体及其控股企业厂务公开和职代会建制率持续保持100%，非公企业两项建制率达到95.5%；各类工资集体合同覆盖率达到98%，女职工专项合同签订率达到100%。筹集帮扶资金410万元，救助困难职工3040人；会员互助保险参保单位、参保职工人数分别达到2950家、26.4万人，分别比上年增长17.5%和12.6%，工作经验多次在全省会议上交流，被评为首批"全省工会工作创新奖"。

【职工群众性安全生产活动】 2013年底至2014年4月上旬，在全市开展职工群众性安全生产"百日行动"。全市各级工会以"查身边隐患、保职工安全、促企业发展"为目标，动员3000多家企业、40多万职工参与，排查整改各类安全隐患2.15万项。坚持点面结合，以"安康杯"竞赛为载体，以标准化班组创建为重点，推动建立安全生产长效机制，全市2695家企业的1.63万个班组参与。

【参加山东省"工会就业援助月"大型公益性求职招聘会】 2月20日—22日，威海市总工会组织三角集团、威高集团、金猴集团、迪尚集团、山东威达机械股份有限公司等31家用人单位参加了由山东省总工会在菏泽市举办的"工会就业援助月"大型公益性求职招聘会活动。用人单位提供就业岗位4478个，发放宣传简章4700多份，达成用工意向性协议269人，与菏泽市总工会、职业培训机构和职业中介机构签订劳务合作协议2份。

【爱心互助保险暨帮扶站建设】 2月28日，全市工会会员爱心互助保险暨困难职工帮扶（服务）站（点）建设工作会议召开。市政协副主席、市总工会主席任慧春出席会议并讲话。各区（市）总工会主席、分管副主席和帮扶中心主任参加会议。与会人员现场观摩了环翠区张村镇、孙家疃街道办事处困难职工帮扶（服务）站及半月湾社区帮扶点。环翠区总工会作有关帮扶（服务）站点建设情况的汇报，各区（市）总工会主席分别汇报了2014年度的工作计划、互助保险工程和帮扶站点建设工作情况。

【《山东省厂务公开条例》集中宣传行动】 5月28日，市总工会举行《山东省厂务公开条例》集中宣传行动启动仪式暨宣传骨干培训班开班，全市各级工会组织近200名工会干部参加培训。年内，选拔、树立、推广30多家企业典型，制定《企业职工代表管理办法》，全面推动《山东省厂务公开条例》落实。全市事业单位和国有、集体及其控股企业厂务公开和职代会建制率持续保持100%，非公企业两项建制率达到了95.5%。

【职业技能大比武】 7月8日，由市人力资源和社会保障局、市总工会等9部门联合举办的2014年度威海市职业技能大比武活动总决赛在文登区开赛。活动设数控车工、数控铣工、车工、焊工和养老护理员等20个竞技项目，设职工组、教师组、学生中级组、学生高级组等35个组别。其中，电动装卸机械司机、铲运机驾驶员以及养老护理员等新兴职业首次被纳入职业大赛。经过层层选拔，全市145个单位的529名选手参加了总决赛。

【2014台湾工会青年夏令营在威海举行"甲午战争120周年"纪念仪式】 7月17日，2014台湾工会青年夏令营近60

名营员到威海进行参观交流，全国总工会台港澳工作领导小组办公室副主任刘洪、山东省总工会副主席赵立群等参加交流活动。本届夏令营以“铭记历史、圆梦中华”为主题，通过参观交流，促进台湾青年对祖国的认识和了解，增进台湾青年对祖国的感情，推动两岸工会交流可持续发展。营员们参观了甲午战争博物馆等纪念场所和遗址，在北洋海军忠魂碑前举行“甲午战争120周年”纪念仪式，敬献花篮，鞠躬致礼，并在“铭记历史、圆梦中华”的横幅上签字，缅怀为争取民族解放而献出生命的甲午英烈。

【“2014关爱职工、夏送清凉”活动】 7月29日，市总工会开展了“2014关爱职工、夏送清凉”活动。市政协副主席、市总工会主席任慧春带队，先后到威海热电集团脱硫脱硝建设工地、威建集团乒羽中心项目工地、威海交警二大队、威海特巡警支队、威海兴海船厂等地，看望慰问2000余名一线工作人员，发放各类防暑降温物资40余万元。

【“金秋助学”活动】 8月21日，市总工会举行2014年度“金秋助学”活动启动仪式。仪式由市政协副主席、市总工会主席任慧春主持，市委副书记赵熙殿出席仪式并讲话。部分受助学生家长代表、学生代表、各级工会干部300余人参加了活动。“金秋助学”活动是市总工会积极践行党的群众路线教育实践活动、贯彻落实“四个尊重”（尊重劳动、尊重知识、尊重人才、尊重创造）重大方针、服务广大职工群众的重要举措。几年来，筹措资金投入2000多万元，资助困难职工子女近8000名，基本实现了“决不让一名学生因为家庭困难而上不起学”的目标。

【第七届“工会当红娘，广电架鹊桥”单身员工手拉手交友活动】 9月14日，由市总工会和市广播电视台共同举办的第七届“工会当红娘，广电架鹊桥”单身员工手拉手交友活动在“侨乡号”游轮举行。现场采用“三分钟约会”的形式进行，加上踩气球、踩报纸等极具趣味性的小游戏，加深了单身男女间的互动。市区18个企事业单位工会女职工部主任及约200多名单身职工参加活动，达成交友意向20多对。

【全国总工会调研组到威海调研】 10月23日，江苏省人大常委会副主任、党组副书记张艳，全国总工会女职工部副部长倪燕芳，率全国总工会调研组到威海调研《女职工劳动保护特别规定》贯彻落实情况。省总工会副主席魏丽，市政协副主席、市总工会主席任慧春陪同调研。在威海期间，调研组召开座谈会，听取威海市女职工权益维护工作情况汇报，与部分部门单位座谈交流，对2个企业女职工权益维护情况进行调查了解。

【参加威海发布微访谈栏目】 11月27日，市总工会相关工作人员做客“学理论懂政策 做明白人”威海发布微访谈栏目，就“工会会员爱心互助补充医疗保险工程”“困难职工帮扶救助工作”等问题与网友进行了在线交流，解答网友在线提问12个。至当天下午15时，微访谈栏目阅读量达18万人次，有40多名网友参与互动讨论。

【劳模大走访活动】 为进一步完善劳模服务机制，9—10月份组织开展全市劳模大走访活动，全市1478名劳模全部进门入户走访一遍，补充备案各级劳模40名，协调有关部门为201名劳模落实了待遇，筹集资金183万元，为劳模提供慰问、救助、查体、疗休养等服务。同时，摸清劳模基础信息，完善劳模电子档案，为实现劳模精准化服务打好基础。

【送温暖活动】 从10月下旬开始，市总工会组织全市各级工会开展元旦春节送温暖活动。通过层层摸底调查，按照有关政策和标准，全市确认符合救助条件的困难职工3401户，落实送温暖资金665.7万元（比上年增加68.7万元）。其中，中央财政投入203.5万元，地方财政配套资金投入357.75万元，工会经费投入104.45万元。

【服务网络建设】 12月底，“市困难职工帮扶中心”更名为“市职工服务中心”。创新开展镇（街道）职工服务站和社区（企业）职工服务点建设，出台激励政策，强化督导考核，加强人员培训，初步形成基层职工服务网络。全市建成镇（街道）服务站73个，建成率达到92.4%，全部配备了专兼职工作人员，不断深化各项服务工作。进一步丰富服务内容，统筹四季服务、会员优惠、心理咨询、法律维权、报刊信息等服务项目，形成工会规范化服务体系。

（郎济民）

中国共产主义青年团威海市委员会

【概况】 2014年，全市有共青团员15.8万人，专职团干部781人，兼职团干部3887人，68个市直团委，基层团委1236个，团工委578个，团总支673个，团支部6949个。年内，共青团威海市委被共青团山东省委评为2014年度全省共青团工作“红旗团委”，共青团荣成市委、乳山市委分别被评为2014年度全省“助力县域科学发展工程示范县团委”“服务青年项目创新工程示范县团委”称号。

【青春导航行动】 全面落实团中央“我的中国梦”主题教育实践活动，深入开展“青春导航行动”。在全市中小学校开展“红领巾相约中国梦”团队知识学习教育活动；承办团中央第四期全国中学团委书记培训班，继续开展“党建带团建·团报赠基层”活动，为基层赠阅团刊2000余份；与市青年企业家协会会员共同制作22集《中小学生生命安全教育》动画片，联合制作的三维动画片《繁星点点》在中央电视台少儿频道播出。

【主题实践营活动】 以纪念甲午战争120周年为契机，7月25日，承办团中央“甲午殇 中国梦”主题实践营活动，全国各地的中小学生代表和中学团委书记代表240余人参加。组织营员参观刘公岛甲午战争遗址群、听取“甲午战争的启示”专题报告会，参加“甲午战争的启示”交流会等活动。同日，承办中国少年儿童新闻出版总社“爱我中华 知我海疆”主题夏令营，全国各地的120名参加“爱我中华 知我海疆”活动获奖少先队员在威海参加纪念甲午战争120周年活动。7月31日，第十三届全国“火炬引导我前进”夏令营活动在威海举行，夏令营由中华爱国工程联合会指导，《祖国》杂志社、北京市于若木慈善基金会联合主办，威海市团委、刘公岛管委会、北海舰队某部协办。

【共青团新媒体平台】 年内，共青团威海市委先后开通了微博、微信、手机报、“E信通”等官方信息发布平台，建立各类QQ群32个，组建了1500名网络宣传员队伍，构建成集专属性、服务性和时效性“三位一体”的威海共青团全媒体平台。

【青春建功行动】 扎实推进“青春建功行动”，组织开展青工岗位大练兵、大比武13次，组建青年突击队20支。深入开展“团银助农”活动，选派64名金融特派员担任镇（街道）团委编外副书记，推动“青春建功行动”向纵深发展。

【青年文明号创建活动】 以纪念青年文明号创建活动20周年为契机，开展“青年文明号风采巡礼”交流展示活动，举办全市青年文明号羽毛球友谊赛，在刘公岛开展青年文明号区域联创试点活动，树立“唱响文明号 建功中国梦”的活动品牌。

【青年创业园区建设】 全力推动青年创业园区建设，先后命名建设青年创新创业基地（园区）8个，青年电商创业基地2个。威海火炬软件孵化器被共青团山东省委认定为首批“山东省青年创业孵化基地”，被团中央命名为首批“全国青年创业示范园区”。

【青年创业融资服务】 共青团威海市委努力拓宽青年创业融资服务渠道，联合市商业银行设立了4000万元的青年创业基金，发放贷款1800余万元；与民生银行合作成立威海市青年创业助力合作社，发放贷款3000余万元；持续开展“农村青年信用示范户”评选活动，累计发放小额贷款221笔、合计2821万元。

【青年就业创业技能培训】 广泛开展青年就业创业技能培训，年内，新发展创业志愿导师37人，全市有创业导师213人，与300余名创业青年结成对子；承办团中央信息化培训试点工作，为526名农村青年提供计算机信息技术培训；组建市创业青年俱乐部，定期邀请青企协轮值副会长对创业青年进行创业辅导。

【青年创业交流平台】 共青团威海市委与市人力资源和社会保障局等部门共同开展“威海市首届创业大赛”，举办威海市首届青年电子商务大赛；成立创业导师分享团，举办各类青年创业论坛20余场次；持续推出青年创业DM杂志《创业365》6期，打造共青团服务青年创业的专属交流平台。

【青少年权益维护】 共青团威海市委联合市社会治安综合治理委员会办公室出台《关于在全市网格化管理中开展重点青少年群体服务管理工作实施方案》，将全市5类重点青少年群体统一纳入数据库管理；联合法院等12个部门共同修订《威海市青少年维权岗管理办法》，建设维权阵地8个；积极推动共青团山东省委关于加强基层团组织经费保障、团干部及少先队总辅导员人员配备有关精神的落实，基本形成了区域联动、行业互动、保障驱动的青少年“大权益”组织网络和机制。

【“微关爱”社会化动员体系】 依托城市社区建立了3家“希望乐园”，并成功运行“星星天使”等公益项目23个；依托市青年企业家协会发起“励青公益”行动，筹集善款12万余元，资助学生200多人；持续推动希望工程爱心助学活动，累计筹集希望工程善款68.7万元，资助782名贫困学生，建设希望图书室10个、希望厨房9个、希望音乐教室1个。

【“常态化”志愿服务体系】 召开全市青年志愿者协会第二次会员代表大会，开发威海市志愿服务信息综合管理系统，录入志愿者信息25万余人；与市精神文明建设办公室共同出台《威海市志愿服务回馈嘉许办法（试行）》，进一步完善志愿服务常态化机制建设；先后累计招募、培训“铁人三项”“渔博会”等全市大型赛会志愿者1500名，提供志愿服务2.4万小时。

【青春绿色行动】 在刘公岛国家森林公园、环翠楼公园等公众游憩地设立了1000余个科普小标识和科普宣传栏；开展了生态文明宣传“六进”（进机关、进社区、进校园、进企业、进家庭、进村寨）活动，以“湿地日”“森林日”为主题，开展了科普讲座、三下乡等生态科普宣传活动30次。先后开展了“青春汇绿美丽威海”“百万青年绿林会”等植树活动12次，参与青年3000余人次；开展了“爱心公益成长行动”，推荐的皇冠小学团队被中国青基会小天使爱心基金评为全国十佳团队。建设省级青少年绿化基地6处，市级青少年绿化基地4处；联合市精神文明建设办公室等6部门共同成立威海市青少年绿色联盟，组织成立了青少年生态环保社团41个，经常性组织开展环保志愿服务活动。

【团建基层基础工作】 全面落实基层党建带团建工作要求，以村（社区）“两委”换届为契机，积极推动农村优秀青年进“两委”；加强服务型团组织建设，培育示范基层团组织35个，运行服务青年项目5个；继续深化乡镇团的组织格局创新和实体化“大团委”建设活动，试点开展了城乡区域化团建工作，新建实体化“大团委”192个。

【学校少先队工作】 全市各级团组织坚持全团带队，广泛开展了争当“四好少年”“美德少年”评选等活动；在全市范围内公开选拔威海市少先队总辅导员，落实少先队专项工作经费，并积极推动各区（市）落实人员配备和经费保障工作。

【团属社团活力增强】 召开了威海市青年联合会第八届委员会第一次全体会议，选举产生新一届领导班子。依托市直机关青年联合会、青年美协、青年书协等青年社团，先后举办“市直机关青年刘公岛骑行登山活动”“全市青年美术家优秀作品展”“全市青少年书法大赛及优秀作品展”等活动。召开了市青年企业家协会第五届会员代表大会，开展“青年企业家绿色健康骑行活动”，组织部分青年企业家先后到德州、烟台等市考察，邀请韩国统营青年会议所成员到威海参观考察，并在各区（市）开展项目对接活动。

（丛日奎）

威海市妇女联合会

【概况】 2014年，全市有镇（街道）妇联组织75个，专职妇联干部130人。党政机关、事业单位妇委会212个，村（社区）妇代会2774个。市妇联被评为山东省维护妇女权益先进集体、山东省妇联系统新闻宣传工作先进单位、威海市2014年度工作优秀单位、威海市“六五”普法依法治理中期先进单位。

【三八国际妇女节庆祝活动】 3月7日，举行“凝聚巾帼力量 唱响美德之歌”全市纪念三八国际妇女节104周年大会暨“最美威海女性”颁奖仪式，市领导及各界妇女代表共800余人参加。大会表彰了在家庭美德、社会公德、社会妈妈活动中有突出表现的13名“最美威海女性”。颁奖仪式后，市妇联、市女企业家协会邀请著名主持人倪萍作了题为“做女人真好”的公益讲座。节日期间，全市各级妇联组织开展了形式多样的庆祝活动，展开大规模的宣传报道，在全社会营造了关心妇女工作、支持妇女发展的良好氛围。

【巾帼创业就业行动】 由市妇联、科技局、财政局、人力资源和社会保障局联合开展了巾帼创业就业行动，目标是自2009年起利用5年时间，对1万名城乡妇女实施创业就业能力培训，培养100名巾帼创业带头人，创办50处“乡村车间”，帮助1000名妇女自主创业，带动1万名妇女就业。通过巾帼创业就业行动，各级妇联采取各种形式，创设各种活动载体为妇女创业就业服务。实施女大学生创业服务计划，从观念引导、培训指导、项目运作、资金扶助等方面为女大学生自主创业提供服务。开展“巾帼示范乡村车间”创建活动，推动乡村车间扩规模、重规范、增效益，2014年，为10处“巾帼示范乡村车间”授牌。巾帼创业就业行动带动全市创办乡村车间500多处，吸纳2万多名农村妇女就近就地就业。进一步落实妇女小额贷款贴息政策，通过协调市财政局、人力资源和社会保障局及有关金融机构，帮助414名创业妇女申领贷款3949万元，帮助7名妇字号龙头企业申领省级巾帼创业贴息资金23万元。举办“春风送岗位”女工、女大学生就业专场招聘会，组织60多家单位入场招聘，帮助710名妇女与用工单位达成就业意向。组织“点燃创业梦想 实现精彩人生”创业辅导校园行活动，邀请女企业家3次走进高校向女大学生解读创业政策，分享创业感悟和创业事迹，引导女大学生转变就业观念，参与创业实践。

【女企业家协会工作】 威海女企业家协会组织开展“推进巾帼创新创业，助力经济转型跨越”女企业家观摩交流活动，促进会员企业转型跨越发展。举办“创新与发展”培训班，组织会员赴厦门国家会计学院集中学习，观摩厦门航空公司，与厦门市女企业家开展联谊交流活动，促进会员更新观念、提升能力。出刊首期《威海女企业家》杂志，建立女企业家学习交流、展示风采、互动发展的平台。举办“智慧女性 精彩人生”威海市女企业家创新发展论坛，开展主题演讲和风采展示活动，宣传女企业家在履行社会责任、经营发展企业及处理家庭关系中的担当奉献。年内，女企业家协会会员发展到97名，协会凝聚力、向心力进一步增强。

【“巾帼文明岗”评选活动】 继续在全市女职工集中的机关、科研院所、企事业单位中开展“巾帼文明岗”评选活动，激励广大女职工创新创优、岗位建功。年内，推动活动向规范化、品牌化发展，建立“巾帼文明岗”动态管理机制，引领女职工立足岗位争先创优，涌现出市级以上“巾帼文明岗”72处。

【幸福美丽家园巾帼创建行动】 实施幸福美丽家园巾帼创建行动，全市评选出100个幸福美丽家园示范村，组织发动农村妇女参与完成了全市255个环境综合整治村的绿化任务。与市精神文明建设办公室联合开展新农村新生活培训，组建市级讲师团，举办全市新农村新生活骨干培训班，各级妇联组织围绕家居美化净化、家庭伦理道德、亲子教育、文化娱乐、身心健康、家庭服务、科技致富、普法维权8项培训内容，组织培训班386场次，培训妇女2.64万人次。

【寻找“最美家庭”活动】 面向基层开展寻找“最美家庭”活动，利用妇女之家、妇女儿童家园等阵地，广泛宣传寻找“最美家庭”活动的意义，通过张贴海报、举办家风家训评议会、晒“最美家庭”照片、讲“最美家庭”故事、展“最美家庭”风采等形式，动员群众积极参与。2014年，全市评选表彰100户市级“最美家庭”，2户获省级“最美家庭”称号。

【“爱家讲堂”】 继续开展“爱家讲堂”活动，先后邀请全国、省及市的知名专家、学者围绕幸福人生、和谐家庭、道德修养、健康养生等内容，为全市女干部、各级女职工代表、女企业家等开展公益宣讲活动5场次，受益人数达2100余人。开办“爱家讲堂”周末影视课堂，打造多样化宣讲模式，最大限度拓展威海“爱家讲堂”的覆盖面和品牌效应。

【巾帼志愿服务活动】 组建“威海巾帼爱心联盟”志愿服务队，招募432名巾帼志愿者，全市有642支巾帼志愿服务队伍、1.4万名巾帼志愿者。全市各级巾帼志愿服务队围绕创建文明城市、关爱留守儿童、关心贫困母亲、维护合法权益、公益慈善、抢险救灾，开展巾帼志愿服务活动700多场次，使巾帼志愿服务贴近家庭、贴近生活、贴近群众。

【实施“妇女儿童规划”】 市委、市政府将妇女儿童事业发展和《威海市妇女发展“十二五”规划》《威海市儿童发展“十二五”规划》（以下简称“妇女儿童规划”）实施纳入了党委、政府的重要议事日程，印发《中共威海市委关于加强和改进新形势下妇女工作的意见》，市政府办公室连续4年出台为妇女儿童办实事意见，集中力量每年为妇女儿童办理一批实事项目，形成党委、政府为妇女儿童办实事的长效机制。把农村妇女“两癌”（乳腺癌和宫颈癌）检查和贫困“两癌”患病妇女救助工作纳入《威海市妇联2014年度科学发展综合考核工作方案》，建立完善相关工作机制。12月，召开全市为妇女儿童办实事工作推进会议，交流总结各区（市）、各部门实施“妇女儿童规划”和办实事的经验和做法、规划主要指标完成情况，安排部署下步工作措施，推动规划全面顺利实施。

【爱心工程】 实施“贫困母亲两癌救助”行动，下发“两癌”救助专项基金20万元。继续开展“社会妈妈”活动，年内募集款物79.1万元，986名贫困儿童与“社会妈妈”结对，累计资助儿童7599名；新建4处“留守流动儿童活动站”、3处“流动妇女平安之家”，加强79处“留守流动儿童活动站”、54处“流动妇女平安之家”的管理使用，为留守流动妇女儿童服务，发动各界为留守流动儿童捐赠10万余元的活动器材。

【“爱心接力，绿色传递”公益互助活动】 设立“巾帼爱心超市”，动员城镇妇女向困难家庭捐赠闲置物品，通过发动市直包扶部门共同捐建、区（市）妇联捐建等形式，新建并投入使用7处“巾帼爱心超市”。采取先试点、后推广的方式，坚持“建成一个，规范管理运行好一个”的原则，对巾帼爱心超市实行统一铭牌、统一标志、统一管理标准。累计发动捐赠物资4批次，在全社会倡树了“爱心、互助、节俭、环保”时代理念，营造“人人献出一点爱，我们的生活更美好”良好社会氛围。

【“父母学堂”】 由市妇联主办的“父母学堂”，秉承“父母好好学习，孩子健康成长”的理念，根据不同年龄段孩子家长的需要，定期举办家庭教育讲座。先后邀请全国、省、市家庭教育专家和高考优秀学生举办7场家庭教育讲座，2000多名家长受益。推动威海“父母学堂”走进中小学校园，1000多名家长受益。吸收311名优秀家长代表组成家庭教育家长志愿团。开通威海市家庭教育家长志愿服务团QQ群，开展家庭教育交流、宣传、服务活动，引导家长以德育人，科学教子。

【维护妇女儿童权益】 加强普法宣传，组织妇女维权周活动，举办法制宣传活动200多场次，发放宣传资料2万多份，开展法律知识培训班26场次，参加学习培训的妇女干部群众5000多人次，提高了妇女参与社会管理创新的能力。加强维权队伍建设，调整充实了妇女维权法律服务团力量，新增22名专业律师加入服务团队伍。组织法律服务团成员开展法律“三进”活动，深入农村、社区、家庭举办法律知识讲座50多场次，免费向群众发放相关宣传资料1万余份。5名维权干部考取了婚姻家庭咨询师资格。加强妇联信访窗口建设，市、区（市）两级妇联受理来信来访256起，处结率达99%。开展“平安家庭”创建活动，分类推进“平安家庭”创建工作，100个家庭被评为市级“平安家庭”示范户；1个市、3个镇（街道）、6个村（社区）被评为省级“平安家庭”示范县（市、区）、示范乡（镇、街道）、示范村（社区）。

【妇女基层组织自身建设】 深入开展妇联基层组织建设提升年活动，推动在“两新”组织（新经济组织和新社会组织）、工业园区、专业市场等建立妇女组织500多个，夯实组织根基。推行社区妇联组织网格化管理，将服务触角进一步向妇女群众延伸。着力提升妇联干部的执行、创新、服务能力，举办“创新与发展”赴厦门培训班，采取课堂学习、现场教学、观摩交流相结合的方法，进一步提高了妇联干部的履职能力。采取多媒体教学、网络教学、学习考察、以会代训等多种方式广泛开展教育培训，进一步增强妇联干部的服务能力。

【“妇女儿童家园”项目】 “妇女儿童家园”项目主要立足社区，通过建立政府引导、部门参与、社会支持、妇联管理运营的工作机制，推行“妇联干部＋社会工作者＋志愿者＋专家”工作模式，引用社会工作理念、方法，构建妇联系统有形实在、功能多元的综合性社区妇女儿童服务平台。市委、市政府制定发行的《关于加快推进新型社区建设的实施意见》中，将妇女儿童家园纳入新型社区公共服务配套设施建设。年内，重点推进“妇女儿童家园”项目品牌化，建起省级“妇女儿童家园”5处，市级“妇女儿童家园”8处，全市“妇女儿童家园”总数达39处。

【妇女儿童活动中心工作】 市妇女儿童活动中心坚持公益性、普惠性原则，秉持“立德树人，以美育人”的核心理念，致力打造“妇女智慧温暖家园、儿童健康成长乐园”。开设“玫瑰芳”活动中心，定期组织广大妇女开展联谊、健身、合唱、舞蹈、摄影、旗袍秀、古筝、绘画、电子琴、演讲等文体活动。开设妇女创业就业指导中心、妇女维权工作室、巾帼志愿服务指导中心等，引导广大妇女内外兼修，争做智慧幸福女人。开设舞蹈、声乐、美术、主持、乒乓球、武术、古筝等近20项特长培训项目，600名少年儿童参加，1300名儿童参加1个月免费特长培训体验活动。每周3天免费对未成年人开放场地，对二级重度以上残疾人家庭子女、低保家庭子女、残疾儿童、孤儿免收培训费。与周边10所小学、幼儿园建立共建关系，年度受益儿童达1万人次。每月举行以“爱心传递”为主题的公益性实践活动。组织“共植一片绿，我与小树一起成长”植树活动，50多个家庭植树200余棵。举行“风筝知识讲座”及风筝放飞活动。开展2期大型“爱心传递——图书漂流”活动，倡导少年儿童热爱读书、节约资源、循环利用图书，450名少年儿童参加。

（耿瑞铎）

威海市科学技术协会

【概况】 2014年，全市有市级学会13个，会员5482人；县级学会28个，会员1021人。企业科协61个，会员1.64万人。建立老科技工作者协会3个，其中市级1个，县（市、区）级2个。农村专业技术协会227个，会员7.9万人。

【继续推进产学研合作】 积极探索科协组织服务企业技术创新的有效形式，通过加强与国内高端人才的联系，了解企业人才、技术需求，牵线搭桥促合作；通过建立院士专家工作站，推进产学研合作。年内，邀请4位院士及20位专家到威海举办学术讲座、科普报告，到企业开展科技考察，为促成与企业的合作打下了良好基础。对2013年中国科协院士威海暑期考察休假期间达成的一些合作意向，加大跟踪服务力度，推动合作取得实质成果。9月，省委组织部等5部门批准，中科院院士焦念志与山东海之宝科技有限公司建立院士工作站，开展海藻高效养殖与海洋碳汇研究；工程院院士唐启升与荣成鸿业实业有限公司建立院士工作站，开展海洋多营养层次综合养殖技术示范研究，实现了院士工作站零的突破。经山东省科协批准，建立了威海永固耐磨制品有限公司专家工作站等3个专家工作站。

【为科技工作者服务】 *做联系科技工作者贴心人* 确定每位班子成员、中层干部分别联系10名、5名科技工作者，深入了解科技工作者的工作、学习、生活，帮助解决困难，维护合法权益；发挥好桥梁纽带作用，宣传市委、市政府有关科技、人才政策，反映科技工作者的意见建议；采取走访、座谈等形式，密切与科技工作者情感联系，做科技工作者的贴心人。

为科技工作者成长成才提供资金支持 发挥科技工作者之家的作用，充分利用市人才工作领导小组成员单位的有利条件，为科技工作者争取权益。由市科协牵头组织评选的青年科技奖首次纳入市人才工作专项资金支持表彰项目，青年科技奖是全市群体性社团组织中唯一入选的项目，每3年表彰20名优秀青年科技工作者，每人奖励1万元。

举荐表彰优秀科技工作者 联合市人力资源和社会保障局推荐北洋集团股份有限公司副总经理孙忠周、拓展纤维股份有限公司副总经理高长星为省优秀科技工作者候选人。最终，高长星获评山东省优秀科技工作者，孙忠周获评全国优秀科技工作者。

【推进科技思想库建设】 组织人员赴省科协、济南市科协学习借鉴先进经验，召开科技思想库建设座谈会，通过加强专家库建设、确定重点选题、组织专家调研、加大经费支持等措施，扎实推进科技思想库建设，为建言献策提供智力支持。2014年，市科协被省科协确定为省级科技思想库建设试点单位。

【办好《专家建议》】 将《专家建议》作为科协履行党和政府联系科技工作者桥梁纽带职能的重要载体，提升办刊质量，扩大影响力。全年组织专家开展6项重点调研活动，向市委、市政府提交了“关于里口山火烧迹地更新造林的建议”“关于建立知识产权预警机制的建议”“关于促进猕猴桃产业发展的建议”3期《专家建议》，得到市委主要领导的高度重视，对“关于里口山火烧迹地更新造林的建议”“关于促进猕猴桃产业发展的建议”作出重要批示，“关于建立知识产权预警机制的建议”被省科协评为“山东省科协优秀科技工作者建议”三等奖。

【科普基础设施建设】 *开展“社区科普网络书屋”建设试点* 投资12万元在文登海泰社区建设一处“社区科普网络书屋”，由科普图书室和以数字科技馆、电子书屋为主要内容的科普电子阅览室组成，满足社区居民多元科普需求，探索解决“服务群众最后一公里”的有效路径。

建设科学体验馆 在威海市中小学生综合教育实践基地建设面积400平方米的科学体验馆，分为“数学魅力”“运动规律”“电磁探秘”“声光体验”“益智动手”5个主题，50件展品。该基地是全国首批中小学综合实践基地，每年可接待8万名中小学生进基地受训。

建设社区科普大学 为实现社区科普活动组织化、经常化、制度化，成立威海市科普大学总校、市区分校，建立社区科普大学教学点17处。

推动数字科普平台建设 实施数字科普通工程，新安装数字科普终端142台，总量达到442台。实施校园数字科普行动，为全市202所中小学校建立校园数字科技馆。新建三农网络书屋100个，总量达897个。

【举办前沿热点科普讲座】 *举办院士专家高端科普报告会* 邀请中科院胡文瑞院士为市直机关干部作“能源危机与可再生能源”、为哈尔滨工业大学（威海）师生作“载人航天”、为山东大学威海校区师生作“中国微重力科学”、为威海二中师生作“空间探索”4场科普讲座。邀请中国载人航天应用系统总指挥张厚英研究员到威海为中学生作“嫦娥奔月 神州华彩”巡回报告会。

举办社区科普大讲堂 组织专家编写《各类食品饮食常识》《家庭养花39问》《家庭生活知识手册》等社区科普教材3.5万册。科普志愿者协会组织会员到社区举办安全避险、养生保健、科学生活等内容的“社区科普大讲堂”148场。

举办百姓课堂 面对社会关注的热点问题，邀请国内外专家在科技馆科普报告厅举办“像梁启超那样做父亲”等百姓课堂20场。

【特色主题科普活动】 *举办“全国科普日”活动* 2014年的科普日的主题是“创新发展，全民行动”。联合环翠区科协在孙家疃海祥社区举行威海市暨环翠区2014年全国科普日主场活动。科普日活动期间，向社区赠送第六版《十万个为什么》《院士怎样做人与做事》等科普书籍，向社区居民发放《家庭养花39问》《各类食品饮食常识》《家庭生活知识手册》等各种科普知识手册1.08万册；组织医院、高校科普志愿者为社区居民举办食品药品、常见病预防等科普讲座20场次，受众4800余人次；组织科普志愿者为社区居民开展便民义诊和咨询服务活动，义诊人数达198人；制作“创新发展、全民行动”为主题内容的科普看板20块，涵盖创新发展、交通安全、低碳生活、共建资源节约型社会等内容，在广场、社区、学校进行巡回展览15场次参展市民达5600人次。

开展食品安全宣传周活动 食品安全宣传周期间，利用300台山东省数字科普显示终端，组织市民观看食品安全科普数字挂图及数字科普节目，通过图文并茂、生动直观的视频和图片，宣传科学健康理念。组织社区科普大讲堂宣讲团成员和科普志愿者深入7个社区，举办食品安全、常用药品、转基因食品等内容的社区科普大讲堂10场次，受众1000多人次。

【青少年科普教育】 *培养青少年科学兴趣，提高动手能力* 举办威海市青少年科技创新大赛，有318项作品获奖。组织中小学生参加全国、全省青少年各类比赛，共获得奖励91项，其中国家级奖励4项，省级一等奖22项。

开展"科普报告百校行"活动 邀请7名国内外知名专家，围绕地球物理、科技创新、心理卫生等方面在全市26所学校举办31场专题报告，参与学生1.27万人。

开展"流动科技馆进校园"活动 2014年"流动科技馆进校园"活动新增了数字科技馆、航模车模表演等内容，并与学校科技活动相结合，先后在翠竹小学、码头小学、黄岚小学等学校开展。

【实施科普惠农新兴计划】 *大力培育和扶持农村专业技术协会、农村科普示范基地及农村科普带头人* 市科协联合市财政局重点扶持荣成市崖西镇有机草莓协会等10个农村专业技术协会、文登区海和鲆鲽鱼无公害育苗养殖示范基地等10个农村科普示范基地以及姜钦贺等10名农村科普带头人，扶持发展资金15.2万元。充分发挥示范带动作用，加速农业科技成果转化应用，推广农业新品种、新技术28项，建设科普惠农服务站6处。乳山市花生协会、荣成市葡萄种植协会和威海经济技术开发区泊于无公害蔬菜生产示范基地，被中国科协、财政部评为2014年基层科普行动计划奖补单位，文登区侯家镇侯家村朱军良、威海高技术产业开发区初村镇小产村朱光宗2名农村科普带头人被中国科协、财政部评为2014年基层科普行动计划奖补个人；文登市养貂协会、乳山市多福山特色种植示范基地被省科协、财政厅评为2014年"山东省基层科普行动计划先进集体"，为基层争取奖补资金82万元。

开展实用技术培训 以农技协会、示范基地、科普学校为载体，组织农业专家进村入户，开展养殖、种植、加工、流通等内容的新技术、新技能培训，全市举办苹果、花生、蔬菜、畜牧、养殖等生产管理技术培训班124场次，培训农民1.59万人次。

开展送"科技下乡"活动 围绕"创新发展，全民行动"活动主题，组织花生、畜牧、水产、蔬菜、果树等方面的专家及科普志愿者集中在南黄镇、泊于镇、侯家镇等开展科技下乡活动18次，群众咨询830人次，向群众赠发《健康生活拥抱幸福》等实用技术教材5800多册，医疗保健、安全急救等内容的科普知识手册1万份，"地震科普知识"等科技明白纸5万份。

【实施社区科普益民行动】 *培育优秀科普示范社区和社区科普团队* 在全市城区开展了优秀科普示范街道、优秀科普示范社区创建活动，表彰荣成市崖头街道办事处等5个街道、文登经济开发区双龙社区等10个社区，通过抓示范、评比、表彰，推动社区科普工作深入开展。其中，环翠区竹岛办事处海源社区、文登市天福街道办事处海泰社区等2个社区被中国科协、财政部评为2014年基层科普行动计划奖补单位；乳山市城区街道办事处西馨苑社区、荣成市寻山街道青鱼滩社区被山东省科协、财政厅评为2014年"山东省基层科普行动计划先进集体"，为基层争取奖补资金60万元。

实施科普惠农示范工程，推进社区科普大学建设 健全完善市建总校、市区建分校、街道或社区建立教学点的三级教学管理体系，编印卫生健康、科学生活、节能环保等内容的社区科普大学教材4万册，培养10个优秀科普示范社区，组织宣讲团成员深入社区举办科普讲座100场。

【扶持学会发展】 *组织举办、承办市级以上重点学术活动* 组织市级学会参加了省应用统计学会组织的省社会组织评估与能力提升研讨会，7家学会参与学习交流。2014年，各市级学会全年举办学术交流和培训活动70多个，其中，医学会举办学术活动31个，培训4000余人次。

加大对学会、科技人员的支持力度 支持学会开展学术沙龙，资助科技人员参加国内外高水平学术会议。争取省科协"国际科技交流扬帆行动"项目支持，哈尔滨工业大学（威海）石红波获参加国际学术会议资助；争取省科协"智慧沙龙"项目支持，市科协、市医学会联合申报的"消化道癌筛查、早诊早治与防控体系建立的应用研究"课题获项目资助。2014年资助学会重点学术活动资金3万元，比2013年增加一倍。

【落实《全民科学素质行动计划纲要》】 按照省经信委《2014年度17市科学发展综合考核工作实施细则》要求，对承担的提升全民科学素质考核指标情况进行分析，细化分解工作目标，明确职责。根据省科协《关于开展2014年度提升全民科学素质发展综合考核工作的实施方案》，威海市素质工作领导小组与各区（市）签订《全民科学素质共建协议》，组织各成员单位研究制发威海市《关于开展2014年度提升全民科学素质科学发展综合考核工作的实施方案》和《关于推进全省科学发展考核工作指标任务提升全民科学素质工作的通知》及《提升全民科学素质平时考核统计台账》，促进威海市全民科学素质工作全面开展，确保"十二五"末威海市公民具备基本科学素质的比例达到6%～7%。

（王燕霞）

威海市工商业联合会

【概况】 2014年，威海市工商业联合会（威海市总商会）有会员4816个。其中，企业会员4712个，团体会员24个，个人会员80个。有区（市）级基层工商联组织6个，异地商会14个，同（行）

业商会6个，民企公会1个，镇商会48个，街道商会24个。

【非公有制经济人士理想信念教育实践活动】 全市非公经济人士深化理想信念教育实践活动于5月份启动。坚持把群众路线教育实践活动与深化非公经济人士理想信念教育实践活动统筹安排、统筹推进、相辅相成，丰富和扩大了活动实效。为增强非公经济人士理想信念教育实践活动成效，借召开工商联执委会时机，选取履行社会责任好、社会信誉度高的非公有制经济人士代表作典型事迹报告。组织开展“做精工产品、做诚信企业”活动，倡议会员企业全面加强诚信制度建设，以诚信经营实现企业做大、做强、做优。

【配合做好全国工商联执委企业招商工作】 市工商联配合市经济合作局等部门，开展了面向全国知名民企的集中招商活动。2月份，召开异地商会会长专题工作会议，就各异地商会如何发挥作用，开展好对接全国工商联执委企业招商工作进行了具体部署。先后赴京、津、晋、陕、浙、闽、粤、黑、辽等省市，与筛选出的符合威海产业发展的10家全国工商联直属商会和100多家重点企业，进行积极对接和重点拜会，为市经济合作局开展后续招商工作提供便利。

【服务会员企业发展】 发挥政策服务平台作用，通过召开专场报告会、印发材料、网站发布等形式，及时宣传、解读各级扶持民营企业及小微型企业的有关政策，让所有会员企业了解有关政策，用好政策。发挥融资服务平台作用，与民生银行合作实施城市商业合作社项目，与市商业银行合作实施“金鼎计划”，与浦发银行合作实施“共赢联盟”计划，通过互保、联保，互助金信贷保障方式，授信6.5亿元；依托会员企业兴办的小额贷款公司和担保公司，重点面向小微会员企业投放贷款5.4亿元。发挥市工商联法律维权服务中心和民商事调解中心作用，为会员企业提供咨询、代理、仲裁等方面服务26次，挽回经济损失300多万元。

【工商联组织建设】 *加强工商联领导班子建设* 增选了12名工商联执委、4名常委、2名工商联副主席，切实把思想优、贡献大、形象好的非公经济人士吸收到工商联组织中来，进一步夯实了工商联组织基础。

加强县级工商联组织建设 按照《山东市工商联2014年“五好”县级工商联建设工作实施意见》，开展“五好”（领导班子好、会员发展好、商会建设好、作用发挥好、工作保障好）县级工商联建设活动，进一步提升了全市县级工商联建设科学化水平，文登区工商联被省工商联命名为“县级工商联建设示范点”，其他各区（市）工商联均达到“五好”标准。

加强商会管理工作 加强商会管理工作研究，就威海市经济类协会商会发展状况进行调研，形成调研报告供参考。总结工商联直属商会建设经验，参加了省工商联组织的商会工作经验交流会。迎接全国工商联商会工作专题调研组调研，获得全国工商联领导的充分肯定。

【“千家民企回馈民生”活动】 继续开展“千家民企回馈民生”活动，不断拓展“民企帮村”活动范围，覆盖了助学、农村环境综合整治、城中村改造、结穷亲、帮扶老党员、参与扶贫开发等多个领域，有力地支援了全市和谐社会建设。2014年，新增55家会员企业参与农村环境综合整治，捐款及物资折款220万元；176家企业参与帮扶困难家庭260户、贫困学生880人；开展感恩行动，帮扶“三老”（老干部、老党员、老模范）人员95名；龙口、江苏、川渝、黑龙江等商会开展助学、助困、山火捐款捐物等公益活动30多次。

【扶持青年创业活动】 创新工作思路，与威海市创业大学签署战略合作协议，在创业培训、创业扶持等方面展开深度合作。由创业大学的专业化队伍，为扶持的创业青年提供政策指导、技能培训、融资贷款、项目推介等方面的全程服务，举办了第一期“突破创业生死线”培训。2014年新增30名青年创业者为扶持对象，总数达到176名，带动就业1400多人。41名创业青年扶持期满，获得中国青年创业国际计划“诚信证书”。

【商会党建工作】 按照市委“两新”工委工作要求，进一步加大了商会党建工作力度。2月，举办了一期商会党支部党务工作者专题培训班，印发了商会党务工作规范，使商会正规有序开展党建工作有了指南，提高了商会开展党建工作的能力水平。严格做好新党员发展工作，全年培养发展非公经济人士党员10名，组织发展对象参加培训，确保党员发展质量。

（所向东）

威海市社会科学界联合会

【社科课题研究】 2014年，重点围绕市第十四次党代会确定的“中心崛起、两轴支撑、环海发展、一体化布局”和“产业强市、工业带动”等一系列决策部署，组织各区（市）、市直各有关部门、驻威高校的专家学者，深入开展宏观性、前瞻性、战略性和综合性的重大问题研究。全市申报选题136个，确定完成2014年威海市级社会科学重点研究课题24个。为全面建设现代化幸福新威海提供理论支撑，为各级领导提供依据和参考。配合山东社科院进行“山东省红色文化建设调查研究”，把握威海市红色文化建设的现状，为威海市红色文化建设提供可行的意见和建议。组织威海市参加山东省第27次社会科学优秀成果奖的申报，其中2部作品分获一等奖和三等奖。组织的纪念甲午战争120周年国际学术研讨会被评为“山东社科论坛十佳研讨会”，1人被评为山东省学术研究先进个人。

【威海市纪念甲午战争120周年系列活动】 2014年是甲午战争120周年，为进一步弘扬民族精神，增强民族凝聚力，按照“整合资源、协调联动、务实节俭”的原则，统筹制定《威海市纪念甲午战争120周年系列活动安排》。清明节期间，组织威海旅游船集体鸣笛祭典北洋水师，组织驻威海部队官兵、刘公岛景区、驻威海高校大学生在刘公岛北洋海军忠魂碑前举行纪念甲午战争120周年祭典活动。以“海军节”为契机，组织哈尔滨工业大学（威海）大学生和驻威部队官兵开展“勿忘甲午，共筑中国梦”主题演讲比赛暨军队开放日活动。在哈尔滨工业大学（威海）和山东大学（威海）举办2场以“勿忘甲午，海洋强国”为主题的爱国主义教育专家报告会。与威海军分区政治部联合举办纪念甲午战争120周年征文，征集作品156篇。在威海电视台举办两场纪念甲午战争120周年专家讲座电视讲座，并在威海电视台二套、四套栏目播出。在《威海日报》刊登专家纪念甲午战争120周年系列文章3篇。先后组织威海电视台采编并播出60集《甲午记忆》纪录片并协助“齐鲁大讲坛”举办威海甲午战争120周年专家讲座。协调甲午战争博物院与南京太平天国历史博物馆在南京瞻园举办“国殇之醒”甲午战争120周年历史图片展等一系列活动。配合中国人民解放军总政治部、新华社、中央电视台、《解放军报》、山东电视台、香港凤凰电视台、《法制日报》、中国新闻网等多家单位拍摄纪念甲午战争120周年纪录片。

【纪念甲午战争120周年国际学术研讨会在威海举办】 9月17日—19日，“甲午战争与东亚历史进程——纪念甲午战争120周年”国际学术研讨会在威海举办。研讨会由中国社会科学院和山东省人民政府联合主办，中国史学会、中国社会科学院近代史研究所、山东省社会科学界联合会和威海市人民政府承办。中国社会科学院院长、党组书记王伟光，中国社会科学院副院长李培林，山东省人民政府副省长季缃绮，中国史学会会长张海鹏，中国人民解放军军事科学院原政委张序三中将，中国人民解放军海军原副司令丁一平中将，山东省社科联党组书记、副主席杨瑛等领导出席研讨会，150多名近代史和甲午战争后东亚国际关系史等研究领域的专家学者参加。研讨会收到论文113篇，其中，境内论文88篇，境外论文25篇。20家媒体派记者到威海进行采访报道。

【科普活动周】 组织威海市58幅作品参加“山东省社科界人文艺术作品及首届少年儿童梦启航”大赛，充分展示威海市社会科学工作者的人文素质，以人文艺术作品表现党和人民培养和践行社会主义核心价值观的非凡历程和威海市经济社会建设取得的成就。组织威海市书画家参加山东省社科联举办的“中国城市市花市树艺术大赛”，参评的10幅书法和8幅美术作品全部获奖并入选山东《市花盛开千万树》大型画册。荣成市的“月月大讲堂”、文登区的“昆嵛大讲坛”“市民大讲堂”、乳山市的“人人大讲坛”、环翠区的“环翠讲堂”等开展得各有特色。

【第十七次社会科学优秀成果奖评选】 威海市社会科学优秀成果奖，是威海市人民政府奖。顺利举行了威海市第十七次社会科学优秀成果奖评选。按照民主、公开、公正、公平的原则，本届评委在各市级学会、各区（市）委宣传部和市综合组初评的基础上，对入选的成果进行了认真审阅。经过充分酝酿和仔细比较，共评选出威海市社会科学优秀成果奖100项。其中，一等奖10项、二等奖30项、三等奖60项。

威海市第十七次社会科学优秀成果奖获奖名单

一等奖(10项)

题目	申报渠道	作者
我国贸易开放对碳排放影响的区域比较研究（论文）	山东大学（威海）	谷祖莎
中国的国际法救灾法律与政策：演进、发展与对策（论文）	山东大学（威海）	姜世波
威海卫志（著作）	威海市地方史志办公室	毕吉玲
清代山东城市发展研究（著作）	山东大学（威海）	杨发源
威海市“四名工程”文库（著作）	威海市教育教学研究中心	于明伟
孙子谈兵（著作）	文登区委宣传部	于敬民
威海城市化道路研究（论文）	荣成市委宣传部	尹选芹　刘玲玲　王　蕾　江鹏伟
关于加快我市海外渔业基地建设的探讨与思考（论文）	威海市发展和改革委员会	威海市人民政府办公室信息科、威海市发改委蓝区办
威海城市化特色研究（论文）	威海市委党校	王文祖　郑玉婵　胡　静
关于加快我市军民结合产业发展的思考和建议（论文）	威海市经济和信息化委	刘　伟

二等奖(30项)

城镇化、产业集聚与全要素生产率增长研究（论文）	山东大学（威海）	崔宇明　代　斌　王萍萍
聚焦要素放大优势 实现外开放新突破（论文）	乳山市委宣传部	乳山市委、市政府
积极培育中小微企业促进县域经济跨越式发展（论文）	文登区委宣传部	栾　波
服务型跨国公司模块化（著作）	山东大学（威海）	夏　辉

题目	申报渠道	作者
创新工作 全面推进 荣成市认真践行党的群众路线（论文）	荣成市委宣传部	荣成市委
乌木所有权归属的法经济学分析（论文）	山东大学（威海）	姜爱丽 李晓慧
唯物史观视域中的休闲：享受和发展（著作）	山东大学（威海）	吴文新
政府微博与公共能量场契合析论（论文）	山东大学（威海）	孙卓华
强化科技人才支撑促进市域一体化发展（论文）	荣成市委宣传部	李君钊 王 鑫 董传信 马荣荣 隋志明
市域一体化发展中信息资源保障体系和平台建设研究（论文）	山东大学（威海）	师晓青
推行“1+X”改革 促进学校文化的深度建构（论文）	威海经济技术开发区工委宣传部	于艳丽
对乳山市医药分开改革的研究（论文）	乳山市委宣传部	张立东 刘家强
城镇化进程中农村土地市场化流转的对策思考（论文）	文登区委宣传部	王术忠 董智勇 杜鹏飞 于清香
关于2012年全市各类市场主体登记注册情况的报告（论文）	威海市工商局	孙 民
市域一体化的生活垃圾分类管理研究（论文）	哈尔滨工业大学（威海）	杨 毅 刘永前 焦 龙
市域一体化旅游交通服务体系构建与品质提升策略研究（论文）	哈尔滨工业大学（威海）	王 权 孟令宏 李水富
强化科技创新对威海城市发展的支撑作用（论文）	哈尔滨工业大学（威海）	李从生 杨慧力 何中兵
自贸区建设背景下威海扩大对韩开放策略研究（论文）	威海市委党校	姜玉娟 李 红 郑玉婵
威海关于加快提升远洋渔业产业层次的建议（论文）	威海市委办公室	威海市委办公室
威海经区民间文化志（著作）	威海经济技术开发区工委宣传部	刁瑞福 乔洪明 鞠世强
知识分子写作：作为思想方法的叙事与其修辞形态（论文）	山东大学（威海）	孙基林
德占青岛时期中德双语报刊研究（论文）	山东大学（威海）	周 怡 刘明鑫
转喻能力的构建及应用性研究——以英语阅读教学为例（论文）	山东大学（威海）	李 克
论新世纪边地小学对传统思想的思考（论文）	山东大学（威海）	于京一
值得追问“中国问题”——兼与王伟博士商榷（论文）	山东大学（威海）	李自雄
愚夫愚妇：平民儒学语境中的“人”——基于政治文化立场的考察（论文）	山东大学（威海）	贾乾初
带上小耳朵出发——小学经典乐曲赏析36例（著作）	环翠区委宣传部	王艳芳
学校科技创新教育的实践与探索（著作）	文登区委宣传部	孙元涛
韩国语逆序词速记6000例（著作）	文登区委宣传部	崔玉松
构建教育生态化学校的探索（著作）	威海市第二中学	刘建国

三等奖（60项）

转型促发展 创新提效能 全面开创荣成统计诚信建设创新工作新局面（论文）	荣成市委宣传部	荣成统计局
中国各地区农户投资效率及影响因素实证研究——以中国30个省份面板数据为依据的DEA-TOBIT分析（论文）	山东大学（威海）	闫惠惠
政治控制、政治关联与企业信息披露——以内部控制鉴证报告披露为例（论文）	山东大学（威海）	张志平 方红星
交叉上市股票价格发现能力差异及交易信息含量测度（论文）	山东大学（威海）	陈学胜 覃家琦
山东省文登市耕地资源评价与利用（著作）	文登区委宣传部	崔 贤 刘忠良 李 涛
文登市新型城镇化调查（论文）	文登区委宣传部	文登区委办公室
质量型内涵式城镇化路径：集约发展抑或集聚经济（论文）	哈尔滨工业大学（威海）	石红波 徐大伟
合作社健康发展需要多方形成合力——基于威海市农民合作社情况的调研（论文）	威海市委党校	李永玲
法律规范的意义边缘及其解释方法——以指导性案例6号为例（论文）	山东大学（威海）	孙光宁

题目	申报渠道	作者
法律实施效果的评估方法与技术：一个混合方法论视角（论文）	山东大学（威海）	张　乐
网络环境下宣传思想文化工作的创新（论文）	乳山市委宣传部	姜翠萍
对解决中韩海洋权益纠纷所面临困难和问题的分析（论文）	乳山市委宣传部	金万甲
乳山市干部实绩考评工作的实践与思考（论文）	乳山市委宣传部	邢海波
以务实创新精神破解城市社区党建难题——关于对山东省文登市城市社区党建工作的调研与思考（论文）	文登区委宣传部	王进华
浅谈社会管理中人民法院的角色转型（论文）	文登区委宣传部	文登区人民法院
群众路线教育实践活动的实效性（论文）	威海市委党校	隋书卿
打造城乡一体化先行区建设生态宜居幸福荣成（论文）	荣成市委宣传部	荣成市委
法治创新推进威海城市化建设的思路（论文）	荣成市委宣传部	傅　霞　张　洛
完善四大环节，深化“八化”建设，强力推进统计规范化建设上档升级（论文）	荣成市委宣传部	荣成市统计局
突出基础设施建设推进城乡一体化进程（论文）	荣成市委宣传部	荣成市委市政府
中韩自由贸易区视角下威海先行先试的思路与对策研（论文）	山东大学（威海）	赵姗姗　赵玉璞　林　静　刘宝全　王丽荣
乳山市推进为民服务代办全覆盖（论文）	乳山市委宣传部	乳山市委组织部
关于我市社会养老服务体系建设的探索（论文）	乳山市委宣传部	杨绍平
乳山滨海新区建设实践对推进市域一体化的启示研究（论文）	乳山市委宣传部	从众华　高明周
以农村新型社区建设推进农村城镇化发展的研究（论文）	乳山市委宣传部	单化伟
创新乳山市农村社会管理格局（论文）	乳山市委宣传部	刘家强
乳山市城乡居民生活信心指数的调查与思考（论文）	乳山市委宣传部	高明周　单华伟
加强水土保持监督管理建设 提升水土保持依法行政水平（论文）	文登区委宣传部	丛培军　于德志　于　强
关于威海市事业单位人才队伍结构的调查分析（论文）	威海市人力资源和社会保障局	蒲玉刚　张文倩
国有企业绩效管理的现状与改进办法研究（论文）	威海市人力资源和社会保障局	苗艳
威海市 2012 年度韩资企业登记注册情况分析（论文）	威海市工商局	王晓丹
培育海洋战略性新兴产业集群的对策研究——以威海市为例（论文）	威海市发展和改革委员会	宋吉信　吴秀雯　张运鹏　吕华良
关于市域一体化背景下优化威海市农村公共文化服务体系的研究（论文）	威海市委党校	李　薇　隋书卿　付城荣　孙华藜　戚　歆
关于威海市中心城区人行道铺装材料的研究（论文）	威海市第一中学	刘昌英　林丰色　谷　鑫
全域一体化视觉下村居审计研究（论文）	威海市审计局	秦之泰　李成超　李中波　杨爱芳　张　璐
威海市航运服务业发展战略研究（论文）	山东交通学院海运学院	张　强　江　娜
全域城市化背景下的文化创新发展研究（论文）	威海市文广新局	林　强
航海类专业应用型人才国际化培养模式构建（论文）	山东交通学院海运学院	马　强　宋新刚　李光正　张安西　王　涛
关于文登西洋参产业发展的调研报告（论文）	民革威海市委	刘德钧
文登市：积极培植以城带乡、以强并弱典型（论文）	文登区委宣传部	文登区委政研室
基层建议我省完善相关法规规章解决农村股份合作社注册登记难问（论文）	威海市委办公室	威海市委办公室
浅谈刑事赔偿案件的举证、质证和认证（论文）	文登区委宣传部	于　青　艾江月
市检察院对防治农机补贴领域贪贿犯罪高发问题的建议（论文）	威海市人民检察院	威海市人民检察院
《桥头往事》（著作）	威海经济技术开发区工委宣传部	王苏宁
主题班会活动操作实务（著作）	荣成市委宣传部	李洪文
荣成文化通览（著作）	荣成市委宣传部	宋厚永
学生的学习习惯培养（著作）	荣成市委宣传部	鞠文玲

题目	申报渠道	作者
小学初中综合实践活动（著作）	荣成市委宣传部	杨　军
国外重铸反馈研究（论文）	山东大学（威海）	赵　薇　王俊菊
工作—家庭支持管理、职业能力、工作投入度关系研究（论文）	山东大学（威海）	孔海燕
走进环翠（著作）	环翠区委宣传部	环翠区党史委
乳山文化通览（著作）	乳山市委宣传部	兰胜强
唐前歌舞（著作）	乳山市委宣传部	叶桂桐
与名家零距离——对话经典 读写结合（著作）	乳山市委宣传部	王晓亭
和美印记（著作）	文登区委宣传部	苏爱萍
把教育做足幸福的味道（论文）	文登区委宣传部	邢毅丽
全真教在威海（著作）	威海市博物馆	孙建军　张寒梅
蓝色的家园　海洋教育篇（著作）	威海市教育教学研究中心	王　贤
中共威海历史大事记（2008 年 1 月—2012 年 12 月）（著作）	威海市委党史研究室	威海市委党史研究室
创新中育人　快乐中成长（著作）	高区工委宣传部	王桂芹

（刘昌毅）

威海市文学艺术界联合会

【送欢乐下基层活动】 组织 20 多名书法家进中盛园社区，为群众书写对联 200 余幅；组织各文艺家协会进军营、社区等地演出 10 余场次、放电影 100 余场次；举办“百花讲坛”讲座 18 次，听众近 2000 人次。

【道德模范宣传】 根据威海市道德模范人物刘长城、孝星陈华丽的典型事迹，组织创作骨干创作了快板书《长城礼赞》和小吕剧《孝女情》等文艺节目，到威海市企业、学校、机关、社区和军营巡回演出；组织创作《我爱中华》等 15 首童谣。

【推进全民读书活动】 组织威海市 20 位作家举行签名售书活动；先后举办文学与时代同步读书会、读书与文学创作座谈会和海洋文化与威海海洋文学创作研讨会。先后在威海一中、修远润文化发展中心等地举办“点燃孩子生命之火活动”专题讲座 60 余次，听众 1 万多人次。

【专题文艺活动】 结合纪念“中日甲午战争 120 周年”，先后举办了全市纪念甲午战争 120 周年书画展、著名书法家张飙撰并书《甲午一百二十年祭》书法展和海峡两岸 120 位书法家“公祭中日甲午战争 120 周年活动”等。组织京剧协会举办全市京剧广场演出达 1000 余场次，观众达 50 多万人次。

【区域特色文艺品牌】 加大对各镇（街道）特色文艺品牌建设和培养力度，组织各区（市）文联先后派出 40 余名文艺专家到相关镇（街道）进行辅导 12 次，培养地方文艺骨干。发挥威海市邹树君合唱团龙头作用，演出活动 12 次，举办了“‘中国梦 我的梦’庆祝建国 65 周年专场音乐会”，进一步打造群众歌咏之城品牌。

【文艺采风活动】 先后组织百余名文艺创作骨干，深入威海市临港经济技术开发区、南海新区的重要景点、企业和军营等开展采风创作活动，挖掘威海本土创作题材。组织创作骨干参加山东省“首届城市市花市树文艺创作名家邀请展”，组织威海市临港经济技术开发区区歌和南海新区区歌征歌活动。

【展评研讨活动】 先后举办了“全国剪纸作品展”，“自然而然”——王力克、汪明强油画作品展，“赤橙黄绿青蓝紫——首届山东省女画家作品邀请展”和“海上清风——单国防、段玉鹏书法展”等活动 10 余次。举办“春夏秋冬 山海岛泉”威海风光摄影大赛、“威海市第四届曲艺小品电视大赛”“威海市第四届少儿音乐才艺大赛”“2014 中国·威海国标舞蹈公开赛”等。举行“当代文学研究”座谈会和“第二届歌曲创作研讨会”，为李富胜、杨机臣、陈丽萍等 3 位作家举办作品研讨会。

【对外文化交流】 组织摄影家到天津市进行摄影作品交流展；组织书法家赴吉林省白山市进行“威海—白山两城市书法作品交流展”；组织画家赴韩国进行“2014 中韩美术作品交流展”。举办“两岸一家亲——石舺前卫水墨油画展”“威海市 · 白山市书法作品交流展”“2014 中韩（威海—大邱）美术作品交流展”和“千年之爱——中 · 韩书画作品交流展”等展览。

【文艺创作】 2014 年，有 11 部作品获得山东省“泰山文艺奖”。其中，大型历史舞台剧《一代帝师》等 2 部作品获得二等奖，现代吕剧《乳娘》等 6 部作品获得三等奖，长篇小说《租界！租界！》等 3 部文学作品获文学创作奖。《海带工》等 9 幅作品入选全国美术作品展览。

（史怀宝）

（编辑　闫拥军）

法　　治

综　述

【概况】 2014年，全市政法系统以服务保障现代化幸福威海建设为主线，积极顺应人民群众对公共安全、司法公正、权益保障的新期待，扎实推进平安建设、法治建设和过硬队伍建设，全面加强政法综治工作，为威海转型跨越、科学发展营造安定有序的社会环境，为维护社会大局稳定、促进社会公平正义、保障人民安居乐业作出了突出贡献。全市立查刑事案件、受理治安案件数量以及杀人、伤害、抢劫、盗窃、入室盗窃等重要指标持续下降，绑架、投危险物等重大犯罪实现"零发案"，人民群众的安全感显著提升。

【海陆一体平安建设】 按照"海陆平安一体谋划、海陆治安一体维护、海陆纠纷一体化解、海陆治理一体推进、海陆民生一体保障"的总体思路，制定了《深化海陆一体平安建设工作实施方案》，进一步明确海陆一体平安建设的任务目标和工作要求，对责任单位、阶段目标和工作要求等进行细化，海陆一体平安建设步入机制化、常态化运行轨道。着眼于从更高起点、更高层次上推进平安威海建设，市委政法委牵头建立海陆一体平安建设联席会议制度，先后召开平安建设现场会和联席会议5次，定期研判形势，互通信息，统一协调。组织开展平安镇街、平安社区、平安景区、平安港区、平安码头、平安海岛、平安船舶、平安航线等一系列平安创建活动以及年度"无命案乡镇（街道）、无刑事案件村居（社区）"综治主题创建活动，制定实施意见，实行每月调度，夯实平安建设根基。全市98.6%的镇（街道）达到平安镇街标准，"无命案乡镇（街道）""无刑事案件村居（社区）"比例分别达72.2%和52.7%。威海市海陆一体平安建设的做法被省法学会作为平安山东长效机制建设的重要内容列为2014年度全省3个重大课题之一，《法制日报》以《平安建设的"威海模式"》为题进行了重点报道。12月，深化平安山东建设会议和全省政法委书记座谈会在威海市召开，市委书记、市人大常委会主任孙述涛介绍了威海市海陆一体平安建设工作经验，省委常委、政法委书记才利民，省政府副省长、省公安厅厅长徐珠宝以及全省17地市的政法综治、信访维稳等部门主要负责人考察了威海市海陆一体平安建设工作现场。

【维护社会平安稳定】 坚持把维护社会大局平安稳定作为压倒一切的政治任务，紧紧抓住社会面治安防控不放松，在重要节假日和敏感节点，全部实行社会面治安一级巡防机制；针对重点区域、重点部位、重点群体，组织开展30多次专项整治行动，有效打击了各类违法犯罪活动；紧紧抓住反恐维稳斗争不放松，进一步完善组织指挥、情报搜集、应急处置、实战演练等工作机制，严防暴力恐怖案件发生。进一步健全情报信息共享机制，搜集上报的情报被中央领导批示。对邪教及非法传教等情况进行排查，打击邪教违法犯罪活动。全市没有发生重大政治性事件、大规模群体性事件、暴力恐怖事件、重大治安责任灾害事故，社会大局保持平安稳定的良好局面。

【服务经济社会发展】 围绕市委、市政府关于加快推进六大重点区域开发建设、四个"三年突破"以及全面推进依法治市等重大战略部署，各级政法机关积极谋划、实施了一系列政法工作服务保障经济社会发展的举措。市委政法委制定《关于政法机关优化法治环境促进经济发展的意见》，全市政法各部门融入中心，服务大局，主动履职，推行保障和服务东部滨海新城开发建设、派驻检察室、"五进两服务"（进乡村、进农户、进社区、进企业、进学校，服务民生、服务经济）等一系列优质高效的法律服务活动，开展"打黑除恶"、反侵财大会战等一系列专项整治行动。2014年，全市政法部门推出助企便民务实举措60多项，组织政法干警开展走访活动1800余人次，提出司法建议100余条，协调解决各类问题1400多个。

【司法体制和社会体制改革】 深入贯彻中共中央、省委、市委有关司法体制、社会体制改革的部署要求，充分发挥司法体制和社会治理体制改革专项小组的牵头抓总作用，组织专项小组20余成员单位细化改革工作实施方案，先后召开专题会议8次，印发各类督导通知22个，稳步推进各项改革工作。在2014年启动的70项改革任务中，有67项全部完成，包括司法体制改革16项、社会体制改革51项。其中，涉法涉诉信访改革扎实推进，有效化解信访事项导入难、法律程序空转和终而不结等难题，推动涉法涉诉信访工作步入法治轨道。全年导入法律程序的涉法涉诉信访案件664件，到政法部门反映涉法涉诉信访问题比上年上升16%，到其他党政部门的信访率大幅下降，涉法涉诉进京非正常访下降21%，弃访转法的良好局面初步形成。及时总结各项改革工作的经验做法，编发工作简报17期，其中，《威海市统筹推进人口计划生育领域配套改革相关做法》等被省专项小组《改革动态》刊发推广。

【综治基层基础工作】 坚持网格化管理“上岸下海、进楼上船”，大力推进网格化管理向农村和海上延伸，全部实施“一长三员+N”的多元化网格人员配备模式，全市划分陆上网格3908个、海上网络1375个，形成城乡一体统筹、海陆全域覆盖的网格化管理格局；按照“有人管事、有钱办事、有章理事”的基本要求，探索实施多元化的网格人员配备模式，建立市场化的经费保障机制，完善标准化的网格管理制度，通过优化信息平台建设、明晰服务管理流程，实现网格管理的提档升级。《法制日报》在头版头条以《网格化管理既进楼又上船》为题，对威海市海陆一体推进网格化管理进行重点报道。在全市各区（市）、镇（街道）全部建成社会管理服务中心，全面整合政务服务、矛盾化解、信息收集、应急指挥等职能，实现一条龙提供服务、一揽子解决问题、一体化运作管理。分层次推广人员身份识别信息系统，大幅提升视频监控覆盖率，全市新建视频监控探头6000多个，总量8.41万个。

【预防化解社会矛盾】 健全矛盾预防机制，建立综合性信息收集平台，发展壮大了3000多人的专、兼职信息员队伍，全面掌控社情动态，及时发现矛盾纠纷苗头隐患；重新修订社会稳定风险评估办法，实现评估制度、事项、过程三个全覆盖；深入推进社会矛盾纠纷分析研判工作，做到即时研判、定期研判、常规研判三位一体，特别是在月度分析研判的基础上，对可能影响经济社会稳定的倾向性、苗头性问题开展专题研判9次，先后组织各相关部门开展定期研判186次，“加强海岸带整治”“金融领域风险防范”等10多个研判成果进入市委、市政府主要领导决策视野。健全矛盾化解机制，大力推行第三方参与的专业性调解模式，完善交通事故纠纷、医疗纠纷等一批行业调委会，建立专家人才库，推进保险公司和法官入驻，与医疗救治、法律援助等力量密切配合，实现矛盾纠纷的一站式化解；积极推进行业性、专业性调解组织向其他领域延伸，组织专班人员赴上海、江苏等地考察学习，出台了《威海市劳动人事争议人民调解工作实施办法》，将人民调解引入劳动人事争议调处工作，建立劳动人事争议人民调解委员会，扩大行政调解、人民调解、司法调解“三调联动”工作覆盖面，提高化解劳资纠纷领域矛盾的能力和水平。2014年，交通事故、医疗纠纷、劳动纠纷调委会调解纠纷1500多起，成功率94%，涉案标的额1.3亿元；全市各类调解组织达4700多个，调处化解各类矛盾纠纷2万余件。

【法治威海建设】 坚持严格执法、公正司法、全民守法一体推进，不断深化普法依法治理工作，法治威海建设迈上新台阶，威海市法治建设经验被新华社《山东参考》专题刊发推广。围绕全民普法，在搞好面上普法工作的同时，把领导干部、公务员、青少年、企事业经管人员和农民作为普法工作的重点对象，分层次开展法治教育，并不断丰富形式、创新载体，有力地提升了全民法律素养，增强了法治信仰，全市尊法、学法、守法、用法的氛围更加浓厚。全市70%的村达到“民主法治村”标准，30多个村获评全省、全国民主法治示范村，威海市被司法部、全国普法办评为“六五”普法中期先进城市。围绕严格执法、公正司法，着眼于让人民群众在每一个司法案件中都感受到公平正义，组织政法部门开展“执法办案质量年”活动，细化执法质量考评体系，强化办案过程管理，全面落实办案质量终身负责、错案责任追究制度，有力提升了执法司法规范化水平。加大案件评查和督办力度，市委政法委牵头组织政法有关部门对20多起重点案件进行评查，发现执法瑕疵27个，督促及时整改，各区（市）法院一审案件服判息诉率均保持在90%以上。根据中央政法委《关于严格规范减刑、假释、暂予监外执行工作防止司法腐败的意见》要求，通过印发规范性文件、建立联席会议制度、组织开展专项检查等方式，严格规范各类罪犯、特别是职务犯罪等“三类罪犯”的减刑、假释、暂予监外执行工作，全年办理的近600起相关案件未出现违法违规问题。深入推进审务、检务、警务、狱务公开，全市政法机关公开案件信息、法律文书3.9万件，公布率达88%，司法公开进入常态化，提升司法公信力。完成人民陪审员“倍增计划”，新任命陪审员339名。加大司法救助力度，对101起案件当事人发放救助款150余万元，彰显司法的人文关怀。大力推进司法所体制理顺，核定专项编制、充实专业力量，有效发挥了司法行政人员在基层依法治理中的积极作用。

【过硬队伍建设】 组织开展“践行群众路线、推进政法工作”大走访、大调研活动，引导广大干警增进对基层情况的了解，增强服务群众的能力和水平；开展第3批20名法官检察官到基层挂职锻炼活动，让年轻法官、检察官走出机关、走进乡村，接地气、提素质、增本领。出台了《巩固教育实践活动成果加强全市政法队伍建设的实施意见》，从思想政治、能力素质、纪律作风等方面入手，明确目标，细化措施，着力建设过硬政法队伍。组织启动为期1年的“身边的榜样——年度政法人物”评选活动，每周推出一名优秀干警的典型事迹进行宣传，在《威海日报》开办《平安威海》宣传专栏，对政法系统感人事迹和为民举措集中报道，在全社会树立政法队伍的良好形象；加大对先进个人和模范群体的选树培养力度，一大批先进典型受到市级以上表彰，6名先进个人和6个先进集体分别获评全省人民满意政法干警和人民满意政法单位，涌现“全国公安系统二级英雄模范”戚恩雨等全国先进典型。

（元瑞泉）

公　安

【概况】　2014年，全市公安机关忠实履行维护社会大局稳定、促进社会公平正义、保障人民安居乐业的职责使命，着力健全常态化的维稳处突机制、一体化的打防管控机制、长效化的基础工作机制、精细化的规范执法机制、职业化的警队管理机制“五大机制”，突出抓好反侵财大会战、社会面巡防、视频监控建设、智能交通系统建设、海陆联勤联动等“七件实事”，圆满完成了各项安保任务，公安工作呈现“一降四升”（“一降”即接报刑事警情比上年下降11.6%；“四升”即破案数、执法公信力、群众满意度和安全感上升）的良好发展态势。全年破获各类刑事案件起数比上年提高15.5%。继2012年后，威海市公安局再次被公安部命名为“全国公安机关执法示范单位”，全国有10个地级市公安机关获此荣誉，3个蝉联，威海市公安局为全省唯一获此荣誉并蝉联。据省公安厅社情民意调查，群众对威海市公安工作和队伍建设的满意度达97.87%，比上年提高0.18个百分点，连续两年保持全省第一；群众安全感达98.07%，提高1.12个百分点，位列全省第三，提升6个位次。2014年，公安部和省公安厅多次召开会议，总结推广威海市公安局开展党的群众路线教育实践活动、执法规范化建设、队伍正规化建设、消防审批改革等方面的经验。山东省、威海市和公安部、省公安厅有关领导55次作出批示，对公安工作提出表扬。

（刘建港）

【打防管控一体化】　坚持以打开路，深入开展“打黑恶、反盗抢、防诈骗、扫毒害、追逃犯”系列安民行动，抓获犯罪嫌疑人3118名，追回逃犯862名，逮捕1687人。命案攻坚战果突出，包括文登“6·28”杀人案在内的25起现行命案全部告破。“打黑除恶”成效显著，移送起诉黑社会性质犯罪组织1个，打掉恶势力团伙23个，抓获作案成员236人。禁毒斗争战绩卓著，破获毒品犯罪案件228起，抓获犯罪嫌疑人278人，缴获毒品54.4千克，特别是破获的部督“2014-867”目标案件，一举缴获冰毒34.4千克。打击经济犯罪深入推进，破获案件258起，涉案金额5.7亿元，挽回经济损失1.2亿元。打击食品药品环境犯罪成果明显，破获案件116起，涉案金额9527.1万元，特别是破获的“11·26”特大制售假药案，涉案金额5000多万元。坚持以防治本，强化警环联动巡防和“关城门”演练，着力完善以情报信息为主导、以指挥中心为龙头、以扁平化指挥为依托、以应急处突为核心、以专群结合为基础的立体化防控体系，治安局势持续平稳。坚持以管堵漏，深入开展“平安行·你我他”行动，整改交通安全隐患613处，查处交通违法行为60多万起，淘汰黄标车、老旧车5.70万辆。深入开展重大火灾隐患集中整治，清剿火患1.5万起，整改政府挂牌督办重大火灾隐患单位23家，扑救火灾1603起。全面推行港船管理新机制，查处违规船舶549艘次、渔船民628人次。加强出入境管理，出台了加强外国人管理服务意见，业务审批增长38.2%，查获不准出入境人员15人。深化看守所勤务模式科学化、执法行为规范化、管理方式精细化、监管手段信息化、设施保障标准化“五化建设”和拘留所规范执法、创新管理、化解矛盾“三项重点工作”，在保障安全的同时，深挖破案196起。加强涉黄涉赌、涉枪涉爆违法犯罪和违规养犬、燃放烟花爆竹整治，查处案件919起，查纠违规行为1万多起。

（李恩涛）

【基础工作长效化】　注重强化科技抓基础，在完成服务器虚拟化平台搭建和警务云基础建设、升级改造指挥调度系统、拓展人员身份核查系统和PGIS应用的同时，以深化“社区六进”（车船管理、网络管理、物业管理、外事管理、消防管理、危爆物品管理进社区）工作为契机，以推广应用社区警务信息平台为重点，深入开展电动自行车实名登记管理和信息采集大会战，通过源头采集、内部整合、外部引进，强力推动信息增量提质，当地数据库信息总量净增8400万条，利用信息化手段破案4882起。注重面向实战抓基础，加大警力下沉、保障下倾力度，组织36名新招民警、14名机关民警、29名返岗民警、31名分流民警到基层一线，服务实战需求。深入开展“无命案乡镇(街道)”“无刑事案件村居（社区）”创建活动，57个镇（街道）实现命案“零发生”，1489个村居（社区）实现刑

市公安局自主研发的无人侦察机在2014年全省特巡警跨区域拉动演练中升空执行任务

王庆　摄

事案件“零发生”。注重改革创新抓基础，借鉴PM2.5的理念，创造性地建立了社会治安监测通报机制，倒逼基层所（队）抓好基础工作、区域防控，带动报警总量比上年下降6.8%。自主研发的无人侦察机获2014年度山东公安科学技术进步奖应用技术类一等奖。

（蒋　洁）

【规范执法精细化】　着眼预防和减少执法风险，深入开展敏感案事件隐患大排查大化解和执法检查“回头看”活动，全面推行执法办案分级管理，严格落实执法办案四级审核把关，评查、审核各类案件2.3万起，化解敏感案事件79起，整改执法隐患2194起。着眼规范执法功能区管理使用，以落实“四个一律”（违法犯罪嫌疑人被带至公安机关后，一律直接带入办案区，严禁违反规定带出办案区讯问询问；进入办案区后，一律先进行人身检查和信息采集；违法犯罪嫌疑人在办案区内，一律要有人负责看管；在办案区内开展执法活动，一律要有视频监控并记录）为重点，完成112个执法办案场所等级评定，确定一级19个、二级58个、三级25个。着眼提高执法办案质量，健全直属分局执法办案机制，办理案件166起，处理违法犯罪嫌疑人员322名；推行刑事案件“一个出口”对外模式，提捕1241人，移诉1650人；健全公检法联席会议制度，解决疑难案件49起，落实执法建议88条。着眼促进发展、方便群众，出台服务保障6大区域开发建设的意见，在全省率先完成建设工程消防审批改革；畅通民生警务平台，网上受理诉求2.95万件，办结率、满意率均达100%；设立机场口岸台胞签注点，新增7条机动车网上预约检验通道、5处车检标志核发点。

（李恩涛）

【警队管理职业化】　加强思想政治教育，深入开展“为何从警、如何做警、为谁用警”大讨论和“增强党性、严守纪律、廉洁从政”专题教育，大力弘扬“人民公安为人民”主旋律，涌现被评为“全省人民满意公务员集体”的乳山市公安局、被评为全国公安系统二级英雄模范的戚恩雨等162个受到市级以上表彰奖励的先进典型。加大从严治警力度。坚持铁纪治警、铁规管人、铁面查纠，以整风精神纠风，以铁的手腕查案，先后开展看守所思想纪律作风专项整顿、纪律作风突出问题专项整改等教育整治。加强党风廉政建设，修订完善《改进工作作风厉行勤俭节约七项规定》。加强能力建设，分96期对5830人次进行武器警械、规范执法等教育培训，9名民警通过国家司法考试。加强对外宣传，开辟《威海警方在线》电子杂志、微信平台和《平安威海》广播栏目等，在各级媒体刊发稿件1.05万篇。完成机关大院改造和“两所”（看守所、拘留所）工程建设，成立高速公路交警支队，举办“感动威海的警察故事”评选，激发队伍活力，提升队伍形象。

（蒋　洁）

【“七件实事”整体推进】　严格落实一名分包领导、一个项目小组、一份实施方案、一套考评标准、一次现场推进会“五个一”模式，使之深入推进、高效发展。反侵财大会战，强化多警种合成作战、多手段同步上案，破获侵财案件7245起，打掉犯罪团伙130个，追缴赃款赃物（折款）1926万元；举办“防盗窃、反诈骗”宣传活动175场次，播放微电影651场次，安装宣传牌6000多副、爱心防盗器具8100多套，阻止诈骗案件89起，避免直接经济损失700多万元。社会面巡防，理顺了市区特巡警管理体制，建立三级巡防力量2.4万人，其中，专职巡防民警、协勤分别比上年增长155.3%和70.9%，通过巡防现场抓获违法犯罪嫌疑人员821名。视频监控建设，出台《公共安全图像信息系统管理办法》，凝聚各方力量推动视频监控增点、扩面、提质，探头总量增至8.41万台，其中联网1.07万台；开发了图像信息综合应用平台，将电子卡口、动态监控、移动监控纳入其中，与PGIS平台无缝对接，利用监控破案比上年提升6.1%。智能交通建设，投资7000多万元，建成“1个大平台、8个子系统”，“1个核心区、4条主干道”的路面交通科学管控水平明显提升，行程车速提高115.7%，高峰持续时间减少17.8%。海陆联勤联动，建立涉海部门协同联络机制，开展联合行动97次，整治重点港湾11个，查破涉海案件577起，化解涉海矛盾纠纷286起，妥善处置重大涉海案事件14起。单位内部安全保卫，摸排登记内保机构2160个、重点单位406家、专兼职保卫力量1.93万人；启动新一轮平安学校、平安公交、平安医院、平安企业创建活动，实行单位内部刑事发案通报制度，倒查刑事发案单位126家。

（张长春）

检　察

【概况】　2014年，全市检察机关紧紧围绕全市改革发展稳定大局，深入践行立检为公、执法为民宗旨，强化诉讼法律监督，推进反腐倡廉建设，努力创新社会矛盾化解机制，为保障经济发展、促进社会和谐、维护公平正义发挥了积极作用。

【服务全面深化改革】　保障经济持续健康发展。结合全市发展规划，市检察院提出服务全面深化改革18条意见。走访100多家企业和经济管理部门，主动提供法律服务，制定《服务民营经济发展的工作意见》，促进营造公平公正营商环境，得到市委主要领导批示肯定。积极参与整顿规范市场经济秩序，查办走私、制假售假、非法经营等破坏市场经济秩序的犯罪案件人员320人，立查侵吞隐匿国有资产或向企业索贿、严重侵害企业权益的职务犯罪案件人员26人。开展“检察官联系重大项目”活动，对政府投资340多亿元的29个重大项目跟踪预防。开展商业贿赂问题专项治理，立查行贿、受贿犯罪案件人员46人，提供行贿犯罪档案查询1815次，建议对9个单位取消投标资格或信誉减分。推进海陆一体平安建设。依法严惩各类严重刑事犯罪活动，全年批准逮捕犯罪嫌疑人1547人，起诉3461人。其中，批捕故意杀人、伤害、拐卖等侵犯公民人身、民主权利的犯罪403

人，起诉756人；批捕“两抢一盗”等侵财犯罪574人，起诉770人；批捕利用邪教组织破坏法律实施犯罪8人，起诉6人。坚持把化解社会矛盾贯穿执法办案始终，当宽则宽，依法不捕、不诉717人，促成129起案件达成和解。认真落实涉法涉诉信访改革要求，加强场所建设，规范办案流程，出台内部协作办法，受理信访案件1564件次，比上年增长36.8%。坚持依法导入、妥善处理，继续保持涉检赴省进京“零上访”。威海市检察院、环翠区检察院、荣成市检察院控申接待室被表彰为“全国检察机关文明接待室”。积极参与社会治理创新。部署开展推进环境资源和食品药品安全专项治理工作，办理相关案件52件，发出检察建议7份，形成调研报告，提出对策建议，被市领导批示转发。完善未成年人刑事检察工作体系，运用分案起诉、附条件不起诉、犯罪记录封存等方式，对103名涉嫌犯罪的未成年人进行教育挽救，不捕20人，不诉13人。开展“法律宣传进校园”活动，利用新学年开学，选派20名干警到26所高中、职业学校对2.4万名学生进行普法讲座，提高广大师生学法、守法、用法意识，未成年人犯罪下降4.6%。加强对社区矫正工作的法律监督，开展走访、讲座等活动102次，联合相关部门在矫正工作中探索引入传统文化教育，促使社区服刑人员心灵受到感化。主动延伸监督服务触角。深入开展“五进两服务”大走访活动，联系基层群众1万人次，在集市、田间地头开展宣传、讲座、咨询等活动300多场次。依托19个派驻检察室，与基层镇街、检察业务部门有序对接，推动基层治理法治化，打通服务群众的“最后一公里”。检察室参与矛盾调处110件，解决群众诉求793件，发现职务犯罪线索8件，在百姓家门口撑起“维权伞”。全市有3个检察室被评为全省优秀派驻基层检察室。创新开展检察宣告工作，制定实施意见，确定宣告的13类情形，规范宣告程序和参加人员范围，宣告案件15起，公开进行释法说理，用群众看得见的方式展示公平正义，强化法律权威。

【维护社会公平正义】 规范开展行政执法检察监督。印发《关于开展行政执法检察监督的意见》，进一步明确监督原则、重点和方式。完善“两法衔接”机制，与烟草、环保、食品药品监督管理等13个部门建立联系，加强协作，召开联席会议4次，组织讲座、宣传活动12次，查阅执法案卷200多册，办理行政执法检察监督案件33件。组织调研全市218所中小学周边零售食品安全、“口袋书”销售情况，发出检察建议，促使主管部门进行整治，收到明显成效。查处执法不严、不公背后的行政执法人员贪赃枉法、弄权渎职等职务犯罪案件15人。坚决纠正司法活动中的违法行为。全面加强刑事、民事和行政诉讼监督，对案件质量严格把关，加强人权司法保障，确保法律统一正确实施。集中开展公安派出所刑事执法专项检察监督等6个专项活动，监督侦查机关立案、撤案24件，纠正侦查活动违法127件，追捕追诉79人，提出刑事抗诉12件22人，法院改判2件8人。对执行机关提请的919名减刑、假释、暂予监外执行人员进行审查，派员出庭发表意见45份，纠正减刑、假释不当8人；纠正监管活动、社区矫正违法50件，监督收监2人。对金融、涉黑、职务犯罪三类案件的刑罚执行情况开展专项检察监督，对166人逐一审核落实。立查违法减刑假释方面的监管干警职务犯罪6件6人，打击司法腐败，规范监管秩序。对认为确有错误的民事、行政判决、裁定和调解，提请省检察院抗诉3件、提出抗诉和再审检察建议10件，法院已再审改变原判决、撤销原判发回重审、调解结案32件（含往年案件）；监督纠正民事执行活动违法案件17件、审判程序违法案件21件。着力完善保障检察权正确行使的制度体系。以检察改革为契机，创新完善对自身执法活动的监督制约机制。修订办案制度规定16项，出台《关于防止冤假错案的工作意见》；推行统一业务应用系统，对受理的6477起各类案件全部网上办理、网上运行；推行案件信息公开系统，8月12日正式启动后，公开各类案件信息1884件。开展执法规范化大检查和办案安全整顿活动，每月组织案件质量评查，纠正执法不规范问题224个。大力推进检务公开改革，拓展接受外部监督的领域和范围。与市司法局协作推进人民监督员选任管理方式改革，邀请人民监督员监督案件、观摩庭审、参观座谈16次；与市委统战部联系沟通，聘任7位民主党派、无党派人士担任特约检察员；向全市人大代表、政协委员寄送工作情况通报，实地走访联系400多人次，征求意见建议30多条。举办“检察开放日”，召开新闻发布会，开通“威海检察”微博、微信，在各类媒体发布新闻稿件1646篇，扩大检察工作影响，接受各方舆论监督。

【推进反腐倡廉建设】 始终把查办腐败案件作为重中之重。全年立查贪污贿赂犯罪案件82人，其中，大要案77人（县处级以上要案6人），起诉70人，有罪判决61人，判处10年以上有期徒刑6人。立查渎职侵权犯罪案件27人，其中，大要案6人，起诉18人，判决19人，判处10年以上有期徒刑3人（以上起诉、判决含往年案件）。深入整治热点行业领域突出问题。以开展查办发生在群众身边、损害群众利益职务犯罪专项工作为手段，抓住重点领域和关键环节，认真研究把握犯罪规律和行业“潜规则”，突出查办系统窝案串案。查处热电系统20人，涉及国有企业主要负责人7人；查处医疗系统19人，其中医院正副院长6人。坚持打击与保护并重，结合办案，向发案单位及其主管部门反映发现的问题和漏洞，提出检察建议，规范和保护行业发展。市热电系统开展从严治企、规范服务、排查隐患以及工程外包等方面的效能监察活动；卫生系统开展专项整治，设立廉政账户，建立廉洁双向承诺、行贿企业“黑名单”等制度。注重抓好源头预防工作。着力构建以警示教育基地、廉政巡回讲堂、公益媒体平台、派驻检察室为主体的“四个阵地”，实现对党员干部、机关单位、社会大众、基层组织“全覆盖”预防。先后帮助相关单位建章立制40多项，举办警示教育讲座140余场次，到70个市直单位、部门进行廉政宣讲，发放预防宣传资料2000余份。探索推行预防志愿者制度，在全市各行业招募192名志愿者，提升预防职务犯罪工作的专业化、社会化协作水平。进一步提高预防调查、专题报告、年度报告的质量，为党委、政府领导决策提供服务，各级领导批示19次。预防年度报告被省检察院评为“十佳报告”之一。

【提高综合素质能力】 始终把思想政治建设放在首位，切实加强能力建设。大力实施人才“六项重点工程”（铸才、聚才、育才、扶才、优才、引才），着力提升干警“四个能力”（执法办案、群众工作、科技信息化应用、新媒体时代社会沟通能力），推进队伍的专业化、职业化建设。举办各类岗位练兵、业务竞赛67次，参训干警2200多人次。选拔10名拔尖人才、36名业务能手，组建统一业务应用系统、案件质量评查、检察信息写作3个人才库，实行定点、定向、动态管理。组织14名干警到控申等窗口部门、派驻检察室轮岗锻炼，选派10名青年检察官到基层乡镇挂职，进一步提高与群众面对面打交道的意识和能力。全市有19个集体和56名个人获市级以上记功、嘉奖奖励。市检察院有2人经考试选拔分别被中纪委、最高人民检察院录用。狠抓作风建设不放松。推行每月“廉政教育日”制度，加强对《检察纪律必读》等制度规定的学习测试，开展检察机关自身反腐倡廉宣讲活动等，推进廉政教育常态化。深化“作风建设年”活动，深入开展“增强党性、严守纪律、廉洁从政”、创建“无违法违纪、无责任事故”检察院、“守纪律、正检风、做表率”等专项活动，强化检务督察，对文登区、乳山市检察院进行巡查。在全省检察机关群众满意度测评中，威海市继续位居第一。

（胡培东）

法　院

【概况】 2014年，全市法院紧紧围绕“努力让人民群众在每一个司法案件中感受到公平正义”的目标，牢牢把握司法为民、公正司法的工作主线，忠诚履行宪法和法律赋予的职责，审判执行工作和自身建设取得新发展。全年受理各类案件3.69万件，办结3.59万件，标的额95.2亿元，分别比上年增长8.3%、10.8%和94.9%。其中，威海市中级法院受理4065件，办结3688件，标的额66.2亿元，分别增长6.7%、2.1%和141.2%。

【服务经济社会发展】 准确把握职能定位，服务重点工作开展。围绕全域城市化、市域一体化和产业强市、工业带动战略，研究制定保障和服务东部滨海新城开发建设方案，通过设立巡回法庭驻地审判、提出司法建议等措施，预防矛盾隐患升级，解决开发建设进程中的纠纷242件。深化联系重点企业、重点项目活动，加大涉诉纠纷办理力度，审判执行案件395件，标的额14.3亿元。高度关注经济社会发展态势，对小额贷款公司涉诉纠纷、信用卡办理漏洞与风险等开展专题调研，及时提出改进工作、预防化解金融风险的司法建议；制定保障和服务民营经济发展的意见，有针对性地提出保障权利与规范经营发展并重等21条措施。依法惩治犯罪，推动海陆一体平安建设。积极参与禁毒斗争，审结走私、贩卖、运输、制造毒品等涉毒犯罪案件66件，判处100人，贩卖毒品犯罪团伙主犯黄某顺、陈某慰等3人分别被一审判处死刑。依法严惩贪污贿赂与渎职犯罪，审结职务犯罪案件59件，判处74人，其中原为县处级干部4人。结合审判积极参与社会治安综合治理，对醉酒驾驶等案件上升现象及时提出预警；完善未成年人犯罪预防、诉讼和帮教机制，细化缓刑执行与社区矫正衔接工作，推动特殊人群的改造回归。妥善处理涉民生案件，促进民生权益保障。审结损害赔偿、劳动争议、医疗纠纷等案件4414件，保障群众切身利益；审结婚姻家庭、赡养抚养、继承案件5317件，促进家庭和谐。坚持“调解优先、调判结合”，全市法院一审民事案件调解率达74.2%，从根源上化解矛盾纠纷。威海市中级法院一次性调解解决121起商品房预售合同纠纷，社会反响良好。严厉打击危害食品药品安全、制售假冒伪劣商品等犯罪活动，依法对59人予以严惩。开展涉民生案件专项集中执行活动，执结涉及劳动报酬、赡养抚养费等案件288件，到位标的额883万元。加大司法救助力度，为162名特困申请执行人、刑事案件被害人提供司法救助137.8万元。发挥规范和引领作用，推动法治威海建设。加强行政诉讼协调工作，经协调结案的占全部案件的52%，推动了行政争议的实质性解决。完善行政审判白皮书、败诉案件评析、联席会议等制度，及时向有关部门反馈行政执法中存在的突出问题，促进依法行政。深化涉诉信访改革，引导涉诉信访问题在法治轨道内妥善解决。积极开展普法宣传，先后65次深入机关、学校、企业、社区，对1.2万人进行法律培训；与威海报业集团合办《法案聚焦》《阳光司法》等专栏，选取涉及工伤、网购、网络诈骗等65个群众关注或新类型案件以案释法，引导公众尊法、学法、守法、用法。

【“六难三案”专项治理】 2014年，全市法院以保障人民群众合法权益为出发点和落脚点，深入开展“六难三案”专项治理活动，重点解决群众反映强烈的“门难进、脸难看、事难办、立案难、审理难、执行难和人情案、关系案、金钱案”等问题。畅通诉讼渠道。重点规范立案、信访、派出法庭等窗口单位，市中级法院改造了立案信访大厅，各基层法院加快诉讼服务中心标准化建设，拓展“一站式”服务功能。制定改进立案工作作风的意见，推出十条行为语言规范，推行首问首接负责、立案送达保全限时办结等措施，80%的案件能在半小时内完成立案手续。变当事人跑腿为法院内部流转，偏远乡镇的当事人可就近到法庭递交材料，方便群众立案。及时提供法律帮助，为346件案件当事人减免缓诉讼费173.4万元，保证有困难的当事人打得起官司。破解执行难题。加大胜诉权益实现力度，执结各类案件8541件，标的额23.9亿元，分别比上年增长20.6%和98.6%。加强执行联动，与全省34家银行实现“点对点”网络执行查控，解决银行存款查找难问题。多措并举严厉打击规避执行赖账者，在最高人民法院“黑名单”库、当地媒体以及广场电子屏、社区公示栏等公开曝光失信被执行人信息588人次，采取拘留、罚款等强制措施242人次，限制出境33人次，以拒执罪移送公安机关处理29人，营造生效裁判必须履行的社会氛围。

【完善审判权运行机制】 进一步规范审判委员会、合议庭及主审法官的职责权限，减少提请审判委员会研究案件的数量，还权于合议庭与主审法官。健全防范刑事冤假错案工作机制，恪守罪刑法定、疑罪从无、证据裁判等原则，发挥庭审功能，强化证据审查，依法宣告3名被告人无罪。加强质量管理，完善案件质量考评办法，对庭审、裁判文书制作、卷宗质量等情况实行综合考评；强化二审、再审监督指导功能，审结二审、再审案件2054件，依法改判或发回重审165件。加强效率管理，明确各节点的办案时限，严格结案审查和审限扣除、中止、延长审核，依托信息化实行全程跟踪监督、实时动态监控，提高了审判效率。加强未结案件管理，专项清理长期未结诉讼案件，制作清单、逐案督办，清理长期未结案件193件。

【推进司法公开】 年内，完成审判流程公开、裁判文书公开、执行信息公开“三大平台”建设，通过政务网站、手机短信、微博、电子显示屏、电子触摸屏等途径实时向当事人公开案件进程，主动向社会发布立案、庭审、裁判、执行、评估拍卖等信息，把审判执行活动完全置于当事人和社会公众的监督之下。2014年，在中国裁判文书网公开生效裁判文书1.71万份，通过省法院网络平台直播案件10件。实施法院开放常态化，社会公众可以随时旁听庭审和参观。

【扩大司法民主】 年内，新选任人民陪审员339名，进行审判业务培训。全市陪审员数量431名，更具广泛性、代表性和专业性，实现了质与量的“双倍增”。与市财政局联合印发通知，就单独列支陪审员经费提出要求，落实经费保障。全市法院人民陪审员参审案件6551件，发挥陪审员的审判员、调解员、监督员和宣传员作用。

【规范减刑、假释案件审理】 认真贯彻落实中共中央、最高人民法院规定，进一步规范减刑、假释案件的审理程序；建立与检察、监狱等部门的联席会议制度，探索实行审前、裁前“两例会”制度，实现减刑、假释案件办理的规范、公开、公正；建成狱内减刑假释法庭。2014年，办理减刑假释案件746件，其中裁定不予假释、缩短报请减刑幅度案件45件，确保刑罚执行的公开、公平和公正。

【人民法庭建设】 优化法庭布局，增设3处人民法庭，形成由21处人民法庭、14处巡回法庭和35处服务站点组成的便民网络。充实法庭人员，法庭干警平均达到7人以上，其中法官3人以上，法庭力量进一步增强。制定加强和规范人民法庭工作实施细则，明确法庭职能，规范法庭管理。推行法院和法庭立案“双轨制”，5处法庭实现远程立案，10处法庭实现电子签章；加大巡回审判力度，到村（社区）等审理案件824件，减轻基层群众诉累。全市人民法庭办理各类案件9418件，占基层法院结案总数的29.2%。

【司法能力建设】 加强思想政治建设，坚持以需求为导向，突出强化司法技能、新法实施、媒体应对等培训，组织法官参加上级法院培训251人次。加强办案经验交流，建立全市法院法官教学师资库，选拔27名理论功底扎实、审判经验丰富的法官作为教员，组织9场“法官教法官”讲座。加强岗位练兵，开展庭审观摩、裁判文书评选、典型案例评析等活动，着重提高法官驾驭庭审、认定事实、适用法律、裁判说理等能力。选拔10名青年法官到基层挂职锻炼，着力提高做好新形势下群众工作的本领。坚持用身边事警示身边人，严肃查处违纪行为，以案明纪、以案为训、以案示警。规范法官与当事人、律师的交往，强化当事人监督，随案发放廉政监督卡，定期开展案件回访，不定期组织明察暗访，严防出现“人情案、关系案、金钱案”。

（唐玉沙）

司法行政

【概况】 2014年，全市司法行政机关围绕中心，服务大局，充分发挥职能作用，各项工作稳步推进。推进法治威海建设，普法依法治理工作保持全国领先，3月，威海市被全国普法办评为全国“六五”普法中期先进城市。构建公共法律服务体系，服务科学发展、保障改善民生作用显现，全市律师办理诉讼和非诉讼法律事务1.3万件，帮助企业避免和挽回经济损失6.6亿元，全年办理各类公证事项3.92万件，比上年增长11.8%，人均办证继续居全省第一。夯实司法行政基层基础，化解纠纷维护稳定能力提升，全年排查化解各类纠纷2.3万件，矛盾纠纷调解率99.6%。完善特殊人群管控教育手段，最大限度地减少重新违法犯罪，威海监狱连续13年安全无事故。

【普法依法治理】 完善法治威海建设工作体系。在市委、市政府出台《关于深化法治威海建设的意见》基础上，市司法局配套制定了关于法治威海建设的实施方案、考评办法和考核标准，对法治建设工作目标和任务进一步分解、细化，明确责任分工，完善考核流程。突出加强高中和中职生的法制教育。联合市教育局印发《关于在全市高中、职业学校集中开展专题法制宣传教育活动的通知》等，收集青少年违法犯罪典型案例，从社会、法律、情感等角度剖析点评，制作成书籍、课件和教案，在全市高中、中等职业学校开展专题法制警示教育。大力培植法治建设先进典型。组织开展争创“双十佳”示范基地活动，培植法治文化建设示范基地和法制宣传教育示范基地，评选表彰20个“双十佳”示范基地。

【基层工作】 年初，印发了理顺司法所管理体制实施方案，至年底，全市司法所管理体制得到全部理顺，为司法行政基层工作的有效开展夯实坚实基础。深入开展“人民调解质量年活动”，加强调解委员会规范化建设，完善调解委员会各项规章制度，健全预警、定期排查、调处、应急处置、联动联调、考核奖惩等工作机制。积极探索律师参与调解工作新思路，充分发挥律师的专业优势，及时有效化解各类矛盾纠纷。在环翠区成立首家专业性个人调解室“李再庆律师调解室”，在威海高技术产业开发区成立首个律师调解委员会，配备一支由5名专业律师组成的调解员队伍。专业性、行业性人民调解组织进一步推进。在规范完善市道路交通事故纠纷人民调解委员工作基础上，继续巩固扩大医疗纠纷人民调解工作成果，不断拓展工作范围，将文登区纳入市医患纠纷人民调解委员会工作范围，在荣成、乳山市建立医患纠纷人民调解委员会，实现全市医患纠纷人民调解工作全覆盖。劳动人事领域人民调解工作进展顺利，与市综治办、人社局共同成立了劳动人事争议人民调解委员会。

【法律服务】 积极推进律师法律顾问工作，市司法局协同政府法制办制定了《关于建立政府法律顾问制度的意见》《市政府法律顾问团组建方案》和有关工作规则等，15名律师入选市政府法律顾问团，为57个政府部门担任法律顾问，参与重大决策研究论证，协助处理涉法事务。加强律师队伍建设，举办全市青年律师培训班，129名青年律师参加培训；邀请韩国庆南大学尹晋基教授和江南律师所郑益雨主任，举办中韩自贸区建设律师业务讲座。全年办理各类公证事项3.92万件，比上年增长11.8%，其中涉外公证增长22%，人均办证1075件，继续居全省第一。进一步拓宽法律援助范围，在监狱、劳动力市场以及各区（市）社会矛盾调处中心等机构分别建立法律援助联络站，将申请援助经济困难标准调整为城镇居民1000元／月、农村居民人均年纯收入8432元。对符合经济困难标准、案件事项不在援助范围内，但确实影响当事人生存、生活的边缘案件也纳入援助范围。对老年人、残疾人、妇女儿童、农民工等特殊群体开通“绿色通道”。通过上述措施，被划入援助范围的法定人数扩大到142万人。全年法律援助办案2464件，节省代理费490.55万元。强化司法鉴定规范化管理，组织开展司法鉴定行风建设专项活动和“三化”（工作制度化、鉴定程序化、档案模本化）建设深化年活动，全市鉴定机构在内部管理、外部运行等方面有了较大提升，从源头上减少当事人投诉，实现“零上访”“零投诉”。

【特殊人群管理】 社区服刑人员方面，重点对全市外国籍、职务犯罪、涉黑犯罪、金融犯罪等四类人员矫正情况进行摸底排查，特别是对2013年后职务犯罪暂予监外执行人员的病情复查和报告情况进行专门检查。刑释解教人员方面，着重加强过渡性安置帮教基地建设，在各区（市）至少建立2个、各开发区（国家级）至少建立1个过渡性安置帮教基地，帮助其安全、顺利融入社会。全市2300多名在矫社区服刑人员、3800多名在册刑释解教人员无一脱管失控，重新犯罪率控制在2%以下。先后开展春季反脱逃教育、夏季监管秩序综合整治、“学规范、反违纪、树新风”及违纪集中纠察月等系列活动，修订反恐、反脱逃等5项应急处置预案，组建一支装备精良、反应迅速的专业化狱内防暴队伍，联合驻狱武警开展多种突发事件的模拟演练，达到警力快速集结部署、现场快速控制处置的效果，力保监狱安全稳定。从严控制减刑、假释及保外就医案件，市司法局对2011—2013年的减刑、假释、暂予监外执行案件进行全面排查、整改，撤销不符合规定的减刑、假释案24件，配合法院对6类案件进行公开审理，配合检察院对拟提请保外就医案件再次鉴定，确保公开、公正。

（许晓婷）

仲　裁

【概况】 2014年，威海仲裁委员会受理各类民商事纠纷案件515起，涉案标的额13.75亿元，分别比上年增长18%和76%。案件性质涉及买卖、房屋买卖（包括商品房预售）、保险、借款、民间借贷、建设工程、租赁、债权转让、服务、保证、技术、居间、委托代理销售、教育培训、追偿权、股权转让纠纷等20类合同纠纷。受理的案件中，适用简易程序审理420件，占总案件数81.6%。年内结案534件（含上年结转），按期结案率92.7%，快速结案率51%，和解调解结案率68.5%。

【仲裁案件办理】 审限管理　除当事人申请财产保全的案件外，威海仲裁委员会均当日立案，当日发送仲裁文书。不断修改完善立案制度、仲裁审限管理办法，实行层级管理制，做到谁主管谁负责、谁分管谁担当。

质量管理　按照“依法仲裁、以德仲裁、规范仲裁、能力仲裁”的办案工作总要求，严把立案关、组庭关、裁决关，坚持疑难案件集体研究制，完善案件审查监督制，实行案件全程监督、案件评查、当事人回访制。按照《中华人民共和国仲裁法》的规定，新增26名在金融、保险领域的专家为仲裁员，优化了仲裁员结构。邀请最高人民法院副庭长王闯博士为仲裁员主讲合同纠纷审理实务，提高仲裁员综合素质。继续扩大外聘仲裁员适用范围，充分调动仲裁员的积极性、主动性，全年使用外聘仲裁员的比例达到83.5%。

调解工作　坚持调解优先，能调则调，当裁则裁，案结事了。受理当事人的仲裁申请后，仲裁庭将调解贯穿办案始终。年内和解调解率达68.5%，努力实现法律效果与政治效果、经济效果、社会效果相统一。

【仲裁制度推广】 媒体宣传　借助媒体平台，普及仲裁知识。在《威海晚报》上开设仲裁专版，分期介绍仲裁知识、仲裁文化等。及时更新威海仲裁网，通过网络媒体宣传仲裁。创新推介方式，提升宣传效果。与山东省邮政公司威海市分公司合作，在可读性强、发行量大的杂志上登载仲裁知识，以赠阅的形式发行至市场主体手中，提升了宣传效果。以庆祝《中华人民共和国仲裁法》颁布20周年为契机，举办“《仲裁法》知识竞赛”，在《威海晚报》、威海仲裁网上刊登知识竞赛试题，有2万多人参与竞答。

普法活动　年内，重点开展了“仲裁进企业、仲裁伴你行”主题活动。威海仲裁委员会与威海市银行业协会、威海银监分局多次沟通联系，探索合作方式，研究为银行类金融机构开展仲裁服务的举措。先后与威海市银行业协会、保险行业协会合作，举办仲裁知识培训班，加深了全市银行业、保险业高管人员对仲裁知识的了解。对威海南海新区在建港口、卓达新材料科技有限公司、德瑞博汽车等相关单位进行调研，走访中国农业银行威海分行等20余家企业，帮其分析经营中易发生纠纷的环节，解答企业生产经营中遇到的法律问题。深入威海川渝商会等异地商会，了解运转情况，为其提供法律实用知识培训，规范法律行为，预防法律纠纷。分期走访威海中立达、时中等律师事务所，听取意见建议，促进仲裁发展。

【仲裁工作站】　年内，威海仲裁委员会文登、荣成、乳山仲裁工作站受理案件213件。修改了《威海仲裁委员会基层工作站管理办法》，将争议较小或者确认类型的案件交由工作站审理，方便各区（市）当事人就近仲裁。

（张瑞花）

重大案例

【“3·22”特大制贩毒案】　2013年8月，市公安局获悉环翠区张村镇一男子涉嫌制造冰毒并向哈尔滨等地贩卖，遂成立专案组展开侦查，并将初查情况层报公安部，把此案列为目标案件进行督办。经过半年多的侦查，专案组于2014年3月22日展开收网行动，将正在进行毒品交易的陈某（男，34岁，威海人）等人抓获，在环翠区张村镇北海林场北面山坡的制毒窝点查获冰毒9.6千克、仿真气手枪1支、制毒设备一宗。经审讯，犯罪嫌疑人陈某于2013年7月，从青州一化工厂以每千克150元的价格购进了400千克a-氰基苯丙酮（非国家规定管制的易制毒化学品），以张村镇北海林场北面山坡的一个厂房为据点，研究制造冰毒并向黑龙江、四川和济南、淄博等省市贩卖，从中牟取暴利。陈某等5名犯罪嫌疑人被刑事拘留。

（刘建港）

【“4·9”特大生产销售有毒有害食品案】　2014年4月9日，市公安局与食品药品监督管理局联合行动，在环翠区温泉镇某村端掉一个制售有毒有害豆制品“黑作坊”，当场查缴非法添加物工业卤片（氯化镁）13袋650千克，工业火碱6袋150千克，消泡灵20袋40千克（包装标明不得用于即食性食品），有毒有害豆腐半成品1000余千克以及锅炉、电磨、铝桶等作案工具一宗，周某权等6名黑龙江籍犯罪嫌疑人被抓获归案。经审讯，自2012年以来，犯罪嫌疑人周某权（男，48岁）纠集家族成员郭某辉（男，35岁）、姚某（男，22岁）、刘某彦（女，35岁）等6人，先后在环翠区、威海经济技术开发区多处村庄租赁厂房，使用工业卤片、工业火碱、消泡灵等国家明令禁止的食品添加剂，以每天1150多千克的产量生产加工豆腐、豆腐皮等豆制品，通过批发对外销售，年销售额近200万元，从中非法牟利数十万元。该6名犯罪嫌疑人被刑事拘留。

（李　涛）

【宋某特大诈骗案】　2014年3月上旬，市区先后有9家汽车租赁公司到市公安局环翠分局报案称，乳山市人宋某（男，36岁）从汽车租赁公司租车后逾期未还，且人车不知去向。接报后，环翠分局经过近1个月的深入摸排，于4月10日在乳山市大孤山镇将其抓获。经审讯，犯罪嫌疑人宋某于2013年9月至2014年3月间，先后与威海军正、顺达等9家汽车租赁公司签订合同，在交纳少量租金和押金后租赁了18辆汽车，然后用其作抵押借款117万元并大肆挥霍。根据其交代的线索，参战民警分赴环翠区张村镇等地，于4月23日将被骗的18台汽车全部追回并返还受害人。犯罪嫌疑人宋某被刑事拘留。

【“4·11”特大盗窃案】　2014年4月11日，市公安局经济技术开发区分局接报案称，泊于镇海育时代海参育苗公司被盗干海参一宗。市公安局立即组织精干力量展开调查，发现案发前10天主动辞职的公司电工于某洋（男，34岁，威海人）有重大嫌疑，在掌握了大量的证据后，专案组于4月12日在文登将其抓获。经审讯，犯罪嫌疑人于某洋因手头拮据，自2014年1月起，利用在海育时代海参育苗公司干电工的便利，单独或伙同在逃的倪某先后7次盗窃公司的干海参80千克，涉案价值80多万元。根据其交代的线索，专案组将涉嫌收赃的犯罪嫌疑人于某江（男，64岁，威海人）、于某刚（男，38岁，威海人）抓获，当场缴获被盗的干海参45千克。该3名犯罪嫌疑人被刑事拘留。

【“7·3”特大传销团伙案】　2014年5月，市公安局获悉“中国明明商”传销组织在威海高技术产业开发区一带活动，遂组织力量进行调查，发现该组织打着“和谐文化事业”的幌子，冒充文化部与中国农业银行成立“中国全民借助银行”虚假金融机构，以高额递增的返利诱骗群众交纳互助金入会，然后通过发展下线骗取更多的钱财，全市有800多人加入该组织，涉案金额近900万元。在摸清其组织体系后，市公安局抓住该组织7月3日全省各地骨干分子在威海高技术产业开发区集结筹划成立山东地区“明明商”总商会的契机展开突击行动，将其窝点彻底捣毁，当场抓获传销骨干54人，其中，全省各地的组织头目姚某海（男，64岁，辽宁抚顺人）、石某玲（女，50岁，威海人）、王某姬（男，58岁，青岛人）、王某（男，51岁，烟台人）等19名犯罪嫌疑人被刑事拘留。

（刘建港）

【盗剪金项链犯罪团伙案】　自2014年6月下旬起，市区古陌早市、桥头集、孙家疃集等集贸市场相继发生多起群众金项链被盗剪案件。市公安局立即组织力量展开调查，成功锁定一名男性犯罪嫌疑人及嫌疑轿车（车主姚某，女，38岁，威海人）。经架网布控，发现犯罪嫌疑人张某昌（男，43岁，甘肃人，姚某的丈夫）等人多次驾车窜至烟台市芝罘区只楚集、黄务集和荣成市下谭家集、王连集等处实施盗剪群众金项链行为。7月22日早晨，办案民警抓住张某昌等人在涝台集、孙家疃集盗剪群众金项链得手的时机果断收网，一举将张某昌等5名犯罪嫌疑人全部抓获，当场查获被盗金项链2条(约43克)及作案工具剪刀1把。经审讯，该团伙自2014年3月起，先后流窜至市区、荣成和烟台招远、蓬莱等地，以剪项链的方式扒窃作案20余起，涉案价值10余万元。张某昌等5人被刑事拘留。

（张长春）

【“9·12”生产销售伪劣农药案】 2014年5月，护丰植保农资连锁有限公司某经营部通过网络购买了一批农药，销售给农户后普遍反映药效很差，经鉴定系劣质农药。市公安局立即成立专案组，先后4次赴河南省郑州市等地展开抓捕行动，至9月12日，涉案的杜某川（男，27岁）、翟某丽（女，27岁）、朱某庆（男，39岁）、蔺某真（女，27岁）等6名河南籍犯罪嫌疑人全部落网。经审讯，犯罪嫌疑人杜某川、翟某丽夫妻二人自2013年2月以来，依托在河南省郑州市成立的“北京瑞丰化工有限公司”“上海天邦化工科技有限公司”“上海华信化工科技有限公司”三家虚构的农药销售公司，从朱某庆手中购买伪劣农药成品制剂，从蔺某真手中购买其盗用正规厂家的农药生产许可证、登记证和企业名称、地址等，混合灌装水剂农药并贴上标签，招募电话营销人员面向全国29个省、市销售，涉案金额达500多万元。该6名犯罪嫌疑人均被刑事拘留，公安部就此案在全国发起集群战役，进一步扩大战果。

（李　涛）

【“11·26”特大制售假药案】 2014年7月初，食品药品监督管理部门在乳山市海阳所镇某大药房查获一批“冬虫草蝮蛇胶囊”“全蝎蝮蛇胶囊”“九味蛰虫丹”等假冒伪劣药品。威海市、乳山市两级公安机关立即成立联合专案组展开调查，将销售假药的孙某龙（男，50岁，河南淮阳人）抓获。根据其交代的线索，专案组展开深挖细查，经过2个多月的攻坚，一个集加工、制造、销售于一体的假药犯罪团伙浮出水面。11月26日，专案组在济南、周口两地同时展开收网行动，将销售、制造假药的师某来（男，35岁）、韦某谦（男，33岁）、闫某强（男，42岁）、马某珍（女，41岁）、郭某(女，38岁)、连某亮(男，25岁)等16名河南籍犯罪嫌疑人抓获，一举捣毁“黑窝点”4个，缴获假药16.6万瓶、制作假药原料1000余千克，涉案金额5000余万元。经审查讯，该犯罪团伙自2010年起，在未取得任何生产销售药品资质的情况下，以河南省周口市的项城、淮阳为基地，利用双氯芬酸钠、布洛芬等西药和山楂粉、滑石粉等中药原料，制造治疗风湿骨痛、高血压、糖尿病等10余种病症的近百种假药，向河南、河北、山东等5省20多个地市销售，从中牟取暴利。该16名犯罪嫌疑人均被刑事拘留。

【“12·8”特大网络贩卖枪支案】 2014年8月初，市公安局网安支队民警在网上巡查时发现“猛虎X户外”网站对外售卖仿真枪支，随即对卖家的QQ号、联系电话和淘宝交易账号进行落地调查。在掌握了大量证据后，网安部门与文登分局联手行动，将隐藏在文登华欣小区的犯罪嫌疑人孙某峰（男，28岁，荣成人）抓获，当场从其车库内查缴仿真枪18种293支及笔记本电脑、手机等作案工具一宗。经审讯，该嫌疑人交代了自2013年8月起，从互联网买枪并通过在境外私设的“猛虎X户外”网站对外贩卖的犯罪事实。根据其交代的线索，参战民警对26个省、直辖市、自治区涉嫌买枪的702人逐一调查，缴获仿真枪40支。经鉴定，333支仿真枪中有123支被认定为枪支。犯罪嫌疑人孙某峰被刑事拘留。

（蒋　洁）

【黄某顺、李某飞等4人贩卖毒品、非法持有枪支、非法持有毒品、容留他人吸毒案】 2013年2月至3月，黄某顺为牟取非法利益，采用物流托运的方式先后从广东珠海向山东文登的李某飞贩卖甲基苯丙胺3次，共计6001克。2013年4月1日，黄某顺采用物流托运方式向刘某（另案处理）贩卖甲基苯丙胺294.7克，公安机关当日抓获黄某顺并查获该批毒品，从其身上查获甲基苯丙胺12.31克。李某飞购买甲基苯丙胺后多次向他人贩卖共419克，公安机关从李某飞处查获甲基苯丙胺4212.48克、以气体为动力击发弹丸的枪支3支。公安机关另从吴某纯处查获甲基苯丙胺60.86克，曹某超5次容留他人吸食毒品。市中级法院经审理认为，黄某顺贩卖甲基苯丙胺6308.01克、李某飞贩卖甲基苯丙胺4631.48克，均构成贩卖毒品罪；李某飞另构成非法持有枪支罪，吴某纯构成非法持有毒品罪，曹某超构成容留他人吸毒罪。依照相关法律规定，判处黄某顺死刑，剥夺政治权利终身，并处没收个人全部财产；判处李某飞死刑，缓期2年执行，剥夺政治权利终身，并处没收个人全部财产；判处吴某纯有期徒刑7年，并处罚金2万元；判处曹某超有期徒刑1年，并处罚金5000元。该案宣判后，黄某顺提出上诉，省高级人民法院维持原判后报请最高人民法院核准。

（唐玉沙）

编辑　李洪格

武　　装

威海军分区

【概况】　2014年，威海军分区各级党委认真贯彻省军区党委的决策部署，围绕党在新形势下的强军目标，抓中心带全局，抓作风正风气，抓基层打基础，抓安全促稳定，部队和民兵预备役建设稳定发展、整体提高。

【思想政治建设】　深入抓好中共十八届三中、四中全会精神和全军政治工作会议精神的学习贯彻，认真组织党委中心组带机关理论学习和团职干部理论轮训，理论武装不断加强。扎实开展“牢记强军目标、献身强军实践”主题教育、战斗力标准大讨论和拥护支持改革教育，抓好党史军史和优良传统学习教育，加强战斗精神培育，打牢“四有”（有灵魂、有血性、有本事、有道德）军人政治底色。部队担负省军区主题教育先行试点任务，经验做法得到推广和认可。重视抓好意识形态领域斗争，确保部队政治纯洁、堡垒巩固和思想集中统一。以纪念甲午战争120周年为契机，联合市委宣传部开展“铭记甲午·共筑海防”国防教育纪念系列活动，不断增强官兵强军斗志和全民国防意识。新闻报道工作成绩突出，威海军分区和海防某团、乳山市人武部被省军区表彰为宣传工作先进单位。

【战备训练工作】　抓好战备训练工作，战备训练质量不断提高。牢固树立战斗力这个根本标准，紧紧围绕作战任务，组织军区首长机关、海防团、人武部和民兵4个层面实案化拉动演练，规范整治作战值班秩序，全面提高应急处理突发事件和应战备战能力，出色完成“5·29”山火扑灭任务，参加总部诸军兵种信息网络要素编组联训并取得第一名。开展实战化训练，突出抓好实战应用技能、海上适应性训练、炮兵防空兵实弹射击、指挥所演习和海防部队夜训等，不断提高实战化水平。狠抓基础训练，广泛开展争当“强军精武标兵”和“当能手、树标兵”活动，持续提高官兵军事训练的热情。部队在参加上级组织的竞赛比武和实弹演习中被评为优胜单位，参赛个人取得优异成绩。

【国防后备力量建设】　认真贯彻山东省军区和山东省国防动员委员会第八次全体会议精神，联合市委、市政府出台《关于加强新形势下民兵工作的意见》，调整优化民兵组织结构，认真抓好民兵应急分队建设，完成基干民兵编组、基干民兵训练和基层武装部长集训考核，环翠区民兵高炮分队在省军区组织的实弹演习中被评为优胜单位。投入120余万元完善民兵训练基地配套设施建设，并全部达标。开展“基层党管武装工作好书记”“关心国防建设先进单位”评选活动，激发各级强武兴武动力。完成了兵员征集任务，兵员质量比往年明显提升。联系帮扶5个贫困村，团职以上干部“一帮一、手拉手”帮扶贫困学生，帮扶援建活动不断深入。

【部队正规化建设】　注重研究安全管理特点规律，扎实开展“学法规、守法规、用法规”“大谈心、大排查、大整治”“百日安全竞赛”等专项教育整顿活动，坚持联动抓安全，定期分析形势，研究改进措施，加强以“人、车、枪、弹、密”为重点的管控，加大昼检夜查力度，推进安全文化建设，官兵安全意识和法纪观念进一步增强。认真贯彻新修订的《中国人民解放军警备条令》，开展假冒军人、军车和军服、军品专项治理，有力维护了部队的良好形象，部队管理、秩序进一步正规。

【综合保障能力工作】　着眼建设“打仗型”后勤，加强人才培养，开展岗位练兵，在省军区后勤专业比武考核中取得1个第一、1个第二、2个第三。持续推行“阳光理财”，积极开展财经管理专项整治，加强经费物资管理，抓好工程招投标、物资采购、大项开支和领导干部经济责任审计监督，全年行政消耗性开支比上年减少30%。坚持把经费优先投向战斗力和基层建设，升级改造指挥防护工程和驻岛连队阵地设施，解决基层住房使用、吃水、照明、取暖等问题；抓好营区综合整治和区团机关绿化美化，战备训练和生活条件得到改善；新建民兵武器装备仓库，严密组织建设搬迁，大型装备入库率达到100%，武器装备完好率达到90%以上。

【基层建设】 始终把抓基层、打基础作为部队建设的重心，深化运用军区“三帮一建”（帮带营一级党委强职能，帮带党支部书记强堡垒，帮带新任职排长强素质，建设平时过得硬、战时打得赢的基层）、“三个过一遍”（过一遍按纲建连思路，过一遍组织作用发挥，过一遍经常制度落实）、“三学”（学红一连、学房萍、学张茂春）、“三还两减”（还权于连、还兵于连、还时于连、为基层减负、为官兵减压）机制抓建基层，落实党委机关定点挂靠和“下连当兵、蹲连住班”制度，对基层连队进行帮抓“过一遍”，认真组织基层党委（支部）书记集训，基层自身建设能力不断提升，加大对“海防一连”典型宣扬推广力度，其先进事迹被军内外10余家主流媒体报道，形成了很好的带动效应。持续开展“解难题、办实事、送温暖”活动，全年各级累计投入644.9万元为基层办实事127件，解决官兵实际困难，激发了官兵献身海防、建功基层的热情。

【党委班子和干部队伍建设】 紧紧抓住改进作风这个关键环节，扎实开展党的群众路线教育实践活动，进一步加强党委班子和干部队伍建设。加大对工程建设、经费使用、兵员征集、士官选晋等方面监督检查力度，制定出台《关于加强廉洁征兵工作的措施》《关于加强武装工作经费使用管理的意见》《关于严肃纠治超标准接待、赠送土特产和滥发福利等问题的规定》等，促进了党风廉政建设。积极回应解决各级反映的问题和意见建议，较好完成“三清”（清人、清车、清房）任务。广泛开展“五帮五力一促进”（帮思想进步注入动力、帮素质提升增强能力、帮稳心凝神砺练定力、帮作风求实加大重力、帮梦想追求激发活力、促进党员干部积极投身强军实践）活动，干部队伍建设有了新的加强。

【打赢山火阻击战】 5月29日下午3时许，威海市环翠区里口山区域发生山林大火，接到里口执勤点火情报告后，威海军分区首长高度重视，立即启动应急预案，根据当时火情蔓延趋势和对周边目标的危及程度，迅速指挥本级救援各部（分）队，赶赴一线参与灭火救灾行动，连续奋战4个昼夜将山火扑灭，完成了上级赋予的各项艰难险重任务。

【召开全市人武部党委第一书记述职会议】 1月13日，威海市委、军分区党委召开全市人武部第一书记述职会议。会议由市委常委、军分区政委曹元怀主持。会上，4名人武部党委第一书记作大会述职，9名“基层党管武装工作好书记”和13名“关心国防建设新闻人物”受到表彰。市委书记、市人大常委会主任、军分区党委第一书记孙述涛围绕“以时不我待的精神积极投身强军实践、以改革创新的思维推动国防后备力量建设、以任期有为的担当抓实党管武装工作”三个方面作重要讲话。

（马晓荣）

武警威海市支队

【概况】 2014年，武警威海市支队在山东省总队党委和市委、市政府的领导下，深入学习宣传贯彻中共十八大精神，按照建设一支听党指挥、能打胜仗、作风优良的现代化武装警察部队目标，坚持抓教育铸军魂、抓中心强能力、抓管理促正规、抓经常打基础、抓服务保中心，部队全面建设稳步发展。年内，被武警部队表彰为“连续20年预防事故案件工作先进单位”。

【政治思想教育】 坚持抓教育铸军魂，确保官兵政治信念坚定。深入学习中共中央总书记、国家主席、中央军委主席习近平关于军队建设的系列指示，结合社会热点敏感问题，组织开展大讨论，澄清模糊认识，坚定官兵高举旗帜、听党指挥的政治信念。突出抓好“牢记强军目标、献身强军实践，永远做党和人民的忠诚卫士”主题教育和新兵“第二适应期”思想教育，扎实开展“尊干爱兵、兵兵友爱”教育整顿活动，举办尊干爱兵先进典型事迹报告会，进一步融洽官兵关系。重视抓好个别人员思想、心理工作，深入开展“干部与四种类型士兵交朋友”和“法律、心理、文化、医疗服务下基层”等活动。广泛开展“读书伴我成长”和“强军风采”系列文化活动，举办“强军梦·我的梦”文艺演出和第一届军事体育运动会，极大丰富官兵的文化生活。建好用好警营政治环境和成长环境，改建完善基层中队荣誉室和网络学习室，升级改版支队政工网，满足官兵娱乐、审美、求知、成才需求。

【遂行任务能力】 坚持抓中心强能力，有效履行职责使命。牢固树立“暴恐就在身边、战斗随时打响”的观念，围绕总队首长提出的“实案化战备”要求，逐一进行修订完善支队各类情况处置预案，规范支队应急力量编成，为部队购买配备反恐装备器材，实行“AB队”全时备勤，确保遂行任务兵力充足和各要素始终保持良好的备战状态。在扑灭威海市“5·29”山火中，武警威海市支队第一时间机动到位展开行动，历时75个小时，清理火场84公顷，组织转移群众350人，参战官兵无一伤亡，受到地方党委政府和人民群众的高度赞扬。广泛开展“三哨”（练哨兵、研哨法、强哨位）群众性研讨活动，统一规范、扎实推进支队“三哨”活动深入开展。年内，完成了押解、警卫、城市武装巡逻、市“两会”、仁川亚运会火炬传递等各类临时勤务，有效履行了职责使命。

【部队正规化建设】 坚持抓管理促正规，持续夯实部队安全发展基础。牢固树立法治化管理理念，扎实开展以“学条令、正秩序、严纪律、保安全”为主题的“条令学习月”活动，深入开展安全隐患排查、内务秩序评比、条令知识竞赛等配合活动，强化各级按条令规范的意识。突出抓好士官骨干队伍，修订完善支队《士官管理实施办法》，挑选优秀士官代理中队排长，较好地解决士官队伍“动力不足、精神不振、业务不精、作风松弛”的问题。扎实开展“夏季安全行车”活动，抓好车辆维护、制度落实和驾驶员管理3个环节，严格落实联管体制。坚持基层落实求精细，制定《基层精细化管理实施细则》，使每名官兵心中有标准、肩上有责任、手中有任务。坚持跟踪督导促落实，每周成立由党委成员带队的巡查检查组，通过对基层全覆盖、高频率、不间断地检查督促，有效提升部队管理水平。

【基层全面建设】　坚持抓经常项目打基础，扎实推动基层建设全面发展。严格落实党委机关每月蹲点帮建、每季度下队当兵制度，建立“支队主官重点帮、党委成员包片帮、股队挂钩结对帮、大队干部轮流帮”的帮抓机制，注重区分情况。因地因人而异对基层党支部实施帮建指导，有效提升基层党支部能力。支队召开“学成武、明差距、强素质、促内涵”教育活动专题部署会，使“成武县中队先进经验”成为官兵的广泛共识，营造起自觉学习、努力践行的浓厚氛围。建立“周学习、月辅导、季考评”制度，在干部队伍中广泛开展“大练基本功”等活动，提高各级干部开展工作研究、学习交流、难题会诊的积极性。结合开展向先进典型学习，把改进工作指导作为抓好基层建设的重要途径，使存在的问题得到有效改善。

【综合保障能力工作】　坚持抓服务保中心任务，努力增强现代后勤保障效益。建立健全反恐、抢险救灾、机动保障等处置突发事件应急预案，规范战备物资管理，与威海市军粮供应中心、威海市汽车联运公司签订应急保障协议。强化骨干力量建设，分批次对司务长、炊事员、驾驶员、军械员、卫生员进行培训，人员能力素质明显提高。严格预决算、公务卡开支、集中采购、审计监督制度，积极推进军人保障卡施行，认真做好招待所检查清理，压减行政消耗和公务接待等经费支出，杜绝超计划、超标准、超范围开支问题的发生。公杂费、特支费和车辆维修管理费等易超难管经费比上年压减11%。扎实开展“伙食管理年”活动，结合巡查对各单位伙食情况进行检查，对存在的问题及时讲评通报，进一步提高基层伙食质量，官兵满意率提高。按照“适用、耐用、美观”要求，加强“四项设施”（值勤、训练、生活、文体）建设，提高一线官兵的“幸福指数”。

（杨　挺）

武警山东省边防总队海警第一支队

【概况】　2014年，山东海警第一支队在各级党委的正确领导下，锐意进取、攻坚克难，不断强化部队管理、业务建设、政治教育、执勤执法和拥政爱民等工作，实现了各项工作任务的整体推进和重点突破，确保了辖区安全稳定。

【部队建设发展】　*强化组织领导*　强化组织建设，严格落实民主集中制和各项组织生活制度，深入推行党务公开，定期开展党务督察。注重发挥党员表率作用，无论是在执勤、训练一线，还是在办案、坞修现场，广大党员都能冲在前、干在先，为官兵作出表率，确保各项工作顺利开展。

凝聚官兵思想　围绕海警改革大局，组织党校专家进营区，党委成员下基层，帮助官兵深入领会上级指示精神。为增进官兵交流，寓教于乐，穿插开展“相声喜乐会”“第三届七彩甲板海警艺术节”等广受官兵欢迎的文化活动，营造了轻松活泼的良好氛围。

严明纪律作风　强化人员、车船、网络、保密等常态化管控，定期开展应急、处理突发事件拉动和舰艇堵漏、灭火、救生技能演练，确保重点部位的绝对安全。坚持常态化督察，利用营区监控开展“网上巡查”，重要节点到基层实地督查，有效堵塞了管理漏洞，保证了部队安全。

【海上执勤执法】　*着眼任务需要、提升官兵素质*　围绕舰艇业务、军事素质、特勤处理突发事件三个重点，开展了“舰艇集训月”，部队业务能力和实战水平全面提升。开展了贯穿全年的军事体能、擒敌技术、轻武器射击等项目训练，提升了官兵整体军事素质。以实战为背景，强化了特勤处理突发事件训练，持续作战、快速反应和协同配合能力明显提升。

推进警力前移、强化治安防控　坚持警力前移、屯兵海上，每天派舰艇出海执勤，定期组织舰艇到渔事纠纷和案件多发区域驻点巡逻，提升海上见警率。推行“海陆一体”平安威海建设，在海上，围绕伏季休渔、越界捕捞等海上防控重点，与威海渔政、海监等涉海单位联合开展集中整治，提升管控效率；在陆地，与涉海单位定期开展执法交流与合作，及时通报、转接涉海案件，确保海上各类警情得到妥善处置。年内，支队先后开展“两会”安保、涉朝韩敏感海域管控等专项勤务8次，开展日常巡逻任务113次，有效维护了辖区海域治安稳定。特别是4月至7月，支队两艘舰艇赴南海执勤100余天，完成护航保障任务。

【服务保障民生】　*深化海上管理创新*　搭建“新平台·心沟通”网络服务平台，推广“脚板＋网络”工作法，利用警民微信群、警务微博收集治安动态，倾听群众心声，实现了警民海上信息“双向沟通”。推进警力下沉，派出执法骨干到渔港、渔村蹲点驻勤，建立“治安信息船”，聘请“治安联络员”，充分调动群众参与治安防控的热情。

真情为民执法办事　以“维护海上作业秩序、保障海上作业安全”为己任，提前介入、防患未然，摸清不同季节渔船作业的主要海区，部署开展“卫海—2014”海上治安专项整治，组织舰艇跟着渔汛走，分阶段到重点渔区驻点巡逻，对作业渔船实施“动态管控”，有效净化了海上治安环境，重点渔区海上发案率比上年下降20%。

积极践行群众路线　组建“海上爱民志愿服务队”，组织官兵深入海岛、渔港走访群众，开展扶贫帮困、法制宣讲、检修机器、医疗巡诊等实践活动，与辖区8名困难群众结成了长期帮扶对子，救助海上遇险渔船民7人

次。“5 · 29” 山火发生后，支队迅速组织官兵上山灭火、转移群众。年内，先后完成了横渡刘公岛海上安保、亚运火炬传递海上安保、甲午海祭仪式海上安保等任务10余场次，“警政”“警民”关系更加密切。

（刘　洋）

人民防空

【概况】 2014年，全市人民防空工作认真贯彻落实国家、省市人防工作会议精神，紧紧围绕市委、市政府总体部署和全市经济社会发展大局，不断提升战时防空、平时服务、应急支援能力，完成了年度工作任务。4月18日，威海市人民防空教育馆被确定为国家人民防空教育基地。10月11日，威海市人民防空教育馆被山东省人民政府确定为山东省国防教育基地。

【工程建设与管理】 加大工程建设力度，城市综合防护能力进一步提升。一是加快人防指挥中心建设进度，主体工程、安装工程、装饰装修工程、路面硬化和绿化工程全部完成。二是认真组织开展全市人防工程普查，研发威海市人防工程普查系统，实现了人防工程数据管理的标准化、规范化，城市综合防护能力数字化管理水平得到提升。三是强化人防工程质量监督，加大对设计、施工、监理等工程建设各方主体的资格审查和质量行为检查力度，严格专用设备定点管理和市场准入制度，严格执行工程建设全过程监督，确保人防工程符合国家标准和质量要求。

【组织指挥与通信建设】 加强通信保障、组织指挥、应急协调、宣传教育“四位一体”人防指挥通信系统建设，战时防空袭、平时应对灾害威胁的遂行多样化任务行动能力不断提升。一是强化训练演练。5月24日，组织开展了全市第十六次防空防灾警报试鸣暨社区应急疏散演练活动。在机关、学校、企事业单位、社区，同步开展了防空、防震、防火疏散演练，各区（市）都设立了演练示范社区，通过演练进一步完善了人防应急行动方案，提高了应对各种突发情况应急行动能力和应急救援水平。二是加强通信警报建设。对全市警报器进行了经常性维护保养，抓好新增警报器的调试以及组网，落实了警报设备设施维护管理责任，确保警报发放系统始终处于良好的工作状态。三是重视应急准备。参加了山东省“鲁防－2014”演习，威海市演示了人防心理防护行动筹划专题研究成果。通过演习，为组织信息化条件下防空袭斗争积累了经验。

【宣传教育工作】 以普及深化为目标，积极拓展人防宣传教育渠道，深化人防宣传教育。继续推进人防宣传教育“五进”（进机关、进院校、进企业、进场镇、进社区）工作，不断增强民众的国防观念和防空防灾意识，进一步营造全社会支持人防、建设人防的良好氛围。注重人防法律法规宣传，有针对性地加大对有关职能部门和人防建设义务主体的宣传，增强履行人民防空义务的自觉性。充分利用“5 · 12防灾减灾日”“5·24防空警报试鸣日”“12·4法制宣传日”等重大节日搞好宣传。年内，组织在校学生、社区居民、机关干部、企事业单位职工4万余人次免费参观威海市人民防空教育馆，免费接待游客60余万人。充分利用报刊、电台的宣传功能，在各级报刊及网站刊登文章245篇。借助应急救援包发放，加大人防宣传力度。11月10日，采取由各社区的居民代表上台摇号的方式向市区居民免费发放应急救援包2万套，被摇中者在接受相应的培训后，方可领取应急救援包，让居民在领取应急救援包的同时接受人防知识教育，有效地扩大了人防宣传教育覆盖面。

【政务审批与法制】 全面公开权力清单，自觉接受社会监督，着力构建“审管分离、权责挂钩”和“审批一条龙、服务一站式”的行政审批工作新机制。建立了威海市人民防空办公室集体行政审批制度，制定印发《威海市人民防空办公室集体行政审批制度（试行）通知》，使行政审批工作更加具体透明，审批事项更加规范、公正、合理。

【机关准军事化建设】 抓好机关“准军事化”建设，治理“庸懒散”，转变机关作风。培养过硬素质，进一步规范战备、训练、工作、生活秩序，严格落实 24小时战备值班，加强训练演练和技能培训，认真落实国家、省人防办进一步加强人防干部职工军事训练工作要求，组织了封闭式军事训练，协同高炮部队进行了冬季拉练，机关“准军事化”特色进一步彰显。加强廉政建设，党组高度重视党风廉政建设主体责任的落实，把廉政建设和业务工作同时安排，同步检查落实和考核，层层建立了党风廉政建设责任分解和责任追究制度，使党风廉政建设和惩防体系建设延伸到了每一个岗位、每一个环节。狠抓作风建设，扎实开展党的群众路线教育实践活动，严格制度，加大监督考核力度，“庸懒散”现象得到有效遏制，机关作风进一步改进。

（张美妮）

编辑　闫拥军

经济监督与管理

发展规划与综合调控

【加强规划引导和经济形势分析】 2014年，威海市发展和改革委员会充分发挥部门宏观管理和综合协调职能，针对复杂严峻的经济形势，准确把握经济走势，超前谋划工作思路，促进经济社会平稳健康发展。突出做好重点规划的编制实施，科学谋划拟定发展思路，编制下达2014年国民经济和社会发展计划，引导全市经济及重点行业平稳运行。提前启动"十三五"规划前期工作，拟写《关于及早启动全市"十三五"重点领域规划研究的建议》，调度筛选拟申请纳入国家、省"十三五"规划的重大事项126项，组织开展重点研究课题及专项规划目录征集，拟写威海市"十三五"规划基本思路。研究制订一批事关长远发展的政策措施，市政府出台《关于三年突破乳山产业结构的意见》《关于三年突破南海新区发展的意见》《关于加快服务业发展的若干意见》《关于加快推进企业主辅业分离的实施意见》等，构建起更加科学完善的政策支撑体系。切实强化经济形势监测分析，充分发挥经济形势分析联席会议制度作用，逐项分解主要经济指标，确定预期目标、责任单位及保障措施，形成工作方案，及时调度分析经济运行情况，研究解决困难问题，进一步提高对经济形势的把握能力和调控能力。每月调度全市经济运行情况，编发《宏观经济监测内参》12期，撰写经济形势分析材料20多篇，为各级领导提供决策参考，进一步调动各区（市）加快发展的积极性。完善对服务业的调度考核制度，将涉及服务业增加值核算的7大行业和11项指标，分解落实到10个市直部门，将一般公共服务支出等6项指标增幅分解到各区（市），纳入考核通报机制，确保全面完成服务业发展各项年度任务目标。每季度召开服务业经济形势分析会议，总结服务业经济运行情况，查找服务业发展中存在的突出矛盾和问题，提出相应的对策建议，促进重点行业平稳健康发展。

【抢抓国家优惠政策实施机遇】 针对国家优惠政策向试点（示范）城市倾斜的变化，创新性地开展国家海洋高技术产业基地试点、信息惠民国家示范城市等国家级试点创建，并取得突破性进展。国家海洋高技术产业基地试点成功获批，威海市成为全国首批8个试点城市之一，牵头编制《威海市人民政府关于加快推进国家海洋高技术产业基地试点的实施意见》（草案）。争取威海市列入全国首批信息惠民国家试点城市，成为全省3个城市之一，编制《威海市人民政府关于加快推进信息惠民国家试点城市建设的实施意见》，会同相关部门制定提出威海市信息惠民试点城市创建"1127工程"任务分工及计划推进表，明确目标、进度和责任分工。会同民政部门积极争取国家养老服务业综合改革试点城市，共同制定威海市《创建国家养老服务业综合改革试点城市方案》，争取上级支持。与市城乡建设委一起加快推进国家新型城镇化试点创建工作。加快推进中欧城镇化合作示范城市建设，做好根特市代表团到威海市考察访问工作，参加了"威海—根特经济合作交流会"和座谈会，双方就建筑节能、贸易合作、文体交流等8个合作领域进行了广泛交流与探讨，制定了下一步合作的行动计划草案。

【加强固定资产投资调控】 坚持从严控制项目准入条件，严格执行项目审批核准备案制度，规范建设项目审批核准及登记备案程序，推进政府投资项目规范化管理。按照《威海市政府投资项目管理办法》（以下简称"《办法》"），进一步理顺管理机制，结合部分项目建设特殊性，印发关于《办法》贯彻执行有关问题的通知，对有关项目建设管理工作做了进一步说明，增强《办法》实施的针对性和可操作性。推动成立市级政府类投资项目咨询评估论证专家委员会，与市财政局联合印发《市级政府类投资项目咨询评估论证专家委员会实施办法》，对项目评估论证工作进行明确和规范，完成苘山净水厂二期及配套管网、威海经济技术开发区污水处理厂扩建搬迁配套泵站及管网、乒羽中心、文登师范等5个项目可行性研究报告评审，核减项目投资3000多万元。统筹编制2014年市级政府类项目投资计划，分两批下达市级财政性资金投资项目27个，总投资70.98亿元，其中市级财政投资6.39亿元。进一步深化投资体制改革和行政审批制度改革，市政府印发《政府核准的投资项目目录（2013年本）》，除国家和省明确规定应由市级核准权限不得下放外，市级权限内只保留了需市级统筹安排的市级保障性住房、市区范围内净水厂、污水处理厂、垃圾处理厂等项目核准，其余项目管理权限一律按属地原则下放给各区（市），扩大各区（市）经济社会管理自主权。扎实做好固定资产投资管理工作，印发《威海市发展改革委重大固定资产投资项目社会稳定风险评估暂行办法》，建立健全威海市重大项目社会稳定风险评估机制，促进科学决策、民主决策、依法决策，预防和化解社会矛盾。按月调度全市41个列入省“十二五”规划重点项目进展情况，分析项目实施中存在的困难和问题，提出有针对性的意见建议。按月调度上报全市立项项目信息，全面掌握投资项目审批、核准、备案情况，调度推进全市固定资产投资进展情况，2014年，全市完成固定资产投资2229.4亿元，比上年增长15.9%。

【突破交通运输制约瓶颈】 构建综合交通运输体系，实现全域交通一体化。抓住省发改委牵头编制、修订《山东省综合交通网中长期发展规划》和启动“十三五”规划的机遇，立体布局、统筹安排威海市综合交通网建设，积极争取将事关威海市长远发展的重大事项全部纳入省规划，打通制约威海市发展的交通瓶颈。确立铁路交通大格局，争取省政府批准将德龙烟铁路向东延伸到威海，通过德龙烟威高铁、潍莱及济青高铁、青日连高铁，打通北上京津、西向济南、南下沪宁大通道，威海市将全面融入全国高速铁路网，成为始发站。全力协调确保青荣城际铁路年底前建成通车，争取荣成—青岛沿海城际铁路列入省规划，与青荣城际铁路环形相连、全域覆盖。争取桃威铁路改扩建列入省规划、文登通港铁路获得省立项，打造“海铁联运”通道。完善公路互通新框架，荣文高速公路加快推进，文莱高速公路开工建设，荣乌高速威海绕城线、荣威高速列入规划，将实现高速公路全域贯通。国道G206和G228、烟威边界通道列入规划，与环海公路构成市域边界通道，将实现国道省道互联互通。泊南线、省道S709等列入规划，使域内公路更加优化畅通。创新模式高效完成威海机场升级改造立项，积极争取国家、省补助资金支持，保障机场快速复航。威海机场改扩建、迁建列入规划，将有效提升机场市场竞争力。推动港口转型新跨越，使威海港客运码头完善泊位功能、通关“大闸口”等，增强港口承载力。

【完善城镇基础设施布局】 围绕全面提高城市综合承载力，进一步完善城镇基础设施布局。城乡电网全面升级，加强变电设施综合布局，威海高技术产业开发区220千伏变电站工程获省发改委立项，核准了威海经济技术开发区长峰、文登界石、威海高技术产业开发区初村3个35千伏，荣成蜊江、威海临港经济技术开发区苘山2个110千伏输变电工程，总投资3.9亿元，创近年新高。按照城市标准改造农村电网，争取省发改委批复农村电网改造项目投资2.76亿元，新建改造农村电网线路836公里，新上变电设施647台，彻底解决农村电网承载力不强、供电能力不足的问题。强化水资源利用保障，推动大中型水库扩建增容，形成覆盖全域的水资源供应网。争取米山、泊于、黄垒河、母猪河、乳山河等10个水系纳入省雨洪资源利用规划，可新增供水能力2.2亿立方米。提升供水、污水垃圾处理能力，威海经济技术开发区污水处理厂扩建搬迁等8个污水垃圾处理项目获得省发改委批准，其中，威海经济技术开发区污水处理厂扩建搬迁配套管网工程、荣成一污处理厂升级改造、南海新区污水处理厂改造3个项目获得中央财政补助资金2460万元。

【推进市级重点项目建设】 突出重点项目对投资的拉动作用，着力创新项目管理机制，加快推进市级重点项目建设。推出“数量不再封顶，不搞市区平衡，实现动态管理，突出实物量考核”的机制，年初安排确定市级重点项目133项，年中组织各区（市）、国家级开发区对各自牵头实施的市级重点项目进行逐一梳理，撤出不能如期实施的项目，增补符合条件的新项目，调整后，全市市级重点项目142项，全年计划投资452.8亿元。进一步优化项目服务，建立市级重点项目部门服务专人负责制，组织部署各项目牵头实施单位，深入开展市级重点项目大走访活动，积极主动解决项目建设中存在的问题。加强项目考核调度，为142个市级重点项目和5个省级重点项目全面建立影像档案，进行项目进度影像追踪，确保项目建设实效、加快项目建设进度。2014年，全市142项市级重点项目完成投资543.2亿元，占年度计划的120%，43个项目建成投产；5个省级重点项目完成投资20.9亿元，占年度计划的120.3%，3个项目建成投产。其中，青荣城际铁路、威海机场跑道改造、省道S301石烟线江家寨至双岛段改建工程等全部完工，荣文高速公路、市区综合交通枢纽工程进展顺利，南水北调续建配套工程完工并投入使用。稳步推进新能源项目建设，石岛湾高温气冷堆核电站项目有序推进，文登抽水蓄能电站项目获得国家发改委核准并开工建设，协调推进国能文登生物质发电项目单位加快建设进度，乳山绿色能源BOT垃圾发电项目和市垃圾处理厂二期工程发电项目建成投产，荣成长青垃圾焚烧发电项目具备垃圾进场和设备试运行条件，规划实施了一批分布式光伏发电项目，储备65兆瓦分布式光伏项目和3个光伏大棚项目。

【多渠道争取资金支持】 准确把握国家政策取向和资金投向，提前做好项目储备、准备等工作，全年争取国家、省无偿资金10.24亿元，支持全市200多个项目建设，重点推动了城镇化建设、农林水利、高新技术、社会事业、基础设施、产业升级、节能环保、现代服务业等关键领域发展。其中，争取技术改造和结构调整资金5029万元，扶持医药、研发、信息等领域项目建设。加大涉农资金争取力度，米山水库增容工程获省发改委批复雨洪资源利用专项资金1.2亿元，争取获批远洋渔船改造资金6500万元，累计争取涉农资金3.65亿元，助推全市现代农业发展。围绕深入推进蓝色经济区建设，统筹安排省区域战略推进切块资金1.5亿元，重点扶持园区基础设施、港口机场等33个项目；落实专项资金8600万元，重点扶持自然生态保护与恢复、脱硫脱硝除尘改造等9个项目。保障性安居工程获省发改委批准项目40个，落实中央投资1.83亿元。积极做好城市基础设施投资债券发行工作，先后推动威海经济技术开发区、文登金滩、威海临港区、荣成二期、文登三期、环翠区6只城市基础设施投资债券成功获批或发行，累计募集资金64亿元，支持了五渚河、逍遥河、九龙河综合整治、威海临港区城镇建设改造、文登城区管网改造等10个大型基础设施项目建设，拉动基础设施直接投资近140亿元，快速提升相关重点区域的产业承载能力和综合服务水平。积极开拓国外融资新渠道。成山集团、三角集团2个利用中长期国际商业贷款项目获批，是全省仅获批的2个项目，资金总额4.52亿美元，企业可节省利息4亿元。争取进入全省利用欧洲投资银行建设山东沿海防护林项目规划，确定安排威海市贷款820万欧元。争取小麦、大米、玉米、棉花进口关税配额3.91万吨，其中，首次获得大米配额4000吨，填补了威海市配额利用上的空白，实现国家发改委现有配额品种全覆盖，可为企业节省成本上千万元。

【推进和谐社会建设】 坚持以人为本、民生优先，落实各项惠民利民富民政策，切实解决群众最关心、最直接、最现实的利益问题，推动城乡社会事业全面进步。围绕农业生产和新农村建设，提升农业生产能力和改善农村生活环境，加强千亿斤粮食产能建设，争取省发改委将文登区列为2014年高产稳产粮田工程承建区，争取中央和省补助资金3375万元；加快远洋渔业发展，鼓励6家渔业公司新建22艘渔船，总吨位2.48万吨；荣成沙窝岛渔港国家级中心渔港获批，获批中央资金1.14亿元。报请省发改委同意威海市依托市质监所建设国家海产品质检中心，并承担威海市农产品质检安全综合检验中心项目，项目建成后，将有效整合全市检验检测资源，全面承担全市农业、畜牧、渔业等各类农产品质量安全检验。规划实施成山北海岸等3个防潮堤项目，争取中央预算内投资3400万元，比2013年翻两番。推进环翠区五渚河、乳山小史家2个小流域治理项目，争取中央补助125万元，治理水土流失面积7.07平方公里。积极争取上级发改委增加威海市2014年防护林建设规模，由1533.3公顷增加到2466.7公顷，可争取中央资金约1100万元。围绕改善居民居住条件，与市城乡建设委、财政局联合确定威海市2014年棚户区改造任务，计划对55个片区进行改造，改造棚户区2.18万户。40个保障性安居工程（配套基础设施）项目获得省发改委批准，有效改善全市891套公租房及1.23万户旧村安置居民生活条件。争取银滩供水管网、侯家小城镇基础设施、崮山供水设施3个小城镇基础设施项目获批省预算内投资780万元，农村危旧房改造获上级补助资金2206万元。围绕加强农村饮水安全，会同水利部门启动实施2014年农村饮水安全工程，争取中央补助945万元，为71个村、10个农村学校建设水源工程、铺设供水管网、配套水处理设施等，解决5万农村居民及1.25万学校师生饮水安全问题。围绕推进各项社会事业。修改完善《威海市基本公共服务体系建设行动计划（2014—2015年）》，编制《关于促进健康服务业发展的实施意见》。上报卫生、教育、养老等各类社会事业项目25个，其中6个项目获得中央预算内资金和省配套资金2978万元。争取市立医院全科医生临床培养基地项目选址变更获得省发改委批准。

【开展调查研究】 坚持为领导科学决策服务、为经济社会发展服务的原则，加大跟踪调研力度，及时准确把握经济走势，充分发挥参谋助手作用，认真做好信息和调研工作，全年编发《发展和改革工作信息》48期。结合领导关注的重点和形势发展变化，围绕围绕产业强市、全域城市化、市域一体化等重大战略实施，加强政策研究和调查研究，先后撰写《中韩自贸区对威海市服务业发展的影响》《威海市海洋生物产业发展与思考》《关于整合城乡居民医保的调研报告》等30多篇；加强全市经济运行情况分析，形成各类经济分析材料20余篇，提出了一系列具有较强针对性的对策建议，为领导决策提供科学依据。其中，26篇次调研报告在《山东宏观经济研究》《威海通讯》《威海发展研究》等省市级期刊发表，《关于加快引进研发类机构的建议》《关于及时启动全市“十三五”重点领域规划研究的建议》等9篇次被市委、市政府主要领导批示，8篇次分别获得省发改委优秀研究成果一等奖，山东半岛蓝色经济区优秀调研一等奖、三等奖，及市优秀调研成果等奖项。

（孙茂堃）

固定资产投资管理

【概况】 2014年，全市认真贯彻落实国家、省宏观调控政策，不断调整和优化投资结构，提升投资质量和效益，全市固定资产投资总量和增速保持平稳增长。

投资增速持续放缓，但对全市经济平稳增长的带动作用有所提升 2014年，全市累计完成固定资产投资2229.37亿元，首次突破2000亿元大关，比上年增长15.9%，增速下降4.6个百分点，比全省平均增幅高0.1个百分点。全市固定资产投资占生产总值的比重为79.91%，比上年提高4.46个百分点，在经济下行压力加大的情况下，固定资产投资的稳步增长对稳定全市经济发展发挥了重要作用。

第二产业投资继续保持较快增长势头，成为全市投资的主导力量 全市第一产业完成投资7.26亿元，比上年下降40.4%；第二产业完成投资1383.66亿元，比上年增长104%，其中工业完成投资1270.94亿元，增长101.9%，第二产业及工业投资增速与上年相比分别提高86个和84.4个百分点；第三产业完成投资838.45亿元，比上年下降32%，增速下降96.1个百分点。三次产业投资所占比重为0.33∶62.07∶37.6。

新立项项目数量稳步增加，企业投资主体地位进一步确立 2014年，全市审批、核准、备案固定资产投资项目839个，总投资突破1000亿元关口，达到1041.3亿元，单位项目平均投资1.24亿元。其中，审批政府投资项目112个，总投资169.4亿元，项目个数和总投资分别占全市总数的13.3%和16.3%；核准企业投资项目178个，总投资261.5亿元；备案企业投资项目549个，总投资610.4亿元。企业投资项目总数727个，占全部项目总数的86.7%，企业在固定资产投资中占据主体地位。

在建项目数量增幅较大，重点项目对投资的拉动作用明显 年内，全市实施在建固定资产投资项目1985个，其中，新开工项目1827个。在建项目总数比上年增加了415个，新开工项目增加609个，在建项目和新开工项目个数增幅较大。市级重点项目完成投资543.19亿元，增长34.1%，占全市固定资产投资总量的24.4%，大项目建设对投资增长起到重要的推动作用。

房地产开发投资下滑较大，房地产市场步入平缓发展状态 2014年，受国家宏观调控政策及整体经济形势影响，威海市房地产市场持续走低，全年完成房地产开发投资357.23亿元，比上年下降13.3%，为“十二五”以来首次出现增幅下滑。房地产投资占固定资产投资的比重为16%，降低5.4个百分点。受房地产投资下滑影响，全年服务业完成投资838.45亿元，下降32%。

资金到位总体情况良好，建设资金保障率较高 2014年，全市固定资产投资到位资金2743.39亿元，比上年增长27%，增幅上升4.6个百分点，对项目建设的资金保障度123%。资金构成中，自筹资金到位2069.11亿元，增长30.47%，占到位资金的75.4%，占主导地位；国内银行贷款到位231.61亿元，下降8.3%，占到位资金的比重8.4%，比上年下降3.3个百分点；国家预算内资金到位170.52亿元，增长475%，占到位资金的6.2%；外资到位17.03亿元，占到位资金的0.62%。

（郑洪宗）

国有资产监督管理

【概况】 2014年，国有资产监督管理工作围绕实现国有资产保值增值目标，进一步完善监管体制，深化国企改革，优化结构调整，各项工作取得了新进展，为威海市国有经济平稳较快发展作出积极贡献。至年底，73家市属国企资产总额达到507亿元，负债总额286亿元，归属母公司所有者权益191亿元，营业收入71亿元，利润总额6386万元，比上年分别增长30%、44%、22%、16%、12%。其中，17家市管企业资产总额378亿元，负债总额270亿元，归属母公司所有者权益80亿元，营业收入66亿元，利润总额6886万元，分别增长37%、46%、23%、16%、14%。

【国资监管基础工作】 *加强企业发展战略定位研究* 推动市管企业开展企业发展战略研究，调度并督促企业初步确定主业范围和战略定位，为企业实现科学发展奠定基础。

完善国资监管制度体系 印发《威海市市管企业财务决算报告管理办法》《威海市市管企业监事会管理暂行办法》等规范性文件及监事会工作系列配套文件，为搞好市管企业财务决算报告编制、加强财务决算审计，强化外派监事会监督提供了制度保证。

理顺国资监管体制 对行政事业单位所办的60家一级企业进行接管，建立和完善财务统计、业绩考核等相关制度，实现威海市经营性国有资产的集中统一监管。组建威海市国有企业董事监事工作管理中心，实行外派董事、监事制度，加大监事会对企业规范运营的监督力度。

加强产权管理工作 对市属各类企业的国有产权及分布状况进行全面清查和规范登记，登记企业157家（包括66家子企业），依法确认企业的产权归属关系。

加强企业投融资等重大事项管理 利用国有资源优势，采取资产抵押、国企之间相互担保、融资租赁等方式，积极筹措资金，累计批复企业抵押、担保融资项目71个，融资总额79.73亿元，有效缓解了企业经营发展资金紧张的问题。围绕强化基础设施建设、增强公共服务能力和发展高科技产业，批准投资项目22项，投资金额17.94亿元，其中，长期股权投资项目15项，投资金额14.44亿元；固定资产投资项目7项，投资金额3.5亿元，规范国有资本投向，提升企业投资的科学化水平。

【国有企业改革重组】 *加快推进国企整合重组* 年内，根据优势互补、战略合作、共赢发展的原则，积极推进威海港集团有限公司与山东高速集团有限公司资产重组工作。完成第二热电集团与南郊热电、文登热电的资产重组，实现对文登区、临港经济技术开发区、南海新区供热资源结构调整，优化市区的供热资源布局结构，推动第二热电集团做大做强，促进被兼并企业减负扭亏。

推动国企改革改制 采取国有参股、管理骨干持大股、职工控股发展混合所有制的方式，完成威海报业集团改革。完成市民航局经营体制改革的审计、评估、方案及公司章程制订、申报批准等前期工作，并抓紧组织实施。推动威海港集团有限公司所属的威海昌佳贸易有限公司及海港大信旅行社的改制，完成审计评估和方案申报工作。

整合国有资源，打造资本运营和公共服务平台 按照改革国有资本运营机制的要求，大胆探索，先行先试，制定组建威海市国有资本运营有限公司

方案，将20家市属参股企业23.37亿元（股）的国有股权整合纳入该公司实行集中管理，统一运营，打造威海市国有资本投资、融资和财富管理平台，按照确定的企业发展战略，公司报批设立了注册资本10亿元的威海齐东融资担保有限公司、1亿元的威海齐东投资有限公司等平台公司。组建威海市市民卡有限公司和威海交通场站管理有限公司，整合各项公用事业缴费业务，规范搞好城铁交通枢纽运营管理，给市民生活提供更加便捷的服务。为推进威海东部滨海新城建设，进一步完善投资服务功能，采取股份制形式设立威海市滨海新城建设投资股份有限公司，划转城建、房管、规划部门所属5家企业作为国有资本投入，加快威海东部滨海新城建设。

深化国企改革规划设计　调研形成《推进国企股权多元化改革发展混合所有制经济》报告，按照功能、服务和参股等类别，分别建立国有企业改革台账，拟定《关于进一步深化威海国资改革促进国企发展的意见》，为全面深化国企改革、发展混合所有制经济提供依据。

【国有资本经营工作】　*加强年终财务决算审计*　按照全覆盖的要求，对市属73家企业全部进行决算审计，对56家企业在会计核算、收入成本费用、资金管理等方面存在的问题提出112条整改建议，并限期进行整改，确保企业资产、财务状况及经营成本等信息的真实、准确。

加强经营业绩考核　完成2013年度企业经营业绩考核工作。进一步完善市属企业分类考核指标评价体系，与16家市管企业签订2014年度经营业绩责任书和资产管理责任书，对36家企业下达2014年度利润考核目标，并对重点工作进行了跟踪调度，确保考核质量。

加强工资总额调控　对市属国企2013年工资总额进行了核定，进一步规范市属国企工资总额的调控，杜绝超比例、超范围发放问题。

【财务监督管理】　*扎实推进企业预算管理*　对2013年度市管企业预算执行情况进行了汇总分析，找出问题，提出加强企业预算管理工作的意见和建议。强化企业2014年度预算管理，建立季度调度制度，加强预算执行管理，严控成本费用增长，严控超出财务承受能力的投资项目，严控不良资产占用。组织企业认真研究2015年度预算编制工作。

强化国有资本收益收缴　全年实现国有资本收益9187.09万元，完成年度计划的304.4%。其中，解决威海卫大厦多年来未能解决的历史遗留问题，收回国有资产权益3848万元；收缴家家悦集团改制欠缴收益409.62万元，收缴国有参控股企业股利3074.70万元。

（冯明宪）

审计工作

【概况】　2014年，全市审计机关积极推进审计监督全覆盖，通过审计财政预算执行情况、地方税收征管情况、重点专项资金管理情况、落实党委、政府宏观调控和各项惠民政策情况、领导干部履行经济责任情况等的审计监督，依法纠正各种违法违规问题，切实保障财政资金管理使用的安全、完整、高效，全年完成审计项目272个，查出违规和管理不规范金额423亿元，促进增收节支26.3亿元，促进被审计单位制定整改措施79项，建立健全规章制度28项。

【本级预算执行审计】　全市审计机关对2013年度同级财政预算管理及执行情况进行了审计，以摸清财政家底为主攻方向，在审计财政管理和地税征管情况的基础上，审计了部门及所属二级单位66个，审计专项资金10种，查处违规和管理不规范金额169亿元，促进增收节支5.3亿元。市审计局通过全面采集财政、地税业务系统数据，依托财政审计数字化平台，摸清市级财政和预算单位结余结转资金的总体规模及结构，掌握地税部门税收征收质效情况，查补欠征、漏缴税费1.84亿元，盘活财政存量资金2.4亿元。6月26日，市人大常委会听取并审议了审计工作报告。市政府责成报告涉及的7个部门单位，对报告提出的问题逐项分析原因，提出整改措施。各相关部门单位全部在规定时间内整改完毕，市审计局于9月份将整改结果汇总上报市政府，并在报请市政府批准后，对外公告审计结果和整改结果。

【固定资产投资审计】　全市审计机关对35个政府重点投资项目进行了结算审计或跟踪审计，审减结算及招标控制价3.8亿元。其中，市审计局完成决算审计项目4个，对威海客运中心南北两站工程等7个项目进行同步跟踪审计，审减决算及招标控制价2.1亿元。为保证投资审计工作质量，市审计局探索实行工程结算审计业务联席讨论制度和抽审复核制度，定期召开跨科室专业技术人员参与讨论、法制部门跟踪审理的工程结算审计业务联席讨论会，针对工程结算审计中出现的争议问题，专业技术人员与法制审理机构共同讨论分析研究，降低审计风险，在工程结算审计定案之前，由审理机构对审计提报的工程结算审计定案结算书进行抽查复审，取得良好效果。

【领导干部经济责任审计】　市委组织部、市审计局联合下发《关于进一步加强领导干部经济责任审计结果运用工作的通知》，进一步强化经济责任审计整改督查，推进全市经济责任审计又好又快发展。全市完成经济责任审计项目202个，查处违规和管理不规范金额230亿元，提出并被采纳审计建议226条，促进增收节支19亿元。通过审计，客观评价了领导干部执政业绩和经济责任，为党委管理干部提供了重要参考依据。对于审计查出问题较多的单位，由市委组织部门主导，与离任和履行审计整改责任领导干部进行了审计结果谈话。

【专项资金审计】　按照全国统一部署，全市审计机关抽调力量参加对青岛市下属2个区（县）土地出让收支及耕地保护情况的审计，组织开展稳增长促改革调结构惠民生政策措施落实情况跟踪审计，对2013年度城镇保障性安居工程进行审计。按照省审计厅统一部署，对威海农商银行信贷业务风险管控情况、农村土地综合整治项目绩效情况进行了审计调查，对民政资金、福利彩票资金进行审计。组织对威海热电集团、威海第二热电集团运营情况进行专项审计调查，通过开展专项审计，保证相关政策措施的贯彻落实，有效服务市委、市政府宏观决策。

【内部审计管理与指导】 市审计局抓住市政府出台《关于进一步加强行政事业单位内部审计工作的意见》的契机，对全市内部审计工作进行全方位规范与指导，全市各内部审计机构完成内部审计项目1.79万个，促进增收节支8.6亿元，威海市内部审计协会、文登区内部审计协会、荣成市内部审计协会被评为全省优秀内部审计协会，华能电厂内部审计机构负责人被评为全国内部审计先进个人，全市内部审计工作继续在全省考核中处于领先位置。

【审计科学化建设】 审计数据分析平台和数据中心建设进展顺利，财政行业数据平台初步建成，地税、社保及住房公积金等三个行业平台建设推进顺利，住房公积金联网审计于2014年底展开，“威海市审计系统投资审计信息网”建成并在全市审计系统内进行推广使用。市审计局被评为全国文明单位，文登区审计局获得“全省审计机关先进集体”称号，3人获得“全省审计机关先进工作者”称号。审计成果开发实现突破，全年有75篇审计报告和信息专报被各级市委、市政府主要领导批示，信息工作在全省考核中名列第一。

（宋宝军）

物价管理

【居民消费价格指数】 2014年，全市居民消费价格总水平（CPI）总体温和平稳，全年比上年上涨2.4%，分别高于全省、全国0.5个和0.4个百分点。从居民消费价格上涨的构成因素来看，食品价格上涨4.4%，拉动居民消费价格总水平上涨1.37个百分点，对CPI的影响程度为57.1%，是推动价格总水平上涨的主要因素。非食品价格上涨1.5%，7大类非食品价格6升1降。其中，衣着类价格上涨3.5%，拉动CPI上涨0.36个百分点；娱乐教育文化用品及服务类上涨2.8%，拉动CPI上涨0.32个百分点；烟酒类上涨5.5%，拉动CPI上涨0.13个百分点；家庭设备用品及维修服务类上涨1.5%，拉动CPI上涨0.09个百分点；医疗保健和个人用品类下降0.7%，拉动CPI下降0.07个百分点；交通和通信类上涨0.9%，拉动CPI上涨0.09个百分点；居住类上涨0.7%，拉动CPI上涨0.14个百分点。

【清费减负】 全面落实各项涉企收费减免政策，对全市行政事业性收费情况开展全面摸底工作，分两批对31项行政事业性收费项目进行取消、暂停、降低，年可减轻企业和社会负担1180多万元。建立联接国家、省、市、区（市）4级物价部门的收费纵向网络信息管理系统，全面实施行政事业性收费网上监管和年度审验。组织开展对建设、交通、环保、消防、商业银行等部门的涉企收费专项检查，查处价格违法案件66件，切实规范收费行为。

【价格简政放权】 按照全省统一部署，放开“两碱”（烧碱、纯碱）以外工业用盐、电信资费等27项重要商品和服务价格，实行市场调节价，进一步完善市场决定价格的机制。以转变政府职能、提高行政效能为核心，全面清理现行价格行政权力，建立法律顾问制度，认真落实规范性文件备案审查制度，量化价格行政执法自由裁量权，不断提高价格依法行政水平。

【市场价格监管】 开展市场价格专项整治活动，以大型商场、超市、餐饮等行业为重点，规范降价、打折促销行为，严厉打击价格欺诈、串通涨价等价格违法行为。加强重大节日期间生活必需品和服务价格监控，防范价格异常波动，稳定节日市场价格。组织开展了规范商业银行、旅游市场、商业企业等价格政策提醒会，切实规范企业价格行为。全面实行商品房价格网上备案公示，强化社会监督。

【资源性产品价格改革】 根据环保减排工作需要，进一步完善煤汽价格联动办法，并在密切监测煤炭价格的基础上，适时启动联动机制，调整热汽价格。同时，根据《山东省供热条例》要求，完善“两部制热价”政策，调整计量热价与基本热价的比例，取消供热“报停费”。结合上游天然气门站价格调整情况，适时启动工商用天然气上下游价格联动机制，合理调整市区非居民用管道天然气和车用天然气销售价格。

【助推企业发展】 积极为文登热电、南郊热电、新力热电、威海垃圾焚烧发电项目等争取有利电价政策，年可为企业增加经济效益3300多万元，为市区两级财政减轻负担4700多万元；全市热电企业烟尘治理达标后，年可解决环保加价资金3100多万元，有力破解企业发展瓶颈。同时，及时审核上报已投产可再生能源项目上网电量，帮助企业落实国家、省可再生能源电价补贴8400多万元。

【深化电价改革】 明确110千伏安以下的商场、超市、餐饮、宾馆、冷库等无法避峰用电的企业不再纳入执行峰谷分时电价范围的政策，年可减少相关企业电费支出2200多万元。对县级供电区域内大工业用户实行“两部制电价”，协调解决荣成华力电机研发实验专用变压器用电价格问题，年可为企业减轻电费负担300多万元。

【医疗教育收费改革】 在全省率先开展中医单病种收费试点工作，有效促进威海市中医药事业发展。扎实推进县级公立医院改革，合理调整县级公立医院医疗服务价格，在降低药品价格的同时，侧重提高体现医务人员技术劳务价值的诊查费、手术费、护理费等收费。对市直高中中职学校教育收费政策进行梳理，并通过物价网、教育网等进行公示，确保阳光收费。规范幼儿园收费项目，完善退费政策，推动学前教育健康发展。

【价格惠民政策】 健全完善社会救助和保障标准与物价上涨挂钩的联动机制，使联动机制更加科学规范，进一步缓解物价上涨对低收入群众生活的影响。对城乡社区居（村）民委员会工作场所及其非经营公益服务设施用电、用水、用气、用暖执行居民价格政策，有效促进社区公共服务业的发展。对居民住宅小区公用附属设施等用电执行居民生活电价，减轻居民的电费负担。建立居民阶梯式电价对低收入群众的电费返还机制，累计发放免费电量款330多万元，惠及10万余户低收入家庭。

【价格公共服务】 深入推进价格举报系统国家、省、市、区（市）4级联网建设，全年受理价格举报咨询1166件，其中受理价格举报案件207件，办结率达100%。认真开展定调价成本监审，核减不合理费用1.4多亿元。健全涉案、涉纪等财物价格认定机制，受理各类价格鉴证、认证、评估案件1430件，标的额1亿多元，为司法机关公正办案、化解社会矛盾提供有力支持。

【完善价格监测预警体系】 加强对重要商品价格变动的监测预警，继续实行居民生活必需品价格每日公布制度。积极开展“价比三家”活动，将市区4家重点商场超市32种民生商品价格通过物价网站、新闻媒体等媒介对外发布，稳定消费心理预期。

【健全农产品价格调控机制】 加大常规及特色农产品成本收益情况调查力度，提高农产品成本收益情况调查的质量和时效，引导农民合理调整种养殖结构。完善价格调节基金征管政策，增强政府调控市场的能力。积极发挥基金在支持发展“菜篮子”基地和农超对接等方面的作用，促进农副产品流通，保障市场供应。

（林晓飞）

工商行政管理

【注册登记管理】 2014年，全市工商行政管理进一步简政放权，简化登记注册流程，实施工商注册便利化改革，取得了明显成效。年内，全市新登记各类市场主体3.97万户、比上年增长69.6%，新登记注册资本471.6亿元、增长212.8%。至年底，全市实有市场主体16.7万户，比上年增长24.1%。

下放企业名称登记核准权 将原由市工商行政管理局负责的冠“威海”的企业名称登记核准权，下放授权由各区（开发区）登记机关直接审核。简化名称预先核准程序，除需前置审批和实行注册资本实缴登记制的企业外，由企业自主决定是否办理名称预先核准，企业名称登记和设立登记可一并办理。放宽名称登记条件，允许企业根据经营范围自主选择名称的行业表述，取消企业设立后1年内不得变更企业名称的限制。

实行登记管辖便利化改革 下放登记管理权限。自3月1日起，原由市工商行政管理局负责的注册资本500万以上公司的登记管理权限，下放授权给各区（市）工商登记机关登记管理。企业可自主选择向企业所在地登记机关办理登记注册，进一步方便企业，提高登记注册效率。全市全年新设立注册资本500万元以上的有限公司1955户，其中83.6%自主选择在各区（市）工商行政管理局登记。

改革注册登记审核程序 3月初，在全省工商管理系统率先推行注册登记“一审核准”制，公司登记注册环节由原来窗口人员受理、窗口负责人审批签字改为窗口人员全程受理、审核、发照，进一步简化了登记注册流程，提高登记注册效率。市注册窗口登记业务当场办结率提高到96%，只要申请者手续齐全，开业登记基本实现立等可取。

开展农村土地股份合作社登记注册业务 针对一些基础条件较好的村提出成立土地股份合作社的迫切要求，在国家、省尚未对土地股份合作社立法的情况下，积极向省工商局请示，在借鉴潍坊等地工作经验的基础上，自3月份至12月底，稳妥开展农村土地股份合作社注册登记工作，登记注册土地股份合作社16户。

深入推进“个转企”工作 联合市财政、税务、人力资源和社会保障等部门出台《关于支持个体工商户转型升级为企业的实施意见》，在税费优惠、财政扶持、信贷支持等方面加大扶持力度，创造良好的政策环境。至12月底，全市有538户个体工商户成功转型为企业。开展“万家民营企业大走访”“新注册小微企业‘回头看’”等活动，走访各类企业4000多户，帮助解决问题400多件。

推进“多证联办”联审联批 市政府出台《威海市市场主体设立联审联批试行方案》，按照“一次告知、一口受理、同步审批、信息共享、统一发证”运行模式，在全省率先实行市、县、镇三级全面推行市场主体设立联审联批，实现无前置审批的市场主体设立1个工作日内办结，同步办结营业执照、税务登记证、组织机构代码证和公安部门公司印章刻制。

【公平交易管理】 集中开展公用企业及其他具有独占地位的经营者商业贿赂、限制竞争等不正当竞争专项执法行动，查处各类案件635起，案值463.13万元。加大打击传销力度，会同市综治办、公安局在全省首批开展创建“无传销城市”活动，切实规范直销企业经营行为，处置涉嫌传销活动5起、移送公安部门1起。加强直销企业监管，对5家直销企业进行了约谈，调查处理1家企业。

【市场合同管理】 积极开展红盾护农活动，抽检各类农资784批次、成品油412批次，查处农资、成品油违法案件433件。加快推进企业诚信建设，开展企业信息公示，建立企业“红黑榜”发布制度，公示国家级“守合同重信用”企业18家、省级“守合同重信用”企业139家。积极推进合同助农，制定并推广了金银花等10类涉农格式合同文本。

【商标广告管理】 加强注册商标指导工作，市政府下发《2013年度全市商标发展和保护情况的通报》，有效调动各区（市）发展注册商标的积极性。开展商标品牌创建活动，举办著名商标企业品牌建设座谈会和商标知识讲座，组织申报山东省著名商标12件，认定威海市知名商标43件。大力发展农产品商标，指导有关行业协会向国家商标局提交了“威海大花生”“威海苹果”“荣成蜜杏”“荣成裙带”“文登西洋参”“乳山苹果”“乳山巴梨”7件地理标志商标申请。深入开展整治虚假违法广告专项行动，责令改正违法违规广告88条，向社会曝光违法广告15条，立案查处违法违规广告案件59起。

【消费者权益保护】 积极开展打击侵犯知识产权和制售假冒伪劣商品专项行动，与市公安局联合举办“为民打假赶大集”大型宣传活动，查处商标侵权假冒案件42件，端掉服装制假窝点1个。强化流通领域商品质量监管，组织开展旅游市场、“打违堵漏”“3·15晚会曝光产品”等专项整治行动，累计检查各类经营户6400多户次，抽检商品500多批次，查处销售假冒伪劣商品案件120多件。强化经营者主体责任，以家电、装饰材料等5类商品为重点，指导经营者建立形式审查和实质抽查相结合的商品准入制度。加强“12315”体系建设，受理、分流、调处消费咨询投诉举报1.8万件。

【消费者协会工作】 联合市文明办等部门举行全市“3·15国际消费者权益日”纪念宣传活动，大力宣传新修订的《中华人民共和国消费者权益保护法》。定期发布消费警示，开展消费评议活动，引导金融、家电等经营者加强行业自律，从源头上减少消费纠纷发生。认真做好消费投诉举报处理工作，全年受理消费者各类投诉举报咨询1.06万余件，为消费者挽回经济损失204万元。

【法治工商建设】 规范行政执法行为。制定出台威海市《行政处罚程序管理办法》和《行政执法人员行为规范》，严格执法程序，强化执法责任，规范执法，依法行政。制定行政权力清单。梳理行政权力事项 311项，确保行政权力在阳光下运行。规范自由裁量权。通过政府门户网站公示行政处罚自由裁量基准，充分体现公平公正原则，主动接受社会监督。提升应急处置能力。制定出台《行政执法突发事件应急处置规范》，明确、细化应急处置措施，在市工商行政管理局机关建立4支应急执法队伍，为有效应对暴力抗法等突发事件提供保障。4月，代表全市行政执法部门接受省“六五”普法中期验收，被授予“全省‘六五’普法依法治理中期先进集体”称号。

（于 源）

国土资源管理

【概况】 2014年，威海市国土资源工作紧紧围绕“尽职尽责保护国土资源，节约集约利用国土资源，尽心尽力维护群众权益”三位一体的职责定位，坚定不移地执行国家、省、市重大战略部署和改革政策，服务和保障全市经济发展大局，推进国土资源节约集约利用，实现保发展、保红线、保稳定、惠民生的有机统一。威海市国土资源局被省人力资源和社会保障厅、省国土资源厅、省公务员局授予“全省国土资源系统先进集体”称号，被省国土资源厅评为全省国土资源新闻宣传工作先进单位、全省测绘地理信息工作考评优秀单位，被威海市委、市政府评为年度工作优秀单位、全市安全生产工作先进单位、机关作风建设年活动十佳示范岗位，被市纪委确定为全市廉政文化示范点。

【耕地保护】 至2014年底，全市耕地保有面积19.59万公顷，基本农田保护面积17.14万公顷，完成补充耕地面积0.09万公顷。严格落实耕地保护责任制，分解下达年度耕地保护责任目标，组织开展对各区（市）年度耕地保护责任目标的检查考核，完成威海市耕地保护目标任务检查，顺利通过省政府耕地保护责任目标“十二五”中期考核。扎实做好土地整治工作，组织实施市级土地综合整治项目14个，投入资金2400万元，新增耕地53.73公顷。稳步推进高标准基本农田建设，安排项目13个，预算投资1.46亿元，建设高标准基本农田1.61万公顷。协调购买易地占补平衡指标333.33公顷，缓解土地占补平衡压力。

【国土资源集约利用】 *闲置土地清理整治* 继续深入开展闲置和低效利用土地清理处置专项行动，全年处置闲置土地170宗、503.87公顷，盘活低效用地392宗、897公顷。

批而未供土地处置 截至12月31日，经省政府批准建设用地9818.03公顷，完成供地8446.67公顷，未供土地1371.36公顷。全市2007—2013年度，6年平均供地率达到86.1%。

【城乡建设用地增减挂钩】 认真做好2014年度第一批城乡建设用地增减挂钩项目申报工作，全市申报增减挂钩项目35个，拆旧总面积106.87公顷。对文登区、荣成市15个增减挂钩和工矿废弃地复垦项目进行验收，折旧规模99.27公顷。

【国土资源市场建设】 严格规范土地招标拍卖挂牌出让工作，全年招拍挂出让工业用地239宗，面积624.13公顷，总成交金额15.90亿元；出让经营性用地314宗，面积878公顷，总成交金额133.20亿元。

【征地管理】 积极做好建设用地的土地征收和上报审批，全年上报审批建设用地56个批次，总面积1578.67公顷。发布拟征地公告15份，征地公告11份，发布征收土地补偿安置方案公示123份。办理划拨用地30宗、宅基地转让审批19件，办理存量建设用地预审5件。

【执法监察】 *土地执法* 严厉打击国土违法行为，全年开展各类巡查173次，制止和整改各类违法行为98起，下达《责令停止违法行为通知》等法律文书67份。全年立案查处违法用地143宗，收缴罚没款270万元；决定拆除建筑物面积16.1万平方米，没收建筑物22.5万平方米；追究党纪政纪责任6人。

矿产执法 加大对乱采滥挖、无证开采、以采代探等矿产违法行为执法力度，制止矿产违法行为59起，立案查处3起，扣押非法采矿设备70台(套)。

测绘执法 依法组织测绘地理信息行政执法，完成测绘项目备案、涉密测绘成果检查、测绘成果质量专项检查。认真开展执法人员信息采集和录入工作，威海市测绘行政执法人员信息上网率达100%。

【地籍管理】 优化土地登记服务，完成土地登记外网申请系统建设工作；启用和完善土地证书二维码防伪技术，在威海市区全面实现土地证书发放时加印二维码，发放附带二维码证书1945本。全年受理各类土地登记4.09万宗、流转事项报件562件，现场回复率、按期办结率、群众满意率均为100%。

【矿产资源开发管理】 对49处过期或无故不办理延续登记的采矿权予以销号处理，依法解决一批资源枯竭、政策性关闭、资源整合等造成的历史遗留问题。率先在全省完成矿产资源开发利用“三率”(开采回收率、采矿贫化率、选矿回收率)调查与评价工作，一次性通过省国土资源厅专家组评审验收。

【矿产资源储量管理】 加大储量动态监管，形成完整的矿山储量管理“一账三图”(矿山储量台账、储量计算图、采掘工程平面图、井上井下工程对照图)制度和矿山储量年报制度。全年受理建设项目压覆重要矿产资源情况查询表的审查8个。依据省国土资源厅矿产资源储量备案证明、矿产资源储量核实报告，出具省级、市级发证的矿产资源储量证明45份，填报占用矿产资源储量登记书45份。

【矿山生态地质环境治理与保护】 做好矿山安全隐患源头治理，全市采石场关停工作超计划完成，关停采石场26家，采石场数量由2013年底的126家压减到100家，压减率达20.63%。严格执行矿山地质环境保护与治理恢复方案审查备案及保证金收缴制度，清欠保证金685万元。组织开展矿山地质环境治理，环翠区仙姑顶、刘公岛等4个项目区、13个废弃矿山的治理任务全面完成；刘公岛、岠嵎山升级为省级地质公园。

【地质灾害防治】 扎实做好地质灾害防治工作，公布实施《威海市地质灾害防治规划》，完善《威海市突发地质灾害应急预案操作手册》，编制《突发地质灾害应急处置指南》，更新完善应急指挥、群测群防网络、技术支撑和预案体系，巡查、值班、预警预报、应急处置等制度得到全面落实，成功应对台风“麦德姆”过境和北山路崩塌等突发情况。

【基础测绘】 加强基础测绘建设，投入经费990万元，完成中心城区70平方公里基础地理信息数据库更新和全市基础地理信息成果2000国家大地坐标系转换；完善测绘服务，向社会各界提供各种比例尺地形图1.5万幅，涉及各类控制点成果246个、航摄数据2.8万平方公里、卫星遥感数据5797平方公里，为东部滨海新城建设、智慧城市、森林资源普查、“铁人三项世锦赛”等一系列重大项目、重要活动提供了测绘地理信息支撑。

【国土资源依法行政制度建设】 推进法制建设，出台《威海市国土资源局关于规范宅基地审批管理工作的意见》《威海市国土资源局关于规范征收土地公告发布和土地征收补偿安置方案公示的意见》，进一步规范全市宅基地审批及土地征收公告工作。推进信息公开，制定《威海市国土资源局关于进一步加强政府信息公开工作的意见》，坚持依法依规，妥善处置信息公开申请，处理信息公开申请32次，涉及主体200多人，积极回应社会关切。认真做好政府委托事项的合法性审查，全年审查审批事项273件，对其中的46件提出修改完善意见，对7件作出退卷处理，确保每一个审批事项经得起检验。

（毕宇亮）

质量技术监督

【概况】 2014年，威海市质量技术监督部门抢抓全面深化改革的历史机遇，围绕现代化幸福威海建设大局，坚持“抓质量、保安全、促发展、强质检”工作方针，围绕“产业强市 工业带动”战略部署，发挥职能作用，服务发展大局，继续保持安全监管保障有力，队伍业务稳定发展，获得“市级文明行业”“全市安全生产工作先进单位”“全市优秀志愿服务组织”“先进基层工会”及“先进基层团组织”等称号。

【质量强市战略】 认真贯彻国务院质量发展纲要、省政府实施意见和《威海市质量发展规划（2011—2020年)》，召开质量强市工作座谈暨第四届市长质量奖颁奖大会，黄海造船有限公司、山东新北洋信息技术股份有限公司、文登威力工具集团有限公司3家企业和威海紫光生物科技开发有限公司董事长李泥亭、山东华力电机集团有限公司董事长曲云凯2名个人获得了第四届威海市市长质量奖。组织开展第五届市长质量奖评选工作。天润曲轴股份有限公司副董事长孙海涛获得省长质量奖个人奖，威海市商业银行股份有限公司获得省长质量奖提名奖。获评山东名牌产品16个，山东省服务名牌5个。至2014年底，全市有省长质量奖企业奖4个，个人奖1名，山东名牌产品212个，山东省服务名牌55个，创建产品基地8个，龙头企业18个。

2014年威海市新增山东省服务名牌一览表

表3

序号	行业类别	单位名称	服务品牌	服务项目
1	货币金融服务业	山东荣成农村商业银行股份有限公司		存贷款服务、国内外结算服务
2	货币金融服务业	威海市商业银行股份有限公司文登支行	威海市商业银行 WEIHAI CITY COMMERCIAL BANK	个人金融服务、中小企业贷款
3	商务服务业（人力资源）	威海市文登区人才交流服务中心	文登市人才交流服务中心	人才交流与服务、就业服务
4	居民服务业（家庭服务）	威海市欣娃母婴护理服务有限公司	欣娃 母婴服务中心	母婴服务
5	科技推广和应用服务业	文登市山海综合养殖开发有限公司	沙柳村 SHALIUCUN	农业技术推广服务

2014年威海市新增山东名牌产品一览表

表4

序号	所属大类	企业名称	申报产品名称	品牌名称
1	食品	威海市宇王集团有限公司	姜汁口服液	宇王
2	纺织类	山东芸祥绣品有限公司	床上用品	芸祥绣品
3	轻工	金猴集团有限公司	劳保鞋	金猴
4	化工	固铂成山（山东）轮胎有限公司	全钢载重汽车轮胎	AUSTONE
5	机械制造	山东百圣源集团有限公司	旋切单板生产线	BSY 百圣源
6	机械类	文登奥文电机有限公司	单相异步电动机	奥文 AOWIN

【标准化战略】 大力推进标准化战略有效实施，市政府出台《威海市人民政府关于修改〈威海市实施标准化战略奖励办法〉的决定》，大幅提高对标准化项目的奖励额度，引导和鼓励企业开展标准创新，全市27家企事业单位的62个标准化项目获奖励资金443.5万元。标准制修订工作有效开展，全市主持或参与制修订国家标准24项、行业标准26项、地方标准8项，6种产品通过了采标认可，6家企业通过AAA级标准化良好行为确认。新增2个省级农业标准化示范项目。至年底，全市主持或参与3项国际标准、217项国家标准、269项行业标准、61项山东省地方标准的制修订工作；44家企业通过了“企业标准化良好行为”确认，承担19个服务标准化试点项目、14个国家级农业标准化示范区的建设工作。

【计量保障】 加强计量节能管理和服务，开展节能降耗计量服务活动，促进节能降耗工作顺利开展。加强企业能源计量网上直报平台管理，47家省级重点用能单位完成能源消耗数据网上直报，为节能减排提供了数据支撑。积极开展“推进诚信计量，建设和谐城乡”活动，103家商业服务业单位签订公正计量承诺书，在全省率先开展生产企业诚信计量自我承诺活动，16家生产企业开展诚信计量自我承诺。开展“计量惠民生、诚信促和谐”活动，对市区集贸市场1252台计量器具进行免费检定，维护公平公正的计量贸易秩序。

【质量监督】 全面停止向企业收取检验费的产品质量定期监督检查工作，改为按照政府购买服务的方式，依法对重要工业产品实施产品质量监督抽查，企业无需付费。根据调查情况，将全市19大类制造业的59个品种1000多个批次产品列入2015年度重点产品质量监督抽查目录，制定《威海质量技术监督局产品质量监督抽查工作规范》，为全面有效开展产品质量监督抽查工作奠定基础。

【特种设备安全】 调整特种设备安全监察体系，理顺分工，实现特种设备隐患的闭环管理。针对重点难点问题，深化专项整治消除安全隐患，集中开展电梯维保单位检查、涉氨企业安全标准化管理、打非治违等专项活动。施行电梯维保单位计分考核制度，有效提高维保质量，促进行业良性发展。开展涉氨企业安全标准化检查，解决涉氨行业存在的普遍性问题。严格隐患治理，打击违法违规行为，提高企业安全生产水平，全年出动检查人员1.13万人次，检查单位3058家次，下达特种设备安全监察指令书1421份。至年底，全市有特种设备3.77万台，各类特种设备生产单位215家，使用单位6585家，作业人员2.03万人。

【行政执法】 积极推进市行政处罚案件系统的应用，行政处罚案件全部实行网上统一办理。修订行政处罚裁量权标准，将401个行政处罚事项的自由裁量标准，全部录入市行政处罚系统。对依法行政工作进行全面理顺和规范，对行政执法人员资格进行专项清理。开展质检利剑行动、打击侵权假冒等10次专项执法行动，出动执法人员1200余人次，巡查检查企业500余家次，打击各类质量违法行为，有效维护正常的生产经营秩序。

【实验室资质认定】 开展了年度实验室资质认定专项监督检查工作，完成了20家资质认定实验室的自查自纠和监督检查、13家建筑工程实验室和2家农产品实验室联合专项监督检查，提升行业管理水平，规范检验检测行为。

【行政审批】 扎实推进行政审批制度改革，审批事项由25项压至18项，质监部门市级行政许可事项由7项减到2项，四分之一的审批和服务事项下放县区局办理，审批事项的办理期限比法定期限缩短50%以上。取消机动车安检机构技术人员考核，取消对资质认定实验室监督评审等5项制度和行政许可3项条件，取消产品质量定期监督检验，取消组织机构代码年检事项。政务服务中心质监窗口办理行政审批及服务事项2万多件，居全市第3位，按时办结率达100%，被评为“群众最满意窗口”。

【检验检测能力建设】 获批国家质检总局技改项目2项，省质监局科技计划项目2项，省软科学优秀成果奖1个，集中结题验收科技计划项目8项。国家海产品质检中心一期工程主体建筑与装修基本完工，完成检测设备采购。至年底，国家海产品质检中心项目落实省发改委蓝区建设专项资金2000万元，市政府专项资金1150万元、省质监局专项资金3180万元，农副产品检测中心落实国家发改委专项资金300万元；市质检所新增涉及林果产品、林业投入品、产地环境6个产品的全部34个项目和11个产品的192个项目的检验资质。全年完成各级主管部门食品及农副产品检测任务4421批次，抽检工作质量获各级主管部门肯定。

（刘　晓）

信息化建设

【概况】 威海市是全国信息化试点城市、数字城市建设示范市、首批全国农村党员干部现代远程教育试点市、首批基于云计算的电子政务公共平台建设和应用试点示范地区、山东省数字城市试点市、国家和山东省智慧城市试点市、国家信息消费试点市，连续4届获得“中国城市信息化50强”称号。2014年，威海获批信息惠民和宽带中国试点市，成功入选“宽带中国”示范城市，获得“2014中国十大智慧城市”称号。

【基础设施】 至2014年底，威海电信业务总量35.99亿元。固定电话交换机总容量80.63万门，用户总数60.98万户，户均普及率59.67%；移动电话交换机总容量571万门，用户总数317.03万户，人均普及率113.22%，其中3G移动电话用户

131.14万户，4G移动电话用户10.83万户；宽带用户总数71.65万户，户均普及率70.1%；光缆总长度80.29万芯公里；建有移动基站5238座，其中3G基站3390座，4G基站1865座；城市出口带宽460G。信息基础设施主要人均指标位居全省前列。无线局域网全面实现公共区域热点覆盖，3G网络基本覆盖城乡，威海移动4G实现了所有城区、县城、乡镇及发达农村4G网络的全覆盖。威海联通、威海电信初步实现了4G信号对威海市区及各县城区中心区域的良好覆盖。

【"两化"融合】 2014年，全市区域"两化"（信息化和工业化）融合发展水平位居全省第六位。金猴集团和天润曲轴2家企业列入工信部"两化"融合贯标试点企业，先后建设4个省级数字化装备制造中心、15个省级信息技术推广中心、2个省级智能化供应链管理中心和2个省级能源监测自动化控制中心，认定8家企业成为全市"两化"融合技术支撑单位。全市有电子商务园区17个，各类电子商务平台40个，家家悦、三角集团、金猴集团等企业供应链电子商务年交易额分别为71亿元、70亿元和36亿元。年末，全市电子商务交易额约750亿元，比上年增长39%，网络零售额约135亿元，占社会消费品零售总额的11.4%。

【智慧城市建设】 重点推进市民网、交通管理、公交服务、旅游服务、供热服务、燃气服务、供水服务、供电服务和城建档案管理等9个智慧城市项目建设。在省内率先开通市民网服务，提供9个板块、1200多项便民服务，访问量突破15万人次，成为政府为民服务和政民互动的新平台；市区道路基本实现路况实时监控、交通智能诱导等智慧应用，城区4条主干道通行效率提高11%，高峰时段排队长度降低10%；全市50条公交线路、492辆公交车实现智能调度运行，开通智能公交APP服务，日均访问量超过2万人次；智慧供热、燃气、供水等项目加快推进，至年底，智慧供暖用户达到10万余户，智慧燃气81个远程数据采集点覆盖市区和东部滨海新城等区域，智慧电网全市130万电力客户实现用电信息自动采集和电费自动核算。依托威海云计算中心资源整合市直部门机房和服务器设施150多台套；依托政务云平台整合205个市直单位政务外网、90个政务网站和15个部门业务系统；依托市民网整合400多项公共服务资源和800多项便民服务资源；整合46条政务服务热线、28条应急热线和600多条行业或企业特服热线，初步形成市域一体化协调发展格局。

【无线电管理】 *频率台站管理* 至2014年底，全市有设台单位2610个，各类无线电台站1.06万部（个），其中，广播电视台18部，高频电台12部，甚高频、特高频电台2269部，数据电台25部，船舶电台4500部，雷达站4个，公众移动通信基站3475个，微波接力站29个，业余电台280部，其他电台7部。全年完成行政许可119项，发放电台执照632个，指配单频点49个、双频点15对，指配船舶呼号44个，为3000多艘渔船办理电台执照年检验证手续。查处78家单位非法设置使用对讲机447部，均下发责令改正通知书，有42家单位依法补办设台手续。受理并查处干扰投诉11起。

监测保障工作 落实监测值班责任制，重点加强对航空导航、广播电视、公众通信、水上生产和铁路等重要频段的监测监听，认真排查可能存在的干扰信号，确保通信安全畅通。重要节日和重大活动期间，严格要求实行24小时值班，全面落实应急处置预案，完成春节、"两会"、亚运会火炬传递及"铁人三项赛""帆船锦标赛"等重要节庆活动无线电安全保障任务。在全市13类考试中成功协助防范无线电作弊行为，发现并压制作弊信号1起。举办模拟实战应急演练活动，进一步提升监测保障能力和水平。

检测测试工作 为民航威海机场02号航向台搬迁进行站址审查和电磁环境测试，及时办理相关手续。积极参与青荣城际铁路建设论证工作，为有关部门提供沿线大型无线电台站资料。完成66个拟设通信基站的电磁环境测试任务，为列车的指挥调度和安全运行提供技术依据。

技术设施建设 3月，超短波网格化监测网项目全面完工，顺利通过初步验收投入运行，做好试运行期间数据采集、经验积累和问题查改，11月顺利通过项目验收。各类监测站达23个，实现对威海市区的全方位覆盖和对文登、荣成、乳山市区及码头、机场等重点区域的监测覆盖。对远遥站、机场站环境监控系统进行升级改造，对17个监测站进行防雷检测，保证设备安全。对山林火灾烧毁的高山站变压器及电缆等设施及时修复，并在有关部位安装警示标志。

（赵明君　于泽）

国内经济合作

【概况】 2014年，全市实际利用内资638亿元，比上年增长15.2%；全市新实施总投资3000万元以上内资项目387个，实际利用内资96.54亿元，比上年增长20.35%。新签约总投资3000万元以上内资项目378个，合同总额1978.43亿元；新注册内资项目466个；新投产（营业）总投资3000万元以上内资项目201个。

【参加第十七届中国（重庆）国际投资暨全球采购会并赴云阳县开展扶贫协作交流活动】 5月14日—17日，副市长刘广华率团赴重庆参加"第十七届中国（重庆）国际投资暨全球采购会"，并赴云阳县走访考察，推进东西协作工作。刘广华一行先后参加"渝洽会"开幕式、威海优质产品展示展销、山东·重庆扶贫协作工作座谈会等活动，举行文登区·名豪台湾城暨台湾文化风情街项目签约仪式，考察重庆市两江新区，会见重庆市工商联、重庆山东商会主要负责人，并就招商合作、信息交流进行了探讨交流，分别与重庆申基实业（集团）有限公司、重庆金山科技（集团）有限公司、重庆金科地产集团股份有限公司等企业负责人就投资合作进行了交流。在云阳期间，刘广华一行先后考察了云阳规划展览馆、市民文化活动中心、云阳工业园区、金田塑业有限公司以及威海市援建的青龙小学等，详细了解云阳县的产业发展、城市建设以及威海市援建项目情况。

【参加第十八届中国东西部合作与投资贸易洽谈会暨丝绸之路国际博览会】 5月23日—26日，市经济合作局率团赴西安参加"第十八届东西部合作与投资贸易洽谈会暨丝绸之路国际博览会"，以助推企业拓展市场、对接全国工商联执委企业、开展军民合作为重点，开展宣传推介、座谈交流、走访对接等活动。筛选组织好当家、山花地毯、威力工具、迪沙药业等9家企业参展，参展产品涵盖机电装备、电子信息、食品医药、新材料等领域，成为整个山东省展位产品展示的亮点。走访中船重工705研究所、西安华雷船舶实业有限公司，重点推介威海发展船舶游艇方面的环境优势和产业承接能力；走访大唐西市文化产业投资集团，重点推介威海的文化旅游市场；走访陕西世纪金花投资集团，重点推介威海的医药投资环境，推动威海本地制药企业与金花集团的合作事宜；走访西安比亚迪股份有限公司，重点推介威海的汽车产业和新能源产业的发展情况；拜访陕西省山东商会、陕西国防科工办信息中心等单位主要负责人，开展投资合作、军民技术应用等对接洽谈。

【参加2014中国·青海绿色发展投资贸易洽谈会并赴海北州等地推进对口支援工作】 6月9日—12日，副市长刘广华率团赴青海省参加"2014中国·青海绿色发展投资贸易洽谈会"，出席了开幕式，参观了山东省展馆及海北州展厅，并赴海北州、门源县走访考察，推进对口支援工作。刘广华一行与海北州、山东省对口支援办公室和青海省国有资产投资管理有限公司等主要负责人进行座谈交流，与海北州及门源县主要领导就对口支援工作进行沟通交流，并看望威海市在门源县的挂职援青干部。

【威海市人民政府与中国恒天集团在北京签订战略合作框架协议】 7月3日，威海市政府与中国恒天集团在北京签订战略合作框架协议。威海市委副书记、市长张惠，副市长房德阳，市经济合作局、市规划局及环翠区负责人参加。项目合作实施将有力推动威海纺织服装行业转型升级，更好地发挥威海对韩合作优势，并最终走向国际化，使威海市成为国内外知名的时尚创意中心城市。与恒天方项目规划设计团队就双方合作的项目规划设计、内容等细节等问题进行深入探讨。

【赴长三角开展产业合作对接活动】 8月18日—21日，副市长刘广华率团赴长三角地区开展产业合作对接活动。刘广华一行访问了中基宁波集团、国家时尚创意投资发展有限公司，与10位宁波知名民营企业家进行座谈交流；参加文登区政府与上海航天机电战略合作协议签约仪式；与威海市友好市区上海市静安区主要领导就产业合作进行探讨；参观上海800秀创意园、上海静安嘉里中心等总部经济代表性项目。举办威海（静安）产业合作对接会，邀请30多家总部经济企业和上海静市安区政府相关部门参加。其间，威海市对接推动23个重点项目，达成合作意向13个。

【赴青海考察对口支援工作】 8月20日—22日，省委副书记、省长郭树清率山东省党政代表团赴青海省西宁市和海北藏族自治州考察山东省援青工作。市委副书记、市长张惠带领市委组织部、市经济合作局、威高集团负责人参加活动。省长郭树清、青海省省长郝鹏听取了威海市关于威高集团医疗援青情况汇报。

【赴珠三角地区开展招商周推介活动】 9月21日—26日，副市长徐连新率团参加山东省珠三角地区招商周推介活动，并赴广东、福建省开展小分队"点对点"项目推进和对接。徐连新一行先后参加了山东省珠三角地区招商周投资说明会，包括威海市在内的山东省10地市进行了专题推介；拜访了工业和信息化部电子第五研究所、李冠成集团、广东富盈集团、深圳国实集团、深圳飞驰游艇公司、深圳市东华实业（集团）有限公司以及深圳市山东商会等重点企业和商会负责人；推进了电子产品体系认证、生物制药、旅游地产、学校、总部基地及航空小镇、游艇俱乐部及海洋旅游等一批合作项目。

【参加第十五届中国西部国际博览会】 10月23日—26日，市政府组团赴成都参加第十五届中国西部国际博览会。威海市代表团先后参加了山东半岛蓝色经济区和黄河三角洲高效生态经济区重点园区推介会、海峡两岸经贸合作交流会、投资专场对接洽谈等活动，与部分参会客商进行接触洽谈；走访成都市成华区工商联，参观考察成都智博雅思、成都通威水产科技有限公司以及成都龙潭总部经济城、东郊记忆等企业和项目。

【赴韩国开展经贸促进活动】 12月10日—13日，市委副书记、市长张惠率团赴韩国开展经贸促进活动，推动威海市同仁川市深化地方经济合作。（详见《对外及港澳台经济贸易·综述·第203页》）

【参加全国知名民营企业入鲁助推转调创洽谈会】 12月22日，市委书记、市人大常委会主任孙述涛，市委副书记、市长张惠，副市长刘广华等在济南参加全国知名民营企业入鲁助推转调创洽谈会，并以洽谈会为平台，会见全国工商联执委和知名民营企业家，开展专题推介活动。孙述涛、张惠一行先后会见北京、广东、福建、安徽等地的执委和知名企业家，就威海的产业基础、发展战略、营商环境等进行深入交流，有针对性地开展对接活动。在洽谈会举行的项目签约仪式上，威海市山东明创电商发展有限公司中国渔都电商综合体、恩源综合电子商务总部基地产业园、威海三寿科技园股份有限公司锂电池基地、威海国际时尚创意品牌城等4个项目签约。

（田巍巍）

统计工作

【概况】 2014年，全市统计系统认真落实上级部署，稳步推进重点领域改革，推进GDP统一核算改革、固定资产投资、能源统计、电子商务统计、城镇化统计监测等方法制度不断创新。完成第三次全国经济普查和各项常规统计调查，顺利开展全市群众满意度等民意调查，积极配合市委考核办对绩效考核进行严谨测算和科学调整，统计普法执法成果丰硕，统计基层基础工作向纵深发展，部门统计工作再上新台阶。

【第三次经济普查】 历经近两年的时间，全市第三次经济普查工作高质量完成机构组建、方案研制、宣传动员、现场登记、数据审核、汇总评估等阶段任务，为各级党委政府准确把握新常态、科学制定“十三五”规划奠定了坚实基础。在全省统计工作暨第三次经济普查总结会议上，市统计局获得“山东省第三次经济普查先进集体”称号。

【基层统计培训】 4月，市统计局下发《全市基层统计人员岗位知识培训意见》等文件，采取“前期发动组织、中期精细管理、后期总结提高”的工作模式，先后举办33期培训班，对12个专业的2898名基层统计人员实施了从依法统计到业务知识的综合培训，取得良好效果。

【统计宣传培训进党校】 继续深化统计法进党校活动，召开全市统计局长会议，就推进全市统计法进党校工作进行专门部署。9月18日，在市委党校秋季开学典礼上，市统计局举办题为“坚持依法指导统计工作 维护数据真实准确”的专题讲座，市委党校处级干部进修班和相关部门、单位分管统计工作的领导180余人参加学习。文登区、环翠区、荣成市和乳山市统计局先后开展《中华人民共和国统计法》进党校活动，开创全市统计普法宣传新模式。

【统计调研分析】 围绕全市经济社会发展的重点，全年向市委办公室、市政府办公室报送统计分析、信息113篇，向省统计局网站报送工作动态和统计分析110篇。《“新常态”下威海经济发展动力研究》被评为威海市委“优秀调研成果特等奖”。编印出版《2014年统计分析报告选编》。

【社情民意调查】 进一步拓展社情民意调查工作服务领域，全年完成有效样本2.3万个，市纪委、公安局等10多个机关部门先后委托社情民意调查中心开展各项调查20项，顺利完成两次“听民声、体民情、促发展”群众满意度调查，12月9日—10日，市委书记、市人大常委会主任孙述涛，市委副书记、市长张惠分别带队到社情民意调查中心现场倾听民声。

（王国兴）

安全生产监督管理

【概况】 2014年，市安监局深化安全生产管理体制改革，采取切实有效措施改进安全生产工作，有效预防和减少各类生产安全事故，为确保全市安全生产形势稳定、好转发挥了重要职能作用。全市全年发生各类生产安全事故36起，比上年下降42.9%；死亡46人，比上年下降30.3%；直接经济损失1169.08万元，比上年下降44.1%。

【安全生产责任体系建设】 市委、市政府下发《关于进一步加强安全生产工作的决定》，围绕落实“党政同责、一岗双责、齐抓共管”的工作要求，明确28项具体措施，对党委政府领导责任、行业管理部门直接管理责任、安监部门综合监督管理责任、企业主体责任、员工岗位责任、社会各界参与责任进行全面规范，加强和改进安全生产工作。全市扎实推进安全生产网格化监管，构建起市、县、镇、村4级安全生产网格化监管体系，搭建起安全生产网格化监管平台框架，对3300余家生产经营单位进行了全面翔实的安全生产信息普查。

【生产安全事故隐患排查治理体系建设】 在全市组织开展了安全生产资质检查、百日攻坚、企业主体责任专项执法、冬季隐患大排查大治理等一系列检查整治活动，检查生产经营单位1.7万余家，排查各类隐患1.6万余项，打击各类非法违法行为3300余起。市政府安委会制定4大类20个“督查检查表”，安排7个包区（市）督查组对所包区（市）实施跟踪督查。制定《安全生产专家委员会管理办法》，会同市财政局联合制定《政府购买安全生产专业检查服务实施办法》，采取政府购买服务方式，引入专家、专业机构力量参与检查和督查。在地下矿山试点购买安全生产专业检查服务，委托中国安科院分3批对13个地下矿山生产系统进行系统检查。

【安全生产预防控制体系建设】 加强分管领域行业结构调整，淘汰落后工艺和装备，注销矿山安全生产许可证22家，整改淘汰国家明令禁止使用的矿山设备30台（套），督促2家生产企业退出生产领域。建立危化品及化工行业和烟花爆竹行业安全生产监管联席会议制度，加强生产、经营、储存、使用等环节的安全监管。扎实推进涉氨制冷企业专项治理，全市涉氨制冷企业由治理前的1025家减少到877家，其中，更换介质78家、关停70家，使用快速冻结装置的168家企业的333台单冻机（速冻机）改造基本结束。加强粉尘危害专项治理，指导1家水泥制造企业、2家石材加工企业建起治理示范点。

【安全生产基层基础保障体系建设】 市委、市政府明确基层监管力量配备标准，每个镇（街道）、安全生产任务较重镇（街道）、省级开发区的安全生产监管机构分别至少配备2名、4名、6

名专职监管人员。市政府督查室下发督办通知，对镇（街道）安监队伍建设、经费投入、装备配备等进行了专项督查。组织开展安全生产执法队伍标准化创建、岗位练兵、执法文书评审等活动，提升监管队伍素质和装备配备水平，4个区（市）安全生产监察大队全部实现标准化达标。加强安全生产宣传教育工作，组织开展“安全生产月”“安全生产威海行”和新版《中华人民共和国安全生产法》集中宣传贯彻等一系列活动，培训考核企业负责人、特种作业人员1.8万余人。

【安全生产组织领导和考核评价体系建设】 结合冬季隐患大排查、大治理工作部署，市、县、镇3级均建立起领导包下级单位督导检查制度。市政府安委会修订印发《安全生产工作目标绩效管理考核评分细则》，对各区（市）实行定性、定量考核，以结果为工作导向，以考核促工作落实。制定《威海市安全生产“黑名单”管理制度》，将存在非法生产、非法经营等8类行为的生产经营单位列入“黑名单”，强化安全生产诚信约束。

（牛　凯）

食品药品监督管理

【概况】 2014年，市食品药品监督管理系统全面深化改革，重新组建威海市食品药品监督管理局，负责全市生产、流通、餐饮服务环节的食品、药品安全统一监督管理。加强基层执法队伍建设，建立健全基层监管网络，下放行政权力，落实属地管理责任。在全市进行摸底调查，掌握监管对象底数，对食品药品生产企业实施风险分级管理，把监管重心由事后查处转向事前预防。坚持管理与服务并重，加强食品药品安全监管力度，打击食品药品违法行为，完善稽查办案机制，严格执行办案程序，加大案件查处力度，开展食品药品领域重点品种、重点区域和重点部位专项治理和专项整治活动，开展国家食品安全城市创建试点工作和“食安威海”品牌引领行动，促进药品零售连锁企业的发展。推进食品药品安全社会共治，组织开展多种形式的宣教活动，发挥社会监督作用。

【机构改革】 根据《威海市人民政府关于改革完善全市食品药品工商质监管理体制的实施意见》和《威海市人民政府办公室关于印发威海市食品药品监督管理局主要职责内设机构和人员编制规定的通知》规定，2014年1月，市食品药品监督管理局完成与市食安办、质监局、工商局的职能移交、人员划转工作，重新组建威海市食品药品监督管理局（挂威海市食品安全委员会办公室牌子）。对食品、药品、医疗器械、保健食品、化妆品监管职能进行调整。2月，环翠区、文登区、荣成市、乳山市、威海高技术产业开发区、威海经济技术开发区、威海临港经济技术开发区先后出台方案，全市61个镇（街道）设立食品药品监管所、13个镇（街道）设立市场监管所，有监管人员679名。4月，完成监管档案移交工作，体制改革工作全面完成。

【食品安全监管】 日常监管　建立食品生产企业质量安全档案，开展监督检验工作和许可证年度报告审查工作，监督检查食品生产企业928家次。印发《关于开展全市食品流通经营单位摸底调查工作的通知》《关于开展食品及食用农产品流通经营主体分类调研统计工作的通知》，摸查全市监管对象底数。实施食品流通、餐饮安全监督检查制度，规范中小学校周边食品店餐饮店及食品摊贩经营管理，加强大中型食品商超及连锁超市治理，开展全市农村食品市场和专项整治。全年出动监督人员1.3万人次；举办食品生产、流通、餐饮领域安全监管培训班，宣传主体责任，追究主体责任，培训4000人次。

专项整治　开展学校食堂及周边、农村、超市、食品生产加工小作坊、小摊贩和小餐饮等重点区域和重点部位专项整治。对辖区内肉类及食用油等获证企业实施专项检查工作。全年出动执法人员2346人次，检查企业1042家，下达责令整改55项次，立案25起。

监督抽检　分3期对全市流通环节的25种、585批次的食品进行监督抽检，以食用农产品、儿童食品为重点品种，以批发市场、农贸市场为重点区域开展监督抽检，发现29批次的食品不合格，均予立案，其中结案12起。

示范创建工程　年初，印发2014年餐饮食品安全示范创建工作方案，下达创建任务，开展餐饮服务食品安全示范创建工作，联合市商务局、教育局开展了2次联合检查和抽查。年内，建设了6条示范街、112家餐饮示范单位、14家示范学校食堂，创建省级清洁厨房59家。

【药品质量监管】 日常监督检查　采取日常监督检查与专项检查相结合、企业自查与突击检查相结合、全覆盖检查与重点抽查相结合的方式，对药品生产、批发、零售、互联网销售、药品使用进行全业态监督检查。年内，全市出动监督检查人员1.08万人次，检查药品经营、使用单位3436家，立案查处制售假劣药品案及其他违法经营案件74起，没收违法药品货值10.22万元，罚没款合计38.2万元；监督检查药品生产企业38次，发现缺陷项目317项，其中主要缺陷20项，一般缺陷297项。

专项检查　组织开展对全市中药制剂和中药饮片生产企业进行专项检查，针对“3·15”晚会曝光的明胶问题，对全市2家明胶生产和3家明胶使用的药品生产企业进行了专项检查。开展夏季停产后重新启动生产前的专项检查，开展中药提取物生产和使用的专项检查、特殊药品生产和使用的专项检查。全年出动执法人员1537人次，检查单位620余家次，对问题单位依法进行了处置。

药品GMP、GSP认证　完善药品企业现场检查体系，指导督促药品批发企业通过新修订的GSP（药品经营质量管理规范）认证。2014年，全市注射剂生产企业全部通过新版药品GMP（产品生产质量管理规范）认证，其他企业通过80%以上，计划2015年底全部通过。

风险点监管　根据全市的药品生产、经营等领域相关单位检查情况，进行风险管理汇总分析，在全市开展药品安全风险因素分级评定，分成A、B、C、D四级进行管理，依照分级结果确定下个年度监督检查的频次和重点内容。

双百示范工程　4月，威海市启动药品安全双百示范工程，在2年时间内创建药品安全示范社区和药品安全示范药店各100个，并开始对药品安全双百示范工程活动进行准备和部署工作。制定印发活动实施方案、示范社区和示范药店的创建标准。10月28日，召开威海市药品安全双百示范工程活动现场会，启动了药品安全双百示范工程活动综合评价阶段的工作。至年底，验收通过示范社区（村）20家，示范药店9家。

【保健食品化妆品安全监管】　*日常监管*　开展保健食品生产企业GMP跟踪检查，全年检查企业11家，协助企业完成21个新产品研发项目注册。组织开展化妆品生产企业卫生规范跟踪检查，下发《2014年威海市进口化妆品专项整治工作实施方案》，在全市开展专项整治工作，加强化妆品生产经营环节的投诉举报案件查处工作。建立化妆品不良反应监测哨点15个，全年检查化妆品企业454家，责令改正73家。

专项行动　开展打击违法生产经营保健食品化妆品专项行动，对保健食品生产企业使用空心胶囊情况进行专项检查。全年出动执法人员1666人次，检查保健食品生产企业54家次，经营企业1124家，立案4起，罚没金额7.4万元。

鳕鱼肝油整治　以央视“3·15”晚会曝光的鳕鱼肝油问题为线索，开展打击违法违规使用鱼肝油、鳕鱼肝油生产食品、保健食品专项行动，联合威海市公安局对保健食品生产企业进行多次专项检查，责令召回存在问题的产品，并按规定进行处罚。

【医疗器械监管】　*优化审批流程*　制定《威海市第一类医疗器械备案指南》，简化审批程序，将第一类医疗器械产品生产由注册制改为备案制。为企业质量管理体系、申报资料、临床试验等提供指导，帮助企业取得三类医疗器械注册证书2个、二类注册证书3个。

示范创建活动　制定《2014年威海市医疗器械质量管理示范创建工作方案》，评定山东威高骨科材料股份有限公司和山东威高药业股份有限公司为“2014年度全市医疗器械质量管理示范单位”。

医疗器械“五整治”　开展以打击虚假注册申报、违规生产、非法经营、夸大宣传、使用无证产品等行为为重点的医疗器械“五整治”专项行动。全市出动执法人员4629人次，核查注册资料真实性品种26个，监督检查生产企业63家、经营企业 553 家、使用单位927家，警告、责令整改296家，罚没款5000元，移除违法广告62起。

特殊、高风险领域检查　结合医疗器械“五整治”，对全市无菌和植介入类医疗器械生产企业进行检查，杜绝风险隐患；开展高风险医疗器械经营环节的专项检查，规范互联网医疗器械销售行为。全年出动执法人员372人次，对辖区内186家高风险医疗器械经营企业进行监督检查，查处违法违规单位24家，其中，责令整改20家，警告4家。

【食品安全专项整治】　以白酒、肉制品、大桶水、标签标识、水产品、食品添加剂、植物油等为重点，组织开展食品安全10项整治，出动执法人员1293人次，监督检查生产、经营、使用单位940家，抽样79批。开展肉类专项整治行动，出动执法人员1514人次，检查肉类生产加工企业739家，抽样242批。组织开展非法添加和滥用食品添加剂专项整治，针对火锅餐饮店、特色小吃、麻辣烫店、消费人群比较集中的餐饮单位和调味品批发单位联合公安等部门进行专项检查，随机抽检样品212批次，对不合格产品进行有针对性的稽查和溯源，对其中26个不合格产品的生产经营单位进行行政处罚。抽检辣椒及辣椒制品32批，立案查处2批。组织开展学校、幼儿园、企事业单位集体食堂、小饭桌等专项整治活动。全市出动执法人员1.03万人次，检查食品生产经营企业5659家次，检查重点场所1300个次，抽检样品1004批，责令整改单位487家，查处违法违规案件9起。开展农村食品安全监管与专项整治，重点治理制售假冒伪劣、“三无”（无生产厂名、无生产厂址、无生产卫生许可证编码）食品、过期食品等违法违规行为，检查农村食品生产经营单位3200多家，查处案件34起，取缔无照经营2家；检查集贸市场、批发市场等52个；检查农村庙会、集市142个次。制定《威海市学校周边食品安全专项整治方案》，集中半年的时间，对学校周边的食品安全环境进行集中整治，责令改正食品经营单位84家，立案调查23起，查扣涉嫌违法食品约138公斤，发出协助调查函23份。根据检查中发现的问题和掌握的线索，对学校周边儿童小食品的主要供货源，进行突击检查，立案4起。

【依法行政】　建立《行政执法规程》《行政处罚自由裁量权标准》《说理性文书》等15项执法制度，统一规范执法程序、案卷制作和行政处罚行为。实行行政执法集中处罚，健全监督执法工作日志，确保执法工作依法有据。开展行政执法案卷评查，抽取一定比例的行政案件，定期进行回访和暗访，促进文明执法、公平公正。年内，全市食品方面完成市级监督抽检2236批次，合格率为96%；药品方面累计完成检验1014批次，合格率为99.5%；完成药品不良反应监测病例报告4381份，其中严重的病例报告546份；医疗器械不良事件报告2647份，其中严重的病例报告633份。2014年，未发生行政复议或诉讼案件。

【试行食品质量安全受权人制度】　试行食品质量安全受权人制度，完善食品生产监管长效机制，确保食品质量安全，将食品质量受权人制度实施情况作为食品生产企业分级管理、“飞行检查”以及日常监督检查等监管工作的重要内容。年内，威海境内5家乳制品生产企业、3家白酒生产企业确定为食品质量安全受权人。

（汤华飞　肖建忠）

编辑　闫拥军

农　业

综　述

【概况】 2014年，按照市委、市政府全域城市化、市域一体化总体战略部署，威海市农业和农村工作坚持一手抓农村改革，一手抓产业发展，不断破除体制机制障碍，推进农业发展方式转变，重点工作任务全部超额或提前完成，为全市经济社会健康发展提供了重要基础支撑。全年实现农业增加值54.13亿元，比上年增长1.8%；林业增加值4800万元，增长1.9%；畜牧业增加值31.66亿元，增长4.3%；渔业增加值121.32亿元，增长5.0%；农林牧渔服务业增加值6.92亿元，增长9.7%。全市农民人均纯收入1.73万元，增长11%。

（石绍华）

【农业投入品监管】 2014年，市农业局先后组织开展春、秋季农资打假和“放心农资下乡进村”、农资打假“双百行动”等活动，坚决打击制售假劣农资等违法行为。严格落实农药经营告知制度，规范农药经营告知程序，通过审核的产品及时向社会公开公示，全市公开告知产品 2430个，涉及生产企业376家。全市出动执法人员3219人次，检查企业5722家次，纠正不规范行为493起，涉嫌不合格农资14.02万公斤，涉案货值21.40万元。全市立案查办各类案件50起，结案41起。受理和处置人民来信和举报案件37起，发现并移送大案要案3起。12月，出台《威海市农产品质量安全监督管理规定》，明确了各区（市）政府，特别是各开发区管委对农产品质量安全的监管责任；强调和重申了农药、兽药经营告知制度；规定“禁止在本市行政区域内销售、使用剧毒、高毒农药”；规定了为应对突发性、大规模病虫害爆发等特殊情形，确需使用剧毒、高毒农药的应对措施；对新《中华人民共和国环境保护法》关于“生产、使用国家明令禁止生产、使用的农药”的违法违规责任追究作了进一步明确。出台《威海市公安局、威海市农业局关于建立协作联动机制的意见》，完善农业、公安等相关部门之间的联合执法机制。

【农产品抽检】 配合农业部完成果品风险评估2次，抽检样品52个；完成省农业厅4次蔬菜产品例行监测、4次监督检查，抽检样品625个，合格率99.5%；市级先后组织开展4次蔬菜、果品例行监测，1次辣椒专项监测，1次重点农产品专项监测，抽检样品524个，合格率100%；各区（市）抽检蔬菜水果样品1412个，合格率99.5%。对不合格产品全部依法处置。

（于世涛　于妮）

【农业产业化龙头企业】 2014年，全市市级以上农业产业化龙头企业191家，其中，国家级10家，省级44家，市级137家。家家悦集团股份有限公司等20家农业产业化省级重点龙头企业享受省资金扶持，补贴资金744万元，位居全省第四位。为提升企业品牌知名度和拓展国内外市场，先后组织农业产业化龙头企业参加第十二届西班牙国际食品及饮料展览会和第十二届中国国际农产品交易会暨第三届中国山东国际农产品交易会，全年农展会贸易协议金额近6亿元。联合财政部门印发《威海市扶持农业产业化龙头企业发展资金奖励办法》《威海市扶持农业产业化龙头企业发展资金奖励验收办法》，采用“以奖代扶”的方式对全市市级龙头企业进行扶持，按照每家企业8万～10万元标准择优奖励，计200万元。

（王大伟）

【农民专业合作社】 年内，全市新发展农民专业合作社444家，总数达到2434家。5月，市农业局组织开展国家级、省级示范社申报工作，全市有8家农民合作社被认定为国家级示范社，有24家农民合作社被认定为省级示范社。11月，市农业局、财政局联合组织开展市级农民专业合作社示范社创建活动，评选市级示范社35家。

（戚其军　邹涛）

【农业对外经济】 2014年，全市农产品出口量56.65万吨，出口额15.27亿美元，分别比上年增长10%、2.7%，出口额居全省第三位。荣成市、乳山市承担省出口农产品质量安全示范产业集群项目，每个市项目补贴资金150万元。项目市围绕花生、果品等重点出口产业，通过建立出口行业协会、打造出口农产品公共信息服务平台和加大出口农产品基地转型升级等措施，进一步提升出口农产品质量安全水平。

（冯忠梅）

【农业标准化建设】 2014年，新创建威海市农业标准化生产示范基地29个，新增标准化基地面积5460公顷；创建并通过验收全国绿色食品原料标准化基地1个，即乳山市7333.33公顷全国绿色食品原料（苹果）标准化基地。全市“三品一标”产品（无公害农产品、绿色食品、有机食品和地理标志登记产品）产地认定面积占当地食用农产品总面积的比率达53.4%。根据《威海市农业标准化生产示范基地项目资金奖励办法》《威海市农业标准化生产示范基地项目验收及资金使用管理办法》要求，对符合条件的文登东旭西洋参有限公司等29家农业标准化生产示范基地进行资金奖励扶持，奖励资金440万元。

【农产品质量认证】 全年新认证“三品”产品55个，其中，无公害农产品10个，绿色食品27个，有机食品18个；无公害农产品复查换证7家企业8个产品，绿色食品续展16家企业18个产品，有机食品再认证13家企业42个产品；年检绿色食品企业40家；登记农业部地理标志保护产品2个（荣成西洋参、乳山樱桃）。

（于海宁　苗延平）

【农村沼气建设】 全市新建小型沼气工程31个、大中型沼气工程5个；建设生态循环农业示范基地25个，新增基地面积306公顷；示范推广秸秆生物反应堆技术40公顷。全市农村沼气总池容达48.2万立方米，年可生产沼气2640万立方米，处理生产、生活污水210万吨，减少二氧化碳排放9万吨，减少二氧化硫排放780吨，节本增效7000万元，农村沼气建设取得显著的经济效益、生态效益和社会效益。

【休闲观光农业】 全市各类休闲观光农业经营主体发展到390个，其中，休闲观光农业园区263个、休闲农庄53个、农家乐59个村、民俗村15个；年营业收入500万元以上的休闲观光农业经营主体发展到71个。全市休闲观光农业从业人员2.6万人，其中安排农民工2.4万人，带动农户3.4万户；全市各类休闲观光农业园区年接待游客260多万人次，年营业收入近20亿元，其中农副产品销售收入14亿元。

（王全　梁钧）

【农民培训】 启动实施新型职业农民培育工作，文登区、荣成市和乳山市承担国家级新型职业农民培育示范项目，项目补贴资金共200万元。全市确定以区（市）级农业广播学校、农业科技推广机构等公益性机构为主的7家培训基地，吸收8处农民合作社、农业龙头企业基地作为实训基地，根据农业生产周期和农时季节分段安排课程，重点对农民开展实际操作技能、生产管理与市场营销知识培训，培训时间7天以上。全年培育生产经营型、专业技能型和社会服务型新型职业农民1550人。

【农业科技推广与示范】 在文登区、荣成市、乳山市实施基层农业科技推广体系改革与建设补助项目，每个项目区（市）补贴资金80万元。全市围绕果树、蔬菜、小麦、玉米和花生五大产业，筛选确定一批主导品种和主推技术，组织农技人员开展“科技入户”指导，全年培育科技示范户2400户，建设农业科技示范试验基地9处，辐射带动周边农户4万户，项目区（市）主导品种覆盖率和主推技术到位率均达到98%。

（冯忠梅）

农村经济管理

【概况】 2014年，全市农村经济管理工作以农民增收、农村稳定为目标，积极深化农村各项改革，加强农村集体三资管理，切实减轻农民负担，培育指导农民专业合作社、家庭农场等新型经营主体健康发展，扎实做好农村信访工作，准确进行农村经济统计，各项工作都取得新突破。

【农民负担管理】 3月下旬，市农业局组织开展减轻农民负担检查考核工作，抽查11个镇、33个村、11所学校，走访180户农户。8月中旬，组织开展涉农乱收费专项治理工作，全市检查村（社区）2727个、合作社1500个。

【农村土地承包管理与土地流转】 年内，市农业局组织开展农村土地承包经营权确权登记颁证工作，全市计划完成700个村，占涉农村的30.6%。实际完成799个村，占计划指标的114.1%。新增土地流转面积1.33万公顷，其中新增规模流转面积8900公顷。

【农村集体经济组织产权制度改革】 年内，市农业局组织开展农村集体经济组织产权制度改革工作。全市计划完成148个村，其中城中村39个；实际完成188个村，其中城中村48个。完成产权改革的村均注册成立经济股份合作社。

【农村财务与集体资产管理】 5月，市农业局组织开展村级事务公开专项整治工作，发放明白纸2000份；设立监督举报电话，对2728个村（社区）村务公开情况全部排查。有2704个村（社区）设立规范的固定公开栏，对村级各项事务定期公开，公开内容全面真实，对村民关心的重大事项能够及时逐项公开；有2638个村（社区）的三资管理通过“农廉123威海在线”平台进行网络公开。9月，开展村干部任期经济责任专项审计工作，保证换届选举工作顺利进行。到年底，全市完成专项审计的村2642个，占换届总村数的99.5%。12月，对各区（市）农村集体资金管理情况开展检查，查看凭证单据1000多本，检查资金1亿多元。

【农村信访工作】 2014年，市农业局接待上访案件40起，受理信访复查案件3起，省农业厅督办案件1起，本着分级负责，属地管理的原则，所有上访案件均按程序予以处理。

（戚其军　邹涛）

种植业

【概况】 2014年，威海市粮食播种总面积14.19万公顷，比上年下降8.4%；单产6123公斤/公顷，增长7.8%；总产86.95万吨，下降3.3%。其中，夏粮播种面积6.04万公顷，下降14.2%；单产5586公斤/公顷，下降3.3%；总产33.75万吨，下降17.1%。秋粮播种面积8.15万公顷，下降7.3%；单产6525.9公斤/公顷，增长16.6%；总产53.15万吨，增长8.1%。秋粮中，玉米播种面积7.05万公顷，下降6.6%；单产6715公斤/公顷，增长17.6%；总产47.35万吨，增长9.9%。花生播种面积6.09万公顷，下降0.8%；单产4275公斤/公顷，增长14.5%；总产26万吨，增长5.2%。蔬菜种植总面积2.6万公顷，增长30%；总产124万吨，增长30.6%。

（王文刚　黄先彦）

【生产技术指导与推广】 2014年，根据山东省农技推广总站确定的年度主推技术，结合威海市的生产实际情况，通过强化技术培训与指导，主要推广冬小麦精播、半精播高产栽培技术，小麦氮肥后移高产栽培技术，冬小麦宽幅精播高产栽培技术，小麦深松少免耕镇压节水栽培技术，玉米“一增四改”（增加种植密度和改种耐密型高产品种、改套种为直播、改粗放用肥为配方施肥、改人力作业为机械化作业）技术，玉米适期晚收增产技术，花生单粒精播高产配套技术，花生高产稳产综合配套技术，花生化控防衰技术，日光温室蔬菜安全高效生产关键技术，葱姜蒜优质安全生产关键技术，食用菌夏季高效安全生产关键技术，西洋参标准化生产栽培技术等14项新技术，推广普及率达80%以上，为全市农业增产和农民增收发挥了积极作用。

（黄顺之　姜勇）

【落实粮食直补政策】 2014年，小麦直补的核定范围为2013年11月20日前出苗的折实小麦面积（含国有农场、原良种场种植的小麦）。全市上报小麦种植户数32.05万户，折实种植面积5.67万公顷，比上年减少1.41万公顷。粮食直补225元/公顷，加上农资综合补贴1650元/公顷，补贴标准达1875元/公顷，全市发放补贴资金1.06亿元，全部通过“财政涉农资金一本通”直接发放到农民手中。继续开展种粮大户补贴试点工作。补贴标准为种植面积10公顷及以上、33.3公顷以下的，每公顷补贴600元；种植面积33.3公顷及以上的，每户定额补贴2万元。全市符合条件的种粮大户27户，补贴金额28.28万元。

【小麦良种推广补贴项目】 2014年，威海市继续采用小麦良种售价折扣方式实施小麦良种补贴政策，补贴标准为150元/公顷。通过全省统一招标，确定3家供种企业。各区（市）农业局在充分尊重农民意愿的基础上，根据品质优先、市场需求和生产需要，推荐农民选用青丰1、烟农5158、烟农24等7个小麦优良品种。全市落实小麦良种补贴面积5.65万公顷，招标采购供应小麦良种550.6万公斤，总价2274.6万元，其中财政补贴847.9万元。

【玉米良种推广补贴项目】 按照“稳定面积、提高单产、优化结构、改善品质”的原则，遵循省级公开推介良种—农民自愿购种—落实种植面积—发放补贴资金的流程，采取现金直接补贴的方式，对农民（含农场职工）种植玉米良种，按照150元/公顷的标准进行补贴。全市核定玉米种植面积7.01万公顷，补贴总金额1051.3万元。

【花生良种推广补贴项目】 2014年，在文登区、荣成市、乳山市实施花生良种补贴政策。补贴对象为项目区内参与良种繁育和使用良种进行生产的农民。补贴方式为差价供应原种，即“全省统一政府采购确定供种企业和价格，农民支付差价款购买原种，中标企业供种到户、良种繁育技术培训到户，农民种植原种并将生产出来的良种用于第二年花生大田种植”。分配的补贴总面积4866.7公顷，补贴标准2100元/公顷，财政补贴资金总额1022万元。通过全省统一招标，采购花育22号、花育33号、花育36号、山花9号、山花15号等5个花生品种146万公斤。

【政策性农业保险】 2014年，威海市继续在小麦、玉米、花生上实施政策性农业保险。小麦、玉米保险的保费标准均为150元/公顷，其中，财政补贴120元/公顷，农户承担30元/公顷。花生保险的保费标准为240元/公顷，其中，财政补贴192元/公顷，农户承担48元/公顷。小麦的保险金额4800元/公顷，保险责任为火灾、雹灾、风灾、冻灾、涝灾、旱灾和重大流行性病虫害（小麦条锈病和小麦吸浆虫，以镇为单位出现对小麦造成50%以上减产时，由省级核损定损专家进行鉴定）。玉米的保险金额4500元/公顷，保险责任为雹灾、涝灾、风灾和重大流行性病虫害（玉米粗缩病和玉米螟，以镇为单位出现对玉米造成50%以上减产时，由省级核损定损专家进行鉴定）。花生的保险金额为6000元/公顷，保险责任为火灾、冻灾、雹灾、风灾、旱灾、涝灾、重大流行性病虫害等无法抗拒的自然灾害（涝灾、雹灾造成保险花生损失，损失率在20%以上；旱灾造成的损失率在40%以上；以镇为单位，发生枯萎病和蛴螬对花生造成50%以上减产时，由省级核损定损专家进行鉴定）。2014年，全市承保小麦4.62万公顷、玉米5.5万公顷、花生1.42万公顷、苹果304.9公顷，保费总额1904.38万元，其中，财政补贴1523.51万元，农户自交380.87万元。全市小麦、玉米、花生三个保险品种实现了区域全覆盖。

（王文刚　黄先彦）

【粮油高产创建项目】 2014年，组织实施了农业部下达的粮油高产创建示范项目，示范面积1万公顷，分设15个万亩示范片。其中小麦高产创建示范片6个，分别在文登区、荣成市和乳山市实施。6月10日—11日通过省农业厅验收，验收平均单产为9139.5公斤／公顷，达到农业部确定的高产创建目标。玉米高产创建示范片6个，分别在文登区、乳山市和荣成市实施，10月13日—14日通过省农业厅验收，验收平均单产为9802.5公斤／公顷，达到农业部确定的高产创建目标。花生高产创建示范片3个，分别在文登区、荣成市和乳山市实施，9月8日—9日通过省农业厅验收，验收平均单产为6228公斤／公顷，达到农业部确定的高产创建目标。

（黄顺之 姜勇）

【良种繁育与推广】 2014年，引进花生、玉米、甘薯、蔬菜、油菜、食葵、油葵等8个方面的新品种86个，筛选出马铃薯品种7个，番茄品种2个；引进玉米自交系76份；播种选系材料526份，鉴定材料325份，扩繁材料40份；玉米新组合威玉508通过第二次专家验收，并鉴定出一批分别具有早熟、抗倒、脱水快等不同优良性状的育种材料。开展“现代苹果优质高效配套栽培技术研究应用”“马铃薯优良品种引进应用”等17个国家及省、市级课题项目的研究。其中，“威海市小麦高产高效配套技术推广”“鲜食及加工专用甘薯新品种济薯22配套丰产栽培技术示范”“油菜引种与高产栽培示范”3个项目通过结题验收；“优质高抗大果型番茄选育与开发”“北方地区菜用甘薯周年生产技术研究”“玉米种质资源的引进创制及抗粗缩病玉米杂交种选育”3个课题项目通过阶段验收。威玉308获农业部颁发的农业植物新品种权证书；“苹果省力优质高效栽培技术集成与示范”获2014年度威海市科技进步一等奖和山东省农业科学院科学技术进步二等奖；论文《地膜覆盖对甘薯垄内温度和产量影响》获《作物杂志》创刊30年优秀论文奖。

（刘 波）

【病虫草鼠害防治】 2014年，对小麦、玉米、花生等作物上的20多种主要病虫进行了大田普查和系统调查。着重加大对小麦条锈病、小麦赤霉病、麦蚜、玉米粗缩病、花生疮痂病等重大病虫的普查力度，准确掌握病虫分布区域和发生动态。全市发布病虫情报87期，综合预报准确率95%，进行电视现场技术讲座15期次，发布重大病虫模式电报49期次，旬报20期，周报52期次。全年病虫害呈中等发生程度，病虫草鼠害发生总面积82.87万公顷，防治面积88.28万公顷，挽回粮食作物损失9.41万吨，挽回油料作物损失3.94万吨，挽回果品损失19.20万吨，挽回蔬菜损失9.94万吨。推广释放赤眼蜂防治玉米螟，建立200公顷玉米试验示范区。推广昆虫食诱剂诱捕害虫技术，在示范区内133.33公顷花生田内推广食诱剂诱杀金龟子及多种鳞翅目害虫成虫，有效防治花生害虫危害。引进花生暗黑金龟子生物引诱剂技术，诱虫量是普通黑光灯的20多倍。在66.67公顷蔬菜试验示范区内使用绿僵菌乳粉剂防治甜菜夜蛾、菜青虫，使用苏云金杆菌防治鳞翅目幼虫，确保蔬菜产量和质量安全。通过绿色防控示范推广，核心示范区农药使用量减少15%以上，减少虫口密度15%～20%，辐射带动绿色防控推广1.33万公顷以上。主推园艺作物病虫害绿色防控技术，扶持实施主体购置电子杀虫灯、杀菌灯各40台，诱虫色板5万张，辐射带动全市推广1333.33公顷。推广高效低毒环境友好型农药，减少发病率20%。在全市果园、蔬菜基地安装各种杀虫灯3000余盏，诱捕器700多套，悬挂潜叶蛾等性诱剂12.2万个，发放黄板5.2万张，全市物理防治面积2.15万公顷，生物防治面积2.73万公顷。

【植物检疫】 年内，全市实施产地检疫面积1226.53公顷，签发产地检疫合格证8份，产地检疫合格种子600万公斤、合格苗木192万株。签发调运检疫证书104份，调运检疫合格种子236.20万公斤、合格苗木37.59万株、合格植物产品152.03万公斤。对从国外引种的3批次花卉种苗进行田间疫情监测，未发现检疫性及危险性有害生物。

【植保专业化防治】 落实省农作物病虫害专业化统防统治能力建设示范县（市、区）项目2个，省级资金支持200万元购置大中型植保机械设备，用于装备全市11个规模较大、运转良好、辐射带动能力强的农业病虫害专业化防治服务组织。建设高标准专业化统防统治示范区小麦面积2666.67公顷、花生面积333.33公顷，辐射带动专业化统防统治服务面积3.1万公顷，其中，全程承包面积2.28万公顷，整建制镇或村全程承包面积达到统防统治作业总面积的73.6%。落实中央财政资金30万元，用于补助9个专业化统防统治服务组织，免费为项目区内2000公顷小麦实施穗期田间作业。落实2014年玉米“一防双减”（在玉米生长的大喇叭口期至雌穗花丝萎蔫期一次施药兼治多种病虫，以减少玉米中后期穗虫的发生基数、减轻病害的流行程度）补助项目省级补助资金100万元，用于统一采购项目统防统治所需药剂，由3个专业化服务组织统一时间对666.67公顷夏玉米进行喷防作业。项目区夏玉米生长后期病虫害发病率和危害程度平均比非项目区低2～3级；玉米单产量比对照区增产15%以上；实施“一防双减”技术示范区农药使用量减少5%以上，防治成本降低10%以上，辐射带动全市区域性统防统治和群防群控1.67万公顷。规范化专业防治组织发展到39个（以农民专业合作社形式组建的为主），注册、备案的32个，从业人员1973人，其中37人持证上岗，植保机械总装备数2631台，拥有烟雾机、机动喷雾器大中型施药机械894台，日作业能力8500公顷。2014年，全市统防统治面积13.25万公顷，其中全程承包面积4.55万公顷。

（迟金强 董向丽）

【测土配方施肥】 2014年，环翠区、文登区、荣成市和乳山市分别承担了测土配方施肥项目建设，实施面积为环翠区1.67万公顷、文登区6万公顷、荣成市5万公顷、乳山市4.7万公顷。项目实施过程中，各项目区（市）采取多渠道、多形式对农业技术人员、广大农民进行培训。举行测土配方施肥各类培训班122期，培训农业技术人员730人次，培训农民1.8万人次。当年完成采样量2075个、化验量1.48万项次。安排试验示范项目56个，建立万亩示范区10处、千亩示范片29处、村级示范方185处，整镇推进测土配方施肥15个，整村推进测土配方施肥551个，免费服务农户50.9万户。发放技术资料38万份、施肥建议卡44.3万份。安置测土配方施肥触摸屏用户终端查询系统59台，建立规范化测土配方智能配肥服务中心2处。至年末，完成投资140万元，配方肥推广量7.9万吨，推广测土配方施肥技术面积19.8万公顷。

【土壤酸化改良】 针对耕地土壤酸化较为严重的情况，结合文登区承担2014年农业部耕地保护与质量提升项目县（市、区）和荣成市承担山东省2014年耕地质量提升项目，依托全省首个土壤肥料院士专家工作站，邀请科研院所、大专院校知名专家对威海土壤酸化问题进行会诊，分别在各区（市）选择有代表性地块，建立小麦、花生和果树酸化土壤改良示范区，在小麦和花生种植上采用增施有机肥、测土配方施肥、施用土壤调理剂等技术集成，在果园管理上采用增施有机肥、测土配方施肥、果园生草、秸秆覆盖还田、施用土壤调理剂等技术集成进行改良，示范带动农民改良酸化土壤1.39万公顷，经改良的农田土壤pH值提高0.2～0.59个单位，产量提高5%～12.4%。

（叶全　陈洪江）

果茶业

【概况】 2014年，威海市果园面积3.45万公顷，比上年增长2.3%；水果总产量99.07万吨，增长5.4%。在主要树种中，苹果面积2.83万公顷、产量88.96万吨，分别比上年增长4.6%和6.2%；梨面积2046.7公顷，增长0.9%，产量4.73万吨，下降3.2%；桃面积873.3公顷，增长0.2%，产量1.80万吨，下降2.1%；葡萄面积1426.7公顷，产量2.23万吨，分别增长4.7%和4.3%。全市茶园面积638.4公顷，比上年下降1.2%，其中采摘园面积334.9公顷，增长2.1%；茶叶产量35.69万公斤，增长2.4%。

【现代果园发展】 5月，市农业局与财政局联合出台了《威海市现代苹果产业发展资金奖励办法》《威海市现代苹果产业发展奖励项目验收办法》，对新建苹果矮砧集约栽培示范园、现代果业专家大院技术专家结对示范园、市级苹果苗木基地、无毒种植资源保存中心四种类型园区进行奖励。资金扶持与奖励方向分为两大类：一是能够解决或提升威海果业发展整体竞争力的全局性、基础性、方向性或关键性工作；二是能够引领示范现代苹果发展的或解决制约产业发展瓶颈性问题的单位或个人。对新建苹果矮砧集约栽培示范园面积达3.33公顷以上的，择优给予6万～20万元不等的奖励。年内，对符合标准的16个园区进行了奖励扶持。实施政策与资金扶持，推动现代苹果省力优质高效栽培技术体系建设，加快传统栽培制度向现代栽培制度的变革。文登区、荣成市、乳山市均承担山东省果菜产业项目建设，获得省级果菜产业项目奖金1740万元。威海市是全省唯一一个所辖区（市）“一片红”的地市，全市新建设现代苹果示范园37个，带动社会资金投入6亿元，现代果园建设规模继续保持全省领先。

【市级引智基地建设】 12月11日，市政府公布2014年威海市引进国外智力成果示范推广基地名单，威海市果树茶叶工作站的现代苹果矮砧集约栽培模式示范推广基地等11个基地成为新设立的示范推广基地，文登区张家产镇农业综合服务中心的“三抗一号”西洋参种植基地等4个基地成为重新命名的示范推广基地。3月22日—29日，市农业局和人社局邀请法国专家组织ECTI的果树专家到威海进行果业技术交流。

【无毒苹果资源繁育保存】 10月26日，国家果树研究所与威海市果树茶叶工作站、威海市果树茶叶工作站与威海市樱聚缘农业科技有限公司分别签约建设“国家落叶果树脱毒中心苹果无病毒苗木栽培试验示范基地”和“威海市无病毒苹果原种（品种与砧木）资源保存中心”。2014年，威海市无毒资源保存中心引进长富2号、无锈金帅、华红、2001富士、红将军、新嘎啦6个无毒苹果品种，引进2万株无毒矮化自根砧砧苗，威海市具备了向市级果树苗木繁育基地供给无毒接穗和繁育无毒砧苗的能力。威海市第一次拥有了自己的无毒苹果资源保存中心，通过“国家所脱毒提供原种—市无病毒苹果原种（品种与砧木）资源保存中心保存—市中心进行扩繁后向市级苗木繁育基地供给无毒品种和砧木接穗—市级果树苗木繁育基地进行无毒苗木繁育—国家所负责定期检测”这一体系，开启威海果树苗木繁育的无毒时代。

【市级果树苗木繁育基地认定】 10月，根据《威海市市级果树苗木繁育基地认定管理办法》，市级考核组对相关区（市）申报的市级果树苗木繁育基地进行考核验收，确定威海樱聚缘农业科技发展有限公司、威海臻艺农业科技有限公司、荣成市鲍村三优果品专业合作社、荣成市彤林果品专业合作社、威海市治科果树苗木有限公司、文登区宋村镇龙山家庭农场和乳山市鲁威果蔬苗木专业合作社7处苗木基地为威海市市级果树苗木繁育基地。

【威海市第五届苹果擂台赛】 11月17日—19日，市农业局邀请省农业厅果茶站负责人和威海市现代果业专家大院的专家担任评委，举行了威海市第五届苹果擂台赛苹果评优活动。11月20日，市农业局在国际会展中心举行颁奖仪式和参赛样品展示。市委副书记赵熙殿参加了相关活动。该届擂台赛收到18个参赛品牌90个苹果样品，评出“优秀品牌奖”8名、“优秀样品奖”90名、“优秀组织奖”3名，培育了“翠虹”等一批苹果新品牌。文登区的威海传福肥业有限公司和荣成市华峰果品有限公司分获“优秀样品奖”特等奖和“优秀品牌奖”特等奖。

【“全民饮茶日”活动】 5月31日，中国茶叶学会和威海市农业局、旅游局、贸易办及威海报业集团共同在威海国际会展中心举办“全民饮茶日”活动。活动营造“知茶、爱茶、饮茶”的氛围，弘扬“廉、美、和、敬”的中国茶德思想，推广“茶为国饮 品味生活”的生活理念。通过茶艺表演、发放全民饮茶日宣传材料、赠送茶叶及茶饮料等活动，提升了威海茶叶的知名度。文登区和荣成市、乳山市的20多家茶叶种植、加工、销售企业、专业协会、合作组织及300多名市民参加了活动启动仪式。

（王林军　王兆顺）

畜牧业

【概况】 2014年，全市肉类总产量18.2万吨，比上年下降1.4%；蛋类总产量14.2万吨，下降0.8%；奶类总产量17.7万吨，增长1%。存栏生猪101.1万头，下降0.5%。其中，能繁母猪10.8万头，下降2.1%。出栏生猪145.4万头，增长1%。存栏鸡2024.6万只，下降2.8%。其中，存栏蛋鸡1111.4万只，下降0.9%；存栏肉鸡903.8万只，下降4.2%。出栏鸡5065.7万只，下降5.9%。存栏奶牛5.6万头。存栏羊12.4万只，下降0.6%。

【无规定动物疫病区建设】 按照《威海市无规定动物疫病区评估工作实施方案》和无规定动物疫病区现场评审6部分96项评估内容，实行分工到人的方法，逐条逐项梳理规范，整理和完善无规定动物疫病区档案资料。强化化验室建设，投入75万元，整合了威海市和环翠区两级兽医实验室，6月通过考核验收，达到国家生物安全二级兽医实验室标准。全年主动检测畜禽样品7170份，被动检测106份。培训兽医实验室质量负责人和技术负责人16人次；组织实验室检测能力培训4次，培训人员50多人次；组织全市5个兽医实验室参加5个项目的监测能力比对试验，比对试验结果与真实值符合率100%。推进病死动物无害化处理工作，依托乳山泓禧动物无害化处理有限公司成立了市级病死动物无害化处理厂，投入资金610余万元，订购3套无害化处理设备，厂区建设基本完成。

【重大动物疫病防控】 组织开展重大动物集中免疫。全年春防、秋防免疫生猪244.4万头、牛11.6万头、羊16.6万只、禽2823.3万羽，应免畜禽强制免疫率100%。做好免疫效果评估，全年检测血清学样品4020份，均达到农业部规定标准。全面落实自购强免疫苗养殖场和高致病性禽流感非免企业逐级备案制度，抓好强免疫苗自购备案企业的监测、监管。调拨羊小反刍兽疫疫苗8.1万只份，对全市羊只进行全面紧急免疫。开展动物疫病监测。开展动物疫病集中监测、高致病性禽流感和口蹄疫净化监测、家禽H7N9流感剔除监测、种禽场H5亚型禽流感和新城疫的抗体水品监测等，采集样品7170份；配合省级实验室送检样品2410份。定期开展流行病学调查。设立14个调查点，开展动物疫病专项调查、应急调查等流行病学调查。发放调查问卷5万份，采样检测2000份，调查范围覆盖主要养殖区域和候鸟栖息地，面积3000平方公里。四是组织应急演练。开展防控突发口蹄疫疫情应急实战演练，50余名动物防疫人员参加，出动车辆25辆，动用消毒器械、火焰扑杀器等设备50多台（套）。

【特种毛皮动物生产】 年内，从丹麦引进国外水貂良种4.5万只，引进3套福利取皮机械，建设具有国际先进水平的屠宰取皮加工厂，引进皮草加工企业16家，皮草加工企业总数达58家。大鲸房地产策划公司和山东御林集团联合打造“中国文登毛皮国际采购港”，举办毛皮交易订货会，交易皮张10万余张，成交额2000多万元。全市貂皮产量1579万张，狐狸皮产量130万张。

【畜禽养殖污染整治】 年内，全市完成275家畜禽养殖场污染治理，建污水处理设施227个、固体废物贮存设施214个、无害化处理设施29个，规模化畜禽养殖场（小区）废弃物集中处理率达95%以上。

【畜禽标准化建设】 年内，创建畜禽标准化示范场27个，其中国家级1个、省级10个、市级16个，畜禽规模养殖场达1431个，畜禽规模化、标准化养殖比重分别为85%和55%。确定畜超对接基地16个。文登区建设高效特色畜牧业示范县（市、区），获省级以上项目资金400万元。在全市5家省级畜牧旅游示范点中，选取山泰种养殖生态园项目和威海樱聚缘农业发展有限公司进行重点培育，参观人数分别达5000人次和1万人次。

【畜产品质量安全】 开展畜产品安全专项检查和整治行动。印发了《2014年全市畜产品质量安全专项整治方案》，不断强化专项整治措施，全市出动执法人员3856人次，检查各类生产经营及相关场所2365个次，纠正各类违规行为23起，未发生重大畜产品质量安全事故。加强安全监测和风险监测。全市安排畜产品监督抽检计划2200批次，未发现违禁物质和非法添加等情况。完成省级畜产品安全监测抽样433批次，完成无公害畜产品申报和复查换证申请企业饮用水和产品抽样38个，完成生猪“瘦肉精”尿样省级速检2.5万个。开展无公害畜产品认证。对19家符合条件的养殖企业进行无公害畜产品认证申报和复查换证申报工作。组织年内获得证书且符合条件的无公害认证企业申报无公害示范基地创建活动。开展畜产品监管示范县（市、区）创建，文登区开展省级农产品安全示范县（市、区）畜牧项目创建，乳山市实施省级畜产品安全示范县（市、区）项目创建。开展食品安全宣传周活动。6月，围绕食品安全周活动，组织电视台、广播电台、报社等新闻媒体走进养殖场，全程报道养殖过程中饲料、兽药的使用，以及养殖规范和防疫、消毒、出栏检疫等措施，解答市民关注的问题，让消费者了解畜禽养殖全过程的安全监管措施。推行畜产品安全黑名单列管。印发《全市推行畜产品安全黑名单列管制度》，在全市组织实施，每月进行调度，没有企业进入黑名单。开展创建国家食品安全城市活动。根据市政府开展创建国家食品安全城市工作安排，制定畜牧业创建实施方案和细则，确定任务目标和完成时限。

2014年威海市无公害畜产品统计表

表5

序号	单位名称	产品名称	年产量(吨)	证书有效期
1	荣成市崂山葛建军养鸡场	鲜鸡蛋	195	2012-01-01 — 2014-12-31
2	荣成市崂山江涛养鸡场	鲜鸡蛋	320	2012-01-01 — 2014-12-31
3	荣成市崂山李忠坤养鸡场	鲜鸡蛋	168	2012-01-01 — 2014-12-31
4	荣成市人和镇腾达鸡场	鲜鸡蛋	170	2012-01-01 — 2014-12-31
5	文登东来养殖有限公司	生猪	2000	2012-01-01 — 2014-12-31
6	文登市新奥育猪场	生猪	300	2012-01-01 — 2014-12-31
7	乳山市益群生猪加工厂	生猪	135	2012-01-01 — 2014-12-31
8	乳山市化振龙兴达养鸡场	鲜鸡蛋	700	2012-01-01 — 2014-12-31
9	环翠区江德建养鸡场	鲜鸡蛋	500	2012-08-01 — 2015-07-31
10	环翠区维平养鸡场	鲜鸡蛋	600	2012-08-01 — 2015-07-31
11	荣成市成山镇吉红奶牛养殖场	生鲜牛乳	350	2012-10-01 — 2015-09-30
12	荣成市五官顶奶牛养殖场	生鲜牛乳	610	2012-10-01 — 2015-09-30
13	荣成市崖西镇源鑫养牛场	生鲜牛乳	365	2012-10-01 — 2015-09-30
14	荣成市宇琛养殖场	生鲜牛乳	500	2012-10-01 — 2015-09-30
15	荣成市港西镇致远养猪场	生猪	160	2012-10-01 — 2015-09-30
16	荣成市俚岛镇香山福源种猪场	生猪	200	2012-10-01 — 2015-09-30
17	荣成市斥山初家齐山郭艳文养猪场	生猪	75	2012-10-01 — 2015-09-30
18	文登市益生养猪场	生猪	70	2012-10-01 — 2015-09-30
19	荣成市桃园种禽有限公司	鲜鸡蛋	5400	2012-10-01 — 2015-09-30
20	威海立鹤养鸡有限公司	鲜鸡蛋	1300	2012-10-01 — 2015-09-30
21	威海金宝乳业有限公司紫金山奶牛场	生鲜牛乳	750	2012-12-01 — 2015-11-30
22	威海永兴养猪厂	生猪	120	2012-12-01 — 2015-11-30
23	环翠区增利养猪场	生猪	200	2012-12-01 — 2015-11-30
24	环翠区霞光鸡场	鲜鸡蛋	600	2012-12-01 — 2015-11-30
25	环翠区江德胜鸡厂	鲜鸡蛋	800	2012-12-01 — 2015-11-30
26	威海赛博迪种猪有限公司	生猪	700	2012-12-01 — 2015-11-30
27	乳山东发养殖有限公司	生猪	2000	2013-02-01 — 2016-01-31
28	威海经济技术开发区宋家洼建筑工程公司	生猪	150	2013-02-01 — 2016-01-31
29	荣成市港西镇星日畜禽养殖场	鲜鸡蛋	1460	2013-02-01 — 2016-01-31
30	荣成市百晟禽业有限公司	鲜鸡蛋	1600	2013-02-01 — 2016-01-31
31	荣成金喔喔养殖有限公司	鲜鸡蛋	1700	2013-02-01 — 2016-01-31
32	荣成市王连客岭养鸡场	鲜鸡蛋	400	2013-02-01 — 2016-01-31
33	荣成市淼海实业有限公司	鲜鸡蛋	5000	2013-02-01 — 2016-01-31
34	威海凤林物业服务有限公司	鲜鸡蛋	590	2013-02-01 — 2016-01-31
35	西楼集团有限公司文登良种猪繁育场	生猪	400	2013-06-01 — 2016-05-31
36	文登市米山镇圣泉生猪养殖场	生猪	150	2013-06-01 — 2016-05-31
37	威海正方蛋禽养殖场	鲜鸡蛋	1632	2013-06-01 — 2016-05-31
38	威海市烟台黑猪保种场	生猪	90	2013-06-01 — 2016-05-31
39	荣成市滕家镇旺生奶牛养殖场	生鲜牛乳	750	2013-08-01 — 2016-07-31
40	荣成市人和镇壮志养猪场	生猪	121	2013-08-01 — 2016-07-31
41	荣成市寻山建玲养猪场	生猪	230	2013-08-01 — 2016-07-31
42	文登东成养殖有限公司	生猪	2000	2013-08-01 — 2016-07-31
43	文登市侯家镇寨前杨家村常丽养猪场	生猪	90	2013-08-01 — 2016-07-31
44	荣成市崖头镇北埠志成鸡场	鲜鸡蛋	270	2013-08-01 — 2016-07-31
45	荣成市桃园种禽有限公司姜家屯鸡场	鲜鸡蛋	1380	2013-08-01 — 2016-07-31
46	荣成市恒丰养鸡场	鲜鸡蛋	1100	2013-08-01 — 2016-07-31
47	威海工业新区苘山军威养鸡场	鲜鸡蛋	540	2013-10-01 — 2016-10-01

续表 5

序号	单位名称	产品名称	年产量(吨)	证书有效期
48	乳山市于家村虎山种养殖生态园	生猪	168	2013-12-01 — 2016-12-10
49	荣成市荣达养殖有限公司	生猪	200	2014-03-18 — 2017-03-18
50	荣成市荣良蛋鸡养殖有限公司	鲜鸡蛋	940	2014-03-18 — 2017-03-18
51	文登市小观镇爬山养殖场	鲜鸡蛋	300	2014-03-18 — 2017-03-18
52	荣成市成山镇志运肉鸡养殖场	活鸡	280	2014-03-18 — 2017-03-18
53	文登市康源牧场	生鲜牛乳	500	2014-03-18 — 2017-03-18
54	威海市金森畜牧有限公司	生鲜牛乳	1820	2014-03-18 — 2017-03-18
55	文登市宋村镇石灰窑村杜武云养鸡场	鲜鸡蛋	350	2014-03-18 — 2017-03-18
56	文登市凤翔畜禽养殖有限责任公司	鲜鸡蛋	900	2014-05-15 — 2017-05-14
57	威海工业新区汪疃镇辉杰养殖场	鲜鸡蛋	360	2014-07-09 — 2017-07-08
58	文登东来养殖有限公司	生猪	2000	2014-12-15 — 2017-12-14
59	乳山市红乐养殖场	生猪	200	2014-12-15 — 2017-12-14
60	乳山市马山生态养殖有限公司	生猪	200	2014-12-15 — 2017-12-14
61	威海市三旺养殖有限公司	生猪	500	2014-12-15 — 2017-12-14
62	乳山市牧丰养殖有限公司	活鸡	2250	2014-12-15 — 2017-12-14
63	乳山市涌涛生态养殖场	生猪	200	2014-12-15 — 2017-12-14
64	荣成市崂山洪棚养猪场	生猪	280	2014-12-15 — 2017-12-14
65	荣成市寻山鑫盛养猪场	生猪	231	2014-12-15 — 2017-12-14
66	威海市环山养殖有限公司	生猪	2750	2014-12-15 — 2017-12-14
67	威海市望联种禽有限公司	鲜鸡蛋	1400	2014-12-15 — 2017-12-14
68	荣成市滕家进平养鸡场	鲜鸡蛋	300	2014-12-15 — 2017-12-14
69	荣成市博海禽业有限公司	鲜鸡蛋	2550	2014-12-15 — 2017-12-14
70	荣成市人和镇世保养鸡场	鲜鸡蛋	340	2014-12-15 — 2017-12-14
71	文登市天牧畜禽良种繁育场	鲜鸡蛋	900	2014-12-15 — 2017-12-15
72	荣成市崂山李忠坤养鸡场	鲜鸡蛋	168	2014-12-15 — 2017-12-16

【畜牧科技推广】 在地方品种保护方面，文登黑鸭扩繁到3万只，比上年增长33%；威海市烟台黑猪保种场与烟台百纳餐饮有限公司达成连续6年的战略合作关系，年销售烟台黑猪200万元。在关键技术研发创新方面，与山东农业大学、青岛农业大学建立科技对接平台，建成实习基地8个，两校培训115人。在良种推广方面，文登区、荣成市积极推广猪人工授精技术，人工授精率70%以上；文登赛博迪种猪公司开展生猪联合育种；文登奥吉丽斯貂业有限公司利用国外引进良种开展纯繁选育，全年供种2万只。在科技推广应用方面，推介发布了2014年畜牧业主导品种15个和主推技术15个；组织村级动物防疫员、无公害生产企业负责人、奶牛及生猪规模养殖场负责人参加省、市培训班11次，到外地参观学习1次，培训人员2500人次。

【生鲜乳质量安全监管】 加强日常监管，出动检查人员217人次，检查收购站和运输车辆156次。各区（市）与生鲜乳收购站签订质量安全责任书，为每个收购站确定质量安全责任人，实现生鲜乳收购各环节有人监管。举办系列活动庆祝第15个世界牛奶日。组织1000多人参观嘉盛乳业有限公司和奶源基地，了解牛奶从生产到销售的全过程；在《威海日报》《威海晚报刊》刊登牛奶有奖知识普及问答；6月1日国际牛奶日，在威海市人民广场举办以“心系山火献爱心”为主题的牛奶义卖捐助活动。

【生猪屠宰行业管理】 年内，印发《关于做好生猪屠宰职责调整过渡期有关工作的通知》等文件，实现生猪屠宰监督管理职责调整过渡期间生猪屠宰监管工作的衔接。印发《关于开展全市畜禽屠宰企业基本情况调查的通知》，对全市生猪定点屠宰场情况进行摸底调查，对生猪屠宰行业管理情况进行调研。加强对生猪定点屠宰厂监督管理和业务指导，印发《关于加强生猪屠宰管理的通知》等文件，多次组织监督检查，保证出厂肉品的质量安全。强化宣传引导，营造舆论氛围，组织宣传活动9次，发放材料5000份、告知书2000份，重点规范屠宰企业和屠宰户的经营行为。组织500多人参加屠宰企业“开放日”活动，选择消费者代表零距离感受放心肉生产过程、设施设备配备情况和规章制度执行情况。打击私屠滥宰违法行为，开展生猪屠宰专项整治“百日行动”，提高市场肉品质量安全水平。全年出动执法人员2800人次，排查畜禽肉品经营业主600多户，检查企业310家次，查处违法案件10多件。

【饲料行业管理】 年内，市畜牧兽医局协助省畜牧兽医局对23家企业换发饲料生产许可证。举办饲料标签培训班和饲料质量安全管理规范培训班，参训人员160人次。组织开展饲料质量安全管理规范示范创建活动。4月25日，全国饲料质量安全管理规范现场会在文登区召开，文登环山饲料有限公司和文登六和饲料有限公司获农业部“饲料质量安全管理规范示范企业”称号，是全国最先获此称号的企业。开展饲料执法检查及饲料生产企业资质检查专项整治活动。全市37家饲料生产单位和38家经营单位全部签订质量安全承诺责任书。组织动检人员931人次，对生产、经营、使用单位检查659次。开展“瘦肉精”监督抽检和饲料产品质量安全监督抽检工作。监督抽检样品4263个，合格率99%，违禁物质检查和检测合格率100%，查处违法案件3起，罚款4.19万元。

【兽药监管】 开展为期3个多月的2014年全市兽药质量安全春季集中整治行动，出动执法人员1042 人次，检查兽药生产企业3家、经营单位109个、使用单位 551个，立案1起，办结1起。开展为期8个月的兽药产品标签和说明书规范整治工作，检查兽药经营单位113家，对1家违规兽药经营单位立案查处。开展为期2个月的2014年全市兽药质量安全冬季集中整治行动。10月中旬，利用畜产品质量安全综合检查时机对各区（市）开展情况进行抽查；12月初，配合省畜牧兽医局互检小组抽查威海市2家兽药生产企业、4家兽药经营单位、2家规模养殖场。

（宋绪京）

林 业

【概况】 2014年，全市林业工作以生态文明建设为中心，以转变林业发展方式为主线，以改革推动、创新驱动、科技拉动、政策带动为手段，加快构建生态屏障，加速发展林业产业，加强生态文化建设，加大支撑保障力度，全面实施“生态优先、产业升级、兴林富民、和谐发展”的林业发展战略，为促进全市经济社会又好又快发展作出了新的贡献。全市完成成片造林8000公顷，完成中幼龄森林抚育8666.7公顷，完成林业有害生物防治作业面积2.32万公顷次。全面完成历时3年的全省种质资源调查工作，环翠区林业局、荣成市林业局获“山东省林木种质资源调查工作先进集体”称号。

【造林绿化】 围绕荒山绿化、村庄绿化、水系绿化等重点项目，大力推进全市林业生态建设。一是荒山绿化工程。创新混交造林模式，栽植刺槐、火炬、紫叶李、黄连木等彩色树种，呈现四季常绿、春季有花、秋季有景的彩色景观，完成荒山造林2800公顷。二是水系造林工程。在沿河、沿湖、水库周边及水源地，营造水源涵养林和水土保持林，完成水系造林1133公顷。三是绿色通道工程。抓好新建公路、进村路等道路两侧的绿化工作，营造高标准景观防护林带，新建完善绿色通道161公里。四是村庄绿化工程。结合农村综合环境整治，加强农田林网建设，不断提升农村绿化水平，新建农田林网2000公顷，完成255个村庄的绿化升级。五是森林抚育工程。做好森林抚育工作，进一步改进林分质量，提高林地生产力，完成中央财政补贴森林抚育任务7066.7公顷。

【森林防火】 全面部署全市森林防火工作，市政府先后组织召开6次森林防火工作专题会议；市政府及其办公室印发《威海市森林防火责任追究规定》《关于切实做好春节期间森林防火工作的通知》《关于做好春季森林防火工作的紧急通知》等文件；市森林防火指挥部及其办公室印发《威海市区市级森林防火能力建设三年行动计划》《关于加强市级森林防火能力建设的意见》等森林防火文件37个。加大防火宣传教育，全市出动宣传车1500多辆次，悬挂防火横幅5000多条，张贴标语1.9万条，发放明白纸8万份，张贴《禁火令》2万份，发送手机短信30多万条；建立森林防火信息专报制度，编写专报、通报9期。制作《护林爱城文明祭祀》防火宣传片和公益广告片，开展“鲜花树苗换烧纸”活动；清明节期间，全市有1.8万名机关干部、护林员、村级人员坚守在防火一线。集中消除火灾隐患，完成重点林区和景区道路两侧的可燃物清理工作。加强防火设备设施建设，全市各级投入防火资金1.1亿元，新增1处县级森林防火监控指挥系统平台和三级联网防火探头11处，新建完善防火通道、隔离带300公里，新建防火瞭望塔（台）16处，新增防火车辆20辆、护林房23座。强化防火督导检查，省林业厅及市政府组织5次防火检查活动，市林业局直接组织暗查防火50多人次；建立森林火灾档案和森林防火检查台账；建立森林火险预警机制，印发预警通知3次；在防火重要节点时期到各区（市）进行森林防火督导检查，下发隐患整改通知书27份。成功处置“5·29”里口山区域山火，第一时间启动应急预案，针对火灾现场山高、林密、坡陡，及明火扑救难度大的情况，科学制定扑救方案，在省政府、省林业厅、市委、市政府领导现场调度指挥和全市军警民积极配合下，全力奋战，成功将山火扑灭。

【林业有害生物防控】 做好疫情监测预报，每月按时上报林业有害生物发生防控信息，并在关键时刻及时发布森保情报，印发6期。落实防控责任，制订病虫除治专项行动实施和防控实施方案，召开全市病虫联防联控研讨会、病虫除治工作会议和林业有害生物防控工作会议，与各区（市）政府、刘公岛管委签订《2014—2018年林业有害生物防控责任书》。适时开展喷药防治工作，环翠区、刘公岛完成9.1万株松树打孔注药。加大检查督导力度，全市组织15次林业有害生物防治督导检查，其中陪同省林业厅督导检查5次，及时向各区（市）转发省林业厅的督办函，印发《关于抓紧除治病死松树的通知》，对发现的问题进行整改落实。

【林业执法和审批】 2014年，在全市林业系统开展“林业执法年”活动。制定《威海市林业执法年活动实施方案》，重点开展“野外用火专项整治”“整治沿海防护林内乱搭滥建”“打击非法采挖移植树木行为”等专项行动，全市森林公安机关接、处警495起，查处或协助地方公安机关查处各类涉林案件179起，其中查处行政案件167起，处理行政违法行为人169人，罚款97万元；办理或参与办理林业刑事治安案件12起。规范林业行政审批程序，对各项重点工程建设涉林行政审批事项主动上门服务，全市办理林木采伐许可证525份，批准采伐树木17万棵，采伐蓄积9534立方米，占省下达年采伐限额的7.8%；办理木材运输证188份，蓄积2839立方米；新办理木材经营加工许可证30份；收到征占用林地申请14起，经省林业厅审核批准8起，批准占用林地面积40.3公顷。

【林业产业】 积极发展以核桃、板栗、无花果、蓝莓等干杂果为主的特色经济林和种苗花卉产业，全市新增经济林2230公顷，新育苗747公顷。落实《威海市林业产业发展奖励办法》，对符合条件的12家林业产业企业进行扶持奖励，落实奖励资金100万元。新增省级林业产业龙头企业3家，分别为山东福地园林工程有限公司、威海七彩生物科技有限公司、威海石岛赤山旅游有限公司。威海经济技术开发区桥头镇被评为山东省十佳花卉乡镇之一，威海樱聚缘生态采摘园被评为山东省十佳观光果园之一，威海神山葡萄生态观光园被评为省级观光示范果园。强化食用林产品质量监督与管理，印发《威海市林业局2014年果品质量安全专项整治实施方案》《威海市林业局食用林产品（经济林）安全考核细则》，集中组织开展干杂果质量安全宣传和“三下乡”活动，向广大林农发放《经济林实用技术手册》等资料，引导林农科学化、规范化进行林业生产；对环翠区、荣成市、乳山市、威海高技术产业开发区的板栗、核桃等经济林果品进行质量安全随机抽检和风险监测，抽检样品27批次。组织林业企业参加第八届山东省花卉博览会和第十一届中国（菏泽）林交会，扩大了威海市林业企业的对外宣传和交流。

【集体林权制度改革】 年内，召开全市林业系统集体林权制度改革工作会议，对林改状况、问题及下步工作进行座谈，印发《全市2014年集体林权制度改革工作的意见》；林权抵押贷款工作取得突破，乳山日胜农业投资有限公司利用林权作抵押，在乳山市农村信用合作联社贷款2100万元，是全市首笔林权抵押贷款。加强林业专业合作社建设，文登区凤凰山林业专业合作社和乳山在强柞蚕良种繁育专业合作社获得2014年“山东省农民林业专业合作社省级示范社”称号，威海临港经济技术开发区威海绿诚苗木专业合作社申报为国家农民合作社示范社。市林业局与财政局联合印发《关于推进政策性森林保险有关工作的通知》，将公益林政策性保险保费补贴列入财政资金预算，环翠区、威海经济技术开发区、市直国有林场所属的公益林全部投保，投保面积1.81万公顷，占全市公益林面积的15.4%。

【生态文化建设】 开展生态文化宣传。组织开展“湿地日”“爱鸟周”“野生动物保护宣传月”“‘5·12’防灾减灾日”“‘12·4’广场法制宣传日”等活动，大力弘扬森林文化，普及生态知识，传播生态理念，宣传林业法律法规，提高全民生态文明意识。通过互联网、新闻媒体、手机短信、宣传车等形式，广泛宣传植树绿化和森林防火，营造良好的舆论氛围。在“植树节”期间，开展全民义务植树活动，全市参加义务植树141万人次，栽植各类苗木745万棵。夯实生态文化基础。加强森林公园、国有林场等生态文化设施建设，刘公岛国家森林公园被授予“山东省生态文明教育基地”称号，荣成市国营成山林场被命名为“法制宣传教育示范基地”，乳山市夏村镇任沟村被命名为“山东省生态文化村”，环翠区张村镇、荣成市虎山镇获“山东省绿化模范镇”称号。

（王光华）

水　利

【概况】 2014年，威海市投入水利建设资金10.8亿元，其中落实省以上无偿资金3.82亿元，完成各类水利工程建设1984项，新增改善灌溉面积8800公顷，发展节水灌溉面积5933公顷，修建各类水源工程590处，新增蓄水能力3560万立方米。至年末，全市有大中型水库15座、小型水库400座，蓄水量2.95亿立方米。威海市水利局继续保持了“全国水利文明单位”“省级文明机关”“市级文明行业”称号。

【骨干水网工程】 年内，抓住山东省加强雨洪资源利用的政策机遇，米山、八河、龙角山、坤龙邢4座水库增容工程，泊于水库新建工程，乳山河、母猪河、黄垒河3座地下水库工程8个项目列入省雨洪资源利用一期建设规划。其中，南水北调续建配套米山水库增容工程落实省以上无偿补助资金1.7亿元，工程采用“抬土造田”的方法实施，于2013年9月23日开工，2014年底完成，威海市被确定为山东省2014年南水北调配套工程综合工作突破城市。《泊于水库新建工程可行性研究报告》完成行业评审，水库规划建设方案通过市规划委员会审查，除项目土地预审意见书尚在办理外，工程立项前置的其他9个专题报告全部完成批复；督促威海水务投资有限公司筹资 1.6亿元购买了266.7公顷耕地的占补平衡指标，为项目用地征收创造了条件；会同威海经济技术开发区管委、威海水务投资有限公司、威海经济技术开发区泊于镇及桥头镇政府开展项目区土地及附着物复核、补偿和土地回收、清表工作，库区土石方工程12月16日正式开工。胶东地区引黄调水工程完成12个闸阀井永久征地和100个标志桩设置工作，组建管护巡查队伍，输水管线管理维护工作迈入正轨。

【防洪减灾体系建设】 启动实施文登区、荣成市两个中小河道治理重点县（市、区）项目，2014年度8个项目区建设任务全面完成，治理河道50.8公里。完成列入国家规划的威海临港经济技术开发区母猪河治理任务，治理河道6.7公里。出台《威海市病险塘坝除险加固项目资金奖补及验收办法》，加固病险塘坝80座。完成威海湾、石岛湾、靖海湾3个以奖代补海堤项目建设任务，新建加固海堤6.5公里。双岛湾、成山镇北海岸、乳山河入海口3个海堤建设项目开工建设。

【民生水利工程】 市政府印发《威海市农村规模化供水工作实施意见》，明确农村规模化供水5年发展规划。编制完成《2014年度农村饮水安全项目实施方案》，解决（改善）6.3万农村群众和1.27万学校师生饮水问题（状况）。文登区、荣成市、乳山市3个小型农田水利重点县（市、区）项目全部完成建设任务，累计投资1.01亿元，发展高效节水灌溉面积4933公顷，新建及配套整治小水源工程203处，3个区（市）均通过省级验收并获得优秀等次。市水利局与财政局联合出台《威海市水利移民扶持项目及资金监督管理办法》，水利移民项目资金管理走上科学化、规范化、制度化轨道。完成大中小型水库移民后期扶持项目107个，聘请专业机构培训移民5000多人次，库区移民生产、生活条件持续改善。

【实施最严格水资源管理制度】 年内，《威海市实行最严格水资源管理制度考核办法》《威海市饮用水水源地保护办法》《威海市节约用水办法》3个规范性文件正式印发，进一步细化了“三条红线”控制目标，建立起了用水总量、用水效率、水功能区限制纳污控制制度、水资源管理责任和考核制度，为全面实施最严格的水资源管理制度提供了强有力的法规保障。在全市范围内开展计划用水管理工作，下达用水计划2078家，其中规模以上企业1596家。加强与发展改革、国土、环保、规划等部门的沟通协调，顺利开展并联审批。市水文局全面落实水源地及水功能区水质监测发布制度，全年发布监测通报12次。加强水政执法巡查、水行政许可稽查和重大水事违法案件挂牌督办三项制度建设，全市组织专项执法检查27次，立案查处水事违法案件8起。文登区、乳山市分别通过全省第二批水资源管理规范化建设、水政执法规范化建设示范县（市、区）验收。

【防汛抗旱工作】 市、区（市）两级水利部门充分履行防汛指挥部日常办事机构职责，组织和动员各级、各部门层层落实防汛责任制，修订完善各项防汛、防台风应急预案，市级组织开展6次防汛检查和1次防汛应急抢险实战演练，提升防汛抢险队伍的实战能力和技术水平；区（市）级组织各类防汛检查40余次，排除防汛安全隐患100多处。成功战胜10号强台风“麦德姆”带来的暴雨和局部强降雨，实现了无一水库垮坝、无一骨干河道决口、无一人因洪死亡的防控目标，最大限度地减轻了洪涝灾害造成的损失。针对2014年先后出现的3次较为严重的旱情，通过加强墒情旱情监测、深入基层指导抗旱、建设抗旱小水源工程等措施，组织各级开展抗旱自救，为全市人畜饮水安全、粮食丰收作出了积极贡献。

【水生态文明建设】 9月，出台《威海市区河道综合治理实施方案》，市水利局牵头组织相关部门对城区及城郊33条河道开展生态化综合整治。完成文登区元宝顶、金岭和荣成市古塔3条重点小流域综合治理项目，治理水土流失面积12.4平方公里。推进水生态文明建设，环翠区华夏城、五渚河，荣成市十里河3个省级水利风景区通过验收并命名。大力开展节水宣传，在机关企事业单位、学校、宾馆等人员密集场所安装节水标识牌5000余个，在进威海的主要道路两边设置大型节水宣传广告牌9个，在《威海日报》、威海广播电台分别开设《威海水生态文明创建》宣传专栏，举办“我眼中的水生态文明”摄影大赛，推出“‘母亲河’探源采风”活动，展示全市各级水利部门在河道治理及水资源管护方面的重要举措和生动事例。

【水利工程规范化管理】 全市15座大中型水库全部达到省级规范化管理单位标准，其中，米山水库通过国家级大型水库规范化管理达标验收，后龙河、所前泊水库通过省一级中型水库规范化管理达标验收。威海市在全省率先实现了地级市大中型水库规范化管理考核达标全覆盖。借鉴大中型水库规范化创建工作经验，在荣成市开展了小型水库管理体制改革、在乳山市开展了以“1+15”模式（“1”是在市级设立水利设施管护服务总站，在总站设立“116”水利服务热线，“15”是在所辖15个镇设立小型水利设施管护服务分站，总站和各镇分站统一调度，开展维修养护服务）为框架的小型农田水利设施管理体制改革。

（于泉贵）

农业机械管理

【概况】 2014年末，全市农机总动力达到551.8万千瓦，农用拖拉机28.4万台，各种配套机具50.3万台（套），平均每公顷耕地占有农机动力28.16千瓦，拖拉机1.45台，配套机具2.56台（套）。全市综合农机化作业水平提高到92.02%。其中，小麦生产实现了全过程机械化，花生机收水平达99.2%，玉米机收率达到84%；经济作物机械化作业水平明显提升，西洋参突破了机收瓶颈；植保、农业运输、农副产品加工等环节基本实现机械化。

【农业机械化作业】 紧紧围绕“降低劳动强度、提高劳动生产率、增加农民收入、实现农业丰产丰收”这一核心，充分发挥农机部门职能作用，组织各类农业机械投入春耕、夏收、秋种、冬整作业，最大限度地发挥农业机械在农业生产中的主力军作用。协调石油部门开设三夏、三秋农机用油绿色通道，组建技术服务小分队，送服务到田间；实行班子成员督导区（市）制，设立24小时服务热线，取得三夏、三秋农机生产的全面胜利，大幅提高了农机化生产水平。三夏期间，全市检修各类作业机械20万多台（套），组织1800多台小麦联合收获机、62个跨区作业队参加跨区作业，外引联合收获机2000多台，作业高峰期全市日上阵各类农机具18万多台（套），其中小麦联合收获机5500余台，小麦机收率99.98%；三秋期间，全市投入各类机械27.5万台（套）。

【农机专业合作社建设】 结合威海农机化发展的实际情况，重点通过政策倾斜、资金扶持、典型观摩等方式，推动农机专业合作社扩规模、上档次，分别在文登区、荣成市和乳山市建立5家农机专业合作社示范社，以示范社的示范带动作用引导农机合作社紧跟农业产业发展，以大型、综合性、特色农机具作为发展重点，扩规模、上档次，并以作业合同的方式开展"耕、播、收、植保"保姆式作业服务。全市有92家农机合作社与村委或周边村签订了该项作业服务，合作社的规模化作业很好地解决了"谁种地"的问题，有效带动了周边村农机化发展。2014年，全市农机专业合作社数量达149个，完成作业面积11.3万公顷，完成作业收入1.27亿元，完成土地流转面积2000多公顷。

【保护性耕作和经济作物机械化示范区建设】 2014年，全市新建经济作物机械化创新示范基地12处，并按照区域优势确定不同特色的示范区，把示范区建设成新技术、新机具的示范推广基地，实施省级农机化创新示范工程项目3 个，分别是文登中药材、荣成花生和乳山茶叶创新示范基地，落实项目资金55万元。9月，全省中药材机械化收获现场会在文登区召开，现场演示的西洋参、丹参收获机械受到欢迎，有效破解了制约威海中药材生产的瓶颈问题。同时，以花生联合机收、苹果植保、茶叶加工和大姜收获等经济作物现场会推动经济作物机械化的推广应用。年内，全市新增各类经济作物机械94台，其中，花生联合收获机械50台、西洋参收获机械9台、茶叶生产机械31台、大型苹果植保机械4 台。以"小麦联合收获—秸秆粉碎还田—玉米硬茬播种"和"玉米机收—秸秆还田—小麦免耕播种—土壤深松"两个一条龙作业技术为突破口，加大保护性耕作技术的推广力度。其中，小麦机收保护性耕作技术在上年荣成市成功试点的基础上，2014年全市又投入400万元用于小麦秸秆切碎器的购买补助，新增小麦秸秆切碎器1000余台，保有量达到2000余台，实施小麦秸秆还田面积5.6万公顷，还田率75%。全市新增玉米联合收获机械130台，新增保护性耕作技术面积4000公顷，总实施面积5.1万公顷。

【农机购置补贴】 2014年，全市落实上级农机购置补贴资金4840万元，补贴机具2.10万台（套），受益农户1.75万户。为实现补贴资金的有效利用，市农机局适时调整了农机购置补贴重点，其中向大中型联合复式机型倾斜补贴资金2000多万元，向林果业、畜牧养殖、水产养殖等产业倾斜补贴资金400多万元。加大报废更新力度，在上年文登区试点的基础上，2014年荣成市也列入了试点市，报废更新资金达2000万元。农机购置补贴首次实行"全价购机、定额补贴、县级结算、直补到卡"的补贴方式。为适应政策变化，市农机局加大对补贴工作人员的培训力度，制定《威海市农机购置补贴工作程序》，进一步规范工作流程；制定《威海市农机购置补贴政策落实延伸绩效管理工作实施方案》，对补贴工作进行全面考核；市农机局分别与各区（市）农机部门主要负责人签订了《2014年农机购置补贴工作责任书》，建立健全"谁办理、谁负责、谁核实、谁负责"的责任机制和"谁核查、谁签字、谁负责"的责任追究制度；建立廉政约谈制度，增强基层工作人员的政策把握度和执行力；加大对经销商的管理，强化经销商的遵纪守法意识；加大对基层群众的政策宣传和信息公开力度，使其享有充分知情权。为实现补贴工作的有效监督，市农机局成立了全员参与的3个检查督导组，开展电话抽查和定时驻点各区（市）督导检查，各区（市）农机部门按照补贴工作要求，积极落实补贴资金，认真核查补贴信息，补贴机具核查率100%。

【农机培训】 积极利用已有培训资源，依托阳光工程，深入开展"农机科技教育大培训行动"，制定实施意见，层层分解落实培训任务。培训中，坚持把教育培训与农机化重点工作紧密结合起来，有针对性地搞好教育培训工作。针对玉米机收、花生联合机收等技术问题，在全市广泛开展"大培训、大推广、大普及"活动，加快农机化新技术的推广普及步伐。2014年，全市举办各类农机培训班220多班次，培训各类农机技术人员2.57万人次。利用报纸、电视、网络、明白纸和科技下乡等形式，推广农机新技术，送技术到村镇院落、田间地头，提高新技术的推广普及率。对关键技术，制成电教片分发到合作社和机手手中，并聘请厂家技术人员跟踪培训和指导。全市农机部门发放宣传资料2.50万份，科技下乡16次。为进一步规范农机维修市场，创建星级维修点，全市农机部门加大对农机维修人员的培训力度，严格职业技能鉴定标准，促进了农机维修服务质量的整体提高。全年培训农机维修人员1035人次，维修技术人员持证上岗率100%。

【农机依法行政】 坚持把"三率"（上牌率、年检率、驾驶人持证率）整治作为依法行政的重要手段，从加强牌证管理、开展安全隐患排查等关键环节入手，把源头管理与专项检查紧密结合起来，多管齐下，配套推进，全面开展农机安全执法综合整治活动，严厉打击农机安全生产违法违规行为，推动"平安农机"创建活动不断向纵深发展。2014年，全市纠正农机违章4103起，年检拖拉机4.23万台，办理驾驶证业务5166本，拖拉机挂牌上户1.55万台，全市挂牌总数23.41万台，发证总数16.28万本。全市21个执法中队在镇、村、田间地头穿插巡回执法，与违章机手现场签订《农机安全生产保证书》。开展"为民服务争先创优"示范标兵创建活动，全市开设便民检审点62处，现场为农民办理审验、挂牌、办证手续，即来即办，最大限度地方便群众。加大与公安部门联合执法力度，确保农机安全生产。结合"安全创建"和"为民服务争先创优"创建活动，加大惠农政策的落实。全面实行对联合收获机的牌证、工本费、检验费等一切费用的全免制度；加大农机安全反光贴的免费推广工作，落实反光贴专项资金35万元，反光贴17.5万贴。

（王忠太）

编辑　李洪格

海洋与渔业

综　述

【概况】　2014年，全市海洋与渔业系统紧紧围绕蓝色经济区建设和“全域城市化、市域一体化”发展大局，全力提升海洋与渔业经济质量效益，全面规范海洋开发秩序，不断凝聚海洋与渔业发展合力，海洋与渔业实现健康与发展。全年海洋产业实现产值2020亿元，比上年增长11%；实现增加值925亿元，增长11.4%，占全市生产总值的33.2%；实现渔业经济总产值917亿元，增长9%。全市海洋环境质量保持在全省、全国最优之列，市区中心海岸等3处海岸入选首批“齐鲁美丽海岸”。年内，威海市被国家发展改革委、国家海洋局列为“国家海洋高技术产业基地试点市”，被农业部授予“中国海洋食品名城”“中国远洋食品精深加工及冷链物流基地”称号；威海市海洋与渔业局被评为全市年度优秀单位，威海市渔政渔港监察支队、中国海监威海市支队被省海洋与渔业厅授予“全省海洋与渔业文明执法窗口单位”称号。市委书记、市人大常委会主任孙述涛先后两次就全市海洋与渔业工作进行专题调研。

【市政府与省海洋与渔业厅签订重点工作对接任务书】　2月27日，市委副书记、市长张惠与省海洋与渔业厅厅长王守信共同签署《省海洋与渔业厅与威海市人民政府重点工作对接任务书》，任务书包括加强基础能力建设、大力发展海洋经济、加强海洋生态环境保护、强化海洋综合管理等6大类27项重点工作。至年底，任务书所确定的27项重点工作全部完成，落实项目资金4.13亿元，比任务书计划增加103%。

【国家首个浅海海上综合试验场落户威海市】　11月6日，市政府与国家海洋技术中心签署共建国家浅海海上综合试验场协议书，首个国家浅海海上综合试验场正式落户威海市褚岛北部海域。国家海洋局海洋科学技术司司长雷波，国家海洋技术中心主任罗续业，省海洋与渔业厅厅长王守信，市委副书记、市长张惠，市委常委、副市长汤光运出席签字仪式。国家浅海海上综合试验场是公益性科技支撑平台，是海洋观测、监测和调查的仪器设备研发、海洋科学研究、高新技术成果转化及海洋可再生能源开发的重要试验平台，是集科学观测、技术装备试验、方法研究和模式检验等多功能于一身的综合试验场。该试验场规划用海面积5平方公里，控制用海面积7平方公里，主要有潮流能发电装置升降测试平台、海上试验浮码头、海上观测与试验系统、数据传输与管理系统、后勤保障系统和试验场的标准体系。试验场建成后可承担海上试验场建设运营及从事海洋装备的研发和试验，促进海洋仪器装备检测技术开发，建立海洋仪器装备规范化测试方法及标准；围绕海洋仪器装备研究院形成的核心技术，以海洋装备国产化、标准化为突破点，引入多元资本按照企业化市场化原则，促进海洋仪器装备制造业发展，带动威海市海洋装备行业发展，进而带动国家海洋相关产业发展。

【创新驱动战略实施】　2014年，市海洋与渔业部门全面实施创新驱动战略，努力开创工作新局面，有力推进了蓝色经济区建设。

创新项目资金落实　围绕现代渔业、园区建设、平台打造、海洋生态保护等，打破常规，提前编制海洋与渔业项目库，对接国家有关部委，与省海洋与渔业厅签署支持威海市海洋渔业发展协议，给予资金和项目支持。全年落实省以上无偿资金21.42亿元，剔除渔业燃油补贴17.29亿元，其他无偿资金4.13亿元，为历年最高。其中，落实远洋渔业发展资金8500万元。全市专业远洋渔船达330艘，占全省82%、全国20%，成为全国综合实力最强的远洋船队；落实海洋经济创新发展区域示范资金9000万元，实施57个海洋生物医药与制品、海洋装备等项目；落实整治修复资金9000万元，实施海域海岛修复项目22个，修复岸线60公里、沙滩30万平方米，在全省绩效考评中居首位。

创新科技平台建设　引进国家海洋技术中心，建设全国唯一的浅海海上综合试验场，结束了威海市无国家级海洋科技平台的历史，为海洋仪器装备制造业发展创造了条件；中国海洋大学与

威海海洋牧场有限公司合作，建设国家级海洋生物遗传育种中心，建成后将成为国内规模最大、品种最全的海洋生物遗传育种基地，进一步提升威海市海水养殖业的优势地位；中国科学院生物能源与过程研究所在威海市设立海洋生物与碳汇研发基地，建设碳汇观测站和观测平台，挤进国家蓝碳计划，使威海市在海洋碳汇研究领域赢得主动。

创新海洋综合管理　在国内率先出台《海岸带执法巡查办法》《沙滩保护管理办法》，强化海陆巡查，查处违法行为，初步实现了“执法巡查常态化、管护队伍专业化、管理工作规范化、部门协作机制化”。《中国海洋报》刊发了威海市做法，省海洋与渔业厅在全省推广。在全国率先开展育苗场、养殖场、渔港码头环境卫生治理，制定规范标准，实施评级管理，渔业单位环境脏乱差的局面得到有效改观，《中国海洋报》《中国渔业报》进行专题采访报道。改变传统的行政审批方式，以市场化方式配置海域资源，在全省率先对养殖用海进行拍卖，拍出海域6667公顷。

创新服务保障　在国家海洋局和省海洋与渔业厅支持下，与威海电视台合作开办国内唯一的海洋频道，系统宣传海洋政策法规等，受到受众欢迎，在全国海洋系统引起强烈反响。与威海报业集团合作成立了半岛海洋商城，推介威海海产品，成为全省最大的海产品电商平台。拓宽企业融资渠道，与金融机构合作，推行海域使用权抵押贷款，支持企业融资100亿元；率先开展海水养殖风力指数保险，探索防控养殖风险的新路子。

【威海市海洋生物遗传育种中心共建协议签署】　12月17日，在市政府和中国海洋大学“深化市校战略合作协议”签约仪式上，市海洋与渔业局、中国海洋大学、威海海洋牧场科技发展有限公司三方共同签署了《共建威海市海洋生物遗传育种中心合作协议》，威海市海洋生物遗传育种中心建设项目正式启动。项目选址在威海市双岛湾科技城东侧海岸，预算总投资1亿元，规划育种平台建筑面积1.20万平方米，规划良种海上生产性状试验面积23公顷，预计2015年底建成使用。中心建成后，将作为中国海洋大学、威海市海洋与渔业局等单位共同创建的“山东省海水养殖良种培育与种业工程协同创新中心”的主要支撑平台，依托中国海洋大学海洋生物遗传育种技术力量，综合应用传统遗传育种和现代遗传育种技术手段，开展海水鱼类、贝类、藻类、棘皮类主导养殖品种遗传育种等科学研究和推广应用，成为国内设施先进化程度最高、应用技术最全面、育种规模最大的专业性海洋生物遗传育种基地。

【水产养殖场、育苗场、渔港码头环境整治】　贯彻落实《威海市水产养殖场渔港码头环境卫生管理规范》，开展百日集中整治等活动，清理场区周边环境垃圾8.3万立方米，拆除乱搭乱建旱厕、仓库间等临时设施5.7万平方米，改建排水管线、沟渠1.9万米，增设垃圾桶2500余个，部分企业新增工厂化养殖用水高效循环利用设备，组建分析检测部门，有力推进了传统养殖向现代养殖的转变步伐。4月，在全省率先制订并推行水产养殖场、育苗场、渔港码头环境评级工作等制度，对全市水产养殖场、育苗场、渔港码头进行环境评价分类管理，具体分为一类企业和二类企业。规定凡涉及水产养殖、育苗、渔港码头单位通过市海洋与渔业局申报的海域使用金支出项目、渔业资源修复行动计划项目、渔业标准化健康养殖项目和休闲渔业、远洋渔业、海参产业扶持项目等15类项目，一律从一类企业中推荐申报。年内有67处水产养殖场、65处水产育苗场、24处渔港码头通过考核入选一类企业名单，分别占总数的12.5%、30.9%和12%。

【威海湾养殖设施清理整治】　通过加强督导跟进，建立和完善周报告制度、执法巡查制度等措施，持之以恒推进威海湾海域养殖设施清理整治工作。其间，多次召开威海湾养殖设施清理整治推进工作专题会，走访调研相关用海企业，协调化解清理过程中遇到的困难，帮助养殖户拓宽养殖产品销售渠道，解除养殖户的后顾之忧。年内，清理养殖面积733公顷、看护房及生产平台74个，回收养殖渔船600余艘，圆满完成2014年度目标任务。至年底，累计清理养殖筏架2667公顷、网箱近2万个、生产看护房及平台1000多个。

海洋综合管理

【概况】　2014年，全市海洋综合管理工作继续强化区划规划引领，以海域使用管理创新、重点项目用海保障、海洋环境保护等为重点，不断强化规范化、科学化、精细化管理理念，加大监察执法力度，促进了海洋的科学合理利用和海洋生态环境的保护。

·海域管理·

【规划修编】　2014年，启动了《威海市海洋功能区划》《威海市无居民海岛保护与利用规划》《县级海域使用规划》等区划规划修编编制工作。其中，《威海市海洋功能区划》通过市政府常务会议研究。

【海域使用】　5月19日，市政府召开市海域使用审批领导小组第2次会议，研究审议29个用海项目报批、转报工作，储备27宗条件较为成熟的用海项目。年内，完成47宗用海权属登记资料、统一配号和发证工作，编制海域使用月度统计资料12份。

【重点区域项目用海】　全力做好双岛湾科技城、东部滨海新城、南海新区、好运角旅游度假区、乳山滨海新区等重点开发区域建设用海保障，全年受理、上报用海项目23个。到年底，威海市首个区域用海规划——《威海前岛高端制造业聚集区区域建设用海规划》正式获得省政府批复。

【海域资源市场化配置】　7月21日，组织市区首次海域使用权拍卖会，对威海高技术产业开发区初村镇北部5宗总面积约786公顷的筏式养殖海域使用权实行公开拍卖，总成交金额180多万元，实现海域使用金增收65万元，比上年增长55%，开全省筏式养殖拍卖先河，为全面推行海域资源市场化配置积累了经验。办理海域使用权抵押贷款92宗，抵押面积4.22万公顷，抵押金额20多亿元，创历史新高。与中国民生银行威海市支行探索建立涉海企业融资平台，缓解企业运营压力，促进海洋经济持续健康发展。

【海域使用金征收】 优化海域使用金征缴程序，实现海域使用金在当地上缴，全年收缴市级审批项目海域使用金1200多万元，圆满完成全年的征收任务。

【海域动态监管】 对全市7个重点海洋工程区、24个用海项目进行事前介入、过程监督、后续评估、双项监测"一条龙"监管，实现整体评价。建立重点项目用海名录，对海域使用状况进行每两月一监测，对区域海洋环境情况进行每季度一监测；建立用海项目档案，实行项目资料一对一管理，监测情况定期督办。全年开展现场监视监测75次，监测面积260多公顷，形成监测评价产品75个。实施海域使用远程监控，全市海域使用视频监控站位达17处，基本实现了对双岛湾工程区、威海湾工程区、石岛湾和乳山湾等重点区域的实时监控。每月不定期进行巡检查看工程区域及疑点疑区，形成集现场监视监测、视频监控、卫星遥感监测等多种手段于一体的监控体系。

【海洋空间资源信息调查】 年内，开展"关注母亲海湾，呵护黄金海岸"专项调查活动，结合遥感影像资料，对全市海岸带海域空间资源进行系统分析和整理，编制海域空间资源"一张图"图集。该图集以威海市行政区划为基础划分为4个分册，包括图件467张，涵盖全市海岸带资源、海岸带利用与开发、海岸带风险三方面内容，对掌握全市海洋资源空间分布、挖掘海洋资源开发利用潜力、规划和优化海洋生产力布局具有较大意义。

·海洋监察·

【市区沙滩管护】 2014年，对市区16处沿海沙滩进行集中整治，按照属地原则建立专业管护队伍，实行责任管理，初步实现了沙滩规范化、科学化、精细化管理。

制度建设 制定《威海市区沿海沙滩管护工作实施方案》，建立市海洋与渔业部门牵头与环翠区、威海高技术产业开发区、威海经济技术开发区实行属地管理相结合的管理机制，出台沙滩管护规范，构建沙滩保洁队伍专业管护、用海单位和群众广泛参与、海监执法巡查监督的工作新格局。

管护队伍 按照"每公里配备1名管护人员"的标准，建立由54人组成的专业沙滩保洁队伍，实行统一规范化管理。制定《沙滩管护人员考核办法》，建立沙滩管护人员档案，明确管护职责，开展集中培训，统一配备劳动标识服和沙滩保洁工具，管护队伍整体素质得到有效提升。

日常管护 按照"门前三包"要求，组织集中开展沙滩清理整治，加强对沙滩管护人员到岗到位情况不定期抽查，确保沙滩清洁常态化。实行常态化沙滩巡查，年内查处破坏沙滩环境行为11起。

宣传引导 完成市区沿海16处沙滩管护牌的设置，公开沙滩举报电话，威海电视台录制了沙滩管护专题片，进一步提升广大市民对沙滩生态环境的保护和监督意识，引导公众自觉爱护沙滩。

【市区近岸养殖设施清理整治】 积极推进威海湾海域剩余养殖设施清理整治工作，加强巡查与管控，加快清理拆除进度，完成威海湾海域清理养殖筏架733公顷，拆除威海港集团港前水域养殖网箱126个以及零散浮漂、养殖筏架、看护房。加强对东部滨海新城和初村北海附近海域养殖用海的巡查与管控，组织力量对新增养殖筏架进行打点测量和统计备案，掌握非法养殖的底数，健全养殖用海档案。年内，拆除初村北海拟"招拍挂"海域和东部滨海新城海域的违法养殖筏架234公顷，有效保护了海洋生态环境，维护了良好的用海秩序。

【海洋专项执法】 年内，按照上级部署，开展"海盾""碧海"专项执法行动；对文登区、荣成市、乳山市2011年以来44个已取得海域使用权证书及未批先建的用海项目进行检查；结合全国土地审计工作要求，对2008年以来全市获批的72个填海造地项目开展全面执法检查；组织中国海监文登区大队、中国海监乳山市大队等开展黄垒河口非法采砂专项执法行动。全年出动海监执法车辆950车次，行程6.76万公里，出动执法船256航次，航程1.22万海里，出动执法人员3570人次，检查海洋工程项目72个，立案查处海洋违法行为22起，其中海域类违法案件19起，环保类违法案件3起。加快推进"世纪之光"号溢油污染损害海洋环境案件诉讼索赔进程。

【保障市民游客亲海活动】 建立完善亲海保证金、公开举报电话、约谈相关企业负责人等制度，在市区便于市民亲海的重点海岸带重新设置20块亲海提示牌，重点加强对小石岛、靖子头、合庆湾、刘公岛、威海湾等市区亲海重点岸线海域以及双休日、"五一""十一"等亲海集中时段的巡查力度，及时调查处理亲海纠纷和投诉。全年化解亲海纠纷30余起，保障了市民游客正常亲海活动。

【海监执法专用码头建设】 威海海监执法专用码头主体工程完工，码头总长230米，被国家海监总队批准列入省级维权执法基地序列。同时，码头配套用房——海监执法指挥中心项目已进入收尾阶段，面积2600平方米，预计2015年6月投入使用。

【海岸带远程视频信息管理系统建设】 制定完善《威海市海岸带远程视频监控设计方案》，在原有8个站位的基础上，新建、升级改造站位39个，总计部署47个监控点。其中，10公里视距监控点6个，5公里视距监控点10个，3000米视距监控点4个，500米夜视监控点27个，对岸线、沙滩采用动态监控录像。

·海洋环保·

【海域海岛海岸带整治修复】 2014年，组织实施九龙湾、初村北海、大乳山等15个海域海岛海岸带整治修复项目，落实上级扶持资金3亿多元，带动社会投资近10亿元。其中，九龙湾已通过验收，刘公岛、潮汐湖、文登12公里沙滩、爱莲湾、烟墩角、大鱼岛、龙眼湾、小石岛湾等项目主体工程基本完工，上述项目在省财政厅、海洋与渔业厅组织的绩效考核中获得生态整治修复和环境整治修复双项总分第一。至年底，全市整治修复岸线60多公里、沙滩28万平方米、植被8.9万平方米，清除淤泥28万立方米，清理垃圾59万立方米，整治危岩体25处，投放藻礁2万立方米，移植海藻8万株。

新增项目 年内，新增东部滨海新城、双岛湾、文登母猪河口湿地、荣成湾北岸等5个省级海域海岛海岸带修复整治项目，落实资金7200万元。获得省级海域使用金和生态补偿费扶持项目5个，褚岛、海驴岛作为全省仅有的2个海岛保护专项项目上报国家海洋局审批。

项目库管理 为提高整治修复项目效果，专门建立了海域海岛海岸带整治修复项目库，并将得到市城乡规划委员会批复的项目纳入项目库中实行集中管理，既实现了海域海岛海岸带整治修复项目与城市总体规划的无缝衔接，增强了项目对城市整体环境改善的生态效能，又为加强项目工程的遴选、管理、考核等提供了依据，确保项目达到预期目的和效果。

【海洋保护区建设】 全市建有国家级海洋特别保护区7处，其中，4处海洋生态特别保护区、3处海洋公园，总面积1.58万公顷，数量和面积居全省前列。组织各国家级海洋生态特别保护区、海洋公园开展《总体发展规划》编制工作，其中，刘公岛国家级海洋公园、小石岛国家级海洋生态特别保护区的《总体发展规划》通过专家评审。

【参加“齐鲁美丽海岸”评选活动】 年内，组织参加山东省首批“齐鲁美丽海岸”评选活动。市海洋与渔业局、旅游局联合印发通知，要求各区（市）从充分展示全市海岸线保护水平、促进全市滨海旅游发展的高度做好参选申报工作。市区中心海岸、桑沟湾海岸、乳山银滩至大乳山海岸3处海岸入选全省九大齐鲁美丽海岸。

【海洋生态文明示范区建设】 制定《国家级海洋生态文明示范区监测实施方案》，对国家级海洋生态文明建设示范区开展监测，形成《2014年威海市海洋生态文明示范区监测与评价报告》，用于指导威海市国家级海洋生态文明示范区及荣成市、乳山市两个省级海洋生态文明示范区建设工作。

·海洋环境监测·

【概况】 2014年，开展海洋环境、海洋环境风险、海洋环境监管、公益服务和渔业生态状况5大类34项监测任务，布设监测站位415个，监视监测面积1.14万平方公里。出动各类监测车船100余次，获取有效监测数据2.29万个。

【海洋环境监测】 布设6个监测站位，完成2次海洋生物多样性监测采样工作，取得生物样品48份，形成《2014年威海市海洋生物多样性监测与评价报告》。布设24个监测站位，开展海水环境质量监测工作，监测指标包括pH、盐度、溶解氧等19项，取得有效海水质量监测数据3437个，形成《2014年威海市海水监测与评价报告》。

【海洋环境风险监测】 主要开展溢油监测、赤潮绿潮监测、海冰监测等监测项目，为做好各项应急处置提供支持。

溢油监测 每周开展国际海水浴场、金海滩海水浴场、葡萄滩海水浴场等5处重点区域沙滩油污监测，形成《2014年沙滩油污监测评价报告》；开展孙家疃、“威龙5”沉船、威海东部等海域溢油应急监测工作，为事件处理后续工作提供依据。

赤潮绿潮监视监测 将监测区域扩展至全市重点海洋功能区，增加16个监测站位，加大监视监测频率，并对市区金海滩、国际海水浴场等海水浴场及乳山—文登海域进行跟踪监测。开展专项应急监测40余次，采集样品300余份，形成监测评价产品5个。

海冰监测 以威海港、张家埠新港等主要港口和荣成湾、乳山湾等主要海水养殖区为重点，采用海上巡查、陆域监视、视频监控相结合的方式，加大海冰监视监测力度，及时发布海冰信息和灾害预测。

【公益服务监测】 自3月起，开展体育赛事监测工作，在半月湾海域布设5个断面、16个站位，开展水文、水质和沉积物等4大类34个项目的定期监测。开展赛场海域环境监测14个航次，获取监测数据492个，发布海洋预报204期、监测通报13期，为2014年威海长距离铁人三项世界锦标赛提供保障。对威海国际海水浴场环境状况、可能影响浴场环境的污染源及可能影响游泳者身体健康和人身安全的因素进行调查，通过媒体及时发布环境预报。对小石岛、初村北海、爱莲湾等区域刺参养殖环境，乳山市小石口、徐家海域牡蛎养殖环境进行水质、沉积物、生物等相关指标在内的重点养殖品种监测，形成评价产品4份。开展泊于—港西海域养殖风险监测和养殖环境预报工作，对区域环境状况进行跟踪监测，同时根据生态环境在线监测浮标数据和志愿者信息，发布养殖预报产品16份。

【海洋监测评价】 4月底，发布了《2013年威海市海洋环境公报》和《2013年威海市渔业生态状况公报》，对海洋环境、渔业生态状况进行全面评价，《齐鲁晚报》《威海晚报》等多家媒体参加新闻发布会并对公报进行解读，市政府新闻办公室官方微博对发布会进行网络直播。年内，编发监测通报101期，建立特色养殖品种、海洋工程建设项目、海水养殖、沙滩绿潮等情况专报，编制《威海海洋监测》期刊4期。

【海洋观测预报】 加快推进小石岛、文登、乳山等海洋观测标准站建设。新增文登、荣成石岛和乳山3个海区预报服务，实现近岸海域海洋观测预报服务全覆盖。协同国家海洋局北海预报中心制作并发布威海市近岸海域海洋预报，全年发布预报365期。通过市海洋与渔业信息网和威海电视台等，定时播报威海市近岸海域海洋预报，满足公众对相关信息的需求。

【监测能力建设】 市海洋环境监测中心新增水下摄像机、原子荧光光度计、冷冻离心机等仪器设备；以项目为依托，对小石岛保护区管护用房进行改造，在小石岛海域增设在线监测浮标系统。中心仪器设备总资产达1200万元，通过实验室资质认定项目6大类115小项，仪器采购、验收、启用、检定、期间核查、三色标识等严格按程序维护保养。

·海洋防灾减灾·

【制度建设】 2014年，制定《威海市海上渔业安全事故应急救援细则》《威海市风暴潮、海浪、海啸、海冰应急细则》《威海市绿潮（浒苔）应急处置工作细则》，为提高海洋灾害预警预报和提高防灾减灾能力奠定了基础。

【应急演练】 编印《2014年海洋与渔业应急预案演练计划》，包括海上应急救援、风暴潮海浪海啸海冰应急演练、浒苔处置应急演练、水产品质量安全事故应急预案演练、海上溢油应急监测演练5大应急演练计划，涉及海上渔业安全生产、海洋灾害应急处置、海洋环保事件、水产品质量安全等多个方面的工作。5月—8月，上述演练以实战演练和桌面推演相结合的方式进行。

【绿潮（浒苔）应急处置】 2014年，组织30多支专业队伍参与打捞、清理作业。在敏感海域及主要河口设置外海拦截网近1万米，调集挖掘机、运输船、沙滩清扫机、大功率渔船待命，形成外海拦截、近海打捞、上岸清理的联防机制。全年出动人员1万多人次、各类大型机械近5000台次、渔船73艘次，打捞、处置浒苔近10万吨。引进浒苔资源化利用生产线1条，处理浒苔5万多吨，有效降低了经济、生态损失。

【“娜基莉”台风应急处置】 加强应急值守，实行24小时安全值班和领导带班制度，密切跟踪“娜基莉”台风动态，通过广播、电视、短信等方式，向渔民和渔船船东不间断、全覆盖地发布预警预报信息。组织人员对1万多艘养殖渔船、近6000艘捕捞渔船进行核实普查，逐条落实停泊和作业位置。对60多处渔港和渔船集中停泊点、1.4万公顷养殖池塘、2万公顷养殖筏架、1万多个网箱、100多万立方米工厂化车间进行巡查，对薄弱部位进行除险加固，对停港锚泊渔船进行合理安排，留足间距和疏散通道，防止船舶相互碰撞。成立专门督导组，对各区（市）防台风工作进行督导检查，重点检查渔船船位掌控和避风措施落实情况，渔港防台风泊位、停靠调度及应急疏散措施落实情况，养殖堤坝、筏架加固和海上滞留人员撤离情况，应急救援措施和防台风设备设施到位情况等，将灾害损失降至最低。

渔业管理

【概况】 2014年，以渔船、渔业资源、渔业安全生产、水产品质量安全和涉外渔业管理等为重点，开展一系列执法和专项整治活动，进一步保护渔业生态资源，维护渔民渔业管理秩序，保证水产品质量安全。

·渔政管理·

【外省籍跨界作业渔船管理】 做好事前预防，加大舆论宣传，解读渔船、网具管理政策，及时曝光违法违规典型案件，提高外省籍渔船管理工作的社会影响力。强化执法威慑，与省海洋与渔业监督监察总队烟台支队、石岛支队和山东省海警第一支队召开联席会议，制定联合执法实施方案，抽调15艘渔政、海警舰船，出动渔政执法人员125人次、执法船艇16航次，检查渔港码头29个、渔船356艘，有效震慑了意欲违规者，促进了渔区社会安定和谐。

【伏季休渔管理】 按照精细化、规范化、科学化的要求，制定并严格落实渔业执法办案方法，坚持执法检查与行业自律结合、传统手段与信息技术并举、行政处罚与教育引导并重，与公安边防、工商等部门建立线索通报、联合执法、案件协办等机制，全方位加强海上、渔港和市场监管，确保管理制度、管理措施落实到位。伏季休渔期间，全市出动执法人员1.03万人次、执法车辆2060辆次、渔政船770艘次，检查渔港、船厂3030个次，检查渔船5.56万艘次，查处违规渔船280多艘，被省海洋与渔业厅授予“2014年度山东省伏季休渔管理工作先进单位”称号。

【违规渔具清理整治】 以“地笼”和“老牛网”等对渔业资源破坏严重、群众反映强烈的违规渔具整治为突破口，加强偏远海域、交界海域和渔具纠纷高发海域的联合检查、交叉检查和驻守检查，全面清理整治违规渔具，取得明显成效。全市出动执法人员2110人次、执法车辆431辆次、执法船284艘次，检查渔船数2142艘，查获“地笼”4500余套、违规“老牛网”和“蝴蝶网”3盘。

【秋冬季渔业专项执法】 自9月中旬起，启动开展秋冬季渔业专项执法行动，强化与公安边防、海警的执法协作，加大对禁渔区线内侧海域捕捞违法行为的查处力度，取得较好成效。全市开展执法检查行动168次，出动执法人员1286人次、车辆226辆次、执法船147航次，检查渔船2900余艘，有效维护了捕捞生产秩序。

【涉外渔业管理】 2014年，按照涉韩入渔申请渔船的范围和条件，威海市获得313艘在中韩渔业协定水域作业渔船指标。其中，拖网作业276艘，渔获物配额1.38万吨；流网渔船20艘，渔获物配额24吨；渔获运输船17艘。加强渔船标识和终端设备的执法检查，提高入渔渔船的规范性。落实每日报进报出制和44.1千瓦以上渔船包保责任制，确保及时掌握渔船动向。成立应急管理领导小组，建立涉韩渔船24小时值班制度，及时通报和处置船位异常渔船。

【文明渔港创建】 组织开展国家级、省级文明渔港创建活动。远遥中心渔港、荣成院夼渔港获“全国文明渔港”称号；远遥中心渔港、石岛新港渔港、鑫发渔港获“省级文明渔港”称号。至2014年底，全市全国文明渔港4处、省级文明渔港6处，数量位居全省首位。

【水生野生动物保护与经营利用管理】 开展专项普查。3月—6月，在全市开展专项普查行动，普查经营单位100余家。普查范围包括全市所有从事水生野生动物利用的单位和个人，涉及驯养繁殖、展演展示、餐饮服务及中药材销售、运输、进出口等多个行业。经普查，全市有经营利用、驯养繁殖水生野生动物企业12家，持证14本，涉及品种37个。开展专题宣传。10月，与威海神游华夏海洋文化馆联合开展以“关爱水生动物，共建生态文明”为主题的大型水生野生动物保护宣传月活动，通过电视、报纸、网络等媒体宣传报道8次，发放宣传材料1000余份，在威海电视台海洋频道制作播出两期水生野生动物保护专题科普节目。强化水生野生动物政务服务。年内审核转报13个品种49尾(头)水生野生动物驯养繁殖、经营利用、进出口、运输、进口免税申请21项，办理水生野生动物特许证件换发手续3项。

·渔业安全生产·

【概况】 2014年，发布海上风险预警68期，指挥或参与救援行动27起，救助渔民48人、渔船6艘，挽回直接经济损失4000万元，行业统计口径内没有发生较大以上渔业安全责任事故。加强部门联合协作，与威海海事局联合开展3次海上联合执法巡航行动。7月11日，与威海市海上搜救中心等单位联合组织开展海上消防救生演习活动。环翠区获“全国平安渔业示范县”称号，荣成市获“全省平安渔业示范县”称号。

【渔港渔船渔民普查行动】 年内，在全国率先启动渔港渔船渔民普查行动，坚持自查、核查和整改同步进行，采取定期调度、综合协调、限期整改等方式，确保工作进度和质量。全市普查捕捞渔船5739艘、养殖渔船6549艘、“特殊渔船”364艘、渔业辅助船及其他渔船84艘，等级渔港47处，整改不合格渔船790艘、渔港6处。

【渔民培训】 开展渔民安全技能与法律知识宣传培训，举办培训班83期，培训渔民2.16万人。投资10万元编印《渔业安全生产手册》1万份，上船入户送法上门，增强渔民安全守法意识。加强与电视媒体合作，录播《海洋论坛》节目16期，与威海广播电台签订《渔业安全常识宣传协议》，每天在3个时段广播宣传安全常识。联合威海海事局共同开展渔船商船安全警示教育活动，发放《渔船防碰撞安全须知》等材料1.5万份，免费向渔民发放救生衣100余件。

【安全隐患排查整治】 出台《威海市渔业生产安全事故挂牌督办办法》，成立由船检、消防、海事等部门11名高级工程技术人员和法律专家组成的专家委员会，结合安全生产百日攻坚、渔业安全生产资质专项检查、“打非治违”、打击利用泡沫船筏非法从事渔业生产等执法行动，全面加强渔业安全隐患的排查治理工作。全年检查渔港码头326个次、各类渔船1.44万艘次，排查整治安全隐患384处。

【船用信息终端设备管理】 开展船用信息终端设备专项执法检查行动，对信息终端异常的600余艘渔船进行了及时整改，终端配备率和开机使用率进一步提高。加大协调力度，为742艘44.1千瓦以上已先行安装北斗卫星定位设备的捕捞渔船落实财政补助资金111.3万元。组织做好船用信息终端变更信息“季汇总、季上报”工作，全年审核上报船用终端信息变更数据1940条次，确保船位监控的准确度。

【渔业互助保险】 2014年，全市渔业互助保费收入1.15亿元，比上年下降4.2%。其中，船险保费收入7647万元，下降10.2%；人险保费收入3879.8万元，增长10.3%。审核人身理赔案件599起，赔付2674.4万元；审核船险案件1533起，赔付3063.1万元。

·水产品质量监管·

【构建监管体系】 2014年，区（市）级海洋与渔业主管部门成立水产品质量安全监管科室，配备监管人员，明确监管责任；沿海渔业镇（街道）明确监管机构，充实监管人员，落实监管职责；水产育苗、养殖企业配备无公害内检员、质量监督管理员等，全市初步建立了市、区（市）、镇（街道）、企业四级监管网络体系，确保质量监管不断层、不缺位、无盲点。

整合监管力量 将水产苗种生产管理、苗种生产许可纳入质量监管工作范畴，在系统内推行机关质量监管科室与水产品质量执法联合办公，整合监管与执法力量，配备了执法设备，实施苗种管理、监督检查与执法查处“三结合”，强化了水产品质量安全监管手段，提高了工作效率。

完善监管制度 在强化落实《威海市海参产品质量安全监管暂行规定》《威海市食用水产品质量安全管理暂行办法》《水产品质量安全约谈制度》《威海市水产品育苗与养殖环节质量安全举报奖励办法》等制度的同时，将水产品质量监管工作纳入2014年全市海洋与渔业工作目标考核范围，定期对各区（市）海洋与渔业主管部门水产品质量监管工作进行考核评价。实行黑名单管理制度，加强渔业管理、质量监管、技术推广、海洋管理、渔政监察等科室单位间的综合协调，对企业申报项目、政策扶持、增殖放流、评先选优等事项实行科室单位间会签制度，对质量安全不符合要求的企业一票否决。

【质量抽检】 加大产品质量抽检力度，增加检测项目，提高抽检频率，扩大抽检覆盖面，特别是对风险企业坚持连续抽检，对重点区域实施“拉网式”抽检，确保不合格产品不流入市场、餐桌。首次开展捕捞水产品风险监测，将贝类卫生监测范围扩大到沿海各区（市）7个贝类主养殖区。完成部、省、市级抽样任务966个，比上年增长40.2%，完成率100%，其中监督抽检476个，合格率98.3%。严格坚持“四个不放过”（禁用药物和采购渠道未查清的不放过、药残超标产品未处理的不放过、限期整改不到位的不放过、责任人员未受到教育的不放过），对违规企业和抽检样呈品阳的性企业进行处罚，对不合格产品进行无害化处理或销毁，严禁不合格产品流向餐桌。对5家涉嫌使用违禁药品的企业，给予严厉处罚，将问题产品全部销毁，约谈企业负责人，执法查处率100%。

【专项整治】 年内，重点开展水产品质量安全整治、渔业投入品专项检查、节假日专项检查等集中整治活动，有效提升了水产品质量安全水平。

水产品质量安全整治 4月—10月，在全市开展水产品质量安全专项整治活动，对海参、鲆鲽类等重点品种，水产原良种场、健康养殖示范场、无公害养殖企业、增殖放流点等重点企业，工厂化养殖等重点区域，水产育苗等重点环节，开展“五项制度、三项记录”和国家禁用药品的检查整治，规范水产育苗与养殖生产行为。

渔业投入品专项检查 3月—5月，开展渔业投入品专项检查活动，重点检查渔药、饲料、饲料添加剂等渔业投入品采购、生产、用药、销售记录是否完整、规范等。其间，检查345家水产育苗与养殖企业，未发现伪劣违禁药品、有毒有害物质。

节假日专项检查 开展元旦、春节、中秋、国庆等重大节假日水产品质量安全专项检查活动，围绕重点区域、重点产品、重点环节，开展“地毯式”“拉网式”执法检查，保障节假日期间公众消费安全。

【宣传教育】 以有关水产品质量安全法律法规、抽检规程、安全事故处置、标准化生产等内容为重点，开办专题培训班10期，对全市监督管理、监管执法、水产从业等人员进行培训，培训课时68小时，培训人员579人次。结合日常检查、专项整治、产品抽检、案件执法等工作在全市开展“进渔村、进社区、进企业、进广场、进学校”的水产品质量安全“五进”基层宣传活动，发放宣传资料6300多份、书籍1100本，现场接受咨询650多人次。充分利用报刊、电视、广播、网络等媒体广泛宣传，尤其是依托威海电视台海洋频道的《海洋论坛》《魅力海洋》等栏目，深入解读、宣传有关法律法规、健康养殖、科学用药等知识，发布监管信息。全年通过各类媒体发表宣传稿件49篇，通过电视报道水产品质量安全工作10次。

·渔业资源修复·

【增殖放流】 2014年，组织开展中国对虾、日本对虾、魁蚶、海蜇、梭子蟹等11个海水品种的增殖放流活动，放流数量超过13亿单位，放流区域涵盖威海湾、双岛湾、阴山湾、靖海湾、五垒岛湾、乳山湾等主要渔业海域。首次组织在乳山市龙角山水库放流鲤鱼、草鱼、鲢鳙鱼等淡水鱼苗种72万尾。

2014年威海市海洋生物资源增殖放流情况表

表6 （单位：万尾/万粒/万只）

序号	放流品种	放流数量	主要放流海域
1	中国对虾	45000	桑沟湾、靖海湾、五垒岛湾、塔岛湾、乳山湾
2	日本对虾	30000	靖海湾、五垒岛湾、塔岛湾、乳山湾
3	魁 蚶	41000	靖海湾、双岛湾外海
4	海 蜇	9400	靖海湾、五垒岛湾、塔岛湾
5	梭子蟹	5900	靖海湾、五垒岛湾、乳山湾、塔岛湾
6	牙 鲆	622	阴山湾、靖海湾、五垒岛湾、白沙湾
7	黑 鲷	430	阴山湾、靖海湾
8	黑 鲪	680	双岛湾、小石岛、刘公岛、天鹅湖、西霞口
9	黄盖鲽	50	阴山湾、双岛湾外海
10	虾夷扇贝	20	威海湾
11	松江鲈鱼	2	文登青龙河入海口
12	草鱼、鲤鱼、鲢鳙鱼	72	角山水库

【人工鱼礁和海洋牧场建设】 在俚岛湾、石岛湾、桑沟湾等适宜海域重点开展8处人工鱼礁和海洋牧场建设项目，建设总面积370公顷，投礁总计33万立方米，有效改善了海洋牧场及其周边海域的海洋生态环境，提升了海域渔业发展承载能力。

2014年威海市人工鱼礁和海洋牧场建设项目情况表

表7

序号	项目类型	实施单位	项目内容
1	人工鱼礁	山东双岛湾海洋开发有限公司	双岛湾海域，面积43公顷，投放石块礁3.85万立方米、混凝土礁2000个

续表 7

序号	项目类型	实施单位	项目内容
2	人工鱼礁	威海市宇王集团有限公司	双岛湾以北海域，面积 22 公顷，投放石块礁 3 万立方米、混凝土构件 6000 立方米
3		山东俚岛海洋科技股份有限公司	俚岛湾东部海域，面积 40 公顷，投放石块礁 1.75 万立方米、混凝土礁 2667 个
4		荣成市通发水产食品有限公司	朱口湾海域，面积 50 公顷，投放石块礁 5.3 万立方米、混凝土构件 4000 立方米
5		荣成恒业海洋科技有限公司	石岛湾海域，面积 40 公顷，投放石块礁 3 万立方米、混凝土构件 8000 立方米
6		荣成宏佳水产有限公司	朱口村南部海域，面积 97 公顷，投放石块礁 5.9 万立方米、凝土构件 2200 立方米
7	海洋牧场	荣成成山鸿源水产有限公司	俚岛镇爱莲湾海域，面积 51.5 公顷，投放混凝土构件 5350 立方米
8		荣成市嘉盛水产食品有限公司	桑沟湾北部海域，面积 31.15 公顷，投放石块礁 1.75 万立方米，混凝土构件 1100 立方米

【水产种质资源保护区建设】 全市省级及以上水产种质资源保护区达 15 处，保护区总面积 1.87 万公顷，主要保护品种 18 个。其中，国家级水产种质资源保护区 8 处，面积 8000 公顷，形成布局合理、类型丰富的渔业种质资源保护区建设体系，有效涵养渔业生态资源，促进渔民增收、渔业增效。

2014年威海市水产种质资源保护区规划建设情况表

表8

序号	保护区名称	级别	主要保护对象	总面积（公顷）
1	文登松江鲈鱼水产种质资源保护区	国家级	松江鲈鱼	818.87
2	小石岛刺参水产种质资源保护区	国家级	刺参	471
3	威海桑沟湾魁蚶种质资源保护区	国家级	魁蚶	1072.93
4	威海（靖子湾）花鲈种质资源保护区	国家级	花鲈	2513.27
5	乳山湾泥蚶种质资源保护区	国家级	泥蚶	203
6	荣成湾水产种质资源保护区	国家级	栉孔扇贝、紫海胆	2134
7	月湖长蛸水产种质资源保护区	国家级	长蛸	500
8	荣成楮岛藻类水产种质资源保护区	国家级	大叶藻	544
9	苏山岛周边水域渔业资源保护区	省级	刺参、比目鱼类、鲍鱼等	333.33
10	荣成栉孔扇贝、紫海胆种质资源保护区	省级	栉孔扇贝、紫海胆	515.67
11	乳山西施舌种质资源保护区	省级	西施舌	371
12	威海北海石鲽水产种质资源保护区	省级	石鲽	1073.13
13	刘公岛浅海藻类种质资源保护区	省级	鼠尾藻	5000
14	威海日岛太平洋鲱鱼种质资源保护区	省级	太平洋鲱鱼	1995
15	威海半月湾短蛸种质资源保护区	省级	短蛸	1158.13

海洋与渔业科技

【概况】 2014 年，把海洋与渔业科技创新作为推动现代渔业经济转型的重要手段，强化平台建设，深入推进产学研合作，海洋与渔业科技在平台建设、项目引进等方面实现了重大突破。威海市成为首批国家海洋高技术产业基地试点市，国家浅海海上综合试验场落户威海，威海海洋生物与碳汇研发基地、山东省海洋食品工程技术研究中心威海分中心、海洋产业科研及科技成果孵化、海洋生物遗传育种中心项目进展顺利。

【国家海洋高技术产业基地试点市】 4 月，经国家发展改革委、国家海洋局批准，威海市成为首批国家海洋高技术产业基地试点市，试点领域为水产种业及海洋生物高效健康养殖和海洋生物医药与制品业。市海洋与渔业局会同市发展改革委制定出台《关于加快推进国家海洋高技术产业基地试点的实施意见》。

【产学研合作】 年内，积极与高校、科研院所开展产学研合作，提高了威海市海洋科技研发、成果转化、产品制造的能力与水平。中国海洋大学与威海海洋牧场科技发展有限公司就研发浅海筏式养殖和工厂化育苗养殖技术开展合作，与威海金牌生物科技股份有限公司就研发刺参免疫增强剂和微生态制剂、刺参和鲍鱼全价高效配合饲料等相关技术开展合作，与威海德明海珍品养殖有限公司就研发人工藻礁构建与马尾藻养殖技术开展合作，与威海芝恩药业股份有限公司就研发海洋生物多糖与寡糖产品开展合作，与威海博宇食品有限公司就研发海参缩醛磷脂的提取和生物富集技术开展合作，与山东圣洲海洋生物科技股份有限公司就海参可控水解关键技术及制品研发开展合作。国家海洋局第三海洋研究所与靖海实业集团有限公司就从鱿鱼加工副产物中提取精氨酸、鱼精蛋白、牛磺酸和从海带中提取海藻酸盐、海带氨酸、海带多酚等生产系列功能性海洋生物制品开展合作。哈尔滨工业大学（威海）与国家海洋局签署战略合作协议，一批专家进入省海洋与渔业厅专家库，第三批海洋经济创新发展区域示范入库项目中有3个海洋装备类项目转化应用该校科技成果或以该校为技术研发合作单位。市海洋与渔业局与山东大学（威海）海洋学院组织开展教授下乡服务活动，共同筛选一批海洋研究院年度科研课题项目并组织实施。

【海洋经济创新发展区域示范项目】 年内，市海洋与渔业局联合市财政局、发展改革委、科技局、经信委，提报第三批海洋经济创新发展区域示范项目63个，有16个项目进入国家项目库、1个项目进入省项目库，其中，海洋生物高效健康养殖类项目2个、海洋生物医药与制品类项目8个、海洋装备类项目7个。共获得上级专项支持资金9000万元，高于省内其他沿海地市。全市获国家和省海洋经济创新发展区域示范项目立项57个，资金补助总额2.54亿元。

【海洋与渔业自主科技项目】 开展农业部“948”项目——新西兰鲍的杂交育种及其产业化应用示范，创制1个杂交鲍品系，完善全年可控育苗技术，进行养殖推广，5月通过省海洋与渔业厅组织的验收。为解决交通不便、配套资金不到位等问题，采取与刘公岛实业发展有限公司合作建设、管理设施资源共享、共同管理的运作模式，完成省级海域使用金支出项目——威海刘公岛浅海藻类种质资源保护区建设任务，12月初通过省海洋与渔业厅组织的验收。依托威海乾盛水产养殖有限公司开展“池塘网箱培育幼参配合饲料应用推广性试验”，取得良好效果，增产7%。以威海海洋牧场科技发展有限公司小石岛育苗场为放流苗种培育基地，完成两个全省渔业资源修复行动计划项目——62.5万尾牙鲆增殖放流和60万尾黑鲷增殖放流。

【海洋科技体系建设】 年内，环翠区、文登区、荣成市、乳山市4个区（市）继续纳入省海洋与渔业厅基层渔技推广体系改革与建设试点管理，落实专项补助资金110万元，其中，环翠区、文登区各15万元，荣成市、乳山市各40万元。

水产捕捞

【概况】 2014年，全市海洋捕捞总产量80.25万吨，比上年下降1.7%；产值85.48亿元，增长19.7%。其中，远洋渔业增长迅速，全年实现远洋渔业产量20.1万吨、产值25.1亿元，分别增长214%、189%；近海捕捞持续呈下降态势。

【远洋船队建设】 新增专业远洋渔船47艘，总数达330艘，总功率、总吨位分别超过28万千瓦、14万吨，各项指标均占全省80%左右。34艘远洋渔船获得国家海洋渔船更新改造项目投资6500万元。新增3艘大吨位远洋运输船，普及远洋渔业回运优惠政策，20万吨的远洋产品年产量中有13万吨实现回运，占总量的65%，比上年提高40个百分点，创历史最新水平。

【海外远洋渔业基地建设】 规划建设8处海外综合性远洋渔业基地，其中6处获商务部批准建设。靖海集团有限公司印尼马老奇、山东蓝越远洋渔业有限公司斯里兰卡基地获山东省首设的远洋渔业海外基地扶持资金2000万元。

【远洋渔业项目建设】 在组织开展西南大西洋鱿鱼钓、中西太平洋金枪鱼延绳钓、朝东拖网等13个远洋渔业项目基础上，新增加纳、科特迪瓦2个非洲远洋作业渔场，入渔国达到7个，创历史新高。

【远洋后备力量建设】 黄海造船集团有限公司成为首批山东省远洋渔船研发与制造基地，威海海洋职业学院成为省级海洋与渔业实用人才培训基地，山东交通学院海运学院建立海洋渔业船员培训基地，远洋渔船先进技术研发和转化能力、专业远洋渔业人才培训能力显著提升，为提升远洋渔业产业素质奠定了基础。

【渔业燃油补贴】 年内，为全市符合条件的1.19万艘国内渔船和284艘远洋渔船发放2013年国家渔业柴油补贴资金17.29亿元，为历年之最。自2006年国家实行燃油补贴政策以来，全市累计发放国家渔业油价补贴资金67.17亿元。

水产养殖

【概况】 2014年，全市实现海水养殖产量160万吨、产值210亿元，分别比上年增长2.6%和2.9%。

【立体生态养殖】 拓展养殖空间。按照海水增养殖业由近海向远海、由海面向海底拓展的思路，在天海湾等地组织新投放深水网箱116个，在俚岛湾、双岛湾等外部海域新增魁蚶、扇贝等品种底播增殖733公顷，在桑沟湾、俚岛湾等适宜海域新建2667公顷人工鱼礁区，全市近岸海水增养殖达6.67万公顷。深化养殖技术改造。组织标准化池塘、立体生态养殖和循环水养殖车间改造面积分别达到1333公顷、4667公顷、6万平方米，总规模分别达到4666公顷、2.27万公顷、12万平方米，有效改善养殖环境，提高海水养殖生态化、科学化和规范化水平。

【健康养殖示范】 年内，荣成市赤山、乳山市久大牡蛎养殖专业合作社两个标准化健康养殖项目通过省海洋与渔业厅专家组验收。全市新增7处省级以上水产健康养殖示范场，其中，赤山集团有限公司、荣成市明达水产养殖专业合作社、山东科合海洋高技术有限公司、乳山市宏伟水产育苗养殖场为部级，威海海宽海洋生物科技有限公司（所属水产养殖场）、威海三泉生态农业发展有限公司（所属水产养殖场）、乳山市瑞力水产品养殖场为省级。全市省级以上水产健康养殖示范场达57处，居全省首位。全市水产健康养殖示范面积3.33万公顷，年出产各类优质水产品80万吨以上。

【标准化生产】 年内，培训企业无公害内检员12人、无公害检查员1人，扶持海参苗种产业企业9家、农业标准化生产示范基地2家，共发放奖励资金97万元。新增无公害、绿色、有机水产品21个，其中，申请认定无公害产地4个、无公害水产品11个，新增认证面积620公顷，新增认证产量1.92万吨，认证品种包括海参、牡蛎、圆斑星鲽等。全市无公害、绿色和有机水产品总数达316个，通过“三品一标”认证的养殖产品产量占总养殖产量的70%。

【种业规模化发展】 加快水产苗种产业资源整合利用和优化配置，构建以企业为主体、以科技为依托，产学研合作、育繁推一体化的现代化水产苗种业产供销体系，增强水产苗种产业科技创新能力、企业竞争能力和种苗供应能力。印发《威海市海参苗种产业发展奖励办法》，对9家海参育苗场发放海参苗种产业发展奖励资金87万元，促进了海参苗种产业的发展。年内，全市海参育苗量287亿头，海参苗种自给率达70%；大菱鲆育苗量2.7亿尾，比上年增长84.5%，成为国内主要的大菱鲆苗种繁育基地。

【良种繁育】 年内，新增省级圆斑星鲽原种场1处，全市国家级、省级水产原良种场分别达到4处、14处。新增好当家集团有限公司、西霞口集团有限公司2处全国现代渔业种业示范场，总数达3处，主育海参、海带、鲍鱼等主要养殖产品苗种。威海圣航水产科技有限公司“牙鲆良种选育及设施优化技术集成创新与应用”、山东好当家海洋发展股份有限公司“刺参良种创新成果集成与示范”2个现代渔业种业提升工程项目获得省海洋与渔业厅、省财政厅批准立项，分别获省级财政扶持资金100万元。

【苗种生产许可】 严格执行《威海市水产苗种管理办法》《威海市水产苗种生产许可证管理暂行办法》《水产育苗行业准入标准》，完善审批流程，强化现场检查，从生产场所、水质条件、环境卫生、仪器设备、技术力量、制度建设、质量安全等方面对水产育苗单位严格把关，对不达标准、不符合要求的单位不予办理。全年办理水产苗种生产许可证90个。

水产品加工

【概况】 2014年，全市水产品加工产量354.5万吨，实现产值371.3亿元，分别比上年增长20.5%、12.6%。水产品进出口总量51.9万吨，进出口总额13.9亿美元，分别增长27.6%和9.4%。其中出口量38.4万吨，出口额11.2亿美元，分别增长27.6%和6.8%，分别占山东省的20.4%和18.4%；进口量13.5万吨，进口额2.7亿美元，分别增长27.7%和22.0%。加快推进荣成鑫发金枪鱼冷链加工等12个水产品加工重点项目建设，总投资达31.05亿元。其中4个项目建成，8个项目进展顺利。

【加工能力建设】 全市有水产品加工企业1100家，年加工能力550万吨，比上年增长9.5%；规模以上加工企业400多家，占水产品加工企业总数的40%；全市水产类国家级重点龙头企业8家、省级24家、市级39家。

【冷链物流建设】 围绕金枪鱼、鱿鱼等远洋捕捞品种，靖海集团有限公司、山东鑫发渔业集团有限公司、赤山集团有限公司、荣成连海渔业有限公司等企业建成近100万吨库容的高标准冷链物流库和加工车间。其中，山东鑫发渔业集团有限公司新建1.5万吨零下25摄氏度低温库和1.5万吨零下60摄氏度低温冷库各1处、高标准金枪鱼加工车间和金枪鱼罐头车间各1处。靖海集团有限公司新购置氨制冷机、高速平板速冻机、自动反转解冻清洗设备、蒸煮锅、冷链运输车等精深加工及冷藏设备320台（套）。全市各类冷藏库737座，日冻结能力5万多吨。

【加工基地建设】 积极引导企业强化水产品加工和冷链物流产业发展，加快提升市场竞争力和影响力。年内，威海市被农业部授予“中国远洋水产品加工与物流基地”称号，好当家集团有限公司、靖海集团有限公司、赤山集团有限公司、山东蓝润水产有限公司、荣成鑫润水产有限公司、荣成连海渔业有限公司6家企业入选“山东省首批十大远洋渔业产品精深加工及冷链物流基地”，为促进产业扩规提档、转型升级打下基础。

休闲渔业

【概况】 2014年，把推进休闲渔业发展做为现代渔业转型升级的重要内容，积极谋划，创新发展，休闲渔业经济实现快速发展，休闲渔业年产值36亿元，比上年增长20%。

【规划引导】 3月，按照高起点、高标准、规模化和景观化要求，出台了《威海市休闲渔业产业项目发展规划(2014—2015)》，依据资源条件和环境特点，布局千公里休闲渔业产业带。强化项目示范带动，从全市100个休闲渔业项目中，优选规模化公司承建的50个项目，规划建设10处综合性休闲渔业示范基地、10处海上游钓区、10处海上田园观光体验区、10处陆上池塘垂钓区、10处渔家乐功能服务区，即重点打造“510”工程，促进休闲渔业集群化发展。

2014年威海市全国休闲渔业示范基地一览表

表9

序号	基地名称	承建单位
1	威海西港休闲渔业示范基地	威海西港水产有限公司
2	西霞口集团休闲渔业示范基地	西霞口集团有限公司
3	威海瑜泰水产有限公司休闲渔业示范基地	威海瑜泰水产有限公司
4	荣成天鹅湖休闲渔业示范基地	荣成市马山集团有限公司 荣成烟墩角水产有限公司
5	荣成泓泰海洋生态休闲休闲渔业示范基地	泓泰海洋生态休闲旅游有限公司
6	好当家休闲渔业示范基地	好当家集团有限公司
7	荣成凤凰湖休闲渔业示范基地	赤山集团有限公司
8	威海刘公岛休闲渔业示范基地	刘公岛实业发展有限公司
9	威海德明休闲渔业示范基地	威海德明海珍品养殖有限公司
10	威海三泉休闲渔业示范基地	威海三泉生态农业发展有限公司

2014年威海市省级休闲海钓场一览表

表10

序号	钓场名称	承建单位
1	小石岛省级休闲海钓场	威海西港水产有限公司
2	北海省级休闲海钓场	威海瑜泰水产有限公司
3	刘公岛省级休闲海钓场	刘公岛实业发展有限公司
4	西霞口省级休闲海钓场	西霞口集团有限公司
5	天海湾省级休闲海钓场	好当家集团有限公司
6	东楮岛省级休闲海钓场	荣成楮岛水产有限公司
7	临洛湾省级休闲海钓场	荣成烟墩角水产有限公司
8	天鹅湖省级休闲海钓场	荣成市天鹅湖旅游开发有限公司
9	桑沟湾省级休闲海钓场	荣成泓泰海洋生态休闲旅游有限公司
10	爱莲湾省级休闲海钓场	荣成市成山鸿源水产有限公司
11	凤凰湖省级休闲海钓场	赤山集团有限公司

【鼓励政策】 年内，出台《威海市鼓励休闲渔业产业发展资金奖励办法》和《威海市鼓励休闲渔业产业发展资金奖励项目验收办法》，设立专项资金，从2014年开始连续3年扶持休闲渔业产业发展，对达标项目进行奖励，扶持对象为符合申报条件的综合性休闲渔业基地、休闲渔业海上游钓区、休闲渔业陆上池塘垂钓区等项目。

【宣传推介】 组织开展小石岛海域放鱼活动、文登护城河放鱼活动、阴山湾钓鱼比赛、乳山牡蛎品鲜季等10多次专项活动。其中，10月18日—19日，2014年山东省首届“渔夫垂钓”系列休闲海钓赛之“西霞口杯”全国公开赛在威海市西霞口省级休闲海钓场开赛，全国各地的30个代表队、90名海钓高手分别参加了船钓和岸钓比赛，媒体进行全程跟踪报道，取得良好效果。

【科技研发】 以高等院校和重点企业为依托，提升生态型人工鱼礁和休闲海钓船研发制造能力，由山东大学（威海）海洋学院承建的生态型人工鱼礁实验中心以及由西港游艇有限公司、中复西港船艇有限公司承建的2处休闲海钓船研发与制造基地获省海洋与渔业厅批准成立，均属全省首批。

渔业产业化建设

【现代渔业园区建设】 2014年，威海市组织申报的8处渔业园区建设项目被省海洋与渔业厅、发展改革委、财政厅联合授予“山东省省级现代渔业园区”称号，涵盖了工厂化养殖园区、休闲渔业园区、浅海设施养殖园区和渔港经济园区 4 种类型，全市总数达到 35 处，占全省的 20%。

【渔民合作社建设】 2014 年，威海市新增 3 个国家级渔民专业合作社示范社和 2 个省级示范社，全市省级以上渔民专业示范社达 13 家，其中国家级 5 家。全市渔民专业合作社发展到 181 家，主要包括水产养殖和海洋捕捞两种类型，其中水产养殖类占 90% 以上，辐射带动养殖户 1 万多户。

2014年威海市省级以上渔民专业合作社示范社一览表

表11

序号	名　称	类　型	级别
1	荣成市浩海海带养殖专业合作社	海水养殖	国家级
2	荣成市鑫发水产专业合作社	海洋捕捞	国家级
3	荣成市荣金牡蛎养殖专业合作社	海水养殖	国家级
4	荣成市龙腾贝类养殖专业合作社	海水养殖	国家级
5	乳山市久大牡蛎养殖专业合作社	海水养殖	国家级
6	文登二王家村金滩牡蛎养殖专业合作社	海水养殖	省级
7	荣成市赤山水产专业合作社	海水养殖	省级
8	荣成市蓝色海洋海参专业合作社	海水养殖与加工	省级
9	荣成市大鱼岛龙翔渔业专业合作社	海洋捕捞	省级
10	荣成市详宇水产专业合作社	海洋捕捞	省级
11	荣成市捍马水产专业合作社	海洋捕捞	省级
12	荣成市昊升鸿洋水产专业合作社	海洋捕捞	省级
13	荣成市畅通渔业专业合作社	海洋捕捞	省级

品牌渔业建设

【概况】 2014 年，威海市把品牌渔业建设作为促进现代海洋渔业持续健康发展的重要内容，开展多角度、全方位、可持续的立体化品牌宣传推介，打造“中国海洋食品名城”“中国远洋水产品加工与物流基地”，全面提高“威海刺参”等渔业品牌的社会知名度和美誉度。“威海刺参”品牌评估价值为 49.8 亿元，连续 5 年蝉联中国水产品品牌价值冠军。

【平台搭建】 打造电商交易平台　6 月，威海市国内第一家以海产品为主的电商交易平台蓝色海洋正式上线，进驻企业 40 家，年内销售额达 450 多万元。通过全方位开展“威海刺参”品牌的网上宣传和电子交易，其影响力稳步扩大。组织企业参与中国水产商务网建设，参展企业 32 家，开创“威海刺参”网上展示销售的新局面。

搭建实体展销平台　龙汇集团投资建设了威海市首个综合性海产品实体营销平台——威海海洋食品展销中心。该中心面积达 7000 平方米，集形象展示、名品专店、海产品超市及海洋文化休闲互动于一体，预计 2015 年初正式投入使用。

【品牌宣传】 推出刺参专题节目　5 月下旬，联合央视国际频道《走遍中国》栏目组拍摄了一期以深入挖掘“威海刺参”产业发展为主题的专题节目——《来自远古的养生珍品》。节目重点介绍威海刺参生长的优质海域环境、健康的育苗养殖方式、先进的海参精深加工工艺、全产业链的质量监管措施以及独特的海参餐饮文化等，不仅展示了“威海刺参”的文化与品牌价值，更将“威海刺参”“新、奇、特”的一面呈现给观众。

高速路广告牌宣传　新增高速公路通道桥体广告牌 5 块，总数达 10 块，覆盖区域包括济青高速、青威高速、烟威高速、沈海高速、荣乌高速和威海机场路，充分发挥高速枢纽路段车流、人流量大的优势，提高了“威海刺参”品牌宣传效果。

出租车LED宣传　自 9 月 1 日开始，利用海参集中收获和消费旺季，借助济南市的省城优势，发挥 LED 媒体广告受众群层次多、覆盖面广、流动量大、营运时间长等特点，在济南市 7884 辆出租车 LED 打出“好人 好海 威海刺参”“好海参 威海刺参”等广告语，进行“威海刺参”品牌宣传取得良好的效果。

【市场推介】 参加上海第 15 届中国国际食品和饮料展览会　5 月 13 日—15 日，组织金滩牡蛎养殖专业合作社、泰祥集团有限公司等 10 家品牌企业参加上海第 15 届中国国际食品和饮料展览会。其间，现场举办海鲜烹饪展示推介活动，安排 20 余家有合作意向的客户参与品尝和推介，效果显著。威海市渔业企业接洽海内外客户 300 家，达成意向客户 130 多家，达成贸易意向 3000 多万元。

参加青岛第 19 届中国国际渔业博览会　11 月 5 日—7 日，组织威海浦源食品有限公司等 21 家成长型品牌企业，好当家集团有限公司、泰祥集团有限公司等 6 家龙头企业参加青岛第 19 届中国国际渔业博览会，参会企业数量为历年之最。27 家渔业企业促成合作协议 200 多个，达成贸易意向 2800 多万美元。

（王树科）

渔业企业选介

【好当家集团有限公司】 好当家集团有限公司位于荣成市虎山镇尖沙咀子好当家工业园内，始建于1978年，法人代表唐传勤。2014年末，公司拥有总资产67亿元，职工8000人，下属企业50多家，经营范围涉及水产养殖、食品加工与销售、远近洋捕捞、热电造纸、滨海旅游等。

2014年，公司坚持“艰苦奋斗、诚信创业、科学发展、追求卓越”的企业精神，秉承“依托蓝色资源，打造绿色产业”的核心理念，致力于追求企业、社会、自然的和谐共存，不断超越自我，实现了企业的持续发展。到年底，公司拥有3333.33公顷围海养殖基地、1.4万公顷深海养殖基地、35万平方米工厂化水产养殖车间、20万个海上育苗网箱，在乳山市及海南省东方市等地建有养殖基地。公司拥有15家食品加工企业，主要生产“好当家”牌冷冻调理、休闲即食、罐头食品等海洋食品，年生产能力20万吨。公司充分发掘海参的药理功能，开发出“好当家刺参”系列功能保健品和医药品，在上海、北京、哈尔滨等大城市设立300多家“好当家刺参”连锁专卖店。公司拥有年产22万吨的箱板纸厂、年产1.5万吨的水转印纸厂、年产2000万平方米的纸箱包装厂以及热电厂、塑料管网制品厂、制砖厂等，拥有40多条捕捞渔船和冷冻运输船，从事远近洋捕捞和运输，建有造船厂1处，可进行735千瓦以下的各类渔船制造维修。公司建成5万吨级冷链物流配送中心，拟扩建国家一类开放港口，打造新的物流航运中心。公司倾力打造好当家天海湾国际旅游度假城，包括五星级宾馆、温泉养生项目、旅游地产、36洞高尔夫球场、海上垂钓中心、生态型农业示范园、游艇俱乐部等。公司加大电视购物和电子商务营销投入力度，开设互联网买鲜参的模式，品牌深度植入都市爱情剧《爱情最美丽》获高收视率，冠名赞助第42届世界旅游小姐威海赛区活动，参加中国国际礼品赠品展览会、中国食材节、西班牙国际食品展、中国国际渔业博览会、中国济南海参文化节等展会活动，提升了公司美誉度。

2014年，公司实现主营业务收入25.67亿元，上缴税金9908万元，出口创汇4820万美元。好当家天海湾养殖牧场被评为威海市首批水产养殖场、育苗场、渔港码头环境评价一类企业，好当家刺参连续六年获得有机产品认证；公司获“山东首届主流消费品牌最受消费者喜爱放心食品”“好品山东名品”“山东名牌”等称号，被评为全国百佳农产品品牌、食安山东十大领袖品牌、山东省食品行业十大品牌企业之一。

【赤山集团有限公司】 赤山集团有限公司位于荣成市石岛管理区双山东路599号，创建于1988年，法人代表王玉春。2014年末，公司总资产52亿元，固定资产40亿元，职工8000人，下属企业22家，经营范围涉及海洋捕捞、水产品加工、机械制造、旅游餐饮、房地产开发、金融服务等。

2014年，公司以转方式、调结构为中心，着力加快传统产业的转型升级，提高企业的发展质量和速度。投资1.6亿元，新建6条远洋鱿钓船，进一步增强远洋渔业的规模实力；与国内农机生产龙头企业——新疆机械研究院股份有限公司合资5亿元分别在荣成和吉林松原成立新的农机生产企业，主要生产玉米机、饲草青储机等高端农业机械。

2014年，公司实现主营业务收入40亿元，利润2.6亿元，创汇9000万美元，上缴税金1.2亿元，分别比上年增长12%、5.8%、12.5%、19%。先后获得“农业产业化国家重点龙头企业”“全国最佳经济效益民营企业”“全国出口创汇先进企业”“全国食品工业优秀龙头食品企业”“山东省重点服务业企业”“山东省文明单位”“山东省百强民营企业”“威海市纳税明星企业”等称号和“全国五一劳动奖状”。

【西霞口集团有限公司】 西霞口集团有限公司位于荣成市成山镇西霞口村，始建于1999年，法人代表田文品。2014年末，公司拥有总资产60亿元，固定资产41亿元，职工1600人，下辖企业17家，主要经营鲜活海珍品销售，海水养殖技术、海洋生物技术的开发与应用以及范围内的货物和技术的进出口等业务。海参养殖、海参产品加工为公司主要业务板块。

2014年，在省海洋与渔业厅和省旅游局“发展海洋渔业旅游”理念的倡导下，公司承担了山东省首批休闲海钓示范基地建设项目，开展海钓基地“投礁、放鱼、钓船、海岸、服务”五配套

10月18日—19日，山东省首届“渔夫垂钓”系列休闲海钓赛之“西霞口杯”全国公开赛举行　　王树科　摄

建设：在西北海、海驴岛及成山头东大礁海域20～30米水深海域设置大型聚鱼型和保护型构件礁，设置报废渔船改造船礁，为鱼、虾、蟹、贝类创造良好的繁殖、栖息场所；在礁区开展牙鲆、黑鲷等恋礁性鱼类增殖放流近300万尾，补充鱼类资源量，加速渔业资源恢复，形成钓场；按照省海洋与渔业厅公布的标准化船型购置各种游钓船只40余艘；将海岸线整治修复与海钓基地建设有机整合，在龙眼湾建设游钓船码头1处，在岛礁、海岸滩涂、沙滩选择有利位置设置垂钓亭位500处，在钓场内建设移动钓鱼平台10处，提供船钓、矶钓、驳钓、沙滩钓等多种钓鱼方式；完善休闲海钓配套设施建设，项目已建成游钓俱乐部和游艇俱乐部，配备会议室及钓具补给站等。9月1日，全省休闲海钓示范基地创建观摩会在西霞口召开，省海洋与渔业厅厅长王守信、省旅游局局长于冲出席会议并为示范基地揭牌，西霞口海钓基地成为全省第一家通过省级休闲海钓钓场认定和省级休闲海钓示范基地认定的海钓基地。10月17日—19日，山东省首届“渔夫垂钓”系列休闲海钓赛全国公开赛在西霞口海钓基地举办。大赛由山东省休闲垂钓协会、山东省旅游行业协会主办，西霞口集团承办，北京、浙江、江苏等地28支代表队及韩国2支代表队共90名选手参加比赛，最终北京一队以总成绩105.6公斤获团体大奖。
2014年，公司实现主营业务收入28亿元，比上年增长2%；利润3.3亿元，增长1.7%。先后被确定为全国一村一品示范村、全国休闲渔业示范基地、国家级刺参原种场、霞口滩—马栏湾省级现代渔业示范基地、农业部健康养殖示范场等。

【靖海集团有限公司】 靖海集团有限公司位于荣成市人和镇沙窝岛，始建于1978年，法人代表许云川。2014年末，公司拥有总资产35亿元，固定资产30亿元，职工 3800人，下属企业21家，经营范围涉及远近洋海上捕捞、船舶修造、海水养殖、海上运输、渔港贸易、水产品精深加工等。

2014年，公司坚持稳中求进，以提高经济质量和效益为中心，创新驱动，海陆统筹，拓宽延伸产业链条，加快传统渔业转型升级，推动公司经济持续健康发展。投资6.5亿元建设沙窝岛中心渔港，加快大渔业、大港口建设步伐；投资4.6亿元新建水产品精深加工及冷链物流基地项目，建成后公司总库容达20万吨，被省海洋与渔业厅认定为山东省远洋渔业产品精深加工及冷链物流基地；投资5000万美元建设印尼马老奇远洋渔业基地，建成后将形成能够同时满足400余艘渔船使用的综合性渔业服务基地，为公司进一步做大做强远洋渔业奠定基础。

2014年，公司实现主营业务收入28.5亿元，利润2.23亿元，创汇2600万美元，分别比上年增长1.8%、1.4%、4%，获荣成市“四星创业明星”“包扶村工作先进单位”“尊师重教先进集体”“平安渔业示范单位”等称号。

【石岛集团有限公司】 石岛集团有限公司位于荣成市石岛管理区黄海南路118号，始建于1956年，法人代表尹远华。2014年末，公司拥有总资产29亿元，职工4000多人，下辖石岛新港港务股份有限公司、第一冷藏厂、海运公司等30多个单位，经营范围涉及国家一类开放港口经营、水产品及食品深加工、海陆运输、船舶修造、建筑安装、房地产开发、远洋捕捞等。

2014年，公司贯彻“以港兴企，多业并举”的发展战略，不断提升企业管理水平，优化调整产业结构，拓展加深业务范围，提升风险抵御能力，推动企业管理水平和经济运行质量全面发展。公司以打造物流大港为目标，努力打造辐射黄渤海、贯通国内海上货运的中转基地和对接国际大港的海运协作基地。在加大资金投入力度，实施石岛新港三期扩建工程的基础上，加强与中创物流股份有限公司等的合作，推动外贸内支线航班增加以及石岛至韩国平泽和日本关东的全集航线复航；与三井、马士基、汉堡南美、东方海外、赫伯罗特等全球排名前列的船公司签订协议，成为船公司外延堆场，有效提高了新港知名度，对石岛新港创立国际物流中转港起到积极作用。通过专业专精、错位发展、巩固传统优势、挺进高端船舶维修领域，积极应对船舶产业危机持续深化延伸和无序竞争加剧的不利形势，船舶修造业继续保持平稳发展的良好态势，货源腹地不断延伸，业务范围遍及广东、福建、浙江、江苏、上海等南方大船务公司以及新加坡、马来西亚等国际船务公司，全年维修各类船舶339艘次，总载重吨450万吨。全面依托水产品加工技术中心，研发适销产品，形成醋渍鲐鱼、烧烤水产品、佃煮昆布卷、水产软包装罐头等7大系列100多个品种，日本、韩国以及欧盟市场占有率进一步提升，国内销售网点遍布全国大中城市。

2014年，公司实现主营业务收入28亿元，纳税1.07亿元，出口创汇3500万美元，分别比上年增长12%、5%和9%。获得“威海市纳税明星企业”“荣成市创业明星企业”“荣成市诚信示范企业”等称号。

【鸿洋神水产科技有限公司】 鸿洋神水产科技有限公司位于荣成市成山镇，始建于1956年，法人代表刘新力。2014年末，公司拥有总资产5亿元，固定资产3.5亿元，职工2800人，下辖海水养殖、海洋生物制品研究与开发、海洋食品精深加工、渔船修造等11个子公司。公司产品主要有各种软胶囊、硬胶囊、片剂、粉剂、颗粒剂、海带系列及其他各种水产品等，为国内主要海产品营养补充剂生产基地，产品出口40多个国家和地区。

公司坚持走“科企联姻，科技兴海”之路，依托海洋资源，逐步形成以海洋食品加工业为主导、以发展海洋生物高新技术为目标、以服务业为保障的水产养殖加工产业化经营体系。2014年，公司投资2.15亿元建设的年产50 亿粒海洋功能性食品软胶囊项目进展顺利，预计2015 年完工。项目建成后，年可生产海洋功能性食品软胶囊5250吨（折50亿粒）。公司全年实现主营业务收入8亿元，实现利税1.5亿元，出口创汇2000万美元，分别比上年增长3%、4%、5%。公司先后被国家、省、市确定为“全国科技兴海示范基地示范企业”“全国多烯鱼油产品质量保证示范推广基地”“国家海带养殖、加工标准化示范区”“山东省重合同、守信用企业”“山东省农业产业化龙头企业”“山东省健康养殖示范区”“山东省循环经济试点单位”“山东省高新技术企业”“山东省海藻产业协会副会长单位”。

【山东俚岛海洋科技股份有限公司】 山东俚岛海洋科技股份有限公司位于荣成市俚岛镇俚岛村，成立于1999年，法人代表曲光伟。2014年末，公司拥有总资产6.91亿元，固定资产2.96亿元，职工2300人，主营海水动植物养殖、育苗、捕捞及水产品加工、鱼粉加工、渔船修造、进出口贸易等。

2014年，公司坚持捕捞、养殖、加工三大产业齐头并举，在稳定捕捞产业的基础上，充分发挥海域面积大、区位养殖优势明显的特点，大力发展海上精品养殖和水产品加工，积极探索和引进新技术、新工艺，强化品牌带动，走出一条产业特色鲜明、运行良好、前景广阔的路子。公司全年实现主营业务收入5.42亿元，实现利润5096万元，上缴税金888万元，出口创汇119万美元。先后被评为全国农产品加工业示范企业、全国乡镇企业争创名牌先进企业、农业产业化国家重点龙头企业和全省海带养殖加工示范基地。

【寻山集团有限公司】 寻山集团有限公司位于荣成市寻山街道青鱼滩村，成立于2000年，法人代表李长青。2014年末，公司占地总面积1200万平方米，已确权海域面积3333.33公顷，有职工3000多人，其中科技人员280多人，下属企业30多家，经营范围涉及海水育苗与养殖、海洋食品加工、海藻生物提取、锻压制造、港航运输、房地产开发等。

公司以蓝色产业为发展重点，坚持走“科技兴海，以养兴渔”的道路，不断优化产业结构，提升发展质量。2014年，公司组建的国家海产贝类工程技术研究中心通过科技部验收，成为公司进一步集成、创新和转化产业前沿技术的坚实平台；先后承担山东省农业良种工程、海洋经济创新发展区域示范项目等多个省级以上项目；示范应用了褐藻基生物质转化、优良栽培藻株的筛选及栽培、海带漂烫水绿色提碘等多个新工艺、新技术；与中国海洋大学联合培育的“蓬莱红2号”栉孔扇贝被国家认定为水产新品种。

2014年，公司实现主营业务收入12.5亿元，实现利润5680万元。先后被认定为“全国科技兴海示范基地”“国家高技术研究发展计划成果产业化基地”“全国渔业种业示范场”“国家鲍鱼良种场”“山东省现代渔业园区”“山东省高新技术企业”。

【山东鑫发渔业集团有限公司】 山东鑫发渔业集团有限公司位于荣成市石岛管理区朝阳西路888号，始建于1996年，法人代表王少波。2014年末，公司拥有总资产23亿元，固定资产15亿元，职工4000多人，下属企业23家。公司为集远洋捕捞及造船、水产品加工、食品研发、渔网绳制造、海珍品养殖、码头综合服务等于一体的综合性渔业企业。

2014年，公司坚持以质量求生存、以信誉求发展的理念，抢抓机遇，实现了各行业的全面协调发展。公司拥有各类远洋捕捞渔船54艘，远洋渔业项目在围网、鱿鱼钓、拖网等方式上综合发展，多种作业齐头并举。公司大力发展金枪鱼加工基地项目，该项目总投资5.5亿元，占地面积14公顷，其中建筑面积13.8万平方米。项目达产后，年可加工金枪鱼7万吨，年产金枪鱼系列食品3万吨。公司全年实现主营业务收入15亿元，实现利润1.40亿元，出口创汇2300万美元，分别比上年增长11.2%、9.5%和8.6%。公司先后被评为山东省农业产业化重点龙头企业、远洋渔业产品精深加工及冷链物流基地、“重合同、守信用”单位，连续多年被授予“出口创汇先进企业”“先进民营企业”“纳税先进企业”称号。

【荣成市海洋渔业有限公司】 荣成市海洋渔业有限公司位于荣成市石岛管理区，毗邻石岛港，成立于2011年，法人代表谭科。2014年末，公司拥有总资产3.99亿元，固定资产3.1亿元，是一家以远洋捕捞、水产品加工及出口为主，以冷链物流、进出口贸易等业务为辅的大型综合性渔业企业，有员工500多人。

2014年，公司实行走出去发展战略，不断加强远洋渔业建设，形成一支拥有近30艘远洋渔业捕捞的大型船队，成为威海市远洋渔业的标杆企业。船队主要在阿根廷和西非海域从事鱿鱼钓作业和单拖网作业，年捕捞量3万多吨。为进一步发展非洲远洋渔业事业，投资3.6亿元在非洲建立远洋渔业综合保障基地，包括改扩建修船厂、码头、冷库、水产品加工车间等，即可保证自身船队保障需求，也可为上百艘西非作业的中国渔船提供后勤补给服务。公司在国内全力打造非洲鱼水产品加工基地，投资1.9亿元新建广润水产加工厂，为非洲鱼、鱿鱼等鱼类回运国内市场销售和水产品精深加工奠定基础。公司全年实现主营业务收入2.4亿元，实现利润3000万元，分别比上年增长20%、21%。

【荣成市永进水产有限公司】 荣成市永进水产有限公司位于荣成市石岛管理区，成立于2004年，法人代表林永进。2014年末，有职工400余人，总资产3亿元。公司具有农业部批准的远洋渔业生产资格，下辖捕捞船队、仓储中心和荣成市元泰隆水产品有限公司，拥有330.75～955.5千瓦鱿鱼钓、双拖网渔船10余艘，735千瓦金枪鱼钓船2艘，1470千瓦大型远洋灯光围网船4艘，常年作业于朝鲜、中西太平洋、东南太平洋等远洋渔业作业海域，年捕捞水产品1.2万吨。公司投资2亿元建设2万吨冷链仓储中心和4000平方米的水产品精加工工厂，主要从事水产品的冷冻仓储和精深加工，水产品日加工量200吨，年存储周转量10万吨。公司投资2亿元启动了所罗门群岛200海里专属经济区项目，为该项目建造4艘1470千瓦灯光围网渔船。该项目探捕工作进展顺利，建成后将成为中国远洋渔船在中西太平洋海域的重要综合补给、维修基地。公司系中国远洋渔业协会会员单位、山东省远洋渔业协会理事单位、中国国际商会威海商会副会长单位。

【荣成市连海渔业有限公司】 荣成市连海渔业有限公司位于荣成市石岛管理区，成立于2003年，法人代表范林海。2014年末，总资产5亿元，职工

780人。公司占地面积5万平方米，是一家集海洋捕捞、水产品冷藏储运、海产品精深加工销售、优质饲料鱼粉生产销售等于一体的综合性海洋经济企业。公司具有农业部批准的远洋渔业生产资格，先后被评为威海市农业产业化重点龙头企业、经济工作先进单位、纳税先进单位等，2014年被认定为“山东省远洋渔业产品精深加工及冷链物流基地”。

2014年，公司以国家实施蓝色经济战略和鼓励远洋渔业生产为契机，不断加大捕捞船队建设，拥有705.6千瓦渔船12艘、2350千瓦单拖网远洋渔船4艘、鱿鱼钓远洋渔船4艘、大型秋刀鱼兼鱿鱼钓远洋渔船4艘、3000吨渔业运输船1艘等，船队规模居威海市前列。其中，2350千瓦单拖网渔船是威海市功率最大的远洋捕捞渔船，多项技术指标填补了国内空白，达到国际同类型渔船先进水平。加大冷链物流基地建设力度，先后建设日速冻生产150吨、总库容量2万吨和日速冻能力370吨、总库容量3万吨的冷藏库，年收储加工海产品10万吨，形成捕捞、仓储、运输、销售为一体冷链物流基地。向海产品精深加工领域拓展，投资开办荣成市鸿富锦食品有限公司、荣成市华通海洋生物科技有限公司等海产品精深加工企业，延长公司产业链。其中，荣成市华通海洋生物科技有限公司成为荣成市鱼粉生产龙头企业。

（周志波）

【威海市宇王集团有限公司】 威海市宇王集团有限公司始建于1956年，是集渔、工、贸于一体，拥有产品自营进出口权和外贸流通进出口权的综合性企业，先后通过ISO 9001、ISO 14001和HACCP等各项认证，为中国水产流通与加工协会常务理事单位。2014年末，公司有职工1725人，下属企业10余家，总资产4.98亿元。公司占地面积45公顷，建筑面积30万平方米，主要从事水产品、水果、蔬菜加工及海水养殖、海洋生物科技、保税物流等。公司连续多年被评为农业产业化先进龙头企业、山东省诚信企业、中国水产行业AAA级诚信企业等。

2014年，公司坚持科学发展、生态发展，抢抓蓝色经济区建设机遇，大力发展海洋产业。加强与中科院过程工程研究所合作，以鱼鳞胶原蛋白为基础，从中识别功能多肽。投资6060万元，新建6650平方米的标准化加工车间、1860平方米的GMP车间及1334平方米的检测化验中心，建成全自动的鱼鳞胶原蛋白产品生产线，达产后年可生产鱼鳞胶原蛋白产品800吨，其中，蛋白液500吨、蛋白粉250吨、蛋白软胶囊100万瓶。以海洋藻类为原料，与中国海洋大学合作，开发高附加值海洋生物制品——岩藻聚糖硫酸酯及高值化产品开发，产品可作为治疗肿瘤、心脑血管疾病及肾功能疾病等的天然活性药物原料，可用于生产抗氧化、降血脂、提高人体免疫力的保健品，等等。投资5000万元，新建GMP加工车间9000平方米，新增设备58台(套)，主要进行海带产品的深加工，年加工海带原料1000吨，生产海藻糖胶20吨、烘干海带丝750吨。公司全年实现主营业务收入6.78亿元，实现利税3741万元，出口创汇6000万美元。

10月26日，荣成市连海渔业有限公司鲁荣远渔899等3艘鱿鱼钓兼秋刀鱼远洋渔船开赴西南大西洋海域作业　　王传良　摄

【威海浦源食品有限公司】 威海浦源食品有限公司始建于2002年，注册资金1000万元，法人代表曲文学。2014年末，拥有总资产 1.72亿元，固定资产9300万元，职工109人。公司经营范围涉及水产调味品、盐渍水产品及水产冷冻品的加工及出口等，在北京和威海设专卖店3处。

2014年，公司坚持“服务大众健康生活”的经营理念和“以产品创新求发展，以企业进步创品牌，以质量赢得市场”的经营方针，不断加强产品质量安全管理和科技研发、市场开发及品牌建设，经济效益稳步提升。与中国海洋大学食品科学与工程学院开展产学研合作，通过以基础研究和技术开发相结合的方式，形成完整的全价氨基酸鱼酿调味品产业化工艺技术，重点解决水产品精深加工技术水平的突破性提升，推动行业精深加工技术工艺水平提高。公司拥有4项省级科技成果和4项国家授权专利，其中发明专利1项。2014年，公司研发的新产品新技术“可食用褐藻边角料提取膳食纤维新工艺”通过省级科技成果鉴定，申请的“一种自动化盐装置”新型实用专利获国家专利局授权，“一种自动拌盐输送系统”新型实用专利被国家专利局受理。公司先后参加2014第18届中国国际食品添加剂和配料展览会、2014第十届中国（国际）调味品及食品配料博览会和2014哈尔滨洽谈会等大型展会，强化品牌建设，拓展市场。公司建立的电子商务销售平台实现销售额占公司年销售额的13.7%，对产品销售市场的拓展和品牌宣传起到促进作用。公司全年实现总产值2.95亿元，实现利税2570万元，出口创汇1160万美元，获得省级“守合同重信用”企业等称号。

【威海博宇食品有限公司】 威海博宇食品有限公司成立于2000年，主要从事海洋水产品精深加工及销售，重点以海洋鱼类、头足类及其加工废弃物为原料发展海洋生物制品、功能性食品及特殊营养膳食食品，先后通过ISO 9001质量管理体系认证、ISO 14001环境管理体系认证、ISO 22000食品安全管理体系和HACCP食品安全卫生保证体系认证。公司注册资本1000万元，占地面积3.33公顷。2014年末，拥有总资产1.6亿元，职工300多人。年内实现产值3.5亿元，进出口总额2000万美元。

公司自成立以来高度重视科技研发，通过技术创新和产品创新不断增强自主研发能力和自身竞争力。2014年，组建工程技术研发中心，引进高级创新团队和技术顾进行科研攻关。公司先后承担山东省科技发展计划、山东省技术创新计划、国家星火计划、威海市重大专项计划项目，至年末，已申请国家专利70余项，授权6项。公司与中国海洋大学食品科学与工程学院合作，在原有鱿鱼综合利用的基础上进行深层次的鱿鱼副产物高值化生物制品研发，进一步提高海洋资源的高效利用率。该项目利用现代生物技术可将含有DHA磷脂的含量提高到60%以上，磷脂中DHA含量大于30%。公司先后被评为全国食品工业优秀龙头企业、威海市农业产业化重点龙头企业、威海市进出口先进企业，被选为中国水产流通与加工协会理事单位、山东省食品工业协会理事单位、威海市海参产业协会会员单位，被认定为科技型中小企业、省级“一企业一技术”创新企业、山东省“专精特新”工业企业。

【威海西港游艇有限公司】 威海西港游艇有限公司始建于1986年，集玻璃钢游艇、休闲钓鱼艇、公务船、客船、帆船以及拖网、围网、远洋金枪鱼延绳钓渔船等船艇研发设计、制造销售、推广服务于一体。公司注册资金1100万元，总资产约1亿元，拥有大型玻璃钢船艇成型车间、模具车间、舾装车间、机电车间、加工车间等基础生产设施，先进的检测、试验和生产加工设备以及小石岛海湾游艇码头、海边组装船台、下水坞道等，是中国北方最大的玻璃钢船艇生产基地。

公司具备年建造400艘大型玻璃钢船艇的生产能力，拥有研发人员60余人，承担国家“七五”“九五”和“863”科技攻关计划，三次填补国内空白。2010年以来承担省级以上研发项目26项，研发新产品57个，获得授权专利8件，有9个新产品通过山东省新产品、新技术鉴定验收并分获山东省技术创新优秀新产品奖和优秀成果奖。2011年，与国家有关部委及相关玻璃钢船舶制造企业共同成立中国玻璃钢船舶行业首家研发机构——威海西港玻璃钢船舶技术开发有限公司，致力于玻璃钢船艇产业化发展的关键技术和标准示范船型的研究。2012年，与台湾合作开发的36.6米玻璃钢远洋金枪鱼延绳钓渔船，再次填补国内空白。公司2005年开始致力于游艇开发，已成功建造各种型号游艇或休闲钓鱼艇500余艘。2007年开发的休闲帆船在上海国际游艇展上被评为“最佳国产船型”，2014年交付的豪华游艇是中国最大的复合材料豪华游艇。公司创建高端玻璃钢船艇公共技术服务平台，建设山东省休闲海钓船研发与建造基地，从事玻璃钢船艇技术研究、标准船型设计、玻璃钢船舶制造、主要原材料和船用主要设备生产服务。平台自创建以来，为56家行业企业提供研发设计、技术咨询、人才培养、关键技术引进等服务260余项次，为国家级威海船舶制造基地建设作出了积极贡献。

2014年，公司实现主营业务收入1.2亿元，利润1500万元，分别比上年增长18%和23%。先后通过了ISO 9001质量管理体系认证和欧洲标准化组织（CE）认证，被认定为高新技术企业，获得“中国渔船渔机渔具行业名牌产品”“山东名牌”“著名商标”等称号，当选山东省船舶工业行业协会常务理事单位和威海市游艇行业协会会长单位。

【威海市文登区同盛源海洋生物养殖有限公司】 威海市文登区同盛源海洋生物养殖有限公司位于威海市文登区泽库镇前岛村南，成立于2008年3月，为股份制企业。2014年末，公司拥有固定资产2000万元，职工42人，海参育苗车间2万平方米，海参养殖面积80公顷，海参加工车间2500平方米，是一家从事海参育苗、养殖、加工、销售一条龙生产的综合性企业。2013年，公司获得“省级健康养殖示范场”称号，并获得威海市海参产业资金重点扶持。2014年，被选为牙鲆、黑鲪等品种增殖放流单位，增殖放流数量130万尾；注册了“胖胖乖”海产品商标。

2014年，公司从发展壮大海参产业的高度出发，高标准、高起点对鱼苗养殖车间进行改造。投资200多万元，改造育苗车间1万平方米，购置化验检测设备10多套，新上2吨锅炉5台、100千伏安变压器2台、100千瓦发电机组2台，为育苗生产提供了有力保障。全年培育优质刺参苗种1.75万公斤，销售1万公斤；海参育苗、养殖销售实现产值2800万元。公司与中科院黄海研究所、山东海洋研究所签订了技术合作协议，对员工定期开展技术培训和业务指导，年培训员工80多人次。针对2013年高温天气对海参养殖造成巨大损失，公司提出了对参池进行“一改二推三应用”改造方法。“改”就是改造参池，包括改换附着基、改善进排水系统；“推”就是对新改建的参池全部推广微孔充氧技术，最大限度地减少夏季风险期带来的影响；“应用”就是应用新技术、新成果，在关键技术上转观念、把“关口”，采取放养大苗、虾参混养等实用技术。年内，对80公顷参池进行标准化改造，实现海参养殖的稳产高产。公司与海德尔技能技术服务公司开展合作，投资960多万元引进多重套管换热设备120台（套），开展废水余热利用技改项目，应用于海参、贝类育苗生产。该项目是通过两种不同介质在壳程和管程内流动以达到换热的效果，节能效果达40%以上，解决了北方地区冬季育苗、养殖水体升温成本不断提高等问题。

【山东半岛蓝色经济区五玉神海洋生物科技有限公司】 山东半岛蓝色经济区五玉神海洋生物科技有限公司位于威海市文登区张家埠村南，由大连田玉水产养殖公司投资建设，主要从事海参育苗、养殖、精深加工等，始建于2011年，法人代表刘志阳。2014年末，公司拥有总资产1.2亿元，固定资产6000万元，职工 70 人，拥有工厂化育苗、养殖车间 4 万平方米，海参养殖池塘 100 公顷。

2014 年，公司按照“生态养殖，精深加工”的经营理念和“高端定位、提升档次”的建设原则，打造“环境优美、技术规范、食品安全、效益良好”的现代渔业示范基地，带动水产养殖业健康发展。基地分为海参养殖区、育苗区及精深加工区。海参养殖区有 66.67 公顷，其中围堵滩涂建参池、改造参池各一半，将 12 个海参池子由南北向改成东西向，平均每个占地面积 2 ~ 2.6 公顷，年产海参 120 多吨。育苗区占地面积 6.7 公顷，其中，海参育苗车间 18 个，占地面积 4.4 万平方米。精深加工区占地面积 2 公顷，计划建设 5000 平方米的精深加工车间、办公楼等，海参产品以即食产品、干参产品、海参营养液等为主。公司投入 1 亿元，建设 18 个标准化苗种繁育车间，占地面积 6 万平方米，育苗水体 4.4 万立方米。2014 年，公司开展海参苗种繁育生产，育苗数量 5 亿多头。公司全年实现主营业务收入 4000 万元，利润 1300 万元。

【文登骏马水产食品有限公司】 文登骏马水产食品有限公司位于威海市文登区峰山路 31 号，始建于 1995 年，法人代表刘振杰。2014 年末，公司拥有总资产 4300 万元，固定资产 3400 万元，职工 230 人，下属 5 个配套养殖场、2 个育苗基地、1 个冷藏加工厂。公司主要从事河豚的育苗、养殖、加工、销售一条龙生产，产品主要销往日本和韩国，是国内最大的红鳍东方鲀养殖基地。公司先后被评为威海市农业产业化重点龙头企业、出口创汇先进单位等，2013 年被确定为“农业部健康养殖示范场”。

为带动河豚养殖产业上档升级，2012 年，公司新上全封闭循环水工厂化养殖项目。该项目规划总投资 4580.26 万元，改建养殖车间 15 个，养殖面积 4 万平方米。项目达产后，可养成品鱼 90 余万尾，比原来增加 60 万尾；可育种苗 500 万尾，增加 300 万尾；年可增加产值 8000 多万元，新增利润 2500 万元。至 2014 年末，公司完成投资 1300 万元，主要从丹麦进口 6 套水处理设备，经过固液分离、蛋白分离、生物过滤、微细过滤、脱气、消毒、增氧等工序处理后，使养殖用水得以循环利用，其技术性能达到国际先进水平。循环水养殖面积 1 万平方米，养殖河豚 35 万尾。从运行情况看，可降低能耗、稳定水温、加快鱼类增重，且通过生物过滤和紫外线杀菌处理，从源头上堵截感染源，控制药物使用，解决了河豚纤毛虫病的发生，鱼的成活率提高到 90% 以上，达到绿色环保养殖的目的。2014 年，公司实现主营业务收入 8500 万元，利润 1030 万元。

【威海海宽海洋生物科技有限公司】 威海海宽海洋生物科技有限公司位于威海市文登区泽库镇刘家村东，是大庆广和集团在威海市投资建设的一家以围堰养殖、苗种繁育、海产品深加工为主的综合性企业，注册资金 5000 万元，法人代表姚广辉。公司于 2012 年开工建设，项目总投资 8.5 亿元。2014 年末，拥有固定资产 1.2 亿元，职工 120 人。

2014 年，公司按照“生态养殖，精深加工”的经营理念和“高端定位、提升档次”的建设原则，申请建设省级现代渔业综合示范园区，规划建设苗种繁育、围堰养殖、加工流通、休闲渔业、配套服务等 5 个功能区。其中，工厂化育苗繁育区占地面积 7 万平方米，工厂化育苗、养殖水体 3 万立方米，已投入生产；围堰造礁海参养殖区已建成投产 300 公顷，年产海参 680 吨；海珍品精深加工基地占地面积 18 万平方米，包括海珍品精深加工区、科研区、办公区和生活区，产品以海参肽胶囊等为主。

【威海市文登区金滩牡蛎养殖专业合作社】 威海市文登区金滩牡蛎养殖专业合作社位于威海市文登区小观镇二王家村，成立于 2010 年 5 月 7 日，由二王家 67 名村民出资 1000 万元组建，法人代表蔡军勇。2014 年末，成员发展到 160 户，拥有总资产 1.5 亿元，固定资产 5000 万元，固定职工 120 人，养殖面积 6666.7 公顷，经营范围包括浅海筏架高效生态养殖、牡蛎产品精深加工等，年产牡蛎 1.25 万吨，产值 4500 多万元，可增加就业人员 800 多人，成为集牡蛎养殖、加工、销售为一体的综合性企业。

2014 年，合作社坚持产销连接的运营模式，减少中间环节，形成直销体系，“至高品质，信守承诺”，赢得广大客户的信赖与支持；加大渔超对接力度，建立标准化冷冻加工车间，注册牡蛎商标，产品打入国际市场。文登区 80% 以上的牡蛎养殖户自愿加入合作社，辐射带动周边养殖户 200 多户，入社户经济收益提高 30% 以上。10 月，公司“品贝鲜 PINBEIXIAN 及图”商标获威海市知名商标认证。公司全年实现主营业务收入 9000 万元，利润 1500 多万元，分别比上年增长 10%、12%。该社先后被确定为“山东省健康养殖示范场”“农业部健康养殖示范场”，成为山东省渔民专业合作社第一批省级示范社，产品获得无公害产品、绿色产品认证。

【威海市恒源渔业有限公司】 威海市恒源渔业有限公司位于乳山市建设街 9 号，是乳山市新兴的远洋渔业企业，成立于 2012 年 2 月，法人代表王秉伟。2014 年末，公司注册资金 3000 万元，拥有金枪鱼钓船 7 艘，固定资产 8000 多万元，有职工 105 名。公司为中国远洋渔业协会会员、山东省远洋渔业协会理事单位，拥有农业部远洋渔业企业资格、交通运输部申办海员证资格以及自理报关报检资质。公司致力于远洋渔业的开发，特别是南太平洋金枪鱼钓业，以斐济的苏瓦港作为渔船补给基地，渔场辐射所罗门至大溪地公海。加快开发印度洋远洋渔业，以毛里求斯的路易斯港为渔船补给基地，发展金枪鱼钓船和灯光围网船等，逐步实现产业规模化。2014 年，公司实现总产量为 2300 吨，实现产值 3500 万元，利润 560 万元。

（王树科）

编辑　李洪格

工　业

综　述

【概况】　2014年末，全市工业企业总数2万家，其中，规模以上企业1517家，从业人员53万人，总资产4099亿元。全市拥有36个工业行业大类、144个工业行业中类、306个工业行业小类，工业产品种类达3000多种，初步形成了以机械制造、食品加工、运输设备、纺织服装四大传统优势产业为支柱，以新信息、新医药、新材料及制品三大战略性新兴产业为方向，竞争优势明显，区域特色鲜明的产业体系。年内，全市规模以上工业完成增加值1206亿元，按可比价格计算，比上年增长11.8%，位列全省第四位，比上年前移9位；实现主营业务收入6561.43亿元、利税561.49亿元、利润354.44亿元，分别增长9.7%、11.6%和12.8%，利税和利润增幅均列全省第二位。产销衔接良好，产品销售率

2014年威海市主要工业产品产量表

表12

产品名称	单　位	产　量	比上年增长(%)
合成氨（无水氨）	万吨	3.07	63.1
齿轮	万吨	33.08	61.5
小麦粉	万吨	6.37	60.8
皮革服装	万件	18.54	46.6
衡器（秤）	万台	13.73	43.6
移动通信基站设备	万信道	1694.69	33.1
软饮料	万吨	68.77	29.3
集成电路	万块	1163	25.6
布	亿米	1.71	21.3
金属切削工具	万件	67.85	12.6
生铁	万吨	21.17	11.9
中成药	吨	42.82	11.5
金属成形机床	台	2496	7.5
民用钢质船舶	万载重吨	84.12	6.8
水泥	万吨	312.57	3.4
电力电缆	万千米	1.26	3.3
电工仪器仪表	万台	74.97	2.6
电动机	万千瓦	1560.10	1.9
乳制品	万吨	1.67	0.4
橡胶轮胎外胎	万条	3431.73	0.1
服装	亿件	1.88	−0.7

续表12

产品名称	单 位	产 量	比上年增长(%)
泵	万台	10.67	−0.8
显示器	万台	106.08	−2.1
饮料酒	亿升	1.62	−2.2
打印机	万台	558.83	−7.6
平板玻璃	万重量箱	972.84	−9.5
塑料制品	万吨	7.17	−13.0
电子元件	亿只	5.96	−19.9
低速载货汽车	万辆	2.72	−21.1
农用氮、磷、钾化学肥料（折纯）	万吨	5.85	−30.2
印刷专用设备	吨	231.59	−53.6
汽车	万辆	1.17	−59.9

达98.4%。

【骨干培育】 2014年，全市主营业务收入过1亿元的工业企业达932家，新增60家；过10亿元的工业企业153家，新增38家；过50亿元的工业企业9家,过100亿元的工业企业3家,分别是威高集团240亿元、三角集团187亿元、金猴集团130.59亿元。

【结构调整】 2014年，全市在建工业项目1242项，总投资2782.9亿元，当年完成投资1058.9亿元，比上年增长44.1%，占全市固定资产投资的比重为53.7%。其中，完成工业技改投资882.7亿元，增长54.7%，占全市固定资产投资的比重为44.8%。全年高新技术产业完成投资361.9亿元，增长55.2%。全市百项重点工业投资项目完成投资248亿元，完成计划投资的103.1%。

【技术创新】 全年完成新产品开发项目2189项，其中351个项目列入山东省2014年技术创新项目计划。年内新认定省级企业技术中心10家、市级19家，市级行业技术中心2家，省级工业设计中心3家,省级工程实验室3家、市级15家，省级工程研究中心1家、市级1家,省级工程技术研究中心1家、市级18家。至2014年底，全市拥有市级以上企业技术中心182家，其中国家级11家、省级78家、市级93家;省级行业技术中心4家、市级2家；国家级工业设计中心1家、省级7家；国家工程实验室4家、省级12家、市级45家；省级工程研究中心3家、市级9家；省级重点实验室11家；市级以上工程技术研究中心180家，其中国家级2家、省级75家、市级103家。2014年，全市专利申请6241件，其中发明专利2866件；专利授权2833件，其中发明专利531件。

【品牌和标准化建设】 2014年，新认定中国驰名商标4个、山东省著名商标10个、威海市知名商标43个，山东名牌产品6个、山东省服务名牌5个。至年底，全市拥有中国驰名商标32个、山东省著名商标118个、威海市知名商标142个、地理标志证明商标7个，有中国名牌产品19个、山东名牌产品212个、山东省服务名牌55个、国家地理标志保护产品3个。全市企事业单位主持或参与制修订国际标准3项、国家标准217项、行业标准269项、山东省地方标准61项、联盟标准2项。

【节能降耗】 全年万元GDP能耗下降5.33%，圆满完成省政府下达的2014年度节能目标任务。年内淘汰4万千伏铅蓄电池极板生产线落后设备60余台（套），拆除印染生产线落后前处理设备1台，淘汰落后产能30万米。认定市级以上资源综合利用企业63家,其中省级以上14家，综合利用工业固体废弃物260万吨。百户重点用能企业实现节能量折合9.5万吨标准煤。

【重点产业集群及优势产品】 新信息 全市有信息技术企业465家，其中，规模以上信息技术制造企业166家，从业人员7万余人。2014年，规模以上信息技术企业实现主营业务收入1007亿元、利润57.9亿元、利税80.2亿元，分别比上年增长18.7%、34.1%和29.5%。主要产品有计算机外部设备产品、通信类产品、传感器类产品、智能仪器仪表、高效节能照明产品和新型元器件产品等12大类100多个品种。智能终端及打印设备以威海三星电子通信设备有限公司、威海北洋电气集团股份有限公司和山东新北洋信息技术股份有限公司等为龙头，发展了激光／喷墨打印机、专用打印机／扫描产品、多功能一体机、自助服务设备、访客一体机等一批高科技产品，部分产品居国际和国内领先水平。其中，激光打印机系列产品国内市场占有率18%，专用打印机及相关产品国内市场占有率8%。

新医药与医疗器械 全市有药品生产企业21家、医疗器械生产生产企业81家，其中，规模以上企业25家，资产总额337.2亿元，从业人员2.7万人。2014年，规模以上企业实现主营业务收入383亿元、利税68亿元、利润50亿元，分别比上年增长19.8%、16.6%和13.9%。主要产品有医疗器械、化学原料药及制剂、新型中成药及植物药、生物药物及基因工程药物等10大系列2000多个品种规格。医疗器械以威高集团有限公司为支撑，重点发展输注耗材、心脏支架及心内耗材、留置针及各种异型针、血液净化设备及耗材、骨科材料、手术设备及附件、ICU产品及附件、大容量注射液及其他药品、肾科产品、生物诊断试剂、人造血浆、手术缝合线、生物种植体等产品，是国内最大的医疗器械生产基地。其中，一次性医用注射器、输液器的国内市场份额达25%以上，心脏支架国内市场占有率达25%。

新材料及制品　全市有规模以上企业66家，资产总额141亿元，从业人员2.6万人。2014年，规模以上企业实现主营业务收入235亿元、利税20亿元、利润15亿元，分别比上年增长23.7%、10.6%和12.8%。主要产品有碳纤维及制品、聚烯烃类热塑性弹性体及制品、低辐射（Low-E）镀膜玻璃、镁合金汽车轮毂及零部件、光学玻璃、聚砜系列特种工程塑料、氟硅橡胶、紫外线吸收剂、阻燃剂等。碳纤维及制品以威海拓展纤维有限公司、威海光威复合材料有限公司、山东环球渔具股份有限公司等企业为代表，发展了聚丙烯腈基碳纤维、中高档碳素钓具和户外用品等产品，是国内重要的碳纤维及其复合材料产业基地。其中，威海拓展纤维有限公司拥有国家发展改革委审批的唯一碳纤维制备及工程化国家工程实验室，是国内最大的碳纤维生产企业，具有碳纤维产能2500吨；威海光威复合材料有限公司是国内最大的碳纤维复合材料生产企业，织物、预浸料产能达2000万平方米。

机械制造　全市有规模以上企业268家，资产总额696亿元，从业人员9万人。2014年，规模以上企业实现主营业务收入1284亿元、利润61亿元、利税103亿元，分别比上年增长13.3%、26.2%和19.5%。主要产品有数控大型机床、泵类、压力容器、成套印刷设备、电机、风机、航空地面设备、手动工具、工业机器人等。数控机床以威海华东数控股份有限公司、荣成锻压机床有限公司等为龙头，已形成年产7000台的生产能力，拥有多项国际先进或国内领先水平专利和专有技术，设备的生产能力和规模位居国内同行业前列，培植了数控加工中心、数控龙门机床、数控锻压机床、数控剪板机、数控折弯机、快速双动薄板拉伸液压机等高新技术产品，主要产品均达到国内外同类产品水平。

食品加工　全市有规模以上企业358家，资产总额743.6亿元，从业人员11.6万人。2014年，规模以上企业实现主营业务收入1440亿元、利税129亿元、利润77.6亿元，分别比上年增长9.5%、6.6%、3.2%。主要产品有冷冻水产品、冷冻调理食品、藻类食品、即食休闲食品、保健品、粮油果蔬产品、畜禽产品、酒类产品、乳制品、调味品等十大类上千个品种。海洋食品以好当家集团有限公司、泰祥水产集团有限公司等企业为龙头，大力发展以“海洋三品”（海洋食品、药品、保健品）为主的蓝色海洋食品，已形成年产300万吨的能力，主要产品有生鲜海产品、干品、即食食品，其中水产加工食品产量位居全国首位。2014年，荣成市被确定为“国家级食品产业新型工业化产业示范基地”。

运输设备　全市有运输设备企业176家，其中，规模以上88家，资产总额657亿元，从业人员5万人。2014年，规模以上企业实现主营业务收入725亿元，比上年增长11.6%；利润30亿元，下降0.7%；利税53亿元，增长4.6%。主要产品有多用途集装箱船、汽车运输船、大型客滚船、散货轮、油轮、多功能越野车、乘用车、轻卡、微卡载货车、改装车、子午胎、曲轴、轮毂、刹车片等。特种船舶以中航威海船厂、黄海造船有限公司等6家企业为龙头，形成特种船舶制造能力100万载重吨，黄海造船有限公司的多用途重吊船手持订单数位居全省前列。汽车及零配件以荣成华泰汽车有限公司、中航黑豹股份有限公司为龙头，具备整车制造能力25万辆。天润曲轴股份有限公司是国内规模最大的专业曲轴生产企业，汽车发动机曲轴生产能力达100万支，主导产品市场占有率达30%以上。轮胎以三角集团有限公司和浦林成山（山东）轮胎有限公司为龙头，主要产品有高性能乘用车轮胎、巨型工程机械轮胎、特种轮胎等，全市轮胎子午化率达85%以上。

纺织服装　全市有规模以上纺织服装企业246家，资产总额382亿元，从业人员9.3万人。2014年，规模以上企业实现主营业务收入689亿元、利税43亿元，分别比上年增长12.1%和0.5%，实现利润23亿元，下降0.8%。主要产品有棉纺织品、服装、机织及手工地毯、家纺产品、鞋等，产品远销欧洲、美国、日本、东南亚及中国香港、澳门、台湾等20多个国家和地区。地毯以威海市山花地毯集团有限公司、海马集团公司为龙头，拥有国际一流的地毯生产线，年生产能力4000万平方米，产量约占全国的30%，产品覆盖五星级酒店、机场等全国高端市场。家纺以艺达家纺公司、山东芸祥绣品有限公司、威海银洁绣品有限公司等企业为龙头，主要产品包含床上用品、抽纱、服饰3大门类，台布、窗帘、餐厅和墙上用品4大系列，50多个类别6000余种花色，年生产能力4.8亿件。

（赵明君　李洋　王力召）

采矿业

【概况】　2014年末，全市采矿业有规模以上企业64家，比上年增加4家。其中，金属矿采选业8家（金矿6家），非金属矿采选业8家，其他采矿业1家，金属冶炼及压延加工业47家；发生亏损1家。拥有总资产1162.08亿元，全部从业人员年平均人数1.57万人。年内，完成主营业务收入200.48亿元，比上年增长15.4%；完成出口交货值7158.6万元，增长108.6%；实现利税21.32亿元，增长35.6%；实现利润14.88亿元，增长43.0%。

（刘昌刚）

【山东金洲矿业集团有限公司】　山东金洲矿业集团有限公司始建于1970年4月，是集黄金勘探、采选以及新型节能建材制造于一体的矿山企业，隶属于山东黄金矿业股份有限公司。山东金洲矿业集团有限公司作为母公司，下辖山东金洲集团富岭矿业有限公司、山东金洲集团千岭矿业有限公司及山东金洲矿业集团有限公司尾矿利用分公司。2014年末，公司拥有总资产9亿元，职工1450人。2014年，生产黄金1046.88千克，实现利润总额7753万元，完成年度责任状指标；获“山东省企业设备管理优秀单位”“威海市安全生产先进单位”称号和山东黄金集团“管理创新奖”“安全环保奖”。

黄金主业　年内，公司完成采矿量46.69万吨，掘进量2.39万米，选矿处理量43.24万吨。在原矿品位下滑3.7%的情况下，通过加大残矿探采力度，提高资源利用率，取得较好的经济效益。残采高品位矿石7700余吨，增产黄金288.7千克。重点工程稳健推进。金青顶矿区主井井筒装备、井架、地表提升机安装结束；西泊矿区措施井井筒掘砌和井筒装备安装全部结束；富岭公司600吨／日选矿厂改扩建工程正式投入带料运行，各项工艺指标均达到设计要求。资源增储方面，完成地表钻探7899米、坑探6159米、坑内钻5433米，新增矿石量54万吨，金金属量1302千克。三甲等矿区扩界扩能申请获省长联席会审查通过，为各矿区生产接续、提产扩能提供了保障。

安全环保　年内，全面实现“重特大事故为零、职工伤亡事故为零”的安全生产“双零”目标。狠抓基础管理，逐级、逐岗签订安全环保责任状，对安全管理制度体系进行调整、梳理和完善，提高了安全管理的规范化、科学化水平。狠抓隐患整治，在严格落实安全确认、安全监察、领导下井带班等制度的同时，系统开展生产系统安全评估、安全生产攻坚克难等活动，使安全隐患得到彻底整治。狠抓安技改造，全年投入专项资金950万元，重点实施深部地压控制、通风系统改造等项目，确保生产系统的安全可靠运行；完成了三甲矿区闭库设计施工，通过省安监局现场验收。狠抓应急保障，对各项应急救援预案进行修订完善，有针对性地开展井下透水应急撤人、地质灾害抢险等实战演练活动。

管理挖潜　公司持续强化过“紧日子”的思想，发展质量和经济效益实现了“双提升”，降本增效经验被山东黄金集团推广。通过对富岭公司选矿厂改扩建工程等重大投资项目进行科学论证、严格把关，压缩工程投资1100多万元；对物资采购、仓储、使用、回收进行闭环式、全流程管控，物资采购和消耗总额分别比上年下降25.6%和27.5%；坚持定额考核、调荷节电、节能改造多措并举，节省电费297万元。年内，公司申报的“矿山企业‘六位一体’的成本管理体系的构建与实施”项目获山东省企业管理现代化创新成果二等奖。

科技创新　实施“金青顶矿区深井开采关键技术研究”“三甲矿区北部成矿规律研究”等5项重点科研项目，完成科研信息化投资244万元；根据山东黄金集团总体安排，加快推进“矿山动力灾害控制技术研究”项目实施，为集团“深部采矿关键技术研究”课题的整体推进提供支持。发挥职工智慧，加大技术难题攻关力度，取得显著效益。选矿车间对磨浮工艺进行科学调整，选矿回收率提高0.33个百分点，该成果被山东黄金集团授予2014年度技术革新三等奖。千岭公司创新推行“多碎少磨”工艺，年节省材料成本61.2万元。年内，有1项科研项目获省经信委立项，4项成果获国家专利申请受理，3项成果获专利授权，7项成果获威海市职工“百项技术创新成果”等奖励。开展2014年度员工创新成果评审活动，有72项成果获得奖励。有2人分别取得全省黄金行业职业技能竞赛维修电工第1名和第5名的成绩。

（张岩峰）

石化工业

【概况】　2014年末，全市石化工业有规模以上企业153家，比上年增加12家。其中，石油加工业1家，化学原料及化学制品制造业76家（肥料制造业8家、农药制造业2家），化学纤维制造业5家，橡胶和塑料制品71家（轮胎制造业12家）；发生亏损13家。拥有总资产413.24亿元，全部从业人员年平均人数4.94万人。年内，完成主营业务收入717.92亿元，比上年增长6.1%；完成出口交货值116.98亿元，下降17.1%；实现利税56.35亿元，增长7.1%；实现利润38.32亿元，增长7.1%。

（刘昌刚）

【三角集团有限公司】　三角集团有限公司始建于1976年，已发展成为中国轮胎产业的领军企业，业务范围覆盖商用车轮胎、乘用车轮胎、工程子午胎和巨胎、特种轮胎等，年生产能力2500万套。公司建有国家级技术开发中心、博士后科研工作站、美洲研发中心，承建轮胎行业唯一的国家工程实验室，是中国轮胎产业技术创新战略联盟主体。公司是国家高新技术企业、中国子午胎技术的先行者和领导者，拥有的国内外专利技术数量居国内同行业之首，为国家标准和行业标准的主要制订者。“三角”商标是中国轮胎行业首个中国驰名商标，“三角”轮胎是中国轮胎行业首批中国名牌产品，获得全球60个国家或经济体官方产品认证，包括CCC、ECE、DOT、E-SOUND、INMETRO、LATU、GSO、SNI等，通过了固特异、沃尔沃等公司技术性能测试，成为其全球战略合作伙伴。在中国，为重汽、一汽、二汽、中集、金龙、宇通、上海通用、临工、徐工等50多家汽车（工程车）制造企业提供配套服务。销售网络辐射全球170多个国家和地区。2008年，公司获得国家科技进步一等奖，为中国轮胎行业新中国成立以来获得的最高科技奖项。2014年，公司积极适应经济新常态，在全球化发展战略方针的指引下，牢牢把握“转型升级”发展主线，牢固树立“市场人”经营理念，加快提升制造、科技、营销、管理的国际竞争力，综合效益继续保持同行业领先水平。3月5日—14日，全国人大代表、三角集团董事长丁玉华出席第十二届全国人民代表大会第二次会议，《人民日报》《经济日报》《光明日报》《中国化工报》及人民网、经济网等媒体对丁玉华进行采访报道。

威海南海新区智慧工厂建设全面展开　公司加快转型升级步伐，创建新型生产制造模式。威海南海新区华阳公司是公司投建的第五大生产基地，是公司实现新一轮转型升级、走向全球化发展的重点基础项目。2014年，华阳公司建设全面铺开，目标建成绿色、高端、智能的先进制造基地。项目秉承高端设计、高端制造、高端品牌的定位原则，按照“中国制造2025”和“轮胎工业 4.0”目标进行规划设计和建设，采用高端智能制造技术、机器人技术、绿色制造技术，实现轮胎生产全过程的自动化、信息化、低碳化，建设智慧工厂。

三角轮胎旗船店落户“天猫”网上商城 10月22日，三角轮胎电商销售旗舰店落户“天猫”网上商城，在广东省和四川省试点运营。电子商务被公司列为发展战略，开始全新的“营销网络之旅”，着力打造轮胎行业最大的O2O门店网络、最快的安装服务贯穿产业链的IT系统。年内，公司在全国推进“旗舰店、挂牌店、形象店”三种类型的实体店模式，在全国建设实体店近1000家，形成高效的线上线下融合营销体系。

三角跑气保用轮胎性能优化取得突破性成果 公司自2010年开始研究跑气保用轮胎设计生产技术，轮胎无气压耐久试验达到相关标准的要求。2014年，公司加大研究力度，成立性能优化项目组，对关键的支撑胶配方采用先进的配方研发理论，在无气压耐久性能方面取得重大突破，无气压耐久试验时间达到欧洲标准的4倍以上，达到国际先进水平。

与上海商飞公司合作项目研究通过国家鉴定 2014年，三角集团有限公司与上海商飞公司继续合作，进行ARJ项目轮胎溅水仿真项目研究。该项目属新技术研发领域，在行业内首次利用SPH实现轮胎的溅水仿真，在国内属于较为前沿的技术，在技术前瞻性及先进性方面具有代表性。11月，该项目通过国家鉴定。

自主知识产权领域成果丰硕 2014年，公司新增专利授权36项，专利数量达318项，居国内同行业之首。公司主持制定及修订国家标准1项，参与制定及修订国家标准5项、行业标准2项。代表中国轮胎行业参加联合国世界车辆法规协调轮胎制动及行驶系工作组（UN/WP29 GRRF）会议，直接参与全球轮胎技术法规的协调进程。主持制定的《工程机械轮胎TKPH值测试方法》由国家标委会提交ISO国际标准会议，国际标准化组织针对提案成立工作组，进入讨论阶段。

（张凌娟）

建材工业

【概况】 2014年末，全市建材工业有规模以上企业94家，比上年增加9家。其中，水泥制造业9家，水泥及石膏制品及类似制品制造业23家，砖瓦、石材及其他建筑材料制造业41家，玻璃制造业3家，玻璃制品制造业7家，玻璃纤维增强塑料制品制造业5家，日用陶瓷制品制造业2家，耐火材料制品制造业2家，石墨及碳素制品制造业2家；发生亏损5家。拥有总资产172.77亿元，全部从业人员年平均人数1.93万人。年内，完成主营业务收入205.64亿元，比上年增长1.5%；完成出口交货值9.58亿元，下降4.2%；实现利税19.14亿元，下降15.2%；实现利润11.87亿元，下降10.0%。

（刘昌刚）

【威海蓝星玻璃股份有限公司】 威海蓝星玻璃股份有限公司是中国玻璃控股有限公司的成员企业。公司始建于1965年，是以镀膜玻璃制造为主，具有多种产业结构的大型工业企业，是中国建材百强企业、中国十大玻璃制造商、中国玻璃行业最具影响力企业之一，获中国名牌、中国驰名商标、山东名牌等称号。经过近50年的建设发展，基本完成了在全国的产业布局，具备多品种大规模化生产和可持续发展的能力，在资本结构、产品结构、生产规模、市场开发、经济实力等方面也实现了跨越式发展，打造出经济全球化态势下参与国际合作与竞争的新优势。2014年，玻璃行业整体呈现萎缩趋势，公司以创新为驱动，以市场为导向，坚持差异化发展战略，不断优化产品结构，深挖内潜，全年实现主营业务收入20亿元，在全国玻璃行业11家盈利企业中排名第六位，至年底，总资产达47亿元。公司被评为威海市安全生产先进单位、消防工作先进单位，1个集体被授予“山东省青年安全生产示范岗”、1人被授予“山东省优秀共青团员”称号，1人获威海市十大杰出青年提名奖。

生产经营稳健向好 依据公司横向管理模式的转变，将新考核项目及指标进行测算完善，制定出与生产经营相适应的考核方案，提高了工作效率和员工操作技能，提升员工执行力和工作积极性。生产工艺部门以稳定原料、燃料、工艺制度为切入点，余热综合利用率不断提高，产成品率得到提升。在生产稳定的前提下，不断提高镀膜比例，最大限度地使用脱硫硝替代商品硝，减少着色剂的用量，既节省了采购资金，又体现了公司社会责任。生产运营部门不断优化熔制工艺，燃料消耗呈下降趋势，余热利用处行业先进水平。采购部门深入推进电商网购模式，在节省成本的同时提高了工作效益，集装箱装运海南砂模式逐步成熟，裸包发货量逐渐增大，生产制造成本和三项费用逐渐下降，挖潜增效成果显著。以“稳定、可靠、技术先进、不影响玻璃生产”为原则，综合利用三条线废气余热进行发电，收集退火窑、锡槽等部位的余热用于生产生活，投入巨资进行污染治理，节能减排成绩斐然。

科技创新提升企业核心竞争力 加快高端产品产业化进程。Low-E膜玻璃因可降低室内外热量的传递、节约建筑物30%以上能耗而被社会越来越认可。随着产品结构的不断调整，公司已拥有自主研发的20余种Low-E膜系、10余种阳光膜系的成熟技术。公司根据市场需求扩容增产，对已有产能进行提升，提高镀膜反应速度，加大双银Low-E膜产品的推广应用力度。该产品在性能和可加工性方面皆处于行业的领先水平，为企业增加新的经济增长点。为满足高端市场的需求，公司加大研发应用金色Low-E膜产品，提高产品附加值。实施产品差异化发展战略。公司利用产学研组合体研发先进的镀膜工艺技术，通过设备升级改造扩大易洁膜玻璃、阳光控制镀膜玻璃、TCO导电膜玻璃的技术优势；通过差异化的产品经营避开普通平板玻璃产品的恶性竞争。公司各类镀膜玻璃产品占比达90%以上，其市场占有率达50%以上。

（宋 振）

机械设备工业

【概况】　2014年末，全市机械设备工业有规模以上企业438家，比上年增加7家。其中，通用设备制造业97家，专用设备制造业68家，汽车制造业38家，铁路、船舶和其他运输设备制造业48家，电气设备及器材制造业103家，仪器仪表制造业24家，金属制品业60家；发生亏损57家。拥有总资产1262.42亿元，全部从业人员年平均人数14.11万人。年内，完成主营业务收入1633.26亿元，比上年下降4.8%；完成出口交货值141.32亿元，下降11.2%；实现利税147.24亿元，增长7.3%；实现利润87.16亿元，增长8.8%。

（刘昌刚）

【中航威海船厂有限公司】　中航威海船厂有限公司成立于2011年3月29日，前身为山东省威海船厂，始建于1951年，属国有造船骨干企业。公司地处威海经济技术开发区崮山镇皂北湾，占有陆域面积140万平方米、海域面积165万平方米、码头岸线1850米，拥有5万吨级船台1座，配备400吨龙门吊，10万吨级船坞2座，分别配备800吨和400吨龙门吊，可承造20万吨级以下各类船舶，年造船能力100万载重吨。公司通过GB/T 19001-2008质量管理体系、GB/T 24001-2004环境管理体系、GB/T 28001-2011职业健康安全管理体系和GB/T 23331-2012能源管理体系认证，拥有自营进出口权和省级企业技术中心、行业技术中心，2011年，被工信部评为国家一级一类造船企业。公司先后获得“全国交通系统两个文明建设先进单位”“山东省重点工业企业”“省级先进企业”“山东省诚信企业”“山东省船舶工业先进企业”“威海市改革开放30年工业功勋企业”等称号，连续15年被评为市级文明单位（企业）。自1998年造出山东省第一艘万吨级出口船——820标准箱集装箱船后，公司加快发展步伐，不断拓宽国际造船市场，陆续为德国、荷兰、希腊、加拿大、日本等国船东批量建造9.25万载重吨散货船、3万载重吨散货船、2.84万载重吨多用途集装箱船、1300标准箱集装箱船、3600载重吨成品油船等系列船舶，2014年涉足海工领域，为埃及船东建造68.58米自升自航式生活平台。至年底，建造交付各类船舶400余艘。

2014年，中航威海船厂有限公司造船主营业绩持续增长，实现销售收入6.59亿元；造船完工4艘，计11.36万载重吨；承接新船订单10艘，合同总额15.57亿元。至年底，公司手持订单20艘98.5万载重吨，合同总额27.05亿元，生产任务安排到2017年。作为中航国际船舶发展（中国）有限公司业务产业链上的重要一环，肩负着打造中航工业船舶制造示范基地的任务，公司坚定“创建示范船厂，打造一流企业，实现百亿规模”的战略目标，培育核心技术和产品，提升精细管理和精益制造水平。加快构建区域化总装现代造船模式，以中间产品成品化为导向，优化生产组织体系，按区域组织生产，积极推进管理提升和工艺改进，设备管系单元化、模块化生产实现突破，实施管理提升与工艺改进项目39项。其中，批量建造的2.84万载重吨多用途集装箱船自下水到试航周期仅为34天，创造公司同型船下水后施工周期最短纪录。围绕建立现代造船模式，以船舶行业规范条件为指引，以体系建设为手段，夯实产品生产和服务全过程的管理工作基础，达到船舶行业规范条件的要求，通过了工信部的验收，进入造船业“白名单”。扎实推进安全生产标准化建设，推行安全生产目标责任制，通过了机械行业安全生产标准化三级企业认证。广泛拓展融资渠道，加快推进工程项目建设，完成总长为1323米的3号防波堤建设工程，对生产作业区形成有效防护。

（丛慧慧）

【威海广泰空港设备股份有限公司】　威海广泰空港设备股份有限公司创办于1991年，是从事空港地面设备及专用装备研发与制造的专业公司，于2007年1月在深圳证券交易所上市，已通过质量体系认证、环境体系认证等，是国家级火炬计划重点高新技术企业、国家创新型企业，拥有国家认定企业技术中心及国家空港地面设备工程技术研究中心，设有博士后科研工作站。至2014年底，公司注册资本3.07亿元，总资产25亿元；占地面积57万平方米，员工总数1000余人，其中“泰山学者”1人，高级职称人员30名；获得技术专利267项，其中发明专利28项，美国专利1项、英国专利1项，拥有国家级重点新产品16项，取得国家和省部级科技进步奖34项；下辖北京中卓时代消防装备科技有限公司、威海广泰空港电源设备有限公司、威海广泰特种车辆有限公司、威海广泰科技开发有限公司、广泰空港设备香港有限公司等子公司。年内，实现主营业务收入10亿余元。

经过20余年的发展，公司形成空港地面设备、消防装备、特种车辆和电力电子四大经营板块，新兴军工产业、进出口、融资租赁等业务。空港地面设备是四大板块的母板块，产品达29个系列237种型号，覆盖机场的机务、地面服务、飞机货运、场道维护、油料加注和客舱服务六大作业单元，能为一架飞机配齐所有地面设备，部分主导产品国内市场占有率达40%～60%，是全球空港地面设备品种最全的供应商。公司产品遍布中国各大航空公司、机场、飞机制造公司和试飞院，出口到亚洲、欧洲、非洲、南美洲和大洋洲的50多个国家和地区。该板块以产品国际化、空港设备电动化、打造绿色空港为发展方向。消防装备板块以北京中卓时代消防装备科技有限公司为依托，该公司全面涉足消防车研发、生产及维修服务领域，参与编制了多项国家消防标准规范，产品分为18大系列100多个品种。该板块向举高平台类、云梯类、抢险救援类等高端消防装备领域拓展。威海广泰特种车辆有限公司主要从事特种车辆的研发、改装和生产，构成威海广泰第三大产业板块。该板块主要以移动医疗车系列、旅居车系列、警用车系列为主营方向，逐步扩大技术外延型产品的研制。威海广泰电力电子事业部以电力电子技术为核心，从事特种电源、光伏发电、电机及控制器、有源滤波器等节能环保及新能源领域相关产品的研究开发，以及为各业务板块提供核心电气控制技术，是公司面向新能源、新技术的第四大产业板块。该板块主要在空港地面设备及特种车辆的电动化配套、航空及军用特种电源和低压电力系统电能质量改善等三大领域拓展市场。威海广泰空港设备股份有限公司在北京、上海、深圳、成都、昆明、西安、武汉、鄂尔多斯、乌鲁木齐、拉萨和香港等地设立了售后服务机构，提供24小时服务。

（王海英）

轻纺工业

【概况】 2014年末，全市轻纺工业有规模以上企业739家，比上年增加3家。其中，农副食品加工业339家（水产品加工业261家），食品制造业39家，酒、饮料及精制茶制造业16家，纺织业74家，纺织服装、服饰业82家，皮革、毛皮、羽绒及其制品和制鞋业42家，木材加工及木制品制造业5家，家具制造业12家，造纸及纸制品业36家，印刷业8家，文教、工美、体育和娱乐用品制造业86家；发生亏损38家。拥有总资产1127.31亿元，全部从业人员年平均人数21.76万人。年内，完成主营业务收入2312.98亿元，比上年增长3.0%；完成出口交货值317.82亿元，下降1.5%；实现利税186.39亿元，下降11.2%；实现利润110.12亿元，下降14.2%。

（刘昌刚）

【金猴集团有限公司】 金猴集团有限公司始建于1951年，1998年改制为有限责任公司。2014年末，拥有固定资产原值6.12亿元，净值4.73亿元；占地面积39.5万平方米，建筑面积20万平方米；下辖金猴集团房地产开发有限公司、金猴集团商贸有限公司、金猴集团国际控股有限公司、金猴集团鞋业有限公司、金猴集团皮具有限公司、金猴集团服装有限公司、金猴集团进出口有限公司、金猴电子商务公司等18个全资子公司。主要产品有金猴牌皮鞋、皮具、服装等，其中金猴牌皮鞋1982年被评为省优和部优产品，1996年登上“中国质量万里行光荣榜”，1998年—2004年被中国皮革工业协会连续四届授予“中国真皮鞋王”称号，2006年以来连续4届授予“中国真皮领先鞋王”称号，1999年被国家工商总局认定为“中国驰名商标”，2002年被国家质检总局认定为“中国名牌产品”，2004年以来连年被世界品牌实验室（WBL）及世界经济论坛（WEF）共同评审并列入《中国500最具价值品牌》。2006年“金猴鞋王”被推选为“首届威海城市名片”。“金猴”皮具于2007年被国家质检总局认定为“中国名牌产品”，2009年被国家工商局认定为中国驰名商标。金猴集团技术中心2010年晋升为国家级企业技术中心，2013年被认定为首批国家级工业设计中心。金猴集团2009年获首届山东省“慈善奖”，2011年获“山东省省长质量奖”。

2014年，公司完成工业总产值17.73亿元，工业增加值3.36亿元，出口交货值2.67亿元，实现主营业务收入130.59亿元，完成利税4.72亿元，其中利润3.66亿元，分别比上年增长1%、1%、2%、8%、0、2%；综合实力位居“中国皮革行业十强企业”第2名和“中国轻工业百强企业”第57位，跻身“中国民营企业500强”第375位和“中国民营企业制造业500强”第231位；获“富民兴鲁”劳动奖状，在全国首届制鞋工技能大赛前20强中夺得6个名次，其中第一名王安宝、第二名张小林被授予“全国技术能手”称号。

（邹晓伍）

【威海市山花地毯集团有限公司】 威海市山花地毯集团有限公司成立于1982年，是中国最早进入地毯行业的厂家之一，主营业务收入、利润、利税、出口创汇、人均收入、社会贡献率等主要经济指标连续23年居国内同行业之首，是世界衡量中国地毯业发展水平的标志性品牌。2014年末，公司总资产20亿元，拥有员工2000多人，其中工程技术人员245人；下辖威海山花华宝地毯有限公司、威海山花博美地毯有限公司、威海山花惠美地毯有限公司、威海山花帝苑毯业有限公司、威海市山花雨阳地产有限公司、山花地毯销售有限公司、威海山花君芳家饰有限公司7家控股子公司和温泉、桥头两大工业园，占地总面积100余万平方米；主要生产阿克斯明斯特地毯、威尔顿地毯、单面威尔顿地毯、彩印地毯、方块地毯、簇绒地毯、手工地毯等高端地毯及汽车地毯等产品，拥有地毯毛纱、尼龙及丙纶长丝、染整、PP纬纱等原材料配套产品，年综合生产能力达1800万平方米。通过3个国际贸易部门、20个驻外分公司、数百家经销商及合作伙伴，建立了覆盖国内和全球主要地毯消费地区的销售网络。

公司坚持创新发展战略，先后投资10亿多元用于设备改造和技术升级，从美国、英国、日本、比利时等国家引进世界上先进的地毯生产线和30多项技术，实现产业链条完整，装备设施齐全。与哈尔滨工业大学、山东大学、中央美术学院等高等院校建立合作研发关系，依托企业各项资源优势建立了山东省行业技术中心、山东省企业技术中心、山东省企业工业设计中心、威海市机织地毯工程技术研究中心、威海市机织地毯工程实验室等多个省、市级技术创新平台，连续多年科研经费投入保持在5000万元以上。公司拥有专利40多项，2014年提交专利申请17项。公司先后承担省级技术创新项目20多项，获得山东省轻工业科学技术进步奖、第20届全国发明展览会银奖、中国商标战略创新奖、山东省产学研（工业设计）展洽会创新奖等荣誉。实力铸就品牌，品牌壮大实力。6月25日，世界品牌实验室在北京东方君悦大酒店发布2014年“中国500最具价值品牌”排行榜，山花以35.26亿元的品牌价值连续6届代表中国地毯行业入围该榜单，排名第426位。6月28日，品牌观察杂志社及中国品牌研究院在广州中心皇冠假日酒店发布2014—2016年度“中国行业标志性品牌”榜单，山花以行业领航者的身份连续5届入围“中国地毯行业标志性品牌”，2014年底，山花获得威海市质量最高奖“威海市市长质量奖”。 2014年，公司坚持强优势、攻短板，全线发展，中标大批重点工程和地标工程。通过提高设计水平，加大创新力度，整合销售思路，充分利用品牌影响力，方块地毯、手工地毯、航空地毯均实现了持续增长。公司积极走出去，加大国际市场开拓力度，向欧美机织地毯强国进军，出口额逐年递增，2014年国际贸易家用地毯销售额比上年增长8%。

（元慧慧）

【海马集团公司】 海马集团公司创建于1958年，是集工业、贸易、科研、开发于一体的地毯专业生产企业，下辖海马地毯集团有限公司、威海德瑞合成纤维有限公司、海马毛纺有限公司、海马大河地毯有限公司、海马大华地毯有限公司及克瑞斯坦地毯（中国）有限公司6个分公司，占地面积47公顷。2014年末，公司拥有总资产13亿元，员工2100人。公司产品构成以阿克明斯特、印花、方块三大主导产品为主，其他品类如手工枪刺、威尔顿、簇绒地毯等为辅的产品体系，年产各种地毯1200万平方米，涉及工程用、商用、民用及飞机、轮船、高铁用地毯等领域，其中高档羊毛机织阿克明斯特地毯产量居世界第一。产品销往欧洲、美国、东南亚及中国台湾等30多个国家和地区。2014年，实现主营业务收入17亿元，利税8400万元。

公司始终坚持科技创新战略，坚持技术改造和产品开发并重的方针，把改造提升传统产业同加速发展高新技术相结合，加强新设备、新技术、新工艺的引进消化和开发应用，加强与高等院校、科研院所的联合协作，加快实施精品名牌战略，不断提高技术配套和自主开发能力。海马地毯技术中心有120名产品设计、开发人员，其中，高级工程师11人、高级工艺美术大师4人、工艺美术师18人。2010年—2014年，公司用于技术改造、产品开发、项目开发的资金达4亿元，对企业的创新和发展发挥重要作用，公司高速织机地毯产量占总产量的60%以上。公司以提高产品质量为基础，坚持技术创新、产品结构调整、优化设计理念，推出新产品，提高附加值；坚持“不是精品不推、不优于同行不推、不增效益不推和不惊喜自己不推”的四不推原则和“满足用户、满足生产过程需要、满足成本需要”的三满足原则，确保新产品既满足市场，又提高产生效益。公司是中国地毯行业首家获ISO 9001国际质量体系认证企业、国家一级企业，先后获得中国名牌、中国驰名商标、山东省著名商标、山东省守合同重信用企业和全国五一劳动奖章等荣誉。

（都平基）

医药工业

【概况】 2014年末，全市医药工业有规模以上企业32家，比上年增加6家。其中，化学药品制剂制造业5家，中药饮片加工业8家，中成药生产5家，生物药品制造业5家，卫生材料及医药用品制造业9家；发生亏损企业2家。拥有总资产340.06亿元，全部从业人员年平均人数2.80万人。年内，完成主营业务收入385.38亿元，比上年增长20.8%；完成出口交货值6.40亿元，增长88.8%；实现利税62.27亿元，增长11.8%；实现利润43.52亿元，增长10.5%。

（刘昌刚）

【威高集团有限公司】 威高集团有限公司始建于1988年，以一次性医疗器械和药业为主业，同时发展房地产业，壮大旅游餐饮服务业，稳健发展金融业，实现了多业并举，联动发展。集团公司下辖医用制品、血液净化、骨科、生物科技、药业、心内耗材、医疗商业、房地产等8大产业集团、40多个子公司，厂区占地面积400多万平方米，拥有净资产300多亿元。医疗器械和药品主要有输注耗材、输血器材、心脏支架及心内耗材、留置针及各种异型针、血液净化设备及耗材、骨科材料、手术设备及附件、创伤护理、微创器械及设备、ICU产品及附件、大容量注射液及肾科产品、生物诊断试剂、人造血浆、手术缝合线、生物种植体、PVC及非PVC原料等30多个系列、400多个品种、6万多个规格，为中国最大的医疗系统解决方案制造商之一。集团公司积极进入医疗健康和服务领域，开展肾透析服务。控股子公司山东威高集团医用高分子制品股份有限公司为香港上市公司。2014年，集团公司实现主营业务收入240亿元，利税38亿元。

集团公司系国家“863”产业化基地、国家火炬计划重点高新技术企业，先后获行业排头兵企业、全国守合同重信用企业、全国自主创新示范单位、全国助残先进集体、全国五一劳动奖状、中国企业文化建设先进单位、中国企业文化顶层设计与基层践行优秀单位、全国实施卓越绩效模式先进企业、中国专利山东明星企业、国家技术创新示范企业、中国最具投标实力医疗器械品牌供应商第一名、山东省第二届省长质量奖、山东省产学研合作创新突出贡献奖、山东工业突出贡献奖、山东公益助残特别贡献奖等荣誉，为中国大企业集团竞争力500强、全国医药工业百强、中国民营企业500强、山东省百强企业、山东省首批诚信示范企业、山东省最佳企业公民、山东省首批履行社会责任达标企业、山东民营企业公益之星之一。8月，全国工商联公布了2014中国民营企业500强、中国民营企业制造业榜单，集团公司分别名列第199名、第134名。集团公司坚持以技术创新调整产品结构，大力提高自主创新能力。建有国家级企业技术中心、植入器械国家工程实验室、院士工作站、博士后工作站、省级工程技术研究中心、泰山学者实验室等研究实体，并与中国科学院、中国工程院、中国工程物理研究院、浙江大学、四川大学、华东理工大学、301医院、第三军医大学、沈阳药科大学等单位开展产学研合作，建立了20多家研发中心或联合实验室，并在北京、天津、长春、深圳设立研发机构，拥有各类科技研发和管理人员1000多人；拥有发明专利50多项，自主知识产权产品340多项，高科技含量和高附加值产品达80%以上，其中，120多种产品达到国际先进、国内领先水平，100多种产品打破国外垄断，20多种产品列入国家火炬计划、国家“863”计划等国家项目。5月，牙种植体系统获得国家食品药品监督管理局颁发的注册证书，这不仅是集团公司在牙种植体领域的重大突破，也是中国口腔医疗修复行业在牙种植体技术领域内的重大成就。7月，全自动化学发光免疫分析仪产业化项目被列入2014年度国家“战略性新兴产业项目”支持项目。11月，威高血液净化公司被评为国家火炬计划重点高新技术企业。12月，集团公司与解放军总医院签署“301—威高科技产业园”合作框架协议，共建骨科器械研发基地、医院制剂研发基地、移动医疗设备研发基地、综合物流管理中心，并将由此构建一个新型的院企合作创新体系，推进双方最新研发成果实现产业化和临床应用的双向转化。同月，中国输注与介入类医用耗材灭菌新技术在集团公司首次应用，第一条医疗耗材产品辐照消毒灭菌生产线建成投产，实现医疗耗材产品灭菌技术新突破。集团公司坚持科学管理，贯彻实施卓越绩效评价准则，建立大质量概念下的质量标准体系。推进扁平化管理，引进先进管理思想和方法。实施ERP、SRM、BPM等信息系统，打造完善的信息化管理平台，提高了决策水平、管理效率和质量。坚持“满足并努力超越顾客的最大需求”的质量方针，在行业首家通过ISO 9000认证，通过了CCC、CMD、ISO 13485质量体系认证、欧盟CE认证、GMP认证等，30多种产品获得美国FDA认可。大力实施名牌战略，产品销往国内30多个省、直辖市和自治区，三级医院全国覆盖率达81.3%，血站覆盖率达77.2%，销往世界70多个国家和地区。3月，以“生产、质量、安全”为主题的全国医疗器械生产企业开放日主题活动在公司举办，各方代表及20余家媒体的记者对公司严格的管理、先进的技术和优异的产品、一流的品牌予以充分肯定、宣传。积极实施“走出去”战略，加强国际合作。先后与世界银行、美国美敦力公司、日本泰尔茂株式会社等国外知名企业建立战略合作关系，在美国、日本、英国、德国、法国建有研发中心，吸收全球医疗先进技术，提高自主创新能力。大力支持社会公益事业。先后开展了威高光明行动、威高爱心工程、威高情十大孝星评选等活动，大力支持学校、贫困村、贫困职工等，累计捐款捐物（折款）3亿多元。威高光明行动从2004年9月开始启动到2014年底，累计为1.3万名白内障患者实施了免费复明手术。8月，公司举办“威高爱心基金”助学活动，从2014年开始年出资500万元，对应届贫困高校新生实施“爱心助学”活动，对市直普通高中在校生实施“就餐补助”和“学费补助”活动。

（王保明）

【迪沙药业集团有限公司】 迪沙药业始建于1993年，占地面积160多万平方米，拥有员工3000多人，已建成西药制剂、原料药、中药、兽药、海洋生物新材料、高科技精细化工及保健食品7大生产基地。公司拥有10万平方米通过新版GMP认证的现代化制剂和原料药生产车间及其综合配套设施，具备年产100亿片片剂、10亿袋颗粒剂、1亿支针剂、100种中药饮片、10亿粒胶囊剂和年处理1000吨原料药及化工品、1000吨中药材的生产能力。公司为全国首批、山东省首家通过新版GMP认证企业、国家火炬计划重点高新技术企业。公司拥有“中国驰名商标”，主导产品迪沙片、迪之雅、威太、迪素、洛那、赖氨葡锌颗粒、牛磺酸颗粒被评为中国化学制药行业优秀展品品牌、优秀专利产品。

2014年，公司完成部分子公司兼并整合工作，形成迪沙药业产业集团、制剂产业集团、迪嘉产业集团协同发展的良好局面，各产业集团和子公司的职能持续优化。公司在建项目包括崮山高科技医药生产基地、高精化生产基地、中药生产基地、海洋生物制品生产基地，其中高科技医药生产基地一期工程竣工投产，二期工程基建基本完工；高精化生产基地一期工程竣工进行设备安装，二期工程预计2015年投产；中药生产基地饮片车间通过认证；海洋生物制品生产基地开工建设。公司重视研发创新工作，拥有专职研发人员300多人，其中博士10余人，外聘院士2人，在线研发包括8个世界首创的国家一类新药在内的300多种产品，抗癫痫化药一类新药氯桂丁胺和中药一类新药益心素片被列入“国家‘十二五’新药创制重大专项”。5月，科研大楼启用暨国家认定企业技术中心、博士后科研工作站、山东海洋药物与功能食品研究中心揭牌仪式举行，总投资8亿元、建筑面积5万平方米的迪沙科研中心投入运营；12月，公司与江南大学合作的蓝色产业领军人才团队支撑计划高效生物酶法制备高纯度、窄分布壳寡糖产业化项目通过省专家组现场审查。全年获批3个国家级、49个省级、6个市级项目，其中洛钠项目获2014年威海市科技进步一等奖；获得各类专项扶持资金近3000万元。

2014年，公司实现主营业务收入35亿元，上缴税金1.46亿元，居中国医药工业百强第62位，中国化学制药行业工业企业综合实力百强第36位，连续4年蝉联中国医药工业最具投资价值企业，首度入选中国制药工业百强，居第46位。积极参与社会公益事业，获“2014年山东民营企业公益之星”称号。

（符仲夏）

电子工业

【概况】 2014年末，全市电子工业有规模以上企业110家，比上年减少3家。其中，计算机制造业10家，通信设备制造业5家，广播电视设备制造业2家，视听设备制造业2家，电子器件制造业10家，电子元件制造业79家，其他电子设备制造业2家；发生亏损14家。拥有总资产207.53亿元，全部从业人员年平均人数5.09万人。年内，完成主营业务收入647.86亿元，比上年增长19.7%；完成出口交货值278.52亿元，增长5.8%；实现利税50.17亿元，增长33.7%；实现利润36.38亿元，增长41.3%。

（刘昌刚）

【威海北洋电气集团股份有限公司】 2014年是威海北洋电气集团股份有限

公司向“科技创新与信息服务”转型升级纵深推进的一年。集团公司继续围绕物联网和智慧城市业务，结合威海智慧城市建设总体工作安排，全方位推动集团业务转型升级，企业综合实力进一步增强。作为威海智慧城市国家和省双试点建设的主体企业，集团公司承担了项目的投资、建设和运维主体责任，承建的一系列项目进展顺利，威海市获得信息消费、信息惠民、宽带中国、新型城镇化等一系列国家级相关试点和示范区资质，初步形成智慧城市建设的威海模式，为威海市的智慧城市试点建设和信息化、两化融合发展作出了贡献。2014年，集团公司实现主营业务收入25.1亿元，比上年增长12%；实现利润4.3亿元，增长37%；完成工业增加值5.2亿元，增长23.8%；完成出口交货值10.5亿元，增长1%。

云计算中心建设平稳推进，威海电子政务云平台项目一期工程通过验收。公共服务云平台已完成一期项目系统部署，威海市图书馆、威海市科技局以及威海市智慧公交、智慧交通后台接入。集团工业设计云平台获“2014中国智慧城市创新奖”。积极推进云计算资源的市域一体化整合，计划将各区（市）统一接入云计算中心，推动智慧城市市域一体化建设。与乳山市政府签订智慧乳山建设战略合作协议并合资设立乳山智慧城市公司，全面负责“智慧乳山”的规划设计与项目落地工作，为智慧威海市域一体化建设树立典范。其他区（市）的智慧城市建设合作进展顺利，协助荣成市、乳山市申报国家第三批“智慧城市”试点。大力推动智慧城市项目建设，夯实各项基础工作，通过自主开发和对外合作相结合方式，开展智慧城市各项业务。智慧交通、智慧公交项目进展顺利。智慧交通项目在12月完成验收，交通畅通率提高17%。由智慧北洋公司承建的威海市民网于10月18日正式上线，威海市成为山东省首家向市民提供信息化融合服务的城市。至2014年底，市民网服务事项达1240项，服务能力达90万用户。与上海云赛、上海益邦、积成电子、泰华电讯等业务领先企业签订智慧城市业务战略合作协议，与威高、华信合资设立威高（山东）信息科技股份有限公司，承担智慧医疗项目。

科技创新激发升级活力。威海北洋光电信息技术股份公司通过产学研合作研发出光纤水听器，项目已通过山东省发展改革委2014年蓝色产业领军人才团队支撑计划批复，同时，该公司提升了多项新技术产品性能，实现在多个行业的首次应用。集团射频事业部不断提升管理水平，提高各项业务对客户的快速响应能力。

创新平台建设驱动转型发展。集团公司按照国家标准投资设立电子信息专业孵化器，为其配套设立近2000万元产业投资基金，当年获得市级科技企业孵化器认定。将技术中心重新定位，为集团公司提供管理、技术指导和支持，寻求新的技术和产品方向。2014年，集团公司物联网技术中心获市公共创新服务平台认定，集团公司获各级批复项目9个，组织项目验收工作8项，完成各类荣誉、资质申报13项。

从人才培养、文化建设等方面入手，为集团公司转型发展提供保障。2014年，集团公司实施新的人才培养与推荐管理办法，副总经理孙忠周被评为国家、省优秀科技工作者和威海市有突出贡献的中青年专家，“博士后项目资金资助”项目获批。在确定集团公司新标识的基础上，加强形象及业务宣传，为新业务的发展创造良好环境。建立困难职工帮扶档案，组织参加“慈心一日捐”等活动，集团公司获“富民兴鲁”劳动奖状，被评为中华全国总工会“职工书屋”。

（王　靖）

电力、热力、燃气及水的生产供应业

【概况】 2014年末，全市电力、热力、燃气及水生产和供应业有规模以上企业35家，比上年增加7家。其中，电力、热力生产和供应业26家（其中火力发电4家，风力发电10家，太阳能发电2家），燃气生产和供应业3家，水的生产和供应业6家；发生亏损6家。拥有总资产259.93亿元，全部从业人员年平均人数1.26万人。年内，完成主营业务收入147.00亿元，比上年下降22.0%；实现利税24.63亿元，增长21.6%；实现利润16.15亿元，增长40.8%。全市完成发电量163.97亿千瓦小时，比上年增长3.9%。城市供水总量1.49亿立方米，增长4.6%。天然气供气量1.17亿立方米，增长19.1%；液化气供应总量1.81万吨，下降9.1%。全市蒸汽供热能力1225吨/小时，热水供热能力2318兆瓦。

（刘昌刚）

【华能威海发电有限责任公司】 2014年，华能威海发电有限责任公司紧紧围绕稳中求进的工作总基调，抢抓机遇，开拓进取，抓好安全生产、经营效益、企业管理等重点工作，企业实力不断增强，经营水平大幅提升，年度主要生产经营指标延续良好态势，持续在华能山东公司内保持领先地位。全年上缴地方税收7亿元，为威海市经济社会发展作出了重要贡献。年内，公司先后获“全国‘安康杯’竞赛优胜单位”“电力安全生产标准化一级企业”，华能集团、华能山东公司“节能环保先进单位”“山东省电力安全生产标准化建设先进单位”“省电力行业培训先进单位”“山东火力发电厂环保监督先进企业”和“威海市环保先进企业”“威海市五星级纳税企业”等称号。乳山、荣成风电场被授予“山东省优秀风电企业”称号。检修部计算机班被评为“威海市优秀质量信得过班组”。

经营业绩上台阶　全年实现销售收入44.43亿元，资产负债率下降6.59%，通过落实4台机组的脱硝加价和除尘电价增收4700余万元，实现利润总额13.63亿元，比上年增长24.4%。公司利润总额继2012年、2013年后，连续第三年取得历史性突破。全年完成发电量117.72亿千瓦小时，增长3.6%，超年度绩效目标2.24亿千瓦小时，远超全网统调公用机组及华能山东公司平均水平；机组平均利用小时数完成

5886小时，高于公司平均水平424小时，在公司统调机组中位居第一。发电量继2012年116亿千瓦小时的高点后，再创历史新高。三期工程于10月底通过华能集团公司竣工验收。通过设备升级改造、优化运行方式、强化经济运行指标管理和供热管网维护，公司供热安全保障能力得到有效提升，2014年度供热季供热面积近300万平方米，比上季增加近1倍，为实现供热利润增长的目标奠定了基础。

节能减排促发展　全年综合供电煤耗完成304.62克／千瓦小时，比上年下降1.35克／千瓦小时；综合厂用电率完成4.7%，下降0.01个百分点。其中5号机组生产供电煤耗完成285.18克／千瓦小时，生产厂用电率完成3.6%，比优秀考核值分别低8.26克／千瓦小时和1.15个百分点，继续在集团公司600兆瓦等级超超临界机组中保持领先。在全国火电大机组竞赛中，5号机组获得一等奖和“电力行业中央企业能效对标最佳机组”称号，4号机组获二等奖。年内组织实施了4号机组脱硝改造，3号机组电除尘改造和13项清洁生产方案，年可节电3471万千瓦小时，节煤2.1万吨，减排二氧化硫336.88吨、氮氧化物8000吨、烟尘555吨，4台机组全部实现超低排放。

科技创新提效能　积极开展技术攻关活动，成立了“春雷劳模创新工作室”和“汽机专业职工创新室”，全厂申报技术攻关项目49项，150名专业技术人员参与其中，解决了3号机组无法投入AGC“R”模式运行等难题，为企业创效超过2000万元。检修部汽机辅机班QC小组被省总工会等单位授予“2014年山东省优秀质量管理小组”称号；“春雷劳模创新工作室”被命名为“威海市职工创新工作室”。多项成果获威海市职工百项技术创新一等奖和百项合理化建议“金点子”二等奖。

（祖金川）

【威海热电集团有限公司】　2014年，威海热电集团有限公司围绕“以企业文化为载体，全力打造建设智慧热电”的工作目标，积极践行“忠诚、责任、高效、创新”企业核心价值观，抓好党风廉政建设，圆满完成安全文明生产、热源管网、环保技改、墙保热计量改造、行风服务等工作任务。公司获得山东省首届热力行业供热管道工技能比赛团体金奖、省“三上”企业统计工作规范化五星级单位、威海市红旗团委、威海市城市精细化管理先进单位等荣誉奖励22项。

安全生产　坚决执行“热电生产、安全第一”的方针，健全三级安全网，层层签订安全责任书，筑牢网格化检查、网格化管理安全体系。全年制定《危险源管理办法》等安全制度10多项，执行月度安全检查、专项安全大检查等665项次。开展“五月事故应急处置及防汛实战演练”“六月安全生产月活动”，实施自行研发的生产管控一体化系统，实现生产管理、节能减排和厂级监控等多方面自动化控制，全面实现指标考核，达到全省领先水平。全年无安全责任事故、无重大治安案件、无重大火灾事故。

热源管网建设　年内，新建两台240吨／小时锅炉，完成投运张村、羊亭9台总容量175吨／小时的锅炉及供热配套管网，新增供暖面积200万平方米。全年完成供热管道安装工程187项，完成供热（蒸汽）管道安装134公里，新建、改造站房26个；完成56个老区960项整改任务，配合小区综合治理完成海城等19个小区管网改造。11月，全面接收张村区域的蒸汽管网，1周内完成3500多米蒸汽主管网的改造任务。对上年投运的自主研发的智慧化供热系统进行完善升级，实现供热计量数字化、节能控制智能化、住户用热自主化和政府监督网路化。该项目通过省级科技成果鉴定，3月20日，公司在威海市召开的全省燃气热力管理工作暨现场观摩交流会上作典型发言，得到住房城乡建设部的高度肯定，其经验在全省推广。

节能环保技改　公司对环保设备进行全面升级改造，完成锅炉本体低氮燃烧改造、脱硫系统升级改造，新上脱硝系统，同时对除尘、烟道防腐等进行配套技术改造，完成机、炉、电及输煤系统控制升级改造，率先拆除烟道旁路门。投运后二氧化硫、氮氧化物排放浓度均低于国家标准和欧盟标准；烟尘排放浓度低于国家标准3.7毫克／立方米，排放指标通过公示屏向社会公开。公司提出向高科技要效益、向管理要效益，全面落实节能降耗、内部挖潜，自行安装锅炉和管网，充分利用指标考核、生产管控系统、智慧化热网系统和开展节约活动等，节能降耗，全年节约挖潜1000万元。3月、12月，市委副书记、市长张惠先后两次到公司调研环保设施建设情况，对公司勇担社会责任和民生责任提出表扬；5月8日，环保部华东督查组到公司检查工作，对公司环保设施升级改造给予肯定；5月15日，威海环保世纪行检查采访团到公司调研，评价公司“在热电企业树立了标杆”。

民生服务　抓好墙体保温热计量改造，至年底累计完成3300多栋楼1087万平方米的改造任务。全面提升行风服务水平，建立集团公司、张村、羊亭等服务热线及客服中心，实现辖区服务全覆盖；开展“进社区、解民忧、服务用户、温暖百姓”活动，深入8个镇（街道）表演文艺节目，发放供热宣传材料3000多份，解决供热问题350多个；配合文明城市创建进行行风整顿，杜绝野蛮施工、杜绝冷生硬、杜绝瞒慢难；严格落实首问负责制，抓好热线服务和辖区服务，严格考核，出现问题一票否决；供暖期制定应急预案，成立应急抢险队，配备30多部抢险车辆，设立34部热线电话，24小时值班，公开140多名公司和辖区管理人员联系电话，200多名供热人员坚守供热一线，随时处置供热问题，保障市民冬季供暖。

（张华才　宫淑玉）

【威海供电公司】　（详见《城乡建设与环境保护·公用事业》第188页）

【威海市水务集团有限公司】　（详见《城乡建设与环境保护·公用事业》第188页）

盐　业

【概况】　2014年，威海盐业以加快推

进市场化转型发展与认真履行职能相结合为主线，以转变经济发展方式、调整优化经济结构、增创发展新优势为重点，以规范管理和优质服务为保障，深入开展“点燃干事创业激情，以新的姿态迎接转型发展新挑战”主题实践活动，着力完善管控体系，转换经营机制，提升管理水平，整体工作继续保持健康协调可持续发展的良好态势。

【盐政管理】 2014年，全市查处涉盐违法案件74起，查没私盐28.6吨，盐业市场规范有序。加强执法基础建设，提高执法规范化水平。结合2013年年底开展的全省盐政执法技能大比武活动和盐政执法案卷评查活动，进一步优化执法流程，提高执法案卷制作水平，规范盐政执法行为。根据省盐务局部署，为一线执法人员配备了执法记录仪，提升了执法规范化、信息化水平，有效规避了在日益复杂的执法环境中执法人员面临的执法风险。认真履行监管职能，全力维护盐业市场秩序。继续开展以保障食盐安全为目标、以“堵源头、端窝点、查大案要案、查在途私盐”为重点的盐业市场日常监管和集中整治行动，在保持全市整体用盐环境整治力度不减、标准不降、目标不变的前提下，将盐政执法的重点放在城乡结合部商贸市场、边远农村及建筑工地等违规行为易发区域，严厉打击各类涉盐违法行为。进一步整合全市盐政执法力量，加强工厂食堂及其周边小餐馆、小商店的用盐环境整治，确保盐政稽查无缝覆盖，不留死角。继续巩固完善跨部门、跨区域的联合执法机制。以市、区（市）两级食品安全委员会联席会议为平台，加强与成员单位的信息沟通、协调配合、联动执法，形成公安、工商、卫生、交通、食品药品监督等部门共同参与、齐抓共管的多层次、立体化盐政管理格局。加强同邻近地市盐务部门的配合，加大对流窜作案、团伙作案的打击力度。加强工业盐监管，预防和减少工业盐冲销食盐市场行为。正确解读小工业盐经营管理新政策，适应小工业盐价格放开新形势，加强原盐出场管理、两碱工业盐合同备案管理和小工业盐的统一经营管理，形成科学完备、规范有序的工业盐管理体系。健全完善小工业盐台账登记制度，加强小工业盐的购进、调运、储存、使用等全过程监督，防止工业盐流入食盐市场。加强食盐安全知识和盐业法规政策的宣传工作。充分利用元旦、春节及“3·15”“5·15”等各类重大节假日、宣传日开展主题宣传活动，提高经营者守法经营意识和消费者安全用盐意识。积极会同卫生计生委、疾控中心等部门开展减盐防控高血压行动，引导居民合理控制食盐摄入，减少心脑血管发病率。

【食盐专营】 2014年，全市具有食盐批发和其他盐产品经营许可资格的威海盐业公司、文登盐业公司、荣成盐业公司和乳山盐业公司，共销售各类盐产品31.6万吨，比上年增长11.3%，再创历史新高。其中，销售食盐2.62万吨，完成计划的121.3%；销售小包装食盐1万吨，完成计划的102.1%。强化基础，规范管理，塑造“盐业公司”国有品牌形象。始终坚持规范化经营策略，从规范市场经营行为入手，不折不扣地执行国家有关政策，在盐产品购进计划和结算程序、结算价格、经营品种等方面，严格执行省盐务局规定，确保食盐专营政策和盐产品经营计划的严肃性。健全完善海带加工用盐购进议价和定价机制，充分发挥民主监督作用，切实规范海带加工用盐经营。同时，强化海带加工用盐质量管理，完善了盐产品化验机构，坚持对盐产品进行逐批逐项化验，在2014年海带用盐需求大幅增长、供应压力加大的情况下，有效地保证了盐产品质量，促进了海洋产业的健康发展。结合“健康山东行动”和减盐防控高血压工作，积极稳妥调整食盐市场结构。坚持“稳妥推进、合理引导”“统筹兼顾经济利益和社会责任”的原则，在各盐种全面供应的基础上，综合考虑市民消费需求、食盐品质等因素，引导市民树立健康用盐、科学用盐的消费理念，实现了食盐市场结构的平稳调整。全市食盐市场供应品种达到8个，涵盖澳盐、海晶盐、绿色精制盐、颗粒盐和一级盐等不同档次。树立品牌意识，加强营销渠道建设。强化以用户为本、为市场终端服务的理念，完善用户及网点信息登记、台账设立等营销渠道建设基础工作。以服务对象满意为标准，通过科学调度、产品直供等措施，提高了应急供应保障能力和自身服务水平。

【行业管理】 深入开展行业文化建设，丰富员工精神文化生活。按照省盐务局部署，积极开展“点燃干事创业激情，以新的姿态迎接转型发展新挑战”主题实践活动，并举办专题演讲比赛。举办了“‘祖国颂·盐业梦’威海盐业庆祝建国65周年”文艺汇演，全面展示威海盐业职工的崭新风采，提振行业精神。利用新兴网络平台优势，加强舆论引导，提高舆情处置能力。先后在新浪、腾讯等主流门户网站开通了政务微博，制定了重大突发事件新闻发布制度，为及时发布政策解读、回应社会关切、开展互动交流、引导舆论走向、拓展宣传渠道提供了平台。加强安全生产管理，确保安全生产无事故。以学习贯彻新的《中华人民共和国安全生产法》为契机，深入开展安全生产宣传教育，形成人人关心安全生产、重视安全生产、遵守安全生产制度的浓厚氛围。牢固树立安全发展理念，全面强化红线意识，切实增强底线思维，严格履行部门监管责任、企业主体责任和职工岗位责任。扎实开展行业安全生产检查活动，从细节入手，强化重点环节、重点部位盯防，狠抓安全生产制度和应急保障措施落实，从源头上规范安全生产工作。认真履行社会责任，树立良好社会形象。积极开展包村联户、结对帮扶、慈善捐助等活动，年内全系统为帮扶村提供帮扶资金30余万元，各单位中层以上干部通过“一对一帮扶”与50余户困难群众结成帮扶对子；开展“慈心一日捐”活动，向市慈善总会捐助善款5万余元。

【制盐工业】 2014年，全市有两家企业获得制盐生产许可资格，分别是威海市高岛制盐有限公司和荣成市海晶制盐有限公司。全市原盐生产能力5.5万吨，实际生产原盐5.5万吨，与上年持平。粉精盐生产能力6万吨，实际生产3.33万吨，比上年增加2.85万吨。

（孙卫华　刘昌晓）

编辑　李洪格

交通·邮电

综　述

【概况】 2014年，威海市交通运输系统牢固树立“交通引领城市发展”理念，积极推进“四个交通”（综合交通、智慧交通、绿色交通、平安交通）建设，不断完善综合交通运输体系，深化改革创新、转型升级，全市交通运输事业发展迈出了新步伐。至年底，全市公路通车总里程7060公里，其中，干线公路1349公里，农村公路5711公里，公路密度122公里／百平方公里；拥有国家一类开放口岸5个，二类开放口岸1个，1万吨级以上泊位42个，开通国际、国内海上班轮航线 22条。全年铁路、公路、海运完成客运量4030.5万人次，比上年下降3.0%；货运量7929.8万吨，增长2.0%；完成旅客周转量36.8亿人公里，下降1.4%；完成货物周转量336.8亿吨公里，增长7.1%。全市新增机动车7.19万辆，保有量75.69万辆，其中新增小型汽车5.96万辆，保有量48.85万辆。全年完成邮电业务总量38.37亿元，其中，邮政业务总量2.38亿元（市邮政公司数据），电信业务总量35.99亿元。

【基础设施建设】 立足服务全域城市化、市域一体化战略布局，修编完成《威海市综合交通运输体系总体规划(2011—2020)》《威海市综合交通体系规划研究》，30余个交通项目列入交通运输部、山东省2014年投资计划，落实资金17亿元。干线公路建设，年内完成投资13.5亿元，省道S301石烟线外移工程建成通车，荣文高速、香水河大桥工程扎实推进，文莱高速工程开工建设；农村公路建设，高标准完成为期三年的“全市农村公路管理养护年”活动，累计完成投资24亿元，改造农村公路1272公里，建设连村路2046公里，改造危桥103座，建设安保工程1006公里，威海市率先成为全省村级公路网化示范市，被评为全国农村公路养护与管理先进集体；港航建设，年内完成投资5.5亿元，威海湾港区7万吨级航道扩建工程基本完工，朝阳角至鸡鸣岛陆岛交通码头扩建完工并投入使用。

【运输产业结构调整】 引导和扶持全市交通运输企业加快运力结构调整，大力发展中高级客车、大专特货车、大型运输船舶，推进绿色交通发展，加快淘汰营运“黄标车”，推广应用新能源汽车。引导运输企业规模化、专业化发展，新增专业性道路货运企业65家，全市专业性道路货运企业总数达300余家。大力发展新型运输方式，拓展中韩陆海联运业务，推进威海港国际物流园、威东航运公司甩挂运输试点，引导和扶持现代交通物流业加快发展。组建交通场站管理公司，全省首个综合交通枢纽——威海北站开通运营。推进运输生产平稳较快发展，全年完成公路运输周转量141.6亿吨公里，比上年增长5.2%；水路运输周转量194.6亿吨公里，增长8.7%；完成港口吞吐量7110.3万吨，增长1.6%。

【交通执法管理服务】 推进依法行政、文明执法，开展执法专项整改和执法案卷评查，统一换发新式交通执法服装。加强行业诚信服务体系建设，修订《威海市出租客运管理办法》《威海市出租汽车客运服务质量信誉考核办法》，建立驾培教练员“黑名单”制度。推行行政权力清单制度，梳理规范行政审批事项3大项18个子项，梳理规范行政权力244项，年内行政审批中心交通窗口办件4万件，连续13年被评为全市“群众最满意窗口”。加强运输市场执法监管，开展超限超载运输、节假日客运市场、“黑车”非法营运、散流物体运输扬尘污染治理等专项整治。加强智能交通建设，建成使用威海交通应急指挥与信息服务中心，实现交通运输行业监管、运输调度、应急指挥、信息服务智能化。开通全国交通运输服务监督电话“12328”，完善“威海快修直通车”应急救援网络，开设威海驾培网，探索驾培自主教学模式。

【平安交通建设】 落实安全生产责任制，建立完善网格式安全生产责任体系，开展“平安行·你我他”“道路客运安全年”“安全生产月”等专项活动，强化“三关一监督”职能（“三关”即严把运输经营者市场准入关、营运车辆技术关、客运驾驶员资格关；“一监督”是指交警及交通部门对客运车辆进行“一监督”，严格按照客运车辆排班制度发车，严禁超员超速，确保客运车辆行驶400公里以上配备两名以上驾驶员），夯实安全生产“双基”（基层和基础）工作。深化安全生产标准化建设，完成全市122家公路水路客运、危化品运输企业标准化达标。建立安全生产“四不两直”（不发通知、不打招呼、不听汇报、不用陪同接待，直奔基层、直插现场）工作制度，加强“两客一危”车辆（指从事旅游的包车、三类以上班线客车和运输危险化学品、烟花爆竹、民用爆炸物品的道路专用车辆）、“四客一危”船舶（客渡船、客滚船、高速客船、旅游船和危险品运输船）、客货场站码头、建设工地等重点领域安全监管，狠抓安全隐患排查整改。加强公交、客车、客运站等重点部位反恐防范。完善应急指挥系统，修订各项应急预案，加强应急储备、队伍建设和实战演练。

【行业文明建设】 加强基层党组织规范化建设，强化党员队伍教育管理。深化出租客运“阳光蓝的”“威海快修直通车”“幸福e驾”和公交“流动道德讲堂”等行业特色服务品牌创建，品牌凝聚带动作用日益显现，涌现出“全国见义勇为英雄司机”陈楠、“美德威海·文明之星”姜红等一批先进典型。广泛开展“排队礼让—文明乘车行动”“阳光蓝的—爱心助残行动”“警的巡防联动”和学雷锋志愿服务等系列文明创建活动，扎实做好创建全国文明城市工作，行业整体文明水平不断提升，市交通运输局被评为全市2014年度工作优秀单位和机关作风建设年活动十佳示范单位之一。

（孙庆文）

【青荣城际铁路建成通车】 青荣城际铁路正线全长299.5公里，估算总投资346亿元，设计时速为每小时250公里，2010年3月17日项目正式开工建设；青荣城际铁路威海段于2010年10月开工建设，2014年8月22日威海段铺轨工程完成，8月25日济南方向正线钢轨铺通，10月21日开始联调联试，11月26日进入试运行阶段，12月28日建成通车。青荣城际铁路自青岛北站站外引出，沿胶济铁路左侧，经城阳后跨过胶济铁路，折向东北从即墨西侧经过，然后向北跨过既有蓝烟线，基本并行蓝烟线西侧，引入既有莱西、莱阳站后，经桃村到达烟台；再跨蓝烟线后，向东沿烟威高速公路到达威海市，然后折向东南，到达荣成市。全线设城阳、即墨北、莱西北、莱阳、海阳北、桃村北、烟台南、牟平等13个车站。青荣城铁威海段正线长66.5公里（不含站内），途经14个镇（街道）51个村（社区），设威海北、威海、文登东、荣成4个车站，其中威海北站建筑面积3000平方米，威海站建筑面积1万平方米，文登东站建筑面积2500平方米，荣成站建筑面积1万平方米。

（曲明堂）

【威海交通场站管理有限公司】 6月，市政府第42次常务会议研究同意组建威海交通场站管理有限公司，主要负责威海客运中心（威海站、威海北站）的经营管理工作；7月，组建成立威海交通场站管理有限公司筹建处；9月26日，威海交通场站管理有限公司正式成立，公司性质为市属国有独资企业，注册资金200万元。12月28日，威海北站建成并投入使用（除长途客运区外），该站是山东省首家集城际列车、长途客运、城市公交、城郊公交、出租客运为一体的现代化多功能综合交通运输枢纽。威海交通场站管理有限公司从“人性化”“精细化”“智能化”三方面着手，加强场站运营管理，优化服务环境。做好旅客换乘的引导和服务工作，按照统一的CI设计，安装方便市民识别的交通标识标牌、导向和指引系统，按照“网格化、无缝隙”的原则设立责任区，落实责任人，在每层的公共换乘区域安排专职导乘服务人员进行引导服务；配备50人的保安队伍及39人的保洁队伍，营造良好的管理秩序和卫生环境；设置21部自动扶梯和10部无障碍电梯，乘客能够在层间快速通行；安装现代化的智能管理系统，包括火灾自动报警及消防联动系统、视频安防监控系统、停车场管理系统等，实现对枢纽站的快速、高效管理。公司积极协调各驻站职能部门、单位，科学合理安排车辆线路及频次，以充足运力保障旅客快速疏散，实现高效“零换乘”。按照“统一管理、分块负责”的原则，由公安、交通、消防等部门入驻，加强客运枢纽及周边区域的社会治安、市场秩序管理。

（于国宾）

【威海市交通学校】 威海市交通学校建于1982年5月，是一所集三二连读大专、普通中专、职业中专、短期技能培训与技能鉴定为一体的国家级重点中等职业学校。学校占地面积10.2公顷，总建筑面积4万多平方米，拥有教职工300多人，在校学生2000余人，开设汽车、船舶、计算机、会计等11个专业。2014年，学校启动汽车类专业教改工作，大力推进理论实践、学教一体化的教学改革。注重培养学生动手实践能力，承办了2014年度威海市中职学校汽车专业技能大赛，学校参赛学生囊括了汽车二级维护作业、汽车维修基本技能、车身修复、车身涂装4个赛项第一名。以特色课程与优质课程资源建设为突破口加强教研工作，获威海市优质课程资源评选一等奖2项、二等奖1项，威海市优质课评选一等奖1个、二等奖4个、三等奖1个；3项课程成果被评为威海市第二批中等职业学校特色课程；5名教师入选全市职业教育优秀教师梯队职教能手；承担的威海市教育科学“十二五”规划课题“职业院校学生思想道德素质发展的实证研究”获得鉴定通过，1个省级教育科学课题获得立项研究。抓好招生、就业工作，安置2012级中专部学生147人到岗实习，招收新生350人。

（唐丽丽）

港口建设与管理

【概况】 全市港口统称为威海港，由威海湾港区、石岛港区、龙眼湾港区、蚂江港区、靖海湾港区、乳山口港区6个港区组成。其中，前5个港区为国家一类开放口岸，包含威海新港、威海老港、威洋石油码头、三进船业码头、蜊江港、俚岛港（伽耶船厂）（临时）、三星重工（临时）、石岛新港、朱口港、好当家港（临时）、荣喜港（临时）和张家埠港（临时）12个一类开放作业区，乳山口港区为国家二类开放口岸。全市具备港口经营资质的企业63家，其中综合性港口11家、专业性港口12家、从事危货作业的渔业码头20家及船舶港口服务类企业（从事为靠泊船舶提供油料、物料及生活品供应业务）20家。有码头泊位111个，其中，1万吨级以上泊位42个，5000吨级泊位20个。2014年，全市港口完成货物吞吐量7110.3万吨，运送旅客198.9万人次，分别比上年增长1.6%和0.8%；完成集装箱吞吐量102.8万标准箱，增长2.8%。

【威海港引航站】 威海港引航站是由市委、市政府批准，经交通运输部审核许可，于2007年7月成立的副县级事业单位，负责对进出威海市港口区域的船舶提供引航服务，下设石岛分站、龙眼分站、南港区分站、乳山分站4个基层分站。2014年，威海港引航站编制了新版《引航安全管理体系》，建成并运行集引航申报、管理、监控、结算等功能于一体的引航指挥调度系统，极大地提升了引航工作效率和安全保障水平，实现了船舶引航与港口生产的无缝联接。全年引领船舶5249艘次、5638万总吨，其中，引领200米以上大型船舶60余艘次，引领国内首艘全资、自主经营管理的豪华邮轮“中华泰山”靠离黄海造船厂，引领长179米“中通博多”轮刷新威海引航最大集装箱船记录，引领长270米“金鹅”轮刷新威海引航大型无动力船纪录，引领载重8.8万吨“克洛斯”轮刷新威海引航最大载重船记录。

【威海湾港区】 威海湾港区主要由威海港集团老港作业区、威海港集团新港作业区、华能威海发电有限责任公司煤码头作业区和威洋石油有限公司码头作业区组成。

威海港集团新、老港作业区 威海港集团是专业从事港口生产经营和建设的港口企业，下辖新、老两个港区，主要从事集装箱、散杂货、油品、国际快件、车辆等装卸、仓储业务，以及货运代理、航运、仓储物流、保税服务、贸易、旅游等。老港区东邻威海湾，西邻中心城区，与海滨北路相接，南邻旅游码头，北邻四八〇九厂，陆域面积13万平方米，有泊位7个（3个工作船泊位、4个客滚泊位），其中1万吨级泊位1个、5000吨级泊位3个。原主要承担客运和滚装运输业务，客运站搬迁后，主要停靠工作船和“侨乡”号旅游客船。新港区东邻华能威海发电有限责任公司，西邻杨家湾，南邻海埠村、沟北村，北邻威海湾，距市中心16公里，码头岸线总长3925米，陆域面积为210万平方米，水域面积471万平方米。主要从事集装箱、散杂货、成品油运输及国内国际客运业务，有码头泊位17个，其中3万总吨客滚泊位4个，2万总吨客运泊位1个，2万吨级泊位3个，5万吨级、7万吨级、10万吨级泊位各2个。有各类港区仓库7座，总面积6.9万平方米，其中，保税仓库面积4.4万平方米；散杂货和集装箱堆场面积80万平方米。拥有各种大型现代化港口装卸作业设备150余台（套）、运输车辆120余辆，其中门机16台、岸桥6台、场桥2台、41吨轨道吊4台、装载机27台、叉车19台、吊车13台、牵引车25台。开通每月200多个班次的至韩国、日本和青岛、大连、黄埔等港口的国际、国内集装箱班轮航线和至韩国仁川、平泽以及至大连等港口的国际、国内客滚班轮航线，被列为中韩陆海联运试点口岸；开通了多条至潍坊、东营、莱州、京唐等环渤海港口的散杂货和集装箱中转航线。2014年，威海港集团完成货物吞吐量3898万吨，其中外贸1959万吨，集装箱67.2万标准箱；运送国际、国内旅客147.9万人次，滚装车辆12.8万辆。

华能威海发电有限责任公司煤码头作业区 位于威海湾港区东南端，是华能威海发电有限责任公司投资建设的企业自用煤炭专用码头，主要用于装卸煤炭和粉煤灰。码头全长430米，有2个2万吨级泊位、1个2000吨级港作船码头泊位，防波堤长180米，堆场面积4.6万平方米，设计年吞吐能力500万吨。码头配备5台卸船机及输煤系统、2个3000立方米干灰储罐输送系统。2014年，完成货物吞吐量483万吨。

威洋石油有限公司码头作业区 位于威海湾港区东南端，西邻华能威海发电有限责任公司煤码头，是威洋石油有限公司投资建设的企业自用石油专用码头，为国家一类开放作业区，主要接卸成品油、液化石油气、燃料油、液体化工品。码头有5万吨级、2000吨级和工作船专用泊位各1个，设计年吞吐能力180万吨。码头成品油库储存量16.8万立方米，液化气罐储存量5200立方米，是中石化销售企业八大中转仓储基地之一。码头配备国外先进的输油、输气设备及拖消两用船，辐射能力强，输转效率高，安全性能好。2014年，完成货物吞吐量40.6万吨。

【石岛港区】 石岛港区主要由石岛港作业区、朱口港点和荣喜港作业区组成。

石岛港作业区 位于荣成市石岛管理区东南端的石岛湾西侧，是集客货、集装箱、散杂货冻品、成品油和船舶修理等功能于一体的现代化港口，2001年8月获批为国家一类对外开放口岸。港区面积100万平方米，货场面积20万平方米，水域面积150万平方米，码头泊位总长1756米，有生产性泊位11个，其中1万吨级以上泊位6个，5000吨级泊位5个。装卸设施有集装箱装卸桥6台、轮胎式集装箱门式起重机6台、集装箱正面吊运机5台、斯太尔集装箱拖车150辆、门座式起重机15台、16吨轮胎吊4台、集装箱正面吊3台、集装箱堆高机2台、拖轮4艘、320吨浮吊1艘。已开通国际客滚班轮航线2条(石岛—韩国仁川、石岛—韩国群山)、国际集装箱班轮航线2条（石岛—日本关东、关西）、国内集装箱航线2条(石岛—泉州、石岛—青岛外贸内支线)，被列为中韩陆海联运试点口岸。2014年，完成货物吞吐量1751万吨、集装箱吞吐量28万标准箱、客运量33万人次。石岛港西作业区开工建设，公用设施部分新建防波堤2370米、5万吨级单向航道1600米；码头部分拟建通用泊位5万吨级2

个、2万吨级2个、1万吨级3个。预计2015年完成5万吨级航道、防波堤工程建设。

朱口港点　位于荣成市人和镇朱口村，港区面积7900平方米（含3339平方米的渔港），水域面积500万平方米。有1个1万吨级泊位，码头泊位总长350米，主营内贸轻柴油的承卸业务。码头有3600立方米成品油罐4个、1000立方米成品油罐2个。2014年，完成货物吞吐量2万吨。

荣喜港作业区　位于荣成市人和镇山西头村靖海湾畔，港区面积8万平方米，货场面积4000平方米，有4个6000立方米成品油罐；水域面积10万平方米，码头泊位总长780米。有5000吨级泊位1个、3000吨级泊位2个、40吨汽车吊2台。建成水坞2座，可承修最大吨位30万吨的船舶。主要从事鱼、货、石油类产品的装卸、储存和船舶维修。2014年，完成货物吞吐量8000吨。

【龙眼湾港区】　龙眼湾港区主要由龙眼港作业区、马山港点组成。

龙眼港作业区　位于荣成市成山镇西霞口龙眼湾港区内，是全国第一家村办国家一类开放港口，以石油、煤炭、矿建、木材、水产品等散杂货运输和船舶修理为主。港区面积106万平方米，水域面积150万平方米，码头泊位总长1280米。有泊位8个，其中5万吨级泊位1个、1万吨级泊位3个、5000吨级泊位2个、3000吨级泊位2个。有160吨汽车吊1台、10吨门吊3台、25吨汽车吊2台、5吨汽车吊1台、叉车8辆、45吨集装箱正面吊2台、斯太尔自卸车24台。2013年将马栏湾纳入龙眼湾港区总体规划，2014年在港东区舾装码头西北侧建防波堤829米。开通龙眼港至韩国平泽客滚班轮航线、西霞口至海驴岛海上旅游航线，被列为中韩陆海联运试点口岸。2014年，完成货物吞吐量401万吨，集装箱7万标准箱，客运量18万人次。

马山港点　位于荣成市成山镇养鱼池湾，港区面积500万平方米，货场面积1万平方米，水域面积20万平方米。有3000吨级泊位2个，码头泊位总长168米，可满足5000吨级散装船航行。有16吨起重机1台、5吨轮式装载机1台，主营装卸煤炭、盐、矿砂等散装货物。2014年，完成货物吞吐量19万吨。

【蚓江港区】　蚓江港区主要为蚓江港作业区。蚓江港作业区位于荣成市桑沟湾北岸，主要进口煤炭、化工用盐、钢铁、日用工业品等，是国家一类开放口岸作业区。港区面积17.4万平方米，货场面积2.5万平方米，水域面积90万平方米，码头泊位总长130米。拥有1000吨级泊位2个，起重机9台，最大起重能力25吨。2014年，完成货物吞吐量58万吨。

【靖海湾港区】　靖海湾港区主要由张家埠港作业区、张家埠新港（南海新港）作业区、好当家港作业区组成。

张家埠港作业区　位于文登区靖海湾港区北岸，码头岸线总长220米，拥有1000吨级泊位3个，进港航道13公里。港口装卸设备最大起重能力16吨，主要经营柴油、汽油、煤炭、盐等。2014年，完成货物吞吐量21.6万吨。

张家埠新港（南海新港）作业区　位于文登区靖海湾港区西岸，是新建港口作业区。一期工程主要建设4996米引堤及2个5000吨级杂货泊位，码头岸线长305米，年设计吞吐量107万吨。至2014年底，主体工程全部完工，并通过省交通运输厅质监站验收，基本满足试运行条件。二期工程主要建设2个5万吨级通用泊位、3677米防波堤和5万吨级航道，码头岸线长521米，设计年通过能力333万吨。至年底，建设防波堤1000米，编制5万吨级航道工程可行性研究报告，进行5万吨级泊位工程初步设计的招投标工作。

好当家港作业区　位于荣成市西南端、靖海湾畔，港区在好当家工业园区内，陆域面积3.5万平方米，堆场面积2.5万平方米，仓库面积1万平方米；水域面积12万平方米，码头泊位总长502米。有3000吨级泊位1个、1000吨级泊位1个、70吨汽车吊1台、8吨电动吊1台、大型装载机2台。主营散杂货装、成品油。2014年，完成货物吞吐量4.3万吨。

【乳山口港区】　乳山口港区主要为乳山口港作业区。乳山口港作业区位于乳山市乳山湾畔，是国家二类开放口岸作业区。老港区有500吨级泊位1个、1000吨级泊位1个，港口装卸设备最大起重能力16吨；新港区有2万吨级散杂货泊位2个，码头全长390米，设计年吞吐能力180万吨，配备门座式起重机4台、装载机5台、叉车2台，最大起重能力25吨。主要以装卸煤炭、矿石等散杂货为主。2014年完成货物吞吐量123.5万吨。2008年成立乳山兴港海上游乐有限公司，拥有客船4艘、快艇5艘，2014年完成客运量3.64万人次。

（宫本胜）

海　运

【概况】　2014年，全市海上运输新增船舶6艘9.63万载重吨，淘汰老旧船舶10艘6.15万载重吨，运力得到进一步优化，船舶大型化、专业化程度显著提高。至年底，全市省际运输船舶91艘64.7万载重吨，占总运力的2/3，其中，1万载重吨以上船舶11艘，最大的为7.1万载重吨，平均船龄降至6.8年，平均吨位增至7110载重吨，主要从事国内沿海及长江中下游干散货物、油品运输业务；中韩班轮运输企业5家，客箱班轮5艘4001客位1202箱位，从事威海至韩国客货（箱）运输；国际船舶管理公司16家，代管船舶（挂中资方便旗）44艘33.5万载重吨，主要从事近、远洋国际货物运输；市内水运企业（海上旅游公司）10家，有旅游客船、游艇44艘4089客位，主要从事辖区陆岛旅客运输和海上游览观光业务。

全市港口开通国际、国内班轮航线22条，每周56个航班。其中，客货班轮航线6条，每周29个航班（通往韩国5条，每周15个航班；通往大连1条，每周14个航班）；集装箱班轮航线15条，每周27个航班（通往日本、韩国10条，每周13个航班；通往国内沿海港口5条，每周14个航班）。全市开辟威海至刘公岛、刘公岛至鸡鸣岛、小石岛至褚岛、环威海湾、荣成西霞口至海驴岛、荣成荣喜码头至苏山岛、乳山口港至小青岛、乳山挂子场至南黄岛8条海上旅游观光航线，开发了威海国际海水浴场、威海九龙湾、文登南海金滩、荣成桑沟湾和乳山银滩5处海上游览观光项目。

2014年，全市海上运输完成货运量1531万吨、货运周转量194.6亿吨公里，比上年分别增长4.3%和8.7%；完成客运量481.6万人、客运周转量4.5亿人公里，分别增长10.8%和14.4%。

【威东航运有限公司】 威东航运有限公司所属“新金桥Ⅱ号”“新金桥Ⅴ号”分别从事威海、青岛至韩国客货运输业务，2014年安全运行306航次，运送中外旅客26.6万人次、集装箱14.8万标准箱，取得良好的社会效益和经济效益。开展第三届社会公益活动，组织青岛20名贫困学生、威海儿童福利院20名孤儿赴韩国学习、旅游，向威海市儿童福利院捐款1.1万元。公司凭借优质、高效的服务，科学及人性化的管理，2014年继续被授予“威海市基层工会工作先进单位”“威海市港航系统安全生产先进企业”“威海市对外物流先进企业”“山东省口岸共建文明窗口”等称号。

【威海市海大客运有限责任公司】 威海市海大客运有限责任公司是山东省唯一一家经营威连航线客滚运输业务的水运企业，拥有“生生1”轮和“生生2”轮2艘客滚船，船舶总吨位3.12万吨，总客位3186个，车道线1815米。其中，“生生2”轮作为国内首艘满足安全返港要求的客滚船，其推进、电力、操舵、导航、通信、消防6大系统全部为独立的双套系统，被省交通运输厅评为安全返港示范船。该公司始终坚守“安全是生命，旅客是上帝”的经营理念，狠抓安全管理，为船舶全额配备保温救生服，提升船舶安全监控系统，实现了安全生产形势持续稳定，成为威海市交通运输系统首家安全标准化管理达标一级企业，连续7年被中国海事局授予“安全诚信公司”称号，连续6年以“零不符合”通过了中国海事局的“安全管理体系”审核。2014年，组织实施各项应急演练200余次，其中，大型船岸综合应急演练2次，安全运送旅客60万人次、车辆5万辆次。

【威海胶东国际集装箱海运有限公司】 威海胶东国际集装箱海运有限公司是由威海宏桥贸易有限公司和韩国正仁海运株式会社出资成立的中韩合资国际海运企业，2009年开始从事威海港至韩国平泽港的客货班轮运输业务。2011年公司资产重组，威海港集团有限公司持有84.0%的股份，兼营集装箱场站、运输车队和货运代理，有“中达永安”轮和“中达平安”轮2艘客滚船，其中“中达永安”轮（总吨位2.41万吨、载客750人、载集装箱214标准箱）投入运营。2014年，安全航行154个航次，运送旅客15.2万人次、集装箱3万标准箱。

【荣成华东海运有限公司】 荣成华东海运有限公司是由石岛集团有限公司、韩国斗宇海运株式会社及金裕锡三方共同出资成立的中韩合资国际海运企业，主要从事荣成石岛港至韩国仁川港的客货运输业务。拥有客滚船“华东明珠Ⅵ”轮，每周3个航班，航线海上距离220海里，是中国至韩国最近的海上航道。2014年，运送旅客14.8万人次、集装箱4.3万标准箱。

【荣成大龙海运有限公司】 荣成大龙海运有限公司是由西霞口集团有限公司与韩国大亚高速海运（株）出资成立的中韩合资国际海上运输企业，主要从事荣成龙眼港至韩国平泽港的客货运输业务，是韩国平泽港的第一条客货班轮航线。有客滚船“永霞”轮，可承载载客720人、集装箱267标准箱，每周3个航班，单程12小时。2014年，安全航行152个航次，运送旅客16.6万人次、集装箱4.6万标准箱。

【石岛国际航运有限公司】 石岛国际航运有限公司是由荣成石岛新港港务股份有限公司与韩国沧溟海运株式会社合资成立的国际海上运输企业，主要从事荣成石岛港至韩国群山港的客货运输业务，该航线是中国唯一一条至群山港的客货班轮航线。拥有客滚船“SHIDAO”轮，每周3个航班，单程12小时。2014年，安全航行151航次，运送旅客13.6万人次、集装箱2.24万标准箱。

【威海老船长航运有限公司】 威海老船长航运有限公司成立于2008年，主要从事国内沿海及长江中下游普通货物、成品油船运输业务。公司下辖威海老船长国际船舶管理有限责任公司，从事船舶买卖、租赁、国际船舶代理业务，以及代理海船船员办理申请培训、考试、申领证书等有关手续，为国内航行海船提供配员。拥有国内货船4艘3.63万载重吨、油轮1艘4217载重吨、拖轮1艘、加油船1艘、旅游船2艘，代管国际货船5艘7.13万载重吨。2014年，完成货运量118.6万吨、货运周转量11亿吨公里。

【威海市旅游码头有限责任公司】 威海市旅游码头有限责任公司成立于1988年，原名威海市海上旅游联合运输公司，是威海市国有资本运营有限公司和威海刘公岛实业发展有限公司控股的有限责任公司，从事威海至刘公岛、环刘公岛观光游以及海上观光、垂钓、婚纱摄影等旅游客运业务，是交通运输系统安全生产标准化达标二级企业。拥有旅游船舶24艘、货运登陆艇1艘、游艇2艘，客位2690个。建有岛内外两座客渡码头，岛内码头可同时停靠客渡船5艘，岛外码头可同时停靠3艘，浮码头可同时停靠2艘。岛内外候船大厅面积分别是6500平方米和1000平方米。公司创建的“情满文明航线”被评为山东港航“十佳文化服务品牌”之一，获得山东省海事系统“安全诚信企业”称号。2014年，运送游客260万人次。

【山东侨乡国际旅游有限公司】 山东侨乡国际旅游有限公司成立于2013年11月，其前身为威海顺航海上旅游有限公司，隶属于山东侨乡集团。新建“侨乡”号沿海二类客船替代“嘉德威”旅游船从事威海沿海短途游览观光业务。

该客船功能设施趋于邮轮模式，可载客499人，船内设置33套贵宾间和标准间客房、11个餐饮包间、可容纳376人的演艺与餐饮大厅、可容纳36人的独立贵宾厅，配备了娱乐室、儿童乐园、模拟高尔夫球场、多功能咔吧和特色超市等娱乐场所，为乘客提供观光、餐饮、娱乐等全方位服务，靠岸停泊期间，为婚庆、联欢会、旅客暂住等提供特色服务。2014年，安全航行167个航次，接待游客5万人次。

【威海九龙湾海上游艇观光有限公司】 威海九龙湾海上游艇观光有限公司成立于2009年，位于威海经济技术开发区海上公园，主营海上游艇观光及水上运动项目。有3艘观光艇及手划艇、摩托艇、水上三轮、大型充气城堡、充气帐篷、充气滑梯、充气碰船、充气水池、滚筒等各种水上充气玩具等，兼营撒网捕鱼体验、出海垂钓、沙滩自助烧烤、休闲吧、沙滩卡拉OK等娱乐项目。2014年，接待游客1万余人次。

（官本胜）

道路运输与管理

【概况】 2014年，全市有道路客运班线642条、客运车辆1377辆（含客运包车315辆），二级以上汽车客运站6个，公交线路185条、公交车辆1936辆，出租汽车2451辆，经营性货车4.53万辆，运输服务业户778家，搬运装卸业户95家，维修业户2137家（一类24家、二类271家、三类1576家、摩托车维修业户266家），A级检测站6家，驾校17家、教练车1248辆、教练员1429人。全市完成道路客运量3226万人，客运周转量28.37亿人公里；完成货运量7929.8万吨，货运周转量141.63亿吨公里。

【运力结构调整】 新增和延续经营客车114辆，其中，新增天然气客车15辆，天然气客车总数达94部，中高级客车总数达1378辆，占营运客车总数的98.4%；新增大专特货运车辆1836部，大专特货运车辆总数达2.13万辆，占营运货车总数的46%；中心市区完成购置国四标准节能环保型公交车290辆，淘汰老旧公交车202辆，新能源公交车占比达54.7%；淘汰营运“黄标车”7931部，占营运“黄标车”总量的59%；新能源营运车辆总数达1176部，比上年增长28%。

【道路客运集约化】 2014年，完成集约化改造客运车辆425部，其中，威海至荷山、汪疃区内短途班线客车15部，威海至乳山（青威高速线）班线客车46部，文登区内短途班线客车和公交车197部，威海至文登（文登宏利客运有限公司）班线客车22部，荣成市内公交车145部。

【威海北站开通运营】 12月28日，威海北站正式开通运营。制定《威海北站综合交通枢纽运行保障方案》，做好班线客运、公交客运、出租客运等交通运输方式与城铁客运的有序衔接，优化调整公交线路12条，新增公交大战快线1条，出租车待租保有量保持在40辆左右，日均集疏散客流量约2000人次。

【货运电召试点运营】 年内，在中心市区利用运管网站和“12328”交通运输服务热线等平台为货物运输供求双方搭建信息通道，引导城市货运经营主体的集约化、规模化发展。首批筛选了100部2吨以下的厢式货车和栏板货车进行电召试点运营，主要服务项目包括城市小批量货物快运、搬家运输、市民的家装运输、生产企业的生产物资运输配送等。

【创建“阳光蓝的”品牌】 坚持创新载体，丰富内涵，拓展外延，在出租客运行业全面打造“阳光蓝的”服务品牌。深化“警的巡防联动”行动，会同公安部门联合举办“警的巡防联动”表彰大会、纳凉晚会等活动，对在“警的巡防联动”中成绩突出的18名优秀出租汽车驾驶员进行通报表彰；联合市残联、文明办等部门开展“阳光蓝的——爱心助残”活动，将市区1543辆出租车（不含文登区）全部发展成为爱心车，向残疾人群体捐赠200把轮椅，“爱心助残”募集捐款18万余元；启动新一轮“争创威海的士名片”活动，对40名事迹突出的出租车驾驶员授予“威海的士名片”称号；组织开展高考服务直通车、敬老助残、志愿服务等社会公益活动。

【创建“威海快修直通车”品牌】 创建“威海快修直通车”品牌，开展“阳光维修、诚信服务”和“汽车维修服务进社区、进军营”等活动；组织机动车维修企业开展形式多样的岗位练兵和技术比武活动，举办“二级维护专项操作对抗赛”和“严谨就是关爱——汽车保养竞赛”；不断完善汽车应急维修救援服务网络，全市汽车维修应急救援企业发展到37家，救援车辆67部，2014年实施应急维修救援服务5100余辆次。

【创建“幸福e驾”品牌】 创建“幸福e驾”品牌，开设威海驾培网，为广大学员提供择校指南、驾校推荐、网上报名、经验交流、在线投诉等服务信息，以及行业新闻、政策宣传等，评选2家驾培机构作为“幸福e驾”品牌创建试点单位，推广“一人一车”“预约教学”“自主择教、自主择车”等多样化、个性化的驾培教学服务方式；制定教练员“黑名单”管理制度，全面加强教练队伍管理；联合公安交警部门，开展为期6个月的机动车驾驶员培训专项整治活动，推动建立诚信服务、质量监督和安全监管“三大体系”。

【“的哥”陈楠被评为“全国见义勇为英雄司机”】 12月25日，第十一届“昆仑奖”全国十大见义勇为英雄司机表彰大会在北京人民大会堂举行，威海市出租汽车有限公司“的哥”陈楠因协助公安部门成功侦破恶性抢劫案件被评为“全国见义勇为英雄司机”。这是威海市出租客运行业自2011年启动“警的”联动活动以来涌现的第二位全国见义勇为先进典型个人，也是威海市道路运输行业创新社会管理，打造平安威海又一成果展示。

（孙俊生）

【交通运输监察】 2014年，威海市交通运输监察支队被确定为交通执法“三基三化”（基层执法队伍职业化、基层执法站所标准化、基础管理制度规范化）建设试点单位。支队坚持从提升执法队伍整体素质、完善执法场所办公环境、健全组织管理制度、创建执法服务品牌等方面开展试点，基本实现了执法证件、执法服装、标志标识、执法场所外观“四统一”，通过了省交通运输厅执法检查组考核。多措并举开展打击“黑车”非法营运专项整治，在执法方式上，实行动态监督与暗中调查相结合、源头严查与区域巡查相结合、上班时间与下班时间相结合等方法，对非法从事客货运的车辆开展拉网式专项执法；在执法联动上，坚持与群众联动打“黑车”，做到群众随时举报随时查，举报一起，查处一起；在执法重点上，支队下属各大队在本行政区域的国省道、县乡路、高速公路主要出入口、城市道路与县乡路交界等处实施执法检查，重点打击“黑车”拉客行为。全年查处无证经营客车210辆次、违章货运车1800辆次。开展超限超载治理整顿，进一步完善“源头管、路面查、事后追踪处理”的治超长效机制，巩固治超成果，有效保护公路路产路权，查处超限车辆160余辆次，全市公路超限超载率控制在3%以内，低于全省平均水平。

（张　君）

【威海交通运输集团有限公司】 2014年，威海交通运输集团有限公司以实现企业转型升级为目标，注重资源整合利用，向科学管理求效益，以优质服务树品牌，总体保持了平稳发展势头，各项生产经营活动稳定有序发展。积极转变经营思路，实施客运管理新举措，优化运力结构，推进集约化改造，推动售票网点建设，延伸服务领域，不断开拓客运业务。公司有营运线路270条、营运车辆515部，其中集约化经营线路32条，集约化经营车辆195部。加快发展方式转变，实现多种经营产业健康发展。组建威海交运公共交通有限公司，11月，在威海临港经济技术开发区开通4条公交线路；6月，组建旅游汽车分公司，发展壮大旅游及包车业务，拓展校车业务。始终把安全生产摆在首位，加大安全生产的资金投入和管理力度，落实企业主体责任，确保公司安全生产形势持续稳定。积极践行“真诚相伴”服务品牌，丰富企业文化内涵，参与文明城市创建活动，投身社会公益事业，慈心一日捐、高考爱心车队等公益活动赢得社会赞誉。公司获“2014年度中国道路运输百强诚信企业”“全国交通运输企业文化建设优秀单位”“全省交通运输系统本质安全建设先进（银奖）企业”等称号。

（陈　莹）

【威海市联运有限公司】 威海市联运有限公司下辖快件运输、交通旅行社、威海经济技术开发区货运市场、货运配载中心、客票联售处、汽修厂、客运出租等经营部门和上海办事处等办事机构。2014年，公司完成货物联运量2万余吨，客票联售量3.1万张，车辆保修工时17万工时，货运市场内社会货运交易额继续保持1亿元水平，公司营业总收入、总资产等比上年均有所提高，员工年人均收入连续6年实现了上调。年内，公司把工作重点放在草庙子新购土地工程建设上，工程于7月22日正式奠基开工建设，至年底，主体工程完工，进入招商阶段，主要用途是物流仓储、生产车间。公司连续多年保持“百家诚信单位”、三星级“劳动关系和谐企业”及“山东省交通系统劳动关系和谐企业”等称号。

（商洪飞　傅俊）

城市公共交通

【概况】 2014年末，威海市有公交运营线路185条、公交车辆1936部，出租汽车2451辆。其中，市区有公交运营线路55条，线路网长度220公里，运营线路总长度809公里；公交车辆984辆，全年公交车辆客运总量1.07亿人次，平均日客运量29.32万人次；出租汽车1543辆。

【市域公交一体化】 修编《威海市公共交通专项规划》，构建市域公交一体化网络体系。推进城市公交优先发展，以新型节能环保型公交车替换老旧公交车；开通大站快线K3、K4线和社区2号线，调整优化8条公交线路；建成使用环山路公交停保场、江家寨公交首末站，开工建设东部滨海新城崮山公交停保场；建成公交智能化调度管理平台和手机查询系统。加快实施城乡公交一体化，完成威海市区、荣成市、乳山市公交及威乳客运集约化改造；开通威海临港经济技术开发区公交，完善东部滨海新城、双岛湾科技城、环翠区近郊镇等重点区域城郊公交线网布局，实现威海市区1元制城郊公交全覆盖；组建威海公交集团文登公交公司，

威海公交推出信息手机查询系统　　市交通运输局提供

推动文登区公交同城化发展；开通“五定五统一”（“五定”即定线路、定班次、定时间、定站点、定票价，“五统一”即统一车型、统一标识、统一调度、统一服务标准、统一管理）威乳城际公交快线。

【威乳城际公交快线开通】 年内，在完成威海至乳山班线客车集约化改造的基础上，试点开通了“五定五统一”的威乳城际公交快线，运力由原来的46部中型中级客车调整为23部大型高级客车，提高服务质量，满足城际快速公交。

（孙俊生）

【威海公共交通集团有限公司】 威海公共交通集团有限公司有公交营运车辆1063辆，营运线路70条，线路总长1100余公里。2014年，完成公交客运量1.2亿人次、营运里程3200余万公里。加大运力投入，投资1.37亿元，新购国四标准节能环保型公交车290辆，其中空调车57辆，淘汰老旧公交车202辆，市区清洁能源公交车总量达616辆。扩大公交线网覆盖面，开通大站快线K3线（张村至火车站）、K4线（威海北站至威海港客运中心）和社区2号线（武警支队至江家寨立交桥）；结合威海北站开通使用，进一步优化线网布局，将K2线、6路线始发站延伸至威海北站，调整28、29、30、38、48、95路线，增设威海北站公交站点。完善公交基础设施建设，建设完成环山路公交停保场、江家寨公交首末站，开工建设东部滨海新城公交中心站，其中，环山路停保场面积2.1万平方米、江家寨首末站面积6300平方米、滨海新城中心站面积3.7万平方米；新建公交候车亭5座，安装候车座椅119个，更新国标公交站牌100个。加快公交智能化建设，完成50条线路520辆公交车智能化改造；推出公交信息手机查询系统，日均点击量近3万人次；在威海北站安装使用6个公交电子站牌。推进市域公交一体化，在文登区设立全资子公司文登公交有限公司，对文登区公交进行统一运营管理，在票价、服务、安全、运营等方面实行威海市区统一的规范标准，先后购置56辆节能环保公交车，开通城区9条公交线路，IC卡实现整个市区互联互通；增设206个公交站点，改市民招手停车为站点候车。积极落实公交惠民政策，全年为70周岁以上老年人、残疾人、低保家庭学生等特殊群体提供免费乘车808万人次，为65～69周岁老年人和中小学生提供半价乘车759.8万人次。抓好安全生产，加强安全生产责任体系建设，细化目标任务，落实责任主体，开展“以点管控”“网格管理”“问责前移”为中心内容的排查整改活动，检查车辆3000余车次，全年无一般以上交通责任事故。积极参与创建全国文明城市工作，持续开展“排队礼让—文明乘车”和“公交服务进社区”等志愿服务活动，组织公交志愿者维持站点乘车秩序，倡导市民文明乘车；丰富车厢文化，加大文明公益宣传，张贴、播放以社会主义核心价值观、传统文化为题材的公益广告，在K1、K2线开通移动4G免费无线上网服务。2014年，市民对公交总体服务满意度达93%。

（江方　张黎）

【威海市城郊公共交通有限公司】 大力发展低价惠民城郊公交。1月23日，对市中心区域发往环翠区羊亭区域的公交车实行一元票制；1月27日，将环翠区温泉区域部分线路延伸，实行一元票制，增加2部区域内循环车辆，在羊亭镇内增加4部内循环车；3月28日，对市区发往初村、崮山区域的公交车实行一元票制，新开通由初村至威海高技术产业开发区管委的123路车，将117路初村区域车辆终点站由鸣球集团部分延伸至威高工业园、部分延伸至初村场站，117路市内区域终点站部分车辆由望海园延伸至望岛名都小区发车；12月28日，结合威海北站开通运营，将113路、114路、116路、123路4条线路30部车调整进出威海北站。加快公交车辆购置更新。投资2150万元，购置60部天然气环保型公交车，对通往羊亭、温泉、初村镇的部分公交车进行更新，其中，羊亭镇的113、114、115路将原有的7.6米公交车大部分更新为8.5米天然气公交车，温泉镇主干线路101路全部更新为8.5～10.5米天然气公交车，117路投入10部10.5米天然气公交车。大力发展校车、包车服务。公司有标准化新校车83部、包车67部，为9所中学、16所小学、12家幼儿园和4家企事业单位近4000名职工提供运输服务。加强场站基础设施建设。在羊亭镇孙家滩村建设占地面积1万多平方米、建筑面积1600平方米的停保场和占地面积3300多平方米、建筑面积800平方米的加气站；投资200余万元新设置200余个站牌、40个站亭。加强公交智能化建设。对60部公交车辆安装车载实时监控一体机，其余公交车辆配备车载监控设备，实行车辆运行全程监控，对所有线路按照设置站牌的位置进行站点录音和GPS报站定位。做好重大节日和重要时段安全生产工作，开展“安全生产百日攻坚行动”“安全生产月”和消防培训、模拟演练等各项安全活动，公司营运车辆全年行驶1854万车公里，实现安全平稳发展。年内，公司召开了二届一次董事会，研究通过增加公司注册资本金等事宜，注册资本金由50万元增加到1500万元，固定资产突破1亿元。

（于　芳）

公路建设与管理

【概况】 2014年，全市实施荣文高速、文莱高速、香水河大桥、省道S301石烟线改建等8项公路重点工程，总里程195公里，完成建设投资13.5亿元，建设规模和投资总额继续保持高位。省道S301石烟线外移工程建成通车，荣文高速公路顺利完成全线路基小桥涵建设和大中桥下部结构施工，路面工程全面启动，超额完成年度目标，工程建设质量进度保持全省同期开工高速路前列。9月底前，国道G309文登横口至杭格庄、青石河至西铺头及石泽线石岛吴家至靳家店子、威青线乳山寨至海阳界4项大中修工程均提前竣工通车。以上项目的实施，进一步完善了威海市干线路网结构，提升干线公路的通达深度和综合服务水平，特别是荣文、文莱两条高速公路的建设，将极大地缓解威海市对外联系的交通瓶颈，有力地服务全域城市化和市域一体化发展。至年末，全市公路通车里程7060公里,其中干线公路1349公里(国道128.9公里、省道1220.1公里；高速公路124.5公里、一级和二级公路1186.8公里)，二级公路以上比重由上年的96.8%提高到97.2%。

【省道S301石烟线江家寨至双岛段改建工程建成通车】 12月31日，省道S301石烟线江家寨至双岛段改建工程交工通车仪式在金蚂蚁汽车广场十字路口北侧举行，工程正式建成通车试运行，比计划工期提前1年。工程全长30.1公里,其中新建路段17.8公里，连接威海经济技术开发区、环翠区和双岛湾旅游度假区，起点位于江家寨互通立交，向西在冶口水库北侧与威石路和威青路相接，在金蚂蚁汽车广场十字路口向北为新建路段，途径西山口、竹园村，在小西庄西南到达新建路段的终点，之后利用初羊路，与省道S204初张路连接，终点止于北海。全线按双向4车道标准建设，其中与规划环山快速路重合的路段双向6车道，沿线有大桥8座、小桥3座、涵洞28道、互通立交1处,上级批复总投资9亿元。工程建成后，实现了原石烟线绕城段(环山路)外移改线的目的，形成与规划快速内环的相互衔接，在主城区与威海经济技术开发区、威海高新技术产业开发区和双岛湾旅游度假区之间打通了一条新通道。

【文莱高速公路开工建设】 11月27日，文莱高速公路在威海市文登区周格庄宋村西互通立交主线桥位置开工建设。项目主线全长约133.6公里，起自文登区臧格庄南，止于莱阳市西青埠南，东接已开工建设的荣文高速，西连潍莱高速公路，中间与烟海、青威和在建的龙青高速公路联网。采用双向4车道高速公路标准,设计速度100公里/小时，路基宽度26米。项目为省交通运输厅招商引资重点项目，采取建设—运营—转让的模式，由社会企业广州胜洲集团投资建设，项目属性为经营性公路，估算建设总投资112.4亿元，计划2018年建成通车。文莱高速公路是山东省“五纵四横一环八连”高速公路网中“连三”的重要组成部分，建成后，将与荣文高速公路连为一体，在威海市中部区域打通一条与省内西部城市快速联系的新通道，全市高速通车里程由125公里增至236公里。

【干线公路立项落实资金再创新高】 2014年，威海市15项普通干线工程纳入当年全省投资计划，落实省级以上财政资金6.6亿元，比上年增长22.2%，总量居全省第一位。疏港路、乳山能源路列入全省交通县乡公路衔接配套工程建设计划，落实省级资金3000万元，约占全省的1/3。全年落实省级以上到位资金约14亿元，比上年增长23%。一批重点项目前期工作取得突破，乳山口大桥工程可行性研究报告获得行业批复，威石辅路北延、省道S202文登段改建项目进展顺利。威石辅路北延项目位于东部滨海新城，全长15.6公里，设计双向6车道，是新城唯一一条南北纵向大通道；省道S202文登段改建项目，全长24公里，建成后将成为威海主城区、威海临港经济技术开发区与文登区连接的又一条重要路段。

【国道、省道安全保畅水平稳步提升】 围绕服务全国文明城市创建，投入5000多万元，针对薄弱路段、危窄桥梁、重点部位大力加强平安公路、畅通公路建设，优化提升公路通行环境，全年国道、省道干线优良路率始终保持在89%以上。突出“平安行·你我他”主题，与市交安委、沿线政府加强协调，深入开展道路安全隐患治理行动。投入300多万元，对缺失标志标牌、安保设施的95处隐患点进行整治；投入2400多万元，完成7座危桥加固改造，清理取缔环山路、威青高速路28块大型户外广告牌，公路安全运营水平和路容路貌明显提升。以贯彻国务院《公路安全保护条例》为主线，大力加强依法治路建设，对超限运输、占道经营、路面污染等涉路突出问题，强化多部门联动治理，路政案件发生率比上年下降30%。加强应急管理的信息化、规范化建设，依托公路信息中心，争取外部资源共享，扩大干线路网的视频监控覆盖面，模拟夏季防汛、冬季除雪防滑、重大节假日保畅通等突发应急情况，开展远程指挥调度实战演练，提高突发事件预测预警和协同应对能力，公路安全责任事件保持零发生。

【烟威高速公路快速通行调整】 12月24日，烟威高速公路双岛至北海段快速通行政策和收费系统完成调整。根据新的快速通行政策，通行双岛至北海区间段所有类型的轿车、客车，均不限属地牌照免费通行，通行费由威海市政府予以补助。收费系统调整后，上述类型的车辆通过收费站不再由人工操作，按军车键放行，安装ETC智能卡的车辆通过ETC车道自动实现零扣费。威海市成为全省唯一一个通过收费政策和收费系统调整完成高速公路区间全免费的市。调整后，单车通过

12月5日，除雪机械在环山路进行清雪作业　　市公路局提供

时间由9秒缩至5秒，ETC车道日均通行量由100辆次增至1200辆次，且仍有增长趋势。快速通行政策的调整，实现了双岛、北海收费站收费车道更加高效的利用和过往车辆更加合理的分流，车辆通行效率大幅提高，极大地缓解了烟威高速高峰时段通行压力，为双岛湾科技城开发建设和城市空间向西拓展创造了更加快捷的交通环境。

（于　涛）

铁路建设与运输

【概况】 2014年，威海市铁路局努力克服铁路运输市场持续低迷等不利影响，积极化解青荣城际铁路工程建设对运输组织和安全生产带来的压力，通过加强运输组织、强化客货营销、优化运力配置等手段，进一步扩大运能，增运增收，圆满完成各项工作任务。年内，完成客运量323万人次、货运量54万吨，实现客货运输收入3.49亿元。威海市铁路局获“2014年度全国地方铁路先进单位”“2014年度全市安全生产工作先进单位”“交通沿线军交运输现代化建设工作先进单位”称号。

【实现安全生产7000天】 始终坚持“安全第一、预防为主”的工作方针，以精细化管理为手段，在安全管理体系建设、完善基础设施、提高装备质量、落实安全措施等方面，不断加大人力、物力、财力投入力度，构建全员、全过程、全方位的安全风险控制体系，保证了铁路运输的安全稳定。至5月24日，桃威铁路实现安全生产7000天，在全国铁路系统中位居前列。

【开办国际铁路货物联运业务】 3月21日，中国铁路总公司批准桃威铁路开办国际货物联运业务。国际铁路联运业务的开办，打开了威海陆路国际运输大通道，对促进威海更加深度地参与国际贸易，扩大国际知名度，特别是对威海企业更好地拓展海外市场、增强竞争力起到重要的推动作用。

【开通新型集装箱班列运输】 年内，威海市铁路局联合中铁集装箱济南分公司成功开办通用集装箱（12.19米）运输业务。4月17日，威海南站至青岛黄岛港集装箱“五定”（定点、定线、定时、定价、定车次）班列开行。此举进一步完善桃威铁路服务功能，扩大运输范围和运输种类，对威海市的集装箱运输，特别是对威海港与青岛港共享开放优势，密切合作具有重要意义，也为威海企业提供了运行高速、手续简便、运期固定、安全优质、价格优惠的运输方式。

【优化调整旅客列车运行线路】 针对青荣城际铁路开通对桃威铁路客运业务产生的影响，威海市铁路局对列车运行线路进行了优化调整。取消济南—威海—汉口套跑模式，实现威海—汉口旅客列车每日对开，威海—济南旅客列车夕发朝至，每日对开。在铁路客运市场上与城际铁路形成高低搭配、错位竞争的发展态势，满足不同层次旅客、不同时段出行的需求。

【服务质量持续提升】 年内，威海市铁路局通过多种措施，促进服务质量持续提升。充分利用电视、广播、报纸等新闻媒体，扩大营销宣传，深入推广网络订票、电话订票、代售点购票、自动取票机取票等便民利民措施；加强与上级业务主管部门沟通协调，申请开办农民工和学生团体售票业务；客运高峰期，通过增开售票窗口、延长售票时间、协调加挂车辆等办法为旅客出行提供便利；投入资金对客运硬件设施进行升级改造，加强无障碍通道建设，丰富和完善硬件服务功能；加大对投诉事件的处理力度，铁路投诉处理率和旅客满意率连续两年达到100%；威海—北京旅客列车连续四年被授予全国铁路旅客列车综合评比最高荣誉——“红旗列车”称号。

【配合青荣城际铁路工程建设】 威海市铁路局始终坚持从大局出发，严格按照市委、市政府总体工作部署，全力以赴为青荣城际铁路工程建设创造便利条件。成立了专门领导小组和工作班子，与工程的设计、建设、管理部门积极沟通，反复磋商，提出建设性意见，帮助优化设计方案；全面强化安全管理，在施工准备、人员配备、作业现场监控、旅客乘降组织和车辆调度等方面，采取科学严密措施，确保施工安全和旅客人身安全；完善运输组织，制定科学的行车组织和客货运输方案，既保证工程顺利进行，又较好地维护了桃威铁路正常运输秩序。

（张　凯）

民用航空

【概况】 2014年，威海市民航局认真梳理各项工作任务，成立了党的群众路线教育实践活动、威海机场适应性改造、深化内部经营体制和薪酬制度改革、基础工作管理深化年活动等12个专项工作领导小组，明确工作职责，确保复杂局面下各项工作有条不紊推进，机场跑道适应性改造工程按期完工并顺利复航，航班平移工作方法开创国内先例，复航后原有的主要航班在不足1个月内全面恢复。在旺季停航5个月的情况下，全年机场仍实现了运输飞行6191架次，完成旅客吞吐量54.84万人次，货邮吞吐量2666吨。

【机场适应性改造】 4月30日24时，威海机场临时关闭，实施适应性改造工程。作为全市2014年度重点工程，重点完成了场道及助航灯光、航管设备及配套设施改造、02号仪表着陆系统航向台搬迁、新建国际航站楼及综合服务设施项目、助航灯光系统更新改造、航站楼改造6个工程项目。经过设计、审批、立项、招标、施工准备、工程建设、验收整改等程序，机场顺利通过竣工验收、校验飞行、行业验收、机场使用许可证换发检查、航空公司试飞等一系列审查。9月28日，威海机场按期复航，投入运营。

【航线航班恢复】 2014年年初，各航空公司为了减少机场停航损失，提早调整运力及航线，导致航班大幅下降。为此，威海机场在停航前航班运行架次同比下降12.4%的情况下，加大营销宣传力度，优化航班结构，提高运营品质，至4月30日停航前，旅客吞吐量同比仅下降2.4%，货邮吞吐量下降4.7%。停航期间，威海机场在国内首创了航班平移工作先例，将航班时刻丢失风险最大的北京、上海、济南、大连和韩国仁川等主要航线航班平移至烟台、青岛机场，有效解决了国内多数机场复航后航班时刻丢失，不能正常复航的难题。9月28日复航当天，机场原有的北京、上海、济南、哈尔滨、杭州、深圳、大连及韩国仁川航班均顺利恢复。至10月26日航班换季，威海机场停航前所有航班全部恢复，同时济南、上海、台北、大连航班得到加密，并新增南京、天津航班。机场周航班量由停航前的每周102班，在复航不到1个月内恢复并增长至每周115班，合作的航空公司在原有基础上新增华夏航空公司和天津航空公司。

【资金落实】 围绕机场适应性改造及复航工作，市民航局积极协调民航上级主管部门，获得国家民航发展基金补助支持。其中，威海机场02号仪表着陆系统航向台搬迁项目120万元、威海机场新建气象观测站项目870万元、导航设施设备更新改造项目730万元、航管设备及配套设施更新改造项目496万元、场道及助航灯光项目3300万元。同时，市民航局主动与各级有关部门协调对接，获得山东省蓝区区域发展专项资金5000万元，为机场适应性改造工作的有序推进提供了有力保障。复航费用方面，由于创造性的采取了航班平移工作方法，预计复航费用约为1.4亿元，在同济大学及华东设计院参照同类机场测算的4.1亿元基础上可节约2.7亿元。

【内部经营体制和薪酬制度改革】 2014年，市民航局全力实施内部经营体制和薪酬制度改革。在市国资部门的指导下，完成了清理财产及核定资产、财经纪律及资产质量情况审计、资产评估及核准工作；制定内部经营体制改革方案和实施方案，市政府常务会议研究通过；确定公司结构框架、职责分工、法人治理结构；制定公司章程、议事规则等一系列工作。市民航局积极与中国民航管理干部学院对接，邀请相关专家对威海民航体制改革工作进行交流指导，为深化内部经营体制和薪酬制度改革做好准备。

（于军见）

邮　政

【概况】 2014年，威海市邮政管理局牢牢把握“稳中求进”的总基调，坚持“安全为基、发展为要、服务为上”的总要求，统筹推进邮政服务均等化和快递服务便捷化建设，全市邮政业整体保持良好发展态势。年内，全市邮政企业和快递服务企业完成主营业务收入（不包括邮政储蓄银行直接营业收入）5.93亿元，比上年增长2.0%；完成业务总量6.21亿元，增长13.7%。

全市快递服务企业完成业务量1920.97万件，比上年增长43.3%；完成业务收入3.38亿元，增长17.4%。其中，同城业务收入2828.40万元，增长39.6%；异地业务收入2.18亿元，增长21.8%；国际及港澳台业务收入7332.82万元，下降0.3%；其他业务收入1838.78万元，增长21.1%。至2014年底，全市取得快递经营许可证的快递企业及分支机构71家，从业人员1484人，有机动车743辆。

全市设普遍服务网点101处，专门办理金融汇兑业务3处。其中，城市自办网点35处、农村自办网点69处；电子化营业场所102处、手工网点2处。全市设邮筒（箱）145个、邮政报刊亭109个、信报箱（群）3.94万个、三农服务站859个、便民服务站2511个。

（沈莎莎）

【山东省邮政公司威海市分公司】 2014年，山东省邮政公司威海市分公司（以下简称市邮政公司）积极履行普遍服务义务，全力保障邮路通信安全畅通，连续26年机要通信质量“全红”。在互联网快速发展的新趋势下，坚持以信息化为引领，不断改革创新，开辟新的服务领域，着力打造覆盖范围更广、网络功能更强的综合性服务平台。

服务内涵延伸拓展　持续推进邮政网点转型工作，投资338万元装修改造网点6处，更换投递摩托车200辆，配备了GPS定位系统，网络服务能力得到提升。满足群众多元化需求，在邮政网点建设邮政手机卖场31个，销售手机3000部。在部分网点引入韩国食品、海产品、小家电等产品项目，为客户提供一站式便捷服务。针对老年客户等特殊群体，在邮政窗口推行“差异化服务”“感动服务”，开辟特色服务窗口，定期组织开展会员活动。整合集邮、报刊、图书等文化产品，发行了“抗击山火”“甲午战争120周年”个性化邮票及“城铁开通”纪念邮品，开展集邮品鉴会、报刊图书展销、幼儿校园公益讲座等活动，组织9场儿童剧等文化演出，活跃市民的文化生活。成功运作《乡村文明行》手册、金融防诈骗宣传卡等项目，取得良好的社会效益，邮政传媒品牌知名度进一步提高。函件“约投挂号”业务开通，为客户提供优先处理、预约投递、按址上门签收的信函寄递服务。网络邮局、微信邮局得到推广，拓宽了邮政服务渠道。

综合平台惠民利民　全市建设邮政便民服务站2900处，年代收各类缴费320万笔，缴费金额1.5亿元，覆盖全市70%的村和重点城市街道社区。便民服务站立足社区和乡村，依托商店、手机店、药店以及社区居委会等拓展公共服务，逐步形成缴费通、票务通、邮政通、商品通四大服务板块，年内新增邮政小包自提、车险代理、火车票、汽车票、轮船票代售等服务。2月18日，威海市第一张磁介质火车票在威海市邮政票务中心出票。加盟商加载便民服务站，带活了店铺人气，增加了经营收入。邮政免费为其提供的“邮掌柜”系统使店铺供销存管理系统化、信息化。店主能通过该系统在网上下订单，登陆邮政“邮乐网”平台，将线上网络商品转到线下，为百姓网络购物提供可靠的实体渠道。邮政便民服务站各类代收费的增加，可有效缓解公共事业单位、银行排队缴费等问题，促进城乡基本公共服务的均等化。

服务三农扎实开展　按照“合作社＋示范田＋农资配套供应＋科技服务＋邮政业务”的新模式，提高服务三农工作水平。围绕威海种植结构和品种，以“因地制宜、稳步推进”为原则，以“测土配方肥”项目为支撑，加快推进科技示范田创建。按照“统一整地播种、统一肥水管理、统一技术培训、统一病虫害防治、统一机械收获”五统一标准管理，全市建设示范田6666.67公顷，合作社会员1.8万户。继续与农业部门加强合作，做好农业科技推广。全市召开三农服务站农资订货会、科技讲座321次，订货量8000吨。服务新农村建设，丰富农村生活用品配送种类，引进了净水器、光伏太阳能等产品。组织开展樱桃、油桃采摘游和县域会展等活动，带动农产品进城。积极推进便民服务站加载助农取款点，加快“绿卡村”建设，提升农村金融服务水平。

电商领域创新模式　市邮政公司在搭建电商服务平台方面走在了同行前列，分别获得全国通信行业、邮政集团公司、省邮政公司企业现代化管理创新成果三等奖。市邮政公司与威海高技术产业开发区管理委员会联合举办了威海高新电子商务创业孵化基地揭牌仪式暨“数据化运营”高端培训。位于丹东路的威海高新电子商务创业孵化基地由市邮政公司负责招商运作，占地面积4公顷，已建成1.30万平方米网商办公、仓储物流用房，可提供包括淘宝网等服务平台电商解决方案、独立商城与企业独立网站建设推广解决方案、企业电子商务团队组建与人才培训等9大类服务，已进驻电商企业34家。全年有400家电商客户邮寄邮政国内小包46万件。威海邮政为电商客户提供通达全国的小包邮寄服务，封装、打印、仓储、培训等一系列增值服务项目和配套设施为广大电商创业人士提供了便利条件。“惠民优选”项目正式上线，发展会员1.5万名。邮政O2O电商模式初步成型，为威海市电商产业发展注入新的活力。

管理改革释放活力　2月底，威海市邮政局更名为山东省邮政公司威海市分公司，公司化改革不断深化。完善员工薪酬管理办法，员工收入与企业收益实现了同步增长。利用视频监控和现代网络手段实时监督通报，深入开展服务质量专项整治活动，邮政通信和服务通信质量稳步提升，社会满意度不断提高，刘公岛邮电所先进事迹被《大众日报》等媒体报道。和谐企业创建取得成效，乳山市邮政局获得“山东省富民兴鲁劳动奖状”。企业文化展览室、廉洁文化示范点建成，文化识别渐成系统。履行国企社会责任，踊跃参与文明城市创建、爱心联盟等活动，彰显邮政公益新形象。

（孟　桥）

刘公岛邮电所感动服务受到社会普遍关注，被《大众日报》等媒体报道。图为驻岛官兵领取包裹　　市邮政公司提供

电　信

【概况】　2014年，全市完成电信业务总量35.99亿元。年末，全市固定电话交换机总容量80.63万门，用户总数60.98万户，户均普及率59.7%；移动电话交换机总容量571万门，用户总数317.03万户，人均普及率113.2%，其中3G移动电话用户131.14万户，4G移动电话用户10.83万户；宽带用户总数71.65万户，户均普及率70.1%；光缆总长度80.29万芯公里；移动基站5238座，其中3G基站3390座，4G基站1865座；城市出口带宽460吉。

（王力召）

【中国联合网络通信有限公司威海市分公司】　2014年，中国联合网络通信有限公司威海市分公司（以下简称威海联通公司）秉承“以客户为中心，用服务促发展”的理念，持续提升综合通信能力和服务水平，在打造精品4G、3G、宽带网络的基础上，不断开发推广信息化新应用，为威海市信息化发展作出了贡献。

通信网络实现跨越式发展　2014年，威海联通公司加快推进城市通信基础设施建设，完成通信建设投资2亿元，通信能力持续增强。移动宽带方面，4G网络建设持续加快，4G信号实现对中心城区的良好覆盖，网络下行速率达150兆；3G网络进一步优化，3G信号完成对全市城区、乡镇区域的深度覆盖，城区网络下行峰值速率达42兆。采用新技术改善网络质量，移动网小区退服率比上年降低20%。固定宽带方面，重点加快农村宽带基础设施升级，调动专项建设资金1.2亿元，建成农村FTTH端口18万个，全市农村联通宽带光纤改造完成率80%，光缆到村的村庄占比99%，改造完成区域的用户宽带全部具备20兆以上接入能力。启动全光网改造建设工程，逐步完成传统语音交换机、ADSL设备退网，拆除市话电缆，实现网络全光化。良好的基础设施为宽带提速奠定了基础，2014年，威海联通固定宽带4兆以上用户渗透率达85%，8兆以上用户渗透率达45%；移动宽带（3G/4G）无线宽带用户总用户占比超过50%。年内，配合老旧小区改造工程完成22个小区466幢楼宇的通信设施改造。严格落实共建共享，通过共建共享节约重复建设投资约780万元。顺利完成重大事件的应急通信保障工作。

信息化应用广泛推广　2014年，威海联通公司基于领先的高速网络和智能终端，开发推广涵盖政务、民生、安防等各个行业的综合信息化应用，智慧城市建设快速推进。为文登区开发了“8812345”民生服务平台，实现对文登区域“110”出警、城管执法、社区网格、市长热线、行政服务、公共资源交易、便民社会服务、居家养老服务等各个涉及民生服务系统的整合集中和闭环管理，形成相关机构部门的横向有机关联和信息共享。为乳山市开发群众工作智能化信息管理系统，实现将发现的民生问题以图像、文字等形式实时回传，提高政府的民生工作效率，同时可以汇总丰富的民生信息为持续优化基层民生工作的目标、行为和绩效管理提供数据支撑和技术保障，中央电视台和山东电视台分别对此项目进行报道。为环翠区和威海经济技术开发区社区网格化管理平台提供网络和终端支持，实现公共部门民生服务前向延伸，提高城市基础管理效率和水平。建成市级党政部门政信通平台，党政公文的发送管理较传统短信通知方式更具实时性、灵活性和保密性。在文登区实施“智慧工地”项目，实现对在建工地的现场管理、扬尘状况和合规操作的实时监控。为荣成市开发消防监督管理系统，将日常消防检查工具延伸至手机端，实现消防检查工作的实时和闭环。

通信服务不断优化　2014年，威海联通公司新建各类门店网点74家，实现对主要居民区的有效覆盖，在各营业网点增加自助缴费设备225台。持续完善网上营业厅、手机营业厅、电话营业厅、短信营业厅及微博客服、微信客服公众号等线上网点功能，在淘宝、天猫、京东等网站设立网店，方便用户网上办理选号、缴费等业务。不断扩大银行卡代扣话费业务范围，方便用户交费。深入落实社会监督员制度，广泛听取社会各界的意见和建议。全年参加“行风热线”4期，群众反映的56个问题均在24小时内妥善解决。先后组织开展“服务渠道专项整治提升活动”“固网装维服务质量提升竞赛活动”“Show沃精彩投诉处理人员优秀录音评选”等服务提升竞赛活动，提高服务人员的业务素质和服务能力。全年越级投诉比上年下降46.5%，申诉下降71.3%。

技术创新成果丰硕　2014年，威海联通公司积极开展技术创新，公司快乐修障QC小组、亮点QC小组、火焰QC小组分别获得中国联通2014年集团公司“优秀质量管理小组”称号和山东联通公司“优秀QC小组”称号。快乐修障QC小组获得2014年“通信行业优秀质量管理小组”称号。公司党委被表彰为中国联通集团先进基层党组织，公司被表彰为2014年度威海市纳税新星企业，公司团委连续被评为威海市红旗团委。

积极践行社会责任　加强垃圾短信治理，全年垃圾短信举报率为0；开展打击网上淫秽色情信息“扫黄打非·净网2014”专项行动，确保接入的业务内容合法健康；严格落实“电话用户实名制”规定，开展“黑卡”清理规范活动；积极参与帮助帮扶村等社会公益事业，为残疾困难青工提供就业机会，依托“联通青春创业社”，持续为有志青年创业提供帮助和支持。

（刘霄飞）

【中国移动通信集团山东有限公司威海分公司】　2014年，中国移动通信集团山东有限公司威海分公司（以下简称威海移动公司）加快战略转型，巩固竞争优势，努力开启威海移动4G发展新局面，为威海市信息化发展作出了应有的贡献。公司连续多年被市委、市政府评为“年度经济发展突出贡献单位”，公司工会被省移动公司工会授予“模范职工小家”称号。

打造4G精品网络　2014年，威海移动公司立足于宽带战略和智慧城市的总目标，坚持打造4G精品网络的建设理念，保质保量地提前完成LTE一期、二期工程，LTE单站流量全省最高，实现LTE网络总体性能和效益全省领先。投资3亿元建设4G网络一期工程，4月20日全部开通；4月29日，公司召开了“移动4G　耀动齐鲁”4G商用新闻发布会，宣布4G在威海商用，基本实现了各区（市）4G连续覆盖，下载速率最高可达100兆。5月，启动4G二期工程，投资3亿元建设1125个基站，覆盖所有镇（街道）驻地。9月，启动4G网络三期工程建设，再投资3亿元，预计2015年4月30日前开通全部站点。经过三期建设，威海移动公司建设4G基站近3000个，基本实现了市域及近海渔场等重要场景的全覆盖。4G网络平均下载速率达到39.06兆，上传速率7.95兆。12月，在威海市人民广场开启了TD-LTE载波聚合功能，实测峰值速率可达211兆。威海市民可以随时随地畅享稳定、高速的4G通信网络。

不断提升服务水平　威海移动公司践行“客户为根、服务为本”的服务理念，紧紧围绕服务转型，以客户感知为根本，全方位优化服务质量。大力提升便民服务和规范化服务，实施星级服务，全面实施实名制管理；始终坚持贴近客户需求设计资费产品，准确计费，规范开通，让利客户。移动客户享受到“三网”互相通话优惠，大幅下调国际长途及漫游费，提供4G网络优惠体验，让更多客户享受到4G先进的网络服务；广泛征集客户意见，解决客户关注的焦点问题。全年主动征集、调查客户意见120余万人次，反映的问题全部答复处理；开展“青年文明号”创建及学雷锋志愿服务活动，窗口服务客户满意度保持在98%以上；全年各项服务指标均位于全省前列，客户满意度持续保持业内领先。

助力智慧城市建设　以4G应用发展促智慧城市建设，全面打造优质、高效的信息化应用平台，服务民生。开发了商用移动云平台、手机一卡通平台、移动办公平台、外勤通平台、视频监控平台、在线教育平台、“6995”平台等信息化应用平台，在相关对应领域可以直接开通使用，节约地方政府二次开发建设的投资。基于移动4G网络实现各类监控系统，应用于环翠区平安乡镇

建设、森林防火、海洋与渔业局海岸线监控、水文监控和刘公岛“国宝熊猫”监控等项目。2014年，威海移动公司投入9600余万元，助力“宽带中国”示范城市建设。实现60万户的家庭用户全光接入覆盖，城区覆盖用户占比达60%，农村覆盖用户占比达54%。

积极履行社会责任　威海移动公司积极履行企业社会责任，配合政府大力推广“12349”居家服务信息平台在全市发展和对“12349”公共服务热线平台整合。该平台自运营以来累计呼入35.6万次（日均456次），成功救助危急病例205例。至2014年底，平台服务中老年8万人。在威海公共交通集团有限公司K1、K2两条快速公交线路进行免费无线4G覆盖。在“5·29”山火扑救过程中，公司启动通信应急保障机制，紧急扩容基站，协调启动短信群发绿色通道，对应急救灾期间客户延迟停机，无偿提供备用手机、上网卡、充电宝等急需设备，有力保证了救灾指挥部和扑火现场的通信畅通。

（黄丽萍）

【中国电信股份有限公司威海分公司】 2014年，中国电信股份有限公司威海分公司（以下简称威海电信公司）坚持“一去、两化、新三者”（“一去”指去电信化；“二化”指市场化和差异化；“新三者”指中国电信发展定位，即成为智能管道的主导者、综合平台的提供者、内容和应用的参与者），深入实施企业转型，充分发挥自身的网络技术和产品业务优势，推进聚焦客户的信息化创新，为威海市信息化发展作出了贡献。

提升网络综合支撑能力　2014年，威海电信公司继续投入资金进行移动网络的完善和优化，先后开展青荣城际铁路专项优化、环黄渤海联合海域专项优化和农村偏僻区域专项优化等系列网络优化活动，新建LTE和CDMA室内分布覆盖系统132个，实现了全市重点公共场所和建筑物的深度覆盖。经过调整和优化，天翼3G移动网络质量优势进一步增强，光网宽带覆盖范围和带宽速率明显提升。全网3G网络覆盖率达99.3%，全局无线连接成功率提高0.14个百分点，3G掉话率下降0.08个百分点。大力推进“宽带中国·光网城市”战略，加快光纤入户在单位、个人家庭用户的建设，在城区覆盖不断完善的基础上，实现了对全市所有镇（街道）的光纤接入，全市光纤小区覆盖率达80%。同时，持续开展宽带提速工程，全市城域网出口带宽由40吉提升到60吉，家庭光纤用户网速由原来的4兆起步提升到20兆起步，最高可达100兆。

推进信息化建设　威海电信公司坚持“服务社会，发展为民”的企业理念，积极参与威海市各行各业的信息化建设，助力智慧城市和信息惠民试点城市建设。针对各行业生产和管理流程，公司积极开发和推广新产品、新技术的应用。中国电信移动办公、天翼对讲、全球眼、销售管家、外勤助手、旺铺助手、翼机通、视频会议、位置定位等新业务、新产品得到广泛应用，为众多党政机关、企事业单位和个体商户提高运营效率、降低运营成本提供了有力的信息化支撑。在“5·29”山火扑救中，公司提供了10部天翼对讲手机和6套先进的单兵移动视频监控设备，为救火工作提供了有力保障。公司积极拓展信息化在民生服务上的应用，利用手机支付民生应用—翼支付，实现了话费、电费、加油和交通违章罚款等在手机客户端上代缴费服务。

加强行风建设　威海电信公司坚持“用户至上，用心服务”的服务理念，深入开展行风建设和客户服务工作，促进服务水平再上台阶。2014年，投资新建和合作建设营业缴费场所100多处，进一步延伸实体服务渠道；在开通企业微博、易信、微信、QQ客服的基础上，推出了翼支付、缴费易等手机客户端支付业务，为市民办理和咨询电信业务提供方便；全面践行“5个1”的服务承诺，大力倡导放心消费、明白消费，全面提升客户可感知的服务标准和服务水平；围绕行风建设要求，重点在计收费服务、营业厅服务、宽带服务、垃圾短信整治等方面开展服务能力专项提升活动，确保服务营销遵守规范、资费收费准确明白、网络质量不断提升、垃圾短信深入治理；针对客户感知强烈、投诉集中的热点问题，开展“透明消费、简化套餐、三强整治”等专项服务提升工作，消费者满意度得到进一步提升。2014年，公司万用户投诉率比上年下降40%。

打造和谐幸福企业　威海电信公司不断丰富文化载体，组织开展一系列文体、劳动竞赛等主题实践活动，定期开展节日慰问、困难员工帮扶等活动，打造和谐幸福企业。自觉履行社会责任，严格落实“电话用户实名制”规定，严格执行垃圾短信息的监控和过滤机制，坚决维护网络与信息安全，遏制淫秽色情和低俗内容在通信网络上的传播，为广大电信用户特别是未成年人营造绿色健康的网络文化环境；积极参与各类社会公益活动，组织志愿服务队定期到社区开展电脑义诊、免费装机杀毒、服务进社区等志愿服务活动。

（孙连钊）

编辑　李洪格

城乡建设与环境保护

综　述

【概况】 2014年，威海市城乡建设系统紧扣全域城市化、市域一体化战略，围绕年初制定的各项工作计划，大力推进新型城镇化和城建重点工程建设，不断健全城市精细化管理体系，科学引导建设行业健康稳定发展，各项工作取得重要突破。继续发挥市城镇化领导小组办公室的职能，以成功申报国家新型城镇化综合试点为契机，深入推进重点区域、小城镇及新型社区建设，全国重点镇数量增加到8个，国家传统村落数量增加到5个。组织实施了6大类36项城建重点工程，完成投资302.5亿元，完成年度计划的114.6%；由市城乡建设委直接负责的18项城建重点工程完成投资161亿元，完成年度计划的133%。继续推进城市综合管理信息系统扩容升级，把文登区、威海临港经济技术开发区纳入精细化管理范围，环翠区、威海高技术产业开发区、威海经济技术开发区扩区拓围，新增数字城管覆盖面积114平方公里，实现对市辖各区的数字城管系统全覆盖和统一调度指挥，提前实现省里要求2015年底全覆盖的目标。成功申报山东省建筑产业现代化试点城市，东部滨海新城成功申报省绿色生态示范城区，2个项目被列为省级超低能耗建筑示范工程，16个项目被列为省级范例工程。制定《关于进一步改进服务提高效能的六条意见》，清理废止规范性文件59件。办理施工许可阶段联审联批82项，竣工验收备案阶段48项。

【威海市入选国家新型城镇化综合试点名单】 12月29日，国家发展改革委、住房城乡建设部等11部委联合印发《关于印发国家新型城镇化综合试点方案的通知》，确定2个省、62个城市（镇）作为国家新型城镇化综合试点地区，威海市以申报方案全国地级市第一名入选。多年来，威海市围绕“全域城市化、市域一体化”发展战略，创新思路，开阔视野，推动城市化向更高层次发展。一是构建具有威海特色的城市化理论体系。厘清全域城市化内在逻辑，全面梳理有效做法，各项城市化工作上升到理论层次，威海全域城市化战略得到国家、省以及专家学者的充分肯定和认可。二是建立符合地方实际的城市化政策体系。先后制定了《威海市城市化发展纲要》《关于进一步加强社会保障和公共服务有序推进农村居民市民化的实施意见》《关于做好市域农村居民进城住房保障工作的意见》等一系列推动城市化发展的规范性文件，编制了《威海市城市化发展规划》《威海市新型社区发展规划》等多项规划。三是全面推进市域一体化发展。推进规划一体化，加快推进东部滨海新城等6大重点区域建设，积极打造沿海城镇带，培育示范镇向小城市发展；推进基础设施一体化，实现城乡环卫一体化全覆盖；推进公共服务一体化，在全省率先建立城乡一体的居民基本医疗和养老保险制度，实现了住房保障城镇居民的应保尽保；推进城乡综合管理一体化，建立起大城管制度体系、网络体系、考评体系，制定完善了53个规范性文件，梳理376项行政处罚权力事项，实现对市辖各区的数字城管系统全覆盖，在全省率先建立农村监控全覆盖的管理新模式；推进生态建设一体化，开展城市扬尘污染、散流物体运输等专项整治活动，住房城乡建设部专题推广威海市沿海岸带违法整治相关经验做法；积极改善农村居民住房条件和居住环境，改造危旧房3.57万户，整治1690个村，92%的镇成为“全国环境优美乡镇”。

【第八届中国威海国际建筑设计大奖赛专家研讨会】 7月9日，第八届中国威海国际建筑设计大奖赛专家研讨会在蓝天宾馆举行。国务院参事、中国建筑学会理事长车书剑，故宫博物院院长、中国文物学会会长单霁翔，中国建筑学会副理事长兼秘书长、国际建筑师协会理事周畅等 60 多名建筑设计领域权威专家应邀出席研讨会。会议研讨了第八届中国威海国际建筑设计大奖赛的参赛主题、参赛内容、奖项设置、方案评审等有关问题，对举办中国威海国际建筑设计大奖赛的作用与影响给予了高度评价。

【东部滨海新城入选全省第二批绿色生态示范城区】 7 月，省住房城乡建设厅、财政厅公布全省第二批绿色生态示范城区名单，威海市东部滨海新城入围，成为全省 12 个绿色生态示范区之一。此次省绿色生态示范城区经各市推荐、省专家审核、集中答辩、竞争立项等程序产生。威海市东部滨海新城入选，获得奖金 2000 万元，专项用于绿色生态规划和指标体系制定、绿色建筑评价标识和能效测评、绿色建筑技术研发和推广等。

【重大活动组织保障工作】 年内，市城乡建设委织织开展了市区环境综合整治活动，为韩国仁川第 17 届亚运会（中国 · 威海）火炬传递、2014 年威海长距离铁人三项世界锦标赛、文明城市创建等重大活动做好保障。编制火炬传递综合保障实施方案，组织实施海滨路大修工程，铺设安全围栏 1600 米，组织设计制作火炬点火盆，被市档案局收藏；编制铁三世锦赛综合保障工作方案和重大赛事赛场赛道应急保障预案，高标准完成主赛场及赛道沿线整修改造工作，对半月湾及葡萄滩海水浴场漂浮物、沙滩碎石等进行清理，对沿线海域养殖设施进行清理，组织对环海路、远遥墩路等道路两侧绿化带进行全面改造；创建全国文明城市期间，完成创城档案的收集、整理工作，连续组织开展市政设施专项整治活动、园林绿化升级改造工作，抓好直管的 8 个公园、广场的管理，确保问题按期处置。

（孟德发　肖俊涛）

城市规划

【概况】 2014 年，威海市规划局紧紧围绕“中心崛起、两轴支撑、环海发展、一体化布局”的战略部署，按照全力推进“全域城市化、市域一体化”的发展思路，进一步开拓城乡规划编研工作新思维，创新规划管理模式，提升规划服务水平。全年组织编制《威海市市域生态控制线规划》《威海市中心市区综合防灾规划》《中心城区—文登城区路网体系整合规划研究》3 项专项规划，审查详细规划 18 项。调研报告《加强规划综合管控合理保护和利用海岸带资源》获 2014 年度全市政府系统优秀调研成果特等奖。

【威海市市域生态控制线规划】 为满足市域一体化生态管控的需要，威海市在全省率先编制完成了生态控制线规划。规划运用“反规划”理念，从城市不可建设用地入手，综合考虑市域范围内 4 大类 23 小类关键性生态要素，划定“一级生态控制线”和“二级生态控制线”，将市域划分为禁止开发区、限制开发区和适宜建设区，构建“一带、两片，两横四纵、七环”的市域生态空间格局，提出各分区的规划管控要求，所划定的生态控制线面积约占市域总面积的 83%。规划将市域划分为 7 个片区，通过建立市域一体化的生态控制线数据平台，加强生态控制线的市域统筹管理，实现生态线范围指标“总量平衡”。

【威海市中心市区综合防灾规划】 年内，威海市规划局组织编制《威海市中心市区综合防灾规划》。规划范围包含环翠区、威海高技术产业开发区、威海经济技术开发区和威海临港经济技术开发区，总规划面积约 991 平方公里，规划期限 2014—2020 年。规划将灾害发生周期、灾害影响程度、对人生命财产影响作为主要灾种评估的要素，确定气象灾害、森林火灾、地质灾害、地震灾害、海洋灾害、事故灾难、公共卫生事件、社会安全事故为主要灾种，建立“防、避、救、灾后重建”的综合防灾体系，达到构建综合防灾减灾体系，保障人民群众生命财产安全，构建一个“绿色”“韧性”“智慧”城市的规划目标。

【中心城区—文登城区路网体系整合规划研究】 年内，威海市规划局组织编制了《中心城区—文登城区路网体系整合规划研究》。规划以支持中心城区—文登城区快速融合协调发展，推动城市空间优化与提升为目标，通过新增规划道路、消除畸形交叉口、理顺线路走向等方式，整理拼合中心城区—文登城区规划路网，形成“两纵、一横、一联”的高速公路网络，“两纵、两横、一联、一环”的快速路网，“四横、两纵、两联”的外围干线公路网以及“20 横、30 纵”的主干路网，构建多层次、高效率、一体化的道路交通网络，以保障对外、区间、区内交通的便捷顺畅，为其他规划提供相应基础。

【《威海市城乡规划管理办法》施行】 2 月 8 日，市政府发布了《威海市城乡规划管理办法》，共 7 章 83 条，自 4 月 1 日起施行，有效期至 2019 年 3 月 31 日。办法强调了统筹城乡空间布局，细化和规范了乡村规划管理程序，进一步明确农村新建宅基地、使用农村集体土地进行乡镇企业、新型农村社区、村公共设施和公益事业建设，须经镇政府或街道办事处受理并审查同意后，报市城乡规划主管部门核发乡村建设规划许可证；强调规划编制和实施过程中的科学民主决策，落实“阳光规划”和城乡规划委员会制度；明确规划条件强制性内容、建筑设计方案总平面图、用地性质和容积率的调整修改条件和程序；细化和规范城乡规划许可制度，加强批后规划的监管。

【修订《威海市城乡规划管理技术规定（土地使用、建筑管理）》】 为顺应城乡一体化发展要求，更加科学合理地开展城乡规划管理服务工作，引导和促进城乡经济社会全面、协调、可持续发展，威海市规划局组织修订《威海市城乡规划管理技术规定（土地使用、建筑管理）》。规定统筹考虑文登撤市设区等新的发展要素，吸收了威海市在规划研究、编制和管理中形成的各项技术成果，有选择地保留了建筑容量控制、建筑间距、建筑退让及高度、机动车停车配置、绿地指标等方面要求，增加和充实了居住区公共服务设施、建筑日照计算等相关内容，达到章节比重合理、规定要求详尽的目的。《威海市城乡规划管理技术规定（土地使用、建筑管理）》经威海市城乡规划委员会、威海市政府常务会议审议通过。

【建立规划一张图综合应用平台】 威海市规划局立足全域城市化、市域一体化发展的宏观背景，将信息技术作为规划工作的重要助推器，依托新技术，建成并投入使用了规划一张图综合应用平台。该平台发布了9个历年影像资料及全部1 ∶ 500和1 ∶ 2000地形图、威海市城市总体规划、部分片区控规、中心城区路网和六线分布、国土地籍等GIS数据，为辅助城乡规划管理和决策提供了数据全面、操作便捷的技术平台。

【加强规划管理服务工作】 年内，威海市规划局进一步完善规划工作机制，健全完善法规体系，提升规划管理服务水平。一是全面实施建设工程项目模块化审批。进一步细化、完善一体化电子审批系统具体操作规程，严格执行模块化审批流程和时限要求，落实联席会议、联合踏勘制度，推进模块化审批流程的规范化、标准化管理，全面提高联审联批效率。2014年，牵头完成规划报建阶段模块化审批项目23个，联合完成其他4个阶段模块化审批项目39个。二是严格执行规划行政许可制度。2014年，核发“建设项目选址意见书”54份；“建设用地规划许可证”141份，用地面积424.32万平方米；“建设工程规划许可证”212件，建筑面积508.9万平方米；“建设工程竣工规划核实合格证”141份，建筑面积403.09万平方米。三是推行“阳光规划”。进一步扩大规划的公众参与度，通过威海市规划局技术审查会、威海市规划局网站、规划展览馆、项目现场等相关参与平台，注重倾听基层民众和项目利益相关人的意见建议，接受社会监督，促进公平公正。全年召开技术审查会23次；在威海市规划局网站发布批前公告710份、批后公布468份；在项目现场和规划展览馆同步发布批前公告127份，规划及建设项目公告公布率100%。

（张艳红　王卫理）

城市管理

【概况】 2014年，威海市城管执法局以创建全国文明城市为契机，深入开展环境综合整治，建立级差管理考核模式，不断提升数字化城市管理平台内涵和扩区拓展，加强对各区城管执法工作的指导、监督和考核，城市容貌环境秩序持续改善，为成功创建全国文明城市夯实了基础。

【城市环境综合整治】 年内，市城管执法局以规范整治流动摊贩、探头经营等为重点，加大对乱拉乱挂、乱堆乱摆、乱贴乱画等“十乱”行为的整治力度，先后组织开展春季容貌环境整治月、规范临时占道审批、夜间烧烤规范整治等活动，解决了一大批影响环境秩序的突出问题，确保创建全国文明城市的高标准扎实推进。2014年，清理流动摊点4500余人次，乱贴乱画6000余处，整治探头经营、夜间烧烤摊点7200余处，临时占道审批数量比上年下降40%，完成127处阅报栏、82处公交站点座椅、15处大型电子屏的公益广告设置任务。

【拓区扩围和建设完善城市综合管理信息系统功能】 在原有对环翠区、威海高技术产业开发区、威海经济技术开发区99平方公里数字城管覆盖范围的基础上，新增建设数字城管覆盖面积113.8平方公里，实现对各区的数字城管系统全覆盖。其中，新增环翠区、威海高技术产业开发区、威海经济技术开发区41平方公里区域及22.6公里道路，文登区57平方公里区域，威海临港经济技术开发区15.8平方公里区域及6.4公里道路。进一步发挥系统平台数字化优势，对城市综合管理信息系统进行升级扩容，拓展系统城市管理使用功能，提升城市精细化管理水平。

【创新城市管理机制】 积极创新方式方法，建立完善相关机制，实行公司经理、班组长、采集员三级采集和现场督查，结合工作人员分包网格、城建“12319”热线、月度考核进行督查四级督查制度；修订《城市管理问题立案手册》，全面强化城市管理问题采集处置，提高城市管理问题的发现和处置效率，实现城市管理问题常态化、长效化。2014年，市城市综合管理信息

市城管部门为农民设置惠农便民临时摊点　　市城管执法局提供

平台采集城市管理问题41.25万件，立案派遣40.05万件，处置39.85万件，按时处结率97.3%。采集案卷总量是2012年的5倍、2013年的2倍，推动了城市基础设施和环境水平不断提升。

【城市管理综合考核】 在实行城市综合管理信息系统平台考核的基础上，开展城市环境综合整治、城管执法、建筑施工现场管理、市政基础设施管理、城市园林绿化及环境卫生管理、物业管理及储藏室整治、重点督办事项等城市管理7个方面12个专项工作考核，并协调市考核办，将城市管理综合考核纳入2014年市委、市政府目标绩效考核内容，全面实施城市管理综合考核。修订完善《2014年威海市城市精细化管理综合考核办法》，进一步落实城市精细化管理月考核制度，强化了体制调整后市级对各区城建管理工作的综合监督指导。

【海岸线环境整治】 强化舆论宣传，加大对海岸沿线村居、企业和经营业户的教育引导，在重要出入口设置31处温馨提示牌。按照"属地管理"原则，及时督导各区执法分局对发现的各类违规问题进行快速处置，处置违章建设21处、乱设广告牌18处、乱倒渣土垃圾6起。按照市政府的统一部署，督导各执法分局扎实开展市区沿海岸带违章建设专项整治，协调规划部门对全市沿海岸带违法建设进行分类定性，对属于执法范畴的违法建设逐个制定拆除计划，严格督导责任分局按计划进行拆除，拆除违法建设55处。

【城际铁路沿线环境整治】 按照市政府的统一安排，市城管执法局组织环翠区、威海高技术产业开发区、威海经济技术开发区分局对青荣城际铁路两侧的违规广告牌、违章建设进行调查摸底，及时督导其按计划进度进行清理整治；加大对威海北站周边区域的巡查频率，对乱摆乱卖等行为进行规范整治。2014年，清理拆除广告牌42块、查处违法建设25处、清理流动摊点150余处。

【严防严控违法建设】 按照"零新建、减存量"的目标，进一步健全防治长效机制，落实新增违法建设"零报告"制，建立违法建设月通报制，加大执法动态巡查力度，采取普遍查、重点查、反复查等形式，拓展巡查的深度和广度，做到早发现、早报告、早制止、早处置，将违法行为消灭在萌芽阶段，新增违建处置率100%。2014年，拆除违法建设219处2.22万平方米，维护了良好的城乡建设规划秩序。

【早夜市管理】 出台了《市区早夜市考核管理办法》，实行年审备案制度、市场管理员挂牌上岗制度，建立清理退出机制，与市场开办方实行协议管理，开办方和经营用户的自我管理、文明经营意识得到明显提升。2014年，组织全市性检查验收2次，日常考核评比31次，规范整改问题170多个；市区早夜市全部实行分类分区经营，20处配备了市场监控系统，市场硬件设施水平大幅提升。

【户外广告清理】 年内，市城管执法局出台了《2014年户外广告及标识标牌清理整治实施方案》，积极做好与各区分局的对接、指导和服务工作，对出现的问题及时帮助解决，严格督促其按时间节点开展工作。加强广告设施安全督导检查，印发《关于加强户外广告牌安全检查的通知》《关于进一步加强汛期户外广告设施安全管理的通知》，组织做好大风、汛期广告设施的安全维护工作，确保广告设施牢固、安全。2014年，拆除户外广告设施138块。

【精细化考核管理模式】 市城管执法局制定《城管执法级差考核管理办法》，确定城市道路、公共场所、海岸线、早夜市等4大类重点及3个等级，每项重点及等级都明确了管理标准、赋分比重等，按照事项区域位置的重要性、管理任务繁重程度的差异实行级差考核。2014年，开展城管执法月度考核12次，印发派遣单205件、催办单7件、督办单7件，按时处结率达到98.3%，推动各区城管执法工作齐头并进。

（刘德智）

城市化建设

【城建重点工程】 根据《2014年威海市城建重点工程实施方案》，2014年，威海市计划实施重点区域基础设施建设项目、商务旅游休闲产业项目、道路交通改造建设项目、文化产业与市民服务项目、园林绿化与生态治理项目、民生与公用公益事业项目6大类36项城建重点工程，其中新建17项、续建19项，计划投资263.9亿元，实际完成投资302.5亿元。

城管执法人员拆除违规户外广告设施　　市城管执法局提供

【城乡建设系统防灾减灾排查行动】 2014年5月12日为中国第六个“防灾减灾日”，5月10日—16日，为“防灾减灾宣传周”。为切实做好防灾减灾宣传工作，市城乡建设委在全市城乡建设系统开展居民住房灾害风险隐患排查治理、在建重大建筑工程抗震设防专项检查、燃气使用安全及灾害风险隐患排查治理、供排水等市政公用行业灾害风险隐患排查治理、建筑工地灾害风险隐患排查治理等防灾减灾排查行动，对发现的安全隐患及时采取有效防范措施，切实消除事故安全隐患。

【建设系统汛期安全生产检查】 5月13日，市城乡建设委印发《关于切实做好全市住房城乡建设系统汛期安全生产工作的紧急通知》，组织针对房屋建筑、市政工程、园林绿化、供水供气、公园景区、房屋拆除等领域开展拉网式汛期安全生产大排查，深入排查可能存在的薄弱环节和隐患，重点做好老楼、危楼安全排查工作，对排查出的老楼、危楼登记造册，跟踪落实整改防控措施，做到及时预防、及时发现、及时消除各类安全隐患苗头，坚决杜绝各类事故发生；严格落实防止深基坑坍塌、高空坠落、起重伤害、触电、中暑等措施，对易遭受洪水、滑坡、垮塌等威胁的施工现场加强监测监控；开展市政公用设施运行维护保养和监测巡查，确保安全运行；开展施工临建板房专项整治和挡土墙排查登记，消除安全隐患。

【供排水及垃圾处理行业管理】 组织开展供水企业绩效考评，进一步规范市区用水，加强供水管理。组织开展城市污水处理厂绩效考评，荣成市第二污水处理厂被省住房城乡建设厅授予“城市污水处理行业主管部门先进单位”“污水处理企业先进单位”称号。完成2013年度生活垃圾场等级评定工作，全市所有生活垃圾场均被评为优良。年底组织对文登区、乳山市的水质检测机构进行了现场评定，经评定整改，文登区、乳山市水质检测机构等级达到C级要求。

【城市建设管理规范化】 年内，市城乡建设委组织编制了东部滨海新城供水、中水、排水及供热、燃气等专项规划，报送东部新城建设指挥部；起草了《关于加强市区重点亮化设施建设维护管理工作的意见》《关于加强市区市政园林基础设施建设养护管理的意见》等规范性文件，为加强市区基础设施建设管理，提高城市整体管理水平提供指导。

【城市桥梁养护管理】 加强城市桥梁养护管理，明确管理责任，建立桥梁安全事故责任追究制度；推行专业养护，组建桥梁养护专业化管理队伍；健全档案资料，完善桥梁信息管理系统；开展桥梁检测与评定，制定桥梁养护中期规划及年度维修计划；加大隐患处置力度，实施桥梁维修加固及危桥改造。通过以上措施，有效提高了城市桥梁养护规范化水平，威海市在全省城市桥梁养护管理考评工作中居前列。

村镇建设

【概况】 2014年，威海市以申报方案全国地级市第一名入选国家新型城镇化综合试点地区。精心培育小城镇发展，完成3个新增示范镇总体规划编制，通过省级示范镇年度考核，环翠区张村镇、荣成市成山镇进入省级示范镇前20名，分获奖补资金2000万元。乳山市乳山寨镇、荣成市烟墩角村、乳山市南泓南村入选第二批省级特色景观旅游名镇。参加第一批山东省传统村落评选活动，环翠区张村镇王家疃村、文登区天福街道峰西村等20个村参选。紧扣“百镇建设示范行动”，推介示范镇申报国家重点镇，全国重点镇数量由4个增至8个。加快新型社区建设，出台《关于加快推进新型社区建设的实施意见》，建设新型社区25个。积极开展传统村落保护，新增国家级传统村落3个，总数量达到5个。快速推进棚户区改造，开工项目2.18万户，建成1.78万套，分别完成省政府下达目标任务的133%和222%，累计落实棚户区改造资金4.3亿元。抓好农房建设与危旧房改造，开工建设农房1.37万户，改造农村危房1881户。

【安居工程建设】 2014年，威海市40个保障性安居工程配套基础设施建设项目获批中央资金1.83亿元，项目个数和资金总量均居全省前列，按城市规模和城市人口平均，居全省首位。中央专项资金重点用于2013年以来安排的公共租赁和城市棚户区（危旧房）改造项目相关的配套基础设施建设，支持与891套公租房及1.23万户旧村安置居民生产、生活相关的供热、供水等基础设施建设，对完善项目的基础设施建设、保障和改善民生起到重要推动作用。

【3个村入选第三批中国传统村落名录】 经中国传统村落保护发展委员会评审认定，11月17日，住房城乡建设部、文化部等部门公布了第三批中国传统村落名录，全国有994个村入选，荣成市大庄许家、东烟墩和烟墩角3个村上榜。加上此前公布的两批中国传统村落名录，威海市入选名录的中国传统村落达5个。

【8个镇入选全国重点镇】 7月21日，住房城乡建设部、国家发展改革委、财政部等7部委印发《关于开展全国重点镇增补调整工作的通知》，决定将北京市门头沟区潭柘寺镇等3675个镇列为全国重点镇，原2004年公布的全国重点镇名单同时废止。威海临港经济技术开发区苘山镇，环翠区张村镇、温泉镇，文登区宋村镇，荣成市俚岛镇、成山镇，乳山市海阳所镇、白沙滩镇8个镇被列为全国重点镇。

【《关于加快推进新型社区建设的实施意见》出台】 3月31日，市委办公室、市政府办公室联合印发《关于加快推进新型社区建设的实施意见》，提出到2015年，依托威海临港经济技术开发区、东部滨海新城、双岛湾科技城、威海南海新区、好运角旅游度假区、乳山滨海新区、石岛管理区及10个小城镇建设示范镇，建成新型社区49个。到

2020年，全市建成新型社区234个，农村居民市民化进程基本完成。同时，要求新型社区聚集人口一般不少于3000人，实现供水、供电、供暖、通信、有线电视、互联网等到区入户，完善道路设施，路灯及排水设施齐全；合理设置生活垃圾收集点，及时转运，日产日清；生活污水实行管网收集，集中处理；社区绿地率不低于30%，建设1处不小于500平方米的中心绿地，按照规划配套建设停车位，公共建筑相应配建公共停车场。统一建设社区综合服务中心，集中设置居民委员会工作用房、社区文化活动中心、妇女儿童家园、警务室、法律服务室、卫生室、养老所、残疾人托养所等，建筑面积应达到1000平方米以上。规划建设幼儿园、中小学、社区教育中心，完善社区无障碍服务功能，搞好社区休闲活动广场建设。

房地产开发与管理

【概况】 2014年，威海市房地产开发与管理工作继续围绕规范和整顿房地产市场秩序，保持全市房地产业健康稳定发展展开。受宏观经济环境和政策变化影响，威海市房地产市场出现一定波动，全市房地产开发完成投资131.1亿元，商品房新开工706.9万平方米（投资额、新开工面积为市城乡建设委数据），分别比上年下降18.2%、6.9%；销售面积847.5万平方米，下降3.6%，销售额400.97亿元，增长1.2%。房地产业发展质量进一步提升，4个项目被评为2014年山东省优秀住宅小区，1个项目获2013—2014年度国家"广厦奖"。3月5日，市城乡建设委、房地产协会联合举办威海市养老地产研讨会，就如何促进威海市养老地产健康发展进行深入探讨。

【2013年度房地产开发企业资信评价活动结果】 根据房地产企业资信评价相关规定，3月，市城乡建设委公布了2013年度威海市房地产开发企业资信评价结果，575家企业参评，176家企业被评为A级及以上（19家企业被评为最高级别AAA等级）；333家企业被评为B级；56家企业被评定为C级，需限期整改；10家企业被评为D级，被注销房地产开发资质。

【2014威海房博会启动仪式在北京举行】 4月10日，2014北京春季房展在北京展览馆开幕。市城乡建设委、房地产协会组织威海市房产开发企业组团参展，并于11日举行2014威海房博会启动仪式，成为北京春季房展的一大亮点。2014北京春季房展吸引国内外600多个项目参展，威海参展团以19家房企、40多个标准展位、近400平方米的参展规模成为展会期间的最大市级展团，吸引了北京市民的关注。

【房地产市场综合执法检查】 下半年，市城乡建设委组织开展了房地产市场综合执法检查，围绕履行基本建设程序、合同管理、承发包管理、工程质量和安全管理以及开发企业情况等主要内容，抽查了全市196个在建工程的施工现场，检查出各类问题和质量安全隐患1132个，下达整改通知书86份，对13项工程责令停工整改，对26家违法违规企业记不良行为记录，对10名项目经理和4名项目总监记不良行为记录。

【威海市房地产行业系列奖评选】 年内，市城乡建设委会同房地产协会开展了威海市房地产行业系列奖评选活动。其中，望海·山公馆项目被评为2014威海市优秀住宅小区；理想山、世昌华庭2个项目被评为2014威海市优秀住宅小区培育项目；望岛名郡、东发现代城·山水园、望海·山公馆3个项目获得2014威海市住宅小区单项奖。同时，蓝湾怡庭、望海名居、颐和·山水人家、爱莲湾国际旅游度假区一期4个项目被评为2014年山东省优秀住宅小区，荣成丰芸集团的海映山庄项目获2013—2014年度国家"广厦奖"。

（孟德发　肖俊涛）

【深化行政规范年】 2014年，威海市住房保障和房产管理局深入开展行政规范年活动。3月4日，印发《关于深入开展行政规范年活动全面提升服务效能的实施意见》，以"重规范、强素质、优服务、提效能"为主题，推动全体干部职工按照已建立的制度和流程来规范从政行为，全面提高服务效能，让人民群众真正地感受到高效、便捷的政务服务，为实现建设现代化幸福威海的目标夯实基础。

【住房保障】 按照住房城乡建设部"公廉并轨、租补分离"的要求，威海市将普惠性的公租房和救济性的廉租房并轨，不再安排新建经济适用住房项目，代之以发放经济适用住房货币补贴方式进行保障。4月，出台了《威海市区公共租赁住房管理办法》，对公共租赁住房的建设、分配、运营、使用、退出等作出具体规定。2014年，省住房城乡建设厅下达的住房保障任务为新增公共租赁住房1200套。实际开工建设公租房项目7个1201套，新增廉租补贴141户。柴峰小区公租房是首批由威海市政府投资建设项目，2栋楼296套。多年来，威海市构建起以公共租赁住房等为主的住房保障体系，走出了一条拥有"标准高、选择多、审核细、试点早、步伐快、受益广"等特色的"威海路径"。"威海路径"让全市10.5万户家庭享受住有所居的安居生活。2014年，威海市住房保障经验交流材料分别被《山东新型城镇化》和《改革工作动态》刊发。

【房地产市场管理】 市住房保障和房产管理局研发了房屋登记便民服务平台，打造一个集网络平台、短信平台、热线电话、现场服务模块以及办公自动化于一体的数字系统，为办事群众提供更加高效的便民服务。在房屋登记过程中增加质量管理环节，进一步规范、提高办件质量。积极推出便民服务新举措，开通绿色通道、上门服务、延时服务、值听班服务、房证邮递等服务；制作房屋登记说明书，实现"一书在手业务全有"的服务目标；在业务办理大厅设置哺乳期女性育婴室及快速充电设备、婴儿车、急救药箱等人性化服务设施。对市区30多家旧村改造涉及的村（社区）、开发企业开展大走访活动，解决市民关心的热点难点问题。为加强房产测绘管理，印发《威海市区房屋建筑面积计算细则》，规范房屋建筑面积计算，维护房屋所有者的合法权益。市区办理初始登记598宗，办理转移登记1.63万宗，交易金额75.61亿元，新增房地产抵押2.19万宗，抵押金额346.75亿元。核发“预售许可证”409个，核准预售面积205.09万平方米；办理预（现）售合同备案1.80万套，备案面积168.36万平方米，备案金额100.77亿元。对62家开发企业进行预售资金监管，核发商品房预售资金监管证明102个，监管楼盘403个，监管资金3.21亿元，开发企业已申请使用监管资金1.7亿元。组织300名房地产开发企业、经纪咨询服务机构销售人员参加第二期“威海市区商品房销售人员岗位培训班”。自2014年1月起，房地产估价机构三级资质审批权下放至各地级市主管部门办理，市住房保障和房产管理局认真做好衔接工作。为2家三级、2家二级、1家一级估价企业及34名注册估价师办理初审转报，对6家经纪机构进行备案。

【物业管理】 为促进物业服务行业健康有序发展，构建与现代城市管理相适应的物业服务行政管理新体制，市住房保障和房产管理局制定《关于进一步加强物业管理工作的意见(试行)》《威海市物业服务企业退出物业项目管理办法》等文件。严格执行物业服务招投标制度，完成山水文园、西海名居等17个物业项目前期招投标，业主满意率大幅提升。初审、转报中兴、长实物业企业的一级资质；审批了威海华夏城物业等23个企业的三级暂定资质。文登卓达香水海小区申报国家优质工程，蓝湾怡庭等4个项目申报省优质工程，22个项目申报市优质工程。组织40期物业管理培训班，培训从业人员3800余人。组织100余名从业人员参加全国物业管理师资格考试，进一步提高物业从业队伍的整体素质。对物业服务区域进行环境综合整治，按照《物业服务区域环境综合整治考核评分办法》，对物业服务项目进行综合考评。自8月下旬开始，加大创建全国文明城市物业检查考核力度，督促落实公开收费项目、收费标准、办事制度等“三公”内容；对存在的问题，当场下达整改通知书，限期整改。积极开展社区志愿服务活动，配合市文明委，组建社区志愿服务站263个，志愿者队伍1800余人，开展志愿服务活动300余次。投入自有资金为各社区服务站制作了刊板、档案盒，配发志愿服务帽、袖标，张贴社会主义核心价值观宣传画等，为创建全国文明城市作出积极贡献。制定《威海市区物业质量保修金管理办法》《威海市区住宅专项维修资金管理使用规程》，为物业前期及后续服务提供政策依据。利用资金增益部分对部分项目进行应急维修业务试点。至年底，建立小区信息库323个，业主信息12万余户，归集专项维修资金9.69亿元。

【房屋征收】 市住房保障和房产管理局积极配合市绿轴工程指挥部，扎实推进绿轴工程房屋征收工作，完成了中石化威海石油分公司青岛路加油站房屋征收补偿协议的签订。康泰电缆宿舍楼有6户签订了房屋征收补偿协议。圆满完成蔬菜批发市场房屋补偿、后续工作，为 5户门市房发放补偿款102万元。完成金线顶刘公岛水产房屋征收项目签订补偿协议，发放补偿款557万元。为沙窝村、东莱海村等5个城中村改造工程办理了回迁安置注销等手续。

【直管公房管理】 为实现直管公房规范管理，市直管公房管理处起草《威海市市级直管公房管理办法》。对所管理的47处非住宅公房进行全面摸底，进行分类、造册、建档。制定《关于非住宅公房市场公开招租实施方案》，对招租程序、报名方式、竞租方式等进行了明确，委托有资质的房产评估机构对租金底价进行评估。7月28日，威海市4处非住宅公房市场公开招租首次开槌，2处公房以高于租金底价中标，另外2处流标，威海市非住宅直管公房正式走向市场，有效杜绝了非住宅公房租赁管理中存在的“二房东”现象，从根本上避免公房租赁的暗箱操作。为规范住宅公房管理，制定《住宅直管公房清理整顿工作实施方案》，对全市413户住宅直管公房进行清理整顿，查处40余户转租行为。针对住宅类公房老弱病残承租群体行动不便、交租困难的问题，推行“亲情服务”，指定专人定期登门收取房租；实行午间值班制度，方便市民办理缴费等服务。4月1日起，协调银行为市级廉租房、公租房及其他公房租赁户开通了银行缴费业务，银行根据房屋租赁合同定期从租赁户借记卡上扣缴房租。

【储藏室综合整治】 为加快储藏室整治工作进度，制定《市区储藏室管理考核方案》，明确考核内容，每月底组织工商、消防、环保、公安、质检等部门组成联合考核小组，对各区提报的整治小区进行综合评比、现场考核。针对各区反映的储藏室整治难题，组织召开现场会议，研究整治方法，制定

7月28日，威海市对非住宅公房进行公开招租　　丛鑫　摄

整治目标，解决实际问题。先后组织现场检查5次、协调督导会议5次。每月对各区储藏室综合整治数量进行汇总统计，清理的储藏室详细列明了具体房屋坐落。经摸底调查，市区（不含文登区、威海临港经济技术开发区）用于居住、经营的储藏室5631户，2014年，整治违规储藏室3906户，其中，用于居住的3526户、用于经营的380户。

（赵鑫　丛鑫）

市政基础设施建设

【概况】　2014年末，全市城市实有道路长度2076.85公里，面积4595.61万平方米，人均城市道路面积30.51平方米；实有桥梁496座，路灯11.34万盏，排水管道长度5115.31公里。全年污水处理量1.22亿立方米，污水集中处理率96.4%。其中，威海市区道路长度达1285.60公里，比上年末增长6.4%；道路面积2981.14万平方米，增长5.4%；人均城市道路面积31.63平方米。实有桥梁316座，路灯6.95万盏，排水管道长度3612.57公里。全年污水处理量8404万立方米，污水集中处理率达95.6%。（市区数据含文登区）

【市区实施33条道路建设工程】　2014年，对市区10条（段）主干路和23条城市次干路实施新建、续建或大修。其中，10条（段）城市主干路新建、续建或大修工程主要包括统一路南延工程、统一南路道路工程、昆明路西延工程、新威路改建工程、文化西路大修工程、金线顶滨海路道路工程、环海路工程、文化路少年路人行道改造样板路工程等；23条（段）道路的新建、续建及大修工程主要有渔港路、海港路、高山街、光明路、四方路、青岛街、平度路等8条路的新建、大修工程；BC6路（环山路—传染病医院）道路工程；齐鲁大道、黄海路、海峰北路、海峰南路4条道路新建、大修工程；浙江路和台州路贯通、台州路南延、龙泉路北段、金华北路北段、常州路、大理路、威泉路南延7条道路工程；温州路北段、香水路2条路基工程及汪羊线大修工程。环山快速路工程年底前开工建设。

【世昌大道部分路段人行道铺装改造】　自3月15日起，市市政处对世昌大道（文化路—沈阳路）段两侧的人行道进行铺装改造，工期约2个月，工程内容包括将预制混凝土面包砖置换为机切花岗岩石板，路口增设挡车柱，树坑增设树池石；完善无障碍设施铺装，搬移盲道路线上的检查井，将检查井统一更换为外方内圆新型井盖。

【市政道路工程扬尘治理专项检查】　3月27日，市市政处组织各区（市）市政主管部门就全市市政道路工程扬尘治理工作进行专项检查，调度工作情况，督导整治进展，并要求各建设单位、施工企业、监理单位、施工项目部按照省住房城乡建设厅印发的扬尘控制要点，逐一落实具体责任，明确扬尘防治目标，严格执行各项控尘措施，加强扬尘治理考核，做好参建人员的扬尘控制知识及技能培训。

【市区市政运输车辆密闭改装】　年内，市市政处组织市政施工单位对渣土运输车辆进行了规范密闭改装，并安装了GPS车载定位终端。此次改装突出的特点是采取两扇侧开、平顶盖形式进行全密闭，采用液压系统开启闭合车厢盖。GPS车载定位终端与城建部门GPS监控系统联网，可精准确定渣土车的位置，实时查看渣土车行驶路线及车速、所在区域等信息。

【塔山中路（即墨路—胶州路）建成通车】　6月11日，塔山中路（即墨路—胶州路）建成通车，塔山路（世昌大道—望岛河）全线贯通，极大缓解了市区青岛路、海滨路南北主干道的交通压力。塔山中路（即墨路—胶州路）为城市次干道，长787米，红线宽30米。该段道路于2012年完成路基工程，2013年即墨路南约600米路段通车运行。

【环海路（海源公园段）道路工程建成通车】　6月28日，环海路（海源公园段）道路工程建成通车。工程全长860米，结合海源公园改造，环海路（海源公园段）改造主要内容包括提升路面来顺接海源公园，改造道路雨水系统，使道路雨水能顺畅排放至东侧大海。同时，重新铺筑水泥稳定碎石路面基层、沥青路面和人行道。工程于4月25日开工，6月28日完成沥青路面铺筑并通车运行。

【市区3条主干道部分路段大修罩面完工通车】　市区文化路、昆明路、海滨路作为市区3条主干道路，分别需要进行雨水管网疏通、病害处理、路面沉陷等工程改造。自7月开始，市市政处分期对3条（段）主干道进行部分路段罩面大修。施工2个月，工程全部完工并通车。其中，昆明路（古寨东路至古寨西路）罩面工程全长850米、宽16米，沥青罩面面积1.4万平方米；文化路（世昌大道至大连路）罩面工程全长2062米、宽44米，沥青罩面面积9万平方米；海滨路（世昌大道至瓷厂路地下通道）罩面工程全长1110米，宽28米，沥青罩面面积3.1万平方米。

【《威海市城市排水（雨水）防涝综合规划》通过专家评审】　《威海市城市排水（雨水）防涝综合规划》对威海市排水防涝能力进行了评估，划分了不同内涝风险等级的区域，对雨水径流控制与资源化利用方面提出了多种措施，并按照新修订的暴雨强度公式计算雨量，合理布置雨水管渠。8月，省住房城乡建设厅组织召开了《威海市城市排水（雨水）防涝综合规划》评审会，认为规划资料翔实，现场调研充分，指导思想明确，内容符合国家有关排水防涝规划要求，顺利通过评审。

【新威路威高广场公交港湾及金猴地下通道改造工程完工】　11月18日，经过1个月的施工，新威路威高广场公交港湾及金猴地下通道改造工程完工。通过对地下通道内洞壁、洞顶、路面等进行装修改造，整个通道焕然一新，环境得到很大改善。市民由华联停车场可经此通道至威高广场。

11 月 28 日，古陌隧道改造工程完工通车　　　　连海清　摄

【市区古陌隧道、戚家夼隧道完工通车】 按照市委、市政府 2014 年度城建重点工程实施方案，市城乡建设委实施了古陌隧道改造工程和戚家夼隧道及其连接线新建工程。11 月 28 日，两条隧道全部完成主体及附属设施建设，通车使用。其中，古陌隧道工程自 3 月 17 日开工建设，提前 4 个月竣工；戚家夼隧道工程于 2013 开工建设，2014 年度完成了隧道消防、照明、装饰、路面、人行道等配套工程。市民可在中心城区沿统一路，经塔山隧道、戚家夼隧道，到达渔港路。为做好统一路南延与渔港路的连接工作，市政施工单位同步对渔港路段（塔山中路—统一南路）进行了翻修改造。

【市政道路新材料应用】 2014 年，市市政处在统一南路、金线顶滨海路新建市政道路部分路段应用了新材料，通过雨雪天气检验，新材料应用达到了初期效果。其中，统一南路望岛河南 150 米路段，沥青路面拌和铺筑期间添加冻结抑制剂，能缩短结冰时间，提升路面露出率，提高除雪作业的效率。金线顶滨海路（老船厂路口往东）350 米路段人行道尝试应用陶瓷烧结透水砖及透水性混凝土基层，透水性人行道试验段能快速渗水至地下，在满足使用功能及耐久性基础上，达到绿色环保的铺装效果。

园林绿化

【概况】 2014 年末，全市绿化覆盖面积达 1.44 万公顷，比上年末增长 5.8%；建成区绿化覆盖率 48.4%，提高 0.86 个百分点；园林绿地面积 1.25 万公顷，增长 5.9%；建成区绿地率 43.66%，提高 1 个百分点；公园绿地面积 3641.28 公顷，增长 5.8%，人均公园绿地面积 24.17 平方米，增长 4.4%。其中，市区绿化覆盖面积 1.03 万公顷，比上年末增长 5.7%；建成区绿化覆盖率 48.91%，提高 0.96 个百分点；园林绿地面积 8830.13 公顷，增长 5.6%；建成区绿地率 43.98%，提高 1.09 个百分点；公园绿地面积 2385.28 公顷，增长 5.8%，人均公园绿地面积 25.31 平方米，增长 0.5%。

【参展第五届山东省园林绿化博览会】 9 月 22 日，第五届山东省城市园林绿化博览会在东营市开幕，总面积 98 公顷，建有 33 个主题展园，主题为“黄蓝交响，共享园博”。其中，威海园占地面积 1800 平方米，以“故居里”为主题，以“渔村院落”为模板，通过设置山海故居、迎福门、浣南溪、福影墙、叠芳田、归航船等景点，融入威海的海草民居文化、渔文化、海文化、福文化等具有地方特色的设计元素，彰显了威海“人居福地”的城市名片，诠释了威海的乡土民俗风情，形成了一处独具特色的胶东文化风景。

【制定《威海市绿道网总体规划（2013—2020）》】 制定《威海市绿道网总体规划（2013—2020）》，威海市绿道网分为“市域绿道—城市绿道—社区绿道”三级。其中，市域绿道通过借用机耕道、村道、县道等连接各区（市），并串联市域重要风景区，构建总长 762.83 公里的“一带四轴”绿道网，打造市域风景区自驾游网络体系。城市绿道与市域绿道和社区绿道贯通，以水为脉络，以

9 月 22 日，第五届山东省城市园林绿化博览会开幕，图为威海园一景　　鞠红旗　摄

公园为节点，串联中心城市46个山体绿核，打造“三环九线”绿道网体系，为市民提供低碳环保、健身休闲的写意空间。“三环”总长度292.3公里，其中，内环以里口山为核心，利用森林防火道、登山道，打造山林风光绿道；中环以沈阳路、世昌大道、青岛路、九龙河、羊亭河等连接成都市活力绿道；外环串联滨海公园，沿石家河，借道俚李线，向北接初村河，形成滨水休闲绿道。社区绿道连接区级公园、小游园和街头绿地，主要为附近居民健身、出行提供便捷的慢行系统、完善的配套设施、美化的绿化环境。规划设计市民骑行30分钟可达市域绿道，10分钟可达城市绿道，5分钟可达社区绿道。2014年，威海市建设5段绿道，总长21.5公里。

公用事业

【概况】 2014年，全市完成发电量163.97亿千瓦小时，比上年增长3.9%；实际用电量102.38亿千瓦小时，增长2.0%，其中工业用电量66.43亿千瓦小时，增长1.8%。全市城市供水总量1.49亿立方米，增长4.6%。燃气普及率100%。天然气供气量1.17亿立方米，增长19.1%；液化气供应总量1.81万吨，下降9.1%。全市蒸汽供热能力1225吨／小时，热水供热能力2318兆瓦；集中供热面积5460万平方米，增长10%。年末市区公共汽车运营线路55条，线路网长度220公里，运营线路总长度809公里。公共汽车984辆，全年公共汽车客运总量1.07亿人次，平均日客运量29.32万人次。市区出租汽车1543辆。

（孟德发　肖俊涛）

【城乡供电】 2014年，全市全社会用电量完成102.4亿千瓦小时，比上年增长2.0%。其中，工业用电量66.4亿千瓦小时，增长1.8%。国家电网威海供电公司先后获得“中央企业先进基层党组织”“全国电力行业用户满意企业”“全国守合同重信用企业”“威海市工作优秀单位”“国网山东省电力公司先进单位和先进基层党委”等称号。

电网建设力度加大　全年投入12.3亿元，开工建设10项电网工程，竣工投产16项，新增35千伏及以上变电容量17.3万千伏安、线路长度244.88公里，电网投资额和建设规模均创新高。全力服务青荣城际铁路建设，威海境内3条220千伏供电线路在全线率先竣工送电，36处线路迁改工作全部按期完成。实施“配农网工程建设百日会战”，建设改造中低压线路827公里，新装更换变压器501台，改造村网527个，城乡供电可靠率指标达到99.98%和99.96%，全市户均用电容量达1.47千伏安。建成电气化村52个，解决了5.3万户的低电压问题，城、农网电压合格率均位居全省首位。深化配电自动化建设应用，通过对故障点的自动隔离和对非故障区域的快速恢复供电，减少客户停电8.2万小时户。

电力供应保障有力　深入开展“打非治违”、安全生产月等活动，对电网安全进行全面诊断分析和“地毯式”隐患排查治理，电网故障率比上年下降16%。《威海市电力设施和电能保护办法》自4月1日起实施，建立电力设施保护联席工作机制，为电网安全生产提供法制和组织保障。组建应急彩虹服务队，举办首次政企联动防汛、防台风电网大面积停电演练，科学应对“5·29”山火、“麦德姆”台风等灾害，出动人员2357人次、车辆545台次，保障全市电力可靠供应。圆满完成2014年威海国际长距离铁人三项世界锦标赛、韩国仁川第17届亚运会（中国·威海）火炬传递等重大活动的保电工作。

创新开展“五零”服务　在全省率先推出业扩报装“互联”服务，将原来业务办理所需的16个环节20多种资料优化整合成7个环节9种资料，报装平均接电时间由56天缩减到29天，全市用电工程接电容量158.4万千伏安、比上年增长51.3%。开辟业务办理绿色通道，顺利完成县域大工业客户的电价调整工作。完成自管小区改造2万户，直供区一户一表覆盖率位居全省首位。积极推行“不停电工程”，开展零点作业89次、带电作业3453次，比上年分别增长158%、238%。全面推行“五个一”（一个用户报修、一张服务工单、一支抢修队伍、一次到达现场、一次完成故障处理）标准化抢修，创新开展手持终端处理“95598”工单，故障抢修到达现场平均时长缩短39%。全市56个营业窗口实现视频监控、“一柜通”覆盖率100%，投诉率、故障报修率分别下降46%、29%，两项指标排名全省第一。服务民生“零距离”、故障抢修“零等待”、办事审批“零障碍”、服务发展“零缝隙”、行风问题“零容忍”的“五零”服务做法，被作为联系服务群众“最后一公里”的典型，在省政府办公厅《专报信息》上刊发推广。

行风建设成效显著　党的群众路线教育实践活动开展以来，公司不等不靠，深入开展以抓基础、讲奉献、重创新、勇超越为主要内容的“善小·海葵”卓越实践，广泛开展突出管理提升的“善小·海葵”精益行、突出服务提质的“善小·海葵”责任行、突出依法治企的“善小·海葵”阳光行，以及突出公益和志愿服务的“善小·海葵”公益行等系列活动。大力培育和践行社会主义核心价值观，公司员工文艳当选山东省“最美代言人”，吕明玉获“山东省‘善行义举四德榜’先模人物”称号，2人参加韩国仁川第17届亚运会（中国·威海）火炬传递活动，20余人先后获得地市级以上荣誉称号。

（王　旭）

【城市供排水】 2014年，全市城市供水总量1.49亿立方米，比上年增长4.6%。全年生产用水量6532.87万立方米，增长3.1%，生产用水量占全部供水量的比例为43.8%，与上年持平。全年居民家庭用水量3439.94万立方米，增长4.4%，居民家庭用水量占全部供水量的比例由上年的23.2%下降到23.1%。用水人口150.64万人，用水普及率100%。人均日生活用水量比上年增长1.7%。其中，市区供水总量9241.92万立方米，比上年增长9.0%。全年生产用水量4580.87万立方米，增长26.7%，生产用水量占全部供水量的比例由上年的44.2%上升到49.5%。全年居民家庭用水量2322.44

万立方米，增长7.9%，居民家庭用水量占全部供水量的比例由上年的22.7%上升到25.1%。用水人口94.26万人，用水普及率100%。人均日生活用水量比上年增长1.7%。年内，威海市改建、新建初村污水处理厂、威海高技术产业开发区污水处理厂、威海经济技术开发区污水处理厂和威海临港经济技术开发区污水处理厂，提标改造后污水处理能力由17万吨／日增至28万吨／日，排放标准均达到一级A。年内，威海市水务集团有限公司供水7407万立方米，增长4.5%，最高日供水量24.7万立方米；售水6554万立方米，增长4.9%；供水漏失率11.4%。3座净水厂出水全部达到卫生部《生活饮用水卫生标准》，水质综合合格率100%。处理污水量5692万吨，与上年基本持平，污水处理率为95.1%。完成工程投资10.5亿元，铺设各类管道260公里。

供排水设施建设大规模展开　全年规划实施供排水重点工程16项。至年底，威海高技术产业开发区污水处理厂扩建工程、初村污水处理厂扩建及提标改造工程、崮山净水厂工艺改造项目和泥干化项目全部投入运行；威海经济技术开发区污水处理厂扩建搬迁工程、茴山净水厂扩建及配套管网工程、老集泵站及管网工程开工建设，东部滨海新城和双岛湾科技城供排水配套及时跟进；在市区24个旧小区综合整治中率先完成供排水设施改造；泊于水库完成投资3.24亿元，前期手续办理进展快速，库区土地补偿有序进行；南水北调续建配套工程完成投资3.2亿元。威海经济技术开发区污水处理厂扩建搬迁工程和老集泵站及配套管网工程被列为中央预算内资金项目。

城市供水应急保障能力迈上新台阶　2013年10月到2014年4月，威海市降水较历年同期偏少38%，市区各水源地蓄水量持续下降。5月，威海市水务集团有限公司集中力量快速建成武林水库调水工程，取水规模为5万立方米／日，武林水库纳入常规供水体系。对米山水库取水口进行全面改造，取水能力进一步提高，浮冰堵塞取水口等问题得到解决。在台风“麦德姆”过境等事件期间，市区供水始终保持安全稳定的良好态势。

环境整治力度进一步加大　开展雨污混流普查整治，发现问题1035起，完成雨污分流改造718起。开展COD排放超标专项整治，普查排水户192家，整治超标排污企业18家。开展吸污车专项整治，与18家吸污车用户签订《污水排放协议书》。开展水源地上游专项整治，查处各类污染隐患130多起。加强排污体系管护，清淤、疏通管道900多处，保养管线350公里，清挖维修污水井3400座，吸污4600吨。市区河道管理有序，整治排污口100余个，清理淤泥3.2万立方米。此外，解决一大批污染环境的焦点、难点问题，优化了城市环境。

污泥资源化取得重要突破　为从根本上解决污水处理厂污泥处置的难题，实现污泥的无害化、减量化、稳定化处理和资源化利用，威海市水务集团有限公司自主研制成功了填补市场空白的污泥制陶粒工艺，并实现试点火生产，在污泥资源化利用上开辟了新途径。所生产的陶粒具有质量轻、强度高、吸水率低、隔热保温、抗冻耐腐蚀等特点，可大量应用于工程建筑领域，具有极高的推广使用价值。

威海高技术产业开发区污水处理厂、中水厂两个BOT项目成功回购　威海高技术产业开发区污水处理厂BOT项目处理规模为4万吨／日，2006年4月开始运行。中水厂BOT项目处理能力为1万吨／日，2009年4月建成投产。为提升污水处理厂运营质量和污水处理水平，威海市水务集团有限公司与原BOT合作方反复协商谈判，最终就项目回购等事宜达成一致，正式将两个BOT项目收回。

服务质量和社会满意度持续提高　结合文明城创建活动，加强服务窗口建设，完善各种人性化服务设施，对营业收费系统进行升级，提高响应速度。利用网上平台优化排水许可证办理程序，在威海经济技术开发区审批窗口增设受理业务。结合市级公共服务热线平台建设，完成水务热线与“110”平台的对接及知识库录入等工作，实现“110”、水务热线与用户之间的三方通话。全年受理各种问题8.17万个，回访8335个，用户满意率100%；受理数字城管派遣案件3302个，按时处置率100%。

（孟德发　王玉鑫）

【城市供热】　2014年末，全市蒸汽供热能力1225吨／小时，热水供热能力2318兆瓦；集中供热面积5460万平方米，比上年末增长10%；管道长度达4140公里（不包含外供蒸汽管网）。其中，市区蒸汽供热能力875吨／小时，热水供热能力1546兆瓦；集中供热面积4248万平方米，增长9.1%；管道长度3036公里（不包含外供蒸汽管网）。

供热计量改革　市城乡建设委制定出台《威海市供热计量应用技术导则（试行）》，对威海市区范围内的新建民用建筑集中供热工程和既有民用建筑集中供热节能改造工程的供热计量方式、系统设计、工程施工和运行管理等方面给予明确规定，加快推进供热计量改革工作。同时，附录了施工示意图及工程质量检验记录表、抄表记录表、装置故障记录表等，进一步确保科学性和可执行性。

全省燃气热力管理工作暨现场观摩交流会在威海召开　3月20日，全省燃气热力管理工作暨现场观摩交流会在威海召开，全省17设区城市燃气热力主管部门参加会议。参会人员对威海市燃气热力管理工作进行现场观摩，实地参观了威海港华燃气有限公司燃气信息化平台、西城农贸市场供热计量节能改造现场以及威海热电集团有限公司供热信息化平台，了解了荣成市成山镇鸿洋神社区、俚岛镇爱莲湾小区、寻山街道赵家村、崖头街道碌对岛村等地热源供热情况。

市区集中供暖实行弹性工作机制　根据供暖计划，市区冬季供暖期一般从每年11月20日开始，至次年4月5日结束，总供暖天数为136天。为提高市民生活质量，威海市冬季集中供暖实行弹性工作机制，根据实际天气情况对供暖计划进行微调。2013—2014年度供暖季从2013年11月12日开始，比原计划提前8天，2014年4月8日结束，比原计划推后3天。

智慧供热　2014年，威海市进一步扩大智慧供热区域，2000多栋700多万平方米居民楼通过换热站改造及楼控安装等方式纳入智慧供热体系，智慧供热总面积达1000万平方米。其中，威海热电集团有限公司完成1.6万户热量表安装，在楼道配套了7000个智能电动调节阀；威海第二热电集团有限公司投资1000万元对梦海小区、新都小区等小区的老旧管网进行更新扩容，对悦海花园等7个小区的换热泵房进行自动化技术改造。通过安装热量表及智能电动调节阀，居民可在控制面板上自行调节室温，供热企业在调度中心在线调控供热流量，使企业供暖和市民用暖更加高效、环保、智能。

供暖价格改革　根据供暖计划，自10月31日起，威海市供热企业全面做好2014—2015年度市区冬季供暖准备，11月5日起进入供热低温运行状态，11月20日正式供暖。按照《关于进一步加强供热价格管理的通知》规定，自该采暖期起，进一步调整市区供热价格管理，具备热计量收费条件并按用热量收费的，实行基本热价和计量热价相结合的两部制热价计费方式。其中，基本热价按面积计费价格的30%核算，即7.5元／平方米，计量热价为35.7元／吉焦，即0.1285元／千瓦小时。实行两部制热价的居民用户在供暖期开始前，按面积计费额一次性预交供热费，采暖期结束后核对用户计量费用，下一采暖期“多退少不补”；非居民热用户按两部制热价据实结算，实行多退少补，补交额不超过用户预交供热费的10%。

【城市供气】　2014年，全市天然气供应量1.17亿立方米，比上年增长19.1%；液化气供应量1.81万吨，下降9.1%。其中，市区天然气供应量1.01亿立方米，比上年增长21.5%；液化气供应量1.05万吨，下降30.7%。至年底，全市管网总长度为3205.13公里，居民用户52.11万户，工商业用户8.22万户。

全市燃气安全大检查活动　自4月1日起，市燃气热力管理处在全市范围内开展为期1个月的燃气安全大检查活动，对全市所有燃气经营企业进行全方位、无缝隙排查整治。此次检查包括所有燃气经营单位，检查内容主要是天然气加气站各类储气设施、加气设施及场站消防设施是否存在安全隐患，以及管网占压，管线交叉，商业与公共建筑地下室、半地下室或地下封闭空间使用燃气，餐饮行业用气安全及隐患整改情况。

【城市公共交通】　（详见《交通·邮电·城市公共交通》第171页）

【城市环境卫生】　2014年，全市城市道路清扫面积3752万平方米，其中，机械清扫2910万平方米，机械清扫率77.5%；清运生活垃圾粪便67.74万吨，基本做到日产日清；生活垃圾无害化处理量67.74万吨，无害化处理率100%；有公共厕所261座，水冲公厕比率100%。其中，市区道路清扫面积2336万平方米，其中机械清扫面积1850万平方米，机械清扫率79.2%；生活垃圾无害化处理量39.62万吨，基本做到日产日清；生活垃圾无害化处理量39.62万吨，无害化处理率100%；公共厕所168座，水冲公厕比率100%。

威海湾环境综合整治　年内，市城乡建设委启动了威海湾环境综合整治工程，重点对海源公园段的护岸海堤进行新建和修复性改造，将斜坡式护岸结构改造为直立式弧形挡浪墙的护岸结构，并在海堤之间采用阶梯式护岸结构修建3个亲水平台。同时，有针对性的增加海源公园的休闲娱乐功能，在保护好威海湾东部礁石海滩区域自然景观风貌的基础上，因地制宜对部分区域适当加高，对场地礁石、沙滩、绿地等进行优化，增加公厕及管理房等配套服务设施，增设儿童活动区域及健身广场、步行甬道等休闲场所，着重对义重饭店进行改造，多方面完善公园滨海休闲功能。

市区春季环境集中整治　为解决市区范围内存在的城市环境容貌“死角”，进一步改善居住环境和城市形象，2月—5月，市城乡建设委组织在市区范围内开展以“找死角，查盲区，整治城市容貌”为主题的环境集中整治活动，主要围绕旧村改造遗留区、城区老旧生活小区、外来人口集中区、建设工地、主次干道5大重点整治区域展开。为确保整治活动取得实效，市城乡建设委印发了以《市民共同参与共建美好家园》为题的活动倡议书，邀请广大市民积极参与。

城铁沿线环境综合整治　3月，市政府办公室印发《青荣城际铁路威海段沿线环境综合整治实施方案》，部署城际铁路威海段沿线环境综合整治工作。通知要求，整治工作需2年，分为三个层次：第一层次为城际铁路建设用地红线以内；第二层次为城际铁路建设用地红线外侧100米范围内，沿线重要地段、节点区域等可适当放大；第三层次为城际铁路建设用地红线外侧100～800米之间的旅客视线可及范围。其中，2014年主要完成第一、二层次整治任务，2015年完成第三层次整治任务。通过整治，使城际铁路沿线环境达到无违法违章建（构）筑物、无破旧建（构）筑物、无裸露土堆及物料堆、无荒地荒坡及空白地、无垃圾及白色污染、无违规广告、无河道淤积和河堤破损，有配套绿化景观或绿化隔离带“七无一有”的目标。

市区沿海岸线环境综合整治工程　3月4日，市政府召开有环翠区政府，威海高技术产业开发区、威海经济技术开发区管委，市城乡建设委、海洋与渔业局、林业局、国土资源局、规划局、城管执法局、住房保障和房产管理局等部门负责人参加的威海市区沿海岸线环境综合整治工作动员会，市区沿海岸线环境综合整治工程全面启动。

餐厨废弃物处理　为尽快实现餐厨废弃物的分散化处理、资源化利用，加快推进餐厨废弃物分散化试点进展，2014年，威海市在市区20家日餐厨垃圾产量在200公斤以上的宾馆、酒店等餐饮单位，新增设20个餐厨废弃物处理点，选用微生物高温好氧发酵工艺，实施餐厨废弃物分散化处理。根据试点情况，逐步在全市范围内展开，争取2015年底前建成运行餐厨废弃物无害化处理和资源化利用项目。

建设领域扬尘治理　5月，市城乡建设委印发《关于进一步加强建设领域扬尘污染防治工作的通知》，要求风力在4级以上或出现重污染天气黄色（三级）以上等级预警时，立即停止沟槽开挖、渣土运输、路面清扫等易产生扬尘的市政道路施工作业；风力达6级以上时，停止易产生扬尘污染的施工作业。扬尘污染防治的工作重点区域为房屋建筑、园林绿化、市政道路建设、房屋拆除等工地，以及住宅小区改造工地、新建项目集中的开发区工地和渣土运输处置、市区道路扬尘、城市裸露土地等。

建筑业

【概况】 2014年，威海市建筑业完成总产值372亿元，实现利税36.3亿元，新开工面积1220万平方米，在建施工面积3020万平方米，分别比上年增长9.6%、12%、11%和5.1%。全市征收建筑劳保金2.9亿元，拨付1.8亿元。东部滨海新城成功申报省级绿色生态示范城区，2个项目被列为省级超低能耗建筑示范工程，16个项目被列为省级范例工程。为切实加强工程质量管理，规范质量监督程序和监管人员行为，市城乡建设委研发了威海市建设工程质量监督信息化平台，与精细化管理平台互联互通，全面提升建设工程质量。5月21日，市城乡建设委邀请上海毕埃慕建设工程顾问有限公司到威海市开展BIM技术应用讲座，为威海市更多企业参与BIM技术的研究和应用提供了平台。

【威海市公共建筑节能监测平台通过验收】 1月11日，省住房城乡建设厅专家组到威海开展威海市公共建筑节能监测平台验收工作。专家组认为，威海市公共建筑节能监测平台建设规划合理，运行维护制度健全，平台运行稳定，能够满足全市公共建筑节能监测需要，同意通过验收。威海市公共建筑节能监测平台能够实现建筑分项能耗动态监测和有效分析，具备为主管部门制定政策和业主节能管理提供数据支持的能力。

【全省建设工程消防行政审批改革工作现场会在威海召开】 4月4日，全省建设工程消防行政审批改革工作现场会在威海召开。与会人员实地考察了威海市建设工程勘察设计审查中心等，听取相关工作情况介绍，对威海市建设工程消防行政审批改革工作给予充分肯定。

【预拌砂浆推广使用】 4月10日，市城乡建设委印发《关于加快推广使用预拌砂浆的通知》，要求按照先中心城区后向外辐射的原则，加快推进预拌砂浆的使用。自2014年7月开始，市区范围内疏港路以西，江家寨立交桥以北，环山路以东、以北，环山路向西按世昌大道平行线延伸至中央电视台威海影视城以北，与海岸线的封闭区域范围内的在建工程禁止现场搅拌砂浆，一律使用预拌砂浆。2015年3月以后，全市所有在建工程必须全部使用预拌砂浆。

【建设工程勘察设计质量专项治理】 根据《威海市建设工程勘察设计质量专项治理工作实施方案（2014—2017)》，市城乡建设委组织开展了针对工程勘察和工程设计的专项治理行动。行动以住宅工程（重点为保障性安居工程）、大型公共建筑和超限高层建筑的工程勘察和工程设计为治理对象，3月开始，分宣传发动、实施推进和总结提高三个阶段推进，到2017年底结束。届时，将实现威海市建筑工程施工图设计文件审查每百个项目违反工程建设标准强制性条文数比2013年下降25%、勘察设计审查一次通过率在2013年基础上提高15个百分点的目标。

【施工现场建筑围挡管理】 5月，市城乡建设委、城管执法局联合印发了《关于规范建筑施工现场围挡管理的通知》，要求建筑施工围挡需按规范要求进行设置，市区青岛路、世昌大道等10条主要道路两侧的建筑工地、市区重点工程等施工现场要采用垛式构造围墙，安装灯饰或霓虹灯；市区次要道路两侧的建筑工地，可采用垛式彩钢板围挡。通知要求建筑施工现场围挡需做公益文化宣传，公益广告比例不低于35%，同时严格控制商业广告数量，不允许设置与该工程无关的商业广告。

【制定施工扬尘防治费用参考标准】 5月6日，市城乡建设委印发《关于发布威海市房屋建筑和市政基础设施工程施工现场扬尘污染防治专项费用费率参考标准的通知》，公布了扬尘污染防治费用参考标准，确定房屋建筑工程施工现场扬尘污染防治专项费用费率参考标准为工程造价的3‰～6‰，市政基础设施工程参考标准为工程造价的1.5‰～3‰，具体费率可根据工程性质和工程规模在招标文件和合同中予以明确。建设单位须在参考标准范围内确定费率，列入工程概预算，待工程开工后按约定足额支付给施工单位。

【装饰装修企业资质核查】 5月8日，市城乡建设委启动了全市建筑装饰装修企业资质核查工作，对全市范围内2013年底前取得主项装饰装修专业承包资质的建筑装饰装修企业的市场行为、注册人员等进行核查，核查不合格企业限期整改、降低资质等级或撤销资质。核查活动采取网上核查和现场核查方式进行。

【建设工程抗震设防专项检查】 根据《2014年防灾减灾日威海市城乡建设系统排查工作方案》要求，市城乡建设委自5月13日起，对全市范围内的重大市政公用设施和在建重大房屋建筑工程进行抗震设防专项检查。检查主要针对人流集中的大型市政公用设施（学校、幼儿园、火车站、汽车站、体育场馆、大型商场、医院、养老院、影剧院等），以及单体建筑面积在2万平方米以上的和超限高层的重大房屋在建工程。检查重点为工程是否按照国家工程建设标准进行抗震设防，是否在勘察、设计、施工、监理等环节中执行国家强制性技术标准的情况及与抗震设防有关的地基基础、主体结构、非结构构件的抗震设防质量。

【住宅工程质量样板引路制度】 5月28日，市城乡建设委印发《关于深入推行住宅工程质量样板引路制度的通知》，自7月1日起，在全市范围内推行住宅工程质量样板引路制度新开工的保障性住房、商品住宅小区必须全部实行质量样板引路制度，施工现场均要制作质量样板。其中，建设单位是实施住宅工程质量样板引路制度的牵头单位，应组织监理、施工单位编制样板引路工作方案并负责落实；施工单位负责样板引路制度的具体实施；监理单位负责样板引路制度的现场监督管理；设计单位负责做好施工图的细化设计，并通过设计交底、图纸会审和现场技术服务等方式指导样板制作。

【市区新增5处建筑垃圾消纳场所】 6月18日，威海市区建筑垃圾消纳场会议举行，决定新增5处建筑垃圾消纳场所。其中，环翠区设置点位于温泉镇堂子村东南角采石场，可回填建筑垃圾5万立方米；威海高技术产业开发区设置点位于双岛湾科技城填埋场，可回填建筑垃圾50万立方米；威海经济技术开发区设置点位于华能威海发电有限责任公司东侧，可回填建筑垃圾2万立方米；威海临港经济技术开发区设置2处建筑垃圾消纳场，一处位于江苏中路废弃采石场，可回填建筑垃圾1.5万立方米，另一处在中韩路以东、新李俚线以北、福州路以西，可回填建筑垃圾4.5万立方米。

【竣工住宅楼外窗淋水检测】 7月1日，《威海市开展住宅工程外窗水密性能现场淋水检测的通知》印发。自7月1日起，全市所有未竣工的新建、改建、扩建住宅工程，建筑工地需先对所有窗户进行20分钟的外窗淋水自检。建筑工地自检合格后，市质监站委托第三方检测机构作进一步抽检。凡未经外窗水密性能现场淋水检测或检测不合格的住宅工程，不得进行竣工验收备案。

【2个超低能耗绿色建筑示范项目通过专家论证】 7月7日，山东省（中德合作）超低能耗绿色建筑示范项目技术方案论证会举行。住房城乡建设部专家组对威海市中小学生综合实践教育中心2号主题教育馆、一战华工纪念馆和配套管理房2个示范项目设计方案进行论证。全省有11个项目入选，威海市 2个项目均入选。

【工程质量检测机构年度考核】 8月25日，市城乡建设委印发《关于对威海市建设工程质量检测机构实行年度管理考核的通知》，对全市范围取得山东省建筑工程管理局颁发“建设工程质量检测机构资质证书”和“山东省建设工程质量检测机构备案证书”的检测机构实行动态考核管理，并根据考核结果确定检测机构的信用等级。

【威海市被列为山东省建筑产业现代化试点城市】 根据省住房城乡建设厅通知，威海市等6个设区的市被列为山东省建筑产业现代化试点城市。同时，威海市威建集团、丰荟集团和蓝岛新型建材公司被列为山东省建筑产业现代化生产基地。

【建设工程质量治理两年行动】 10月20日，市城乡建设委印发《威海市建设工程质量治理两年行动实施方案》，在全市范围内集中开展建设工程质量治理两年行动。方案从质量责任、违法分包转包、重点环节管控、常见问题治理、市场诚信体系和从业人员素质等方面入手加强监管和引导，逐步建立起覆盖建设、勘察、设计、施工、监理、施工图审查、质量检测和建材生产供应等工程建设各方主体的终身责任追究制度和统一开放、规范有序的现代建设市场秩序及“守信激励、失信惩戒”的建设市场诚信体系，确保工程实体质量平稳向好，工程质量监督和监理机制进一步完善，工程渗漏、裂缝和水暖、电气、节能保温等住宅质量常见问题治理覆盖率达95%以上。

【注册建造师专项检查行动】 10月28日至11月14日，市城乡建设委在全市范围组织开展注册建造师专项检查行动，重点检查注册行为和执业行为两方面内容，具体包括注册建造师劳动合同或人事代理合同签订情况、年度工资发放记录和社会保险缴纳记录；是否存在人证分离、虚假挂靠现象等。凡是工商注册地在威海市行政区域内的建筑施工企业中的一、二级注册建造师全部进行检查。

【12项工程入选全省绿色建筑行动百项范例工程】 年内，威海市有12项工程入选全省绿色建筑行动百项范例工程，其中绿色建筑范例工程4项、既有居住建筑供热计量及节能改造范例工程2项、可再生能源建筑应用范例工程3项、建筑保温与结构一体化范例工程3项。

【全面推进绿色建筑发展】 12月，市政府印发《关于全面推进绿色建筑发展的实施意见》，要求“十二五”期间，基本完成具备改造价值的城镇既有居住建筑节能改造和公共建筑节能改造50万平方米以上；到“十二五”末，城镇新建建筑强制性节能标准执行率设计阶段、施工阶段均达到100%，太阳能光电建筑应用装机容量5 兆瓦以上，城镇应用可再生能源的新建建筑达到60%以上，公共建筑单位面积能耗降低10%，新型墙材应用比例达到100%；“十三五”期间，全面执行居住建筑节能75%、公共建筑节能65%的建筑节能设计标准。同时，部署了全面推进新建建筑节能、深入实施既有建筑节能改造、开展供热系统改造和供热计量改革、加强公共建筑节能管理、加快可再生能源建筑规模化应用、大力发展绿色建材和建筑节水技术、推动建筑工业化和住宅产业化、规范建筑报废拆除管理等8项重点工作。

（孟德发　肖俊涛）

环境保护

【概况】 2014年，全市环保系统着力服务于经济社会发展总目标，解决损害群众权益的突出环境问题，重点抓好大气污染防治、污染物总量减排、环境安全防控等工作，全面提高生态环境质量，圆满完成了年初制定的目标任务，各项工作取得新成绩。“蓝天白云 繁星闪烁”天数326天，全省第一，四项主要大气污染物指标全省第一，四项环保约束性减排指标完成年度确定任务。年末，全市环境保护系统有环境监测站4个，地表水集中式饮用水源保护区12个，面积1406平方公里。全年完成污染减排项目123个，投资额

4.58 亿元。

【大气污染防治】 市政府与各区（市）及市直部门签订了《大气污染防治责任书》，将治理任务落实到基层。先后发布了《威海市 2013—2015 年大气污染防治行动计划》《威海市重污染天气应急预案》《威海市人民政府关于划定高污染燃料禁燃区的通告》《威海市人民政府办公室关于开展油气回收治理工作的通知》等多个文件。市环保局会同公安部门开展大气自动监控设施突击检查，会同交警部门划定黄标车禁行区，会同经信委等 6 部门推进油气回收治理，会同城建部门全面推行规范化建筑施工场地管理，会同城管部门加强道路运输扬尘管理。设置了 6 个机动车环保免检窗口，在市行政服务大厅设立黄绿标补发窗口，全市检测核发环保标志 43 万套，审核办理黄标车补贴 7148 辆，发放补贴资金 5338 万元，淘汰老旧车及黄标车 5.7 万辆，完成 2014 年度黄标车淘汰任务的 123%，居全省前列。

【总量减排】 确定减排重点工程，及时分析、分解省环保厅下达的减排目标，筛选出重点减排项目 326 个，确定当年发挥减排效益的项目 114 个，重点管理，定期调度。至年底，114 个项目全部完成并投入运行。全力推进脱硫脱硝设施建设，热电企业全部完成脱硫脱硝设施建设，基本能够正常运行。拆除 26 个燃煤机组脱硫烟气旁路，建成区内拆除 83 台燃煤小锅炉。严把项目审批关，注重提高审批效率，合并了建设项目总量核定与审批程序，实行区（市）总量指标同平台使用，服务于基层和企业。

【生态文明建设】 加快城市环境总体规划编制工作，市环保局出台企业环境信用评价及环境污染责任保险工作方案，完成“智慧环保”技术、资金论证。国家生态镇增至 49 个。文登区、荣成市、乳山市编制完成生态文明建设规划。文登区、荣成市、乳山经济开发区及威海南海新区开展生态工业园区创建工作。组织完成 19 家企业清洁生产审核评估验收。编制《米山水库生态保护林带建设实施方案》《米山水库生态环境保护规划》，印发《关于加强武林水库饮用水水源地环境保护工作的通知》。省委、省政府，省委宣传部，省环保厅先后在荣成市召开农村环境连片整治、农村环保及农村乡村文明建设现场会。5 月 12 日，威海市被省环保厅命名为“省级生态市”，成为全省第一个被命名为“省级生态市”的地级市。

【环境安全防控】 加强环境安全监管，开展危险化学品企业、涉危险废物企业、尾矿库企业、三类以上放射源等专项检查 10 余次，确保环境安全。加强放射辐射管理，送贮 1 枚存放多年的放射源。编制《威海市突发环境事件应急预案操作手册》，对 78 家环境风险企业进行排查。对重点企业进行约谈。在中、高考和 2014 年威海长距离铁人三项世界锦标赛等重大活动期间，严查环境违法行为。与公安部门开展联合行动 8 次，向公安部门移交 3 起涉及环境犯罪的案件。行政处罚 7 起，结案 6 起。组织开展饮用水水源地、河流、近岸海域、土壤、噪声、辐射、重点污染源等常规监测工作。开展生态遥感监测，完成卫星遥感影像解译、野外核查及生态评估工作。加强环境信访工作，受理信访案件 1780 件，信访查处率 100%，办结率 100%，按时回复率 100%。

【环境宣教】 开展“六五”世界环境日系列宣传活动，将 6 月份定为集中宣传月，召开新闻发布会，组织“‘三星打印机杯’《环境保护法》知识有奖竞赛”；将每个月的第三个周末定为志愿者活动日，组织开展“保护城区河”等 20 余次环保志愿活动，市区志愿者达 2000 人；官方微博发帖 1200 余篇，粉丝 3 万余人，通过微博举办环保知识竞赛，约 10 万人参与，解决群众通过微博反映的环境问题 60 余件，成为联系市民、化解舆情的新渠道；全市市级以上绿色学校 163 所，市级以上绿色社区 165 个，中小学环境教育普及率保持 100%。6 月 5 日，市环保局召开“六五”世界环境日新闻发布会，发布 2013 年环境质量公报。

【环境质量】 加强大气污染防治，制订应急预案和大气污染防治行动计划，加强对主要废气排放企业治污设施运行监管，加大机动车污染检测治理力度，开展燃煤小锅炉治理，定期发布环境空气质量日报和预报，全市空气质量优良天数 291 天，优良率 79.7%，4 项主要大气污染物指标全省第一。加强水污染防治，组织开展饮用水水源地、河流、近岸海域、重点污染源等常规监测工作，完成 3 个化工企业聚集区、1 个加油站、4 个垃圾填埋场地下水基础环境状况调查、监测工作，饮用水水源地、主要河流水质达标率均为 100%。

【编制威海市城市环境总体规划】 4 月，启动城市环境总体规划编制工作，委托环境保护部环境规划院对规划进行编制。8 月，完成城市环境总体规划大纲编制工作并通过专家论证，12 月，完成《城市环境总体规划》（征求意见稿）编制工作，并召开征求意见座谈会。城市环境总体规划以环境空间管控为手段，划定生态保护红线，为实现城市可持续发展奠定基础。

【威海环保世纪行活动】 5 月，市环保局启动了以“让天更蓝，让地更净”为主题的 2014 年威海环保世纪行活动，围绕群众普遍关心的热点、难点、疑点问题，对脱硫脱硝设施、异味、粉尘、机动车尾气、建筑扬尘等大气污染情况先后进行 6 次检查，督促企业加强大气污染防治治理，采取有力措施减少污染物排放。

【环境污染责任保险试点】 11 月 28 日，市环保局印发《关于开展威海市环境污染责任保险试点工作的通知》，从试点范围、工作机构和职责、保险赔偿责任范围、激励和约束措施等方面作了具体说明，正式启动环境污染责任保险试点工作。市环保局与 3 家承保企业多次进行专题座谈，从企业风险评估、承保方案、责任范围等方面进行探讨。

【企业环境信用评价管理】 12 月 15 日，市环保局印发了《威海市企业环境信用评价管理办法（试行）》，从应当纳入环境信用评价的企业范围，企业环境信用评价的等级、方法、指标和程序，企业环境信用评价工作的职责分工、评价结果的公开和应用等方面作出规定。市环保局通过网站公示、深入企业等方式加强宣传，鼓励企业积极参与，至年底，全市有167家企业报名。市环保局定期公布红黑榜，便于社会对企业环境信用情况进行监督。

【小电镀企业综合整治】 2014年，威海市环保局开展市区小电镀企业专项整治活动。通过召开电镀企业整治专题会议、开展电镀企业专项检查、约谈超标排放企业并曝光违法行为、采取顶格处罚和移交司法处理等多种手段，严厉打击环境违法行为，取缔了一批违法企业。对8家无环保审批手续且超标排放的企业和生产线依法关停，对4家无环保审批手续但具备达标排放能力的企业限期搬迁，对5家有环保审批手续但未验收的企业督促其开展验收前的准备工作。

（李　润）

附：2014年威海市环境质量简报

2014年，全市环境保护工作坚持生态立市、环保优先的理念，着力解决人民群众关心的热点、难点环境问题，主要污染物排放量继续下降，环境质量在经济稳定发展和社会事业不断推进的同时继续保持优良状态，重点流域和海域环境质量持续改善。

一、环境空气

威海市区环境空气质量优良率为79.7%，空气质量为优的天数为61天，均居全省第一。大气中主要污染物二氧化氮年平均25微克／立方米，达到《环境空气质量标准》（GB3095—2012）一级标准（40微克／立方米）；二氧化硫年平均23微克／立方米，达到二级标准（60微克／立方米）；一氧化碳24小时平均第95百分位数浓度1.1毫克／立方米，达到一级标准（4毫克／立方米）；可吸入颗粒物（PM10）年平均72微克／立方米，超过二级标准（70微克／立方米）；细颗粒物（PM2.5）年平均41微克／立方米，超过二级标准（35微克／立方米）；臭氧日最大8小时滑动平均值的第90百分位数浓度168微克／立方米，超过二级标准（160微克／立方米）。

全市城市降水pH年均值范围在5.99至6.90之间，未出现酸雨。

二、水环境

全市3条主要河流母猪河、乳山河和黄垒河布设12个监测断面，其中5个断面达到国家地表水环境质量二类标准，6个断面达到国家地表水环境质量三类标准，1个断面达到国家地表水环境质量四类标准。所有断面水质均达到相应功能区标准要求。

全市主要饮用水水源地水质保持优良状态。崮山水库、所前泊水库、郭格庄水库、冶口水库、米山水库、坤龙水库、后龙河水库、逍遥水库、湾头水库、八河水库、龙角山水库和台依水库水质均达到或优于地表水环境质量标准三类标准。

全市近岸海域水质继续处于优良状态。其中，达到国家海水水质一类标准的海域占47.8%，达到国家海水水质二类标准的海域占52.2%。近岸海域功能区达标率为100%。

三、声环境

全市城市区域声环境质量昼间平均等效声级范围为52.2～54.6分贝，城市区域声环境质量为二级，处于较好水平。

城市道路交通噪声平均等效声级稳定在68分贝以下，城市道路交通噪声强度为一级，处于好的水平。

城市0至四类功能区声环境质量昼、夜平均等效声级范围分别为45.8～38.8分贝、53.5～33.8分贝、55.1～38.7分贝、62.5～34.9分贝、66.5～50.0分贝，均达到相应功能区标准。

四、土壤环境

全市主要集中式饮用水源地米山水库和崮山水库周边一级保护区内10个土壤监测点位，按照土壤综合污染指数分级标准进行评价，清洁点位占60%，尚清洁点位占30%，轻度污染点位占10%。除铅和镉出现超过《土壤环境质量标准》（GB15618—1995）一级标准的情况外，其他项目全部达标。

五、辐射环境

全市电离辐射装置放射源使用单位有26家，放射源总数为59枚；非密封型放射性同位素使用单位有5家共计6种；射线装置138家356台（套）；电磁辐射单位22家，电磁辐射设备5622台（套）。全市辐射环境质量保持在稳定状态。电离辐射环境质量处于天然本底变化范围内，电磁辐射环境质量达到国家规定的控制限值标准要求。

六、生态环境

全市建成自然保护区2个、森林公园13个、风景名胜区12个，森林覆盖率达到41.6%；创建市级以上绿色学校153所、绿色社区165个。市区建成区绿化覆盖率48.91%，人均公园绿地面积达25.31平方米。

通过卫星遥感测定和实地核查得出，全市生态环境质量指数为80.6，生态环境质量继续保持优级水平，最适合人类居住。

（威海市环境保护局）

编辑　李洪格

商贸服务业

综　述

【概况】　2014年，威海市商贸服务业坚持以繁荣市场、保障供应为目标，以扩消费、惠民生为主线，以转方式、调结构、促发展为方向，进一步搭建流通载体，完善经营网络，优化业态布局，开拓城乡市场，推动全市商贸流通经济持续平稳较快发展。全市社会消费品零售总额1181.87亿元，比上年增长12.9%。从城乡领域看，城镇消费品零售额986.88亿元，增长13.1%；乡村消费品零售额194.99亿元，增长11.8%。从行业分类看，批发和零售业实现零售额1077.55亿元，增长13.0%；住宿和餐饮业实现零售额104.32亿元，增长11.2%。从经济成分看，非公有经济实现零售额928.09亿元，增长13.3%；公有经济实现零售额253.78亿元，增长11.1%。从企业规模看，限额以上企业实现零售额621.79亿元，增长12.7%，增幅分别比限额以下企业和个体户高1.8和3.3个百分点。从商品类别看，与人们日常生活密切相关的商品以及消费升级类商品全面增长。其中，家具类增长32.0%，电子出版物及音像制品类增长23.6%，中西药品类增长23.5%，通讯器材类增长22.5%，化妆品类增长18.5%，日用品类增长17.0%。

【出台行业发展政策】　年内，市政府出台《关于加快现代流通业发展的意见》，印发《重点工作部门分工方案》，强化部门联动，形成工作合力。依托新闻媒体、威海内贸网等，对有关政策进行全方位、多角度宣传解读，提高政策透明度，为行业发展创造良好政策环境。

【完善城乡流通网络】　以实施城乡流通网络提升工程、农产品集中连片试点工程为契机，通过部门引导、政策扶持的方式，鼓励和支持优势企业加大投入力度，一批业态互补、功能契合的商业设施相继建成使用，完善了社区商业功能，健全了城乡流通网络。2014年，全市新建、改造批发市场、农贸市场7处，镇级商贸中心11处，社区便利店45处，农家店60处。

【挖掘居民消费潜力】　以元旦、春节和“五一”“十一”等重要传统节假日为节点，采取部门搭台、企业主体、媒体参与的方式，集中开展“惠民在冬季”“2014威海消费促进月”“2014年金秋惠万家 · 威海百姓团购月”等大型主题活动，培育消费热点，扩大消费规模。其中，团购月期间，全行业完成营业收入14.6亿元，让利额2.7亿元，惠及消费者400多万人次，收到部门搭平台、商家扩销售、百姓得实惠的良好效果。

【家政服务建设】　市商务局组织编写《威海市家政服务业发展情况》调研报告，市委、市政府主要领导分别作出批示。12月4日，市政府办公室出台《关

威海大姐家政服务有限公司进行业务培训　　　　市商务局提供

于促进家庭服务业发展的实施意见》，开展家政服务体系建设绩效评价，发挥政策引导、部门督导作用。对威海市“12343”家政服务网络中心平台实施改版调整，增设服务项目，拓展服务范围，年服务客户 1.2 万人次。落实家政服务从业人员培训计划，开展专项培训活动 122 期，培训 5300 余人。

【争创早餐示范企业】 年内，市商务局积极引导早餐工程示范企业加大连锁网点建设力度，妥善解决居民“早餐难”的问题。全市规模化早餐快餐连锁经营企业发展到 9 家，连锁早餐店（亭）总数 114 个，连锁餐车 201 部。3 家早餐企业被评为首批山东省早餐工程示范企业，威海景仁餐饮有限公司、威海味一派餐饮有限公司、山东丰惠佳餐饮管理有限公司通过第二批示范企业评审验收。实施中心厨房升级改造工程，不断扩大配送能力和规模，提升早餐快餐标准化、现代化水平。威海景仁餐饮有限公司、山东丰惠佳餐饮有限公司累计投资 9000 多万元，建设两处面积共 1.10 万平方米的现代化早餐生产车间，为企业快速发展奠定基础。

【农产品流通质量】 强化集中连片推进农产品流通和农村市场体系建设，提升农产品流通质量。威海市 13 个项目累计投入资金 9.6 亿元，建设改造农产品流通设施 43 万平方米；新建、改造鲜活农产品经销超市、便利店、专卖店 280 处；建设改造冷库 13 座，总容量 5 万吨；购置冷链配送专用车 280 多辆，年鲜活农产品配送能力超过 50 亿元；与 200 多家农民专业合作社建立农产品产销对接关系，对接农民 3 万多户、项目 420 个、品种 560 个、农产品生产基地 3.2 万公顷，帮助农民户均年增收 2000 多元。

【市场运行监测】 市商务局制定《2014 年威海市市场监测工作考核办法》，建立市、区（市）、样本企业三级市场运行监测机制。完善生活必需品、重要生产资料、重点流通企业和应急商品数据库四大市场运行监测体系，设立基础数据直报点 40 余处。以节假日为重点，严格执行每日监测工作制度，跟踪市场行情，把握价格动态，及时发布市场信息，指导企业调剂货源余缺，保障商品有序供应。搭建“威海商务预报”平台，定时充实更新内容，逐步成为行业政策浏览、综合信息发布的有效载体。

【提升应急保供能力】 年内，市政府出台《威海市生活必需品市场供应应急预案》，印制操作手册，提升应急保供能力。家家悦集团股份有限公司应急保供商品专区设置、运转流程、应急方案以及制度建设等通过省商务厅组织的专家评审，成为省应急保供商品储备单位。按照立足平时、服务应急原则，依托家家悦集团股份有限公司建立小包装粮油、食用油、方便面、火腿肠、矿泉水等生活必需品应急储备专区，储备种类 2480 种，储备量约 60 万件；落实生猪活体储备 1.8 万头，确保应急所需。

【肉类蔬菜流通追溯体系建设试点】 6 月 2 日，威海市以全国申报城市第一名的成绩通过商务部、财政部组织的专家评审。8 月 20 日，市政府与商务部、省商务厅签订《肉类蔬菜流通追溯体系建设合作协议》，确定威海市为国家肉类蔬菜流通追溯体系建设试点城市，威海市成为全国第一个入选的中小城市。

【打击侵权假冒工作】 4 月 18 日，市商务局印发《2014 年威海市打击侵犯知识产权和制售假冒伪劣商品工作要点》，完善联络员、信息报送和数据统计等工作制度以及工作监督考核办法。牵头组织相关部门，围绕食品、药品、化妆品、农资、建材、机电、汽车零配件等重点领域开展打击侵权假冒专项整治活动。年内，全市出动执法人员 1.82 万人次，专项检查 1.3 万家次，查处各类侵权假冒案件 600 余件，缴获各类假冒伪劣商品 80 多万件，涉案货值 2.4 亿元，捣毁制假窝点 48 个。在全省率先进行打击侵权假冒行政处罚信息公开，全年在中国 · 威海政府网公布行政处罚案件 139 起；上报省打击侵犯知识产权和制售假冒伪劣商品工作领导小组办公室工作信息 68 篇，采用 39 篇，居全省前列。

【商务诚信体系建设】 年内，市商务局联合市文明办印发《推进商务诚信制度化建设的实施方案》《威海市商贸流通领域“诚信经营示范单位”创建活动方案》等文件，建立企业信用认证和等级评价体系、守信激励和失信惩戒机制、信用红黑榜发布制度，加快商务领域信用体系建设步伐。根据不同阶段的工作重点，组织开展诚信经营示范单位创建、诚信兴商宣传月等系列主题活动，提升企业主体意识，增强诚信经营的自觉性和主动性。34 家企业被评为诚信经营示范单位，38 家企业通过信用认证评级。

【再生资源回收体系】 年内，全市建设改造回收站（亭）402 个，整合标准化流动回收车 635 辆，制作统一服装

改建后的再生资料回收站　　李传强　摄

2000多套，3处分拣加工中心和1处再生资源回收利用加工基地完工并投入使用，培训再生资源回收从业人员560多人，再生资源回收公共信息服务平台（威海再生资源网）建设完成并投入运行。

【商务综合执法】 年内，市商务局举办商务执法培训班，印发《关于做好2014年商务行政执法工作的指导意见》，推动机关职能由注重事前审批向加强事中事后监管转变。重点围绕拍卖、典当、再生资源、单用途商业预付卡、酒类流通、二手车市场等领域，及时组织力量开展专项整治。全年出动执法人员720人次，组织执法检查200多次，查处违法违规案件59件。

（田巍巍）

粮食购销与加工

【概况】 2014年末，全市粮食系统有国有企业27家，在职职工344人，资产总额7.1亿元。在确保全市粮食安全的基础上，国有粮食购销企业全年实现销售收入3.5亿元，资产保值增值率达103.5%；完成粮食经营量210万吨，超年度计划10万吨；加工业完成加工总量150万吨，实现销售收入63亿元，分别比上年增长25%、40%。

【粮安工程建设】 加强粮源建设，政府调控市场能力明显提高。大力实施粮食收购惠民工程，围绕最大限度地掌握当地粮源，在发挥全市5个中心粮库龙头作用的同时，依托粮食购销站和经纪人进一步延伸收购网络，在各中心镇（街道）、村设立1200多个固定和流动收购点，确保98%以上农民出售余粮不出村，国有企业年内收购当地商品粮15万吨，占社会收购总量的90%以上。结合深入实施放心粮油工程，从满足城乡居民消费需求出发，进一步加强与黑龙江、山西等地5个外地粮源基地的合作，以市场为导向，及时组织优质大米、杂粮的采购，弥补威海市需求缺口，全年外采优质粮食20万吨。把握国家实施粮安工程机遇，通过落实专项资金、开展资产置换和企业自筹等方式，多渠道筹措资金，扎实推进基层粮食收纳库的建设改造，较好地解决了市场化改革后基层国有企业收储设施“欠账”多、危仓老库比重大的问题。年内，完成国家县域粮仓维修改造项目2个，投资资金800万元，维修改造危仓老库131幢、仓容13万吨；依托盘活存量资产和自筹，筹措资金4100万元，新建仓容3.5万吨，改造仓容4.3万吨，购置储粮设备器材48台（套）。全市年内新建和维修改造粮库资金总投入5000多万元，为粮食市场化改革以来最多的一年；企业储粮损耗由4%降至1%，年增加经济效益700多万元。在加强收储设施建设的同时，以“全省一流、全国领先”为目标，积极探索加强粮食仓储管理的新途径，提升全市仓储规范化、科学化管理整体水平，全市各类库存粮油账实相符，管理规范，5个中心粮库全部达到省级“示范粮库”标准。加强市场粮情监测，粮食供应保障能力明显提高。完善落实市场预警监控机制，在及时开展全市社会粮油供需平衡调查基础上，定期对全市主要粮油品种价格和26家骨干粮油企业库存情况进行调度，及时发布价格信息，全面落实“保供稳价”措施，引导粮食有序流通；加快建设应急加工、供应与放心粮油工程相结合的应急保障体系，全市应急供应网点发展到133个，认定应急加工企业7家、储运企业4家，应急网点实现了对全市所有镇（街道）的全覆盖。加强流通监管服务，依法管粮能力明显提高。深入开展行政执法效能提升深化年活动，依托建立独立和联合执法机制推进监督检查常态化，维护正常的粮食市场秩序；对粮食行政权力项目进行梳理，保留行政权力事项15项；接入全市行政处罚系统，粮食行政处罚案件全部上网公开，增强执法透明度；加强粮食经纪人管理和服务，完成对全市1200名经纪人的培训，并进一步完善经纪人信息管理系统，引导其依法参与粮食流通，威海市加强管理粮食经纪人的做法被国家粮食局认定为“威海模式”，并作为行业培训教材案例。2014年，全市组织监督检查活动150次，出动行政执法人员620人次，检查各类粮食经营主体233家，纠正和查处各类违规行为为67件，实施行政处罚4起。

【民生服务工程】 实施放心粮油工程。按照市委、市政府关于“推动全域城市化、市域一体化发展”的总体部署，以品牌建设为核心，以质量监管为手段，以放心粮油生产企业和放心粮店为载体，通过整合优势资源，进一步推进放心粮油工程提档升级，服务网络实现对城区、镇（街道）、农村全覆盖。全市认定放心粮油示范企业7家、放心粮油产品20个；累计改造建设放心粮油服务网点400余个，其中配送中心4个、居民主食厨房3个。全年销售放心粮油1.3万吨，实现销售收入6500万元。实施农户科学储粮工程。从减少粮食产后损失、促进农民增收出发，积极落实各级政策和资金支持，在全市农村大力推广农户科学储粮示范仓。全市年内加工、发放示范仓8000个，累计推广2.85万个，覆盖60个镇（街道）403个村，年减少粮食产后损失1000多吨。实施粮食质量监管工程。落实粮食质量安全“一票否决”制度，进一步完善流通各环节质量、卫生安全管理措施，加强质检能力建设，启动2014年度新收获粮食质监工作，杜绝不合格原粮入市；采取与有关部门联合执法的形式，加强放心粮油工程监管，净化粮油消费环境，全年抽检原粮和粮油及其制品样品4200个，合格率100%；市粮食质量检测中心通过实验室计量认证复审考核，落实国家年度粮食质检能力建设项目资金230万元。

【粮食产业提质增效】 以“转调创”（转方式、调结构、创效能）为重点，提高产业发展质量。履行产业发展指导、协调和服务职能，通过组织开展全市涉粮企业专题调查，将73家涉粮企业列为重点培植对象，研究制定产业发展指导意见，引导企业充分利用已有土地和厂房、网点设施引进资金、技术，推进技改创新，较好地解决产业层次不高、发展方式粗放问题。全年引进招商项目7个，到位资金6400万元；协助企业筹措资金3842万元，完成技改创新及配套建设项目8个；全市粮油加工企业完成加工总量150万吨，实现销售收入63亿元。以激发活力为重点，做强国有粮食企业。建立健全企业年度经营目标责任制和费用开支预算审批等制度，将费用开支、盈利水平、职工年均收入等指标与企业干部选拔任用、经营者年薪挂钩，调动企业搞活经营的积极性；指导企业进一步优化购销网络、加工能力和仓储设施等资源配置，加快向粮食产加销和军需民用一体化经营转变，提高市场竞争力。全市国有购销企业实现销售收入3.5亿元，资产保值增值率达103.5%。以专项整治为重点，抓好安全生产工作。完善安全生产责任制，组织开展全行业安全生产大检查“百日行动”“打非治违”和隐患排查整治专项行动,杜绝安全生产事故发生。年内，组织开展安全生产检查5次，检查企业29家，消除各类隐患15处。

（盛　玮）

供销合作

【概况】 2014年，威海市供销社积极深化综合改革，全力推进农业服务规模化和流通现代化，加快构建农村现代经营服务新体系和新时期供销合作社组织体系，各项工作顺利推进。全系统完成销售（营业）收入68.4亿元，比上年增长3.5%;实现利润5635万元，增长5.66%。全国供销合作总社党组成员、理事会副主任骆琳，山东省供销社党组书记、理事会主任侯成君，市委常委、副市长徐东升，副市长徐连新等先后考察调研全市供销社系统工作。威海市供销社被评为全市首批20个“廉政文化进机关示范点”之一，被山东省内部审计师协会授予“2014年度内审机构先进单位”称号。

【现代农业规模化服务】 结合威海市实际，全面落实山东省供销社推进服务规模化部署要求和《威海市供销社推进现代农业规模化服务实施方案》，组织涉农企业、基层社、专业合作社，以种田大户、家庭农场、专业合作社为重点服务对象，以“菜单式”半托管服务为主要方式，推行以威海市阳和园农资公司、荣成埠柳地瓜专业合作社为代表的全托管服务，以威海市康嘉园农民专业合作社联合社、文登康稼田间管理农民专业合作社联合社、荣成市副食品公司等为代表的粮油作物半托管服务，以山东汇润实业集团公司、乳山大姜生产技术协会等为代表的果蔬、中药材半托管服务三种服务模式。全系统大田托管服务面积达到7200公顷，其中全托管服务面积2000公顷。

【农村现代经营服务体系】 按照现代农资物流标准要求，开工建设威海市阳和园农资有限公司农资物流配送中心二期工程，建成面积2000平方米的化肥、农药、地膜等农资商品中转库房，提高农资综合配送能力。加强威海市供销社农产品有限公司展示展销中心、荣成绿源海洋食品展销中心等展销平台后期运营，乳山农产品销售博览中心投入使用，依托威海市供销社农产品有限公司建设了农产品电子商务平台，协调筹办2014海峡两岸（威海·荣成）海洋食品博览会，有重点地组织相关企业、合作社参加相关农产品展销对接活动，深入开拓大型商超、批发市场、储运加工龙头企业等客户资源。全系统取得各类质量认证的农产品基地达8333公顷，农产品注册商标数量增至15个，新增知名品牌、著名商标、名牌产品3个，创新、圣农、汇润三个商标被中国农产品流通经纪人协会评为“全国百佳农产品品牌”。2014年，全系统农产品购进额达24.6亿元。

【新时期供销合作社组织体系建设】 创新发展农村合作经济组织。围绕威海市特色优质农产品资源，发挥龙头企业、基层社、农产品经纪人带动作用，以创建示范社为切入点，以管理规范化、生产标准化、经营集约化、服务社会化、产品品牌化为目标，不断提高话语权和代表性。同时，注重推进合作社产供销各环节的联结，创新组织形式，积极发展农民合作社联合社，在更大程度、更深层次、更广领域提高农民的组织化程度。全系统领办农民合作社总数达216家,服务各类农民合作社806家，先后组建威海市康嘉园果品、文登汇润农产品、荣成益农花生等9家农民专业合作社联合社。2014年，威海市康嘉园果品农民专业合作社被评为首批“国家级示范社”，文登昊廒粮油、乳山青山果品、荣成学福地瓜专业合作社被全国供销合作总社评为“农民合作社示范社”，文登社苑西洋参、乳山爱母茶叶、荣成明初蔬菜、荣成东山花生种植专业合作社被评为“省级示范社”，获得各级“示范社”称号的农民合作社发展到31家。推进基层供销社转型升级发展。结合社会主义新农村建设规划，下大气力盘活基层供销社老旧设施，开发建设集多种经营服务于一体的商贸服务中心和为农服务中心等，打造镇域中心商贸区和为农服务综合平台，提升供销社经营服务设施的载体功能，加快推动基层供销社网络向村级延伸、服务向田间地头延伸，基层供销社为农服务功能显著提高。2014年，在全国供销合作总社基层组织建设创建活动中，荣成市供销社被评为全国供销社系统“百强县级社”，文登区泽库、荣成市斥山、乳山市南黄供销社获“基层社标杆社”称号。

【农产品产销对接平台建设】 调整优化威海市供销社农产品有限公司农产品展示展销中心的经营结构和商品结构，发挥近6000平方米经营设施平台优势，增加了西洋参文化馆，借助山东省供销社农产品公司等合作伙伴的营销渠道和品牌优势，促进当地优质农产品和外地名优特农产品双向流通。10月25日，位于荣成·中国中韩边贸城的威海绿源农产品公司海洋食品展销中心顺利开业。引进客商，在乳山银滩开办乳山农产品博览中心，集中展示展销当地农业产业化龙头企业、农民合作社生产的品牌农产品，并借助电子商务平台，推动农产品产销对接。

【“党建带社建、社村共建”工作】 为适应农村经济社会发展的新形势、新需求，市供销社与市委组织部联合制定了《关于加强新形势下农村基层“党建带社建、社村共建”工作的意见》，以共建组织、共建项目、共建平台、共享资源为重点，发挥供销社的服务优势、农民合作社的经营优势和农村基层党组织的政治优势，以龙头企业业务向下延伸为主线，大力推广“依托农民合作社组建联合党支部引领型”“基层社和村干部交叉任职双向进入互促型”“依托合作组织平台助力基层党组织发展型”“扶持村党支部发展合作经济组织带动型”四种共建模式，加快推动供销社基层组织向村级延伸、经营服务向田间地头延伸，形成供销社、村“两委”、合作社三位一体发展格局，在增加农民收入、壮大村级集体经济、加强服务型党组织建设的同时推动供销事业发展。全年有26家基层社和社有企业与181个村开展不同方式的共建，供销社、合作社及村“两委”交叉任职干部62人，共建各类经营服务项目346个，助农增收减支9500多万元。

【放心农资示范店工程】 市供销社制定《全市供销社“农产品质量安全工程”实施方案》，要求以中华全国供销合作总社《农业生产资料连锁经营网络规范》为参考标准，以保障农产品质量安全为核心，以改善店面形象、规范经营管理、丰富服务项目、提高服务水平、完善激励机制为主要内容，实施放心农资示范店工程，对原有农资连锁经营网点进行改造，进一步推进农资经营服务的标准化，叫响诚信经营品牌，增强为农服务功能，提高市场竞争力，承担好保障农产品质量安全的社会责任。确定从2014年开始，每年筛选确定一批重点农资门店进行改造提升，用3年左右的时间，所有主力门店基本达到放心农资示范店标准要求。2014年，建设改造放心农资店306个，其中，完成放心农资示范店创建35个，逐步实现由“卖商品”向“卖服务和卖商品并举”转变。

【供销社综合改革】 将供销社综合改革纳入重要议事日程，文登、荣成、乳山3家县级社纳入山东省供销社21家供销社综合改革重点联系县范畴。在抓好县级供销社改革的同时，威海市供销社选取文登口子、荣成埠柳、乳山冯家供销社3个典型基层社作为市供销社推进基层组织建设改革的试点，以项目建设为平台，积极探索上下贯通、联合合作、产权联结的新体制、新机制，推动开放办社，系统上下联合合作有了新进展。在纵向联结的同时，横向产权联结也取得突破，文登区供销社与烟台市供销社所属的农资公司正式“牵手”，威海市供销社烟农农资有限公司开始运作。荣成市供销社在全省供销社综合改革现场推进会上作了典型发言。

【骆琳到威海调研】 10月16日—17日，中华全国供销合作总社党组成员、理事会副主任骆琳一行到威海调研供销社综合改革情况。其间，骆琳一行先后考察了威海市供销社茼山为农服务中心、威海市阳和园农资有限公司现代农业产业园、威海市广盛西洋参种植基地等，对威海市供销社构建农村现代物流网络、建设镇村商贸服务中心、打造新型农产品经营服务产业链等综合改革措施及取得的成效给予充分肯定。

（李海东）

10月16日—17日，中华全国供销合作总社党组成员、理事会副主任骆琳（右二）一行到威海调研推进供销社综合改革情况　　市供销社提供

烟草专卖

【概况】 2014年，全市烟草系统销售卷烟11.93万箱，比上年增长1.1%；完成单箱销售额2.76万元，增长5.2%；实现利税6.5亿元，增长6.6%；上缴税金3.87亿元，增长2.8%，居全市商贸流通企业第一位。全市查处各类涉烟违法案件956起，查获违法卷烟825万支，涉案总值508万元，破获公安部、国家烟草专卖局标准网络案件5起。开展争创“党员先锋岗”“青年文明号”“工人先锋号”等活动，贯彻好干部“五条标准”，组织参加各类培训5872人次、行业技能鉴定8批次72人，提高干部职工队伍素质。市烟草专卖局（公司）被评为威海市2014年度工作优秀单位、纳税明星企业；被环翠区委、环翠区政府授予“2014年度经济发展突出贡献奖”“2014年度扶持村居经济发展突出贡献奖”；连续7年保持“省级文明单位”称号。

【零售户致富工程“升级版”】 深入开展“泰山”品牌培育建功立业活动，加强细支卷烟消费引导，优化品牌品类布局，推动百元以上“泰山”销量持续增加，细支卷烟品牌持续较快发展。坚持把为零售户提供优质服务作为重中之重，践行“真情·福万家”服务品牌理念，打造零售户致富工程“升级版”。举办“品牌培育与零售户致富工程大讲堂”，采取专家授课、“小班”培训、经验交流等形式，促进零售户经营能力和盈利水平提升，全年开展各类培训90余次，培训人员4200余人次。建立健全零售户分类帮扶机制，依托“威烟惠众爱心基金”，分别投入14.5万元、5.4万元和32万元对全市423名“济困型”零售户、34名“扶危型”零售户及373名“助学型”零售户实施重点救助帮扶。加强现代卷烟零售终端建设，投入103.85万元为1390名客户设计制作新型卷烟陈列柜台1390个，投入46.5万元为500名客户配备无线扫码枪、“E通”软件等软硬件设施，投入200万元建成现代终端标杆示范店40个。注重丰富终端营销手段，建立线上“微商圈”和终端“微社区”，指导客户建立微信群、利用二维码等手段，增强与消费者的互动沟通。加快融资服务推广，与金融机构协调，实现卷烟订货系统与银行结算系统自动对接结算，为1671名客户提供小额融资服务，月均融资额2750余万元。稳步推进大物流建设，威海泰山壹伍叁贰物联供应链有限公司实现销售收入6327万元，其中，非烟销售收入1326万元，比上年增长81.5%，占比20.8%。

【卷烟市场监管】 不断深化执法协作机制。充分发挥市综治办、打私办、打假办对烟草市场整治的牵头作用，拓展多警种协同侦办机制，构建“联合查处、保障有力”的规范邮政寄递渠道秩序长效机制，顺利完成海关库存罚没走私卷烟的销毁处理，推动形成打击防范卷烟走私快速有效的运行机制。持续加大市场监管力度。密切关注涉烟违法行为新动向，围绕“端窝点、断源头、破网络、抓主犯”，开展“打假破网 打私断源”、打击互联网和物流快递渠道涉烟违法犯罪治理行动，加大破网追刑力度。全年破获各类涉烟违法案件956起，其中，1万元以上案件153起，公安部、国家烟草专卖局标准网络案件5起。积极转变市场监管方式。深化专控体系建设，推行市场检查新的工作法，年内通过专控体系查办案件240起，占案件总数的26.4%；深化柔性执法建设，坚持管理与服务并重、处罚与疏导结合，规范行政处罚裁量标准和权限，推进行政处罚公开试点，查获不予行政处罚案件83起，教育转化违法零售户136户。深入落实“六五”普法规划，推进“法治文化示范基地”建设，开展“3·15”“12·4”专项法制主题宣传活动和全员法律知识培训，提升普法工作实效。

【企业精益管理】 编制实施《整体规范五年规划》，全面落实11个规范子规划，构建涵盖经营、管理、服务全过程规范的长效机制。关注规范卷烟经营形势，开展规范卷烟经营专项整治活动，从严查处违规违纪行为，保证市场规范有序。健全“12313”投诉咨询服务双向沟通机制，主动开展电话询访工作，年内受理举报、投诉、咨询事项340项，群众满意率100%。扎实推进“两公开工作”，形成办事公开目录106项，完成物资采购项目45项，公开招标率达92.7%。将精益理念导入营销、专卖、物流、预算、采购等重点领域，开展精益改善活动，“车辆运行费用预算的精益改善”项目成果获得省烟草专卖局（公司）发布。深入推进优秀地市级烟草专卖局（公司）创建活动，以纯销区第一名成绩通过省烟草专卖局（公司）考评验收；启动实施标准化建设，被省烟草专卖局（公司）确定为全省烟草系统第二批标准化建设示范单位。深入推进创新型企业建设，通过健全完善岗位创新、QC小组创新和产学研合作创新机制，1项QC成果获得省烟草专卖局（公司）QC成果三等奖，1项创新成果获得省烟草专卖局（公司）科学技术进步三等奖，1项创新成果获得山东省企业管理现代化创新成果二等奖，2项创新成果获得国家专利授权。加强全面预算管理，深化审计整改、同级审计和专项审计，严控重点费用开支，三项费用率比上年下降0.3个百分点，费用利润率提高11.0个百分点。积极实施物流配送中心非法人实体化运作，推进物流配送中心扩建项目。

【建设责任烟草】 继续实施“生态村富民工程”。在继续帮扶原有5个生态村的基础上，新增荣成市荫子镇前荫子夼村、港西镇巍巍村和乳山市海阳所镇南泓南村3个普通生态村，全年启动实施生态村建设项目19个，投入帮扶资金351.2万元。通过改善村容村貌、发展特色产业，走出一条以基础设施为依托、以特色项目为重点的绿色循环经济产业链发展之路，帮助村民增收致富。2014年，生态村累计实现产值比上年增加390余万元，自我“造血”功能和特色产业发展水平明显提升。市委书记、市人大常委会主任孙述涛，市委副书记、市长张惠先后对“生态村富民工程”作出批示。推进企业文化提升工程，举办“同一首歌，同一个梦”威海烟草职工践行社会主义核心价值观文艺演出，参与“威海农商银行杯”“幸福威海 我的梦”主题演讲比赛，一名选手获优秀奖，市烟草专卖局（公司）获优秀组织奖。支持慈善公益事业，33名党员干部与帮扶村18户困难群众“结对子”；开展“慈心一日捐”、爱心

9月4日，威海市烟草专卖局（公司）与共青团威海市委、威海市广播电视台联合举办“幸福威海 我的梦”主题演讲比赛　　纪靖　摄

助学等活动，干部职工捐款14.16万元；响应市妇联“社会妈妈”帮扶活动号召，17名女职工自愿加入“社会妈妈”帮扶行列。

（纪　靖）

石油供应

【概况】 威海市成品油供应的主渠道是中国石化销售有限公司山东威海石油分公司（以下简称中石化威海石油分公司）、中国石油天然气股份有限公司山东威海销售分公司（以下简称中石油威海销售分公司），社会（单位、集体、民营等）成品油经营企业作为重要补充。2014年末，全市成品油仓储企业2家（威海威洋石油有限公司、威海巨轮石化有限公司），批发企业10家（包括中石化威海石油分公司4家、中石油威海销售分公司1家、威海威洋石油有限公司以及4家社会企业）；从事成品油零售经营的企业415家，其中正常经营的加油站381座（中石化威海石油分公司105座、中石油威海销售分公司33座、其他公司加油站243座），仅销售柴油和船用燃料油47座。在用成品油库7座，库容能力28.7万立方米（其中柴油15.3万立方米、汽油4.4万立方米、煤油9万立方米）。全市成品油日供应量约2000吨，其中，汽油950吨，柴油1050吨。中石化威海石油分公司和中石油威海销售分公司日均供应成品油1450吨左右。年内，全市成品油（含汽油、柴油，不含船用燃料油）终端消费量80万吨（零售量＋大客户直供），其中，中石化威海石油分公司45.3万吨，中石油威海销售分公司11.7万吨，其他公司23万吨。

（王力召）

【中国石化销售有限公司山东威海石油分公司】 根据《中国石油化工股份有限公司油品销售业务重组方案》，2014年6月，中国石油化工股份有限公司山东威海石油分公司更名为中国石化销售有限公司山东威海石油分公司。中石化威海石油分公司作为威海市成品油经营主渠道，担负着全市工、农、渔业生产，交通运输及人民日常生活用油的主要供应任务，下辖文登、荣成、乳山三个县公司和市区、石岛两个片区，在营加油站105座。2014年，公司坚持以“为美好生活加油”为企业使命，以“建设成为人民满意、世界一流能源化工公司”为企业愿景，上下同心，积极进取，全年安全平稳运营，实现销售收入34.53亿元，销售成品油45.32万吨，实现非油品销售额6469.1万元，被评为中石化山东石油系统先进市公司。

安全环保　致力于HSE（Health、Safety and Environment）责任体系，层层落实HSE责任，强化监督检查，结合“隐患整改年”活动全面治理安全环保隐患，夯实本质安全基础。全年查出隐患问题669个，整改622个，上报隐患整改项目3项。强化全员培训，加强应急演练，提高员工安全素质和应急处置水平，组织开展“从严管理年”活动，切实将从严管理作为促进公司持续健康有效发展的重要手段。高度重视企业环保责任，开展“碧水蓝天”环保专项行动，全年投资1000多万元，对辖区55座市区和县级城区加油站进行油气回收改造，加油站环保水平全面升级。

数质量管理　完善数质量管理制度，逐级签订数质量承诺书，层层落实责任制，进一步提高全员数质量管理意识。严格执行各环节作业流程与操作规范，保证油品从入库到加油站销售全过程受控；加大油品质量抽检力度，特别是对偏远站及管理相对落后站提高抽检频率，确保油品质量合格。在系统内外各类油品质量抽检活动中，所抽样油品质量合格率100%，彰显品牌形象。

队伍建设　抓住经营管理中的难点、热点问题，围绕安全隐患治理“碧水蓝天”环保专项行动、物资采购招投标管理等5个效能监察项目，提前介入，加强过程控制、过程监督，有效开展效能监察工作。加强企业文化建设，围绕打造以“家文化”为核心的加油站精神建设，为员工创造良好的条件。全面推进企业技能操作队伍建设，全年举办各类培训班35期，培训1833人次。

（赵聚慧）

【中国石油天然气股份有限公司山东威海销售分公司】 中国石油天然气股份有限公司于2000年进入威海市场，先后在荣成市、威海市成立了控股公司和销售分公司，实施“一托二”的管理模式。2004年7月，由威海中油油品销售有限公司、荣成中油油品销售有限公司两个控股公司和中国石油山东威海销售分公司、文登分公司、荣成分公司、乳山分公司整合成为中国石油天然气股份有限公司山东威海销售分公司。2014年末，公司拥有油库2座，库容2.44万立方米。投运加油站34座，分布全市，成品油销售市场份额约占15%。有员工186人，平均年龄35岁，大专以上学历占31%。年内，公司紧紧围绕建设国际水准销售企业的目标，持续扩大销售规模，提高发展质量，推动精细管理，降低成本费用，公司经营管理各项工作稳步提升，全年实现成品油销售量11.7万吨，其中，批发销量4.1万吨，零售销量7.6万吨，质量、安全、环保、责任事故均为零。

（王力召）

商品市场建设

【家家悦集团股份有限公司】 2014年，家家悦集团股份有限公司经营业绩继续保持良好的增长态势，主营业务收入和利税分别增长12%、22%，各项工作实现了新突破。

网络规模扩张　按照“区域密集、城乡一体、多业态并举”的战略，继续强化已有商圈密度，增强市场渗透能力；加快西部区域扩张速度，拓展泰安、淄博新的区域；加大农村市场开店力度，向乡镇拓展，城乡一体的格局进一步强化；培育新型业态，推出24小时便利店，九龙城购物广场全面开业，酒店业态树立了良好的口碑形象，网上购物试点工作有序进行，形成线上线下互动的局面。2014年，公司新开门店81处，网络优势和市场竞争优势进一步增强，保持了较快的发展速度。

经营能力提升 加快可比店的内涵提升，按照业态分级，强化营运、服务标准规范，门店形象和维护能力显著提升，竞争和盈利能力进一步增强，可比店继续保持稳定增长。加强商品结构调整，加大品牌商品引进和评估力度，一线品牌和畅销品牌占比达80%；优化品类管理升级，着力强势品类培育，调整淘汰弱势品类，全年淘汰商品5000多个，形成更强的品类优势。加强促销规划和促销评估，利用厂家资源开展联合促销，增强促销的针对性和有效性。

管理提质增效 按照“强化内功、提质增效”的要求，进一步抓好内部管控。强化预算管理和全员成本意识，降低费用损耗；加强流程管理，利用信息技术优化工作流程，固化业务报表，提高工作效率；加强资金管理，降低资金占用，资金周转整体加快3天；积极开展资本运作，企业IPO预先披露，公司上市工作稳步推进。

供应优化升级 加强供应链优化，对物流进行整体规划和功能调整，优化改造流程，提高配送的及时率和满足率，减少配送差错率，降低物流成本。加强供应商评估分级，深化与重点供应商的战略合作，获得更大支持，商品价格更具竞争力。加大基地建设力度，强化国内基地直采，拓宽国际采购渠道，形成较强的商品优势和价格优势。加强工业板块的资源整合，“中央厨房”正式启用；宋村生鲜物流中心工作不断改善，加工能力有了新的提升；工业园加大技术创新和成本管控，市场竞争能力进一步增强。

做大顾客群体 加强以会员为重点的顾客研究，利用会员数据分析，研究顾客消费习惯和消费变化、店部商品构成和特点，为会员客户提供精准营销、定向优惠活动，会员总数超过400万人，其中微信会员达20万人，会员销售占比70%。加强顾客满意度调查，联合社区开展丰富多彩的活动。加强服务管理，强化职工服务意识，提升职工服务技能，形成职工与顾客相互尊重的良好氛围。

人才团队建设 加强人才选拔培养，建立更加透明的人才选拔机制，为优秀人才搭建成长平台。通过海选和竞聘，200多人走上领导和管理岗位，300多人确定为后备干部和业务骨干。加强职工培训，按照技能性与技术性结合的原则，全年培训1万人次。加大高级人才引进力度，管理团队进一步国际化。完善薪酬体系改革，建立与业绩更加紧密的分配机制。加强人力成本控制，定编定岗，优化人员配置。维护职工权益，将保险、福利、劳保、休假等员工关心的问题落到实处，营造和谐的企业氛围。

品牌形象建设 坚持经济效益与社会效益并重，积极履行社会责任。“5·29”山火期间，连续五昼夜加班加点，为救火一线提供餐饮服务；积极参与文明城市创建活动，强化诚信服务意识，引领行业示范带动；做好结对帮扶村帮扶工作。年内，公司获“全国文明单位”称号。

【威海市蔬菜有限公司】 2014年，威海市蔬菜有限公司坚持以“为政府分忧、为百姓服务、为客户解困、为企业增效”的服务原则，注重统筹协调，落实领导责任，切实履行作为市民“菜篮子”这一民生工程的服务职责，为企业转型升级和持续稳定发展奠定坚实基础。2014年，实现商品销售收入2014万元，比上年增长10.3%，实现利润1202万元，增长7.6%，完成年度目标。与市场建设投资相比，投入与收益差距较大，主要因素是需求量基本饱和，市场保有量没有较大增长，招商潜力资源没有得到充分利用。

2014年，以批发市场的搬迁升级为切入点，针对调结构、促转型、企业管理及经营模式和人力资源等方面的问题进行分析，因势利导，采取横向或纵向兼并重组，对长年亏损或经营不善的单位适时、逐步关停并转，对部分独立核算单位进行机构和人员调整。积极实施人才战略，通过招商吸引高端人才加盟来提高企业竞争力，招录21名新员工充实到企业一线。开展“心系客户、走进群众”活动，为群众办实事、办好事，为网点出租商户减免2个月房租，280间出租网点年内减免房租300多万元，真正让商家得到看得见、摸得着的实惠。加快建设现代企业制度。9月24日，在公司五届四次股东会上，审议通过了《威海市蔬菜有限公司增加注册资本金草案》，本着广大股东与企业发展“风险共担、利益共享、自愿认购”的原则，以进一步优化公司股权结构、完善企业法人治理机制、不违背老股东愿望、保障新职工利益为出发点，制定相应的分配办法，合理、公平、公正、公开地完成股权分配。此次增资扩股主要基于三个原因：一是公司原有的注册资金比较少，不能真实体现公司所占有、使用的资产总量；二是从公司股东股权结构看，退休股东持股占比较大，通过适当增加在职职工的持股范围和比例，增强职工企业的发展意识；三是公司实施威海市农副产品批发市场搬迁扩建项目建设，企业背负巨额的借贷款债务，增资扩股可有效缓解因市场建设带来的资金压力。11月10日，公司第六届股东会暨第十届工会会员大会召开，选举产生第六届董事会、监事会和工会委员会。

（裴福凯）

编辑　李洪格

对外及港澳台经济贸易

综　述

【概况】 2014年，威海市新批准外资及港澳台资项目129个，合同资金9.3亿美元，比上年增长1.2%；实际到账资金10.1亿美元，增长10.0%。对外及港澳台贸易进出口总额165.9亿美元，下降3.3%。其中，出口总额113.7亿美元，增长6.3%；进口总额52.2亿美元，下降19.1%。新核准设立境外企业（机构）25家，威海市投资额4.2亿美元，增长51.5%；对外及港澳台承包工程完成营业额7.5亿美元，增长40.1%；派出各类劳务人员1.23万人，增长2.8%。

【赴韩国招商活动】 3月3日—7日，副市长刘广华率威海市代表团赴韩国开展系列经贸活动。代表团在首尔举办了威海市韩国食品日用品交易集散中心说明会；推动韩国乐天机工株式会社与文登中达轿车内装饰有限公司合资生产销售立体车库项目签约；考察了韩国东远集团、中小企业振兴公团、三星物产株式会社、思潮集团、韩国投资证券公司、现代重工业集团等韩国知名企业，就金枪鱼罐头加工及食品包装物流、韩国中小企业产品展销馆、服务业投资、工业用机器人等项目进行洽谈推动。

9月20日—24日，副市长刘广华率威海市代表团赴韩国开展系列经贸促进活动。代表团拜访仁川市政厅，与仁川市政府副市长曹明宇举行会谈，双方就威海市与仁川市进一步加强在货物贸易、投资、服务贸易等领域的经济合作，加强中韩（威海）经济合作示范区建设，为中韩自由贸易发挥示范引领作用达成一致；考察了韩国机器人产业协会，推动该协会与威海市机器人研发、生产企业开展全方位合作；拜访了韩国秀岩生命工学研究院，推动其与博雅干细胞集团合作设立北大博雅·中韩（威海）国际生命健康中心项目签约；考察了迪尚阿维斯塔株式会社、佳雅株式会社、斗山重工业株式会社、思潮集团等韩国重点企业，就激光胶片生产、海水淡化、金枪鱼加工生产等项目及部分旅游产业项目进行洽谈推进；参观了仁川亚运会威海主题形象馆，就利用亚运会之机宣传推介威海，扩大威海在韩国的知名度和影响力，搭建对韩经济交流新平台等进行了推进。

12月10日—13日，市委副书记、市长张惠率威海市代表团赴韩国开展经贸促进活动，推动威海市同仁川市深化地方经济合作。张惠与仁川广域市市长刘正福进行会谈，双方就加强合作，共同推动中韩（威海）经济合作示范区建设进行深入交流。代表团先后拜访了中国驻韩国大使馆和大韩贸易投资振兴公社等韩国重点商协会，就贸易、服务、投资、产业合作等领域开展先行先试等方面交换意见，推动威海市对韩经贸交流合作提档升级；中国恒天集团与韩国合作伙伴签署战略合作框架协议。

【赴香港招商活动】 7月13日—17日，副市长刘广华率团参加省政府在香港举办的以“分享地方金融发展与国企改革新机遇”为主题的“2014香港山东周”活动。拜访了香港中华总商会、香港中华厂商联合会等商会机构，举办小型说明会，就威海市投资环境及东部滨海新城等重点发展区域等进行宣传推介；拜访了香港启星投资有限公司、胜丰集团、高时集团、非凡控股有限公司等一批大机构和大企业集团高层，推进威海和香港开展全方位合作。签订合作合同及协议7个，项目总投资2.5亿美元，合同（协议）港资1.05亿美元。

【第五届威海国际食品博览会暨中韩（威海）品尚生活博览会】 6月20日—7月6日，第五届威海国际食品博览会暨中韩（威海）品尚生活博览会在威海国际展览中心和韩乐坊举行。博览会搭建国际标准展位987个及1个韩国食品日用品专区，参展企业488家，吸引国内外代表团16个，专业采购商1500人，现场观众15万人，达成贸易意向12.6亿元；首次达成投资合作，合同金额约2000万美元。泰国驻青岛总领事馆总领事魏丽妲，俄罗斯滨海边疆区出口发展中心第一助理德米特里·波波夫，台湾两岸情经贸交流协会会长王培旺，日本C&Z国际交流株式会社社长陈铮，韩国国际贸易支援中心会长宣炯坤，省商务厅副厅长吕伟、山东出入境检验检疫局副局长乔惠同，市委副书记、市长张惠，副市长刘广华出席开幕式。同期，组织举办了品牌企业推介、美食嘉年华、食品质量安全知识讲座、品尚生活汇、中韩威海旅游季、韩国风情体验等12项配套活动。博览会集产品展示、商贸洽谈、理论研讨、经验交流、沟通合作于一体，对临海涉海战略新兴产业的发展起到了重要作用。

【中韩自贸区地方经济合作示范区建设】 2014年，威海市抢抓自贸区发展机遇，加快推动中韩自贸区地方经济合作示范区建设。威海市作为唯一城市代表参加了中韩自贸区第9～13轮谈判，威海市和仁川经济自由区被中韩两国政府确认为中韩自贸区地方经济合作示范区，开创双边自贸协定谈判先河，将地方合作上升到两国国家战略层面，为争取先行先试政策奠定了基础。向中方代表团提供威海市8大类228种优势产品目录和韩方对威海出口产品不合理非关税壁垒措施等资料，为谈判提供产业实践支持。加强对韩国宣传交流，韩国仁川亚运会火炬在威海传递；在亚运会场搭建威海专题展馆，全面展示威海投资环境和旅游资源。邀请上海WTO事务咨询中心姚为群博士、商务部国际司副司长孙元江等到威海授课，市领导带队先后赴上海、南宁、东兴、横琴等地学习调研，为推进威海对韩国开放合作打好基础。

【园区建设】 2014年，威海市各省级园区实际到账外资及港澳台资2.4亿美元，占全市的23.3%。其中，威海南海新区、环翠省级旅游度假区、石岛管理区招商引资成效突出，到账资金分别为5006万美元、4892万美元、4280万美元。各省级园区完成进出口额47.7亿美元，比上年增长9.7%，占全市的28.7%。其中，石岛管理区和荣成经济开发区进出口规模较大，分别为9.5亿美元、9.1亿美元。

对外及港澳台贸易

【概况】 2014年，威海市实现对外及港澳台贸易进出口额165.9亿美元，比上年下降3.3%。其中，出口额113.7亿美元，增长6.3%；进口额52.2亿美元，下降19.1%。从企业性质看，内资企业进出口80.2亿美元，下降4.6%，占全市进出口的48.3%；外商及港澳台商投资企业进出口85.7亿美元，下降2.1%，占全市进出口的51.7%。从贸易方式看，一般贸易进出口77.2亿美元，下降2.2%，占全市进出口的46.5%；加工贸易进出口83.2亿美元，下降5.1%，占全市进出口的50.2%；其他贸易进出口5.5亿美元，增长10.5%，占全市进出口的3.3%。从贸易市场看，威海市企业与200个国家和地区有贸易往来。其中，与韩国贸易额52.3亿美元，与上年持平，占全市进出口的31.5%；与欧盟贸易额22.0亿美元，增长4.5%，占全市进出口的13.2%；与日本贸易额18.3亿美元，下降3.7%，占全市进出口的11.1%；与美国贸易额16.9亿美元，增长0.7%，占全市进出口的10.2%。从大类出口商品看，机电产品出口45.8亿美元，增长0.1%，占全市出口的40.3%；纺织服装出口25.4亿美元，增长15.6%，占全市出口的22.3%；农产品出口15.3亿美元，增长2.8%，占全市出口的13.4%；轮胎出口11.9亿美元，与上年持平，占全市出口的10.5%；渔具出口4.3亿美元，增长4.7%，占全市出口的3.8%。

【深化国际市场开拓】 年内，市商务局组织实施"百展市场开拓计划"，组织企业参加112个国内外展会。其中，重点境内展会27个，参展企业1121家，展位数量2420个；重点境外展会31个，参展企业168家，展位数量185个，比上年增长30%。企业通过参加展会签订出口订单约8亿美元，促进全市出口不断回升，特别是纺织服装、渔具等优势产品出口保持较快增长。

【创新外贸发展方式】 加快推进韩国食品日用品交易集散中心建设，出台《关于建设韩国食品日用品交易集散中心的实施意见》，争取将韩国食品日用品交易中心建设项目列为省政府扩大进口的重点支持措施，引导各区（市）规划建设5大韩国食品日用品展示交易中心、6大保税仓储及物流配送中心，在韩国首尔举办专题推介会。威海经济技术开发区韩乐坊于6月20日正式开业，入驻韩国商品经营商53家；荣成·中国中韩边贸城一期于10月25日正式开业，900多个商铺签约入驻，其中韩国商铺1万平方米；环翠区金桥国际购物广场与韩国100多家企业达成合作入驻意向，威海国际物流园启动物流园电商基地，引进15家开展分销业务的韩国食品贸易商。搭建外贸供应链综合服务平台。深入贯彻落实国家及省加快外贸转方式、调结构文件精神，引导易华通、皇朝马汉两大外贸供应链综合服务平台，为中小微外贸企业提供出口退税、收汇、贸易融资等相关服务，帮助中小微外贸企业实现进出口5000多万美元。推进中韩国际食品安全示范区建设。根据山东检验检疫局的统一部署，向国家质检总局推荐示范区内优秀出口企业106家，由国家质检总局筛选后向韩国方面推荐，争取通关便利化优惠措施。

【推进出口品牌及基地建设】 立足威海市优势出口产业，积极培育市级外贸转型升级基地建设，组织符合条件的基地申报省级基地，荣成市保健品、威海经济技术开发区玩具基地入选第三批省级外贸转型升级专业型基地。组织企业申报2014—2016年山东省国际知名品牌，推荐迪尚集团有限公司、泰祥集团有限公司、文登威力工具集团有限公司等38家企业参加评选，有35家企业入选，列全省第一位。加强企业国际营销网络建设，将境外商标注册、国际体系认证、产品质量认证列入外贸扶持资金补贴范围，为企业提供补贴80多万元，调动了企业参与国际品牌及营销网络建设的积极性。

【提升优化外贸服务环境】 2月上旬至3月中旬，市商务局组织开展“访千家企业促外贸发展”专题调研活动，通过现场走访、召开座谈会、发放调查问卷等方式对全市进出口过100万美元的1183家外贸企业进行调查，全面了解企业外贸经营环节遇到的困难，摸清企业全年进出口计划，挖掘了一批新的外贸增长点。贯彻落实国家及省出台的稳定外贸发展的政策。组织企业参加稳定外贸增长政策视频会议，跟踪了解海关、检验检疫、税务等部门政策落实情况。结合威海市实际联合财政部门出台了有针对性的工作措施，鼓励企业深度拓展国际市场、参加国际市场宣传推介活动、投保出口信用保险、通过对外工程承包带动物资出口、建设电子商务公共服务平台。做好贸易摩擦应对及纠纷处理。组织三角集团有限公司、成山集团有限公司等轮胎企业参加应对美国双反调查。加强运行分析及监测。建立重点企业联系制度，及时跟踪了解重点外贸企业进出口情况。加强进出口运行分析，准确及时编制全市外贸情况通报和报表。加强调查研究。密切跟踪国内外经济发展变化，围绕威海市外贸进出口发展的新形势、新特点积极开展调研工作，形成有参考价值的调研报告并在市级刊物发表4篇。搭建贸发网，为企业提供产品推广、产业安全预警及贸易摩擦、技术性贸易壁垒、政策法规、海外动态等内容一揽子服务。

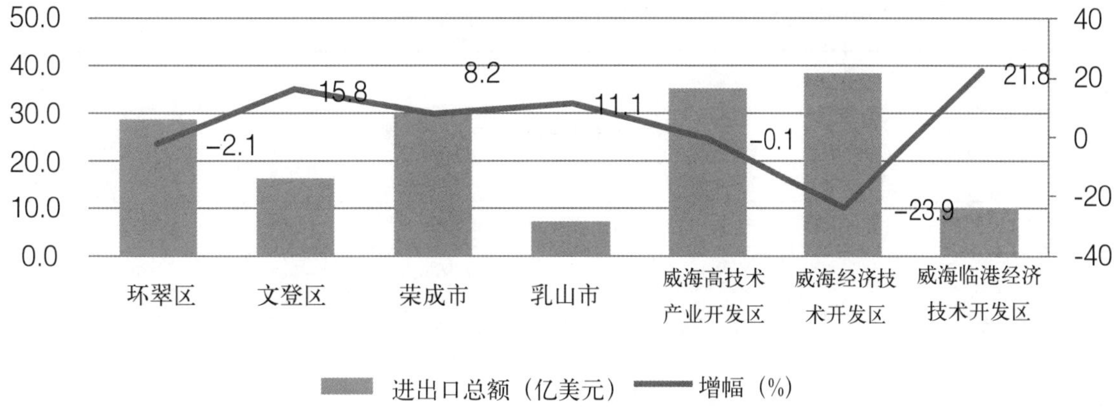

图1 2014年威海市各区（市）进出口情况示意图

2014年威海市进出口综合情况表

表13 单位：万美元

项目	进出口总额			出口额			进口额		
	金额	比上年增长（%）	比重（%）	金额	比上年增长（%）	比重（%）	金额	比上年增长（%）	比重（%）
合计	1658729	−3.3	100.0	1137218	6.3	100.0	521511	−19.1	100.0
按企业性质划分									
内资企业	801696	−4.6	48.3	584049	12.0	51.3	217647	−31.8	41.7
其中：私营企业	481484	−3.4	29.0	374903	23.1	33.0	106581	−45.0	20.5
外商投资企业	857033	−2.1	51.7	553524	0.8	48.7	303509	−7.0	58.3
按贸易方式划分									
一般贸易	772488	−2.2	46.5	553161	17.8	48.6	219327	−31.5	42.1
加工贸易	831792	−5.1	50.2	559798	−4.6	49.2	271994	−6.1	52.3
其他贸易	54449	10.5	3.3	25046	76.1	2.2	29403	−15.9	5.6
按商品构成划分									
初级产品	196888	6.6	11.8	152965	2.7	13.4	43923	22.9	8.4
工 业 品	1461841	−4.5	88.2	984937	6.8	86.6	476904	−21.7	91.6
按大类商品划分									
纺织服装				254039	15.6	22.3			
农 产 品				152754	2.8	13.4			
机电产品				458297	0.1	40.3			
高新技术产品				170218	−2.1	15.0			

2014年威海市主要出口市场情况表

表14 单位：万美元

国别（地区）	出口金额	比上年增长（%）	比重（%）
韩国	292778	4.0	25.7
日本	148452	−1.9	13.0
美国	141773	5.0	12.5
荷兰	43814	2.5	3.9
俄罗斯	38721	27.2	3.4
英国	30810	12.4	2.7
越南	28175	41.6	2.5
中国香港	24932	4.7	2.2
澳大利亚	21788	−4.4	1.9
德国	20661	22.7	1.8

2014年威海市主要进口市场情况表

表15 单位：万美元

国别（地区）	进口金额	比上年增长（%）	比重（%）
韩国	229985	−4.6	44.2
日本	35025	−10.7	6.7
马来西亚	28717	54.4	5.5
美国	27675	−16.9	5.3
泰国	21221	10.0	4.1
俄罗斯	18842	−53.1	3.6
印度尼西亚	14330	−40.0	2.8
朝鲜	13123	−34.8	2.5
德国	12854	−4.9	2.5
沙特阿拉伯	12245	−48.9	2.4

2014年威海市进出口企业情况表

表16 单位：万美元

企业名称	进出口总额		出口额		进口额	
	金额	比上年增长（%）	金额	比上年增长（%）	金额	比上年增长（%）
三星电子（山东）数码打印机有限公司	144988	−0.8	120114	1.1	24874	−9.0
三角集团有限公司	118947	−5.4	86304	−1.4	32643	−14.5
华岳集团有限公司	56105	−62.9	4	33.3	56101	−62.9
迪尚集团有限公司	54258	20.9	44850	14.0	9408	70.7
三星重工业（荣成）有限公司	50890	18.7	29604	4.4	21286	46.6
威海宣杨数码科技有限公司	45995	−5.6	18584	12.8	27411	−15.0
浦林成山（山东）轮胎有限公司	39160	−10.8	27709	5.7	11451	−35.3
日月光半导体（威海）有限公司	35026	−7.6	10892	−16.0	24134	−3.2
威海世一电子有限公司	25596	−19.3	14547	−16.1	11049	−23.2
金猴集团有限公司	25173	−43.0	2081	−50.8	23092	−42.2
威海市联桥国际合作集团(有)	19115	4.5	7828	13.4	11287	−0.9
文登信亚机电有限公司	18507	58.5	10897	56.9	7610	60.9
文登森鹿制革有限公司	15660	21.7	0	—	15660	21.7
威海裕罗电器装配有限公司	13375	−6.6	8654	−5.2	4721	−9.0

续表16　　单位：万美元

企业名称	进出口总额		出口额		进口额	
	金额	比上年增长(%)	金额	比上年增长(%)	金额	比上年增长(%)
威高集团有限公司	12696	38.7	4720	11.6	7976	62.0
乳山正洋食品有限公司	12682	35.3	8181	14.5	4501	101.9
泰祥集团	12017	12.5	9414	0.4	2603	99.5
威海国际经济技术合作股份有限公司	11826	47.1	11826	47.1	0	—
山东环球渔具股份有限公司	11500	−2.5	10696	−2.3	804	−6.0
黄海造船有限公司	9683	−44.2	7616	−52.0	2067	41.3
威海新凯帝电子有限公司	8798	−3.8	4969	−5.8	3829	−1.0
好当家集团有限公司	8073	−4.3	6149	−1.8	1924	−11.3
威海金元电线有限公司	7915	1.7	2472	22.5	5443	−5.5
威海倍佳贸易有限公司	7707	39.3	7680	39.2	27	92.9
威海蓝星玻璃股份有限公司	7499	−10.7	7498	−10.6	1	−88.9
威海仁昌电子有限公司	7081	22.8	4911	13.7	2170	50.2
荣成裕罗电器有限公司	7061	9.2	4231	7.2	2830	12.4
威海电美世光机电有限公司	7055	118.3	4400	107.5	2655	138.8
威海广濑电机有限公司	6855	−34.0	4008	−29.5	2847	−39.4
豪雅光电科技（威海）有限公司	6838	30.2	4824	35.7	2014	18.6
威海海马地毯有限公司	6666	23.4	3800	1.1	2866	74.5
威海中外运保税仓储有限公司	6382	80.2	4155	75.2	2227	90.5
文登威力工具集团有限公司	5745	12.5	5713	12.5	32	28.0
威海汉城成镐电子有限公司	5613	1.1	2750	−4.0	2863	6.6
文登炎阳有色金属有限公司	5593	159.2	0	—	5593	159.2
豪顿华工程有限公司	5477	−33.1	1291	−1.5	4186	−39.1
荣成市神飞船舶制造有限公司	5457	−9.8	5393	0	64	−90.3
威海善邻电子有限公司	5248	80.9	2980	58.8	2268	121.3
威海国际物流园发展有限公司	4813	116.4	4793	119.0	20	−42.9
威海光威集团有限责任公司	4809	1.5	4341	1.0	468	5.6
荣成嘉美海洋食品有限公司	4699	32.0	4699	37.7	0	−100.0
乳山合和食品有限公司	4567	34.0	3282	17.6	1285	108.6
威海港华贸易有限公司	4477	—	4477	—	0	—
山东新北洋信息技术股份有限公司	4467	−14.1	3553	−13.4	914	−16.8
威海世高光电子有限公司	4456	2.5	2687	19.6	1769	−15.9
威海金泓集团有限公司	4454	21.8	1998	22.4	2456	21.3
威海昌星电子有限公司	4212	51.8	3153	50.5	1059	56.0
荣成东亚汽车配件有限公司	4140	6.8	1588	−17.6	2552	30.9
石岛集团有限公司	4026	15.5	2779	19.5	1247	7.4
荣成浦臣水产有限公司	4015	93.6	3225	168.1	790	−9.3
威海广濑贸易有限公司	3982	−47.5	0	−100.0	3982	−47.4
威海市山花地毯集团有限公司	3954	−23.3	2855	−28.4	1099	−5.8
威海大宇电子有限公司	3896	2.6	3492	−0.9	404	48.5
荣成伽耶船业有限公司	3815	−73.5	3232	−66.3	583	−87.9
文登芸祥绣品有限公司	3745	−9.5	3745	−9.5	0	—
赤山集团有限公司	3517	−10.8	3433	−9.8	84	−38.7
威海三宇电子有限公司	3339	62.2	43	—	3296	60.1
威海丰国电子有限公司	3330	1.8	2143	6.0	1187	−5.0
威海海都食品集团有限公司	3291	−32.1	3054	−22.4	237	−74.0

续表16　　单位：万美元

企业名称	进出口总额		出口额		进口额	
	金额	比上年增长(%)	金额	比上年增长(%)	金额	比上年增长(%)
山东威达机械股份有限公司	3289	29.7	3251	29.2	38	90.0
威海好龙食品有限公司	3243	−15.1	2538	−16.0	705	−11.4
荣成信诚电子有限公司	3243	−36.9	2093	−47.1	1150	−2.7
文登大世汽车配件有限公司	3206	15.4	512	77.2	2694	8.3
威海泰星汽车部品有限公司	3196	20.8	1699	16.1	1497	26.8
天润曲轴股份有限公司	3186	−11.2	2054	−0.3	1132	−25.9
大连獐子岛渔业集团（荣成）（有）	3184	7.1	2271	7.7	913	5.8
威海富电电子部品有限公司	3160	−37.4	1776	−24.6	1384	−48.5
山东银丰家用纺织品有限公司	3135	2.8	3135	2.9	0	−100.0
荣成宝星电子有限公司	3101	−25.6	2077	−19.4	1024	−35.6
开泰体育用品制造（威海）（有）	3094	103033.3	2109	—	985	32733.3
威海思来进出口有限公司	3034	59.5	3026	59.2	8	700.0
威海市纺织服装进出口有限公司	3015	−26.3	3003	−26.4	12	−7.7
威海东日技研电子有限公司	3014	15.8	1723	18.5	1291	12.5
威海大振电子有限公司	2999	−18.8	40	33.3	2959	−19.2
山东艺达集团有限公司	2986	19.0	2985	19.0	1	—
澳瑞凯(威海)爆破器材有限公司	2970	9.2	1561	−4.3	1409	29.5
威海祥光机械产业有限公司	2945	−1.6	2699	−1.9	246	1.7
山东华菱电子有限公司	2916	9.9	1605	5.8	1311	15.3
威海星亚电子有限公司	2875	2.3	3	−62.5	2872	2.5
荣成中元电器有限公司	2856	−8.0	2622	−6.3	234	−23.8
威海威东日综合食品有限公司	2848	498.3	2249	423.0	599	1202.2
荣成世元电器有限公司	2826	−23.1	881	−19.2	1945	−24.7
文登奥文电机有限公司	2822	11.1	2822	11.1	0	—
乳山华信食品有限公司	2807	3.0	2266	−16.1	541	1980.8
威海大企汽车装饰品有限公司	2787	26.3	1577	24.1	1210	29.4
山东华力电机集团股份有限公司	2733	2.3	2730	2.3	3	0
威海海纳开碧日用品有限公司	2728	−16.4	2215	−7.3	513	−41.2
威海星地电子有限公司	2723	1.7	1630	−6.1	1093	16.2
威海顺晟针织制衣有限公司	2702	12.8	2695	12.6	7	600.0
荣成泰势保电子有限公司	2694	241.0	1689	213.4	1005	300.4
威海昌焕电子装配有限公司	2692	11.9	1787	21.2	905	−2.7
威海东仁电子有限公司	2636	19.6	1125	68.9	1511	−1.8
荣成高丽光学有限公司	2635	−7.4	1510	−7.4	1125	−7.4
威海高新成宇电子有限公司	2631	−8.9	565	−12.7	2066	−7.8
威海华菱光电股份有限公司	2563	−16.6	1700	0.2	863	−37.2
威海中威橡胶有限公司	2555	−13.8	2447	−11.0	108	−49.8
威海海鑫新材料有限公司	2551	−56.2	0	—	2551	−56.2
威海金富电子有限公司	2483	−1.4	2045	−0.3	438	−6.0
威海东源食品有限公司	2471	−11.1	1551	−3.8	920	−21.1
荣成海龙王水产食品有限公司	2423	26.3	1993	14.4	430	142.9

利用外资及港澳台资

【概况】 2014年，全市批准外资及港澳台资项目129个，合同资金9.3亿美元，比上年增长1.2%；实际到账资金10.1亿美元，增长10.0%。其中，第一产业到账资金6980万美元，占全市到账资金的6.9%；第二产业到账资金5.4亿美元，占全市到账资金的53.0%；第三产业到账资金4.1亿美元，占全市到账资金的40.1%。

【大项目支撑作用明显】 2014年，全市到账外资及港澳台资首次突破10亿美元，大项目支撑作用明显。主要到账项目有威高融资租赁4868万美元、嘉航国际贸易4000万美元、海鑫新材料3800万美元、威能高速动力3728万美元、威高医用制品营销3721万美元、福喜农牧发展3000万美元。新批准总投资过1000万美元项目19个，合同利用资金4.3亿美元，占全市总额46.2%。主要有三寿国际能源总投资5483万美元、中美复合材料总投资5080万美元、威高融资租赁总投资4863万美元、威能高速动力总投资3729万美元、中美科技总投资3500万美元、嘉航国际贸易总投资3000万美元、和祥泰数码科技总投资2410万美元、焜旺科技孵化器总投资2350万美元。

【外资及港澳台资企业增资占比提高】 全市有92家外资及港澳台资企业增资，增资项目到账资金4.2亿美元，占全市到账资金的41.6%，比上年提高1个百分点。外资及港澳台资增资到账过1000万美元项目15个，其中，威高集团营销增资5500万美元、日月光半导体增资2000万美元、蓝星玻璃股份增资1130万美元、威能高速动力增资2108万美元、海鑫新材料增资2000万美元、文登松江测机增资2000万美元、福喜农牧发展增资1500万美元。

【创新利用外资及港澳台资方式】 2014年，创新利用外资及港澳台资方式，通过股权并购、跨境人民币投资、外债和利润转增资、融资租赁、融资转投资等方式实际到账资金2.3亿美元，占全市实际到账资金总额的22.8%，比上年提升1个百分点。威高集团营销项目通过境外上市融资到账5565万美元，威高融资租赁项目到账4868万美元，威海嘉航国际贸易返程投资4000万美元，明博线缆科技项目利用外资及港澳台资股权出资到账1448万美元。

【服务业利用外资及港澳台资比重持续提升】 服务业利用外资及港澳台资比重持续上升，以商业和商务服务业为代表的服务业项目到账资金比重占全市的40.1%，比上年提高了2个百分点。第一、二、三产业到账资金分别为6980万美元、5.4亿美元、4.1亿美元，占全市到账资金比重分别为6.9%、53.0%、40.1%。

【中国香港、韩国成为主要投资方】 2014年，有15个国家和地区投资威海市，中国香港到账资金5.51亿美元，占全市到账资金总额的54.6%，韩国到账资金3.0亿美元，占全市到账资金总额的30.0%，美国到账资金占全市总额的8.4%、新加坡到账资金占全市总额的4.0%、日本到账资金占全市总额的0.9%、欧洲到账外资占全市总额的0.8%。

2014年威海市利用外资及港澳台资情况表

表17　　单位：万美元

区（市）	项目数		合同外资		实际到账外资	
	个数	比上年增长（%）	金额	比上年增长（%）	金额	比上年增长（%）
合计	129	15.2	93366	1.2	101220	10.0
环翠区	12	−29.4	9128	66.2	13493	23.9
文登区	18	−35.7	15610	−16.1	10755	−6.5
荣成市	29	45.0	16263	26.4	12821	16.6
乳山市	14	55.6	9685	−22.7	7282	−19.1
威海高技术产业开发区	12	20.0	10315	−24.2	14832	8.5
威海经济技术开发区	26	36.8	18661	18.1	15612	11.6
威海临港经济技术开发区	18	125.0	13704	2.7	11038	6.5
#华润置地有限公司					15387	32.7

2014年威海市外商及港澳台商直接投资分国别（地区）情况表

表 18　　单位：万美元

国别（地区）	项目数		合同资金		实际到账资金	
	个数	比重（%）	金额	比重（%）	金额	比重（%）
合计	129	100.0	93366	100.0	101220	100.0
亚洲	111	86.0	84306	90.3	90935	90.0
中国香港	31	24.0	53105	56.9	55146	54.6
韩国	59	45.7	28360	30.4	30348	30.0
日本	9	7.0	−239		892	0.9
中国台湾	6	4.7	1085	1.2	550	0.5
新加坡	6	4.7	1995	2.1	3999	4.0
欧洲	7	5.4	921	1.0	853	0.8
美国	6	4.7	6560	7.0	8548	8.4
澳大利亚	2	1.6	980	1.0	534	0.5
其他	3	2.3	599	0.6	350	0.3

2014年威海市外商及港澳台商直接投资分行业情况表

表 19　　单位：万美元

类别	项目数		合同资金		实际到账资金	
	个数	比重（%）	金额	比重（%）	金额	比重（%）
合计	129	100.0	93366	100.0	101220	100.0
第一产业	9	7.0	7780	8.3	6980	6.9
农、林、牧、渔业	9	7.0	7780	8.3	6980	6.9
第二产业	66	51.1	49710	53.2	53640	53.0
纺织及服装业	8	6.2	3068	3.3	1739	1.7
农副食品业	10	7.7	5289	5.7	5629	5.6
机械设备制造业	12	9.3	11005	11.8	11834	11.7
电子设备制造业	22	17.1	17645	18.9	17663	17.5
医药及化工制造业	5	3.9	2316	2.5	2687	2.7
建材及金属制品业	2	1.5	6440	6.9	7296	7.2
轻工、塑料制品业	3	2.3	622	0.7	4185	4.1
电力、燃气、水供应业	4	3.1	3325	3.6	2607	2.6
第三产业	54	41.9	35876	38.4	40600	40.1
批发和零售业	34	26.4	14986	16.1	16398	16.2
住宿和餐饮业	5	3.9	2822	3.0	2423	2.4
房地产业					301	0.3
科研、租赁和商务服务业	12	9.3	13486	14.4	15236	15.1
文体、娱乐、居民服务业	3	2.3	4582	4.9	6242	6.2

对外及港澳台经济技术合作

【概况】 2014年，威海市新核准境外企业（机构）25家，威海市协议投资额4.2亿美元，比上年增长51.5%，实际投资额2.2亿美元，增长137.5%；新签对外及港澳台承包工程合同额7.8亿美元，下降37.2%；完成营业额7.5亿美元，增长40.1%；派出各类劳务人员1.23万人，增长2.8%。

【境外投资快速发展】 全市核准优势产能转移项目5个，威海市投资额2258万美元。分别是山东鑫发渔业集团有限公司在西班牙投资677万美元从事罐头生产、冷冻食品销售，威海碧陆斯电子有限公司在印度尼西亚增资160万美元扩大生产、建设营销网络，乳山市龙马服装有限公司在越南投资200万美元从事服装加工销售，荣成慧华置业投资有限公司在香港投资821万美元从事房地产开发，威海纺织集团进出口在柬埔寨投资200万美元从事服装制造。全市核准资源合作项目5个，威海市投资额1.5亿美元。分别是山东中拓矿业投资公司在赞比亚增资6000万美元购买新矿区，威海国际经济技术合作公司在刚果（布）增资995万美元从事铬矿勘查开发，荣成海洋渔业有限公司在利比里亚、尼日利亚、加纳分别投资4000万美元、1000万美元和900万美元开展远洋渔业基地建设，荣成市远洋渔业有限公司在尼日利亚投资142万美元开展远洋渔业捕捞。待核准资源合作项目5个，威海市投资额1.1亿美元。全市核准境外营销网络16家，威海市投资额1.6亿美元，增长460%。主要项目有成山集团有限公司、山东思潮投资公司、威海老船长航运公司、山东鼎诚机电设备制造公司分别在香港投资9800万美元、980万美元、132万美元和1700万美元开展进出口贸易，文登汇银科能有限公司、威海丘特工艺品有限公司分别在比利时投资960万美元、200万美元开展进出口贸易和研发，威海印刷机械有限公司、威海能龙食品有限公司分别在美国投资900万美元、300万美元开展进出口贸易。三角集团有限公司在英国、澳大利亚、俄罗斯、北美、东盟等国规划建设全球营销网络。

【境外工程大项目带动作用明显】 全市新签对外及港澳台承包工程项目94个，其中，过1000万美元项目12个，合同额6.4亿美元，占总合同额的82.2%。其中合同额2亿美元的赤道几内亚马拉博机场项目签约，是威海市签订的第二大境外承包工程项目。在建项目200个，其中，过1000万美元项目44个，完成营业额5.8亿美元，占总完成营业额的78.1%。

【外派劳务市场开拓取得新进展】 全市向日本、韩国、新加坡、刚果（布）、刚果（金）等34个国家和地区派出各类劳务人员1.23万人，比上年增长2.8%，涉及服装、电子、食品加工、水产加工、海员等领域。对外及港澳台承包工程项下派出2244人，增长5.4%，劳务合作项下派出1.01万人，增长2.2%。其中，外派护士、海员、计算机技术服务人员等中高端劳务人员3671人，占总外派人数的30%。

【援外工程和物资项目稳步发展】 全市企业承接对外援助项目6个，其中，援外工程项目5个，合同额1154万美元，项目分别是援刚果（金）人民宫维修项目670万美元、援苏里南外交部大楼后续维修项目241万美元、援马达加斯加小学项目161万美元、援刚果（布）体育场六期项目72万美元、援刚果（布）小学校太阳能项目10万美元；援外物资项目1个，为金猴集团援乍得化肥项目，合同额995万元人民币。

【外经促外贸工作稳步推进】 市商务局指导对外承包工程龙头企业借助工程承接地的渠道和资源，积极开展工程带动进出口业务。先后召开了境外工程企业与威海市龙头企业的物资采购对接座谈会和对外工程承包和机电行业出口信用保险暨银行融资座谈交流会等促外贸会议，威海国际经济技术合作有限公司与威海广泰空港设备有限公司的机场设备销售合作协议签约，与金猴集团有限公司的建材出口和农产品进口协议加快推进，与蓝星集团的建材玻璃合作初见成效。2014年，境外工程带动物资设备出口1.2亿美元，增长42.5%。

2014年威海市对外及港澳台经济合作分区（市）情况表

表20　　单位：万美元

区（市）	境外投资		对外承包工程合同额		对外承包工程营业额		派出各类劳务人员	
	新增企业个数	威海市投资额	金额	比上年增长（%）	金额	比上年增长（%）	人	比上年增长（%）
合　计	25	41800	78209	−37.2	74678	40.1	12223	2.8
环翠区	6	10191	78209	−31.6	66105	65.4	6595	2.8
文登区	2	970					1833	−10.6
荣成市	11	27681					365	38.8
乳山市	1	200					37	−49.3
威海高技术产业开发区	2	2326			8573	−36.2	2465	−4.5
威海经济技术开发区	3	432					928	62.0

2014年威海市对外及港澳台经济合作主要市场情况表

表 21　　　　单位：万美元

国别（地区）	工程合同额		工程营业额		外派人数	
	金额	比上年增长（%）	金额	比上年增长（%）	人	比上年增长（%）
合　计	78209	−37.2	74678	40.1	12223	2.4
刚果（布）	23166	−46.3	29164	48.9	1180	−8.6
苏丹			8573	−36.2		
刚果（金）	9157	−82.4	14612	112.2	393	15.6
赤道几内亚	29236	85.3	11584	376.1	518	229.9
多哥	14449	10682.8	6108	18.3	83	−19.4
博茨瓦纳	501	−80.9	3062	−13.0	1	−87.5
莫桑比克	1280	5020.0	1309	−35.8	45	−42.3
加蓬	44	−80.4	160	−36.8	11	37.5
肯尼亚	315		6	−85.7	5	
日　本					5276	11.1
新加坡					1299	−32.1
韩　国					1219	20.8
巴拿马					597	−11.2
中国香港					675	46.4
伯利兹					327	15.5
柬埔寨					306	−33.0
基里巴斯					72	9.1
德国					60	5900.0
塞拉利昂					31	−34.0
马达加斯加	61	221.1	100	426.3	14	100.0
马绍尔群岛共和国					56	124.0
挪威					11	37.5
巴哈马					4	−42.9
意大利					3	−40.0
马来西亚					2	100.0
沙特阿拉伯					6	−72.7
利比里亚					1	−50.0
牙买加					2	−90.5
摩纳哥					5	150.0
开曼群岛					1	0.0
中国台湾					1	0.0
图瓦卢					1	−66.7

服务外包与服务贸易

【概况】　2014年，全市服务外包继续保持较快增长。全市登记离岸服务外包合同617份，比上年增长15.5%；合同金额2.2亿美元，增长63.9%；执行金额1.4亿美元，增长36.1%。其中以威海高技术产业开发区、威海经济技术开发区两个省级示范基地为核心，持续稳步发展，成为服务贸易新增长点。在政策支持、服务带动等综合因素促进下，服务贸易持续健康发展。威海市服务贸易主要集中在运输、旅游、计算机、信息技术和建筑工程等相关行业，涌现艾瑞（威海）信息技术有限公司、山东新北洋信息技术股份有限公司、威海国际经济技术合作有限公司等一批具备一定行业影响力的骨干企业，服务贸易队伍不断壮大。

【文化贸易成果显著】　通过实施名牌战略，不断提高产品文化设计含量、提升产品文化附加值，提高企业国际竞争力。一是贸易规模不断扩大。根据威海海关数据统计，2014年，全市核心文化产品出口企业达到47家，核心文化产品进出口额1461万美元，比上年增长59%，其中出口1289万美元，增长46.5%。二是出口产品多样化。威海市积极推进文化“走出去”战略，拓展海外文化市场，基本确立了以刺绣品、木制装饰品、乐器、工艺美术品为基本框架的文化产品和服务出口体系。根据国际服务贸易统计系统数据统计，2014年，全市文化贸易出口额达到4329万元。三是文化品牌优势日益凸显。威海国际人居节、荣成国际渔民节、乳山母爱文化节、幸福威海文化活动、“5·23”歌会等节庆活动影响越来越大，威海被命名为“中国民间艺术剪纸之乡”“中国京胡城”和全国唯一的“歌咏之城”，以与韩国为主的对外文化交流成为常态。

（田巍巍）

国际贸易促进

【概况】 2014年，市贸促会按照市委十四届四次全委会、全市经济工作会议对开放工作的部署和要求，立足于增创开放型经济新优势，大力推进对外联系与交流，扎实做好投资贸易促进工作，进一步强化优质服务措施，更好地服务中心工作，更好地履行职能，更好地服务企业，全面完成全年贸促工作各项任务，为全市开放型经济发展作出了新的贡献。

【第七届中国威海国际渔具博览会】 10月17日—19日，第七届中国威海国际渔具博览会在威海国际展览中心举办。博览会展览总面积3.30万平方米，境内外710家渔具企业参展。其中，威海企业210家，国内其他地区485家，境外企业15家。49个国家和地区223家公司556名国际贸易商和1380家公司2236名国内采购商到会参展采购，国际、国内的专业观众人数均比上届有所增加。渔博会国际贸易成交额达9800万美元，比上届增长14%；国内贸易成交额3.75亿元，增长12%。3天展期，参观博览会的钓鱼爱好者和市民超过7.5万人次。博览会的专业化水平和品牌影响力进一步提高，对威海市渔具产业的引领和推动作用进一步显现。

在第七届中国威海国际渔具博览会上，采购商与参展商进行业务洽谈

王伟　摄

【境内外展览工作】 2014年，市贸促会以第七届中国威海国际渔具博览会和境内外重点展会组织工作为主线，发挥展览工作主渠道作用，全面提升组展工作水平，扎实做好市场开拓工作。积极响应国家“海上丝绸之路”的战略部署，将开拓东盟市场作为重点工作之一，积极帮助企业拓展东盟市场。4月，拜访了中国—东盟商务理事会、中国—东盟中心等机构，建立并保持良好的工作关系。参加了省贸促会组织的丝绸之路经济带高端对话会系列活动，与在省贸促会设立的山东—东盟项目办公室保持密切联系，收集东盟国家投资环境及政策方面的相关信息。在此基础上，以展会为突破口，积极带领企业开拓东盟市场。5月19日—26日，市贸促会与市贸易发展中心联合组团，率4家机电、10家食品企业28人分赴马来西亚、泰国参加第20届东盟国际机床与金属加工科技展览会和第14届曼谷亚洲国际食品博览会，均取得理想的参展效果。积极组织企业参加境内外展会，帮助企业拓展内外贸市场。组织53家企业参加香港玩具展、法兰克福家纺展、千叶食品展、科隆五金展等27个境外展会，展出面积677.5平方米；组织160多家企业参加北京渔具展、天津梅江渔具展、2014台湾（济南）名品博览会、连云港物流节等国内展会，为帮助企业拓展内外需市场进行有益的尝试。5月29日—30日，由分管副市长带队，组织各区（市）、市直有关部门负责人及18家企业等组成47人的代表团，参加2014台湾（济南）名品博览会，广泛接触台湾参展企业，寻求贸易合作，取得预期效果。积极做好2015意大利米兰世博会“中国馆山东周”威海市参与工作的调研、论证和方案策划。圆满完成第五届食品博览会招商等相关工作。作为威海国际食品博览会的承办单位之一，市贸促会在招展招商、展商服务和团组接待方面圆满完成了组委会安排的工作任务。通过与台湾两岸情经贸交流协会合作，组织89家台湾企业参展；与马来西亚马中国际贸工连线总会合作，设立马来西亚展区，15家企业参展；与东盟国际贸易投资商会合作，组织9家企业参展。在展商服务方面，指定专人负责对接，提供现场服务与保障。

【法律服务工作】 2014年，市贸促会以服务转型升级为引领，以提升优惠原产地证业务和扩大注册企业队伍为主线，进一步优化服务措施，拓展依法服务领域，逐步开展数字认证、实施电子产地证等服务，努力促进国际贸易便利化，助推企业扩大出口。强化优质服务，出证认证业务实现稳定增长。全年签发原产地证书1.59万份，比上年增长0.1%，签证金额6.91亿美元，增长1.6%。其中，签发一般原产地证明书1.21万份，下降8.3%；签发区域优惠原产地证明书3820份，增长41.2%。办理国际商事证明书546份，增长1.1%；代办商业单据使领馆认证业务729份，增长1.8%；新增注册企业80家，总数达690家。按照国家有关规定，5月1日—12月31日，免收货物原产地证书费。积极为企业提供代寄证书、延时服务、预约服务等个性化服务，全年为企业邮寄快递2000余件，节约开支20多万元。积极探索服务转型升级，逐步实现原产地证书数字化。认真贯彻执行企业数字证书认证工作，做好开展电子原产地证书的保障工作。按照中国贸促会和山东省贸促会的部署，从2013年10月开始积极协助注册企业进行数字证书及企业信息采集认证，至年底该项工作全部完成。按要求配备电子无纸化单证专用设备，打印出首份电子原产地证书。4月，中国国际贸易促进委员会山东调解中心威海分中心获批，为威海市企业提供涉外经贸纠纷的咨询、调解与仲裁，提供海事案件的海损理算、财产损失评估和定损等相关业务。

【境外招商和贸易促进】 2014年，市贸促会充分利用贸促系统的有效资源，广泛开展对外联络，积极推进对外招商，推动海内外企业与威海市企业围绕战略性新兴产业、现代服务业等领域开展合作，把对外联络优势转化为投资贸易促进优势。年初，与日本日中经贸中心、韩国大韩贸易振兴公社等30多家有影响的商协会组织加强联络沟通，及时把威海的经济社会发展情况、产业的发展情况、对外合作的重要项目通报给对方并与其对接，为招商工作的开展打下了良好的基础。4月10日，协调加拿大住华使馆商务参赞朱丽娅一行考察威高集团，就加强双方企业技术合作等项目达成了初步意向。3月11日—15日，组织相关企业负责人一行6人到日本考察，与东京、大阪和和歌山地区的相关商协会组织及有关企业进行对接，推动了污水处理、农业种植等项目的进展。5月19日—26日，组织企业参加第20届东盟国际机床与金属加工科技展览会和第14届曼谷亚洲国际食品博览会，拜访了马来西亚和泰国的重点企业、展览机构及东盟贸易投资商会、马来西亚—中国总商会、马来西亚马中国际贸工连线总会、泰国食品加工者协会、泰国国际贸易商会等有实力、有影响力的商协会组织，并与其建立合作关系，与东盟贸易投资商会签订全面合作框架备忘录。6月10日—14日，组织8家渔具企业参加第33届欧洲渔具展，拜访了当地著名的企业、官方贸促机构、商协会组织等，与贝纳茨集团就欧洲商城中国品牌中心的推广签署了合作协议，与比利时法兰德斯大区投资贸易促进局签署了合作备忘录，推动了科尼渔具比利时仓储中心项目。做好投资贸易团组考察洽谈和重点项目的跟踪服务工作。全年接待来自加拿大、日本、新西兰、比利时等国家和地区的境外投资贸易考察团组23批次，150多人次。对每个团组建档立案，做好考察洽谈预案和跟踪服务工作。市贸促会对5个涉及医疗用品物流配送、医学综合检验中心、土壤调理剂等重点在谈项目积极跟进，提供服务。其中，威高世纪医疗器械有限公司肿瘤介入导管已获进口许可；汇泉集团与日本蓝色经济控股有限公司合资经营商场项目进展顺利，双方已签署投资意向，一期协议投资额250万美元。积极协助企业“走出去”。组织企业参加国家层面对接会，4月16日—17日，组织威海国际经济技术合作公司等企业参加了第八届中国企业跨国投资研讨会，参加了加拿大、德国、东盟、非洲等多个国家及地区举行的招商投资说明会；5月23日，组织荣成玉麒麟汽车配件有限公司等企业参加了中国与希腊企业对口洽谈会，在帮助企业了解相关国家的招商投资政策、进一步开拓海外市场方面提供有益的帮助。以东盟考察、参加展会为载体，推动宇王集团在东盟建立水产品采购及加工基地、紫光生物科技保健食品对外技术合作2个“走出去”项目，与东盟当地有关企业达成初步合作意向。

【国际商会工作】 积极为会员企业提供扎实有效的服务。开展一对一走访活动。走访会员企业50多家，为其解决问题、难题10多起，帮助8家会员企业找到合资合作伙伴。加大对会员企业的信息服务力度。利用网站、政务微博等平台及时向会员企业提供经贸动态、业务办理等信息；每季度出刊1期《威海贸促信息》，围绕国际经贸领域的政策解读、国际市场动态、重点市场拓展、投资贸易机会等为会员企业提供多视角、全方位的信息服务，发放800多份。积极壮大会员队伍。新发展威海紫光生物科技开发有限公司、威海国际会展有限公司、威海汇铭进出口有限公司等5家企业加入威海国际商会。开展会员企业培训工作。8月1日，组织会员企业代表100多人在抱海大酒店召开威海市贸促会电子原产地证实施座谈会，采取以会代训的方式邀请了相关专家，就实施电子原产地证书相关内容进行了辅导。

（邹清晓）

编辑　李洪格

口　　　岸

综　述

【概况】 2014年，全市口岸完成货物吞吐量7110.3万吨，比上年增长1.6%。其中，外贸货物吞吐量2940.2万吨，增长1.7%。运输国际集装箱85.3万标准箱，增长2.1%。运送出入境旅客91.2万人次，下降13.6%。其中，海港口岸出入境旅客76.4万人次，增长1.7%；威海国际机场（5月—9月因跑道修整停航）运送出入境旅客14.8万人次，下降45.9%。

【口岸开放】 *石岛港扩大开放* 2月，经国务院批准，石岛港口岸扩大开放至好当家港区和俚岛港区，批复扩大开放范围包括好当家、荣喜、远通、和兴、三星、伽耶、文登张家埠新港7个港口及42个泊位（船坞、船台），扩大开放岸线18.5千米，为全市口岸发展史上一次性开放港口泊位数量之最。

威海港三四期工程对外开放 市口岸办公室指导威海港完成三、四期工程及客滚码头的配套设施建设，召开专题会议对申报工作进行部署，形成《威海港口岸三四期工程和客滚码头开放草案》。至6月，威海港三、四期工程及新客运码头口岸10个万吨级码头工程全部通过省交通运输厅竣工验收，各项查验设施设备及相关准备工作全部完成。10月，市政府向省政府正式提出对外开放的验收申请。

乳山口港区对外开放 积极推进威海港口岸扩大开放至乳山口港区。8月，由威海市政府分管领导带队对乳山口岸港区开放工作进行调研，召开现场专题会议进行论证，市政府形成了开放申报文件报省政府。

全市海港口岸冰鲜水产品口岸建设实现全覆盖 组织口岸各部门按照国家、省出台的有关政策，结合口岸工作实际，制定申建冰鲜水产品口岸工作方案，采取开辟口岸监管区，推进区域关检合作，实现通关便利化，降低进出口成本，争创中韩国际食品安全示范区，增强进出口企业抗风险能力等措施，推进全市口岸冰鲜水产品口岸建设工作。6月，山东省政府出台《关于做好外贸稳定增长工作的实施意见》，提出“要优化对外贸易结构，积极扩大进口，支持青岛港、威海港、石岛港、龙眼港和青岛机场建设全省首批进口冰鲜水产品口岸”。9月，初步通过国家质检总局专家组的验收。12月，威海港、石岛港、龙眼港口岸正式获批全国冰鲜水产品口岸。

全国进口肉类指定口岸建设申报工作 组织海关、检验检疫局、威海港集团、中国外运山东有限公司威海分公司等部门进行专题研究，制定《关于建设进口肉类指定口岸的实施意见》。推荐威海港和石岛新港申报全国进口肉类指定口岸，并报省政府审批。

【“大通关”建设】 *创新服务举措* 按

8月15日，威海市副市长刘广华（右三）到乳山口港调研

市口岸办提供

照“流程再简化、时限再压缩、服务再提升”的原则，创新“大通关”服务举措。出台《推进“大通关”建设、促进外经贸发展的意见》，并召开新闻发布会。内容涵盖推进通关便利化、增强口岸辐射功能、助推外经贸企业发展、优化查验监管机制、营造良好外经贸发展环境5部分14项措施，在深化通关业务改革、扩大口岸对外开放、加强口岸互联互通、促进外经贸企业发展、强化口岸服务管理等方面实现新突破。通过加强督导协调，严格规范查验收费环节，降低企业通关成本，全年为全市外经贸企业节约成本1亿元以上。

实施“三个一”口岸通关模式　威海口岸全面实施的“三个一”（一次申报、一次查验、一次放行）通关模式，是海关总署和国家质检总局改革创新的口岸执法合作模式，是市委、市政府确定的2014年重点改革事项。市口岸办公室积极争取将威海港口岸列为山东省“三个一”通关模式先行先试口岸。借鉴全国试点口岸广州南沙港、深圳大铲湾口岸成功经验，组织口岸单位稳步推进录入申报系统和公共信息平台的开发应用，开展技术设备投入、港区封闭、电子闸口规划设计等方面工作，加快查验平台建设、出台相关保障措施。组织威海海关、威海出入境检验检疫局形成关检合作具体运作方案。11月，在威海港口岸、威海出口加工区、威海机场的6个监管区9个固定查验区域成功实施，为全省口岸通关改革起到了示范引领作用。“三个一”口岸通关模式的成功实施，使全市口岸通关效率大幅提高、企业成本明显降低，口岸货物整体运转效率提高40%以上。其中“一次申报”，通过合并关检录入项目，减少录入项目46%，提高申报效率30%以上；“一次查验”，实现关检查验指令的数据交换，货物查验时间减少50%以上；“一次放行”，加快放行效率，减少办单候查时间50%以上。

深化区域通关改革　自1月23日起，全市口岸取消区域通关跨关区授权检查的限制，属地海关和口岸海关无需签订合作备忘录，对于符合海关规定条件的企业，在任何口岸进出口的货物均可实行区域通关模式。自3月1日起，B类生产型出口企业且1年内没有违法记录的，适用“属地申报、口岸验放”通关模式；对AA类企业进出口货物实施“属地申报、属地放行”通关模式。5月1日起，进一步扩大到A类企业，全市AA类、A类进出口企业，可以“足不出市”，在威海、荣成海关就可以办理报关和放行手续，企业通关时间和成本大幅降低。推进无纸化通关改革，实现通关无纸化对所有符合条件进出口货物全覆盖，截至年底，威海海关、荣成海关无纸化比例均达95%以上。

复制推广海关监管创新制度　组织威海海关、威海出入境检验检疫局等部门，举办“上海自贸区14项海关监管创新制度”等3次培训会，对政策进行解读，培训企业人员400余人次。10月，第一批“批次进出、集中申报”“简化统一进出境备案清单”“简化无纸化通关随附单证”3项海关监管创新制度在威海出口加工区复制推广。通过改革创新，企业进出货物由“一票一报”改为“多票一报”，企业可按需求不间断生产，区域物流功能得到有效发挥；企业电子附件单证由合同、税票等5项缩减为仅报关委托书1项；出口加工区企业备案清单申报项由39项简化为30项。

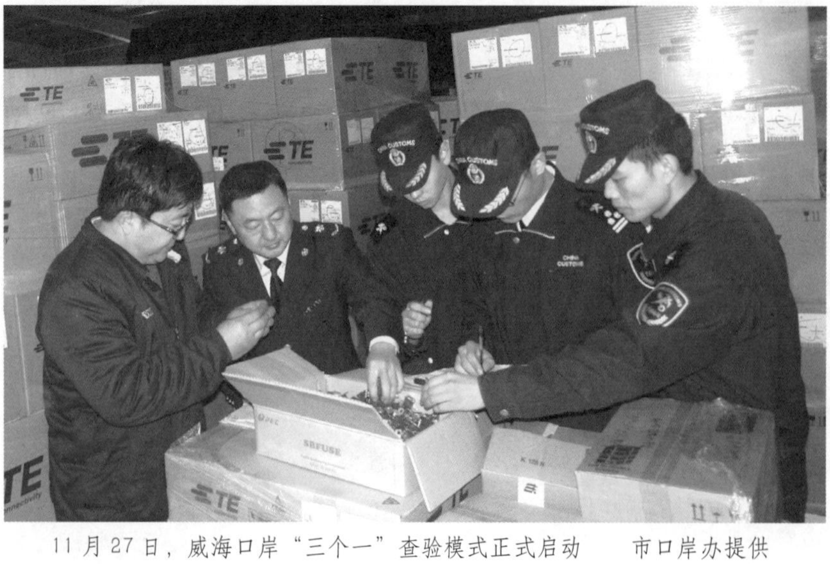

11月27日，威海口岸“三个一”查验模式正式启动　市口岸办提供

【口岸综合管理】　编制“十三五”口岸发展规划　根据山东省口岸办公室《关于报送第十三个五年口岸发展规划意见的通知》精神，9月，制定《威海市“十三五”口岸发展规划》报省口岸办公室。规划中明确“十三五”期间全市口岸发展的思路、目标和重点任务，科学合理设置口岸开放布局，为进一步优化口岸资源，提升口岸功能，增强全市口岸的综合实力和国际竞争力，促进全市开放型经济持续、快速、健康发展奠定基础。

完善口岸3项例会制度　领导小组成员例会对涉及全市口岸工作的重大问题进行研究和协调；业务例会定期通报工作情况，交流信息；现场例会通过深入通关现场实地办公，及时发现问题，掌握工作主动。全年召开不同层级例会27次，通报解决问题62项，企业反响良好。完成口岸运营动态分析12期，为市政府决策和企业经营策略提供了依据。

扶持海、空港国际班轮航线健康发展　协调组织口岸查验部门、港航和外贸企业，开拓周边市场，组织口岸查验单位按照海港国际航线航班抵出港时间安排上下班，确保航线正常运营。积极推进中韩陆海联运汽车运输项目，全年入出挂车122车次，运输货物310吨，货值710万美元。重点做好威海机场新增对台湾航线的保障工作，协调口岸查验部门增加一线人员和通道数量，优化查验流程，客流集中时段的验放速度每小时达450人次。在旅游旺季，威海至台湾航线每周达4班，旅客实载率超过80%，其中台湾“中华航空公司”航班实载率达90.7%。台湾航线全年运输旅客9000人次，通关环境和服务获得旅客好评。停航期间，组织查验部门、机场公司对通道现场和监管场所进行整合优化。召开由口岸查验、航空、服务代理部门参加的复航专题会，就建立机场口岸例会制度、调试设备和人员培训、联动处置突发事件、应对埃博拉病毒等事项进行部署，保障9月28日威海空港顺利复航，月内，旅客恢复到停航前水平，每周口岸航班达25班。

为重大活动提供通关保障 围绕韩国仁川亚运火炬传递工作，会同市委宣传部，协调威海海关、威海出入境检验检疫局、威海边防检查站、威海港集团等相关单位做好亚运火炬传递的工作调度，8月12日，亚运火炬顺利通过威海港口岸搭乘“金桥”轮抵达韩国。围绕中韩文博会、威海国际铁人三项赛和黄海国际帆船赛，积极推进通关便利化措施，出台提速增效的新举措。坚持“5+2”工作制和预约延时服务制度，开辟报检放行绿色通关，开通旅游团队快速通道和危难旅客紧急救助通道。抽调专门力量专程到烟台口岸进行联络协调，确保各项工作落到实处，不留死角。

推进“智慧口岸”建设 协调查验部门在威海港口岸加快智能通关、自助通关、“云服务”通关改革，支持边检窗口推行“一卡通”自助通关改革，探索建立口岸通关微信平台，促进威东航运公司和胶东海运“微信售票”“微信定箱”“微信报关报检”平台建设和运作推广。

开展口岸课题研究 根据市政府《关于加快建设中韩（威海）经济合作示范区的实施意见》，牵头市商务局、威海海关、荣成海关、威海出入境检验检疫局、荣成出入境检验检疫局等部门成立政策研究工作小组，重点围绕韩国非关税壁垒问题进行研究，取得初步调研成果，向市政府提报“10mm以下的针叶木加工制成的木制品入境”和“对韩国配合饲料进口申报需提交疯牛病证明措施”等涉及非关税壁垒的案例。按照市委第74次常委会议、市政府第50次常务会议对推进中韩（威海）经济合作示范区建设的工作任务分解，积极推进非关税壁垒、离区免税政策、中韩陆海联运、启运港免税政策、加强与仁川口岸互联互通、建设韩国汽车整车进口口岸、推进中韩AEO互认7项工作，成立4个课题研究小组，广泛走访调研，完成16项调研课题的调研报告，为上级领导决策提供了依据。其中，《中韩陆海联运调研报告》得到了省委主要领导批示，《中韩陆海联运调研报告》《打造对韩海上丝绸之路》等调研成果分别被中央、省办公厅采用。积极参加年度市委政研室和市委调研室的优秀调研成果评选活动，9篇调研报告获奖，其中2篇获特等奖。

【口岸服务】 *保证外轮临时停靠* 积极协调各查验单位，对正在申办对外开放的港口码头泊位，采取“一船一议”的方式，及时有效地解决外轮停靠问题。组织工作组20余次深入港航生产服务企业，现场调度，解决外轮停靠问题139项。全年监护外轮1140艘次，保证企业的正常运转。

规范口岸审批事项许可流程 结合全市口岸实际，进一步规范空港新增航线航班申报和海港非开放水域码头开放程序等4项流程图，对开放工作的具体程序和步骤予以详细说明，完善外轮供应、口岸仓储、货物熏蒸等业务许可流程，详细制定了网上申报信息、提交申请材料、窗口受理、初审、决定等各个环节的步骤和程序，在威海政务服务中心综合代理窗口制做了明白卡，同时在威海政务网站进行公开。

开展“口岸在基层”服务活动 结合群众路线教育实践活动，制定机关干部联系点制度，组织机关干部开展不间断走访调研活动。深入50多家港航、外供、修造船、外贸企业、口岸单位和联系村调研，发放“贴心服务卡”征求意见，征求到企业意见79条。对征求的意见向有关部门反馈，及时跟踪督导，年内76项问题得到及时解决。开展送政策到企业活动，组织口岸查验单位专人跟进年度重点项目，提供“一对一”全程服务，对全市确定的高新技术项目、升级改造项目和招商引资项目，提前介入，主动对接，加大扶持力度，在项目引进、政策咨询、破解疑难等方面充分发挥口岸职能作用。

提供优质信息服务 组织口岸查验单位举办各类培训班25期，培训企业经理厂长、报关、报检、安全管理、质量检测、船员等专业人员4456人次，向政府机关、企事业单位、新闻媒体提供各类信息1319条，把国家最新出台的口岸法律法规、相关政策和口岸信息传达到社会各界。

【口岸交流】 *深化对韩口岸合作* 协调海关、检验检疫、外事、国际航线公司等部门与韩国仁川、平泽等相关执法部门建立沟通协调机制，开展广泛合作，经常性地对相关法规、技术标准、数据共享等方面进行研究协商，开展港口间的相互推介、单证传输、费率协商等，有针对性地开展通关及信息交流沟通活动，达到至诚至信、合作共赢的目的。扩大与韩国口岸部门的数据共享和互信认证范围，建立电子证书核查机制，实现签发的所有出境检验检疫证书和原产地证书的数据共享，威海出入境检验检疫局技术中心被韩国食药厅认可为“国外公证检测机关”，大宗出口泡菜经技术中心检验后在韩国可直接通关放行。加大“两个平台”（口岸检验检疫监管平台、口岸信息化平台）建设，进一步提高进出口货物通关速度。

推进口岸对内合作 建立与国内其他口岸的交流互访和协作机制，宣传推介威海口岸，推进项目合作。组织威海海关、威海出入境检验检疫局等单位有关负责人，赴日照口岸考察学习航运中心规划建设及运营管理等有关情况，对威海市建设国际航运服务中心起到很好的借鉴作用。组织有关部门赴广州南沙港和深圳大铲湾港考察学习，推进关检合作“三个一”通关模式。协调威海海关、威海地方铁路局等单位有关负责人，到青岛港、淄博铁路站考察学习国际铁路联运业务模式及监管关情况。组织人员到烟台机场口岸针对威海机场国际航线平移烟台机场口岸进行交流和对接。组织港口企业就威海港集装箱航线开发项目、威海港股份公司增资扩股项目、威海港二突堤项目融资、威海国际物流园项目与上海有关方面进行对接，取得实际成效。

【平安口岸建设】 *打击违法活动* 市口岸办公室制定《威海港口岸通关现场

突发事件应急工作规范》，加强调度，明确各查验单位在联合监管中的职责分工，在查验通关现场建立和完善信息共享、互访交流、防控联动、培训协作等机制。组织口岸各部门在打击走私偷渡、查处违法违规、船舶人员监管、口岸疫情应急处置、海上搜救等方面多次协作、密切配合，管控力度进一步加大，全市口岸更加安全畅通。

做好疫情防控 重点做好埃博拉病毒防控工作，编印《埃博拉病毒防控知识手册》，印制防控宣传画报，在威海港口岸国际候船厅、威海国际机场国际候机厅、威海海关邮检现场和威海出入境检验检疫局保健中心进行防控知识宣传。8月—12月，为数百名准备出国的劳务人员进行专题培训；为国际旅行者尤其是前往非洲的劳务人员提供旅行健康服务，开展旅行前健康咨询、健康评估和旅行后健康检查等服务。对疫情发生国家的船舶、集装箱、货物、邮包加强卫生检疫，加强入境人员体温监测、医学巡查、流行病学调查和医学排查，有效杜绝重大疫情从口岸传入传出。

加强监管确保口岸畅通 协调口岸查验单位和港航企业做好口岸集疏运工作，强化口岸海上交通安全管理。组织口岸查验部门，严格落实24小时应急值班制度，切实做好重点时段、重点船舶的安全监管工作，有效发挥“四重一关键”（重点监管对象、重点时段、重点气象海况、重点区域和关键环节）安全监管规律的指导作用，严格执行“四防一禁”（防大风、防碰撞、防火灾、防冰冻，恶劣气象海况禁止航行）相关防范措施。加强与气象、渔业等部门合作，互通信息，及时联合港口公安、港航局等部门对客运航线开展联合检查，保障全市口岸海上安全。

【口岸共建】 采取多种形式开展口岸文明共建活动，组织口岸各单位之间开展经常性的文体活动。完善口岸查验单位推进口岸大通关工作的考核评价和激励机制，制定考核量表，为查验部门做好保障服务工作，总结推广先进经验，协调推进相关活动，发挥典型示范作用，督促检查各项工作措施落实，推动全市口岸系统群众性精神文明创建活动不断深入。与市文明办联合下发《关于开展“服务促发展、满意在口岸”优质服务竞赛活动的实施意见》，结合党的群众路线教育实践活动和全市机关作风建设年活动，组织口岸各单位创新举措，优化流程，加强合作，提高效率，开展“文明示范窗口”“口岸服务标兵”“优秀服务品牌”3项优质服务竞赛活动。完善首问负责、服务承诺、限时办结等制度措施，开展“阳光服务”，规范文明用语、服务流程，实现典型引领，提高服务对象满意度，提升口岸系统服务水平，构建和谐文明口岸。口岸各单位典型事迹被《大众日报》等10余家新闻媒体予以宣传。12月，进行评选表彰，全系统有13人获“全市口岸服务标兵”称号，威海海关旅检科和威海边防检查站机场分站等14个窗口获“全市口岸文明示范窗口”称号，威海出入境检验检疫局“情融海港 绽放青春”、荣成出入境检验检疫局“出入有境 服务无境”、龙眼港边防检查站“诚信为本 畅享国门”等10个服务品牌被评为全市口岸优秀服务品牌。

（张朝明）

海　关

·威海海关·

【概况】 2014年，中华人民共和国威海海关监管进出境货物451.8万吨，比上年下降18.3%，总值1056.7亿元，增长7%；进出境集装箱41.3万标准箱，增长9.6%；进出境船舶3257艘次，与上年持平；进出境飞机1355架次，下降49.6%；进出境旅客45.8万人次，下降20.6%；实现税收入库22.6亿元，增长0.5%。

【深化业务改革】 *贯彻上级改革部署* 取消4项行政审批和2项内部核批，直接退运、外发加工等4个岗位实行经办关员责任制。圆满完成总署无干预随机布控试点，保证试点工作的高质量和试点效果的真实性。空运舱单率先在关区成功切换。复制推广上海自贸试验区海关监管创新制度，全面开展“批次进出、集中申报”“统一备案清单”“简化随附单证”三项业务。推进关检合作“三个一”，关检双方接受“一次申报”货物78票，共同查验货物14票，企业查验费用节省50%，通关时间缩短30%。做好海关总署保税物流管理系统和青岛海关保税仓库信息化管理系统的试点工作。成立复查复验小分队，按照不同部门“交叉复验”的原则开展复查复验。开展行邮税邮局代缴业务，推广应用邮递、快件物品监管信息化系统，在全部旅检、邮运现场施行POS机刷卡征缴行邮税。

突出自主创新项目 推进“三级监控指挥中心建设”等青岛海关明确的改革项目6项、“海运快件监管模式”等自主创新项目8项。完善料号级核销系统功能，系统开发理念、功能设置、应用经验等被青岛海关借鉴采用并在青岛关区进一步推广。深化分类核销系统应用，作业模式、操作规范更加完善，相关经验被青岛海关采用并在关区扩大试点。利用HB2004督办系统，强化对改革事项的督办管理。自主开发“威海海关风险旅客识别系统”，利用该系统在旅检渠道发现查获各类案件82起，案值230万元；查获青岛关区近年来旅检渠道最大一起走私濒危珍贵动物制品入境案，查获象牙原牙6根、制品57件，海关总署监管司发文通报全国海关，要求“各关结合实际研究借鉴，进一步提升行李物品监管工作水平”，7个海关先后派员到威海考察学习。积极推进中韩海运跨境电子商务一般出口模式。探索分类随机布控机制，通过分类随机布控查获走私出口稀有金属和走私进口化妆品2起案件线索，经缉私分局深挖扩线，案值扩大到1.1亿元，涉税1500余万元。成功开展农户与企业有效对接的分包加工管理模式，分包加工进口料件600余万元，为293人次农村劳动力创造收入64万元。

增强改革的统筹性和协同性 加强顶层设计，邀请青岛海关技术处等6个职能部门，对改革项目进行实地指导。加快推进出口加工区信息化建设，实施电子运抵自动放行，促进物

10月17日，威海海关工作人员为中国威海国际渔具博览会参展企业提供便捷服务　　威海海关提供

畅其流，得到进出口企业广泛好评。威海市委副书记、市长张惠实地考察出口加工区信息化建设情况，对海关主动融入地方经济发展大局，积极支持综保区申建，营造高效便捷通关环境等给予充分肯定，并明确提出“建设全国一流的监管场所和海关特殊监管区域”。加强政策宣讲，举办政策宣介会7次，市相关部门及企业负责人430余人次参加；相关亮点工作被《人民日报》（海外版）、《经济参考报》和《大众日报》等媒体报道。其中打击“水客”走私工作情况在中央电视台一套、二套以及十三套节目播出，取得良好社会影响。

【全面履行把关职责】 税收征管　圆满完成税收计划，实现税收入库22.6亿元；规范申报率99.3%、优惠原产地审核准确率、贸易管制执行正确率均100%。关于在线镀膜玻璃的税则调研报告被海关总署采用，减免税款7855.5万元，征免税证明审批合格率100%。

监管通关　“双查率”顺利达标，进口查验率12.6%，出口查验率3%，查获率15.8%。货运渠道自主查获涉嫌走私进口化妆品犯罪案，邮递渠道自主查获走私枪支案。完成1项一级、2项二级加工贸易单耗标准制定任务。专项稽查有效率76.1%，高于关区5个百分点，稽查移交缉私案件数、案值、涉税分别为上年的10倍、15.6倍和8.9倍。开展企业自律管理试点，企业自查补税40余万元。发挥执勤武警优势，协助查发案件76起。

风险防控　加强风险分析处置，提高风险信息质量，总关采用风险信息222条，转处置133条，处置有效率51.9%；下达预定式指令1434条，布控有效率和实体有效率分别为17.9%和7.1%；移交案件线索35条，对2项商品开展关区联合研判，检查发现涉嫌骗取出口退税245万元。

打击走私　刑事、行政案件数量创历史新高，立案侦办走私犯罪案件14起，案值5990.91万元，涉税1127.7万元，抓获犯罪嫌疑人30名，移诉案件13起。立案调查行政违法案件422起，案值4811.36万元，涉税717.36万元。刑事执法取得“两个突破”，成功侦办关区首起艺术品走私案，案值660余万元，涉税120余万元；与威海市公安局、烟草专卖局联合查获辖区首起“蚂蚁搬家”走私进口香烟案，案值260万元，涉税160余万元。开展捆绑式联合执法，推进旅检渠道“两项打击”，关警协作联合执法26次，查获“水客”走私案件193起，占关区查获此类案件总数的48%。落实线索监控、办案周期、办案质量“三项督查”制度，执法效率和执法质量实现“双提高”，刑事案件当年侦结移诉，行政案件平均办案周期2.76天，列关区第一，刑事、行政执法办案质量保持关区前列。发挥缉私反哺监管作用，建立刑事案件、重大行政案件风险专报制度，制发《缉私反哺监管专报》4期，反馈改善现场监管意见建议15条；反走私绩效评估列关区第一。

【促进外贸稳定增长】 为企业减负增效　开展专项自查，规范进出口环节经营性服务和收费。积极请示协调，特事特办，帮助威海广泰空港公司开展右舵车加工贸易业务，成为国内第二家开展此类业务的企业，办理出口值为31.5万美元的加工贸易手册，签订加工合同35辆，总金额970万美元，未来预测出口总值约2300万美元；支持帮助2家企业参加中美海关C-TPAT联合验证并顺利通过，验证企业在美通关时间缩短50%，物流费用降低35%，美国订单增长20%～30%。加强政策扶持，为威高集团进口血液透析器生产线减免税款1277万元；为远洋渔业项目减免税款4465万元。

促进贸易便利化　优化分类通关改革，“低风险快速放行”报关单比重达77%，近80%的报关单实现计算机自动放行，不需人工干预，通关时间仅需1分钟。推进无纸化通关，通关无纸化总体比例达97%，90%以上的企业足不出户即可办理海关业务，正常货物当日放行率达100%，均居青岛关区前列。坚持“5+2”工作制、延时工作制和预约加班制，60%的关员常年加班，全年加班2万余小时。优良的通关环境吸引了大批外地企业在威海口岸通关，外地企业进出口货运量占威海口岸的35%。

支持中韩（威海）地方经济合作示范区建设　经过深入调研，率先提出建设韩国食品日用品交易集散中心，并从支持企业设立保税仓库、开设“绿色通道”等7个方面出台支持措施。2014年，威海地区进口韩国食品、日用品总值1.1亿美元，比上年增长19%，占青岛关区的43%，交易集散中心地位初步显现。密切跟进综保区申建，在项目申报、招商引资、破解难题等方面积极发挥海关职能作用。全面落实中韩AEO互认制度安排，4月1日互认实施以来，辖区20家AEO企业对韩出口总值2.7亿美元，比上年增长27%。与喀什、二连浩特、凭祥等6个口岸开通韩国经威海至蒙古、哈萨克斯坦、越南等国家的过境业务，验放过境货物5783吨，价值3570万美元。加强外贸风险防范，向市委、市政府报送信息专报20篇次，就跨境电子商务、中韩海关AEO互认等工作提出意见建议30余条，3篇次专报获省领导批示，关于上海自贸实验区14项制度的专报获市领导批示。

（宋西林）

·荣成海关·

【概况】 2014年，中华人民共和国荣成海关监管进出境货物165万吨，总值125.6亿美元，比上年分别增长6.4%和34.4%；进出境集装箱15.7万标准箱，增长11.6%；进出境船舶3216艘次，下降0.7%；进出境旅客45.19万人次，下降7.8%；实际税收入库2.44亿元，下降190%。

【税收征管】 加强企业规范申报，开展批量复审，及时纠正报关差错，提高报关质量。全年审核进出口报关单16.4万票，比上年增长4.9%；重点抓好原产地、归类、价格等重要工作环节，建立应税商品库，加大对重点涉税商品、敏感商品的归类及监控分析，提高税收征管水平。深化价格预审核和经营审价等分类审价模式，对25家口岸进口企业的43种商品开展经营审价，审价补税161.1万元。加大对辖区内企业边角料补税力度，稽查追补税134万元；加贸、稽查部门联合作业，对申报单耗影响较大因素进行规范，加强边角料补税的价格管理，全年核销补税2112.7万元。

【监管通关】 不断完善舱单监控，实现对货物的严密监管；结合"绿风"专项行动具体要求，对农产品加大实际查处力度。年查验进出口报关单9226票，查验率5.6%，查获率19.1%。结合旅检渠道"两项打击"专项行动，进一步固化中韩海运航线"水客"治理成果，规范旅检秩序。全年监管进出境旅客45.19万人次，开箱（包）人工彻查行李物品11.6万件，移交缉私案件101起，返送物品2318起，查收违禁印刷品134份，移交侵犯知识产权案件180起。综合运用登轮检查、监装监卸、海关值守等监管方式强化运输工具实际监管。监管进出境船舶3216艘次，发现俄罗斯籍"诗婷"轮、"牟拉蔚娃"轮、"库尊"轮擅自供船案3起，移交缉私部门处理。严把船舶供退业务监管关，对供船免税品、保税供船备件、保税燃料、物料实施100%监管。完成青岛海关首套车载式H986大型X光集装箱检查设备安装测试，实现当年审批、当年建设、当年投入使用的目标。严格执行罚没财物管理规定，全年接受移交罚没财物106起，处结84起，全年举行拍卖会8场，拍卖成交金额87万元，高出拍卖底价6%。

【保税稽查】 提高备案质量，严格单耗审定，备案手册1437本，比上年增长4.1%，备案合同金额3.31亿美元。完成首次参与海关总署加工贸易一级单耗标准"手机相机镜头"制定工作。以引入外部中介机构参与核查及电子账册料号级核销管理系统推广为契机，进一步提高电子账册管理水平。加大远洋渔业类减免税审核力度，年审核远洋渔业回运水产品1.27亿公斤，比上年增长344.8%。首次实现辖区稽查案卷检查100%全覆盖，检查辖区2012年以来全部稽查作业73起、抽查核查作业214起。统筹安排，实现稽查核查两种监管手段的优势互补，全年稽查统筹核查需求14次，占全部核查业务量的18.7%；引入社会中介机构参与联网监管企业电子账册盘库，全年盘库5起，发现盘亏问题5起，涉及货值约250万元，补税50余万元。全年完成稽查作业35家，比上年增长25%。发现查获问题企业17家，稽查追补税企业17家，补税134万元，专项稽查有效率71%。

【风险防控】 建设立体化、智能化的风险综合防控指挥中心，提升风险防控、业务内控以及严密监管、打击走私效能。在风险综合防控指挥中心引入云计算技术，优化建设稽核监管场所巡查、舱单数据分析、商品价格信息等数据信息的"风险综合监控平台"，提升风险综合防控和审计监督内控效能，监控分析业务数据32万条，对重点风险进行预定式布控61条，发出风险研判72条，移交缉私案件线索45条，处置有效率77.9%，补税67.7万元。全面开展风险监控，创新监控项目，将班轮综合税率、报关行间通关效率差异等首次纳入监控。监控形式多样化，网页发布、风险提示、处置单等手段共同实施，发出各类业务监控质疑76起，命中率80%。

【打击走私】 制定《荣成海关监管、缉私风险研判处置联席会议制度》，推动关警业务深度融合，提升缉私反哺监管效能。在"绿风"和"两项打击"等专项行动中，及时分析辖区反走私形势，研判查发案件中呈现的突出特点，部署阶段性打私重点工作。加大简单案件办理力度，对符合简单案件办理条件的，当天立案、当天办结，缩短办案周期，办理简单案件60起，占案件总数的34%。建立辖区30多个镇村非设关地港口码头信息资料库，通过风险异动监测、视频监控、实地巡查等手段，严密防范"业主码头"经营模式下的区域性走私风险。围绕"短期内多次往返旅客"非法携带酒类、香烟、化妆品进境以及将货物"化整为零"交由普通旅客携带进境等12项打击重点，开展"两项打击"专项行动，发现查获案件31起。刑事立案4起，案值6959万元，涉税192万元；行政立案177起，案值1.92亿元，涉税3776万元。

【服务经济建设】 助推社会信用体系建设 制定《荣成海关企业协调员工作管理办法》，与辖区第一批参与试点的6家AA类企业和6家重点扶持企业签订关企合作备忘录，加强关企诚信建设。作好企业信用管理暂行办法实施宣讲解读，鼓励企业申请成为认证企业。

支持"蓝区"重点产业项目建设 解决造船企业手册展期、远洋渔业船舶异地监管等实际难题30多个。优化服务举措助力国家高温气冷堆核电站示范工程建设，首次依托跨关区"属地申报，口岸验放"区域通关模式，对山东石岛湾核电站在上海口岸进口的304.8吨、价值4000余万元"人造石墨块"办理便捷通关手续。与地方商务部门联合召开跨境电子商务推广宣介会，探索推进荣成市跨境电子商务整体开展。

支持地方口岸开放 深入石岛集

团、好当家集团以及报关、船代、港口、修造船、核能等18家重点企业，开展“关企面对面”现场办公活动，解决企业空箱查验等实际问题26个。积极服务石岛口岸扩大开放验收工作，建立台账制度，向地方口岸部门通报港口监管设施建设进度，推进建设速度。

【深化业务改革】 *深化海关业务改革* 扎实推进关检合作“三个一”。采取电话联系、纸质单据流转、电子信息互通等多种方式开展先行先试，与口岸检验检疫部门共同办理“一次查验、一次放行”进出口业务27票，涉及鱼片、蔬菜、废船、润滑油等进出口货物。加大进出口通关作业无纸化改革力度，进出口无纸化比例超过99.9%，居青岛关区口岸第2名。

深入推进简政放权 按国家海关总署和青岛海关简政放权、转变职能的有关要求，取消报关单撤销、修改和进口货物直接退运、内销征税、保证金征收、深加工结转备案等业务操作的行政审批和内部层级核批制度。下放滞报金减免审批事项，由原来的纸面、网上两种审批方式并行直接改为取消纸面审批的操作模式。调整“压缩审批层级”事项12余项，为企业带来改革实惠。

加强法治型海关建设 深入开展内外普法宣传，培养法治思维和法治意识，传播法治理念。年内，先后获“山东省六五普法先进单位”“荣成市依法行政先进单位”等称号，继续保持“青岛海关法治文化示范基地”“山东省法制宣传教育示范基地”和“威海市法治文化建设示范基地”称号。

（邹　浩）

出入境检验检疫

·威海出入境检验检疫局·

【概况】 2014年，中华人民共和国威海出入境检验检疫局（以下简称威海检验检疫局）检验检疫出入境货物3.01万批，货值17.96亿美，比上年分别下降49.2%和38.5%。检疫出入境船舶1825艘次，下降3.5%；检疫出入境飞机1325架次，下降49.6%；检疫出入境集装箱23.86万标准箱，比上年增长21.3%。查验出入境人员50.24万人次，下降21.3%。获得“山东检验检疫系统2014年度先进集体”“全国质检系统首批依法行政示范单位”等称号。

【进出口产品检验检疫】 *进口食品检验检疫* 对进口预包装食品实施“预先申报、提前检验、整批出证、分批放行”的检验监管模式。加大对备案标签的审核力度，对网上备案的1000多个标签逐个审核，整改问题200多个。全年检验进境预包装食品9756批，货值3699.4万美元；检验化妆品1730批，货值1889.9万美元，多次在进口牙膏中检出菌落总数超标，国家质检总局据此发布了警示通报。

动植物产品检验检疫 抽取345个水生动物样品，检测1320项次，检出6个阳性样品，被国家质检总局风险预警采纳2次。检验出口水生动物1.55万吨，比上年增长34.9%；检验进口水生动物132.4吨，增长394%。香港《食物内除害剂残余规例》实施后，严格按标准对花生60余项、鸡蛋90余项农药残留进行检测，确保输出质量。完成近4万只水貂检验检疫。配合山东检验检疫局成功组织了2014年中韩水生动物年会，指导3家水产品企业通过韩国官方检查。

严把工业品质量安全关 首次在入境活鱼箱中检出夹带旧服装，在进口煤炭中检出大麦苗，在进口铜精矿中检出镉超标，在进口仿真饰品中检出铅超标。根据威海检验检疫局检出问题，国家质检总局发布警示通报4次，山东检验检疫局发布警示通报15次。

【维护口岸卫生安全】 严格防控埃博拉疫情，开展风险分析和预警，组织应急演练，向市政府报送疫情应对报告，得到市政府主要领导批示肯定。年内，检出各类传染病81例，检出率居全省检验检疫系统前列。查出旅客携带禁止进境物1402批，发现动植物疫情1291批，其中，检疫性疫情7批，首次检出北美苍耳和宾州苍耳，首次截获活鼠。检出放射性超标14例，其中首次截获矿石粉；在山东口岸首次一次性查获2万余株多肉植物。在进境邮寄物中截获濒危植物龟甲牡丹3株、花木种子320粒，截获“薰衣草小熊”玩具2只，从其填充物中检出小麦种子及4种有害生物，均为山东口岸首次截获；截获从韩国进口的多肉植物830株，为山东邮路口岸一次性截获从韩国进口的多肉植物数量最多的一次。

【食品检验监管模式改革】 推进食品检验监管模式改革，以电子监管系统为平

10月9日，威海检验检疫局工作人员在备案蛋鸡场取样监测

威海检验检疫局提供

台，通过快速核放和窗口放行，实现出口放行“零等待”，检验通关时间由平均3天缩短至5分钟，整体抽检率由8%左右降低至1%左右，年可为企业节省检测费用200余万元，得到山东检验检疫局领导批示肯定。创新出口大姜监管模式，与乳山市政府签订合作协议，政府在监管过程中负主要责任，威海检验检疫局负责督导。积极开展“无纸监管”“无纸通关”“无纸申报”等工作，启动关检“三个一”通关模式。取消代理报检单位和报检员行政许可，实施备案管理。深化产地证签证改革，在全国率先取消原产地备案企业年审。

【促进对外贸易发展】 *出台多项惠企措施* 制定了促外贸稳增长的20条措施。调整入境集装箱检验项目，使企业每个集装箱减少物流成本800元。创新入境活鱼箱检验模式，申请山东检验检疫局批准高濑公司进口旧轮胎由威海检验检疫局审批、康威公司进口旧复印机免于装运前检验，方便企业进出口。加强原产地证优惠政策宣传培训，签发优惠原产地证1.39万份，货值5.1亿美元，可为企业减免进口国关税2043万美元。严格落实各项减免收费政策，全年为企业减免收费754.29万元。

服务地方经济发展 向市政府报送《关于将威海打造成全国进出口鲜活水产品最大口岸的建议》；积极支持威海市打造韩国食品日用品交易集散中心，协助威海港建设山东省首批进口冰鲜水产品口岸并通过国家质检总局考核。做好中韩合作共建食品农产品质量安全示范区试点工作，推荐首批优秀企业。向市政府报送质量分析报告、有害生物监测报告、示范区建设情况报告、辣椒检测报告等。

开展技术性贸易措施应对工作 提交特别贸易关注3篇，其中1篇被采纳为WTO/SPS第59次例会中韩双边磋商议题；完成3次技术性贸易措施调查，向市政府提交调查报告3篇，参与完成《韩国技术性贸易措施对山东出口影响调查报告》。

【推进“科技兴检”工作】 加快实验室建设，威海出入境检验检疫局技术中心顺利通过CNAS扩项评审，新增认可项目338个，新增动植物疫病、大豆转基因、食品标签领域的检测能力。检出不合格样品43批、72项次，比上年分别增多43%和38%。检出有害生物5693种次，其中检疫对象194种次，首次截获大谷蠹、咖啡果小蠹等7种检疫性有害生物，首次检出菠萝灰粉蚧等十几种非检疫性有害生物。主持承担国家质检总局科研项目1项；先后获山东省“科学技术奖”三等奖和国家质检总局“科技兴检奖”三等奖；通过国家质检总局科研项目验收1项；申报发明专利3项；发表论文2篇。

【加强内部管理】 推进综合管理体系向纵深发展，启动改进工作流程200多项。制定《机关内部管理制度》《工作纪律考核办法》《工作人员考核作业指导书》；开展“基础管理强化月”“进企业、送技术、解难题”“下基层、转角色、学本领”、演讲比赛等活动，增强全局凝聚力和向心力，提升了整体素质。与检察院建立合作机制，1人被聘请为预防职务犯罪志愿者。开展“庸懒散”专项治理，查摆整改5方面问题。年内，2人被国家质检总局确定为“WTO/SPS通报评议专家”，2人被山东检验检疫局确定为专家组成员；6人在山东检验检疫局岗位技能竞赛中名列前茅。参加威海市“行风热线”上线活动2次；开展民意调查活动，满意率100%。

（周　怡）

·荣成出入境检验检疫局·

【概况】 2014年，中华人民共和国荣成出入境检验检疫局检验检疫出入境货物2.78万批、货值14.02亿美元，比上年分别下降15.9%和10.2%。其中，出境施检2.37万批、货值10.34亿美元，分别下降20.6%和22.4%；入境施检4053批、货值3.69亿美元，分别增长27.7%和60.8%。检出不合格货物3245批、货值1.26亿美元。查验出入境人员48.13万人次，传染病监测体检3786人次，分别下降8.2%和24.9%；发现各种病例415例，下降61.4%。检疫出入境船舶1883艘次，增长4.5%。检疫出入境集装箱15.97万标准箱，增长16.4%。签发各类原产地证书7429份，签证金额4.05亿美元，分别增长12.0%和16.5%。被山东检验检疫局授予“全省系统先进集体”称号，被荣成市委、市政府授予“2014年度诚信示范单位”称号。

【业务改革】 按照山东检验检疫局提出的“放管转建”要求，加快工作重心转移，推进检验检疫职能转变。全面推进关检合作“三个一”，与荣成海关共同查验出入境货物75批。探索国际航行班轮卫生检疫监管模式，重点突出公共卫生检疫领域，主动适应大通关形势需要，废除不必要的工作环节，提高通关效率。创新食品监管体制，建立起以风险管理为核心的“一企一案、一厂一策”，完善监管体系；通过简化合格评定程序，取消电子监管系统抽中送检，清理报检随附单据，促进通关便利化；通过加强事中事后监管和责任追究，落实企业质量安全主体责任，进一步理顺生产企业与监管部门的责任互动关系。创新备案渔船管理模式，通过对船上人员管理实现对渔船的管理，弥补渔船备案后监管方面的空白。

【口岸执法】 *卫生检疫监测* 完成出入境传染病监测体检3786人次，检出各类传染病119例，检出率3.1%，居全省系统第3位；艾滋病监测3763人次；预防接种2107人次，比上年增长2.0%。加强口岸埃博拉出血热疫情防控。

工业品检验监管 以敏感性商品为重点，检验进出口货物2623批，检出不合格715批，检出率27.3%。其中，进口检验1652批，检出不合格535批，检出率32.4%；退运或销毁不合格进口货物24报检批，通过山东检验检疫局发布警示通报4次，国家质检总局发布警示通报1次。

入境动植物疫情检疫 完成5995头进口种牛的检验检疫工作，发现二类动物传染病28例，对其进行统一宰杀和销毁处理。完成进口2只河狸、7万只种鸡、50只耳廓狐、40只细尾獴的隔离检疫工作。完成6万株进口红豆

杉隔离检疫。进境植物及产品检出检疫性有害生物检出54批，比上年增长31.7%，其中细短材小蠹属山东口岸首次检出。

【服务经济发展】 政策扶持　出台了促进外贸稳定增长8项措施，得到威海市政府主要领导的批示肯定。发挥政策信息优势，积极指导企业用足、用好优惠政策，为辖区289家进出口企业的1.92万批货物减免检验检疫费用203万元。

简化流程　取消原产地备案企业年审，为393家企业压缩流程时长500个工作日。开展原产地证无纸化申报，有33家企业获准通过，申报581批次。在150家企业中实行无纸化报检，实现出口产品和出口企业全覆盖。

降低成本　签发各类优惠原产地证书4366份，签证金额2.32亿美元，为企业节省进口国通关费用1160万美元。推行全天候服务和“5＋2”工作制度，提高通关效率，降低通关成本。

口岸开放　配合完成石岛港扩大开放获批，对港口检验检疫基础设施建设提供建议，全力推进石岛港口岸港区正式开放进程。推动进口冰鲜水产品口岸建设，石岛口岸和龙眼口岸顺利通过国家局考核验收工作，成为山东省首批进口冰鲜水产品指定口岸。推荐石岛口岸作为国家进口肉类指定口岸，通过省局前期考核，并上报国家质检总局。

【自身建设】 综合管理体系建设　运用集成管理理念推进综合管理体系建设，提升内部管理水平。8月，荣成市机关创新管理观摩会在荣成出入境检验检疫局召开，先后有18个部门观摩学习综合管理体系建设情况。迎接中国质量认证中心的首次体系外审，审核组成员给予“领导高度重视体系建设，导入了5S管理，全体员工精神面貌焕然一新”的评价。

实验室建设　完成了荣成国际旅行保健中心PCR实验室、微生物实验室改造，面积由148平方米增至303平方米。参加山东国际旅行卫生保健中心组织的HCV PT项目的检测活动，参加10次能力验证和测量审核，结果均为满意。荣成出入境检验检疫局综合技术服务中心新安装仪器设备33台（套），新增检测项目41项。接收报检样品7519批、1.69万份，项目5.23万个，检出不合格446批，检出率5.8%。通过课题鉴定2项，在外文核心期刊“Chemistry of Asia”发表学术论文2篇。

精神文明建设　深入开展“诚信建设提升年”活动，先后2次组织党员干部到所联系的宁津街道南港头村走访群众498户，为包扶村上庄镇吕家疃村投入5万元扶贫资金。继续开展“爱心结对捐资助学”活动，为43名贫困中小学生捐款1.78万元，帮助困难家庭儿童253人次，资助总额12万余元。倡导“激情工作、快乐生活”的理念，举办趣味运动会、国庆文艺演出、篮球赛等文体活动。

（闫新良）

海　事

【概况】 2014年，中华人民共和国威海海事局办理船舶进出港签证9.46万艘次，比上年增长1.5%；货物吞吐量2439.2万吨，下降1.6%；海上运送旅客756.9万人次，增长1.3%，水上交通运输呈客增货减态势。全年组织开展营运船舶检验质量监督检查40艘次，检查覆盖率18.2%，查处4起船检质量严重缺陷案件。开展船舶建造重要日期确认12艘次，确认率达100%。开展船旗国监督检查227艘次，比上年下降12.4%，检查覆盖率21.8%，滞留船舶23艘次，滞留率10.1%。开展港口国监督检查95艘次，下降3.1%，单船检查覆盖率15.2%，滞留8艘次，滞留率8.4%。至年末，注册船员1.63万人，全年组织船员适任考试3828人次，签发各类船员证书7681本，组织船员实操检查120人次，港口建设费征缴上缴2587万元。船舶交通管理中心监控过往船舶10.83万艘次，比上年下降7%；提供信息服务9.98万次。辖区发生险情44起(其中伤病类16起)，增加4.8%，成功救助215人，救助船舶20艘，人命救助成功率95.1%。辖区发生海上交通事故11起，比上年减少1起；死亡失踪5人，减少6人；沉船2艘，减少60%；直接经济损失1660.9万元，上升69.9%，实现水上交通事故四项指标呈“三降一升”，海上安全形势持续稳定。

【维护海上交通安全】 2014年，以“平安海区”建设为主线，充分发挥威海市“平安海区”创建活动办公室职能，组织召开创建专题会议，确立四项创建制度，统筹推进各专项活动开展。专题讨论辖区防止商渔船碰撞工作，推动构建海上安全工作齐抓共管、综合治理的良好格局。开展辖区涉客船舶分类评估，组织对威海至刘公岛航线玻璃钢质船舶全

6月19日，客滚船“生生1”轮开展消防救生综合演习　　程传亮　摄

面会诊，滞留有重大缺陷的船舶，对鸡鸣岛航线进行整治和规范。探索建立小游船公司159安全标准化管理体系，联合韩国海事官员，开展中韩客箱班轮检查。落实山东海事局联网、联防、联控、联动四联机制，与大连海事局签订威大航线共建协议，与中国船级社威海检验处签订合作备忘录，与青岛海事局开展石岛东南水域海空立体巡航执法活动，联合地方港航、渔业部门开展商渔船安全警示教育，持续提升渔船船员安全意识。完成“世纪之光”沉船打捞，成山头新“两制”获得国际海事组织审议通过。组织修订《海上搜救应急预案》和《海上溢油应急事件处置预案》，建立全市海上搜救应急专家库，不断提升海上搜集应急专业化水平。成功处置“威龙5”轮沉船等多起具有较大社会影响的险情，成功救助“鲁荣渔52651”5名失联渔民，获山东省委副书记、省长郭树清专门批示。对台风“麦德姆”影响期间奋勇救助14人的韩国籍拖轮申请即时奖励，对“威港拖21”“石港拖18”等10余艘船舶进行表彰，发放奖金20余万元，社会反响良好。

【服务港航经济发展】 积极推进荣成市6个开放口岸通航环境治理，支持乳山市政府推进口岸扩大开放进程，主动为张家埠新港建设施工提供优质海事服务。积极促进高效港口建设，开展“随船式”监管服务和“预约加值班”工作模式，实施“港口零待时”服务。建立客船船员档案，强化客船船员任解职动态掌握，加强实操检查和安全教育。联合商务局等6部门开展为期3个月的外派劳务市场秩序专项整治，配合查处1起非法船员中介诈骗案件。开展“海事进校园”活动，普及水上安全知识，提升中小学生水上安全意识。按照“三精”保障机制为国际铁人三项竞标赛等国际性赛事和韩国仁川亚运会火炬传递、全国帆板冠军赛等涉海活动提供优质海事服务。进一步简政放权，承接上级下放事项36项并平稳运行，减免船舶证明签证费等10项收费。加强电子政务建设，推进船员业务、船舶登记、通关审批等业务的远程申报和无纸化审批。服务国家船舶出口基地建设，帮助航运企业办理抵押融资4.1亿元。

【推进海事“三化”建设】 2014年，按照全国海事系统关于开展“革命化、正规化、现代化”建设（简称“三化”）的工作部署，推进威海海事“三化”建设，持续改进工作作风、提升履职能力。

全面加强革命化建设　开展军事化训练，打造作风过硬的海事队伍，建成威海海事局“一主多元”建设格局，形成有鲜明威海海事特色的“团结、务实、肯干”核心价值观和“心随舟行”核心价值理念，在全局开展向典型人物王伟学习活动，组织“榜样的力量”演讲比赛，激励大家奉献青春、干事创业。持续开展纠正“四风”和廉政教育活动，坚定理想信仰，持续筑牢干部职工思想防线。

推进正规化建设　继续开展“111”人才建设年活动，深化VTS值班员与海事处人员双向交流锻炼制度，开展科级岗位竞争性选任工作和普通职工的岗位交流，盘活队伍资源。全面修订管理与服务质量体系，持续开展预算执行月度统计考核，实施后勤7S管理和季度考核，实施能耗月度统计通报制度，确保办公能源消耗零增长，“三公”经费大幅降低。

促进现代化建设　加强海事顶层设计，完成《威海海事局十三五规划》编制工作。积极推进基建项目，成山头船舶溢油应急设备库工程初步设计和工程规划获审查批复，威海VTS扩建工程项目获批复。深化“533”装备管理长效机制建设，组织研发设备集中管理系统，成功承办山东海事局装备管理现场会。建设乳山海事处的科学监管平台、保障公共服务平台和智能化办公平台建设运行，建设执法艇动态监控执法联动系统，打造移动执法、移动办公的“数字海巡船”，60米海巡船“海巡0591”列编威海海事局，提升了海上巡航执法能力。

（王　刚）

7月5日，威海海事局为全国帆板冠军赛提供海事保障　　程传亮　摄

边防检查

·威海边防检查站·

【概况】 2014年，中华人民共和国威海边防检查站检查出入境人员47.19万人次。其中，海港33.33万人次，空港13.86万人次。检查出入境船舶1654艘次，飞机1153架次，查处违法违规人员14人，查获在控对象26人，网上追逃2人，完成韩国仁川亚运会火炬威海传递、国际帆船赛、国际铁人三项赛等重大活动的边防安保任务。

【口岸管控】 突出重点敏感时期安保，集中抓好情报预警、处突演练、口岸管控、装备完善、警务协作五个环节，抽调20名官兵组建机动处突分队，开展口岸武装巡逻和便衣巡查。筹措资金8万余元，为一线官兵配齐防暴装备、处突警械。签订《海陆联勤联动工作协议》，深化与海事、海关、渔政等单位协作机制建设。年内，搜集上报有价值情报信息41篇，完善处突预案7项，开展专项处突演练160余次，有力提高了震慑效力和管控能力。发挥同时担负海港、空港和陆海联运勤务优势，深度应用“三级六联”“区域管控网格”“诚信管理机制”特色管控模式，实现警力精准投放。扎实推进“1+2+3+X”复合科队模式，确保一线执勤人员、验证检查人员分别占总数70%和50%以上。加强预警信息等5道预警防线，狠抓限定区域入口等5个关键节点，打造“5+5线性管控”体系。11月，根据情报预警连续查获口岸走私香烟、管控船舶入境等重大案件，发挥了情报主导警务作用。

【边检服务】 主动服务威海新港三、四期扩大开放，威海机场改扩建和南海新港开放，推出创新服务8项举措。在口岸生产企业推行服务专员机制，开展办证窗口前移、手续办理前移、卡口管理前移的“前移利企”活动。协调扩大机场分站执勤现场用房130平方米，面积增加76.5%，并增设分站勤务指挥室、证件研究室。以证研分中心为主体、海空港分站证件研究室为两翼，探索“1+X”学习考核机制，推行网络式、模拟式、案例式教学，完善多元化培训体系。年内，1人被公安部边防局表彰为提高边检服务水平先进个人，1人在山东边防总队执法技能竞赛中取得个人第二名，3人被山东边防总队表彰为文明使者和执法规范化建设先进个人。

（卜凡童）

·石岛边防检查站·

【概况】 2014年，中华人民共和国石岛边防检查站大力加强平安口岸建设、智慧边检建设、基层基础建设。全年检查出入境（港）船舶1875艘次，检查出入境（港）人员33.18万人次。

【口岸防控】 加大口岸管控力度，深入开展安全隐患排查整治、反恐维稳等专项行动，圆满完成重大事件安保任务，先

11月11日，石岛边防检查站进行口岸巡查　　石岛边防检查站提供

后查获在控人员3起3人次，失效证人员1起1人，网上追逃人员2起2人。进一步健全口岸风险评估体系，将风险评估纳入船舶出入境检查流程，加大对出入境动态分析研判力度，建立落实预录预查、关检合作等制度，有效提升口岸预警防范水平。狠抓远洋渔船管理，从摸清基础数据、完善动态掌控、拓宽监管范围、优化通关服务入手，建立远洋渔船“四环节管控服务法”。年内，开展远洋渔船摸底排查2次，召开远洋渔船管理座谈会1次，提升远洋渔船管理水平。深入开展执法质量提升年、执法检查“回头看”等活动，强力推进执法规范化建设，年内办理9起行政案件均达到程序合法、案卷规范。主动对接威海市“海陆一体平安建设”工程，与驻威海边防部队、公安机关、口岸联检单位建立常态化合作机制，先后开展联合执法8次，联合处突演练21次。

【勤务改革】 大力推进勤务改革创新，针对口岸点多线长面广、执勤点分散的情况，探索推出分区执勤模式，依托边检勤务指挥室，实施一线指挥、协同支援、靠前服务、精准管控，有效提升勤务效能，警力投放整体降低15%。立足口岸扩大开放形势，创新推出远洋渔船、修造船舶、客货班轮、停航船舶、普通货轮五种查验管理模式，先后为服务对象提供海上通关便利13次，完成特殊勤务保障21次。坚持以精细化、集约化引领勤务改革，精简机关充实基层，一线执勤人员比例达73%。大力加强群防力量建设，完成第一批边检信息员的选录、培训，初步建成一支30余人的辅警队伍，缓解了执勤压力。狠抓边检信息化建设，利用口岸扩大开放有利时机，对码头监控设施进行全面升级改造，研发“临时入境许可到期提示系统”，提升口岸管控精细化水平。

【基层基础建设】 大力加强干部队伍建设，深入开展全员大练兵活动，队伍整体素质明显提升。强力推进警务实战化建设，修订完善各类处突预案，建立健全指挥中心管面、勤务指挥室治点的扁平化指挥体系，部队预警处置、快速反应能力不断增强。狠抓依法从严治警，深入开展百日安全竞赛、依法文明带兵等活动，扎实做好军队改革期间思想政治工作，部队实现连续7年安全无事故。积极推进营房置换工作，与石岛管理区签订营房置换协议，于11月份搬入新营房。

（戴逢波）

·龙眼港边防检查站·

【概况】 2014年，中华人民共和国龙眼港边防检查站检查出入境船舶1049艘次，检查出入境人员18.77万人次，边防检查工作和部队建设实现新跨越，1个基层党支部被山东省公安厅表彰为先进基层党支部，1个基层单位被山东边防总队评为基层建设先进单位，1个基层单位被威海市口岸办表彰为威海市文

明示范窗口单位，1人被山东边防总队表彰为“执法标兵”，2人分别被威海市政法委和市口岸办表彰为“优秀干警”和“口岸服务标兵”。

【勤务改革创新】 结合口岸实际，积极整合警力资源，推行“科队联勤”分片驻点执勤模式，实现船舶检查、巡查监护、办证处警、咨询解答等业务功能的融合，做到服务前移、警力下沉，管控有力。区分不同的服务对象，实施信誉等级考评，对码头企业、船舶落实自管情况进行检查，将结果应用到信誉等级考评。全年为100余艘船舶提供靠港免检作业，200余名船员家属简化登轮手续，调动船方、企业的自管积极性。建立10人“边检辅警”队伍，采用“1+1+4+10”执勤模式，由1名值班科领导带领1名检查员、4名战士、10名辅警开展执勤执法工作，进一步完善“联防、联治、联巡、联处”的协管机制。

【旅行社诚信管理机制】 积极转变管理理念，加强与口岸经常出入境组团社之间的互动交流，引入诚信管理机制，制定出台出境旅行社诚信管理规定，着力规范旅游团领队配备、团员资格审查、团员国外管理等关键环节，先后评定诚信旅行社4家，举办培训班和座谈会5场次，培训旅行社负责人、领队56人次，督促整改问题6个，旅游团体名单差错率比上年下降48.6%。全年为1409个旅游团、3.82万名游客提供优质通关服务，检查站被威海市口岸办评为“优秀服务品牌”，相关经验作法在荣成市范围内推广。

【执法规范化建设】 深入开展“执法质量提升年”活动，实行模拟办案常态练兵办法，狠抓“周练、月考”机制落实，全年组织法治理念培训6次，执法理论讲座8次，组织执法人员考试200余人次，举办《中华人民共和国出境入境管理法》实施一周年知识竞赛，有效提升了执法队伍素质。与荣成市拘留所、边防大队签订执法合作协议，搭建起高效顺畅的执法合作框架。执勤执法工作实现连续14年零过错、零违纪、零投诉。

（郭惠君）

船舶检验

【概况】 2014年，山东省威海船舶检验局（以下简称威海船检局）检验船舶175艘次（其中建造检验26艘，营运检验149艘次）、33万总吨，审查图纸27套，检验船用产品92件（套），认可船舶修造厂19家。

【质量管理】 加大船舶建造检验力度，提高检验到位率，严格执行船舶法规及有关技术规范和相关控制程序，严把船用产品检验质量关，保证船舶建造质量。威海船检局积极与船公司沟通，及时受理检验申请，按时进行检验。严格执行船舶营运检验过程控序，严格按照船舶技术法规、规范实施检验，确保检验人员到位，检验项目到位，发现问题，及时督促整改；对辖区的老旧船舶、油船及客渡船进行重点检验，全面排查安全隐患，确保船舶具备安全航行技术状态。把好发证关，对不具适航条件不满足规范要求的船舶，没有按要求完成整改的船舶，不签发适航证书。进一步理顺审图及建造检验工作程序，加强船检在船舶建造方面的技术引导和质量把关作用。依托质量管理体系开展船舶检验工作，保证质量体系正常、有效运行。制定《质量体系自查实施办法》，在内部开展质量检查活动，全年组织全体验船师进行质量体系检查7次，检查归档检验资料211份，发现问题70多项，先后4次对出现的问题进行通报。起草《船检业务问题的改进意见》，在体系文件基础上，进一步规范各业务部门在图纸审查、建造检验、营运检验、产品检验及资料归档等方面的工作流程。参加省船检局组织的质量体系内审活动，加强与其他船检机构的交流沟通，提高对体系文件的理解掌握。

【服务辖区企业】 威海船检局采取各种措施增强服务主动性，提高服务水平，走访辖区内36家船公司、船厂征求意见，解决实际困难，为辖区企业提供法规、规范20余册，发挥专业优势，服务辖区企业。坚持服务承诺制度，提高办事效率，为客户提供优质服务。开展客户回访和满意度调查活动，2014年度客户满意率达到100%。开展船厂质检员和航运企业机务人员培训，组织辖区船厂到南京、台州举办推介会等。认真落实船厂生产技术条件认可标准，帮助企业完善船舶建造企业标准和有关工艺文件，提高企业管理水平和技术水平，增强市场竞争力。

扶持游艇产业发展 威海玻璃钢游艇建造市场发展势头良好，游艇建造业务大幅度增长。全市游艇制造企业近30家，游艇使用单位或个人30多个，游艇俱乐部和游艇码头数量逐渐增多。威海船检局组织协调有关企业及单位，于9月成立了威海市游艇行业协会。发挥船检优势，畅通与国家海事局及规范研究所的技术联系通道，积极了解探讨世界游艇的发展趋势，研究玻璃钢游艇有关的标准、规范、技术工艺，帮助设计部门引进世界游艇设计的先进理念，妥善处理玻璃钢游艇设计技术超前与国家现行规范滞后的矛盾。威海西港游艇有限公司建造的“115呎休闲船”是国内自主设计建造最大的玻璃钢豪华游艇，威海船检局从建造初期加强与各部门沟通，提出意见和建议，在系泊、试航过程中全力配合，使该船提前下水按时完工。10月17日—19日，由威海市游艇行业协会主办，威海船检局和威海市海洋与渔业局协办的“2014中国·威海游艇展暨高端生活展览会”开幕，展会分为游艇展区及高端生活展区。游艇展区参展商64家。其中，游艇制造企业28家，旅游、配套及服务单位21家，外地配套厂商及服务商15家，参展游艇近100条，现场销售260万元，意向销售、订单销售突破2500万元。高端生活展区汇聚汽车、房产、家装、金融等参展商家。展会包括开幕式、游艇参观、产品推介、海上试驾、艇上垂钓、观众抽奖颁奖、水上摩托艇表演等系列活动。

（陈迪波）

编辑 李传强

旅游·会展

综　述

【概况】　2014年，全市旅游业持续健康发展。全年接待海内外游客3288.65万人次，旅游总收入383.86亿元，分别比上年增长9.7%和13.3%。其中，入境游客44.79万人次，实现收入2.42亿美元，分别增长1.9%和1.6%。全市18家有门票收入的旅游景区接待游客694.70万人次，实现旅游门票收入6.91亿元，分别增长17.3%和31.7%。成功创建"全国旅游标准化示范城市"，入选"适宜步行"城市，加入中国旅游城市新媒体营销联盟。刘公岛西摩尔历史文化街区、文登召文台历史文化街区入选省历史文化街区。全市新增A级景区6家，A级景区数量达40家。全市举办会展活动243个，会展业直接收入2.82亿元。

【2014年全市旅游工作会议】　4月1日，市政府在东山宾馆召开全市旅游工作会议，传达贯彻全省旅游工作会议精神，研究部署2014年重点工作。市领导出席会议并讲话，各区（市）政府分管领导及市直有关部门负责人，省级旅游度假区和部分A级景区（点）、星级饭店、A级旅行社主要负责人参加会议。会议要求围绕改革创新主题，抓好顶层设计，推进旅游与三次产业、城市化建设等的融合发展；抓好重点突破，突出差异化发展，引进第三方投资，在重点区域、重点项目、特色旅游上实现新突破；抓好深化拓展，整体打造城市旅游品牌，深入拓展旅游市场，组建旅游联合体和旅游大集团公司，避免恶性竞争，实现共同发展、集群发展；抓好规范提升，持续开展旅游标准化建设，加快打造一批智慧景区、智慧酒店，高度重视旅游安全，加大旅游市场监管力度。

4月1日，全市旅游工作会议在东山宾馆召开　　市旅游局提供

【第一批重大文化旅游资源普查成果】　根据省旅游局部署，1月29日—2月12日，市旅游局对威海市重大文化旅游资源进行普查，完成第一批集中上报。上报儒学文化、兵学文化、海洋文化、书法文化、东夷文化、佛教文化、道教文化等13类省里确定的文化类型近60个，海权文化、英租文化、母爱文化、李龙文化、沐汤文化、士学文化6个威海市独特类型资源。申报东楮岛文化旅游、昆嵛山道教文化、威海海洋博物馆、文登天福山红色旅游、中国荣成海洋文化城、好运角旅游度假区文化旅游等12个文化旅游项目。

【威海市成为全国旅游标准化示范城市】　2012年3月，威海市被国家旅游局确定为全国第二批旅游标准化试点城市。2014年6月12日，国家旅游局《关于确定第二批"全国旅游标准化示范单位"的通知》确定，威海市达到全面推进旅游标准化试点工作标准的基本要求，为第二批全国旅游标准化示范16个城市之一，是山东省第二个"全国旅游标准化示范城市"。

【入选“适宜步行”城市】 2014年，国际环保组织自然资源保护协会（NRDC）在北京发布《中国城市步行友好性评价报告》。报告对包括北京、上海、广州、香港等35个城市进行抽样测评和排名，威海市总排名第13位，其中舒适性指标位列第7位。报告是国际环保组织自然资源保护协会历时2年多研究推出的中国第一套城市步行评价体系，设置人们行走的安全性、舒适性、便捷性以及政策与管理4个测评维度。该报告根据全国不同区域、气候和行政级别等选取35个城市进行评估，统计数据来自政府或权威机构出版的年鉴、公报和政府工作报告等。

【参评2014年度山东省乡村旅游示范单位】 12月2日，省旅游局公布2014年度乡村旅游示范单位名单。环翠区张村镇被授予“乡村旅游示范镇”称号，乳山市大孤山镇上夼村被授予“乡村旅游示范村”称号。威海明辰开心农场、威海市青龙生态旅游度假村、威海西港小石岛旅游服务有限公司、乳山市正华农林科技示范园有限公司石佛山休闲观光分公司等14家单位被授予“乡村旅游示范点”称号。荣成市伟德山茶场、环翠区姜家疃村梅园农家乐、乳山市金川旅游服务有限公司、荣成市烟墩角乡村旅游合作社曲鸿斌经营户等10家被授予“胶东渔家品牌示范户”称号。

【乡村旅游和工业旅游创建】 2014年，为推进乡村旅游和工业旅游创建工作，山东省旅游局开展旅游强乡镇、旅游特色村、工农业旅游示范点、精品采摘园和好客人家星级农家乐评定命名活动。 12月15日，省旅游局公布2014年度工农业旅游命名单位评定名单。威海高技术产业开发区初村镇、威海经济技术开发区崮山镇、威海临港经济技术开发区苘山镇、荣成市港湾街道、环翠区嵩山街道、环翠区羊亭镇6个单位被评为山东省旅游强镇。威海经济技术开发区泊于镇泊于家村、乳山市大孤山镇上夼村、荣成市港西镇鸡鸣岛村、环翠区张村镇王家疃村、环翠区张村镇福德庄村、环翠区温泉镇雨夼村等12个村被评为山东省旅游特色村。至年末，全市有省级旅游强镇29个，省级旅游特色村38个。威海金马笔业有限公司、威海环翠楼红参科技有限公司、山东威豪葡萄酿酒有限公司、威海金镶玉工艺品有限公司4家企业被评为省工业旅游示范点。威海拉漫酒庄有限公司、威海神山葡萄科技有限公司、乳山市益天生态旅游观光园、荣成市大田牧歌果蔬专业合作社、环翠区长泰家庭农场等13个单位被评为农业旅游示范点。荣成市成山镇天边人家、荣成市成山镇老船长、荣成市俚岛镇天鹅人家、荣成市王连街道红旗山茶叶种植专业合作社等8户被评为省好客人家四星级农家乐。环翠区里口山休闲观光采摘园被评为省精品采摘园。

【威海市被评为“最佳自驾游目的地”】 携程年度最佳旅游目的地评选是以网友投票和大数据分析为依据的全球大型旅游目的地评选活动，2014年的评选规模、参与人数均为历年之最，通过携程网线上5000多万条旅游点评以及超过350万人的网上投票产生，极具客观性和权威性。活动发布了包括“最佳自驾游目的地”在内的10多个特色榜单，威海市被评为携程旅行口碑榜“最佳自驾游目的地”。

【大众拍客团采风基地落户威海汤泊温泉】 1月19日，大众拍客团采风基地授牌仪式在威海汤泊温泉度假区举行。基地为拍客们提供独具魅力的优质素材，让外界可以更多地认识威海、了解威海、关注威海，推动威海市休闲旅游业快速发展。

旅游规划与项目建设

【概况】 2014年，围绕整合资源，打造全域旅游目的地，与山东大学（威海）合作编制《威海市旅游发展专项规划（2014—2016）》。重点推动全市开展全省乡村旅游专项改革试点，投入635.2万元对全市22个村、397家乡村旅游经营业户进行“改厨改厕”，发放省级扶持资金317.6万元、市级扶持资金198.5万元。建设威海老虎山旅游区、荣成成山国有林场等乡村旅游培训基地8家，西霞口成为全省首家休闲海钓示范基地。开展全市首次旅游资源普查工作，完成《威海旅游资源调查与发布》；开展全市首次重大文化旅游资源普查，汇集6大文化类型资源12个旅游项目。推进景区创A升级，环翠楼公园、威海海滨生态风景带·“侨乡”号游轮、威海高技术产业开发区林海湾旅游区3家景区获评国家AAAA级景区，威海经济技术开发区安然纳米工业博览园和乳山金牛谷生态园获评国家AAA级景区，“威海·韩国不夜城”——韩乐坊、韩国风情街景区为国家AA级旅游景区。

【编制《威海市旅游业发展规划（2014—2016）》】 1月，与山东大学（威海）合作，启动编制《威海市旅游业发展规划（2014—2016）》。召开规划编制的专题座谈会，市旅游局负责人，威海市主要景区、星级酒店、旅行社主要负责人和相关业务科室负责人等近50人参加座谈。《威海市旅游业发展规划（2014—2016）》对威海市旅游业发展状况、存在问题、发展机遇和面临挑战进行基础分析；根据威海市最新的行政区划调整方案，结合全市旅游资源与文化赋存情况、地理区位及交通格局状况，全市旅游空间布局为“一体发展，两线联动，四带贯通，组团式发展”；对全市旅游产品开发、旅游市场营销、旅游产业提升、旅游项目规划和保障措施等作出明确规划。

【威海市被确定为全省乡村旅游改革试点城市】 7月30日，省旅游局印发《山东省旅游局关于省级旅游综合改革试点工作的通知》，确定威海市为乡村旅游改革试点市。为全面推进乡村旅游改革工作，威海市成立由33个成员单位组成的威海市乡村旅游改革发展领导小组，制订实施方案和重点任务分工，市旅游工作委员会印发《关于印发全省乡村旅游专项改革试点重点任务分工的通知》，全面推进乡村旅游改革工作。

【乡村旅游发展规划评审】 8月9日—10日，省旅游局在威海市组织召开各区（市）乡村旅游发展规划评审会。评审专家组由省旅游局、青岛大学、山东大学及市规划局等相关人员组成，各区（市）分管领导、旅游局、规划局、农业局及服务业发展局相关负责人参加会议。专家组在听取规划编制单位成果汇报后，认为编制单位对各自承担的区域乡村旅游资源禀赋和旅游市场进行了充分调研，有针对性地提出了辖区乡村旅游的发展目标，规划理念新颖，总体定位准确，规划思路清晰，空间布局合理，符合当地社会和经济发展实际，对推动乡村旅游可持续发展具有很强的指导意义，原则通过评审。

【“威海旅游资源调查与发布”项目通过鉴定】 5月25日，“威海旅游资源调查与发布”项目成果鉴定会在北京中科院地理资源所召开。专家组由国家旅游局、中国城市规划设计研究院、中科院地理资源所、北京大学的专家组成。项目由威海市旅游局牵头，市旅游发展工作委员会各成员单位共同参与完成。项目提供成果完整，其中旅游资源分类、调查与评价符合国标要求；信息采集采用多途径的数据采集手段，实现威海旅游资源的全覆盖；通过建立数据采集、数据库建设和发布系统研发一体化方案，实现多源数据库和发布系统的综合集成，提高普查和评价的效率。专家组一致认为该项目成果具有较强的科学性和较好的实用性，同意通过鉴定。

【重点旅游项目建设】 2014年，威海市确定威海雨润北海湾项目、韩国千年木屋休闲度假村建设项目、金牛谷农业生态观光园建设项目、华夏旅游集团威海神游海洋世界项目、文登圣经山旅游风景区5个市级重点旅游项目，总投资51.13亿元，2014年计划投资14.5亿元，年内完成投资14.09亿元。

【山东省首个省级休闲垂钓基地落户西霞口】 9月1日，全省休闲海钓示范基地创建观摩会在荣成市西霞口召开，省海洋与渔业厅厅长王守信，省旅游局局长于冲，威海市委常委、副市长汤光运出席会议，为荣成·西霞口省级休闲海钓示范基地揭牌并致辞，与会人员实地观摩西霞口集团休闲海钓基地的海上钓场。荣成·西霞口省级休闲海钓示范基地是全省首家通过省级休闲海钓钓场认定和省级休闲海钓示范基地认定的海钓基地，可提供船钓、岸矶钓、驳钓、沙滩钓等钓鱼方式，是休闲渔业、海上运动、滨海度假、体育竞技相结合的休闲海钓旅游基地。

【威海神游海洋世界正式开放】 4月28日，威海神游海洋世界正式开放。项目由山东华夏文化旅游集团投资5亿元建设，位于华夏城景区北侧，主建筑面积2.3万平方米，场馆内包括鱼类观赏区、哺乳动物表演区、北国极地动感体验区、热带雨林梦幻区、神游海洋文化体验区等主题。场馆充分利用声光电及机械升降旋转等高科技手段，营造虚实结合的海洋环境。动感5D电影《神游海空》让游客亲身体验到热带雨林火山爆发、极地风霜雨雪、真实海底世界等多种模拟场景。

威海神游海洋世界哺乳动物表演区　　李传强　摄

旅游宣传与促销

【概况】 2014年，针对韩国游客需求，以高尔夫、温泉、登山、修学等为主题，组织旅游宣传推介活动，邀请韩国媒体、旅行商到威海采风、踩线；组织威海市10家重点韩国业务旅行社参加在威海卫大厦举行的韩国京畿道35家旅行社旅游推介活动。针对俄罗斯游客，推出中医康疗、海滨度假等旅游产品，在俄罗斯远东地区设立威海旅游广告牌，邀请俄罗斯大旅行商到威海踩线。邀请台湾志洋旅行社考察团到威海实地踩线考察，编制冬季旅游产品和经典线路，加大对台湾市场的营销和推介。出台《威海市旅游招徕奖励办法》，整合24家旅游景区优惠门票，推出“威海旅游休闲护照”。采取“区市联盟”方式，组织旅游企业赴省内6市开展“省内旅游直通车”活动宣传推介，组织旅游企业参加在威海经济技术开发区韩乐坊举行的首届中韩（威海）品尚生活博览会。打造全新的电视旅游栏目《幸福之旅》，在北京《新京报》、上海《新闻晚报》等10大重点客源地都市类报纸进行专题旅游推介。与百度、谷歌韩国等网站合作开展威海旅游关键词宣传，与国内大OTA合作，推介威海旅游，开展系列新媒体营销活动，涵盖“1元游威海”“2014威海旅游验客大赛”等12项惠民活动。开展第二届“美食休闲季·经典威海菜”系列主题活动，启动2014“礼尚威海”特色商品、包装、广告语、吉祥物征集活动，侨乡优购世界礼尚威海旗舰店、韩乐坊韩国商品展销中心成功运营。

【韩国媒体及旅行商到威海考察】 7月，韩国ABN旅游频道栏目组到威海采风，摄制组先后对刘公岛、华夏城、汤泊温泉、赤山等景区进行拍摄。8月—11月，市旅游局邀请韩国HANATOUR、MODETOUR、韩国张保皋旅行社等重点旅行商和阿里郎国际电视台事务局、韩国登山联合会和韩国旅游报、M–VTN电视台等媒体记者到威海考察采风，加强对韩国市场的旅游宣传和推广。邀请韩国全罗北道井邑市政府考察团到威海考察，就两市旅游产业合作及旅游信息共享等相关事宜进行协商。

【“威韩连线”旅游产品获省旅游营销创新奖】 2013年度山东省旅游产业创新奖评选结果揭晓，威海市“威韩连线”旅游产品获旅游营销创新奖三等奖。“威韩连线”旅游产品是市旅游局联合韩国旅游发展局共同策划推出，发挥威海市与韩国的地缘、交通、产品优势，实施“赴韩国旅游从威海起步，到中国旅游从威海开始”战略，将威海与胶东半岛和韩国重点城市旅游资源捆绑整合，设计形成“2+5”（威海二日游、韩国五日游）和“3+4”（半岛三日游、韩国四日游）特色旅游线路和跨境旅游产品。

【举办“中韩泡菜国际化发展论坛”】 12月29日，市旅游局联合韩国食品研究院、四川旅游学院、韩国白石文化大学在威海海悦建国饭店举办“中韩泡菜国际化发展论坛”。论坛是中韩文化旅游季活动的重要内容，韩国驻青岛总领事馆领事李度基，韩国食品研究院院长、韩国科学技术翰林院院士、韩国食品与营养协会副主席权大泳，韩国白石文化大学校长、原韩国教育人力资源部次官金永植，中国烹饪协会副会长黄维兵等出席会议并分别致辞。中韩两国泡菜文化研究的专家学者、饭店餐饮管理者和生产厂家代表，围绕中韩两国泡菜历史传统、大众化需求变化、标准化生产、在饭店饮食中的应用等多方面交流研讨。

【俄罗斯旅游市场推介】 2014年，市旅游局与黑龙江运通国际旅行社合作分别在俄罗斯哈巴罗夫斯克、雅库斯克、伊尔库斯克设立2块户外广告牌。与满州里赤塔旅行社合作，在伊尔库兹克市设立8块户外广告牌，在赤塔、伊尔库兹克都市类媒体进行威海旅游推广20期。加大对俄罗斯旅游市场的推介力度，以吸引更多俄罗斯游客到威海旅游。

【《幸福之旅》开播】 为推介幸福威海的旅游资源，扩大威海及其周边景区的知名度和美誉度，市旅游局与市广播电视台联合推出全新的电视旅游栏目《幸福之旅》。1月18日，在文登大溪谷风景区举行开播仪式。栏目围绕吃、住、行、游、购、娱等要素，搭建景点与市场交流互动的电视平台；按类别开辟威海风光游、乡村游、产业游和海洋休闲游4个篇章；按四季分为春之韵、夏之情、秋之赋、冬之恋4个篇章。栏目联合各大旅行社，共同组织策划以旅游休闲为主题的相关活动，对旅行社旅游精品线路进行推荐，发布旅游信息。栏目与外地电视旅游栏目之间实现跨区域联合运作，向威海观众介绍不同地域的特色旅游产品，市民在家中便能了解全国各地的旅游景点。

1月18日，在文登大溪谷风景区举行《幸福之旅》开播仪式

市旅游局提供

【中国旅游日公益宣传活动】 5月19日，以“快乐旅游 · 公益惠民”为主题的“中国旅游日”公益宣传活动在市区人民广场举行。市旅游局组织旅游行业协会、刘公岛景区、华夏城景区、新闻大厦等17家单位在活动现场设立咨询台，为市民普及旅游知识，介绍优惠政策，解答居民疑问。

【威海旅游宣传】 2014年，市旅游局参加“旅游局长带你游山东”活动，通过电波向全省17地市的广播听众宣传和推介威海旅游。与广州《广州日报》、上海《新闻晨报》、北京《新京报》等媒体合作，参与省旅游局推出的“读报 · 游山东”联合推介、捆绑营销活动。与北京高度广告有限公司合作，在北京、成都、沈阳等8地机场进行为期1年的威海旅游视频广告投放，提升威海旅游形象。与烟台云帆广告传媒有限公司合作，在“中华泰山号”游轮设置广告展板12块、烟台至大连船内设置广告展板10块，宣传推介威海旅游资源。围绕青荣城际铁路开通、好客山东贺年会、中韩文化旅游季重点节点，做好淡季促销宣传。与烟台通广传媒、青岛奥神传媒、北京高度广告等高铁广告代理商合作，确定选购荣成—济南、荣成—北京、荣成—上海3个专列进行冠名宣传。围绕青荣城际铁路开通、好客山东贺年会、中韩文化旅游季重点节点，做好淡季促销宣传。与烟台通广传媒、青岛奥神传媒、北京高度广告等高铁广告代理商合作，确定选购荣成—济南、荣成—北京、荣成—上海3个专列进行冠名宣传。

【青岛世界园艺博览会“威海周”活动】 8月2日,2014青岛世界园艺博览会“威海周”活动在世园会·国际园舞台盛大开启。市旅游局组织旅游企业参加“威海周”首日宣传活动。通过旅游宣传片播放、旅游图片展示、旅游宣传资料发放、现场旅游咨询等方式进行宣传和推介。当日接待游客1万多人次,发放宣传资料2万多份。“威海周”活动于8月2日—6日持续5天时间,其中8月3日—6日,为“威海周”之环翠篇、文登篇、荣成篇、乳山篇活动。

【国内城市旅游考察和促销】 3月—4月,威海市旅游局、荣成市旅游局共同组织旅游企业先后赴上海、嘉兴等6个城市进行集中宣传推介。与各地旅游企业签订旅游合作协议30多份,协议招徕游客60多万人次。文登区、荣成市、乳山市3家公共服务中心负责人和相关部门,赴北京市旅游委员会学习考察旅游信息化、产业运行监测平台和网络营销经验,实地考察北京市旅游产业运行平台、旅游咨询中心、旅游集散中心,了解建设情况和运行模式及北京旅游网的运作方式等。市旅游局组织旅游企业赴大庆、沈阳、长春、哈尔滨4地进行旅游促销活动。5月,市旅游局分管负责人带队赴台北市参加2014台北两岸观光博览会,重点宣传推介威海市旅游资源、与台湾旅行商进行沟通洽谈。

【威海市旅游招徕奖励办法】 4月30日,市旅游局联合市财政局出台《威海市旅游招徕奖励办法》,对组织旅游包机、专列、旅游包船(邮轮)到威海旅游的旅行社,实行一次性奖励,奖励对象为国内外从事旅游经营和管理的单位,最高奖励8万元。各奖励项目之间不重复计算,除包机、包列、包船奖励外,其他奖项每家旅游企业当年累计奖励上限为15万元。《威海市旅游招徕奖励办法》自5月1日起实施,有效期至2017年4月30日。

【“文明旅游进社区”活动】 4月11日,由市旅游局、市旅游行业协会主办,环翠区旅游局、威海高技术产业开发区服务业发展局、威海经济技术开发区服务业发展局承办,由区(市)主要街道、社区和部分旅游企业共同参与的“文明旅游进社区”大型公益活动在市区东北村社区正式启动。活动以“开展文明旅游宣传引导,提高市民文明旅游程度”为主题,在市区7个街道的11个社区中开展关于文明旅游宣传及现场咨询服务等面对面的互动。活动持续到7月末结束。

【新媒体营销】 5月,召开威海旅游新媒体营销专题会。市旅游局与同程旅游联合推出的2014—2015年度新媒体营销活动,活动持续1年,至2015年5月结束。活动包含“1元游威海”“2014威海旅游验客大赛”“人人送好礼”等12项惠民活动。加大新媒体营销力度,引导旅游企业开通微信营销平台,加强与在线网络销售平台合作、举办“微活动”、二维码营销推广等,提升威海旅游市场人气。将线上人气转化为线下效益,通过与OTA(在线旅游)网站联合营销,整合全市旅游资源,推出多条线路,举办“微游威海”系列惠民活动、“周末去哪儿”互动活动等。市旅游局制作8000个威海旅游二维码标识牌,设置在全市星级饭店、渔家乐、旅游咨询中心等旅游聚集场所,游客通过扫描二维码标识牌即可通过市旅游局的微信公众平台、微网站获得威海旅游信息。

【“1元游威海”活动】 5月16日—6月15日,由市旅游局、同程旅游联合举办为期1个月的“1元游威海”活动。活动通过市旅游局官方微博微信平台、威海旅游政务网、资讯网、同程旅游线上线下传媒、报纸等多平台发布。5月16日—25日,举办“1元游威海之华夏城”活动,1.73万名游客成功抢票,9619名游客凭借预定二维码成功游园;5月26日—6月1日,举办“1元游威海之刘公岛”活动,4000名游客成功抢票(限量4000张),3309名游客凭借预定二维码进岛。

【首次推出威海市民休闲护照】 为活跃威海市旅游市场,应对旅游业面临转型发展的挑战,在调查论证和借鉴国内各市成功经验的基础上,5月18日,市旅游局首次推出威海市民休闲护照,面向威海市民、驻威海大中专院校在校学生和到威海务工人员发售,首期发行2万本。威海市民只需缴纳10元工本费,即可办理。持休闲护照消费时,市民可享受休闲护照上载明的24家参与景区提供的优惠让利。

【威海市加入中国旅游城市新媒体营销联盟】 5月29日,2014中国新媒体旅游营销青岛峰会暨中国旅游城市新媒体营销联盟成立大会在青岛市召开,成立由北京、天津、青岛等70多个重点旅游城市共同组成的中国旅游城市新媒体营销联盟,威海市受邀加入。联盟主要是为推动城市新媒体旅游营销工作的开展搭建平台,以“合作创新、智慧营销”为核心理念,以“促进会员城市间共同研讨智慧营销发展方向,分享营销经验,交流营销信息,开展联合营销,整体提升各会员城市的知名度和影响力”为宗旨,定期组织开展相关活动。

【2014国际温泉旅游产业投资交流会】 11月30日,由省旅游行业协会指导,文登区政府、威海市旅游局主办,景域国际旅游运营集团承办的“2014国际温泉旅游产业投资交流会”在上海国际会议中心举办。会议邀请零点研究咨询集团董事长袁岳为嘉宾主持,国内30余家投资机构的精英人士、投资人,旅游行业专家以及国内部分主流媒体,以专业创新的方式,围绕2014中国旅游与资本融合的势态进行广泛交流。

【2014同程旅游华北大区重点合作伙伴年会在“侨乡”号游轮举办】 12月2日,2014同程旅游华北大区重点合作伙伴年会在“侨乡”号游轮举办。市旅游局、重点旅游企业负责人及同程旅游华北区核心景区合作伙伴等近400人参加会议,威海市旅游局和同程旅游进行了深入探讨交流。大会发布了2014年华北大区互联网创新营销榜单,威海市旅游局获“2014年战略合作旅游局”和“2014年‘验客中国’同程旅游体验博客大赛指定体验合作城市”称号。

旅游行业管理

【概况】　2014年，贯彻落实《中华人民共和国旅游法》，依法加强全市旅游行业管理，开展6次旅游市场综合执法检查、8次旅游安全专项检查。取消9家星级饭店资格，全市星级饭店数量达70家。注销3家旅行社，新批旅行社10家，全市旅行社117家。与各区（市）旅游行政管理部门、市直旅游企业签订《2014年度威海市旅游安全目标责任书》，开展智慧旅行社评选工作，成立旅游行业协会导游分会，举办“金太阳杯”导游技能大赛、2014世界旅游小姐大赛威海赛区赛事，向全市旅游从业者和广大市民发出文明旅游倡议。

【导游员权益保护】　市旅游局高度重视导游员权益保护，制定《威海市导游员权益保护专项检查工作方案》，组织各区（市）旅游管理部门集中力量对旅游企业导游员使用情况进行检查，对相关单位专职导游员数量、导游劳动合同签订、导游报酬组成等情况进行实地检查。通过网络、会议、培训等多种形式，广泛宣传法律法规，促进旅游企业依法规范聘用导游员，保护导游员的合法权益，提升全市导游队伍的素质。

【旅行社等级评定】　10月27日，印发《关于继续开展旅行社等级评定工作的通知》，在全市开展2014年旅行社等级划分与评定工作。12月25日，山东中威国际旅行社有限公司、中国国旅（威海）国际旅行社有限公司、山东两岸国际旅行社有限公等8家旅行社被评为AAA级旅行社。

2014年威海市AAA级以上旅行社一览表

表22

单位名称	级 别	地 址	电 话
威海中国旅行社有限公司	AAAAA	威海市海滨北路46号威胜大厦10楼	5271308
威海中国国际旅行社有限公司	AAAA	威海市新威路11号北洋大厦6楼	5818616
山东东荣国际旅行社有限公司	AAAA	威海市海滨北路48号	5287750
山东恒信国际旅行社有限公司	AAAA	威海市钦村路116-6	5894666
威海航空国际旅行社有限公司	AAA	威海市青岛北路24-1号	5319444
威海市海港大信国际旅行社	AAA	威海市海滨北路53号	5211115
威海赤山国际旅行社有限公司	AAA	荣成市石岛管理区法华路	7326555
威海龙威旅行社	AAA	威海市环海路168号	5125633
威海旅行社有限公司	AAA	威海市海港路82-25号	5224318
威海市交通旅行社有限公司	AAA	威海市东城路63号	5301842
威海康辉旅行社有限公司	AAA	威海市渔港路76号	5327018
威海假日国际旅行社有限公司	AAA	威海市戚家夼路3-5号	5305488
威海新天地旅行社有限公司	AAA	威海市戚东夼路11号1楼	5216338
威海乐源国际旅行社有限公司	AAA	威海市海滨北路9号海港大厦706室	5215169
威海北辰国际旅行社有限公司	AAA	威海市塔山中路1-4-101	5166000
威海海之旅旅行社有限公司	AAA	威海市渔港路79-9号	5336878
威海君悦旅行社有限公司	AAA	威海统一路405号茂铭大厦501室	5273857
威海开心假期旅行社有限公司	AAA	威海市育华路50-6号	5206366
威海和平国际旅行社有限公司	AAA	威海市环翠区孙家疃东街173号	5279881
威海山水旅行社有限公司	AAA	威海市世昌大道89-2号	5868199
威海飞扬国际旅行社有限公司	AAA	威海市青岛北路2号中信小区C座802	5331117
威海绿苑商务旅行社有限公司	AAA	威海市海滨中路58号	5338076
威海丽景国际旅行社有限公司	AAA	威海市金线顶路90号204室	5333333
威海金桥国际旅行社有限公司	AAA	威海经济技术开发区海瞳路38-5号	5996653
威海环球国际旅行社	AAA	威海市体育路2号	5284320
威海石岛国际旅行社有限公司	AAA	荣成市石岛迎宾路1号	7388888
威海华东国际旅行社有限公司	AAA	荣成市石岛广场兴隆居7号	7375666
荣成春风国际旅行社有限公司	AAA	荣成市成山大道桃园大厦9号	7583388

续表22

单位名称	级 别	地 址	电 话
威海和顺旅行社有限公司	AAA	乳山市胜利街115号	6635119
威海龙之旅国际旅行社有限公司	AAA	文登区昆嵛山路43号	8468886
威海大地旅行社有限公司	AAA	威海市新威附路42－3号	5333177
威海康泰旅行社有限公司	AAA	威海市海滨南路30号418室	5962766
威海华运旅行社有限公司	AAA	威海市统一路109−18号	5236769
乳山春秋旅行社有限公司	AAA	乳山市乳山胜利街54号	6634566
威海万协旅行社有限公司	AAA	文登区文山路161号	8259188
威海市运通旅行社有限公司	AAA	文登区文山路93号	8454399
山东中威国际旅行社有限公司	AAA	威海市海滨中路5−3−112号	5285235
威海金鸽旅行社有限公司	AAA	威海市世昌大道116号	5285328
威海顺安国际旅行社有限公司	AAA	威海市海港大厦10楼1012	5277998
威海军威旅行社有限公司	AAA	威海市青岛中路204−2号	5182882
山东两岸国际旅行社有限公司	AAA	威海市青岛中路66号−6	5326600
威海凯悦国际旅行社有限公司	AAA	威海市世昌大道298号恒宇星河广场	5217618
威海景祥旅行社有限公司	AAA	文登区米山路9号	8989389
中国国旅（威海）国际旅行社有限公司	AAA	威海市文化东路4号5楼东	5352119

【12家星级饭店获“文明餐桌行动”示范单位称号】 2014年，威海金海湾国际饭店、威海海悦建国饭店、威海卫大厦、威海塔山宾馆、威海抱海大酒店、威海中心大酒店、威海金海岸大酒店、威海电子宾馆、威海国际商务大厦、威海金猴商务会馆、威海新闻大厦、威海东方大酒店12家星级饭店获市精神文明建设委员会颁发的2013年度“文明餐桌行动”示范单位称号。

2014年威海市三星级以上饭店一览表

表23

单位名称	星级	单位地址	电话
威海金海湾国际饭店	五星	威海高技术产业开发区北环海路128号	5688777
威海海悦建国饭店	五星	威海市文化西路177号	5676888
威海卫大厦	四星	威海市海港路82号	5285888
威海蓝天宾馆	四星	威海市环海路1号	5231670
威海海景花园大酒店	四星	威海市连林岛路9号	5262999
合庆饭店	四星	威海市连林岛路1号	5201668
威海海都大酒店	四星	威海市环海路9号	5209851
威海阳光大厦	四星	威海市统一路88号	5208999
威海光明花园大酒店	四星	威海市文化东路25号	5286555
威海塔山宾馆	四星	威海市塔山西路10号	5317777
威海抱海大酒店	四星	威海市海滨中路29号	3688888
威海中心大酒店	四星	威海市新威路58号	5222888
荣成石岛宾馆	四星	荣成市石岛管理区迎宾路	7388888
荣成成山友谊宾馆	四星	荣成市成山大道398号	7518888
荣成赤山大酒店	四星	荣成市石岛管理区海景西路89号	7369999
石岛旅游休闲度假村	四星	荣成市石岛管理区西南海村	7358888
文登昆嵛酒店	四星	文登区天福路68号	8456888
乳山国际大酒店	四星	乳山市胜利街东1号	6878888
金海岸大酒店	三星	威海市海滨北路56号	5230088

续表 23

单位名称	星级	单位地址	电话
玉龙湾大酒店	三星	威海市环海路	5128588
白云宾馆	三星	威海市东山路22号	5218888
威胜大酒店	三星	威海市海滨北路47号	5189999
伴月山庄大酒店	三星	威海市环海路1号	5261305
威海电子宾馆	三星	威海市环海路15号	5262500
滨海之星假日酒店	三星	威海市统一路67号	5188858
顺得国际娱乐城有限公司	三星	威海市统一路407号	5278168
威海国际商务大厦	三星	威海市海滨北路106号	5318888
东山宾馆	三星	威海市东山路26号	5269888
威海景缘商务酒店	三星	威海市纪念路42号	5198999
天外天酒店	三星	威海市文化中路附58号	3667999
威海凯瑞假日酒店	三星	威海市海滨北路48号	5858888
庆威大厦	三星	威海市火炬路196号	5621005
长威大酒店	三星	威海市文化西路196号	5670188
九九大厦	三星	威海市鞍山路1号	5626999
威海金猴商务会馆	三星	威海市丹东路88号	5666888
威海新闻大厦	三星	威海市文化中路68号	3653888
威海海兴大酒店	三星	威海经济技术开发区皇冠花园18号	5985735
威海丽湾酒店	三星	威海市海滨南路39号	5969399
威海时代商务大酒店	三星	威海市青岛中路132号	5977188
亨泰宾馆	三星	威海市齐鲁大道7号	5902666
杨家滩商务酒店	三星	威海市齐鲁大道77号	3630888
华夏会馆	三星	威海市华夏路1号	5906888
威海海日大酒店	三星	威海市珠海路755号	3678999
威海凤仪酒店	三星	威海经济技术开发区凤林珠海路	5976558
东方大酒店	三星	威海市新威路92号	5223541
荣成博霞山庄	三星	荣成市西霞口	7838888
荣成华星宾馆二部	三星	荣成市崖头镇成山大道东首	7565888
荣成天都大酒店	三星	荣成市石岛管理区	7326888
荣成山海宾馆	三星	荣成市邱家渔业公司	7438121
荣成荣喜大酒店	三星	荣成市人和镇山西头	7463666
荣成港湾大酒店	三星	荣成市石岛管理区	7388888
荣成大酒店	三星	威海市文化东路58号	7573033
荣成桃园居大酒店	三星	荣成市石岛管理区	7388888
文登西楼富丽华大酒店	三星	文登区西楼村	8939999
文登西楼喜庆大厦	三星	文登区文山路93号	8808888
威海凯德餐饮有限公司凯德商务酒店	三星	文登区昆嵛路37-3号	8458888
文登劳动大厦	三星	文登区米山路64号	8251782
文登金滩大酒店	三星	文登南海旅游度假区金乡东路	8961777
乳山宾馆	三星	乳山市夏村镇	6624561
银滩大酒店	三星	乳山市银滩管委会	6778888
乳山望海山庄	三星	乳山市海阳所镇工业园	6793088
乳山正华山庄	三星	乳山市乳山寨镇	6614046

续表23

单位名称	星级	单位地址	电话
乳山东海宾馆	三星	乳山市青山路57号	6622771
乳山金海假日酒店	三星	乳山市长江路41号	3603999
乳山香榭丽舍大酒店	三星	乳山市宁波路19号	6855555
兆龙饭店	三星	威海市古寨东路327号	5814999
清泉大酒店	三星	威海市公园路5号	5224112
荣成博霞会馆	三星	荣成市西霞口	7838888

【联合执法联席会议制度】 12月22日，市旅游局印发《威海市联合执法联席会议制度》。联席会议制度涉及全市13家部门，主要是通过加强联合执法，整治扰乱旅游市场秩序的违法行为，规范旅游市场秩序，建立旅游市场长效管理机制和综合管理体系，营造良好的旅游市场环境。

【威海市“金太阳杯”导游技能大赛】 7月2日，2014年威海市“金太阳杯”导游技能大赛决赛暨颁奖仪式在威海广播电视台演播大厅举行。副市长刘广华及相关负责人观看比赛，并为获奖选手颁奖。大赛设专业组和业余组2个类别，全市导游从业人员和导游爱好者参与报名3万人。经过笔试、复赛两轮选拔，有10名专业选手和10名业余导游选手进入决赛，评选出专业组和业余组的一、二、三等奖。大赛评选出威海市2014年度十佳导游员、优秀导游员、十佳导游未来之星、十大优秀选手、威海市技术能手、10名威海市青年岗位能手、10名威海市优秀共青团员和7个优秀组织奖、14名优秀指导教师奖。

【2014“好当家”第41届世界旅游小姐大赛威海赛区赛事】 7月27日，2014“好当家”第41届世界旅游小姐大赛威海赛区决赛在国际展览中心举行。大赛由市广播电视台、市旅游局联合承办，以“旅游中国、文化使者——美丽山东”为主题，“传播旅游文化、弘扬中华文明、促进和谐友谊”为宗旨，选手的才智、文化艺术修养、职业道德等综合素质为标准，意在通过竞赛活动反映时代精神，体现时代风貌。大赛7月11日启动，全市100名选手参与，经过初赛、复赛、决赛等6场比赛，评选出冠、亚、季军及7个单项奖，来自乳山的刘媛媛获得冠军，直接晋级全国总决赛。

【威海市旅游行业协会导游分会成立】 11月5日，市旅游行业协会导游分会在龙威大厦举行成立大会暨第一届会员代表大会。大会审议通过导游分会章程、自律公约，选举产生第一届理事会、常务理事会及协会负责人。至2014年，威海市有导游资格证人员2300余人，其中有导游证的持证导游员1600余人。导游分会成立，旨在加强行业自律，规范导游员从业行为，推动行业诚信体系建设；加大导游人员技能培训，搭建交流合作平台，提高导游业务素质；加强自身建设，创新服务手段，提升服务水平。

7月2日，2014年威海市“金太阳杯”导游技能大赛决赛暨颁奖仪式在市广播电视台演播大厅举行　　市旅游局提供

景区景点

【概况】 威海旅游资源丰富，至年末，有A级以上旅游景区40家，其中，国家AAAAA级旅游景区1家，AAAA级旅游景区11家，AAA级旅游景区25家，AA级旅游景区3家。省级旅游度假区4处，游览景区（点）80多个。省级以上农业旅游示范点50个，其中国家级5个；省级以上工业旅游示范点24个，其中国家级7个；旅游强镇29个、特色村38个。全市海岸线986公里，沿线海水清澈，滩平浪缓，松林成片，海鸟翔集，有50多处港湾岬角、114个大小岛屿和9处地下温泉。国际海水浴场、乳山银滩、小观金滩都属于中国北方海滩中的“金沙滩”。刘公岛天然植物资源丰富，被誉为“海上森林公园”。海驴岛有“海鸥王国”之称。境内的成山头有“东方好望角”之称，大乳山山势圆润丰满，顶峰突起，被誉为“东方圣母”。

2014年威海市国家AA级以上旅游景区一览表

表 24

景区名称	级别	地址	获得时间
刘公岛景区	AAAAA	威海市刘公岛	2010.8
成山头景区	AAAA	荣成市成山镇	2002.10
赤山景区	AAAA	荣成市石岛管理区	2005.12
天沐温泉度假区	AAAA	文登区张家产镇	2009.11
汤泊温泉度假村	AAAA	文登经济开发区大连路2号	2010.5
大乳山滨海旅游度假区	AAAA	乳山市海阳所镇	2009.11
乳山银滩旅游度假区	AAAA	乳山市银滩	2002.10
仙姑顶景区	AAAA	威海市环翠区望岛村西	2010.5
华夏城景区	AAAA	威海经济技术开发区华夏路1号	2010.5
林海湾旅游区（国际海水浴场、林海公园）	AAAA	威海高技术产业开发区北环海路178号	2014.6
环翠楼公园	AAAA	威海市公园路13号	2014.6
威海海滨生态公园风景带·“侨乡”号游轮（包括幸福门公园、威海公园、悦海公园及海上公园、“侨乡”号游轮）	AAAA	威海海滨沿线	2014.6
“定远”号纪念舰景区	AAA	威海市海港公园	2007.10
槎山风景区	AAA	荣成市人和镇	2007.10
圣水观景区	AAA	荣成市崖西镇朱埠村	2002.7
青龙生态旅游度假村	AAA	文登区环城路南麦疃后村	2007.10
岠嵎山景区	AAA	乳山市乳山寨镇	2009.11
赤山凤凰湖景区	AAA	荣成市石岛管理区	2010.9
老虎山生态旅游园	AAA	威海经济技术开发区城子村	2011.12
荣成市博物馆	AAA	荣成市成山大道东段28号	2012.8
圣经山景区	AAA	文登区葛家镇西北区	2012.8
乳山市圣水宫景区	AAA	乳山市冯家镇孔家村	2012.8
乳山市多福山景区	AAA	乳山市白沙滩镇	2012.8
毛泽东像章珍藏馆	AAA	威海临港经济技术开发区蔄山镇正气路	2012.8
荣成市天鹅湖景区	AAA	荣成市成山镇	2012.8
荣成石岛朝阳山旅游区	AAA	荣成市石岛开发区	2012.12
荣成寻山梦海休闲旅游区	AAA	荣成市寻山街道	2012.12
乳山福如东海文化园	AAA	乳山市银滩旅游度假区	2012.12
小石岛旅游景区	AAA	威海高技术产业开发区小石岛大连路-2-8号	2012.12
威海净雅航海良心食品示范区	AAA	荣成市港西镇环海路3000号	2013.9
荣成海洋食品展示中心	AAA	荣成市崖头街道	2013.9
荣成金石湾艺术园区	AAA	荣成市成山镇	2013.9
石佛山休闲观光园	AAA	乳山市乳山寨镇赤家口村	2013.12
小汤温泉	AAA	乳山市冯家镇汤上村	2013.12
康博尔海洋健康博览园	AAA	威海高技术产业开发区初村镇兴山路115号	2013.12
安然纳米集团文化产业园景区	AAA	威海经济技术开发区环山路610号	2014.11
乳山金牛谷生态农业观光园	AAA	乳山市午极镇午极村北	2014.11
花斑彩石景区	AA	荣成市俚岛镇	2001.12
“威海韩国不夜城”——韩乐坊、韩国风情街景区	AA	威海经济技术开发区乐天世纪城5号	2014.1
中国钓具之都·博览城	AA	威海临港经济技术开发区周宁路1号	2014.11

（张际华）

【刘公岛风景区】 刘公岛位于山东半岛最东端的威海湾内，东西长4.08公里，南北最宽处1.5公里，面积3.15平方公里，最高点旗顶山海拔153.5米，距威海市区2.1海里。岛上地势北高南低，北部直立陡峭，南部平缓绵延。岛内植被茂密，森林覆盖率87%,有植物100多种、动物20多种。其中，银杏、水杉、鹅掌楸为国家重点保护野生植物，岛内栖息200多只野生梅花鹿为国家一级保护动物。国宝大熊猫、国家一级保护动物麋鹿、台湾梅花鹿和长鬃山羊相继在岛内安家落户。受海洋调节作用，岛内呈冬暖夏凉的海洋性气候特点，全年平均气温在12℃左右，是避暑、度假、疗养的理想之地。刘公岛人文景观丰富，有上溯千年的战国遗址；清朝北洋海军提督署、水师学堂、古炮台等甲午战争遗址，众多英租时期遗留的欧式建筑，素有“东隅屏藩”和“不沉的战舰”之称。2014年，接待购票游客123.9万人，先后获得“中国历史文化街区”“省级地质公园”“省青年文明号示范集体”等称号，被确定为“全国休闲渔业示范基地”“省生态文明教育基地”“德耀齐鲁道德示范基地”。

2014年，以纪念中日甲午战争爆发120周年为契机，举办“甲午战争与东亚历史进程——纪念甲午战争120周年”国际学术研讨会，举办甲午战争研究成果展，集中展示甲午研究学术著作、研究历程、史料捐赠以及寻访北洋海军将士后裔等方面的成果。改造提督署演武厅，筹建《甲午风云录》展览馆，集中展示南昌画院名誉院长周京山历时3年创作全长60米的全国第一部以甲午战争为主题的大型中国画，筹建戚其章和王家俭资料馆。收藏中国社会科学院《甲午战争简史》、海军《北洋海军兴亡史》纪录片等系列主题书籍影像资料及全军老将军书法展组委会捐赠的“辽宁号”航母模型。与香港海防博物馆等4家专业机构举行联动互展、学术交流。组织纪念活动，先后开展清明节祭奠甲午英魂、共青团中央“甲午殇·中国梦”主题实践营、海峡两岸120位书法家走进中国甲午战争博物院等系列活动。做好文物建筑保护，完成北洋海军提督署原状复原陈列改造工程。协助中央电视台国际中文频道、凤凰卫视等40多家媒体，完成甲午主题栏目拍摄工作。加强网络新媒体宣传队伍建设，官方网站、微博和微信效能得到较好发挥，在全国智慧旅游应用大会上，刘公岛新浪官方微博获“中国旅游好微博（景区类）”称号，位列全国AAAAA级景区旅游账号排行榜第4名。动画片《刘公岛之约》在全国30多家省、市电视台播出。推出“2014典藏甲午”纪念票，依托微博、微信平台，先后开展官方“微信扫一扫，登山索道免费坐”“珍稀动物选美大赛”“刘公岛杯蓝色威海摄影比赛”等专题活动，扩大景区甲午品牌知名度。

7月19日，海峡两岸120位书法家走进中国甲午战争博物院活动现场

高伟希　摄

年内，加强森林资源、海洋资源保护。编制完成《刘公岛国家森林公园林木疏伐三年规划》等规范性文件，为森林资源保护提供依据。严把防火关，做好林木病虫害防治，控制虫害传播媒介。以创建全省休闲海钓示范基地为契机，编制完成《刘公岛景区休闲渔业基地规划》，规范海岛海域管理，争取国家海洋渔业部门将刘公岛海洋公园列为全国8个海洋特别保护区生态监控平台试点。加快推进海洋休闲渔业垂钓基地建设，全年投放生态鱼礁2.5万多立方米，协调主管部门增殖放流鱼苗220万尾，建立全天候看护海域制度。完成刘公岛客运中心主体工程建设，实施岛内码头候船厅屋顶改造和海上环岛游候船室扩建工程。完善景区服务功能，对修复后的西摩尔街、大英施医局建筑周边和旅游干道两侧实施绿化美化，提升环境质量，推进景区规范化管理和标准化服务。完善《刘公岛景区突发事件应急预案》，组织景区用电、燃气、消防等多项安全检查，开展海上救援、森林防火等7次专项演练，提高应急救援实战性。经市政府同意报省政府批准，增加食品药品、海域管理、工商管理、质监管理四类相对集中的行政处罚权。开展第三方暗访检查，整改提升景区售票、游览、购物等各个环节存在的不足和问题。完成“定远”号纪念舰景区国家AAAA级旅游景区申报工作，提升整体管理服务水平。

中国甲午战争博物院 原名中国甲午战争博物馆，是国家一级博物馆，是全国重点文物保护单位“刘公岛甲午战争纪念地”的专门管理保护机构，负责管理和保护威海湾南北两岸与刘公岛上28处北洋海军和甲午战争遗址。院址位于刘公岛北洋海军提督署及其附属建筑内。2009年9经威海市机构编制委员会批准更名为“中国甲午战争博物院”。

中国甲午战争博物院陈列馆 2008年建成开放，建筑面积7622平方米。陈展面积4500多平方米，展出历史照片500余幅、珍贵文物300多件，辅助展品100多件套，以及大量油画、雕塑等艺术展品，是一座全面展示中日甲午战争历史的综合性展馆。

北洋海军提督署 又称水师衙门，

建成于清光绪十七年（1891年），位于刘公岛西部南坡傍海高地，坐北朝南，背山面海，占地面积1.7万平方米，是中国近代第一支正规化海军的指挥机构。作为“刘公岛甲午战争纪念地”的代表性文物遗址，是国内保存最完整的军事衙门之一。因是海军提督丁汝昌的驻节之地，民间又称为“丁公府”。2010年4月，对北洋海军提督署进行复原，于2014年7月25日完工开放。工程总投资1200万元，先后对提督署16个厅室按照原有功能进行原貌复原，陈列仿制古典家具300件、历史塑像18尊、各类文物200余件，瓷器、字画、楹联、枪械等辅助展品1500余件，真实再现北洋海军时期的历史风貌。

龙王庙　位于北洋海军提督署西100米处，始建于明朝末年，清末筹建海防，刘公岛建为北洋海军基地，驻岛北洋海军和北洋护军筹资重修。为砖木举架结构，四合院布局，由山门（倒厅）、东西厢房和正殿组成，前后两院，房屋14间，连同庙前戏楼占地1700平方米，属道教庙观。正殿内正中供奉东海龙王塑像，夜叉、龟相侍立两侧，东西两侧内山墙上分别绘有《三国演义》和《封神演义》故事壁画。

丁汝昌寓所　辟为丁汝昌纪念馆。建于光绪十五年（1889年），位于刘公岛西端，东距北洋海军提督署约200米，坐北朝南，属砖木举架结构。寓所占地面积7000平方米，布局与安徽巢县汪郎中村丁汝昌故居相似，分三组，左、中、右三跨院落，西院为内寓，东院为侍从住房，中院为丁汝昌办公、住宿和会客的场所，大门两侧为门房和书房。院内有一株百年紫藤，系丁汝昌亲手栽植，老干已枯死，发出的新枝虬曲，生长茂盛，每年5月花团锦簇，清香四溢。光绪十四年（1888年）北洋海军成军后，丁汝昌携眷在此居住6年多，又称“小丁公府”。

威海水师学堂　又称“刘公岛水师学堂”，是国内唯一一处有迹可寻的近代水师学堂，位于丁汝昌寓所西150米处。光绪十五年（1889年）开工，次年建成，当年招收36名驾驶学生授课。花费购地银、工料银合计近1万两，建筑房屋63间，占地面积1.8万平方米。光绪二十年（1894年）甲午战争爆发时，学堂第一届学生毕业，派登各舰参战。次年2月刘公岛失陷，学堂许多建筑毁于战火，学堂停办。

铁码头　位于刘公岛西端南面海中，呈“丁”字形横卧于碧波之中，系北洋海军成军（1888年）后，为其舰船提供停泊，补给煤炭、弹药、军械之所。刘公岛铁码头由道员龚照玙设计建造，1889年施工，1891年竣工，工料总造价15.15万两白银。1915年，上部被改接成长205米，宽6.9米的铁架。1935年，因铁板锈蚀进行修建，可停靠万吨轮船。1953年，将锈蚀的铁板、墩柱和铁框等更新，1971年增建“丁”形引桥。

北洋海防炮台　刘公岛上有清代北洋海军时期海防炮台6座，分别为黄岛炮台、麻井子（公所后）炮台、旗顶山炮台、迎门洞炮台、南嘴炮台、东泓炮台，与威海湾南北两岸炮台遥相呼应，控扼威海湾南北两个海口，均由德国人汉纳根设计。与炮台配套建有地下通道、兵舍、弹药库等，并相互贯通。炮台及配套建筑使用花岗岩砌筑、水泥灌浆，设计合理，工艺讲究，施工严谨，坚固实用。

刘公岛博览园　占地面积5万平方米，分为6大展区19个展厅，采用高新科技与传统工艺相结合的展示手法，全方位、立体化地讲述刘公岛刘公文化、甲午战争和英租历史3大主题文化。博览园由6大景观组成，一是海圣殿，精选30多吨、上千种天然彩色玉石精雕细琢成的彩玉壁画，展现汉代皇太子刘民历尽艰辛漂泊至刘公岛在岛上扶危济困、乐善好施的故事。二是望海楼，始建于唐代，系登州刺史为迎候武则天东巡所建，后毁于战乱。复建的望海楼，高约9丈，为博览园最高点，分为春福厅、夏禄厅、秋寿厅、冬禧厅4层，楼内汇集国内20余位工艺美术师的精品杰作。三是中华海坛，为纪念甲午战争110周年而建，与天坛、地坛并称的中华海坛，是国内唯一的祭海神坛，坛中高16.8米的“定海神针”巍然耸立，古代宝鼎雄浑大气。四是甲午海战演示馆，建于中华海坛之下，展厅面积1890平方米，分为序厅、互动区、北洋海军相关知识展厅和海战展示厅4个部分，以北洋海军的兴衰、甲午军魂的悲壮为主题，通过18米长、5米高的巨型屏幕放映史诗片《甲午海魂》。五是英租威海卫历史博物馆，展厅面积1290平方米，通过场景复原、影视蜡像、雕塑等先进展示手段，再现作为“七子”之一的威海卫被英国强租32年、刘公岛被英国强租42年的屈辱历史。六是鲸馆，建筑面积1600平方米，存放世界上岸最大抹香鲸（长约19.6米，重50.1吨）的表皮、骨骼以及重要器官的标本，通过模拟海洋生态环境，以展示标本为主体，运用图片、展板、多媒体等高科技手段，全面展示抹香鲸及相关鲸类知识，是国内最具规模和特色、档次最高的鲸豚科普教育基地之一。

刘公岛国家森林公园　占地面积266.67公顷，树木19个科目、80多种，野生花草50多种，鸟类50多种，树木以黑松为主，梅花鹿等数十种野生动物栖息园中，听涛崖、五花石、刘公泉、板疆石、贝草嘴等多处自然景观遍布园中。其中为纪念北洋海军成军100周年而建的北洋海军忠魂碑，位于刘公岛国家森林公园西部山顶，碑身为白色，六棱形，高28.5米，上书“北洋海军忠魂碑”金黄字。碑文下部两侧是表现北洋海军将士英勇杀敌、浴血奋战的群像浮雕。

刘公岛珍稀动物园　位于刘公岛国家森林公园西部避风朝阳、草木繁茂区域，占地面积3万多平方米。国宝大熊猫馆，于2010年9月30日落成，同年11月5日开馆，中国大熊猫保护中心四川雅安碧峰峡基地的一对名为“竹灵”“宁宁”的国宝大熊猫在馆内安居。台湾梅花鹿和长鬃山羊馆，于2011年5月28日开馆，馆内配备地暖系统，建有假山水池、动物医院、监控室等配套设施。台湾梅花鹿长鬃山羊纪念馆，于2012年6月9日建成开放，记录台湾梅花鹿和长鬃山羊在馆内的生活。麋鹿馆，于2011年8月2日开馆，一雄两雌3只国宝级珍稀动物——麋鹿在馆内安居，是刘公岛首次引进国内最大的麋鹿饲养区江苏大丰国家级麋鹿自然保护区麋鹿。

中国刻字艺术馆　于2012年4月28日开放，利用修复后的英租时期蒸馏塔改造筹建，陈展面积600多平方米，馆藏200多幅刻字艺术精品，是山东省书法家协会刻字艺术创作基地和曲阜师范大学书法学院刻字教学实践基地。

苏宝鸿收藏展览馆　由刘公岛管委投资230万元修复利用英租时期英利商行，于2013年9月12日建成。陈展面积500多平方米，收藏130余件国宝级文物，涵盖瓷器、玉石、珐琅等文物种类，历史跨越元、明、清三个朝代，具有极高的历史留存、艺术鉴赏和科学研究价值。

【"定远"号纪念舰景区】　由威海市港务局于2003年投资建设，是国家AAA级旅游景区。"定远"号纪念舰停泊在威海湾内，与甲午故地刘公岛隔海相望。舰船主体依据时称"亚洲第一巨舰"的北洋海军"定远"号旗舰，按照长94.5米宽18米尺寸1∶1复制而建，外观及舰上武器装备与原舰还原一致，真实再现历史场景。"定远"号纪念舰是展示甲午历史，弘扬海权文化，普及舰船知识唯一的19世纪铁甲舰复制舰。为凸显甲午历史文化品牌效应，促进威海文化旅游产业发展，经市政府批准，"定远"号纪念舰景区于2014年与刘公岛实施一体化经营。年内，纪念舰接待游客35.64万人，比上年增长20%。

（侯恩惠）

【环翠楼公园】　位于威海市区中心地带，占地面积20公顷，包括环翠楼公园和环翠楼广场两部分，是国家AAAA级旅游景区。始建于明弘治二年（1489年），楼台建在威海卫城的西北角，登楼可见碧波浩渺于城东，绿翠掩映于四周，因兼沧海山川之胜、水光山色之美，遂得名"环翠楼"。后因年久失修逐渐倒塌，经过多次重建重修。1944年12月，环翠楼被日伪军焚毁，1977年重新修建，1980年竣工。重建的环翠楼，建筑面积800平方米，高16.8米，登上环翠楼放眼远眺，市区景色尽收眼底，东望刘公岛，气象万千。园内有动物区、花卉区、游乐区等。2009年，市政府投资5.22亿元对环翠楼公园进行改造，将环翠楼公园面积由14公顷扩建至53.8公顷。2013年1月6日，新环翠楼落成开放。新环翠楼由清华大学教授郭黛姮主持设计，坐落于始建环翠楼旧址之上，总建筑面积约7500平方米，建筑主体高度为57.7米。建筑外部均采用黄铜材质装饰，总用铜量达700多吨。建筑功能集观光游览、历史陈列、展览展示、文化交流于一体，以历史文脉贯穿全园，分为一轴、两脉、三核、四区。一轴指刘公岛—环翠楼—山顶会所组成一条景观轴线；两脉指山脉和文脉；三核指入口广场、环翠楼、山顶会所；四区指民俗风情街区、娱乐活动健身区、历史文化展示区、自然体验游赏区。环翠楼建筑主体为明清风格，宏伟壮观、典雅大方，延续了威海历史文脉，成为威海市标志性建筑。

【威海海滨生态公园风景带·"侨乡"号游轮】　位于威海市区海滨沿线，包括幸福公园、威海公园、悦海公园及海上公园、"侨乡"号游轮5部分，是国家AAAA级旅游景区。

幸福公园　北起体育路，南至金线顶，东与刘公岛隔海相望，西接中心商业区，全长1465米，平均宽度137米，占地面积20公顷。是集旅游、休闲、商业、餐饮、娱乐为一体的综合性开放式公园，由北向南沿海岸线依次分为海韵、海阅、海赋、海情、海翔5个景区。

威海公园　位于市中心南部，面向威海湾，总面积67.6公顷，是一道集交通、游览、娱乐、休闲于一体，海滨特色鲜明、艺术内涵丰富、人文与自然有机融合的海滨风景线。公园以碧海蓝天为背景，以海洋文化为主题，由北向南，沿海岸线的带状区域依次布局为海伢景区、海恋景区、中心文化广场、海颂景区和海慧景区。公园由护岸、道路、绿化、灯光等部分组成，其中，护岸全长3265.3米，采用以斜坡为主、圆筒、台阶与之结合的3种结构形式，兼具防护与观光双重功能；绿地面积36.1万平方米；铺装面积7.74万平方米；采用多种光源和高新技术产品，通过路灯照明、泛光照明、轮廓照明、内透光照明等多种形式，形成交相辉映、五彩斑斓的海滨夜景。以威海公园为主体的海滨南路环境绿化美化工程获2001年中国建筑工程"鲁班奖"。

悦海公园　位于威海公园南，海上公园北，海滨路以东，东与刘公岛隔海相望，地块形状呈陆地向海面延伸的一个半岛状，南北长1.3公里，东西向最宽处150米，占地面积15.4公顷，绿化面积8.84万平方米。公园以休闲、健身、家园为设计主题，体现以人为本、生态环境、节能环保、突出特色的理念和休憩功能。公园分为休闲运动区、主广场中心区、科普游憩区及海上游乐区。休闲运动区在公园最北侧，设逻辑乐园、娱乐空间、休闲广场；主广场中心区设置整个公园的中心——悦海广场，富有"归航"主题意义的灯塔位于中心位置；科普游憩区以增加科普知识及参与趣味活动为主，设有潮汐广场，展现与海洋有关的潮汐现象，以趣味形式提示生物进化过程；海上游乐区位于公园最南端，结合避风港设置游艇码头，考虑远期水上巴士的应用，在靠近避风港处设计观鸟平台，

环翠楼公园　　李传强　摄

游人可近距离与游艇、渔船、摩托艇、帆船等吸引来的海鸟亲密接触。

海上公园　位于威海经济技术开发区皇冠小区东侧，北与悦海公园相接，总规划面积217公顷，包括游乐园、人工湖、奇石苑、森林生态园、海水浴场、九龙湾旅游度假区6个部分。其中，游乐园、人工湖两大景区占地面积13.4公顷，绿化面积6万平方米，硬化面积2万平方米，湖面面积5.4万平方米。公园规划设计博采国内外众家所长，兼具中国江南水乡特色和日韩海岛风光、中西合璧的独特风格。游乐园区北部绿草鲜花，小径迂回，一派田园风光；中部欧式风格的“创业门”气势宏伟；南部湖区拱桥流水，碧波荡漾，如临江南水乡，成为集游人休闲、儿童娱乐、生态观光、旅游度假、海上文化等多功能于一体的大型海上游乐园区。被《山东园林》杂志列为1999年全省新建三大优秀公园之一。

“侨乡”号游轮　停泊于威海湾区域。游轮汇集海上观光、海鲜养生、高端娱乐、休闲度假等多种功能，推出刘公岛环岛游、公海看日出、青烟威城际游等特色航线，以国内外中高端游客和商务时尚群体为目标游客，打造中国滨海旅游的旗舰品牌。游轮总长95.8米，垂线间长83.8米，宽15.8米，型深（主甲板）5.4米，服务航速不少于15海里，续航力1000海里，载客量500人。游轮有4层游客活动区，包括露天观景甲板、餐饮甲板、娱乐甲板和酒店客房主甲板，设有多功能演艺大厅、观景酒吧、咖啡吧、西餐厅、高尔夫、桑拿休闲等配套设施。

【华夏城景区】　位于环翠区华夏路1号，占地面积20平方公里，是一座集旅游、大型演艺及餐饮、住宿等服务设施配套齐全的现代化旅游新城，是国家AAAA级旅游景区。东方文化区是游乐城的核心景区之一。有华夏第一山门、华夏阁、夏园、圣出观音——大自在、太平寺、龙王庙、龙山瀑布、九曲情人街等景点。“神游华夏”是由著名导演赵安担纲总导演设计制作的世界首个360°旋转行走式大型山水实景演艺，有近700人的专业演出团队奉献的高难度、高技巧表演，打造豪华文化盛宴。服务中心区占地面积10.67公顷，区内的华夏会馆，有客房230余间，拥有威海最大的宴会大厅——华夏会堂，可容纳1500余人就餐或开会。“欢乐华夏”大型游乐项目，占地面积10万公顷，有童话王国、卡通街、欢乐嘉年华、无忧林等部分。

【仙姑顶景区】　是一座集自然风光、神话传说、道家文化于一体的国家AAAA级旅游景区。仙姑顶是巍峰山脉的主峰，海拔375米，位于环翠区望岛村西北部，距威海市中心约5公里。登上山顶，东瞰大海和刘公岛，北眺威海市景，西望青山翠绿，南瞩新城崛起。仙姑庙始建于宋朝建德年间，1992年重修，并根据传说中的仙姑生日，恢复每年农历三月十五的庙会。庙会持续7天，秧歌、锣鼓、耍狮、舞龙、京剧、吕剧，相互竞技，热闹非凡。2010年4月28日，经过3年重新设计和精心打造，景区以“仙姑顶玉文化旅游区”的新形象对外开放，以仙姑文化、玉文化和福文化作为景区主题。从辽宁鞍山引进2000多吨优质岫玉，依托道家文化和民间传说，制作了近千件大型玉雕艺术品，品相丰润，富有文化底蕴和传奇色彩，是全国玉石总量最多、单体玉雕最大的旅游风景区。景区内分布有参悟五行哲理的五行门、天人合一的通灵元玉、祈灵求福的三多桥、品茗养生的如意湖及万寿广场、仙禄广场、乾坤玉道、通灵玉道等景观。

【中央电视台威海影视城】　位于威海环翠省级旅游度假区，是中央电视台在威海投资建设的一处具有海滨特色的少儿影视外景基地。威海影视城规划总面积34公顷，建成的“大风车”“充气动画城”两座景区占地面积8公顷。其中大风车景区占地面积6公顷，主要由正门城堡、演出广场、野外训练营、田园高尔夫、海水浴场、防潮堤石雕群、七巧板电视台、骑士乐园、娃娃天地等18处景点及若干附属设施组成，其中有海上旋转酒吧和先进的动感电影系统。充气动画城占地面积0.7公顷，是与中央电视台动画部合作开发的“动画城”首期工程，城内设有卡通风格的大型充气设施，是开发智力、锻炼体魄、休闲娱乐的好去处。

【锦湖韩亚高尔夫球场】　位于环翠区孙家疃镇远遥村西北。球场依据整个远遥嘴脊梁地形而建，呈狭长半岛探入海中，三面临海，温度、湿度宜人，球场总投资2990万美元，占地面积100公顷，为18洞72杆的国际级球场。球场变化复杂，打球难度较大，是国内颇具特色的海滨山地球场。

【天沐温泉度假村】　由珠海天沐集团投资兴建，是国家AAAA级旅游景区，位于文登区张家产镇。度假村温泉区包括室外森林养生温泉和室内温泉SPA馆，可同时容纳1500人沐浴温泉，日最高接待量可达上万人。室外温泉区包括鼋山五福泉、鼋水六德汤、美芦荟温泉区、森林静泡区等，设有66个室外特色功能温泉浴池。室内温泉水疗区（含9个功能池）通过一系列的机械功能，利用高压作用使温泉水呈现各种放射性的水柱，高强压地冲击人体各处穴位，促进血液循环，加速毛细血管展开，有效吸收温泉矿物质，同时具有按摩的功效，利于皮肤润滑、解除疲劳等。

【汤泊温泉度假区】　位于文登经济开发区，是一处集天然温泉、休闲娱乐、会务接待、健身养生为一体的综合性休闲度假区，是国家AAAA级旅游景区。汤泊温泉水质清新甘美，出水温度高达78℃，水质澄明清澈，具有祛病、保健等功能，被誉为“温泉中的极品”。其中有极深泉水一眼，采出的泉水可以直接饮用，口感甚佳。度假村距威海市区仅半个多小时车程，交通便利。区内建有各种温泉泡池60余处，室内、室外、深水、浅水、高温、低温皆有，设施完备，品种齐全，适合不同游客不同季节避暑畏寒的需求。建有28幢温泉湖景别墅，小门独院的温泉泡池，推门可一览水光山色，关门可尽情放松浸泡。

【圣经山风景区】　地处昆嵛山主峰泰礴顶东南，海拔385米，是国家AAA级旅游景区。山顶有两块巨石，分别刻有“圣经山”三字和《太上老子道德经》，山因此得名。金元时期，道教全真派开山祖师王重阳在此创教立派，传经布道，盛极一时。圣经山风光旖旎，古迹繁多，有古老的门亭殿阁、清澈的高山湖泊、奇特的天然老子头像等众多人文自然景观，是一处融道教文化、书法艺术以及文物、森林、高山、湖泊等景观为一体的旅游胜地。老子道德经摩崖石刻位于圣经山山顶的巨石上，巨石高5米，长15.5米，石之阳面峭立如切，随其天然凹面阴刻着《太上老子道德经》上下两卷，146行，5000余字。为国内罕见的大型道教摩崖石刻，颜体楷书，古拙苍润，结构严谨，稍带魏风，刻工精湛，作为主要文物古迹载入《中国名胜大辞典》和《中国旅游大全》。

【文登青龙生态旅游度假村】 位于文登区环城路南麦疃后村，成立于2002年，占地366.67公顷，2004年正式对外开放。2005年被国家旅游局评为全国农业旅游示范点，是国家AAA级旅游景区，2009年被山东省旅游行业协会评为“好客山东”十佳工农业旅游示范点。度假村按功能划分为纯自然山水观光、奇峰异石、休闲娱乐、果菜种植、动物养殖等。主要景点有民俗婚庆广场、水上乐园、罗曼园、罗汉岛、动物园、香岩寺、恐龙园、生态园等。特有的地形地貌形成了情侣石、石尊羊、仙人洞、仙人床等石景，每处石景中都有一段传说，民间仍流传着“八仙过海，雕顶歇脚”的故事。

【成山头景区】 位于荣成市成山镇东端，因地处成山山脉最东端而得名，是国家AAAA级旅游景区。景区内最高点海拔200米，东西宽0.75公里，南北长1公里，占地面积2.5平方公里。景区群峰苍翠连绵，大海浩瀚碧蓝，峭壁陡峻，巨浪滔天，气势恢宏，是理想的避暑胜地。1988年被国务院批准为国家级风景名胜区。2005年10月，在由中国《国家地理》杂志社主办并与全国多家媒体联合评选“中国最美的地方”活动中，成山头风景区被评为“中国最美的八大海岸”之一。区内有海驴岛、花斑彩石、俚岛海滨、成山林场、始皇庙、秦代立石、拜日台、秦桥遗迹、望海亭、观涛阁和镇龙石等景点。

【赤山景区】 位于荣成市石岛港西北，山海相连，占地面积12.8平方公里，因山石颜色发红而得名，以“东方神山”“佛教圣地”“海岛民俗”“森林公园”而著称，是国家AAAA级旅游景区。景区内赤山法华院、极乐菩萨界、赤山禅院、大明圣境、荣成民俗馆、张保皋传记馆、玉雕馆、仙居山庄、高峡湖、法华塔10大景观区，另有摩崖石刻、无字天碑、仰天大佛、坐佛石等系列景观，并与凤凰湖滨海旅游度假区、旅游码头、海水浴场、天后宫、花村、画村、渔村等连点成线，美不胜收。法华院是威海市最早的开放式佛教寺院，也是中国唯一传承中日韩三国友谊的佛教圣地，被誉为“一寺连三国”。

【槎山风景区】 槎山是国家级森林公园、山东最具代表性的省级地质公园、中国原始地迹遗产保护区，1992年被山东省政府批准为省级风景名胜区，是国家AAA级旅游景区。风景区位于荣成南部黄海之滨，总面积45平方公里，海岸线86公里，主峰清凉顶海拔539.8米。槎山的“槎”字，古代作“筏”字解，船的意思。春夏季节，时有海雾随风漫上岸来，翻卷升腾，形成雾海。时有槎山的部分峰顶浮于茫茫雾海之上，宛如叶叶扁舟，“山如海上槎”，故名槎山。因槎山有9座峻美的峰顶，满山的岩石其色似铁，又称“铁槎山”或“九顶铁槎山”。槎山雄伟壮美，道教遗迹众多，自古被称为“大东胜境”。主要景点有云光洞、咸水洞、龙泉井、仙人桥、石雕坟、千真洞、九龙池等。

【圣水观景区】 位于荣成市崖西镇朱埠村，是国家级森林公园，国家AAA级旅游景区，是道教全真派发祥地之一，因观内有一泓“圣水”而得名。圣水观山势坐北朝南，宛如一把太师交椅，30多处自然景观鬼斧神工，有气势磅礴的荣成伟德将军碑廊，记载了150多位荣成籍将军的手迹生平，是“山东省爱国主义教育基地”“国防教育基地”。

【天鹅湖景区】 位于荣成市成山镇南，为天然潟湖，面积约5平方公里，平均水深2米，最深不超过3米，严冬平均水温9℃，是国家AAA级旅游景区。潟湖东有一条长3000米、宽120多米的沙带将其与大海相隔，使湖海各为一方。优美的自然环境，为大天鹅创造了良好的越冬条件。每年11月至次年3月，上万只大天鹅和数十种珍鸟从遥远的西伯利亚、内蒙古等地来此栖息越冬，嬉戏觅食，整个湖面热闹非凡，构成了绚丽壮观的百鸟图，形成中国北方最大的天鹅湖。

【荣成市博物馆】 位于荣成市成山大道东段28号，是国家AAA级旅游景区，山东省农业旅游示范点。该馆展览面积2100平方米，以荣成的历史变迁为主线，围绕荣成人与海洋的关系，挖掘荣成人与海的深厚文化底蕴，书写荣成人与海共生的历史，彰显荣成儿女创造的历史奇迹。展馆分家园、史事、古港、作舟、业渔、海产、民俗、海魂八大展示板块，陈列文物1000多件，展示老照片1500余幅，复原古场景3处、运用视频及投影技术8处，各种鱼类标本50余件。充分运用文物、图片、场景复原、多媒体等多种手段，展示了丰富多彩的渔家文化，以及荣成厚重的文化积淀。

【荣成石岛朝阳山旅游区】 位于荣成石岛管理区朝阳山南麓，由石岛集团有限公司斥资3亿元投资建设，占地面积253.33公顷，是融合四星级多功能会馆、高尔夫练习场、高尔夫别墅、朝阳山森林公园、36洞高尔夫球场、苗木绿化采摘、朝阳山泉等，集高尔夫运动和休闲度假为一体的综合性旅游度假区，是国家AAA级旅游景区。

【威海净雅航海良心食品示范区】 位于荣成市港西镇，是国家AAA级旅游景区。由山东航海创意投资有限公司投资2亿元建设，包括航海食品产品加工观光车间3处，总面积3万平方米，空中观光走廊1500米，供游客从空中参观海产品加工全过程。海产品展示厅1处，面积5000平方米，主要展示航海食品加工有限公司加工的海参、鲍鱼等名贵海产品以及各种海洋休闲小食品。配套酒店1座，内设餐饮座位1000个，床位200个，提供餐饮食宿服务及承接各类宴会。海产品生产示范基地1处，海域总面积2.46万公顷，为企业生产提供海产品原料，设立海上垂钓、观光等旅游项目。

【荣成海洋食品展示中心】 位于荣成市体育馆一楼，展厅面积5000多平方米，是推介、宣传荣成食品产业和展示海洋食品的展销平台，国家AAA级旅游景区。设产业综合展示区、重点企业展示区、商品销售区3部分，为游客提供“游、观、娱、学、品、购”六项一体化服务。

【荣成金石湾艺术园区】 位于山东半岛最东端的荣成市好运角旅游度假区内，国家AAA级旅游景区。园区由威海金石湾文化艺术产业发展有限公司投资建设，集艺术家工作室、美术馆群、艺术品交易基地、艺术教育写生基地、艺术主题商业街区及艺术主题旅游度假基地六大功能性区域于一体，是融合各种高品质生活元素的中国当代文化艺术类主题园区。园区规划占地面积50公顷，建筑面积45万平方米。自2008年开工建设，先后投入3亿多元，完成建筑面积5万平方米。其中，4000余平方米的金石湾美术馆、1200余平方米的画廊和1.2万平方米的艺术酒店建成，60余幢艺术家工作室部分建成。

【花斑彩石景区】 位于荣成市东北海岸，离岸50多米，是一座长方形海蚀柱，长约35 米，宽约20米，高约9米，总体积7000立方米，是国家AA级旅游景区。由于体积巨大，造型奇特，色彩艳丽，花纹多变，被誉为大东胜景，清道光年间被列为荣成八大景之一，被誉为“中华海上第一奇石”。

【好当家高尔夫球场】 地处荣成好当家工业园，球场依山傍海，风景秀丽，景色宜人，占地面积80公顷，18洞72标准杆，球道长度7207码。球会练习场占地面积3公顷，长350多码，宽150多码，有30个打位，是山东省最大的室外练习场之一。球会会所面积5800平方米，有中餐厅、韩餐厅、VIP宴会厅、咖啡厅、康体娱乐中心、网球场、宾馆等配套设施。

【大乳山滨海旅游度假区】 位于乳山市海阳所镇，以景观独特的“大乳山”为中心，景区陆海面积48平方公里，是国家AAAA级旅游景区。景区以乳山口秀丽的海山景观为依托，与营造的大片风景林、生态林、经济林、边缘树种、浆果类、观花、观叶、观果植物所形成的丰富林相、季相交相辉映。以“养生文化、康体健身”为主线，根据“黄帝内经”、中医理论以及佛、儒、道博大精深的养生文化建设景区、组织活动，开展福地养生、内海休闲、外海觅踪、登山望远、文体竞技、挑战极限等一系列游客参与性养生健身活动，形成了全国颇具特色的游览、休闲胜地。度假区分为大门景观区、荷合双福、东方琉璃世界、耕渔知趣、海天康乐园、香远益清、中华养生园、母爱千年文化苑、东方太阳城、渔歌唱晚、狮角山竞技场、欢乐风、福星湾、瀛洲仙踪14大功能分区。

【银滩旅游度假区】 位于乳山市境内的东南海滨，在沿海岸线20多公里的带状规划区内，林秀海碧，礁奇滩曲，集山、海、岛、湖、泉、河、林为一体，绵延20多公里长的沙滩，坡缓滩平，沙质细腻松软，洁白如银，“银滩”因此而得名，被誉为“天下第一滩”，是国家AAAA级旅游景区。区内有全国最早的潮汐发电站，拥有蓄水量3000万立方米的潮汐湖，以及珍珠湾、白浪湾、宫家岛、三观亭、仙人桥、万亩海防松林带等自然景观，是天然的旅游度假胜地。

【岠嵎山景区】 位于乳山市区西约18公里处，西面山脉南北走向，分水岭为乳山、海阳两市边界，是国家AAA级旅游景区。景区四周众山险立，区内相对高度极大，两条宽阔幽深的沟夼分别自西北、西南宛然向东，汇成人字形而至于东面山口。特殊的地质条件造就了岠嵎山特异的自然风光，山上奇石林立，千姿百态，如禽似兽，似人如物，堪称一座天然石雕园。主峰玉皇山，海拔589米。

【圣水宫景区】 圣水宫，又名玉虚观，位于乳山市冯家镇孔家村，是国家AAA级旅游景区，省级重点文物保护单位，名列《中国名胜辞典》之中。景区群山绵亘，峰奇谷幽、林岚深邃、清泉奔涌，素有小昆嵛之美誉，自古就以山异水奇闻名遐迩，自然人文景观丰富。据史书和碑碣记载，唐贞观年间在此建庙曰“圣水宫”。其鼎盛时期在金元，曾是全真教三大圣地之一。景区总投资1.2亿元，规划面积1.6平方公里，是以道教养生为主题的养生文化名山。

【多福山景区】 位于乳山市噟崮山，面积10余平方公里，主峰神仙顶海拔395.95米，是《山海经》所述《列姑射日》中的一座海上仙山，是国家AAA级旅游景区。景区以古刹、庙会、圣水、奇石而闻名，山巅天然形成的“负阴抱阳”的独特景观令人称绝。山上建有1000余年历史的碧霞宫及近700年历史的霄龙禅寺等古庙名刹，有玉液天池、圣水泉、长寿泉等6大名泉圣水和玄武献寿、青龙飞天、招财金蟾等72处奇石景观，山顶有一“寿星石”栩栩如生，神仙顶因之得名。传统庙会始于明万历年间，有400余年历史，每年农历四月十五前后举行盛大庙会。

【乳山福如东海文化园】 位于乳山市银滩旅游度假区，是以“福文化”“东渡文化”及“东夷文化”为主题而打造的大型文化旅游综合开发项目，由一轴——“福如东海”文化旅游主轴，二带——滨海景观带和沿长江路的绿化景观带，三区（3个主题游览区）——“福如东海”书画院区、“福如东海”度假酒店区和“福如东海”游艇俱乐部区组成，是国家AAA级旅游景区。

【石佛山休闲观光园】 位于乳山市乳山寨镇赤家口村西，是国家AAA级旅游景区。景区建有正华茶场、正华山庄（三星级酒店）、茶园10余公顷、果园20公顷，温室大棚13座、特色动物园1处、垂钓场1处、原生态山谷（情人谷）1处。有蔬菜大棚6座、草莓大棚4座，茶棚2座、特色观光园1座，园内栽种各种热带植物、沙漠植物、珍奇植物等。正华山庄可同时供100余人住宿，300余人就餐。动物养殖区有梅花鹿、马鹿、孔雀、珍珠鸡、火鸡、野猪等多种观赏及食用动物。

【小汤温泉】 位于乳山市小汤村南，总面积3公顷，规划建设热带雨林区、星级酒店、特色餐厅3个区域，是国家AAA级旅游景区。热带雨林区内种植热带植物种类数百种，区内完善的配套设施可供1000人同时沐浴，配有先进的按摩冲浪泡池、电脉冲池、煮蛋池、牛奶池、气泡池、儿童滑梯等多种风格的温泉，并配有康体理疗中心、水吧、自助餐及购物超市等各种休闲养生娱乐设施。星级酒店客房可容纳约300余人住宿；综合楼内设有20～150人不等的会议室，多功能厅可容纳200多人，配有贵宾休息室等现代化的会议设施设备，有可供500余人就餐的生态餐厅。

【乳山金牛谷生态农业观光园】 位于乳山市午极镇午极村北，占地面积213.33公顷，以“绿色文化、花园农业”为宗旨，打造“赏、玩、吃、购、娱”一条龙的生态农业观光园，是国家AAA级旅游景区。设生态农业示范园、观光农业旅游园、有机农业绿色园，普及科普教育、展示农业示范基地建设。景区内主干道长4.5公里，两侧景点依次有生态餐厅、莲花池、寿星景区、民俗村、茶园、小木屋、侏罗纪公园、九九长廊、恋人湖、张拉帆休息区、水上乐园等，并设数个玻璃钢材质的动物模型，形象生动逼真。景区主要以生态农业为主，在种植业、养殖业的基础上发展生态旅游，有茶叶、樱桃、杏、蓝莓、树莓、苹果、梨、桃等采摘项目。景区内餐饮主要集中在烧烤广场，住宿以大、小木屋为主。

【林海湾旅游区】 位于威海高技术产业开发区北海岸，冬暖夏凉，四季分明，属于典型的海洋性气候，是国家AAAA级旅游景区。环海旅游路浴场景区与国家AAAAA级风景区刘公岛、中央电视台威海影视城连在一起，形成一道独特的滨海风光。景区陆地面积80.7公顷，海域面积200公顷，由国际海水浴场、林海公园和国际休闲帆船基地3部分组成。

国际海水浴场　东起玛珈山、西至烟墩山，海岸线长2800米，是一个自然天成的半月形海湾。景区景观层次丰富，步移景异，以沙滩、海水为主要基调，突出蓝天、阳光、沙滩、大海、绿树、青草的和谐统一。各项设施精心设置，游人可到海中畅游，可进行运动、休闲、娱乐。浴场内更衣、冲洗等配套服务设施齐全，快艇、摩托艇、海盗船等游乐项目丰富，海上救护、环境保护等管理措施健全。

林海公园　依托环绕国际海水浴场的千亩防护林带，在充分保护松林原始风貌的前提下，利用林间原有的地势地貌，建设以休闲、文化、娱乐、健身等功能于一体的综合性休闲区。公园总占地面积32.7公顷，有幸福大道、雨雾溪流、儿童乐园、婚庆广场、健身广场、咖啡屋、空中脚踏车、大型迷宫、卡通天地等景点。

国际休闲帆船基地　有各种帆船100余艘，利用国际海水浴场自然优势，以海陆一体、协同发展的“蓝色经济”为创新发展模式，打造亚洲最大、最具影响力的休闲帆船基地。基地主要开展帆船帆板驾驶培训、海上运动休闲娱乐、组织各类海上赛事、航海设备特色展览。基地取得国际帆联认证，是国际帆联指定中国培训基地、国际航海组织重点关注发展联动协会成员、国际帆联NOCSP活动指定训练基地。

【小石岛旅游景区】 位于威海高技术产业开发区小石岛（大连路2-8号），由威海西港小石岛旅游服务有限公司开发建设，是国家AAA级旅游景区。陆地面积1000平方米，海域面积186.67公顷。是国家级刺海参种苗培育基地，胶东半岛最大最优质的刺海参养殖基地，省级休闲渔业游示范点。2009年5月投入运营，投资1500多万元。景区内有乘船出海观光、垂钓、特色餐饮三大旅游项目。有游艇码头1个，旅游客船7艘。

【康博尔海洋健康博览园】 位于威海高技术产业开发区初村镇兴山路115号，占地面积9.07公顷，是威海康博尔生物药业有限公司投资开发建设和管理的集海洋健康文化展示、海洋健康品研发加工、旅游观光、休闲健身娱乐于一体的海洋健康主题综合旅游景区，国家AAA级旅游景区。景区主要有海洋健康博物馆（规划在建）、海洋健康品研发加工展厅、海洋微生态药浴疗养中心、3000米海岸线观光体验等功能区，内设有海洋健康产品超市、游客接待中心、停车场、健身器材等配套设施。

【老虎山生态园】 坐落于威海市区东南，南枕老虎山，北望威海湾，规划面积266公顷，是威海经济技术开发区金城实业发展公司打造的现代农业生态旅游园区，是国家AAA级旅游景区。园区内融地域文化与生态绿色为一体，有以生态为主题的原生态森林、农业采摘园等16个景点，在挖掘丛氏姓氏文化历史的基础上，新增丛氏宗祠堂等仿古建筑。整个景区生态环境优越，文化底蕴丰富，十步临潭，百步入园，景中有诗，画中藏景。

【安然纳米集团文化产业园】 位于威海经济技术开发区环山路610号，占地面积7.8公顷，是国家AAA级旅游景区。景区由安然集团投资开发建设和管理，是集纳米技术文化展示和体验、纳米级活性多肽保健食品研发加工、纳米微元纺织品研发加工、纳米级生物活性肽化妆品研发加工、功能水机研发加工、旅游观光、休闲健身娱乐于一体的纳米健康主体综合旅游景区。设有纳米科技文化馆及纳米纺织品车间观光长廊、纳米级生物活性肽保健食品车间观光长廊、纳米级生物活性肽化妆品观光长廊、纳米级水机车间观光长廊等功能区；有游客接待中心、餐饮中心、纳米技术研发中心、纳米技术产品体验馆、游客娱乐中心、游客健身广场等功能设施；设有孝爱广场、纳米技术文化墙、感恩泉等主题文化景点，弘扬中华传统孝爱文化和纳米健康文化。

【“威海韩国不夜城”——韩乐坊、韩国风情街景区】 位于威海经济技术开发区乐天世纪城，占地面积约5.6公顷，总建筑面积约10万平方米，是中国首家韩文化主题商业景区，是国家AA级旅游景区。有韩国商业步行街、丽水门、庆会楼、韩国民俗体验馆、韩国茶艺体验馆、精品夜市、韩国文化艺术馆、公寓酒店、各种主题的韩国文化休闲广场及韩国风情街等。成为中韩友谊、文化、艺术、商品、旅游、信息沟通交流，韩国品牌、商品在中国的展示中心及贸易集散地，韩国建筑、民俗、旅游、饮食、时尚、非物质文化遗产等韩国文化在中国的体验中心。

【毛泽东像章珍藏馆】 位于威海临港经济技术开发区蔄山镇正气路22-1号，建筑面积约3000平方米，国家AAA级旅游景区。馆内收藏各个时期的毛泽东像章、军功章、奖章、勋章、纪念章150余万枚，收藏20世纪60年代毛泽东的塑像及相关的瓷器、书籍、宣传画等藏品。

【中国钓具之都·博览城】 位于威海临港经济技术开发区，规划面积66.67公顷，总投资30亿元，建设商贸城、电子商务中心、钓具孵化器、会展中心、仓储物流中心、科研所、博物馆、海上运动科技体验馆、工业园区、休闲钓场十大功能板块，是国家AA级旅游景区。

（张际华）

会　展

【概况】 2014年，全市举办会展活动243个，展览总面积46万平方米。其中，展览75个，规模以上展览22个；节会活动168个，其中省级以上行业专业会议18个。会展业直接总收入2.82亿元，为全市交通、旅游、酒店、通信、物流等相关行业带来直接经济收益19.09亿元，实现税收9500万元。

【优化会展业发展环境】 加大对《威海市人民政府关于鼓励会展业发展的若干意见》《威海市会展活动管理暂行办法》的落实力度。对2013年度申报奖励的会展项目，进行公平公正地审核，对中国（威海）国际艺博会、中国企业创新发展之道高峰论坛等6项活动给予45万元的资金奖励，提高社会企业招会引展、办会办展的积极性。组织开展2014年会展奖励项目的申报受理、资料收集、活动审核和整理汇总工作。受理企事业单位咨询申报事项24项。创新多部门联运机制。加强与专利、商标、版权等管理部门的联动，鼓励企业对展会项目进行商标注册，保护自主品牌。建立展会项目信用和效能评估机制，通过“宽进严出”、诚信记录等手段，保护优质项目。会同公安、城管执法、工商等部门联动管理，协调处理展会纠纷、档期冲突、场地协调9起，维护会展市场秩序。探索建立健全会展、商务、文化、旅游等部门服务联动机制。推动信息互联、渠道共享，构筑政府与企业之间沟通交流的平台，为全市会展企业、会展项目做好政策扶持、协调服务工作，营造良好的发展环境。加大会展相关法律法规的宣传推广和法律援助工作力度，会同山东时中律师事务所在各大展会期间进行法律咨询，为参展企业服务。建立完善会展服务网络平台。积极开展行政权力清单制度工作，公示相关权力事项和办事流程。将会展服务电话并入“12345”热线，创新网上备案登记制度。全年办理各类展会申报、备案登记74件，拓展便民服务渠道，会展服务的质量和效率得到有效提高。充分利用会展网、会展微博建立高效、透明的会展服务平台，及时发布展会动态、参展商与采购商信息，提高展会服务质量和效率，有力推进会展业发展。

【举办会展活动】 全市先后举办威海国际食品博览会、中韩（威海）品尚生活博览会、威海国际渔具博览会、海峡两岸（威海·荣成）海洋食品博览会、中国威海船艇暨高端生活展览会、中韩（威海）文化创意产业合作交流会等拉动产业发展的专业展览活动。举办山东省大学生创意文化节、第三届威海青岛啤酒嘉年华、2014年中国－欧盟膜技术研究与应用研讨会、第五届国际电液动力传动及控制应用技术交流暨研讨会、2014第四届微结构气体探测器研讨会、2014年首届（威海）中国旅游温泉产业跨界创新发展论坛等18项专业会议活动。组团参加第12届中国会展主办者大会，推介威海市会展环境和政策优势，与国际知名会展机构建立合作关系。组织威海会展场馆、会展企业和高校代表，参加“山东台湾会展产业交流洽谈会”，与台湾会展企业就合作办展、组团参展、会展人才培训等议题进行合作探讨，达成初步合作意向。巩固车展、服装展、家具展、房博会等传统消费类展会，鼓励引导社会力量举办动漫、文化、美食、音乐等消费型的会展项目，举办全国孕婴童用品及幼教产业、紫砂艺术、奇石玉器展销会、婚庆采购等消费类展会37项，举办各类书画展，丰富百姓生活，提升城市品位。

【“会展工作提升年”活动】 继续开展“会展工作提升年”活动，通过两年的打基础、提素质，会展从业人员素质、会展企业服务水平、品牌会展举办质量明显提升。年内，重点围绕如何提升发展思路，研究加快实现全市会展业升级、转型、跨越的措施，创新管理手段与方法等问题，交流创新发展、优化服务、提高效能的具体措施，取得明显成效。深入开展专题调研，《威海市会展业发展基本情况》被《威海发展研究》第10期刊发，《迅速抢占中韩自贸区会展业战略制高点研究》被评为威海市优秀调研成果三等奖。

（郭　睿）

编辑　李传强

财政·税务

财　政

【概况】　2014年，威海市一般公共预算收入220.79亿元，完成预算的100.1%，比上年增长13.1%。一般公共预算收入，加地方政府债券收入、各项税收返还和转移支付补助、上年结余收入等92.98亿元，收入共计313.77亿元。全市一般公共预算支出280.60亿元，完成预算的110%，增长10.0%。一般公共预算支出，加上解省级支出及结转下年支出等32.97亿元，支出共计313.57亿元。收支相抵，累计净结余1969万元，当年净结余56万元。

受清理规范非税收入、压减涉企收费政策影响，市级一般公共预算收入3.06亿元，完成预算的67.7%，下降19.9%。市级一般公共预算收入，加地方政府债券收入、各项税收返还和转移支付补助、各区（市）上解收入及上年结余收入等59.64亿元，收入共计62.7亿元。市级一般公共预算支出51.56亿元，完成预算的105.9%，增长10.4%。市级一般公共预算支出，加上解省级支出、补助各区（市）支出及结转下年支出等11.1亿元，支出共计62.66亿元。收支相抵，累计净结余398万元，当年净结余20万元。

【提高经济运行质量和效益】　扶持科技研发和自主创新　市级设立了重大科技计划专项资金，对科技创新综合服务平台建设等11个重点项目给予扶持；设立科技成果转化先导资金，采取“拨改投”的方式支持科技创新和成果转化；设立科技孵化器扶持发展资金，支持了孵化器创办、科技人才到孵化器创业等20个项目。支持山东船舶技术研究院、威海海洋研究院等创新、研发平台建设，扶持13个产学研合作创新重点项目，支持从高校、科研院所选聘专家指导相关领域科技成果转化。

引导、促进结构调整和转型升级　大力促进实体经济发展，对重点纳税企业、产业集群龙头骨干企业和科技型中小微企业建立分层次政策扶持体系。落实促进工业企业转型升级加快发展扶持政策，为38个重点技改项目提供贴息补助。大力推动服务业发展，重点支持了健康与养老服务、现代物流、电子商务、文化创意等领域的57个项目建设。

支持金融创新和企业融资　市、各区（市）设立了小微企业贷款风险补偿基金，缓解小微企业融资难题。在总结科技支行试点经验的基础上，进一步增加贷款贴息和风险补偿资金规模，完善贷款政策，放宽贷款条件，全年贷款余额5亿元。成立国有资本运营公司，将既有资产和资源盘活转化为资本，运用股权经营、贸易融资、产业基金等金融工具和资本杠杆支持威海市经济发展。

【民生保障】　支持教育优先发展　进一步提高了小学、初中及特殊教育学校生均公用经费标准，并全部实现城乡统筹。按照高中每生每年600元和中等职业学校每生每年2800～4500元的标准建立了生均公用经费保障制度，促进高中、中等职业教育健康发展。加快推进农村义务教育学校校舍标准化建设，新开工项目76个。支持二中综合楼、教育实验幼儿园扩建等教育重点工程建设，市中小学生综合实践基地一期工程竣工投入使用。支持全市完成41所学校塑胶运动场地改造建设，发展新模式校车127辆，实现了农村中小学校车服务的全覆盖。

保障特殊群体生活　提高了城乡居民最低生活保障、农村“五保”集中和分散供养、居民基本养老保险基础养老金、计划生育特殊家庭扶助金、优抚对象生活补助金的财政补助标准，为80～99周岁的低保老人发放高龄津贴，为城乡生活不能自理的经济困难老人和残疾人发放护理补贴，完善残疾人医疗保险、养老保险补贴政策，不同群体的生活都得到了有效保障。

支持创业就业工作开展　落实创业就业促进政策，发放场地租赁补贴、高校毕业生就业见习补贴等创业就业补贴，为首席技师等专业技术人才发放补助，鼓励设立博士后工作站和引进博士后，支持开展多层次劳动技能培训，积极引进国内外高层次人才和智力成果。进一步增加小额担保贷款基金规模，建立贴息保障机制，发放贷款2.3亿元，扶持2336人自主创业。

改善居民就医环境 实现居民基本医疗保险和大病保险并轨，居民基本医疗保险财政补助标准提高到每人每年330元，研究出台了优抚对象、城乡低保对象、五保对象、孤残儿童等特殊困难群体参加居民基本医疗保险补助政策。将基本公共卫生服务人均经费补助标准提高到35元，支持为所有城乡居民提供预防接种、传染病防治等11大类43项基本公共卫生服务。安排资金建成218所标准化村卫生室，保障农村医疗急救站运营，进一步改善农村医疗卫生条件。加强妇女儿童健康保障，为新生儿、孕产妇、农村妇女等提供多项免费筛查服务。

丰富居民文体生活 支持加快图书馆集群网络服务体系建设，提升完善50个社区图书室，新购置3辆流动图书车。落实好图书馆、博物馆等公共文化设施免费开放政策，支持举办送戏下乡和广场演艺活动，保障会议中心大剧院提供75场高层次演出。在鼓励开展全民健身体育活动的同时，支持2014年威海国际长距离铁人三项世界锦标赛、韩国仁川第17届亚运会（中国·威海）火炬传递等活动，进一步提升城市品牌形象。

【基本公共服务均等化】 *改善农村发展条件* 大力实施农业综合开发，新增和改善灌溉面积2666.67公顷、除涝面积1333.33公顷，新增节水灌溉面积2666.67公顷。完善农业保险政策，新增花生、公益林等5个险种，为农业、渔业生产提供24.4亿元的风险保障。积极扶持高效农业发展，提升苹果、海参等优势产业发展水平，推进粮油高产创建示范片和现代农业示范区建设，支持农产品质量安全提升。抓好各项惠农补贴政策落实，兑付补贴资金2.2亿元，并通过财政涉农补贴资金“一本通”及时发放到农民手中。按照村均5万元的标准，建立起村级组织运转经费保障机制。

提高城市建设管理水平 支持城市道路、污水管网等公益基础设施建设，南水北调续建配套工程、省道S301部分路段改建等政府重点工程顺利推进。加大资金投入，并通过资产注入、政策扶持等方式提高城投、水投等公司运营能力，加快推进东部滨海新城开发建设。支持智慧城市建设，电子政务外网云平台、智能交通、交通应急指挥中心、市民网等项目投入运营。

加强城乡环境建设 组织完成了255个重点村的农村环境综合整治工作，并按照村均1万元的标准，建立起长效管护机制。继续支持开展既有居住建筑供热计量及节能改造，完成了20个旧生活区环境综合整治工程。大力发展城市公共交通，支持采购290辆节能环保公交车及配套设施建设。及时兑付补贴资金，加快推进黄标车提前淘汰，全市累计提前淘汰黄标车7148辆，淘汰总量居全省前列。抓好大气污染防治和重点流域水污染治理，支持热电企业脱硫脱硝设施建设、除尘设备改造及香水河、张村河等水域环境综合治理。

【财政财务管理】 *推进营改增试点* 将铁路运输、邮政和电信企业纳入试点范围，全市营改增纳税人达到7250户，减轻企业税负4亿多元。

加大预决算公开力度 市级公开了75个部门的预算和61个部门的决算，并将国有资本经营预算和社会保险基金预算提交市人大常委会审议。市级及5个区（市）完成了“三公”经费预算公开。

推进政府购买服务 出台了《政府向社会力量购买服务实施办法》，将6大类58款326项服务纳入到政府购买服务范围，并在社区居家养老、安全生产检查、法律咨询等领域开展试点。

深化国库集中支付和公务卡改革 积极开展乡镇国库集中支付改革试点，全面完成市直部门会计集中核算向国库集中支付转轨工作。进一步推动公务卡制度改革，市级公务卡改革单位达到270多家，发卡3700多张，刷卡金额达到3169万元。

严格财政支出管理 认真落实厉行节约反对浪费条例，结合威海市实际及时出台公务接待以及会议费、差旅费、培训费等一系列管理制度，大力压减一般性支出，努力降低行政运行成本。

加强国有资产监督管理 完善国有资产监管制度，探索转变监管方式，拟定深化国资国企改革意见，推动威海港战略重组、民航经营体制改革等工作开展。

（时祝华）

国　税

【概况】 2014年，威海市国税系统完成税收收入119.18亿元，比上年增长7.0%；地方级收入完成33.83亿元，增长14.0%。年内，市国税局获得“全国书香之家”称号，并获得市级以上荣誉9项。

【组织收入】 严格执行收入督导责任制，研究总分机构企业所得税分享办法等，实现开源增收4251万元，并先后开展了所得税研发机构业务剥离、增值税固定资产抵扣以及福利企业优惠政策落实等专项检查，依法管理减免税，实现政策增收4874万元。市、各区（市）国税局都成立了数据分析与风险防控中心，围绕难点和重点，分析排查了金融、化工和运输等12个重点行业和领域，调查企业2230多户，筛选征管问题7178户次、数据质量问题1.03万户次，揭示和发现管理漏洞16项、疑点11项，提出管理建议8项。同时，发布“代开发票”等49期风险分析报告，增加税收2.39亿元，比上年增长8.5%，有23个指标优于全省平均值。以荣成国税局作为试点单位，理顺岗责、流程256个，绑定管理、服务、执法责任，深化办税厅实体化，成立负责日常管理的征收服务局和专司税源监控的评估职能局，为税收专业化管理进行了有益探索。试点后，解除风险指标2269户次，增收评估税款5551万元，并在全省征管会上交流试点经验。完善“重点税源精细化、中小税源标准化、个体税源简约化”的税源分类管理机制，建立铸造、纸板箱等10个行业模板，加强中小税源专业化管理。全年通过强化征管，100万元以下中小企业增长28.7%，增收3.59

亿元。强化稽查队伍建设，创新选案方法，提高稽查效率。充实19名稽查局人员，稽查干部占比达12.7%，全市选案、审理向一体化推进；设立全省首个专职稽查纪检监察机构，强化稽查执法内部监督；创新“体检式”选案法，制定涵盖8大类22个指标新选案体系，变过去的“选疑点户”为“选疑点问题”，该做法得到国家税务总局总会计师孙瑞标专门批示。全年筛选、下达企业检查742户，查补入库1.99亿元，增加7077万元，增长55.1%。

【依法行政】 根据执法检查和日常征管中发现的问题，确定防控指标17个，并制订防控方案，明确目标和措施。年内，防控指标问题发生频率比上年下降96%。针对风险易发、频发的工作环节，设立税收法制员岗位，对税收处罚、政策审批等20类重点执法项目中51项内容实行事前评议、评价，防范执法过错。从重点问题入手抓执法风险防范。如文登市地税局规范代开发票管理，制定管理指引、规范资料审核调查等，防范代开发票涉税风险，全年代开普通发票1.27万份，下降34%。

【纳税服务】 提升主动服务意识，深化便民服务举措。围绕便民办税春风行动要求，推出便民举措76项，其中，简化流程24项，压缩时限28项，简并资料16项，其他8项。围绕打造实体化办税服务厅，实行“一站式”办税服务模式，前移9项调查审批事项，即时办结72项业务，18项业务缩短办税时间60%以上。环翠国税局成立“纳税人之家”，接待、辅导纳税人8600多人次，被省国税局评为全省“十佳纳税人之家”之一。

【干部队伍建设】 以服务税收工作中心点和立足个人岗位需求点为导向，突出分类分层次培训，全系统举办培训班114期，培训6964人次。企业真实业务培训的经验被国家税务总局推广。推出26项具体举措为基层减负，补助基层电脑128台，并开展党组书记抓基层党建工作述职评议，加强基层党组织建设。积极挖掘基层典型事迹，4月，与市总工会、团市委、市妇联联合评选表彰“全市最美国税人”“青年岗位能手”“巾帼建功标兵”各10人。根据省国税局绩效办法，细化150条标准，突出量化和实地绩效管理，增加13条量化指标，并将税收执法、政策落实等20项工作纳入实地考核。全年开展实地考核15项，核实疑点622条，整改问题40个。制定《廉政宣传教育制度》《培训班廉政课程模板》，组织“预防职务犯罪专题讲座”“警示教育巡回宣讲”等活动11次，系统3个单位被评为首批“廉政文化建设示范点”。制定明察暗访工作意见与指引，对144个基层单位开展3轮检查，批评教育及经济惩戒42人。加强与市纪委、检察院等机关联系，建立了联系制度，提高监督预防主动性。围绕纳税人和社会各界关注的税务干部廉政、执法等问题，加大纳税人随机访问力度，访问纳税人1125户，满意率98.6%，收集意见、建议33条。

【服务经济发展】 加强经济税收分析。利用税收数据和信息，开展“经济税收变化分析”“结构性减税分析”“从全省税收看威海”等分析，提出经济税源建设的建议，为市委、市政府提供税收经济分析报告51份。全面落实优惠政策。全市兑现各类税收优惠82.8亿元，比上年增长34.4%。通过绩效考核、专题辅导、实时监控等措施，确保小微企业所得税优惠落实，全年兑现优惠4388万元，增长85%，惠及纳税人9070户，增长104%。

（李洪禄）

地　税

【概况】 2014年，威海市地税系统组织各项收入180.53亿元，比上年增长12.8%，扣除“营改增”因素，增长16.6%。其中，各区（市）收入完成165.03亿元，增长13.5%，扣除“营改增”因素，增长17.7%。

【组织收入】 建立税收分析长效机制，加强对重点税种、地区、行业和企业的监控和分析。开展税源普查，对年纳税额10万元以上的4845户纳税人和50万元以上的2129户纳税人分两次进行了调查，采集有关数据20万余条。加强对房地产、建筑、金融等重点行业的纳税评估和税收预警分析，对9个行业566户纳税人开展纳税评估，评估税款6443万元；通过税收预警入库税收1389万元。开展对房地产、建筑“营改增”行业的税收清查，抓好大项目税收管理，市、区（市）两级704个在建重点项目入库地方税收8.66亿元。房地产、建筑业合计入库89.2亿元，比上年增长24.7%。深化企业所得税专业化管理，强化行业分类和汇缴、预缴管理，企业所得税入库15.33亿元。全面推进全员全额明细申报工作，做好年所得12万元以上个人所得税自行纳税申报，建立高收入者专项信息库，重点抓好利息、股息、红利所得个人所得税管理。个人所得税入库10.46亿元，增长14.5%。加强营业税重点税源管理，营业税入库63.66亿元，增长14.5%。抓好土地增值税预缴、清算管理，土地增值税入库20.16亿元，增收6.91亿元，增长52.2%。抓好涉税信息采集、加工、分析、比对工作，强化部门配合，实行重点环节重点把关，全面应用代征系统，开展票证检查，规范委托代征工作，采集涉税信息35.38万条。利用工商登记等信息，比对漏征漏管户577户，利用房管、土地等部门提供的信息，比对入库税款5.2亿元。强化关联企业申报审查，深入开展反避税工作。做好境外上市企业和境内上市企业跨境税源的管理，加强与国税、外汇、社保、公安等部门的信息交流，建立信息共享制度。全市实现非居民税收1893万元，外籍个人所得税入库6843万元。

【征管改革】 坚持体制创新与科技创新相结合，以体制改革为主线，以电子查账为手段，在市区范围内实行一级稽查管理模式。检查企业363户，查补税款1.79亿元。国家税务总局稽查局到威海调研对一级稽查与电子查账的有机结合模式给予了高度评价，并被山东省地税局评为创新项目二等奖。按照属地管理的原则，对环翠区辖区征管范围进行重新划分，调整单位纳税人和个体工商户9830户。全面推广网开发票和“山东企业综合办税平台”。积极应对注册资本登记制度改革，推进“市场主体设立联审联批”，推动征管户籍管理的改革。深化金税三期系统应用，强化数据返还管理与增值利用。

4月9日，威海市地税局党组书记、局长张洪起（左二）参加“局长服务日”活动，与纳税人面对面沟通，现场解决纳税人的涉税问题　　市地税局提供

【执法管理】 认真梳理税款征收、税收管理、税收优惠、税收法制等内容，对50余种税收执法文书进行了规范。加强对规范性文件的合法性审查，统一涉税规范性文件的发文文种、字号。修订完善政务公开指导性意见，规范地税系统政务公开的内容、范围、方式等，构建严密的内部监督制约机制。制定税收执法重点管理办法，开展重大税收政策落实情况和税收管理薄弱环节的监督检查。对纳税人举报投诉、纳税争端、对税务处理决定的异议等事项提前介入，及时发现和处理执法隐患。组织税收执法风险防范专题讲座，对税收执法疑点难点问题进行了统一规范。

【服务发展】 立足税收看经济，认真开展调查研究，撰写了关于中小微企业税收政策执行情况、土地使用税税额调整等调研报告，有5篇被上报国务院办公厅。“深化征管改革，服务市域一体化建设”的税收调研成果被编入《市委理论学习中心组读书会参考资料》。深入开展“便民办税春风行动”，制定10条便民办税重点措施，建立企业纳税情况“红黑榜”发布制度，建立了国地税纳税服务工作合作机制。加大对现有服务资源的整合，规范办税服务场所建设，优化办税服务流程，落实重点企业联系制度。走访企业1856户次，答复“12366”热线问题6988个。利用纳税人培训中心举办了11期纳税人税法培训班，培训6054名企业纳税人。针对“营改增”、小微企业税收优惠、土地等级调整等，通过印制一封信、宣传册、“12366”热线、外部网站、政务微博等各类媒体，广泛进行宣传。同时，抓好税收舆情管理。市地税局纳税服务中心被授予“2014年度部门行政审批服务先进办事大厅”，驻政务服务中心窗口被授予“2014年度深化机关作风建设年活动先进窗口”。

【队伍建设】 引进“岗位培训系统”，深入开展全员岗位技能培训，提高干部职工履行职责的能力和水平。年内有3人入选国家税务总局专业人才库。完善干部激励机制，组织开展双向约谈。发挥文学社、摄影社等平台的作用，对《蓝色情怀》杂志进行改版，开展系统第一届运动会等10余项文体活动，丰富干部职工业余文化生活。在全系统开展“树德、选能、倡廉、读书”主题实践活动、典型事迹评选和“四德”榜建设活动等，评选出敬业奉献、诚实守信、孝老爱亲、助人为乐等道德模范14人；开展“最美税务人”评选活动，3人被山东省地税局评为最美税务人，1人被评为十佳最美税务人；在全系统范围内评选表彰先锋党组织13个、先锋党员32名和优秀党务工作者8名。发出了“提升八个意识，做党性坚强的地税人”的倡议，引导干部职工牢固树立学习、敬业、责任、创新、法治、服务、廉洁、道德“八个意识”。组织参加了全省地税系统“清廉地税”廉政书画摄影评展活动，被省地税局评为优秀组织单位。组织进行党组书记上廉政党课等“五个一”活动，相关做法被山东省纪委推广介绍。召开了特邀监察员会议，主动征求意见和建议，推动作风建设整体转变。

（孟新华）

编辑　王　瑛

金　融

综　述

【概况】　2014年，全市实现金融业增加值65.72亿元，比上年增长11.7%，占地方生产总值的比重达2.4%；完成金融业地方税收收入7.57亿元，增长12.8%，占全部地方税收收入比重达4.6%，与上年同期基本持平。全市社会融资总量420.03亿元，增长33.3%。年末，全市有银行业金融机构24家，全市银行业本外币存款余额2632.33亿元，比年初增加253.07亿元，增长10.6%；本外币贷款余额1735.28亿元，增加170.3亿元，增长10.9%。有证券机构17家，交易额2103亿元，比上年增长85%。有保险机构45家，实现保费收入63.02亿元，增长11.3%。有融资性担保机构16家，有小额贷款公司22家。民间融资机构规范化发展，有民间资本管理公司26家、民间融资登记服务公司5家。年内，3家企业进入IPO（首次公开募股）审核预披露程序。29家中小企业实现场外市场挂牌。至年末，全市场外市场挂牌企业累计达37家。

（刘冰杰　孙健飞）

宏观调控

【概况】　2014年，中国人民银行威海市中心支行引导全市金融机构落实稳健货币政策，加大信贷投放力度，持续优化信贷结构，为推动全市地方经济持续健康发展作出应有贡献。

【货币信贷持续增长】　2014年，全市货币信贷总量持续增加，全市存贷款增幅分别位列全省第6位和第10位。加大银企对接重点项目推介力度，筛选融资需求300多亿元的200多个项目向金融机构推介，安排45个项目进行示范性签约，总授信额度127.48亿元。12月末，全市179个银企对接推介项目贷款余额132.3亿元，比年初增加18.8亿元，增长16.6%，高出各项贷款5.7个百分点；45个银企对接签约项目资金到位率70.9%，比上年同期提高5.8个百分点。推进三农金融工作，加速推进金融支持现代农业加快发展两年攻坚计划，县域银行业机构开办农业贷款覆盖面达100%。建立新型农业经营主体主办行制度，为新型农业经营主体提供“一对一”的全方位金融支持，对13家试点新型农业经营主体贷款余额1.6亿元，贷款满足率92%。

【金融风险管理】　发挥金融管理作用，严把新设机构开业关口，强化银行业务风险管理。按季召开银行信贷形势分析及风险管理座谈会，采取设定主题、现场讨论、督办调度等方式，通报信贷形势提示金融风险，引导金融机构全面落实人民银行调控政策。在省内率先建立县域金融稳定突发事件信息管理协作机制，做法在全省推广。推动金融机构落实重大事项报告制度，密切关注辖区荣成荣喜集团连环担保圈等重大事件和信贷风险隐患，协调金融机构对风险暴露企业统一认识和行动，制定重点企业风险处置方案，保护涉贷银行机构合法权益，保住不发生区域性和系统性金融风险的工作底线。先后组织5次重大事项培训，明确各机构的报告责任，强化工作人员的责任意识。通过执法检查手段，检查部分机构制度执行情况，全市先后现场检查金融机构9家次。

【发展普惠金融】　改进金融服务，发挥贴近社会、贴近民生、贴近一线的优势，拓展和深化金融基础设施建设的广度和深度，推进支付环境建设工作。年内，全市布放ATM机560台，各类POS机1.81万台，农民金融自助服务终端410台，建设助农取款服务点2687个，实现农村金融基础设施覆盖率和手机支付业务农村覆盖率100%目标。制定《威海市农村和小微企业征信数据库及省域征信服务平台建设工作实施方案》，确定征信数据库和省域征信服务平台建设等具体年度目标。至年末，全市建立农村征信数据库的数据集21个，涉及数据项156项，采集农户信息2.62万条；建立小微企业征信数据库的数据集6个，涉及数据项78项，采集1919户小微企业信息。坚持国库服务预算、服务社会、服务民生的导向，配合有关部门深入推进营改增、消费税、资源税等财税体制改革，落实各项保障和改善民生措施。加大国库惠民范围，将“黄标车”提前淘汰补贴资金支付纳入国库直接支付业务范围。严格落实新《中华人民共和国预算法》，履行经理国库职责，推进国库集中支付改革、清理整顿财政专户、加强非税收入管理等工作。推进人民币净化工程，提升钞票处理设备防伪能力。完善小面额票币兑换机制，辖区设立52家小面额人民币主办银行网点。推进银行业金融机构冠字号码查询和现金全额清分工作，创新“一行一策”现金管理模式，推进辖区现金净化工程。推动金融消费者权益保护工作，召开县支行金融消费权益保护协会成立大会，实现辖区全覆盖。组织开展“金融消费者权益保护”等专题宣传活动2次，日常宣传活动26次，发放宣传资料5.2万份，宣传受众21万人。联合威海市广播电视台共同主办金融类专题电视栏目《威海金融》，以普及金融知识、促进社会公众享受金融发展成果为宗旨，威海广播电视台公共频道黄金档每周末播出2期，打造威海金融系统金融知识宣传主阵地。

【支持经济发展】 2014年，落实再贴现使用额度，威海市获取再贴现额度9.5亿元，居全省第2位。办理再贴现21.72亿元，再贴现余额9.5亿元，比上年增长20.1%。利用定向降准释放信贷资金，年内先后两次对辖内农商行等3家法人银行降低存款准备金率，释放信贷资金8亿元。支持小微企业164家，特色种养农户460个，节约企业财务成本约1425万元，为农民创收约1亿元。运用支农再贷款的定向融资功能，全年发放支农再贷款5.7亿元。支持涉农企业46家，节约企业财务成本约1100万元，为企业创利约9000万元；支持专业养殖户80余户，为农民创收约4700万元。

【人民币跨境结算和外汇管理改革】 支持涉外经济良性发展，开展“跨境人民币业务知识宣传月”活动，由人民银行威海市中心支行、市商务局、威海出入境检验检疫局业务骨干组成宣讲团，采取“走进基层、深入企业”的方式，深入各区（市）进行跨境人民币政策宣传，受众企业近1000家。制定和修订《威海市中心支局外汇主体分类管理委员会工作制度》《威海市中心支局外汇主体管理实施细则》及《威海市中心支局外汇主体管理综合业务服务及操作规程》等相关制度，推进外汇管理改革工作，促进涉外主体贸易投资便利化。推进外汇主体监管，实现外汇业务“一个窗口”“一站式”服务，提高服务效率。开展外汇政策宣讲，面向企业举办2期外汇管理新政培训。坚持“一企一策”服务，深入重点涉外企业，了解掌握企业经营情况及涉外发展中存在的困难和问题，及时提供政策辅导和服务。完善资本项目信息应用系统，便利企业与银行办理外商直接投资业务，全年办理外商直接投资登记业务81家，外国投资者出资确认登记4.37亿美元，为31家境外投资项目办理境外投资外汇登记手续，中方协议投资金额2.92亿美元。

（刘冰杰　孙健飞）

金融监管

【概况】 2014年，威海银监分局贯彻年度监管工作会议精神，树立为民监管理念，全面推动银行业改革和发展转型，增强服务实体经济的能力，提升监管水平和效能，有力维护了威海银行业平稳运行和良好发展态势。全年无案件和重大风险事件发生，整体实现稳健运行。

【金融风险监管】 积极应对经济波动对银行业的冲击，坚决守住不发生系统性、区域性风险的底线。防控大额授信风险，全年召开3次专题会议，提出“梳理排查、明确责任、守住底线、掌握主动、逆周期管理”的总体要求和“科学处置、分类化解”的应对思路。组织对1亿元以上大额授信风险进行全面排查，对辖内授信20亿元以上大型客户、集团客户授信及贸易融资情况开展摸底调查。以协会为平台，组建全市银行业大型客户债权人联席会，建立季度工作例会和贷款监测简报制度，定期通报全市授信超10亿元的大型客户信贷风险变化。加强全市银行业之间的信息交流、抑制过度授信和共同防范信贷风险。防控重点行业风险，密切关注造船业风险变化，化解风险。全年召开4次授信行会议，分析在建船舶工期、资金压力、交船预期等情况，明确在发展中化解风险的应对思路，提出对船舶建造进行过程化管理、对资金使用实行封闭运行的具体措施。开展对造船业授信风险专项检查，针对检查发现违规问题，责令金融机构对相关责任人进行处理，各行树立审慎经营理念，进一步强化风险管理。加强对房地产贷款的风险监测，建立区域名单式监控机制，重点防控房地产开发贷款和按揭贷款违约风险。防范担保圈风险，召开授信行协调会议，督导各涉贷银行全力做好风险化解预案和担保圈风险隔离工作，有效防止授信风险在担保圈内扩散蔓延。完善担保分析识别手段，对担保圈识别系统性能进行全面优化，增加系统查询功能和数据统计分析模块，提高系统的实用性，协助省内其他地市完成担保圈分析及图谱绘制工作。基于分局担保圈识别系统建立起的风险监测预警框架，被山东银监局推广。防控案件风险，落实案件防控责任制和案件防控月度排查制度，与辖内各家银行业金融机构签订年度案件防控工作责任书，按季召开案防工作例会，推行案防工作承诺监管。要求各机构切实保证排查频度和深度，加大案防及操作风险现场检查力度。开展多次操作风险和内控管理专项现场检查，促使各行不断完善制度体系，加大制度执行力度和员工合规教育。强化案防法规知识掌握，组织全辖银行业机构311名从业人员进行案防法规测试，明确案防工作重点。督促各行管理层以身作则，不断提高执行力，确保案防制度有效落实。

【助推经济发展】 发挥监管引领作用，引领银行业为实体经济提供优质高效的金融服务，确保银行业发展与实体经济紧密结合。助力地方经济转型升级。引导银行业机构围绕全市经济发展规划布局，发挥信贷投放对产业发展的引导作用，加强信贷政策与产业政策的有效对接。年内，威海银行业新增贷款主要投向制造业、批发零售业和农林牧渔业117.7亿元，占全部贷款增量的68.9%，比上年降低0.5个百分点。个人类贷款中个人经营性贷款实现快速增长，贷款余额比年初增加23.3亿元，增长13.1%，高于各项贷款增长2.24个百分点。提升经济薄弱环节支持力度，建立引导推动机制，通过召开小微企业金融服务工作会，签订支农服务工作承诺书等方式，引导督促银行业机构在小微和涉农金融服务中发挥金融助力作用。建立监测通报机制，按月监测并通报小微和涉农贷款投放情况，督促各行找准差距，推动全辖银行业机构小微和涉农金融服务工作。推动服务创新，开展第三届小微企业金融服务宣传月活动和小微企业金融服务工作经验交流座谈会，推动产品创新和服务改进。保护消费者合法权益。建立金融消费者宣传教育常态化机制，开展“送金融知识下乡”和“金融知识宣传月”活动，为辖区167个县域基层网点播放“送金融知识下乡”宣传片，组织各行到全市中小学、大中院校、乡镇社区开展了55场金融知识宣教活动。进一步提升服务，作好金融消费者权益保护事前防范。联合市公安局推进防范金融诈骗“面签告知制度”，成功堵截金融诈骗案件100余起，有效保护金融消费者资金安全。针对信用卡业务下发监管提示，要求各行严格执行面签制度、科学评定信用等级、审慎核定信用额度，规范银行卡业务管理，保障消费者合法权益。完善银行业服务。加强市场组织体系建设，完善多层次的银行业服务格局，新引进2家股份制银行和1家城商行分支机构，全辖机构总数达24家。鼓励银行业金融机构科学迁址，优化布局，面向基层延伸服务，提高城市社区，特别是农村地区、偏远乡镇的基础服务覆盖率，提供广泛便利的金融服务。批准新设支行11家、升格支行4家，其中，3家新设支行为社区支行，属全省首批，银行业金融服务能力、质量和效果均得到显著提升。

【深化银行业改革】 以体制机制改革为突破口，推动辖内银行业金融机构转变发展方式，走可持续发展之路，促进各机构管理水平不断提升、科学发展实力持续增强。稳步推进信用社改革工作，采取指标调度、现场摸底、监管座谈、考核督促等方式对文登、乳山联社进行监管引领，督导其完善治理模式、优化主要监管指标。全程参与威海市商业银行改革转型工作，提出明确监管意见，指导该行根据监管要求对全行绩效考核体系进行完善，提高风险防控、小微金融服务等考核指标的权重。推进农合机构股权改造工作，荣成农商行完成增资扩股，达到法人股占比55%以上的监管要求。推进城商行完成增资扩股工作，有效补充核心资本，增强资本实力和风险抵御能力。结合推动新资本管理办法实施，引导威海市商业银行改进完善绩效考核体系，经济利润及资本考核指标整体占比达50%以上；完成城商行联盟系统上线，有效提升资本计算和经济资本计量配置能力。坚持分类指导、分类实施政策。对政策性银行，以政策性业务为主体，审慎发展自营业务，调整业务发展结构，资金向实体经济倾斜。对邮政储蓄银行，在坚持风险可控的前提下，挖掘潜力，发挥网点优势，加快业务拓展。以可持续特色发展为目标，扶持威海市商业银行建立“零售银行”的品牌发展战略，优化“零售银行”架构设计，通过增设交通金融、贸易金融和网络金融部，突出服务专长。加强对农合机构资产质量真实性监管力度，与机构负责人签订限时整改承诺书，要求限时完成资产分类调整，严把不良贷款压降关的要求，至年末，辖内农合机构非应计与不良贷款保持零偏离。推动威海市商业银行建立全面风险管理体系，查找与监管合规要求和同业标杆的主要差距，拟定3年内三大风险和资本充足评估程序完善目标，确定17个分步实施项目建设任务，形成全面风险管理建设规划。

（付茂智）

【民间融资机构发展】 年内，市金融办组织开展5次民间融资机构管理联席会议，按照“把握标准、严格程序，密切协同、稳中求进，成熟一家、批复一家”的原则，对31家民间融资机构的设立申请材料及5家民间融资服务机构变更材料进行审核。年末，全市有民间资本管理公司26家、民间融资登记服务公司5家，注册资本总额9.15亿元。民间资本管理公司实现区（市）全覆盖。规范民间融资业务，引导民间融资机构按照“支农、支小、分散”和“合规经营”的原则，全面开展各项投资业务，服务全市的实体经济。至年末，18家民间资本管理公司投资366笔7.92亿元。其中，股权投资2笔2600万元；债权投资17笔3165万元，短期财务性投资347笔7.35亿元。民间融资登记服务公司登记需求5738万元，登记出借6397万元，对接成功18笔579万元。加强风险防控，引导民间融资机构将“不一带多出资、不非法集资、不吸收银行信贷资金、不违法高利放贷、不暴力催债”等作为经营前提，科学设置岗位职责，优化人员要求配置，建立从项目初审、收益评估、风险审查、项目跟踪等环节的全过程风险控制流程，杜绝违法违规和高风险经营行为。

【净化金融市场环境】 市金融办制定《威海市非法集资风险专项排查活动实施方案》，在全市开展非法集资风险专项排查，按照“归口排查、预警排查、重点排查、内紧外松”的原则，组织拉网式的风险自查，全面查找风险隐患和薄弱环节。全市排查3777家各类机构，发现并整改各类不规范问题160余个。协调行业主管部门做好企业假借保障房、“粮食银行”等名义进行涉嫌非法集资活动的排查。全面梳理非法集资广告咨询信息排查清理工作，协调各区（市）及市委宣传部、市经信委、市公安局等单位，采取明察暗访相结合的方式，清理排查涉嫌非法集资广告资讯信息，出动工作人员300余人，执法500余次，责令停止发布问题类广告16件，整改涉事企业8家，发现和规范涉嫌超范围经营投资企业2家。

【“防范打击非法集资”宣传】　市金融办制定《威海市2014年防范打击非法集资宣传月活动方案》，联合市公安局、银监局等部门举办大型现场宣传咨询活动，指导各区（市）进行不同形式的宣传。借助《齐鲁晚报》《威海晚报》《威海日报》及交通文艺广播“平安威海”栏目，广泛宣传非法集资的表现、危害和非法集资案例。联合《齐鲁晚报》开展“标榜模范企业、助力行业发展”的宣传活动，对小贷公司、担保公司、民间融资机构开展正面宣传；通过《威海晚报》对全市年内设立的正规企业进行集中展示。

（窦永刚）

2月26日，全市银企对接会议在东山宾馆召开　　市金融办提供

金融服务

【概况】　2014年，全市金融系统进一步推动金融改革发展，全市金融业继续保持平稳健康运行态势。市金融办加强对金融运行的宏观监测，完善金融风险防范和化解机制，密切关注和防范地方融资平台、重点产业以及企业担保圈等风险，为经济社会发展提供强有力的保障支撑。

【扩大信贷投放规模】　优化信贷结构，鼓励银行机构挖掘信贷增长潜力，扩大信贷资金供给。年末，中长期贷款余额365.17亿元，比年初增加45.46亿元，比上年多增26.45亿元。委托贷款、未贴现银行承兑汇票等表外融资比年初增加83.1亿元，比上年多增31.44亿元。服务三农及小微企业，引导银行充分利用“定向降准”政策，释放资金约8亿元。威海市商业银行发行30亿元金融债，专项用于小微企业贷款。威海市商业银行科技支行贷款余额4.98亿元，实现知识产权、股权、订单等质押融资1.41亿元。150家小微企业纳入小微企业贷款风险补偿金帮扶范围，发放贷款4999万元。年末，涉农贷款余额721.65亿元，比上年增长15.3%。小微企业贷款余额344.82亿元，比年初增加32.42亿元，增长10.4%。深化银企对接与银地战略合作，召开全市银企对接会议，45个项目与15家银行进行示范性签约，授信总金额达127.5亿元。对接国家开发银行等政策性银行，首批荣成市棚改项目38.44亿元授信获总行审批承诺。

【资本市场发展】　抢抓政策机遇，全面拓宽直接融资渠道，多层次资本市场体系建设势头强劲。推动山东威达等2家上市公司再融资11.2亿元，华鹏玻璃、三角轮胎、家家悦3家企业进入IPO审核预披露程序。全年29家中小企业实现场外市场挂牌，其中10家企业登陆“新三板”，数量居全省第3位。至年末，全市场外市场挂牌企业达37家。邀请上交所、省证监局等机构的专家开展培训8次，培训企业家超过1500人次。5家企业纳入2014年省重点上市后备企业名单，50多家企业纳入市级上市后备资源库，30多家企业列入挂牌后备资源库。文登区、荣成市、威海经济技术开发区等6支城投债发行，累计融资64亿元。全市发行债券8支，融资95.1亿元，比上年增加130%。市级引导基金对股权融资的带动作用凸显，以威海市大有正颐创投有限公司为平台，指导威海光威复合材料有限公司等10家企业股权融资4.6亿元。

【完善金融服务体系】　加快发展多元化金融机构，提高金融体系对经济发展的承载力。新引进银行机构3家，证券机构5家，市级保险分支机构1家，新增民生银行荣成支行等11家银行分支机构，推动成立乳山天骄村镇银行夏西支行。全市融资性担保机构实力增强，利润稳步增加。至年末，全市15家融资性担保公司在保责任余额39.9亿元，融资性担保放大倍数达3.52倍（不含齐东担保）。全年实现担保业务收入8585万元，担保业务利润7578万元，上缴税金664万元。年末，全市小额贷款公司22家，评级优良率达81%以上，贷款余额29.32亿元。全年营业收入4.05亿元，营业利润2.93亿元，上缴税金8852.3万元。2014年，出台《威海市民间融资机构管理办法》和《关于规范发展民间融资工作方案》，新设立民间融资机构28家。其中，民间资本管理公司23家（2014年投资486笔9.61亿元），民间融资登记服务公司5家（2014年对接金额3084.5万元），上缴税金292.95万元。

（窦永刚）

银　行

【概况】　2014年，全市有银行机构24家，网点481个，从业人员9498人。银行业总资产3317.3亿元，总负债3172.33亿元，实现利润28.53亿元。年末全市银行业本外币存款余额2632.33亿元，比年初增加253.07亿元；本外币贷款余额1735.28亿元，比年初增加170.3亿元。

【中国农业发展银行威海市分行】　2014年末，中国农业发展银行威海市分行各项贷款余额48.4亿元，比年初增加8.96亿元，增长22.7%；各项存款日均余额14.09亿元，增加2.9亿元。全年实现中间业务收入363万元,比上年增加139.6万元；实现账面利润8447万元，增加1535万元。以水利为重点的农业农村基础设施建设贷款业务发展较快。结合威海地方经济特点，制定“有发放、有营销、有储备”梯次推进的发展思路。全年发放水利建设项目贷款13.31亿元，比上年增加9.81亿元，审批未发放贷款6.19亿元。年末，全行农业开发和农村基础设施建设贷款余额28.76万元，比年初增加6.29万元，增长28%。政策性粮油贷款快速增长。全力支持中央政策性粮油收储和地方储备调控粮油收储，全年发放贷款3.08亿元，发放夏收资金1.22亿元，收购小麦1.13亿公斤。年末，全行政策性粮油贷款余额9.9亿元，比年初增加2.4亿元，增长32%。自营性贷款保持平稳。立足服务实体经济，全行主动调整客户授信结构，降低潜在风险。全年办理农业产业化龙头企业续贷5.9亿元。年末，自营性客户21家，贷款余额9.79亿元,比年初增加1670万元。开展“红五月”和“存款巩固月”活动，全力营销社保基金存款和一般性财政存款，扩大下游客户存款，挖掘现有贷款客户存款资源，动员全员营销县域存款，实现存款大幅度增长。至年末，全行各项存款余额12.32亿元，比年初增加3247万元。同业业务继续发展，全行密切跟踪资金市场价格变化，与各相关金融机构保持密切联系，全年办理同业存出业务60亿元，同业存入业务5000万元。

（陈京文）

【中国工商银行股份有限公司威海分行】　2014年，中国工商银行股份有限公司威海分行落实国家政策和金融监管要求，保持平稳发展的良好态势，各项经营管理工作迈上新台阶。年末，本外币各项存款余额242.29亿元，比年初增加8.41亿元。本外币各项存款日均余额229.56亿元，比上年增加11.84亿元，增长5.4%。其中，储蓄存款余额116.75亿元，比年初增加4.03亿元；对公存款余额125.51亿元，增加4.38亿元。本外币各项贷款余额192.02亿元，比年初增加9.1亿元，增长4.9%。其中，公司贷款余额121亿元，增加7.05亿元。流动资金贷款、票据贴现等品种增长较快，流动资金贷款余额80.45亿元，增加12.85亿元；票据贴现余额4.49亿元，增加3.98亿元。全年实现中间业务收入3.02亿元，比上年增加2530万元，增长9.1%，高于全省1.57个百分点。实现净利润3.92亿元，增加91万元。效益结构转型升级步伐加快，中间业务收入占营业净收入的比重达31.6%，提高2.33个百分点，高于全省5.5个百分点。加大人、财、物投入，拓展服务渠道,新增离行式自助银行13家，装修改造网点2个，网点升格1个。加快互联网金融业务发展，提升电子渠道的业务承载能力。个人网银客户增加6.47万户，个人手机银行客户增加9.18万户,工银E支付新增6.95万户。开展“人民满意银行建设年”活动，打造客户满意银行和客户首选银行服务品牌。统筹推进化解、清收、处置等工作，新增贷款及存量贷款质量实现预期控制目标。贯彻金融法规和行内各项制度，组织开展检查监督，加强重要风险点和重点部位的防控，强化重点岗位及人员的日常管理，努力提升业务运行和安全生产水平，无案件事故发生，继续保持安全稳定的良好态势。

（李日　景泉）

【中国农业银行股份有限公司威海分行】　2014年末，中国农业银行股份有限公司威海分行各项存款余额265亿元，各项贷款余额206亿元。全年缴纳税款7600万元。紧扣地方经济发展目标和转调步伐，打造区域经济的“主流银行”，服务三农的“主力银行”，小微企业的“伙伴银行”。推进“扩户工程”，全年投放法人贷款117亿元，重点支持荣成华能石岛湾核电、荣乌高速等大型项目。扶持小微企业客户，小微企业贷款比年初增加2.4亿元，专项考核居全省农行第1位。加强产品创新，满足客户多元需求，办理全省首笔回购式贴现业务、个人资产变现业务和“金益宝”产品。服务三农建设,发放南海新区城镇化建设项目贷款3亿元，省级以上农业产业化龙头企业服务覆盖率92.7%,农户贷款净增1亿元,列全省农行第2位。推进农村支付服务环境建设，设立金穗“惠农通”服务点1512个，惠农卡总量38万张，电子机具农村覆盖率87%。提升网点服务水平，全年完工网点11个、自助银行7个，升级4个储蓄所。提升优质文明服务水平，组织创建文明服务窗口活动，1家网点获“山东省银行业文明规范服务示范单位”称号。突出抓好信用风险、操作风险和案件的管控，全行未发生案件和责任事故。开展防诈骗宣传，有效防控各类柜面案件和风险事件，信息系统全年实现安全生产。强化内控管理，落实监管规章和内控制度，威海分行被省行评为内控评价一类行，继续保持山东省内审协会“内审机构先进单位”称号。持续推进各类创建活动，1家支行被评为总行级基础管理先进支行，5个网点被评为总行级平安农行单位。先后获得“工作优秀单位”“山东银行业良好银行”“诚信威海　金融行业榜样企业”“创建全国文明城市工作先进单位”“省级文明单位”等称号。

（鞠玲玲）

【中国银行股份有限公司威海分行】　2014年末，中国银行股份有限公司威海分行本外币各项存款余额254.91亿元，比年初增加30.18亿元；本外币各项授信余额达199.73亿元，增加20亿元；全行抵质押率达57.6%，提升9.2%；不良贷款余额8406万元，不良率0.5%，不良率控制在较低水平。践行“担当社会责任、做最好银行”的战略理念，发挥中国银行多元化服务、海内外一体化优势，提高服务水平，创新服务思路，拓宽融资渠道，支持地方经济发展。坚持客户拉动为核心，网点增存为基础，产品带动为重点，联动营销为突破，构建核心存款持续稳定增长的良性机制，保持各项存款提升和外币存款的优势地位。按照“注重节约资本、提升综合收益、持续优化结构、有效防控风险”的信贷投放原则，支持地方经济发展，满足城镇居民资金需求，促进资产规模和质量齐头并进。着眼全行长远发展利益，高度重视风险管控，注重加强重点行业前瞻性预判，抓住区域经济特点和风险，完善管理机制，加强风险管控。充分发挥“三道防线”的管控作用，把案防隐患消灭在萌芽状态，保持全行连续16年保持“零案件、零事故”，被总行评为“平安中行建设”先进单位。年内，获山东省银行业协会“千佳文明规范服务示范单位”称号，被评为全国“巾帼文明岗”、山东省服务名牌、山东省文明单位、威海市工作先进单位。

（尚加力）

【中国建设银行股份有限公司威海分行】 2014年末，中国建设银行股份有限公司威海分行一般性存款余额216亿元，各项贷款余额169亿元。全年投放各类贷款159.05亿元，实现利税5.5亿元。坚持风控优先理念，加强信贷风险管理。加强信用风险防控，全年盘活处置不良贷款1.8亿元，核销资产回收现金3197万元，个贷不良余额实现“双降”，实现安全运营无案件、无事故。支持地方经济发展，跟踪当地经济亮点、热点，加大对全市重点项目、支柱企业、小企业以及民生领域的信贷支持力度。新农村建设贷款、城镇化建设贷款、远洋捕捞船购置贷款取得进展，定向保理、订单融资、银票保理实现零的突破，全年申报大中型客户授信项目65个，授信金额128亿元。满足三农贷款需求，年末涉农贷款余额56.95亿元，比年初增加13.53亿元，多增4.75亿元，增长31.2%，高于全部贷款增速18.94个百分点。支持小微企业发展，创新推出供应贷、助保贷、信用贷等新品种；与文登区、荣成市、乳山市政府签署助保贷合作协议，助保贷资金池实现全覆盖，政府风险补偿金到位2500万元；年末小企业贷款余额21.82亿元，实现“两个不低于”（贷款增幅不低于各项贷款增幅、贷款增量不低于上年）的监管要求。拓宽融资渠道，全年签发银行承兑汇票和信用证55.49亿元，比上年增加10.07亿元；营销理财、融资租赁4.5亿元，办理国际业务新型融资产品9.66亿元，多种渠道满足客户融资需求。拓展战略性业务，配合市住房公积金管理中心，在全省率先开通“公积金网上营业厅”业务，满足缴存单位业务全上网、在线全办结、业务全实时的需求。有278家缴存单位通过建行网银开通网上服务厅业务，办理业务1259笔，缴存公积金1.21亿元；全年发放个人住房贷款14亿元，新增占比达46%；年末贷款余额76亿元。通过国际业务产品创新为出口企业破解难题，推出远期信用证项下买方付息贴现、委托付款、出口应收账款风险参与等7项新型融资产品与重点产品，办理首笔转贷盈业务8000万美元、首笔外汇储备转贷款3000万美元。至年末，外汇贷款余额1.20亿美元，全年实现国际结算量31.29亿美元，完成外汇资金交易量10.68亿美元。在同业中率先推出“善融商务”网上商城、鲁通汽车卡、结算通卡等金融产品。基金、代理寿险、跨境人民币结算、养老金等战略性业务较快增长。全年实现中间业务毛收入1.8亿元。年内，分行蝉联第四届全国文明单位。

（李　莉）

【中国邮政储蓄银行股份有限公司威海市分行】 2014年末，中国邮政储蓄银行股份有限公司威海市分行各项存款余额199.24亿元，增长15.8%。其中，个人储蓄存款余额171.08亿元，增长9.6%；单位存款余额28.16亿元，增长76.6%。各项贷款余额36.48亿元，比年初增加6亿元，增长19.7%，不良贷款率0.4%。全年实现业务收入3.68亿元，比上年增加1500万元，增长4.2%。其中，邮政代理费1.15亿元，自营业务收入2.53亿元。以提高发展质量和效益为中心，坚持“转方式、调结构、强管理”，加快重点业务发展，提升金融服务能力。支持重点企业发展，对2家重点企业发放公司贷款6.3亿元。发挥资金优势，拓展与威海同业合作，累计向威海商业银行存放同业资金40亿元。发挥票据贴现优势，贴现交易金额19.96亿元，拓宽企业的融资渠道，支持城乡经济的发展。创新金融产品，升级服务模式，搭建服务平台，助推小微企业成长。先后推出担保公司担保贷款、渔船抵押贷款、增信贷等60多种小企业授信业务产品，提高金融产品的灵活性，满足不同类型小微企业的融资需求。加快小企业金融服务特色支行建设，分别在文登泽库、荣成石岛建设2家“特色支行”。年内，先后被总行和省行评为特色支行。全年发放小微企业贷款6941笔，投放金额20亿元，贷款结余15.57亿元。发展普惠金融，以客户为中心，持续完善健全服务体系，延伸网点服务的覆盖范围，拓展电子渠道，规范“线下”服务，开展高效“线上”服务。累计为22万户城乡居民代发养老金34.59亿元。电子银行用户达13.23万户，比上年增加4.97万户，电子银行及遍布城乡的ATM机、商易通、POS机等设备，为城乡居民提供便捷的金融结算服务渠道。开展金融知识进万家宣传服务月活动，开展反洗钱、反假币宣传，普及金融知识，优化金融环境。被威海市委、市政府评为2014年度工作优秀单位。

（王远栋）

【交通银行股份有限公司威海分行】 2014年末，交通银行股份有限公司威海分行人民币各项存款余额124.25亿元，比年初减少4.68亿元。人民币各项贷款余额68.04亿元，比年初增加5.57亿元。存贷比54.8%，比年初提高6.31个百分点。不良贷款余额3.03亿元，比年初增加2.69亿元。不良率4.0%，上升3.5个百分点。全年完成国际结算量42.15亿美元，比上年增长2.7%；完成跨境人民币结算15.07亿元;实现结汇10.59亿美元,售汇4.29亿美元；实现经营利润1.19亿元。做好重点产品推广，调整和改善客户结构。做好天添利A及稳添利等表内理财产品的销售，补充储蓄存款规模。加快业务转型，发挥投行、理财等业务经济资本消耗少、中间业务贡献度高的特点，挖掘利润新的增长点。做好资产业务和会计营运两大类风险管理，加大员工失范行为排查，做好风险资产清收处置。强化素质培训，提高全员经营管理及业务水平。开展社会治安综合治理工作，全面落实安全生产责任制。做好金融服务，提升网点形象，打造交行品牌。年内，荣成支行被评为2014年度中国银行业文明规范服务千佳示范单位，获得“中国银行业文明规范服务五星级营业网点”称号。

（丛正方）

【山东省农村信用社联合社威海办事处】 2014年末，山东省农村信用社联合社威海办事处各项存款余额537.12亿元，比年初增加33.04亿元，增长6.6%；各项贷款余额372.43亿元，增加32.6亿元，增长9.6%。全年实现各项收入38.66亿元,比上年增加3.81亿元，增长10.9%;实现账面利润5.69亿元，实现经营利润10.89亿元，缴纳税金4.67亿元。逐村逐户开展信用评定，对有金融需求的农户逐一建立档案，及时跟进授信，实现信用工程全覆盖。全年评定信用户5.54万户，授信106.9亿元,发放贷款证2.58万个。至年末，涉农贷款余额和小微企业贷款增幅分别高于各项贷款平均增幅6.81个百分点和10.20个百分点,涉农贷款、小微企业贷款实现持续增长。破解林权办证、评估、保险等难题，开办林权抵押贷款，创新信贷业务。针对果品收购大户资金需求，推出“监保‘苹’安贷”贷款，与借款人、第三方仓储公司签订三方协议，以借款人仓储果品为质物向客户发放果品收购资金。变荣誉为资产推出“个人荣誉贷”，为符合贷款条件并获得市级以上荣誉的经营业主和市民提供优惠信贷服务，有效助推经济发展。加大资金投入力度，科学合理规划，在全市农村布放自助服务终端464台，为农村居民提供消费、转账、查询及小额取款等基础性金融服务，填补金融机构空白，解决农村和偏远地区居民小额现金存取、转账服务需求，构建普惠农村金融体系。利用互联网技术，拓展网络服务，构建遍布城乡的支付结算网络，完善电子银行渠道建设，扩大金融服务范围、内涵。布放取款机、存取款一体机、网银自助服务机等自助服务设备及POS机，累计布设ATM、CRS、POS机7874台。被市委、市政府评为2014年度工作优秀单位，所辖威海农商行、荣成农商行被评为2014年度威海市纳税明星企业，文登联社被评为2014年度威海市纳税新兴企业，威海农商行及乳山联社分别获得省级“文明服务单位”称号，荣成农商行被授予“2014年度山东省服务名牌”。

（林华勇）

【山东威海农村商业银行股份有限公司】 2014年末，山东威海农村商业银行股份有限公司各项存款余额110.3亿元，比年初增加10.1亿元，增长10.1%；各项贷款余额78.8亿元，增加8亿元，增长11.3%，不良贷款余额1.6亿元，占比2.0%。新口径资本充足率12.2%，拨备覆盖率193.9%。全年实现各项收入8.2亿元,经营利润2.2亿元；缴纳各项税金1.07亿元，比上年增加2719万元，增长34.1%。连续2年被银监会评为二级银行。围绕威海市经济社会发展重点,推进“阳光信贷”和“信用工程”两大载体建设，创新推出“小贷通”、文化艺术品质押贷款、小微企业贷款“分还续贷”等业务，支持经济发展。新评定信用户1384户,新增授信6.3亿元，总量达9351户和15.9亿元。全年投放实体贷款50.5亿元，涉农、小微企业贷款实现“两个不低于”目标。拓展战略性业务，与威海市住房公积金中心合作，在全省农信系统率先开通住房公积金业务系统，办理相关业务1620笔，代理发放公积金贷款1770万元。加大自助银行、电子机具的布设力度。年末，乡镇地区ATM机30台，电话POS机703台，农民自助服务终端8台，农村居民足不出村就能办理存取款、转账、账户查询等10余种金融服务。全年无偿代理发放惠农补贴20.35万笔3656万元。开展“金融知识普及月”和“送金融知识下乡”等活动。参与文明城市创建活动，累计投资700余万元，用于城区和乡镇的网点搬迁改造，打造农商银行新形象。参与贫困村帮扶工作，累计投入20余万元，帮助帮扶对象改善村容村貌和生产生活设施。年内，该行被评为2014年度威海市工作优秀单位、纳税明星企业。

（杨春明）

【威海市商业银行】 2014年，威海市商业银行围绕全市“中心崛起，两轴支撑，环海发展，一体化布局”的发展战略，积极融入全市经济社会建设，各项业务实现平稳健康快速发展。至年末，资产总额达1170亿元，比年初增加152.68亿元，增长15%；各项存款余额795亿元，增加87亿元，增长12.3%；各项贷款余额446亿元，增加41亿元，增长10.0%；不良贷款比例为0.7%，处于较低水平，资本充足率保持在13%以上。全年实现经营利润21亿元，比上年增加7.5亿元，增长55.4%；资产利润率（ROA）持续提升，达1.1%，比年初提高0.12个百分点；资本利润率（ROE）持续提升，达18.7%，提高0.32个百分点;缴纳各项税金6.55亿元；全口径累计信贷投放1447亿元，增加185亿元，增长14.7%。各项监管指标全面达标，连续被银监会评为二级行。发行30亿元小微企业专项金融债券，开展“特色支行”建设，优化社区金融服务，强化零售金融、小微金融、科技金融等特色，打造零售银行特色品牌。完成新一轮增资扩股，采取溢价增资方式募集资金20.08亿元，提升整体资本实力。9月7日，新一代核心系统上线运行，体现“以人为本”的精神和“以客户为中心”的宗旨。该系统具有“操作简单化、交易快速化、功能扩大化、核算精细化、风控技防化”五大优点。先后被评为中国最佳零售银行、最具竞争力中小银行和最具成长性中小银行，《责任快乐歌》获首届“全国最美企业之声”金奖，特色品牌影响不断扩大。

（孙艳威）

证　券

【概况】 2014年末，全市有17家证券分支机构，开户数量14万户。全年各类证券交易额2103亿元，比上年增长967亿元，增长85%。

（窦永刚）

【齐鲁证券有限公司威海分公司】 齐鲁证券有限公司威海分公司于2011年10月经中国证监会批准设立，负责管理齐鲁证券威海辖内的证券营业部，经营证券咨询、证券承销与保荐和证券资产管理等业务。公司下设5个职能部门，有员工120余人，下辖威海新威路营业部、威海海滨北路营业部、荣成成山大道营业部、文登香山路营业部、乳山胜利街营业部、荣成石岛黄海中路营业部和威海沈阳路营业部7家证券营业部。2014年末，威海分公司投资开户人数逾12万户，托管客户资产近100亿元，全年实现证券交易近1000亿元。

（王　斌）

【海通证券股份有限公司威海高山街营业部】 海通证券股份有限公司威海高山街营业部位于市中心区高山街2号，营业部遵循"务实、开拓、稳健、卓越"的经营理念，坚持"稳健乃至保守"的风控品牌，多次被山东省证券业协会评选为"优秀证券营业部"。营业部代理沪深A股、B股、基金（包括开放式基金和封闭式基金）、权证、债券及回购、代办股份转让、三板确权、券商和期货公司合作（IB）业务、融资融券品等交易品种。交易手段先进，包括自助委托、驻留委托、电话委托、网上委托、手机委托等，推出"网上营业厅""掌上营业厅"，提供专业咨询服务，客户足不出户就可享受"彩虹俱乐部"的服务，投资者可通过客户服务中心"95553"得到功能齐全的服务。2014年，沪、深A股、基金交易额473.29亿元，营业利润3310万元。

（孙晓东　林黎黎）

【中投证券有限责任公司威海公园路证券营业部】 中投证券有限责任公司是在深圳注册成立的全国性综合类证券公司，经营范围涵盖证券经纪、证券投资咨询与证券交易、证券承销与保荐、证券自营、证券资产管理、证券投资基金代销、期货公司中介业务、融资融券、代销金融产品等。中投证券有限责任公司威海公园路证券营业部成立于2005年10月，有员工26人，先后获得"中投证券2009年度最佳营销团队""中投证券2010年度市场份额增长最佳进步奖""中投证券2011年度合规经营奖""中投证券2013、2014年度产品销售奖"等奖项，连续6年被公司评为A类营业部。2014年，营业部实现交易额228亿元，营业收入2653万元，上缴税金123万元。

（梁　琰）

【中信证券（山东）有限责任公司威海青岛北路证券营业部】 中信证券（山东）有限责任公司是中信证券股份有限公司的全资子公司。中信万通证券威海青岛北路证券营业部成立于2009年8月，2014年4月15日，公司更名为中信证券（山东）有限责任公司威海青岛北路证券营业部，有员工25人。营业部代理A股、B股、各类证券投资基金、融资融券、债券、代办股份转让、固定收益类产品和中国保监会批准的财产保险和人身保险等。2014年，沪深A股、基金交易总额135亿元，营业收入1004万元，上缴税金140万元。

（娄　妤）

保　险

【概况】 2014年，全市有1家市级保险公司批准开业，5家支公司批准开业。其中，营销服务部改建1家、新成立3家。至年末，市场主体45家，其中财产险公司24家，寿险公司21家；有77个支公司，126个营销服务部；有专业农业保险公司1家，责任保险公司1家，健康保险公司1家，养老保险公司1家，外资保险公司4家。2014年，全年保费收入63.02亿元，比上年增长11.3%。其中，财产险公司实现保费20.84亿元，增长10.1%；寿险公司实现保费42.18亿元，增长11.9%。为社会承担各类风险责任保障金额6721.56亿元，支付各项赔款和给付保险金21.74亿元。其中，财产险支出12.36亿元，人身险支出9.38亿元。全市保险业上缴各类税金1.94亿元，代收车船使用税1.93亿元，提供就业岗位近1.5万个。

2014年威海市保险公司经营情况表

表25　　单位：万元

公司名称	保费收入	赔款支出
中国人民财产保险股份有限公司威海市分公司	59978.24	38260.62
中国人寿保险股份有限公司威海分公司	151878.26	53376.49
中国太平洋财产保险股份有限公司威海中心支公司	30158.81	17720.46
中国太平洋人寿保险股份有限公司威海中心支公司	19241.81	5226
中国平安财产保险股份有限公司威海中心支公司	24294.48	17572.8
中国平安人寿保险股份有限公司威海中心支公司	27477.6	2070.52
新华人寿保险股份有限公司威海中心支公司	47420.64	2029.41

续表 25

单位：万元

公司名称	保费收入	赔款支出
泰康人寿保险股份有限公司威海中心支公司	27446.62	12686.08
华泰财产保险股份有限公司威海中心支公司	1432.89	683.42
天安保险股份有限公司威海中心支公司	2385.72	1513.65
太平财产保险有限公司威海中心支公司	6118.66	2850.15
太平人寿保险有限公司威海中心支公司	50157.79	4812.96
永安财产保险股份有限公司威海中心支公司	3710.53	2577.37
大地财产保险股份有限公司威海中心支公司	8950.02	5140.21
阳光财产保险股份有限公司威海中心支公司	12434.46	7827.69
华安财产保险股份有限公司威海中心支公司	3491.97	2353.01
中华联合财产保险公司威海中心支公司	19799.08	10064.05
长城人寿保险股份有限公司威海中心支公司	3422.75	98.75
安邦财产保险股份有限公司威海中心支公司	1746.76	1476.67
民生人寿保险股份有限公司威海中心支公司	6675.34	766.9
平安养老保险股份有限公司威海中心支公司	426.27	139.44
都邦财产保险股份有限公司威海中心支公司	2464.23	1955.84
安华农业保险股份有限公司威海中心支公司	1285.8	749.17
永诚财产保险股份有限公司威海中心支公司	4175.05	2027.13
农银人寿保险股份有限公司威海中心支公司	7027.76	69.29
渤海财产保险股份有限公司威海中心支公司	2095.29	1031.32
中国人民人寿保险股份有限公司威海中心支公司	17027.37	9198.42
中国人民健康保险股份有限公司威海中心支公司	18163.58	981.97
华夏人寿保险股份有限公司威海中心支公司	2064.98	1711.4
恒安标准人寿保险股份有限公司威海中心支公司	1092.33	54.39
富得生命人寿保险股份有限公司威海中心支公司	14535.01	136.98
长安责任保险股份有限公司威海中心支公司	2371.21	1248.14
阳光人寿保险股份有限公司威海中心支公司	3135.97	142.26
信诚人寿保险股份有限公司威海营销服务部	701.48	6.02
中国人寿财产保险股份有限公司威海中心支公司	8518.83	3769.37
中宏人寿保险有限公司威海营销服务部	847.39	91.86
安盛天平财产保险股份有限公司威海中心支公司	3058.09	2007.89
华泰人寿保险股份有限公司威海中心支公司	370.78	3.59
国华人寿保险股份有限公司威海中心支公司	13066.66	127.84
泰山财产保险股份有限公司威海中心支公司	2240.62	685.33
浙商财产保险股份有限公司威海中心支公司	2272.14	779.37
紫金财产保险股份有限公司威海中心支公司	2815.82	992.98
建信人寿保险有限公司威海中心支公司	9662.35	46.29
英大泰和财产保险股份有限公司威海中心支公司	852.71	203.98
信达财产保险股份有限公司威海中心支公司	1709.88	140.26

（白如和）

【中国人民财产保险股份有限公司威海市分公司】 2014年，中国人民财产保险股份有限公司威海市分公司为全市616家企业、1.3万户家庭、21.49万辆／次机动车，以及进出口贸易行业、工业、运输行业、建筑业、医疗事业、教育事业、农业等承担风险责任1722.51亿元，实现保费收入6亿元，比上年增长12.7%。全年处理各类赔案8.7万件，支付赔款近3.8亿元，案件处理率100%。上缴地税税金7760.85万元，比上年增长9.3%，其中，代收车船税4027.07万元，增长4.7%。年内，公司承办威海市城乡居民大病医疗保险工作，为158万名城乡居民提供保障，全年补偿2.98万人次，补偿金额7224.53万元。结合全市海水养殖实际情况，推出兼具“养殖保险”和“指数保险”双重属性的创新型风力指数型海水养殖保险。以气象部门发布的公共气象信息作为保险责任的核心要件，简化查勘定损工作，避免保险争议的发生，提高风险可控程度，对威海市海水养殖业突破发展瓶颈具有重要意义。5月，公司签署了山东省海水养殖业风力指数保险第一单，年内承担海水养殖企业风力指数保险保障3.2亿元，发挥保险企业经济补偿、社会管理和资金融通功能。开展客户服务能力建设，全面提升理赔工作效率，公司1万元以下车险当年报案、当年结案理赔周期5.61天，车险5000元以下理赔周期为3.98天，在年度烟台保监局历次理赔服务综合测评中，均获威海市第1名。

（陈　卓）

【中国人寿保险股份有限公司威海分公司】 中国人寿保险股份有限公司威海分公司设9个职能部门，下辖4个县级支公司、2个专业营业单位和69个营销服务部。公司向个人及团体提供人寿、意外和健康保险产品，涵盖生存、养老、疾病、医疗、身故、残疾等多种保障范围，满足客户在人身保险领域的保险保障和投资理财需求。2014年，实现保费收入15.19亿元，比上年增长3.0%，占威海寿险市场份额达到36.0%。公司有效保单119.4万份，服务的长期客户累计达91万人次。年内，为全市广大客户提供风险保障金额569.37亿元，全年受理理赔案件2.67万件，给付金额8500万元，全年上缴各项利税1516万元。被山东省教育厅、省计划生育协会评为学生平安保险工作、计划生育保险工作先进单位。个险城区管理部先后获“中国人寿系统‘创先争优 科学发展’建功立业劳动竞赛先进集体”和“先进个险专业化支公司”称号，公司连续4年被威海市委、市政府授予“威海市文明单位”称号。

（赵　林）

【中国太平洋财产保险股份有限公司威海中心支公司】 2014年，中国太平洋财产保险股份有限公司威海中心支公司完成保费收入3.02亿元。其中车险保费收入2.24亿元，增长7.9%；非车险保费收入7713万元，增长8.1%，占威海保险市场份额14.5%。赔款支出1.72亿元，赔付率57.2%。连续4年获威海市“市级文明单位”“基层工会先进单位”“工会财务工作先进单位”“威海市三星级劳动关系和谐企业”等称号；连续2年获“诚信威海—金融行业榜样企业”“威海市消费者满意单位”等称号；获市政府颁发的“纳税新星企业”称号和环翠区委、区政府颁发的“经济发展突出贡献单位”称号。总经理曲斌被评为2013年—2014年度威海市劳动模范、中国十大保险经理人、2013年度经济风云人物、2014年建设“美丽中国”百佳经济人物。

（王玲玲）

【中国太平洋人寿保险股份有限公司威海中心支公司】 中国太平洋人寿保险股份有限公司威海中心支公司下设5家支公司和1家营销服务部，有79名员工和647名营销员，与众多兼业代理机构建立良好的业务合作关系，为客户提供全方位的保险保障服务。2014年，实现标准保费1.39亿元，比上年增长19.8%；赔案付款867件，金额773.23万元；缴纳税金346.92万元。

（刘小菡）

【中国平安财产保险股份有限公司威海中心支公司】 中国平安财产保险股份有限公司威海中心支公司下辖荣成支公司、石岛支公司、乳山支公司和文登支公司，员工140余人。经营范围涵盖机动车辆保险、财产保险、船舶保险、信用保险、责任保险、货运险、意外伤害保险等主险种127个、附加险种270个；适应市场需求推出个人抵押贷款房屋保险、律师责任保险、会计师责任保险、医师责任保险、公司董事及高级职员责任保险、国内贸易短期信用保险等70多个新险种。2014年，完成投保额686.61亿元，实现保费收入2.43亿元，处理赔案3.97万起，支付赔款1.76亿元，上缴税金1371万元。

（于　晶）

【中国平安人寿保险股份有限公司威海中心支公司】 中国平安人寿保险股份有限公司威海中心支公司内设人事行政室、财务室、销售管理室、销售企划室、培训部、运营督导室、客业务管理室、客户服务室，下辖文登、荣成、乳山3个支公司及成山、石岛、苘山3个营销服务部。2014年，实现保费收入2.75亿元，比上年增长18.5%；受理理赔4099件，赔付金额2070.52万元，增长28.8%。

（高　森）

【泰康人寿保险股份有限公司威海中心支公司】 2014年，泰康人寿保险股份有限公司威海中心支公司实现规模保费2.74亿元。其中，个险完成规模保费3283万元，续期保费1.9亿元，团险完成规模保费452万元，银行保险完成规模保费4290万元。支付赔给款1.27亿元。上缴税金278万元。

（曲明涛）

【新华人寿保险股份有限公司威海中心支公司】 新华人寿保险股份有限公司威海中心支公司有寿险销售人员约1500人，内勤员工近100人，全市分支机构8家，为约7万名个人寿险客户提供各类人寿保险、健康保险、人身意外伤害保险及养老保险服务。2014年，实现规模保费4.74亿元，比上年增长10.3%。获山东分公司“优秀团体”称号，获竞赛“优秀组织”奖，获市政府举办的诚信威海活动“诚信企业——金尊奖”。

（毕小蕾）

编辑　李传强

科学技术

综　述

【概况】 2014年，威海市开展科技创新活动，组织实施科技计划538项，争取省级以上科技项目259项，经费2.6亿元，取得重要科技成果178项。促成技术合同1280项，成交金额20.4亿元。全市高新技术产业产值达到2510.2亿元。

【高新技术产业】 全市高新技术产业产值2510.2亿元，占规模以上工业总产值的比重为37.7%，比上年提高1.12个百分点，增幅位列全省第11位，比重位列全省第4位，产值总量位列全省第6位。新认定国家火炬重点高新技术企业7家，总数达13家。新认定高新技术企业33家，总数达163家。其中，规模以上高新技术企业114家，产品销售收入过1亿元的企业62家，利税过1亿元的企业7家，规模以上高新技术企业科研经费占销售收入的比重达5%。全市高新技术产品出口额17亿美元，占出口总额的15%。

【科技计划】 组织实施市级以上各类科技计划538项。新获批省级以上科技计划项目259项，其中国家"973"计划项目3项、"863"计划项目6项、国家科技支撑计划4项、国家火炬计划6项、国家星火计划1项、国家自然科学基金计划66项、国家中小企业创新基金14项、省自主创新及成果转化重大专项16项、其他项目143项。

【科普工作】 3月25日，市委宣传部、市科技局、市卫生计生委、市农业局等部门联合组织实施文化科技卫生"三下乡"服务活动，开展科技宣传、咨询服务等，为农民免费赠送农村实用科技资料、科技政策类资料2000余册，咨询服务300余人次。5月17日—24日，市科技局举办以"创新驱动发展——携手共建创新型城市"为主题的科技活动周活动，开展科技创新宣传和科普活动，发放各类宣传资料8.1万份(册)，展出宣传展板210余块，开放科普基地30余个，赠送农资、物品折合56万元，公众参与7.9万人次。

科技成果

【概况】 2014年，全市取得重要科技成果178项，获国家技术发明二等奖1项，获山东省科技进步奖一等奖2项、二等奖3项、三等奖1项。

2014年度威海市获省级以上科技奖项目情况表

表26

项目名称	完成单位
国家技术发明二等奖（1项）	
异种材料先进连接技术及其应用	哈尔滨工业大学（威海）
山东省科学技术进步奖一等奖（2项）	
果蔬节能冷链与深加工关键技术和装备创新	国投中鲁果汁股份有限公司（第3位）
山东半岛典型海湾生境修复和重要生物资源养护技术创新与应用	马山集团有限公司　（第6位）
山东省科学技术进步奖二等奖（3项）	

续表 26

项目名称	完成单位
高强度中空薄壁超轻镁铝合金车轮	威海万丰镁业科技发展有限公司
轻量化高可靠性曲轴研发与制造科技创新平台）（企业科技创新）	天润曲轴股份有限公司
中西医结合多指离断再植方式及功能康复的研究及临床应用	威海市文登中心医院
山东省科学技术进步奖三等奖（1项）	
单船变水层疏目拖网技术与应用	威海好运通网具科技有限公司

【科技创新资源与能力建设】 *科技创新综合服务平台* 完成市科技创新综合服务平台技术交易大厅、视频会议室、多功能厅等硬件设施和5个功能网络平台的建设。大型科学仪器设备共享平台完成改版升级，入网仪器达到487台（套），对外提供检测、验证等服务1万多次，实现技术收入2000余万元。科技文献共享平台接通了万方、维普等大型文献数据库端口，实现向全市企事业单位和社会公众免费提供文献检索、原文查询等科研基础服务。技术交易服务平台成果库储备项目8000余项，人才项目云平台搭建起虚拟面对面洽谈对接渠道。孵化器协同工作网络平台搭建起全市孵化器资源协同与共享渠道，实现创业者拎包入驻、一站入驻。培育、引进威海市科联高新技术应用研究院、金桥科技信息服务中心等中介机构12家，培训技术经纪人80名。

工程技术研究中心 全市新认定市级工程技术研究中心18家，市级以上工程技术研究中心总数达180家。其中，国家工程技术研究中心2家，省级工程技术研究中心75家。6月14日，国家海产贝类工程技术研究中心通过了科技部组织的现场验收；10月23日，在北京完成验收答辩并通过验收。12月，山东省皮革新材料制品工程技术研究中心等8家研究中心被认定为省级示范工程技术研究中心。

重点实验室 依托威海拓展纤维有限公司建设的“山东省碳纤维制备技术重点实验室”被省科技厅列入2014年重点支持的山东省重点实验室名单，给予资金支持。

院士工作站 新创建“山东省海富光子科技院士工作站”等7家企业院士工作站，全市院士工作站总数达26家。

创新方法推广 11月，山东生产力促进中心被山东省科学技术情报研究院确定为“山东省创新方法推广应用与服务基地威海工作站”，开办山东省企业创新工程师培训班，44名研发人员参加培训。

专利工作

【概况】 2014年，全市专利申请量6241件。其中，发明专利申请量2866件，占总申请量的45.9%；实用新型专利2259件，占总申请量的36.2%；外观设计专利1116件，占总申请量的17.9%。专利授权量2832件，其中发明专利授权量531件，比上年增长25.5%。

【知识产权运用】 培育建设威海高技术产业开发区国家知识产权示范园区，环翠区、文登区、荣成市及环翠区张村镇省级知识产权试点示范城区。省知识产权文化建设座谈会在文登区召开，文登区在知识产权文化建设方面的做法得到推广。培育省级贯标试点企业24家，其中10家通过审核认证，威高股份公司成为全国首家通过认证企业。举办全省首届企业知识产权管理体系内审员培训班，296人获得内审员资格证书。配合省科技局做好《省科技型小微企业知识产权质押融资暂行办法》出台前的调研工作，全市24家企业进入省科技型小微企业知识产权质押融资信息库。

【知识产权保护】 制定威海市专利纠纷处理流程、查处假冒专利流程和查处假冒专利行政处罚自由裁量基准。编制市知识产权局行政权力清单、实施程序及法律依据，网上公开假冒专利行政处罚。完成专利执法证年审，组织2批次专利执法培训。审理专利权纠纷案4件，联合区（市）执法3次，检查商场15家，商品3863件，处理假冒专利12件。在第七届（中国渔具制造业基地）威海国际渔具博览会设立知识产权办公室，开展宣传执法活动，查处2起专利侵权纠纷。

【知识产权宣传】 组织5个专利产品项目参加山东西部经济隆起带专利技术展示交易，1家企业参加第二届中国（上海）国际技术进出口交易会。2人获第七届“齐鲁巾帼发明家”称号，10项专利获第六届“山东省少年儿童发明奖”，文登区张家产中学被确定为“山东省少年儿童科技发明教育基地”。协助市发明协会在市科技馆举办优秀科技成果发布会，集中推介专利成果10项。

科技合作与交流

【概况】 2014年，市科技局组织召开了“2014上海交通大学—威高集团医用装备材料专题对接会”，西安电子科技大学、兰州大学与威海产学研合作专项对接会等多项活动，促成产学研合作项目85项。

【国内科技合作与交流】 4月12日、6月13日，市科技局分别与威海临港经济技术开发区和威海经济技术开发区科技局合作，先后召开了各区首届产学研合作推进大会，对企业形成较好的示范带动作用。9月18日，市科技局承办“中科院沈阳分院技术转移转化中心培训研讨会”，推动中科院沈阳分院与威海市续签《全面科技合作协议》。年内，先后组织召开“2014上海交通大学—威高集团医用装备材料专题对接会”，西安电子科技大学、兰州大学与威海产学研合作专项对接会等多项活动，促进产学研合作的深入开展，促成产学研合作项目85项。协助“中科院威高计划”征集项目41项（含中科院项目25项），选取骨科、牙种植体、血液净化等领域的8个项目组织进入答辩。建设推广威海市技术交易服务平台，整合优化技术转化、项目对接、科技金融、科技中介、资产评估、律师税务服务等多项资源，打造完整的技术转移服务产业链，为技术转移参与方提供高效率、低成本、专业化的交流服务。

【国际科技交流与合作】 推介国际技术300多项，促成国际合作意向40多项。东生能源与俄罗斯开展的“动力电池用高能量正极材料合作技术引进研究”，正大环保与法国合作开展的“电解铝烟气高效节能脱氟关键技术合作研究”，金太阳有限公司与西班牙开展的“六百度槽式太阳能热发电高温集热管联合研制”，海之宝与德国合作开展的“微藻规模化养殖及生物质燃油制备技术研发”、与韩国合作开展的“海藻来源化妆品机能性成分开发与产业化研究”，易霸科技与韩国开展的“光伏及风力发电用智能电网关键技术联合研发”等项目被列为国家国际科技合作项目。

【鲁台产业合作交流洽谈会】 5月29日，由山东省科技厅、威海市人民政府主办，台湾中卫发展中心、台湾中华产业关怀发展协会承办，威海市科技局、台办承办的“鲁台产业合作交流洽谈会”在威海召开，正式启动“鲁台产研合作交流中心”。台湾财团法人中卫发展中心总监姜述尚携台湾13家企业代表与会，省内近100家企业的200多名代表参加了会议。会议期间，双方就电子信息技术、绿色能源及节能减排技术领域的重点产业合作等进行了分组洽谈、产品实物展示和一对一对接，促成合作意向16项。

【中国—欧盟膜技术研究与应用研讨会】 10月17日—18日，由科技部国际合作司，中国工程院三局，中国工程院化工、冶金与材料工程学部，山东省科技厅，威海市人民政府，中国膜工业协会，欧洲膜学会，意大利科学院膜技术研究中心共同主办的“2014年中国—欧盟膜技术研究与应用研讨会”在威海举行。来自意大利、俄罗斯、法国、葡萄牙、捷克、韩国、日本7个国家的21名世界知名膜技术专家与会演讲，进行项目对接和技术研讨。中国工程院、北方水处理中心、国家海洋局天津海水淡化研究所、哈尔滨工业大学等30所知名高校院所的国内膜技术专家、山东省17地市科技局及省内外100多家企业负责人、专业技术人员和院校代表近300人参加了会议，达成合作意向18项。

（李忠磊）

气象工作

【概况】 2014年，市气象局发布气象服务材料203期（其中重要天气服务材料121期），发送决策短信238次，召开新闻发布会6次，发布大雾、雷电、暴雨（雪）、道路结冰、冰雹、高温、寒潮等各类预警信号52次。

【综合观测】 加强对降雪天气的监测预警，在全市6个国家级气象站全部安装固态降水观测仪，于11月1日正式启动固态降水的自动化观测，为威海的冬季气象服务提供监测数据。11月，荣成新一代天气雷达系统实现试运行。中国气象局在成山头建成北斗海风海浪探测系统示范站并投入试运行，为气象部门利用北斗卫星开展海风海浪观测提供建站指导规范。与高速交管部门合作建成2个交通气象站。

【气象服务】 7月24日—26日，受台风“麦德姆”的影响，全市平均降雨量233.8毫米，局部达295.1毫米。市气象台提前5天做出准确预报，召开新闻发布会1次，发布预警信号6次，与电台广播直播连线4次，发布手机短信15次，启用绿色通道全网发布预警短信1次，联合国土局发布地质灾害预警1次，有效减少了台风造成的损失。为2014年全国帆板冠军赛、2014年全国沙滩排球巡回赛（第一站）、2014年威海长距离铁人三项世界锦标赛和韩国仁川第17届亚运会火炬在威海传递等重要赛事和活动提供准确及时的气象服务。

【防灾减灾】 5月29日，里口山发生山林火灾。市气象局第一时间启动应急预案，移动气象台开赴火灾现场服务。6月1日，组织开展人工增雨，调集增雨装备在火场周围高密度作业，同时协调青岛、烟台等地气象部门一起开展增雨作业，巩固了灭火成果。年内，组织增雨16次，发射增雨火箭弹685枚，作业次数为历年最多。10月13日，全省海上交通安全风险预警建设工作会议在石岛气象台召开，会议将石岛海洋气象广播电台纳入了省政府海上安全生产组织体系，为山东“平安海区”建设发挥作用。

【科普宣传】 利用“世界气象日”“防灾减灾日”“科普宣传周”等时间开展“气象科普进学校、进企业、进社区”等气象科普宣传活动。3月14日，市气象局开展社区气象知识科普讲座活动，宣传“3·23”世界气象日。

【科技创新】 石岛海洋气象广播电台实现了自动语音播报和中英文双语播音。“多种通信技术在海洋气象服务中的应用”课题获省气象局2014年度研究开发与应用三等奖，其关键技术获实用新型专利和发明专利。该项目实现了3G通信网络和短波通信网的跨网通信，可为用户提供沿海1500公里以内的双向综合通话和双向短信服务。

【社会管理】 联合市安监局出台《威海市防雷安全专项检查方案》，积极参与安委会涉氨制冷企业安全生产检查。编制完成石岛、文登、乳山、荣成、成山头等5个台站探测环境保护专项规划并得到当地政府的批复。

【气候评价】 2014年，全市主要气候特点是：气温偏高，降水偏少，日照时数偏少。

气温　全市平均气温为13.0℃，较常年偏高0.8℃，较上年偏高0.9℃。其中，环翠区13.7℃，文登区12.7℃，荣成市12.8℃，乳山市12.6℃。全市年极端最高气温出现在5月30日文登区，为36.1℃；年极端最低气温出现在1月13日乳山市，为−11.0℃。

降水量　全市年平均降水量716.4毫米，较常年偏少21.3毫米，比上年偏多48.5毫米。全市年降水量乳山市最少，为629.7毫米；文登区最多，为788.6毫米。

日照　全市日照时数平均为2390小时，比常年偏少90小时，较上年偏多10小时。其中，荣成市最多，为2481小时；环翠区最少，为2257小时。

（周浩亮）

地震工作

【概况】 2014年，市政府印发《威海市人民政府关于进一步做好防震减灾工作的通知》，在乳山市组织召开了全市防震减灾工作座谈会和现场会，进一步推动了以政府为主导、各部门协调联动应急工作机制的完善。重点实施了地震前兆观测台网项目建设，突出强化地震应急基础工作，应对全年震情形势，防震减灾三大体系日益完善，综合能力得到提升。在2014年度全省市县级防震减灾工作目标责任考核中，威海市地震局被评为市级优秀单位，乳山市地震局被评为县级先进单位。

【地震监测预报】 地震前兆观测台网项目建设被列为市政府2014年投资项目，总金额170.96万元，12月初通过省、市级专家验收。项目的建成标志着威海辖区市县有台网、县级有台站、镇级有手段、村级有队伍的网格化监测格局基本形成，群测群防宏观信息数字化管理水平得到提升。加强地震监测规范化管理工作，制订震情跟踪工作方案，对年度监测预报工作进行部署和督导落实；推行地震监测台站台网分级分类管理，明确市县两级地震部门的管理职责；落实台站定期巡检制度和震情值班制度，实行领导带班、全员参与、24小时震情值守制度。加强群测群防队伍建设，筛选更新畜牧防疫网地震宏观观测员队伍，推行新的补贴激励机制。实行震情会商分工负责办法，形成更加科学合理的震情趋势会商意见，年度会商报告获全省第3名。坚持“异常落实不过夜原则”，年内先后排查了“鲁32”井、乳山地电场和乳山二氧化碳等多起数据异常事件。

【震害防御工作】 完成建设工程抗震设防审批项目151项，其中重大工程和可能发生严重次生灾害的建设工程24项，重大建设项目开展地震安全性评价率达到100%。通过开辟“绿色通道”，为建设单位上门服务61次，全年实现零投诉，群众满意度100%。开展科普宣教、法律法规宣传进学校、进社区、进机关、进企业、进农村、进家庭、进高校活动，年内有南山小学、蒿泊小学等7所学校被省地震局、教育厅、科协等单位联合命名为“省级地震科普示范学校”，全市省级示范学校达到31所。为驻威海高校开展地震科普知识讲座30余场，赠送科普知识读本2.5万册，张贴、布设科普挂图2000余张。

【地震应急救援】 市抗震救灾指挥部成员单位、各类学校、重点企业地震应急预案第四次统一编修报备工作基本完成。编印《地震应急救援资料汇编》，分发至市抗震救灾指挥部各成员单位。协助市政府编制、分发《威海市地震应急处置指南》。完成全市2303名灾情速报员姓名、电话、家庭住址（经纬度）等信息的统计更新工作。完成省地震局组织的全省地震应急指挥系统调度演练任务。年内，市地震局先后4次派现场工作队赴乳山地震现场开展现场应急，其中1月7日的4.3级和4月4日的4.0级地震，现场工作队成员有7人次因表现突出获中国地震局通报表扬。5月16日，市地震局现场工作队赴烟台市福山区参加了由山东省政府组织的“山东半岛地震应急救援演练”活动。5月24日，威海防空防灾警报试鸣，组织市、县级机关和所属企事业单位、学校、社区、医院、人员密集场所开展应急疏散演练活动。9月，利用部分高校新生入校军训时机，开展防震避险安全教育专题培训和应急疏散演练活动。

（杜万章）

编辑　沙　鋆

教　育

综　述

【概况】　2014年，全市有幼儿园284所，在园幼儿6.13万人；小学90所，在校生10.69万人；初中86所（含九年一贯制学校35所），在校生7.90万人；普通高中20所（含十二年一贯制学校1所），在校生3.62万人；各类中等职业学校28所，其中普通中专学校14所、职业中专学校8所、技工学校6所，在校生3.38万人；高等院校9所，在校全日制大专以上学生6.43万人；特殊教育学校4所，在校生392人。全市学前三年幼儿入园率为100%，小学和初中适龄人口入学率均为100%，小学和初中在校生巩固率均为100%，初中毕业生升学率为103.59%（含外地市考入威海的学生）。

【义务教育优质均衡发展】　威海市被教育部确定为全国义务教育学校管理标准化实验区，出台《威海市义务教育学校管理标准（试行）》，遴选62所试点学校开展实验前测工作。实施农村义务教育学校校舍标准化建设工程，改善学校办学条件，投入资金3.3亿元，开工项目134个，规划面积29.4万平方米，竣工面积7.2万平方米。实施中小学运动场地提升工程和体卫艺设施器材配备工程，为41所学校建设塑胶跑道和运动场地，建成比例达66%。推进教育信息化建设，出台智慧教育项目建设方案，启动实施“智慧教育”工程，加快探索实施电子书包、翻转课堂等基于信息化环境下的教学模式改革，中小学远程录播教室、交互式多媒体教室建成比例分别达93%、96%。开展特色学校建设，从50所特色项目培育学校中评选出首批18所市级特色学校，确定20所第二批市级特色学校。开展“质量下乡百校行”活动，加大对农村学校的支持力度，培训农村教师8000余人次。实施新模式农村校车改革，新增农村校车122辆，总数达581辆，成为全国唯一实现新模式校车对市域内农村学校全覆盖的地级城市。

【学前教育公益普惠发展】　加强公办（含公办性质）幼儿园建设，新建、改建、扩建幼儿园14所，提供公益普惠性幼儿学位4000多个，公办幼儿园比例达70%。出台《威海市市级示范幼儿园标准》，从积极鼓励扶持、严格审批程序、强化监督指导、实行动态管理四个方面对幼儿园进行规范管理，省、市级示范幼儿园比例达75%。出台《威海市幼儿园一日活动规范》，增强幼儿园一日活动的科学性，严禁幼儿教育“小学化”。对无证办园进行清理，通过扩大公益普惠性学前教育资源和对无证幼儿园采取“关、停、并、转”等方式，清理整顿5所无证幼儿园。

【教师队伍建设】　严格教师职称评审及招聘工作，全市评审中小学高级教师21人，通过18人，通过率为85.7%；评审中小学一级教师156人，通过141人，通过率为90.4%；评审中专讲师16人，通过13人，通过率为81.2%；评审高校讲师13人，通过10人，通过率为76.9%；招聘教师475人。小学、初中和普通高中专任教师学历达标率分别为99.97%、99.66%、98.61%，其中小学达到专科以上和初中达到本科以上的分别为97.0%、92.1%。围绕促进校长专业化发展、建立教育家办学的政策导向，推进校长职级制改革，出台《关于推行中小学校长职级制改革的实施意见》，率先在乳山市、威海高技术产业开发区普通中小学试点实施。加强师德师风建设，印发《关于加强师德教育严禁教师从事有偿家教和切实减轻学生课业负担的通知》，出台《威海市中小学教师职业道德考核办法》，加大对体罚学生、有偿家教、商业推销等违规行为的查处力度。加强对教师的培养和培训，年内培训教师4.1万人次；组织第二期“四名工程”（名师、名班主任、名校长、名课程团队）人选到北京师范大学、华东师范大学和上海市进行集中培训；组织第二期名校长人选赴台湾考察交流；发挥优秀教师辐射带动作用，加快建设“威海教育名家工作室”。推动教师资源均衡配置，开展教师交流轮岗800余人次。

【教育教学研究】　开展十三大课题阶段性研究活动，学前教育阶段开展生活化、游戏化的幼儿园课程开发与实施研究；小学阶段开展全纳教育理念下的小学优质化教育教学研究；初中阶段继续深化“构建生命化课堂”实验研究；高中阶段研究“基于课程标准的教学目标、评价、过程一致性”课题成果在教学实践中的推进策略。市教研中心在全市中小学启动翻转课堂的实验工作，申报62项省级课题，确定53个翻转课堂实验基地，组织300多人次参加翻转课堂和微课程开发培训，选出约600项优质微课程资源参加省评选，获一等奖94项、二等奖146项、三等奖170项，一、二等奖获奖比率居全省首位。严格规范各项评比活动，全市各学段64个学科举行优质课评选，参加评选教师632名，获市级奖励566名；获省级奖励101名，其中获省级一等奖39名、二等奖42名、三等奖20名；获国家级奖励6名，其中一等奖1名、二等奖3名、三等奖2名。开展威海市第十一届教学能手暨第六届学科带头人评选，评选出市级教学能手119名，市级学科带头人62名。实施优质课程资源建设工程评选活动，完成1760多节学科课程资源、282节心理健康和主题班会课程资源、66节特色校本课程资源的评选工作。

【招生考试】 组织各类招生、自学考试和社会证书考试26次，入考考生达19.81万人。其中，夏季高考报名1.31万人，录取1.21万人；春季高考报名902人，录取481人；美术统考报名743人，690人取得合格证；海军招飞报名85人，全面检测合格12人，录取1人；民航招飞报名104人，全面检测合格22人，录取12人；研究生初试报名3897人；高中学业水平考试2次，2.5万人报考12.72科次；初中学业考试报名5.92万人，其中初四学业考试1.94万人（城区6979人、文登区3746人、荣成市5399人、乳山市3293人），初三学业考试1.98万人（城区7889人、文登区3875人、荣成市5360人、乳山市2641人），初二学业考试2.01万人（城区8027人、文登区3739人、荣成市5425人、乳山市2862人）。普通高中录取1.09万人，录取率56.2%。普通中专学校录取5172人，其中，“3+4”师范本科320人，“3+4”高职本科25人，五年制高职487人，“三二”连读高职967人，五年制师范专科3人，普通中专3370人。成人高考报名5559人，其中，专科升本科3032人，高中起点本科96人，高中起点专科2431人；高等教育专升本考试报名454人。组织高教自学考试3次，5124人次报考1.18万科次，3012人次取得5367科合格成绩；办理毕业证书361人，其中本科126人、专科235人。组织各类社会证书考试14次，报考人数8.4万人次。其中组织全国英语等级考试2次，1243人报考，699人获得合格证书；组织全国计算机等级考试2次，1.68万人报考；组织初中学业考试信息技术考试1次，2万人报考，1.98万人获得C级以上等级；组织大学英语四六级考试2次，4.46万人报考；组织中小学教师资格考试1次，868人报考；组织J.TEST日语6次，437人报考。

【学校安全稳定】 开展“校园安全管理年”活动，印发《关于进一步做好预防学生溺水工作的通知》，出台《关于加强中小学食堂管理工作的意见》和《应对极端恶劣天气等灾害的应急预案》，编制《中小学食堂管理制度汇编》，推动学校安全工作的科学化、规范化和制度化。组织开展交通安全宣传周、应急演练月、全市安全生产咨询日、“预防溺水，珍爱生命”等主题教育活动，为全市中小学生和中等职业学校学生免费发放《中小学生安全知识手册》和《平安到你家安全防范教育读本》，制作中小学生交通安全课件和防溺水公益广告，面向城区1万名小学生开展“平安威海·荧光童行——为威海市小学生捐赠荧光衣”大型公益活动。举办2批城区中小学、幼儿园食堂管理员培训班和中小学校长安全管理培训，参训500余人。建立校园安全联合督查和通报制度，联合市公安、消防、交通、食品药品监督等部门，开展8次大规模专项检查，从源头上遏制安全事故的发生。

【贫困学生资助】 以“不让一名学生因家庭经济困难而辍学”为目标，发放各项资助资金2567.06万元，受助学生1.52万人。其中，学前教育政府助学金731.37万元，受助学生6116人；普通高中国家助学金585.19万元，受助学生3901人；普通高校奖、助学金960.9万元，受助学生3203人；中等职业学校国家助学金289.6万元，受助学生2003人；拨付中职公用经费5493.65万元。以实现“应贷尽贷”为目标，推进高校助学贷款工作，为619名贫困大学生贷款392.86万元。为全市100名市属高校往届、应届毕业生服义务兵役申请补偿学费118.17万元。联合威高集团设立“威高助学金”，为2014年考入高校的217名学生发放助学金200.9万元，其中本科生194人，每人资助1万元；专科生23人，每人资助3000元。为557名高中贫困学生发放就餐补助111.4万元，资助标准每人每年2000元。

【教育经费】 全市地方教育经费总收入69.73亿元，比上年增加5.63亿元，增长8.8%；地方教育总支出69.43亿元，增加5.10亿元，增长7.9%。地方公共财政预算安排教育经费59.75亿元，增加4.69亿元，增长8.5%。

生均公共财政预算教育事业费支出 普通高等学校由上年1.99万元增加到2.18万元，增长9.8%；普通中等职业学校由1.81万元增加到2.37万元，增长30.6%；普通高中由2.04万元增加到2.46万元，增长20.6%；普通初中由2.09万元增加到2.39万元，增长14.2%；普通小学由1.18万元增加到1.22万元，增长3.2%。

生均公共财政预算公用经费支出 普通高等学校由上年的1.60万元增加到1.70万元，增长6.7%；普通中等职业学校由1.19万元增加到1.67万元，增长40.2%；普通高中由9607元增加到1.19万元，增长24.2%；普通初中由1.12万元增加到1.24万元，增长10.3%；普通小学由5561元减少到4970元，下降10.6%。

生均公共财政预算日常公用经费 普通高等学校由上年的524元增加到665元，增长26.9%；普通中等职业学校由2227元增加到3085元，增长38.5%；普通高中由715元增加到720

元，增长0.7%；普通初中由1685元增加到1723元，增长2.3%；普通小学由1298元增加到1320元，增长1.7%。

公共财政教育事业费支出　全市教育部门及其他部门公共财政教育事业费拨款支出为54.42亿元，较上年增加9.2%，其中人员经费支出25.29亿元，占总支出的46.5%；公用经费支出29.13亿元，占总支出的53.5%。

基础教育

【学前教育】　2014年，全市有幼儿园284所，比上年增加4所；教学班1942个，在园幼儿6.13万人，增加1585人，其中女幼儿2.94万人；教职工5890人，其中园长389人，专任幼儿教师3543人；园长中具有高中段以上学历的384人，占总数的98.7%；专任教师中具有高中段以上学历3456人，占幼儿教师总数97.5%。全市学前教育三年幼儿入园率达100%。

扩大普惠性学前教育资源　推进公办（含公办性质）幼儿园建设，投入资金1.2亿元，新建、改建、扩建幼儿园14所，提供公益普惠性幼儿学位4000多个，公办幼儿园比例达70%，在园幼儿比例达72%，提前一年完成《山东省学前教育普及计划（2011—2015）》提出的“公办及公办性质的幼儿园、在园幼儿达总数的70%”的目标。投入民办幼儿园财政性教育经费627万元，通过购买服务、以奖代补、派驻公办教师等方式，加大普惠性民办幼儿园扶持力度，引导民办幼儿园为社会提供普惠性服务。

加强幼儿园规范管理　从幼儿园日常管理入手，出台《威海市幼儿园一日活动规范》，对幼儿园教学活动、生活活动、户外活动等8大项活动进行规范，增强幼儿园一日活动的科学性，促进幼儿园管理规范化。以创建省、市级示范幼儿园为目标，修订《威海市市级示范幼儿园标准》，从园舍设施、行政管理、队伍建设、安全工作、卫生保健、教育教学、幼儿发展等7项指标对申报幼儿园进行评估验收，省、市级示范园比例达75%。将清理整顿无证办园和公办幼儿园建设结合，通过采取“关、停、并、转”等方式，取缔无证办园5所，实现市域内无非法幼儿园的目标。

【普通中小学教育】　全市有普通中小学200所，其中，高中20所（含十二年一贯制学校1所），普通初中86所（含九年一贯制学校35所），小学90所（其中农村小学35所），特殊教育学校4所。小学招生2.28万人，比上年增加230人，其中，女生1.09万人，增加26人，比重为47.6%。在校生10.69万人（其中农村3.74万人），增加6059人；在校女生5.08万人，比重为47.5%。全市小学学龄儿童入学率100%，与上年持平。全市小学毕业生1.78万人，减少2710人，小学毕业生升学率100%。小学在校生辍学率（退学人数／上学年在校生数）为0。小学教职工7955人，其中，专任教师7451人，增加214人。专任教师中研究生学历96人，本科5769人，专科1363人，高中阶段221人，高中以下2人，学历达标率99.97%。其中，高级教师302人，一级教师3236人，二级教师3333人，三级教师108人。小学生师比为14.35 ：1，高于上学年的13.94 ：1。

初中招生1.78万人，比上年减少2801人，其中，女生8164人，比重为45.80%。在校生7.90万人（其中农村2.58万人），减少3636人；其中女生3.74万人，比重为47.4%。毕业生2.02万人，减少3234人，普通初中毕业生升入普通高中的升学率为54.5%。初中在校生辍学率（退学人数／上年在校生数）为0。初中教职工9807人，其中，专任教师8893人，增加51人。专任教师中研究生学历128人，本科8063人，专科672人，高中及以下30人，学历达标率99.7%。其中，高级教师1589人，一级教师3994人，二级教师3086人，三级教师19人；普通初中生师比为8.88 ：1，低于上学年的9.34 ：1。

普通高中招生1.10万人，比上年减少1755人，其中，女生7535人，比重为68.4%。在校生3.62万人，减少2413人；其中女生1.95万人，比重为53.8%。全市普通高中教职工4543人，其中，专任教师3950人，增加30人。专任教师中研究生104人，本科3791人，专科54人，高中及以下1人，学历达标率98.6%。其中，高级教师934人，一级教师1532人，二级教师1398人，三级教师1人；普通高中生师比为9.16 ：1，低于上年的9.85 ：1。

普通中小学平均在校生规模为小学1188人，初中918人，高中1905人，小学、初中、高中平均班数为28、21、39，平均班额分别为43人、43人、49人。小学班额中46人以上的超员班有905个，占全市小学总班数的36.3%。其中，城市小学班额中46人以上超员班有660个，占城市总班数的42.4%；56人以上的超员班有65个，占城市总班数的4.2%。全市25人以下的小班有54个，占总班数的2.2%，主要分布在农村。全市初中56人以上的超员班有77个，占总班数的3.1%，全部分布在城市。

特殊教育学校招生6人，比上年减少53人；在校生392人，减少29人。特殊教育学校教职工165人，其中，专任教师129人，减少2人。专任教师中高中及以上学历129人，学历达标率100%，与上年持平。

【中小学办学条件标准化提升工程】　8月，结合国家和省提出的全面改善贫困地区义务教育薄弱学校基本办学条件的要求，编制《2014年—2016年威海市改善中小学办学条件一校一案明细表》，规划用3年时间，投入资金7.21亿元，对全市75所初中和71所小学的办学条件进行标准化改造，满足义务教育高位优质均衡发展的需要。至年底，全市安排资金3.33亿元，改造学校102所。

【素质教育】　出台《关于进一步加强中小学德育工作的指导意见》《关于推进中小学学生社团建设的指导意见》，完善德育教育体系，在全市评选出60个优秀学生社团。出台《关于进一步推进初中学生学业考试改革的实施意见》，重点实现从单纯“分数”考核转变为实行"分数＋等级"考核相结合、从只有一次考试机会转变为部分学科实行"多次考试、择优使用"，同时加大对物理、化学、生物实验技能和英语口语应用能力的考查力度，构建实施素质教育的良好环境。出台《关于进一步加强中小学体育卫生与艺术教育工作的意见》，启动学校体卫艺教育三年行动计划，推进体卫艺教育高水平、特色化发展。举办中小学生足球、排球等项目的"六大联赛"和全市首届中小学生才艺大赛；选定威海市第二实验小学等10所学校作为游泳试点学校，年内培训师生3200余人次；与市科协联合举办全市青少年科技创新大赛，77项作品获省级奖，5项作品参加全国比赛。投资1.36亿元，完成中小学生综合实践教育中心一期工程，占地面积10.13公顷、建筑面积2.5万平方米，在全国首批20所示范性综合实践基地、全国5所国际学生交流基地中第一个投入使用。

【中小学校长职级制改革】 威海市是全省中小学校长职级制改革3个试点城市之一，出台《关于推行中小学校长职级制改革的实施意见》，率先在乳山市和威海高技术产业开发区普通中小学实施改革，重点突出6项创新。一是在全省率先将校长、副校长和党组织书记、副书记纳入改革范围，将校长职级确定为四级九等，有利于促进班子成员专业发展和校长队伍梯队建设。二是探索建立"县管校聘"人事管理体制，在控制编制和岗位总量前提下，教育部门对校长、教师进行统一管理，具体负责校长和教师的调动、交流、配置等，使他们由"学校人"转变为"系统人"，打破交流轮岗管理体制障碍。三是建立优秀校长柔性流动制度，设立特级校长柔性流动指标，对符合条件、自愿到农村或薄弱学校任职的优秀校长，聘期期满考核合格直接认定为特级校长，激励校长到农村、薄弱学校任职，促进优质教育资源科学配置。四是建立弹性考核评价机制，充分考虑学校类型和办学规模差异，设置职级评审难度系数和权重比例，更加科学公正地评价校长业绩。五是建立市域统一的校长绩效工资标准，全市不分学段、区（市），只要校长职级相同绩效工资就相同，杜绝区（市）、学段间不平衡现象，促进校长在不同学段、区（市）间交流轮岗。六是扩大学校办学自主权，将适当的学校人事权、内部机构设置权、经费使用权、绩效工资分配权等下放给学校，同时完善校长工作规范等工作制度，加大对校长的监督力度，推动建立现代学校制度。改革从2014年开始实施，逐步在全市推开。

【初中学生学业考试改革】 为弱化应试教育、减轻学生课业负担、深入实施素质教育，按照"两个转变，两个强化"的思路，对初中学生学业考试进行改革，着力建立"分数＋等级""多次考试、择优使用"和"综合评价"为主要特点的初中学生学业考试机制。"两个转变"：一是从单纯的"分数"考核转变为"分数＋等级"相结合，将学业水平考试科目分为考试科目和考查科目两类，其中语文、数学、英语、物理、化学、体育健康等6个考试科目成绩用分数呈现，思想品德、历史、生物、地理、信息技术等5个考试科目成绩用分数表达、等级呈现，音乐、美术等考查科目成绩使用等级呈现，更加科学、更加务实；二是从"只有一次机会"转变为部分学科实行"多次考试"，部分对初二、初三参加的历史、地理、生物等学科考试成绩不满意的考生，可以申请初三、初四时再考一次，学生可以选择最好的成绩参加高一级学校的招生录取，减轻学生的考试压力。"两个强化"：一是强化对学生应用能力的考查力度，将理化生实验技能考查、英语口语考查纳入考试范畴，理化生实验技能考试成绩采取等级呈现方式，英语口语考试占学科总分10%计入学科总成绩，引导教师更加注重学生应用能力的培养；二是强化体育与健康教学力度，将体育与健康成绩的比例提高到中考总分的10%以上，更加重视学生的体质健康素质。

【学校体卫艺教育改革】 出台《关于进一步加强中小学体育卫生与艺术教育工作的意见》，启动三年行动计划，加快推进体卫艺教育高水平、特色化发展。重点创新4项机制：一是体卫艺教学设施器材保障机制。各级财政加大投入，确保3年内所有学校体卫艺设施器材达到规定标准，城乡学校的塑胶跑道和运动场地、医务保健室、心理咨询室、音体美教学器材、专用教室等达标率均达100%。二是体卫艺教师考核评价机制。启动体卫艺教育师资配备计划，所有中小学配齐配足体卫艺教师。制定科学合理的工作量和绩效考核办法，保证体卫艺教师在绩效工资分配、职称评审、岗位聘用、培养培训等方面与其他学科教师同等对待。开展"艺术家进校园"等活动，面向社会聘请体卫艺兼职教师、教练员、卫生保健人员、教育实践辅导员，克服编制因素带来的瓶颈制约，调动社会力量提升体卫艺教育水平。三是体卫艺教育特色发展机制。开展帆船、游泳、铁人三项、足球进校园等特色活动，鼓励学校培育特色项目、特色课程，打造高水平、特色化团队，启动体育传统项目学校、优秀文化艺术传承学校创建活动。四是体卫艺教育经费保障机制。市县两级每年安排不低于15%的体彩公益金用于学校体育教育，市级每年安排160万元、各区（市）每年安排至少20万元用于学校体卫艺教育；对体育传统项目学校、优秀文化艺术传承学校分别给予3万元的一次性奖励。

【责任督学挂牌督导改革】 责任督学挂牌督导是指政府教育督导部门为学校配备责任督学，在学校门口显著位置悬挂责任督学公示牌，对学校进行经常性教育督导，促进各项教育政策全面落实。全市划分39个督学责任区，聘任责任督学和督导员135名，重点从3个方面推进改革：一是实行行政督导与专业督导相结合。市及各区（市）教育督导机构从行政人员以及在职和退休的校长、教师、教研员中选聘兼职督学，确保督学队伍年龄、专业和能力结构的优化组合。二是实行终结性督导与过程性督导相结合。建立每月1次专项督导制度，定期制发教育督导通报，逐一曝光违规办学行为，对亮点工作、经验做法进行推广，将督导通报报至市及各区（市）政府主要领导。市政府常务会议每半年听取一次教育督导工作汇报，对存在的问题进行专题研究。三是创新教育督导方式。结合教育质量评估监测，推行“问诊式”督导，通过选聘有经验的专业督学，每月一次入校会诊、研究会商，对好经验进行推广，对坏行为进行纠偏。在督导内容方面，根据社情民意，主动增加学校实施素质教育、规范办学行为、教育重点工作等方面的专项督导；在督导形式方面，由自上而下的单向督导转变为各区（市）间交叉督导，实现教育督导的全方位推进。年内，全市开展规范办学专项督导6次，通报学校25所。

职业教育和民办教育

【中等职业教育】 2014年，全市有各类中等职业学校28所（职业学校与技工学校合署办公3所），其中，普通中等专业学校14所、职业中等专业学校8所、技工学校6所，招生9929人，在校生3.38万人。其中，普通中专招生6066人，比上年增加548人，在校生2.05万人，增加2471人；职业中专招生1345人，减少541人，在校生4821人，减少3861人；技工学校招生2518人，减少594人，在校生8462人，减少1799人。普通中专、职业中专有教职工2649人，其中，专任教师1905人，减少101人。专任教师中本科及以上学历1776人，学历达标率93.23%。

现代职业教育体系建设 推进中职学校资源整合，打破3所市属公办中职学校的行业、部门和学校类型界限，拟订整合方案，提前2年在全省率先完成“每县1所规范化中职学校”的目标。加强市级示范实训基地建设，新建17个，总数达42个，超出“十二五”规划目标15个。

职业教育人才培养模式改革 打造纵向贯通、横向衔接、开放兼容、协调发展的现代职业教育体系，文登师范学校与齐鲁师范学院“3+4”初中起点高等师范教育项目被省教育厅列为全省3个试点之一，由小学教育专业扩大到学前教育专业。威海工业技术学校与青岛科技大学合作开展“3+4”高等职业教育项目试点，威海职业学院与烟台大学、山东交通学院合作开展“3+2”对口贯通分段培养试点，山东外事翻译职业学院与山东师范大学“3+2”对口贯通分段培养试点，威海职业学院与威海技师学院纳入全省首批高等职业教育和技师教育“双证互通”试点，搭建起职业教育人才培养渠道的“立交桥”。

【民办教育】 全市有民办教育机构99所。其中，民办幼儿园85所，招生4786人，在园幼儿1.71万人。民办小学1所，招生223人，在校生1397人。民办初中1所，招生351人，在校生1567人。十二年一贯制学校1所，其中小学招生114人，在校生618人；初中招生79人，在校生470人；高中招生298人，在校生867人。普通中等专业学校4所，职业高中7所，招生1072人，在校生3485人。

（刘宝富）

技工教育

【技工教育】 *技工院校招生* 出台《关于做好2014年全市中等职业学校招生工作的通知》，通过统一招生计划、统一招生政策、统一招生宣传、统一网上填报志愿、统一网上录取、统一发放录取通知书等“六统一”机制，搭建中职教育统一招生平台，全年招生2534人。

基础能力建设 创建技师学院1所，支持5所技工院校申报威海市中等职业教育市级示范实训基地，选派94名骨干教职工赴国内外知名院校进行专业提升培训。举办2014年威海市中等职业学校技能大赛，选拔4所学校的57人参加省级技能大赛。

学生资助政策 出台《关于加强全市技工院校学生资助管理基础工作的通知》，指导学校做好学生资助管理工作，上报和完善新学期免学费、助学金学生信息，确保资助政策落实。

省级示范专业群建设项目 威海技师学院的船舶焊接专业群、威海机械工程高级技工学校的机械制造技术专业群被确定为2014年度山东省技工院校省级示范专业群建设项目，获1000万元建设资金，数量和资金额位列全省第一。

（朱复刚　刘元娇）

高等教育

【概况】 2014年，全市有山东大学（威海）、哈尔滨工业大学（威海）、哈尔滨理工大学荣成校区、威海职业（技术）学院、山东药品食品职业学院、山东交通学院海运学院、山东外事翻译职业学院、威海海洋职业学院和北京交通大学威海校区等9所高等院校，其中8所已招生，在校全日制大专以上学生6.43万人。

【山东大学（威海）】 山东大学创建于1901年，是教育部直属重点综合性大学，是国家“211”工程和“985”工程重点建设大学之一。山东大学（威海）创建于1984年，是山东大学与威海市政府联合共建的多学科、开放式、综合性大学校区。2012年，山东大学威海分校更名为山东大学(威海)(Shandong University, Weihai)。学校位于威海高技术产业开发区玛珈山南麓，占地面积108.5公顷。设有10个学院和2个教学部，44个本科专业，61个硕士专业，20个博士专业，涵盖文学、艺术学、法学、经济学、管理学、理学和工学7大学科门类，形成培养博士生、硕士生、本科生、留学生等多层次的教育体系，在法学、政治学、物理学、应用经济学、中国语言文学、生物学、机械工程、外国语言文学、数学、药学、生态学等13个一级学科招收博士后。2014年，学校招生3472人，有全日制统招本科生1.37万人，留学生600人，博、硕士研究生988人。有教职工1200余人，其中专任教师722人，教授、副教授416

人，博士、硕士生导师259人。

教育教学质量 《大学韩国语》等3部教材入选第二批“十二五”普通高等教育本科国家级规划教材，5项成果获省级教学成果奖励，4门课程获评山东省精品课程，1人获评山东省教学名师。在全国大学生创业总决赛中获国家银奖4项、铜奖1项，省级奖16项；获国家级大学生创新项目10项。学生在各类学科竞赛中获省级以上奖励100多项，在ACM国际大学生程序设计竞赛中获银奖1项，韩国语学院学生在第九届全国大学生韩国语演讲总决赛中获冠军。

学科建设和科研工作 打造“天、海、韩”特色学科，空间学科依托空间科学研究院，继续深化体制机制改革，引进千人计划特聘教授1人；团队中有1人获山东省杰出青年基金项目支持，并获国际无线电科学联盟颁发的“青年科学家奖”；天文台获评2014年度全国优秀科普教育基地。海洋学科获批“山东省海洋微生物资源库平台”和“山东省生态型人工鱼礁实验中心”2个省级平台。韩国学科以引进一级教授为契机，整合优化研究队伍，成立“中韩关系研究中心”，成为国内首家专门研究中韩关系的学术机构。年内，完成威海地磁台、力学性能测试实验室等一批实验室的建设工作，获批国家级项目29项、省部级59项。学校人文社科教师在应用对策研究方面有多个政策咨询型项目成功立项，为政府提供政策咨询的能力大幅提高。举办首届威海市文化创意产业培训班，承担威海市多项社会科学重点研究课题，为地方文化创意产业发展提供支持。

师资队伍建设 引进人文社科一级教授2人、千人计划特聘教授1人，特色学科科研团队力量得到发展壮大。教师岗位引进30人，其中，具有博士学位的25人，具有一年以上海外经历的占40%。20名青年博士全部纳入学校师资博士后管理机制，1人通过齐鲁青年学者特聘教授特别评审。鼓励教师继续深造，具有博士学位（含在读）的占专任教师的65.3%，具有半年以上海外经历的教师占专任教师总数的34.5%。博士后在站人员52人，新增中国博士后科学基金资助13人、山东省博士后创新项目2人、国际交流计划资助3人。

对外合作交流 商学院、翻译学院、艺术学院分别与澳大利亚西澳大学、英国伦敦大学和美国辛辛纳提大学合作，引进国外优质课程体系，7个专业成为国外课程体系引进重点支持建设项目。加强与加州大学伯克利分校、澳大利亚国立大学、早稻田大学等世界一流大学的合作与交流，为学生搭建更高层次的国际交流平台。实施“名校访学计划”，派遣43名学生赴海外学习交流。2014届毕业生中，有215人赴16个国家或地区的113所高校继续深造。有来自韩、日、英、法、澳等18个国家的800余名学生在校学习；来自韩国、俄罗斯、英国等国家10余所高校的213名学生在校参加“国际课堂”短期学习交流项目。年内，同新泰市、乐陵市和玲珑集团等地方政府或企业签署4项校地、校企全面合作协议，同威高集团、渤海活塞等单位签署18项具体项目协议。

30周年校庆活动 2014年是学校建校30周年。学校坚持“简朴、务实”的原则，新建校史展览馆，编印30年校志，组织开展“百场学术报告”、校庆书法展、科研成果展、校友返校等多项活动。11月1日，学校召开庆祝大会，山东大学校长张荣，威海市委书记、市人大常委会主任孙述涛，威海市委副书记、市长张惠，威海市委常委、统战部部长李在武，威海市委常委、军分区政委曹元怀，山东大学党委副书记、山东大学（威海）党委书记仝兴华，山东大学副校长、山东大学（威海）校长韩圣浩，山东大学总会计师曹升元，澳大利亚西澳大学副校长Iain Watt等出席大会。

（司献英　赵林林）

【哈尔滨工业大学（威海）】 哈尔滨工业大学创建于1920年，隶属于工业和信息化部，是国家首批“985”工程和“211”工程高校之一，在哈尔滨、威海、深圳设有3个校区。哈尔滨工业大学（威海）是哈尔滨工业大学3个校区之一，占地面积123.33公顷，教学科研用房面积16.8万平方米。学校坚持以工为主，理、工、经、管、文相结合的多科性学科特点，设有10个院（系），2个教学部，36个本科专业，32个二级学科硕士学位授权点。有教职工855人，其中，专任教师528人、教授92人、副教授196人。2014年，学校招生2651人，全日制在册学生1.08万人，其中，本科生1.03万人、研究生524人；在职工程硕士416人；成人教育及远程教育在册学生1.02万人。本科毕业生初次就业率达93.4%，硕士研究生初次就业率达94%。

教育教学质量 推动教育教学改革，实行“两长一短”三学期制（“两长”即秋季学期和春季学期各18周；“一短”即夏季学期时间为5周），调整后的短学期及暑期与国外大多数高水平大学在时间上基本一致；启用BB（blackboard）教学平台应用于日常教学中，进一步推进学校教师教学理念、模式及方法的全面改革及提升；建设校内首个“NI创新基地”面向全校研究生开放，以提高培养研究生的创新思维和创新能力。开展各项教学研究改革，在省级教研评比中，获批精品课程3项（10门课程），教学成果三等奖1项，教学名师1人；获山东省研究生教育创新计划立项2项，山东省研究生教育教学成果三等奖2项；大学英语试点开设雅思英语班；完成2011年度校级教改项目的验收。

学科建设 2014年，学校整合重点学科师资力量，新增博士生导师6人、硕士生导师20人和校外专业学位导师26人。坚持以海洋为背景，优先发展面向海洋的主体学科，通信与信息系统学科、材料加工工程、材料学、船舶与海洋结构物设计与制造、海洋化学等5个学科被评为山东省“十二五”重点学科。学校与工信部、国家海洋局签署共建协议，推进船舶与海洋工程、海洋科学2个学科“985”工程和一级博士点的建设；与国家海洋技术中心共建首个国家浅海海上综合试验场。学校设通信与电子对抗技术研究所、网络与信息安全研究中心、先进制造技术与装备研究所等各类科研机构59个。

科研工作 全年科研到账经费超过1亿元，获国家自然科学基金和社会科学基金资助33项。发表SCI论文151篇，EI论文55篇，发明专利授权

22项。与威高集团合作成立“哈工大威高国防技术研究院”；申报“威海市机器人产业公共创新服务平台”和“威海市精密塑性成形技术工程中心”2个市级平台；申报省科技厅工程技术中心4个；威海市机器人重点实验室落户学校。7项成果获国家科学技术奖，其中，1项获国家技术发明奖一等奖，6项获二等奖。曲士良教授团队的研究成果“激光制备光纤传感法布里—珀罗腔”入选2014年度20项顶级技术之一。

师资建设　完善学术机构，成立学校第一届学术委员会，保障学术工作公开、公平、公正地运行。严格青年教师准入制度，组织教学笔记和教案评比，开展教学基本功大赛，促进青年教师健康成长。围绕“人才强校”战略目标，引进教授3人、副教授4人，青年博士11人；晋升教授6人，副教授17人；全额资助10名青年骨干教师出国留学，2名青年教师到国内一流高校和科研院所访学，教师队伍博士化率为57.9%。

学生工作　年内，派出15支队伍走访21个城市的100余家用人单位，组织大型招聘会2场，专场招聘会363场，发布用人岗位信息8000余条。成立大学生创新创业中心，举办讲座20余场，组织学生创新立项417项。学生参加各类创新竞赛，获省部级以上奖励389项，其中，获国家级奖励212项，国际级奖励26项。获国家专利2项，发表重要学术论文8篇。组建各类社会实践团240多个，参与学生4000余人。开展校内外志愿服务活动180余项次，参与6500余人次；培训、指导研究生支教团5人赴四川开展支教工作；组织实施西部计划，选派1人赴西藏开展工作。

（谷　静）

【哈尔滨理工大学荣成校区】　2006年，经山东省和黑龙江省人民政府批准，哈尔滨理工大学与荣成市人民政府合作组建哈尔滨理工大学荣成校区，2008年正式招生。学校位于荣成市学院路2006号，占地面积47.89公顷，建筑面积25万平方米，建有图书馆、多媒体教室、实验室、语音室、微机室、制图室、实训车间、国际标准400米运动场等教学设施。学校坚持以工为主，理、经、管、文、艺相结合的多科性学科特点，开设22个本科专业、6个专科专业，13个教学系（部）。2014年，学校招生2062人，在校生7698人。有教职工496人，其中，教授26人，副教授38人，博士9人，在职攻读博士学位32人。

教育教学工作　商务英语本科专业于2014年开始招生，并申报商务英语BEC（中级）考点。申办英语（商务英语方向）双学位专业，接受双学位预报名170余人。配合荣成市委组织部完成干部自主选学工作，培训学员800余人次。参加科技竞赛获国家级一等奖8项、二等奖8项、三等奖3项，获省级一等奖4项、二等奖12项、三等奖10项。学校教育教学研究课题立项10项，组织结题验收12项；获黑龙江省高等教育教学改革项目立项1项，组织结题1项；学校教师撰写的3篇论文入选黑龙江省高等教育学会交流论文。

基础设施建设　新建实验楼投入使用，实验室面积增加7800平方米，达到3.07万平方米，购置实验设备，实验开出率达92%，基本满足教学需要。增加教学实训基地8个，总数达75个。成立软件工程系大学生创新科研工作室，完成对2013年度创新创业训练计划项目的结题验收28项，获批2014年度校级创新创业训练计划项目22项。

师资队伍建设　提高博士引进待遇，学校在读博士研究生30人，专任教师233人，外籍教师9人。入职教职工参加黑龙江省高校教师岗前培训，39人通过考试并取得岗前培训证；参加黑龙江省教师资格认定，183人取得教师资格证书。完成2014年度教职工专业技术职务评聘工作，荣成校区通过正高级职称评聘3人，副高级职称评聘3人，中级职称评聘89人；转正定级40人。举办荣成校区首届青年教师微课比赛，评选优秀青年教师27名。

教育科研工作　完成学校青年基金结题项目11项，获批省级课题3项，市级课题5项；学院教师发表D类以上论文10篇；23个项目通过青年基金项目评审。与企业签订产学研合作协议34项；合作建立市级工程中心1个；获科技部门立项资助5项；配合荣成市经济开发区获“省级创业示范园区”1项，市级孵化器1项，市级平台建设项目1项；为荣成市企业提供专家团队服务86人次。与威海丰荟集团、龙口半岛线缆有限公司、烟台百纳餐饮管理有限公司等签订10个校企合作项目。为在校学生和荣成市“三支一扶”（大学生村官）提供创业培训，培训596人，合格率超过95%。“海易网”二期项目启动，在原有B2B平台基础上建立B2C平台，与西霞口集团合作开发海产品养殖水域在线监控与控制系统。“海易网”项目获荣成市科技计划发展资金项目和市长奖励资金。由学校研发的海产品养殖生产科技成果转化与电子商务公共服务平台项目获2014年山东省省级信息公共服务平台和两化融合奖励资金。承接荣成市首期企业电子商务培训班，参训企业41家，学员68名。

招生就业工作　2014年，学校招生2062人（本科1959人、专科103人）。其中，山东省普通本科录取分数线文理科分别高出二批最低控制线19分和44分，黑龙江省普通本科录取分数线文理科分别高出二批最低控制线38分和70分。举办2014届毕业生春季双选会和2015届毕业生冬季双选会，邀请省内外200多家用人单位参加；组织各类专场招聘会60余次。2014届毕业生2219人，其中，考取北京工业大学、大连海事大学、厦门大学等院校硕士研究生101人，专升本353人，1995人落实就业去向，就业率达89.9%。

学生工作　组织暑假社会实践活动50余次，其中外语系“关注四川仪陇留守儿童”社会实践团队获省“优秀团队”称号；外语系1名教师获省“优秀指导老师”称号；1名学生获省“先进个人”称号；外语系、材料工程系、软件工程系、艺术系被评为荣成学院社会实践先进单位。完成2014级新生的心理普查工作。

（谭　畅）

【威海职业（技术）学院】　威海职业学院、威海市技术学院是一所全日制普通高等职业院校，在威海广播电视大学、威海教育学院和威海市工业学校的基础上合并组建而成。2000年10月经山东省人民政府批准、教育部备案，成立威海职业学院。威海市技术学院始建于1958年，原名威海市技工学校，1995年升格为威海市高级技工学校，2003年更名为威海市技术学院。2004年5月，威海职业学院和威海市技术学院正式合并。学院地处威海科技新城，占地203.2公顷，建筑面积40多万平方米。2014年，学院固定资产7.89亿元，有实验实训室151个、校内实训基地15个、生产性教学工厂8个，校外实习基地325个。仪器设备总值1.74亿元，计算机5003台，语音室9个、座位550个，多媒体教室228个、座位1.95万个，馆藏纸质图书128.7万册，数字资源折合电子图书100万册。学院设置65个普通高职专业、31个技工教育专业和46个成人函授教育专业、42个远程教育专业、54个开放教育专业。全日制在校生1.65万人，其中高职教育在校生1.47万人、技工教育在校生1836人；成人教育在校生5210人。全院在编教职工952人。

专业建设 依托办学优势，开展高职教育与应用本科衔接培养、高职教育与技师教育横向联合培养、军地联合定向培养直招士官等省级教改专业试点项目，搭建中职、高职和应用本科纵横贯通的职业教育人才成长“立交桥”。与山东交通学院联合开展机械设计与制造专业“3+2”对口贯通分段培养试点，招收学生60名；与威海技师学院联合开展数控技术和汽车维修技术2个专业横向联合培养试点，招收学生79名；与武警山东省总队联合开展通信技术专业的定向培养直招士官试点，招收学生50名。适应区域产业结构调整对人才需求的变化，优化调整专业结构，新增航空服务、金融管理与实务2个专业，停招船舶舾装等8个专业，高职教育专业达65个。组织评选船舶工程技术等4个校级特色专业，校级特色专业达12个。

课程资源建设 根据人才培养模式改革需求开展教材建设，24套教材获教育部“十二五”规划教材立项，改造完善国家级精品资源共享课10门，组织评选校级精品课16门。开展行动导向教学模式示范课程、示范专业竞赛，组织教师观摩学习，稳固推进教学模式改革，实施行动导向教学专业课程比例达50%。启动“云空间”试点，首批试点1000个网络空间。组织师生参加中国技能大赛、全国职业院校技能大赛、山东省职业院校技能大赛等比赛，获国家级奖34项、省级奖125项、市级奖22项。推进实践教学条件建设，完成机械设计与制造省级品牌专业群、“云空间”等22个项目的实训条件年度建设任务。学院成为山东省就业创业培训省级项目定点机构、威海市加强就业培训提高就业与创业能力定点培训机构。电工电子技术专业市级示范实训基地通过市教育局验收。

产学研与社会服务 规范科研立项审批程序，加强科研合同管理，科研管理更加规范；细化产学研考核办法，提高教师科研主动性，培养产学研带头人12名。全院技术开发及咨询服务收入122万元，立项9个纵向课题、30个横向课题，外部研发经费到账84万元。开展教育教学研究，获国家教学成果二等奖1项、山东省教学成果一等奖6项。加强校企合作，超额完成全年社会培训计划和技能鉴定任务。完成“金蓝领”培训、在岗职工技能提升培训等各类培训4625人，完成新职业技能鉴定等各类鉴定1.24万人次。承办2014年度山东省（威海地区）二级建造师执业资格考试、威海高技术产业开发区2014年职工职业技能大赛。开展专业技术人员继续教育培训，培训学员1010人次。开展校企合作示范基地评选，确定荣成华泰汽车有限公司等5个校企合作示范基地。继续完善双主体办学模式以及现代学徒制、校企合作专班、订单班等人才培养模式，与威海第二热电集团等企业合作新建订单班6个，订单班总数达22个，订单培养学生1297人。与三角集团开展教材开发、员工培训等实质性合作。与企业合作建立威职远控信息技术研究所、威海职业学院BIM工作室、威海市建筑工程质量检测站双岛湾实验室等工作机构。

招生与就业工作 全年招收全日制新生5370人，其中，高职大专4903人、技工教育467人；成人教育招生2105人。2014届高职大专毕业生5020人，正式就业率98.2%，专业对口率79.1%，合作企业就业率37.8%，本地就业率52.4%；技工毕业生就业率100%。举办大学生创业设计大赛、大学生创业之星评选，强化创业培训，提高团队创业能力，6名2014届毕业生实施创业，200名在校生开展创业实践活动，10个团队入驻学院创业孵化基地。

教师队伍建设 年内，引进新教师34名。1名教师当选第八届山东省高校教学名师。开展2014年度院级名师团队评选，评出2个院级优秀教学团队，3名院级教学名师。完成专业带头人的调整、增补工作，调整2名专业带头人，增补3名专业带头人培养对象。组织教师参加培训，选派26人赴台湾职业院校考察交流学习，选派10名教师参加德国职业教育教学法境外培训。组织教师参加各类院级二次培训300人次，参加暑期教师培训840人次，参加国内高职院校、培训机构各级各类培训213人次，参加信息化教学能力提升培训300人次，参加企业顶岗实践143人次。举办微课教学比赛、信息化教学大赛、多媒体课件比赛等教师教学能力竞赛，择优推荐参加省级和国家级比赛。做好外聘和兼职教师引进与管理工作，聘用282名外聘、兼职教师，专兼结合教师队伍结构更加合理。

（姚宏建）

【山东药品食品职业学院】 山东药品食品职业学院创建于1958年，2005年经山东省人民政府批准升建为高等院校，同年在教育部备案，是山东省食品药品监督管理局直属事业单位。学院总占地面积60.5公顷，有威海、淄博两个校区，校舍面积14.7万平方米。2014年，有教职工507人，在校生7280人。学院以“为药品食品事业服务，为人民群众健康服务”为办学宗旨，开设药物制剂技术等20个专业为全省药品食品生产加工企业、批发零售企业、医院药房、药物研究机构、药品食品检测监督部门等培养高素质技能型人才。

人才培养 学院作为山东省第二批人才培养特色名校立项建设单位，牵头成立山东省食品药品职业教育专业建设指导委员会，通过校企合作等措施提升专业建设水平。以9个重点建设专业为示范，完善“平台—模块”的课程体系，优化各专业人才培养。建设省级精品课10门，院级精品课20门；省级

特色专业1个，院级特色专业2个；省级教学团队1个，院级优秀教学团队2个；院级教学资源库10余门。教师获山东省教学成果三等奖3项，出版教材6部，校企合作教材2部，校本教材4部，其中4部获评全国食品药品职业教育教学指导委员会优秀教材。在全国医药行业特有职业技能竞赛中，获个人二等奖3项、三等奖1项，单项团体二等奖1项，团体二等奖1项，优秀组织奖1项。在第四届全国职业技术学校（院）在校生创意西点技术大赛中获银奖1项。在山东省第三届大学生营养健康菜创意大赛中获一等奖5项，二等奖1项，优秀组织奖1项。在山东省高职高专高等数学竞赛中获一等奖1项，二等奖4项，三等奖4项。在山东省第六届大学生化学实验技能大赛中获一等奖1项，二等奖1项，三等奖2项。在山东省高职高专数学建模大赛中获三等奖1项。

招生和就业 招收新生3357人，其中普通高职2694人。文、理科录取最低分比上年分别提高28分和15分。学院作为省高等教育名校建设单位，首次获得单独招生资格，录取新生700人。在2015届毕业生校园招聘会上，有241家省内外企业参加，为1853名毕业生提供就业岗位1.3万个。

队伍建设 引进优秀人才50名，学院教师参加境外培训16名，国家级培训17名，省级培训26名，参加国内访学1名，参加考评员培训60名。专业教师中有教育部药品类行业指导委员会专业教学资源库评审专家3名，国家食品药品监督管理局GMP认证检查员1名，国家职业技能大赛裁判员7名，国家职业资格鉴定考评员89名；省GMP认证检查员3名，省GSP认证检查员2名，医疗器械质量内审员2名，省新药注册现场核查员2名。

校企合作 学院获批“山东药品食品职业学院——中药文化体验区”威海市教育科普基地，获山东省企业培训与职工教育重点课题立项4项，职业教育与成人教育项目2项，青年教师教育教学研究课题13项，申报4项发明专利。医疗器械专业参与全国制药装备企业制定、评审标准工作；食品系参与山东省企业实训基地实训（餐饮营养服务专业）指导标准的制定和威海市食品安全标准认证工作。承办2014年全国食品药品教产对话活动，与8家企业签订技术服务合同，完成“污水中总氮的测定”方法研究等科研项目。通过成立订单班等形式与企业共同培育人才，开设“漱玉店长班”“燕喜堂店长班”、新华医疗订单班、烟台绿叶制药“开放型管理”订单班、“宏仁堂店长班”等培训班，按照企业的需求培养人才。参与制定山东省2012版《山东中药饮品炮制规范》、2012版《山东中药材标准》，主持并完成中药材、中药饮片标准10个品种药材标准的制定。申报发明专利2项，获批实用新型专利2项。完成1.7万名执业药师的继续教育工作，培训人数较上年增加3000余人。完成威海、淄博、烟台、青岛等地几十家企业800余名员工的技能鉴定工作。承办13期乡镇监管所所长培训，培训1850人。举办电子监管培训班1期，培训150余人。开展毕业生技能鉴定2126人次，为山东瑞康医药股份有限公司、威海环翠楼大药房等进行技能鉴定800余人。

（孙 晓）

【山东交通学院海运学院】 山东交通学院海运学院位于威海市环翠区新威路115号，占地面积5.06公顷，教职工151人。办学层次以高中后四年制本科和高中后三年制专科的全日制普通高等教育为主，兼顾成人继续教育和船员培训等。2014年，学院开设航海技术、轮机工程、船舶电子电气工程3个本、专科专业，具备海洋运输与物流、船舶电子电气与轮机工程2个方向专业硕士研究生培养资质，在校生1505人。7月，学院迁建项目获省发展改革委批复，进入全面建设阶段。

实验室建设 学院建有国内领先水平的大型航海模拟器、轮机模拟器、船桥综合实验室、机舱动力实验室等30多个专业实验室以及海员专项培训无纸化考试系统、海船船员适任考试远程计算机终端考场等。1999年，按照《STCW78/95公约》建立运行质量体系并取得交通部海事局认证，是国际海事组织认可、中国海事局指定的具备船员教育与培训资质的航海院校。学院在中航威海船厂、威海兴海造船厂等设立基本技能水上训练站，与河北远洋运输集团、威海海大客运有限公司、威海国际海运有限公司等国内大型航运企业建立实习基地。

专业培训 学院具备船长、轮机长岗位适任培训及船员基本安全、精通救生艇筏和救助艇、高级消防、精通急救、保安意识和负有指定保安职责人员、船上医护、GMDSS通用操作员、驾驶台资源管理（BRM）、机舱资源管理（ERM）、电子海图（ECDIS）、电子电气员等28个专特培项目的培训资格，是山东省海员培训中心。2014年5月，学院获批山东省海洋渔业船员二级培训资质，成为威海地区唯一一家具有该资质的培训院校。2003年，学院获得甲类适任证书评估考试资格。自2005年起，学院开始组织并参加全国海船船员甲类适任证书统一考试，在全国同类航海院校中，航海技术和轮机工程2个专业一次性通过率连续名列第一。学院面向社会开展各类航区船长、大副、二副、三副、轮机长、大管轮、二管轮、三管轮等职务的理论教学和评估训练。

招生就业 2014年，学院招收本科生223人，专科生201人；毕业本科生340人，专科生266人。10月22日，举办山东省2014年秋冬季高校毕业生航海类就业市场暨山东交通学院2015届航海类专业毕业生就业双选会，65家国内知名企业为606名毕业生提供1408个就业岗位，供需比达到1∶2.3，毕业生就业率保持100%。

（冯 强）

【山东外事翻译职业学院】 山东外事翻译职业学院是经教育部审核、山东省人民政府批准设立的全日制普通高校，位于国家AAAA级风景区乳山银滩，占地面积120公顷。学院立足于地方经济社会发展需要，紧贴市场需求，形成外语特色鲜明，经管类专业协调发展的学科专业结构，构建“外语+专业+技能”的人才培养模式。2014年，学院招生3804人，在校生8921人，专任教师500余人。

学科设置 学院设外国语学院、商学院、管理学院、工程技术学院、继续教育学院、中科创业学院等6个二级学院，35个专业，形成以人文学科为主，以外语为特色，社会学、管理学、工学协调发展的学科专业格局。外国语学院设应用外语专业13个，涉及11个语种。其中，应用阿拉伯语、应用意大利语、应用葡萄牙语和应用荷兰语填补山东省外语语种空白，商务英语专业、国际贸易实务为省级特色专业，商务英语教学团队为省级教学团队，国际贸易实务课程群为省级精品课程群。

教学工作 2014年，山东省教育厅印发《关于下达2014年职业院校与本科高校对口贯通分段培养试点任务的通知》，学院被确定为职业院校与本科高校对口贯通分段培养试点院校。学院与山东师范大学签订合作培养协议，在制定和实施人才培养方案、院校间的人员交流、资源共享、信息互通等事项上达成一致。被录取的符合条件的考生在学院学习3年，成绩合格后进入山东师范大学学习，两年后取得山东师范大学本科毕业证书。12月，学院通过山东省教育厅专家组的教学工作专项检查。学院参加省级以上技能大赛，20人次获三等奖以上奖项。其中，在省教育厅主办的2014年山东省职业院校技能大赛中，商务英语专业2名学生获一等奖，市场营销专业4名学生获三等奖。

科研工作 学院组织申报山东省职业教育与成人教育"十二五"规划课题、山东省人文社会科学课题、山东省艺术科学重点课题、全国统计科学研究计划项目等科研项目10余项，3项课题获准立项，其中"RFID技术在图书馆的应用与标准化研究"课题被确定为2014年度山东省艺术科学重点课题。2项成果获"山东省高等学校优秀科研成果奖"三等奖；2项成果获"2014年山东省职业技术教育科学研究成果奖"二、三等奖；2项成果获"威海市第十六次社会科学优秀成果奖"三等奖。

教学设施建设 完成总投资300万元的基本工程建设，预算总投资1.5亿元的新图书馆等工程于年底开工建设。根据《山东省高等职业学校品牌专业群建设项目》的要求，修改完善实训室建设方案，完成《高等学校骨干学科教学实验中心建设工程项目绩效自评报告（中期考评）》，上报省教育厅。至年底，该项目完成6个外语视听说实训室的整体建设和15个实训室基础设施的改建工作。

服务外包工作 学院是山东省外包服务培训机构，在威海市服务外包企业联盟组织下参加威海市"双师双训"活动。年内，组织参加技能培训和创业培训1100余人次。以学院教师为课程组组长编写的"服务外包基础知识"课程被威海市7家职业院校作为服务外包普及教程。2月，威海市在服务外包企业联盟的基础上正式成立服务外包协会，学院成为第一届协会理事单位。3月，中国第一个全国性服务外包产业联盟中国信息技术服务与外包产业联盟正式成立二级联盟，即中国服务外包校企联盟，学院成功入选中国服务外包校企联盟第一届高校理事单位。5月8日，学院举行校企合作座谈会，威海市商务局及省内18家企业26名代表应邀参加座谈，签订校企合作意向书。

（刘忠伟）

【威海海洋职业学院】 威海海洋职业学院于2011年12月31日由山东省教育厅批准筹建，2013年12月30日经山东省人民政府批准正式建立。2014年4月顺利通过教育部备案并获批正式招生，属全日制公办普通高等职业院校，按在校生8000人规模进行一次性规划，分两期建设。一期工程总投资5亿元，占地面积33.5公顷，建筑面积10.7万平方米，教学仪器设备总值约1亿元，全部投入使用。二期工程投资5亿元，占地面积19.9公顷，建筑面积14万平方米，于2014年内开工建设。

专业设置和招生工作 学院设水产养殖技术（海水养殖方向）、食品营养与检测（海洋食品方向）、船舶工程技术、船舶电子电气技术、会计电算化、电子商务（海洋产业方向）等6个专业，申报船舶检验、机电一体化技术、食品加工及管理、物联网应用技术、饲料与动物营养等5个新专业，专业总数达11个。2014年，学院超额完成山东省教育厅下达的招生1120人的计划，录取1169人（含"三二联读"442人）。

师资队伍 学院有教职工156人，具有副高级职称以上的教师占专任教师的30%，具有硕士及以上学位教师占专任教师的24.4%。组织新进教师到相关高职院校进修学习，到知名企业进行顶岗锻炼，邀请省内专家到校进行学生管理方面的专题讲座。

教学改革 学院创新教学管理机制，出台教师教学工作规范等20多个教改新制度，推行项目教学、案例教学、探究教学、工作过程化教学方式，开展慕课教学、微课教学。海洋水产系在全院率先实践推行"现代学徒制"，对传统的实习模式进行探索创新；信息工程系将课堂教学与实践操作结合起来，指导学生开办网店200多个；海洋食品系向学生开放实验室，实现产与教、工与学互促共进。

技能培养 学院注重拓展学生综合素质，把课堂搬到校外，开到赛场。经济管理系、食品工程系、海洋水产系、电气工程系开展院内技能比赛，提高学生动手实践能力；船舶工程系加强实验室的建设，推行理实一体化教学；信息工程系组织学生参加威海市创业大赛、电子商务创业大赛和全国电子商务实战技能大赛，获国家级二等奖、山东省赛区二等奖等多个奖项。

校企合作 山东省海洋与渔业厅在学院设立"山东省海洋与渔业实用人才培训基地""山东省远洋渔业船员培训基地"，商务厅在学院设立"山东省服务外包人才培训机构"，威海市在学院设立"金蓝领人才培训基地"，为学院面向海洋经济发展培养、培训实用人才搭建平台。与12家企业签订校企合作协议，信息工程系引进厦门亿储信息科技有限公司的电子商务教学、实战平台，推出"优优汇联电子商务创业基地"项目，与泰祥集团、海之宝集团等企业开展合作，共同建立教学、实践基地。

学生管理 建立班主任、辅导员责任机制，加强学习培训，提高责任意识、工作能力和管理水平。组建院、系两级学生会，初步建立两级学生管理体制，120多名学生参与管理。成立志愿者服务总队，下设服务队16支，注册志愿者600多人。成立社团27个，开展丰富多彩的文体活动。做好学生资助工作，为84名学生办理助学贷款手续，102名学生获得国家助学金，资助总额30.6万元。

（张　涛）

编辑　沙　鋆

文　　化

综　述

【概况】 2014年，威海市坚持把文化民生与物质民生摆在同等位置，努力提升文化服务效能，坚持以改革促发展、以创新增活力，着力加快建设文化强市，让人民群众共享文化繁荣发展成果。威海市被评为首批全省公共文化服务体系示范区、首批全省公共文化服务标准化试点城市，市文化广电新闻出版局获“全国文化系统先进集体”称号，乳山市继文登区、荣成市之后，被评为全国文化先进单位。

【公共文化服务体系完善】 围绕完善公共文化服务体系，推进省级公共文化服务体系示范区建设，成立威海市公共文化服务体系建设领导小组，建立绩效评估制度，实行目标责任管理。组织召开推进省级公共文化服务体系示范区建设工作会议，印发《关于推进省级公共文化服务体系示范区建设的意见》和《威海市推进省级公共文化服务体系示范区建设目标责任分解表》。启动公共文化服务云平台建设工作，与上海创图网络科技发展有限公司合作，把演出节目、文艺培训、阅览图书、文博展览、美术欣赏、非物质文化遗产等内容搬上网络，让群众能够通过电脑、手机等数字终端享受全天候的实时公共文化服务。升级改造完成农村文化大院400个、社区图书室50个，农家书屋更新图书815个。评定市级第四批非物质文化遗产名录17项，扶持非物质文化遗产传承人收徒40人，毛泽东像章珍藏馆获批威海市首家省级民营博物馆。

【文化惠民实事】 完成文化惠民实事任务，为1300个村居广场舞蹈队配备移动音响，开通流动图书车3辆，放映公益电影3.3万场次，免费送戏下乡500余场次，扶持10个爱国主义教育基地改陈布展，开展“幸福威海”文艺汇演、“和平颂·中国梦”群众合唱音乐会、京剧广场演出周等群众文化活动6000余场次。建成威海市尼山书院并对外开放。开设音乐、舞蹈、书法、剪纸等公益文化培训班38个，举办威海视觉·本土画家优秀作品展、威海风光摄影展、曲艺小品电视大赛等活动110余场次。威海视觉·本土画家优秀作品展展出4个系列43位本土画家作品。

【文艺精品创作】 组织百余名文艺骨干深入企业、农村、社区开展采风创作活动，加大对本土题材重点作品生产扶持引导，戏剧《乳娘》、广播剧《首尔人在威海》等5部作品入选全省精品工程奖并获全省组织工作奖，大型历史舞台剧《一代帝师》和数来宝《登陆上海滩》等11件作品入选第七届泰山文艺奖，是全市泰山文艺奖获奖作品数量最多的一届。在第十二届全国美展中，有《海带工》等9件作品入选，取得威海市参加全国美展的最好成绩。

4月30日，2014“幸福威海”广场文化活动在威海市人民广场启动
王艺霖　摄

【文化体制改革】 年内，完成重点文化改革任务24项。威海报业集团内部改革顺利进行，市广播电视台管理运行机制得到优化，威海电影发行放映公司完成改制。采取以奖代补方式扶持转制国有文艺院团发展，指导县级艺术院团建立工效挂钩激励机制，推行以岗定薪、按绩付酬、优劳优酬等工资分配制度。调动社会力量参与公共文化服务，率先在市图书馆、科技馆试点组建理事会。基层综合性文化服务中心建设基本实现镇（街道）全覆盖。

【培育文化市场主体】 遴选确定首批市级重点文化产业园区20家、重点文化企业83家，大乳山滨海旅游度假区、金石湾艺术园区等4个文化项目被命名为全省文化产业示范园区（基地），电子科大（威海）数字出版有限公司被确定为全省数字出版基地。筹建威海画廊协会和“威海书画”微信公众平台，集中开通百位威海画家个人专网，推动里口山艺术写生基地与国内重点美术机构和院校建立合作关系，引导和支持书画艺术、影视拍摄、文化旅游、动漫游戏等重点文化产业加快发展。《梦回甲午》《我的野蛮女友2》等多部影视剧到威海拍摄，威海光远动画公司制作的26集动画片《繁星点点》在央视播出。

【优化文化发展环境】 与山东大学威海文化创意研究中心合作开展全市文化创意产业发展情况专题调研，研究起草加快文化产业发展的实施意见，启动编制《威海市文化创意产业发展规划（2014—2020）》。邀请清华大学专家到威海举办专题讲座，加强文化产业政策解读。建立文化金融合作机制，引导金融机构支持文化企业发展，威海市商业银行成立文化支行并为工艺美术、动漫游戏等行业提供授信近4亿元。组织企业参加省文博会和深圳文博会等各项展会活动，推介威海市文化企业和文化项目。搭建文化产业和贸易合作发展平台，举办2014中韩威海文化创意产业合作交流会，吸引韩国企业61家和市外企业90家参展，涉及数字出版、影视服务、文化教育、文化旅游等领域的17个文化项目达成合作协议。

【文化交流】 组织文艺工作者赴台湾举办“乡音·海峡两岸文化交流音乐会”、赴韩国举办2014中韩（威海—大邱）美术作品交流展，组织文化企业和文艺团体参加2014首尔中国日演出、光州中韩文化交流年、韩国富川第16届国际学生动漫节、2014澳大利亚艺术节等境外文化活动，通过多种形式的文化元素宣传展示威海城市软实力。

（林一龙 相卫刚）

文学艺术

【概况】 2014年，市文学艺术界联合会坚持“抓创作，出精品”的原则，促进文艺创作全面发展。全市出版各类图书30余部，11件作品获得山东省“泰山文艺奖”，8位本土画家的9幅美术作品入选第十二届全国美术作品展，3首歌曲入围中宣部“五个一”精品工程奖，1首歌曲获中国音乐最高奖“晨钟奖”。

【小说】 徐承伦的长篇小说《租界！租界！》获第三届泰山文艺创作奖，陈丽萍的长篇小说《宝地》获山东省第十一届精神文明建设“文艺精品工程”奖。史怀宝的中篇小说《万人醉》入选《齐鲁文学作品2013年展》。嘉男的中篇小说《新冷空气》被《小说月报·中篇小说专号》第3期转载，短篇小说《伸手向上》获《广州文艺》第二届“都市小说双年展”优秀小说奖。周海亮的中篇小说《好大水》被《长江文艺好小说》转载，小小说《一条鱼的狂奔1》获第七届“2013—2014年度”小小说“金麻雀”奖。刘爱玲的中篇小说《破落院》获第二十三届全国梁斌小说三等奖。全市出版的长篇小说有曲磊的《兰若辞（之三）》、孙世平和杨明秀的《飞鸟掠》《匈奴王子》、于冠卿的《美艳皇后萧观音》、张可才的《穿越荆棘》。出版的长篇儿童文学有巩玉英的《流浪猫做客老鼠小学》。

【诗歌散文】 年内，由市作协主席王春波主编的《威海滋味》出版发行。出版的散文集有殷汝金的《海的味道》、宋修虹的《小溪清歌 浅唱流年》、姜文玲的《阳光不锈》。出版的诗集有王华英的《山峦也懂得静默》、徐浩的《静听浩歌》、王谡贞的《草色青青》。刘方计出版三卷本文集《刘方计文学作品集》，于月奎出版古体词集《如楚集》。阿华获齐鲁文学作品年展（2013年）诗歌奖一等奖，史怀宝组诗《一片潋滟的蔚蓝》获“诗光潋滟民丰湖”全国诗歌大赛三等奖。周海亮的散文《幸福果》获“沂源红”杯全国散文大赛一等奖，阿华在《人民文学》第九期发表组诗《迷魂术》。王春波、李小冰、卞传忠、杨子林、冷丽华等的散文诗歌作品入选《齐鲁文学作品2013年展》，东涯诗歌作品入选《诗刊》年选和《中国诗歌年选》等，王琦组诗《献诗》入选《汉英双语中国诗选》。4月18日，宋彩霞应邀参加第四届恭王府“海棠雅集”活动。

【纪实文学】 唐明华的《中国结》和燎原的《海子评传（二次修订本）》获第三届泰山文艺奖。全市出版的长篇纪实文学有杨机臣的《威海，守卫中华最古的海》《威海人家》《威海背影》和李富胜的《我的文化情怀》《我的民生情怀》。史怀宝在国家核心期刊《中国审计》发表中篇纪实文学《胸怀苍生捕窝螟》。9月10日，由市委宣传部、市文联主办的海洋文化与威海海洋文学创作研讨会召开。

【文学评论】 全市出版的学术专著有周怡的《威海早期报业史（1900—1949）》、张文祥的《企业社会责任传播：理论与实践》、尹海良的《现代汉语本体与应用探索》。张红军、周怡、张威、孟文博、洪淑华相继在国家、省级学术杂志发表学术论文《坚守与退却：纪德与斯诺的社会主义旅程》《姜贵遗失小说〈白棺〉前两章的发现》《论中国现代文学研究的版本问题》《漫谈唐代诗人杜甫的称谓》等。

【音乐】 由戚建波作曲的《老百姓的爱》《天下百姓》《老井》入选中宣部“五个一”精品工程奖，曲波作词的《美丽中国》《幸福那是必须的》《我梦最美》《心容天下》《争上游》等歌曲分别获2014“中国梦”全国原创歌曲征集最佳歌曲奖、山东省第十一届精神文明建设“精品工程”奖、河南省第十届精神文明建设“五个一”工程奖和四川省第十三届精神文明建设“五个一”工程奖等。林红作词的《祖国的春天》获中国音乐最高奖——晨钟奖，歌曲《今生有缘》获第四届“建国杯”全国词曲大赛金奖。于静琳作词的歌曲《那旗袍》获山东省第七届“泰山文艺奖”音乐类三等奖。市音协举办“威海市第四届少儿音乐才艺大赛”和第二届“歌曲创作研讨会”，组织全市2900余名考生参加“全国音乐考级”威海考点的考级活动。市委宣传部、市文联等单位联合主办“‘中国梦 我的梦’庆祝建国65周年专场音乐会”。6月7日，“相聚齐鲁——放歌威海”中新威海交流演唱会在山东大学（威海）艺术学院音乐厅举行，新加坡星市合唱团和威海市邹树君合唱团、蓝色畅想合唱团及山东大学（威海）艺术学院合唱团表演节目20个。

【书法】 5月21日，威海市“纪念甲午战争120周年书画展”开展，展出书画作品600余幅。5月22日，市文联和威海报业集团在威海国际展览中心主办“威海春季本土书画名家作品展销会”。9月20日，省书协、市文联、市书协在威海经济技术开发区韩乐坊乐天美术馆主办单国防、段玉鹏书法展。7月19日，中国书协“纪念甲午120周年书法展及笔会交流活动”在威海刘公岛举行，安立、单国防、张建辉等名家的书法作品参展。7月22日，市文联、市文化广电新闻出版局主办“2014中韩（威海—大邱）美术作品交流展”，展出作品74幅。12月4日，市文联组织书画家12人到威海市边防检查站开展以“到人民中去，志愿服务，采风创作”为主题的文艺志愿服务活动。单国防被韩国报勋艺术协会聘为常任顾问，其作品参加由中国文联、中国书协等主办的“中华情、中国梦”书画大展。李日高隶书获“不朽的丰碑”全国纪念抗日战争胜利70周年书法大赛金奖，并获得“中华爱国红色书法家”称号。解乐军被山东省委组织部、宣传部等授予“齐鲁文化之星”称号。曲荣爱书法作品获首届“长江杯”全国书法作品展优秀奖，于月奎、倪素乡的书法作品分别入展山东省首届妇女书法作品展，刘昌强的刻字作品《孙子兵法》、张青峰的刻字作品《容者大器》入选第十届全国刻字艺术展，于永强的篆刻作品入展“生态大连”杯全国书法篆刻作品展和“四堂杯”全国书法篆刻作品展，赵钧波的篆书作品入选庆祝中法建交50周年巴黎卢浮宫“中国书画艺术邀请展”，并被收藏。

【绘画】 全市9幅作品入选第十二届全国美展。其中，国画作品有丁秀琴的《北纬25.75° 东经123.47°》、于仁祝的《天福山魂》、单永进的《金色年华》和窦建波的《阳春白雪》，油画作品有于向志的《海带工》、许青的《牵挂》、汪明强的《海色斑斓系列》，水彩（粉）画作品有汪明强的《海色斑斓系列》，漫画作品有刘金峰的《慰问专车》。全市出版的美术专著有李善杰的《李善杰国画作品集》《玉兰》、杨在珽的《中国大学生美术作品年鉴2014》、刘卓的《刘卓油画作品》、王焕波的《王焕波水墨画集》。汪明强的油画《渔港印象》《海色斑斓系列之一》获首届全国水粉画大展和沃土中原——吾土吾民油画邀请展一等奖，乔聚威的中国画《路漫漫》获2014年中国画作品展优秀奖，王斐的花鸟画获翰墨齐鲁·首届全国花鸟画作品展优秀奖。夏俊波的油画《古城风韵》入选深圳大芬中青年油画作品展。王晨光的国画《天光云影》、郭红蕖的国画《候》、李南的油画《静地之花》入选山东美展。9月13日，“赤橙黄绿青蓝紫——首届山东省女画家作品邀请展”在威海经济技术开发区文化艺术中心举办，展出山东省青年实力派6位女画家的作品140幅。

【影视创作】 孙宪执导的电影《猎》在湛江举办的国际电影节上获得银奖。戚务忠的广播剧《威海人在首尔》在中央人民广播电台播出，获第十一届山东省精神文明建设文艺精品工程奖。刘军伍的纪录片《雅鲁藏布江边的通灵者》获中国镇江西津渡国际纪录片大赛银奖，并被韩国DMZ国际纪录片电影节选为参赛影片。乔洪明编剧的26集三维动漫剧《繁星点点》在中央电视台少儿频道播放，王继铁编剧、导演的电影《智兽》拍摄完成，宋永乐指导创作5部微电影并试映。年内，电影家协会举办免费公益观影活动30余场次。

【摄影创作】 马世民的《对话》获第七届山东省“泰山文艺奖”三等奖。段建国的《海滨晨早》入围“最美中国大地”摄影大赛年度总决赛。宫巨的《亭亭玉立》获全省颐“莲”全民随手拍摄影大赛最佳创意奖，《绽放》获得最佳人气奖。姜自立的《康乐老年》获全省老年人健身活动摄影大赛二等奖，《全体集合》和崔志杰的《对舞》分别获第五届“孔子故乡 中国山东”国际网络摄影大赛一季度赛二、三等奖。杨杰的《古往今来》获大众网蒙牛纯甄“邂逅我们的纯真年代”照片征集活动大赛一等奖。王祖良的《风雪故园情》获第四届全国农民摄影大展优秀作品奖，田宏耀的《守候》在第十二届上海国际摄影艺术展览中获艺术类入选奖，白淑珍的《比翼幻影》在第十一届《影像中国》全国摄影艺术大展中获艺术类入选奖，商春波的《醉》获第三届齐鲁当代摄影艺术展优秀奖，张岳的《古城好运来》、高军波的《梦境》和王福东的《雪中山村天鹅舞》分别获“那香海杯”行走好运角全国摄影大展二、三等奖。《威海风情摄影展》参展2014中国·杨柳青第一届国际民俗摄影大展，丛盛出版摄影专著《传统——传承》。于恒江历时4年拍摄城铁建设纪实照片，在荣青城铁开通之际举办“城铁纪实摄影展”。10月15日，市委宣传部、市文联举办“威海风光”摄影大赛活动，收到参赛作品3000余幅。

【戏剧舞蹈】 乳山市文联推荐的吕剧《乳娘》获第七届泰山文艺奖戏剧类三等奖。原星星编导的舞蹈《丰收的喜悦》在第三届全省银铃风采艺术节文艺汇演中获表演一等奖和创作一等奖。袁亚妹出版舞蹈专著《从舞蹈的仆人到舞剧的灵魂——西方芭蕾舞剧音乐发展管窥》，赵鸿发表论文《胶东半岛舞蹈文化的传承与研究——“扛阁”与

“烛竹马”舞台化》，赵青发表论文《对当今舞蹈传播发展的一点思考》《古典舞身韵课程中的教学规范与审美之“核”》。年内，市京剧协会组织开展送戏进军营活动，举办京剧广场演出活动1000余场次，观众50余万人次。3月，市舞蹈家协会与解放军404医院举办雷锋精神永放光芒大型双拥文艺晚会。5月，市文联、市舞蹈家协会与市广播电视台举办庆“六一”威海市少儿舞蹈大奖赛。10月，市文联、市舞蹈家协会与中国国际舞蹈联合会举办2014中国（威海）第三届国际舞蹈公开赛。

【曲艺漫画】 9月20日，由市委宣传部、市文联主办，市曲艺家协会承办的“迎国庆”威海市第四届太平洋财险杯曲艺小品电视大赛举行。戚务忠被评为山东省第二批齐鲁文化之星。王艺霖创作的数来宝《登陆上海滩》和小品《排练》获第七届“泰山文艺奖”和第十二届华东六省一市戏剧小品大赛金奖。于昌伟的漫画《套头比套车更重要》《常回家看看》获2014年中纪委全国漫画大赛大奖，并入选2014年子恺杯第十届全国漫画大展。李强的漫画《赛神仙》《生肖戏话食品安全》获2014“中国梦·保险梦”全国保险漫画大赛三等奖和“中国梦·齐鲁情”第二届山东网络漫画大赛漫画类优秀奖。李强的动画《神羊亭》获“中国梦·齐鲁情”第二届山东网络漫画大赛动画类三等奖。

【民间文艺】 市群艺家协会推荐的油画《海上四月》《黄土坡在秋》《海带丰收》和剪纸《四季平安》系列、《荷塘消息》等作品分别入选中华现代剪纸精品展、全国群众文化美术书法作品大展、第八届中国西部大地情中国画和油画作品展。举办第三届全国群众文化美术书法大展，全市展出作品630幅并结集出版《大展作品集》。组织400名文艺骨干在威海市人民广场举办庆新春社区文艺展演活动，组织200人的民间传统游艺节目表演队在环翠楼广场表演，举办第十四届威海市少年儿童美术书法大展，举办少儿钢琴家陈学宏钢琴独奏音乐会。组织威海非物质文化遗产精品展、可移动文物普查成果展、《乡村记忆》工程成果展和中国世界遗产图片展4项展览，组织完成全国第三届非遗博览会参展工作并获优秀组织奖。

（史怀宝）

群众文化

【概况】 2014年，举办“幸福威海”为代表的大型广场文化活动200余场次，组织农村（社区）群众文艺汇演1000余场次，开展2014全民阅读系列读书活动200余项。市群众艺术馆开设传统音乐、舞蹈、剪纸等公益培训班38个，1650人参加培训。市图书馆召开推进尼山书院建设现场会，全市4所尼山书院全部对外开放，配备1000余册传统文化图书，在线提供国学公开课，定期开展免费书法培训和经典诵读活动。建成甲午战争数字博物馆并对公众免费开放，举办纪念甲午战争120周年大型音乐史诗《甲午祭》专场音乐会。市博物馆举办“纪念甲午战争120周年图片展”和“北宋官私书画鉴藏与流通”讲座活动，到社区、学校开展优秀传统文化主题讲座。市美术馆组织国画、山水画等一系列传统美术精品展览45场次。

【非遗保护】 围绕“文化遗产日”开展宣传活动，全市投入29.7万元，累计开展各类非遗展览进校园、进社区活动70余场次，组织非遗培训15场次，举办非遗展览、展示7次，参与2万余人次。编辑出版《传统·传承——威海市非物质文化遗产》。开展第四批市级非遗项目和第三批市级非物质文化遗产代表性传承人评选工作，评出第四批市级非遗项目17项，第三批市级非物质文化遗产代表性传承人16人。全市组织14个项目参加第三届全国非物质文化遗产博览会，3位省级传承人均获优秀传承人展示奖，威海市获优秀组织奖。荣成市实施的“三渔文化”培育工程入选2014年度山东省非物质文化遗产保护十大亮点工程。

【精品创作】 大型历史舞台剧《一代帝师》和数来宝《登陆上海滩》获山东省精品工程奖，并获山东省第七届泰山文艺奖二等奖，大型现代吕剧《乳娘》、歌曲《那旗袍》等6件作品获三等奖。《乳娘》入选“山东地方戏振兴与京剧保护扶持工程”年度重点剧目，小品《排练》在第十二届华东六省一市戏剧小品大赛中获金奖。在“第三届全省银龄风采艺术节”中，威海市组织选送的14个节目分获一、二、三等奖，其中4个节目获创作奖，市文化广电新闻出版局获优秀组织奖。《我家就在中华》《梦·童趣》《战争中的女人》《排练》《雪夜情深》5件文艺作品入围第十一届中

6月13日，市文化广电新闻出版局举办文化遗产走进校园大型展览活动
王艺霖　摄

国艺术节新创作品初选，9幅美术作品入选第十二届全国美术作品展览。12月27日，第十二届全国美术作品展览入选作者汇报展览在威海美术馆举办。

【文化活动】 8月2日—7日，由市政府主办，市文化广电新闻出版局承办的“2014青岛世界园艺博览会威海周”在青岛世园会威海园开幕。其间，举办歌舞类表演以及魔术、音乐、卡通等行为艺术互动表演，展示手工剪纸、威海锡镶、传统锔瓷漆贝工艺、蛋雕艺术、胶东花饽饽、鲁绣等民俗手工艺和非物质文化遗产项目，展播城市形象宣传片，开展文化旅游推介，全方位展示威海市“蓝色休闲之都 世界宜居城市”形象。做好威海长距离铁人三项世界锦标赛系列文化活动，制定《演出活动方案》《突发事件应急预案》《观众组织方案》等7个方案，组织倒计时100天庆祝仪式、开幕式及颁奖晚会、观赛点观众组织等相关工作，增强铁人三项世界锦标赛活动影响力。同时，市文化广电新闻出版局组织专门人员创作拍摄视频短片《大话铁三》，通过电视和网络播放，提升宣传效果。

（龙国栋）

【农家书屋】 2014年，农家书屋工作得到市委、市政府主要领导的关注和批示。开展“数字农家书屋”建设调研活动，发放威海市特色农家书屋调查表，摸清各区（市）特色书屋建设情况，形成《威海市农家（社区）书屋抽样调查报告》。开展文化惠民活动，组织召开农家书屋出版物更新采购合同集中签约工作会议，全市投资104.08万元，为815个农家书屋更新图书。年内，5人被评为山东省优秀农家书屋工作者，5个农家书屋被评为山东省示范农家书屋，5个村被评为山东省书香之村，5个家庭被评为山东省书香农家。开展“齐鲁农家沁书香”活动，11人在“知识改变命运 读书创造未来”主题征文活动中获奖。

（付城荣）

文 博

【概况】 2014年，全市扎实推进第一次全国可移动文物普查工作，并完成阶段性工作目标。组织实施“乡村记忆”工程，加强历史文化的保护与传承。完成威海英式建筑等3处全国重点文物保护单位记录档案的上报备案工作，划定第三、四批市级文物保护单位的保护范围及建设控制地带并按程序公布，为地处荒郊易受破坏和盗扰的古墓葬等田野文物增聘文物保护员。开展山东沿海明清海防设施规划前期调研工作，了解海防设施保存现状及存在的问题，为开展研究和保护工作奠定基础。威海英式建筑保护规划通过市级论证。推荐省级传统文化村落7个、省级历史文化街区2处。举办“文化遗产日”宣传进校园活动，利用各种媒体将全市重要文物工作向社会公布，刊发信息和报道60余条。文登区对圣经山建筑保护工程进行勘测，万家梁氏庄园旧址建筑保护修缮方案获省文物局批准。荣成市开展留村石墓群保护展示的前期工作，完成省级文物保护单位槎山千真洞岩石缝隙渗水堵漏维修工程。乳山市完成南黄庄墓地考古勘探。中国甲午战争博物院完成北洋海军提督署建筑群复原陈列改造工程，对北洋海军提督署演武厅进行内部改造；举办纪念甲午战争120周年系列活动，完成《刘公岛甲午战争纪念地总体保护规划》初稿编制和《北洋海军后勤保障设施维修方案》的修改完善，完成龙王庙戏楼维修。年内，中国甲午战争博物院收藏戚其章的全部手稿和作品，收藏台湾学者王家俭的全部著述和书籍史料2000余册，该院获全省“十佳博物馆”称号。市博物馆打造“幸福使者·共享文化”服务品牌，继续建设威海名人馆，完成通史陈列展览装修，出版《狮龙共舞》《萧桐柏捐赠作品集》等作品。全市6家博物馆全年接待观众320余万人次。荣成市博物馆开通微信平台，完成唐鸿珍现代中国画展馆的改造，新增彭昭俊艺术馆、钱币馆和民俗馆，筹建郭永怀科技馆，征集各类文物215件。年内，新增民办博物馆3家。文登区天福山起义纪念馆被山东省监察厅列为山东省廉政教育基地。冯德英文学馆利用网站加强红色文化宣传，出版馆刊《山花烂漫》2期，配合拍摄大型宣传片《红色的爱》。

【“乡村记忆”工程】 6月—12月，全市开展“乡村记忆”工程普查工作。至年底，各区（市）上报普查材料40余份。9月，省文物局在全省300余处推荐项目中确定省级“乡村记忆”工程试点24处，威海市有2处名列其中，荣成市宁津街道被列为传统文化乡镇，文登区高村镇万家村被列为传统文化村落。至年底，大庄许家乡村记忆馆、西火塘寨乡村记忆馆、谷牧旧居完成布展并对外开放。作为2014年全国首批实施的51个试点单位之一的荣成市东楮岛海草房保护工程总体实施方案编制完成并通过国家文物局评审。荣成市海韵海草房建筑工程公司取得省级文物保护工程施工二级资质，为东楮岛海草房保护工程的实施提供技术支撑。

【可移动文物普查】 年内，全市开展可移动文物普查工作。一是按照省政府责任书的要求，市政府分别与各区（市）政府签订责任书，确保普查工作机构、人员、经费、责任等全面落实到位。二是有针对性地对部分国有单位的可移动文物普查工作进行重点复查，向机关、事业单位、国有企业和国有控股企业等发放“调查登记表”3001份，发现文物收藏单位31家，收藏文物总量7.53万件。三是成立文物认定专家组，对全市非文物系统内需要认定的19家国有单位的藏品进行初步鉴定。至年底，文物系统完成文物基本信息采集数量5878件（套），文物影像信息采集数量6692件（套），登录平台文物信息数量2010件（套），通过市级审核209件（套）。

【文化宣传活动】 6月8日，市文管办与市非物质文化遗产保护中心等单位联合举办“文化遗产日”宣传进校园活动，12块刊板展示可移动文物普查和

"乡村记忆"工程普查两大专项工作的阶段性成果，向学生发放文化遗产小知识册页和《威海市文物保护管理办法》等宣传资料。"'5·18'国际博物馆日"期间，市博物馆在陶家夼社区举办"幸福使者·共享文化——威海市博物馆纪念甲午战争120周年图片展暨知识讲座进社区"活动，邀请中国国家博物馆杨军讲座《北宋官私书画鉴藏与流通》。同时，举办欧陆风物——瑞士沃夫冈艺术品收藏特展，展出油画、瓷器、雕塑、玩具、象牙和钟表等欧洲艺术精品233件。

【北洋海军提督署复原陈列对外开放】 7月25日，北洋海军提督署经过复原陈列重新对外开放。复原陈列工程始于2010年，耗资1200万元。此次复原陈列改造展厅16个，复制仿明清古典家具300余件（套），塑像18尊，瓷器、书画、枪械等辅助展品1500余件，征集文物展品200余件。

【文物征集与鉴定】 8月17日，省文物鉴定委员会组织民间美术鉴定家谢昌一等有关专家，对市博物馆征集的毕克官生前收藏的486幅年画进行鉴定。此批年画来源于山东杨家埠、高密，河北武强，天津杨柳青等地，内容题材丰富，对社会百态、节俗活动和民间信仰都有涉及，是民间生活的图像百科全书。专家组认定，该批年画时代为清朝至民国，具有较高的历史价值、艺术价值和科学价值。其中，6幅为二级文物，14幅为三级文物，专家组建议收藏。

【甲午战争120周年纪念活动】 2014年，中国甲午战争博物院举办系列活动纪念甲午战争120周年。筹建周京山《甲午风云录》展览馆，展出江西画家周京山历时3年创作的《甲午风云录》中国画长卷。由人民画报社、海峡两岸关系协会书画交流分会、台湾中国书法协会共同主办"纪念中日甲午战争爆发120周年海峡两岸120位书法家走进中国甲午战争博物院"活动，120位书法家现场挥毫泼墨创作的120米书法长卷由该院收藏。协助北海舰队、团中央、全国爱国工程联合会等单位举行"铭记甲午耻、践行强军梦""甲午殇·中国梦"纪念甲午战争120周年主题实践营和"第十三届火炬引导我前进"夏令营等活动。举办军旅诗人胡松夏《甲午》长诗首发式暨赠书活动、姚嘉康捐赠甲午战争连环画活动、赵怀民捐赠纪念甲午战争120周年《全国诗词楹联大赛获奖作品集》活动。举办甲午战争研究成果展，展示国内外40余位甲午研究专家和学者的相关资料、学术界甲午历史的研究历程、甲午时期文物和史料的捐赠和汇集、寻访北洋海军将士后裔等方面的成果。与浙江嘉兴南湖革命纪念馆、宁波博物馆、太平天国历史博物馆、中国革命军事博物馆等联合举办甲午战争图片展览，展出甲午战争历史图片120余幅。赴香港海防博物馆举办展览，展出90余件珍贵文物，让香港市民了解甲午战争历史，这是中国甲午战争博物院首次文物出境展览。

【留村石墓群文物保护】 留村石墓群是具有胶东地域特色的元代家族墓地，地面现存塔状石墓10座，占地面积2万余平方米。2012年，荣成市文物管理局对3座石墓进行加固保护，2013年被列为第七批全国重点文物保护单位。2013年12月，聘请洛阳市古韵钻探有限公司对石墓群进行考古勘探，新发现石墓23座。2014年3月，聘请具有文物保护勘察设计甲级资质的天津大学编制《荣成市留村石墓群保护与展示方案》。至年底，方案通过国家文物局批复。

【谷牧旧居对外开放】 （详见《区市概况·荣成市 第326页》）

【马石山烈士陵园入选第一批国家级抗战纪念设施、遗址名录】 9月2日，国务院公布第一批80处国家级抗战纪念设施、遗址名录，民政部公布第一批300名著名抗日英烈和英雄群体名录。其中，乳山市马石山烈士陵园入选第一批80处国家级抗战纪念设施、遗址名录，八路军胶东军区第5旅13团7连6班"马石山十勇士"入选第一批300名抗日英烈和英雄群体名录。马石山是1942年"马石山惨案"发生地，马石山烈士陵园建于马石山主峰阳坡，占地面积5.4万平方米，分革命烈士纪念塔、革命烈士纪念堂、烈士陵墓和接待室与管理人员生活区四部分。1970年10月修建，1972年10月竣工，1988年列为威海市级文物保护单位，2013年列为省级文物保护单位。

【史世奇教育文化基金设立】 12月10日，史世奇书法作品展暨北京师范大学史世奇教育文化基金签约仪式在京师美术馆举行，史世奇捐赠2000万元设立北京师范大学教育基金。北京师范大学党委书记刘川生与史世奇签署史世奇教育文化基金捐赠协议，历史学院院长杨共乐为史世奇颁发特聘教授证书并致辞，山东省文史馆馆长尹建明、威海市政府副市长张波以及媒体代表出席签约仪式，张波作为家乡代表讲话。史世奇为省文史馆馆员、威海市博物馆原副研究馆员。

（张云涛）

图　书

【概况】 2014年，全市各级公共图书馆继续扩大免费服务项目，增加服务内容，提升服务能力，打造文化对外服务优秀窗口。开展2014威海全民阅读活动，读者流通人次、图书借阅册次持续增长。文登区图书馆新增24小时自助还书机1台、自助咖啡机2台，开辟休闲阅读区100平方米，增加阅览席位40个，满足读者个性化需求。1月，文登区图书馆获"山东省服务名牌"，6月，被评为2013年度山东省古籍保护工作先进单位。乳山市图书馆继续开展国学经典诵读活动，全年举办182期。开辟"诗歌鉴赏""国学交流""每周一诗"等专题，举办"国学经典"诵读汇报演出活动。至年底，威海市图书馆全年书刊文献外借24万册次，总流通16万人次，馆藏总量49万册（件）。文登区图书馆全年书刊文献外借29.7万册次，总流通23.8万人次，馆藏总量76.8万册（件）。荣成市图书馆全年书刊文献外借 15.6 万册次，总流通 17.2 万人次，馆藏总量 27 万册（件）。乳山市图书馆全年书刊文献外借 16.5 万册次，总流通 17.8 万人次，馆藏总量 23.5 万册（件）。

【全民阅读活动】 4 月 26 日，由市委宣传部、市文化广电新闻出版局主办，威海日报社、广播电视台、市图书馆协办的 2014 年威海市全民阅读活动启动仪式在威海市文化艺术中心广场举行。活动期间，全市各级、各部门 50 个单位举办读书知识竞赛、读书征文、图书交流、公益讲座、读书沙龙座谈、经典诵读比赛和少儿故事大王比赛等活动 200 余项，推荐书目 100 余册，参与人数 2 万余人次，在全市形成良好的读书风尚。

【尼山书院建设】 文登区图书馆在威海市率先建设尼山书院，开辟国学讲堂、道德展厅、国学阅览区和文化体验区，购置 2000 余册国学书籍，定期举办国学诵读、国学讲座以及琴棋书画和传统民间艺术传承展示等活动。9 月 29 日，威海市尼山书院建设推进会在文登区召开，推广文登区尼山书院建设的经验和做法。10 月 18 日，威海市图书馆尼山书院建成并对外开放，“国学的时代价值”公益讲座吸引国学爱好者和市民参与，威海电视台、威海报业集团、齐鲁晚报社等媒体进行采访报道。12 月，荣成市、乳山市图书馆尼山书院对外开放。

【“边疆万里数字文化长廊”建设】 2013 年 9 月 26 日，全省“边疆万里数字文化长廊”启动仪式在刘公岛举行，威海市被选为试点城市。市图书馆启动 2 条线数字文化长廊建设，第一条线沿海岸线边防派出所、驻军部队的 96 个基层服务点建设，第二条线沿海岸线镇办文化站图书分馆，社区、农村图书室实行总分馆制建设。2014 年，市图书馆针对海岸线原基层图书服务点的实际情况，采取“小巧灵便”的服务模式，科学规划数字文化长廊建设，完善服务方式和内容，在资源配置上，加强数字资源配送，配备歌德电子书借阅机、数字电影放映机、E 播宝等，丰富官兵文化生活。11 月 22 日—23 日，“边疆万里数字文化长廊”暨山东省“万里海疆 万里书香”建设推进会在威海市召开，文化部国家公共文化发展中心主任李宏、省文化厅副厅长李国琳等参加会议，在全省推广威海市“边疆万里数字文化长廊”建设工作的经验和做法。

【百姓课堂】 3 月 2 日，“百姓课堂”活动启动，每月举办讲座 2 场，全年举办 24 场，5000 余名市民参与。通过邀请、推荐等方式，聘请本地优秀讲师授课。讲座内容涉及家庭教育、艺术、汽车、文学等方面，受到听众欢迎。增强讲座的时效性和实用性，关注社会热点问题。邀请南京海军指挥学院教授段廷志做讲座“从战略文化看日本的未来”，引导市民理性看待日本问题。邀请南京大学国际关系研究院教授计秋枫做讲座“国际舞台上的中国梦——当前局势下的中国外交”，就中国梦的实现和中国外交进行分析。注重听众反馈，利用“百姓课堂 QQ 群”、现场调查等方式，征求听众意见。

【参加 2014 全省读书朗诵大赛】 4 月 22 日，2014 年第九届全省读书朗诵大赛在山东省图书馆报告厅举行总决赛，威海市选手 1 人获二等奖，4 人获三等奖。

【甲午战争数字图书馆】 5 月，市图书馆与山东大学（威海）图书馆、超星公司联合，在资源搜集、整理、技术保障等方面展开合作，共同建设甲午战争数字图书馆。12 月，甲午战争数字图书馆正式运行。

【流动图书馆】 2014 年，市政府投资 150 万元，购买 3 辆大巴车，于 7 月 6 日投入使用，总数达到 6 辆，每辆车装载图书 2000 余册。3 辆大巴车新增加电子书借阅机免费下载、播放优秀视频资源、数字放映电影等数字功能，成为现代化流动图书馆。至年底，6 辆流动图书馆在全市设有 15 个流动服务点，分布在市区商业中心、大中型企业、社区以及政府办公区等，满足市民读书需求。

【《威海讯息》创刊】 1 月，市图书馆利用自身优势，与专业资讯监测平台讯库合作，将搜集的全国新闻资讯和深度报道编辑成册，创办《威海讯息》。《威海讯息》每月 1 期，分为威海视野、山东视野和国内视野 3 个板块，以深度解析式信息为政府机关、企事业单位提供决策参考。

【乳山读书沙龙基地】 4 月 3 日，乳山市图书馆成立乳山市读书沙龙基地。读书沙龙公益平台，以读书交流、专题讲座、文化探索为目的，以推荐好书、平等交流、共同提高为宗旨，书友涵盖老中青各类读书爱好者，打造全新的平民化社会文化传播窗口。至年底，举办读书沙龙 32 期，参与人数 1000 余人次。

（逯淑华）

文化产业

【概况】 2014 年，威海市文化产业呈现良好发展态势。一是产业门类齐全。形成文化旅游、影视服务、艺术品经营、新闻出版、工艺美术、数字动漫、娱乐休闲、艺术培训、对外文化交流等门类齐全、结构合理的文化产业发展格局。二是发展环境优化。召开全市文化体制改革和文化产业振兴大会，完成国有经营性文化单位转企改制，被授予“全国文化体制改革先进地区”称号。新一轮文化体制机制改革加快。威海报业集团改革加快推进。三是产业投资增长。华夏集团、大乳山文化旅游项目等一批产业项目投入运营。福地传奇水上乐园、呼雷汤影视基地、荣成影视拍摄服务中心等项目加紧建设。四是文化品牌增多。国际铁人三项世界锦标赛、国际帆船系列赛等品牌赛事落户威海，威海国际人居节、幸福威海文化活动、荣成国际渔民节、乳山母爱文化节、“5 · 23”歌会等节庆活动影响力增强。以书画展、摄影展、钢琴演奏等艺术活动为主要形式，主要面向韩国的对外文化交流成为常态。五是原创文化产品生产势头良好。以电影《天赐》、动画片《繁星点点》等为代表的本土原创作品在全国上映或在央视播出，福地集团参与中韩合拍电影《我的野蛮女友2》的拍摄。

【电影发行与放映】 *农村公益电影放映* 2014年，威海农村公益电影放映工程配备放映人员160人，放映设备113套，全部为流动数字电影放映机，符合国家标准要求。3月，威海农村数字电影院线公司筹资35.2万元，订购数字电影节目3.3万场。4月，各区（市）开展农村公益电影放映工作。至年底，全市公益放映3.21万场次，观众80万人次。

优秀影片放映 4月—6月，市电影发行放映公司为全市第二批开展党的群众路线教育实践活动的部门、企事业单位提供放映优秀影片服务。放映优秀电影《周恩来四个昼夜》《永远的焦裕禄》《天上的菊美》36场次，70个单位6000余人观看。

优秀影片进校园活动 开展第九届优秀影片进校园放映活动。活动分为两批次，第一批次放映时间为3月—6月，第二批次放映时间为9月—11月。放映适合中小学生观看的优秀电影300余场次，观众14万余人次。

（孙　颖）

【动漫产业】 *国家动漫企业认定和年审工作* 4月2日，根据省文化厅《关于做好2014年动漫企业认定有关工作的通知》，开展2014年国家动漫企业认定和年审工作，为动漫企业发展争取相关税收优惠条件。推荐威海光年动漫科技有限公司申报国家动漫企业认定，组织威海市光远影视动画有限公司完成动漫企业年审工作。

动漫扶持计划申报 9月10日，文化部组织开展申报2014年弘扬社会主义核心价值观动漫扶持计划。市文化广电新闻出版局组织全市3家企业参加申报工作。其中，光远影视动画有限公司创意项目《老猫警长》通过省级审核，相关材料上报文化部。

动漫产业文化交流 8月21日—24日，韩国富川市动漫企业代表一行6人到威海市考察，并参加威海市举办的2014中韩（威海）文化创意产业合作交流会。通过论坛、文化创意展、企业对接等活动，开展动漫交流，为两市在文化产业领域开展深度合作奠定基础。10月22日—24日，应韩国富川市政府邀请，威海市文化产业代表团一行6人到韩国富川市考察交流，并参加富川市第16届国际学生动漫节活动，实现与韩国动漫企业的对接。

（刘砚铭）

【图书发行】 推进教材教辅发行工作。全年教材教辅销售总额7906万元，其中一般书和音像制品销售总额2723万元。加大重点电子产品营销力度，走出店堂到机关、各大企事业单位、学校进行图书上门直销，并对重点单位送货上门。抓好重点图书和文教类图书的发行工作。年内，征订公报2269册、决定2704册、汇编8674册、辅导读本3676册，合计码洋19.7万元；征订《习近平谈治国理政》7000册，码洋56万元。拓展图书发行事业新的经济增长点。新建电子文具馆，主要面向中小学生、学者销售学习用具和办公用品，销售额35万元。

（刘雪峰）

出版管理

【概况】 2014年，市文化市场综合执法部门履行监管职能，强化执法能力建设和文化市场整治监管，出动执法人员1.09万人次，检查经营单位3851家次，办结案件52件。开展威海市文化市场安全大检查活动，对存在安全隐患的文化场所实行"零容忍"，全年下达《威海市文化市场安全生产整改通知书》19份。开展互联网视听节目清理整顿工作，责令1家擅自提供互联网视听节目服务、传播有害视听节目的本地备案网站关闭网站的影视链接，责令对3家擅自提供互联网视听节目服务、传播有害视听节目的网站予以关闭。

【参与创建全国文明城市工作】 加大网吧市场的监管力度。对全市网吧实行划片分组，实施网格化管理。在强化重点时段、重点地段监管力度的同时，落实"四个一线"（主要力量、主要精力在一线，发现问题、解决问题在一线，落实决策、贯彻部署在一线，转变作风、树立形象在一线）工作法，每组每周（包括周六、周日）至少有一个白天、一个晚上在一线巡查、执法，确保执法人员下沉执法一线。全年办理网吧违规案件90件。其中，吊销"网络文化经营许可证"2家，一般性案件21件，当场处罚67件，罚款17.4万元。加强学校周边出版物市场的管理。建立审读制度，严禁危害青少年身心健康的出版物在中小学校周边200米范围内销售，坚持日常监管与暗访突击检查相结合，对学校周边出版物经营场所进行逐一检查，取缔无证照出版物经营点8家，禁售有害出版物5600余册，收缴影响青少年身心健康的出版物678册。

【网吧信用管理】 2014年，威海市全面推广建立网吧分级管理制度，以网吧日常检查情况为基础，将全市网吧分为ABC三级。A级为绿色放心网吧，适当减少监管频度；B级为蓝色诚信网吧，督促其加强管理；C级为橙色警示网吧，列入"黑名单"，强化日常巡查和监管。全市评出A级绿色放心网吧30家，B级蓝色诚信网吧113家，C级橙色警示网吧61家。

【流动演出市场监管】 2014年，针对非法外地流动演出团体到威海市频繁演出的情况，市文化市场综合执法局与市公安局、文化广电新闻出版局、各大新闻网络媒体等开展执法协作，与市公安局指挥中心建立通过出租车、环卫工人、数字化城管、交巡警和住宿登记五种渠道发布协查信息的协作机制，实现警地联动长效监管机制，全年查处和制止非法外地流动团体演出3起。

【版权保护】 年内，市文化市场综合执法局开展打击制售假冒伪劣商品和侵犯知识产权专项行动，开展打击非法出版物和出版物侵权盗版活动。一是开展打击侵权盗版专项行动。加强对出版物经营单位和宾馆、酒店陈列出版物进行检查，取缔游商和地摊8家。对3家擅自从事中小学教辅材料的经营单位予以处罚，没收非法教辅材料4万份，罚款3.3万元。二是开展印刷企业集中执法行动。对威海市印刷企业进行普查，督促印刷企业建立健全印刷品承印验证和承印登记制度，对“印刷登记簿”的填报情况进行督办落实。对1家接受他人委托印刷教辅类报纸、未验证备案材料的印刷企业罚款2万元。三是开展打击非法报刊清查行动。加强对邮政、物流寄递渠道非法报刊的查堵，遏制各类非法报刊乱发乱投现象。对威海市报刊出版单位及发行单位进行全面清查。对发现问题的经营单位下达责令整改通知书，出动执法人员296人次，检查报刊经营单位87家次。对一家存储非法出版物的民营医疗机构进行处罚，收缴各种非法报刊6.67万份。

【卫星电视地面接收设施清理整顿】 自9月起，市文化市场综合执法局开展为期3个月的卫星电视地面接收设施清理整顿工作，发放各类宣传材料2.6万份，张贴通告1400份，组织开展清查和收缴行动3次，出动监管执法人员3086人次，车辆1016台次，责令限期拆除非法私装设施1500台(套)，拆除412户。

【储存非法出版物案件查处】 4月29日，市文化市场综合执法局接到群众举报，市区一居民储藏室存放大量非法出版物。市文化市场综合执法局组织执法人员前往举报地点实地暗访。4月30日，与该辖区公安部门联合对涉嫌储存非法出版物案发点进行突击检查。经查，该储藏室为民营医疗机构威海迪康医院租用，执法人员依法扣押非法出版物《迪康知音》6.6万册。鉴于当事人能配合调查，涉案非法出版物尚未造成社会影响，市文化市场综合执法局给予当事人没收全部非法出版物，并处罚款8000元的行政处罚。

【文化市场“12318”举报电话变更】 2014年，市文化市场综合执法局将全市文化市场“12318”举报电话取消并入“12345”市长热线平台。10月，完成“12318”痕迹清除和牌匾更换工作。11月，完成公共服务热线平台知识库热点信息整理工作，选择整理7大类32个热点问题，实现与“12345”市长热线整合，与“110”应急联动衔接。健全完善举报案件的受理和承办工作流程，接听举报电话200余次，立案受理50余起，办理市长公开电话举报10余次，承办全国“扫黄办”、省“扫黄办”举报4件，做到举报事项件件有回音、事事有着落。

【“扫黄打非”工作】 市文化市场综合执法局围绕“扫黄打非”工作主线，组织开展“清源2014”“净网2014”“秋风2014”和“固边2014”4个专项行动，清除网络淫秽色情等文化垃圾，为人民群众特别是青少年营造文明健康的网络文化环境，维护新闻出版市场良好秩序，构筑边境地区反分裂文化屏障。全年出动执法人员1.87万人次，检查经营单位2896家次，删除网络不健康影像、图片、文章等信息175条。一是抓好出版物市场净化工作。把封堵查缴政治性非法出版物作为第一任务，扫除各类淫秽色情、低俗等文化垃圾，遏制出版物市场各类侵权盗版行为。加强对各类出版物的审读、审验，打击“三假”(假媒体、假媒体机构、假记者)，维护新闻出版正常秩序。建立管理台账制度，强化对出版、印刷、发行等各环节的有效监管，严防境外政治性非法出版物流入威海市，严禁各类政治性非法出版物印制发行。二是抓好正版普及工作。打击软件等重点领域的侵权盗版行为，查处各类盗版畅销书、工具书、教材教辅读物、电影电视剧及音像制品，保护文学、艺术和科学作品作者的著作权。三是抓好“绿色上网”工程。加强对城乡结合部和农村乡镇网吧市场的治理，查处网吧接纳未成年人等违法违规经营行为。完善现场监控与内容监控相结合的网吧监管平台，实现与全国、全省网络监管平台的互联互通。实施网吧监管“黑名单”制度，严密关注、及时屏蔽删除通过互联网传播的各类违法有害信息，构建和谐健康的网络文化环境。四是抓好阳光娱乐工作。以农村早夜市、庙会大集为重点，查处各类无证演出、低俗演出和假唱、假演奏等行为。加强电子游艺和歌舞娱乐场所监管，打击“黄赌毒”等丑恶现象，提升行业正面形象。五是抓好健康影视工作。加强对广播电影电视插播广告管理，对广告内容、播出时间等环节实施重点监控，治理查处非法销售、安装和使用卫星地面接收设施行为。加强对互联网视音频节目服务的监管，查处通过互联网非法传播视频、视听节目行为。加强对影院放映资质和内容的监管，查处非法放映行为，营造良好的声频、银幕和荧屏环境，确保广播影视领域安全。

【侵权盗版及非法出版物集中销毁活动】 4月24日，威海市文登区举行2014年侵权盗版及非法出版物集中销毁活动，宣传“‘4·26’世界知识产权日”，展示威海市“扫黄打非”及打击侵权盗版的工作成果。销毁各类非法出版物计6.62万件。其中，非法书刊5.36万本，非法音像制品、电子出版物和计算机软件1.23万盘。同时，销毁赌博游戏机7台，卫星电视地面接收设施332套。

（玄华青）

【新闻出版项目】 2014年，威海印刷机械有限公司的“智能化数码印刷联动线装备研发与产业化项目”成为威海市首个入选国家新闻出版改革发展库的项目。该项目总投资1.7亿元，具有自主知识产权，是国内研发的首台服务于书刊印刷的数码印刷、加工全流程连动生产线，解决国内按需印刷技术领域成套装备制造和技术创新问题，对促进传统印刷产业向数字化转型发展起到推动作用。

【版权保护与利用】 12月4日，市委办公室、市政府办公室印发《威海市党政机关使用正版软件管理办法》，于2015年1月1日起施行，有效期5年。威海市是全省首个以规范性文件的形式，明确将党、政、群机关使用正版软件工作统一纳入管理的地市。依托威海报业集团和齐鲁晚报社等媒体，开展“创造 继承 尊重——2014威海版权保护月”宣传主题活动，对全市145件作品进行版权登记。年内，电子科大（威海）数字出版有限公司、山东万德集团有限公司、文登芸祥绣品有限公司被评为山东省版权示范单位、园区（基地）。

【新闻出版行业管理】 细化新闻出版审批服务流程，采取“一站式服务”方式，完成316家印刷企业、3家驻威记者站、4份全国统一刊号报纸、7份省级连续性内部资料出版物的年度核验工作。2月22日，举行2014年新闻采编人员岗位考试，威海报业集团、威海广播电视台等新闻单位的273名持证新闻记者参加考试。6月16日—20日，省新闻出版培训中心在威海市举办新闻出版行业特有工种职业技能鉴定（初、中级）出版物发行员培训班，全市289名相关从业人员参加培训。

（付城荣）

报刊·网络

【概况】 2014年，威海报业集团以做强报业、做大产业、建设区域引领型综合性传媒集团为战略目标，突出3条主线，推进3个转型，在逆境中合力推动事业产业持续健康发展。

深化报业改革，推进体制机制转型 一是深化内部综合改革。按照市委批准的改革总体方案，正式启动集团内部综合改革，拟定改革实施方案并通过职工代表大会表决。二是推行经营管理体制机制改革。适应发展需要，在各媒体经营单位和产业公司全面推行以利润为主体考核指标的经营考核机制，引导各公司制订发展规划，培植主营业务，健全管理制度，实行全成本核算，自我打造合格市场主体。三是整合重组经营资源。本着业务拓展、链条延伸、优势互补的原则，对发展前景不明朗、市场优势不明显、经济效益不理想的经营单位进行整合重组。

打造亮点，强化新闻宣传 突出中心宣传，打造时政亮点。以全面深化改革、加快转型跨越、建设现代化幸福威海为宣传主题，组织全媒体阵营，策划实施创业威海、美丽威海、文明威海、美德威海和开放威海五大纪实行动。突出宣传创新，打造互动亮点。按照网格化分区管理的要求，让采编人员走进基层和社区，走近读者和用户，走到新闻和活动现场，使新闻报道扎根百姓，接入地气，增强报纸贴近性和可读性。

加强媒体建设，推进媒体融合转型 一是巩固提升平面媒体。按照区域第一政经大报和第一生活媒体的定位，《威海日报》《威海晚报》突出工作创新，强化品牌建设，推进报网融合，提高影响力、公信力和竞争力。县域报以加快建设本土第一时政媒体、第一生活媒体、第一主流媒体为目标，强化时政报道，深化民生报道，优化经营服务，媒体影响力迅速扩大。二是发展壮大互联网媒体。以打造区域互联网第一主流新闻媒体为目标，依托威海新闻网，整合威海晚报网、东方视角网，改建开通综合新闻网站——威海网。以打造区域互联网第一主流生活服务媒体为目标，新建开通了半岛同城网。整合《威海日报》《威海晚报》新闻资源，开办威海报业集团官方微博——威海播报。三是加快发展移动互联网媒体。以打造威海掌上生活服务信息通为目标，建设集本土新闻资讯、市民公共服务、生活娱乐消费于一体的手机客户端——威海通，开通掌上威海微信公众号。

实施重点扶持，分类推进产业转型 一是打造重点龙头行业。广告经营以转型升级为驱动，强化经营策划，培植品牌活动，应对困局挑战，保持平稳发展势头。会展产业自主策划举办4个品牌展会，举办国际食博会、渔博会等重点展会，全年举办展会活动50余场次。教育培训产业全年开设各类培训62班次，参训6240人次。二是壮大传统产业。县域传媒产业整合县域媒体资源，成立今日传媒公司，为开拓县域市场、推进跨界发展奠定了基础。发行物流产业在做好报纸营销投递的同时，拓展培植同城快递业务，逐步向现代物流企业转型。印刷产业更新了现代化印刷设备，拓展社会印刷市场初见成效。三是培育新兴产业。电商产业围绕半岛海洋商城和同城购两个项目的上线，构建从培训推广、产品运营、仓储物流到信息服务的完整产业链条。文化创意产业理顺体制机制，开发了一批客户资源，完成仁川亚运会威海展馆策划设计和搭建运营任务。文化产业园区项目与相关机构探讨合作，并启动项目概念规划。四是打造公共服务平台。依托国际展览中心设施资源优势，规划建设了汽车主题超市。依托威海新闻网的团队、技术和频道优势，建立服务媒体和产业经营的网络平台。依托呼叫中心优势，自主开发话务系统和后台管理软件，整合内部资源，推出电商营销、同城快递、晚报营销等语音服务。

（孙国昌）

【《威海日报》】 《威海日报》是威海市委机关报，分为新闻、专刊、《威海周末》3个板块。新闻和专刊板块每周6刊，周一至周五每日12个版，周六8个版，每周68个版。《威海周末》每周出版一期，每期24个版。新闻板块常设版面有《要闻》《要闻综合》《一线报道》《民生新闻／区域报道》《锐评》《中国新闻》《世界新闻》《文体新闻》等。专刊板块每周轮流出版《智道》《休闲》《人居》《尚品》《车世界》《海岬》6个周刊，每个周刊4个版。

特色专版和专栏 《锐评》专版围绕国内外和本地发生的热点事件进行评论，弘扬社会正气，传播正能量。该专版常设《锐点》《微评论》《我也说说》等专栏。《图说威海·威海人的一天》专栏，聚焦基层，图文并茂地记录现代化幸福威海建设实践中一线工作人员的“幸福表情”。先后刊发《ICU里的生命赛跑》《送暖“陀罗”》《海上迎宾员》《“穿针引线”的高空生活》《山林守望者》等报道。该栏目用图片“说话”，强调图片的表现力，受到读者好评，其报道内容被新华网、大众网、新民网等转发。

重点报道和活动策划 创业威海纪实行动。开设《转型升级——产业强市的智慧与行动》等专栏，推出“重点项目模块化审批”“文登撤市设区”“中韩自贸区下威海新机遇”“全市科学发展观摩会”等专题，反映全市干部群众干事创业、转型跨越、建设现代化幸福威海的激情和干劲。编发专题专栏专版

110余个，刊发稿件200余篇、微视频30条、微信微博60条。美丽威海纪实行动。以"打造美丽中国示范区"为主线，推出春景、夏韵、秋赋、冬语四大篇章，编发专栏专题专版40个，新闻报道70篇，微视频23条，微信微博60条。文明威海纪实行动／美德威海纪实行动。以"争创全国文明城市"为主题，开设《创文明城市 建幸福威海》《拍一拍 议一议 告别不文明行为》《文明旅游》等专栏。推出《走威海 看文明》《单车徒步 深入创城》《细节看文明》等系列报道。编发专栏专版100余个，刊发报道300余篇、发微视频20条、微博微信60余条、公益广告98个整版。开放威海纪实行动。以"提升威海对外开放水平"为主题，推出"探析中韩自贸区带来的威海机遇""城铁梦圆"两个专题，探讨中韩自贸区建设和青荣城铁开通给威海发展带来的长远影响，分析威海在这两大历史性事件中应该把握的重大机遇和面临的全新挑战。编发专版20余个，稿件700余篇，微博微信20余条，微视频5条。百名记者走基层活动。推出"新春行动""探访首季开门红""转型故事汇""金秋行动"等专题系列报道。全年编发专题专栏专版100余个，报道150余篇，微视频20条，微信微博50条。2013威海年度经济人物评选活动。由市委宣传部、威海报业集团联合主办，市工商联、市企业家协会协办，设置金冠奖、金鼎奖、金钻奖、金梭奖和金犁奖5个奖项。经过民主推荐、指标评价及评委审核、网络投票等评选程序，最终产生30名年度经济人物。首届威海市创业大赛。由威海报业集团等14部门联合主办，分为创业项目、创意团队、电子商务、创业型街道（镇）展示四大类别。10月16日正式启动，吸引全市390余个创业项目、创业企业参赛。参赛创业者经过层层筛选，最终四类比赛各决出一、二、三等奖。同时，在创业项目大赛和电子商务创业大赛中，决出最佳创业企业奖1个，奖金10万元；决出驻威高校大学生创业特别鼓励奖和妇女创业特别鼓励奖各3名。

（衣学 宋亮）

【《威海晚报》】 《威海晚报》由威海报业集团主办，是威海市唯一的综合性都市生活类平面媒体，创刊于1995年10月1日，4开版，每周7刊。《威海晚报》以时效性、原创性、贴近性和服务性赢得读者喜爱，城市人均占有率居全国晚报前列。

特色专版和专栏　《时评》专版，用理性眼光打量新闻，针对时事发表评论，汇集不同声音，反映社情民意。每周二至周五出版，《观点交锋》《微言博议》《图说天下》为常设栏目。《今关注》专版，深度挖掘新闻背后故事，揭示新闻事实真相。常设栏目有《民生会客厅》《第一视角》《民生360》《新视界》等。周一至周五出版，每期2～3个报道选题。《威海／生活》专版，贴心服务市民生活，集中发布生活资讯。常设栏目有《看天说地》《寻医问药》《考试信息》《有问必答》《民生快递》等。每周一至周日出版。《威海／热线》专版，倾听百姓呼声，为百姓排忧解难。常设栏目有《热线调查》等，每周一至周五出版。《威海／社区》专版，聚焦社区生活，反映市井百态。常设栏目有《社区视线》《社区达人》等。每周一至周五出版。9月1日，《新闻深一度》专栏更名为《第一视角》。该栏目每周3～5期，先后刊发《单独二孩政策在威海落地》《威海爱心团队"送药入滇"》《肌无力小伙杭州圆梦》《关注空巢老人》等报道。《民生会客厅》专栏是集网络访谈、视频直播、在线互动、纸媒发布、深度报道等全媒体互动栏目，每2周实施1个选题，每个选题的持续报道时间为1～2个周。先后刊发《房屋漏雨那些事儿》《青荣城铁开通》《聊聊供暖的烦心事儿》等系列报道。《新视界》专栏为图片影像纪实类栏目，主要围绕人物、事件，拍摄民生万象，用影像冲击心灵，用事实记录历史。《民生360》专栏，每周2～3期，先后刊发《房贷松绑 市民能否享红利》《市区供热主管网明起打压上水》等报道。《权威发布》专栏，以重要时政新闻、重大政策发布、重大社会热点为首选标准，关注本土动态性、事件性热点新闻，聚焦重要民生举措。

重点报道　关于市"两会"的报道。1月8日—10日，市政协十二届三次会议和市十六届人大三次会议分别召开。《威海晚报》开设《幸福脉动——市"两会"特别报道》专题报道，除报道常规会议议程外，还从与民生相关话题入手，进行多角度立体报道。关于百名记者走基层的报道。2月，2014威海报业集团百名记者走基层新闻宣传活动拉开帷幕。2月7日起，《威海晚报》连续推出《百名记者走基层·新春行动》系列报道，从不同角度反映春节期间的喜庆场面和市民、村民的生活变化。关于扑救"5·29"山火的报道。5月29日里口山区域山火发生后，威海晚报编辑部快速反应，制定刊发方案，并对相关稿件进行优化整合，全方位、多视角、深层次地报道山火扑救工作。3天刊发29个专版。报道以"我们万众一心"为总主题，分别以"联动""扑救""保障""担当""温情""心声"等为主题，多角度展示市委、市政府以及社会各界为山火扑救工作所作的努力。关于"美德威海·诚信威海纪实行动"的报道。7月2日，以"德耀威海、信行天下"为主题的"美德威海·诚信威海纪实行动"启动。在6个月的时间里，《威海晚报》编发专题版面上百个，各类报道200余篇。关于"文明威海纪实行动"的报道。2月，《威海晚报》以"争创全国文明城市"为主题，启动"文明威海纪实行动"。开设《创文明城市 建幸福威海》《身边的变化》《身边好人》《威海好人·365》等专栏，刊发稿件400余篇，推出系列宣传报道，营造良好的创城氛围。

活动策划　社区"大篷车"活动。2014年，社区"大篷车"推出"每月一件实事"活动，有针对性地开展"原创春联大派送""送岗到家""教你维权""爱花有道""全民旅游'惠玩季'""平安到你家""燃气安全""晚报服务进社区 现场订报双重礼"等8大主题21场活动，刊发整版报道40余个，为市区2万余名居民提供服务。同时，注重抓取新闻选题，做深度报道，推出《邻里之间那点事儿》《聚焦威海式广场舞》等系列报道，为社区居民解决疑难问题。《威海晚报》公益行动。重点策划组织"爱让梦飞翔"公益行动，先后帮助患白血病女童典典、想和金龟子合影的小学生王彦、唐山市民张红琢、肌无力小伙宋鹏磊等百余名梦想者实现梦想。特别是为肌无力小伙宋鹏磊圆了游威海、游杭州、办画展的系列梦想，帮助张红琢圆了为17位威海籍烈士“寻亲”的梦想。同时，《威海晚报》建立200余个爱心驿站，除长期关爱环卫工外，每逢传统节日和寒暑假日，开展“爱心‘粽’动员”“月圆中秋一家亲”等活动，制作、派送5000余块月饼（粽子）。《威海晚报》社区文化节活动。年内，《威海晚报》第二届社区文化节举办舞林争霸赛8场、出彩达人秀 6场，竹岛、环翠楼街道等百余支舞蹈队、2000余名演员走上舞台，为1万余名观众表演节目。5月3日，“威海晚报全民运动汇”启动，首个“徒步走天下——拥抱春天·走进幸福里”活动举行，市民踊跃参加。“我爱看电影”读者沙龙持续举办观影活动。其中，组织市民观影活动34期，市民观影团活动11期，观众1000余人。为方便电影发烧友在观影后沟通交流，设立“我爱看电影”QQ群，邀请电影发烧友们品谈优秀影片。在《威海晚报》设置《免费看 热辣评》专栏，刊发优秀影评。

（王顺卿）

【《威海广播电视报》】 2014年，《威海广播电视报》改版升级，扩编增容，由每周2期改为每周3刊，周一《最天下》文摘、周三《最威海》周刊、周五《最传播》资讯，明确电视报一报三刊的定位，推出全新的内容和一系列各具特色的精品版面。《最天下》定位于“真相、趣味、良知”，汇聚新闻时事、评论、军事、财经等众多话题和读者、段子等趣味文章，风格鲜明。《最威海》定位于“城事、本土、贴近”，贴近威海，围绕市场，做活本土文章。《最传播》定位于“娱乐、传奇、先锋”，继承并发扬电视报的娱乐导视和先锋生活的概念，版面更新颖可读。强化《最威海》网站建设，深度实现报网融合，互相促进，让网站也产生效益。报纸电子报通过资源互换的形式，投放到“爱威海”“威海信息港”“威海传媒网”网站，让网民通过网络也能阅读报纸。年内，《威海广播电视报》最威海微信公众平台建成，成为宣传威海的窗口。

（邹颖瑜）

【“中国·威海”政府网】 2014年，“中国·威海”政府网围绕“信息公开、办事服务和公众参与”三大板块，不断整合信息资源，规范栏目设置，完善服务功能，打造政府网站便民利民“不夜平台”。至年底，网站日平均访问量1.8万余人次，总访问量1900万人次。在中国软件测评中心组织的2014年度中国政府网站绩效评估中取得全国地级市政府网站第22名、全省第2名的成绩。一是强化政府信息公开。按照政府信息公开有关要求，优化政府信息公开目录结构，及时发布政府信息，新增公开信息1.75万条，累计收录公开信息9.75万条。配合市政府办公室依托政府门户网站开展信息公开的日常管理和技术服务等工作，完成80余个公共企事业单位的信息公开培训工作。为100余个部门、单位新增财政预决算、“三公”经费等重点领域信息公开栏目，提供栏目建设维护、数据迁移等技术服务200余次。二是强化网上办事。政府网站整合办事事项1018条，表格下载387项，设有《百件实事网上办》栏目和就业、工商税务、创办企业、职业资格、投资招商、婚育收养和住房保障等专题信息和政策查询。同时，按用户对象、应用主题、服务专题分析用户需求，为用户提供更加全面的服务。三是强化政民互动。设有《市长信箱》《市长公开电话“12345”》《在线访谈》《意见征集》《网上调查》《法律咨询》等栏目，公众参与途径多样，咨询投诉回复及时，质量较高。2014年，制作发布《在线访谈》栏目3期、意见征集22次、网上调查2次。

（王力召）

【威海市民网】 威海市民网是由神州数码和北洋集团共同出资建设，8月5日签订承包建设合同，10月18日上线试运行，为市民提供服务。至年底，市民网PC端上线服务1231项（在线办事类461项），手机端上线服务913项，累计访问量12万人次。项目建设主要包括4项任务。一是搭建技术平台，包括12个基础平台（统一认证、服务评价、建议投诉、业务日志、系统消息、短信、邮件、订阅、文件、图片、支付、开放）、6个业务平台（资源聚集、服务治理、融合应用、渠道管理、运维管理、运营管理）和5个数据库（基础、管理、渠道、生产、城市影像）。二是建设服务渠道，包括7个物理服务渠道（PC、智能手机、平板电脑、自助终端、智能电视、服务热线、社区服务站）和3个网上虚拟服务频道（我的声音、我的空间、我的服务），将共享利用社保、电信和街道、社区等已有自助服务终端资源。三是整合信息资源。开发若干系统数据接口，与相关部门系统互联互通、信息共享、协同运行。四是市场推广运营。建立服务体系，开展应用培训，组织市民开展应用，建立健全项目运行维护机制，持续拓展服务领域，开展商业运营。对于市政务服务中心及其他部门建立的系统资源，市民网将通过网络链接、数据接口、定制开发等手段进行对接和整合。对于新建服务项目，市民网项目中标企业将会同相关部门、单位共同研发和上线，逐步实现能上网的政务服务事项全上网。市民网解决信息化重复建设、标准不统一等城市建设的弊端，提高了网上便民利民惠民水平，成为当今城市智慧化建设的趋势。

（于凤江）

【威海网】 2014年，威海网秉持“主流传媒 威海门户”办网理念，顺应互联网发展潮流及形势，在网站形式、内容以及名称等方面进行全新改造，同时配合微博、微信、掌上APP等新媒体平台联动，促进媒体全面融合，重点打造全媒体实力和影响力，在服务威海经济社会发展、传播网络正能量等方面发挥重要作用。

更名与改版 9月，威海新闻网正式更名为威海网（网站域名不变），并对网站重新定位，由专业新闻网站向服务于威海经济社会发展的城市综合门户网站转型，并对网站首页进行全新改版。改版后的网站突出新闻发布、政务服务、城市形象推介、生活服务信息发布等功能，更加符合网民需求，更加切合威海主流网络媒体定位。通过优化搜索热词，提升网站流量，日均浏览量达到40万人次，峰值近百万人次。

策划报道 威海网连续推出专题策划报道，重点推出美德威海、创业威海、文明威海、美丽威海、开放威海

五大纪实行动，全面宣传全域城市化建设中的威海，服务经济社会发展。加强报网融合，同时与微博（威海发布、威海播报）、微信（掌上威海）、移动客户端手机APP（威海通）等新媒体联动。在仁川亚运火炬威海传递、国际铁人三项锦标赛、青荣城铁开通等重大活动，以及“5·29”山火、麦德姆台风登陆等突发事件中，威海网即时将零散信息汇总并全面展示，发挥网站优势，注重关键词搜索，提高网站流量并扩大影响力。推出的2014威海创城、威海好人评选、创建食品安全城市等专题报道在社会上产生广泛影响。

【掌上威海】 2014年，掌上威海以威海最接地气的微信公众平台为核心出发点，通过全媒体策划的方式，以微信为引爆点吸引用户阅读，提供本地全方位的信息服务，打造及时、专业、有用、威海人必须阅读的主流媒体公众号。至年底，掌上威海覆盖本地优质用户近10万人。年内，掌上威海对仁川亚运圣火传递、国际铁人三项锦标赛、青荣城铁开通等重大新闻事件进行全媒体直播。面对“5·29”山火、麦德姆台风登陆等突发事件，掌上威海实时传递最新最权威的信息资讯，发挥独特的优势和作用，在回应社会热点，特别是在驳斥网络谣言方面起到了重要作用。为配合全媒体重点宣传工作，掌上威海微信平台推出“美丽威海”“威海人的一天”“中韩自贸区下的威海机遇”等专题报道。同时，将时政类和民生类话题进行推送，形成权威而接地气的风格，与微博、报媒保持良好互动。结合市场对新媒体的需求和丰富媒体形式，掌上威海策划开发多款新媒体功能产品，如手机互动类游戏——小苹果、情人快追等，营销推广平台——挖宝兑奖、秒杀、抢楼，互动答题平台——天天爱答题，平台类——分类信息、网上（掌上）房博会、掌上求职、嘀嘀购车网等。

【威海通】 为顺应移动互联网发展趋势，6月，威海新闻网有限公司研发集新闻信息发布、共享、互动等多种功能于一体的手机APP——威海通，供安卓和苹果手机客户端使用，使其成为用户的威海城市信息通。威海通于12月15日正式上线，可整合报媒、新媒体、广告等多种资源，发挥融媒体优势，集成发布，可向用户实现信息推送。整合《威海日报》《威海晚报》及今日传媒、威海网、掌上威海、威海播报、威海发布的海量信息，实现全天信息滚动发布。重大新闻事件、突发事件、重大策划报道等，均由威海通首发。

【威海播报】 威海播报是威海报业集团的官方微博，2014年实现全新转型，不仅即时播发本地官方新闻，同时聚焦网友关注的热点问题，切实为网友解决实际问题，打造主流媒体官方微博。威海播报全年发布微博近7000条，粉丝数量从2万上升到21万人，每周博文阅读数在100万人次以上，每周活跃互动1500人次以上，单条微博最高阅读量过100万人次。年内，威海播报积极策划、参与大型全媒体报道。青荣城铁采风是城铁开通之前的全媒体大型采风行动，从网民角度出发，围绕民生关注的吃穿游购娱等方面进行互动，话题阅读量超过300万人次。威海国际铁人三项锦标赛，不仅全程将比赛现场的赛况及时传播给网友，更与网友亲密互动，深度挖掘网友关心的铁三历史，话题阅读量达305.5万人次。对突发事件及时发声，在“5·29”山火扑救过程中，威海播报即时编发火情信息，整合全市各部门动态信息，确保权威信息及时发布，营造网上正面舆论强势。新华网、中国新闻网等多家媒体在报道中引用威海播报的内容。

（王磊　汤思渝）

【威海信息港】 威海信息港创建于1997年，是由中国联合网络通信有限公司威海市分公司投资建设的、主要面向威海地区服务的综合性门户网站。设社区、资讯、房产、汽车、健康、美食、旅游、婚恋交友、便民查询、分类信息、行风热线和网上购物等22个频道。2014年，威海信息港举办“初春仙姑顶600人登山”“荣成自在香槟200人大型湿地徒步”等大型户外活动；举办“第六届七夕爱情文化节”千人相亲会、“春季大型相亲会”“教师专场相亲会”等婚恋交友活动；举办历时3个月的“威海年历宝贝评选”活动。探索实现信息多元化和社会化，发动网友参与威海新闻、新鲜事儿的报道分享，发布新闻帖962篇。对招聘、房产、分类信息频道进行改版升级和优化，更好服务网民。向电子商务领域深度探索发展，将1点商城转型为威海本地大型网上购物平台，入住商家超过400家，提供包括日用百货、饮料酒水、手机号卡、韩国食品等2000余种商品的在线销售，为威海网友提供新网购服务平台。

（刘霄飞）

广播电视

【概况】 2014年，市广播电视台围绕全域城市化、市域一体化建设，实施产业强市、工业带动战略，创建全国文明城市、蓝色经济区建设等中心工作，推出《锐变2014》《威海智造》等34个重点专栏。在抗击“5·29”山火报道中，市广播电视台准确发声，引导舆论，避免非主流信息的干扰和误导。广播、电视对上发稿均完成全年任务，市广播电视台被评为2014年度山东广播（电视）宣传先进集体。

【阵地宣传】 市广播电视台与市委组织部联合推出“创业英才筑梦威海”系列报道，与团市委合作推出《创业威海》专栏。在电视新闻频道和电视公共频道开设《美德威海》专栏，电视综艺频道开办《经典诵读》栏目，在《威海广播电视报》开设教育专版，举办中小学生征文大赛，开设“我们这一年”“凡人善举”“我家有个老寿星”“身边的劳模”等15个专栏。《身边故事》节目推出181篇“四个一百”故事以及美德威海典型故事，为威海市创建全国文明城市营造浓厚的舆论氛围。完成市委、市政府各类专题节目14部。其中，9部节目在威海电视台播放，总计节目时长300分钟。在抗击“5·29”山火报道中，正确引导舆论，广电媒体100名一线记者协同作战，迅速发布第一手信息，围绕“万众一心、抗击山火、文明威海、众志成城”“向最可爱的人致敬”等主题展开报道，形成社会正能量，避免非主流信息的干扰和误导。电视第一次实现4个频道连续3天并机直播，电台4套广播并机直播75小时并第一次推出“威海应急救援广播”呼号，第一次实现真正意义上的广播、电视、网络、报纸、手机微信等多媒体联动，使广电复合型媒体成为应急救援的指挥调度平台、动员服务平台和爱心凝聚平台。

【对上宣传】 广播新闻　中央台发稿27条，中国之声新闻节目《新闻与报纸摘要》发稿13条。在省电台各栏目发稿7000篇，其中《山东新闻》发重头稿90篇，获2014年度山东广播宣传先进集体奖。

电视新闻　在中央电视台发稿70条。其中，《新闻联播》18条，头条2个，提要5个。在山东台发稿605条。其中，《山东新闻联播》发稿187条，头条8个，获2014年度山东电视宣传先进集体奖。配合市委宣传部，制作专题片《筑起爱的长城 雷锋精神种子传播者的故事》，该片作为威海市2014年创建文明城市工作的亮点，在中央文明办网站播放。与央视媒体共同完成“2014威海长距离铁人三项世锦赛”报道，在CCTV5和山东体育频道播出2档赛事集锦专题片，制作英文版《中国威海》形象片以及“2014威海长距离铁人三项世锦赛”赛事精彩集锦片。

【大型活动】 为纪念甲午战争120周年，抽调精锐采编人员，经过5个月的策划、实地探访和前期采制，《直播威海》和《今晚播报》同步推出60集大型系列报道《甲午记忆》，推出甲午战争120年祭等特别报道和话题节目；配合中央电视台完成纪录片《甲午 甲午》的摄制。与上海人民电台等4家电台联合推出纪念甲午战争120周年大型广播特别节目《甲午启示录》。继续开展以“惠农、惠企、惠民”为主题的大型公益行动，公益广告播出超过历年水平。利用《乡风海韵》《今晚播报》《直播威海》《威海财经》等专栏，免费为农户发布农产品广告，为企业发布招工信息，为市民发布供求信息，仅《乡风海韵》节目接听农事咨询电话1120次，发布农产品信息380余条。广播电视各频道每天播出公益广告51个版本，累计播出时长6600分钟。

【节目创优】 全台获省以上政府奖的作品28件。其中，一等奖3件，二等奖9件，三等奖16件。《电视新闻》栏目在山东广播电视节目奖评比中，获评“十佳栏目”；在山东省第二十六届电视艺术“牡丹奖”评比中，“最美威海人”颁奖典礼、《2014威海长距离铁人三项世锦赛》宣传片和经济广告《维多利亚别墅》获二等奖；在山东新闻奖评比中，广播长消息《中国企业首次成功收购韩国上市公司》获二等奖。

【技术革新】 完成高清制作网的搭建，对其进行系统测试与体验，流程和操作简洁顺畅，4月投入使用。在“5·29”山火特别报道中，提供技术支撑。完成制作网与演播室播出的互联互通技术架构，使制作网系统、演播室系统和播出系统之间做到基于文件化的全流程文件交互，SDI信号互联互通，方便信号在各系统间的调用。完成古山发射台广播调频天馈线系统改造。

【打造城市会展品牌】 市广播电视台发挥平台优势，与社会各界合作，打造城市会展品牌。年内，举办各类会展节庆活动33场。在文登区、荣成市和乳山市分别举办相亲会，扩大威海广电的品牌影响力。先后举办家居建材团购8场、皮草节1场、家电团购8场、手机团购4场，在方便市民的同时，扩大社会影响力。

（邹颖瑜）

史志工作

【概况】 2014年，全市史志系统贯彻落实国务院《地方志工作条例》和《山东省地方史志工作条例》，围绕市委、市政府的中心工作，实现主体业务工作与为现实服务工作并举，推进志、鉴、库、馆和史志资源开发利用工作全面发展。9月17日，中共中央委员、中国社会科学院院长、中国地方志指导小组组长王伟光，中共中央候补委员、中国社会科学院副院长、中国地方志指导小组常务副组长李培林一行调研山东史志工作，在威海市召开座谈会，王伟光对威海市史志工作给予充分肯定。年内，威海市史志办、文登市史志办被省政府办公厅、省人力资源和社会保障厅、省公务员局授予“全省史志工作先进集体”称号，1人记二等功，2人记三等功。在山东省优秀史志成果评选活动中，市史志办编纂出版的《汶川特大地震威海市救助援建志》和乳山市史志办编纂出版的《乳山年鉴（2013）》被省政府办公厅授予“全

9月17日，山东史志工作座谈会在威海市召开　　李传强　摄

省优秀史志成果奖”，文登区史志办编纂出版的《文登县志》（雍正、道光版）影印本和乳山市史志办编纂出版的《乳山村庄图志》分别获威海市第十六次社会科学优秀成果一等奖和二等奖。

【二轮修志】 《威海市志》编修　年内，市史志办加快市志编修进度，按照志稿评议会专家组提出的意见和建议，对《威海市志》志稿进行修改完善。8月，完成465万字终审稿的排版印刷工作，并上报中国地方志指导小组办公室和省史志办审核。9月始，市史志办对终审稿进行审核修改，在资料的准确性、框架的科学性和行文的规范性等方面进行精细加工。

区（市）二轮修志　加强对各区（市）二轮修志工作的督导，定期调度，及时帮助解决具体问题。《文登市志》（续修）和《威海高技术产业开发区志》进入编辑阶段，对志稿进行资料补充，完成部分征求意见稿。《荣成市志》《乳山市志》进入收集整理资料阶段，收集资料60万字，图片200余幅。同时，采取以会代训的形式举办修志撰稿人培训班，提高撰稿人的编辑能力。

基层志编修　推进部门、行业、村镇志编修工作，形成全市二轮修志合力，市县两级专业志编修有序进行。年内，市史志办指导市教育局启动《威海市教育志》《威海一中校史》的编修，对《威海市国土资源志》志稿进行审核，各区（市）分别指导《荣成市教育志》《荣成市财政志》《荣成市粮食志》《文登市审计志》《文登市工会志》《文登市农村信用合作社志》等部门、行业志书的编修工作。同时，各区（市）指导《苘山镇志》《北沙岛村志》《南桥村志》《瓦屋庄村志》等乡镇村志的编修工作。

【年鉴编纂】 全市各级史志部门始终坚持地方综合年鉴全部由史志部门编纂、管理的工作体制，坚持逐年编纂、当年启动和出版。注重创新，严把质量关，编校质量均达到国家优秀等级，继续保持全国、全省先进行列。至年底，《威海年鉴（2014）》《环翠年鉴（2014）》《文登年鉴（2013）》《乳山年鉴（2014）》《威海经济技术开发区年鉴（2014）》出版发行。其中，《环翠年鉴（2014）》为创刊。在中国出版协会主办、年鉴工作委员会承办的第五届年鉴编纂出版质量评比中，《威海年鉴（2014）》获综合一等奖，《环翠年鉴（2014）》《文登年鉴（2013）》获综合二等奖，《威海经济技术开发区年鉴（2014）》获综合三等奖。在全省第五届优秀年鉴评比中，《威海年鉴（2014）》《环翠年鉴（2014）》《威海经济技术开发区年鉴（2014）》获综合特等奖，《文登年鉴（2013）》《乳山年鉴（2014）》获综合一等奖。

【地情资料库建设】 史志资料年报工作　继续完善史志资料年报工作制度，抓好市直各部门、各单位史志资料年报工作。按照市委办公室、市政府办公室印发的《关于做好史志资料报送工作的通知》要求，制定年报报送提纲，对资料的报送内容及书面装订形式、报送时间作出要求，严格把好资料的审查验收环节，并对所报资料进行归档整理。

信息化建设工作　加强对威海市情网与威海史志官方微博的维护与管理，重视网络媒体的宣传效应。在《威海年鉴（2014）》封底增加市情网站的二维码，方便读者直接扫描查阅相关资料。年内，录入上网资料100余万字，市情网总文字量2700万字，年点击率达10余万人次。威海史志官方微博发布微博308条，单条微博平均阅读量达1500次以上。加强对各区（市）地情网站指导，协助作好网站建设工作。乳山市对乳山市情网进行资料充实，增加上网资料30余万字。对乳山英文市情网加以完善，增加《发展规划》《招商引资》《对外交流》3个栏目。

地情资料开发利用工作　市史志办编辑出版《威海史志论文集》，收录全市论文大赛获奖论文及历年编辑人员发表的理论文章91篇，计35万字，是市史志系统的第一部论文集，展示全市史志工作者的理论研究成果。各区（市）史志部门充分利用地情资料，面向社会，开发一批史志成果。《环翠区大事记（1993—2013）》《〈废铎呓〉点校译释》《天润曲轴股份有限公司大事记》《荣成籍著名人物》《荣成市村庄图志》《市情博览——走进乳山》《乳山籍人物》出版发行。荣成市协助中央电视台拍摄了文献纪录片《谷牧》。

【方志馆筹建工作】 威海市方志馆获市政府立项，建筑面积3000余平方米，于2014年底开工建设。市史志办在参与新馆筹建的同时，争取100余平方米的办公用房作为临时方志馆，对收集的各类资料4000余册，影像资料2万余张进行归档、整理和上架。年内，继续面向全市各领域、各行业征集馆藏资料，扩大志书交换范围。征集、交换各类资料500余册，影像资料1万余张。

（陶晓红）

档案工作

【概况】 2014年，全市档案工作围绕市委、市政府中心工作，以服务为本，以资源为基，以安全为要，以绩效为凭，推动档案工作全面发展。全市档案中心建设工程正式启动，文登区档案馆创建山东省中小学档案教育社会实践基地并通过省评审团测评，环翠区档案馆被评为山东省档案利用最佳服务窗口。全市重大活动档案征集建立起常态化、长效化协作机制，组织开展第3次赴台湾档案征集工作。主办“回望一战百年——华工军团世纪颂”大型图片展，完成《山东档案精品集·威海卷》初稿征集工作，《威海足迹》第2期、第3期发行，被山东省档案局评为档案工作改革创新项目鼓励奖。

【档案工作体制机制建设】 12月，市委办公室、市政府办公室印发《关于加强和改进新形势下档案工作的实施意见》，作为全市档案工作的纲领性文件。为提高档案行政管理部门依法履职能力，市档案局会同市法制办制定《威海市行政执法案卷档案管理检查实施方案》，下发各区（市）和相关部门并组织实施。加大档案馆室业务培训力度，举办2014年档案业务知识和操作技能培训班，对市直机关、企事业单位、有关区（市）的172名档案专兼职人员进行培训。先后对港华燃气和市林业局等单位的档案管理及软硬件建设进行指导。档案馆建设工作取得重大突破。8月，威海市档案中心建设项目获市委常委会通过。11月16日—20日，市档案局与市东部滨海新城建设指挥部、规划局等单位组成档案馆建设考察团，赴广东省考察档案馆建设。确定威海市档案中心采取资源整合、综合服务的模式，围绕“蓝色休闲之都、世界宜居城市”建设特点，以“大档案、大文化、大开放，多功能、现代化、信息化”为理念，立足“三区分离”，把档案中心建成集档案收藏、展览教育、利用服务、学术交流、文化休闲等多功能于一体的城市窗口和人文文化服务场所。威海市档案中心拟建于威海市东部新城公共服务中心区内，规划占地面积1.87公顷，总建筑面积3.5万平方米。至年底，威海市档案中心一期工程设计启动招标。

【档案资源体系建设】 一是确保党的群众路线教育实践活动档案资料完整性。3月，市档案局指导全市各级、各部门做好全市教育实践活动文件材料的收集、整理、归档和移交工作，活动结束后接收相关档案164件、电子文件164件。二是及时跟进换届选举档案归档工作。各区（市）档案局提前介入，及时跟进，强化督导，分别印发《关于做好村“两委”换届选举档案管理工作的意见》，就做好选举档案收集管理工作提出具体要求。三是开展专业档案服务。市档案局加大专业档案接收力度，扩大专业档案覆盖范围，先后与市民政局、残联、中级法院、工商局、食品药品监督局、商务局等部门沟通协调，开展民生档案服务工作。其中，接收市商务局加工贸易业务审批档案21盒、538件。四是重大活动档案征集取得新突破。市档案局注重与市广播电视台、日报社等重点单位沟通协调，加大对重大活动档案征集力度，全年接收52个单位、335项重大活动档案资料入馆。其中，归档文件333件、照片1695张、录音737分钟、录像1322分钟。市档案局作为2014年威海长距离铁人三项世界锦标赛、仁川亚运会火炬传递仪式和世界帆船锦标赛等重大活动组委会的成员单位，起草有关档案资料收集、整理工作方案，并将全部活动档案征集入馆。“5·29”山火发生后，市档案局及时印发《关于全面及时做好抗击5月29日威海山林火灾档案资料收集归档工作的通知》，加强对抗击山火档案资料的指导接收工作，收集41个部门和单位的档案资料585件、照片4195张、录像1959分钟、录音2085分钟、实物档案10件。五是第3次赴台湾开展档案征集工作。10月27日—11月2日，威海档案文化交流团赴台湾考察交流，先后到“国史馆”台湾文献馆和台北“故宫博物院”“国父纪念馆”及胡适纪念馆等馆所开展查档活动，与有关专家学者进行研讨和交流，查取与威海相关档案目录30套、档案170余份、资料12卷(册)。9月1日，市档案局受邀参加由山东省档案局、财政厅等部门联合召开的境外档案征集工作经验座谈会并做典型发言。

【档案利用体系建设】 年内，全市各级综合档案馆接待利用者9492人次，提供档案资料1.87万卷、3.53万件，照片8663张，窗口服务能力不断增强。全市各级综合档案馆在“存量数字化”基础上，加强“增量电子化”进程，抓好电子文件移交归档工作，稳步推进数字化档案馆建设。市直部门、单位完成2013年度电子文件移交入馆工作，接收电子目录7647条，原文7519条。根据全省档案工作统一部署，市档案局成立《山东档案精品集·威海卷》编纂委员会，按照编辑工作方案和编辑大纲要求，深度挖掘馆藏档案资源，完成《山东档案精品集·威海卷》初稿征集工作。为纪念世界反法西斯战争暨抗日战争胜利69周年，做好《齐鲁记忆——细说山东抗战》有关威海地区稿件的组织、选题、编写和上报工作，组织报送《天福山起义》《马石山惨案》等文章。6月27日，市档案局在威海市民文化中心科技馆主办“回望一战百年——华工军团世纪颂”大型图片展，制作展板70余块，展出历史照片450余张、视频30分钟，内容以华工赴欧洲参加“一战”的历史为依托，彰显威海在近代中国史上独特的地位和作用。协助山东省档案局、省侨办举办《一战华工在欧洲》大型资料图片展览，并在英国、法国、比利时等国家巡展。为纪念中日甲午战争120周年，市档案局配合香港历史博物馆举办《甲午战后：租借新界及威海卫》展览；为威海报业集团、电视台等新闻媒体提供有关甲午战争相关档案资料。

【档案安全体系建设】 10月16日，青海省海北州重要档案备份数据异地保存项目访问团到威海考察访问，参观威海市档案馆和文登区档案馆，双方就档案工作进行交流座谈并签订海北州门源县与文登区互建重要档案数据异地备份基地合作协议。11月28日，莱芜市档案馆重要档案备份数据异地保存交接仪式在威海市档案馆举行，双方签署莱芜市重要档案备份数据在威海异地保存协议书，进行重要档案备份数据交接。

（赵　敏）

编辑　陶晓红

卫　　生

综　述

【概况】　2014年，全市卫生和计划生育系统坚持以全面深化改革为主线，强化公共卫生服务和医疗质量管理，稳妥实施“单独两孩”政策，不断提升卫生计生服务能力，人民群众健康水平和出生人口素质进一步提高。全市人均期望寿命达到80.65岁，孕产妇、婴儿和5岁以下儿童死亡率分别降至5.42/10万、4.87‰和6.34‰，主要健康指标位居全省前列。全年开展诊疗服务1411万人次，人均就诊次数5次。合法生育率为98.2%，人口出生率为9.56‰，继续保持适度低生育水平。

【卫生计生机构改革】　4月29日，威海市卫生和计划生育委员会正式成立，为市政府工作部门，划入原市卫生局的职责、原市人口和计划生育委员会的计划生育管理和服务职责，取消和下放了部分行政审批事项，仅保留行政审批14项。至8月底，环翠区、文登区、荣成市和乳山市全部完成卫生计生机构整合。

【医药卫生体制改革】　2014年，在乳山市首批医药卫生体制改革试点的基础上，文登区、荣成市启动第二批改革试点，试点范围扩大到14处县级医院。试点医院全部取消了药品加成政策，同步推进管理体制、补偿机制、人事分配等方面的综合改革，县级公立医院运行新机制逐步建立。调整完善基层药品配备使用政策，新增市级补充药品100种，基层可用药品达800余种，基层群众用药需求得到有效保障。继续深化基层医疗卫生机构综合改革，推动乡村医生基本公共卫生服务项目经费、基本药物制度补贴等专项定额补助经费的落实，稳定乡村医生队伍。全面推行“阳光配送”模式改革，在全市23家县级以上公立医院推行药品、医用耗材和检验试剂集中配送，每家医院供应商由原来的数十家精减到3～5家。医院降耗增效明显，每年节约成本开支约1.5亿元，降低医药购销领域的廉政风险。改革经验被新华社内参刊发，并得到省委副书记、省长郭树清和副省长王随莲的批示肯定，省卫生计生委在威海市召开专题会议推广威海的改革经验。

【“单独两孩”政策】　5月30日，山东省第十二届人民代表大会常务委员会第八次会议审议通过《关于修改〈山东省人口与计划生育条例〉的决定》，威海市同步启动实施“单独两孩”政策。至年底，全市受理单独夫妇再生育申请2368例，审批2268例，办结率95.8%。在政策实施过程中，各级卫生计生部门开展政策宣传和培训，建立出生人口监测和预警机制，规范生育证的审批、发放，加强孕前服务管理，确保

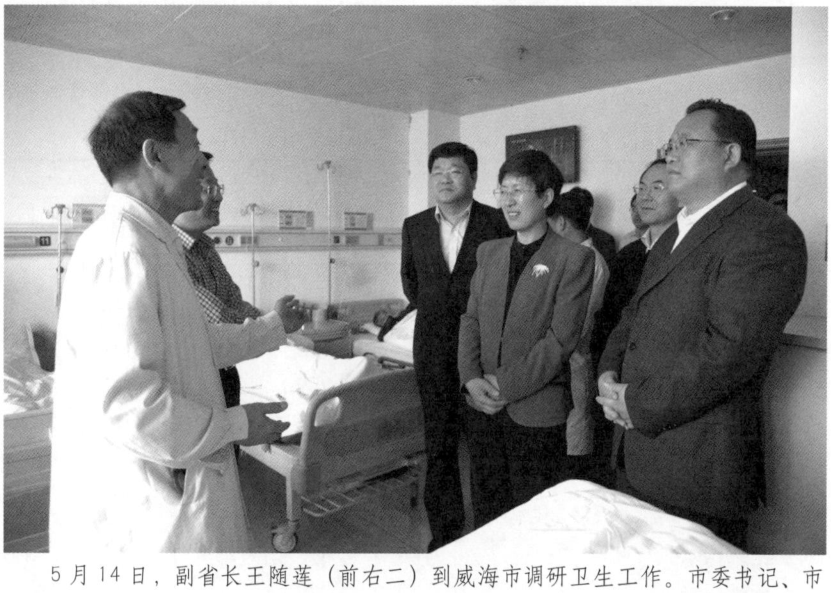

5月14日，副省长王随莲（前右二）到威海市调研卫生工作。市委书记、市人大常委会主任孙述涛（右一）陪同调研　　　　市卫生计生委提供

政策平稳落地。

【公共卫生服务】 规范实施基本和重大公共卫生服务项目，人均基本公共卫生服务补助经费提高到35元，项目内涵与覆盖面进一步拓展。建立城乡居民健康档案190.39万份，高血压、糖尿病、重性精神疾病规范管理人数达15.64万人，孕产妇、儿童和老年人等重点人群管理人数为31.47万人。继续实施农村妇女增补叶酸预防神经管缺陷、住院分娩补助、预防艾滋病、梅毒和乙肝母婴传播和农村妇女“两癌”检查等重大项目，年内农村妇女“两癌”筛查8万人。启动实施新生儿遗传代谢性疾病免费筛查和产前血清学免费筛查项目，年内筛查人数分别为2.16万人和1.29万人。威海市基本公共卫生服务年度考核获全省第1名，获省级奖励资金90万元。

【卫生应急】 2012年—2014年，用三年时间解决卫生应急物资装备不足的问题，统一购置卫生应急队伍装备，配齐后勤保障、现场救援、通信办公、服装标识等物资，卫生应急队伍装备水平明显提升。为市直医疗机构的“120”救护车配备车载呼吸机、监护仪、解救套等救援设备。至年底，各区（市）全部配备满足重症伤病员抢救转运需求的救护车。在全市二级以上医院安装120救护车视频系统，实现远程视频监控和对讲功能，增强突发事件医疗救援远程指挥和现场处置能力。严格规范救护车管理，凡纳入“120”急救体系的救护车全部实行统一车体标识、统一编号并向社会公示，安装GPS卫星定位系统进行实时监管。年内，先后开展重大交通事故医疗救援、埃博拉出血热疫情处置等实战演练，对全市卫生应急队员及急救人员进行专题培训。落实埃博拉出血热疫情防控各项措施，对文登区“4·22”爆炸、环翠区里口山“5·29”山火等数起突发事件开展紧急医疗救援。制订急救中心突发事件应急预案，提升了突发事件的急救指挥能力。市“120”急救指挥中心全年受理呼叫15.8万个，派出救护车4.7万次。

【行业作风建设】 结合深化机关作风建设年和群众路线教育实践活动，扎实开展纠正医药购销和办医行医中不正之风专项整治活动，加强医疗卫生行风建设“九不准”（1.不准将医疗卫生人员个人收入与药品和医学检查收入挂钩；2.不准开单提成；3.不准违规收费；4.不准违规接受社会捐赠资助；5.不准参与推销活动和违规发布医疗广告；6.不准为商业目的统方；7.不准违规私自采购使用医药产品；8.不准收受回扣；9.不准收受患者“红包”），开展医疗门诊“三增一禁”（全年增设无假日门诊、增设错时门诊、增设夏季夜间门诊，严禁医院工作人员带熟人插队加塞、挂人情号）便民正风活动，切实加强医德医风建设，强化监管考核，推进行业作风转变。在全市二级以上医疗机构安装“反统方”软件、完善廉洁双向承诺制、医患双方互签不收不送“红包”承诺书、建立违规促销情况通报及惩戒制度和行贿企业“黑名单”制度，规范医药购销和医疗服务行为。开展第二届“十佳医生”“十佳护士”评选活动，建立善行义举四德榜，弘扬卫生职业精神，树立医务工作者的良好形象。以行风热线、“12320”卫生热线、“12356”阳光计生服务热线、网上“局长信箱”和“政民互动”留言信箱等为平台，受理群众诉求80多人次，解答咨询6311人次，听取意见建议100多条。

医疗服务

【概况】 落实《山东省医疗机构设置规划(2013—2015)》《威海市医疗机构设置规划(2011—2015)》，明确功能定位，优化资源布局，推动医疗机构有序、健康发展，指导乳山市人民医院通过三级乙等综合医院正式评审，组织对荣成市人民医院等3处医院申请二甲综合医院复核评审进行现场评价。至年底，全市有医疗卫生机构2587个；卫生技术人员2.4万人，其中执业（助理）医师6892人，注册护士8351人，千人口医师、护士数分别达到2.5人和2.9人；病床位1.79万张，千人口床位达到6.6张。

2014年威海市医疗卫生机构、床位、人员数一览表

表29

机构分类	机构个数（个）	实有床位数（张）	在岗职工合计（人）	卫生技术人员（人）					
				小计	执业（助理）医师	注册护士	药师（士）	技师（士）	其他
总　计	2587	17932	24426	19194	6892	8351	912	892	2147
一、医院	31	11965	13449	11378	3777	5573	537	483	1008
综合医院	15	7298	8700	7378	2424	3770	334	331	519
中医医院	5	2902	2723	2322	788	1074	121	71	268
专科医院	11	1765	2026	1678	565	729	82	81	221
口腔医院	1	120	313	276	139	90	18	14	15
耳鼻喉科医院	1	44	96	66	25	30	3	5	3
妇产（科）医院	1	52	132	79	26	34	5	4	10
精神病医院	3	789	617	510	146	277	26	21	40
传染病医院	1	150	93	69	26	30	3	8	2

续表29

机构分类	机构个数（个）	实有床位数（张）	在岗职工合计（人）	卫生技术人员（人）					
				小计	执业（助理）医师	注册护士	药师（士）	技师（士）	其他
其他专科医院	3	370	533	477	175	196	17	18	71
二、基层医疗卫生机构	2467	4578	8688	6008	2507	2096	305	225	875
社区卫生服务中心	16	151	635	525	206	201	39	25	54
社区卫生服务站	75	193	349	304	122	133	9	5	35
卫生院	65	4234	3751	3107	1043	928	214	168	754
乡镇卫生院	65	4234	3751	3107	1043	928	214	168	754
中心卫生院	15	1514	1169	953	313	292	59	60	229
乡卫生院	50	2720	2582	2154	730	636	155	108	525
村卫生室	1473	0	1936	80	61	19	0	0	0
门诊部	24	0	281	264	122	112	8	18	4
综合门诊部	10	0	153	150	69	58	5	14	4
诊所、卫生所、医务室	814	0	1736	1728	953	703	35	9	28
诊所	692	0	1471	1467	803	602	31	7	24
卫生所、医务室	122	0	265	261	150	101	4	2	4
三、专业公共卫生机构	80	1389	2216	1775	603	669	70	181	252
疾病预防控制中心	4	0	231	182	85	4	1	45	47
省辖市（地区）属	1	0	52	40	25	2	0	12	1
地辖市属	3	0	179	142	60	2	1	33	46
专科疾病防治院（所、站）	3	80	120	97	37	25	14	9	12
专科疾病防治院	1	80	88	68	21	21	9	5	12
其他	1	80	88	68	21	21	9	5	12
专科疾病防治所（站、中心）	2	0	32	29	16	4	5	4	0
结核病防治所（站、中心）	2	0	32	29	16	4	5	4	0
健康教育所（站、中心）	1	0	11	7	7	0	0	0	0
妇幼保健院（所、站）	5	1309	1644	1319	445	628	55	116	75
地辖市属	4	646	602	468	164	194	22	59	29
妇幼保健院	4	1289	1585	1266	415	611	52	113	75
妇幼保健所	1	20	59	53	30	17	3	3	0
采供血机构	1	0	35	27	12	6	0	9	0
卫生监督所（中心）	4	0	133	117	0	0	0	0	117
省辖市（地区）属	1	0	46	46	0	0	0	0	46
地辖市属	3	0	87	71	0	0	0	0	71
四、其他卫生机构	9	0	73	33	5	13	0	3	12
医学在职培训机构	2	0	20	12	1	2	0	1	8
其他	7	0	53	21	4	11	0	2	4

说明：表中人员合计包括乡村医生1885人和卫生员19人

【便民惠民服务】 在全市各级各类医疗机构推行门急诊病历“一本通”。公布2014年度—2015年度全市临床检验结果“一单通”认可单位及项目，全市28家医疗机构、10个临床检验项目获全省、全市临床检验结果“一单通”认可资格。威海市立医院等17家医院列入2014年度—2015年度全市医学影像检查结果“一片通”的实施范围。组织实施贫困白内障患者复明项目，完成白内障复明工程7处定点医院的遴选，确定文登中心医院为市级指导医院，完成手术400例。与市残联共同确定2014年“威高光明行动”手术定点医院，11家手术定点医院完成手术1400例。组织开展2014年度“服务百姓健康行动”大型义诊活动，发放健康宣传资料6000余份，义诊和健康咨询650余人次，免费测量血压400余人次，免费测量血脂、血糖100余人次，免费查血型50余人次。联合市教育局、科技局、人力资源和社会保障局等部门出台《威海市青少年视力低下综合防治方案》，联合市教育局向省卫计委、教育厅申请在威海市立医院设立威海市青少年视力低下防治中心，推动全市青少年视力低下防治和视觉健康促进工作系统化、规范化、专业化开展，降低青少年视力低下的发病率。

【医疗质量管理】 完善医疗质量控制体系，成立21个市级医疗质量控制中心。指导加强县级质控中心建设，建成县级质控中心37个，全年开展各类质控督导检查32次，召开质控会议、举办培训班68次。市护理质控中心举办“新医改形势下护士岗位管理与绩效分配”培训班，启动专科护士培训项目，培训二级以上医院重症监护、急诊急救专业护士24名。开展二级以上医院手术室、消毒供应、急诊专业护理技能竞赛，22处医疗机构397名医务人员参加竞赛，对40名医务人员授予“先进个人”称号。与市环保局联合召开加强医疗废物管理工作专题会议，与市总工会联合举办威海市医疗机构医院感染管理技能竞赛活动，组织3名选手参加全省技能竞赛。强化城乡医院对口支援，5处三级医院对口支援14处县级医院、8处镇卫生院，14处二级医院对口支援61处基层医疗卫生机构。派驻医务人员280人次，诊疗8.92万人次，开展住院手术4800多例。

【医疗机构标准化建设】 出台《威海市医疗机构标准化建设实施方案（2014—2015)》，从组织管理、人力资源管理、临床技术管理和质量控制、医疗服务、信息管理、医学装备、医院建筑等7个方面抓好医疗机构标准化建设，组织对8处二级医院标准化建设进行督导检查，召开情况通报会。全面启动二级综合医院复核评审工作，乳山市人民医院被省卫计委确定为三级乙等综合医院。加强临床科室标准化建设，印发《关于加强二级以上医院重症医学科标准化建设的通知》，投资1937万元，在中心城区及文登区、荣成市、乳山市新建、改建8处标准化重症医学病房，总面积达5890平方米。推进村卫生室标准化建设，新建218处农村标准化卫生室，全部达到“五统一”（即统一村卫生室硬件建设标准、统一命名、统一标识、统一规章制度及乡医职责、统一信息化建设）的建设标准。

【医疗服务监管】 加强医疗服务要素准入管理，出台《威海市医疗机构行政许可管理规程及办理程序》，召开威海市行政许可管理规程培训会议，办理各类医疗机构审批279件，受理审批医疗广告16件。召开2014年国家执业医师资格审核工作会议和国家医师资格考试威海考点实践技能考试考务与考官培训会议，完成1267名医师、530名护士执业资格考试报名组织和审核工作。组织内镜诊疗技术（三级）临床应用能力审核，成立评价委员会，13处医疗机构40项技术通过审核。加强医疗机构药事管理，对基层医疗机构医师、乡村医生或药师开展网上培训和模拟考试8283人，组织开展医疗机构“麻醉药品、第一类精神药品购用印鉴卡”换发工作和2015年度麻醉药品和精神药品购用计划申报工作，委托麻醉药品质控中心对申请换发印鉴卡的32处医疗机构进行现场抽查验收，对88处医疗机构核发印鉴卡，取消4处医疗机构印鉴卡，完成2015年度麻醉药品和精神药品购用计划审批工作。开展创建“平安医院”暨维护医疗机构秩序、打击涉医违法犯罪专项行动，联合市公安局等15部门制发方案，成立领导小组及办公室，召开专项行动推进会议，与市公安局联合建立部门联勤联动工作机制，联合市综治、公安、司法等部门开展专项行动督导检查。加强对基层医疗机构监管，先后2次召开全市基层医疗机构标准化建设及依法执业工作会议。

【血液管理】 加大无偿献血宣传力度，开展无偿献血的公益性宣传，加强志愿者队伍建设。做好血源招募采集工作，夏季延长献血车工作时间，冬季启动全市“志愿者爱心血库”，组织团体献血。年内，采血3.43万人，总采血量14.4吨，无偿献血完全满足临床用血需求。威海市连续五届获“全国无偿献血先进市”称号。加强血液质量管理，持续完善采供血质量管理体系，配备先进仪器设备，实现了核酸检测全覆盖，保证临床用血安全。加强临床用血培训与监管，开展临床合理用血宣传，建立临床用血评价机制，举办临床输血知识培训班，开展临床用血专项检查。实施医疗机构推广血栓弹力图检测新技术，自体输血率大幅提高。

【卫生科技】 加强临床科研、课题申报工作。组织申报2014年山东省科学技术奖1项、威海市科学技术奖64项；推荐申报2014年度山东省医药卫生科技发展计划项目5项。经省、市科技部门鉴定，获省级科技进步二等奖1项，市科技进步一等奖5项、二等奖22项、三等奖10项，占市级科技进步奖的37.4%。

【卫生教育】 组织开展全市二级以上医院45周岁以下临床、护理、医技等卫生技术人员“三基”专项考核。建立住院医师规范化培训制度，组织2014年住院医师规范化培训阶段统考，113名住院医师参加考试，82人通过住院医师规范化培训阶段考核。继续实施县级医院骨干医师培训和基层全科医生转岗培训项目，完成2013年度8名参训骨干医师的考评及2014年度11名骨干医师的选派工作；68名基层医疗卫生机构全科医生参加2013年度转岗培训结业统考；启动2014年威海市基层医疗卫生机构全科医师转岗培训报名工作，70人报名并完成理论培训，进入临床培训阶段。威海市立医院被评为国家级住院医师规范化培训基地，设立协同基地3个、协同单位5个，开设培训专业25个。组织开展2014年住院医师规范化培训招录工作，录取学员249人，其中包括107名单位委派学员。加强继续医学教育，明确威海市2014年度继续医学教育项目，其中国家级1项、省级8项、市级45项。开设2014年度市级继续医学教育公共课程，将基层医疗机构医院感染管理、抗菌药物临床合理应用纳入公共课程学习考核。

中医药事业

【概况】 2014年，市卫生计生委着力

表 30

2014 年威海市中医医疗机构基本情况一览表

医院名称	等级	床位数（张）	人员情况				业务收入（万元）	门诊量（人次）	出院数（人）	手术例数（例）
			合计（人）	医师（人）	护理（人）	其他（人）				
威海市中医院	三级甲等	650	589	235	214	140	16444	332246	12647	2195
山东文登整骨医院	三级甲等中医专科医院	1000	1074	294	508	272	55839	147674	20367	16753
荣成市中医院	三级甲等	750	606	244	212	150	20206	186065	15128	2122
乳山市中医院	二级甲等	400	399	185	173	41	11600	182910	15695	2653

健全有利于中医药事业发展的政策环境，将中医药事业发展与深化医改同步推进，以中医药参与医改为核心，以各项试点工作为抓手，以基层服务能力提升工程为重点，以中医药文化建设为引领，强化中医药内涵和特色项目建设，发挥中医药特色优势，扎实推进基层中医药事业。

【基层中医药服务能力提升工程】 按照《威海市基层中医药服务能力推进工程目标责任书》要求实行目标管理，组织专家对全市基层中医药服务能力提升工程进行初评，并通过省级督导组的检查。至年底，全市 100% 的社区卫生服务中心、93.7% 的镇卫生院、91.2% 的社区卫生服务站和 95.6% 的村卫生室能够提供中医药服务，基层医疗机构中医药服务量占总服务量的比例明显上升，平均达到 37.0%。

【中医优势病种收费方式改革试点】 在全省率先启动中医优势病种收费方式改革试点，对 7 个优势病种实行定价收费管理，定价均在 1.4 万～1.8 万元之间。其中，属于职工医保的，全部由基金支付；属于居民医保的，个人负担 40%，超过定额结算标准部分个人均不负担。年内，试点治疗患者 1269 例，比上年增加 31%，患者平均节约费用 8293 元，节省住院天数 20 天，医保基金节约 466 万元，得到国家、省政府和省卫生计生委领导的重视，《中国中医药报》《健康山东》等多家媒体对此进行专题报道。

【中医药预防保健及康复服务能力建设项目】 根据项目要求，各中医院搭建“治未病”服务平台，成立“治未病”科和康复科，增加人员配备和设备配置，开展多种形式的中医健康教育活动。深入基层为其他医疗机构提供业务指导和帮助，每月下基层不少于 4 次，平均每次提供咨询、健康评估、干预等服务 150 人次。荣成市人民医院被评为“山东省中医药预防保健服务中心”，也是全市首个综合医院省级预防保健中心。威海市中医院中医药预防保健及康复服务能力建设项目顺利通过省中医药管理局的督导考核。

【“三名工程”】 “三名工程”自 2011 年开始实施，总体目标是用 5 年左右时间，依托国家和省中医药主管部门开展的相关工作，结合威海市实际情况，通过重点扶持，在全市培养一批知名中医药专家，打造一批知名中医专科，创建中医名院（站、室），逐步形成功能完善、中医特色突出的优势（特色）专科群和结构合理、中医药基础扎实的中医药队伍。2014 年，孙文学被确定为“山东名老中医”，孔繁荣等 12 人被确定为“山东基层名中医”，史丁一被确定为“国家中药特色技术传承人才”，彭英等 2 人被确定为“全国中医护理骨干人才培训项目培养对象”。新增全国名老中医药专家传承工作室建设项目 2 个，省首批中医药重点学科建设项目 2 个、首批重点科研实验室 1 个，国家中医药管理局首批中医住院医师、全科医生规范化培训基地 2 处。

【中医药科普宣传】 开办《中医·养生》栏目、《威海日报 · 健康养生》版，在报纸上刊登相关文章 120 余篇，威海电视台播放中医节目 50 余次。编印《威海中医》4 期，面向全市机关、企事业单位及广大群众发放 12 万册。利用宣传栏、电子宣传工具，为社区卫生服务机构配备中医健康宣传处方、发放各类健康教育宣传单，受益群众 50 万余人次，社区居民对中医药常识知晓率和对社区卫生服务机构中医药服务满意率达 90% 以上。组织“中医中药中国行”“中医中药进乡村惠民利民”等活动，组织中医讲座、义诊 60 余场次，受益群众 3000 余人，免费发放药品 3000 余盒，价值 7 万余元，赠送书籍 700 余本，发放中医宣传资料 3 万余份。

疾病预防控制

【概况】 2014 年，全市报告法定传染病 18 种 2.04 万例，传染病发病率 727.67/10 万，比上年上升 26.15%，受手足口病大幅上升影响，疫情总体呈上升趋势。疫情监测网络更加完善，疫情报告及时率和准确率均达 99% 以上，漏报率控制在 2% 以内。艾滋病、结核病继续保持低流行状态，霍乱、乙肝等传染病得到有效控制，埃博拉出血热防控工作扎实有效。免疫规划管理水平巩固提升，预防接种成效明显，健康教育、慢性病和寄生虫病防治工作稳步开展，爱国卫生工作进展顺利。

【霍乱、手足口病防控】 调整霍乱、手足口病等肠道传染病疫情处置专家组，组织开展肠道门诊开诊工作专项督导，加强霍乱、手足口病等肠道传染病的预警预测、流行病学调查和实验室检测工作，加强业务人员培训，最大限度减少危重症病例的出现和死亡。5月—10月，全市在腹泻病门诊登记腹泻病人9919例，快检霍乱弧菌1425例，快检率为14.37%，其中快检阳性1例，霍乱弧菌培养为阴性；采便监测培养霍乱弧菌121例，培养率为1.22%。全年报告手足口病8507例，重症病例62例，无死亡病例。

【埃博拉出血热防控】 成立埃博拉出血热防控工作领导小组，与市出入境检验检疫局建立联防联控工作机制，组织做好应急演练和应急物资储备工作。按照国家要求对疫区归国（来华）人员进行严格健康监测，全年监测49人，其中尼日利亚2人（中国籍1人、尼日利亚籍1人），刚果（金）33人（中国籍），几内亚6人（中国籍），利比里亚5人（中国籍），塞拉利昂3人（中国籍）。49人在21天的健康监测期内身体状况良好，未出现埃博拉留观病例、疑似病例和确诊病例。

【人感染H7N9禽流感防治】 做好流感、人感染H7N9禽流感等传染病预防的组织领导和物资储备工作，在全市19所二级以上医疗卫生机构开展人感染H7N9禽流感监测病例和不明原因肺炎病例的监测，突出对学校、托幼机构等重点场所防控措施的落实，广泛宣传普及人感染H7N9禽流感防治知识，发放各类宣传材料10万余份，监测流感人群45.97万例，采集标本748份，分离流感病毒182株。

【艾滋病防治】 完善艾滋病防治工作机制，组织召开“防艾委”成员单位联络员会议，加强信息沟通。健全检测服务网络，在全市27个艾滋病筛查实验室的基础上，建立68个快速检测点，提高艾滋病检测的可及性和覆盖面。规范开展重点人群咨询、检测和宣传工作，全年监测、筛查各类目标人群21万人次。

【结核病防治】 加强医防合作，强化督导管理，做好肺结核病患者的发现、报告和治疗管理，全年登记结核病患者979例，涂阳患者333例，患者总体到位率96.0%，新涂阳患者治愈率89.9%。不断拓展耐多药结核病的防控，推广使用快速诊断技术，全年筛查可疑者258例，确诊耐药肺结核患者24例，纳入规范治疗管理16例。全面规范TB/HIV双感控制，率先对确诊的肺结核病人进行免费HIV检测，HIV筛查率达87.0%，发现双重感染者1例。

【免疫规划】 推进数字化预防接种门诊建设，全市新完成数字化预防接种门诊建设15处，数字化门诊总数达47处，覆盖率达52.2%。全年报告出生儿童2.86万人，比上年增长46.4%，儿童建卡建证率达到100%。全年接种58.31万人次，单苗报告接种率均在99%以上，2～3周岁儿童五苗全程接种率达到98.5%，八苗全程接种率达到94.6%。AFP、麻疹等疫苗相关传染病的监测率、调查及标本采集率、规范化处理率等各项指标均处于全省前列。

【慢病防治】 以完善慢病监测系统、提高监测质量为重点，做好国家基本公共卫生服务项目、癌症早诊早治项目和脑卒中高危人群筛查干预等项目的技术指导。推动以“健康山东”为主题的全民健康生活方式行动。强化慢病综合防控示范区动态管理，落实减盐防控高血压项目干预措施。全年完成各类慢病监测报告5.04万人，完成消化道肿瘤高危人群筛查及早诊早治2300人，完成脑卒中筛查和高危人群早诊早治干预5200人，完成慢病危险因素调查3900多人，开展了全球老龄化与成人健康研究项目调查574户、980人，开展慢阻肺患病调查600人。

【寄生虫病防治】 以消除疟疾为核心，以强化流动人口管理为重点，全面落实疟疾病例的疫情报告、规范治疗、疫点处置及休止期治疗等综合性防治措施，有效避免输入性疟疾在全市的传播。全年完成“三热病人”血检6088人，复检率12.30%；检出疟疾病人12人，疟疾病人疫情报告、规范治疗、疫点处置等指标均达到100%。7月—10月，在环翠区组织了7次蚊媒监测，捕获蚊虫1697只，其中，库蚊占96.17%，中华按蚊占0.12%，不明蚊种占3.71%。

【爱国卫生月】 加强环境综合整治，开展“爱国卫生月”活动和“秋冬季重点传染病暨爱国卫生运动”，清理卫生死角2600余个，清理各类垃圾3200余吨。开展“健康山东”行动，出台《威海市全面健康生活方式行动实施方案（2014—2016）》，创建市级无烟医疗先进单位4个，市级卫生先进单位7个，选拔健康指导员1200多人，社区覆盖率达100%。开展农村改厕工作，改造农村无害化户厕4510所。

【健康教育】 加强健康教育，利用卫生宣传日开展形式多样的宣传教育活动，举办大型活动16次，讲座180次，新闻报道22次，健康咨询2.07万人次，发放各类宣传品6.6万份。先后策划组织了健康山东·健康大使“五进”、红丝带健康包“百校进千企”、控烟作品征集大赛等一系列活动，取得了较好的社会效果。推进健康教育示范基地建设，威海市立医院、文登中心医院等6家医院创建成为省级健康促进医院。

卫生监督

【概况】 2014年，全市卫生监督体系建设快速发展，开展卫生监督执法能力提升年活动，医疗卫生专项行动成效明显。公共卫生监督稳步推进，职业卫生服务能力显著提升，学校卫生和传染病防控监督扎实有效，卫生监督执法水平明显提高，人民群众健康权益得到有力保障。

【卫生监督执法】 以树立队伍形象、提高整体素质为目标，开展卫生监督执法能力提升年活动。组织全市卫生计生综合监督执法能力技能竞赛活动，28名执法人员参加比赛，评出“全市卫生计生综合监督先锋号”等先进集体5个，授予7人“金牌职工”称号，并聘为威海市首席卫生监督员。威海市代表队参加全省卫生计生综合监督执法能力大赛，获总分第一名、团体一等奖，被省总工会和省卫生计生委授予“全省卫生计生监督先锋号”称号；单项团体获“全省卫生计生监督案例分析优胜奖”和“全省卫生计生监督现场执法优胜奖”；获职业卫生监督、公共卫生监督、法制稽查等3个专业一等奖，被授予“全省卫生计生监督执法岗位标兵”称号；获医政监督、传染病监督、计划生育监督等3个专业的二等奖，被授予“全省卫生计生监督执法岗位能手”称号。威海市卫生计生委驻市政务服务中心窗口全年办理各类行政许可申请9991件，未发生群众投诉和不满意事件，被评为“群众最满意窗口”。

【医疗广告监督】 全年监测和检查医疗广告1800多条次，督促10家医疗机构办理了“医疗广告审查证明”，对违法发布医疗广告的单位责令整改39户次，对不整改的23家单位给予行政处罚。

【打击非法行医专项工作】 年内，全市出动执法人员4832人次，出动执法车辆1280多台次，取缔“黑诊所”和“假医”98家，责令当事人拆除违法医疗广告牌匾93个，没收医疗器械112箱，药品270多公斤；监督检查各类医疗机构1568户次、药品零售企业635家次、计划生育技术服务机构122家次；查处违法违规案件122件，查处群众举报投诉属实案150起，罚没款40.73万元。

【医疗市场监督】 年内，校验医疗机构276家，日常检查1015户次，对辖区内95户管理相对人进行了卫生协管稽查，签订《医疗机构依法执业承诺书》140户次，监督覆盖率达100%，对检查中所提整改意见全部督促整改落实。调查群众举报案件83件，实施行政处罚33起。开展全市依法执业公示台建设，联合环翠区开展威海市暨环翠区打击非法行医宣传周启动仪式和现场咨询活动，对群众关心的非法行医问题进行现场解答，发放宣传资料2000余份。

【学校卫生监督】 组织卫生监督员对辖区174所学校和幼儿园进行卫生大检查，督促设立专兼职学校卫生协管员，建立完善的学校卫生监督档案。对45家学校内设医务室或保健室进行全面监督，加强对学校内公共场所的监管。加强高考期间学校卫生监督管理，确保考生饮水和考试环境卫生安全。

【公共卫生监督】 将许可和日常监督与创建文明城工作结合进行，全年办理公共场所许可审批1367件，年度检测512家，处理完成市长公开电话案件3起、投诉举报案件6起，完成公共场所处罚案件19起。

【放射卫生监督】 完成36家医疗机构放射诊疗设备安全防护与质量安全控制监测，监测放射诊疗设备159台，监测率为100%。组织7家医疗机构放射诊疗建设项目评价审核及竣工验收，放射诊疗建设项目评价审核率为100%。对医疗机构开展放射诊疗专项整治，规范了全市放射诊疗行为，保证公众和放射工作人员的健康权益。

【传染病防治卫生监督】 制定《2014年威海市传染病防治监督重点检查计划》《2014年威海市血液安全重点监督检查计划》。对辖区29家医疗机构的传染病疫情报告、传染病疫情控制、消毒隔离制度执行情况、医疗废物处置情况、病原微生物实验室管理情况、临床用血安全管理情况和预防接种情况进行监督检查，针对现场检查发现的问题，下达卫生监督意见书16份，提出监督意见65条。

【生活饮用水卫生监督】 开展农村饮用水净化消毒课题研究，专门组织培训班，对专项工作进行部署，回收答卷788份。通过构建农村生活饮用水信息的网络收集、汇总、分析系统，找出各类水源的主要影响因素，提出相应对策，实现对全市农村生活饮用水状况的动态掌握。按照省下放许可工作要求，对全市涉水产品生产企业进行卫生许可，对6家涉水产品生产企业进行了验收。

【集中空调通风系统卫生监督】 落实全市医疗机构集中空调通风系统卫生管理工作会议和市区公共场所卫生管理工作会议要求，对医疗机构和市区公共场所集中空调通风系统清洗、卫生检测或卫生学评价情况开展监督检查。对19家医疗卫生机构进行集中空调通风系统的清洗消毒、检测，对35家公共场所集中空调单位进行检查，对未取得集中空调通风系统合格的检测报告或卫生学评价的监督单位，制作了现场笔录，下达了监督意见书限期整改。

医学科研

【概况】 2014年，市卫生计生系统申报2014年山东省科技进步奖1项、威海市科技进步奖64项，推荐申报2014年度山东省医药卫生科技发展计划项目5项，获省科技进步二等奖1项，市科技进步一等奖5项、二等奖22项、三等奖10项，占市级科技进步奖的37.4%。

【医疗新技术应用】 年内，全市开展医疗新技术应用800余项。市立医院开展ELAPE手术，优化手术步骤，缩短手术时间，将腹腔镜技术与ELAPE手术结合，居国际领先水平。9月，在湖南长沙举行的全国结直肠手术录像大赛中，该手术方式获二等奖。市立医院开展全胸腔镜解剖性肺段切除术，5年生存率为83.0%～96.7%，达到国内先进水平，全年开展该手术168例，无围术期死亡及严重并发症发生。文登中心医院产生新技术47项，新项目49项。成功为左侧下颌骨成釉细胞瘤术后复发患者，在全身麻醉下行“左侧下颌骨部分切除术，取左侧游离腓骨移植重建左侧下颌骨术”。市妇幼保健院开展Pillar软腭微创植入术治疗阻塞性睡眠呼吸暂停综合征（鼾症）、体外受精—胚胎移植（IVF-ET）及其衍生技术、JC200型聚焦超声肿瘤治疗系统等新技术、新项目7项。市胸科医院开展肝脏超声造影，可应用于各类常规超声发现的不能明确诊断的肝内病灶以及肝内肿瘤介入治疗后即时和术后的疗效评价，诊断准确率大幅度提高。

计划生育

【概况】 2014年，全市计划生育工作围绕省卫生计生委的总体部署，注重改革创新，狠抓工作落实，适应生育政策调整和机构改革，实施“单独两孩”政策，全市计划生育工作继续保持健康发展的良好态势。

【统筹解决人口问题】 将卫生计生机构改革、生育政策调整和计生惠民政策列为深化改革重点任务和民生实事重要内容，纳入对各级各部门目标绩效管理考核，推动各项工作落到实处。各级在改革过程中切实做到“三个不变”（坚持计生基本国策不变，党政一把手负总责的制度不变，计生的一票否决制不变），调整市人口与计划生育领导小组成员，在省45个成员的基础上根据威海市实际增加至51个成员，认真执行计划生育“一票否决”制，严格责任追究。

【计生基层服务管理】 开展计划生育示范单位三级联创活动，出台了进一步加强全市计划生育基层基础工作和加强基层计划生育队伍建设的指导意见，表彰了100名长期奋战在基层第一线的优秀乡村计生主任。在村级“两委”换届中，383个村（社区）调整了计生主任，调整比例占13.38%，村级计生主任进入“两委”班子的比例占80%。结合省计划生育基层群众自治万村（社区）示范回顾评估，对全市村（社区）计生协会建设情况进行督导评测，提升了计划生育基层群众自治水平。在城市社区中开展人口计生网格化管理，完善网格化信息系统功能模块。至年底，纳入平台管理的妇女总数达13.5万人。推行流动人口服务“一卡通”制度，让持卡流入人口与常住人口同享5项免费服务，逐步实现卫生计生均等化服务。发挥卫生计生机构整合优势，开发建设“计划生育民生项目信息平台”，开展人口计生基础信息和“单独两孩”夫妇信息核查，进一步提高统计信息质量。

【出生人口性别比综合治理】 坚持把治理出生人口性别比问题摆到重要位置，加强组织领导，成立以分管副市长任组长的专项工作协调小组，出台《关于在全市开展“出生人口性别比重点治理活动”的实施意见》，明确相关部门工作职责。加大执法监督力度，市卫生计生、公安、药监、妇联等部门定期进行联合办公和联合执法检查，确保住院分娩实名登记、信息共享、B超配置和使用监管等各项制度有效落实。7月，组成5个调研组，采取座谈与走访相结合的方式，对出生人口性别比问题进行了专题调研；9月，对全市部分村和所有接生医院进行了打击“两非”专项调查。落实住院分娩实名登记及信息直报制度，对出生人口性别比情况进行动态监控。加强宣传倡导，实施关爱女孩行动，促进群众转变婚育观念，从源头上减少“两非”现象发生。

【计生便民服务】 制作“计生服务礼包”，编写《婚育宝典》，在结婚登记时发放给登记人，提供全面的计生政策资讯。在中心市区设立30台免费计生药具自助发放机，最大限度地方便群众。认真运作“计生助福”系列项目，为计生家庭投保意外伤害保险103.9万元。威海市的做法在全省“计生助福”行动暨流动人口建设经验交流会上得到推广。

【计划生育利益导向机制建设】 实行城镇部分独生子女父母养老补助制度，将城镇灵活就业、无业人员中独生子女父母纳入养老补助范围，年满60周岁后每人每月可享受80元养老补助。加大对计生特殊家庭的扶助力度，统一城乡计生特殊家庭扶助标准并提高特别扶助金额度，将独生子女死亡或伤残夫妇特别扶助金标准统一提高到400元；对女方年满49周岁的计生特殊家庭夫妻，参加居民基本养老保险和基本医疗保险的，由政府按照第一档次标准为其代缴保险费；给予符合条件的再生育家庭5000元或2万元一次性辅助生殖技术补助；为相应目标人群提供优先纳入政府供养保障范围、优先安排入住政府兴办的养老机构、优先纳入城镇保障性住房保障范围和农村危房改造范围、优先安排收养子女并协助办理相关手续等一系列优先优惠政策。将婚前医学检查与孕前优生健康检查项目进行资源整合，实现城乡全覆盖，为服务对象提供一站式婚孕检服务。年内，全市实施国家免费孕检项目8456人，覆盖率达100%。各项计划生育奖励扶助救助政策惠及108万人，各级财政拨付专项资金约1.5亿元。

（王增伟　尹洪顺）

编辑　沙　鋆

体　　育

综　述

【概况】　2014年，威海市新建社区、乡镇健身工程12处，实现了城市社区、乡镇健身工程在全省率先全覆盖。完成全国第五次国民体质监测和第六次场地普查工作。举办全市性大中型健身活动70余项。全市各镇（街道）均成立了老年体协、农民体协、综合文体站。在全国以上比赛中获金牌7枚；参加了第23届省运会，获金牌133枚，列全省第7名。向省级以上优秀运动队和高等院校输送优秀运动员63名。举办乒乓球、足球、篮球、排球、田径和健美操等6项中小学生体育联赛。举办国际铁人三项世界锦标赛等5项品牌赛事和韩国仁川第17届亚运会（中国·威海）火炬传递活动。体育彩票销售额达23.2亿元，体彩公益金收益近1.8亿元。威海乒羽健身中心完成主体工程建设；市体校教学训练综合楼开工建设；威海市游泳馆开始论证、立项；市全民健身中心改造工程和儿童健身乐园完成建设。

（原所强）

群众体育

【概况】　2014年，落实国家和省体育彩票公益金资助783万元，资助建设2处县级全民健身中心和大型示范工程（环翠区、威海高技术产业开发区），4处户外健身基地（乳山益天体育休闲公园、乳山岠嵎山国家森林公园登山步道、威海临海体育公园、威海临港经济技术开发区苘山佳赛园体育休闲广场），2处多功能社区，12处乡镇全民健身中心，为800个村免费配备了音响等健身设备，在全省率先实现城市社区、乡镇健身工程全覆盖。市体育总会进行换届选举，新增体育单项协会1个、体育俱乐部1个，市级体育单项协会总数达25个，体育俱乐部总数达43个。覆盖城乡的晨晚练站点总数达2049个，健身气功站点总数达404个。培训注册各级社会体育指导员903名。举办威海市2014年“全国冬泳日”活动、2014年威海市“双举海参杯”迎新春健康跑、威海市第四届全民健身运动会开幕式暨纽崔莱健康跑活动、全民健身日启动仪式暨2014年威海市首届全民健身广场舞大赛、第19届国际奥委会主席杯全国百城自行车赛（威海）预赛、威海市公开水域游泳比赛暨“横渡刘公岛海湾全国游泳邀请赛”选拔赛、2014年威海市“天泰杯”第四届俱乐部乒乓球比赛、2014年威海市第九套广播体操大奖赛、老年人运动会健身气功比赛、2014年威海市春季环海健步走及自行车骑行活动、“羽林争霸”2014红牛城市羽毛球赛威海站、2014年社会体育指导员技能大赛、“九龙城杯”2014年全民健身运动赛、“盛泉养老杯”老年体协门球比赛、威海好当家高尔夫城市对抗赛、威海市徒步走天下“拥抱春天·走进幸福里”活动、2014年全国群众登山健身大会（文登站）、第四届威海昆嵛山欢乐登山节、威海市第一届少儿乒乓球比赛、威海华夏城第二届登山赛、威海市属国有企业“国企杯”职工篮球赛、2014威海市老年乒乓球比赛、“春山华居杯”第二届中韩青少年武艺交流会、“龙港外滩杯”2014年全国少儿门球赛、2014年威海市公开水域游泳比赛、2014年威海第一届体育舞蹈公开赛、威海市第五届“海港杯”篮球赛、威海市首届“安然纳米”杯象棋争霸赛等70多项大中型群众体育活动。10月，承办了山东省全民健身运动会暨山东省百县篮球赛（东部赛区）的比赛。

【威海市第九套广播体操大奖赛】　4月—12月，市体育局联合市直机关工委、市总工会、市广播电视台共同举办2014年威海市第九套广播体操大奖赛，有24家单位参赛。

【“中国体育彩票杯”威海市第4届全民健身运动会】　5月—11月，举办市级运动会15项次，依次开展了全民健身运动会门球、毽球、集体太极拳、羽毛球、网球、象棋、乒乓球、速度轮滑、健身腰鼓、篮球、围棋、健身气功、台球、钓鱼、羽毛球双打比赛，参赛运动员1831名，参与人数6150人。

【第四次全国国民体质监测】 5月6日—6月25日，完成威海市国民体质监测3940个样本的监测任务，充实完善国民体质监测数据库，为全民健身计划的实施和政府决策提供科学依据。

【第六次全国体育场地普查】 全市第六次全国体育场地普查由市体育局、教育局、财政局、旅游局联合牵头，普查范围涵盖全市各系统、各行业、各种所有制形式的各类体育场地（不含解放军、武警、铁路系统场地）。根据普查分析报告，威海市体育场地总数（不含全民健身路径）2532个，其中，室内体育设施195个，室外体育设施2337个；总场地面积1933.7万平方米；总建筑面积99.8万平方米；总用地面积2752.3万平方米；人均场地面积6.89平方米(以常住人口280.56万人为准)。

（司雨浓）

竞技体育

【概况】 2014年，在全国以上比赛中获金牌7枚；威海市体育代表团在山东省第23届运动会中获金牌133枚，列全省第7名。举办威海市举重、摔跤、柔道、跆拳道、网球等5个项目的年度锦标赛；与市教育局联合举办中小学生乒乓球、排球、田径、足球、健美操、篮球体育联赛，组队参加山东省篮球、田径、乒乓球、排球、游泳中小学生体育联赛；开展2014年威海市中小学生普及游泳运动。向省级以上优秀运动队及高等院校输送运动员63名。

【山东省第23届运动会】 9月16日—24日，山东省第23届运动会在济宁市举行。由537名运动员组成的威海市体育代表团参加了田径、游泳等23个项目的决赛，获金牌133枚，列全省第7名。其中，优秀运动员组获金牌76.5枚，列全省第6名；青少年组获金牌56.5枚，列全省第9名。威海市体育代表团获“体育道德风尚奖”，实现运动成绩和精神文明的“双丰收”。

【2014年全国沙滩排球巡回赛】 6月12日—15日，全国沙滩排球巡回赛在威海市文登区举行。比赛设男子组、女子组2个组别，全国51支代表队102名运动员参加了比赛。

【2014年全国7人制橄榄球系列积分赛】 10月23日—27日，全国7人制橄榄球系列积分赛在荣成市文化体育中心体育场举行。比赛设男子组和女子组2个组别，全国9支代表队121名运动员参加了比赛。

【山东省第23届运动会橄榄球预赛暨2014年“中国体育彩票杯”橄榄球锦标赛】 4月17日—21日，山东省第

2014年威海市参加全国以上比赛获金牌情况统计表

表32

序号	姓　名	赛　事	项　目	金牌数（枚）
1	蒋晓杰	全国自行车锦标赛	场地自行车男子团体追逐赛	1
2	孙承刚	全国竞走锦标赛	男子20公里竞走团体	1
3	宋朋强　于亚男　于性哲　李朝鹏	全国手球锦标赛	男子手球	1
4	张　迪	全国赛艇锦标赛	赛艇男子八人单桨有舵手	1
5	于　伟	全国男子竞走锦标赛	男子50公里竞走个人	1
6	黄美科	全国女子橄榄球锦标赛	女子橄榄球	1
7	谷琳琳	全国皮划艇锦标赛	皮划艇女子500米双人皮艇	1

2014年威海市运动员获山东省第23届运动会金牌情况表

表33

序号	姓　名	项　目		金牌数（枚）	备注
1	王程程	自由跤	自由跤96公斤	1	
2	闫初初		70公斤	1	
3	王　妮		72公斤	1	
4	祝广林		74公斤	0.5	交流
5	何化冰	乒乓球	团体	0.5	交流

续表33

序号	姓 名	项 目		金牌数（枚）	备注
6	何化冰	乒乓球	双打	0.5	交流
7	何化冰		混双	0.5	交流
8	李治霖	小轮车	男甲个人	1	
9	苗润鹏		男乙个人	1	
10	于 珊 王艳菲	赛 艇	女乙轻量级2X	0.5	交流
11	王子涵 邹 琳 张 姝 周子薇 王丹丹 腾 宇 王彤宇 王梦男 李玲玉 宋奇奇 万晓慧 毛秀君 杨丽淼 毛玉莲 邵淑淑 李 冰	足 球	女子甲组	3	
12	周欣雨 焦 晶 王 慧 张 笛 王 静 吕宁渤 孔芝兰 闫凯莉 于 宁 李 璇 从培娣 陈黎静 孙 然 董莎莎 迟蓉蓉		女子乙组	3.5	
13	王 鑫 徐东帅 张玉康 林富强 高 迈 张浩钰 孙 杰 阎明宝 刘 强 郑 浩 许文林 阎明金 吕治远 于畅游 袁 博 陆天洋 张 骁 钟伟豪 邵光耀		男子乙组	2.5	
14	李锦昊 张昊宇 于海康 陈 卓 罗 昊 李孟源 何正一 王 尧 曹玺润 王炳翔 王纪昊 刘海洋 初 锐 于湘泽 王昱豪 韩嘉锟 姜 然 张兵团		男子甲组	3	
15	李 刚	自行车	男甲争先赛	1	
16	刘诚志		男乙3千米个人追逐	1	
17	刘诚志		男乙全能	1	
18	刘浚成		男甲1千米个人计时	1	
19	刘诚志 李海飞 张浩宇 刘忻林		男乙3千米团体追逐	1	
			男乙3千米团体追逐	1	
20	刘浚成 李 刚 姜龙海		男甲团体竞速	1	
21	邹海舰 李博为 赵松晨 崔奎鹏 孙晓帅 吴 洋 朱金超 张中昊 单文禄 于佳毅 刘雪飞 王 涛	排 球	男子乙组	2	
22	赵洋洋 李彦君 赵大卫 宋 禹 李晨钰 丁佳琦 王坤行 许 伟 周渭栋 李 坤 王新明 李怀远		男子甲组	2	

续表33

序号	姓　名	项　目		金牌数（枚）	备注
23	高　烨　刘　倩　李姿仪 陈少君　徐璐璐　刘潆支 宋　凯　牟雪娇　王　兵 苑志菲　于林冉	排　球	女子甲组	2.5	
24	张　雨　张　茜　韩文娜 周伟楠　王梦琪　李　静 刘雅茹　张　松　谭雪姣 王莉萍　陈永香　彭晓颖	排　球	女子乙组	1	
25	谢东梅　马菁竟　毕安楠 孙美娜　王艺静　从筱婉 姜心怡　朱捷群　于　琛 张玉荣　王小鑫　郝妍郦	篮　球	女子乙组	2	
26	戴一志　黄泽铭　曹圆圆 牟文博　薛傅文　王铭浩 张力文　丁子浩　董一凡 车相增　王秋男　江洺萱 刘家良　周才竣　胡彤浩	篮　球	男子乙组	4.5	
27	黄飞翔　宫　磊　胡新宇 林　栋　王晓禹　王军帅 邹海艇　栾晓君　梁　欢 梁　铎　李昱霖　杨　民 张　楠	篮　球	男子甲组	3	
28	侯小赟　王　纯　杨瑞雪 周芸菲　王雨薇　陈　娜 王佳铭　赵　震　韩　慧 方召玲　王英竹　戚译丹	篮　球	女子甲组	3	
29	王钟彬　张乘祥　王金宇 张锦航　从鑫艺　李高光 高玉杰　张梁浩　林豪文 张春琦　王忠磊　伯伟烨 王榕楠	手　球	男子乙组	3	
30	徐彦昊　刘晓林　李龙吉 吴俊琦　栾思瑶　曲　晨 徐冉竹　戴佳更　张子杰 徐彬彬　王忠鹏　夏小雨 姜童耀　刘震林　张冠华	手　球	男子甲组	1	
31	林　珊　刘燕妮　林燕群 张会影　宋建军　孙　淼 谭思佳　王晓雨　汪　洋 卯红梅　高　晗　崔佳惠 宋晓洁　姚佳莹	手　球	女子乙组	3	
32	谷金哲	柔　道	无差	1	
33	王　毅	游　泳	自由泳全能	1	
34	杨一凡	游　泳	仰泳全能	1	
35	徐佳斌	皮划艇	1000米（C1）	0.5	交流
36	徐佳斌	皮划艇	全能单划	0.5	交流

（王增国）

23届运动会橄榄球预赛暨2014年“中国体育彩票杯”橄榄球锦标赛在威海体育场举行。全省14支代表队的148名运动员参加了比赛。威海代表队在男子组比赛中获第6名，在女子组比赛中获第7名。

【威海市中小学生体育联赛】 3月—10月，市体育局与教育局联合举办“中国体育彩票杯”威海市中小学生体育联赛，联赛由篮球、足球、排球、乒乓球、田径、健美操6大项147小项组成，14个单位的248支代表队，2667名运动员参加了比赛。

【山东省威海体育训练中心】 *比赛成绩* 按照全运会计牌办法统计，山东威海体育训练中心在2014年获金牌7枚。在韩国仁川第17届亚运会的橄榄球项目中，以山东女子橄榄球8名队员为主力的国家队首次夺得亚运会金牌，取得历史性突破；在2014年全国锦标赛和冠军系列赛中，男、女橄榄球队均夺得冠军；男子手球队在全国锦标赛中首次战胜江苏队夺得冠军；跳高运动员张国伟在韩国仁川第17届亚运会上以2.33米的成绩获亚军，获全国锦标赛冠军。

运动队新老交替 训练中心成立选才领导小组，制定相关的选才标准，与省科研中心密切配合，科学选才。对三个项目编制进行适当调整，安排退役一批老运动员，选拔一批年轻力量。橄榄球项目进行多批次集训300多人次，从省运会田径项目中选拔36人，从其他项目中选拔28人，经过逐层筛选，最终集训人数为男队40人、女队35人。手球项目男队集训17人、女队26人。田径项目在省运会后集训34名运动员。

（王虎强）

品牌赛事

【概况】 2014年，坚持举办大型赛事与培育群众基础相结合，举办2014年威海长距离铁人三项世界锦标赛、2014年全国帆板冠军赛、横渡刘公岛海湾全国邀请赛、威海市帆船进校园活动和威海市“OP”级帆船锦标赛，协助举办2014年锦湖轮胎女子高尔夫赛和韩国仁川第17届亚运会火炬（中国·威海）传递活动，开展2014中韩黄海国际帆船赛、中韩武术交流会等国际交流活动。

【2014年威海长距离铁人三项世界锦标赛】 9月20日—21日，经国际铁人三项联盟批准，由国家体育总局自行车击剑运动管理中心、中国铁人三项运动协会、山东省体育局、威海市人民政府主办，山东省游泳运动管理中心、威海市体育局承办的2014年威海长距离铁人三项世界锦标赛（含全国冠军杯赛、全国业余积分赛）在威海市半月湾铁人三项专用赛场举行，来自34个国家和地区的1408名运动员报名参赛。其中，外籍运动员329人，来自31个国家；国内运动员1079人，来自港台地区和内地的77个铁三协会。76人参加全国冠军赛、850人参加全国业余积分赛、482人参加长距离世锦赛。比赛决出各类项目冠军53个。

【2014年全国帆板冠军赛】 7月5日—9日，由国家体育总局水上中心、中国帆船帆板运动协会联合主办的2014年全国帆板冠军赛在刘公岛海域开赛。来自山东、辽宁、浙江、福建、广东、广西、海南、四川8个省（自治区）、9支代表队（海南省派出2支代表队）的84名专业帆板运动员参加。比赛分个人赛和团体赛，各比赛项目分别进行场地赛、长距离赛、团体赛。其中，个人赛分公开级、男子RS：X级、女子RS：X级、男子T293级以及女子T293级等5个级别。这是威海市首次承办全国性的正式帆板比赛。辽宁队夺得5项冠军，福建队获3枚金牌，浙江队和广东队各获2枚金牌，山东队包揽了公开级长距离赛的前3名。

【横渡刘公岛海湾全国邀请赛】 8月30日，由威海市体育局主办，威海市游泳协会和《齐鲁晚报·今日威海》栏目组承办的“双举海参杯”2014横渡刘公岛海湾全国游泳邀请赛在威海刘公岛海域举行，比赛从刘公岛铁码头沙滩开始，至幸福公园海岸结束，全程约5公里。来自全国8个省、22支代表队的431名运动员参加了比赛。济南代表队的张泽萌以54分37秒的成绩第一个完成横渡，威海代表队获团体冠军。

【威海市“OP”级帆船锦标赛】 8月2日，2014年“中复西港杯”威海市“OP”级帆船锦标赛在影视城海域举办，56名中小学生参加了比赛。威海实验中学孙淼、威海高技术产业开发区第一中学于寿烨、威海城里中学闫怡分获中学组前3名；统一路小学孙旭靖、孙家疃小学郑夫野、威海高技术产业开发区第一小学部梓涵分获小学组前3名，威海实验中学、威海高技术产业开发区第一中学、威海城里中学分获中学组团体前3名，统一路小学、鲸园小学、荣成高新小学分获小学组团体前3名。

【2014年威海市帆船帆板进校园活动】 4月19日—8月1日，开展2014年威海市帆船帆板进校园活动，全市18所帆船特色学校的232名中小学生参加了培训。其中，218人参加帆船训练营，14人参加帆板训练营。

【2014年锦湖轮胎女子高尔夫赛】 7月4日—6日，由国家体育总局小球运动管理中心、中国高尔夫球协会主办，锦湖韩亚高尔夫俱乐部（威海）有限公司承办的2014年锦湖轮胎女子高尔夫公开赛在威海锦湖韩亚高尔夫俱乐部举行。比赛是由国家体育总局批准的职业高尔夫赛事，来自世界各地的126名女子职业高尔夫选手参赛。CCTV高尔夫网球频道、韩国SBS高尔夫频道、PPTV、LETV、台湾高尔夫频道直播了赛事，CCTV5录播赛事。

【2014年威海长距离铁人三项世界锦标赛吉祥物】 2014年威海长距离铁人三项世界锦标赛吉祥物征集活动自2月开始，收到应征作品23件。5月15日，2014年威海长距离铁人三项世界锦标赛组委会发布吉祥物征集活动入围作品，确定小水滴“威威”作为赛事吉祥物。

【韩国仁川第17届亚运会（中国·威海）火炬传递活动】 8月12日，韩国仁川第17届亚运会（中国·威海）火炬传递活动在威海举行。全国政协委员、亚洲奥林匹克理事会副主席霍震霆，山东省副省长王随莲，仁川亚运会组委会秘书长权庆相，市委副书记、市长张惠等出席了启动仪式。火炬传递从幸福门出发，经海滨路至威海国际展览中心结束，路线全长4.3公里，由亚洲奥林匹克理事会、仁川亚运会组委会和威海市共同选拔的50名中外火炬手以手手相传的方式，顺利完成传递活动。这是亚运会历史上主办国首次在境外传递火炬，威海市是唯一的传递城市。

【2014中韩黄海国际帆船赛】 11月20日，2014中韩黄海国际帆船赛在幸福门前刘公岛海域举行，来自中国、韩国、法国、瑞士、俄罗斯、美国等国家和地区的近50名船员驾驶着来自中国和韩国的7条帆船参加了比赛。本次比赛由威海市帆船协会、韩国仁川广域市帆船协会、韩国《仁川日报》主办，设黄海拉力赛、威海场地赛2个奖项。"Champio"号帆船获黄海拉力赛韩国至中国赛段冠军，"Team Haemru"号帆船获威海场地赛冠军。

【第二届中韩武术交流会】 8月2日，第二届中韩武术交流会在威海市第九中学佛顶山体育馆举办。韩国花郎团，威海市第九中学，威海高技术产业开发区实验小学、第二实验小学、第一小学、第二小学，神道口小学，威海经济技术开发区蒿泊小学，威海市康龙国际武道院，童得益教育培训机构，威海市聚力跆拳道馆，荣成市锦华跆拳道馆，莱西市中奥武道馆等12个团体的200余名武术跆拳道爱好者参加了交流活动。

（田三生）

体育设施

【概况】 2014年，新建乡镇、街道健身工程12处，实现了城市社区、乡镇健身工程在全省率先全覆盖。威海市乒羽健身中心完成主体工程建设。威海市游泳馆开始论证、立项。威海市全民健身中心改造工程完工，新建儿童健身乐园。

【威海体育场】 位于市区文化中路90号，是威海市政府投资兴建的一座综合性的体育场，总建筑面积3.8万平方米，可容纳观众3.1万人。该工程于1999年10月1日正式动工建设，2003年7月8日通过市建委组织的综合验收。体育场的主体结构为桩基础现浇框架结构，看台罩篷采用全张拉空间索膜结构。体育场工程设计被评为"优秀设计二等奖"和山东省"泰山杯奖"；塑胶场地是国际标准的400米环行跑道，被国家体育总局评定为"国家一类比赛场地"。

【威海体育馆】 建于1997年9月，位于威海市文化中路92号，建筑面积1.75万平方米，一层为商贸展厅，二层为比赛活动场地，场地内有4580个座位，主席台有113个座位，可容纳观众4600人。馆内设有中央空调、灯光、音响、电子屏幕等设备，是集体育活动、贸易洽谈、商贸展销、文艺演出、大型集会、健身娱乐等为一体的多功能综合性场馆。体育馆成立了青少年体育俱乐部、珍奥乒乓球俱乐部、锋铭羽毛球俱乐部、体育舞蹈推广站，可进行篮球、羽毛球、乒乓球、排球、手球、健美操、体育舞蹈等活动。

【威海乒羽健身中心】 5月30日，威海乒羽健身中心项目主体工程混凝土框架完成，实现主体封顶。威海乒羽健身中心项目是威海市2014年城建重点工程项目之一，位于威海体育馆西侧，占地面积1.7公顷，总建筑面积约2.9万平方米。项目地下一层为车库，设计车位160余个；地上4层分别设有乒乓球场地、健身室、综合健身教室、台球室、棋牌室、瑜伽、跆拳道教室、羽毛球场地以及一些配套设施，既能满足竞技训练和承办重大比赛要求，又能为广大市民提供休闲健身的场所。

【文登体育公园】 位于文登区文山路东首城市文化商务区建设市体育公园，占地面积30公顷，一期工程投资5亿元。规划建设体育馆、体育场、训练馆、训练场、体校教学楼、体校办公楼、学生宿舍及附属设施等。体校建筑面积1.07万平方米，投资2000余万元，可容纳500余名学生就读、食宿和训练。2009年11月，体校校舍建成并投入使用。2011年9月，体育场建成并投入使用，建筑面积4.03万平方米，可容纳观众2.75万名，可承接国内外各级各类田径比赛。2012年9月，体育馆建成并投入使用，建筑面积为2.65万平方米，可容纳观众5450名，能承接篮球、排球、乒乓球、手球、摔跤、柔道等比赛项目。

【荣成市文化体育中心】 位于荣成市桑沟湾畔，主要由体育场、体育馆和市民健身中心组成。2008年被国家体育总局命名为"山东荣成国家队夏训转训基地"，被山东省体育局命名为"山东省优秀运动队训练基地"和"山东省体育后备人才训练基地"。

荣成市体育场　2007年竣工，位于桑沟湾畔，总投资3.2亿元，建筑面积5.82万平方米，可容纳观众3万人。场内设400米标准橡胶跑道、体育运动学校、运动员公寓及文化设施。体育运动学校主要设施有教室、实验室、餐厅及举重、摔跤、柔道、跆拳道、武术、体操训练房等设施，总面积为7430平方米。运动员公寓面积3780平方米，配备客房105间；多功能厅1200多平方米；设有宴会厅、接待室及休闲娱乐设施等。

荣成市体育馆　2007年竣工，位于桑沟湾畔，总投资2.4亿元，建筑面积3.04万平方米，建筑高度45米，可容纳6548人。

荣成市民健身中心　2008年竣工，位于桑沟湾畔，体育场西侧，投资1800万元，占地面积6万多平方米，设田径、网球、篮球、手球、排球、羽毛球和链球等标准场地。

（原所强）

编辑　沙　鋆

社会生活

人力资源和社会保障

·人才队伍建设·

【专业技术人才队伍建设】 2014年，全市专业技术人才队伍建设围绕深化职称制度改革，稳步推进中职、高职教师职称制度改革，全年组织4000多名专业技术人员申报职称，取得相应资格3373人。完善继续教育基地管理、学分登记、继续教育项目备案及评估管理，承担并参加6个国家和省级高级研修项目，培训重点领域高端人才160人，专业技术人员知识更新工程培训7万人次。修订出台《威海市有突出贡献的中青年专家选拔管理办法》，选拔22名市有突出贡献的中青年专家。在第五届全国杰出专业技术人才表彰大会上，文登中心医院院长丛海波获得“全国杰出专业技术人才”称号，作典型发言。出台《威海市专家服务基层行动计划实施意见》，首次组织实施人社部“万名专家服务基层行动计划——走进威海”活动，有7名专家与对接企业签订项目合作协议并落地实施，解决技术难题24个。开通“威海市高层次专家数字图书馆”，组织开展专家休假考察、医疗保健查体、走访慰问等活动。完善博士后工作激励和管理机制，新增2家省博士后创新实践基地，引进博士后10人。创新性开展博士后项目资金资助评选工作，为33个优秀博士后项目拨付专项资金157万元，有效发挥博士后政策的激励作用。

【高技能人才队伍建设】 技能大比武　联合9部门开展全市“职业技能大比武”活动，设置工种20个、组别35个，涉及行业10大类，吸引529名选手参加技术比武，选拔技术能手36人、金牌职工27人，123名选手分获一、二、三等奖，营造高技能人才成长进步和创业发展的良好环境。

高技能人才培养　围绕蓝色经济区建设重点和经济结构调整方向，明确高技能人才工作的战略地位，完善人才培养、评价、使用、激励机制。完成职业技能鉴定4.6万人，合格发证3.4万人，新增高技能人才6834人，完成全年计划137%。1人获“全国技术能手”、4人获“省首席技师”、3人获“省技术能手”称号，芸祥绣品技师工作站被评为首个家纺行业国家级技能大师工作室，实现威海市零的突破。

职业培训　完善“加强就业培训提高就业与创业能力五年规划”培训项目机制，加大培训资金投入，建立培训机构准入退出机制，强化培训考核评价。全年开展各类培训7万人次，“金蓝领”培训8564人。

技师工作站建设　出台《威海市技师工作站管理办法》，对企业技师工作站的审批认定、责任义务进行明确，加强监督管理。建立考核奖惩机制，被评为“威海市示范技师工作站”的单位，市级财政一次性补助10万元，充分发挥技师的高端带动和引领示范作用。

【引进国外智力】 国外智力项目引进　全年组织实施引智项目68个，获得国家和省引智经费166.6万元，市引智经费198万元。其中，“高模高强MJ系列碳纤维制备技术开发”和“聚合物锂离子动力电池高能正极材料的开发与应用”2个项目列入国家外国专家局东欧、独联体专项，“太阳能光热发电集热材料的研究”列入国家外国专家局高端外国专家项目，“微藻规模化养殖及生物质燃油制取”列入省外国专家局“智惠山东”项目，“欧洲高山杜鹃种质资源与技术示范推广”等4个项目列入省外国专家局重点引智项目，“食品加工专用型日本甘薯良种推广”“新型生物基纤维在地毯设计与研发中的应用”等60多个项目列入市重点和常规引智项目。

引智成果示范推广基地建设　威海园林建设集团被命名为省级“欧洲高山杜鹃引种筛选及种植推广”引智成果示范推广基地，新建“花生防空壳增结实新技术示范推广基地”等11个市级引智示范推广基地，全市引智基地（单位）总数45个。其中，国家级引智示范单位2个，省级引智示范基地7个，市级引智示范基地36个。

出国（境）培训审核　严格出国（境）培训管理，审核办理林业、建筑、卫生、教育等领域出国培训26人。联合市委组织部、市财政局、市外办对全市2012～2014年因公出国（境）培训情况进行统计上报。

外国专家管理　联合市外事、教育、公安等部门批准4家单位的聘请外国文教专家资格，全市聘教资格单位达38家。全年引进外国专家580人次，办理外国专家来华工作证件310件。威海市金太阳光热发电设备有限公司的比利时籍专家约翰·费阿德里安·文获得2014年中国政府“友谊奖”，是威海市自1994年日本专家获此奖项后的第二人。唐瑞投资咨询（威海）有限公司的美国籍专家唐纳瑞获得2014年“齐鲁友谊奖”，全市评选“威海友谊奖”10名。

【人才引进】　2014年，市政府修订印发《威海市留学人员创业园区管理办法》，为吸引更多的海外留学人员到威海创新创业打造政策环境。举办第三届“海外博士威海行”活动暨“创智杯”创业大赛，来自10个国家的40名海外博士和全市33家重点企业达成21个合作意向，其中9个项目正式落地。组织17家骨干企业参加中国山东第八届海内外高端人才交流暨技术项目洽谈会，达成人才技术合作意向22项，其中2个项目被确定为省重点项目参加现场签约仪式。举行“中国海洋人才市场（山东）威海分市场”成立挂牌仪式，与北美交流中心、加拿大中国专业人士协会、英国英创基金会签订威海海外人才项目引进协议。威海市“善思明智慧医疗系统”项目入选人社部“中国留学人员回国创业启动支持计划”，“水溶性壳聚糖纯天然植物杀虫剂在生态农业上的开发与应用”项目入选省人社厅“留学人员来鲁创业启动支持计划”，山东海富光子科技股份有限公司博士史伟入选“第四次山东省留学人员回国创业奖”，累计获奖励补助资金35万元。组织200多家企业分赴鲁东大学、潍坊职业学院等20多所高校、职业院校参加校园招聘活动。全年组织举办大型人才引进招聘活动23场，举办市场招聘日活动70场，3235家企业进场招聘，达成招聘意向1.8万人，引进各类人才3.1万人，比上年增长15%，其中博士71人，硕士1336人。加强人力资源事务代理工作，全年新增托管档案5901份，档案总量达4.76万份。

9月23日，威海市创业大学文登分校创业实训现场　　市人社局提供

【人事考试】　做好考风考纪、考试安全及制度建设，完成公务员、事业单位招聘、执（职）业和专业技术资格考试等各类考试55项，报名参考人数3.3万人，安排考场761个，监考人员1522人次，巡视人员750余人次，试卷保密保管64天、172人次，完成38类考试合格证书的办理发放工作，连续6年保持零事故、零差错、零投诉。市人事考试中心连续5年被评为全省人事考试工作优秀单位。

·就业工作·

【创业带动就业】　创业资金扶持　2014年，市政府出台《关于进一步加强创业就业工作推进全域城市化市域一体化发展的意见》，加大创业扶持力度，每年安排促进创业带动就业专项资金8000万元，安排市级小额担保贷款担保基金1亿元，全市发放各类创业补贴2644笔、496.4万元，发放小额担保贷款2.3亿元，比上年增长12.7%，直接扶持2336人实现自主创业，带动吸纳7268人实现就业。

创业载体建设　加强创业孵化基地建设，全市建设高标准创业孵化基地（园区）8处，总面积达25万平方米，总投资10亿多元，可同时入驻、孵化企业1200多家，吸纳就业1.1万人。文登区、荣成市、威海高技术产业开发区、威海经济技术开发区4处创业孵化基地被评为省级创业孵化示范基地（园区），累计获得省级奖补资金2000万元。组织开展省、市创业型街道（镇）、社区创建工作，确定5个街道（镇）、30个社区作为市创业型街道（镇）、社区创建单位，推荐2个街道（镇）、30个社区作为省级创业型街道（镇）、社区创建单位。

创业大学建设　市政府、省人社厅、北京华普亿方软件科技有限公司三方签署合作协议，成立威海创业大学，在威海各区（市）、驻威海高校设立6所创业大学分校，教学实训场地总面积达1800余平方米。采取“创业知识＋模拟实践＋实际操作＋跟踪扶持”四级实训形式，为各类培训者提供国创业实训和全程创业服务，完成创业实训2400人，其中创业参与率50%，成功创业人数接近15%。

助推全民创业　8月—12月，联合市直11部门共同举办“首届威海市创业大赛”，设置“创意团队、电商创业、创业项目、创业型街道（镇）展示”四类比赛，最高奖项10万元，吸引398个参赛企业（团队）、19家创业型街道（镇）和上千名参赛选手报名参赛。经过层层选拔，评选出特等奖（最佳创业企业奖）1名、一等奖3名、二等奖8名、三等奖12名、优秀奖22名、驻威海高校毕业生创业特别鼓励奖3名、妇女创业特别鼓励奖3名，营造良好的创业氛围。组织参加“第二届山东省创业大赛”，威海索尔生物科技公司博士袁黎明“土壤改良纯天然活性剂”项目获得创业项目类二等奖。

【高校毕业生就业】 实名制登记服务 实施离校未就业高校毕业生就业促进计划，将回生源地离校未就业毕业生就业工作列入各区（市）目标绩效考核，建立市、区（市）、镇（街道）三级就业工作体系，为未就业毕业生提供“政策咨询、岗位推荐、信息服务、创业实训”等就业创业服务。全市接收2014届离校未就业高校毕业生4193人，实现就业4125人，就业率98.4%。

毕业生招聘 举办“2014年高校毕业生供需见面会”，360家用人单位提供岗位1.2万个，现场达成就业意向8000多人。指导山大大学（威海）、哈尔滨工业大学（威海）和威海职业技术学院联合举办校园招聘会，在山东高校毕业生就业信息网、威海市人力资源和社会保障网等网站上公开发布单位招聘信息9000多条，为6000多名毕业生发布求职信息。建立大学生就业创业微信平台，及时发布大学生就业创业新政策。印发《关于小型微型企业招用高校毕业生社会保险补贴发放和管理有关问题的通知》，对招用高校毕业生的小型微型企业给予1年的社会保险补贴，全年为新招用56名高校毕业生的小型微型企业发放社保补贴46.3万元。

实施基层服务项目 组织实施“三支一扶”（支农、支教、支医和扶贫工作）计划招募工作，全年招募58名“三支一扶”大学生。全市2014年期满“三支一扶”大学生73人，其中，17人考取机关单位，49人安置或考取事业单位，7人被推荐到企业就业。

就业见习基地建设 规范毕业生就业见习基地管理，确定威海市曼威软件有限公司等9家单位为威海市第六批大中专学校毕业生就业见习基地，征集见习岗位2000个，组织641名毕业生上岗见习，发放见习补贴249.6万元。

【城乡劳动力就业再就业】 全市城镇新增就业4.5万人，农村劳动力转移就业1.9万人，“3545”等大龄就业困难群体实现就业再就业2228人，就业转失业人员实现再就业1.1万人，城镇登记失业率1.5%，保持全省最低水平。为760家企业吸纳的1894名大龄就业困难人员支出社会保险补贴1469.7万元、岗位补贴2188.8万元；为9332名“4050”灵活就业人员发放社会保险补贴2281.4万元，发放就业培训补贴3541万元。开展“春风行动”“联百乡包千村”就业帮扶、“农民工恳谈日”等就业服务专项活动，走访就业困难人员家庭1369户，帮助有就业意向的1861名就业困难人员实现就业再就业。组织全市170多家重点企业到枣庄、济宁、菏泽等省内外劳动力密集地区开展用工推介活动，与当地126家镇村劳动保障服务机构、劳务中介机构、技工学校建立劳务合作关系，为全市企业发展提供了优质劳动力资源。举办“全市企业用工经验交流暨现场观摩会”，全市108家企业负责人实地观摩用工典型企业生产生活设施，听取典型企业用工经验介绍。开展“威海市充分就业和谐社区”评估认定工作，评定“威海市充分就业和谐社区”55家，全市被认定的国家级充分就业示范社区1家，省级充分就业星级社区14家，市级充分就业和谐社区144家。

·社会保险工作·

【养老保险】 企业职工基本养老保险 2014年，全市企业职工基本养老保险参保76.9万人。连续第10次提高企业退休人员养老金水平，全年为17.5万名企业退休人员发放养老金42.5亿元。加快推进企业养老保险数据质量整理，完成企业在职参保人员信息采集68.9万人，养老缴费历史认定55.4万人，完成率均超过97%。

机关事业单位养老保险 全市机关事业单位参保7.3万人，为3.4万名离退休人员发放养老金14.7亿元。

居民基本养老保险 实施居民基本养老保险制度，加大财政支持力度，全市居民养老保险基础养老金标准提高至每人每月85～100元。做好计划生育家庭、重度残疾人、民办教师、老电影放映员待遇发放工作。全市参保居民99.3万人，适龄人口参保率99%，为42.7万名老年居民发放养老金5.9亿元。

被征地农民养老保险 调整完善被征地农民保障政策，开展落实被征地农民保障政策专项行动，加强与市国土、财政等部门协调沟通，组织各区（市）会同镇政府、农村集体组织确定保障对象，拟定保障方案，落实保障资金，妥善处理被征地农民保障的历史遗留问题。全市7.2万名被征地农民纳入社会保障范围，其中2.3万名60周岁以上的被征地农民按月领取养老金待遇。

【医疗保险】 职工基本医疗保险 全市职工基本医疗保险参保91万人，基金收入24.5亿元，为12万多名参保职工支付医疗费16.4亿元。进一步完善职工医保市级统筹制度，市级定点医疗机构达20家。全面启动参保职工省内异地就医即时结算工作，方便参保职工转外就医。

居民基本医疗保险 1月1日起，全市启动实施城乡统一的居民基本医疗保险制度，实现居民医保政策制度、待遇标准、信息系统和基金管理全市“四统一”。居民基本医疗保险政府补助标准提高到330元，缴费标准分为一档80元和二档230元，未成年居民和高校学生按一档缴费，享受二档待遇，特殊困难群体个人缴费享受政府补助，其中，抚恤定补优抚对象按照每人每年230元标准补助，其他特殊困难人员按照每人每年80元标准补助。居民医保最高支付限额根据缴费档次不同分别为20万元和30万元，其中未成年人患先天性心脏病等3大类疾病的，最高支付限额50万元。药品目录、诊疗项目目录等与职工医保相同，扩大保障范围，体现医疗公平。全市居民基本医疗保险参保160.7万人，为16.6万名居民支付医疗费7.5亿元。

居民大病保险 9月25日，全市启动居民大病保险工作，人均筹资标准为35元，其中从居民基本医疗保险基金中人均划拨32元，各区（市）财政人均负担3元，参保居民个人不缴费。年度最高补偿限额为20万元，对儿童白血病、儿童先天性心脏病、儿童肾衰竭3大类病种的报销额达70万元，全市大病保险为2.5万人次补偿金额

6198.1万元。

医疗费用结算 深入探索总额预付、按病种结算、定额结算为主体的医疗保险结算制度，全市范围实现直接结算，减轻个人垫付压力，方便群众报销。进一步扩大定额结算病种范围，3月和7月分别对高强度聚焦超声热消融肿瘤治疗、多肿瘤标志物联合检测2个病种实行定额结算，定额结算病种增至13种（居民14种），年内为1.48万名参保职工和2064名参保居民减轻负担5450万元。

【工伤保险】 全市工伤保险参保职工69.98万人，比上年增加2.6万人，基金收入2.29亿元，为7008名工伤职工和985名供养亲属支付各项工伤费用2.3亿元。实行全市工伤认定、劳动能力鉴定网上申报，全年认定工伤案件5536起，组织劳动能力鉴定31批次。规范工伤康复管理，新增荣成市人民医院、乳山市中医院两家工伤康复定点机构，组织593名工伤职工参加工伤康复筛选，为208名具有康复价值的工伤职工进行医疗康复。

【失业保险】 全市失业保险参保54.7万人。强化失业动态监测，实时监控100户企业用工岗位变化情况，对305家企业进行考察备案。推进失业保险基金扩大支出试点，对2014年度扩大失业保险基金支出范围试点资金使用额度进行论证，联合市财政部门对各区（市）的试点资金进行批复备案。加强失业人员保障，将失业保险金发放标准由每人每月830元上调至900元，全年为2.3万名失业人员发放失业保险金及支付医疗保险费1.8亿元。

【生育保险】 全市职工生育保险参保58万人。将参保居民纳入免费生育范畴，实行居民生育全市定点放开和医疗费用即时联网结算，将机关事业单位纳入生育保障范围，生育保险实现制度全覆盖。生育备案由在生育保险经办机构办理，改为在全市范围内定点医疗机构直接办理、直接结算。生育医疗费定额标准由2300元提高到2800元。全年为1.7万名女职工支付生育医疗费1.76亿元。

【社保基金监督】 开展全市社保基金支出情况专项检查，检查方式实现从“下查一级”向“同级检查”、从“人工抽查”向“科技筛查”、从“开展单一险种检查”向“开展跨险种检查”转变，确认问题2154个，涉及问题金额4661.1万元。加强网络监督，核查处理预警问题510个，挽回基金损失31.7万元，补发各类待遇金额1.2万元，查处基金违规支出6.8万元。强化社会监督，研发“社保基金违规违纪举报平台”，收到各类举报事项14件。对以上所发现问题均采取措施，全面整改。抓好财政补助资金专项检查、配合财政部驻鲁专员办对全市社保基金的检查工作，完成2013年居民养老保险基金检查等工作，确保社保基金安全完整。

·劳动关系协调和权益维护·

【和谐劳动关系构建】 2014年，调整全市最低工资标准，由最低每月1380元调整为1500元，发布268个职位（工种）的人力资源市场工资指导价位，督促指导企业依据效益合理增加职工工资。开展2014年企业薪酬调查工作，完成全市700余家样本企业的薪酬调查任务。实施劳动合同制度，组织开展“春暖行动”，提高非公企业、小微企业及农民工劳动合同签订率，全市2.1万户企业、62.4万名职工签订了劳动合同，劳动合同签订率达96.3%。加强劳务派遣规范管理，加大劳务派遣规定宣传，完成26家劳务派遣单位年审工作，新审批劳务派遣单位15家。

【劳动保障执法监察】 联合市公安、城乡建设、海洋与渔业、工商、工会等部门，在全市开展劳动保障书面审查、日常巡查，农民工工资支付情况、清理整顿人力资源市场秩序、用人单位遵守劳动用工和社会保险法律法规情况、规范职业中介市场秩序严厉打击“黑中介”等违法违规行为专项整治行动，检查用人单位4905户次，书面审查用人单位7374户，受理各类举报投诉案件1187起，预警处置各类突发性群体案件62起，为4566名劳动者追讨工资3911万元。联合市公安局出台《关于进一步规范拒不支付劳动报酬犯罪案件调查移交工作的通知》，明确案件调查处理、案件审批移送、案件接收管辖等问题，为打击拒不支付劳动报酬犯罪行为提供有力保障。深入推进劳动保障监察“两网化”建设，各级网格配备专兼职劳动保障监察员、协管员375人，采集录入用人单位信息2.6万条，涉及劳动者57.5万人，二、三级网格接受举报投诉案件568起，调处简单劳动纠纷283起，有力维护了劳动者的合法权益。市劳动保障监察支队被评为全国清理整顿人力资源市场秩序专项行动先进单位。

【劳动人事争议处理】 全市立案受理劳动人事争议案件1865起，涉及劳动者3618人，结案率99.5%，为企业和职工挽回经济损失6627.8万元。

劳动争议预防 将工作重心由“事后救火”向“事先防火”转变，在利用新闻媒体普遍宣传的基础上，对涉诉企业或问题企业实行重点帮扶，跟进劳动保障法律法规教育宣讲，刊发典型案例65例，召开庭审观摩40次，提高经营者依法管理和劳动者理性维权意识。市劳动人事争议仲裁院和文登、乳山仲裁院被评为全省示范劳动人事争议仲裁院。

调解组织建设 全市建立基层调解组织3103个，其中，镇（街道）调解组织74个，企业劳调会2335个，区域性、行业性调解组织12个，事业单位调解组织682个。全市大中型企业劳调会、基层平台调解中心、教科文卫人事争议调解组织实现全覆盖，各类调解组织受理案件652起，涉及劳动者751人，为劳动者挽回经济损失1324.5万元，近30%的简单劳动争议在基层化解。

【人力资源社会保障信访】 全市人社系统接待群众信访人访1898起，涉及3689人次，其中，收到群众信访266件，人访1632起，到市信访部门协助接访15次，受理信访复查案件2件，处结率100%。全年接听群众电话5.6万个，办理市长信箱信件321件，局长信箱信件123件，审核回复局网站留言8566

条，网上客服对话 4893 次，回复政务微博留言 284 次。参加行风热线 3 次，解答和处理群众反映各类问题 51 件，处结率为 100%，群众满意度 100%，回复和处理网上行风热线群众反映的各类问题 218 件，处结率 100%，群众满意度 100%。

· 基础工作和信息化建设 ·

【基层服务平台建设】 2014 年，重点推进县级综合服务中心建设以及保障所、服务站规范化建设，力推各项业务最大化下沉基层，至年末，49 项约束性业务全部下沉，20 项选择性业务不同程度的下沉，增强基层人力资源社会保障服务能力。在全省基层平台规范化建设成果考核验收中，荣成、乳山通过县级综合服务中心验收，所有区（市）全部完成县级综合服务中心和基层平台规范化建设，成为全省首批全部通过验收的两个市之一。

【信息化建设】 拟定《威海市人力资源和社会保障公共服务机制一体化建设实施方案》，加快推进一体化建设进程，打破行政区划、空间和时间上的限制，确保全市服务对象就近在各级人社服务平台任何窗口、互联网及自助设备上随时提交、办结业务事项，享受“同城、同质、同效”的“一站式”服务，此项工作被列为省人社厅 2015 年试点工作和市政府为民办实事之一。优化社会保险网上申报平台，累计开通单位网上申报 1.6 万户，网上代扣缴费 1640 人次，金额达 1360 多万元。完善人社自助服务系统，新增指纹认证功能，通过后台监控及时掌握全市自助设备分布、运行状态。全市布设自助终端设备 650 台，完成自助缴费 3.7 万笔 2.5 亿元。加快社保电子档案建设，完成工伤、生育、养老退休审批的电子档案试点工作。扩大社保卡应用范围，拓展社保卡网上代扣缴费、网银缴费、自助终端刷卡缴费功能，全年制发社保卡 126 万张。开展机关养老保险数据整理、人社信息系统升级改造、基层平台信息建设，机关事业单位工资管理系统建设、劳动仲裁办案系统建设，有效提升信息化对全市人社业务工作的支撑和保障能力。

（朱复刚　刘元娇）

住房公积金管理

【概况】 2014 年，市住房公积金管理中心调整放宽资金使用政策，创新便民服务措施，突出重点加大对低收入职工购房的扶持力度，住房保障作用得到进一步发挥。资金使用的社会效益进一步增强，资金安全管理始终保持零风险，居全省管理工作考核第 1 名，连续 11 年被授予“全省住房公积金管理工作考核优秀单位”称号。至年末，全市开立住房公积金账户并正常办理业务单位 6147 个，缴存职工 45.29 万人。其中，市区 28.33 万人（不含文登区，下同），文登区 4.87 万人，荣成市 8.61 万人，乳山市 3.48 万人。全市住房公积金覆盖率 79.8%。全市住房公积金归集规模进一步扩大，全市全年完成住房公积金归集额 20.64 亿元，比上年增收 2.7 亿元。其中，市区 12.61 亿元，文登区 2.57 亿元，荣成市 3.8 亿元，乳山市 1.66 亿元。全市累计归集总额为 133.70 亿元，比上年末增长 19.8%。年内，全市向 5482 户职工家庭发放住房公积金个人购房贷款 13.16 亿元，占当年归集额的 63.7%。其中，市区 9.76 亿元，文登区 8514 万元，荣成市 2.05 亿元，乳山市 5013 万元。至年末，全市累计向 5.15 万户职工发放住房公积金个人购房贷款 99.21 亿元。年内，全市有 5.96 万人次提取使用住房公积金，提取金额 11.69 亿元，比上年增加 2.31 亿元，占当年归集额的 56.6%。其中，市区 7.18 亿元，文登区 1.13 亿元，荣成市 2.53 亿元，乳山市 8553 万元。至年末，全市累计有 43.88 万人次提取住房公积金 55.47 亿元，占累计归集额的 41.4%。

【出台《威海个人住房公积金重大疾病提取管理规定》】 5 月 19 日，根据国务院《住房公积金管理条例》、省政府办公厅《关于进一步加强住房公积金管理工作的意见》等有关法规、规定，发挥住房公积金的保障作用，出台《威海个人住房公积金重大疾病提取管理规定》。

提取条件　缴存职工本人、配偶或其未成年子女因患重大疾病且造成家庭生活严重困难的，缴存职工可以申请提取本人住房公积金账户余额。重大疾病病种包括慢性肾衰竭（尿毒症）、恶性肿瘤、再生障碍性贫血、慢性重型肝炎、心脏瓣膜置换手术、冠状动脉旁路手术、颅内肿瘤开颅摘除手术、重大器官移植手术、主动脉手术 9 种。

证明材料　主要包括缴存职工身份证原件及复印件、缴存职工威海市当地工商银行或建设银行活期银行账户、二级以上医院出具的病历证明（加盖医院诊断证明专用章）及各种诊断报告原件及复印件、医保部门核定的报销费用清单原件及复印件；缴存职工配偶患重大疾病的，另需提供结婚证或户口簿等婚姻关系证明原件及复印件；缴存职工未成年子女患重大疾病的，另需提供同一户籍户口簿或其他具有法律效力的直系亲属关系证明原件及复印件。

申请时限及额度　缴存职工或其配偶应自患者支付医疗费用之日起 1 年内向住房公积金管理中心提出提取申请，提取最高限额不超过个人实际支付的医疗费用总额。缴存职工可每年提取 1 次，提取额不超过患者截至上次提取后个人实际支付的医疗费用。

【调整贷款政策】 11 月 17 日，根据住建部、财政部和人民银行联合下发的《关于发展住房公积金个人贷款业务的通知》，威海市印发《关于调整部分住房公积金贷款政策的通知》，于 12 月 1 日正式实施。职工申请贷款由必须连续缴存住房公积金 12 个月（含）以上，调整为连续缴存 6 个月（含）以上。户籍属于威海市辖区范围内的职工，在外地就业并开户缴存住房公积金，在威海市购买自住住房，可以持就业地住房公积金管理中心出具的缴存、贷款证明，经核实后可准予申请贷款。贷款政策按威海市规定执行。原房屋抵押登记费由借款人承担，调整为由威海市住房公积金管理中心承担。原规定房款全部付清的借款人，贷款资金可以拨入借款人账户，调整为贷款资金一律划入售房单位（或售房人）在银行开设的账户内。

【住房公积金个人网上业务】 12月，开通住房公积金个人网上服务厅业务，出台《威海市住房公积金个人网上业务管理规定》。缴存职工可通过登录个人网厅办理短信签约、偿还公积金贷款本息提取、偿还商业个人住房贷款本息提取、提前偿还部分贷款等新业务。能上网的业务全上网，职工办事更方便，包括3类业务6个模块22项交易，网上办事能力不断增强。通过优化办事流程、简化手续，个人网上服务厅业务全部实现一步办结。采取多种安全措施，使用多种安全设备，防范网络风险。

【开通“12329”短信服务】 12月，在全省住房公积金系统率先开通“12329”短信服务，出台《威海市住房公积金12329短信服务管理规定》，缴存职工免费享受住房公积金短信服务。短信服务平台为职工提供公共信息、业务验证和私密信息3类49项服务。其中，公共信息服务包括政策通知、逾期催贷通知、网点查询等9项服务；业务验证服务包括网厅登陆、短信签约、网厅业务验证等15项服务；私密信息服务包括汇补缴通知、提取通知、贷款进度通知、短信签约通知等25项服务。根据短信服务内容的私密性和安全性要求不同，提供手机号码登记、绑定和签约三种安全级别不同的开通方式，分别为职工提供公共信息服务、业务验证服务和私有信息服务，职工可根据自身需要自由选择。

（毕崇征　王漓江）

民　政

【概况】 2014年，全市民政系统以“争一流、走前列、创品牌”为目标，开展“阳光低保”“阳光殡葬”“基层民政能力建设”3个专项行动，解决人情保、关系保、殡葬服务价格不透明等群众反映强烈的突出问题，打通联系服务群众的“最后一公里”。完成文登撤市设区行政区划调整工作，优化总体布局，推动“全域城市化、市域一体化”发展。做好两委换届选举工作，确保基层平稳过渡。成功应对“5·29”山火和“麦德姆”台风，妥善开展群众转移安置、捐赠物资接收和供应工作，完成救灾保障任务。社会救助提标、扩面、增效，养老服务创新、创制、创优，社会管理提质、提速、提效，双拥优抚安置传承、深化、稳定，有效发挥“保障民生、发展民主、服务社会”的核心功能，在省民政厅对全省17地市考核中，威海市位列第3名。

【军地双拥】 全年开展国防教育活动68次，走访慰问驻军单位112个，企业、社区及社会组织走访驻军3000余次，赠送慰问金、慰问品价值2100余万元，优惠减免基础设施建设资金270余万元。全年为部队官兵健康普查3000余人次，举办各类双拥晚会、文艺演出89场次，援建军营网吧、图书室37个，赠送图书1.65万册。3月15日，以威海命名的新一代轻型护卫舰——威海舰入列命名授旗仪式在旅顺举行。5月29日，威海市里口山区突发森林火灾，部队出动兵力2200人次、车辆115台次。7月—8月，市领导和驻地部队主官在市武警支队开展“军事生活日”活动，组织团以上单位主官观摩威海市军民融合典型企业。组织召开2014年度军地联席办公会议，协商讨论解决具体事项18个。配合海军在刘公岛海域举行甲午战争120周年海上祭奠仪式。

（丁震元）

【军人优抚】 全年发放抚恤补助资金1.8亿元，向全市2333户义务兵家庭发放优待金3676万元。完成全市3639份残疾军人证、3626份烈士证书换发工作。印发《关于做好2014年度部分重点优抚对象短期疗养和健康查体工作的通知》，对疗养查体工作进行规范，组织500名优抚对象参加短期疗养，3000名优抚对象参加健康查体。联合市财政局出台《关于调整抚恤定补优抚对象医疗补助比例的通知》，从2015年1月1日起，大幅度提高七至十级伤残军人、烈士遗属、在乡复员军人等7类优抚对象的医疗补助比例。根据全市城镇居民医保和新农合医疗并轨的实际，完成优抚对象医保并轨工作，确定优抚对象230元/月的缴费标准。全年举行各种烈士纪念活动1100多场次，参加人数达85万人次。清明节期间，有15.7万名群众到各级烈士纪念场所进行缅怀悼念活动。9月30日，举办首个烈士公祭活动，全市近5万名社会各界代表参加。全市投入资金121万元，为179户优抚对象维修改造危房550间，有效解决优抚对象住房难问题。

（李　淦）

9月30日，威海市举行烈士公祭仪式　　李传强　摄

【退役士兵安置】 全市接收退役士兵1035人，自主就业1004名，发放一次性补助金2582万元；自谋职业21名，发放一次性补助金98.8万元；政府指令性安置10名，11月底前全部安置到位。落实以扶持就业为主的新型退役士兵安置政策，通过加强职业教育、技能培训和举办就业洽谈会等方式，为退役士兵自主就业搭建有效平台。全年培训退役士兵901名，支出培训费345.2万元。组织第二届退役士兵专场招聘会，有60家招聘单位提供近2000个适合退役士兵的就业岗位，其中530余人与招聘单位初步达成用工意向。

【军休干部安置】 2014年，进一步推动全市军休干部服务管理工作制度化、规范化、标准化发展，全年新接收军休干部、无军籍职工57名，完成上级下达的安置任务。军休人员政治、生活待遇得到全面落实，发放军休干部人员经费1.11亿元，机构经费392万元，退役士兵安置经费705万元。市军休干部服务管理中心被民政部、总政治部联合表彰为全国军休工作先进单位。

（陈　平）

【基层政权和社区建设】 召开全市城市社区和村“两委”换届选举动员大会，举办换届选举骨干培训班，制定《威海市村民（居民）委员会换届选举规程》《全市第十一届村民委员会换届选举工作实施方案》等文件，完成农村村民委员会、城市社区居民委员会换届选举工作，全市有2557个村完成了村委会换届选举，占总数的99.1%，城市社区全部完成居委会的换届选举。推进城市社区建设上档升级，全年召开2次工作推进会和观摩会，推广以信息化为基础的社区网格化管理和精细化服务工作经验，取得显著成效。全市纳入考核的161个社区，社区工作用房面积均在300平方米以上，其中1000平方米以上的39个；工作人员总数1312名；发展社区社会组织1246个；社区工作经费和工作人员报酬待遇全部达标，居全省前列。

（刘朋日）

【社会救助】 自1月1日起，城市低保标准由2013年的每人每月450元提高到500元；农村低保标准由每人每年2600元提高到2800元，分别增长11.1%和7.7%；农村“五保”集中、分散供养标准分别由每人每年4500元和2700元提高到5000元和3200元，分别增长11.1%和18.5%。10月1日起，再次将农村低保标准由每人每年2800元提高到3240元，增长15.7%。全年全市城乡低保保障4.14万户、5.47万人，发放低保金7742万元。其中，城市低保保障4512户、7288人，发放低保金1591.8万元；农村低保保障3.69万户、4.74万人，发放低保金6150.2万元。保障农村“五保”对象1.02万人，发放供养金4808.8万元。其中，集中供养对象7275人，发放供养金3927.8万元；分散供养2889人，发放供养金881万元。全年安排救灾资金346.8万元，救灾物资折款21.3万元，帮助受灾群众重建倒塌住房3户4间，修缮损坏住房732户1625间；救助冬春受灾群众2.88万人，其中口粮救助2.43万人，衣被救助1087人，取暖救助3399人。全年投入医疗救助资金1116.69万元，救助困难对象2483人，资助困难群众3.85万人参加城镇居民医疗保险。救助城乡低保和低保边缘家庭学生1511人，发放教育救助基金245.55万元。

（姜春丽　鲍大伟）

【社会福利】 全面提升社会养老工作，建立完善养老服务制度体系，出台《威海市人民政府关于加快发展养老服务业的意见》，确定到2020年发展目标、主要任务和政策扶持措施。相继在养老机构设立许可、等级评定、医疗服务、综合责任保险，养老服务评估，农村幸福院及日间照料中心建设管理等方面出台15项管理办法、规范和细则，为全市养老工作发展提供全方位的政策引领。健全社会养老服务体系，全年新增养老机构18家，全市养老机构118家，养老床位2.11万张，千名老年人拥有养老床位35张。建成城市社区日间照料中心306个、农村幸福院212个，分别覆盖70%的城市社区和40%的农村社区。

落实城镇“三无”人员保障制度，集中和分散供养标准分别为每人每月840元和750元，保障145人。建立生活长期不能自理经济困难老年人护理补贴制度，补贴标准为每人每月60元，为2098人发放护理补贴。试点开展政府购买社区居家养老服务，对城乡特困对象、低保和低保边缘等困难失能老年人提供政府购买服务。落实全市城乡孤残儿童保障制度，集中和分散供养标准分别为每人每月1200元和720元，保障321人。建立困境儿童基本生活保障制度，基本生活费标准按城市最低生活保障标准发放，高于全省平均标准，纳入保障440人。全市73家福利企业安置3243名残疾人就业。全市福利彩票年销量7.16亿元，比上年增长27.2%，为全市福利事业发展提供资金支持。

（曲桂贤）

【社会组织管理】 全市对行业协会商会类、科技类、公益慈善类、城乡社区服务类社会组织实行直接登记，全年登记备案各类社会组织2928个。推广市社会组织孵化园建设经验，各区（市）均建成本级社会组织孵化园，首批入驻社会组织65个。与市委组织部联合下发《关于进一步做好相关人员在行业协会商会类社会组织兼职（任职）清理整顿工作的通知》，对相关人员在行业协会商会兼职（任职）进行清理整顿，涉及行业协会93个，清理人员187人。加强社会组织党建工作，全市7个社会组织党组织被命名为山东省社会组织党建工作示范点，为全省最多。

（张玉秀）

【社会事务管理】 全市办理结婚登记1.96万对，其中涉外婚姻130对；办理离婚登记4730对，其中涉外婚姻17对。办理收养登记17件次；救助流浪乞讨人员4226人次，护送返乡367人，行程110万公里。火化尸体2.15万具，火化率100%。对市区规划区域内11个住宅小区命名。对文登—环翠线和乳山—海阳线两条行政区域界线进行联合检查。落实福利化殡葬政策，全年全市免除1.64万具遗体的基本殡葬服务费，减免金额1007.69万元。10月，在金线顶码头组织开展海葬活动，将

66名逝者的骨灰撒入大海；举办威海市第二届殡葬用品订货现场会，降低殡葬用品采购成本，中标厂商与威海市4家殡仪馆签订242.42万元骨灰盒订货协议。2月27日，省政府印发《关于调整威海市部分行政区划的通知》，同意撤销文登市，设立威海市文登区，同时将原文登市的汪疃镇、苘山镇划归威海市环翠区管辖，3月18日威海市文登区正式挂牌成立。4月—7月，组织环翠区、文登区、威海临港经济技术开发区对调整后的环翠—文登行政区域完成界线勘定工作。9月15日，将勘界协议书等材料上报到省民政厅。10月13日，省政府印发《关于同意威海市环翠区人民政府和文登区人民政府联合勘定的行政区域界线协议书的批复》。

（王书清）

【威海市居民家庭经济状况核对中心成立】 5月12日，威海市居民家庭经济状况核对中心正式办公。中心会同环翠区民政部门、山东友大软件公司共同研发社会救助服务管理信息平台，在环翠区、镇（街道）、村（社区）三级联网试点运行。与市人力资源和社会保障、房管、住房公积金、工商等部门搭建跨部门的核对信息平台，开展核查比对试点工作。结合“阳光低保”行动，对全市城乡低保人员进行复查以及新审批4.07万人，低收入家庭认定（住房保障对象）审批2141人，临时救助人员360人，有效杜绝“关系保”“人情保”和骗保、漏保等问题发生。

（姜春丽　鲍大伟）

慈善事业

【概况】 2014年，全市各级慈善组织以“党和政府最关心，困难群众最需要”为出发点，全年募集款物6289.71万元。其中，接收“慈心一日捐”捐款4143.48万元；企业认捐慈善基金利息1486.5万元；冠名慈善基金232.83万元；赈灾款物341.45万元；定项捐赠69.03万元；日常捐款16.42万元。市慈善总会募集款物1569.7万元。其中，接收“慈心一日捐”捐款854.89万元；认捐企业基金利息209万元；企业（团体）、个人（家庭）冠名慈善基金120.83万元；赈灾款物337.44万元；定项捐赠36.53万元；接收日常捐款11.01万元。全市支出款物6500.07万元，相继开展慈善助医、助学、助老、助困、助残、赈灾等活动，救助困难群众8.02万人次，充分发挥慈善事业在社会保障体系中的重要补充作用。

【慈善大病救助活动】 全市发放救助金3000余万元，救助大病患者5100余人。其中，市慈善总会支出200万元，重点救助心脑血管疾病等五类大病患者190人。

【慈善助学活动】 开展“慈善·福彩”特困高考新生救助活动，全市发放299.9万元，惠及特困学生814人；市慈善总会教育分会与威高集团共同举办“爱心助学”活动，支出500万元，惠及品学兼优、家庭困难的近1000名遇困学子。开展“慈善义工爱心助教”项目，对区（市）150多名困难家庭的在校学生，实施22个科目的免费辅导培训，受助学生的综合素质明显提升。

【开展定项救助】 全市支出善款1826万元，开展慈善助老、助残、资助流浪乞讨人员等系列救助活动。引导与联合冠名慈善基金设立人对困难学生及零售商户、血友病患者等实施救助，支出227万元，惠及困难群众1900多人。组织开展建筑业困难农民工“关爱行动”，支出70万元，救助630人。

【慈善宣传工作】 与当地主流媒体建立战略合作伙伴关系，及时公开善款募集及使用情况，挖掘慈善典型，提高全社会的慈善意识，促进全市慈善事业健康快速发展。市慈善总会办公室全年在各级媒体发表宣传稿件290多篇。在民政部组织评选的第三届“中国城市公益慈善指数”评比中，威海市被评为公益慈善指数六星级城市，全国排名53位，为全省5个六星级城市之一。在中华慈善总会组织的第二届中华慈善突出贡献奖评选中，威海市1名个人、2家企业、1个项目获奖。在“山东慈善奖”评比中，威海市1家企业、1个项目获奖；2家企业、1名个人获省慈善总会表彰。

（褚艾君）

红十字事业

【概况】 2014年，威海市红十字会立足于服务社会民生、弘扬人道理念，做好救灾、救助、救援和志愿服务等各项工作，全年投入各类帮扶资金67.82万元、帮扶物资价值211.57万元，为文明城市创建作出了积极贡献。

【红十字宣传】 召开全市加快红十字事业发展工作座谈会。做好红十字会官方网站的建设，年内播发宣传稿55件。开通红十字会官方微博，播发信息20篇。联合各级媒体在报纸、电视、广播、网络刊发播放红十字会相关新闻50余篇（条）。参加山东省红十字文化与儒家文化理论研讨活动，理论文章《吸取传统文化之精髓　做红十字精神的传播者践行者》获二等奖。5月，在环翠楼公园广场举办纪念“‘5·8’世界红十字日”系列宣传活动；在华夏城人民防空教育馆广场组织人员参加“防灾减灾日”集中宣传活动。深入挖掘典型素材，对吕明玉、冯雅那等造血干细胞捐献志愿者的先进事迹进行持续报道，联合威海电视台《今日关注》栏目制作播出《捐献造血干细胞，做美德威海人》专题片，弘扬志愿者无私奉献精神。

【参与鲁甸地震救灾】 8月3日，云南省昭通市鲁甸县发生里氏6.5级地震后，威海市红十字会紧急启动救灾一级响应。8月4日，威海市红十字会将装运价值7.2万元的全省第一批救灾物资发往灾区。全系统收到地震募捐救灾爱心捐款14.12万元、物资总价值104.61万元，款物合计118.73万元。

8月19日，市红十字会欢迎参加鲁甸地震救灾的蓝天救援队员凯旋

市红十字会提供

8月6日，3名威海红十字蓝天救援队员赴灾区开展救援，在12天的救援过程中，完成救灾物资发送、摸查排险、搜索挖掘、医疗救助等救援工作。

【参与里口山山火救援】 5月29日，环翠区境内里口山发生山林大火，市红十字会在第一时间启动应急响应，调动机关干部、红十字蓝天救援队和社会志愿者投入救灾救援工作，接收爱心企业和市民捐款捐物23批次，出动救援队员参与山地灭火、灾民安置、物资转运等126人次，出动救援车辆51车次。6月6日，《中国红十字报》头版头条刊登《90小时奋战火场》的新闻稿，全面报道威海红十字会山火救援活动。

【社会救助】 2014年春节前夕，联合珍珠商场羊毛衫超市启动“关爱老年人、捐毛衫送温暖”公益活动，向困难家庭发放毛衫、毛裤600件，价值10万元。落实省红十字会下拨送温暖奶粉价值35万元。兴顺餐饮有限公司为送温暖活动捐赠大米2万公斤，价值9.96万元。救助39名困难群众10.4万元，11名白血病患儿申请小天使基金33万元，2名先天性心脏病儿童申请天使阳光基金4万元。

【应急救护培训】 组织救护培训师资深入机关、企业、学校开展应急救护知识公益讲座60多期，受益群众2万多人次，培训红十字急救员1263名。7月28日，中国红十字会副会长郭长江在威海市委副书记、市长张惠的陪同下，考察环翠区陶家夼社区红十字救护辅导站项目。落实中国红十字基金会的支持，总投资30万元，在刘公岛景区成立全国第一个AAAAA级景区“幸福天使红十字救护站”，中国红十字会副会长郭长江、中国红十字基金会常务副理事长兼秘书长孙硕鹏等出席揭牌仪式。在威海市青少年教育实践基地设立红十字应急教育馆，对小学、初中学生进行救护知识普及培训，累计投入培训设备20件，价值20余万元。

【造血干细胞采样、捐献】 5月，在市区主干道、商业大街100余处公用信息栏张贴造血干细胞捐献知识宣传画，在广播电台滚动播出由山东省道德模范吕明玉录制的公益广告，发送造血干细胞手机公益短信3万余条，全市采集血样748人（份）。杨毅、常大峰、孙海宸、冯雅那、马世勇5名志愿者成功实施捐献，累计成功捐献38例。志愿者吕明玉先后获“山东省道德模范”“山东省善行义举‘仁德’模范先模人物”称号，并作为第一棒火炬手参加韩国仁川第17届亚运会火炬（中国威海）传递活动，作为山东省道德模范代表参加中央文明办在威海市举办的全国道德模范与身边好人（山东威海）现场交流活动。

【遗体、器官捐献】 进行遗体（角膜）、器官捐献的宣传动员、报名登记、捐献见证、救助激励等相关工作。年内，实现捐献遗体4例、角膜5例、器官1例。至年末，累计办理遗体（角膜）、器官捐献登记106人，成功实现捐献遗体9例、器官2例，角膜15例。

【志愿者队伍】 年内，成立“威海红十字蓝天志愿救援队”“威海红十字水上志愿救援队”2支红十字应急救援队伍。其中，威海红十字蓝天救援队在市民政局注册登记，队员150余人，先后参加鲁甸地震救援、里口山山火救援、铁人三项比赛安保、市民健步走志愿服务等活动。威海红十字水上救援队9月份组建，队员20人。其中，13人参加在福建举办的海峡两岸水上救生员专业培训，1人参加在台湾举办的激流救生培训。水上救援队承办了威海市第

9月19日，威海红十字水上救援队成立　　市红十字会提供

一期红十字水上救生知识培训班，队员先后参加2014年威海长距离铁人三项世界锦标赛等水上安全保障服务。

（苗延颂）

老龄工作

【概况】 2014年，市政府积极打造“幸福养老”的威海模式，坚持政府主导、社会参与的工作思路，在全市初步构建起以居家养老为基础、以社区服务为依托、以机构养老为补充的社会养老服务体系，全面提升民生保障水平和公共服务能力。至年末，全市有60周岁以上户籍老年人口60.76万人，约占全市户籍总人口的23.9%。全年新增养老机构18家，总数达118家，养老床位总数2.11万张，千名老年人拥有养老床位35张。年内，威海市1人被评为“山东省泰山之星”，1人被评为评为第九届“山东省十大孝星”，全市4人获“全国孝亲敬老之星”称号。在第三届全省银龄风采艺术节中，威海市报送的节目分别获得6个一等奖、16个二等奖、15个三等奖，市老龄办获优秀组织奖。乳山市老龄办获得第六届“全国敬老模范单位”称号。7月，山东省第三届健康与长寿论坛在乳山市召开，威海市《浅谈威海自然环境对健康长寿的影响》论文获特等奖。推荐优秀作品参加第三届全省银龄风采艺术节和第三届全省老年人书法美术大赛和老龄主题摄影大赛。

【养老服务业发展】 2014年，全市优化养老服务环境，满足养老服务需求。全市有敬老院、老年公寓等各类养老机构118家，其中，高标准建成县级社会福利中心5家、农村敬老院58家（28家被评为全国三星级敬老院），老年公寓60家。保障五保对象1.01万人，实现“五保”对象愿进全进。

居家养老 2014年，“12349”居民服务热线被市政府确定为全市唯一一条便民服务热线，该项目成功申请国家级标准化服务试点、威海市“信息惠民国家示范城市”示范项目，是全省首个地级市居家养老服务平台。通过政府购买服务的方式，为居家老人提供生活照料、康复护理、紧急救助、精神慰藉等100余项无偿、低偿和公益服务。

社区养老 结合城市社区服务设施建设，整合社区医疗、教育、娱乐等资源，增强社区养老服务能力。先后建成城市社区老年人日间照料中心306个，覆盖70%的城市社区，倡导多种形式的志愿者活动及老年人互助服务，动员各类人群参与社区养老服务。结合城镇化发展和新农村建设，以建制村和较大自然村为基点，依托村民自治和集体经济，发展农村互助养老新模式——农村幸福院，建成农村幸福院212个，为老年人提供就餐、生活照料、日间休息、休闲娱乐等服务，覆盖40%的农村社区。升级改造乡镇敬老院，将原有乡镇敬老院进行整合，建成区域性养老服务中心。

机构养老 全市机构养老蓬勃发展，形成了公建民营、医养结合、互助养老、购买服务等多种养老机构运行模式，养老机构机制改革走在全省前列。

【建立“养老+”服务模式】 用创新、开放的思维，尝试养老与医疗、保险、地产、旅游等多产业融合，探索建立“养老+”的服务模式，实现多产业为养老提供支持、互相促进、优势互补的共赢格局。成立威海市养老服务业协会，吸纳涉及养老机构、养老地产、医疗机构、培训机构、法律咨询、公益组织等会员，引导养老服务与文化娱乐、金融服务、体育健身、休闲农业等产业有机融合，满足不同层次老年人的养老需求。

“养老+医疗” 联合市卫生计生、人力资源和社会保障部门，提出养老机构医疗服务三类模式，500张（含）床位以上养老机构需内设护理院，150张（含）～499张床位需内设医务室，150张（不含）床位以下养老机构需内设巡诊室。扶持和发展医养结合型养老机构，优先办理审批手续，在开办补助、定点医疗等政策上予以倾斜，重点建设海大老年康复中心、万福苑护理院等项目。建立医疗巡诊服务制度，小型养老机构与社区卫生服务中心、乡镇卫生院、周边医疗机构签订医疗服务协议，由医疗机构每天派医护人员上门开展巡诊服务，至年末，全市30%的养老机构实现医疗服务。基层医疗卫生服务机构为社区内的居家老年人建立健康档案，每年为65岁以上老年人提供1次免费健康查体。

“养老+保险” 威海市在全省率先建立养老机构综合责任保险制度，采取政府补贴参保经费、公开招标选择承保机构的方式，为全市73家养老机构中6577人投保。针对养老机构老年人出现的意外跌倒、哽噎、坠床、烧烫伤等意外情况进行理赔，有效避免养老机构独自负担老人治疗费、赔偿费等问题，降低机构运营风险。

“养老+地产” 随着房地产转型和养老服务业发展，威海市部分企业

8月22日，威海市养老服务业协会成立大会召开　　李传强　摄

建设集养老机构、老年住宅、老年大学、酒店、医院、休闲娱乐等设施于一体的高端老年社区项目，打造现代化的全新养老社区，吸引国内老年客户购置房产。

“养老＋旅游” 发挥威海市气候、空气、日光、温泉、海洋、森林、饮食等独特优势，开发休闲、养生、保健等旅游养老项目，推出旅游、分时度假、休闲农业养老等新模式，全市养老机构可为异地老人提供养老床位5000余张，通过媒体宣传、机构推介、老客户带动、机构联合等方式，吸引外地老人到威海养老。

【老龄政策】 1月21日，市民政局、财政局和老龄办联合印发《关于提高长寿补贴高龄津贴标准扩大高龄津贴发放范围的通知》，规定百岁老人长寿补贴由原来的每人每月300元提高到400元；90～99周岁老人高龄津贴由原来每人每年360元提高到480元；80～89周岁老人每人每年发放100元高龄津贴。各区（市）在此基础上相应扩大补贴范围，提高补贴标准。12月26日，市政府印发《关于修改威海市优待老年人规定的决定》，2015年1月1日起，市区免费乘坐公交车老年人的年龄下限从70周岁下调到65周岁，60周岁至64周岁的老年人享受半价优惠。12月，市文明办会同老龄办联合印发《关于评选第三届“威海市十大孝星”的通知》，市慈善总会、民政局和老龄办联合印发《关于印发“夕阳红”关爱遇困老年人慈善项目实施方案的通知》。

2014年威海市高龄津贴标准表

表34

单位	发放范围及标准			
	100岁以上（元／年）	90～99岁（元／年）	80～89岁（元／年）	其他年龄段（元／年）
环翠区	4800	480	100	
文登区	4800	480	100	
荣成市	4800	480	100	
乳山市	4800	480	100	100（75～79岁农村籍）
威海高技术产业开发区	4800（城镇籍）	480（城镇籍）	100（城镇籍）	200（75～79周岁农村籍）
威海经济技术开发区	5000（农村籍）	680（农村籍）	200（农村籍）	
	6000	1680	100	
威海临港经济技术开发区	4800	480	100	

（宋江玉）

残疾人事业

【概况】 2014年，全市残联系统加快推进残疾人社会保障和服务体系建设，全面推进残疾人“整体赶平均、共同奔小康”行动计划。新出台6个专项惠残政策，惠及2.1万名残疾群众，残疾人兜底保障体系更加完善。全面启动市县两级残疾人康复中心、社区残疾人托养所和村（社区）示范康复室建设，残疾人康复服务体系更加有效。加大扶贫开发、扶持创业、帮助就业的力度，残疾人增收明显。创新社会化服务残疾人模式、残疾人家庭智能化无障碍改造方式、残疾人协会活动路径。持续开展扶残助残工作，社会各界支持残疾人事业关爱残疾人的氛围更加浓厚。威高集团被表彰为全国助残先进集体，文登整骨医院被表彰为山东省助残先进集体，2个单位被表彰为山东省优秀残疾人之家，4个单位被表彰为全省基层残疾人组织先进集体，1个单位被表彰为全省残联系统先进集体；1人被表彰为山东省助残先进个人记一等功，1人被表彰为山东省十佳自强模范，2人被表彰为山东省自强模范，4人被表彰为山东省助残先进个人，2人被表彰为全省残联系统先进个人记二等功，5人被表彰为全省基层残疾人组织先进个人。

【康复服务】 免费为残疾人提供康复治疗、训练、配备辅助器材，完成白内障手术复明2350例、肢残儿童矫治手术10例、人工耳蜗7例，定点机构训练聋儿77名、智障儿童180名、孤独症儿童42名、脑瘫儿童67名，救助1240名精神病患者免费服药和住院，供应辅助器具4019件，装配矫形器26例，装配假肢58例，配发助视器100具。组织康复培训59期，培训低视力家长50人、盲人定向行走学员283名、聋儿家长67名、康复协调员2300名。加快康复中心建设，荣成市建设面积9000平方米的康复中心竣工，威海市和文登区、乳山市康复中心建设立项并开工建设。开展社区康复，市及区（市）均成立了6类残疾人社区康复技术指导中心，镇（街道）全部建立康复指导站，80%以上村（社区）建立社区康复站，新建50个示范性残疾人社区康复站，为残疾人提供就近便利的康复服务。环翠区被命名为山东省盲人定向行走训练示范区，乳山市被命名为山东省残疾人辅助器具服务示范市。全市残疾人康复需求调查系统录入5.64万人。印发《威海市0～6岁儿童残疾筛查工作规范（试行）的通知》，建立儿童残疾早期筛查、治疗和康复的工作机制。实施残疾儿童免费抢救性康复救助政策，全市近300名0～9岁残疾儿童免费享受人工耳蜗手术、畸残矫治2项手术和语言、智力、脑瘫、孤独症4类康复训练公共救助，实现全覆盖。

【就业扶贫】 组织岗前培训和技能培训14期，培训残疾人1220人次；农村残疾人技能培训班24期，培训农村残疾人1502人次。新增残疾人就业788名，其中，按比例就业398名，集中就业264名，自主创业126名。征收残疾人就业保障金3872万元。开展"第一书记助残奔康"项目，投入资金200万元，扶持1000户农村贫困残疾人开发适合自身特点的种植、养殖、简单加工项目。投入资金160万元，建立市级扶贫基地5处，辐射带动农村贫困残疾人156户脱贫，安排残疾人就业51名，5处被评为省级优秀扶贫基地，自主创业标兵9名，致富能手11名。改造135户农村贫困残疾人危房。组织13名残疾人技术能手参加省第五届残疾人职业技能竞赛，获1金、1银、1铜奖项，总分位列全省第7名，获优秀组织奖。

【社会保障】 实施低保重度残疾人生活补贴，全市5349名低保重度残疾人（含部分家庭困难的重度残疾人）享受每人每月不少于50元的生活补贴。其中，环翠区、威海高技术产业开发区、威海经济技术开发区补贴标准每人每月100元。实施残疾人护理补贴政策，为全市生活不能自理的1915名残疾人发放每人每年720元的护理补贴。实施医疗保险补贴政策，全市1.87万名重度和享受低保的贫困残疾人参加居民基本医疗保险，实施每人每年100元补贴。实施养老保险补贴政策，全市重度残疾人参加居民基本养老保险，政府为其代缴部分或全部最低标准的养老保险费。实施重度残疾人提前享受居民养老金政策，重度残疾人领取居民养老金的年龄由60周岁调整到55周岁，年内全市1702名重度残疾人享受此待遇。

【托养服务】 实施残疾人居家托养补贴政策，自1月1日起，全市残疾人居家托养财政补助标准每人每年由不低于600元提高至不低于800元，为全市4397名低保智力、精神和其他各类重度残疾人提供居家托养服务，享受每人每年800～1200元护理费补贴。开展政府购买家政服务，为100户孤残独居残疾人提供家政服务，切实改善基本生活环境。开展社区托养服务，新建社区残疾人托养所92个，托养残疾人506人。开展"12349"民生服务平台为残疾人服务，将重度残疾人居家服务纳入民生服务平台，为1311名有需求的残疾人每人缴纳120元通信费。

【残疾人政策】 加强政策措施建设，市政府常务会先后6次研究出台《关于特殊困难群体参加居民基本医疗保险享受政府补助有关问题的通知》《关于重度残疾人参加居民基本养老保险提前享受养老金待遇的通知》《关于认真做好生活不能自理残疾人护理补贴发放工作的通知》等6项残疾人政策。加强执法检查，4月，市人大常委会执法检查组就《中华人民共和国残疾人保障法》《山东省实施〈中华人民共和国残疾人保障法〉办法》实施情况开展执法检查。开展家庭无障碍智能化改造，投入资金132万元，按每户6000元的标准，为220户贫困重度残疾人家庭实施无障碍智能化改造，让"三瘫"患者及脑血栓患者体现价值、得到尊重、感受到幸福。实施残疾人机动轮椅车燃油补贴政策，对全市拥有机动轮椅车的1204名残疾人给予燃油补贴。开展残疾人汽车驾驶培训工作，组织95名残疾人报名学习，其中68名学员获得驾驶执照。

【文体活动】 开播手语新闻，威海市及文登区、荣成市、乳山市电视台全部开播手语新闻。开播广播专题节目，坚持开播残疾人广播专题节目《同在蓝天下》，每周1期，节目时长每期10分钟，播出225期。举行"威高光明行动十周年庆祝活动"，向威高集团赠送"明惠万人、德行天下"牌匾。在环翠区建立特艺人才培训基地，成立环翠区红袖艺术团、残疾人合唱团，在社区演出100多场次。组织聋人与韩国聋人协会开展"千年至爱"中韩书法交流活动，全市有63幅作品参展，13幅作品获奖，其中肢残人朴学锡的《韩国总统朴谨惠肖像》烙画作品被韩国艺术交流协会收藏。组织46名残疾人运动员参加省第九届残疾人运动会，获得4金3银3铜的成绩。乒乓球运动员陈鑫取得全国残疾人乒乓球锦标赛亚军、省第九届残疾人运动会金牌，并作为火炬手参加韩国仁川第17届亚运会火炬（中国威海）传递活动。组织威海市第一届特奥趣味运动会，丰富残疾人文体生活。在2所大学和3所医院建立残疾人康复基地，指导残疾人健身2640人次。

5月15日，市残联、交通运输、文明办等5个单位联合在市区举行"康复关爱进千家"暨"阳光蓝的——爱心助残"行动启动仪式　　夏志忠　摄

【扶残助残】 持续开展“威高光明行动”，威高集团累计捐款近2126万元，免费白内障手术1.39万例。年内，捐款210万元，免费为白内障患者手术1400例，被国务院残工委表彰推广。开展“慈善助残·特别关爱”行动，市慈善总会每年安排50万元善款，为600名贫困精神病患者提供基本治疗药品，为200名贫困智力残疾人补助康复训练经费，减轻经济负担。开展福彩助行行动，市福彩中心连续11年累计捐款220万元，为1万多名残疾人免费配置轮椅、助行器等辅助器具。市残联、交通运输局、文明办、广播电视台等单位联合启动“阳光蓝的·爱心助残”行动，延续“爱心不找零”活动，参加爱心助残行动出租车由600辆扩大到1500辆。

【协会活动】 充分发挥残疾人专门协会桥梁纽带作用，开展智障人“清馨缘”趣味运动会、肢残人“畅游威海——旅游无障碍”活动、聋人“光威杯钓鱼比赛”、盲人“我是你的眼睛”等活动。年内，募集资金5万元，落实政府资金4万元，开展各类活动8次，逐步使各类别残疾人走出家门参与社会常态化。

（马　兵）

民族·宗教

【概况】 2014年，市民族宗教局把握民族工作“两个共同”主题和宗教工作基本方针，以维护民族团结、宗教和谐为第一责任，围绕大局、服务中心，抓管理、保稳定、求创新、促发展，不断加大民族宗教事务的管理力度，全市呈现出民族团结、宗教和顺的良好局面。

【成立民族团结进步促进会】 3月28日，召开全市民族团结进步促进会成立大会暨一届一次会议。民族团结进步促进会成立的宗旨是搭建一个服务少数民族群众生产生活的平台，发挥社会组织的独特作用，汇聚各方力量，在坚持“共同团结奋斗、共同繁荣发展”方面进行探索。

【民族团结进步创建活动】 开展民族团结进步创建活动，文登区兴和食品有限公司被评为全国民族团结进步创建活动示范单位，公司董事长李进军被国务院授予“全国民族团结进步模范个人”称号。

【农村少数民族困难帮扶】 市民族宗教局与10户农村少数民族特困家庭签订帮扶协议，投入帮扶资金4.2万元，向少数民族农民专业合作社发放帮扶专项资金30万元。

【落实优惠政策】 开展少数民族特需商品定点生产企业优惠政策落实工作，为金猴集团、毛纺织集团两家企业落实贴息贷款4.6亿元，贴息1262万元。

【参加全省少数民族传统体育运动会】 9月20日—22日，在第9届全省少数民族传统体育运动会上，威海市少数民族参赛项目获得表演项目1等奖、竞赛项目1银2铜的成绩。

【“倡导文明敬香，建设生态寺观”活动】 市民族宗教局组织开展“倡导文明敬香，建设生态寺观”活动，与有关部门联合执法，加大整治力度，对出售、燃烧高香等情况进行清理整顿。

【反邪教宣传】 各级民族宗教部门印发20余万份《反邪教知识手册》，召开宗教界座谈会10余次，引导广大群众正知、正信、正行，远离邪教、抵制邪教。

【市佛教协会换届】 7月28日，召开市佛教协会第二次代表会议，审议通过第一届理事会工作报告，修改协会章程，选举产生第二届理事会。

【宗教文化建设】 年内，市道教协会举办以“自然、养生”为主题的海峡两岸（威海）道教文化研讨会和“聚集正能量，共筑中国梦”演讲比赛。9月30日，市民族宗教局组织全市民族宗教界举办“甲午魂、中国梦”大型书画展，近100幅书画作品参展。

【宗教慈善】 8月28日，市民族宗教局组织开展宗教界现场捐助活动，为困难家庭、弱势群体、自闭症患者和智障儿童以及肿瘤医院专项救助基金捐款捐物（折款）11.4万元。

（刘炳刚）

人民生活

【概况】 2014年，威海市积极落实就业扶持政策，适时调整最低工资标准和企业工资指导线，逐步落实小微企业及个体户优惠政策，及时提高企业退休人员基本养老金和取暖补贴，促进居民收入稳步增加。

【城乡居民收入增加】 2014年，全市城市居民人均可支配收入3.43万元，比上年增长8.9%。城市居民人均家庭总收入3.77万元，其中工资性收入2.46万元，增长8.8%；经营净收入5052元，增长13.3%；财产性收入1393元，增长15.8%；转移性收入6588元，增长15.4%。受就业面扩大、行业薪资待遇提高、减税效应延续、政府转移支付力度继续加大等利好因素影响，城市居民家庭收入稳步增长。农民人均纯收入1.73万元，增长11.0%。其中工资性收入8817.7元，增长9.2%；家庭经营纯收入6819元，增长12.0%；财产性纯收入403.9元，增长12.9%；转移性纯收入1255.8元，增长18.0%。农民收入较快增长主要因为最低工资制度、劳动保障等相关细则的深入实施，农民工的工资收益得到保障，工资性收入增长较快；多种经营、多元化创收的渠道的增多，农民家庭经营净收入增长较快，成为居民增收的重要途径之一；由国家政策所支持的全面覆盖农村的新型农村合作医疗、农村最低生活保障制度及补贴等政策和措施减轻了农民的生活负担，提高了农村居民的收入水平；随着城镇化和工业化进程的不断推进，农村居民的土地收益增长较快。

【城乡居民生活品质提升】 城市居民生活消费水平提高 2014年，城市居民人均消费性支出2.25万元，比上年增长12.0%。从消费结构看，食品消费支出7013元，增长10.5%，占消费总支出的比重为31.1%；衣着支出3364元，增长3.5%，占消费总支出的比重为14.9%；居住支出1661元，增长9.0%，占消费总支出的比重为7.4%；家庭设备用品及服务支出1519元，增长18.5%；医疗保健支出1409元，增长20.6%；交通通信支出3914元，增长11.3%；教育文化娱乐服务支出2497元，增长22.8%，占消费总支出的比重为11.1%；其他商品和服务支出1172元，增长16.6%。

农村居民生活消费支出增长 农村居民人均生活消费支出9725元，比上年增长14.5%。从消费结构看，食品消费支出3220元，增长10.4%，占消费总支出的比重为33.1%；衣着消费支出881元，增长6.9%；居住消费支出1755元，增长27.4%；家庭设备、用品消费支出611.4元，增长26.7%；交通和通信消费支出1363元，增长8.9%；文化教育娱乐消费支出951元，增长5.7%；医疗保健消费支出705.4元，增长30.2%；其他商品和服务消费支出238元，增长18.3%。

【完善社会保障体系】 2014年，全日制就业劳动者月最低工资标准为1500元，非全日制就业劳动者小时最低工资标准为15元。全市有84.3万人参加城镇职工基本养老保险，比上年末增长3.6%。有22.5万名离退休职工享受养老保险；城乡居民养老保险参保人数达99.3万人，有42.8万名城乡居民每月领取养老金，发放养老金5.9亿元。有90.9万人参加城镇职工基本医疗保险，增长1.8%；160.7万人参加居民医疗保险。有2.4万人领取失业保险金。有7008名职工享受工伤保险待遇，1.1万名女职工享受生育津贴待遇。

【加大社会救助力度】 城市居民低保标准由每人每月450元提高到500元，农村居民低保标准由每人每年2600元提高到3240元，“五保”对象集中供养标准由每人每年4500元提高到5000元，分散供养标准由每人每年2700元提高到3200元。年末，全市各种收养性社会福利单位136家，拥有床位2.35万张，收养人员1.25万人。全市投入资金7742万元，将5.47万名低保对象纳入保障范围；投入资金4808.8万元，保障全市“五保”老人1.01万人，敬老院83所。

（臧钧菁）

社会风尚

【见义勇为】 徐 辉 乳山市下初镇护林队队员。9月1日上午，徐辉经过垒中前村西大桥附近时，一辆罐车撞倒一名骑电动车的妇女之后侧翻在沟内。徐辉在确认该妇女没有大碍后，及时拨打电话报警并到沟内查看，见货车车底朝上，卡在驾驶室内的司机满脸是血，并闻到刺鼻的气味从卡车尾部飘出，司机告知罐车内是硫酸。担心流出的硫酸对司机造成伤害并对两旁的果树和庄稼造成不利影响，徐辉打电话报警说明险情，用借到的铁锨不顾危险铲土堵住泄露在沟内的硫酸；和赶来的其他村民一起，把驾驶员从变形的车内拉出来，抬到公路边安全地带。

朱新忠 荣成市大疃村村民。7月21日上午，朱新忠看到有人行为异常，在自家房后徘徊，怀疑其为小偷便进行询问，该男子转身逃跑。朱新忠喊村里的治保主任董久男一起追赶，并将该男子扭送至荣成市崂山街道派出所，打开该男子随身携带的包，发现里面藏有1把匕首、1瓶白酒及电雷管等。经查，该男子系因涉嫌强奸、杀人在逃犯罪嫌疑人。

宋慧峰 10月25日晚，步行回家的宋慧峰行至威海市区古寨南路小市场附近的小路时，听到一名女子大声呼喊“抢劫”，看到一名男子拿着一个女士挎包被三四个人追赶。众人将该男子逼至一个角落里，令其交出抢劫来的挎包，该男子将挎包扔到路中央从身上抽出一把长刀，趁众人注意力分散之际，冲出包围圈，继续逃跑。见男子跑近，宋慧峰飞起一脚，将其手中长刀踢落。男子捡起长刀，挥刀向宋慧峰等人乱砍并趁乱逃脱。经医院检查，宋慧峰右侧脚踝受外伤，脚踝骨受损。

刘新龙 殷锡军 9月24日早晨5点多，市区幸福公园海域内风大浪高，环翠区冬泳协会新成员王女士第二次下海游泳，游到离岸边40多米时，王女士头部被海浪拍进海水中，接连呛了几口海水在海里挣扎。素不相识的泳友殷锡军伸手拉住王女士，慢慢往岸边游，正在晨泳的市民刘新龙，听到呼救声迅速游过去，两人合力将王女士营救上岸。刘新龙被海边礁石划出一道长约5厘米的口子，鲜血直流，王女士提出送刘新龙到医院，并垫付医药费，被刘新龙婉言谢绝。

【拾金不昧】 刘长青 7月31日，威海临港经济技术开发区蒿山镇的水果摊主刘长青在路边摆摊售卖水果时，偶然拾到10万元现金。虽然一家五口租房子住，平时靠摆摊卖水果维持生计，但面对10万元钱，他毫不动心，主动寻找失主。在民警的帮助下，成功找到失主将10万元钱归还。12月，刘长青因拾金不昧登上“中国好人榜”。

孙 东 在威海市出租公司2014年度表彰大会上，出租车司机孙东连续第二年获“拾金不昧先进个人”称号，成为年度“的士之星”。2014年，在公司出租车司机中，孙东归还乘客遗落物品的数量最多，其中有数额较大的现金、电脑等贵重物品及行李箱等，2.8万元的拾金不昧总额名列市出租公司第一位。

（摘自威海网）

编辑 李传强

区市概况

环翠区

【概况】 环翠区辖3个镇、5个街道，74个村、130个社区，总面积275.66平方公里，海岸线长88公里。2014年末，全区总人口30.26万人。2014年，全区实现生产总值300.79亿元，比上年增长11.1%。其中，第一产业增加值22.63亿元，增长6.8%；第二产业增加值120.3亿元，增长12.1%；第三产业增加值157.86亿元，增长10.8%。三次产业增加值占GDP的比重分别为7.5%、40%和52.5%。全年完成固定资产投资326.39亿元，增长17.3%。实现社会消费品零售总额196.4亿元，增长13%。实际利用外资1.35亿美元，增长23.9 %。外贸进出口总值28.65亿美元，下降2.1%。其中，进口总额6.87亿美元，下降14.1%；出口总额21.78亿美元，增长2.5%。完成公共财政预算收入39.35亿元，增长14.6%。

农业　全区农、林、牧、渔业增加值23.61亿元，比上年增长8.4%。其中，农业增加值1.05亿元，畜牧业增加值4300万元，渔业增加值22.13亿元。全年粮食总产量1.12万吨，其中，夏粮2177.5吨、秋粮9070吨。花生总产量2210吨，果品总产量2.1万吨，蔬菜总产量2.06万吨；肉类总产量4342吨，奶类总产量317吨，禽蛋总产量4548吨；水产品总产量33.68万吨。全年造林410公顷，林木覆盖率达50.1%。年末，农业机械总动力8.76万千瓦，农用拖拉机5017台，配套农机具4508台（套）；全年农作物播种总面积3600公顷，化肥施用量（折纯）1106吨，地膜覆盖面积877公顷。

工业　全区规模以上工业企业92家，工业主营业务收入481.11亿元，比上年增长12%。完成战略新兴产业收入84.43亿元，占规模以上工业总产值19.4%，提高3.3个百分点。在重点调度的70种产品中，增产的有36种。其中，增幅前3名的产品分别是威海中远造船科技有限公司中远压载水系统1100%、威海宝飞龙钓具有限公司钓具135.9%、威海浦源食品有限公司冷冻水产品127.4%。全年实现产品销售收入434.5亿元，增长10.6%；实现利税总额31.2亿元，增长14.5%；实现利润总额22.6亿元，增长18.7%。产品销售率98.1%，下降0.33个百分点；资产负债率55.7%，下降0.37个百分点。

第三产业　全年实现社会消费品零售总额196.4亿元，比上年增长13%。其中，批发业实现零售额7.1亿元，增长14.1%；零售业实现零售额172.75亿元，增长12.8%；住宿业实现零售额5.98亿元，增长14%；餐饮业实现零售额10.57亿元，增长15%。私有经济实现消费品零售额112.17亿元，增长13.7%。

城乡建设　至年末，全区有全国重点镇、省级示范小城镇各2个，省级宜居小镇、宜居村庄和传统村落各1个。其中，张村镇、温泉镇被评为全国重点镇，张村镇获全国“美丽宜居小镇”称号，温泉镇和张村镇王家疃村分别被评为山东省首批宜居小镇、宜居村庄，张村镇王家疃村被评为山东省首批传统村落。全区建成区自来水普及率100%，燃气普及率100%，集中供热覆盖率95%，生活污水集中处理率95%，绿化覆盖率47%，生活垃圾无害化处理率100%。

社会事业　全区拥有义务教育阶段学校31所，其中省级规范化学校27所，在校学生4.17万人；有幼儿园48所，在园幼儿1.16万人。学前三年入园率为99.5%，小学、初中入学率均为100%。全年取得重要科技成果15项，其中国际领先和国际先进水平4项。颁发区级科技进步奖15项，获得市级奖励7项。全区专利申请量1153件，比上年增长9.2%。培育市级孵化器2家，实现零的突破。建立省院士工作站1家，市工程技术研究中心3家，区工程技术研究中心5家。至年末，有国家工程技术研究中心1家，省工程技术研究中心10家，省重点实验室2家，院士工作站2家，市工程技术研究中心18家，区工程技术研究中心15家。年末，全区拥有高新技术企业26家，市科技型中小企业49家。有电视台1座，电视入村率和入户率分别达到100%和98%。有各类电影放映单位12个，全年组织放映2406场次。有医疗卫生机构12个，拥有床位1064张，卫生技术人员1462人。年内，举办区级以上体育活动22次。在市级以上体育比赛中，获团体第1名8个，获金牌29.98枚、银牌33.31枚、铜牌19.83枚。年末，全区累计保障城乡低保对象1.1万人，发放低保金305万元。保障农村“五保”对象97人，发放经费65.16万元。建立生活不能自理经济困难老人护理补贴制度，为31名符合条件老人发放补贴2.09万元。全年发放抚恤补助资金1085.15万元。提高义务兵优待标准，发放总额380.76万元。为优抚对象补助、补贴医疗费用171.46万元。全年接收退役士兵106人，发放退役士兵补助金241.55万元。

人民生活　2014年，城镇居民人均可支配收入3.43万元，比上年增长8.9%；人均生活消费支出2.25万元，增长12%。农民人均纯收入1.73万元，增长11%；人均生活消费支出9725元，增长14.5%。全区有8.2万名职工参加基本养老保险，有10.34万人参加基本医疗保险，有1815人领取失业保险金，有2388名女职工享受生育保险待遇。全区参保农村居民1.75万人，有9744名农村居民领取养老金。全区最低生活保障救助794人。其中，城镇居民最低生活保障418人，农村居民最低生活保障376人。收养性社会福利单位6个，床位835张，收养528人。社会福利企业9家，安置残疾人员225人。收养性社会福利单位11个，床位1878张，收养605人。

【泉道会馆开业】　2月26日，位于威高广场内的威海泉道会馆正式开业。泉道会馆是由中韩合作投资1000万美元建成的具有国际水准的度假水疗休闲养生儿童游乐大型体验项目。这是继乐天百货、沃科尔特网络科技等项目之后，环翠区引进的又一居民服务业项目。

【市儿童医院综合楼暨区妇幼保健院合建项目奠基】　2月28日，威海市儿童医院综合楼暨环翠区妇幼保健院合建项目奠基。该项目计划总投资9876万元，规划占地面积3.1万平方米，总建筑面积2.27万平方米，主体建筑13层，开放床位300张，是集医疗、教学、科研、预防保健于一体的区域性中心医院，计划2015年年底投入使用。

【盈谷商城、渤海现货产业园签约】　4月29日，环翠区举行盈谷商城、渤海现货产业园签约仪式。盈谷商城位于海港路友谊商务写字楼，总投资1500万元，办公面积1083.09平方米，主要从事网络商品交易、软件开发等电子商务项目。渤海现货产业园项目占地面积13.33公顷，总建筑面积20万平方米，总投资15亿元。建设包含农副产品等数种商品的大型商品交易市场，交易中心主要包括市场服务、资金结算、仓储物流、信息发布四大服务体系，为买卖双方根据商定的支付方式与交货方式采取即时或在较短时间内进行实物商品交收提供平台。

【侨乡优购世界礼尚威海旗舰店揭牌】　6月15日，侨乡优购世界礼尚威海旗舰店举行揭牌仪式。项目总投资1亿元，利用威海侨乡广场2期西半部分2万余平方米商业设施，打造以山东名优产品专卖为主、餐饮娱乐为辅的商业综合体，并与省、市旅游部门建立了礼尚威海战略合作关系。2楼以山东名优产品和威海特色产品为主，3楼以儿童娱乐、教育项目为主，4楼为电商体验区，5楼为星美影院及美食广场。整个项目突出威海名优特色产品销售，在购物体验上，提供厂价直销的优惠和免税店式快递直邮服务；在经营理念上，突出电商特色，实现线上与线下交易相结合，为面向全国推介威海特产提供载体平台。

【城投债融资项目获批】　8月25日，国家发展改革委下达《关于山东省威海市环翠区中城公有资产经营有限公司发行公司债券核准的批复》，环翠区申报的城投债融资项目正式获批。这是环翠区获准发行的首支企业债券，发行额12亿元，期限7年，由海通证券有限公司承销，所募集资金全部用于区内小城镇基础设施建设。

【中国首家商业化克隆公司暨北大博雅·中韩（威海）国际生命健康中心签约】　9月24日，中国首家商业化克隆公司暨北大博雅·中韩（威海）国际生命健康中心落地签约仪式举行。环翠区委副书记、区长常红军代表环翠区政府与博雅干细胞集团签订北大博雅·中韩（威海）国际生命健康中心合作协议。

【获2014年度“最美中国·人文休闲旅游目的地城市”称号】　10月13日，在新华网主办的第二届旅游业融合与创新论坛暨2014最美中国榜发布仪式上，环翠区获2014年度“最美中国·人文休闲旅游目的地城市”称号，是山东省唯一获此称号的县级城市。

【齐商银行威海分行落户环翠区】　12月17日，位于环翠区青岛北路与即墨路交叉口处的齐商银行威海分行正式开业。同时，威海市人民政府与齐商

12月17日，齐商银行威海分行开业　　环翠区史志办提供

银行战略合作协议签字仪式在东山宾馆举行，副市长徐连新、齐商银行董事长杲传勇、环翠区委书记林红玉等出席签约仪式。双方共同签署了战略合作协议。齐商银行向环翠区慈善总会捐赠20万元爱心助学款。

【山东省（威海）数字出版基地揭牌】 12月26日，山东省（威海）数字出版基地举行揭牌仪式。基地位于环翠区张村镇，占地面积9.2公顷，重点打造以数字内容产业为核心，以版权交易为手段，集原创、研发、生产、孵化、培训、交易、运营为一体的国内领先的数字出版基地和创意研发园区，充分发挥数字出版产业集聚效应，整合带动上下游产业链资源，形成一条完整的数字出版文化产业链和服务平台。基地建成后2年内，将入驻数字出版及相关新闻出版企业50余家，重点培育或引进2～3家数字文化上市企业，实现园区内数字内容生产企业产值超过15亿元，就业人数超过2000人。

·镇、街道概况·

【张村镇】 镇政府驻柳沟社区，辖8个村、17个社区，总人口8.4万人，面积51.8平方公里，海岸线长7公里。2014年，实现农村经济总收入70亿元，财政收入8.95亿元，农民人均纯收入1.84万元。有中学2所、小学3所，在校生6880人。特色物产有里口山蟠桃和双岛海参等。镇内规划建设了银海项目区、机械电子产业园和自主创新园区三大工业园区，规划了电商孵化园区、里口山旅游度假区、中心休闲商务区和影视城高档商住区四大服务业聚集区。引进企业680余家。其中，规模以上企业31家，纳税过1000万元企业13家，上市及上市关联企业7家，世界500强子公司2家。建有博士后工作站2家、院士工作站1家、省级以上研发中心11家，广泰空港、新北洋数码科技、威高骨科等10余家企业在国内同行业占据龙头地位，培植了传统优势、电子信息、科技新材料、医疗器械、装备制造五大产业集群。年内，被评为全国美丽宜居小镇、全国环境优美乡镇、全国新农村建设示范镇、全国重点镇及山东省百镇建设示范行动示范镇、山东省乡村文明行动省级示范乡镇、山东省绿化模范镇和山东省旅游重点镇。

【羊亭镇】 镇政府驻羊亭村，辖28个村、5个社区，人口2.6万人，面积79.3平方公里。2014年，实现农村经济总收入64.88亿元，财政收入3.11亿元，农民人均纯收入1.56万元。有九年一贯制学校1所，在校生2000余人。特色物产有北上夼大樱桃、贝草夼杏子、埠前西瓜、阮家口可口梨等。工业以新材料新能源、环保科技、生物医药、装备制造等高端科技产业为支柱。农业生产以粮食、水果、蔬菜和花卉为主。镇域经济呈现出工业产业发展渐成规模、农业发展绿色高效、生活环境和谐优美、小城镇建设稳步前进的特点。年内，获“山东省省级旅游强镇”“威海市文明乡镇”“威海市‘三无乡镇’”“威海市安全生产先进单位”等称号。

【温泉镇】 镇政府驻江家寨村，辖22个村、7个社区，人口4.2万人，面积66.46平方公里。2014年，实现农村经济总收入14.5亿元，财政收入2.47亿元，农民人均纯收入1.02万元。实现固定资产投资45.6亿元，比上年增长29.5%；社会零售消费品总额4.68亿元，增长50%。实际利用内资17.1亿元，增长31.5%；15家规模以上工业企业实现工业总产值32.7亿元、销售收入33.9亿元、利润1.4亿元、利税3亿元。有中学1所、小学1所，在校生3000人。年内，被评为全国重点镇、全国城镇综合开发示范镇、全国环境优美乡镇、山东省宜居小镇、山东省首批中心镇、山东省百镇建设示范镇和威海市民营经济十强镇之一。

【环翠楼街道】 街道办事处驻环翠区同德路140号，辖18个社区，人口5.6万人，面积4.3平方公里，海岸线长1.4公里。2014年，实现财政收入4.34亿元，比上年增长17.9%。有中学1所、小学2所，在校生4140人。年内，围绕“打造特色鲜明、功能完善的中心商务区”的定位目标，坚持以诚招商、以情留商，全年引进项目45个，实际利用外资1364万美元，完成年计划的114%，实际利用内资4.8亿元，增长20%。年内，获“全省五好离退休干部党支部”“全省基层残疾人组织先进集体”“山东省平安家庭示范街道办事处”等称号。

【竹岛街道】 街道办事处驻环翠区新威路141号，辖28个社区，人口7.68万人，面积18.3平方公里，海岸线长5公里。2014年，实现公共财政预算收入6.5亿元，固定资产投资45.35亿元，社会消费品零售总额53亿元，进出口总额2亿美元。有中学1所、小学3所，在校生4310人。纳税过1000万元的企业达22家。新建商务楼宇6万平方米，盘活闲置楼宇5.4万平方米。年内，引进和设立恒丰银行、齐商银行、光大银行、富民村镇银行、招商证券5家金融机构，总数达到70家，纳税过1000万元的商务楼宇达到13个。优购世界开业，阿里巴巴威海产业带引进企业390家，线上交易2.8亿元。“侨乡号”游轮被评定为AAAA级景区，并开辟了威海—成山头观光航线。年内，获“全国科普示范社区”“全国综合减灾示范社区”“山东省文明和谐社区”“全省民主法治示范社区”“省级规范化司法所”“山东省乡村旅游示范单位”“全省科学关爱和谐示范社区”和“省级充分就业社区”等称号。

【鲸园街道】 街道办事处驻戚谷疃社区，辖21个社区，人口10.8万人，面积11.6平方公里，海岸线长5.5公里。2014年，实现公共财政预算收入3.48亿元，完成两税收入4.8亿元。有中学1所、小学4所，在校生7600余人。东部依托临港优势，形成韩国特色精品商贸区，拥有大小商铺700余家，汇集中韩特色精品。借力中韩自贸区建设机遇，深度培育跨境电商、商贸物流等现代服务产业，打造区域性韩国小商品批发中心。中西部依托区位优势和产业基础，培植壮大金融保险、总部经济和休闲餐饮娱乐等特色产业。以统一路、新威路为轴带的金融产业聚集区，有金融保险机构40余家，业务份额占城区金融保险业的70%，成为区域财政收入的主要支撑。辖区内有大型餐饮住宿酒店10余家，特色餐饮50余家，成为业态丰富的多功能商业区。年内，获“全省科学·关爱·和谐示范乡镇”等称号。

【孙家疃街道】 街道办事处驻孙家疃社区，辖14个社区，人口1.4万人，面积17.4平方公里，海岸线长31.5公里。森林覆盖率68%，素有“市区后花园”和“威海会客厅”的称号。2014年，实现生产总值13.56亿元，财政收入1.62亿元，城市居民可支配收入1.58万元。有中学1所、小学2所，在校生1271人。以总部经济和特色旅游业为支柱产业，引进了北大博雅·中韩（威海）国际生命健康中心、工信部威海电子信息综合研究中心、国家海洋技术研发中心等生命科学、信息科技、海洋科研型总部经济，并依托境内31.5公里海岸线和14公里环海路，发展沿海运动体验游、海上休闲垂钓游、环海游艇观光游、环海健康骑行游等海陆一体的特色旅游经济。年内，完成国际铁三世锦赛赛事保障、产权制度改革、山东社区回迁等工作，获“山东省反邪教科普宣传示范街道”“山东省社区侨务工作示范先进单位”“山东省创建五好基层关工委活动先进单位”“威海市劳动关系和谐街道”“威海市首批廉政文化示范点”等称号。

【嵩山街道】 街道办事处驻高家庄村，辖9个村，11个社区，人口1.12万人，面积32平方公里。2014年，完成两税收入1.74亿元，比上年增长32.2%；公共财政预算收入1.13亿元，增长22.5%；农村经济总收入2.87亿元，农民人均纯收入1.08万元。完成固定资产投资18.14亿元，增长71.3%；进出口总额6067万美元，增长6.8%；实际利用内资1.72亿元。有九年一贯制学校1所、小学1所，在校生2708人。国家AAAA级旅游景区华夏城坐落境内。

（王海峰）

文登区

【概况】 文登区辖12个镇、3个街道，684个村、79个社区，总面积1615平方公里，海岸线长155.88公里。2014年末，全区总人口63.9万人。2014年，全区实现生产总值681.91亿元，比上年增长10.3%。其中，第一产业增加值58.13亿元，增长4.3%；第二产业增加值335.67亿元，增长9.7%；第三产业增加值288.11亿元，增长12.3%。三次产业占生产总值的比重为8.5%、49.2%和42.3%，第三产业对经济的贡献率达49.6%。完成公共财政预算收入43.9亿元，增长13%。全社会完成固定资产投资516.34亿元，增长16.7%。全区实际利用外资1.08亿美元，下降6.5%。实际引进内资123.1亿元，增长15.3%。

农业　全区农、林、牧、渔业总产值123.12亿元。粮食总产量35.2万吨，肉类总产量4.83万吨，禽蛋总产量5.23万吨，奶类总产量9万吨，大牲畜存栏量2.3万头。水产品总产量42.96万吨。其中，海洋捕捞产量11.64万吨，占水产品总量27.1%；海水养殖产量29.1万吨，占水产品总量67.7%；淡水养殖产量2.22万吨，占水产品总量5.2%。全年造林面积2664公顷。

工业　规模以上工业企业实现总产值1783.41亿元，比上年增长9.4%。其中，轻工业产值577.83亿元，增长4.9%；重工业产值1205.58亿元，增长11.6%。大中型工业总产值1467.24亿元，增长7.7%。国有企业产值13.34亿元，下降6.3%；集体企业产值174.84亿元，增长16.6%；股份合作制企业产值86.2亿元，增长13.1%；股份制企业产值484.51亿元，下降3.6%；外商及港澳台商投资企业产值547.09亿元，增长24.7%；其他经济类型企业产值477.41亿元，增长6.2%。高新技术产业完成工业总产值560.97亿元，增长18.2%。规模以上工业企业实现主营业务收入1774.01亿元、利税128.08亿元、利润78.55亿元，分别增长9.1%、13.4%和13.1%。

贸易　旅游　社会消费品零售总额279.52亿元，比上年增长12.7%。其中，城镇实现社会消费品零售总额208.06亿元，增长14%，占社会消费品零售总额的比重为74.4%；乡村实现社会消费品零售额为71.46亿元，增长9%。全年限额以上企业实现社会消费品零售额105.74亿元，增长14%，占社会消费品零售总额的37.8%，拉动社会消费品零售总额增长5.1个百分点。限额以下贸易企业实现零售额57.36亿元，增长10.7%，限额以上贸易企业增速快于规模以下企业增速2.94个百分点。全年旅游总收入59.14亿元，增长11.6%。接待国内外游客969.95万人次，增长10.3%。

金融　年末，金融机构本外币各项存款余额393.86亿元，比上年增长9.8%，其中居民人民币储蓄存款385.82亿元，增长8.9%。金融机构本外币各项贷款余额265.08亿元，增长13%。

建筑　房地产　建筑施工企业全年施工面积133.84万平方米，比上年下降12.3%；竣工面积85.28万平方米，增长0.4%。实现建筑业总产值18.44亿元，下降3%。房地产开发投资91.47亿元，下降1.4%。商品房施工面积1047.76万平方米，增长9.7%；竣工面积262.59万平方米，增长53%。商品房销售面积104.44万平方米，增长51.4%。

社会事业　全区拥有省级工程技术研究中心19家，地级工程技术研究中心8家，院士工作站4家，省级重点实验室1处。全年申请专利978件，授权专利318件。实现工业高新技术产业产值560.97亿元，比上年增长18.2%，占规模以上工业总产值的31.5%。有小学23所、普通中学20所、中等职业学校2所、特殊教育学校1所，在校生4.48万人，教职工5397人。文化系统有艺术表演团体1个，全年演出180场次，观众18万人次；有艺术表演场馆1个，演出100场次；有规范化综合文化站16个。

南海高级中学　　　　威海南海新区管委会办公室提供

人民生活　城镇居民人均可支配收入3.17万元,人均生活消费支出1.97万元。农民人均纯收入1.81万元，人均生活消费支出9310元。城镇居民最低生活保障人数461人，最低生活保障家庭295户,支付保障金186.8万元。农村居民最低生活保障人数1.28万人,最低生活保障家庭1.05万户，支付保障金1385.3万元。

【文登撤市设区】　1月25日，国务院批复，同意对威海市部分行政区划进行调整，撤销文登市，设立威海市文登区，以原文登市（不含汪疃镇、苘山镇）的行政区域为威海市文登区的行政区域，威海市文登区人民政府驻天福街道文山路30号，将原文登市的汪疃镇、苘山镇划归威海市环翠区管辖。3月18日，威海市文登区正式成立，文登区委、区人大常委会、区政府、区政协挂牌，正式以文登区名义对外开展工作。

【昆嵛山抽水蓄能电站项目获批】　6月12日，昆嵛山抽水蓄能电站项目获国家发展改革委正式批复。该项目由国家电网公司独资建设，静态总投资66.84亿元，动态总投资85.67亿元，总装机180万千瓦，采用6台30万千瓦的立轴单级混流可逆式水轮发电机组，设计年发电量27亿千瓦小时。工程总工期76个月，预计首台机组2019年投产发电，2021年6台机组全部并网发电。昆嵛山抽水蓄能电站的兴建不仅可为山东电网提供优质的调峰电力，改善供电质量，降低运行费用，而且可以形成库区自然景观和昆嵛山、圣经山等旅游景点的有机衔接，兼顾休闲度假与特色旅游，带动当地经济社会发展。

【南海高级中学投入使用】　9月1日，南海高级中学正式投入使用。南海高级中学是在原文登三中、四中和天福山中学3所学校撤并基础上兴建的1所全日制高级中学，在校学生2100余人。南海高级中学投入使用后，将与南海实验学校、北京交通大学威海校区形成涵盖幼儿教育、中小学教育、高中教育和大学教育的完整教育体系，提升教育水平。

【城市公交公营正式启动】　10月1日，威海公交集团文登公交有限公司正式接管城区8条公交线路，文登区城市公交正式进入公车公营时代。初期投放的78辆公交车以环保型为主，全部实现无人售票、自动语音报站、IC卡刷卡乘车和视频监控等功能。

【入选2014“中国大陆最佳县级城市”】　12月17日，《福布斯》中文版发布2014年中国大陆最佳县级城市排行榜，文登区排名第25位。福布斯中国大陆最佳县级城市排行榜，主要以区域生产总值360亿元以上的县级城市为入选门槛，以人才指数、城市规模指数、消费力指数、客运指数、货运指数、私营经济活力指数、经营成本指数、创新指数等8大要素为评价指标，全面衡量一个城市商业环境质量和发展潜力，为投资商选择投资目的地提供重要参考。

（隋沐杉）

·镇、街道概况·

【大水泊镇】　镇政府驻集东村，辖89个村、1个社区，人口3.63万人，面积123.4平方公里，耕地面积5305公顷。2014年，实现农村经济总收入6.8亿元，财政收入2916万元，农民人均纯收入1.49万元。有中学1所、小学1所，在校生782人。威海机场位于镇政府驻地，威石专用线、国道G309自境内通过。特产有梨、苹果、香菇、西洋参、桑蚕等，是威海市最大的花香菇生产基地。有20家、总储量15万吨的果品储藏库，果品年交易量达22万吨，是威海市最大的果品集散地和仓储保鲜中心。工业主要有建筑、机械、建材、机电、食品加工等行业，重点企业有龙江重工有限公司、幅员塑胶材料有限公司、利德机电设备有限公司、福井堂新型装饰材料有限公司、文登广源彩钢有限公司等。全年粮食总产量3.5万吨，蔬菜总产量1.9万吨，果品总产量3.48万吨。年内，获“威海市首届创业大赛创业型街道（镇）优秀奖”。

【张家产镇】　镇政府驻因寺桥村，辖56个村，人口2.1万人，面积86平方公里,耕地面积2389公顷。2014年,实现农村经济总收入17.7亿元，财政收入4483万元，农民人均纯收入1.62万元。有中学1所、小学1所，在校生842人。境内自然风景优美，有南圈水库和汤村店子温泉，威海天沐温泉度假有限公司成为集温泉洗浴、餐饮、娱乐、休闲于一体的休闲度假胜地。农业产业特色突出，特产有西洋参、黄芪、汤村粉条等，是山东省最早引进试种西洋参的地区,享有“西洋参之乡”的美誉，是国家西洋参标准化生产基地、西洋参三大主产地之一。西洋参种植成为全镇农民增收的支柱产业。全镇有西洋参种植户1000余户，种植总面积1466.67公顷。该镇是文登区重要的粮食、果品、药材种植基地，全年粮食总产量1.76万吨，蔬菜总产量6989吨，果品总产量8650吨。镇村工业发达，主要有电机、风机、铸造、除尘器等行业，重点企业有威海泰富西玛电机有限公司、威力风电有限公司、文登隆大电子有限公司、富思达饲料有限公司等。泰富西玛电机、威力风机两大集团公司均跻身全国乡镇企业500强。威海泰富西玛电机集团生产的“文宝”牌单相异步电动机获“中国名牌产品”称号，是国家质量免检产品，“文宝”商标被评为中国驰名商标。威力风机集团生产的“天福”牌除尘风机被评为山东省名牌产品。年内，获“威海市机关作风建设先进单位”“威海市信访工作‘三无’乡镇”“威海市离退休工作先进集体”“山东省‘五好’离退休干部党支部”“全国一村一品示范村镇”等称号。

【高村镇】 镇政府驻高村，辖46个村，人口2.96万人，面积96.67平方公里，耕地面积4018公顷，海岸线长7公里，滩涂养殖面积152公顷。2014年，实现农村经济总收入9.75亿元，财政收入3906万元，农民人均纯收入1.83万元。有中学1所、小学1所，在校生609人。境内有道呼线、石泽线、初张路三大干线公路。自然资源丰富，有文登市第二大水库——坤龙邢家水库、第二大河流——青龙河和天然温泉呼雷汤。青龙河入海处的靖海湾为“松江鲈鱼国家级水产种质资源保护区”。特产有脉田糖瓜、沙柳西红柿、万家草莓、西山蜜桃、河西鸭梨、青龙河蟹、莲花扫帚、沙柳柳编、河西刃具等。工业经济发展迅猛，工业产品主要有各种车辆板簧、石油管材、钢铁铸件、农用水泵、特种钢材、生物菌肥、膨化饲料、皮箱坤包、玩具渔具、体育用品、家纺丝织和海鲜制品等。威海市宝隆石油专材有限公司和双力板簧集团有限公司为全镇两大支柱企业。9月，该镇承办威海市农作物新品种现场观摩会。全年粮食总产量3.01万吨，果品总产量2.17万吨，蔬菜总产量1.84万吨。年内，获“威海市信访工作‘三无’乡镇”称号。

【泽库镇】 镇政府驻泽库村，辖23个村，人口2.2万人，面积78.7平方公里，耕地面积1818公顷，海岸线长39.84公里，滩涂面积1333.3公顷。2014年，实现农村经济总收入25.77亿元，财政收入3439万元，农民人均纯收入1.48万元。有中学1所、小学1所，在校生1340人。该镇海岸线长，海洋资源丰富，盛产多种名优海产品，尤以海参、安康鱼、鱿鱼、对虾、梭子蟹、爬虾等久负盛名。浅海滩涂盛产扇贝、蚬子蛤、花蛤、刀劈蛤、牛眼蛤、海螺、缢蛏、牡蛎等50多种贝类。其中，牡蛎资源丰富，年产量6万吨。海参养殖面积666.67公顷，海参育苗面积6万立方米水体。镇域特色经济以发展船舶制造、海洋捕捞、滩涂养殖、水产品加工、国际海上商贸运输、特种毛皮动物养殖为主。其中，海参养殖发展早、规模大，是山东省海参养殖生产基地。农副业以养貂为主，全镇有水貂养殖户980户，年存栏量46.2万只。其中，水貂存栏量44万只，貉存栏量1.35万只，狐狸存栏量8500只。全年销售貂皮186万张、狐狸皮5.2万张、貉皮7.3万张。工业主要有起重设备、纸制品加工、食品加工、塑料制品、民用钢质船舶等行业，有工业企业63家，实现工业总产值45.8亿元。重点企业有威海白云船舶配套有限公司和庆顺实业有限公司。“谷雨”时节举办“渔民节”庆典、传统面塑及“南海大饽饽”蒸做大赛和做客渔村品“渔家宴”活动。全年粮食总产量1.61万吨，蔬菜总产量1.23万吨，果品总产量2990吨，水产品总产量15万吨。年内，被威海市委、市政府授予“市级文明镇”称号。

【侯家镇】 镇政府驻侯家村，辖38个村，人口2.32万人，面积85.9平方公里，耕地面积3000公顷，海岸线长16.25公里，滩涂面积481公顷。境内拥有柘阳山古寺和龙母墓遗址。2014年，实现农村经济总收入58亿元，财政收入1560万元，农民人均纯收入1.56万元。有中学1所、小学1所，在校生748人。特产有对虾、海参、蠓子虾酱、海蜇皮、西洋参和水貂、狐狸等。镇域经济以海产品养殖加工业、特种动物养殖业、中药材种植业为主。工业以机械制造、制鞋、建筑、电子、水产品加工、液压油缸、貂皮加工等为主导产业。全年粮食总产量2.44万吨，蔬菜总产量2.02万吨，果品总产量1727吨。水貂、貉、狐狸等特种珍贵毛皮动物养殖业发展较早，成为农民增收的特色产业，全镇年存养量达300万只。先后被中国农科院特产研究所确定为全国特种养殖示范基地和全国珍贵毛皮动物养殖开发基地，并被授予“特种经济动物养殖业先进镇”称号。海产品加工成为农民增收的致富门路，蠓子虾酱和海蜇皮等产品畅销全国。投资5000万元、建筑面积8000平方米的综合性商贸中心建成并投入使用，固定店铺和集市摊位1000余个，缓解集市拥堵，方便群众贸易，增强商业经济集聚效应。

【宋村镇】 镇政府驻宋村，辖53个村，人口3.9万人，面积161.9平方公里，耕地面积5332公顷，海岸线长20.1公里。2014年，实现农村经济总收入60亿元，财政收入4665万元，农民人均纯收入1.73万元。有中学1所、小学1所，在校生1095人。青威高速公路、石泽公路、石青环海公路贯穿境内。该镇是汉代昌阳古城所在地和传说中的李龙王的故乡。每年农历三月初二，举办李龙王文化山会和“祭祀龙母”活动。特产有“姚米”、对虾、梭子蟹和“昌阳牌”无公害蔬菜。农村经济形成以蔬菜为龙头，蔬菜保鲜加工、林果、畜牧、水产养殖为主体的特色产业化体系，全镇无公害蔬菜种植面积1333.3公顷，是胶东地区主要蔬菜生产基地。家家悦农副产品加工交易中心农产品年交易量达20万吨，成为胶东半岛最大的农副产品集散地。由家家悦、山泰食品和环山饲料3家企业共同投资1.2亿元建设的健悦肉食品有限公司，主要从事生猪养殖、加工和出口，年加工生猪30万头。全年粮食总产量3.36万吨，蔬菜总产量6.96万吨，果品总产量9938吨。年内，被住房城乡建设部、国家发展改革委、财政部等7部委联合评为全国重点镇。

【泽头镇】 镇政府驻泽头村，辖48个村，人口3.6万人，面积115平方公里，耕地面积3421公顷，海岸线长29.65公里。2014年，实现农村经济总收入8.98亿元，财政收入3218万元，农民人均纯收入1.65万元。有中学1所、小学1所，在校生750人。该镇位于母猪河下游，濒临黄海，青威高速、省道S202、上泽线、石泽线在境内交汇，金海路、环海路穿境而过。物产丰富，素有“鱼米之乡”的美誉。滩涂养殖业成为农业经济的主要支柱，拥有滩涂养殖面积2000余公顷，对虾、贝类、海参、魁蚶等海珍品养殖形成规模，造礁养参面积100余公顷。传统农业以小麦、玉米、花生为主，特色农业以苹果、大棚蔬菜、西洋参、大姜、草莓种植为主，有林村泊、泽头泊两大产粮基地。全年粮食总产量3.52万吨，蔬菜总产量2.09万吨，果品总产量1.42万吨。工农业发展迅速，形成以装饰布生产，鱼竿、家纺、禽畜养殖及屠宰加工为主的产业体系。全镇蛋鸡存栏量118万只，肉食鸡出栏量160万只，生猪出栏量3.82万头，奶牛存栏量3085头，兔存栏量2.75万只，毛皮动物出栏量28万只。

【小观镇】 镇政府驻小观村，辖47个村，人口3.76万人，面积126.3平方公里，耕地面积4024公顷，海岸线长25.58公里。2014年，实现农村经济总收入40.67亿元，财政收入5287万元，农民人均纯收入1.71万元。有中学1所、小学1所，在校生1100人。青威高速、省道S 202、环海路横贯全境，金海路、龙海路纵贯南北。自然资源丰富，12公里的金色沙滩，坡平浪缓，沙细水清；拥有万亩滨海松林和大片生态湿地；母猪河、黄垒河、昌阳河等三大河流由此入海，水系环绕，物产丰富。特产有万家口优质大花生、东浪暖大白菜、北黄白根韭菜、裴家岛西瓜和桃花虾、虎头蟹、西施舌等海珍品。海洋水产资源丰富，尤以盛产黄瓢蛤、杂色蛤、毛蛤、文蛤等40余种贝类而久负盛名。特色经济为水产养殖，以滩涂养殖对虾、海参、梭子蟹等和工厂化养殖大菱鲆、河豚、牙鲆鱼为主。工业主要有建材、玻璃、纺织、轮胎、渔具、饲料加工、食品加工、水产冷藏等行业，重点企业有三角华达轮胎复新有限公司、文登市明池安全玻璃有限公司、光威集团启明星渔具有限公司等。全年粮食总产量2.86万吨，蔬菜总产量2.1万吨，果品总产量1.21万吨，水产品总产量12万吨。举办了第六届威海沙雕艺术节和金滩采贝垂钓节。年内，获“山东省旅游强乡镇”和“山东省旅游休闲镇”称号。东浪暖村获第四届“全国文明村镇”称号。

【葛家镇】 镇政府驻葛家村，辖68个村，人口5.1万人，面积185.3平方公里，耕地面积6153公顷。2014年，实现农村经济总收入42.3亿元，财政收入9463万元，农民人均纯收入1.65万元。有中学1所、小学1所，在校生1140人。境内圣经山是中国道教全真派的发祥地，有老子天然头像、《太上老子道德经》摩崖石刻、紫金峰等景点。“圣经山摩崖”被列为国家重点文物保护单位。矿产资源丰富，可开采的矿藏有黄金、铁、磷、花岗石等。其中，花岗石储量最为丰富，总储量约1亿立方米，产品“文登白”和“文登红”属国内独有。特产有大樱桃、苹果、蟠桃、梨等。镇域经济发达，农业生产条件优越，是胶东地区小麦、花生、玉米、苹果的主要产区，形成了果品、花卉、畜牧、苗木等优势产业。全年粮食总产量3.48万吨，蔬菜总产量2.67万吨，果品总产量8.69万吨。工业实力雄厚，有企业200余家，其中28家企业有自营出口权。形成以蓄电池、建筑机械、石材加工、塑料、建材、化工、纺织、印刷、食品等工业生产体系。年内，110千伏变电站配套工程建设完工，国际毛皮交易中心对外经营。

【米山镇】 镇政府驻横口村，辖44个村，人口2.1万人，面积85.2平方公里，耕地面积2222公顷。2014年，实现农村经济总收入45亿元，财政收入2648万元，农民人均纯收入1.9万元。有中学1所、小学1所，在校学生638人。桃威铁路、青威高速公路、国道G 309横贯境内，文登火车站坐落镇区，是胶东半岛重要的客货集散地。有威海市最大的水库——米山水库，为威海市区和文登区提供生活、生产用水。特产有草莓、速生杨、韩式泡菜、大银鱼和彩貂等。全年粮食总产量1.58万吨，蔬菜总产量1.7万吨，果品总产量6454吨。有各类企业40多家，形成机械制造、电子化工、轻工家纺、农副产品加工和物流业五大产业群。以文登火车站为中心的小城镇化建设、以富平工业园为中心的项目集聚建设和以胶东黑松市场为中心的农业产业化建设加快推进。年内，获“好客山东最美村镇”和“威海市信访‘三无’优秀乡镇”称号。

【界石镇】 镇政府驻大界石村，辖65个村、1个社区，人口2.89万人，面积187.8平方公里，耕地面积4509公顷。2014年，实现农村经济总收入12.7亿元，财政收入2159万元，农民人均纯收入1.66万元。有中学1所、小学2所，在校生749人。境内旅游资源丰富，昆嵛山自古被誉为“海上仙山”，有无染寺、王母娘娘洗脚盆和三瓣石等风景名胜。特产有樱桃、昆嵛山茶叶和苹果等。全年粮食总产量2.3万吨，蔬菜总产量2.39万吨，果品总产量1.81万吨。5月中旬至6月上旬举办的“第十届昆嵛山樱桃节”，形成“山里人家游”旅游品牌，接待来自韩国、俄罗斯、美国、日本等国家和广东、上海、海南、北京等地游客30余万人次。石材、矿泉水资源丰富，特色经济主要有玩具生产、石材加工、天然泉水、矿泉水加工和锅炉生产等，玩具加工业发达，被誉为“胶东玩具生产第一镇”。

【文登营镇】 镇政府驻教场东村，辖70个村，人口2.39万人，面积124.7平方公里，耕地面积2798公顷。2014年，实现农村经济总收入13.85亿元，财政收入1311万元，农民人均纯收入1.64万元。有职业学校1所、体育学校1所、中学1所、小学1所，在校学生5100人。有初张路、威石路、机场路等10条高等级公路以及青荣城际铁路贯穿境内，城铁文登东站坐落镇东端。旅游资源丰富，有茂林生态农业园、天福山起义遗址、沙里店古遗址、文登营古兵营遗址、松山水库、老固顶风景区、杜营河公园、体育公园等景点和天福山、草场庵两处省级森林公园。特产主要有猕猴桃、乳品、鹿制品等，特色经济主要有梅花鹿、熊、狐狸、水貂等特色养殖。有两处全国无公害食品生产基地，有“佛鼎山”“西字城”两个全国绿色食品商标。农业主要有小麦、玉米、花生、苹果种植，畜牧业以奶牛、肉食牛、蛋鸡养殖为主。全年粮食总产量1.84万吨，蔬菜总产量1.51万吨，果品总产量8976吨。工业有机械、电子、家纺、化工、医药、酿造等行业，重点企业有文登皇利压铸化工材料有限公司、文登众华家纺有限公司、文登天山集团有限公司等。

【龙山街道】 街道办事处驻文山路107号，辖12个村、14个社区，人口4.7万人，面积32.8平方公里，耕地面积635公顷。2014年，实现生产总值40亿元，财政收入8422万元，城市居民可支配收入1.69万元。有中学1所、小学3所，在校生6288人。辖区内龙山路、昆嵛路、文山路、峰山路等主干道路纵横交错，青威高速和桃威铁路等横贯境内。第三产业繁荣，辖区内有利群购物广场、南源购物广场、大润发、德泰大酒店、凯德商务酒店、富丽华大酒店、喜庆大厦等大型商场和高档酒店，是文登区的商业中心。工业主要有光缆、机械、纺织、电子、服装等行业，是威海市重要的家纺产业镇。重点企业有宏安集团有限公司、山东昆嵛电缆有限公司、威海盛源电力变压器有限公司、文登长荣金属制品有限公司等。全年粮食总产量4572吨，蔬菜总产量1371吨，果品总产量1802吨。年内，获威海军分区“兴武建功”先进单位称号。

【天福街道】 街道办事处驻天福路35号，辖9个村、19个社区，人口6.13万人，面积30.3平方公里，耕地面积204公顷。2014年，实现生产总值53.9亿元，财政收入1.8亿元，城市居民可支配收入1.88万元。有高中2所、小学3所、特殊教育学校1所，在校生9083人。辖区地理位置优越，城市文化商务区坐落区内，市体育公园、博展中心、市民文化中心、高职教育中心、国际会展中心、国际贸易中心等标志性大型公共设施分布其间，天福路、香山路、文山路、米山路等主干公路纵横交错，国道G309横贯辖区南部，汽车客运站、文登学公园、抱龙河公园、峰山公园、召文台公园位于辖区内。有义乌小商品批发市场、天福商贸批发市场、凉水湾陶瓷大世界等专业市场和天福商贸城、北宫美食街、文山石马街、峰西永安街等特色商贸区。主导产业有房地产、机械、生物科技、电缆、电子、家纺服装、水产品加工等12个门类。全年粮食总产量869吨，蔬菜总产量973吨，果品总产量1218吨。年内，获“山东省旅游强乡镇”“威海市消防工作先进镇（街道）”“威海市民族团结进步创建活动示范街道”称号。

【环山街道】 街道办事处驻米山路122号，辖7个村、19个社区，人口6.5万人，面积39.5平方公里，耕地面积433公顷。2014年，实现生产总值51亿元，财政收入1.25亿元，城市居民可支配收入1.73万元。有中学3所、小学4所，在校生1.78万人。国道G309、青威高速公路、桃威铁路横贯境内。有万石山、小嵛岭水库、青龙山庄等观光旅游景区。地热资源丰富，七里汤温泉历史悠久，建有温泉洗浴中心、温泉游泳馆等。工业主要有电子、家纺、服装等。第三产业发展迅速，形成西藕湾汽车交易市场、宋家沟装饰材料市场、河南水产品市场、威海（文登）国际建材城等综合化、品牌化市场及全友家私、鲁明轩家具、太平洋家具等大型家具装饰商场。全年粮食总产量2101吨，蔬菜总产量623吨，果品总产量1590吨。年内，获“省级规范化财政所”和“威海市第三次全国经济普查先进集体”“威海市安全生产先进单位”等称号。

【埠口港管理委员会】 管委会驻张家埠村，辖8个村、1个社区，人口1.2万人，面积19.88平方公里，耕地面积733公顷，海岸线长17.46公里。2014年，实现农村经济总收入12.57亿元，财政收入1917万元，农民人均纯收入1.63万元。有小学1所，在校生205人。初张公路、张西公路终点在境内交汇。有大小渔业码头7座，其中张家埠港为国家二类开放港口。水产品加工业发达，门类齐全，围绕海产品加工兴建的水产企业50余家，形成以水产食品加工、冷藏保鲜、海洋捕捞、船舶制造、海水养殖等为主体的经济格局，以及玻璃制造、特种养殖、西洋参种植、铸造等多行业、多门类的工农业体系。特产有西洋参、花生、苹果和对虾、海参、海蜇、牡蛎、河豚等。特色经济以特种动物毛皮、小型船只、海鲜制品、玻璃制品以及家纺、玩具制品生产为主。全年粮食总产量4900吨，蔬菜总产量2808吨，果品总产量3454吨。

（王淑君）

荣成市

【概况】 荣成市辖12个镇、10个街道，825个村、118个社区，总面积1526平方公里，耕地面积5.64万公顷，海岸线长487公里。2014年末，全市总人口66.94万人。2014年，全市实现生产总值971.02亿元，比上年增长10.5%。其中，第一产业增加值82.21亿元，增长4.1%；第二产业增加值480.31亿元，增长10%；第三产业增加值408.5亿元，增长12.5%。三次产业占生产总值的比重分别为8.4%、49.5%和42.1%。全社会完成固定资产投资额643.15亿元，增长16.7%。公共财政预算收入60.01亿元，增长14.9%；公共财政预算支出81.44亿元，增长3.8%。年末，社会消费品零售总额294.01亿元，增长12.9%。进出口总额30.13亿美元，增长8.2%。

农业　全年完成农林牧渔总产值147.9亿元，比上年增长4.1%。实现农村经济总收入1453.3亿元，增长4.8%。全年粮食总产量24.2万吨，下降4.7%。花生总产量6.65万吨，下降2%。水果总产量16.2万吨，增长22%。肉类总产量3.7万吨，增长1.6%。禽蛋总产量3.7万吨，增长2%。奶牛存栏量1.9万头。年末，全市拥有农业机械总动力200.1万千瓦，增长1.2%。农用拖拉机9.81万台，增长2.1%。全年水产品总产量120.3万吨，增长0.3%，养殖品种有鱼、虾、贝、藻等4大类30多个品种。渔业经济总收入672.1亿元，增长7.6%。

工业　全市规模以上工业企业529家，实现工业总产值2669.3亿元，比上年增长11.3%；完成主营业务收入2506.3亿元，增长10.2%；实现利润133.5亿元，增长9.3%。全社会用电量23.5亿千瓦小时，下降2.6%。其中，工业用电量13.6亿千瓦小时，下降3.8%。全年完成工业高新技术产业产值872.2亿元，占工业总产值的比重达33.2%，提高1.08个百分点。资质以上建筑企业77家，完成建筑业总产值30亿元。

金融 保险　年末，金融机构本外币各项存款余额564.94亿元，增长7.5%。其中，城乡居民储蓄余额342.9亿元，增长11.5%。全年实现保险费收入12.2亿元，增长4.3%。

交通 邮政　全年完成水路货运量640万吨，比上年增长3%。水路客运量105万人次，增长1%。港口货物吞吐量2316万吨，增长4%。港口集装箱吞吐量35.6万标准箱，增长2%。完成邮政业务总量7241.2万元，下降9.3%。

教育 科技 文化 体育　年末，全市拥有各类学校65所，在校学生7.24万人。全年获批省级以上科技项目15项，争取无偿经费2000万元。全市专利申请量1275件，比上年增长16.5%。其中，发明专利505件。取得重要科技成果20项，获省科技进步奖2项，威海市科技进步奖18项。全市有各类艺术表演团体2个，文化馆1个，公共图书馆1个，博物馆1个，电影公司1个，电影院3个，广播电台1座，电视台1座。全市有国家级文物保护单位1处、省级文保单位5处、地级文保单位14处、市（县）级文保单位29处，拥有国家级非遗项目1个、省级非遗项目10个、地级非遗项目29个、县级非遗项目35个。全年举办群体类活动48场次，在市级体育比赛中，获金牌107枚，团体冠军13项。在山东省第23届运动会上，荣成市运动员获金牌45.51枚。发放健身器材1024件，全市便民服务中心篮球架、乒乓球台覆盖率达到50%以上；培训各级社会体育指导员300人。

城乡建设 环境保护　年末，城市建成区绿化覆盖率49.5%，人均绿地面积达26平方米。实施城建重点工程69项，铺设地下管网148公里。其中，供热管网55公里，供热覆盖率由79%提升至80%；燃气管网44公里，燃气普及率由54.5%提升至57%；污水管网49公里，污水日处理能力增至16.5万吨。购置压缩式垃圾清运车27辆、配套专用垃圾桶1万余个，新增175个村实行“户集村收”模式。全市垃圾密闭化收运率达到100%。年末，全市环境保护系统有环境监测站1个，环境监测人员10人。地表水集中式饮用水源保护区4个，面积360平方公里。全市空气质量优良率和饮用水源地水质始终保持100%。

青荣城际铁路荣成站外景　　荣成市史志办提供

贸易 旅游　年内引进国内项目233个，实际利用内资165.9亿元，比上年增长17%。新批外资项目41个，实际利用外资1.3亿美元，增长16.6%。完成外贸进出口总额30.1亿美元，增长8.2%。其中，出口总额22.9亿美元，增长10.6%；进口总额7.2亿美元，下降1.1%。拥有国家AAAA级景区2处、AAA级景区10处。国家级农业示范点1个、省级休闲农业旅游示范点20个，省级旅游强镇7个，省级旅游特色村13个，省级乡村旅游示范点5家。

人民生活　全市城镇居民人均可支配收入3.24万元，农民人均纯收入1.96万元。全市有20.8万人参加城镇基本养老保险，增加8803人；有64.8万人参加基本医疗保险；参加工伤保险的人数达到14万人，增加2406人；参加失业保险的人数10.2万人，增加3102人；居民基本养老保险投保人数31.5万人。全市有低保对象1.04万人，发放低保金2262万元；有“五保”对象3693人，发放保金2111万元。城市居民低保标准由每人每月450元提高到500元，农村居民低保标准由每人每年2600元提高到2800元，10月1日起又提高到3240元。农村“五保”集中供养标准由每人每年5000元提高到5500元，分散供养标准由每人每年2700元提高到3200元。

【青荣城际铁路开通运营】　12月28日，山东省首条区域性城际高速铁路青岛至荣成城际铁路开通运营。该铁路正线全长299.5公里。其中，威海段正线长66.5公里，设计时速250公里。该铁路的建成通车，拉近青岛、烟台、威海和荣成城市群间的时空距离，让群众出行更为便捷。（详见《交通·邮电·综述》第166页）

【荣成·中国中韩边贸城开业】　10月25日，荣成·中国中韩边贸城开业，来自海峡两岸以及韩国、日本、俄罗斯等国家的200多位海洋食品企业负责人、经销商，70多家高校院所、投融资机构负责人和专家等参加了开幕仪式。荣成市依托支柱海洋产业基础和“毗邻日韩”的区位优势，把荣成·中国中韩边贸城建设成为海洋、边贸商品国际交易平台和旅游购物中心。边贸城占地面积38.53公顷，建筑面积50万

10 月 25 日，荣成·中国中韩边贸城开业　　荣成市史志办提供

平方米，项目定位为中国首席海洋边贸采购中心，打造国内以海洋食品、边贸交易为主体，融合地方特产、旅游购物、餐饮娱乐、博览展示、商务办公、电子信息和仓储物流等于一体的“主题化、多功能、一站式”的大型海洋边贸城。

【谷牧旧居举行开放仪式】 2014 年是谷牧 100 周年诞辰，为缅怀谷牧的光辉业绩，荣成市对石岛管理区宁津街道东墩村的谷牧旧居进行了整体修缮。9 月 24 日，荣成市举行谷牧旧居开放仪式。谷牧旧居是一栋海草房，分南北 2 个宅院，北院复原了谷牧少年时代读书和生活的场景，南院设立了谷牧生平事迹展览室，展示了谷牧在各个历史时期的光辉业绩，陈列了谷牧亲属捐赠的纪念品。谷牧旧居被批准为“威海市级文物保护单位和爱国主义教育基地”。

【入选 2014“中国大陆最佳县级城市”】 12 月 17 日，《福布斯》中文版发布 2014 年中国大陆最佳县级城市排行榜，荣成市排名第 17 位。福布斯中国大陆最佳县级城市排行榜，主要以区域生产总值 360 亿元以上的县级城市为入选门槛，以人才指数、城市规模指数、消费力指数、客运指数、货运指数、私营经济活力指数、经营成本指数、创新指数等 8 大要素为评价指标，全面衡量一个城市商业环境质量和发展潜力，为投资商选择投资目的地提供重要参考。

【威海海洋职业学院成立】 9 月 15 日，威海海洋职业学院开学典礼暨揭牌仪式在荣成市举行。省海洋与渔业厅、省教育厅、威海市及荣成市有关领导出席仪式。威海海洋职业学院是经省政府批准、教育部备案的国有公办全日制普通高等专科学校，开设水产养殖技术、食品营养与检测、船舶工程技术等 6 个专业，建有船舶加工、电子商务、水产品加工、全封闭养殖系统、微藻饵料、藻种培养等专业实训室 60 余个，配有电子阅览室、多媒体教室和语音室，建有万兆校园网。

·镇、街道概况·

【成山镇】 镇政府驻成山五村，辖 52 个村、7 个社区，人口 5.8 万人，面积 100 平方公里，耕地面积 1966 公顷，海岸线长 100 公里。2014 年，实现农村经济总收入 124 亿元，财政收入 1.03 亿元，农民人均纯收入 1.3 万元。有高中 1 所、中学 2 所、小学 3 所，在校生 3700 人。该镇特色物产有海带、海参、茶叶等。在经济发展上，培植了滨海旅游、临港工业、海洋食品、文化创意和天鹅湖地产五大支柱产业。境内拥有国家 AAAA 级风景区——成山头风景区、全国第一家村办野生动物园——神雕山野生动物园、以“吃渔家饭、住渔民家、体验渔家风情”为主题的胶东渔村——河口村和国家一类开放口岸——龙眼港。商业地产以天鹅湖周边开发为重点，带动以休闲、度假、居住为主题的房地产开发快速发展，形成配套齐全、功能完善的高档社区。年内，获“全国重点镇”“全省百镇建设示范行动先进镇”称号。

【港西镇】 镇政府驻大岚头村，辖 21 个村、1 个社区，人口 1.4 万人，面积 48 平方公里，耕地面积 1160 公顷，海岸线长 11 公里。2014 年，实现农村经济总收入 178 亿元，财政收入 1.92 亿元，农民人均纯收入 1.44 万元。有中学 1 所、小学 1 所，在校生 940 人。该镇特色物产丰富，是重要的商品粮和花生、水果生产基地，有“无花果之乡”的美誉，无花果种植面积 333.33 公顷。水产品养殖和滩涂养殖资源丰富，盛产深海刺参、鲍鱼、飞蟹和海带等海产品。石英砂储量上亿立方米，是全国三大硅砂原材料基地之一。该镇是山东省有名的“外商独资镇”，形成了以光电子、旅游地产、海洋食品、汽车船舶配件等四大主导产业。年内，鸡鸣岛村获“省级乡村旅游特色村”称号。

【人和镇】 镇政府驻人和村，辖 85 个村、3 个社区，人口 7.3 万人，面积 109.98 平方公里，耕地面积 3820 公顷，海岸线长 43 公里。2014 年，实现农村经济总收入 214 亿元，财政收入 7740 万元，农民人均纯收入 1.41 万元。有中学 3 所、小学 6 所，在校生 6388 人。特色物产有裙带、干海产品、石材和特色动物毛皮等。畜牧业以养猪、禽、水貂为主。粮食作物以种植小麦、玉米、花生为主。形成以石材加工和海产品捕捞加工为主导的产业结构，是山东省政府批准的中心镇，是全国千强镇之一。该镇依托滨海渔港优势，坚持传统产业升级与新兴产业培植并举，海洋生物科技、海洋食品加工、机械制造和修造船业等主导产业迅猛发展，新兴的高端海洋食品加工园区和工业园区迅速崛起。依托九顶铁槎山独特的山、海、岛、滩等，开发自然风光和民俗旅游，形成生态旅游、海洋旅游、民俗旅游等特色旅游相结合的滨海槎山旅游区。

【俚岛镇】 镇政府驻大庄许家村，辖 60 个村、12 个社区，人口 5.2 万人，面积108平方公里，耕地面积2776.5公顷，海岸线长40公里。2014年，实现农村经济总收入121亿元，财政收入1.68亿元，农民人均纯收入1.34万元。有中学1所、小学2所，在校生2467人。盛产海带、海参、鲍鱼、魁蚶、海胆、对虾、牡蛎和扇贝等海珍品。重点发展修造船、海洋食品和旅游度假三大支柱产业，打造出以“海芝宝”“食藻宝”等品牌为龙头的水产品精深加工产业。发展以爱莲湾综合开发、烟墩角大天鹅旅游、花斑彩石风景区和“渔家乐”民俗游等为基础的滨海旅游度假产业，年接待游客6万多人次。全镇有浅海、滩涂养殖面积5333.33公顷，工厂化养殖面积8万平方米，鲍鱼年产量2000吨、海参年产量5000吨；海带养殖面积3333.3公顷，年产量40万吨，占全国海带总产量的1/6。

【虎山镇】 镇政府驻西峰山后村，辖46个村、5个社区，人口4.4万人，总面积117平方公里，耕地面积4220公顷，海岸线长30公里。2014年，实现农村经济总收入12.5亿元，财政收入6241万元，农民人均纯收入1.08万元。有中学2所、小学2所，在校生2000人。镇域经济初步形成以海水养殖、针织加工、食品加工、新型建材、养老服务和装备制造为支撑的多元化发展格局。拥有国内面积最大的海参养殖基地，年产鲜参200万公斤。有规模以上针织加工企业10家，年加工服装800万件。有规模以上食品加工企业30余家，年加工能力20万吨，主要以水产品、蔬菜类、肉类等冷冻调理食品为主。有老年公寓2家，床位1500张。其中，盛泉养老服务股份有限公司是山东省第一家在上海股权托管交易中心挂牌的企业。有农村幸福院5家，老年人日间照料中心3家。打造芙蓉屯农家乐、峰山蜜柿、岛宋家锦绣梨等10个涵盖四季的休闲、观光采摘园。在原有高尔夫会所、游艇俱乐部、国际海水浴场、旅游地产等旅游项目的基础上，沿海岸线启动实施了总投资8000万元的省级海洋渔业主题公园及海鲜风情街建设，打造集垂钓、冲浪、游艇观光、渔家风情体验于一体的大型旅游综合体项目。年内，获“省级造林绿化规模镇”称号。

【夏庄镇】 镇政府驻小夏庄村，辖33个村、1个社区，人口1.2万人，面积47.7平方公里，耕地面积1700公顷。2014年，实现农村经济总收入43.5亿元，财政收入1227万元，农民人均纯收入6396元。有中学1所、小学1所，在校生360人。有大型企业1家，中小企业20多家，工业产品13个门类300多个品种，形成以机械、化工、建材、纺织、食品、电器和工艺品等门类的工业生产格局。中小企业园引进企业12家，投资总额3.2亿元。农业特色物产有苹果、花生、猕猴桃和板栗等，各类种植专业合作社15家，入社群众3000人。农业形成以绿色花生、林业育苗、优质苹果和畜牧养殖为特色的四大农产品生产基地。森林和旅游资源丰富，森林覆盖率达41.8%。境内的伟德山省级森林公园建成山谷漂流、松林野战和休闲采摘等游乐设施。

【埠柳镇】 镇政府驻埠柳村，辖37个村，人口2.1万人，面积98平方公里，耕地面积3600公顷。2014年，实现农村经济总收入21.9亿元，财政收入851万元，农民人均纯收入7200元。有中学1所、小学1所，在校生535人。特色物产有苹果、草莓、蓝莓、无花果和樱桃等。盛产苹果，有“烟富1”“烟富3”“皇家嘎拉”“黄金梨”等20多种优质水果，产品畅销国内外。有果品贮藏加工企业20家，年果品生产、加工销售总量30万吨。成立农民专业合作社17家，引导发展并壮大果业种植加工、花卉苗木培育和畜牧养殖三大主导产业。以休闲农业、生态旅游为形象定位，以项目建设和镇区改造为载体，全力打造集规模化种植、休闲采摘、观光旅游、乡村体验等特色服务于一体的观光休闲度假区。先后引进别洞天休闲园、仙极无花果生态园、天润红豆杉产业园、元盛生物科技等产业项目，实施了镇区环境升级改造、同乐汇文化广场、机件门市改造等重点改造工程。

【滕家镇】 镇政府驻滕家村，辖41个村，2个社区，人口2.5万人，面积88平方公里，耕地面积56402公顷。2014年，实现农村经济总收入35亿元，财政收入1399万元，农民人均纯收入9435元。有中学2所、小学1所，在校生2000人。特色物产有“三优”富士苹果、花生、草莓、西洋参等。加强工业和农业园区建设，形成以“三优”富士苹果为主体的果品种植和储存加工区，以小落、单家、大章等村为主体的采摘休闲生态旅游项目区，以李家屯、沟曹家、五章、曲家沟村为主体的传统产业发展区。在工业园区建设上，抓住经济开发区高端产业园南拓机遇，发展壮大了华纳塑胶、佳宜水产、海洋绿洲、华宇电机等一批骨干小微企业。至年末，全镇有规模以上企业6家，年纳税过百万企业5家。实施镇区改造和小落村村庄改造，分类推进26个村的新农村建设。

【上庄镇】 镇政府驻东上庄村，辖45个村，人口2.4万人，总面积83平方公里，耕地面积3667公顷，海岸线长5公里。2014年，实现农村经济总收入20.62亿元，财政收入1420万元，农民人均纯收入8355元。有中学1所、小学1所，在校生840人。该镇是荣成市重要的粮食、花生、药材、水果和蔬菜生产基地，以高丽参、西洋参、“三优”富士三大产业基地为龙头，引领示范全镇农业产业化发展。建设高丽参种植基地100公顷，年产高丽参12万公斤。建立胶东地区最大的西洋参收购、贮藏集散地，年收购鲜参2500吨。有高丽参、西洋参和果品种植户1000户，年收入3000万元。畜牧养殖业建立起奶牛、獭兔、狐狸、水貂和家禽五大养殖基地。渔业收入2.8亿元，主要养殖品种有海参、海带、鱼、虾和扇贝等。工业形成以仪表、纺织、机械、电子和建材为主导的产业结构，产品有燃气表、地毯纱、塔机配件、启动机、羽绒服、休闲椅和微型灯具等。

【大疃镇】 镇政府驻大疃村，辖45个村、1个社区，人口1.8万人，面积70.28平方公里，耕地面积3057公顷。2014年，实现农村经济总收入136.6万元，财政收入1656万元，农民人均纯收入7508元。有中学1所、小学1

所，在校生542人。该镇是胶东地区花生和果业大镇，素有“梨果之乡”的美誉，特色物产有西洋参、红富士、花生、荣成大樱桃和荣成草莓等。工业形成精密铸造、橡胶机带、生物肥料、皮革制衣等十大行业60余个品种的工业产品体系。2014年，重点建设大田牧歌采摘园、隆高路葡萄园、朋言农场、横山花卉园、普利姆玉兔休闲园等5个农业休闲园。其中，大田牧歌采摘园和玉兔休闲园双双被评为山东省乡村旅游示范点，玉兔牧业公司被评为山东省乡村旅游示范户。

【荫子镇】 镇政府驻墉上姚家村，辖43个村、1个社区，人口1.3万人，面积47平方公里，耕地面积2289公顷。2014年，实现农村经济总收入27.45亿元，财政收入1651万元，农民人均纯收入7637元。有中学1所、小学1所，在校生324人。特色物产花生和苹果等。工业以铸造、机械加工为主。在园区建设方面，以园区建设为载体，打造中小企业集聚地。马家岭项目区引进的13个项目全部完工。姚家项目区有10个项目入驻，总投资2.8亿元，8个市级重点调度项目主体全部完工。在生态农业方面，以发展休闲生态农业为依托，打造城郊休闲农业基地。

【崖西镇】 镇政府驻北崖西村，辖49个村、1个社区，人口1.9万人，面积103平方公里，耕地面积2740公顷。2014年，实现农村经济总收入43.7亿元，财政收入510万元，农民人均纯收入6625元。有中学2所、小学1所，在校生556人。年内引进市级重点项目3个，形成机械电子、服装加工、食品精深加工三大产业，有规模以上工业企业143家。旅游服务业主要以圣水观景区为核心，围绕伟德山生态旅游资源开发，加快伟德山生态葡萄采摘园、山河吕家草莓采摘园和隆峰现代苹果种植园等景区景点建设，开发休闲游、农家乐、采摘游等新兴项目，逐步形成新的旅游亮点。农业物产主要有花生、苹果、草莓、葡萄等。果品、畜牧、药材等高效特色农业体系形成规模，拥有果园200公顷，年可产出各类水果1万多吨。奶牛存养量1600头，年产鲜奶2万吨，是荣成市重要的鲜奶供应地。

【崖头街道】 街道办事处驻荣成市成山大道中段45号，辖26个村、24个社区，人口15.2万人，面积79平方公里，耕地面积490.8公顷，海岸线长6公里。2014年，实现生产总值90.1亿元，财政收入5.5亿元，城市居民可支配收入1.06万元。有中学1所、小学2所，在校生1900人。荣佳电机、爱士新材料等一批新能源、环保产业兴起，佳华·财富广场、盛世·公园和旭日公馆公寓式酒店等商业地产项目集群入驻。荣成皮革城大型皮草专卖、佳华一期奥特莱斯大型招商项目落户，有100余个国际国内品牌进驻。完成改造回迁安置13个村，安置居民3156户。投资500万元，对15个城区社区办公场所进行改造升级，面积均达到300平方米以上并全部投入使用。投资420万元，在青山、曙光、府新等7个社区开办老年人日间照料中心。投资2200余万元，对三环嘉苑、黎明中区、玉龙社区民安小区进行综合改造。

【崂山街道】 街道办事处驻二疃村，辖29个村、1个社区，人口3.3万人，面积45.5平方公里，耕地面积2130公顷，海岸线长32公里。2014年，实现生产总值47.6亿元，财政收入2277万元，城市居民可支配收入1.14万元。有中学1所、小学1所，在校生800人。特色物产有草莓、樱桃和牡蛎等。年内，该镇依托特有的山海滩林风光和农业产业化基地优势，打造绿道观光游和绿道采摘游。雨夼草莓被国家农业部认定为“无公害农产品”。域内生态游、农家游、渔家游形成特色。其中，雨夼村草莓采摘、宁家村樱桃采摘等项目形成品牌特色，辐射周边东庄、古塔等村形成草莓和大樱桃种植圈。牡蛎养殖场被授予“农业部水产健康养殖示范场”称号。

【寻山街道】 街道办事处驻城后村，辖34个村、4个社区，人口3.5万人，面积50.5平方公里，耕地面积1340公顷，海岸线长17.75公里。2014年，实现生产总值71亿元，财政收入4798万元，城市居民可支配收入1.06万元。有大学2所、中学1所、小学2所，在校生1.5万人。特色物产有海带、海参、鲍鱼等海珍品，有水产食品加工销售企业20余家，年加工各类水产品7万吨，实现由传统的海面养殖向海陆并存，以工厂化育苗、养殖和加工为主体的转变。形成了北部工业园区，南部休闲、休养、旅游、大学园区，东南部港口物流，东部食品加工园区和西北部畜牧养殖为主导的五大经济板块。在产业布局上，重点发展汽车配件、锻压热处理、海洋食品、轮胎化工、旅游文化和港口物流六大产业群，辖区有大中型企业30余家。年内，获“山东省乡村文明示范镇”称号。

【城西街道】 街道办事处驻徐家村，辖40个村、1个社区，人口1.81万人，面积44平方公里，耕地面积1720公顷。2014年，实现生产总值22.6亿元，财政收入968万元，城市居民可支配收入8900元。特色物产有花生、苹果和梨等，是荣成市小麦、花生、玉米等重要产区和奶牛、生猪等重要畜牧养殖区。辖区有花生加工基地——圣农花生加工厂、果品集散基地——库容8000吨的华峰果品气调库、生猪屠宰基地——宝竹肉食品有限公司。有各类企业50多家，其中规模以上工业企业6家，宝丽佳电子是国内5家专业生产ITO靶材的高科技企业之一。

【港湾街道】 街道办事处驻石岛街社区，辖21个社区居委会，人口7.5万人，面积28平方公里，耕地面积70公顷，海岸线长21公里。2014年，实现生产总值110.6亿元，财政收入1.2亿元，城市居民可支配收入1.4万元。有中学1所、小学2所，在校生6231人。辖区有海上养殖面积520公顷，年水产品产量2.5万吨。有冷藏企业60家，总库容16万吨。有各类渔船1059艘、15.44千瓦，年实现捕捞产量20万吨。有规模以上修造船企业4家，主要修造货船、油船、工程船和渔船等。有海上货运船只50艘，港口吞吐量1156万吨，集装箱达19.9万标准箱，出入境旅客30.1万人次。境内有AAAA级赤山风景区、石岛天后宫和海上牧场游乐项目等。

【宁津街道】 街道办事处驻宁津所村，辖45个村、5个社区，人口2.2万人，面积68平方公里，耕地面积1594.2公顷,海岸线长57.5公里。2014年，实现生产总值24亿元，财政收入5069万元，城市居民可支配收入1.31万元。有中学1所、小学1所，在校生1600人。盛产对虾、海参、鲍鱼、贝类、藻类等300多种海产品。建有特色动物养殖、高档苗木培育和茶叶种植三大产业基地。华能荣成风力发电有限公司和华能荣成新能源有限公司两大风力发电企业投入发电。该街道地处沿海，民居独具特色，海草房构建奇特，冬暖夏凉，百年不腐，是研究胶东民俗的宝贵资源。49个村(社区)拥有海草房1.16万间，形式有单幢、四合院和群厢式多合院等，宁津所村仍保存着明代海草房一条街。东楮岛村海草房保留最为完整，先后被建设部、国家文物局命名为中国历史文化名村，被山东省政府确定为非物质文化遗产。年内,获山东省“乡村记忆镇街”称号,东楮岛村获“传统村落保护单位”“山东省乡村记忆示范村”称号,东墩村获“山东省生态文明建设先进村”称号。

【东山街道】 街道办事处驻东山村，辖31个村，1个社区，人口1.7万人，面积42平方公里,耕地面积1663公顷,海岸线长10.2公里。2014年，实现生产总值35亿，财政收入1456万元，城市居民可支配收入1.02万元。有中学1所、小学1所，在校生850人。有省级规范化教学区、综合性医院和银行各1处,公园3处,建有垃圾中转站、供气站、污水处理厂、供热锅炉等基础设施。盛产河豚、牙鲆鱼、海参和藻类等各种海珍品。重点发展水果、蔬菜、苗木、茶园四大产业基地，实现与家家悦超市“农超”对接。实施水产品精深加工企业和远洋捕捞船队产供销一体化发展。引进维赛科技、高时石材、广润食品、华龙科技和翔宇环保科技等国内外项目，初步形成船舶配套、食品加工、石材外贸、高科技、产学研合作及远洋捕捞等主导产业群。

【斥山街道】 街道办事处驻斥山村，辖22个村、7个社区，人口3.2万人，面积58平方公里，耕地1466.7公顷，海岸线长7公里。2014年，实现生产总值92亿元，财政总收入1.75亿元，城市居民可支配收入1.26万元。有中学1所、小学1所，在校生3067人。盛产海参、鲍鱼等海珍品。在主导产业发展上，形成了以海上捕捞、海上养殖、水产物流、食品加工、山海旅游、建筑开发、机械制造等为主体的产业格局。2014年,水产品总产量5.2万吨,实现渔业总收入83亿元。有规模以上海洋食品加工企业12家，精深加工能力达15万吨。辖区国家AAAA级赤山景区和滨海公园、凤凰湖小区连点成线,构筑山海湖一体的旅游圈。年内,实现旅游收入6828万元。全省首家村级乡村记忆馆——西火塘寨社区乡村记忆馆，依托英模贤达、历史印记等8个主题展厅，展旧物、记乡愁、忆乡情，传承发扬传统文化，推动乡村旅游提档升级。

【王连街道】 街道办事处驻王家庄村，辖32个村、1个社区，人口1.68万人，面积49.1平方公里，耕地面积1600公顷。2014年,实现生产总值8.5亿元，财政收入2390万元，城市居民可支配收入1.5万元。有中学1所、小学1所，在校生800人。特色物产主要有茶叶、中药材、苹果等。主要粮食作物以小麦、玉米、花生为主。形成了远洋捕捞、水产品精深加工、机械制造、橡塑制品和船舶配件等五大产业板块。

【桃园街道】 街道办事处驻桃园村，辖15个村、1个社区，面积18.1平方公里，人口1.3万人，耕地面积338.3公顷，海岸线长15公里。2014年，实现生产总值18亿元，财政收入7100万元,城市居民可支配收入1.14万元。有中学1所、小学1所,在校生1372人。有集团公司、民营企业160余家。其中,规模以上企业16家，形成以水产品加工、房地产开发、民俗旅游为主体的经济板块。有亲海花园、海景花园等名优养生住宅小区，国家级敬老院1处，四星级农家乐桃园民俗旅游度假村，配套桃园宾馆、海鲜阁等吃住一体设施。

(张洪波　姜潇)

乳山市

【概况】 乳山市辖14个镇、1个街道，601个村、21个社区，总面积1665平方公里，耕地面积5.86万公顷。海岸线长185.6公里。2014年末，全市总人口56.17万人。2014年，全市实现生产总值441.59亿元，比上年增长9.7%。其中，第一产业增加值38.28亿元，第二产业增加值230.57亿元，第三产业增加值172.74亿元，分别增长3.6%、10.4%和9.7%。三次产业占生产总值的比重分别为8.7%、52.2%和39.1%。全年完成固定资产总投资421.9亿元，增长15%。社会消费品零售总额193.05亿元，增长12.8%。进出口贸易总额7.06亿美元，增长11.1%。其中，进口总额1.17亿美元，增长43.3%；出口总额5.89亿美元，增长6.4%。新批外资项目14个，增资项目6个，实际到账外资7282万美元；全年实际利用内资110.8亿元，增长15.3%。全年完成公共财政预算收入27.66亿元，增长13%。其中，税收23.49亿元，增长15.6%。公共财政预算支出35.03亿元，增长6.4%。

农业　全年农、林、牧、渔业总产值达到83.79亿元，比上年增长3.7%。其中,农业总产值44.26亿元,下降2%；林业总产值900万元，增长9.5%；畜牧业总产值14.23亿元，增长9.1%；渔业总产值23.71亿元，增长10.6%；农林牧渔服务业总产值1.5亿元，增长6.6%。粮食总产量29.65万吨，水果总产量46.45万吨，蔬菜总产量37.23万吨，肉类总产量8.36万吨，水产品总产量40.61万吨。全年造林2133公顷，森林覆盖率达到33.8%。年末,全市拥有农用拖拉机中小型5.97万台，总动力46.5万千瓦；大中型2842台，总动力11.1万千瓦；拖拉机配套机具11.12万部。

工业　全市规模以上工业企业313家，实现增加值190.92亿元，比上年增长10.4%；实现主营业务收入685亿元，增长10.3%。实现利润29.6亿元，增长7.9%；利税57.61亿元，增长7.8%；工业产品产销率98.5%。全市金属采选及冶炼、食品饮料加工和制造、机械电子、纺织服装、化工建材五大支柱产业拥有企业251家，实现主营业务收入580.81亿元，增长2.3%。

第三产业　全市第三产业完成增加值95.15亿元，比上年下降40.6%。全年实现消费品零售总额193.05亿元，增长12.8%。城乡消费同步增长，城市消费品零售总额111.7亿元，增长13.7%；农村消费品零售总额81.35亿元，增长11.7%。全年全市公路通车里程1776.15公里，年末拥有营运载货汽车8626辆，增长7.1%。营运线路78条，总长892公里，公共汽车293辆，客运量1131.5万人次，运营里程1800万公里。拥有出租车运营企业1家，出租车270辆，年载客量476万人次，运营里程4452万公里。全年完成邮电业务总量6.98亿元，增长8.1%。港口货物吞吐量122万吨，增长5.5%；全年接待国内外游客617.4万人次，增长21.3%；实现旅游总收入48.01亿元，增长18%。

城乡建设　年末，建成区面积达到58.04平方公里。其中，城区33.04平方公里，银滩旅游度假区25平方公里。城区道路面积599.62万平方米，排水管道总长度611.54公里，城区自来水供水总量1516万立方米，集中供热总建筑面积422万平方米，燃气普及率达100%。建成区绿化覆盖率45.5%，人均公共绿地面积18.67平方米。生活垃圾无害化处理率100%。

社会事业　全市有中小学校42所，在校生3.17万人。拥有各类技术贸易机构16个，从事技术贸易活动人员170人。年内，取得重要科技成果12项，获威海市以上科技进步奖7项。有艺术表演团体1个，公共图书馆1个，文化馆1个，档案馆1个，广播电视台1座。有卫生机构30所，床位2338张，卫生专业技术人员2567人。体育场1座，全年参加省级以上体育比赛获奖牌59枚，其中金牌16枚。

人民生活　城镇居民人均可支配收入2.81万元，比上年增长10.1%。农民人均纯收入1.48万元，增长10.8%。年末，有1316家企业的8.23万名职工参加基本养老保险，有1.26万名机关事业单位在职职工参保，有4.13万名离退休职工享受基本养老保险，全年为离退休职工发放离退休费10.8亿元。职工医疗保险参保人数12.01万人，参保率95%。城乡居民养老保险参保人数29.23万人，参保率99.4%。

【福如东海文化园项目入选省级重点建设项目】　福如东海文化园位于乳山银滩旅游度假区，由威海广澳旅游投资有限公司投资建设，是围绕“福”“寿”“康”“宁”“乐”五福而展开的大型文化旅游综合开发项目，总投资20亿，规划面积100公顷，于2006年7月1日开工建设，配套有旅游商业、五星大酒店和游艇码头。2012年，中国美术创作研究基地山东省基地在园区落户，是年，福如东海文化园被评为国家AAA级景区。2014年4月，福如东海文化园项目被列入省级重点建设项目名单，系乳山市服务业项目首次入选省级重点建设项目。

【乳山牡蛎育出新品种】　5月20日，农业部公布了经第五届全国水产原种和良种审定委员会审定通过的15个水产新品种，乳山长牡蛎“海大1号”名列其中。长牡蛎“海大1号”以乳山市海区自然采苗养殖的长牡蛎为基础群体，采用群体选育技术，以生长速度、壳形作为选育指标，充分利用长牡蛎繁殖周期短和可解剖受精的特性，建立并应用有效繁殖亲本数量控制、选育群体世代遗传参数与选择效应评估以及选育世代遗传多样性监测等多项关键技术，通过连续6代群体选育，成功培育出生长性状优良的新品种。该品种是乳山市海洋与渔业局和中国海洋大学科研院所合作的又一丰硕成果，填补了国内牡蛎良种培育的空白。

【获“山东省科学城市”称号】　6月14日，经山东省全民科学素质工作领导小组审核验收，乳山市被命名为“山东省科学城市”。“山东省科学城市”创建工作由山东省全民科学素质工作领导小组于2011年启动，旨在加强全民科学素质建设，建立全民科学素质与区域经济社会科学发展相协调的机制，增强城市的自主创新能力和综合竞争力，推动创新型城市建设。乳山市是全省第七个被命名的城市。

【入围“中国生态养生旅游目的地”100佳】　7月24日，在中华民族和谐发展促进会、中华美食文化研究会、中国县城旅游联盟、中国县域旅游网和《环球游报》等机构联合主办的“一生非去不可的66个”中国生态养生旅游目的地评选活动中，乳山市凭借优美的自然环境、淳朴的风土人情和底蕴深厚的养老养生产业，入围“中国生态养生旅游目的地”100佳。

【获“全国义务教育发展基本均衡县”称号】　乳山市以实现教育特色发展和均衡发展为目标，不断加大资金投入，改善办学条件，推进农村学校校舍建设，提升教育现代化和标准化水平。特别是围绕入学机会、保障机制、师资队伍和质量管理进行深入研究，推进创新，为区域教育均衡发展创优环境，促进全市教育均衡高位优质发展。9月16日，国务院教育督导委员会授予乳山市首批“全国义务教育发展基本均衡县”称号。

【获“2014中国最具幸福感城市”称号】　10月14日，中国城市竞争力研究会发布2014中国城市分类优势排行榜，全国有30个城市入选，乳山市以91.55的高分位列第八，获“2014中国最具幸福感城市”称号。

【获“最具投资价值旅游目的地”称号】　11月4日，在新华社《参考消息》报社和2014中国旅游创新发展论坛主办的“2014中国旅游创新榜”评选活动中，经过专家评审、媒体投票和网络评选，乳山市获“中国最具投资价值旅游目的地”称号。

【“乳山樱桃”获农产品国家地理标志】　乳山市独特的水土条件和良好的生态

乳山市开展系列文化活动，争创“全国文化先进县”。图为9月26日，“我的中国梦·文艺走基层·书画乳山行”百位艺术家作品展启动仪式，在乳山市台依湖葡萄酒产业园举行　　　　王英男　摄

环境，培育了“乳山樱桃”的独特品质，该樱桃果实大，肉质肥厚，口味酸甜可口，被誉为“果中珍品”。11月25日，在农业部第五次农产品地理标志登记专家评审会上，乳山市申请登记的“乳山樱桃”通过专家评审，获认农产品地理标志。

【获“全国文化先进县”称号】　乳山市围绕“文化活市”的发展战略，立足“仁爱乳山”品牌打造，文化事业和文化产业全面发展，健全公共文化服务体系，各项文化事业取得长足发展。12月18日，在全国文化工作表彰会议上，乳山市获“全国文化先进县”称号。全国文化先进县是文化系统最高政府表彰，每5年一届。本次评选，全省有5个县（市、区）入选。

·镇、街道概况·

【夏村镇】　镇政府驻东耿家村，辖45个村，面积112平方公里，耕地面积4755.6公顷。2014年，实现农村经济总收入52.05亿元，农民人均纯收入1.5万元。有中学1所，在校生1480人。镇域主要企业36家，主导产品有啤酒、液压缸、石材加工、皮革制品、造锁设备、内燃机配件、工艺绣品等，形成了饮食业、建筑业和锻压铸造业三大支柱产业。

【海阳所镇】　镇政府驻海阳所村，辖39个村，面积91.4平方公里，耕地面积3322.5公顷，海岸线长87公里。2014年，实现农村经济总收入34.8亿元，农民人均纯收入1.83万元。有九年一贯制学校1所，在校生1031人。镇域企业主要有玉龙车辆股份有限公司、黄海汽车配件、银海洋房地产开发有限公司、恒信房地产开发有限公司、银海达冷藏厂、吉利食品、吉润祥食品、东方海洋科技等，主要产品有内燃机连杆、汽车配件、玻璃钢产品、大姜制品、聚乙烯线、绠绳及渔网和海珍品等。

【白沙滩镇】　镇政府驻银滩镇银桥街，辖47个村，面积117.9平方公里，耕地面积4431.9公顷，海岸线长19公里。2014年，实现农村经济总收入40.3亿元，农民人均纯收入1.68万元。有九年一贯制学校1所，在校生1400人。该镇特色物产有花岗石材、海参、鲍鱼、对虾、生姜、茶叶等。镇域经济以外向型经济为主导、大力发展工业和旅游业。镇域企业有20多个行业，以化工、建材、石材、渔具等为支柱产业，主要产品有钓鱼竿、金属管件、石材、防静电地板等。2014年，获“全国重点镇”和“全国乡镇综合文化站一级文化站”等称号。

【大孤山镇】　镇政府驻大孤山村，辖36个村，面积96.8平方公里，耕地面积3351.5公顷。2014年，实现农村经济总收入19.88亿元，农民人均纯收入1.26万元。有九年一贯制学校1所，在校生690人。该镇区位优势突出，紧邻市区，青威高速路、省道202横贯境内。物产资源丰富，是有名的“水果之乡”，是全国著名的柞蚕生产基地，是国家地理标志注册商标“乳山绿茶”的主产区和清朝“贡品”册梨的原产地，也是胶东半岛铸钢产业大镇。境内有元昭武大将军姜房遗址、千年银杏、清朝贞节牌坊等历史古迹。镇域工业主要有铸钢制造、环保餐具、毛衫加工、新型建材、蔬菜加工、水果储藏加工等。

【徐家镇】　镇政府驻东王家庄村，辖23个村，面积68平方公里，耕地面积2348公顷，海岸线长12公里。2014年，实现农村经济总收入11.53亿元，农民人均纯收入1.38万元。有九年一贯制学校1所，在校生528人。镇域企业主要有华隆（乳山）食品工业有限公司、好当家乳山荣佳食品有限公司、山东科合海洋高技术有限公司、乳山市乳东水产食品有限公司、天勤食品工业有限公司和广源电子有限公司等，主要从事花生加工、牡蛎加工、海产品冷冻加工、禽蛋加工、泡菜生产、服装加工、汽车电子线束生产、石材加工和建材生产等。

【南黄镇】　镇政府驻南黄村，辖33个村，面积88.9平方公里，耕地面积3423公顷，海岸线长2.5公里。2014年，实现农村经济总收入12.7亿元，农民人均纯收入1.36万元。有中学1所、九年一贯制学校1所，在校生1109人。境内盛产大菱鲆、海参、对虾、梭子蟹等海产品和草莓、香菇、茶叶、韩国梨、苹果、西红柿等农产品。年内，获“威海市农村集体三资管理示范单位”“威海市第三次经济普查先进集体”称号。

【冯家镇】　镇政府驻冯家村，辖53个村，面积136平方公里，耕地面积4612.9公顷。2014年，实现农村经济总收入21.54亿元，农民人均纯收入1.36万元。有高中、初中、小学各1

所，在校生1270人。该镇奶牛、奶山羊畜牧养殖较发达，是威海市有名的畜牧大镇。拥有热效能好、矿化度高、对人体健康极为有益的小汤温泉。金代道教全真派玉虚观遗址位于境内。农特产有苹果、板栗、冬雪枣、大樱桃、中华大圣桃和葡萄等。“卧龙红”花岗岩石材名扬全国。

【下初镇】 镇政府驻下初村，辖37个村，面积127.2平方公里，耕地面积3979.8公顷。2014年，实现农村经济总收入17.6亿元，农民人均纯收入1.36万元。有中学1所、小学1所，在校生660人。乳山市铁路货运站坐落境内，桃威铁路和国道G309横贯东西，牟乳公路纵贯南北。该镇矿产资源丰富，主要有金、银、铜、锡、硫、石灰石、钠长石、花岗岩等，黄金储量全国闻名，素有“黄金之乡”的美称。主要农特产有苹果、芦笋、花生、茶叶、大姜、肉食鸡和蛋鸡等。工业形成化工建材、金属冶炼、食品加工三大支柱产业，主要企业有山东金洲集团、威海恒邦化工有限公司、乳山市华润食品有限公司等。年内，获“全国离退休干部先进集体”“威海市军分区‘兴武建功’先进单位”“威海市安全生产先进单位”“威海市信访工作‘三无’镇”等称号。

【午极镇】 镇政府驻午极村，辖35个村，面积110平方公里，耕地面积4266.8公顷。2014年，实现农村经济总收入18.54亿元，农民人均纯收入1.3万元。有九年一贯制学校1所，在校生593人。境内烟乳公路纵贯南北，国道G309横穿东西。黄金和雪花大理石等地下矿藏丰富。工业经济主要有机械制造、食品加工、建材、针织服装等行业，主导产品有水泥、木工刨床、高硅活塞等。

【育黎镇】 镇政府驻育黎村，辖42个村，面积119.4平方公里，耕地面积3995.3公顷。2014年，实现农村经济总收入21.5亿元，农民人均纯收入1.31万元。有九年制一贯制学校1所，在校生730人。北倚龙角山水库，乳山河从镇域流过，水资源丰富，土地肥沃。特色物产有葡萄、日本萝卜、日本菊花等。加大农业产业结构调整力度，着力建设农业特色镇，形成以出口蔬菜、优质果品、花卉苗木、芋头、花生、茶叶、草莓、日本菊花和日本萝卜为主的高效农业发展模式。

【诸往镇】 镇政府驻东诸往村，辖49个村，面积160平方公里，耕地面积5427.4公顷。2014年，实现农村经济总收入33.78亿元，农民人均纯收入1.29万元。有九年一贯制学校1所，在校生1222人。埠乳公路、国道G309、桃威铁路和烟海高速在境内穿过。盛产苹果、大姜、葡萄和板栗等。矿产资源丰富，乳山市骨干企业鑫山冶金公司铁厂、铁矿位于境内。镇域工业主要有铸造、建筑、制鞋等行业。

【崖子镇】 镇政府驻崖子村，辖58个村，面积187.4平方公里，耕地面积4639.8公顷。2014年，实现农村经济总收入29.46亿元，农民人均纯收入1.46万元。有中学1所、小学1所，在校生1093人。特色物产有苹果、大樱桃、板栗、柿子、冬枣和梨等，是胶东有名的优质水果和干杂果之乡，建有容纳100多个摊位的东井口果品交易市场。马石山风景区位于境内。酿酒机械制造和生物农药生产是该镇工业的主导行业。

【乳山寨镇】 镇政府驻寨东村，辖44个村，面积137平方公里，耕地面积4123.7公顷，海岸线长9.6公里。2014年，实现农村经济总收入3.56亿元，农民人均纯收入1.28万元。有九年一贯制学校1所，在校生1016人。依山傍海，环境优美，物产丰富，境内有国家级森林公园岠嵎山风景区，旅游资源得天独厚。青威高速、埠乳公路穿境而过，交通便捷。主要农特产品有花生、苹果、梨、桃、板栗、茶叶等。海产品有对虾、牡蛎、文蛤、泥蚶、带鱼等。有民营企业20余家，主导行业有农药、铸件、食品生产和服装加工等。

【乳山口镇】 镇政府驻祝家庄村，辖41个村，面积78平方公里，耕地面积3303.5公顷，海岸线长36公里。2014年，实现农村经济总收入50.3亿元，农民人均纯收入1.65万元。有中学1所、小学1所，在校生1000人。该镇北接市区，南临乳山口港和大乳山风景区，海上景区小青岛是旅游胜地。渔业资源丰富，有对虾、鲅鱼、牡蛎、黄花鱼、梭子蟹等海产品百种。名优佳品“秦米”和“寨虾”产自该镇。

【城区街道】 街道办事处驻商业街66号，辖19个村，15个社区，面积29平方公里，耕地面积1085.6公顷。2014年，实现生产总值17.5亿元，城市居民可支配收入1.77万元。有九年一贯制学校1所，中学1所，在校生2483人。城区工业园区形成规模，纺织染整园区的圣民纤维有限公司、兴进印染有限公司等5家韩资染整企业已投资兴业。主要有印染、服装加工、工艺刺绣、石材加工、房地产和机械制造等行业。年内，获全省“科学·关爱·和谐示范街道”和“省级文明社区”等称号。

（陈宗坚）

编辑　陶晓红

开发区建设

威海火炬高技术产业开发区

【概况】 威海火炬高技术产业开发区是1991年3月6日经国务院批准成立的国家级高新技术产业开发区，由科技部、山东省政府和威海市政府共同创办，是全国三个火炬高技术产业开发区之一。开发区位于威海市区西北部的文教科研区。全区总面积140平方公里，海岸线长46.5公里。辖1个镇、2个街道，43个村、26个社区。双岛街道筹建处辖10个村。2014年，全区总人口27.4万人。全年完成生产总值199亿元。实现财政总收入42.3亿元，比上年增长6.7%，实现公共财政预算收入21亿元，增长9.8%。税收收入、四税收入占公共财政预算收入的比重分别达到94.5%和65.2%。完成固定资产投资127.6亿元。实现社会消费品零售总额105.4亿元。实现工业总产值539.1亿元，增长10.4%，高新技术产业产值占规模以上工业总产值的比重达到78.5%。实现农村经济总收入140.9亿元，农民人均纯收入1.6万元。实现服务业增加值75亿元，增长6.2%。

农业　全区实现农村经济总收入140.9亿元，农民人均纯收入1.6万元。24个村（社区）集体经济收入过1亿元，其中2个村（社区）首次突破8亿元。全年粮食总产量稳定在1.2万吨。水产品产量达到1.7万吨，渔业经济总产值4.3亿元，比上年增长7.5%。水果总产量5233吨，蔬菜总产量达3741吨，完成造林面积70公顷。现代农业发展良好，新发展专业合作社20家，4个合作社列入省级农业合作社项目库，卧龙果蔬种植专业合作社高标准农田建设项目被省财政厅选为2014年扶持项目，获得扶持资金121万元。新建26.67公顷玫瑰园、33.33公顷干杂果经济林，投资3000万元的100公顷现代果园项目正式开工。

工业　实现工业总产值539.1亿元，比上年增长10.4%；实现工业销售收入661.7亿元，增长11.5%；利税总额82.5亿元，利润总额63.3亿元，分别增长8%和13%。9个工业技改项目完成投资36.5亿元，达到计划的101.4%。新增规模以上企业26家，其中工业企业10家。纳税过1000万元企业44家，增加4家。实现工业用电量4.9亿千瓦小时，增长5.1%，电力增容1.9万千伏安。全区有工业企业1417家，其中，销售收入过1亿元企业42家，过10亿元企业10家，过30亿元企业3家，过100亿元企业2家。有60家重点纳税企业，其中，纳税过1000万元企业49家，纳税5000万元以上企业7家，纳税过1亿元企业3家。打造五大产业基地，形成产业集聚式发展：生物医药及医疗器械产业实现销售收入248亿元、利润33亿元，分别增长14.7%、14.8%；电子信息产业实现销售收入167亿元、利润17.6亿元，分别增长0.7%、增长17.8%，北洋集团入围全国电子信息百强企业；先进复合材料产业实现销售收入45亿元，增长18%，利润5亿元，增长16%；先进制造业产业实现销售收入9.8亿元，增长11%；传统产业实现销售收入148亿元，增长10%，利润3.8亿元，增长0.1%。有威高集团、新北洋集团2家上市公司，威硬工具、大正医疗、远航科技、博扬超声、联桥新材料5家企业在“新三板”挂牌，挂牌企业总数占全市的62.5%。新增威海市著名商标1件，新增山东省名牌产品1个。

服务业　区内有国际海水浴场、林海公园、小石岛、北海浴场、金海滩浴场、卧龙山、垛顶山等旅游景点。2014年底，青荣城际铁路开通运营，威海北站交通枢纽投入使用，交通环境进一步改善。实现服务业增加值75亿元，比上年增长6.2%。新增规模以上服务业企业16家。社会消费品零售额105.4亿元，增长12.6%。金融机构存款余额221.4亿元，增长8.9%，贷款余额157.6亿元，增长6.2%。全区金融机构总数达31家，其中，银行10家、保险公司8家、小额贷款公司4家、融资性担保机构5家、创业投资公司2家、证券营业部2家，新引入金融分支机构2家，设立新型金融机构3家。旅游收入32.9亿元，增长11.9%。林海湾旅游区获评国家AAAA级旅游景区。乡村旅游规划通过专家组评审和省旅游局验收。帝景湾、海景一号、金沙滩等重大旅游项目快速推进，智选假日酒店顺利开业。电信业务收入3.8亿元。邮政业务收入2314万元。房地产开工71.3万平方米，竣工86.2万平方米。新认定省级软件企业3家、省级电子商务企业2家，建设电子商务平台10万平方米，新引进电子商务及服务企业49家，15家电子商务企业年交易额过500万元，138家企业开展电子商务活动，规模以上工业企业网上营销收入总额46.7亿元。

招商引资　区内水、电、暖、通信等设施完善。各类社会中介服务机构完备，内部管理体制健全，升级政务服务中心，为投资者提供“一站式”和“一条龙”优质服务。成立专题服务小组，做好重点大外资项目的推进和服务工作。深入开展“优化营商环境，拓展企业发展空间”活动，探索扩大利用外资领域和新方式，引进批准外商投增资项目20个，实际利用外资1.48亿美元，比上年增长8.5%，总量居全市第二。新签约内资项目56个，注册内资项目59个，实际利用内资53.8亿元，增长15.2%。引进项目质量进一步提高，众成科技的航空发动机检测系统项目、博实三维的3D打印技术、云山科技的石墨烯及制品项目均达到世界先进和国内领先水平。

项目建设　完成固定资产投资127.6亿元，比上年增长16%。重点调度34个重点工业项目总投资108.7亿元，全年完成投资32亿元，9个投产，10个项目竣工或完成主体建设；重点调度的总投资100亿元的20个商贸服务业项目，完成投资9.2亿元，4个完工，4个主体封顶。11个市级重点项目完成投资27.1亿元，达到计划的123.2%。49个工业技改项目完成投资36.5亿元，达到计划的101.4%。全年申报资金项目29个，获批14个，获批资金1.1亿元。新建项目顺利推进，捷能能源科技、广联建筑机械、高益橡塑制品、波力尔新型防水材料等项目进展良好。

对外经贸　实现外贸进出口总额35.2亿美元，其中出口24.6亿美元，比上年增长3.7%，高新技术产品出口8.7亿美元，占全市的50.3%。新增境外投资企业2家；完成境外承包工程营业额8573万美元；完成离岸外包执行额8245万美元，增长24.5%。形成了电子信息、医疗器械、渔具钓具、纺织服装四大出口主导产业。建成三个省级出口基地：山东省科技兴贸（渔具）出口创新基地、山东省首批机电产品（计算机外围设备）出口基地、山东科技兴贸（生物医学材料）出口创新基地。

科学技术　全区财政科技支出达到1.6亿元，占全区财政总支出的15%。引进孵化项目46个。新建北洋电子信息专业孵化器，面积1.9万平方米，全区孵化总面积达到28万平方米，在孵企业超过240家。实施各类科技计划立项33项，其中，国家级6项，省级21项，落实资金5320万元。新增市级以上技术中心7家。促成产学研合作项目20项。申请国内专利1320件，其中，发明专利633件，国内授权专利770件，发明授权122件；申请国际专利28件，授权13件。新增省博士后创新实践基地1家，打造省蓝色产业领军人才团队2个，新增省首席技师1人、泰山学者海外特聘专家3人，1人入围国家青年拔尖人才支持计划评选。全区高新技术产业产值占规模以上工业总产值的比重达到78.5%，比上年提高1.2个百分点，均居全市首位。有10家企业被认定为高新技术企业，总数达61家，占全市的37%。37家科技型中小企业办理知识产权质押授信或贷款，金额达到8.73亿元。

城乡建设　双岛湾科技城完成控制性详细规划编制，4个单体用海项目、101.07公顷海域使用指标获省政府批准；青岛银行5亿元贷款获批，累计到位资金12.5亿元；主干道路、桥梁、防潮堤、吹沙造田等基础设施完成投资4.4亿元；威海国家海产品质量监督检验中心项目主体竣工，山东交通学院威海校区、科技金融中心建设加快推进。建成区完成市政及基础设施投资9700万元，新修、改造和续建道路10条(段)，新增绿地5万平方米，完成老旧生活小区改造5个。科技新城完成投资1.1亿元，新建、改建市政道路4条（段），架设桥梁2座，乜家庄、北宅库搬迁改造工程建设基本完成。

社会事业　民生支出7.9亿元，占公共财政支出的比重达到57.4%。对10余所学校的基础设施进行了完善配套。新增城镇就业3742人，社保征缴3.5万人次，转移农村剩余劳动力411人。提高了城乡低保、农村五保保障标准，对特困家庭进行临时救助，全年发放各类保障及救助金465万元。14个城市社区平均用房面积增加到600平方米，全面实施社区网格化管理，居民信息录入率达90%以上。新建初村镇小馆、远庄两个农村社区服务中心。将全区居家养老和便民服务全部纳入“12349”服务平台，区内入网老人达7638户。建设城市社区日间照料中心25处、农村幸福院6家、农村卫生室4处，新增养老床位556张。实施既有居住建筑外墙保温改造工程125万平方米，建设公共租赁住房1298套，3290户回迁房具备房屋确权条件。连续7年提高抚恤标准，接收退役士兵63人，发放自主就业金130万元。加强残疾人“服务体系建设”，为全区1108名残疾人进行了救助，占全区残疾人总数47%。怡园、田和两处社区卫生服务中心分别投入使用。稳步推进重大公共卫生服务，为2000名农村妇女进行“两癌”项目筛查，为1776名儿童免费进行“四病”筛查，为928名孕产妇免费进行血清筛查。在14个城市社区实施计生网格化管理，东涝台、后峰西社区分别被评为国家级、省级示范村（社区），长夼、卧龙等9个村（社区）被评为市级示范村（社区）。扎实开展群众体育活动，组织举办文体活动80余场次，参加群众1.5万人。圆满完成铁人三项世界锦标赛赛道、周边环境整治和4个观察点观众组织工作任务。加大信访案件化解力度，建立重大决策社会稳定风险评估机制，安全生产、护林防火、食品药品安全监管等工作扎实推进。

【异种材料先进连接技术及其应用项目获国家技术发明二等奖】　1月9日，哈工大（威海）冯吉才教授带领的焊接团队承担的异种材料先进连接技术及其应用项目获得2014年度国家技术发明二等奖。这是哈工大（威海）建校以来第二个获国家奖的项目。该团队在焊接领域发表的论文居世界第四位，在钎焊及扩散焊分领域名列第一。

【双岛湾科技城建设】　2014年，双岛湾科技城完成基础设施建设投资4.39亿元，产业项目建设投资8.41亿元。道路工程完成投资2.1亿元，完成总长17公里的区内13条道路的挖方、软基处理，完成填挖方72万立方米，软基处理3.3万平方米，其中5条道路具备硬化通车条件。桥梁工程完成投资2600万元，完成4个桥梁的地震安全评价、景观方案设计等工作。其中2个桥梁的设计方案通过审查，1座桥梁开工建设。防潮堤工程完成投资9300万元，东岸1.7公里路段全部开工，完成抛石14万立方米，堤心石抛填3000立方米，强夯2万平方米。绿化工程投资3800万元，完成双岛湾东入口及北入口绿化工程、苗圃育苗工程，主次干路绿化带和渔耕文化园地形整理基本完成。坝埂清理、河道清淤和吹沙造田工程完成投资6800万元，东岸及中心岛养殖池塘清理填挖方110万立方米；峒岭河清淤工程完工；吹沙工程完成施工围堰填方21万立方米，吹砂450万立方米，形成可用土地106.67公顷。区内重点调度的24个高端产业项目中的20个项目主体完工，投资8.41亿元。协调推进三大科教研发项目。威海国家海产品质量监督检验中心项目工程主体完成；山东交通学院威海校区100万立方米土石方工程完成，一期拟建的9.5万平方米单体工程设计方案获批；建筑面积约25万平方米的科技金融中心规划设计方案上报。引进中国500强第三位的正威集团投资建设的仁威项目，注册资本金1亿元。

（姜　玲）

·镇、街道概况·

【初村镇】　镇政府驻东南村，辖31个村，1个社区，人口3.6万人，面积68平方公里，耕地1589.2公顷，山岚林地1697.8公顷，海岸线长18公里。有各类企业260余家，形成了以医疗器械、机械制造、电子、纺织为主导产业的工业体系；有实验学校1所，在校师生2400多人。2014年，农村经济总收入1.1亿元，比上年增长7.4%；农民人均纯收入1.3万元，增长9%；实现财政总收入665万元，其中公共财政预算收入104万元；完成固定资产投资22.73亿元，增长9.7%；工农业总产值18.9亿元，其中工业产值17.9亿元。为威高、热电集团等大项目征用涉及8个村土地61.33公顷，发放补偿款3266万元；硬化公墓道路400平方米，新建焚烧炉2座；为远庄御果园生态农业项目落实无偿扶持资金140万元；启动总投资4000余万元，占地面积160公顷的远庄村玫瑰种植园、西南村无花果园和汇丰园生态农业产业园等项目建设；完成总投资7000万元的四甲村工业园建设；完成乜家庄、北宅库村的搬迁改造工程；总投资420万元、建筑面积4300平方米的小馆、远庄和豖子庄3个村的农村幸福院建成并投入使用；新增莱山农场红枫、东南村美国白杨树等高档绿化苗木种植基地5处80公顷，流转土地133.33公顷；发放小麦良种直补，汽车、农机、家电补贴等资金141万元。年内，被评为威海市党建工作先进镇、市安全生产工作先进镇、市民兵工作先进单位。

（张仲英）

【怡园街道】　办事处驻长春路69号，辖11个村，8个社区，人口15.6万人，面积26.3平方公里，海岸线长10.5公里。辖区有山东大学（威海）、哈尔滨工业大学（威海）2所大学，在校师生2.8万人；有高中1所，初中3所，小学7所，在校师生1万余人。2014年，实现农村经济总收入61.6亿元，比上年增长13.7%；农民人均纯收入1.73万元，增长10.9%；财政收入3576万元，增长23.7%；规模以上企业实现工业总产值35.3亿元，增长11.3%。大项目建设稳步推进，汇峰物流三期、威高商场等商贸项目如期快速建设；后峰西、西涝台、中盛园社区商品楼开发项目扎实运作；后峰西与山东万鑫、润发两公司合作开发项目竣工面积16.5万平方米，毕家疃7万平方米昌宏工业园区继续加大招商引资力度，入驻企业10余家，出租率达到100%。民生保障扩标提面，年内建成12个1.6万平方米的社区日间照料中心，完善了社区养老服务体系；8个社区建立了警务室；全年发放各类优抚款及低保金380余万元，惠及辖区群众1000余名。打造“文化怡园、精神家园”文化品牌，举办文艺演出60余场；设立19支、2000余人的社区志愿者分队；与市级媒体深入合作，刊发各类稿件400多篇。年内，获“全国乡镇综合文化站评估定级二级文化站”“威海市农村集体‘三资’管理示范单位”“2014年度先进内审单位”“全市消防工作先进单位”“2014年度城市精细化管理先进单位”等称号。

（刘　杰）

【田和街道】　办事处驻古寨南路166号，辖2个村，16个社区，人口9.3万人，面积12.63平方公里。2014年，实现农村经济总收入45.69亿元，比上年增长6.0%；农民人均纯收入1.66万元，增长10%；财政收入2259万元，增长25%；实现规模以上工业总产值18.03亿元。推进农村集体经济组织产权制度改革，完成8个村（社区）的改革任务；全力做好村庄改造收尾工作，黄家沟二套房主体和配套设施已完工，南组团地块回迁房主体完工，万家疃回迁房已有5栋开工建设；加快办理回迁房“两证”工作；稳步推进旧区改造工作；加强城市精细化管理队伍建设。研发了街道社区信息管理系统，居民基本信息录入工作完成70%。推行代办服务，为居民办实事、解难事3.96万件次，发放补贴、补助等款项190余万元；开展家庭医生式服务，签约8035人，管理特殊群体1.28万人，城市居民规范化健康档案建档率85%以上，电子健康档案建档率81%以上。年内，获“省级文明单位”“全省安全生产监督管理系统先进集体”“关心国防建设先进单位”“经济普查先进单位”“全市信访工作先进单位”“国家一级文化站”称号。

（田　禾）

威海经济技术开发区

【概况】　威海经济技术开发区是1992年10月21日经国务院批准成立的国家级经济技术开发区。2000年4月，国务院批准在区内设立威海出口加工区，实行“两区合一”的管理体制。2014年，全区总面积为277平方公里，建成区面积为39.3平方公里，辖3个镇、3个街道，108个村、35个社区，户籍人口15.9万人。全区实现生产总值197.54亿元，比上年增长11.3%；固定资产投资129.9亿元，增长17.4%；社会消费品零售额106.32亿元，增长13.1%；外贸进出口总额38.44亿美元，下降23.9%；公共财政预算收入20.78亿元，增长14.7%；城镇居民人均可支配收入3.4万元，增长8.9%；农民人均纯收入1.61万元，增长11%。

农业　年内，全区粮食总产量3.19万吨，水产品总产量3.54万吨，水果总产量7.11万吨，蔬菜总产量2.84万吨，肉类总产量5709吨，奶类总产量6277吨，禽蛋产量3981吨。依托苹果、草莓和花卉等优势产业，鼓励引导发展特色、高效、休闲观光采摘农业，重点发展规模以上农业观光园3个、改造提升农业采摘园6个，引进试栽薰衣草0.67公顷。推进农业规模化和产业化，华峰“三优”富士苹果被认证为绿色农产品，面积66.7公顷；抽检500多个农产品进行定性和定量检测，合格率达100%；农业龙头企业达到11家，辐射带动农户2000多户从事无花果、花生、苹果等优势农产品生产。完成9个村（社区）集体经济股份制改革、40个村土地确权登记和268.3公顷土地承包经营权流转。

工业　完成规模以上工业总产值364.92亿元，比上年下降0.9%；实现主营业务收入353.13亿元，增长3.0%；利税30.83亿元，增长27.0%；利润19.58亿元，增长39.3%。全年新增规模以上工业企业16家、高新技术企业4家、小微企业1365家、个体工商户转型企业41家、市级科技型中小企业28家、股权市场挂牌企业2家。兑现企业扶持资金1.96亿元，提供信贷周转资金3.93亿元，协调金融机构发放小微企业贷款37.2亿元。全区纳税过100万企业258家，增加14家。其中过1000万元企业47家，增加6家；过1亿元的企业4家。实施工业建设项目27个、技改项目26个、创新项目295个，有57个项目列入全省技术创新项目导向计划。博优化纤、隆济时节能科技、科尔法泵业等11个工业项目投产运营，鸿宇医疗器械、金琳水产、山花帝苑等16个技改项目完工。新签产学研合作项目24个，新建市级以上企业研发创新平台11个，其中省级4个；完成发明专利申请415件、发明专利授权34件，全区万人发明授权量位居全市前列。新建市级科技企业孵化器2个，新增科技孵化企业51家，区科技创业服务中心被认定为省级大学生创业孵化示范基地和全市青年自主创新行动示范基地。全区高新技术产业产值占规模以上工业总产值的比重达到53.5%，提高1.11个百分点。安然纳米实业公司被评为国家级“守合同重信用企业”，海马集团、百圣源集团、威海量具厂3家企业参与制定国家和行业标准6项。全区累计实施节能重点工程15个，完成项目节能评估审查39个。

服务业　总投资181亿元的24个重点服务业项目加快建设，乐天双子星、天福医药物流等10个项目投入运营，浦发银行、锦源民间资本管理公司等5家金融机构落户区内，全区12座商务楼宇累计入驻企业620家，并呈现快速增长态势。韩乐坊商圈聚集韩文化主题企业70多家、韩式餐饮企业100多家，成为集中韩文化、艺术、商品于一体的综合商业服务区。45家服务外包企业实现离岸执行额5557万美元，占全市总额的42.7%。全区新增限额以上批发零售住宿餐饮企业和重点服务业企业20家，总数达到106家；服务业增加值比上年增长13.5%，占GDP的比重达到37.2%。

招商引资　积极对接中韩自贸区建设，重点实施出口加工区、中韩（桥头）产业园、新城（崮山）产业园、环山路第四工业园和韩国商品交易中心五大园区载体建设，举办韩国红参文化节等系列对韩商贸交流活动，率先突破中韩（威海）经济合作示范区建设。韩国商品交易中心一期6月对外营业，入驻企业46家，是集批发零售、仓储配送于一体，面向全国的高水准、品牌化、专业化韩国商品集散地。至年末实现进口额1000万美元、销售额7000万元，成为全市最具特色的专业韩货集散地。年内，总投资18亿元的中锐医药、9亿元的德丰利达生物科技、4.8亿元的长江脉医药科技、1.5亿美元的和祥泰数码科技等69个项目签约落地，豪顿华工程等15个项目增资到位7754万美元，全年实际利用内资53.7亿元、外资1.56亿美元。与159个国家和地区保持贸易往来，实现进出口总额35.6亿美元。全区进出口过1000万美元企业44家，其中，日月光半导体、宣杨数码、华岳集团等5家企业超过1亿美元。

城市建设　编制完成东部滨海新城总体规划、核心区城市设计以及14个专项规划。市委党校、社会福利中心、新城医院等20处建设项目确定选址，成大路拓宽及改线、金鸡大道南延等49公里道路路基和230万平方米绿化工程完工，中韩文化交流中心投入使用，五渚河公园一、二期竣工，港区变电站工程封顶，逍遥湖区开挖成型，14公里沿海岸线拆迁完成总量的55%，新城建设累计清表土地800公顷，完成建设投资34亿元，成功入选全省绿色生态示范城区。总投资27.2亿元的15项城市基础设施项目全面推进，累计铺筑市政道路18条20.6万平方米，绿化配套2万平方米。城际铁路沿线环境综合整治工程全长13.4公里，占全市的20.5%，累计实施整治项目121项，超额完成年度整治目标。总投资8000万元的九龙湾岸线修复整治工程竣工，改善了城区滨海生态环境。

民生保障　全年完成民生支出7.1亿元，占公共财政预算支出的比重达50%。加大创业扶持和就业培训，新增就业4550人。公共服务提标扩面，新建青岛路小学和台北幼儿园，完成5所民办幼儿园公办性质改造和3所中小学塑胶操场建设，投入运营11辆标准化校车，实现标准化校车全覆盖。完善社会保障体系，建立计划生育特殊家庭扶助和城镇部分独生子女父母养老补助制度，全面提高各类保障和补助救助标准，新建10处农村幸福院、34个社区老年人日间照料中心，升级改造26处农村卫生室，实现社区老年人日间照料中心和市级标准化村（社区）卫生服务机构全覆盖。开展全国文明城市创建活动，加强环境综合整治，全民动员参与，各项工作圆满完成。实施“四德”工程，评选道德模范20人、“最美经区人”40人，有5人入选“威海好人”榜。新建改造村（社区）文化活动场所33个，组织大型群众性文化活动和文化下乡111场，丰富了群众文化生活。居住环境明显改善，升级改造农村道路6条7.4公里、桥涵5座，除险加固塘坝12座。开通三镇“一元制”公交，方便108个村8万多农村群众出行。新建公租房256套，改造农村危房100户，公开销售经济适用住房84套，有1290名农村居民取得购房补助资格。

社会管理　全年排查化解矛盾纠纷420起、信访积案7起，依法妥善处置三进船业破产重整和1959名职工安置问题，维护社会和谐稳定。坚持企业人性化管理，全区劳动关系和谐企业达到300家。诉求渠道更加畅通，将主任公开电话、政务服务热线和社情民意调查3条热线整合为“5912345”热线“一个号”服务，将治安、城管、防火防汛和平安校园等领域的1328个监控点集中整合到视频监控指挥中心“一块屏”监控，建立智慧型社会网格化管理综合平台，实现“一张网”管理。全年办结各类社会信息2.57万条，按期办结率达到99.4%。平安建设扎实有效。组建农村治安巡逻队伍96支，新增监控探头1100个，全区技防村达到100个、技防企业176家，平安单位达标率达到97%。狠抓道路交通、建筑施工、涉氨制冷等重点领域安全检查和“打非治违”专项行动，安全生产形势保持稳定。

【绿色生态示范区通过省级评审】　威海经济技术开发区绿色生态示范区位于东部滨海新城核心区内，北至黄海，东至石家河，西至五渚河，南至泊于水库，规划面积33.4平方公里。8月，省住房和城乡建设厅印发《关于公布2014年度省级绿色建筑、公共建筑节能示范项目、超低能耗建筑试点示范工程及绿色生态示范城区的通知》，通过省级评审，获得2000万元奖励资金。

【出口加工区】　2014年，全区实现外贸进出口总值10.5亿美元，比上年下降10.2%；产品销售收入27.9亿元，下降6.8%；固定资产投资0.8亿元，下降70.5%；完成税收8525万元，增长54.3%；保税物流进出区货值7.2亿美元，下降8.7%。至年末，出口加工区累计入区项目78个，总投资7.63亿美元。年内，出口加工区投产企业42家，其中，电子企业14家、食品企业4家、汽车零部件企业4家、物流企业7家，其他企业13家，就业人数8201人。新引进项目2个，批准增资项目4个，在谈项目7个，到位外资2410万美元，内资1155万元。日月光半导体（威海）有限公司增资2000万美元，威海一熙电子有限公司增资3000万美元获得批准；引导规模企业更新设备、提升产能，打造园区新的经济增长点，威海仁昌电子有限公司、威海美京电子有限公司分别增资200万美元和50万美元。9月，威海出口加工区被中国保税区出口加工区协会授予“统计工作先进单位”称号。

（刘险峰）

·镇、街道概况·

【崮山镇】　镇政府驻中村，辖24个村，人口1.81万人，面积50.4平方公里，海岸线长18.5公里。有九年一贯制学校1所，在校学生1285人。2014年，实现农村经济总收入8.79亿元、农民人均纯收入1.71万元，比上年分别增长11.2%和10.0%。全年实现规模以上工业总产值39.27亿元，下降13.4%。年内，启动海岸线拆迁修复工程，成大路扩建崮山段基础施工全线打通，崮山临港产业园7条道路完成沥青罩面、管网配套及绿化工程，五渚河公园完成三期水电管线、硬化铺装工程。辖区有和祥泰数码科技、中锐医药等8个、总投资77亿元的大项目签约落地，盘活崮山工业园绿惠电子等4宗8.47公顷土地。迪沙药业集团高科技医药基地被认定为国家企业技术中心，豪顿华工程为全国电厂节能减排减污提供设备。建成一点绿菜业生态园，包括15.47公顷、50个蔬菜大棚，打造休闲采摘的绿色生态农业基地。建成全区首家2000多平方米的崮山镇“两新”组织党群服务中心，完成2个村农村集体经济股份制改革、15个村农村土地确权登记、土地承包经营权流转27.1公顷。发放优抚低保、大病救助等各类补贴、救助款500多万元，改造农村危房25户，走访慰问困难户267人次、送款送物折款约10万元。实现标准化校车全覆盖，新建农村幸福院3处，完成4处农村卫生室标准化改造，崮山医院综合楼投入使用，推行“一元制”公交圈，完成皂埠河区域环境综合整治，升级改造九家疃、南虎口、北虎口3处破损桥梁及2000多平方米农村公路，开展“乡村文明行动”“滨海新城文化遗产普查”系列活动。加强农村工作规范化管理，实行村公章镇管；整修防火通道30公里、清理林下可燃物4平方公里、完善看护房23个；对辖区6处小（二）型水库、塘坝、河段全部落实防汛责任；对安全生产“全覆盖、零容忍、严执法”，完成涉氨制冷企业安全隐患整改工作。全镇农村“两委”换届选举工作圆满完成。年内，获“山东省旅游强乡镇”“全省安全生产先进单位”“市级文明镇”“劳动关系和谐镇”“全市信访工作‘三无’镇”等称号。

（原丽芳）

【泊于镇】　镇政府驻夏庄村，辖33个村，人口2.52万人，面积73.5平方公里，耕地面积2400公顷，海岸线长14公里。有九年一贯制学校1所，在校生905人。2014年，实现农村经济总收入15.56亿元，比上年增长12%；农民人均纯收入1.57万元，增长12%。全年实现规模以上工业产值5.38亿元，增长13.1%。引进威海博芳贸易有限公司，总投资1850万元；引进由北京金色向日葵户外休闲俱乐部、威海春雨贸易有限公司投资建设的房车露营地项目，总投资8000万元。对各类采摘园进行提档升级；泊于家村果蔬采摘园进一步扩大采摘园规模，岛邓家村果蔬采摘园提高草莓品质，海西头村完善采摘设施，崮庄、大邓格、小邓格、小林格等村形成46.67公顷休闲采摘带。年内，全镇休闲采摘累计接待游客10万多人次，直接带动村集体和农民增收1700多万元。东部滨海新城建设快速推进。全镇征收土地746.67公顷，发放补偿款4638万元。逍遥大道、金鸡大道南延开挖土方78万立方米，回填绿化土70万立方米，种植乔木、灌木39万株，铺设地被14.8万平方米。森林公园景观路两侧房屋拆迁工作完成中段50公顷土地征收。逍遥河社区、健康产业园土地征收完成146.67公顷土地地表附着物清点工作。港区输变电站项目完成31户村民2.27公顷土地的清点征收工作。威海市中韩文化交流中心项目完成主体结构建设。做好技能培训工作，128名农村富余劳动力参加培训，提供就业岗位200多个。协助城郊公交公司完成镇域“一元制”公交基础设施建设，对67名大病患者发放年度慈善大病救助金70万元，对1070名80周岁以上老年人发放高龄补贴16.4万元，对1673名残疾人发放补助费13.5万元。向农家书屋赠送图书400余册，价值10余万元。开展各类大型群众性演出活动4场，培训文艺骨干100余人。成立泊于民乐乐团，组织活动60余场次。圆满完成东部滨海新城文化遗产普查登记工作，普查各类文化遗产2500余件，拍摄照片5000余张。全镇农村“两委”换届选举工作圆满完成。年内，获“全市信访工作‘三无’镇”称号。

（毕　彬）

【桥头镇】　镇政府驻桥头村，辖51个村、1个社区，人口3.02万人，面积111平方公里。有中学1所，小学1所，在校生887人。2014年，实现农村经济总收入24.93亿元，比上年增长12.0%；农民人均纯收入1.20万元，增长12.0%。全年实现规模以上工业总产值4.7亿元，增长19.9%。按照做大二产、做优一产、做活三产的经济发展思路，狠抓项目建设和招商引资工作，3个市级重点项目和7个区级重点项目推进迅速，均超过既定目标，在全区重点项目考核中居各镇（街道）第一；全年接待考察客商110批次，洽谈各类项目62个，引进德丰利达海红虾青素制剂等10个项目，总投资15亿元。进一步完善基础设施，投资1.2亿元做好中韩（桥头）产业园园区提档升级工作，硬化路面4万平方米，栽植各类苗木16.3万株，铺设草皮5万平方米。年内，全镇苹果产量4.5万吨，销售收入3.7亿元，花卉产业种植规模466.7公顷。完成27个村土地承包确权登记颁证，占全区的67.5%；完成2个村集体经济股份制改革；增加土地流转面积145.3公顷，其中规模流转86.7公顷，均占全区流转总量的一半以上。投资5181万元，推动镇域内1333.3公顷土地综合整治工作顺利开展，进一步夯实了农业发展基础。发放小麦种植补贴136万元，可降解地膜补助3.5万元，玉米良种补贴18万元、小麦良种补贴5万元；补贴玉米政策性保险14万元，苹果政策性保险11万元。发放各类补助款395万元；对符合条件的农村大龄青年发放购房补贴380万元；投资24万元，完成42户农村危房改造工作；完成51个村5200余人的集中参保及续缴费工作，上缴保费296.42万元。做好原农村民办代课教师教龄补助资格认定工作，审核通过473人；投资550万元，完成“一元制”公交建设工作，新增公交停车站点9个，建设总停车站点1处；投资1400万元，建设中小学塑胶跑道；投资297万元，完成3条连村路拓宽改造和局部修补工程，为群众出行提供便利；投资240万元，完成15个村农村环境综合整治提档升级工作，硬化面积3.2万平方米。全年举办新春活报表演6场、三八国际妇女节文艺汇演52场、夏季纳凉晚会103场、冬季趣味运动会51场，发放以奖代补资金20余万元，丰富了群众生活，促进了社会和谐稳定。顺利完成51个村“两委”换届工作。年内，获“山东省十佳花卉乡镇”“劳动关系和谐镇”“婚育新风进万家示范镇”“市级安全生产先进单位”称号。

（毕秀伟）

【皇冠街道】　办事处驻乐天社区，辖13个社区，人口4.21万人，面积19.3平方公里。有小学4所，中学1所，在校生5395人。2014年，实现经济总收入18.5亿元，比上年增长10%，集体经济总收入8007万元，增长10.8%；居民人均纯收入1.92万元，增长10%。全年实现规模以上工业总产值63.49亿元，增长0.2%。新引进麦克小熊KTV、烟台春竹酒店项目2个。其中，麦克小熊KTV总到位资金2200万元，并于上半年对外营业；烟台春竹酒店项目至年底到位资金8200万元。海埠社区于5月6日完成股份经济合作社工商注册登记，皇冠街道5个“村改居”社区集体经济股份制改革全部完成。审核办理失业登记人员468人，“4050”灵活就业169人，审核退休职工资格认定3181人，组织340名有就业愿望的未就业劳动力参加各类技能培训。发放优待款91万元，发放“五保”供养金6.24万元；为16名白内障患者免费进行复明手术，向11名大病患者发放救助金14万元，对6名特困家庭在校学生进行救助。举办各类讲座30多场，“三八”“五一”“七一”分别组织大型团体操比赛和文艺汇演，举办社区冬季趣味运动会15场，在韩乐坊社区开办免费韩语培训班、书法培训班和剪纸培训班。圆满完成13个城市社区“两委”换届选举。年内，获“全省民族团结进步模范集体”“2014年度省级文明单位”“威海市第三次经济普查先进集体”“全市工会就业援助先进集体”“劳动关系和谐镇（街）”称号。

（谷星璀）

【凤林街道】　办事处驻凤林社区，辖10个社区，人口2.33万人，面积11.62平方公里。有中学2所，在校生5600余人。2014年，实现经济总收入11.1亿元，比上年增长10%；集体经济总收入6.52亿元，增长10.4%；居民人均纯收入1.92万元，增长10%。全年实现规模以上工业总产值176.5亿元，下降0.53%。着力推进迪沙药业、宣杨数码等一批规模大、科技含量高的企业，18个重点项目按计划建设推进，完成投资11亿元，超计划4000万元。中国航油股份有限公司疏港路加气站项目投资5000万元，于年末投入使用；环山路第四工业园矿山设备生产项目投资4000万元，海之蓝酒店项目投资3000万元，8月正式营业；总投资2.8亿元的德益润邦生物科技项目在抓紧施工。全面提升城建执法能力，完成数字化督办1.67万例，按期结案率98%。办理居民医疗保险、居民养老保险等9282人次，缴费166.9万元。开展特困家庭、城乡低保家庭等困难群众救助申报，救助困难人员131人，发放救助金41.2万元；组织开展各项就业培训400余人次，协调转移农村劳动力220人。加强硬件设施配套，社区办公及文体活动中心面积达1.24万平方米。在6个社区设立老年人日间照料中心，为老年人提供托老服务；依托凤林老年公寓设立面积1000平方米的街道托老服务中心1处，提供长期托老服务。投资1500万元，组织“庆七一”舞林大会、“皇冠之夏”文艺演出、重阳节“同居福地　共乐重阳”主题关爱活动、群众性趣味运动会等86场次。顺利完成社区“两委”换届选举。年内，获“山东省消防先进单位”“全市基层残疾人组织先进集体”等称号。

（王　媛）

【西苑街道】　办事处驻蒿泊汇成社区，辖11个社区，人口2.04万人，面积11.8平方公里。有小学2所，在校生1374人。2014年，实现经济总收入10.54亿元，比上年增长11.4%；集体经济总收入2.9亿元，增长11.4%；居民人均纯收入1.69万元，增长11.2%。全年实现规模以上工业总产值75.4亿元，增长0.9%。引进项目13个，年内开工11个，完成投资14.5亿元，其中浦发银行经区支行正式营业，威海燃气有限公司液化气储配站项目完成设备设施安装。年内有招商项目15个，其中落地丰禾国际和辰宇包装2个项目，完成投资5.75亿元。完成东山口、蒿泊2个社区集体经济股份制改革，至此8个“村改居”社区集体经济股份制改革全部完成。完成2598家个体户和918家法人单位经济普查登记和数据评估工作。全年投入480多万元，硬化整修路面2.3万平方米，实施绿化1.1万平方米。对3个托管小区出资60余万元进行整治，委托有资质、管理规范的物业企业进行管理。开展城际铁路沿线环境综合整治，搬迁废品回收站36家，拆除临时建筑物856平方米，清理垃圾、渣土等1万立方米，绿化1.35万平方米。投入106余万元处理数字城管案件1.73万件，按时处置率和处置完结率均达到99.9%。投资1100万元的青岛路小学于9月1日开学，曲阜学校4幢教学楼完成基础工程建设。投资30余万元新建室外活动场所3处，曲阜万鑫社区3000平方米社区服务中心及1000平方米社区卫生服务中心完成基础工程建设。建立社区网格信息化管理平台，推进社区养老服务设施建设，11个社区日间照料中心面积均达到300平方米以上。提供就业岗位1072个，帮助城镇失业人员再就业100人、劳动力转移就业200人，组织开展免费劳动技能培训180余人次，受理小额担保贷款申请42人，办理“4050”灵活就业人员社保补贴89人，审核发放一次性创业补贴96人。办理居民养老保险、医疗保险6939人，缴费221.9万元，审核办理失业登记人员392人，完成退休人员资格认定1600余人。发动42个单位为1511名职工办理“工会爱心互助补充医疗保险”。为13名白内障患者免费进行复明手术。组织开展正月十五闹元宵、“皇冠之夏”、社区达人秀及传统文化讲座、法律进社区等活动68场。完成11个城市社区“两委”换届选举工作。年内，获“山东省第三次经济普查先进集体”“全市残疾人工作先进街道”等称号。

（邹燕娟）

威海临港经济技术开发区

【概况】　威海临港经济技术开发区起步于2005年初，2006年3月成立省级开发区，2008年4月成立威海工业新区，2013年11月20日经国务院批准升级为国家级经济技术开发区，定名为威海临港经济技术开发区，实行现行国家级经济技术开发区政策。全区总面积297平方公里，辖3个镇、1个办事处，169个村、5个社区，人口13万人。2014年，全区完成生产总值61.88亿元，比上年增长11.1%，其中工业增加值41.6亿元，增长12.3%；三次产业比重为7.04∶76.91∶16.05；固定资产投资64.2亿元，增长17.4%；财政总收入8.5亿元，其中公共财政预算收入突破5亿元，增长26%；农民人均纯收入1.58万元，增长10.5%。

工业　全区工业企业409家，其中规模以上企业72家，销售收入过1亿元企业17家，三角轮胎、蓝星玻璃、威达集团3家企业销售收入超过10亿元；工业用电量达到4.5亿千瓦小时，比上年增长8.7%。工业效益持续向好，规模以上工业总产值达到122亿元，增长19.6%，工业利税8.8亿元、利润5.6亿元，分别增长14.5%和15.5%。对外贸易持续活跃，全区进出口企业达到140家，实现外贸进出口总额10.08亿美元，增长21.8%。其中，出口7.88亿美元，增长36.6%；进口2.2亿美元，下降12.1%。品牌建设持续发力，全区拥有注册商标企业196家，实有注册商标572件；拥有市级以上名牌产品和商标30个，山东威达集团的“PEACOCK”商标为中国驰名商标。

服务业　全区限额以上批发零售住宿餐饮类和重点服务业企业总数达27家，第三产业增加值9.93亿元，比上年增长12.7%，实现社会消费品零售额7.1亿元，增长12.7%。重点培育三大服务产业：商贸流通产业，大力发展金阳光汽博城、天润家居建材城、金开利五金城、盛文韩国城、钓具之都博览城、威海特产城六大特色专业市场。其中，中国钓具之都博览城一期、二期相继投入使用，逐步整合渔具产业研发、生产、销售、会展等资源，着力打造全国乃至亚洲最大的渔具集散中心。现代物流产业，依托威海港物流园、电子商务创业基地等，大力发展临港物流、公路物流和保税物流，打造海陆空联动、复合式发展的现代物流中心，努力建成威海乃至东北亚的韩国商品集散地。休闲旅游产业，重点依托山、水、泉、林等自然资源，加快文峰生态博览园、大屋拉漫酒庄等旅游项目建设，发展城郊旅游型高效农业，同步推动休闲康复养生养老产业快速兴起。

农业　全年实现农业总产值8.05亿元；粮食总产量5.46万吨，果品总产量3.92万吨，蔬菜总产量2.24万吨，肉类总产量0.57万吨，农业机械总动力达到16.67万千瓦；全年造林面积153公顷，森林覆盖率达到34.19%。

【产业发展提质增效】　投资38亿元，推动三角工业园2号车间、拓展纤维千吨万能线、豪雅光电、金威化学、华福轿车内饰等一批重点骨干企业加速膨胀，完成年度计划的130%；24个膨胀项目完成投资34亿元，完成年度计划的110%；威达集团实现税收过1亿元，新增税收过1000万元企业3家，规模以上工业增加值和工业用电量比上年分别增长12.3%和8.7%。强化科技金融专业服务，成功举办首届产学研合作大会，达成合作52项；建成首个市级科技孵化器，入孵企业22家；新增市级以上企业创新平台25家、科技型中小企业16家；拓展纤维、金泓化工成功入选“泰山学者蓝色产业领军人才团队支撑计划”。设立小微企业贷款风险补偿基金，支持晨源高分子等3家企业顺利融资1250万元。积极服务三角轮胎、拓展纤维上市，威达集团完成8亿元再融资、海明威实现“新三板”挂牌。品牌建设实现新突破，威达集团创建首个中国驰名商标和市长质量奖，万丰集团创建首个国家级“守合同重信用”企业。成功引进威能高速动力、人民日报智慧产业园、威高生物科技产业园等26个优质大项目，其中8个实现当年引进、当年开工。全年新开工金威化学二期、华福轿车内饰二期、山松机械等项目34个，新投产开泰体育用品、上善堂、华岳木业等项目19个，调度的64个重点项目完成投资70亿元，开工面积120万平方米。全年盘活闲置土地23宗、55.85公顷，供地率达到88.1%，新上联运物流、钓具博览城、环翠楼红参等优质项目。结合米山水库增容和环境综合整治，实施4个区级土地整理项目，增加耕地190.93公顷，实现了生态效益和经济效益的双赢。

【城市建设提档升级】 年内，组织实施骨干道路、管网配套、新型社区建设、镇区环境综合整治、专家公寓等45项城建重点工程，完成投资11.9亿元。按照“镇区向中心区看齐、中心区向市区看齐”的思路，高标准实施了威青路、江苏中路、303省道3条主干道综合改造以及202省道南延等13项道路工程，总长16.7公里，新增绿化面积94万平方米、路灯558基、给排水管线3万米。正式启用南郊热电厂，实现中心区集中供热全覆盖；汪疃镇、黄岚街道镇区集中供暖。拆迁草庙子老镇区，顺利完成8个村拆迁协议签订。林泉、徐家沟社区按期交房，集中安置6个村885户群众；嘉和花园社区开工建设，33.5万平方米的主体完工。投入4334万元，对各镇区路面、道面、街面、墙面、门面和绿化、亮化等进行“五面两化”集中整治，镇区面貌明显改观。投入3800万元，实施25个村环境综合整治，完成全区所有村整治任务。

【民生事业对标提升】 重点实施了7大类21件民生实事。基本养老、基本医疗、城乡低保、农村五保等向市区标准全面看齐，居民养老基础养老金从每人每月70元一次性提高到100元。在强化基本保障、确保底线公平的基础上，大力加强技能培训和创业辅导，新转移农村劳动力2314人，比上年增长106.4%。投入近500万元，新开通城市大公交，实现区内小循环，极大方便了群众出行。投入1.8亿元，高标准建成启用苘山中心学校、黄岚小学和幼儿园，并投入500多万元，全面更新了中小学教学装备，达到省级规范化标准。采取社会化运作，建成观澜国际老年公寓。顺利完成机关党委、169个村“两委”换届选举和软弱涣散党组织清理整顿；建设三级联动的社会管理服务体系，投入1000万元，改造镇级社会管理服务中心；扎实推进平安建设，安全生产形势稳定，社会治安良好，保持到省进京“零非访”，年底社情民意测评连续两年获得满分。

（丛　琳）

·镇、街道概况·

【草庙子镇】 镇政府驻草庙子村，总面积82.6平方公里，耕地1414公顷，辖46个村、2个社区，人口3万人。有幼儿园1所，省级规范化小学、初中各1所，高中、韩国语学校、职业学校各1所，在校生5000多人。区域交通便利，是连接文荣威的交通枢纽，有城市道路60余公里，“一元制”城市公交车直达市区，与威海市区实现同城化，桃威铁路、青威高速、省道S303、省道S202贯穿全镇，青威高速全通式立交连通各个交通主脉。2014年，实现地方财政收入3.1亿元，工业主营业务收入89亿元，固定资产投资36.9亿元，分别比上年增长31.8%、21.9%和16.9%；外贸进出口总额6.5亿美元，增长6.7%，实际利用外资4.35亿美元，增长70.7%。重点培育了金泓化工、中玻科技、金威化学、浩然特塑等国内外知名企业，形成了以机械、化工、电子、纺织、建材等行业为主体的镇域工业体系，产业发展布局日趋完善。全力推进城市化建设，加快实施中心区旧城和旧村改造，建设新型城市社区，推行网格化服务，先后对16个村进行旧村改造，1万多人受益。坚持民生为重，实施了中小学综合改造，新建草庙子医院、农村幸福院、农村标准化卫生室，实行镇级财政医疗保障、教育资助专项资金、70周岁以上老人长寿补贴、大文化格局建设等惠民政策。全镇有23个村3214名村民纳入被征地农民养老保险，居民养老和医疗保险实现全覆盖。年内，获“全国民主法治示范单位”“全省安全生产基层基础工作先进乡镇”“威海市农业技术推广系统先进集体”及“全市‘六五’普法中期先进单位”等称号。

（谭永超）

【苘山镇】 镇政府驻西苘山村，总面积50.62平方公里，耕地1160公顷，辖30个村，2个社区，人口3.6万人。南有高格河、北有山马河自东向西穿境而过，有水库2个，塘坝15个。区域内交通便利，初张公路、省道S202、省道S303、桃威铁路穿境而过，青威高速横亘镇南门户。有工业企业127家、个体工商户近1200家。2014年，全镇实现“两税”地方级收入1.26亿元，比上年增长31.7%；外贸进出口2.86亿美元，增长93.2%；实际利用外资3136万美元。工业经济突出“两大产业园区”建设，即以李俚线为轴线的高新产业聚集区和以苘兴路为轴线的小微实体项目区，初步形成机电装备、户外体育用品、电子信息、现代物流等产业集群。农业发展特色鲜明，形成了以威鹰玫瑰、薰衣草、大屋葡萄、大夼草莓等为主的城郊旅游农业。民生工程方面，道路、供排水、供气、供暖等基础设施进一步完善；总投资1.2亿元、占地12公顷、建筑面积4.3万平方米的中心学校全部建成并投入使用，幼儿园、小学、中学校舍和内部设施均按照省级规范化标准建设，有在校学生4100人;完成母猪河(茼山段)综合治理工程。年内，获"全国重点镇""山东省旅游强乡镇""威海市学前教育示范镇"等称号。

（崔　斐）

【汪疃镇】　镇政府驻汪疃村，总面积103.4平方公里，耕地4001.8公顷，辖58个村，人口2.7万人。境内交通便利，威石路、李俚线、初张路三条交通主干道穿境而过。有初中1所、小学1所、幼儿园1所，在校学生及儿童1094人。2014年，实现两税收入4879万元，外贸进出口总额4376万美元，农村经济总收入24.08亿元，农民人均纯收入1.56万元。工业经济稳步推进，推动上善堂、华岳木业等企业做大做强，推进机械铸造、木器加工、新能源、农副产品深加工等产业综合发力，全年两家企业完成小升规，4个项目开工，4个项目投产，注册私营企业43家、个体户87家，引进外资2家，签约项目3个。农业发展提质增效，全年流转土地万亩，新增农业龙头企业2家、合作社23家、家庭农场17个，新增省级旅游示范点3家，形成了文峰、樱聚缘、毓景生态园等龙头企业和园区竞相发展的良好局面，全年开展垂钓比赛、葡萄采摘节等活动，吸引游客10万多人次。进行镇区环境整治，铺设高标准人行道板与路缘石，更换门头广告及镇区垃圾桶332个，配备3辆垃圾运输车，实现镇区垃圾每日集中清运；12个市级环境整治村完成整治任务；重新整修汪羊线、汪黄线；完成项目区道路改造和新建工程；协调推进米山水库增容工程，并对周边66.67公顷地进行土地整理。民生事业统筹推进，实施供暖工程，新建1座供热站，铺设供热管道4500米，镇区实现统一供暖；实施排污工程，安装汪疃村和兴东小区污水处理设备；实现镇区集中供气，协助港华燃气铺设燃气管网10.5公里；实施敬老院改造、村级卫生室新建、中小学改造等工程，改善养老、医疗、教育条件。圆满完成农村"两委"换届选举工作。

（于　洁）

【黄岚办事处】　办事处驻人民路1号，总面积60.57平方公里，耕地1766公顷，辖35个村，1个社区，人口2万人。2014年，完成两税总收入6841万元，比上年增长26.7%；工业主营业务收入5.66亿元，实现工业利税4735万元；完成进出口总额达到2775万美元；农村经济总收入2.67亿元，人均收入1.58万元。膨胀发展乐扣、威达精铸、泰源铸造、九跃车桥等30多家企业，重点建设二龙山、兴岚路两大项目区，完善路网7.3公里，铺设地下及污水管网8.5公里，栽植绿化苗木15万株，引进济南第一机床铸造、威海泰铭装饰工程、中韩合资VPS真空泵等一批优质项目。大力发展生态农业，培育了山马于西瓜、玫瑰花、葡萄、有机蔬菜、园艺苗木等种植基地；结合南水北调工程，完成抬田工作，修建护堤2000米，硬化道路6公里，调整土地120公顷。民生方面，投资1100万元，实现镇域集中供暖，供热面积达到5万平方米；完成山马河整治工程，5.1公里的河道清淤、漫水桥等工程同步完工；新建黄岚中心学校，建设5768平方米的幼儿园教学楼、小学教学楼、1万平方米的塑胶操场和1公顷的实践基地，达到省级规范办学标准。基层组织建设方面，为35个村配备电视、空调、双向视频、等硬件设施，实现两级组织互动。

（史家明）

威海南海新区

【概况】　威海南海新区于2007年3月启动开发，是国家战略山东半岛蓝色经济区重点建设的海洋经济新区之一。2011年2月，文登市委、市政府根据南海新区建设发展需要，将侯家镇南廒村、宋村镇西海庄、泽头镇埠子场村和崔家庄村划归南海新区管理。2012年12月26日，设立威海南海新区管理委员会，作为威海市政府的派出机构；2013年1月26日，设立中共威海市委威海南海新区工作委员会，作为威海市委的派出机构。核心起步区规划控制面积160平方公里，规划建设面积90平方公里，拥有156公里海岸线。在规划布局上，核心起步区设置三大功能区：东部依托南海新港，建设临港产业区，重点发展先进装备制造、临港物流、新材料、新医药等临港产业；西部依托万米金色沙滩、万亩翠绿松林以及岛礁等资源，建设旅游度假区，重点发展海洋文化旅游、滨海度假养生等高端旅游业；中部建设综合商务区，重点发展行政办公、金融商务、科教创新等现代服务业。通过三区对接联动，实现互促共融发展。2014年11月24日，中共威海市委、威海市人民政府出台《关于三年突破南海新区发展的意见》，提出要建设生态良好、生产发达、生活幸福的现代化海洋经济新区，力争升级为国家级开发区。

工业　强力推进蓝色高端项目引进，做强行业龙头，壮大产业集群，一批重点项目加快建设发展步伐，有台湾新视讯光电、蓝海制药、得健医用材料、大连精工等20多个过1亿元项目签约落地，新建厂房60多万平方米，三角集团南海产业园、天润动力装备南海产业园等多个过1亿元项目集中开工建设，昆嵛电缆、大华塑业、金尔生物科技等一批重点项目加紧建设进度；博盛新材料、蓝岛新型建材、凌航食品、华腾新陶建材等投产企业订单不断。天润动力装备南海产业园铸造生产线顺利投产，年可为世界最大的工程机械和矿山设备制造厂家配套生产精密铸件4万吨，大型单体船用曲轴成功试车，打破国际垄断，填补了国内空白。南海新区节能环保产业基地顺利通过山东省经信委、省节能办专家组审核验收，获评为"山东省节能环保产业（南海新型节能建材）基地"。威海新视讯和伯特利光电新材料项目入驻蓝色创业谷，成为第一家进驻南海新区的台商企业，带动台湾产业园发展。国家住宅产业化基地卓达新材研发检测中心在南海新区奠基。威海南海新区蓝色产业孵化器认定为市级科技企业孵化器。制定《威海南海新区科技企业孵化器管理暂行办法》，入孵项目可实现"拎包入驻"。停易制动、全人抗体药物等30多个中小型科技项目入驻。德瑞博新能源汽车首批新能源汽车顺利下线，项目全部达产后产能达到30万辆。

旅游业　5月，以“世界文化”为主题的第七届威海沙雕文化艺术节在南海新区开幕，中央台新闻联播进行了报道。由文登广播电视台、文登网主办，威海光威集团有限公司协办的威海南海“光威渔具”杯民间休闲钓鱼大赛在南海新区蓝湖休闲区举行。国庆节期间，举办了海鲜啤酒节、自行车趣味赛等一系列休闲活动。央视《走遍中国》、旅游卫视《有多远走多远》走进南海新区，宣传南海新区“养生福地、度假天堂”旅游品牌。由中韩联手打造的爱情电影《我的野蛮女友2》中国开机新闻发布会在威海南海新区举行。

招商引资　出台了《优化社会投资项目审批服务流程实施方案》，全程优化社会投资项目的审批服务机制，进一步改善区域投资环境，全面加快南海新区上档升级发展步伐。全年引进内资3.97亿元，外资6500万美元，外贸收入7280万美元。南海新区抓住机遇，组织了一系列招商推介活动，7月，与江苏广和服务外包有限公司签约了在南海建设智慧云平台项目的合作协议，9月，金太阳光热发电设备有限公司约翰·费阿德里安·文获2014年度中国政府“友谊奖”；10月，北京道纪忠华纳米技术研究院相关客商到南海新区考察，完成了签约。

市政建设　南海新区完成公共服务设施投资17亿元。新修龙泰路、现代西路、海韵路等70多公里，面积达到32万平方米，新增硬化道路42公里，面积达到88.2万平方米，新增绿化面积122万平方米，栽植各类绿化苗木985万株；完成绿化土回填290多万立方米；区内路灯及各类景观灯总量达4200余盏，各类管网总里程达到620多公里。香水河西岸景观土方基本完成，绿化完成70%；昌阳河东岸景观土方完成40%左右。南海客运站主体全部完成，站前广场完成，绿化正在施工，站房正在装修。

社会事业　全区加快城市化进程，全面启动环海路以南21个村城市化改造工程，规划新建10个新型社区，总建筑面积80多万平方米。其中南湾社区交付使用，其他社区建设进展顺利。南海新区管委还为新型社区内的村民全部办理养老保险，享受与市民一样的待遇。青春家园一期交付使用，首批200多名大龄青年领到了新房钥匙。南海高中投入使用，实现文登三中、文登四中、天福山中学一次性合并；12月，北京交通大学威海校区建设完工，交付北京交通大学。

【南海新港】　南海新港一期引堤及堆场工程顺利通过省交通运输厅验收。南海新港一期工程建有两个万吨级泊位，设计年通过能力107万吨。南海新区疏港铁路项目获得省发改委批复。4月，南海新港港区水域及陆域岸线获国务院批准正式对外开放，为创建国家一类开放作业港口奠定了基础。按照国务院批复，南海新港700米陆域岸线和一期工程2个泊位对外开放。

【打造产业强区】　南海临港产业区位于昌阳河以东，规划面积62平方公里，依托正在建设的南海新港，实行海陆统筹开发。在产业定位上，重点发展先进装备制造、新材料、新医药、临港物流等蓝色高端产业，建设成为高端海洋产业集聚高地。年内，蓝色创业谷引进新项目37个。其中，韩国项目12个，台湾项目1个。南海综合商务区位于香水河以东，昌阳河以西，规划面积24平方公里，重点发展政务商务、金融服务、科技创新、总部经济、旅游商业等，突出完善提升城市功能，形成城市发展的拉动力。南海旅游度假区位于香水河以西，规划面积74平方公里，主要依托万米金色沙滩、万亩滨海松林以及星罗棋布的岛礁、生态湿地、天然水系等资源优势，发展旅游度假、养生休闲、养老康疗、科创培训等新兴服务业。重点打造12公里滨海景观主轴和8公里滨河景观主轴、国际旅游度假岛等项目，打造成国际一流的滨海养生度假胜地。新引进各类文化、旅游项目2个，累计引进项目达到51个。蓝湖汉唐国宾酒店土建全部完成，进行酒店内精修。威海福地传奇水上乐园项目总占地面积50多万平方米，建设面积40万平方米。

【完善基础配套】　投入40多亿元，提升城市化水平。投资17亿元用于公共服务设施的建设，提升城市档次，其中包括总建筑面积3.2万平方米的南海客运站；可容纳3000多名师生的南海高中，新学期投入使用；总投资20亿元的环海路以南21个村城市化改造工程，将建成10个社区、面积达80多万平方米，让农民就近融入城市成为市民；新增8辆公交车、20辆出租车，进一步提升城市交通承载力。北京交通大学携手美国高校在南海新区开展国际合作办学，1月23日签署《北京交通大学、罗彻斯特理工学院、威海市人民政府谅解合作备忘录》，决定在北京交通大学威海校区开展国际合作办学，把威海校区建设成国际化、高起点的新型大学。

【全国沙滩排球巡回赛（威海南海站）】　2014年全国沙滩排球巡回赛（威海南海站）于6月12日至15日在南海公园举行。全国沙滩排球巡回赛是经国家体育总局批准的中国最高水平的沙滩排球赛事，威海南海站是全国巡回赛的第一站，也是省内唯一一站。来自全国12个省、自治区、直辖市的52支代表队、100多名运动员角力南海，福建、新疆代表队分获男子、女子组冠军。

（许　钊）

各区（市）开发区建设

【威海环翠省级旅游度假区】　初创于1992年，1993年11月经山东省政府批准正式成立。威海环翠省级旅游度假区管委会与张村镇合署办公，驻柳沟社区，辖8个村、17个社区，人口8.4万人，面积51.82平方公里，海岸线长7公里。2014年，实现财政总收入8.95亿元，地方财政收入4.1亿元，农民人均纯收入1.84万元。有中学2所、小学3所，在校生6880人。特色物产有里口山蟠桃、双岛海参等。依托区位优势，规划建设了银海项目区、机械电子产业园区、自主创新园区3个专业、特色园区，引进魏桥纺织、威高骨科、新北洋科技、海鑫新材料等企业680家，其中规模以上企业31家，形成了以纺织服装、电子信息、机械制造、医疗器械、科技新材料五大优势产业为主体的工业经济发展板块。大力发展现代服务业，依托山海资源，规划了电商孵化园区、里口山旅游度假区、中心休闲商务区、影视城高档商住区四大服务业聚集区，推进了里口山休闲观光农业、度假区商业中心、蓝湾假日酒店、老市场改造、大湖公馆等一批服务业项目，推进了度假区经济又好又快发展。年内，获“全国全国重点镇”“山东省旅游示范镇”称号，成功入选全国建制镇示范试点。

（王海峰）

【文登经济开发区】 文登经济开发区1992年经山东省政府批准设立，管委会驻广州路46号。2014年，建成区面积30平方公里。辖1个村、21个社区，常住人口2.2万人。全区规模以上工业企业实现销售收入211亿元，完成固定资产投资77.95亿元，地方财政预算收入12.6亿元，外贸进出口总额8.1亿美元。社区居民人均可支配收入1.85万元。全年基础设施建设投资4.4亿元，对区内道路进行修建、整治。实施旧村改造工程，在建面积17.77万平方米的文源华都、福惠家园、隆昌兴城、汤泊温泉小区、营南花园5个安置小区，可安置13个村（社区）。投资3000余万元，为19个社区居民投保基本医疗保险，为3000余户居民购买家庭财产保险，为2608位老年人（60～80周岁）办理银龄安康意外伤害保险。新建11所老年人日间照料中心。9月，香山路大桥建成通车。重点引进高新材料、生物医药、装备制造、现代海洋生物、电子商务等项目，全年新引进产业项目13个，其中投资过1亿元项目10个，合同投资额78亿元。全区在建项目26个，在建面积51.2万平方米，其中新开工项目8个，新开工面积13.1万平方米；续建复工项目18个。年内，恒润建材、君和海洋生物机械、新辉特需车、全新电机、昊星电器、集美渔具、迪嘉中药、佳信国际、恒泰毛毯9个项目完工投产；科蓝海洋、东祥塑胶、福州产业园3个项目设备安装调试；1.6万平方米的大学生创业孵化基地投入使用，至年底入驻企业24家，被省人社厅授予“省级创业孵化示范基地”称号，扶持资金500余万元；高新材料产业，引进投资9800万元的惠明精细化工项目、投资9800万元的兴邦精细化工、投资1.7亿元的轮胎胶囊等项目；现代海洋生物产业，引进投资1.2亿元的家禾海洋食品项目、投资8000万元的海纳食品项目、投资2亿元的粤海饲料等项目；高端装备制造产业，引进航天液压油缸项目；生物医药产业，引进战氏生物转换酶制剂、华夏本草等项目；电子商务产业，以电子商务产业园和创业孵化基地为平台，实行“筑巢引凤”战略，入驻企业18家。文登经济开发区形成汽车及零部件、机电工具、家纺服装、电子信息、高新材料、休闲旅游等6大支柱产业共同发展的良好格局。

（王淑君）

【荣成经济开发区】 成立于1991年，1992年12月经山东省人民政府批准为省级经济开发区。辖4个街道，131个村、31个社区，总面积227平方公里，人口18万人。海岸线长42公里。围绕打造沿海高端产业带，依托区内先进装备制造、海洋生物、现代服务、高新技术等优势产业，规划实施了总面积65平方公里的城铁商贸物流、高端产业园、海洋生物产业园、崂山教育科研和八亩地休闲旅游五大板块开发，向北延伸至城际铁路区域，向东拓展至滨海一线，向南与石岛板块相向对接。高端产业园占地面积10平方公里，重点发展高端装备制造、汽车及零部件和新能源新材料三大产业。重点企业有达因制药、华泰汽车、华力电机、海之宝等。2014年，累计批准进区项目1471个，项目总投资2075.2亿元，实际投资额874.2亿元。区内基础设施投资30.08亿元，批准进区项目56个，开工建设38个，总投资204亿元。引进内资49.24亿元，外资3180万美元。完成工业总产值499.5亿元，实现销售收入474.5亿元，利税51.21亿元，出口交货值6.8亿美元。

【荣成石岛湾省级旅游度假区】 成立于1992年8月，1994年10月经山东省人民政府批准为省级旅游度假区。2005年撤销石岛镇，成立石岛管理区，石岛湾省级旅游度假区与石岛管理区合署办公。辖6个街道，144个村、41个社区，总面积260平方公里，人口16.9万人。2014年，启动实施了总投资25亿元的广润食品等12个海洋生物科技项目，黄海船舶技术中心等13个企业创新投入项目；新上远洋渔船24艘，启动了斯里兰卡等4处海外基地建设，同步实施了华东生态园等14个休闲旅游项目；申报省以上名牌、商标11个，“科技周”签订产学研协议40多项；新引进民生银行，全区金融机构总数达到14家；大鱼岛港务公司等3家企业在齐鲁股交中心和“新三板”挂牌。启动实施了总投资77亿元的33个市级项目，完工投产15个；海洋高新园获批省级海洋高新产业园和农业高新技术产业示范区，完成基础设施投入5.2亿元，入驻总投资45亿元28个高新项目；石岛工业园新入驻中船重工特种设备等项目12个，入园项目总数达到218个，产值突破600亿元。规划实施了总投资30.4亿元的102项城建民生工程，新安装路灯4000盏，绿化80万平方米，铺设供热管道115公里，新增供热43万平方米，置换天然气1.5万户；创新推行城乡环卫长效管护机制，6条街道全部纳入环卫一体管理，垃圾日收集量达到200多吨；完成了51个村环境整治和28条农村公路改造，新建便民服务中心14处。至年底，累计批准进区项目1340个，项目总投资3264.4亿元，实际投资额1052.4亿元。2014年区内基础设施投资27亿元，批准进区项目25个，开工建设25个，总投资51.4亿元。年内引进内资49.3亿元，外资4959万美元。完成工业总产值903.3亿元，实现销售收入890亿元，利税81.7亿元，出口交货值7.78亿美元。

【好运角旅游度假区】 2011年1月，国务院批复的《山东半岛蓝色经济区发展规划》提出，发展海洋文化旅游业、建设好运角旅游度假区。2012年12月，好运角旅游度假区设立。辖成山、港西和埠柳3个镇，110个村，11个社区，总人口9.69万人。陆地面积280平方公里，海岸线长112公里。以打造“国际高端休闲旅游度假区”为目标，将北部、东部112公里海岸线腹地具备发展旅游、度假、商务、居住的区域，规划为以滨海旅游度假业为主的第三产业板块；中部以现有光电子与海洋产业为基础，规划以海洋生物信息产业为主的第二产业板块；南部依托伟德山国家级森林公园以及良好的农业基础，规划为以观光休闲农业为主的第一产业板块。旅游度假核心区面积40.7平方公里，依托成山头、海驴岛、摩天岭等资源，重点发展休闲旅游和现代服务业；行政商业服务区面积20平方公里，主要发展商贸服务业、海洋产业和旅游业，打造具有滨海特色的综合性城区；商务旅游度假区面积26平方公里，依托朝阳港、成山林场两大资源，发展商务休闲度假产业；休闲娱乐区面积25平方公里，依托纹石滩，发展休闲、娱乐、居住服务产业；海洋生物及信息产业区面积63平方公里，依托已有产业基础，重点发展海洋食品与高端制造产业；观光休闲农业区面积75.3平方公里，依托已有特色农业和南邻伟德山的区位优势，打造观光休闲农业；生活居住区面积17平方公里，通过村庄改造、开发，建设以居住和商业为主要功能的大型居住区；马山岛休闲养生区面积13平方公里，依托良好的自然山海风光，打造国际知名休闲养生区。2014年，累计批准进区项目43个，项目总投资255亿元，实际投资额46亿元。区内基础设施投资6.5亿元，批准进区项目21个，开工建设21个，总投资85.49亿元。年内引进内资24.95亿元，外资2163万美元。完成工业总产值429亿元，实现销售收入399亿元，利税29.81亿元，出口交货值2.42亿美元。

（张洪波）

【乳山经济开发区】 乳山经济开发区于1992年经山东省人民政府批准成立，起步区6平方公里。2007年，为推动开发区发展，市政府将打磨、宅口等7村划入开发区管辖。2009年2月，开发区与乳山口镇合并，整合后的开发区辖41个村，总面积107平方公里，海岸线长36公里，滩涂面积1600公顷，拥有国家二类港口——乳山口港。区内的海洋食品产业园入选“首批山东半岛蓝色经济区海洋特色产业园”。2014年，引进新项目19个。其中，开工项目13个，投产项目2个。开工建设的项目有青岛科大孵化器、海洋机械、龙威不燃板，建成投产项目有瑞华达机械、兴诚机械、众望油脂、海润新材料、园城非金属矿工业园。引导企业实行技改扩规，累计投入2.5亿元。推动11家企业与科研院所开展了产学研合作项目，鲁源科技、金果花生、佰德信等3家被认定为威海市级企业技术开发中心，澳华新能源、华邦精冲、山东双连、力久电机4家企业获批高新技术企业。获批发明专利13件，实用新型专利29件。金牌饲料、力久电机两家企业在“新三板”成功挂牌。精心打造高端产业聚集区，形成了临港产业园、装备制造产业园、新能源产业园、精细化工园、海洋食品产业园“三大园两小园”的产业发展格局。引进了法峻工业设备、海洋机械、顺辰钛合金等装备制造项目，延伸了装备制造产业链。引进龙威不燃板、海润新材料、园城非金属矿工业园等新材料项目，新引进的青岛科大环保孵化中心项目，充分利用青岛科技大学的科技、人才、智力资源，为新材料产业进行专业孵化。正洋食品与中国海洋大学合作建设正洋海洋生物技术研究院，明海水产投资新上鱿鱼丝出口加工设备，进一步提升了海洋生物科技产业发展层次。投资2650万元，对区内7200米道路实施硬化改造，疏浚护坡河道1580米，进一步提升了产业承载力。按照产业发展布局，规划实施了2.7万平方米的万和苑小区项目，投资150万元新建了政通、西耿家、中心渔港、崔家4个新型农村社区，规划成立了润泽、政通、西里、金银4个城市社区，并投资120万元重点打造润泽和政通两个城市社区居委会，建设了便民服务大厅、警务室、健身广场等有关配套设施，拉动产业和城镇实现融合发展。年内，获“山东省级生态工业园区”“外经贸工作先进单位”“国内经济合作工作先进单位”等称号。

【乳山市滨海新区】 乳山市滨海新区成立于2012年12月26日。滨海新区是“一体化”大威海新格局和乳山“南部提升”战略的重要组成部分，区域规划总面积348.94平方公里，其中，陆地面积278.65平方公里，建设用地120平方公里。按照产业布局规划和打造特色园区的长远目标，规划银滩旅游度假区、大乳山滨海旅游度假区、海湾新城、新兴产业园、塔岛湾海洋生态国家级海洋特别保护区、食品与生物科技产业园、海洋科技产业园等7个功能片区，规划定位为打造高端产业聚集区、幸福宜居养生区、休闲旅游样板区、城市发展中心区和中、日、韩合作先导区。2014年，新开工智创科技企业孵化器、海大生物科技产业园、鑫晟科技、爱琴湾生态休闲旅游等项目19个，其中投资过1亿元项目14个，新签约曜阳养生养老示范基地、青海镁基电池、骏翔新材料等项目15个，其中投资过1亿元项目11个。续建顶点科技、汇清科技、远大可建、中鲁果蔬汁等项目10个，远大可建、华隆生物科技、中鲁果蔬汁、鲁酱酒业等10个项目达产。全年总投资11.7亿元，实施道路桥涵、园林绿化、供水供气、生活配套、环保升级和生态修复6大类基础设施建设工程，提升区域载体能力。规划建设了中韩制造业工业团地、中韩海洋文化体验区、中韩食品与生物科技产业园三大对韩平台，配套完善了水、电、路、气、暖等配套设施，为承载韩国产业转移提供了载体平台。坚持高起点规划、高标准建设，聘请山东省城乡规划设计院、中船九院等专业机构完成了塔岛湾国家级特别保护区概念性规划、食品和生物科技产业园总体规划、海湾新城控制性详细规划和海洋科技产业园总体规划。稳步推进城乡统筹协调发展，实施了11个村的旧村改造工程和8个农村新型社区建设，引导转移农村人口1500人，流转土地486.67公顷。投资100万元对6个城市社区进行了标准化改造，新成立大庆和东方两个城市社区，打造益天社区、观海苑社区两大综合性服务中心。开通滨海新区民生热线，搭建网上交流平台，开放主任信箱和社区书记意见箱，集中受理群众咨询、求助、建议和投诉2456件。

（陈宗坚）

编辑　王　瑛

人　　物

市领导简介

·中国共产党威海市委员会·

孙述涛　中共威海市委书记、党校校长，市人大常委会主任、党组书记。山东高密人。1965年1月出生。1987年7月参加工作。1985年11月加入中国共产党。1983年9月至1987年7月，在山东农业大学林学专业学习。1987年7月至1990年1月，任山东农业大学林学系辅导员。1990年1月至1991年9月，任山东农业大学林学系团总支副书记。1991年9月至1994年7月，为南京林业大学资源与环境学院森林经理专业硕士研究生。1994年7月至1997年7月，为南京林业大学森林资源与环境学院造林学专业博士研究生。1997年7月至10月，任山东农业大学林学院教师。1997年10月至2000年6月，任山东农业大学林学院院长。2000年6月至2001年1月，任山东农业大学林学院院长，挂职任菏泽地区行署专员助理。2001年1月至2月，任菏泽市副市长。2001年2月至2007年7月，任省委组织部副部长。2007年7月至2008年2月，任省委组织部副部长兼省干部学院院长。2008年2月至7月，任威海市委副书记，威海市政府副市长、代市长、党组书记。2008年7月至2011年12月，任威海市委副书记，威海市政府市长、党组书记。2011年12月至2012年4月，任威海市委书记、党校校长。2012年4月起任中共威海市委书记、党校校长，市人大常委会主任、党组书记。

张　惠（女）　中共威海市委副书记，威海市人民政府市长、党组书记。山东烟台人。1967年4月出生。1989年7月参加工作。1988年6月加入中国共产党。在职研究生文化程度，1985年9月至1989年7月，在青岛海洋大学海洋生物系海洋生物专业学习。1989年7月至1992年4月，任青岛海洋大学工程系团总支代理书记、学生党总支书记。1992年4月至1994年9月，任青岛海洋大学麦岛校区团委副书记。1994年9月至1995年11月，任青岛海洋大学团委副书记。1995年11月至1997年2月，任共青团青岛市委副书记。1997年2月至2001年4月，任共青团青岛市委副书记、市青联主席。2001年4月至2001年12月，任共青团青岛市委书记、党组书记，市青联主席（1997年9月至2001年6月，在青岛海洋大学海洋生物专业攻读硕士研究生，获理学硕士学位）。2001年12月至2003年4月，任共青团青岛市委书记、党组书记。2003年4月至2006年4月，任青岛市委常委，共青团青岛市委书记、党组书记（其间：2004年7月至2005年1月，在山东省中青年干部赴美国马里兰大学培训班学习）。2006年4月至2007年11月，任青岛市委常委、统战部部长。2007年11月至2008年1月，任青岛市委常委、统战部部长，市委青岛高新技术产业开发区工委书记。2008年1月至6月，任青岛市委常委、副市长，市委青岛高新技术产业开发区工委书记。2008年6月至2011年12月，任青岛市委常委、副市长，省委高校工委副书记，市委青岛高新技术产业开发区工委书记。2011年12月至2012年4月，任威海市委副书记，威海市政府代市长、党组书记。2012年4月起任中共威海市委副书记，威海市人民政府市长、党组书记。

赵熙殿　中共威海市委副书记。山东荣成人。1957年8月出生。1976年7月参加工作。1982年1月加入中国共产党。1976年7月至1977年2月，任荣成县黄山公社联中教师。1977年2月至1980年12月，任荣成县黄山公社教育组会计、团支部书记。1980年12月至1984年4月，任荣成县王连公社团委干事、党委秘书。1984年4月至1985年9月，任荣成县王连乡党委宣传委员。1985年9月至1987年7月，在山东大学干部专修科党政基础专业学习。1987年7月至12月，任荣成县王连乡党委干部。1987年12月至1988年6月，任荣成县斥山镇副镇长。1988年6月至11月，任荣成县斥山镇党委副书记、副镇长。1988年11月至1991年1月，任荣成市斥山镇党委副书记、镇长。1991年1月至1992年8月，任荣成市崂山镇党委书记。1992年8月至1993年1月，任荣成市经济技术开发区管委主任、党委书记（副县级）。1993年1月至3月，任荣成市委常委，市经济技术开发区管委主任、党委书记。1993年3月至1995年3月，任荣成市委常委，市政府副市长、党组副书记，市经济技术开发区管委主任、党委书记。1995年3月至1997年12月，任荣成市委常委，市政府副市长、党组副书记。1997年12月至1998年2月，任乳山市委副书记、代市长。1998年2月至2001年1月，任乳山市委副书记、市长（1996年7月至1999年6月，在省青年管理干部学院经济管理专业学习）。2001年1月至2003年2月，任乳山市委书记、党校校长（1999年9月至2002年6月，在省委党校在职干部研究生班经济管理专业学习；2002年9月至2003年1月，在中央党校县委书记进修班学习）。2003年2月至2006年12月，任威海市委常委，乳山市委书记、党校校长，乳山市人大常委会主任。2006年12至2007年1月，任威海市委常委，市政府副市长。2007年1月至2012年4月，任威海市委常委，威海市政府副市长、党组副书记。2012年4月起任中共威海市委副书记。

董天祥 中共威海市委常委、市纪委书记。四川邛崃人。1957年1月出生。1972年12月参加工作。1983年1月加入中国共产党。1972年12月至1978年6月，任西藏拉萨市七一农机厂工人、政工干部。1978年6月至1980年8月，在辽宁熊岳农机学校学习。1980年8月至1984年9月，任西藏拉萨市农牧局政治处人事干部、局团委副书记。1984年9月至1986年8月，在中国青年政治学院政治教育专业学习。1986年8月至1989年5月，任共青团西藏自治区委区直机关团委书记。1989年5月至1991年11月，任共青团西藏自治区委农牧青年工作部副部长。1991年11月至1992年12月，任共青团西藏自治区委农牧青年工作部部长。1992年12月至1994年10月，任西藏自治区那曲地委委员、秘书长。1994年10月至1997年12月，任西藏自治区那曲地委副书记。1997年12月至2004年5月，任威海市政府副市长、党组成员（其间：1999年8月至2001年12月，在中央党校函授学院法律专业学习）。2004年5月至2006年2月，任威海市委常委、宣传部部长（2002年6月至2004年6月，在山东大学经济学院产业经济学专业研究生课程进修班学习）。2006年2月至2007年5月，任威海市委常委。2007年5月起任中共威海市委常委、市纪委书记（2008年3月至6月，在山东省委党校市厅级干部进修班学习）。

徐东升 中共威海市委常委，威海市人民政府副市长、党组副书记。山东招远人。1962年6月出生。1983年7月参加工作。1986年11月加入中国共产党。1979年9月至1983年7月，在山东农学院农业经济系农业经济管理专业学习。1983年7月至1985年6月，省农业厅人民公社管理处干部（其间：1984年9月至1985年6月，借调省委农工部赴陵县前孙街蹲点调查）。1985年6月至1987年6月，省农业厅经管处干部。1987年6月至1990年8月，任省农业厅经管处副主任科员（其间：1987年7月至1989年7月，挂职任惠民县何坊乡副乡长）。1990年8月至1993年2月，任省农业厅经管处主任科员（其间：1990年12月至1992年3月，借调省委组织部农村组织处工作）。1993年2月至1996年9月，任《山东农业知识》杂志社副总编（副处级）。1996年9月至2002年7月，任省农业广播电视学校校长（其间：1999年8月至2000年7月，在省委党校第十期中青年干部培训班学习；1998年9月至2001年7月，在省委党校在职研究生班经济管理专业学习）。2002年7月至2004年5月，任省农业厅人事处处长。2004年5月至7月，任省农业厅副厅长、党组成员。2004年7月至2007年8月，任省农业厅副厅长、党组成员，援藏干部总带队、西藏自治区日喀则地委常务副书记兼地委党校校长。2007年8月至9月，任威海市委常委、市政府党组副书记。2007年9月至2008年1月，任威海市委常委，威海市政府副市长、党组副书记。2008年1月至2011年12月，任威海市委常委、组织部部长（其间：2009年9月至2009年11月，在山东省委党校市厅级领导干部进修班学习）。2011年12月至2012年4月，任威海市委常委、市政府党组副书记。2012年4月起任中共威海市委常委，威海市人民政府副市长、党组副书记。

汤光运 中共威海市委常委，威海市人民政府副市长、党组副书记。山东荣成人。1955年12月生。1973年2月参加工作。1982年11月加入中国共产党。1973年2月至1976年12月，任荣成县大疃小学、联中民办教师。1976年12月至1977年5月，任荣成县第二造船厂工人。1977年5月至1979年6月，任荣成县荫子乡政府文书。1979年6月至1980年6月，任荣成县标准计量局文书。1980年6月至1981年2月，任荣成县沼气办公室文书。1981年2月至1984年6月，任荣成县上庄镇政府生产助理。1984年6月至1985年11月，任荣成县上庄镇党委秘书。1985年11月至1987年2月，任荣成县上庄镇党委宣传委员。1987年2月至1988年11月，任荣成县上庄镇党委副书记。1988年11月至1989年12月，任荣成市上庄镇党委副书记、镇长。1989年12月至1991年7月，任荣成市崖头镇党委副书记、镇长。1991年7月到1994年11月，任荣成市俚岛镇党委书记（其间：1993年9月至12月，在威海市委党校中青年干部培训班学习）。1994年11月至1996年12月，任荣成市石岛镇党委书记（1994年9月至1996年4月，在省高等教育自学考试文秘专业大专学习）。1996年12月至1998年1月，任荣成市委常委、石岛镇党委书记。1998年1月至1999年2月，任荣成市委常委、副市长。1999年2月至6月，任荣成市委副书记、副市长。1999年6月至2000年2月，任荣成市委副书记、代市长。2000年2月至2003年1月，任荣成市委副书记、市长（其间：2000年9月至2002年6月，在山东农业大学农经管理专业研究生课程进修班学习）。2003年1月至3月，任荣成市委书记。2003年3月至2004年11月，任荣成市委书记、党校校长。2004年11月至2006年2月，任荣成市委书记（副市地级）、党校校长（2003年9月至2005年12月，在省委党校业余本科班法律专业学习）。2006年2月至2008年11月，任威海市委常委，荣成市委书记、党校校长。2008年11月至12月，任威海市委常委。2008年12月起任中共威海市委常委，威海市人民政府副市长、党组副书记。

王学文 中共威海市委常委、秘书长。山东乳山人。1963年4月出生。1984年7月参加工作。1984年5月加入中国共产党。1980年9月至1984年7月，在莱阳农学院园艺系果树专业学习。1984年7月至1985年4月，任乳山县马石店乡团委干事。1985年4月至11月，任乳山县委老干部局干事。1985年11月至1989年2月，任乳山县委组织部干事。1989年2月至12月，任乳山县委组织部干部科副科长。1989年12月至1991年1月，任乳山县委办公室行政科科长。1991年1月至1992年6月，任乳山县委办公室副主任。1992年6月至1994年7月，任乳山县（市）冯家镇党委书记。1994年7月至1995年8月，任乳山市地税局局长、财政局副局长。1995年8月至1996年12月，任乳山市委办公室主任、市直机关工委书记。1996年12月至1997年12月，任乳山市委常委、办公室主任，市直机关工委书记。1997年12月至2001年1月，任乳山市委副书记（其间：2000年9月至12月，在省委党校县委书记进修班学习）。2001年1月至3月，任乳山市委副书记、代市长。2001年3月至2002年12月，任乳山市委副书记、市长。2002年12月至2003年1月，任荣成市委副书记、代市长。2003年1月至2005年11月，任荣成市委副书记、市长。2005年11月至2007年5月，任威海市环翠区委书记、党校校长。2007年5月至2008年11月，任威海市委常委，环翠区委书记、党校校长。2008年11月至2011年11月，任威海市委常委，荣成市委书记、党校校长。2011年11月至2012年1月，任威海市委常委。2012年1月起任中共威海市委常委、秘书长。

刘茂德 中共威海市委常委、政法委书记。山东威海人。1958年12月出生。1978年11月参加工作。1982年8月加入中国共产党。1977年10月至1978年11月，任荣成县桥头公社党委交通员（计算连续工龄）。1978年11月至1986年1月，任烟台地委（市委）办公室科员（其间：1982年8月至1985年8月，在烟台广播电视大学汉语言文学专业学习）。1986年1月至1987年8月，任烟台市交通局办公室科员。1987年8月至11月，任烟台市交通局汽修行管处副主任。1987年11月至1991年5月，任威海市交通委办公室主任。1991年5月至7月，任威海市政府办公室正科级秘书。1991年7月至1992年8月，任威海市政府办公室副县级秘书。1992年8月至1998年3月，任威海市公路局局长、党委书记（其间：1994年9月至1997年6月，在南京大学中文系中国现当代文学专业学习，获文学硕士学位）。1998年3月至1999年1月，任威海市建委主任、党委书记。1999年1月至2003年1月，任威海市建委主任、党委书记，市委建设工委书记。2003年1月至2月，任威海市政府党组成员。2003年2月至2012年1月，任威海市政府副市长、党组成员（其间：2006年2月至2006年5月，在山东省委党校市厅级领导干部进修班学习）。2012年1月至4月，任威海市政府副市长、市委政法委书记。2012年4月起任中共威海市委常委、政法委书记。

李在武 中共威海市委常委、统战部部长，市社会主义学院院长。山东济南人。1970年8月出生。1992年7月参加工作。1991年1月加入中国共产党。1988年7月至1992年7月，在山东师范大学马列部思想政治教育专业学习。1992年7月至1993年6月，任山东师范大学中文系政治辅导员。1993年6月至1995年10月，任山东师范大学党委办公室干事。1995年10月至1999年8月，任山东师范大学党委办公室副科级干事。1999年8月至2000年11月，任山东师范大学团委副书记。2000年11月至2005年1月，任山东师范大学党委办公室副主任。2005年1月至2006年3月，任山东师范大学党委办公室副主任、纪委正处级纪检员。2006年3月至2009年12月，任山东师范大学党委办公室主任（其间：2008年2月至12月，在山东省委党校中青年干部培训班学习）。2009年12月至2011年3月，任山东师范大学党委组织部部长。2011年3月至12月，任山东师范大学党委组织部部长、党校常务副校长。2011年12月至2012年1月，任威海市委常委。2012年1月起任中共威海市委常委、统战部部长，市社会主义学院院长。

王　亮 中共威海市委常委、宣传部部长。山东荣成人。1963年1月出生。1981年7月参加工作。1984年4月加入中国共产党。1979年9月至1981年7月，在荣成师范学校史地专业学习。1981年7月至1983年5月，任荣成县第十五中学教师。1983年5月至1984年7月，任荣成县政协办公室秘书。1984年7月至1987年9月，任荣成县委办公室秘书。1987年9月至1988年10月，任威海市政府办公室秘书。1988年10月至1990年1月，任威海市政府办公室副科级秘书。1990年1月至1991年9月，任威海市政府办公室正科级秘书（1987年10月至1990年12月，在山东省高等教育自学考试汉语言文学专业大专学习）。1991年9月至1992年2月，任威海市政府办公室秘书科科长。1992年2月至1992年8月，任威海市政府办公室调研科科长。1992年8月至1994年4月，任威海市政府办公室副县级秘书、调研科科长。1994年4月至1997年6月，任威海市政府办公室副主任、党组成员。1997年6月至1999年6月，任威海市政府副秘书长、办公室党组成员。1999年6月至2001年6月，任威海市政府副秘书长、办公室党组成员，调查研究室主任（1998年9月至2001年6月，在吉林大学经济学院国民经济学专业学习，2001年6月获经济学硕士学位）。2001年6月至2002年12月，任威海市政府副秘书长、办公室党组成员，调查研究室主任，信息产业局局长。2002年12月至2003年1月，任威海市环翠区委副书记、代区长。2003年1月至2005年

2月，任威海市环翠区委副书记、区长。2005年2月至3月，任文登市委副书记、代市长。2005年3月至2006年2月，任文登市委副书记、市长。2006年2月至3月，任文登市委副书记、市长，市政协主席。2006年3月至5月，任文登市委书记、市政协主席。2006年5月至2007年11月，任文登市委书记、党校校长。2007年11月至2011年12月，任文登市委书记、党校校长，市人大常委会主任。2011年12月至2012年4月，任威海市委宣传部部长。2012年4月起任中共威海市委常委、宣传部部长。

曹元怀 中共威海市委常委，军分区政治委员、党委书记。山东青州人。1962年12月出生。1981年10月参加工作。1984年10月加入中国共产党。1981年10月至1985年12月，任济南军区某守备团战士。1985年12月至1986年8月，任济南军区新闻队学员。1986年8月至1987年10月，任济南军区某守备团排长。1987年10月至1990年2月，任济南军区某守备团政治处正排职干事。1990年2月至1990年7月，任济南军区某守备团政治处副连职干事。1990年7月至1990年11月，任青岛警备区政治部副连职干事。1990年11月，任青岛警备区某艇政治指导员、党支部书记。1990年11月至1993年12月，任山东省军分区政治部干部处正连职干事。1993年12月至1996年12月，任山东省军分区政治部干部处副营职干事。1996年12月至1999年12月，任山东省军分区政治部干部处正营职干事。1999年12月至2000年1月，任山东省军分区政治部干部处副团职干事。2000年1月至2002年2月，任山东省军分区政治部干部处副处长。2002年2月至2006年3月，任山东省军分区政治部干部处处长、政治部党委委员(2001年9月至2003年7月，在山东大学马克思主义原理专业学习)。2006年3月至2010年10月，任潍坊军分区政治部主任、党委常委。2010年10月至2010年12月，任枣庄军分区政治委员、党委书记。2010年12月至2012年10月，任枣庄市委常委，军分区政治委员、党委书记。2012年10月至2012年11月，任威海军分区政治委员、党委书记。2012年11月起任中共威海市委常委，军分区政治委员、党委书记。

田治颖 中共威海市委常委、组织部部长。山东广饶人。1963年12月生。1982年7月参加工作。1985年6月加入中国共产党。1980年9月至1982年7月，在广饶师范学校师范专业学习。1982年7月至1984年8月，任广饶县供销社政工科办事员。1984年8月至1985年12月，任广饶县机关团委书记。1985年12月至1987年9月，任共青团广饶县委副书记。1987年9月至1989年7月，在山东大学干部专修科经济管理学系管理专业学习。1989年7月至1990年12月，任广饶县颜徐乡党建工作队队长。1990年12月至1992年7月，任共青团广饶县委书记。1992年7月至1993年10月，任广饶县经济技术开发区管委会副主任、共青团广饶县委书记。1993年10月至1995年8月，任东营开放开发综合试验区管理委员会公关联络部部长。1995年8月至1998年1月，任东营开放开发综合试验区管理委员会党组成员、办公室副主任（其间：1995年8月至1997年12月，在中央党校函授学院本科班经济管理专业学习）。1998年1月至2000年3月，任共青团东营市委书记。2000年3月至2001年4月，任东营市河口区委副书记（正县级）。2001年4月至2002年12月，任东营市河口区委副书记、区纪委书记（正县级）(1999年9月至2002年6月，在山东省委党校在职干部研究生班经济管理专业学习)。2002年12月至2006年2月，任东营市委副秘书长、市信访局局长。2006年2月至2008年9月，任垦利县委副书记、县长。2008年9月至2011年12月，任垦利县委书记(2008年2月至2008年12月，在山东省委党校第18期青年干部培训班学习)。2011年12月至2013年6月，任威海市政府副市长、党组成员。2013年6月起任中共威海市委常委、组织部部长。

·威海市人民代表大会常务委员会·

孙述涛 中共威海市委书记、党校校长，威海市人大常委会主任、党组书记。（详见《人物·市领导简介·中国共产党威海市委员会》第345页）

董进友 威海市人大常委会第一副主任（正厅级）、党组书记。山东威海人。1956年7月出生。1975年10月参加工作。1982年8月加入中国共产党。1975年10月至1979年9月，任威海市链条厂会计。1979年9月至1984年6月，任威海市链条厂财务科、经营科科长。1984年6月至1985年3月，任威海市链条厂副厂长。1985年3月至1987年3月，任威海市瓷厂厂长、党总支书记。1987年3月至1988年12月，任威海市轮胎厂副厂长。1988年12月至1989年8月，任威海市环翠区蒿泊镇党委副书记、镇长。1989年8月至1992年3月，任威海市环翠区蒿泊镇党委书记。1992年3月至1992年6月，任威海市环翠区委组织部部长。1992年6月至8月，任威海市环翠区委常委、组织部部长。1992年8月至1996年12月，任威海市环翠区委常委、副区长（其间：1992年8月至1994年12月，在中央党校函授学院本科班经济管理专业学习）。1996年12月至1997年12月，任威海市环翠区委副书记、副区长。1997年12月至1998年3月，任威海市环翠区委书记。1998年3月至2001年1月，任威海市环翠区委书记、党校校长。2001年1月至3月，任威海市政府党组成员。2001年3月至2007年7月，任威海市政府副市长、党组成员。2007年7月至2008年1月，任威海市政府副市长、党组副书记。2008年1月至2012年1月，任威海市委常委，威海市政府副市长、党组副书记。2012年1月至4月，任威海市委常委、市政府副市长、市人大常委会党组书记。2012年4月起任威海市人大常委会第一副主任（正厅级）、党组书记。

张建军 威海市人大常委会副主任、党组副书记。山东荣成人。1957年7月出生。1976年8月参加工作。1977年12月加入中国共产党。1976年8月至1977年12月，任荣成县东山公社青山前大队知青。1977年12月至1980年9月，任威海平板玻璃厂文书。1980年9月至1982年2月，任威海市第二轻工业局秘书。1982年2月至1984年11月，任威海市经济委员会秘书（其间：1982年9月至1983年7月，在烟台师范专科学校干部培训班学习）。1984年11月至1987年11月，任威海（县级）市委组织部办公室主任（1984年4月至1986年12月，在山东省高教自学考试汉语言文学专业大专学习）。1987年11月至1989年3月，任威海市委组织部办公室副主任。1989年3月至1991年7月，任威海市委组织部办公室主任。1991年7月至1992年3月，任威海市委组织部副县级巡视员、办公室主任。1992年3月至1993年3月，任威海市委组织部副县级巡视员、企业干部科科长。1993年3月至1998年3月，任威海市委组织部副部长（其间：1993年9月至1996年7月，在山东省经济管理干部学院业余本科班经济管理专业学习）。1998年3月至2001年2月，任威海市委组织部副部长、老干部局局长（其间：1997年9月至2000年6月，在山东省委党校在职干部研究生班政治学专业学习）。2001年2月至2005年10月，任威海市委组织部常务副部长（正县级）。2005年10月至2012年1月，任威海经济技术开发区（出口加工区）管委会主任（副市地级）、工委书记。2012年1月至4月，任威海市人大常委会党组副书记，威海经济技术开发区（出口加工区）管委主任、工委书记。2012年4月至9月，任威海市人大常委会副主任、党组副书记，威海经济技术开发区（出口加工区）管委主任、工委书记。2012年9月起任威海市人大常委会副主任、党组副书记。

毕礼伟 威海市人大常委会副主任、民建威海市委主委。山东威海人。1966年12月出生。1988年7月参加工作。2005年10月加入中国民主建国会。1985年9月至1988年7月，在烟台大学中文系汉语言文学专业学习。1988年7月至1990年5月，任威海市纺织工业公司技改科干部（其间：1989年3月至7月，在北京达美集团培训中心外贸英语培训班学习）。1990年5月至1991年9月，任威海市纺织器材厂供销科长。1991年9月至1992年1月，任威海市纺织器材厂副厂长。1992年1月至1993年3月，任威海市环翠区经委技改科副科长。1993年3月至1995年2月，任威海环翠省级旅游度假区招商公司经理（其间：1994年7月至10月，在环翠区委党校中青年干部班学习）。1995年2月至1996年1月，任威海环翠省级旅游度假区招商局副局长。1996年1月至1997年7月，任威海环翠省级旅游度假区招商局副局长、张村镇副镇长。1997年7月至1998年2月，任威海环翠省级旅游度假区管委会副主任、经济发展局副局长，张村镇副镇长。1998年2月至2006年2月，任威海市环翠区政府副区长（1997年8月至1999年12月，在中央党校函授学院涉外经济管理专业学习；2000年9月至2003年6月，在省委党校在职干部研究生班经济管理专业学习）。2006年2月至7月，任威海市政协副主席、环翠区政府副区长。2006年7月至2007年12月，任威海市政协副主席、环翠区政府副区长、民建威海支部主任（其间：2006年9月至12月，在省委党校人大政协进修班学习）。2007年12月至2008年1月，任威海市政协副主席、民建威海支部主任委员。2008年1月至2010年4月，任威海市人大常委会副主任、民建威海支部主任委员。（其间：2007年9月至2009年11月，在北京师范大学政治学与国际关系学院公共管理专业学习；2009年9月至11月，在山东省委党校市人大政协领导干部进修班学习）。2010年4月起任威海市人大常委会副主任、民建威海市委主委。

季恩远 威海市人大常委会副主任、党组成员。山东蓬莱人。1958年12月出生。1980年7月参加工作。1989年4月加入中国共产党。1978年9月至1980年7月，在山东省烟台财政学校财税专业学习。1980年7月至1987年6月，任烟台县（市）财政局科员。1987年6月至1987年11月，任烟台市财政局行政事业财务科副科长。1987年11月至1990年10月，任威海市财政局预算科科长。1990年10月至1993年10月，任威海市财政局副局长（1989年8月至1992年6月，在山东大学威海分校夜大经济管理专业学习；1991年9月至1991年11月，在威海市委党校党政领导干部进修班学习）。1993年10月至1994年11月，任威海市财政局副局长、华威（香港）有限公司董事。1994年11月至1997年8月，任威海市财政局局长、党组书记，华威（香港）有限公司董事（其间：1995年9月至1997年5月，在山东经济学院政治经济学专业硕士课程进修班学习）。1997年8月至1998年9月，任威海市财政局局长、党组书记，华威（香港）有限公司董事，威海城市合作银行副董事长。1998年9月至1999年6月，任威海市财政局局长、党组书记，华威（香港）有限公司董事。1999年6月至2001年2月，任威海市外经贸委主任、党委书记，华威（香港）有限公司董事。2001年2月至2003年1月，任威海市外经贸局局长、党委书记。2003年1月至2010年12月，任威海市政府市长助理、党组成员（其间：2000年9月至2003年6月，在山东省委党校在职干部研究生班经济管理专业学习）。2010年12月至2012年1月，任威海市政府党组成员（其间：2007年8月至2011年1月，挂职任湖南省株洲市政府副市长）。2012年1月至4月，任威海市人大常委会党组成员。2012年4月起任威海市人大常委会副主任、党组成员。

丛培卿（女） 威海市人大常委会副主任、党组成员。山东威海人。1961年10月出生。1981年7月参加工作。1982年11月加入中国共产党。1979年9月至1981年7月，在烟台师范专科学校政治系政治专业学习。1981年7月至1984年6月，任文登县汪疃公社、初村公社妇联干事。1984年6月至1985年2月，任文登县妇联干事。1985年2月至1986年11月，任文登县妇联妇女儿童权益部副部长。1986年11月至1987年8月，任威海市（县级）计生委文书。1987年8月至1989年12月，任威海市妇联干事。1989年12月至1992年12月，任威海市妇联办公室副主任（其间：1992年9月至1992年11月，在威海市委党校领导干部进修班学习）。1992年12月至1996年6月，任威海市妇联研究室主任（其间：1995年5月至1995年8月，在威海市委党校中青年女干部培训班学习）。1996年6月至1998年11月，任威海市妇联副主席、党组成员（1993年9月至1996年7月，在山东省经济管理干部学院本科班经济管理专业学习）。1998年11月至2003年4月，任威海市妇联副主席、纪检组长、党组成员。2003年4月至2007年12月，任威海市妇联副主席、党组成员（其间：2003年9月至2004年7月，在山大威海分校继续教育学院韩语班学习）。2007年12月至2012年1月，任威海市妇联主席、党组书记。2012年1月至4月，任威海市妇联主席、党组书记，市人大常委会党组成员。2012年4月起任威海市人大常委会副主任、党组成员。

·威海市人民政府·

张　惠（女）　中共威海市委副书记，威海市人民政府市长、党组书记。（详见《人物·市领导简介·中国共产党威海市委员会》第345页）

徐东升　中共威海市委常委，威海市人民政府副市长、党组副书记。（详见《人物·市领导简介·中国共产党威海市委员会》第346页）

汤光运　中共威海市委常委，威海市人民政府副市长、党组副书记。（详见《人物·市领导简介·中国共产党威海市委员会》第346页）

房德阳　威海市人民政府副市长、党组副书记。山东荣成人。1957年3月出生。1976年9月参加工作。1975年3月加入中国共产党。1975年9月至1976年9月，任荣成县上庄公社改造后进队工作组成员（计算连续工龄）。1976年9月至1984年4月，任荣成县大疃乡党委组织干事、党委秘书。1984年4月至9月，任荣成县大疃乡党委宣传委员。1984年9月至1987年6月，在烟台市委党校84级理论班学习。1987年6月至12月，在荣成县大疃乡党委工作。1987年12月至1989年12月，任荣成县（市）大疃乡党委副书记。1989年12月至1991年7月，任荣成市大疃镇党委副书记、镇长。1991年7月至11月，任荣成市大疃镇党委书记。1991年11月至1997年12月，任荣成市宁津镇党委书记（其间：1993年9月至1996年7月，在山东经济学院本科班国际贸易专业学习；1995年9月至1996年1月，在威海市委党校中青年干部培训班学习）。1997年12月至1998年1月，任荣成市委常委、宁津镇党委书记。1998年1月至11月，任荣成市委常委、石岛镇党委书记。1998年11月至1999年6月，任荣成市委常委、石岛镇党委书记、石岛湾省级旅游度假区管委主任、石岛国际渔货贸易区党委书记。1999年6月至7月，任荣成市委常委、副市长，石岛镇党委书记，石岛湾省级旅游度假区管委主任，石岛国际渔货贸易区党委书记。1999年7月至2000年1月，任荣成市委常委、副市长，石岛湾省级旅游度假区管委主任，石岛国际渔货贸易区党委书记。2000年1月至2001年1月，任荣成市委常委、副市长。2001年1月至2003年1月，任荣成市委副书记、副市长。2003年1月至2008年1月，任威海市建委主任、党委书记，市委建设工委书记。2008年1月至4月，任威海市政府副市长、党组成员，市建委主任、党委书记，市委建设工委书记。2008年4月至2011年12月，任威海市政府副市长、党组成员（其间：2009年2月至2009年4月，在山东省委党校市厅级领导干部进修班学习）。2011年12月起任威海市人民政府副市长、党组副书记。

张　波（女）　威海市人民政府副市长。山东文登人。无党派人士。1969年1月出生。1991年8月参加工作。1987年9月至1991年7月，在沈阳农业大学园艺系蔬菜专业学习。1991年8月至1992年12月，任文登市宋村镇农技站技术员。1992年12月至1998年3月，任文登市宋村镇副镇长（其间：1995年9月至1996年1月，在威海市委党校中青年干部培训班学习）。1998年3月至2000年3月，任威海市政协常务委员、文登市宋村镇副镇长。2000年3月至2002年1月，任威海市政协常务委员，文登市政协副主席、宋村镇副镇长。2002年1月至2003年1月，任威海市政协常务委员，文登市政协副主席、工商联会长。2003年1月至3月，任威海市政协常务委员，文登市政府副市长、政协副主席、工商联主委。2003年3月至2007年12月，任威海市政协常务委员，文登市政府副市长、政协副主席（其间：2003年9月至2004年6月，在清华大学国际继续教育学院国际经贸与公共管理高级研修班学习；2005年4月至2007年7月，在中国社会科学院研究生院MPA教育中心公共管理专业学习，获公共管理硕士学位）。2007年12月至2008年1月，任威海市政协常务委员。2008年1月起任威海市人民政府副市长。

傅广照　威海市人民政府副市长、党组成员。山东龙口人。1963年2月出生。1984年7月参加工作，1985年5月加入中国共产党。1980年9月至1984年7月，在莱阳农学院农学专业学习。1984年7月至1986年5月，任蓬莱县北沟镇团委书记。1986年5月至1987年1月，任蓬莱县委组织部干事。1987年1月至12月，任龙口市直关党委干事。1987年12月至1992年12月，历任龙口市委组织部组织科、企干科干事，办公室副主任、主任。1992年12月至1993年9月，任共青团龙口市委副书记（主持工作）。1993年9月至1995年12月，任龙口市黄山馆镇党委书记。1995年12月至1997年12月，任龙口市黄山馆镇党委书记、人大常委会主任（1995年9月至1997年12月，在山东省委党校研究生班经济管理专业学习）。1997年12月至2001年1月，任蓬莱市副市长。2001年1月至2002年12月，任莱阳市委副书记、副市长。2002年12月至2003年

1月，任烟台市牟平区委副书记、代区长。2003年1月至2006年12月，任烟台市牟平区委副书记、区长（其间：2006年2月至12月，在山东省委党校中青年干部培训班学习）。2006年12月至2007年3月，任乳山市委书记、党校校长。2007年3月至2011年11月，任乳山市委书记、党校校长，市人大常委会主任（2005年10月至2007年7月，在大连理工大学EMBA专业学习，获工商管理硕士学位）。2011年11月至12月，任乳山市人大常委会主任。2011年12月至2012年4月，任威海市政府党组成员。2012年4月起任威海市人民政府副市长、党组成员。

徐连新 威海市人民政府副市长、党组成员。山东文登人。1961年11月出生。1988年12月参加工作。1983年12月加入中国共产党。1988年4月至1988年12月，任文登市泽头镇政府工业助理员、工交办公室副主任（计算连续工龄）。1988年12月至1991年5月，任文登市泽头镇政府工业助理员、工交办公室副主任。1991年5月至1991年9月，任文登市商山镇科协主任（1988年8月至1991年7月，在文登市农业广播电视分校乡镇企业经营管理专业学习）。1991年9月至1992年12月，任文登市商山镇政府副镇长。1992年12月至1995年4月，任文登市商山镇党委副书记、镇长。1995年4月至1998年2月，任文登市商山镇党委书记（1994年9月至1997年6月，在山东农业大学本科班经济管理专业学习；1997年3月至1997年9月，在威海市委党校中青年培训班学习）。1998年2月至2001年1月，任威海市环翠区副区长、党组成员。2001年1月至2003年1月，任威海市环翠区委常委、副区长。2003年1月至2005年3月，任威海市环翠区委副书记、副区长。2005年3月至12月，任威海市政府副秘书长、环翠区委副书记。2005年12月至2006年12月，任威海市政府副秘书长，市工业园管委主任、党委书记，环翠区委副书记。2006年12月至2008年5月，任威海市政府副秘书长，市工业园管委主任、党委书记。2008年5月至2009年9月，任威海市政府副秘书长，威海工业新区管委主任、工委书记。2009年9月至2011年12月，任威海工业新区管委主任、工委书记。2011年12月至2012年4月，任威海市政府党组成员。2012年4月起任威海市人民政府副市长、党组成员。

刘广华 威海市人民政府副市长、党组成员。山东烟台人。1962年9月生。1983年12月参加工作。1985年12月加入中国共产党。1980年9月至1983年12月，在山东广播电视大学烟台分校机械专业学习。1983年12月至1986年5月，任烟台市芝罘区物价局物价员。1986年5月至1987年4月，任烟台市芝罘区委组织部干部科干事。1987年4月至1989年5月，任烟台市芝罘团区委副书记。1989年5月至1990年4月，任烟台市芝罘团区委书记。1990年4月至1993年2月，任烟台市芝罘区黄务镇党委副书记、镇长。1993年2月至1995年9月，任烟台市芝罘区黄务镇党委书记。1995年9月至1998年1月，任招远市委常委、宣传部部长（1993年9月至1996年7月，在山东农业大学经济管理专业在职学习）。1998年1月至1998年12月，任招远市副市长。1998年12月至2000年1月，任招远市委副书记、副市长。2000年1月至2002年12月，任烟台市莱山区委副书记，高新区工委副书记，中俄基地工委副书记、管委副主任。2002年12月至2006年12月，任烟台市莱山区委副书记，高新区工委副书记、管委主任，中俄基地工委副书记、管委主任，亚太经合园区管委主任。2006年12月至2007年1月，任烟台市国资委党委副书记。2007年1月至2008年2月，任烟台市国资委主任、党委副书记（2004年9月至2007年6月，在山东省委党校在职干部研究生班经济管理专业在职学习）。2008年2月至2011年11月，任栖霞市委书记、党校校长，市人大常委会主任。2011年11月至2012年4月，任烟台市政府党组成员。2012年4月至2012年5月，任烟台高新技术产业开发区管委会主任（副厅级）、市政府党组成员。2012年5月至2013年2月，任烟台高新技术产业开发区管委会主任（副厅级），市政府党组成员，烟台东部高技术海洋经济新区建设指挥部副总指挥兼办公室主任，市城市建设发展有限公司董事长、党支部书记。2013年2月至2013年7月，任烟台高新技术产业开发区管委会主任（副厅级）、市政府党组成员、烟台东部海洋经济新区建设指挥部副总指挥。2013年7月至2013年8月，任威海市政府党组成员。2013年8月起任威海市人民政府副市长、党组成员。

·中国人民政治协商会议威海市委员会·

刘玉党 政协威海市委员会主席、党组书记。山东文登人。1954年7月出生。1974年12月参加工作。1976年5月加入中国共产党。1974年12月至1975年10月，任文登县“过江”工作队驻草庙子组组长。1975年10月至1976年8月，任文登县嶅山公社机关干部。1976年8月至1978年12月，任文登县嶅山公社党委常委。1978年12月至1983年9月，任文登县委组织部干事。1983年9月至1984年7月，任文登县委组织部干部科副科长。1984年7月至1986年6月，任文登县委企业政治工作部干部科科长。1986年6月至1987年5月，任文登县委企业政治工作部副部长。1987年5月至1989年3月，任文登县委组织部副部长。1989年3月至1990年4月，任文登市委组织部副部长、组织员办公室主任。1990年4月至1992年8月，任文登市委常委、组织部部长。1992年8月至1993年1月，任文登市委副书记、组织部部长。1993年1月至1996年12月，任文登市委副书记、党校校长(其间:1993年9月至1996年7月,在省经济管理干部学院经济管理专业学习）。1996年12月至1997年1月，任文登市委副书记、党校校长，市政府代市长。1997年1月至8月，任文登市委副书记、党校校长，市政府市长。1997年8月至9月，任文登市委书记、党校校长，市政府市长。1997年9月至1998年1月，任文登市委书记、党校校长，市政府市长。1998年1月至2000年8月，任文登市委书记、党校校长。2000年8月至10月，任威海市委常委，文登市委书记、党校校长。2000年10月至2004年6月，任威海市委常委、宣传部部长。2004年6月至2006年12月任威海市委常委、秘书长。2006年12月至2007年1月，任威海市委常委、秘书长，市政府副市长。2007年1月至5月，任威海市委常委，市政府副市长、党组副书记。2007年5月至2008年1月，任威海市委副书记、宣传部部长。2008年1月至2009年1月，任政协威海市委员会主席、党组书记，市委宣传部部长。2009年1月起任政协威海市委员会主席、党组书记。

张　剑　政协威海市委员会副主席、党组副书记。山东荣成人。1956年3月出生。1975年8月参加工作。1976年12月加入中国共产党。1975年8月至10月，任荣成县港西公社龙家联中教师。1975年10月至1976年9月，为荣成县港西、埠柳粮管所职工。1976年9月至1980年11月，任荣成县粮食局秘书。1980年11月至1984年7月，任荣成县委办公室秘书。1984年7月至1986年8月，任荣成县委办公室秘书科科长（副科级，1983年9月至1986年7月，在山东广播电视大学经济类专科班学习）。1986年8月至1987年9月，任荣成县委办公室副主任。1987年9月至1989年9月，任威海市委办公室秘书科科长。1989年9月至1992年8月，任威海市委办公室副主任。1992年8月至1996年3月，任威海市委副秘书长，市档案局局长、党组书记。1996年3月至1998年5月，任威海市委副秘书长，市档案局（馆）局长（馆长）、党组书记。1998年5月至1999年1月，任威海市委副秘书长，市档案局局长、党组书记（1996年9月至1998年12月，在省委党校业余本科班经济管理专业学习）。1999年1月至2001年1月，任威海市委副秘书长、办公室主任。2001年1月至3月，任威海市环翠区委书记。2001年3月至2002年12月，任威海市环翠区委书记、党校校长（1999年9月至2002年6月，在省委党校在职干部研究生班经济管理专业学习）。2002年12月至2003年2月，任威海市委政法委书记。2003年2月至2006年2月，任威海市委常委、政法委书记。2006年2月至2007年5月，任威海市委常委、宣传部部长。2007年5月至2009年1月，任威海市委常委、秘书长。2009年1月至2011年12月，任威海市委常委、秘书长、宣传部部长。2011年12月至2012年1月，任威海市委常委、秘书长。2012年1月至4月，任威海市委常委，市政协党组副书记。2012年4月起任政协威海市委员会副主席、党组副书记。

任怀平　政协威海市委员会副主席、民革威海市委主任委员、山大威海分校翻译学院院长。山东高密人。1955年2月出生。1975年8月参加工作。1997年8月加入中国国民党革命委员会。1975年8月至1978年2月，任高密县土庄乡朱汉联中民办教师。1978年2月至1982年1月，在山东大学外语系外语专业学习。1982年1月至1987年1月，任山东农机学院基础部教师、助教。1987年1月至1992年10月，任山东工程学院基础部讲师。1992年10月至1994年11月，任山东工程学院经贸系副教授。1994年11月至1996年6月，任山东工程学院经贸系教授。1996年6月至1997年12月，任山东大学威海分校外语系主任、教授。1997年12月至1998年2月，任民革威海市委主委，山大威海分校外语系主任、教授。1998年2月至2004年7月，任威海市政协副主席，民革威海市委主委，山大威海分校外语系主任、教授。2004年7月至2008年7月，任威海市政协副主席、民革威海市委主任委员、山大威海分校翻译学院教授。2008年7月，任政协威海市委员会副主席、民革威海市委主任委员、山大威海分校翻译学院院长。

李淑芳（女）　政协威海市委员会副主席、民革威海市委副主任委员。山东栖霞人。1958年7月出生。1975年5月参加工作。1989年4月加入中国国民党革命委员会。1975年5月至1978年9月，为甘肃省嘉峪关市新城公社知青。1978年9月至1982年7月，在山东化工学院橡胶系橡胶制品专业学习。1982年7月至1983年5月，任威海轮胎厂成型车间技术员。1983年5月至1987年12月，任威海轮胎厂技术开发室副主任（主持工作）。1987年12月至1992年8月，任山东轮胎厂技术处工程师。1992年8月至1995年1月，任山东轮胎厂技术处副处长（主持工作）、高级工程师。1995年1月至1999年4月，任三角集团有限公司技术处处长。1999年4月至2001年3月，任三角集团有限公司斜交胎管理部副部长兼技术处处长。2001年3月至2001年12月，任威海市政府副市长。2001年12月至2008年1月，任威海市政府副市长、民革威海市委副主任委员。2008年1月起任政协威海市委员会副主席、民革威海市委副主任委员。

戚建波　政协威海市委员会副主席、山东省文联副主席、威海市第一中学副校长。山东威海人。无党派人士。1959年10月出生。1980年2月参加工作。1978年2月至1980年2月，在蓬莱师范学校音乐专业学习。1980年2月至9月，任威海第七中学音乐教师。1980年9月至1995年1月，先后任威海市第一中学教师、政教处副主任、办公室副主任。1995年1月至1997年1月，任威海市第一中学办公室主任。1997年1月至9月，任威海市第一中学副校长、办公室主任。1997年9月至1998年2月，任威海市第一中学副校长。1998年2月至2001年3月，任威海市环翠区政协副主席、市第一中学副校长。2001年3月至2002年9月，任威海市政协副主席、市第一中学副校长（1998年9月至2001年7月，在省委党校业余大专班行政管理专业学习）。2002年9月起任政协威海市委员会副主席、山东省文联副主席、威海市第一中学副校长（2002年9月至12月，在省委党校人大政协班学习）。

刘亚东（女）　政协威海市委员会副主席、威海市体育局副局长。山东蓬莱人。无党派人士。1958年7月出生。1976年7月参加工作。1976年7月至1978年9月，为蓬莱县于家庄知青。1978年9月至1982年7月，在山东师范大学生物系生物学专业学习。1982年7月至1983年4月，任蓬莱一中教师。1983年4月至1991年9月，任文登二中教师。1991年9月至1994年7月，任文登一中教导处副主任。1994年7月至1995年4月，任文登市政府市长助理。1995年4月至2001年3月，任文登市政府副市长。2001年3月至2003年1月，任威海市政协副主席、文登市政府副市长。2003年1月至2004年12月，任威海市政协副主席、威海职业学院副院长。2004年12月起任威海市政协委员会副主席、威海市体育局副局长。

李　丹　政协威海市委员会副主席、党组成员。山东文登人。1957年1月出生。1984年7月参加工作。1988年9月加入中国共产党。1980年9月至1984年7月，在北京师范大学教育系学校教育专业学习。1984年7月至1985年7月，任烟台师范学院教师。1985年7月至1987年9月，任烟台市政府办公室秘书。1987年9月至11月，任威海市政府办公室秘书。1987年11月至1988年10月，任威海市政府办公室副科级秘书。1988年10月至1990年1月，任威海市政府办公室信息联络科副科长。1990年1月至1991年12月，任威海市政府办公室调研科科长。1991年12月至1992年8月，任威海市经济研究中心副主任。1992年8月至1996年7月，任威海市政府办公室副主任。1996年7月至1997年6月，任威海市政府副秘书长(1994年6月至1996年12月，在山东省委党校业余研究生班党政管理专业学习)。1997年6月至1998年11月，任威海市政府副秘书长、市地方史志编纂委员会办公室主任。1998年11月至1999年7月，任威海市政府副秘书长、市地方史志办公室主任。1999年7月至2000年10月，任威海市政府副秘书长（正县级）。2000年10月至2001年6月，任威海市政府副秘书长，政府办公室主任、纪检组组长、党组成员。2001年6月至2003年4月，任威海市政府副秘书长，政府办公室主任、党组副书记、纪检组组长。2003年4月至2012年1月，任威海市政府秘书长、党组成员，政府办公室党组书记。2012年1月至4月，任威海市政协党组成员。2012年4月起任政协威海市委员会副主席、党组成员。

王汝壮　政协威海市委员会副主席、党组成员。山东文登人。1957年9月出生。1980年12月参加工作。1983年12月加入中国共产党。1980年12月至1981年8月，任文登县蔄山公社经管员。1981年8月至1983年8月，任文登县农业局经管员（其间：1981年9月至1981年11月，在山东省农村人民公社经营管理干部训练班学习；1982年9月至1983年7月，在烟台师范专科学校中文系干部培训班学习）。1983年8月至1984年6月，任文登县统计局干事。1984年6月至1988年3月，任文登县委组织部干事。1988年3月至11月，任文登县委组织部干部科副科长。1988年11月至1990年7月，任文登县委组织部干部科科长、组织员办公室副科级组织员(1985年12月至1988年12月，在中央农业广播电视学校山东省会计分校乡镇工业会计专业学习；1989年9月至1990年6月，在山东省委党校干部大专专业证书班党政管理专业学习)。1990年7月至1991年5月，任文登市人事局副局长、党组成员。1991年5月至1995年5月，任文登市宋村镇党委书记。1995年5月至1997年12月，任文登市检察院检察长、党组书记(1993年9月至1996年7月，在山东行政学院业余本科班行政管理专业学习；1996年3月至6月，在中央检察官管理学院学习；1995年8月至1997年12月，在中央党校函授学院本科班政法专业学习)。1997年12月至1999年6月，任荣成市委常委、组织部部长。1999年6月至2001年1月，任荣成市委常委、组织部部长，市纪委书记。2001年1月至2002年12月，任荣成市委副书记、组织部部长（其间：2002年3月至2002年6月，在山东省委党校县委书记进修班学习)。2002年12月至2005年11月，任荣成市委副书记（正县级）、组织部部长。2005年11月至2006年2月，任荣成市委副书记，市政府代市长、党组书记。2006年2月至12月，任荣成市委副书记、市政府市长。2006年12月至2008年2月，任威海市委组织部副部长（正县级）。2008年2月至2012年1月，任威海市委组织部常务副部长（正县级）。2012年1月至4月，任威海市政协党组成员。2012年4月起任政协威海市委员会副主席、党组成员。

任慧春　政协威海市委员会副主席、党组成员，市总工会主席、党组书记。山东海阳人。1960年5月出生。1980年7月参加工作。1985年6月加入中国共产党。1978年9月至1980年7月，在山东省烟台粮食学校会计统计专业学习。1980年7月至1984年1月，任烟台市芝罘区计委、统计局办事员。1984年1月至1986年1月，任烟台市统计局科员。1986年1月至1992年1月，任烟台市统计局副科长（其间：1986年6月至1987年12月，挂职任莱阳县河洛乡副乡长；1989年9月至1991年7月，在烟台大学干部专修科经济管理系企业管理专业学习)。1992年1月至11月，任威海市第一轻工业局财务科科长。1992年11月至1994年6月，任威海市经济技术开发投资公司副经理。1994年6月至1996年6月，任威海市预算外资金征收管理处主任。1996年6月至1998年6月，任威海市预算外资金征收管理处主任（机构升格)(1995年9月至1997年12月，在山东省委党校业余本科班经济管理专业学习)。1998年6月至11月，任威海市财政局副局长、党组成员，预算外资金征收管理处主任。1998年11月至2000年10月，任威海市财政局副局长、党组成员。2000年10月至2001年6月，任威海市财政局副局长、党组成员，市国有资产管理局（公有资产管理委员会办公室）副局长（副主任）。2001年6月至2003年1月，任威海市财政局副局长、党委委员，市国有资产管理局（公有资产管理委员会办公室）副局长（副主任）。2003年1月至4月，任威海市民用航空管理局（民航站）副局长（副站长）、党委副书记（主持工作）。2003年4月至2006年12月，任威海市民用航空管理局（民航站）局长（站长)、党委书记。2006年12月至2010年1月，任威海市劳动和社会保障局局长、党委书记。2010年1月至8月，任威海市人力资源和社会保障局局长、党委副书记（机构改革）。2010年8月至2012年1月，任威海市发展和改革委员会主任、党组书记。2012年1月至4月，任威海市政协党组成员，市总工会主席、党组书记。2012年4月起任政协威海市委员会副主席、党组成员，市总工会主席、党组书记。

（市委组织部提供）

先进人物

“全国五一劳动奖章”获得者

兰胜才 威海市中医院院长、心内科主任。山东乳山人。1962年9月出生。1983年7月参加工作。1994年6月加入中国共产党。兰胜才严谨求学，精益求精，先后5次赴北京中日友好医院、北京阜外医院、北京协和医院等进修，掌握了国内心血管专业最前沿的知识和技术，有6项科研成果获威海市科技进步二、三等奖，众多病人在其帮助下重获健康。担任乳山市人民医院院长期间，推出了“九个控制”系列管理措施，有效控制医药费用的增长，减轻了百姓就医负担。担任乳山市卫生局局长期间，主推高血压、糖尿病等慢性病的普查、健康教育和防治，为全市百姓建立高血压等慢病防治档案，有效降低慢病发病率，乳山市被评为全国慢病防治示范县。2010年兰胜才担任威海市中医院副院长，主持医院全面工作后，不等不靠，深入调研，集思广益，制定了“一年打基础，两年减包袱，三年上台阶（实现收支平衡，略有结余），五年建成山东一流地市级现代化中医院”的“十二五”发展规划，带领干部职工转换思路、树立信心，争取政策、拓展发展空间，加大人才培养技术协作力度、积极实施“三名工程”，提升了医院综合实力，使医院逐步走出困境，步入健康快速发展轨道。2012年8月底顺利通过国家中医药管理组织的医院等级评审，成为威海市首批三级甲等医院，后又被全国妇联授予“全国三八红旗集体”称号。兰胜才先后获得全国医药卫生系统先进个人、山东省卫生系统“两好一满意”示范标兵（记二等功）、威海市劳动模范、威海市有突出贡献的中青年专家等荣誉。2014年4月被中华全国总工会授予“全国五一劳动奖章”。

省部级先进个人

（按姓氏笔画排列）

于忠诚 文登区交通运输局副局长、党委委员，公路建设管理处主任。山东文登人。1970年9月出生。1992年9月参加工作。2003年6月加入中国共产党。2014年1月被山东省委、省政府授予全省“人民满意的公务员”称号。

王树周 荣成经济开发区党工委副书记、管委副主任。山东荣成人。1965年7月出生，1989年7月参加工作。1991年5月加入中国共产党。2014年1月被山东省委、省政府授予全省“人民满意的公务员”称号。

刘昌仁 威海高技术产业开发区田和街道离退休干部党支部宣传委员。山东威海人。1934年9月出生。1953年8月参加工作。1954年5月加入中国共产党。2014年11月，被中共中央组织部授予“全国离退休干部先进个人”称号。

毕大好 荣成市残疾人联合会理事长、党组书记。山东荣成人。1968年7月出生。1984年12月参加工作。1991年5月加入中国共产党。2014年12月被山东省委、省政府给予记一等功奖励。

孟　莲（女） 威海市人民检察院副检察长、党组成员、正县级检察员，环翠区人民检察院检察长、党组书记。山东龙口人。1965年1月出生。1988年7月参加工作。1994年6月加入中国共产党。2014年4月被人力资源和社会保障部、最高人民检察院给予记一等功奖励。

林治胜 威海市人力资源和社会保障局副局长、党委副书记，市企业军转干部服务办公室主任。山东文登人。1957年4月出生。1975年9月参加工作。1978年12月加入中国共产党。2014年5月被国务院军转干部安置工作小组、中共中央组织部、人力资源和社会保障部、解放军总政治部授予“全国先进军转工作者”称号。

程　洁 威海经济技术开发区泊于镇党委书记。江苏海安人。1964年11月出生。1981年9月参加工作。1984年6月加入中国共产党。2014年5月被国务院军转干部安置工作小组、中共中央组织部、人力资源和社会保障部、解放军总政治部授予“全国模范军转干部”称号。

（朱复刚）

编辑　王　瑛

外地传媒中的威海

专题报道目录

2014年有关威海市全域城市化的报道一览表

表35

媒体名称	日期	题　目
《大众日报》	1月18日	威海:科学发展夯实幸福之基
《山东商报》	3月20日	文登撤市设区提升威海“含金量”
《联合日报》	3月25日	“把威海建设得更像威海”威海市政协助推全域城市化、市域一体化发展
腾讯网	3月28日	全力打造全域威海新城区
中国经济网	7月21日	威海提出加强创业就业推进全域城市化市域一体化发展路径
齐鲁网	8月17日	威海:“市域一体化”破解城镇化发展难题
齐鲁网	12月4日	《山东省新型城镇化规划》发布“威海”字眼频出现

2014年有关威海市创建全国文明城市的报道一览表

表36

媒体名称	日期	题　目
中国文明网	5月29日	山东省创建文明城市工作现场观摩会在威海召开
中国文明网	6月11日	文明城市创建百姓印象:宜居 美丽 幸福 温暖
中国文明网	7月31日	威海:军爱民民拥军 军民共建文明大家园
齐鲁网	9月11日	文明看威海　全国网络媒体威海行今日正式启动
齐鲁网	9月12日	文明接力诠释最美威海印象
鲁网	9月13日	威海“文明创城”落到实处　贴近百姓惠及民生
大众网	10月16日	市委常委会研究部署创建全国文明城市工作
大众网	10月20日	威海市召开创建全国文明城市推进会议
新浪网	12月29日	威海市创城办发出创建文明城市倡议书

2014年有关威海市中韩自贸区的报道一览表

表37

媒体名称	日期	题　目
齐鲁网	8月12日	借势中韩自贸区　威海加快形成对韩贸易集散地
齐鲁网	8月18日	威海借势中韩自贸区　对韩贸易总额达30.2亿元
新浪网	9月19日	将威海打造成中韩交流的门廊
中国新闻网	10月15日	韩国侨领：中韩自贸区将为两国带来双赢
经济观察网	11月11日	环渤海“抢滩”中韩自贸区
食品商务网	11月18日	威海市抢抓中韩自贸区建设机遇扩大对韩进出口
《大众日报》	11月20日	蓝色半岛：左手中韩自贸区，右手“一带一路”
大众网	12月1日	迎接威韩共赢时代　探析中韩自贸区威海机遇
新浪网	12月2日	自贸区之威海机遇：中韩货币直接交易搭“金桥”
齐鲁网	12月6日	威海南海新区开韩语夜校班　抢中韩贸易交流先机

2014年有关威海市城际铁路的报道一览表

表38

媒体名称	日期	题　目
齐鲁网	7月25日	青荣城际铁路12月26日或将通车　威海至济南仅4小时
大众网	11月4日	城铁威海北站年底建成　威海再添一交通枢纽
新华网	12月15日	青荣城铁影响篇：城铁经济带刷新威海经济发展格局
网易	12月27日	青荣城铁网上购票正式开放　威海一小时生活圈
今晚网	12月28日	山东首条城际高铁青荣铁路开通　6小时19分　威海至北京
大众网	12月28日	坐城铁游威海，怎能不来刘公岛？
中国新闻网	12月28日	济南人在威海工作欣喜青荣城铁开通：终于被解救
网易	12月29日	青荣城际铁路开通对威海的影响

典型报道荟萃

威海：科学发展夯实幸福之基

时间迈入2014年的大门，一条喜讯激荡着威海人民的胸怀：1月6日，威海临港经济技术开发区正式成立。

2013年11月20日，经国务院批准，经过8年开发建设的威海工业新区升级为国家级经济技术开发区，定名为威海临港经济技术开发区，实行国家级经济技术开发区的政策。至此，威海已拥有火炬高技术产业开发区、经济技术开发区和临港经济技术开发区三个国家级高新区、开发区。“三区”共同成为威海中心崛起的更加强有力的支撑，标志着威海区域承载能力提高到新水平，市域一体发展战略进入加速推进期。

“当前，国内外发展环境正在发生深刻变化，传统的发展理念、方式、路径已经难以适应发展的要求。我们一定要牢固树立科学发展的理念，加快现代化幸福威海建设步伐。按照省委的统一部署，我们要围绕发展理念、发展定位、发展动力、发展途径和考核导向五个方面，加快推进工作指导转变，在坚持和完善过去行之有效的工作思路、重大举措的基础上，以脱胎换骨的勇气破除影响和制约科学发展的思想认识、工作方式和体制机制，推动经济更有效率、更加公平、更可持续发展。”威海市委书记、市人大常委会主任孙述涛说。

努力实现“经济发展质量和效益得到提高，又不会带来后遗症的速度”

威海历届市委、市政府都坚持质量效益这个鲜明导向，所有的工作都围绕提高质量效益来开展，特别是抓投资、上项目，首先考虑投入产出率，考虑环境影响，考虑财税增长和地方贡献，坚决舍弃经济效益低、生态效益差的项目。在这样的导向下，威海的产业结构不断优化，经济运行质量不断提高，发展后劲不断增强。去年，全市公共财政预算收入增幅比生产总值增幅高2.9个百分点，税收和四税收入占公共财政预算收入比重同口径分别提高3.45个、2.8个百分点。中央提出不简单以GDP论英雄，威海通过认真学习达成了思想的统一：威海产业结构相对较好，没有高消耗、高污染的产业，没有很突出的重复过剩产能，转方式调结构的压力相对较轻，当前最突出的矛盾是规模不大、总量偏小，在加快推进工作指导转变的新形势下，威海完全能够立足优势，抓住机遇，轻装上阵，实现规模速度与质量效益同步快速增长。因此，威海全市上下进一步明确转方式调结构的方向，就是牢固树立质量效益优先的工作导向，坚持符合科学发展的速度能搞多快搞多快，符合国家产业政策的项目能上多少上多少，坚定不移地做强存量、做优增量、做大总量，在加快发展中促转调，努力实现经济发展质量和效益得到提高又不会带来后遗症的速度，让经济发展的质量更高、效益更好、后劲更足、步伐更加坚实，让区域经济的综合竞争力进一步提升。

投资18.9亿元的豪雅光电高级光学电子材料项目的增资扩建项目已经开始投产，投资7亿元的中鲁果蔬汁产业园、投资4亿元的泰山纸面膏板项目正在进行试生产，投资6.3亿元的三角集团研发中心及国家工程实验项目实验车间将投入使用……新年伊始，威海市重点项目建设已擂响战鼓。2014年，威海确定了133个市级重点项目，涵盖自主创新、生态环保、蓝色经济、社会民生、基础设施等重要领域，年度计划投资452.1亿元，规模、质量均创新高。为加大推进力度，今年威海在市级重点项目考核管理上进行了创新，对市级重点项目实行动态管理，健全项目“退出”和“补位”机制，确保项目对经济发展的拉动作用更加强劲、更加持续有力。

连续六年开展自主创新年活动，“以自主创新为第一动力”在威海已经形成共识。去年，市级财政科技支出增长71.5%；全市创建省级以上企业研发平台16家，累计达到209家，其中国家级18家；与16家高校院所结成产学研战略联盟关系；发明专利授权量增长15%；高新技术产业产值比重达到36.5%，近年来每年提高1个百分点以上。威高集团、光威集团、新北洋集团等一大批企业通过科技创新走上了膨胀发展的快车道。新的一年，威海将继续把自主创新鲜明地写在科学发展的旗帜上，进一步强化创新驱动，突出企业主体地位和市场导向作用，加强创新平台建设，完善技术交易市场，加快产学研合作步伐，让科技创新真正成为推动科学发展的强力引擎。

立足工业化快速发展的阶段性特征，威海市坚持产业强市、工业带动，一产抓特色促跨越，二三产业抓结构上规模，努力在振兴二产的基础上，实现更高层次的三次产业协调发展。在工业发展上，重点实施产业集群“3+4”发展战略，加快膨胀发展新信息、新医药与医疗器械、新材料及制品3个战略性新兴产业集群，改造提升机械制造、食品加工、运输设备、纺织服装4个传统优势产业集群，集聚关联产品，拉长产业链条，增创规模优势。在服务业发展上，突出生产性服务业、信息消费产业、新型生活服务业三大板块，大力培育服务业新型业态，推动服务业结构调整和增量扩容。在农业发展上，重点按照“三个导向”，大力发展高产、优质、高效、生态、安全农业。更高层次的三次产业协调发展，产业内部结构从价值链低端向高端加快转变，将为推动威海经济转型升级奠定坚实基础。

坚定不移推进“全域城市化、市域一体化”

威海市第十四次党代会确立了市域一体化的发展战略，2013年7月威海又在全省率先提出实现“全域城市化”，探索以城市化带动市域一体化的城镇化新路。按照这一发展规划，到2020年，威海市常住人口城市化率将达到70%以上，户籍人口城市化率达到68%以上。

孙述涛认为：“推进人的城镇化，最关键的是要破除农村居民市民化的体制限制，通过城市化的制度设计，农村居民的原有合法权益不但不能受损失，而且要得到持续有效的保障，坚决不搞‘被城市化’”。为此，威海制定出台了《威海市城市化发展纲要(2012—2020)》，同时出台了《关于做好农村居民进城住房保障工作的意见》《关于进一步加强社会保障和公共服务有序推进农村居民市民化的实施意见》《威海市居民户口迁移管理暂行办法》三个配套政策文件。这些文件的核心内容，与中共十八届三中全会和中央城镇化工作会议提出的很多新要求不谋而合。

威海这个重大决策的出台，有着充分的“底气”支撑。威海地域相对集中，区域发展相对平衡，城市化基础相对较好。2012年，威海市人均GDP达到1.4万美元，居全省第2位；城市居民人均可支配收入2.8万多元，农民人均纯收入近1.4万元，分别位居山东省第5位和第2位；城镇化率达到59.25%，城镇化质量指数位居全省第二。目前，威海市绝大多数镇已经纳入城市发展大框架，其中10个重点镇都在中心城市、次中心城市规划范围内，其他一些镇主要集中在内陆丘陵区，人口少、产业基础相对薄弱。在这种情况下，如果过于强调镇域的发展，很可能造成资源浪费、“二次城市化”。

威海按照“中心崛起、两轴支撑、环海发展、一体化布局”的战略部署，把全市作为一个整体来规划和发展，重大产业项目全域统筹布局，重大基础设施全域统筹建设，公共服务体系实施同城化设计，彻底突破城乡二元结构的束缚。在具体实施层面，以中心城市、次中心城市为核心，以六大重点区域、十个重点镇为载体，打造疏密相间、适度集中的生态化、组合型都市区。在这一进程中，使农村居住区进一步集中，新型农村社区功能更加完善。目前，六大重点区域总体规划基本到位，以路网为重点的基础设施建设与项目招商正同步加紧推进。

结合重点区域开发建设，威海以交通设施建设为重点，加快推进基础设施的一体化。加快推进中心市区、临港经济技术开发区到文登城区、南海新区的城市干道建设，尽快实施一体化城市公交；以环海公路为载体，加快水电气暖等城市基础设施一体化布局，尽快形成沿海城市带；加快规划论证沿烟威边界、打通内陆、与环海公路双向对接的骨干路网，用有形的载体将全市各个区域连接起来，全面拉开一体化发展的大框架，把威海打造成为全域花园城市。

“政府主导、社会参与、市场运作、城市融合”，在城市建设资金上，威海市注重引进外来资本、唤醒民间资本、盘活国有存量资产。目前，每个区域都成立融资公司，充分发挥市场这只“看不见的手”的作用，在做大做实政府投融资平台的过程中，为城市化提供持续有力的资金保障。南海新区采取国有控股、民营参与的运营方式成立了两个投资公司，注入资产超过60亿元，积极参与到产城联动的发展战略当中。

抢抓中韩自贸区建设机遇
加快全方位对韩开放

入口处的门楼顶部，覆盖着由韩国丽水市政府赠送的2万余片印有韩国国花“木槿花”的瓦片；走进门来，韩国步行街、韩国文化艺术馆、韩国明星演艺广场依次映入眼帘……走进国内首家“韩文化主题商业公园”——“韩乐坊”，顿时感觉一股“韩流”扑面而来。今年“五一”全部投入运营后，一处品鉴原汁原味韩国风情的城市综合体将成为威海的一处新地标。

威海对韩开放有着得天独厚的地缘优势，威海是中国大陆距离韩国最近的城市，海上直线距离只有93海里。20多年来，威海对韩进出口额保持了年均17%的增长速度，目前占全市进出口总额的30%以上，韩资企业从通航前的3家发展到870家，实际到账外资存量为15.9亿美元，占全市总额的37.4%。随着威海与韩国经贸交流的深入发展，威海企业也加快走出去步伐，通过并购、设置研发中心等方式，在韩国投资达7050万美元。与此相对应的是人员往来更加紧密，双方间的研讨、座谈等活动不断增加。

随着中韩自贸区谈判的深入推进，威海紧抓机遇，借“区”发力，进一步加快与韩国经贸交流及经济合作的步伐。威海早在2007年就承办了中韩自贸区第三次官产学研联合研究活动，2012年承办中韩自贸区第三轮谈判，2013年承办了中日韩自贸区研讨会、中韩自贸区推动地方经济合作研讨会以及中韩两国副部长级磋商会议，在推动中韩自贸区建设中扮演着越来越重要的角色。

对韩开放，交通先行。1990年9月16日，在中韩两国正式建交前两年，威海就开通了中韩之间的首条海上航线——威海至仁川的“金桥轮”，一举跃升为中韩经贸和文化交流的“桥头堡”。目前，威海开通至韩国的海上航线每周有16个航班，空中航线每周有30个航班，是中韩海上航线密度最大的城市，平均每天有2400人往返威海与韩国之间。早在2010年，全国首个陆海汽车货物运输项目在威海开通，LG、现代等韩国公司的电子产品以及威海的鲜活农产品等货物，通过中韩陆海联运通道实现了“门到门”运输。目前，威海港、石岛港和龙眼港都实现了与韩国港口的汽车货物运输陆海联运，是全省开通口岸通道最多的城市。

搭建产业承接平台提高通关效率，为韩国企业落户以及两国企业人员往来提供便利。威海规划建设了中韩合作产业园，还在全市规划建设了六处重点物流园区，为韩资企业落户搭建了平台。威海推行了口岸签证应急服务，实现了证件办理全天候，还实施了出入境证件自主化办理，成为全省唯一全面实施无纸化审批的城市。主动为外资企业人员办理APEC商务旅行卡，全市办卡总数位居全省首位，持有该卡的企业人员可凭有效护照在3年内免签进入韩国等16个国家，并在出入境时享受专属通道快速通关的便利。

借力中韩自贸区谈判，坚持先行先试，加快中韩（威海）经济合作示范区建设。中韩鲜活水产品集散地、韩国食品日用品交易集散中心、中韩国际食品安全示范区建设及中韩陆海联运等工作，正在快速推进。威海先后与韩国仁川、群山等城市建立了合作伙伴关系，双方正在积极探索重点区域开发、产业发展、金融服务等方面的合作途径，深化经贸、旅游、人文、社会事业、城市建设等各领域合作，一个全方位对韩合作的格局正在形成。与此同时，威海积极拓展对外开放领域，与荷兰阿克马市、比利时根特市缔结了友好城市关系，成为全国首批、我省唯一的中欧城镇化伙计关系合作示范城市。威海将以此为契机，积极推进与合作城市在智慧城市、节能环保、城市建设及产业发展方面的深度合作，建立辐射整个欧洲的开放新平台。

（《大众日报》2014年1月18日
任松高　彭辉　张璟　张军）

山东威海推进全域一体化发展 打造市级新型城镇化示范区

鉴于区域内发展相对平衡、城市化基础相对较好，作为一个东部经济较为发达的地级市，威海市近年来在山东率先提出了“全域城市化”的发展理念，在推进全域一体化发展进程中，以改革的精神破解城镇化所涉及的人口、土地与资金等现实难题，探索出一条以城市化带动市域一体化的新型城镇化道路。

降低农民进城门槛

威海市提出“全域城市化”底气何来？威海下辖两区两市，以及三个国家级开发区和多个省级开发区，全市常住人口280万，其中市区常住人口151万，绝大部分产业和人口集中在近一千公里的海岸线上，形成了一条初具规模的沿海城镇带。2013年，威海市人均GDP达到1.48万美元，居山东省第2位；城市居民人均可支配收入3.1万多元，农民人均纯收入超过1.5万元，分别位居全省第5位和第2位。威海市区域发展相对均衡、地域相对集中、经济基础相对殷实的市情，为推进“全域城市化”提供了有力支撑。

威海市委、市政府在充分调研基础上，2012年7月大胆提出了推进“全域城市化”的战略构想，即以中心城市、次中心城市为核心，以六大重点区域、十个重点镇为载体，打造疏密相间、适度集中的生态化、组合型都市区。在这一进程中，使农村居住区进一步集中，新型农村社区功能更加完善。

“威海市有必要也有条件在全域城市化和市域一体化上率先突破”，威海市委书记孙述涛说，“威海正处在快速工业化时期，这一时期的发展要求快速城市化。无论从城乡一体化还是新型城镇化来讲，都要求把全市作为一个整体来规划和发展，重大产业项目全域统筹布局，重大基础设施全域统筹建设，公共服务体系实施同城化设计，彻底突破城乡二元结构的束缚。”

威海市规划局总规划师都剑光说，目前威海城市化率接近60%，已经进入了城镇化发展的中后期阶段。而“全域城市化”正是城镇化发展到后期的理想目标。据介绍，“全域城市化”的核心是人的城市化，对于本地农民进城，威海在户籍、住房、就业、教育、社保等方面出台一系列优惠政策，由财政拿钱分担农民的进城成本，让农村居民能够“进得来、住得下、留得住、融得进”。目前，全市居民医保参保157万人，参保率99%，政府补贴每人每年330元，高于全省平均水平，待遇标准全省领先。

为破除户籍管理制度的障碍，威海市将医保、养老保险、教育等保障与户籍脱钩，只要农民进城和用人单位签订劳动合同，就可以缴纳保险，子女也能享受到和城里孩子一样的学习条件。威海市优先考虑青壮年特别是孩子正处于学龄前或小学阶段的农村居民，这也是城市发展所需要的优质劳动力资源。

为确保进城农村居民“居者有其屋”，威海在全国率先提出农民进城住房优惠政策，将新落户到城镇的农村居民纳入到城镇住房保障体系中，进城农民不受落户时限限制，可以直接申请廉租房、公租房和经济适用房等城镇保障性住房。

鼓励农村土地自由流转

威海市委、市政府认为，加强农业农村体制改革创新，是推进全域城市化的重要一环。农民离乡进城的先决条件是解决好土地收益问题，解除其后顾之忧。为此，威海市积极开展了集体产权改革，推动农民变市民、居民变股东，让农民不种地也能有收入。

山东省首家农村经济股份合作社诞生在乳山市翁家埠村。全村1024名常住村民变身合作社“股东”，每年都可以享受集体资产赢利后的分红。“我们的土地越来越少，心里多少有点不踏实，但有了股权就好比吃了一颗定心丸。我家5口人，每人1股，每股1万多元，尽管不能退股提现，但年年都有分红，生活有了保障。”村民单炜波说。

威海市还按照依法自愿有偿原则，鼓励和引导农民流转土地承包经营权，发展多种形式的适度规模经营。目前，威海市城乡土地管理制度改革取得突破，进城落户农村居民承包地和宅基地市场化退出机制基本形成，土地流转集约化经营蔚然成风。

在文登市宋村镇下徐村有一处占地约2400亩的山泰生态园，今年夏天这里的油桃采摘园迎来了四面八方的游客。生态园负责人侯成山告诉记者，这些山坡地是从周边5个自然村的村民手中租来的，每亩500元至800元不等。租来后，他把小地块整成了大地块，便于机械化操作。平时，有100多名村民在这里打工，每年仅工资支出就200多万元。

威海市农业局经管站站长戚其军介绍说“如今，威海市70多万亩果园中，新发展的8万多亩都是采取规模化经营，这是未来的方向。”目前，威海市已累计流转农村土地62万多亩，占家庭承包经营土地总数的30%以上，土地多流转到了龙头企业、农民专业合作社和种粮大户手中。

激活城市化建设造血功能

据中国社科院《中国城市发展报告》蓝皮书，农业转移人口到城镇定居生活，并获得相应福利待遇和均等化公共服务，人均公共成本约需13万元。威海市是如何解决全域城市化所需巨额资金投入的呢?

据威海市委书记孙述涛介绍，威海市通过科学规划，提升土地价值，探索将土地的增值转化为建设资金。随着城市各项基础设施、服务设施的完善，经济、社会、文化各项活动的聚集，土地增值率会更高，形成良性循环后，城市建设的资金将会有更加充足的保障。

“在规划引导下，提前投融资，也是一种生产力。”文登区财政局局长杨文勇说，现在拆迁成本越来越高。以南海新区为例，自启动以来基础设施投入超过100亿元，但如果从现在开始投，补偿、修路、绿化成本就高多了。如果提前投入，改善环境，百姓幸福指数提高了，周边土地价值也会提升。原来没有港口时，南海新区的地白给都没人要，而现在政企投资10亿元打造港口后，价值倍增。

孙述涛认为，解决城市化所需资金问题，威海市还应当学会用市场化的办法，来整合、盘活、配置城市资源，将城市资产纳入市场化经营轨道，实现融资渠道多样化。

如何用市场化配置资源的手段撬动社会资金？目前，威海市比较普遍的做法是建立政府主导、符合市场经济条件的投融资平台，积极引进外来资本、唤醒民间资本、盘活国有存量资产，依靠社会化的多元投资，提高城市基础设施水平和公共服务水准。威海市每个区域都成立了各自的融资公司，这些融资公司代表政府进行融资。

据威海市发改委主任刘伟介绍，面对日益增长的资金需求，威海市开始尝试使用城投债进行基础设施建设融资。2013年共发行6只债券，累计募集资金58亿元，加快了河流治理、路网改建、棚户区建设、污水处理等一大批基础设施建设进程。

（新华社《山东参政》第19期
吕福明）

追求新村文明
留住乡愁记忆

——威海市乡村文明建设调查

夏日胶东，凉爽怡人。如今，地处胶东半岛最东端的威海市，不仅保有全省空气质量最优的天数记录，而且社会整体发展水平率先超越小康阶段。

走进这里的新农村，处处感受到农村居民生活的变迁，无论是居住、出行、消费等物质生活条件，还是精神文化需求、健康幸福指数，均得到极大提升。

城乡一体规划建设
农村接轨都市生活

蓝天白云下，行走在威海宽阔的城乡道路上，两边不时闪过红瓦绿树、碧波金滩，或路过卡通味十足的海草房，或有收获海带的拖拉机驶过……而记者走村入户感受更深的，是威海各地农村富裕、文明、幸福的新生活，是这里农村人追赶城里人生活的脚步。

5月22日中午，记者走进荣成市崖头镇耩上宋家村时，83岁的村民宋增芝正与一群老人在楼下纳凉。宋增芝告诉记者，他刚参加完市里组织的每年一次的体检，身体还可以。像他这样的80岁以上老人每月可以领到村里发的400元老年生活补助，岁数虽然大了，但儿女都很孝顺，大伙儿对村班子也很满意。

在威海农村，从养老保障到医疗保险都得到很好解决，农民因病返贫的现象基本消失。耩上宋家村是一个典型的城中村，农民在旧村改造中得到实惠，村支部委员宋振陆说，现在村民生活水平不低于城市居民，水电气暖都到家，愿意上网的都接上电脑网络了。每到晚上，200多个车位停得满满的，过节时车位不够用的。当然，高血糖、高血压、高血脂这样的“富贵病”也在增多，但医疗保障都跟上了。

在威海各地，无论是城中村、城郊村，新村面貌几乎与城市社区无异，群众居住环境得到根本改观。近年来，威海市坚持市域一体、均衡发展，不断优化公共资源配置，促进基础设施向农村延伸、公共服务向农村覆盖，在把更多农民变成市民的同时，也让更多农村居民享受到城里人一样的生活。根据威海全域一体化发展布局，全市2500多个村庄规划为661个农村新型社区，目前有一半的村庄已建成新型社区。在基础设施方面，坚持“地上地下一起推进、镇里村里一齐配套”，将全市所有城郊镇全部纳入城市自来水管网，3年内80%以上的村可实现连片集中供水；全市超过58%的镇建成了供热站，42%的镇铺设了天然气管道，镇驻地生活污水集中处理率达80%。

在新村建设中，威海市尽最大努力留住海草房等乡愁记忆。在俚岛镇大庄许家村，除50户村民上楼外，200多户仍居住在传统的海草房内。记者看到，一排排古朴的海草房，与周围的自然环境融为一体，街道上红花绿草环境干净美观，排水设施齐全，渔村风貌依然。村前还保留了不到20亩的菜园，平均每口人3厘。69岁的村民许庆殿正在自家菜园里种辣椒，其余的地块上种着长势良好的土豆、萝卜、茄子和韭菜等。许庆殿把我们领进他家的海草房参观，他说：“这些100多年的海草房都经过维修，冬暖夏凉，住着比瓦房舒服，厨房和厕所都统一改造过了，还装上了太阳能热水器。”

孝敬老人先进上榜
道德引领农村和谐

新农村不仅是硬件上与城市接轨，更重要的是文明素质提升。威海市委书记孙述涛认为，乡村文明的根本是构筑群众健康科学、文明和谐的内心世界和精神力量。近年来，威海市立足乡村文化特点，传承传统美德与时代精神，凝聚起健康向上的乡村文明之风。

荣成市碌对村是一个有286户居民的渔村，如今渔民也都住进了楼房，许多居民家是可推窗见海的海景房。村民以养殖、捕捞为主，村集体办有食品加工厂，年集体收入近400万元。家住一楼的90岁的于翠香正在家中做午饭，她用燃气灶蒸了馒头和虾酱。问起平常的生活来，老人笑着说：“楼旁就有菜店，生活很方便，晚上居民可以跳舞，自己就随便转转。6个子女都很孝顺，儿子白天上班，下班后就过来看看。”

记者注意到，几乎每个村都有醒目的村务公开栏，这里不仅有财务账、大事公开，还图文并茂张贴着老人赡养榜、“四德榜”等，上边清楚标着子女给老人的赡养资金、精神慰藉等情况，还有一年评一次的好婆婆、好媳妇典型。在街道帮忙的66岁退休公务员孙合礼说：“别小看这荣誉榜，村民们在意着呢！这样的社区宣传工作，就是树典型，扬正气，传递正能量。”

孙合礼说，依法治村是最大的乡村文明，提升村民文明素质离不开村规民约，它传递着新农村最朴素的道德规范与交往规则，也离不开邻里比对这些草根信仰与尊崇。目前，威海市90%以上的村建立了村民议事会、道德评议会、红白理事会等组织，并全部建立村民道德档案，形成“好事大家传、坏事大家管”的道德建设机制，实施“四德榜”上榜、“孝老爱亲我先行”等活动，推动孝老爱亲、勤俭持家、邻里和睦等教育实践不断深入人心。

威海市还大力实施乡土文化品牌战略，建成了“中国历史文化名村”东楮岛、“中国楹联第一村”西霞口和“武术之乡”西峒岭村等36个文化特色村。深入实施乡村记忆工程，加强非物质文化遗产保护传承，扶持193位非遗传承人及民间艺人收徒传艺，建成西火塘寨、大许家村等一批村史村志馆。以举办母爱文化节、渔民节等节庆活动为载体，加快文化与旅游的互动融合。

构建长效机制 共倡乡村文明

强大的经济基础与机制保障是推动乡村文明提升的前提，威海市在推进乡村文明建设中立足长远，强化长效性保障机制建设，坚持财政扶持资金不撒“芝麻盐”，统一规划、调配使用，发挥了重要引导作用。

一是以强大的经济基础为保障。记者在威海采访发现，当地农村均有较为发达的集体经济收入，这也为新农村建设提供了有力的资金支持，成为当地村民追求精神文化生活的重要经济支撑。俚岛镇大庄许家村副主任徐庆路说，除海上养殖外，村里主要收入来源于450亩土地的流转收入。2008年开始，村里对全村土地实行集体经营，流转给合作社管理，主要种植玉米、小麦，粮食收入换成面粉、肉蛋鱼分给村民。早在五年前，威海便启动了轰轰烈烈的农村环境综合整治工程，下大力气解决村容村貌、河道污染等突出问题。目前，已完成75%村庄的整治任务，村均财政投入达到100万元。

二是以长效机制建设为保障。威海市坚持城乡环境整治与管护并重，在镇一级建立环卫、道路、自来水等条块结合、专兼结合的管护服务队伍，健全管护责任、队伍、资金长效保障机制，由财政每年给每个村1万元管护经费补助，确保农村面貌常保常洁、常管常新。围绕推进环卫一体化，全面建立了“户清理、村收集、镇清运、市处理”的工作体制，实现了全市农村生活垃圾城乡一体化、处理无害化群覆盖，并按照每百户至少配备一名保洁员的标准，建立了村级日常环境卫生保洁队伍，确保卫生常态清扫、环境长效维护。坚持公共服务同城化设计、全域化实施，在社会保障上重点抓提标并轨，完成了城乡居民养老医疗保险并轨整合。

三是抓乡村文明建设常态化。威海市把乡村文明建设作为一项系统工程、德政工程、民心工程，将乡村文明行动纳入全市年度目标绩效管理考核，由市委考核办等部门跟踪督查，工作结果与年度评先选优等挂钩兑现，有效形成了全市齐抓共管、联动推进的强大合力。在资金使用上，按照“渠道不乱、用途不变、统筹安排、集中投入”的要求，在积极争取上级各类资金的同时，市级财政实施一事一议奖补政策，重点向重要公共服务项目倾斜，不撒“胡椒面”，积聚资金办大事。

（新华社《山东参政》第 21 期 吕福明）

赴韩国旅游从威海起步，到中国旅游从威海开始

“威韩连线”打造中韩旅游桥头堡

盘点 2013 年的威海旅游业，一个个与韩国相关的大团让人惊喜：6 月 25 日，石家庄一旅行社组织 520 名国内团队游客在威海游览两日后赴韩国旅游；7 月 10 日，赤山国际旅行社接待 500 余名韩国高中生组成的修学旅游团（3 天两夜威海行）；12 月，嘉华国际旅行社威海分公司接待 4500 人的大团队（分批次）经威海游览后，赴韩国游览……

“为有效拉动威海国内游与对韩游两大重点市场，我们联合韩国旅游发展局共同策划推出‘威韩连线’旅游产品。该产品推出一年来，对繁荣威海旅游市场，推动威海旅游转型升级发挥了重要作用。‘赴韩国旅游从威海起步，到中国旅游从威海开始’，威海作为中韩旅游桥头堡的位置已经显现。”1 月 15 日，威海市旅游局局长李英春说。

威海与韩国隔海相望，海上距离 93 海里，是中国距离韩国最近的城市，早在 1990 年中韩两国尚未正式建交前，威海就率先开通了至韩国仁川的海上客货运输航线，目前威海开通 2 条空中航线，每周 50 多个航班，海上航线每周有 16 个航班。

得天独厚的区位优势和便捷的交通条件使得韩国成为威海第一大入境客源国，占全市入境客源份额近 80%。为进一步稳固和发展对韩旅游，威海策划推出“威韩连线”旅游产品，将威海与胶东半岛和韩国重点城市旅游资源捆绑整合，设计形成了“2+5”（威海二日游、韩国五日游）和“3+4”（山东半岛三日游、韩国四日游）特色旅游线路和跨境旅游产品，加快威海市旅游产品结构调整，做好“吸引人、留住人”的文章。

威海市旅游局以空前的力度号召旅游企业积极推介“威韩连线”旅游产品，2013 年 5 月出台了《威海市招徕地接游客奖励办法》，其中对旅行社推销“威韩连线”旅游产品设置专项奖励资金。对年输送“威韩连线”旅游产品游客 500 人以上，每人奖励 10 元；1000 人以上，每人奖励 15 元；3000 人以上，每人奖励 20 元。

2013 年 3 月初，威海市旅游局与韩国旅游发展局合作，共推“威韩连线”旅游产品，另外协调韩国驻青岛总领事馆对通过威海赴韩旅游的团队签证审批期限由 5 个工作日压缩到 3 个工作日，极大地简化了威海赴韩国旅游的签证审批程序。

自 2013 年 6 月份起，“威韩连线”的品牌影响力显现出来并持续升温，重点客源城市旅行商陆续向威海输送大团队国内游客，经游威海后再赴韩国旅游，韩国来威团队游客也有明显增加。截至 2013 年 11 月份，全市接待韩国游客 33.8 万人次，同比增长 1.75%。

据统计，2013 年，国内消费威韩连线旅游产品的游客近 3 万人次，直接带动消费 1200 万元。

（《大众日报》2014 年 1 月 20 日 彭　辉）

山东威海：让有德者有“名”有“得”有“位”

素以美丽宜居闻名的山东省威海市，近年来通过建立一系列保障激励机制，让有德者有“名”、有“得”、有“位”，在全社会形成“优待好人、争做好人”的好风气，为打造“美德威海”输入正能量。

吕明玉是国网文登供电公司的一名普通员工，2011 年 4 月和 10 月，两次为一位素昧平生的外地白血病患者捐献造血干细胞和淋巴细胞，挽救了一名年轻母亲的生命，被誉为“最美中国人”和“山东爱心第一人”。如今，她被公司选派为文城供电所党支部书记，单位还成立了以她名字命名的“吕明玉党员服务队”，引领更多青年志愿者投身社会公益事业。

去年 10 月 21 日，万众瞩目的第十届中国艺术节“群星奖”戏剧类作品决赛在威海拉开帷幕，由威海文艺工作者创作的小吕剧《一个钱包》精彩亮相。这个根据第三届山东省道德模范、文登环卫工人李玉坤“裸捐助学”事迹改编的节目，赢得了现场最热烈的掌声。把道德模范的事迹搬上全国戏剧舞台，是威海让有德者有“名”的新举措。

有德者必有“得”，不能让好人吃亏。每年威海都要召开见义勇为表彰大会，对当年的见义勇为先进个人进行表彰、奖励。新修订的“见义勇为基金会章程”将抢险救灾见义勇为行为纳入表彰奖励范围，大幅提高见义勇为先进分子的奖励金额、其本人及家庭生活困难人员救济金。10 余家爱心企业为见义勇为基金捐赠 120 余万元。每年威海各级领导都要对家庭生活困难的道德模范和身边好人进行走访慰问，并要求所在单位在学习宣传他们的同时，优先提拔重用。

为了让有德者有“位”，威海宣传文化部门将道德楷模事迹编写成宣传资料广为传播，在各类媒体上开设专题专栏刊播他们的感人事迹，鼓励引导基层和群众唱道德歌曲、讲道德故事、演道德节目，在潜移默化中传递道德正能量。

威海每两年评选表彰一届道德模范，每两个月评选“威海好人”，大力颂扬群众认可的“最美威海人”、褒奖群众身边的“平民英雄”、宣扬基层的“凡人善举”。随着“美德威海”品牌的擦亮，威海市民见贤思齐，对弘扬人间大爱的好人给予了越来越多的尊重和关爱。

（《光明日报》2014 年 5 月 6 日 赵秋丽）

进入高铁时代，威海会是什么样子

将助推威海旅游业发展，城铁站周围或将凸显新商圈

青荣城际铁路在威海创造了两个历史。它让荣成结束了没有铁路的历史，也是首次将县级市设为高铁终点。一直备受交通限制的威海，此次将借城铁之力，完成交通末梢的成功逆袭。此外，也将对威海经济的发展有着重

要的影响。

将为威海旅游添一把旺火

威海是旅游城市，但它处于交通末梢，出行难一直困扰着旅游的进一步发展。

荣成市旅游局市场开发科杨家骏介绍，荣成在旅游产品方面具有较高的知名度，但不少游客因为交通不便放弃荣成之旅，“目前，荣成旅游业占全市GDP的比重在8%左右，青荣城际铁路开通后，便捷快速的交通必将为荣成旅游这盘大餐加把旺火。”

杨家骏认为，青荣城铁并非孤线，它的建成将通过青岛与青岛至太原客运专线连接，在济南与京沪高铁相连，在石家庄与京广客运专线相连，这对荣成的经济、旅游的带动作用不可估量，这将使荣成不断开发新的旅游产品，这对细分旅游市场、加快旅游产业优化升级都将是大好机遇。

“我们将利用近韩的优势，让更多国内旅客选择在荣成乘船到韩国游玩，也吸引韩国游客荣成游玩或以荣成为中转站。”杨家骏说。

不少景区盼城铁带来客流量。“城铁开通将使得青烟威的游客更加便利的集散，也将吸引更多外来的游客。”某旅游公司负责人周晓妮说，该景区目前正申报5A级景区，景区将搭上城铁开通的便车迎来更多客流量。

周晓妮说，城铁的开通将对整个威海的旅游业都将带来巨大的机遇。当然，让游客不是威海的过客，需要发展完善整个行业的产业体系。周晓妮认为，把游客留在威海，需要住宿、餐饮等方面的配套服务和有吸引力的其他旅游产品，目前威海站附近已逐渐完善相关的配套设施。

现在，不少有前瞻眼光的景区已开始借城铁推介自己。如威海市区某景区对凡乘坐青荣城铁终点为威海市，参观该景区的散客凭本人高铁票及身份证，即可享受低廉的票价优惠；12月25日—26日，威海部分景区到潍坊、济南推介城铁旅游路线等等。

城铁的开通，对经济的影响不仅深而且广，尤其对旅游，快捷和便利是吸引游客出行的最重要因素之一，因此，借青荣城际铁路的开通，威海将与一些大都市连接。山东大学（威海）翻译学院副教授刘天放说“出行便利了，旅游的范围扩大了，游客数量的上升也就可以期待”。

城铁站逐步成为综合经济枢纽

围绕城铁站，房产、金融、商务、餐饮等商业服务逐步完善，城铁站周围或将凸显新的商圈，城铁站也将逐步发展为综合经济枢纽。

在荣成站附近，面对城铁对经济、旅游等各方面的积极带动，文登围绕城际铁路打造了荣成中韩边贸城，并建成了省内首家县级市旅游咨询服务中心。以不断提升旅游服务的质量和水平。

在一些城市，城铁站的位置决定了城市发展的重心。文登商业聚集区大都在北部及南部，文登东站所在的东部区域正处于崛起阶段。文登东站位于文登东部，文登区发展改革局副局长于卫东介绍，“青荣城际铁路的开通将为文登东部的发展注入活力。”目前，文登在老城区东侧现在已经发展起来了城市文化商贸区，该商贸区位于市区和文登东站之间，城铁开通后将带动城市文化商贸区继续向东扩展。

离威海北站仅隔几百米的某商业综合体项目早就看好了城铁带来的商业前景。2011年，该项目正式开建，该项目负责人付静介绍，考虑到北站附近商业较薄弱，于是公司将项目定位为集办公、酒店、住宅于一体的商业综合体。目前，该项目住宅楼宇已销售完毕，部分旅行社、医药公司已入驻，几家餐饮企业也瞄准了这个好地角。

除了商业项目，住宅楼盘也贴上了“城铁”的标签。威海北站位于威海高区后峰西村，该村现有的73栋楼里，已销售近80%。2009年，该村在威海北站西侧规划某项目很抢手，一期销售情况良好，不少是外地人组团购买。后期，该村又规划建设了二期和三期项目。

威海市发改委基础科工作人员介绍，城际铁路的开通有利于房地产业健康发展和各类人才的聚集。山东大学（威海）营销管理研究中心副主任蒋守芬认为，青荣城铁的开通将为威海经济发展带来发展动力和机遇，也将吸引青岛、烟台、济南、北京、上海市民到威海置业。

威海或面临“同质化”冲击

作为蓝色经济区的重要城镇群组城市之一，高铁的开通必将对威海经济发展带来积极的影响。刘天放介绍，借着便利的高速铁路交通网络，威海将进入又一个发展契机。这将表现在与周边城市的资源共享、产业互动、产业调整，以及人才和劳动力的重新评估和更多共享。

城铁开通后，胶东地区的人员流动将更加频繁，经济和商业领域的竞争也将加剧，无论是在用工还是其他资源共享上，都将呈现互通有无、协同发展，乃至竞争加合作的局面，经济发展格局的变化也许在所难免，一些传统优势产业，将面临“同城化”“同质化”的冲击。

刘天放认为，“同城化”即是机遇，也是挑战，这表现在人才、技术、资金、设施、物流，以及其他资源储备上。半岛城市群中有不少产业都有相似甚至相同的地方。一些中小企业，也许会因这种“同质化”而需要战略整合，同行业中处于相对弱势的企业面临的压力会增大，“如没有创新和特色，很可能在整合中被淘汰，催生出新的经济产业格局。”

怎样不被“同质化”带来的冲击所影响？刘天放认为，威海应主动承接和吸纳周边城市经济发展的产业转移和要素辐射，定位好自己的角色，在巩固原有产业优势的条件下，不断创新经济发展的新思路，凸显威海在半岛城市群中的重要作用，利用自己的地域优势和传统产业及创新优势，注重与城市间的双体联动、多体联动，提升科技研发能力，加大基础设施建设，提供符合本地实际的优惠政策，促进一体化发展。

（《齐鲁晚报》2014年12月30日
王 帅）

编辑 闫拥军

统计资料

自然、社会、经济主要指标

2014年威海市行政区划

表39　　单位：个

	合计	环翠区	文登区	荣成市	乳山市	威海高技术产业开发区	威海经济技术开发区	威海临港经济技术开发区
市辖区	2	1	1					
市辖县级市	2			1	1			
镇	48	3	12	12	14	1	3	3
街道	24	5	3	10	1	2	3	
村	2496	74	683	825	601	36	108	169
社区	425	130	80	118	21	36	35	5

威海市主要山脉

表40

名　称	所在地	海拔高度（米）
昆嵛山	文登区	923

威海市大型水库

表41

名　称	地　址	建成年月	总 库 容（亿立方米）	兴利库容（亿立方米）	最大坝高（米）
米山水库	文登市	1960.2	2.98	1.42	35.60
龙角山水库	乳山市	1960.6	1.08	0.59	44.80
八河水库	荣成市	2004.5	1.04	0.71	9.00

威海市主要河流

表42

名　称	长度(公里)	流域面积(平方公里)	名　称	长度(公里)	流域面积(平方公里)
母猪河	64	1092	青龙河	34	245
乳山河	78	1039	昌阳河	30	208
黄垒河	71	635	沽　河	32	207
东母猪河	51	356	石家河	29	201
小落河	29	253	五渚河	26	119

威海市土地状况

表43

地　区	土地总面积（平方公里）	土地总面积（公顷）	耕地面积（公顷）	海岸线长度（公里）	人口密度（人/平方公里）
全市合计	5797	579698	195672	985.9	439
环翠区	276	27565	3978	81.4	1098
文登区	1615	161462	54916	155.9	361
荣成市	1526	152620	56195	487.0	439
乳山市	1665	166488	58469	185.6	337
高　区	122	12240	2194	35.0	1539
经　区	296	29609	8410	41.0	538
临港区	297	29714	11509	–	281

说明：表中数据为2013年末，人口密度是按年末户籍人口计算所得

1953—2014年威海市分区（市）降水量

表44　　单位：毫米

年　份	全市平均	市　区	文登区	荣成市	乳山市
1953			785.0		
1954			811.7		
1955			796.1		
1956			516.4		873.3
1957			705.0		726.1
1958			484.6		474.6
1959	1083.1	1034.2	1183.6	1013.0	1101.5
1960	906.7	935.6	1048.0	881.0	762.3
1961	942.4	870.9	857.5	933.1	1108.1
1962			984.4		882.0
1963			805.5		774.3
1964		893.5	1018.6		1506.7
1965	940.5	1192.7	934.4	812.1	822.7
1966	821.9	923.7	839.9	764.9	759.2
1967	698.7	546.2	774.6	883.6	590.5
1968	644.8	450.5	799.4	604.4	725.0
1969	705.7	606.6	783.9	729.4	702.5
1970	842.4	840.5	764.4	898.1	866.4
1971	847.7	923.7	972.8	725.3	769.3
1972	734.7	702.7	739.4	804.8	691.8
1973	906.8	817.4	901.7	975.8	932.8
1974	894.9	827.6	839.9	840.4	1071.6
1975	1101.7	1032.5	1099.2	1149.8	1125.2

续表44　　单位：毫米

年　份	全市平均	市　区	文登区	荣成市	乳山市
1976	805.7	754.4	891.9	793.9	782.6
1977	695.4	671.5	818.0	692.9	599.1
1978	811.7	772.1	866.6	712.9	895.3
1979	802.6	647.5	915.8	767.8	879.1
1980	544.0	492.5	541.2	588.2	554.2
1981	457.1	532.2	528.7	272.0	495.4
1982	420.3	414.4	417.8	403.0	446.2
1983	605.5	639.2	617.7	620.2	545.0
1984	755.9	822.1	745.3	704.5	751.5
1985	1100.3	1114.8	925.9	1149.2	1211.4
1986	509.1	441.6	468.6	563.1	562.9
1987	758.3	632.5	740.2	710.7	949.6
1988	554.5	437.7	489.2	580.2	711.0
1989	656.8	630.8	692.6	711.3	592.5
1990	1073.5	878.7	1133.3	1157.4	1124.6
1991	534.5	585.9	594.4	454.7	502.9
1992	580.9	478.0	659.7	608.2	577.5
1993	682.8	547.2	749.6	741.8	692.5
1994	872.2	700.6	898.7	931.8	957.4
1995	645.9	645.7	734.0	617.6	585.7
1996	783.1	773.0	774.7	707.7	876.5
1997	836.6	924.3	837.6	870.7	712.7
1998	864.7	780.2	823.9	1051.9	802.4
1999	359.8	316.5	398.3	370.3	354.1
2000	549.2	460.2	581.7	558.9	595.8
2001	673.4	690.7	685.3	758.4	557.8
2002	611.5	604.5	681.8	613.9	545.8
2003	1020.9	692.1	1069.4	1191.3	1130.1
2004	748.2	766.7	779.7	621.2	825.2
2005	952.9	917.7	912.5	944.3	1037.2
2006	717.1	656.7	750.2	760.1	701.2
2007	1124.2	1233.8	1094.8	1068.8	1099.4
2008	893.0	878.8	1076.6	801.9	814.6
2009	724.5	678.8	677.1	804.0	737.9
2010	890.1	917.9	995.5	802.9	843.9
2011	984.3	826.6	934.9	1005.8	1169.7
2012	861.1	825.5	951.2	1002.0	665.8
2013	667.9	886.1	678.6	516.8	589.9
2014	678.0	664.4	723.6	676.5	647.4

说明：市区从2014年起包含环翠区、文登区、威海高技术产业开发区、威海经济技术开发区和威海临港经济技术开发区

2014年威海市分区（市）各月平均气温

表45　　单位：℃

年　份	全市平均	市　区	文登区	荣成市	乳山市
1月	0.6	1.5	0.3	0.5	−0.2
2月	0.5	0.9	0.1	0.4	0.1
3月	7.0	8.1	6.7	6.5	6.9

续表45 单位：℃

年　份	全市平均	市　区	文登区	荣成市	乳山市
4月	12.7	13.5	12.7	12.1	12.6
5月	18.5	19.5	18.4	17.8	18.6
6月	21.5	22.0	21.1	21.1	21.5
7月	24.8	25.4	24.5	24.3	24.8
8月	24.6	24.8	24.4	24.5	24.6
9月	20.9	21.6	20.6	21.1	20.4
10月	15.5	16.3	15.1	15.7	14.8
11月	8.9	9.9	8.6	9.1	7.9
12月	0.2	1.3	−0.1	0.0	−0.5
全年平均	13.0	13.7	12.7	12.8	12.6

说明：市区从2014年起包含环翠区、文登区、威海高技术产业开发区、威海经济技术开发区和威海临港经济技术开发区

2014年威海市分区（市）各月降水量

表46 单位：毫米

年　份	全市平均	市　区	文登区	荣成市	乳山市
1月	3.7	8.2	3.5	1.3	1.7
2月	8.1	13.4	7.2	5.8	6.0
3月	1.7	2.7	1.9	1.0	1.0
4月	115.5	102.8	108.7	134.8	115.8
5月	64.9	45.5	75.8	53.4	84.8
6月	52.7	26.4	107.8	41.5	34.9
7月	300.4	328.4	308.2	310.9	254.1
8月	23.6	17.9	20.9	36.0	19.7
9月	52.6	49.5	68.0	44.6	52.4
10月	18.8	11.6	15.6	21.1	26.8
11月	37.8	53.0	28.7	40.0	29.5
12月	35.7	45.8	42.3	51.5	3.0
全年合计	716.4	705.2	788.6	741.9	629.7

说明：市区从2014年起包含环翠区、文登区、威海高技术产业开发区、威海经济技术开发区和威海临港经济技术开发区

2014年威海分区（市）各月日照时数

表47 单位：小时

年　份	全市平均	市　区	文登区	荣成市	乳山市
1月	160.4	162.6	150.8	160.5	167.6
2月	170.4	143.2	171.9	190.0	176.5
3月	233.3	232.3	240.1	236.3	224.3
4月	231.1	198.2	253.7	238.3	234.0
5月	296.6	290.4	284.0	306.5	295.1
6月	179.2	181.2	189.9	186.2	159.3
7月	186.0	198.8	163.7	181.2	184.8
8月	221.7	212.8	184.9	232.7	250.5
9月	205.0	197.7	210.9	221.3	190.2
10月	206.9	199.5	215.5	222.5	213.3
11月	154.1	141.4	167.8	158.9	148.2
12月	147.3	98.4	157.9	146.5	186.2
全年合计	2389.6	2256.5	2391.1	2480.9	2430.0

说明：市区从2014年起包含环翠区、文登区、威海高技术产业开发区、威海经济技术开发区和威海临港经济技术开发区

2014年威海市分区（市）总户数和人口数（户籍人口）

表48

地　区	年末户籍总户数（户）	户籍总人口（人）			其中：非农业人口（人）	年平均户籍人口数（人）
		合计	男性	女性		
全　市	925368	2547478	1270261	1277217	1407382	2542514
市　区	471771	1316334	652869	663465	779665	1310593
文登区	220891	582661	290995	291666	245040	582152
荣成市	244055	669403	333582	335821	402728	669184
乳山市	209542	561741	283810	277931	224989	562737

说明：市区从2014年起包含环翠区、文登区、威海高技术产业开发区、威海经济技术开发区和威海临港经济技术开发区

2014年威海市分区（市）人口自然变动情况（户籍人口）

表49

地　区	出生		死亡		自然增长	
	人数（人）	出生率（‰）	人数（人）	死亡率（‰）	人数（人）	自然增长率（‰）
全　市	26275	10.33	19799	7.79	6476	2.54
市　区	15511	23.18	8390	13.20	7121	9.99
文登区	5477	9.41	4866	8.36	611	1.05
荣成市	6434	9.61	6173	9.22	261	0.39
乳山市	4330	7.69	5236	9.30	-906	-1.61

说明：市区从2014年起包含环翠区、文登区、威海高技术产业开发区、威海经济技术开发区和威海临港经济技术开发区

2014年威海市社会经济发展情况

表50

指标名称	单位	2014年	2013年	2014年为2013年(%)
一、人口(公安局户籍人口)				
年末总人口	万人	254.75	253.75	100.4
#非农业人口	万人	140.74	130.89	107.5
年平均人口	万人	254.25	253.66	100.2
年出生人数	人	26275	17323	151.7
年死亡人数	人	19799	19821	99.9
年末总户数	万户	92.54	92.34	100.2
二、核算指标				
威海市生产总值*	亿元	2790.34	2549.69	109.8
第一产业	亿元	214.50	203.47	104.2
第二产业	亿元	1410.07	1312.93	110.0
第三产业	亿元	1165.77	1033.29	110.6
三、农　业				
农、林、牧、渔业总产值*	亿元	420.99	399.22	104.3
农业产值	亿元	114.06	101.50	101.9
林业产值	亿元	0.93	0.92	102.0
牧业产值	亿元	76.33	75.69	104.4

说明：带“*”号指标的发展速度为可比价

续表50

指标名称	单位	2014年	2013年	2014年为2013年(%)
渔业产值	亿元	215.33	208.11	105.0
农、林、牧、渔服务业产值	亿元	14.33	12.99	109.8
年末耕地面积	公顷		195672	
主要农产品产量				
粮食	万吨	86.93	–	–
夏粮	万吨	33.76	–	–
秋粮	万吨	53.17	–	–
花生	万吨	24.75	24.72	100.1
果品	万吨	100.64	95.60	105.3
蔬菜(含菜用瓜)	万吨	97.78	94.95	103.0
肉类总产量	吨	182050	184664	98.6
#猪肉	吨	109456	108353	101.0
奶类产量	万吨	17.66	17.48	101.0
禽蛋产量	万吨	14.15	14.27	99.2
水产品产量	万吨	240.25	237.91	101.0
#海水产品产量	万吨	236.04	233.88	100.9
四、工　业				
企业单位数	个	18371	18744	98.0
全部工业总产值	亿元	6797.39	6274.49	108.3
五、交通、邮电、电力				
客运周转量(公路、海运、铁路)	亿人公里	36.82	–	98.6
货运周转量(公路、海运、铁路)	亿吨公里	336.82	–	107.1
港口货物吞吐量	万吨	7110	7001	101.6
港口旅客发送人数	万人	199	197	101.0
邮电业务总量	亿元	38.37	27.64	138.8
固定电话交换机总容量	万门	80.63	122.50	65.8
固定电话用户数	万户	60.98	68.70	88.8
移动电话户数	万户	317.03	298.70	106.1
全年用电量	亿千瓦时	102.38	100.34	102.0
#工业用电	亿千瓦时	66.43	65.24	101.8
城乡居民生活用电	亿千瓦时	14.41	13.56	106.3
六、固定资产投资				
固定资产投资额	亿元	2229.37	1923.71	115.9
#房地产开发	亿元	357.23	411.81	86.7
#第一产业	亿元	7.26	12.18	59.6
第二产业	亿元	1383.66	678.12	204.0
#工业	亿元	1270.94	629.60	201.9
第三产业	亿元	838.45	1233.41	68.0
本年新增固定资产	亿元	1643.13	1552.01	105.9
本年施工房屋面积	万平方米	5301.22	5142.39	103.1
本年竣工房屋面积	万平方米	845.71	784.51	107.8

说明：1. 2014年耕地面积国土局尚未公布

2. 2014年粮食产量及增幅来自威海调查队，与2013年以前统计口径不一致

3. 客货运及周转量统计口径发生变化

续表50

指标名称	单位	2014年	2013年	2014年为2013年(%)
#住宅	万平方米	594.68	648.62	91.7
人均日生活用水量	升	131.16	129.03	101.7
用水普及率	%	100.00	100.00	–
燃气普及率	%	100.00	100.00	–
人均道路面积	平方米	31.63	31.80	99.5
污水处理率	%	94.83	93.90	增0.93个百分点
人均公园绿地面积	平方米	25.31	25.18	100.5
建成区绿地率	%	43.98	42.89	增1.09个百分点
建成区绿化覆盖率	%	48.91	47.95	增0.96个百分点
生活垃圾无害化处理率	%	100.00	100.00	–
八、国内贸易				
社会消费品零售总额	亿元	1181.87	1047.29	112.9
九、对外经济贸易、旅游业				
外贸进出口总值	亿美元	165.87	171.50	96.7
外贸进口	亿美元	52.15	64.47	80.9
外贸出口	亿美元	113.72	107.02	106.3
实际到账外资	亿美元	10.12	9.20	110.0
接待旅游总人数	万人次	3288.65	2996.74	109.7
#外国人	万人次	41.95	41.22	101.8
港澳台胞	万人次	2.84	2.72	104.4
十、财政、金融				
公共财政预算收入	亿元	220.79	195.22	113.1
公共财政预算支出	亿元	280.60	263.99	106.3
金融机构人民币存款年末余额*	亿元	2527.10	2317.66	109.0
#城乡居民储蓄余额*	亿元	1466.96	1336.69	109.7
金融机构人民币贷款年末余额*	亿元	1658.56	1512.13	109.7
十一、劳动工资、人民生活				
在岗职工年末人数	万人	55.90	55.48	100.8
在岗职工工资总额	亿元	270.75	243.35	111.3
在岗职工年平均工资	元	48476	43671	111.0
城市居民人均可支配收入	元	34254	31442	108.9
农民人均纯收入	元	17296	15582	111.0
十二、教育、文化、卫生				
学校数				
高等学校分校	处	8	8	100.0
中等职业教育	处	28	38	73.7
中等技术、师范学校	处	14	9	155.6
技工学校	处	6	9	66.7
职业高中（职专）	处	8	20	40.0
基础教育	处	484	487	99.4
普通高中（含大光华）	处	20	22	90.9
普通初中	处	86	86	100.0
小学	处	90	95	94.7

说明：带“*”指标数据的发展速度为与年初数据相比

续表50

指标名称	单位	2014年	2013年	2014年为2013年(%)
特殊教育	处	4	4	100.0
幼儿教育	处	284	280	101.4
在校学生数				
高等学校分校	人	64338	61266	105.0
中等职业教育	人	33777	41066	82.3
中等技术、师范学校	人	20494	18023	113.7
技工学校	人	8462	10331	81.9
职业高中（职专）	人	4821	12712	37.9
基础教育	人	283810	282244	100.6
普通高中	人	36188	38601	93.7
普通初中	人	78973	82609	95.6
小学	人	106944	100885	106.0
特殊教育	人	392	421	93.1
幼儿教育	人	61313	59728	102.7
图书馆藏书	千册	1505	1376	109.4
卫生机构数	个	1114	1007	110.6
#医院	个	31	30	103.3
卫生机构病床位	张	17932	17557	102.1
#医院	张	11965	11137	107.4
卫生技术人员	人	19194	18926	101.4
#医生	人	6892	6569	104.9

威海市历年生产总值

表51　　单位：亿元

年　份	威海市生产总值	第一产业	第二产业			第三产业	按户籍人口计算人均生产总值(元)
				工业	建筑业		
1949	1.22	0.95	0.08	0.03	0.05	0.18	80
1950	1.27	0.99	0.06	0.04	0.02	0.21	82
1951	1.57	1.25	0.09	0.05	0.04	0.23	100
1952	1.71	1.38	0.10	0.06	0.04	0.23	106
1953	1.72	1.34	0.12	0.08	0.05	0.26	105
1954	1.80	1.40	0.14	0.10	0.04	0.26	107
1955	1.90	1.46	0.14	0.11	0.02	0.31	111
1956	1.99	1.57	0.15	0.14	0.01	0.27	114
1957	2.06	1.55	0.18	0.15	0.03	0.34	116
1958	1.92	1.45	0.26	0.22	0.04	0.21	106
1959	1.86	1.36	0.35	0.32	0.03	0.16	103
1960	1.56	0.97	0.39	0.38	0.01	0.20	88
1961	2.00	1.47	0.27	0.24	0.03	0.26	113
1962	2.36	1.76	0.28	0.24	0.04	0.32	131
1963	2.29	1.65	0.28	0.23	0.05	0.36	122
1964	2.82	1.89	0.46	0.25	0.21	0.47	147
1965	2.93	1.94	0.47	0.28	0.19	0.52	151
1966	3.21	2.19	0.50	0.31	0.19	0.53	163
1967	3.46	2.28	0.56	0.34	0.22	0.62	173
1968	3.59	2.33	0.59	0.37	0.22	0.66	178

续表51　　　　单位：亿元

年　份	威海市生产总值	第一产业	第二产业	工业	建筑业	第三产业	按户籍人口计算人均生产总值(元)
1969	3.59	2.29	0.67	0.44	0.23	0.64	176
1970	4.00	2.63	0.75	0.53	0.22	0.63	192
1971	4.69	3.31	0.88	0.65	0.23	0.50	222
1972	5.14	3.63	1.00	0.82	0.18	0.51	242
1973	5.36	3.41	1.09	0.92	0.17	0.85	252
1974	5.77	3.81	1.10	0.95	0.15	0.86	269
1975	6.51	4.35	1.44	1.26	0.18	0.72	302
1976	7.11	4.28	1.84	1.64	0.20	0.99	328
1977	8.16	4.85	2.28	2.03	0.26	1.03	376
1978	9.54	5.34	2.68	2.45	0.23	1.52	440
1979	9.82	5.28	2.80	2.49	0.31	1.74	453
1980	12.02	6.36	3.76	3.37	0.39	1.90	551
1981	13.37	7.56	3.70	3.29	0.41	2.11	607
1982	13.44	6.89	4.32	3.91	0.41	2.23	604
1983	18.03	10.23	4.90	4.41	0.49	2.90	803
1984	21.69	11.40	6.56	5.81	0.75	3.73	962
1985	25.29	12.92	8.05	7.02	1.03	4.32	1117
1986	27.69	13.17	10.06	8.66	1.40	4.46	1211
1987	34.24	16.91	11.99	10.43	1.56	5.34	1480
1988	50.61	23.41	19.24	16.51	2.73	7.96	2168
1989	57.29	22.73	23.57	21.88	1.69	10.99	2436
1990	72.02	29.45	30.68	27.06	3.62	11.89	3041
1991	87.56	33.44	38.29	33.06	5.23	15.83	3679
1992	127.42	43.17	55.44	45.44	10.00	28.82	5332
1993	175.44	50.48	80.09	66.42	13.67	44.87	7311
1994	262.73	72.00	123.06	107.78	15.27	67.67	10889
1995	318.93	91.39	136.18	116.03	20.15	91.36	13153
1996	375.87	97.26	172.26	148.29	23.97	106.35	15436
1997	423.63	97.84	202.74	177.42	25.32	123.06	17323
1998	461.15	95.96	229.18	208.42	20.77	136.01	18790
1999	489.15	83.97	245.55	223.94	21.61	159.63	19885
2000	545.42	88.30	286.10	268.88	17.22	171.02	22119
2001	595.25	89.91	317.34	297.24	20.10	188.00	24091
2002	663.21	92.41	363.00	335.55	27.45	207.80	26805
2003	765.36	95.28	437.89	403.54	34.35	232.19	30908
2004	880.04	102.06	514.56	469.80	44.76	263.42	35484
2005	1020.29	109.32	593.95	542.75	51.20	317.02	41018
2006	1190.80	116.58	696.93	640.42	56.51	377.29	47735
2007	1375.50	127.80	801.27	738.51	62.76	446.43	54923
2008	1546.33	132.28	890.64	813.98	76.66	523.41	61449
2009	1733.19	136.34	1000.98	910.66	90.32	595.87	68614
2010	1944.70	153.94	1087.03	982.12	104.91	703.73	76778
2011	2110.95	171.18	1139.36	1022.72	116.64	800.41	83199
2012	2337.86	180.11	1249.30	1122.80	126.50	908.45	92148
2013	2549.69	197.21	1278.95	1137.64	141.31	1073.53	100515
2014	2790.34	207.58	1354.86	1201.17	153.69	1227.90	109747

说明：1. 1990—2000年、2001—2008年和2013—2014年的生产总值分别按第一、二和三次全国经济普查数据进行相应调整

2. 从2013年起，工业开采辅助活动、金属制品、机械和设备修理业被划入第三产业

1978—2014年威海市工农业总产值

表52　　单位：亿元

年　份	绝　对　值(亿元)			构成(%)	
	合计	农业	工业	农业	工业
1978	15.69	7.33	8.36	46.7	53.3
1979	16.64	7.85	8.79	47.2	52.8
1980	18.89	8.75	10.14	46.3	53.7
1981	21.21	10.18	11.03	48.0	52.0
1982	21.98	9.78	12.20	44.5	55.5
1983	27.16	12.92	14.24	47.6	52.4
1984	32.53	14.67	17.86	45.1	54.9
1985	39.30	16.50	22.80	42.0	58.0
1986	46.21	16.48	29.73	35.7	64.3
1987	61.85	21.16	40.69	34.2	65.8
1988	97.41	31.24	66.17	32.1	67.9
1989	126.99	32.32	94.67	25.5	74.5
1990	158.17	41.18	116.99	26.0	74.0
1991	193.10	49.09	144.01	25.4	74.6
1992	269.14	61.98	207.16	23.0	77.0
1993	460.41	81.64	378.77	17.7	82.3
1994	715.14	120.82	594.32	16.9	83.1
1995	852.95	149.17	703.78	17.5	82.5
	(728.38)		(579.21)		
1996	855.13	162.13	693.00	19.0	81.0
1997	948.26	160.06	788.20	16.9	83.1
1998	1088.48	153.58	934.90	14.1	85.9
1999	1142.96	132.99	1009.97	11.6	88.4
2000	1300.99	139.22	1161.77	10.7	89.3
2001	1406.53	142.56	1263.97	10.1	89.9
2002	1638.30	151.05	1487.25	9.2	90.8
2003	2060.24	165.83	1894.41	8.0	92.0
2004	2689.16	182.53	2506.63	6.8	93.2
2005	3333.20	204.74	3128.46	6.1	93.9
2006	3642.93	218.63	3424.30	6.0	94.0
2007	4154.14	242.88	3911.26	5.8	94.2
2008	4944.76	259.72	4685.04	5.3	94.7
2009	5353.91	267.08	5086.83	5.0	95.0
2010	4922.81	300.85	4621.96	6.1	93.9
2011	5273.78	335.57	4938.21	6.4	93.6
2012	6225.43	351.36	5874.07	5.6	94.4
2013	6673.71	399.22	6274.49	6.0	94.0
2014	7218.38	420.99	6797.39	5.8	94.2

说明：本表绝对值与结构按当年价格计算，1995年括号内数及以下年份按工业新规定计算

2014年威海市社会消费品零售总额

表53 单位：万元

项　目	2014年	2013年	2014年为2013年%
社会消费品零售总额	11818695	10472925	112.9
按销售单位所在地分			
城镇	9868795	8729206	113.1
#城区	8160899	6961811	117.2
乡村	1949900	1743719	111.8
按行业分			
批发业	961776	892238	107.8
零售业	9813741	8642718	113.5
住宿业	210501	188850	111.5
餐饮业	832678	749119	111.2

2014年威海市分区（市）社会消费品零售总额

表54 单位：万元

项　目	2014年	2013年	2014年为2013年%
全　市	11818695	10472925	112.9
环翠区	1964028	1738106	113.0
文登区	2795150	2480739	112.7
荣成市	2940101	2603198	112.9
乳山市	1930494	1711227	112.8
高　区	1054416	936296	112.6
经　区	1063224	940086	113.1
临港区	71281	63273	112.7

说明：本表中2013年数据为快报数

1987—2014年威海市物价指数（上年=100）

表55

年　份	居民消费价格总指数		商品零售价格总指数	
	市　区	文登区	市　区	文登区
1987	108.0	108.6	—	—
1988	116.8	118.0	—	—
1989	116.7	121.1	113.2	118.2
1990	106.2	102.0	105.4	101.5
1991	106.1	104.8	105.6	104.6
1992	115.7	107.1	113.2	105.2
1993	120.2	113.2	117.0	110.7
1994	125.8	122.7	120.5	117.8
1995	115.6	116.7	111.3	113.4
1996	111.9	107.1	107.8	104.5
1997	105.4	103.2	102.1	101.5
1998	99.2	101.2	96.4	93.2
1999	101.3	100.5	97.1	95.1
2000	99.6	100.4	99.6	100.1
2001	100.2	101.9	100.7	101.6
2002	98.3	99.4	100.2	98.8
2003	100.1	100.1	100.2	100.7

续表55

年　份	居民消费价格总指数		商品零售价格总指数	
	市　区	文登区	市　区	文登区
2004	101.8	103.3	100.9	102.3
2005	101.1	99.8	101.9	99.0
2006	101.0	101.4	102.2	101.7
2007	104.4	104.0	104.4	103.2
2008	104.6	105.1	105.9	106.1
2009	101.1	98.4	100.3	97.8
2010	102.7	102.3	103.6	103.4
2011	104.6	105.3	104.5	104.9
2012	101.8	103.6	101.3	102.8
2013	101.5	102.8	100.8	102.1
2014	102.4	102.1	101.7	100.9

2014年威海市居民家庭每百户拥有量情况

表56

项目	单位	市区	项目	单位	市区
摩托车	辆	13	钢琴	架	5
助力车	辆	7	其他中高档乐器	架	16
家用汽车	辆	41	微波炉	台	51
洗衣机	台	94	空调器	台	58
电冰箱	台	113	淋浴热水器	台	100
彩色电视机	台	133	消毒碗柜	台	6
家用电脑	台	105	洗碗机	台	0
组合音响	套	12	健身器材	件	8
摄像机	台	16	普通电话	部	55
照相机	架	70	移动电话	部	225

2014年威海市城市设施水平

表57

项　目	单　位	2014年	2013年
市区人口密度	人/平方公里	505	852
人均日生活用水量	升	131.16	129.03
用水普及率	%	100	100
燃气普及率	%	100	100
人均道路面积	平方米	31.63	31.80
建成区排水管道密度	公里/平方公里	18.98	18.53
污水处理率	%	94.83	93.90
人均公园绿地面积	平方米	25.31	25.18
建成区绿地率	%	43.98	42.89
建成区绿化覆盖率	%	48.91	47.95
生活垃圾无害化处理率	%	100	100
粪便处理率	%	100	100
水冲公厕比率	%	100	100

说明：市区从2014年起包含环翠区、文登区、威海高技术产业开发区、威海经济技术开发区和威海临港经济技术开发区

2014年威海市分区（市）农村住户调查资料

表58

指标名称	单位	2014年	2013年	比上年增长（%）
城市居民				
人均家庭总收入	元	37652	33996	10.8
#可支配收入	元	34254	31442	8.9
#工资性收入	元	24619	22625	8.8
经营净收入	元	5051	4460	13.3
财产性收入	元	1393	1203	15.8
转移性收入	元	6588	5708	15.4
人均家庭总支出	元	29779	25945	14.8
消费性支出	元	22549	20127	12.0
食品支出	元	7013	6349	10.5
衣着支出	元	3364	3249	3.5
设备用品及服务支出	元	1519	1282	18.5
医疗保健支出	元	1409	1168	20.6
交通通讯支出	元	3914	3518	11.3
教育文化娱乐服务支出	元	2497	2033	22.8
居住支出	元	1661	1524	9.0
杂项商品与服务支出	元	1172	1005	16.6
恩格尔系数	%	31.10	31.54	−0.44
农村居民				
农民人均纯收入	元	17296	15582	11.0
人均生活消费支出	元	9725	8493	14.5
食品	元	3220	2916	10.4
衣着	元	881	823	6.9
住房	元	1755	1377	27.4
恩格尔系数	%	33.11	34.33	−1.22

说明：恩格尔系数的增长为增减百分点

2014年城市供水、公共交通、供热、燃气情况

表59

项　　目	单 位	2014年	2013年
供水综合生产能力	万立方米/日	52.1	39.2
#地下水	万立方米/日	5.9	3.1
供水管道长度	公里	3052	2277
供水总量	万立方米	10374.9	6655.1
生产运营用水	万立方米	4580	2944
公共服务用水	万立方米	2190.2	1321.6
居民家庭用水	万立方米	2322	1508
消防及其他用水	万立方米	148.4	881.5
用水人口	万人	94.26	60.08
公共交通运营车数	辆	1500	926
标准运营车数	标台	1740	1123

续表59

项　　目	单 位	2014年	2013年
运营线路网长度	公里	2013	789
客运总量	万人次	16611	10816
出租汽车	辆	1856	1543
天然气供气总量	万立方米	10098	6338
液化气供气总量	吨	10465	7845
天然气用气人口	万人	91.26	56.93
集中供热能力：蒸汽	吨/小时	875	800
热水	兆瓦	1546	1071
供热面积	万平方米	4248	3197

说明：市区从2014年起包含环翠区、文登区、威海高技术产业开发区、威海经济技术开发区和威海临港经济技术开发区

（孙丹丹）

编辑　李洪格

威海湾　　李传强 摄

附　　录

规范性文件

·文件目录·

2014年威海市政府规范性文件一览表

表60

序号	规范性文件名称	文号
1	威海市人民政府关于修改《威海市区城市道路养护管理办法》等7件规范性文件的决定	威政发〔2014〕1号
2	威海市出租汽车客运管理办法	威政发〔2014〕2号
3	威海市森林防火责任追究规定	威政发〔2014〕5号
4	威海市有突出贡献的中青年专家选拔管理办法	威政发〔2014〕6号
5	威海市城乡规划管理办法	威政发〔2014〕7号
6	威海市留学人员创业园区管理办法	威政发〔2014〕9号
7	威海市电力设施和电能保护办法	威政发〔2014〕11号
8	政府向社会力量购买服务实施办法	威政办发〔2014〕2号
9	威海市民间融资机构管理办法	威政办发〔2014〕3号
10	威海市区公共租赁住房管理办法	威政发〔2014〕14号
11	威海市区小微企业贷款风险补偿基金使用管理办法	威政发〔2014〕19号
12	威海市实行最严格水资源管理制度考核办法	威政办发〔2014〕10号
13	威海市人民政府关于修改《威海市实施标准化战略奖励办法》的决定	威政发〔2014〕23号
14	威海市旅游船舶安全管理办法	威政发〔2014〕26号
15	威海市港口水域禁（限）航管理规定	威政发〔2014〕27号
16	威海市地方储备粮管理办法	威政发〔2014〕29号
17	威海市公共安全图像信息系统管理办法	威政发〔2014〕34号
18	“威海和谐使者”选拔管理办法	威政办发〔2014〕26号
19	威海市农产品质量安全监督管理规定	威政发〔2014〕36

续表 60

序号	规范性文件名称	文号
20	威海市人民政府关于修改《威海市优待老年人规定》的决定	威政发〔2014〕37
21	威海市海水浴场管理办法	威政发〔2014〕39
22	威海市节约用水办法	威政发〔2014〕40
23	威海市农村土地承包经营权抵押贷款管理办法	威政发〔2014〕41
24	威海市饮用水水源地保护办法	威政发〔2014〕42

·文件选编·

威海市民间融资机构管理办法

（2014 年 3 月 14 日　威政办发〔2014〕3 号）

第一章 总 则

第一条　为加强民间融资机构管理，促进民间融资规范发展，维护金融市场秩序和社会稳定，根据《山东省人民政府办公厅关于进一步规范发展民间融资机构的意见》（鲁政办发〔2013〕33 号）等有关规定，结合我市实际，制定本办法。

第二条　本办法所称民间融资机构，是指威海市行政区域内设立的民间资本管理公司和民间融资登记服务公司。

第三条　本办法所称民间资本管理公司，是指由符合条件的自然人、企业法人和其他经济组织发起，经批准在一定区域内设立，针对当地实体经济项目开展股权投资、债权投资、资本投资咨询、短期财务性投资及受托资产管理等业务的公司。

本办法所称民间融资登记服务公司，是指经批准在一定区域内设立，为当地民间借贷双方依法提供资金供需信息发布、中介、登记等综合性服务交易平台的公司。

第四条　各市区（含国家级开发区，下同）政府（管委）按照属地管理原则，负责辖区民间融资机构规范发展和风险处置工作。

第五条　市地方金融监管局是市民间融资机构监管部门，负责有关政策制定、审核评估、监督管理等工作。

各市区民间融资机构监管部门具体负责各自辖区民间融资机构的日常监督管理工作。

公安、工商、人民银行、银监等部门应当按照各自职责，协同做好民间融资机构管理工作。

第二章 机构的设立、变更和终止

第六条　设立民间资本管理公司应当具备下列条件：

（一）有符合规定的公司章程。

（二）股东或者发起人不超过 15 人。

（三）注册资本不低于 3000 万元，应当为实收货币资本，且一次足额缴纳。

（四）有符合任职资格的董事、监事和高级管理人员。

（五）有具备相应专业知识和从业经验的工作人员。

（六）有符合要求的营业场所、设施和安全防范措施。

（七）有符合要求的组织机构、管理制度等。

第七条　设立民间融资登记服务公司应当具备下列条件：

（一）有符合规定的公司章程。

（二）股东或者发起人不超过 15 人。

（三）注册资本不低于 500 万元。

（四）有符合任职资格的董事、监事和高级管理人员。

（五）有具备相应专业知识和从业经验的工作人员。

（六）有符合要求的营业场所、设施和安全防范措施。

（七）有符合要求的组织机构、管理制度等。

第八条　民间融资机构名称由所在市区、字号、行业、组织形式依次组成，其中行业是指民间资本管理或者民间融资登记服务，组织形式为有限责任公司或者股份有限公司。

第九条　民间融资机构从业人员应当具有依法经营意识，无犯罪记录和不良信用记录。管理团队及重要岗位负责人，应当具有金融行业 5 年以上从业经历和 3 年以上管理岗位经历。

第十条　设立民间融资机构，主发起人应当向所在市区民间融资机构监管部门提交申报材料，由市区民间融资机构监管部门会同有关部门进行初步评估，形成民间融资机构申报方案报市地方金融监管局。申报方案主要包括民间融资机构所在市区政府（管委）申请报告及风险处置承诺，出资人基本情况、承诺和出资资格证明以及高级管理人员基本情况等内容。

第十一条　市地方金融监管局对市区民间融资机构监管部门上报的申报方案进行初审后，会同市公安局、工商局、人民银行、银监分局等部门进行可行性评估，评估通过的由市地方金融监管局出具可行性评估报告。申请人持可行性评估报告，到工商部门办理注册登记手续并领取营业执照。

第十二条　民间融资机构在工商部

门注册登记之日起 7 个工作日内，将营业执照副本复印件等材料送市地方金融监管局，由市地方金融监管局在规定时限内报省地方金融监管部门备案。

第十三条　民间融资机构有下列变更事项之一的，应当经所在市区民间融资机构监管部门转报市地方金融监管局备案后，持市地方金融监管局关于变更事项的《备案确认书》，到注册地工商部门办理变更登记手续：

（一）变更名称。

（二）变更组织形式。

（三）变更住所。

（四）变更经营范围。

（五）变更董事、监事或者高级管理人员。

（六）变更股东、股权结构和注册资本。

（七）合并或者分立。

（八）其他重大变更事项。

第十四条　民间融资机构因解散或者破产等原因需要终止法人资格的，应当按照有关法律法规进行清算，持市地方金融监管局有关文件到工商部门办理注销登记手续。

第三章　出资人资格和股权设置

第十五条　自然人、企业法人以及其他经济组织可以向民间融资机构出资入股。

第十六条　自然人入股民间融资机构，应当符合下列条件：

（一）民间融资机构所在市区常住居民。

（二）有完全民事行为能力。

（三）无犯罪记录和不良信用记录。

（四）具有一定的抗风险能力和资金实力。

（五）具备一定的经济、金融知识。

（六）有税务部门提供的完税证明。

第十七条　企业法人入股民间融资机构，应当符合下列条件：

（一）在民间融资机构所在市区工商部门登记注册，具有法人资格。

（二）法定代表人无犯罪记录和不良信用记录。

（三）有良好的社会声誉、诚信记录和纳税记录。

（四）公司治理和财务状况良好，具备相应的出资能力。

（五）其他必要条件。

民间资本管理公司主发起人除符合前款规定条件外，还应当符合下列条件：

（一）近两年累计纳税额不低于 1000 万元。

（二）资产负债率不超过 60%。

（三）上年末总资产 1 亿元以上，或者净资产 4000 万元以上，或者营业收入 1.5 亿元以上。

民间融资登记服务公司主发起人除符合第一款规定条件外，资产负债率不超过 60%。

第十八条　其他经济组织入股民间融资机构，参照企业法人条件执行。

第十九条　民间资本管理公司主发起人持有的股权（股份）占公司注册资本的比例不低于 20%、不高于 51%，其他单个发起人出资不低于 300 万元；法人股东持有的股权（股份）占公司注册资本的比例合计不低于 50%。

第二十条　依法经营的民间融资机构设立满 1 年后可增加注册资本。民间融资机构股权（股份）可以依法转让，受让人应当符合本办法规定的入股条件。主发起人持有的股权（股份）自公司成立之日起 3 年内不得转让，其他股东持有的股权（股份）自公司成立之日起 2 年内不得转让。董事、监事、高级管理人员持有的股权（股份），在任职期内不得转让。

第四章　经营规则

第二十一条　民间资本管理公司应当遵守下列规定：

（一）以所在市区作为资金来源地（股东、私募投资者所在地）与资金投向地（项目所在地），原则上不得跨市区经营。符合规定条件的，经批准可在特定区域或者全市范围内开展业务。相关规定由市地方金融监管局研究制定。

（二）股权投资比例原则上不低于注册资本的 20%，6 个月以下的短期财务性投资不超过公司注册资本和融资总量的 30%；不得从事股票、期货、黄金以及金融衍生产品等交易，因股权投资而持有上市公司股票的除外，但持有期不得少于 6 个月。

（三）公司注册资本金充分使用后，经批准可采取向股东借款、引进优先股东和定向私募的方式，拓宽融资渠道。当年设立的公司，融资额不得超过注册资本的 3 倍。达到分类评级标准一级的公司，融资额不得超过注册资本的 4 倍。最近 2 年连续达到分类评级标准一级的公司，融资额不得超过注册资本的 5 倍。向股东借款、引进优先股东和定向私募管理办法由市地方金融监管局另行制定。

（四）公司经批准开展私募融资，其合格投资者不超过 35 人。私募融资应当针对项目进行，募集的资金不得与公司注册资本金和其他形式融入资金混用，并应当在公司所在地银行设置专门账户，实行分账管理。私募融资合格投资者应当为具备相应风险识别和承担能力的本地自然人或者法人，一次性出资额不得低于 200 万元。公司应当与合格投资者约定披露募集资金使用情况信息的时间和方式，按约定履行披露义务。公司运营中，资本净额低于注册资本的，不得以定向私募方式进行融资。

（五）对单一企业或者项目投融资余额不超过公司注册资本的 30%。公司原则上不向股东及关联方、股东及关联方直接或者间接控制的企业投资（含担保）；如确有必要，应当在满足公司关联交易相关规定条件下，投融资余额（含担保）不超过公司注册资本的 10%。

（六）股东和私募融资合格投资者向公司投入的资金，应当为自有合法资金并出具承诺书；不得以委托资金、债务资金等非自有资金作为出资。严禁非法集资；严禁资金集合、信托理财计划等“一带多”类型的出资；严禁银行信贷资金进入。股东应当对彼此资金来源进行必要的合法性调查，公司应当对私募融资合格投资者资金来源进行必要的合法性调查，核查确认股东和私募融资合格投资者是否为最终出资人。

（七）公司应当建立审慎规范的资产分类和拨备制度，准确进行资产分类，对承担风险和损失的资产计提准备金，确保准备金充足率始终保持 100% 以上。按照有关财会制度和核销要求，对公司呆账及时进行核销。对损失准备不足的，应当依次及时以利润、资本金冲抵。公司不得隐瞒或者拖延不报、长期挂账和掩盖不良资产。

第二十二条　民间融资登记服务公司应当遵守下列规定：

（一）按照核准的业务范围在所在市区开展业务活动，资金借入方和借出方均为所在市区自然人或者法人。

（二）资金借出方的出借资金应当为自有合法资金，并出具承诺书。必要时，可对大额或者活跃参与者的资金来源进行合法性调查。

（三）登记的出借资金原则上每笔不低于5万元、不高于300万元。为降低成本和控制风险，对单一借出方原则上不分拆资金贷出。

（四）登记的单一借入方，其借入资金一般不超过1500万元，且借出方不超过10人。借入方在民间融资登记服务公司登记的借贷交易尚未清偿完毕时，不得再次借入资金。

（五）登记的借贷当事人，协商确定借贷利率、期限、资金用途、抵（质）押物等内容，其约定应当符合国家法律法规的规定。

（六）登记的借贷当事人应当保证所提供信息真实、准确、完整，民间融资登记服务公司应当认真审核。

（七）严禁以民间融资登记服务公司名义吸收资金、发放贷款。当事人借贷交易资金不得与民间融资登记服务公司账户发生往来。民间融资登记服务公司未获得相关业务许可的，不得为借贷交易提供任何形式担保。

（八）民间融资登记服务公司应当向当事人充分提示风险警示，主要内容包括：从事民间借贷交易具有较大风险；当事人必须自担风险、自负盈亏；政府或者民间融资登记服务公司对交易行为不承担任何的担保或者“兜底”责任。

（九）民间融资登记服务公司应当对客户履约情况、信用记录等建立信息库，条件成熟时可与银行、工商、税务等部门、单位建立信息互联。应当对客户的登记信息保密。

第二十三条　民间融资机构应当按照《中华人民共和国反洗钱法》等相关规定，履行相应的反洗钱义务，资金往来主要通过转账或者银行卡等渠道结算，一般不得以现金方式结算。

第二十四条　民间融资机构应当按照《中华人民共和国公司法》等有关法律法规要求，建立健全公司法人治理结构，制订完善的议事规则、决策程序和内审制度；建立健全业务管理制度和财务会计制度，记录其业务活动和财务活动；建立信息披露制度，按要求定期报送相关统计数据、财务会计报表、合规经营报告、年度业务经营情况，以及董事、监事、高级管理人员和股东变动等重大事项信息。报送的各类文件和资料应当真实、准确、完整。

第五章　监督管理和风险防控

第二十五条　各市区政府（管委）是辖区民间融资机构风险防范与化解的第一责任主体，应当建立有效的风险防范和处置机制，及时认定和查处违法行为，防范和化解风险。

第二十六条　市地方金融监管局应当完善民间融资机构监管制度，建立民间融资机构资金投向、融资额度及人数、资本净额、风险准备等经营管理和风险控制指标，会同有关部门健全民间融资机构信息采集和动态监测系统。

第二十七条　民间融资机构监管部门应当加强民间融资机构日常监管，定期对其合规经营情况进行现场检查，按照有关要求开展年审和机构评级工作，建立分类监管、扶优汰劣的动态监管机制。

第二十八条　对违反本办法规定的，民间融资机构监管、工商、公安等部门应当根据各自职能，依法采取风险提示、警告、约见高级管理人员谈话、劝令退出等措施，督促其限期整改。拒不整改或者整改不到位的，依法取消其经营资格。

第二十九条　民间融资机构在经营过程中，发现有非法吸收公众存款、非法高利放贷、以隐瞒和欺骗方式募集资金、暴力催收债务等严重违法违规行为的，由有关部门依法查处，并依法追究主要负责人及相关人员的法律责任。

第六章　附　则

第三十条　本办法由市地方金融监管局负责组织实施。

第三十一条　本办法自2014年4月1日起施行，有效期至2016年3月31日。2013年2月25日市政府办公室印发的《威海市民间融资服务公司试点工作管理办法》（威政办发〔2013〕14号）自本办法施行之日起废止。本办法施行前设立的民间融资服务公司，应当按照本办法要求进行整改并备案。

威海市区公共租赁住房管理办法

（2014年3月24日　威政发〔2014〕14号）

第一章　总　则

第一条　为加强公共租赁住房管理，保障公平分配，规范运营与使用，健全退出机制，根据《公共租赁住房管理办法》（住房和城乡建设部令第11号）等国家、省有关规定，结合我市实际，制定本办法。

第二条　本办法适用于环翠区、高区、经区、临港区范围内公共租赁住房的建设、分配、运营、使用、退出等管理工作。

第三条　本办法所称公共租赁住房，是指限定建设标准和租金水平，面向符合规定条件的住房困难家庭、新就业无房职工、在城镇稳定就业的外来务工人员出租的保障性住房。

第四条　公共租赁住房实行属地管理和“谁投资、谁管理”的原则。

第五条　市住房保障房产管理部门负责指导和监督市区公共租赁住房管理工作，具体负责市政府投资建设的公共租赁住房管理工作。

各区住房保障房产管理部门负责辖区内公共租赁住房管理工作。

发展改革、监察、民政、财政、国土资源、城乡建设、规划、人防、物价等部门，应当按照各自职责，协同做好公共租赁住房管理工作。

第六条 住房保障房产管理部门应当加强公共租赁住房管理信息系统建设，建立和完善公共租赁住房管理档案。

第七条 任何组织和个人对违反本办法的行为都有权进行举报、投诉。

住房保障房产管理部门接到举报、投诉，应当依法及时核实、处理。

第二章 建设与筹集

第八条 公共租赁住房房源通过新建、改建、收购、长期租赁等方式多渠道建设和筹集。

新建公共租赁住房应当依据城市总体规划、近期建设规划和产业布局，充分考虑供应对象的就业和生活要求，科学规划，合理布局，尽可能安排在交通便利、公共设施较为齐全的区域，并同步做好小区内外配套设施建设。

第九条 公共租赁住房可以由政府投资建设，也可以由政府提供政策支持、社会力量投资建设。

市政府投资建设的公共租赁住房，向市区符合条件的居民出租。各区政府（管委）投资建设的公共租赁住房，向辖区内符合条件的居民出租；经区政府（管委）同意，也可以向辖区外符合条件的居民出租。居民属地的界定以其工作单位所在地、经常居住地或者户籍所在地为准。

第十条 对外来务工人员相对集中的开发区、工业园区和产业园区，应当按照集约用地的原则，统筹规划，引导各类投资主体建设公共租赁住房，面向用工单位或者园区就业人员出租。

第十一条 住房困难职工较多的企业，在符合土地利用总体规划、城市总体规划的前提下，经政府批准，可以利用自用土地建设公共租赁住房，优先向本企业符合条件的职工出租，但不得出售，出租情况应当报所在区住房保障房产管理部门备案。

第十二条 公共租赁住房主要满足基本居住需求，可以是成套住房，也可以是宿舍型住房。新建的成套公共租赁住房，套型建筑面积应当控制在60平方米以下，以40平方米左右的小户型为主。以集体宿舍形式建设的公共租赁住房，应严格执行宿舍建筑设计规范的有关规定。

第十三条 公共租赁住房应当符合安全卫生标准和节能环保要求，确保工程质量安全。

第十四条 公共租赁住房建设涉及的行政事业性收费和政府性基金，按照经济适用住房相关政策执行。

第十五条 公共租赁住房建设实行"谁投资、谁所有"，并在房地产登记簿和权属证书上载明公共租赁住房性质及所有权人；属于共有的，应当注明共有份额。在公共租赁住房性质不变的前提下，投资者权益可以依法转让。

第三章 申请与审核

第十六条 申请公共租赁住房，应当符合以下条件：

（一）在本地无住房或者人均住房面积低于15平方米；

（二）家庭成员均未购买过房改房、经济适用住房等政策性住房，均未领取过一次性住房资金补偿；

（三）申请之日前5年内没有转让过自有住房。

享受廉租住房实物配租的家庭，不得再承租公共租赁住房。

第十七条 申请公共租赁住房应当提交以下材料：

（一）住房困难家庭申请公共租赁住房，应当提交户口簿、申请人及其家庭成员身份证原件及复印件；

（二）符合廉租住房保障条件的家庭申请公共租赁住房，应当出具《威海市区廉租住房补贴资格登记证》原件及复印件；

（三）新就业无房职工申请公共租赁住房，应当提交身份证、工作单位介绍信或者劳动合同原件及复印件，其中新就业大学生还应当提交毕业证书原件及复印件；

（四）外来务工人员申请公共租赁住房，应当提交身份证、劳动合同原件及复印件。

第十八条 申请人持上述材料向各区住房保障房产管理部门提出申请，并填写《威海市区公共租赁住房申请表》。

每个家庭只能申请一套公共租赁住房；家庭成员重复提出申请或者申请表内容填写不真实的，其申请无效。

第十九条 各区住房保障房产管理部门应当自收到申请材料之日起10个工作日内对申请人提交的材料进行初审，申请人提交的材料不齐全或者不符合规定形式的，应当一次性书面告知申请人需要补正的材料。

经初审符合条件的申请人，各区住房保障房产管理部门应当将其申请材料提交市住房保障房产管理部门审核，市住房保障房产管理部门应当自收到申请材料之日起15个工作日内完成审核。

经审核，对符合申请条件的申请人，市住房保障房产管理部门应当进行公示，公示期为15天，经公示无异议或者异议不成立的，应当将申请人登记为公共租赁住房配租对象，并向社会公开；对不符合申请条件的申请人，市住房保障房产管理部门应当书面通知申请人并说明理由。

第二十条 申请人对审核结果有异议，可以向市住房保障房产管理部门申请复核。市住房保障房产管理部门应当进行复核，并在15个工作日内将复核结果书面告知申请人。

第二十一条 经审核批准的《威海市区公共租赁住房申请表》为申请配租公共租赁住房的有效凭证，有效期为3年。

第四章 配租与承租

第二十二条 公共租赁住房房源确定后，住房保障房产管理部门应当制定配租方案并向社会公布。

配租方案应当包括房源的位置、数量、户型、面积，租金标准，供应对象范围，意向登记时限及运营单位等内容。

第二十三条 配租对象按照公布的配租方案，持经审核批准的《威海市区公共租赁住房申请表》到公共租赁住房运营单位进行意向登记。

市住房保障房产管理部门应当在15个工作日内对完成意向登记的配租对象进行复审。对不符合条件的，应当书面通知并说明理由。

对复审通过的配租对象，运营单位可以采取随机摇号等方式，确定承租对象与承租排序。摇号方式、过程和结果应当向社会公开。

第二十四条　承租对象与承租排序确定后应当予以公示，公示期为10天。经公示无异议或者异议不成立的，承租对象按照承租排序选择公共租赁住房。

配租结果应当向社会公开。

第二十五条　复审通过的配租对象中的县级以上劳动模范、享受国家定期抚恤补助的优抚对象、孤老病残人员和符合廉租住房保障条件的家庭及新就业大学生，可以优先安排公共租赁住房。

第二十六条　承租对象选择公共租赁住房后，运营单位应当与其签订书面租赁合同。

租赁合同签订前，运营单位应当将租赁合同中涉及承租人责任的条款内容和应当退回公共租赁住房的情形向承租人明确说明。

第二十七条　公共租赁住房租赁合同应当包括以下内容：

（一）合同当事人的名称或者姓名；

（二）房屋的位置、用途、面积、结构、室内设施和设备，以及使用要求；

（三）租赁期限、租金数额和支付方式；

（四）房屋维修责任；

（五）物业服务、水、电、燃气、供热等相关费用的缴纳责任；

（六）退回公共租赁住房的情形；

（七）违约责任及争议解决办法；

（八）其他应当约定的事项。

租赁合同签订后，运营单位应当在30日内将合同报住房保障房产管理部门备案。

第二十八条　公共租赁住房租赁期限一般不超过5年。

第二十九条　公共租赁住房租金标准由市政府和各区政府（管委）按照略低于同地段住房市场租金水平的原则确定。

公共租赁住房租金标准应当向社会公布，并定期调整。

第三十条　承租人应当按照租赁合同约定，按时支付租金。

第三十一条　政府投资建设的公共租赁住房的租金收入，应当按规定及时足额缴入国库，实行收支两条线管理，专项用于偿还公共租赁住房贷款本息及公共租赁住房的维护、管理等。

第三十二条　因就业、子女入学等原因需要调换公共租赁住房的，经运营单位同意，承租人之间可以互换所承租的公共租赁住房。

第五章　使用与退出

第三十三条　运营单位应当负责公共租赁住房及其配套设施的维修养护，确保公共租赁住房的正常使用。

政府投资建设的公共租赁住房维修养护费用，主要通过公共租赁住房租金收入以及配套商业服务设施租金收入解决，不足部分由同级财政预算安排解决。社会力量投资建设的公共租赁住房维修养护费用，由所有权人及其委托的运营单位承担。

第三十四条　运营单位不得改变公共租赁住房的保障性住房性质、用途及其配套设施的规划用途。

第三十五条　承租人不得擅自装修所承租的公共租赁住房；确需装修的，应当征得运营单位同意。

第三十六条　承租人有下列行为之一的，应当退回公共租赁住房：

（一）转借、转租或者擅自调换公共租赁住房的；

（二）改变公共租赁住房用途的；

（三）破坏或者擅自装修公共租赁住房，拒不恢复原状的；

（四）在公共租赁住房内从事违法活动的；

（五）无正当理由连续6个月以上闲置公共租赁住房的。

承租人拒不退回公共租赁住房的，住房保障房产管理部门应当责令其限期退回；逾期不退回的，住房保障房产管理部门可以依法申请人民法院强制执行。

第三十七条　住房保障房产管理部门应当加强对公共租赁住房使用情况的监督检查。

运营单位应当对承租人使用公共租赁住房的情况进行巡查，发现有违反本办法规定行为的，应当及时依法处理或者向有关部门报告。

第三十八条　承租人累计6个月以上拖欠租金的，应当腾退所承租的公共租赁住房；拒不腾退的，运营单位可以向人民法院提起诉讼，要求承租人腾退公共租赁住房。

第三十九条　租赁期满需要续租的，承租人应当在租赁期满3个月前向住房保障房产管理部门提出申请。

住房保障房产管理部门应当对申请人是否符合条件进行审核。经审核符合条件的，准予续租，并签订续租合同。

未按规定提出续租申请的承租人，租赁期满应当腾退公共租赁住房；拒不腾退的，运营单位可以向人民法院提起诉讼，要求承租人腾退公共租赁住房。

第四十条　承租人有下列情形之一的，应当腾退公共租赁住房：

（一）提出续租申请但经审核不符合续租条件的；

（二）租赁期内，通过购买、受赠、继承等方式获得其他住房并不再符合公共租赁住房配租条件的；

（三）租赁期内，承租或者承购其他保障性住房的。

承租人有前款规定情形之一的，运营单位应当为其安排合理的搬迁期，搬迁期内租金按照合同约定的租金数额缴纳。

搬迁期满承租人不腾退公共租赁住房，且无其他住房的，应当按照市场价格缴纳租金；承租人有其他住房的，运营单位可以向人民法院提起诉讼，要求承租人腾退公共租赁住房。

第四十一条　房地产经纪机构及其经纪人员不得提供公共租赁住房出租、转租、出售等经纪业务。

第六章　法律责任

第四十二条　住房保障房产管理部门及其工作人员在公共租赁住房管理工作中不履行本办法规定的职责，或者滥用职权、玩忽职守、徇私舞弊的，对直接负责的主管人员和其他直接责任人员依法给予处分；构成犯罪的，依法追究刑事责任。

第四十三条　运营单位违反本办法，有下列行为之一的，由住房保障房产管理部门责令限期改正，并处以3万元以下罚款：

（一）向不符合条件的对象出租公共租赁住房的；

（二）未履行公共租赁住房及其配套设施维修养护义务的；

（三）改变公共租赁住房的保障性住房性质、用途，以及配套设施的规划用途的。

第四十四条　申请人隐瞒有关情况或者提供虚假材料申请公共租赁住房的，住房保障房产管理部门不予受理，给予警告，并记入公共租赁住房管理档案。

以欺骗等不正当手段，登记为配租对象或者承租公共租赁住房的，由住房保障房产管理部门处以1000元以下罚款，记入公共租赁住房管理档案；登记为配租对象的，取消其登记；已承租公共租赁住房的，责令限期退回所承租公共租赁住房，并按市场价格补缴租金；逾期不退回的，可以依法申请人民法院强制执行。

承租人自退回公共租赁住房之日起5年内不得再次申请公共租赁住房。

第四十五条　承租人有本办法第三十六条第一款所列行为之一的，由住房保障房产管理部门责令按市场价格补缴从违法行为发生之日起的租金，记入公共租赁住房管理档案，处以1000元以下罚款；有违法所得的，处以违法所得3倍以下但不超过3万元的罚款。承租人自退回公共租赁住房之日起5年内不得再次申请公共租赁住房；造成损失的，依法承担赔偿责任。

第四十六条　违反本办法第四十一条规定的，依照《房地产经纪管理办法》第三十七条，由住房保障房产管理部门责令限期改正，记入房地产经纪信用档案；对房地产经纪人员，处以1万元以下罚款；对房地产经纪机构，取消网上签约资格，处以3万元以下罚款。

第七章　附 则

第四十七条　本办法由市住房保障房产管理局负责组织实施。

第四十八条　本办法自2014年4月1日起施行，有效期至2019年3月31日。

威海市旅游船舶安全管理办法

（2014年9月3日　威政发〔2014〕26号）

第一章 总 则

第一条　为加强旅游船舶安全管理，规范营运秩序，保障乘客、船员和旅游船舶安全，促进水上旅游业健康发展，根据《中华人民共和国海上交通安全法》、《中华人民共和国内河交通安全管理条例》、《国内水路运输管理条例》等法律法规，结合我市实际，制定本办法。

第二条　在本市沿海、河流、水库等通航水域航行、停泊的旅游船舶的安全管理，适用本办法。

第三条　本办法所称旅游船舶，包括营业性旅游船舶和非营业性旅游船舶。营业性旅游船舶是指从事经营性活动的水上游览休闲船舶和陆（岛）岛运输客渡船。非营业性旅游船舶是指从事非经营性活动的水上游览休闲船舶。

第四条　旅游船舶实行属地管理的原则。

各区市（含国家级开发区，下同）政府（管委）负责辖区内旅游船舶安全管理工作，建立健全旅游船舶安全管理责任制度，支持、督促有关部门、单位依法履行安全管理职责，并对安全管理中遇到的重大问题及时予以协调解决。

镇政府（街道办事处）要配备专门人员负责辖区内旅游船舶安全管理的具体工作。

第五条　交通运输主管部门负责营业性旅游船舶的行业安全管理工作。

港航管理部门负责营业性旅游码头或浮动设施的经营资质审批和使用管理以及营业性旅游船舶航线的划定工作。

海事管理机构负责法定登记范围内的旅游船舶海上交通安全管理工作，办理旅游船舶登记、签证管理、船员培训发证等工作。

水利部门负责河流、水库水域内的旅游船舶安全管理工作。

海洋与渔业、旅游、工商、公安边防等部门、单位，应当按照各自职责，共同做好旅游船舶的安全管理工作。

第六条　公园、风景区及河流、水库等水域的主管单位负责其管理水域范围内旅游船舶的安全管理工作，具体履行下列职责：

（一）落实旅游船舶、船员、乘客定额安全管理责任制；

（二）配备旅游船舶水上交通安全管理专门人员；

（三）督促旅游船舶所有人、经营人、船员和乘客遵守水上交通安全有关规定；

（四）依法应当履行的其他安全管理职责。

第七条　旅游船舶所有人、经营人是旅游船舶安全管理的责任主体，对所属旅游船舶的安全管理工作全面负责。

第二章 经营管理

第八条　旅游船舶经营人应当取得港航管理部门核发的水路运输许可证，并依法向工商部门办理登记手续。

第九条　旅游船舶经营人应当遵守下列要求：

（一）配备满足经营资质要求的管理人员，制定安全生产管理制度、安全操作规程和船员安全岗位职责；

（二）为经营管理的旅游船舶办理有关证件，投保承运人责任保险；

（三）制定乘客安全须知，并张贴于经营场所和旅游船舶明显位置；

（四）配备安全管理员，定期开展培训和安全生产宣传教育；

（五）建立安全工作指导手册和安全营运档案，做好安全运营、培训情况和船舶营运情况记录；

（六）配备应急救助设施设备，建立突发事件应急预案，定期组织应急演练并做好记录；

（七）法律、法规、规章规定的其他要求。

第十条　旅游船舶应当具备下列条件：

（一）取得船舶检验机构核发的船舶检验证书；

（二）按照规定在海事管理机构办理船舶登记，取得船舶国籍证书；

（三）营业性旅游船舶应当与旅游船舶经营人的经营范围相适应；

（四）营业性旅游船舶应当取得港航管理部门核发的船舶营业运输证；

（五）营业性旅游船舶应当符合国务院交通运输主管部门关于船型技术标准和船龄的要求；

（六）法律、法规、规章规定的其他条件。

第十一条　旅游船舶应当按照规定在明显位置标明船名、船号和核定载客人数。

第十二条　旅游船舶应当按照规定标准配备足以保证旅游船舶安全的合格船员。

船员应当按照规定参加相应培训，取得相应的船员培训合格证书及船员服务簿；职务船员还应当取得相应的船员适任证书。

第十三条　出海的旅游船舶和船员应当按照有关规定向船籍港或者船舶所在地公安边防部门办理登记，取得出海边防证件。

第十四条　旅游船舶应当按照规定办理进出港签证。旅游船舶应当随船携带船舶检验证书、船舶国籍证书等有效证件，营业性旅游船舶营运期间还应当随船携带船舶营业运输证，以备检查。

第三章　航行安全

第十五条　旅游船舶应当在具有合法资质的旅游码头或浮动设施上下乘客。旅游码头、浮动设施的选址确定等应当经过科学论证，能够满足旅游船舶航行、锚泊和避风需要。

第十六条　旅游码头或浮动设施应当满足设计安全要求，设立乘客上下旅游船舶专门通道，码头与旅游船舶之间的舷梯设立扶栏和护网，保障乘客上下船舶的安全。

第十七条　旅游码头或浮动设施应当配备监控设施设备，对旅游船舶航行动态和乘客上下旅游船舶进行监控。

旅游码头或浮动设施应当设置含有乘客安全须知等内容的安全警示牌。

第十八条　旅游船舶经营人应当定期组织人员对船舶安全状况进行检查，及时消除安全隐患。

第十九条　旅游船舶经营人应当安排专人值班，在旅游船舶出航期间保持船岸之间的有效通信联络。

第二十条　旅游船舶经营人、船员及其他工作人员应当遵守下列安全航行规定：

（一）遵守相关水域禁（限）航规定；

（二）谨慎驾驶，确保旅游船舶航行和靠离泊安全；

（三）按照旅游船舶核定载客定额搭载乘客；

（四）宣传安全乘船知识，维护乘船秩序，禁止乘客集中于上甲板或船舶一舷；

（五）不得随意变更经营区域、经营航线，不得超航区航行，不得擅自进入禁航区、航道、锚地等限制进入的水域；

（六）严禁酒后或疲劳驾驶。

第二十一条　旅游船舶垃圾、生活污水、含油污水等污染物应当集中到岸上处理，禁止直接向水域排放。旅游船舶加油等作业应当遵守安全与防污染管理有关规定。

旅游船舶船员及其他工作人员应当向乘客宣传船舶防污染的相关规定，及时制止乘客直接向水域排放垃圾、生活污水等污染物的行为。

第二十二条　海水浴场内的旅游船舶应当在划定的区域内航行、停泊。旅游船舶航行区域与游客游泳区域应当设置醒目隔离带和安全警示标识。

第二十三条　非营业性旅游船舶的安全和防污染由船舶所有人负责。船舶所有人应当负责船舶的日常安全管理和维护保养，确保船舶处于良好的安全技术状态，保障船舶航行、停泊以及船上人员的安全。

委托游艇俱乐部或旅游船舶经营人管理的非营业性旅游船舶，船舶所有人应当与游艇俱乐部或旅游船舶经营人签订协议，明确双方在船舶航行、停泊、维护、保养及安全与防污染方面的权利义务。

第四章　应急救助

第二十四条　旅游船舶发生水上险情或者交通事故，应当立即发出遇险求救信号，采取有效措施组织自救，尽一切可能救助遇险人员，同时迅速向海上搜救机构或事发地政府有关部门报告，并通知旅游船舶经营人。报告内容应当包括险情或者事故发生的原因、时间、地点、遇险人数及船舶受损情况等事项。

第二十五条　海上搜救机构或事发地政府有关部门接到报告后，应当立即启动突发事件应急预案，组织和协调有关力量参与救助。

第二十六条　旅游船舶经营人接到通知后应当立即启动突发事件应急预案，组织救助，并全力配合海上搜救机构或事发地政府有关部门、单位的救助活动。

事故现场附近的船舶和人员在不严重危及自身安全的情况下，应当全力救助遇险人员，并服从海上搜救机构或事发地政府有关部门、单位的指挥。

第二十七条　各级政府应当建立水上遇险应急救助机制，明确有关部门、单位的应急救助责任，配备相应救生、救助设备。

第五章　监督检查

第二十八条　各区市政府（管委）应当建立健全旅游船舶安全监督检查制度，定期组织交通运输、旅游、海事、公安边防等部门开展旅游船舶安全隐患排查和安全运营督查。

第二十九条　有关工作人员依法实施监督检查时，应当出示行政执法证件，表明身份。

第三十条　旅游船舶所有人、经营人、船员及其他工作人员应当配合交通运输、海事等部门依法实施的监督检查，如实提供有关证件及其他相关资料，不得拒绝或者阻挠。

第六章　法律责任

第三十一条　违反本办法规定，有下列情形之一的，由有关部门按照职责依法予以行政处罚或实施行政强制：

（一）未持有有效的船舶检验证书、船舶国籍证书和船舶营业运输证的；

（二）未为其经营管理的旅游船舶投保承运人责任保险的；

（三）未按照规定标准配备足以保证旅游船舶安全的合格船员的；

（四）遇险后未履行报告义务或者不积极救助的；

（五）发生水上交通事故后逃逸的；

（六）违反本办法规定的其他行为。

第三十二条 对旅游船舶经营活动中发生的违反治安管理行为，由公安机关依法给予治安管理处罚；构成犯罪的，移送司法机关依法追究刑事责任；给他人造成损失的，依法承担赔偿责任。

第三十三条 有关部门工作人员在旅游船舶安全管理工作中滥用职权、玩忽职守、徇私舞弊的，依法给予行政处分；构成犯罪的，移送司法机关依法追究刑事责任。

第七章 附 则

第三十四条 对非法从事水上旅游经营活动的渔业船舶、体育运动船舶等，由海洋与渔业、体育等部门依法处理。

第三十五条 本办法由威海海事局负责组织实施。

第三十六条 本办法自2014年10月1日起施行，有效期至2019年9月30日。

威海市公共安全图像信息系统管理办法

（2014年12月8日威政发〔2014〕34号）

第一章 总 则

第一条 为规范公共安全图像信息系统管理，保障公共安全，维护公民、法人和其他组织的合法权益，根据《企业事业单位内部治安保卫条例》、《山东省公共安全技术防范管理办法》等有关规定，结合我市实际，制定本办法。

第二条 本市行政区域内公共安全图像信息系统的规划、建设、管理、应用及其他相关活动，适用本办法。

第三条 本办法所称公共安全图像信息系统，是指采用视频监控技术设备，对涉及公共安全的场所和区域进行图像信息采集、传输、显示、存储和管理的系统。

第四条 公安机关负责对公共安全图像信息系统的规划、建设、维护、应用等活动进行监督管理和指导。

发展改革、经济和信息化、科技、财政、城乡建设、交通运输、城管执法、质监等部门，应当按照各自职责，协同做好公共安全图像信息系统管理工作。

广播电视、电信、供电等单位配合做好相关工作。

第二章 规划与建设

第五条 公共安全图像信息系统的管理应当遵循统筹规划、统一标准、资源共享、合法使用的原则。

公共安全图像信息系统的建设和应用，不得泄露国家秘密和商业秘密，不得侵犯公民的个人隐私及其他合法权益。

第六条 公安机关应当会同发展改革、经济和信息化等有关部门，根据公共安全的需要，编制辖区公共安全图像信息系统建设规划，经专家论证后，报本级政府批准后实施。

建设公共安全图像信息系统，应当充分利用现有的网络资源，避免重复建设。

第七条 下列涉及公共安全的场所和区域应当建设公共安全图像信息系统：

（一）党政机关；

（二）报社、广播电视台等重要新闻单位，邮政、电信等单位；

（三）教育、科研、医疗单位，大型文化、体育场所，博物馆、纪念馆、档案馆等集中陈列、存放重要文物、资料和贵重物品的场所和重要部位；

（四）金融机构所属金库、营业场所和金融信息的储存场所，货币、票据的集中存放场所和押运车辆；

（五）武器、弹药库，易燃、易爆、剧毒、放射性物品以及易制毒化学品的研发、生产、储存、经营场所；

（六）加油站、成品油仓库等能源动力设施，堤防、水库、人工湖等重要水利工程设施和重点防洪排涝区域，城市供水、供电、供气、供暖等单位的重要部位和经营场所；

（七）机场、港口、码头、汽车站、火车站、公交站点、停车场的重要部位，城市主干道、主要公路的重要路段，城市交通路口，高速公路出入口、收费站，隧道、大型桥梁、人行天桥、地下人行通道等城市交通的重要部位，公园、大型广场等公众活动和聚集场所的重要部位；森林、林地等林业防火重要部位和场所；

（八）长途客运汽车、公共汽车、火车、客船等公共交通工具内部；

（九）酒店、宾馆、娱乐场所的大厅、通道、出入口等重要部位以及其他大型商业场所的重要部位；

（十）风景名胜区等公众活动和聚集场所的重要部位，住宅小区、公共停车场的出入口和周边区域；

（十一）镇村主要道路、重点场所和要害部位；

（十二）法律、法规、规章规定及市政府确定需要建设公共安全图像信息系统的其他场所和区域。

第八条 本办法第七条第一项、第七项规定场所和区域以及第八项中的长途客运汽车内部的公共安全图像信息系统，由政府有关部门组织建设，建设和管理费用通过财政预算、上级转移支付资金等渠道解决。

其他场所和区域的公共安全图像信息系统，由管理或使用单位组织建设，建设和管理费用由其自行筹资解决。

其他单位和个人不得擅自在公共场所建设公共安全图像信息系统。

第九条 禁止在宾馆客房、宿

舍、公共浴室、更衣室、卫生间等涉及个人隐私的场所和区域安装公共安全图像信息采集设备。

第十条 新建、改建、扩建项目应当安装公共安全图像信息系统的，需与项目主体工程同步设计、同步施工、同步投入使用。

第十一条 建设公共安全图像信息系统，应当符合有关标准和技术规范，并预留与报警接收中心和应急指挥系统连接的接口。

第十二条 公共安全图像信息系统的设计和施工单位应当具备相应资质。

第十三条 公安机关负责公共安全图像信息系统工程设计和施工单位的资质管理工作，履行质量监督、使用检查、查处违法行为的职责。

第十四条 公共安全图像信息系统建设单位按有关规定选择设计、施工和维护单位。

公安机关及政府有关部门不得指定设计、施工和维护单位，不得指定产品品牌和销售单位，不得利用职权牟取不正当利益。

第十五条 公共安全图像信息系统的设计方案应当按照国家标准进行审核论证。

公共安全图像信息系统的竣工验收应当按照国家有关规定和标准执行。

第十六条 在公共场所安装公共安全图像信息系统，应当设置明显的标识。

第三章 整合与互联

第十七条 对政府有关部门组织建设的公共安全图像信息系统，应当按照有关要求进行资源整合，为其他部门使用公共安全图像信息系统及其信息资料提供便利条件。

第十八条 市县镇应当分级设立公共安全图像信息系统监控平台，分别设在市、区市（含国家级开发区、南海新区）公安机关及镇（街道）驻地派出所，并同时接入市、区市应急指挥系统平台，便于各类公共安全图像信息系统整合互联。

各级公共安全图像信息系统监控平台建设费用，通过财政预算、上级转移支付资金等渠道解决。

第十九条 本办法第七条规定场所和区域的公共安全图像信息系统，应当接入公共安全图像信息系统监控平台，实现互联互通。

第二十条 发生突发事件时，有关单位应当按照公安机关的要求，接入公共安全图像信息系统监控平台或者依法提供图像信息。

第四章 管理与应用

第二十一条 公共安全图像信息系统的使用单位应当遵守下列规定：

（一）制定值班巡查、运行维护、安全检查、信息资料存储管理和调取登记等制度；

（二）对巡查和管理人员进行岗位技能和保密知识培训；

（三）保持图像画面清晰，保证系统正常运行；

（四）禁止与巡查工作无关人员擅自进入巡查场所；

（五）发现危害公共安全的可疑信息，及时向公安机关和主管部门报告；

（六）信息资料存储质量应当符合国家有关标准；

（七）信息资料存储时间不得少于30日；法律、法规、规章另有规定的，从其规定。

第二十二条 公共安全图像信息系统的使用单位及其巡查和管理人员不得有下列行为：

（一）擅自改变公共安全图像信息系统的用途；

（二）采集涉及国家秘密、商业秘密或者个人隐私的信息；

（三）删除、修改、隐匿、毁坏存储期限内的信息资料原始记录；

（四）拒绝、阻碍有关部门依法使用公共安全图像信息系统设施、设备及其信息资料；

（五）擅自提供和传播信息资料；

（六）违反法律、法规和规章的其他行为。

第二十三条 使用单位可以自行维护公共安全图像信息系统，也可以委托其他单位维护公共安全图像信息系统。

使用单位委托其他单位维护公共安全图像信息系统的，双方当事人应当在协议中明确保证系统安全运行的义务。

第二十四条 任何单位和个人不得实施影响公共安全图像信息系统正常运行的行为，不得买卖、传播、非法复制公共安全图像信息系统的信息资料。

第二十五条 公安机关和其他行政管理部门因执法工作需要，可以查阅有关信息资料；需要复制或者调取有关信息资料的，应当经县级以上公安机关批准。

第二十六条 按照本办法规定查阅、复制或者调取公共安全图像信息系统信息资料时，应当遵守下列规定：

（一）工作人员不少于2人；

（二）出示工作证件；

（三）复制或者调取有关信息资料时，出示批准文件；

（四）履行登记手续；

（五）遵守信息资料的使用、保密制度。

第二十七条 公安机关应当对公共安全图像信息系统的管理和应用情况进行监督检查，指导使用单位制定工作规范，对使用、维护单位及其从业人员进行保密知识培训。

对行业、系统有监管职责的部门应当对本行业、本系统设立的公共安全图像信息系统的管理和应用情况进行监督检查。

第五章 法律责任

第二十八条 违反本办法规定的，由公安机关依照《企业事业单位内部治安保卫条例》、《山东省公共安全技术防范管理办法》的有关规定予以处罚。

第二十九条 当事人对公安机关作出的行政处罚决定不服的，可以依法申请行政复议或者提起行政诉讼。当事人不申请行政复议或者不提起行政诉讼，逾期又不履行行政处罚决定的，由作出行政处罚决定的公安机关依法申请人民法院强制执行。

第三十条 使用公共安全图像信息系统及其信息资料，侵犯国家秘密、商业秘密、个人隐私及其他合法权益的，有关单位和个人应当依法承担相应的法律责任；构成犯罪的，移交司法机关依法追究刑事责任。

第三十一条　公安机关和其他行政管理部门及其工作人员违反本办法规定，玩忽职守、滥用职权、徇私舞弊的，由其上级机关或者监察机关责令改正，对直接负责的主管人员和其他直接责任人员依法给予行政处分；构成犯罪的，移交司法机关依法追究刑事责任。

第六章　附 则

第三十二条　本办法由市公安局负责组织实施。

第三十三条　本办法自2015年1月1日起施行，有效期至2019年12月31日。

人力资源市场工资指导价位

为指导企业合理确定工资水平和引导劳动者有序流动，威海市人力资源和社会保障局抽样调查了全市不同行业、不同规模、不同注册类型、生产经营正常企业的在岗职工工资水平，形成了威海市2015年度284个职位（工种）的人力资源市场工资指导价位，现予以公布（附后），供用人单位和劳动者（求职者）在协商确定劳动报酬时参考，并就有关情况说明如下：

一、本次发布的职位涉及单位负责人、专业技术人员、办事和有关人员、商业服务业人员、农林牧渔业生产人员、生产运输设备操作人员等六大职业分类，基本覆盖了各行业通用性、流动性较强的职位。

二、本次发布的职位工资指导价位是在对全市629户企业的41253名在岗职工2014年工资收入水平抽样调查基础上，经过技术归类、汇总、分析、整理形成的。

三、工资指导价位反映的是2014年职工工资水平，高位数一般反映经济效益较好的企业及技能水平较高人员的价位水平；低位数一般反映经济效益较差的企业及技能水平较低人员的价位水平。

四、用人单位与劳动者在依此协商确定工资报酬时，应根据省政府发布的企业工资指导线，结合经济效益情况，合理确定职工工资水平，但不得低于全市最低工资标准。

威海市人力资源和社会保障局

威海市2015年部分职位（工种）人力资源市场工资指导价位表
（单位负责人部分）

表61　　　　单位：元

序号	工种或职业分类	价位		
		低位数	中位数	高位数
1	企业董事	28737	58733	190182
2	厂长（经理）	23919	54216	383034
3	生产或经营经理	22939	40746	187173
4	财务经理	21778	43080	144169
5	行政经理	21598	40326	122351
6	人事经理	21942	37600	142804
7	销售和营销经理	20689	33600	114370
8	广告和公关经理	27500	37423	59683
9	采购经理	21217	33000	85751
10	研究和开发经理	24300	38100	81749
11	餐厅经理	20333	36841	71712
12	客房经理	21676	36795	84080

威海市2015年部分职位（工种）人力资源市场工资指导价位表
（专业技术人员部分）

表62　　单位：元

序号	工种或职业分类	价位		
		低位数	中位数	高位数
13	地质勘探工程技术人员	42369	56310	111559
14	测绘工程技术人员	26050	47854	78981
15	矿山工程技术人员	19724	28177	70444
16	冶金工程技术人员	20131	25000	39336
17	化工工程技术人员	27182	36988	94303
18	医药工程技术人员	23798	40500	78756
19	机械工程技术人员	21996	35000	74925
20	机械设计工程技术人员	21420	29023	95913
21	机械制造工程技术人员	24760	31800	98936
22	仪器仪表工程技术人员	20212	28633	50025
23	设备工程技术人员	20729	28599	88712
24	其他机械工程技术人员	24287	30500	41051
25	电子工程技术人员	22780	38400	67973
26	电子材料工程技术人员	29936	36150	49691
27	电子元器件工程技术人员	27000	33300	40377
28	其他电子工程技术人员	28080	31200	38166
29	通信工程技术人员	25135	29760	46663
30	计算机与应用工程技术人员	19800	36000	70970
31	计算机硬件技术人员	19270	28600	52420
32	计算机软件技术人员	22344	34180	71339
33	计算机网络技术人员	19680	28800	60195
34	计算机系统分析技术人员	20899	27731	31800
35	其他计算机与应用工程技术人员	23514	28152	42152
36	电气工程技术人员	22455	52022	87828
37	电力工程技术人员	37004	60059	93446
38	邮政工程技术人员	39989	46189	63213
39	汽车运用工程技术人员	22870	37638	44207
40	船舶运用工程技术人员	23040	26840	34747
41	船舶检验工程技术人员	22900	25239	48250
42	建筑工程技术人员	21176	33600	85931
43	海洋工程技术人员	23800	25150	29221
44	纺织工程技术人员	22200	29400	63337
45	食品工程技术人员	21634	26763	49417
46	安全工程技术人员	22800	35145	125109
47	标准化、计量、质量工程技术人员	32049	38712	78242
48	其他工程技术人员	23695	30599	80191
49	农业技术人员	21426	25005	28887
50	西医医师	35118	52118	89976
51	药剂人员	32900	33200	47224
52	医疗技术人员	27600	30145	39573
53	护理人员	25400	31884	55179
54	其他卫生专业技术人员	21949	27804	55000
55	经济计划人员	20210	27578	63937

续表62

序号	工种或职业分类	价位		
		低位数	中位数	高位数
56	统计人员	19297	25686	49375
57	会计人员	19338	30000	80087
58	出纳人员	18902	26211	58027
59	审计人员	24570	34140	101147
60	国际商务人员	19299	25200	41405
61	报关员	19408	26924	46998
62	房地产开发业务人员	21409	31200	45763
63	不动产销售员	22894	27056	48063
64	其他经济业务人员	20171	31427	46634
65	其他证券业务人员	21800	33433	48000
66	律师	26840	34555	41939
67	服装设计人员	20292	28100	45076
68	室内装饰设计人员	22000	30000	38998
69	广告设计人员	24200	32492	50502
70	文字编辑	24000	26400	29112
71	美术编辑	25567	28730	34444
72	其他编辑	21600	36000	52500
73	播音员	24000	28000	32916
74	英语翻译	24000	34374	58134
75	图书资料与档案业务员	19339	23676	43644

威海市2015年部分职位（工种）人力资源市场工资指导价位表
（办事和有关人员部分）

表63　　单位：元

序号	工种或职业分类	价位		
		低位数	中位数	高位数
76	行政业务办公人员	18244	31050	88457
77	其他行政业务人员	19151	25188	60101
78	秘书	19848	31605	87600
79	公关员	22931	26630	38449
80	收发员	21500	23000	39494
81	打字员	22000	23484	30210
82	计算机操作员	18907	29033	66644
83	制图员	19000	27400	35400
84	其他行政事务人员	19210	26200	67600
85	保安员	18855	27060	74784
86	金融守押员	30721	41229	54726
87	其他治安保卫人员	21600	32160	73517
88	消防人员	29397	36744	73121
89	邮政营业员	19345	28937	51756
90	投递员	25299	31533	53117
91	邮政储汇员	21881	29251	56508
92	报刊发行员	20370	28376	44370
93	集邮业务员	21289	27569	44569
94	邮政业务档案员	24480	28024	45997
95	邮政机务员	22979	27999	47979

续表63

序号	工种或职业分类	价位		
		低位数	中位数	高位数
96	其他邮政业务人员	19932	25632	38999
97	电信业务营业员	41721	57976	81036
98	话务员	21362	23620	33632
99	用户通信终端维修员	40064	56879	77256
100	其他电信通信传输业务人员	64068	93308	112240
101	其他办事人员和有关人员	19286	27816	56755

威海市2015年部分职位（工种）人力资源市场工资指导价位表
（商业服务业人员部分）

表64 单位：元

序号	工种或职业分类	价位		
		低位数	中位数	高位数
102	营业员	19449	22188	52938
103	收银员	18899	23504	40123
104	其他营业人员	18997	24596	53753
105	推销员	19087	25900	62703
106	采购员	19940	28620	57102
107	其他采购人员	20578	25286	48954
108	医药商品购销员	36138	46157	50114
109	保管员	18481	25610	50763
110	理货员	19792	23464	29945
111	保鲜员	21426	28800	32426
112	冷藏工	22500	24268	28345
113	其他保管人员	20104	25423	37078
114	商品护运员	28931	40030	52341
115	出版物储运员	29382	37792	53410
116	其他储运人员	18988	26400	34955
117	中式烹调师	18189	28986	60259
118	中式面点师	20460	23920	41616
119	其他中式烹饪人员	19496	36820	67235
120	西式烹调师	24713	39116	55615
121	西式面点师	23120	27116	31789
122	其他西式烹饪人员	26950	30252	42831
123	营养配餐员	22621	28922	38600
124	餐厅服务员	19866	27200	40746
125	餐具清洗保管员	22133	23860	28612
126	其他餐厅服务人员	22392	25783	36964
127	其他餐饮服务人员	20393	26236	41683
128	前厅服务员	19803	28217	40930
129	客房服务员	19800	27312	36127
130	旅店服务员	22734	28714	34754
131	其他饭店服务人员	21220	26940	34003
132	导游	20989	26213	36000
133	展览讲解员	20213	25332	34062
134	插花员	19986	22321	26689
135	盆景员	21168	23520	27828

续表64

序号	工种或职业分类	价位		
		低位数	中位数	高位数
136	园林植物保护工	19000	23400	41100
137	其他旅游及公共游览场所服务人员	21213	26213	30413
138	康乐服务员	21912	28898	34387
139	保健按摩师	26431	32550	41708
140	汽车客运服务员	28560	29280	36024
141	汽车货运站务员	26000	34430	42122
142	汽车运输调度员	20536	28435	43642
143	其他公路道路运输服务人员	18976	22932	29559
144	船舶业务员	22800	23550	29634
145	港口客运员	20318	29335	42752
146	其他水上运输服务人员	24200	27600	33125
147	职业指导师	22712	25364	32900
148	物业管理工	19539	21200	36031
149	供水生产工	25498	31580	40060
150	供水供应工	25515	31760	39947
151	锅炉操作工	20000	26460	35135
152	其他供水、供热及生活燃料供应服务人员	21456	24315	41913
153	美容师	26000	33300	42740
154	洗衣师	24944	30766	37741
155	浴池服务员	24500	30000	35402
156	其他日用机电产品维修人员	25200	28207	36315
157	办公设备维修工	19200	24720	32168
158	其他办公设备维修人员	19600	26400	37178
159	保育员	19447	26400	34667
160	家庭服务员	19181	24000	27420
161	其他保育、家庭服务人员	19000	24679	29145
162	垃圾清运工	20959	22954	28813
163	保洁员	18797	24000	29198
164	其他环境卫生人员	19888	24028	32944
165	其他社会服务和居民生活服务人员	20068	25290	33010

威海市2015年部分职位（工种）人力资源市场工资指导价位表
（农林牧渔水利生产人员部分）

表65　　　　单位：元

序号	工种或职业分类	价位		
		低位数	中位数	高位数
166	蔬菜园艺工	23796	26197	34198
167	花卉园艺工	24880	30480	41956
168	其他园艺作物生产人员	26318	30085	47517
169	家畜饲养人员	20900	22000	24167
170	家禽饲养人员	22557	28723	36238
171	动物疫病防治人员	32780	50430	66960
172	水产养殖人员	24133	32000	49771
173	水产品加工人员	20173	25000	35243
174	其他渔业生产人员	23212	25125	31796

威海市2015年部分职位（工种）人力资源市场工资指导价位表
（生产运输设备操作人员部分）

表66　　　　单位：元

序号	工种或职业分类	价位		
		低位数	中位数	高位数
175	测绘人员	31712	34579	39984
176	钻孔机司机	37435	44424	48435
177	井下采矿工	51063	62560	74682
178	支护工	34379	36175	40676
179	矿山提升机操作工	19218	29115	44089
180	矿井机车运输工	19200	23310	29944
181	矿井通风工	20931	22000	28114
182	矿山安全监测工	21017	31509	41894
183	矿山检查验收工	22821	37938	79674
184	矿山救护工	21071	22000	25000
185	矿物 开采辅助工	20417	30906	53210
186	矿物处理工	19559	22898	48903
187	盐业生产人员	21135	22432	27275
188	炼铁人员	19939	21413	23920
189	铁合金冶炼工	20361	25741	31124
190	碳素制品生产人员	19826	25622	42063
191	其他金属冶炼、轧制人员	21073	27754	34743
192	化工产品生产工	19902	27210	45866
193	车工	20778	27693	57768
194	铣工	19840	26020	52461
195	刨插工	19000	31280	44937
196	磨工	20862	25687	44611
197	镗工	25200	32387	46677
198	钻床工	19000	24300	36177
199	加工中心操作工	18888	24000	32058
200	制齿工	21201	24865	28810
201	抛磨光工	19000	23450	29234
202	锯床工	21520	26260	33440
203	铸造工	19930	30508	44573
204	锻造工	21478	34526	51892
205	冲压工	21602	25500	36410
206	剪切工	21112	26731	31312
207	焊工	19346	36100	66466
208	金属热处理工	20427	24871	30328
209	电切削工	20910	25135	31928
210	冷作钣金加工工	20363	36860	63996
211	涂装工	20296	36712	59755
212	电焊条制造工	22200	24317	28939
213	基础件装配工	19064	23215	34386
214	部件装配工	19000	21360	31750
215	装配钳工	19133	30544	66832
216	工具钳工	20188	25458	33775
217	动力设备装配工	20080	24134	37067

续表66 单位：元

序号	工种或职业分类	价位		
		低位数	中位数	高位数
218	电气元件及设备装配工	19559	32800	39642
219	电子专用设备装配调试工	21035	31800	35896
220	仪器仪表装配工	19226	24975	39021
221	运输车辆装配工	22092	26400	28573
222	机修钳工	19372	30008	51842
223	汽车修理工	20959	30000	62474
224	船舶修理工	22285	31132	60210
225	仪器仪表修理工	19160	23236	40400
226	锅炉设备安装工	22489	29319	43537
227	电力工程内线安装工	27350	29517	73018
228	专业电力设备检修工	28500	38487	68624
229	常用电机检修工	22600	26476	30600
230	维修电工	19354	30600	42451
231	电子器件制造工	20786	28200	65640
232	电子元件制造工	22964	34800	94049
233	电子计算机维修工	20364	28343	34364
234	橡胶制品生产工	19935	24155	36786
235	塑料制品加工工	20263	25698	44776
236	纺纱人员	22757	27722	36679
237	织造人员	21762	28040	39596
238	针织人员	20598	29007	36636
239	印染 人员	20111	28795	32144
240	裁剪工	18996	25890	47646
241	缝纫工	18991	24985	40799
242	裁缝	21600	27441	37301
243	皮革加工工	21113	28887	37112
244	制粉工	20879	24155	26233
245	酿酒工	24591	37073	51744
246	冷食品制作工	23080	32220	38995
247	食品罐头加工工	30140	26138	30487
248	饮料制造工	21268	23268	32878
249	酱油酱类制作工	19200	20000	26333
250	食醋制作工	20079	23621	26000
251	糕点装饰工	21200	23413	26731
252	豆制品制作工	19038	22572	25997
253	屠宰加工工	20137	22141	28000
254	肉、蛋食品加工工	20880	25822	30113
255	饲料生产加工工	19969	23110	28950
256	药品生产制造工	26517	31626	42825
257	制材工	23120	34066	42505
258	手工木工	21497	28145	36021
259	制浆工	19030	23383	43210
260	纸制品制作工	20400	29077	53170
261	水泥生产制造工	34410	43918	52375
262	水泥制品工	18870	23469	25266
263	玻璃陶瓷搪瓷生产工	24379	30996	37280

续表66 单位：元

序号	工种或职业分类	价位		
		低位数	中位数	高位数
264	印刷操作工	19189	22121	29157
265	印后制作工	19155	27600	32214
266	地毯制作工	27096	37560	53299
267	文体用品乐器制作工	20471	34520	44239
268	土石方施工人员	20200	25470	34211
269	砌筑工	21350	22800	38777
270	混凝土工	21600	26400	43337
271	钢筋工	21600	27800	39733
272	架子工	22710	24100	32229
273	防水工	20000	23000	31033
274	装饰、装修、油漆工	22172	30738	42789
275	机械电气工程设备安装工、管工	24050	30800	43000
276	电工	19881	30624	64043
277	木工	21789	27793	47454
278	汽车驾驶员	18847	28600	56342
279	船舶水手	21500	30600	61639
280	起重装卸机械驾驶员	20235	26470	39203
281	检验员	19960	27263	51429
282	计量员	20112	24938	52236
283	包装工	21125	28700	44780
284	简单体力劳动工	19978	27906	47001

市民生活便览

威海市城区公交线路站点

1路：(实验中学—江家寨立交桥)

实验中学－三角花园－威高广场（华联）－区政府－银座商城（亿特隆装饰城）－海运学院－兰花办公用品－北竹岛－骨科医院(中医院)－南竹岛－浦发银行－海警支队－文化艺术中心（戚家庄)－会展中心－市劳动保障局－三角轮胎厂－望岛（山水家园）－长峰北－长峰－世纪大厦－华夏集团－火汽车站（豪业圣迪广场）－每美商城（光华医院）－蒿泊－迪沙医院－海大医院－鑫通汽修汽贸－公交一公司－泰威彩印－商业银行蒿泊支行－鲁宝钢材市场－华新家园（宋家洼）－海翔保健品公司－海马地毯－工友集团－江家寨立交桥

2路：(家家悦金猴购物广场—莱海)

家家悦金猴购物广场－威高广场（华联）－苏宁电器广场（百货大楼）－市立医院－金猴集团－山花大厦－西门－寨子－金蚂蚁家居－万家疃－黄家沟－王家庄－光威东站－田村－环球渔具－华田小区－银球渔具－利达行钢构公司－威海工业技术学校－柳沟－普阳综合门诊部－张村－莱海

3路：〔威高广场（华联）—靖子〕

威高广场(华联)－市立第二医院－金蚂蚁五交化公司－眼耳鼻喉专科医院－小商品批发市场(兰花办公用品)－会计学校－兆龙酒店－新建开发小区－钦村－西钦村－福长玻璃钢－刘公府酒店－远遥（海岸家园）－葡萄滩浴场西－葡萄滩浴场东－四氟制品厂－里窑－靖子

4路：〔威高广场（华联）—王家村〕

威高广场(华联)－市立第二医院－鲸园小学－实验中学－区公安局－戚谷疃－白云宾馆－东山宾馆－海都大酒店－威海宾馆－合庆－王家村

5路：(实验中学—大川西)

实验中学－戚谷疃－菊花顶东(无线电管理处）－菊花顶西－市政府东门－鲸园小学－市政府（威海移动通信公司）－市立第二医院－环翠楼－苏宁电器广场（百货大楼）－中国人民

保险公司－塔山宾馆－宜家花园－北竹岛小学－十中－南竹岛生活小区－大川东－大川西

6路：(家家悦金猴购物广场—城铁北站)

家家悦金猴购物广场－金蚂蚁五交化公司－眼耳鼻喉专科医院－小商品批发市场（兰花办公用品）－会计学校－丽都华府－金蚂蚁家居－万家疃－黄家沟－ 王家庄－光威东站－西郊建设集团－威海九中－西郊春山华居北门－西郊春山华居－天霸防水－东涝台－西涝台－因塔斯电子－城铁北站

7路：(东城路—火炬大厦)

东城路－威高广场（华联）－三角花园－鲸园小学－市政府（威海移动通信公司）－金蚂蚁五交化公司－眼耳鼻喉专科医院－小商品批发市场（兰花办公用品）－会计学校－电视台（新闻大厦）－威海一中－市公安局（体彩中心）－棱方圆家具城－哈工大－昌鸿生活小区－山大宿舍－金利通房产－威韩商城－大屋建材商城－山大分校－高区一小－青少年活动中心－国际海水浴场－惠园公寓－国际海景城－高区财税局－火炬大厦（联桥集团）－三星电子－交警二大队－报业印刷中心－公交二公司－火炬大厦(联桥集团)

9路：(陈家后沟—渔港)

陈家后沟－卧龙山庄－西北山村委－西北山村－庙墕－税务局－长征小学（栾氏推拿）－市政府（威海移动通信公司）－鲸园小学－三角花园－威高广场（华联）－区政府－银座商城（亿特隆装饰城）－海运学院－兰花办公用品－北竹岛－渔港

10路：(凤林老年公寓—实验中学)

凤林老年公寓－凤林小区－凤林集－凤林集团－威东日食品－亨泰房地产－齐鲁小商品批发市场－杨家滩南－杨家滩北－家世界装饰建材城－经区中国银行－中兴房地产－皇冠小区－庆威花园－泰昌房地产－富城大厦－银镝服装－三角轮胎厂－市劳动保障局－威海公园－科技馆－外运大厦－中国人寿－梦海小区－国际商务大厦－威海二中北校区－民族宗教中心－金海岸大酒店－威海市商业银行（四〇四医院）－威高广场（华联）－市立第二医院－鲸园小学－市政府东门－菊花顶西－菊花顶东（无线电管理处）－戚谷疃－实验中学

12路：(火车站—火炬大厦)

火车站－汽车站－华夏集团－世纪大厦－长峰－长峰北－望岛（山水家园）－三角轮胎厂－市劳动保障局－会展中心－文化艺术中心（戚家庄）－海警支队－浦发银行－南竹岛－骨科医院（中医院）－北竹岛－兰花办公用品－海运学院－银座商城（亿特隆装饰城）－振华奥特莱斯－农贸市场－西门－寨子－丽都华府－电视台（新闻大厦）－威海一中－市公安局（体彩中心）－棱方圆家具城－哈工大－昌鸿生活小区－山大宿舍－－金利通房产－威韩商城－恒德国际－双丰电子－北洋电器－火炬五街－庆威大厦－大众报业印刷－迪尚凯尼公司－青青小城－火炬大厦（联桥集团）

13路：(王家村—环翠有线电视台)

王家村－半月湾小学（威海老年公寓）－合庆－合庆社区－陈家疃－万福山庄－戚东夼村委会－戚东夼－白云宾馆－戚谷疃－区公安局－实验中学－鲸园－三角花园－威高广场(华联）－区政府－振华奥特莱斯－市立医院南院区市肿瘤医院－环翠有线电视台

14路：(环翠有线电视台—孙家疃村)

环翠有线电视台－市立医院南院区市肿瘤医院－农贸市场－西门－山花大厦－金猴集团－市立医院－环翠楼－市立第二医院－威海国际公司－渊源灯饰城－祥云公司－古陌隧道北－外窑－葡萄滩浴场东－孙家疃镇政府（蓝山海岸）－孙家疃村

15路：(家家悦金猴购物广场—皂南台)

家家悦金猴购物广场－旅游码头－威海市商业银行（四零四医院）－苏宁电器广场（百货大楼）－市立医院－金猴集团－山花大厦－西门－寨子－金蚂蚁家居－万家疃－黄家沟－王家庄－光威东站－田村－环球渔具－华田小区－医用高分子－永利坚－中威橡胶公司－光威西站－后峰西－长安福特专卖－新阳度假村－影视城－云海山庄－大光华国际学校－广泰一厂－鹏鑫小商品－裕台工业园－皂南台

16路：(实验中学环行)

实验中学－鲸园小学－市立第二医院－长征小学（栾氏推拿）－庙墕－朝阳小区－卧龙装饰材料市场－神道口小学（理想山小区）－新建开发公司－兆龙酒店－丽都华府－寨子－西门－农贸市场－振华奥特莱斯－区政府－威高广场（华联）－三角花园－实验中学

17路：(家家悦金猴购物广场—金海滩依海嘉园)

家家悦金猴购物广场－三角花园－鲸园小学－市立第二医院－长征小学（栾氏推拿）－庙墕－朝阳小区－卧龙装饰材料市场－神道口小学（理想山小区）－新建开发小区－钦村－体育场北门－槐云村－体育馆－哈工大－昌鸿生活小区－山大宿舍－金利通房产－悦海山庄－金海滩依海嘉园

18路：(实验二小—戚家夼)

实验二小－渊源灯饰城－威海国际公司－市政府(威海移动通信公司)－市立第二医院－威高广场（华联）－区政府－银座商城（亿特隆装饰城）－海运学院－兰花办公用品－北竹岛－北竹岛生活小区－北竹岛小学－宜家花园－文笔峰商行－老年公寓－戚家夼

19路：(火炬大厦—实验中学)

火炬大厦（联桥集团）－高区财税局－盛德世纪家园－泛海豪庭－金海湾医院－自由东方－高区一中－东发园林小区－东涝台－天瑞颐顺园小区－华田小区－环球渔具－田村－光威东站－王家庄－黄家沟－幸福广场－阮家寺南－阮家寺（洪福庄园）－热电厂（消防支队）－环翠国际中学－威海一中－电视台（新闻大厦）－会计学校－小商品批发市场（兰花办公用品）－眼耳鼻喉专科医院－金蚂蚁五交化公司－市政府（威海移动通信公司）－鲸园小学－市政府东门－菊花顶西－菊花顶东（无线电管理处）－戚谷疃－实验中学

20路：(孙家疃—戚家庄)

孙家疃－孙家疃镇政府（蓝山海岸）－孙家疃村－威海八中－北山路中－戚谷疃北区－戚谷疃－实验中学－鲸园小学－市立第二医院－威高广场

（华联）－区政府－银座商城（亿特隆装饰城）－海运学院－兰花办公用品－北竹岛－骨科医院(中医院)－南竹岛－浦发银行－海警支队－戚家庄

21 路：（家家悦金猴购物广场—出口加工区）

家家悦金猴购物广场－威高广场（华联）－区政府－银座商城（亿特隆装饰城）－海运学院－兰花办公用品－北竹岛（万多福羽绒超市）－骨科医院（中医院）－南竹岛－浦发银行－海警支队－文化艺术中心（戚家庄）－会展中心－市劳动保障局－三角轮胎厂－望岛（山水家园）－汽运一公司－山东望海集团－银镝服装－森威房地产－皇冠小区－世纪大厦－经区中国银行－家世界装饰建材城－杨家滩北－九龙湾花园（安然工业园）－威建经区基地（国检保健中心）－威东日食品－凤林集团－凤林集－出口加工区

22 路：（李家夼—万福居委会）

李家夼－大岚寺生活小区－黄家夼－威建新村－寨子－西门－山花大厦－金猴集团－市立医院－苏宁电器广场（百货大楼）－威高广场（华联）－三角花园－鲸园－实验中学－区公安局－戚谷疃南区－戚谷疃北区－巡警支队－海军第二干休所－万福山庄－万福居委会

23 路：（实验中学—威海港客运中心）

实验中学－三角花园－威高广场（华联）－区政府－银座商城（亿特隆装饰城）－海运学院－兰花办公用品－北竹岛－骨科医院(中医院)－南竹岛－浦发银行－海警支队－文化艺术中心(戚家庄)－会展中心－市劳动保障局－三角轮胎厂－望岛（山水家园）－长峰北－长峰－世纪大厦－华夏集团－火汽车站（豪业圣迪广场）－每美商城（光华医院）－蒿泊－蒿泊南－齐鲁小商品批发市场－亨泰房地产－清华紫光－泛亚国际－老集－外运场站南门（海警基地）－外运场站东门（五洲太阳城）－城子－威海港候船厅（沟北村）－威海港客运中心－威海南港区－海埠－华能电厂－海埠－威海南港区－威海港客运中心

24 路：（实验中学—华能电厂）

实验中学－三角花园－威高广场（华联）－区政府－银座商城（亿特隆装饰城）－海运学院－兰花办公用品－北竹岛－骨科医院(中医院)－南竹岛－浦发银行－海警支队－文化艺术中心(戚家庄)－会展中心－市劳动保障局－三角轮胎厂－望岛（山水家园）－长峰北－长峰－世纪大厦－华夏集团－火汽车站（豪业圣迪广场）－每美商城（光华医院）－蒿泊－蒿泊南－齐鲁小商品批发市场－亨泰房地产－清华紫光－泛亚国际－老集－外运场站南门（海警基地）－外运场站东门（五洲太阳城）－城子－威海港候船厅（沟北村）－威海港客运中心－威海南港区－海埠－华能电厂

25 路：（卧龙山庄—戚家夼）

卧龙山庄－威高公园－钦村小学－威高花园－卧龙山庄－西北山村委－西北山村－西北山南－眼耳鼻喉专科医院－金蚂蚁五交化公司－市立第二医院－环翠楼－统一路小学东门－振华奥特莱斯－银座商城（亿特隆装饰城）－海运学院－兰花办公用品－北竹岛－北竹岛生活小区－北竹岛小学－宜家花园－文笔峰商行－老年公寓－戚家夼

26 路：（实验中学—海轮公司）

实验中学－三角花园－威高广场（华联）－区政府－银座商城（亿特隆装饰城）－海运学院－兰花办公用品－北竹岛－骨科医院(中医院)－南竹岛－浦发银行－海警支队－文化艺术中心(戚家庄)－会展中心－市劳动保障局－三角轮胎厂－望岛（山水家园）－长峰北－长峰－京鲁医药－皇冠小区－世纪大厦－经区中国银行－家世界装饰建材城－中兴房地产－安然工业园－净雅人才创业中心－齐鲁商城－新都小区－海大医院－鑫通汽修汽贸－公交一公司－泰威彩印－商业银行蒿泊支行－鲁宝钢材市场－蓝山小镇北门－海轮公司

27 路：（家家悦金猴购物广场—望岛）

家家悦金猴购物广场－威高广场（华联）－区政府－银座商城（亿特隆装饰城）－海运学院－兰花办公用品－北竹岛－骨科医院(中医院)－南竹岛－浦发银行－海警支队－文化艺术中心(戚家庄)－会展中心－市劳动保障局－三角轮胎厂－环翠区政务中心－仙姑顶医院－望岛

28 路：〔威高广场（华联）—魏桥南区〕

威高广场（华联）－苏宁电器广场(百货大楼)－市立医院－金猴集团－山花大厦－西门－寨子－金蚂蚁家居－万家疃－黄家沟－王家庄－光威东站－田村－环球渔具－ 华田小区－城铁北站－威海工业技术学校－柳沟－普阳综合门诊部－建盛广场－度假区商业中心－皂南台－裕台工业园－鹏鑫小商品－广泰一厂－广泰一厂南门－魏桥西门－富源聚氨酯－后双岛北－环球园区－和徐疃村－前双岛－广泰二厂－魏桥南区

29 路：（莱海—金海滩依海嘉园）

莱海－张村－普阳综合门诊部－柳沟－威海工业技术学校－城铁北站－天瑞颐顺园小区－东涝台－东发园林小区－高区一中－立派职专－金猴花园－昌鸿小区西区－恒德国际－威韩商城－金利通房产－悦海山庄－金海滩依海嘉园

30 路：（家家悦金猴购物广场—皂南台）

家家悦金猴购物广场－威高广场（华联）－苏宁电器广场（百货大楼）－市立医院－金猴集团－山花大厦－西门－寨子－金蚂蚁家居－万家疃－黄家沟－ 王家庄－光威东站－田村－环球渔具－华田小区－城铁北站－威海工业技术学校－柳沟－普阳综合门诊部－建盛广场－度假区商业中心－皂南台

31 路：（朝阳小区—火车站）

朝阳小区－庙搆－长征小学（栾氏推拿）－市立第二医院－环翠楼－统一路小学东门－振华奥特莱斯－中国人民保险公司－塔山宾馆－宜家花园－北竹岛小学－十中－南竹岛生活小区－威海市气象局－戚家庄－永昌里小区－望海园北－望海园南－永康里小区－望岛名郡－仙姑顶医院－环翠区政务中心－长峰北－长峰－世纪大厦－华夏集团－汽车站－火车站

33 路：（万福居委会—凤林老年公寓）

万福居委会－万福山庄－戚东夼村委会－戚东夼－白云宾馆－戚谷疃－

区公安局－实验中学－鲸园－鲸园小学－市立第二医院－威高广场(华联)－区政府－银座商城（亿特隆装饰城）－海运学院－兰花办公用品－北竹岛－骨科医院（中医院）－南竹岛－浦发银行－海警支队－文化艺术中心（戚家庄）－会展中心－市劳动保障局－三角轮胎厂－望岛（山水家园）－长峰北－长峰－世纪大厦－华夏集团－火汽车站（豪业圣迪广场）－每美商城（光华医院）－蒿泊－蒿泊南－新都小区－海源丽都－凤林工业园－凤林小区－凤林老年公寓

34 路：(中国人民保险公司—小石岛休闲渔业)

中国人民保险公司－振华奥特莱斯－农贸市场－西门－寨子－金蚂蚁家居－万家疃－幸福广场－阮家寺南－阮家寺（洪福庄园）－热电厂（消防支队）－环翠国际中学－市公安局（体彩中心）－棱方圆家具城－哈工大－昌鸿生活小区－山大宿舍－－金利通房产－威韩商城－恒德国际－双丰电子－北洋电器－火炬五街－庆威大厦－大众报业印刷－迪尚凯尼公司－青青小城－火炬大厦（联桥集团）－中汇大酒店－碧陆斯电子－小石岛休闲渔业

35 路：(凤林集环行)

凤林集－出口加工区－冢里村－海轮公司－蓝山小镇北门－鲁宝钢材市场－商业银行蒿泊支行－泰威彩印－公交一公司－鑫通汽修汽贸－海大医院－迪沙医院－蒿泊－每美商城（光华医院）－火汽车站(豪业圣迪广场)－佳世客－华夏塔机－华夏集团－华夏会馆－华夏城－华夏技校－华夏游乐场－夏家疃－宅库－河北村－宅库小区－中波光电－交通学校－北山村－长峰小区－长峰－京鲁医药－德顺园－庆威花园－皇冠小区－中兴房地产－九龙湾北门－九龙湾花园（安然工业园）－国检保健中心－老集－龙凤花园－鲁能电气－凤林集团－凤林集

36 路：(家家悦金猴购物广场—金蚂蚁汽车城)

家家悦金猴购物广场－威高广场（华联）－区政府－银座商城（亿特隆装饰城）－海运学院－兰花办公用品－北竹岛－骨科医院(中医院)－南竹岛－浦发银行－海警支队－文化艺术中心（戚家庄)－会展中心－市劳动保障局－三角轮胎厂－望岛（山水家园）－长峰北－长峰－世纪大厦－华夏集团－火汽车站（豪业圣迪广场）－每美商城（光华医院）－蒿泊－迪沙医院－海大医院－鑫通汽修汽贸－鑫通汽车城－大光辉建材城－大光辉花卉市场－量具厂（华东数控）－润丰玻璃－临时站点－柳林工业园－云山服装－威海卫酒业－家家悦物流站－金蚂蚁汽车城北门－金蚂蚁汽车城—小庄

37 路：(陈家后沟—南曲阜)

陈家后沟－卧龙山庄－西北山村委－西北山村－－卧龙装饰材料市场－神道口小学（理想山小区）－新建开发公司－兆龙酒店－丽都华府－寨子－西门－农贸市场－振华奥特莱斯－银座商城（亿特隆装饰城）－海运学院－兰花办公用品－北竹岛－骨科医院(中医院）－南竹岛－浦发银行－海警支队－文化艺术中心（戚家庄）－会展中心－市劳动保障局－三角轮胎厂－望岛（山水家园）－长峰北－长峰－世纪大厦－华夏集团－火汽车站（豪业圣迪广场）－每美商城（光华医院）－蒿泊－迪沙医院－海大医院－鑫通汽修汽贸－公交一公司－泰威彩印－商业银行蒿泊支行－鲁宝钢材市场－南曲阜

38路：〔威高广场(华联) - 后双岛〕

威高广场（华联）－苏宁电器广场(百货大楼)－市立医院－金猴集团－山花大厦－西门－寨子－金蚂蚁家居－万家疃－ 黄家沟－王家庄－光威东站－田村－环球渔具－华田小区－银球渔具－利达行钢构公司－威海工业技术学校－柳沟－普阳综合门诊部－建盛广场－度假区商业中心－朗声园小区－皂东塘－皂河北（锦华小学）－四季康城－大光华学校－福满居公寓－魏桥北门－魏桥西门－富源聚氨酯－昌华小区－后双岛

39 路：(家家悦金猴购物广场—后亭子)

家家悦金猴购物广场－威高广场（华联）－区政府－银座商城（亿特隆装饰城）－海运学院－民族宗教中心－威海二中北校区－国际商务大厦－梦海小区－中国人寿－外运大厦－科技馆－威海公园－市劳动保障局－三角轮胎厂－银镝服装－森威房地产－皇冠小区－世纪大厦－经区管委（乐天世纪城北）－火汽车站（豪业圣迪广场）－每美商城（光华医院）－蒿泊－迪沙医院－海大医院－鑫通汽修汽贸－公交一公司－泰威彩印－商业银行蒿泊支行－鲁宝钢材市场－华新家园(宋家洼)－海翔保健品公司－海马地毯－工友集团－温泉镇政府－虎山－栾家店－复退军人康宁医院（雅家庄）－河西－海源温泉度假村（五中）－温泉汤－刘家台－罗家－后亭子

40：(家家悦金猴购物广场—里口山)

家家悦金猴购物广场－威高广场（华联）－苏宁电器广场（百货大楼）－市立医院－金猴集团－山花大厦－西门－寨子－金蚂蚁家居－万家疃－黄家沟－王家庄－光威东站－田村－环球渔具－华田小区－医用高分子－永利坚－中威橡胶公司－光威西站－后峰西－后峰西小学－四季康城－皂河北(锦华小学)－皂东塘－朗声园小区－度假区商业中心－建盛广场－张村－慧园小区－姜南庄－华顺渔具－福德庄－中东建筑－光威山庄－精而美印刷－三亩地－王家疃村委－王家疃－王家疃村委－三亩地－刘家疃－姜家疃西－姜家疃

41 路：(一中—农副批发市场)

威海一中－威海一中西－环翠国际中学－热电厂（消防支队）－阮家寺（洪福庄园）－阮家寺南－翠竹园－柴峰小区－黄家沟市场－黄家沟－万家疃－金蚂蚁家居－寨子－西门－山花大厦－金猴集团－市立医院－统一路小学东门－振华奥特莱斯－银座商城（亿特隆装饰城）－海运学院－兰花办公用品－北竹岛－骨科医院（中医院）－南竹岛－浦发银行－海警支队－文化艺术中心（戚家庄）－会展中心－市劳动保障局－三角轮胎厂－望岛（山水家园）－长峰北－长峰－世纪大厦－华夏集团－火汽车站（豪业圣迪广场）－每美商城（光华医院）－蒿泊－迪沙医院－海大医院－鑫通汽修汽贸－公交一公司－泰威彩印－商业银行蒿泊支行－鲁宝钢材市场－华新家园（宋家洼）－海翔保健品公司－

海马地毯－工友集团－温泉镇政府－金泉小区－黄金顶小区－虎山路－农副批发市场

42路：（华能电厂—闫家庄市场）

华能电厂－海埠－威海南港区－威海港客运中心－威海港候船厅（沟北村）－城子－外运场站东门（五洲太阳城）－外运场站南门（海警基地）－老集－龙凤花园－鲁能电气－风林旧货市场－新都小区－海大医院－迪沙医院－蒿泊大街东－蒿泊大街西－齐鲁大道西－高家庄－贝卡尔特－台北家园－羊角埠－威建奥华钢构－海日大酒店－范家埠（闽鲁建材）－闫家庄村北－闫家庄市场－竹园－南葛拉

43路：（朝阳小区—闫家庄市场）

朝阳小区－西北山南－眼耳鼻喉专科医院－金蚂蚁五交化公司－市政府（威海移动通信公司）－市立第二医院－威高广场（华联）－区政府－银座商城（亿特隆装饰城）－海运学院－兰花办公用品－北竹岛－骨科医院(中医院）－南竹岛－浦发银行－海警支队－文化艺术中心（戚家庄）－会展中心－市劳动保障局－三角轮胎厂－望岛（山水家园）－长峰北－长峰－世纪大厦－华夏集团－火汽车站（豪业圣迪广场）－每美商城（光华医院）－蒿泊－迪沙医院－海大医院－鑫通汽修汽贸－鑫通汽车城－羊角埠－威建奥华钢构－海日大酒店－范家埠（闽鲁建材）－闫家庄村北－闫家庄市场

44路：（火车站—西庄村）

火车站－杨家滩北－杨家滩南－蒿泊南－迪沙医院－海大医院－鑫通汽修汽贸－公交一公司－泰威彩印－南曲阜－西曲阜－东山口－西山口－五家疃－台下村－西庄村

47路：（绿洲新城—家家悦金猴购物广场）

绿洲新城－公交二公司－威建高区工业园－华东数控－新东方模具－金猴集团－光威集团－因塔思电子－万丰镁业－交警二大队－绿色产业－创新大厦－立派职专－金猴花园－盛德丽景茗都－春山华居－威海九中－东河北－高区实验小学－柴峰小区－翠竹园－万家疃－昌隆小区－寨子－西门－农贸市场－振华奥特莱斯－区政府－威高广场（华联）－家家悦金猴购物广场

48路：（家家悦金猴购物广场—黄家皂）

家家悦金猴购物广场－金蚂蚁五交化公司－眼耳鼻喉专科医院－小商品批发市场（兰花办公用品）－会计学校－电视台（新闻大厦）－威海一中－市公安局(体彩中心)－棱方圆家具城－哈工大－昌鸿生活小区－山大宿舍－金利通房产－威韩商城－恒德国际－昌鸿小区西区－盛德丽景茗都－春山华居－威海九中－西郊建设集团－田村－环球渔具－华田小区－城铁北站－威海工业技术学校－柳沟－普阳综合门诊部－建盛广场－度假区商业中心－度假区步行街－西海湾花园－黄家皂

49路：〔威高广场(华联)—华夏城〕

威高广场（华联）－区政府－银座商城（亿特隆装饰城）－海运学院－兰花办公用品－北竹岛－骨科医院(中医院）－南竹岛－浦发银行－海警支队－文化艺术中心（戚家庄）－会展中心－市劳动保障局－三角轮胎厂－望岛（山水家园）－长峰北－宏兴印刷有限公司－北山村（交通学校）－海马机织－华夏集团东门－华夏塔机－华夏集团－华夏会馆－华夏城

50路：〔威高广场(华联)—华夏城〕

威高广场（华联）－区政府－银座商城（亿特隆装饰城）－海运学院－兰花办公用品－北竹岛－骨科医院(中医院）－南竹岛－浦发银行－海警支队－文化艺术中心（戚家庄）－会展中心－市劳动保障局－三角轮胎厂－望岛（山水家园）－长峰北－长峰－世纪大厦－佳世客－华夏塔机－华夏集团－华夏会馆－华夏城－安然纳米集团－华夏城

52路：（火车站—环球园区）

火车站－汽车站－华夏集团－世纪大厦－长峰－长峰北－望岛（山水家园）－三角轮胎厂－市劳动保障局－会展中心－文化艺术中心（戚家庄）－海警支队－浦发银行－南竹岛－骨科医院（中医院）－北竹岛－兰花办公用品－海运学院－银座商城（亿特隆装饰城）－振华奥特莱斯－农贸市场－西门－寨子－金蚂蚁家居－万家疃－黄家沟－王家庄－光威东站－田村－环球渔具－华田小区－城铁北站－威海工业技术学校－柳沟－普阳综合门诊部－建盛广场－度假区商业中心－皂南台－裕台工业园－福满居公寓－魏桥北门－魏桥西门－富源聚氨酯－后双岛北－环球园区

53路：（华能电厂—家家悦金猴购物广场）

华能电厂－海埠－威海南港区－威海港客运中心－威海港候船厅（沟北村）－城子－外运场站东门（五洲太阳城）－外运场站南门（海警基地）－国检保健中心－九龙湾花园（安然工业园）－杨家滩北－威海二中南校区－火汽车站(豪业圣迪广场)－华夏集团－世纪大厦－长峰－长峰北－望岛（山水家园）－三角轮胎厂－市劳动保障局－会展中心－文化艺术中心（戚家庄）－海警支队－浦发银行－南竹岛－骨科医院（中医院）－北竹岛－兰花办公用品－海运学院－银座商城（亿特隆装饰城）－区政府－威高广场（华联）－家家悦金猴购物广场

55路：〔威高广场（华联）—传染病医院〕

威高广场（华联）－家家悦金猴购物广场－实验小学－小商品市场－古寨小学－洪福庄园－阮家寺（洪福庄园）－阮家寺南－翠竹园－柴峰小区－高区实验小学－东河北－西郊建设集团－田村－环球渔具－华田小区－银球渔具－利达行钢构公司－宏生静电喷涂－波宇丰印刷厂－东夼小区－光威渔线轮厂－传染病医院

58路：（华夏城—海上公园）

华夏城－华夏会馆－华夏集团－华夏塔机－佳世客－火汽车站－威海二中南校区－中兴房地产－皇冠花园－皇冠小区－海上公园

91路：〔威高广场（华联）—沙龙王家〕上行

威高广场（华联）－区政府－银座商城（亿特隆装饰城）－海运学院－兰花办公用品－北竹岛－骨科医院(中医院）－南竹岛－浦发银行－海警支队－文化艺术中心（戚家庄）－会展中心－市劳动保障局－三角轮胎厂－望岛（山水家园）－长峰北－长峰－世纪大厦－华夏集团－火汽车站（豪业圣迪广场）－每美商城（光华医院）－蒿泊－蒿泊南－齐鲁小商品－亨泰房

地产－清华紫光－泛亚国际－老集－北虎口－庙口－壁子－崮山西村－崮山东村－崮山桥－崮山医院－渠崖村－陈家庄－柳家庄－爱于庄－刘家滩－沙龙王家

91路：〔威高广场（华联）—沙龙王家〕下行

沙龙王家－张家滩桥－张家滩－百圣源木工－宝源服装－九家疃－崮山中学－崮山医院－崮山桥－崮山东村－崮山西村－壁子－庙口－北虎口－老集－泛亚国际－清华紫光－亨泰房地产－齐鲁小商品－蒿泊南－蒿泊－每美商城（光华医院）－火汽车站（豪业圣迪广场）－华夏集团－世纪大厦－长峰－长峰北－望岛（山水家园）－三角轮胎厂－市劳动保障局－会展中心－文化艺术中心（戚家庄）－海警支队－浦发银行－南竹岛－骨科医院（中医院）－北竹岛－兰花办公用品－海运学院－银座商城(亿特隆装饰城)－区政府－威高广场（华联）

92路：(长峰—曲家河)

长峰－百度城－货运市场－环山饲料－宅库路口－宅库花园－宅库西－夏家疃－石榴花园－向阳社区－北葛拉－阮家口东－阮家口西－曲家河

95路：(双岛西山—家家悦金猴购物广场)

家家悦金猴购物广场－威高广场（华联）－区政府－振华奥特莱斯－农贸市场－西门－寨子－金蚂蚁家居－万家疃－黄家沟－王家庄－光威东站－田村－环球渔具－华田小区－城铁北站－威海工业技术学校－柳沟－普阳综合门诊部－张村－莱海－黄家皂－大华木业－天目路－东鑫路－和徐疃－千山路小学－双岛西山

K1路：(火车站—火炬大厦)

火车站－长峰－骨科医院（中医院)－北竹岛－振华奥特莱斯－西门－寨子－丽都华府－电视台(新闻大厦)－哈工大－山大宿舍－威韩商城－火炬五街－大众报业印刷－火炬大厦（联桥集团）

K2:〔威高广场(华联)－城铁北站〕

威高广场(华联)－市立第二医院－市政府（威海移动通信公司）－金蚂蚁五交化公司－眼耳鼻喉专科医院－小商品批发市场（兰花办公用品）－电视台（新闻大厦）－威海一中－市公安局（体彩中心）－哈工大－昌鸿生活小区－金利通房产－威韩商城－大屋建材商城－山大分校－高区一小－高区财税局－火炬大厦（联桥集团）－三星电子－因塔斯电子－城铁北站

K3路：(莱海—火车站)

莱海－张村－普阳综合门诊部－柳沟－威海工业技术学校－华田小区－环球渔具－田村－王家庄－黄家沟－金蚂蚁家居城－寨子－西门－市立医院－苏宁电器广场（百货大楼）－区政府－银座商城（亿特隆装饰城）－北竹岛－骨科医院(中医院)－南竹岛－文化艺术中心（戚家庄）－市劳动保障局－望岛（山水家园）－长峰－世纪大厦－火车站。

K4路：(城铁北站—威海港客运中心)

城铁北站－华田小区－田村－王家庄－黄家沟－万家疃－金蚂蚁家居城－寨子－西门－农贸市场－环翠有线电视台－翠竹小学－和谐家园－戚家庄－永昌里小区－望海园南－永康里小区－望岛名郡－望岛－长峰－世纪大厦－火汽车站（豪业圣迪广场）－每美商城（光华医院）－蒿泊－齐鲁小商品批发市场－九龙湾花园(安然工业园)－国检保健中心－外运场站东门（五洲太阳城）－城子－威海港候船厅（沟北村）－威海港客运中心

社区2号线：(江家寨立交桥—武警支队)

江家寨立交桥－温泉明珠－温泉镇政府（开往武警支队单向停靠）－柳林工业园－云山服装－威海卫酒业－家家悦物流－金蚂蚁北门－车管所北门－北七夼－武警支队

幸福海岸旅游观光巴士

旅游码头－三角花园－海源公园－伴月湾海水浴场－黑岛－猫头山－靖子－葡萄滩海水浴场－远遥－金海滩海水浴场－国际海水浴场

威海市城郊公交线路站点

101路：(小商品批发市场—刘家台)

小商品批发市场－文化名居－神道口（会计学校）－净雅酒店－寨子（恒辉装饰总部）－西门－农贸市场－振华奥特莱斯－南大桥（青岛银行）－海运学院－雅苑大酒店－大润发－中医院骨科医院－威海联通竹岛营业厅－南竹岛（广东华浔品味装饰公司）－海警支队－戚家庄－会展中心－市劳动保障局－轮胎厂－望岛－渊源洗浴－长峰好家园家具城－世纪大厦－特乙甲全球家居广场－汽（火）车站－光华医院－蒿泊－长城汽修－海大医院－天东－公交一公司－荣源钢材－商业银行－博通热电－宋家洼－海翔保健品－工友集团（万隆小商品）－温泉医院－威海救助站－城郊客运站－农副产品批发市场（建元纺织品商场）－栾家店－雅家庄－山花集团－河西－鼎正洗浴－温泉汤－刘家台路口－刘家台

103路：(威高广场—张家山)

威高广场（华联商厦）－振华商厦(东方大酒店东方洗浴)－南大桥(青岛银行）－海运学院－雅苑大酒店－大润发－中医院骨科医院－威海联通竹岛营业厅－南竹岛（广东华浔品味装饰公司）－海警支队－戚家庄－会展中心－市劳动保障局－轮胎厂－望岛－渊源洗浴－长峰好家园家具城－世纪大厦－特乙甲全球家居广场－汽(火)车站－光华医院－蒿泊－蒿泊南－齐鲁商城－经区医院－清华紫光－泛亚国际－老集－北虎口－南虎口－西崮－东崮－温泉汤－刘家台－小南山－下江家－张家山

104路：(小商品批发市场—泊于)

小商品市场－眼耳鼻喉专科医院－金蚂蚁五交化公司－市政府（白天鹅宾馆）－市立二院－威高广场（华联商厦）－振华商厦(东方大酒店东方洗浴)－南大桥（青岛银行）－海运学院－雅苑大酒店－大润发－中医院骨科医院－威海联通竹岛营业厅－南竹岛（广东华浔品味装饰公司）－海警支队－戚家庄－会展中心－市劳动保障局－轮胎厂－望岛－渊源洗浴－长峰好家园家具城－世纪大厦－特乙甲全球家居广场－汽（火）车站－光华医院－蒿泊－长城汽修－海大医院－天东－公交一公司－荣源钢材－商业银行－博通热电－宋家洼－海翔保健品－工友集团（万隆小商品）－温泉医院－

威海救助站－建元纺织品商场－栾家店－雅家庄－山花集团－河西－鼎正洗浴－温泉汤－刘家台路口－裕罗电子－双寺夼－罗家－逍遥－赵庄－圈于家－鲍家－屯侯家西－屯侯家东－盐滩－海头院－松郭家－松徐家－夏庄西－夏庄东－泊于镇中心(城郊场站)

106路：(小商品批发市场—泊于)

小商品市场－眼耳鼻喉专科医院－金蚂蚁五交化公司－市政府（白天鹅宾馆）－市立二院－威高广场（华联商厦）－振华商厦(东方大酒店东方洗浴)－南大桥（青岛银行）－海运学院－雅苑大酒店－大润发－中医院骨科医院－威海联通竹岛营业厅－南竹岛（广东华浔品味装饰公司）－海警支队－戚家庄－会展中心－市劳动保障局－轮胎厂－望岛－渊源洗浴－长峰好家园家具城－世纪大厦－特乙甲全球家居广场－汽（火）车站－光华医院－蒿泊－长城汽修－海大医院－天东－公交一公司－荣源钢材－商业银行－博通热电－宋家洼－海翔保健品－工友集团（万隆小商品）－温泉医院－威海救助站－建元纺织品商场－栾家店－雅家庄－山花集团－河西－鼎正洗浴－温泉汤－刘家台路口－威海市规划设计院－浦源食品－后亭子－前亭子－龙庆检测－江家口－黑石－柴里－桥头工业园－兴桥家园－孟家庄－西龙山－圈邓家－白马－崮庄－刘官屯－小邓格－大林格－泊于镇中心(城郊场站)

107路：(小商品批发市场—泊于)

小商品市场－眼耳鼻喉专科医院－金蚂蚁五交化公司－市政府（白天鹅宾馆）－市立二院－威高广场（华联商厦）－振华商厦(东方大酒店东方洗浴)－南大桥（青岛银行）－海运学院－雅苑大酒店－大润发－中医院骨科医院－威海联通竹岛营业厅－南竹岛（广东华浔品味装饰公司）－海警支队－戚家庄－会展中心－市劳动保障局－轮胎厂－望岛－渊源洗浴－长峰好家园家具城－世纪大厦－特乙甲全球家居广场－汽(火)车站－光华医院－蒿泊－蒿泊南－齐鲁商城－经区医院－外运南站(老集北)－城子－老虎山－邵家庄－岭后－九家疃桥（博华医疗用品有限公司）－崮山中学－崮山镇政府－河东－鲍家山－渠崖－陈家庄－爱于－柳家庄－鲍家工业园－鲍家－屯侯家西－屯侯家东－盐滩－海头院－松郭家－松徐家－夏庄西－夏庄东－泊于镇中心（城郊场站）

108路：(小商品批发市场—桥头)

小商品市场－眼耳鼻喉专科医院－金蚂蚁五交化公司－珍珠商场－环翠楼－蓝天妇科门诊－振华奥特莱斯－南大桥（青岛银行）－海运学院－雅苑大酒店－大润发－中医院骨科医院－威海联通竹岛营业厅－南竹岛（广东华浔品味装饰公司）－海警支队－戚家庄－会展中心－市劳动保障局－轮胎厂－望岛－渊源洗浴－长峰好家园家具城－世纪大厦－特乙甲全球家居广场－汽(火)车站－光华医院－蒿泊－长城汽修－海大医院－天东－公交一公司－荣源钢材－商业银行－博通热电－宋家洼－海翔保健品－工友集团(万隆小商品)－温泉医院－威海救助站－建元纺织品商场－栾家店－堂子－马夼－后于家夼－董家夼－东于家夼－方吉－大院－北墩前－义河北－信河北－桥头

109路：(小商品批发市场—桥头)

小商品市场－眼耳鼻喉专科医院－金蚂蚁五交化公司－珍珠商场－环翠楼－蓝天妇科门诊－振华奥特莱斯－南大桥（青岛银行）－海运学院－雅苑大酒店－大润发－中医院骨科医院－威海联通竹岛营业厅－南竹岛（广东华浔品味装饰公司）－海警支队－戚家庄－会展中心－市劳动保障局－轮胎厂－望岛－渊源洗浴－长峰好家园家具城－世纪大厦－特乙甲全球家居广场－汽(火)车站－光华医院－蒿泊－长城汽修－海大医院－天东－公交一公司－荣源钢材－商业银行－博通热电－宋家洼－海翔保健品－工友集团(万隆小商品)－温泉医院－威海救助站－建元纺织品商场－栾家店－雅家庄－山花集团－河西－鼎正洗浴－温泉汤－刘家台路口－威海市规划设计院－浦源食品－后亭子－前亭子－龙庆检测－江家口－黑石－柴里－桥头工业园－兴桥家园－孟家庄－中国联通－盈门乳业－三中—桥头(城郊场站)

110路：(小商品批发市场—草庙子)

西线：小商品市场－眼耳鼻喉专科医院－金蚂蚁五交化公司－珍珠商场－环翠楼－蓝天妇科门诊－振华奥特莱斯－南大桥（青岛银行）－海运学院－雅苑大酒店－大润发－中医院骨科医院－威海联通竹岛营业厅－南竹岛（广东华浔品味装饰公司）－海警支队－戚家庄－会展中心－市劳动保障局－轮胎厂－望岛－渊源洗浴－长峰好家园家具城－世纪大厦－特乙甲全球家居广场－汽（火）车站－光华医院－蒿泊－长城汽修－海大医院－天东－鑫通汽车城－小城故事－大光辉花卉装饰城－柳林工业园－啤酒集团－兴邦化工－车管所－冶口－雨夼－马家屯－临港区管委－天润家居－公安分局（交警六大队）－中泰驾校－大庄－国际五金城－大友丰田－广泰科技－威建集团－怡和专用车－鲁海机械－拓展碳纤维－向阳－金沙岭－联合金属－马家口－中玻科技－迪尚华绮（大洋纺织）－草庙子医院－草庙子政府

东线：小商品市场－眼耳鼻喉专科医院－金蚂蚁五交化公司－威高广场（华联商厦）－振华商厦(东方大酒店东方洗浴)－南大桥（青岛银行）－海运学院－雅苑大酒店－大润发－中医院骨科医院－威海联通竹岛营业厅－南竹岛（广东华浔品味装饰公司）－海警支队－戚家庄－会展中心－市劳动保障局－轮胎厂－望岛－渊源洗浴－长峰好家园家具城－世纪大厦－特乙甲全球家居广场－汽（火）车站－光华医院－蒿泊－长城汽修－海大医院－天东－公交一公司－荣源钢材－商业银行－博通热电－宋家洼－海翔保健品－工友集团（万隆小商品）－柳林工业园－啤酒集团－兴邦化工－车管所－冶口－雨夼－马家屯－临港区管委－南郊热电－国际钓具之都－正棋花园－伟业广场－草庙子派出所－草庙子政府－城南人家(四中)－罗家庄－三角华茂－郭家庄－金马笔业－中泰驾校－大庄－国际五金城

112路：(威高广场—皂埠)

威高广场（华联商厦）－振华商厦(东方大酒店东方洗浴)－南大桥(青岛银行)－海运学院－雅苑大酒店－

大润发－中医院骨科医院－威海联通竹岛营业厅－南竹岛（广东华浔品味装饰公司）－海警支队－戚家庄－会展中心－市劳动保障局－轮胎厂－望岛－渊源洗浴－长峰好家园家具城－世纪大厦－特乙甲全球家居广场－汽(火)车站－光华医院－蒿泊－蒿泊南－齐鲁商城－经区医院－清华紫光－泛亚国际－老集－北虎口－庙口－壁子村－崮山西村－韩康酒店－崮山镇政府－中国邮政－崮山中学－九家疃桥(博华医疗用品有限公司)－宝源服装－山东百圣园集团－张家滩西－张家滩村委－豪顿华－东港船舶配件－皂埠家家悦－皂埠村－双轮路－崮山派出所－卫家滩－张家滩

113 路：(威高广场—羊亭—威高广场)

威高广场（华联商厦）－百货大楼（东门外洗浴美食城）－市立医院－金猴商厦－山花大厦－西门－寨子(恒汇装饰总部)－交运驾校－万家疃－黄家沟－一品莲花城－光威东站－田村－环球渔具（金猴装饰材料市场）－华田小区－城铁北站－东夼－二职－柳沟－张村加油站－张村－莱海－黄家皂－大华木业－后双岛－和徐疃－前双岛－广泰科技－魏桥南区－超华木雕－九鼎水泥－名流海岸山庄－大西庄加油站－大西庄－港头－义和村－羊亭家家悦(龙港纸业)－羊亭医院－于家夼－羊亭－名流家园－中阳－鲁东－贝草夼－北观（银兴集团）－曲家河－北江疃－鑫泰化机－考场－王家河－震琳体育休闲公园－牛角沟－闫家庄－东骏阅山－徐家疃－威建奥华－羊角埠－小城故事－鑫通汽车城－天东－海大医院－长城汽修－蒿泊－光华医院－汽（火）车站－特乙甲全球家居广场－世纪大厦－长峰好家园家具城－渊源洗浴－望岛－轮胎厂－市劳动保障局－会展中心－戚家庄－海警支队－南竹岛(广东华浔品味装饰公司)－威海联通竹岛营业厅－中医院（骨科医院）－大润发－雅苑大酒店－海运学院－南大桥(青岛银行)－振华商厦(东方大酒店东方洗浴)－威高广场（华联商厦）

114 路：(威高广场—羊亭—威高广场)

威高广场（华联商厦）－振华商厦(东方大酒店东方洗浴)－南大桥(青岛银行)－海运学院－雅苑大酒店－大润发－中医院骨科医院－威海联通竹岛营业厅－南竹岛（广东华浔品味装饰公司）－海警支队－戚家庄－会展中心－市劳动保障局－轮胎厂－望岛－渊源洗浴－长峰好家园家具城－世纪大厦－特乙甲全球家居广场－汽（火）车站－光华医院－蒿泊－长城汽修－海大医院－天东－鑫通汽车城－小城故事－羊角埠－威建奥华－徐家疃－东骏阅山－闫家庄－牛角沟－震琳体育休闲公园－王家河－考场－鑫泰化机－北江疃－曲家河－北观（银兴集团)－贝草夼－鲁东－中阳－名流家园－羊亭－于家夼－羊亭医院－羊亭家家悦（龙港纸业）－义和村－港头－大西庄－大西庄加油站－名流海岸山庄－九鼎水泥－超华木雕－魏桥南区－广泰科技－前双岛－和徐疃－后双岛－大华木业－黄家皂－莱海－张村－张村加油站－柳沟－二职－城铁北站－大友－华田小区－环球渔具(金猴装饰材料市场）－田村－光威东站－一品莲花城－黄家沟－万家疃－交运驾校－寨子(恒汇装饰总部)－西门－山花大厦－金猴商厦－市立医院－威高广场（华联商厦）

115 路：(威高广场—职业学院)

威高广场（华联商厦）－振华商厦(东方大酒店东方洗浴)－南大桥(青岛银行)－海运学院－雅苑大酒店－大润发－中医院骨科医院－威海联通竹岛营业厅－南竹岛（广东华浔品味装饰公司）－海警支队－戚家庄－会展中心－市劳动保障局－轮胎厂－望岛－渊源洗浴－长峰好家园家具城－世纪大厦－特乙甲全球家居广场－汽（火）车站－光华医院－蒿泊－长城汽修－海大医院－天东－鑫通汽车城－小城故事－羊角埠－威建奥华－徐家疃－东骏阅山－闫家庄－牛角沟－震琳体育休闲公园－王家河－考场－鑫泰化机－北江疃－曲家河－北观（银兴集团）－贝草夼－鲁东－中阳－名流家园－羊亭－于家夼－羊亭医院－羊亭家家悦－龙港纸业－港头－大西庄－大西庄加油站－孙家滩－城郊保修站－鹿道口－廒上－南郊－店上(北郊)－临时站点－北港电器－北港电器西－城郊客运站－城郊客运站北－鸣球－北山（交警四大队）－文静快捷酒店－医药学院北门－职业学院

116 路：(小商品批发市场—初村)

小商品市场－眼耳鼻喉专科医院－金蚂蚁五交化－市政府－市立二院－威高广场（华联商厦）－百货大楼（东门外洗浴美食城）－市立医院－金猴商厦－山花大厦－西门－寨子(恒汇装饰总部)－交运驾校－万家疃－黄家沟－一品莲花城－光威东站－田村－环球渔具（金猴装饰材料市场）－华田小区－大友－东夼－二职－柳沟－张村加油站－张村－莱海－黄家皂－大华木业－后双岛－和徐疃－前双岛－广泰科技－魏桥南区－名流集团－亚美渔具－临时站点－鹿道口－廒上－南郊－店上（北郊）－临时站点－北港电器－北港电器西－城郊客运站

116 路：(小商品批发市场—城铁北站—初村)

发往初村方向：小商品市场－眼耳鼻喉专科医院－金蚂蚁五交化－市政府－市立二院－威高广场（华联商厦）－百货大楼(东门外洗浴美食城)－市立医院－金猴商厦－山花大厦－西门－寨子(恒汇装饰总部)－交运驾校－万家疃－黄家沟－一品莲花城－光威东站－田村－环球渔具（金猴装饰材料市场）－华田小区－城铁北站－东夼－二职－柳沟－张村加油站－张村－莱海－黄家皂－大华木业－后双岛－和徐疃－前双岛－广泰科技－魏桥南区－名流集团－亚美渔具－临时站点－鹿道口－廒上－南郊－店上（北郊）－临时站点－北港电器－北港电器西－城郊客运站

发往市区方向：城郊客运站－北港电器西－北港电器－临时站点－店上（北郊）－南郊－廒上－鹿道口－临时站点－亚美渔具－名流集团－魏桥南区－广泰科技－前双岛－和徐疃－后双岛－大华木业－黄家皂－莱海－张村－张村加油站－柳沟－二职－城铁北站－大友－华田小区－环球渔具(金猴装饰材料市场）－田村－光威东站－一品莲花城－黄家沟－万家疃－交运驾校－寨子(恒汇装饰总部）－西门－山花大厦－金猴商厦－市立医

院－百货大楼（东门外洗浴美食城）－威高广场（华联商厦）－市立二院－市政府－金蚂蚁五交化－眼耳鼻喉专科医院－小商品市场

117路：(望海园—初村)

望海园－市劳动保障局－会展中心－戚家庄－海警支队－南大桥（广东华浔品味装饰公司）－威海联通竹岛营业厅－中医院骨科医院－大润发－雅苑大酒店－海运学院－南大桥（青岛银行）－振华商厦（东方大酒店东方洗浴）－百货大楼（东门外洗浴美食城）－市立医院－金猴商厦－山花大厦－西门－寨子（恒汇装饰总部）－交运驾校－万家疃－黄家沟－一品莲花城－光威东站－田村－环球渔具（金猴装饰材料市场）－华田小区－高分子1号门－高分子2号门－高分子5号门－光威西站－金猴工业园－福鑫汽贸－度假村－影视城－丽都大酒店－职业学院北门－职业学院－医药学院北门－文静快捷酒店－北山（交警四大队）－鸣球－城郊客运站北－初村（城郊客运站）

望海园—初村—威高工业园—望海园：

望海园－临时站点（传军商店）－临时站点（望海园市场路口）－社会劳动保障局－会展中心－戚家庄－海警支队－银座家居－威海联通竹岛营业厅－中医院骨科医院－中信银行中信万通证券－兰花办公用品－海运学院－亿特隆装饰城－振华商厦－东门外洗浴美食城－市立医院－金猴集团－山花大厦－西门－寨子恒汇装饰总部－交运驾校－万家疃－黄家沟(翠竹园)－王家庄－光威东站－田村农行－环球渔具－华田小区－医用高分子－永利坚－中威橡胶－光威西站－后峰西－长安福特专卖－新阳度假村－影视城－北海收费站－丽都酒店－庆威－北海新城石碑－职业学院北门－职业学院南门－医药学院北门－北山村碑－鸣球集团－初村－初村医院－四甲村－威高工业园4号门－威高工业园1号门－西马山村－迪尚服装－医药学院南门－职业学院北门－北海新城石碑－庆威－丽都酒店－北海收费站－影视城－新阳度假村－福鑫汽贸－金猴工业园－光威西站－高分子五号门－高分子二号门－大友汽修－华田小区－环球渔具－田村农行－光威东站－王家庄－黄家沟－敬兰酒店－第三加油站－寨子－西门－山花大厦－金猴集团－市立医院－百货大楼－振华商厦－南大桥－海运学院－雅苑大酒店－大润发－骨科医院－邮电大楼－南竹岛、银座家居－海警支队－戚家庄－会展中心－临时站点（传军商店）－临时站点（望海园市场路口）－望海园

118路：(阮家寺—冶口)

阮家寺－城郊公交公司－万家疃－交运驾校－寨子（恒汇装饰总部）－西门－山花大厦－金猴商厦－市立医院－百货大楼（东门外洗浴美食城）－振华商厦（东方大酒店东方洗浴）－南大桥（青岛银行）－海运学院－雅苑大酒店－大润发－中医院骨科医院－威海联通竹岛营业厅－南竹岛（广东华浔品味装饰公司）－海警支队－戚家庄－会展中心－市劳动保障局－轮胎厂－望岛－渊源洗浴－长峰好家园家具城－世纪大厦－特乙甲全球家居广场－汽（火）车站－光华医院－蒿泊－长城汽修－海大医院－天东－鑫通汽车城－小城故事－大光辉花卉装饰城－柳林工业园－啤酒集团－兴邦化工－车管所－冶口

123路：(高区管委—初村)

高区管委（中汇大酒店）－城铁北站－东夼－二职－柳沟－张村加油站－张村－莱海－黄家皂－大华木业－后双岛－和徐疃－前双岛－广泰科技－魏桥南区－名流集团－新北洋－迪尚品牌产业园－东马山－马山工业园－西马山－马山－威高工业园－柯莱特－博力药业－四甲南－四甲西－东石岭－方正外语学院－初村医院－国安医院－初村南桥－初村家家悦－初村场站

123路：(初村—高区管委)

初村场站－初村中桥－高区消防马山支队－西马山－东马山－马山工业园－迪尚服装－新北洋电子－名流－名流红绿灯－前双岛－和徐疃－后双岛－大华木业－黄家皂－莱海－张村－张村加油站－柳沟－二职－城铁北站－大友－威高1号门－威高2号门－威高5号门－高区管委（中汇大酒店）。

127路（泊于—温泉—泊于）

泊于－金鸡－逍遥－双寺夼村－工友建材－裕罗电器－林家院（温泉汤）－刘家台路口－龙王庙－鼎正洗浴－河西－山花集团－雅家庄－栾家店－威海农副产品批发市场－威海救助站－温泉医院－柳河路（小庄西）－冶口－雨夼村－冶口（七夼路口）－车管所－家家悦物流－柳林村（威海卫啤酒集团）－交警五大队－柳林工业园－温泉康城(江家寨)－工友集团－镇政府－金泉小区－莱茵小镇(虎山)－温泉小学（黄金顶小区）－康宁医院－邹家庄－开心农场－汤河北－龙王庙－刘家台路口－裕罗电子－工友建材－双寺夼村（罗家）－逍遥－圈于家－鲍家－屯侯家西－屯侯家东－盐滩－海头院－松郭家－松徐家－夏庄西－夏庄东－泊于（城郊场站）

常用电话号码

特服电话

表67

火警电话	119	报警电话	110	交通肇事	122	医疗救护	120

邮政特快专递	11185	中国网通客服热线	10060	山东电信IP电话	17909　17908
天气预报	12121	市长公开电话	12345	物价申报电话	12358
环保投诉举报电话	12369	消费者投诉服务专用号码	12315	市总工会职工求助热线	12351

续表 67

出租汽车公司	5300470	汽车站问询处	5969369	海港客运站问询处	5233220
消费者协会	5212086	电力客户服务	5209110	有线电视维修	5231991
法律顾问	98090148	凯顺航空运输服务	5210896	中铁快运	5212042
火车站问询处	5928593 5213255	民航威海客货代理	5223737 5202747	民航问事处	5317915 5317515 5237490 5210896
电业局	8008601188				

水电煤暖抢修

表68

自来水急修	5223831 5202110	威海市供热公司供暖抢修	5805430 5321494 5321492
威海市液化气公司销售维修中心	5802286	威海市煤气供应公司报警、抢险电话	5321111

医院药店

表69

威海市立医院办公室	5223946	威海市立医院急诊室	5223017
威海市职工医院办公室	5223083	威海市职工医院急诊室	5200424
中国人民解放军第四〇四医院	5231703　5231746	威海市经区医院	5926028
威海市结核病防治所	5233254	威海市立医院西院区	5293625
威海市中医院办公室	5322773　5321426	威海市中医院急诊室	5321811　5329231　5311030
威海市妇幼保健院	5225165　5231358	威海市仙姑顶医院	5329482　5329021
威海市医药采购供应站药品部	5232480	威海市中心血站	5226282
威海卫第二人民医院	5322768	威海市环翠区妇幼保健站	5223520
威海市口腔医院	5230251	威海市精神医院	5926028
威海市陆军医院	5231935		

中介机构

表70

房产中介			
威海市房地产交易中心	5216042	威海泽德经纬租赁有限公司	5327896
威海市城工房地产咨询有限公司	5230811	威海市长衡房地产咨询中心	5216819
威海市环翠区房地产交易所	5201292		
劳务中介			
威海市人才流动服务中心	5863607	威海经济技术开发区人才流动服务中心	5985715
戚家夼路金桥人才交流劳动介绍信息	5323149	威海市国际交流服务中心	5221889　5221868
威海市国际经济技术合作公司	5316391		

威海汽车站始发班次发车时间

表71

线路	发车时间	车型
威海—北京	11:00、14:45、17:00	高卧
威海—上海	13:30、16:00	高级大客、高卧
威海—天津	15:30	高卧
威海—濮阳	5:45	高级大客
威海—安阳	15:30	高级大客
威海—许昌	9:00	高级大客
威海—商丘	7:45	高级大客
威海—沈丘	9:00	高级大客
威海—南阳	8:00	高卧
威海—唐河	9:30	高级大客
威海—鹿邑	11:00	高级大客
威海—郑州	8:30	高卧
威海—洛阳	7:00	高卧
威海—平顶山	9:45	高卧
威海—新乡	10:45	高级大客
威海—鹤壁	17:00	高级大客
威海—保定	9:30	高卧
威海—邯郸	9:15	高级大客
威海—临泉	7:30	高级大客
威海—亳州	6:30	高级大客
威海—合肥	9:15、17:45	高级大客、高卧
威海—南京	8:00、17:30	高卧
威海—南通	8:15	高卧
威海—扬州	9:00	高级大客
威海—淮安	6:45	高级大客
威海—新浦	7:30、8:15、12:30	高级大客、中客
威海—杭州	17:00	高卧
威海—盐城	9:15	高级大客、中卧
威海—宁波	10:00	高卧
威海—诸暨	14:00	高卧
威海—水头	13:00	高卧
威海—瑞安	10:45	高卧
威海—福州	7:45	高卧
威海—哈尔滨	9:30	高卧
威海—太原	16:00	高卧
威海—内黄	16:30	高级大客
威海—石家庄	12:30	高级大客
威海—西安	11:30	高卧
威海—延吉	10:30	高卧
威海—深圳	9:00	高卧
威海—无锡	17:45	高卧
威海—常州	16:30	高卧
威海—厦门	11:30	高卧

线路	发车时间	车型
威海—漯河	10:00	高级大客
威海—太康	14:30	高级大客
威海—滨州	6:30、8:15、15:15	高级中客
威海—日照	6:15、8:00	高级中客
威海—五莲	7:30	高级中客
威海—莒县	6:45	高级中客
威海—济宁	7:15、9:45	高级大客
威海—泗水	9:00	高级大客
威海—邹城	9:45	高级大客
威海—金乡	7:45	高级大客
威海—菏泽	7:00、10:00	高级大客
威海—曹县	7:30	高级大客
威海—鄄城	11:15	高级大客
威海—成武	10:15	高级大客
威海—郓城	8:00	高级大客
威海—单县	8:15	高级大客
威海—莱芜	7:30	高级中客
威海—泰安	5:45	高级大客、中客
威海—楼德	8:00	高级中客
威海—州城	6:15	高级大客、中客
威海—宁阳	6:45	高级大客、中客
威海—肥城	5:45	高级大客、中客
威海—枣庄	5:45、7:30	高级大客
威海—山亭	8:00	高级中客
威海—滕州	9:30	高级大客
威海—济南	7:30、8:30(火车站)、9:30、10:30(火车站)、13:30、15:15、16:15	高级大客
威海—济南	6:00、7:00、8:00、9:00、10:00、11:00、12:00、13:00、14:00、17:00	高级中客
威海—东营	8:15、10:00、14:45	高级大客、中客
威海—聊城	7:45、8:45、9:45、10:45	高级大客、中客
威海—樱桃园	11:00	高级大客
威海—临清	5:45	高级中客
威海—寿张	8:15	高级大客
威海—临沂	6:00、7:30、8:30、9:15、10:00、12:30、14:00、16:00	高级大客
威海—沂水	6:15、9:30	高级大客
威海—临沭	8:15	高级中客

续表 71

线路	发车时间	车型
威海—平邑	8:45	高级大客
威海—沂南	8:45	高级大客
威海—青岛	6:15-18:00约20分钟一班	高级大客
威海—青岛	下午约半小时一班	高级中客
威海—平度	7:30、12:45	中级中客
威海—黄岛	8:30、12:15	高级大客
威海—莱西	11:30	高级中客
威海—即墨	6:15、13:45	高级中客
威海—胶南	13:00	高级大客
威海—胶州	7:30、13:30	高级中客
威海—潍坊	8:15、9:45、10:45、12:30、13:00、13:30、14:00、15:00、15:30、16:30	高级大客、中客
威海—青州	7:45	高级、中级中客
威海—诸城	6:30	高级中客
威海—临朐	8:15	高级、中级大客
威海—高密	7:45	高级中客
威海—昌邑	12:00	高级中客
威海—寿光	8:45	高级中客
威海—烟台（高速）	5:50-18:00约12分钟一班	高级大客
威海—莱阳	6:30、7:15、8:00、9:10、11:15、11:45、12:30、13:15、14:15	高级中客
威海—牟平	6:45、7:45、9:30、10:30、11:15、12:45、14:15、15:00、16:10、16:25、17:30	中级中客

线路	发车时间	车型
威海—海阳	5:45、6:30、8:00、10:00、11:05、12:00、12:30、13:30、15:15、16:00、16:50	高级中客
威海—大山	7:00、10:15	高级中客
威海—郭城	8:30、14:00	中级中客
威海—黄崖	6:45、12:15、13:00	高级、中级中客
威海—碾头	11:15	高级中客
威海—蓬莱	8:00、13:40、15:00	高级中客、大客
威海—莱州	6:45、10:55、12:30、13:20	高级中客
威海—桃村	13:00	中级中客
威海—司马	10:30	中级中客
威海—行村	8:50、9:30、14:00、17:10	高级中客
威海—修家	8:20	高级中客
威海—招远	6:45、7:45、11:30、13:00、14:00	高级大客、中客
威海—中荆	7:45、14:30	中级中客
威海—穴坊	6:00	中级中客
威海—泉水	7:15、13:45	高级中客
威海—龙口	7:30、8:30、12:00、13:00、14:00	高级中客
威海—德州	8:15	高级大客
威海—淄博	8:30、10:15、13:45	高级大客、中客
威海—博山	15:00	高级中客
威海—淄川	11:00	高级中客
威海—沂源	8:00	高级大客

说明：发车时间如有变动，请以票面为准

桃威铁路旅客列车办理客运营业站名时刻表

表72

威海	始发站	汉口
汉口	终到站	威海
快速	车次	快速
K1066/7	车站	K1068/5
9:38	威海	—— 8:02
10:17 20	文登	22 7:20
11:16 18	乳山	24 6:22
12:17 29	桃村	26 5:15
12:44 47	海阳	↑
14:15 29	蓝村	↑
14:47 50	胶州	↑
15:32 34	诸城	↑
16:00 02	五莲	↑
16:29 31	莒县	↑
16:53 59	沂南	↑
17:31 34	临沂北	14 0:06
18:14 20	郯城	28 23:21
18:51 19:11	新沂	57 22:37
19:35 38	邳州	06 22:03
20:30 45	徐州	21:16 20:55
21:53 56	淮北	21 19:18
23:00 03	涡阳	16 18:13
0:29 44	阜阳	20 17:05
2:14 16	潢川	41 15:37
3:34 45	麻城	20 14:16
5:02 ——	汉口	12:03

北京	始发站	威海
威海	终到站	北京
快速	车次	快速
K411	车站	K412
23:49	北京	—— 12:48
↓	黄村	15 12:13
↓	廊坊北	45 11:43
↓	天津西	49 10:46
↓	静海	07 10:04
2:49 52	沧州	22 9:17
3:16 29	泊头	53 8:43
↓	东光	29 8:26
↓	吴桥	05 8:02
4:29 31	德州	47 7:42
↓	禹城	49 6:46
↓	晏城	33 6:28
6:00 08	济南东	57 5:39
7:10 13	淄博	↑
↓	青州市	07 4:03
8:08 11	潍坊	31 3:25
9:36 39	胶州	10 2:05
11:12 15	海阳	14 0:11
11:30 48	桃村	55 23:43
13:02 04	乳山	44 22:41
14:00 02	文登	39 21:29
14:42 ——	威海	20:50

济南	始发站	威海
威海	终到站	济南
快速	车次	快速
K8261	车站	K8262
0:50	济南	—— 7:25
↓	章丘	51 6:47
↓	淄博	07 6:00
↓	潍坊	5:03 4:57
5:42 6:00	桃村	30 1:12
6:59 7:01	乳山	13 0:09
7:57 59	文登	13 23:09
8:39 ——	威海	22:30

威海站、威海北站列车运行时刻表

表 73

上行列车	始发时间	威海站		威海北站		终点时间
		到	发	到	发	
D6098	荣成 6 : 20	6 : 39	6 : 40	6 : 48	6 : 49	烟台 7 : 32
D6072	荣成 7 : 00	7 : 26	7 : 27	7 : 35	7 : 36	济南西 11 : 45
G 476	荣成 8 : 40	9 : 06	9 : 08			北京南 15 : 18
K 1066	荣成 9 : 38	始发				汉口 5 : 02
D 6092	荣成 9 : 25	9 : 51	9 : 52	10 : 00	10 : 01	即墨北 11 : 50
D 6074	荣成 9 : 45	10 : 11	10 : 12	10 : 20	10 : 21	济南 14 : 20
G 458	荣成 13 : 20	13 : 41	13 : 44			上海虹桥 22 : 18
D 6076	荣成 14 : 20	14 : 21	14 : 22	14 : 30	14 : 31	济南 18 : 34
D 6094	荣成 14 : 05	14 : 31	14 : 32	14 : 40	14 : 41	即墨北 16 : 30
D 6078	荣成 15 : 00	15 : 26	15 : 27	15 : 35	15 : 36	济南 19 : 31
D 6080	荣成 16 : 55	17 : 16	17 : 18	17 : 26	17 : 27	济南西 21 : 50
D 6082	荣成 18 : 15	18 : 36	18 : 39	18 : 47	18 : 49	济南西 23 : 22
5042	荣成 19 : 40	始发				菏泽 8 : 28
D 6096	荣成 19 : 40	20 : 06	20 : 08	20 : 16	20 : 17	烟台 21 : 10
K 412	荣成 20 : 50	始发				北京 12 : 48
K 8262	荣成 22 : 16	始发				济南 7 : 25

下行列车	始发时间	威海站		威海北站		终点时间
		到	发	到	发	
K1065	汉口 12 : 03			终到		威海 8 : 02
K8261	济南 0 : 50			终到		威海 8 : 39
D6099	烟台 7 : 55	8 : 44	8 : 45	8 : 53	8 : 54	荣成 9 : 20
D6071	济南西 7 : 48	12 : 22	12 : 23	12 : 32	12 : 33	荣成 12 : 55
D 6073	济南 8 : 55	12 : 52	12 : 53	13 : 01	13 : 02	荣成 13 : 25
D 6075	济南西 8 : 47	13 : 06	13 : 08	13 : 16	13 : 18	荣成 13 : 40
D 6093	即墨北 12 : 15	14 : 03	14 : 04	14 : 12	14 : 13	荣成 14 : 40
K411	北京 23 : 47			终到		荣成 14 : 42
G 457	上海虹桥 6 : 20			14 : 51	14 : 53	荣成 15 : 15
D 6077	济南 13 : 05	16 : 56	16 : 57	17 : 05	17 : 07	荣成 17 : 35
D 6095	即墨北 16 : 55	18 : 43	18 : 44	18 : 52	18 : 53	荣成 19 : 20
D 6079	济南 16 : 36	20 : 32	20 : 33	20 : 41	20 : 43	荣成 21 : 05
G 475	北京南 15 : 36			21 : 50	21 : 52	荣成 22 : 20
D 6081	济南西 17 : 50	21 : 59	22 : 00	22 : 08	22 : 09	荣成 22 : 36
D 6097	烟台 21 : 30	22 : 19	22 : 20	22 : 28	22 : 29	荣成 22 : 55
5040	菏泽 9 : 19			终到		威海 22 : 58

威海机场2015年夏秋季航班时刻表

表74

航线	航班号	机型	进港时刻	出港时刻	班期						
北京	CA1827/8	B738	北京06：40—08：05威海	威海08：50—10：20北京	1	2	3	4	5	6	7
	CA1597/8	73K	北京12：20—13：50威海	威海14：40—16：10北京	1	2	3	4	5	6	7
	SC4881/2	B738	北京13：10—14：40威海	威海21：05—22：30北京	1	2	3	4	5	6	7
上海	GS6469/70	EMB190	浦东12：15—13：50威海	威海09：40—11：20浦东	1	2	3	4	5	6	7
	MU2285/6	A320	虹桥07：50—09：35威海	威海14：55—16：50虹桥	1	2	3	4	5	6	7
	SC4889/90	B738	虹桥18：35—20：25威海	威海15：30—17：20虹桥	1	2	3	4	5	6	7
	MU5581/2	A320	虹桥17：50—19：35威海	威海20：25—22：20虹桥	1	2	3	4	5	6	7
广州	CZ3843/4	E90	广州09：15—13：55威海	威海15：05—19：35广州	1	2	3	4	5	6	7
南京	CZ3843/4	E90	南京12：15—13：55威海	威海15：05—16：25南京	1	2	3	4	5	6	7
哈尔滨	CA1787/8	A320	哈市13：05—15：05威海	威海10：35—12：10哈市	1	2	3	4	5	6	7
杭州	CA1787/8	A320	杭州07：55—09：45威海	威海15：55—17：40杭州	1	2	3	4	5	6	7
济南	SC1182/89	B738	济南14：30—15：35威海	威海16：15—17：50济南	1	2	3	4	5	6	7
深圳	SC1182/89	B738	深圳11：05—15：35威海	威海16：20—20：50深圳	1	2	3	4	5	6	7
合肥	MU2419/20	A320	合肥14：00—15：30威海	威海21：10—22：40合肥	1	2	3	4	5	6	7
长春	MU2419/20	A320	长春18：45—20：25威海	威海16：15—17：50长春	1	2	3	4	5	6	7
大连	GS6469/70	EMB190	大连08：20—09：00威海	威海15：00—15：50大连	1	2	3	4	5	6	7
	G52643/4	CRJ9	大连17：05—17：45威海	威海12：15—12：55大连		2		4		6	
重庆	G52643/4	CRJ9	重庆08：20—11：40威海	威海18：20—22：05重庆		2		4		6	
济宁	G52643/4	CRJ9	济宁10：30—11：40威海	威海18：20—19：55济宁		2		4		6	
首尔	OZ309/10	EQV	仁川09：00—09：10威海	威海10：10—12：20仁川	1	2	3	4	5	6	
			仁川16：20—16：30威海	威海17：30—19：40仁川							7
	MU2017/8	A320	仁川14：15—14：10威海	威海11：00—13：15仁川	1	2	3	4	5	6	7
	KE839/40	73H	仁川14：10—14：25威海	威海15：25—17：40仁川	1	2	3	4	5	6	
			仁川16：10—16：25威海	威海17：50—20：05仁川							7
	7C8503/4	B738	仁川15：35—15：45威海	威海16：45—18：55仁川	1	2	3	4	5	6	7
			仁川13：40—13：50威海	威海14：50—17：00仁川							7
台北	CI539/40	B738	桃园07：15—09：50威海	威海10：55—13：35桃园		2					

说明：航班执行过程中可能会有变动，请以电脑查询为准；国际航班时刻均为当地时刻

编辑　王　瑛

索　　引

说明：

一、本索引各主题词按汉语拼音字母顺序排列。同音字按声调排列，首字相同者按第二字音序排列，依次类推。

二、索引名称后的数字表示内容所在的页码，数字后用拉丁字母a、b、c分别表示该页的左栏、中栏、右栏。

三、类目、分目和子目用黑体字标明；插图及“特载”“专记”“大事记”“人物”“外地传媒中的威海”“统计资料”“附录”的具体内容及随文图片不做索引。

四、索引词一般采用中心词和简称。

E

F

G

H

J

M

N

P

T

W

X

Y

Z

WEGO威高

携同白衣使者　开创健康未来

山东威高集团医用高分子制品股份有限公司及其附属公司主要生产基地位于山东省威海市，主要从事研发及生产、销售一次性医疗器械。集团提供不同种类产品，包括输液器、注射器、医用针制品、血袋、预充式注射器、采血产品及其使用耗材，骨材材料及血液净化耗材及设备等。公司为国家“863”计划成果产业化基地、国家级高新技术企业、国家企业技术中心，并建有企业博士后工作站。公司积极开展产、学、研合作，与中科院长春应用化学研究所、中科院大连化学物理研究所、中科院沈阳金属研究所、哈工大（威海）等科研院所、院校紧密合作，聘请10位两院院士做顾问，依托其人才和科研力量，异地建立9个威高集团研发中心。立足行业制高点，消化吸收国际前沿技术，开发具有自主知识产权的高科技产品。公司有60多个产品达到国内外先进水平，多个产品填补国内空白；20个产品入选国家“863”计划、国家重点火炬计划、国家高技术产业示范化工程、国家级重点新产品等国家各类项目。其中，药物涂层支架系统、预充式注射器、骨科植入材料等产品打破国外公司对中国市场的垄断。

集团注重产品品牌的长远发展，强调产品质量。自2001年11月以来，集团的一次性使用无菌输液器、无菌输血器及无菌注射器的生产及服务质量体系获中国医疗器械质量认证中心授予ISO 9001：2000认证、中国CMD认证。自1999年12月，集团的输液器、输血器、一次性使用注射器及塑料血袋等产品种类获得由TÜV Product Service Gmbh颁发的CE认证证书以来，集团先后获得一次性使用自动取血器、一次性使用CT增强注射器造影剂针筒、一次性使用自毁式安全注射器、自动缩回式安全注射器、骨科器械、金属接骨板，脊柱内固定系统，金属接骨螺钉、带锁髓内钉、一次性使用无菌注射针、一次性使用静脉留置针、无针密闭输液接头等产品及体系的CE认证。2003年12月5日，集团产品质量检查中心被中国实验室国家认可委员会评为符合国家测试及定标规定。产品主要面向国内市场，并出口美国、德国、罗马尼亚、澳大利亚和英国等30个国家和地区。

中共威海市委书记、市人大常委会主任孙述涛（左一）到集团调研

中共威海市委副书记、市长张惠（右二）到集团调研

威高集团助教助医爱心捐赠仪式

威高广场

威海火炬高技术产业开发区

威海火炬高技术产业开发区是1991年3月6日经国务院批准成立的国家级高新技术产业开发区，由科技部、山东省政府和威海市政府共同创办，是全国三个火炬高技术产业开发区之一。开发区位于威海市区西北部的文教科研区。全区总面积140平方公里，海岸线长46.5公里。辖1个镇、2个街道，43个村、26个社区。双岛街道筹建处辖10个村。2014年底，全区总人口27.4万人。全年完成生产总值199亿元，实现工业销售收入661.7亿元，完成财政总收入42.3亿元，其中公共财政预算收入21亿元，完成固定资产投资127.6亿元。实现农村经济总收入140.9亿元、农民人均纯收入1.6万元。区内商贸设施完善，生产、生活条件良好。拥有国际海水浴场、林海公园、小石岛、北海浴场、金海滩浴场、卧龙山、垛顶山等旅游景点。年底，青荣城际铁路开通运营，威海北站交通枢纽投入使用，交通环境进一步改善。

创新创业基地

开发区夜景

青荣城际铁路威海北站

威高集团医药生产车间

三星电子数码打印机生产车间

双岛湾中心岛规划设计图

威海经济技术开发区

2014年4月1日，中共威海市委书记、市人大常委会主任孙述涛（右一）到九龙城休闲购物广场调研，开发区党工委书记、管委主任吕晓东（左一）陪同

2014年5月21日，中共威海市委副书记、市长张惠（右二）带领市直有关部门负责人到开发区调研工业企业生产经营情况

威海经济技术开发区是1992年10月21日经国务院批准成立的国家级经济技术开发区。2000年4月，国务院批准在区内设立威海出口加工区，实行“两区合一”的管理体制。2014年，全区总面积为277平方公里，建成区面积为39.3平方公里，辖3个镇、3个街道，108个村、35个社区，人口15.9万人。全区实现生产总值197.54亿元，比上年增长11.3%；固定资产投资129.9亿元，增长17.4%；社会消费品零售额106.32亿元，增长13.1%；外贸进出口总额38.44亿美元，下降23.9%；公共财政预算收入20.78亿元，增长14.7%；城镇居民人均可支配收入3.4万元，增长8.9%；农民人均纯收入1.61万元，增长11%。

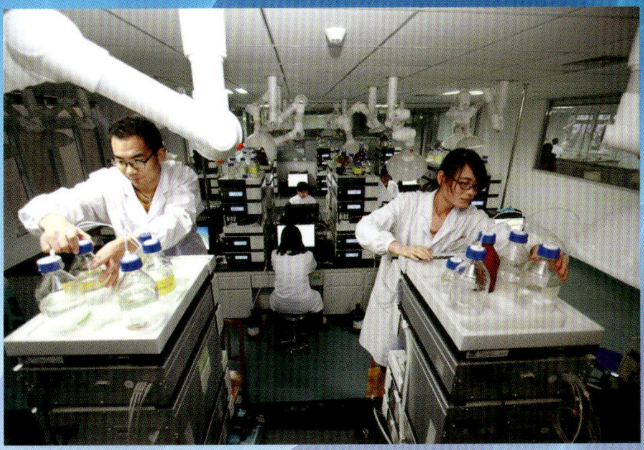

2014年，迪沙药业集团有限公司投资2亿元的研发大楼正式启用，有300多个项目在研，包括多个国家一类新药。图为科研人员在液相室更换流动相

东部滨海新城森林景观路

2014年11月18日，中航威海船厂有限公司为意大利船东建造的3.77万吨散货船首制船顺利出坞

第四工业园入驻项目13个，竣工投产6个，南曲阜机械加工、德益润邦生物科技、威海恩特建设、新天狮博体育用品、安佰生物科技等7个项目全部开工建设

开发区鸟瞰

威海市烟草专卖局（公司）

威海市烟草专卖局（公司）组建于1988年7 月，属中央直属企业，下辖市区、文登、荣成、乳山4个县级烟草专卖局（营销部、分公司），主要负责维护全市烟草市场经营秩序和为1.15万个卷烟零售户提供卷烟经营服务。

2014年，市烟草专卖局（公司）紧紧围绕谋划“三大课题”、提升“五个形象”和实现“两保持、三提高”目标，以深入开展党的群众路线教育实践活动为动力，牢牢把握稳增长、调结构的主线，稳中求进，推动各项工作晋位升级，保持了持续健康发展良好态势。全年销售卷烟11.93万箱，实现利税6.5亿元，上缴税金3.87亿元；查获涉烟违法案件956起，查获违法卷烟825万支，涉案价值508万元，破获达到公安部、国家烟草专卖局标准网络案件5起。热心参与慈善公益事业，无偿投入76万元用于新农村建设、捐资助学和社会帮扶活动；无偿为全市8个生态村投入帮扶资金351.2万元，大力开展“生态村富民工程建设”，生态村实现产值比上年增加390余万元，自我“造血”功能和特色产业发展水平得到明显提升，有力地促进了地方经济繁荣和农民致富增收。威海市委副书记、市长张惠对“生态村富民工程”作出批示。市烟草专卖局（公司）被市委、市政府授予“2014年度工作优秀单位”“2014年度纳税明星企业”称号，被环翠区委、区政府授予“2014年度经济发展突出贡献奖”“2014年度扶持村居经济发展突出贡献奖”，连续7年保持“省级文明单位”称号。

2014年12月8日，中共威海市委常委、宣传部部长王亮（左二）一行到市烟草专卖局（公司）调研企业文化建设

2014年3月21日，市烟草专卖局（公司）机关党员干部参观威海市反腐倡廉预防职务犯罪警示教育基地

2014年10月19日，市烟草专卖局（公司）举办"同一首歌，同一个梦"威海烟草职工践行社会主义核心价值观文艺演出

2014年12月22日，市烟草专卖局（公司）"生态村富民工程"赢赞誉

2014年2月10日，市烟草专卖局（公司）女性志愿服务团体"社会妈妈"为残疾儿童献爱心、送温暖

2014年7月11日，市烟草专卖局（公司）赴青岛学习市场化取向改革

威海市无线电管理处

技术研发课题鉴定会

威海市无线电管理处隶属山东省无线电管理办公室和威海市经济和信息化委员会双重领导，始终以“建设和谐机关，当好电波卫士，争创一流管理处”为目标，坚持“管理就是服务、管好为了发展”的理念，全面推行承诺服务制、首问责任制、A—B角工作制、责任追究制等工作制度。将审批时限由规定的20天压缩为7天，建立行政审批“绿色通道”，推行电话预约服务，急事急办、特事特办，服务效率、服务质量和服务水平不断提升，连续9年被评为“威海市部门行政审批服务先进办事窗口”。先后获得“省级文明单位”“全省无线电管理先进单位”“市直机关先进基层党组织”和“市直机关文化建设先进单位”等60多个称号。

管理处落实省无线电管理办公室投资5000多万元，建设固定监测站、移动监测站、高山多任务监测站、小型专用监测站和可搬移监测站，2014年在全省首家建设完成VHF/UHF超短波无线电网格化监测网并通过验收，各类监测站达23个，逐步实现对威海市区范围的全方位覆盖和对文登区、荣成市、乳山市及机场、港口等区域的重点监测。与省监测系统联网运行，购置综测仪、频谱仪、无线电信号管制系统等技术设施，技术管理和安全保障能力大幅提升，处于全省领先水平，为重大体育赛事、重要会议、节庆、军事活动及各类考试等提供有力的无线电通信安全保障。集中开展无线电台站专项整治活动，查处各类非法电台2000多部，排除有害干扰上百起，维护全市良好的电磁环境和电波秩序，有力保障广播电视、航空导航、公众移动和水上安全通信及自来水、路灯、燃气等公用设施无线电业务的正常运行。深入开展技术研发和工作创新，先后获得市科技进步二等奖3个、三等奖1个，多次获得威海市社会科学优秀成果奖、市政府系统优秀调研成果奖等奖项，2009年顺利通过ISO 9001质量管理体系认证。2001年以来，在全省系统各类业务技术比赛和工作考评中，是17地市唯一全部获奖的管理处。自2008年全省系统实施无线电管理综合考评以来，连续6年获得第一名。

厂长姜伟国（右三）深入检修一线，部署发电机抽转子工作

2014年10月29日，威海电厂三期扩建工程通过竣工验收

2014年10月11日，华能集团公司第一督导组组长那希志（中排左一）一行到威海电厂调研

2015年2月13日，华能山东公司总经理王文宗（左二）一行到威海电厂考察

2014年8月20日，华能山东公司资产财务管理一体化系统技能竞赛在威海电厂举办

威海热电集团有限公司

2014年，威海热电集团有限公司深入开展党的群众路线教育实践活动，紧紧围绕“以企业文化为载体，全力打造建设智慧热电”的工作目标，积极践行“忠诚、责任、高效、创新”企业核心价值观，抓好党风廉政建设，向高科技要效益、向安全管理要效益、向绿色低碳发展要效益、向民生服务要效益，圆满完成安全文明生产、热源管网、环保技改、墙保热计量改造、行风服务等工作任务。公司获得山东省首届热力行业供热管道工技能比赛团体金奖、山东省“三上”企业统计工作规范化五星级单位、威海市城市精细化管理先进单位、威海市红旗团委等荣誉奖励22项。

2015年6月9日，科技新城热电厂3号机扣缸

集团公司主厂区湿电除尘改造现场

初汪线循环水管道施工现场

张村循环水主管网施工现场

集团公司4号烟囱建设现场

威海市水务集团有限公司

诚信水务　情润万家

威海市水务集团有限公司成立于2003年10月，主要负责市区供水、污水处理等涉水事务的一体化经营管理及市区主要河道的管理保洁。公司先后获得“全国五一劳动奖状”“全国模范劳动关系和谐企业”“全国模范职工之家”“省级文明企业”“省级服务名牌”等300余项荣誉称号。

2014年，公司围绕全市发展大局，克难攻坚，开拓进取，各项工作实现新突破，又好又快发展的势头更加强劲。公司总资产34.57亿元，比上年增长25%。城市供排水保持安全运行，应急供水保障迈上新台阶，经受住干旱、台风等考验。新一轮大投入、大建设全面展开，完成重点工程投资10.5亿元，超过前10年投资总额的50%，威海高技术产业开发区污水厂扩建、初村污水厂扩建及提标改造、崮山净水厂改造和污泥干化等重点项目建成投运，泊于水库项目、威海经济技术开发区污水厂搬迁扩建工程及配套泵站管网工程等全面启动，进展快速。污水整治由面向点纵深推进，雨污混流、污水乱排等焦点难点问题得到根治，城市环境持续优化。污泥资源化取得突破性进展，污泥烧制陶粒技术研发成功。加大服务软硬环境建设，提升品牌内涵，文明服务质量不断提升，行风评议连续11年名列全市前茅。

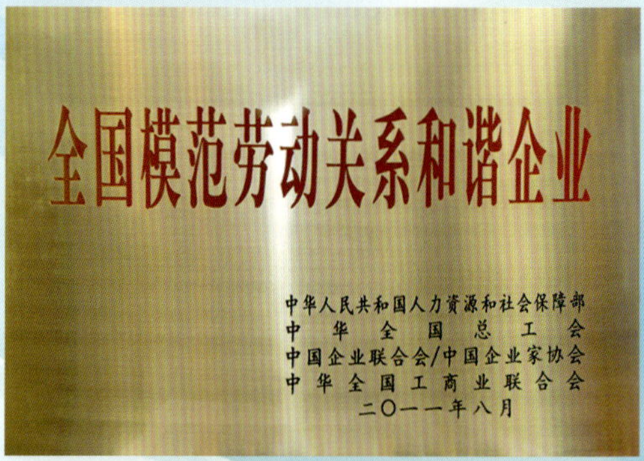

2015年2月16日，中共威海市委书记、市人大常委会主任
、述涛（右三）到公司调研

2014年10月7日，公司董事长徐承峰（前右）到施工现场检查工作

供排水调度中心

24小时服务热线

崮山净水厂

威海临港经济技术开发区苘山镇

苘山镇位于威海临港经济技术开发区西部，镇域面积 50.62 平方公里，辖 30 个村、5 个社区。2012 年，被威海市政府确定为“小城镇建设示范镇”；2013 年，被省人民政府确定为全省“百镇建设示范行动”第二批示范镇；2014 年，被住建部、国家发改委等 7 部委评为全国重点镇。

2014 年，苘山镇把握“产城融合”的发展思路，不断加快小城镇建设步伐。在产业化发展方面，重点打造“两大产业园区”，快速推动以加工制造业为主的实体经济发展，力促转型升级、提质扩量；大力扶持发展电子商务、城郊旅游农业等现代服务业，整合膨胀，推动经济转型。在城镇化建设方面，加速推进城乡配套设施的一体化和公共服务的均等化，先后投入 1.5 亿元，完成中心学校、镇区环境综合整治等六大民生工程；同时，镇村强化精细化管理，全力提升城镇服务功能和品牌形象。

威鹰薰衣草基地

拉漫千亩葡萄庄园

威鹰千亩玫瑰基地

苘山中心学校全景

电商物流业——中韩跨境贸易服务中心

开泰体育用品有限公司生产的K2品牌体育用品——滑雪板

众创中心举办电子商务免费培训活动

社会管理服务中心

威海市环翠区张村镇

张村镇位于环翠区西部，面积 51.8 平方公里，辖 8 个村、17 个社区，总人口 8.4 万人。2014 年，实现国内生产总值 25.1 亿元，比上年增长 15.2%；公共财政预算收入 4.1 亿元，增长 20%；全镇规模以上工业企业实现主营业务收入 84.6 亿元、利税 5.45 亿元、利润 3.25 亿元，分别增长 21.8%、32.2% 和 36.7%；实际到账外资 4890 万美元、利用内资 42 亿元；完成固定资产投资 90 亿元，增长 14.2%；人均纯收入 1.84 万元，增长 10%。获全国“美丽宜居小镇”、国家级“环境优美乡镇”“全国新农村建设示范镇”“全国重点镇”、山东省“百镇建设示范行动”示范镇、“齐鲁先锋基层党组织”“山东省乡村文明行动省级示范乡镇”“山东旅游强乡镇”等称号，入选全国建制镇示范试点。

张村体育公园

西海湾花园生活区

油菜花

中央电视台影视城

2014 年，全镇经济发展势头强劲。建设银海项目区、机械电子产业园、自主创新园区三大工业园区。规划建设电商孵化园区、里口山旅游度假区、中心休闲商务区、影视城高档商住区四大服务业聚集区，引进企业 680 余家，其中规模以上企业 31 家，纳税过 1000 万元企业 13 家，上市及上市关联企业 7 家，世界 500 强子公司 2 家，建有博士后工作站 2 家、院士工作站 1 家、省级以上研发中心 11 家。培植传统优势、电子信息、科技新材料、医疗器械、装备制造五大产业集群。城市建设快速推进，实施 14 个城中村改造项目、7 个旧生活区综合整治项目、26 个商住开发项目和 2 个公租房项目，建筑面积达 310 万平方米，建成城市化住宅小区 56 个。深化城市管理改革，建立城乡垃圾集中处理机制，城市管理步入了专业化、精细化轨道；建立社区“网格化”管理机制，社区管理水平进一步提升；稳妥推进村（居）各项改革，完成 11 个村的改居和 13 个村（居）的集体资产改制工作。

张村全景

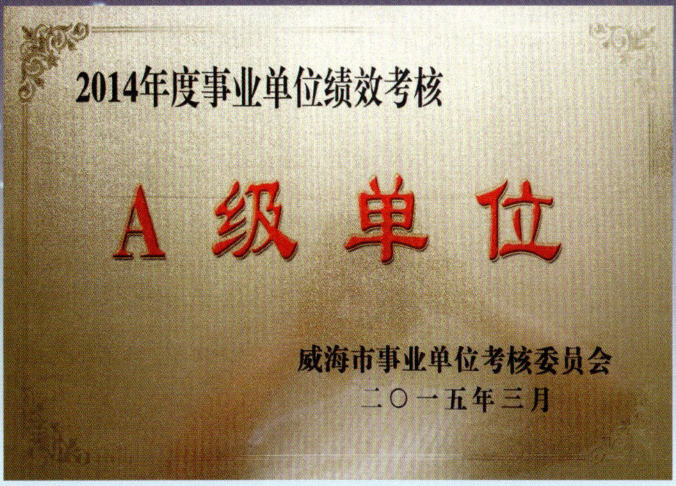

防范高考作弊保障现场

监测技术演练

世界无线电日广场宣传

开展无线电台站拉网式执法检查

华能威海发电有限责任公司

电厂三期集控室全景图

华能威海发电有限责任公司（华能威海电厂）始建于1991年4月，是国家“九五”重点建设项目。一期工程为两台12.5万千瓦机组，分别于1993年和1994年投产发电，按照国家“上大压小”的政策，于2008年12月关停；二期工程为两台30万千瓦机组，分别于1998年3月和11月投产，后增容为32万千瓦机组；三期工程为两台68万千瓦机组，于2010年底实现双投；风电为38台1500千瓦机组，总装机容量205.7万千瓦，年发电能力120亿千瓦小时，投产以来累计发电1000亿千瓦小时。

公司于2003年通过ISO 9001、ISO 14001及OHSAS 18001管理体系审核认证。公司以建设环保电厂、提供绿色能源为己任，瞄准国内一流标准，深入推进节能减排，加快推动科技创新，淘汰落后产能，投入巨资进行综合治理，实施环保节能改造，建设“资源节约型、环境友好型”企业。2014年，完成脱硝改造、电除尘改造和13项清洁生产方案，4台火电机组全部达到国家规定的超低排放标准。公司践行华能集团“红绿蓝”三色公司的企业理念，打造管理一流、技术领先、高效环保的行业新标杆，为地方经济建设和社会发展贡献力量，先后获得“全国一流火力发电厂”“国家环境保护百佳工程”“全国‘安康杯’竞赛优胜单位”“中国美丽电厂”“电力安全生产标准化一级企业”“节能先进企业”“省级文明单位”“山东省职业卫生示范企业”“山东省环保先进单位”“山东省电力安全生产标准化建设先进单位”“山东火力发电厂环保监督先进企业”“山东省优秀风电企业”和“山东省富民兴鲁劳动奖状”等荣誉称号。

威海市环翠区羊亭镇

羊亭镇环境优美、景色宜人、交通便利，北依里口山风景名胜区，东与嵩山街道相连，南与威海临港经济技术开发区接壤，西与威海高技术产业开发区相接。镇域面积79.3平方公里，辖28个村、5个社区，常住人口2.6万人，流动人口1万余人。2014年，实现农村经济总收入64.88亿元，财政收入3.11亿元，农民人均纯收入1.56万元。

羊亭镇总体规划布局以贯穿全境的羊亭河为轴心，北侧规划为商住区，南侧规划为工业区。镇域有企业400余家，主要涵盖了新能源、新材料、新医药、高端装备制造、机械加工、电子信息等产业领域。在发展经济的同时，着力改善民计民生，提高辖区居民幸福指数。镇区有1所学校，幼儿园5所，医院及福利院各1处、农村社区服务中心25处、体育健身广场51个。全镇村（居）均实现进村路的硬化、绿化，由物业服务公司和专业保洁人员进行全天候卫生保洁。羊亭镇先后获得“国家生态乡镇”“全国优美乡镇”“国家级体育先进镇”“山东省小城镇建设新型镇”“威海市生态市建设先进集体”“威海市乡村文明行动示范镇”“威海市数字新农村试点镇”“威海市吕剧艺术之乡”等称号。

2014年9月23日，中共环翠区委书记林红玉（左二）到羊亭镇检查指导工作

2014年9月23日，市福彩中心到羊亭镇敬老院走访慰问

威海市环翠区温泉镇

浦源食品

家家悦物流公司

生活小区

金蚂蚁汽车广场

温泉镇东与威海经济技术开发区泊于镇、桥头镇、滨海新城接壤，南邻威海临港经济技术开发区草庙子镇，西、北接威海经济技术开发区凤林街道。距威海火车站和汽车站5公里、威海港7公里、威海机场20公里。全镇辖22个村、7个社区，辖区总人口4.2万人，面积66.46平方公里。有中学1所、小学1所、幼儿园6所。先后被评为全国重点镇、全国城镇综合开发示范镇、全国环境优美乡镇、山东省宜居小镇、山东省首批中心镇、山东省百镇建设示范镇、威海市民营经济十强镇和市级文明乡镇等。

2014年，温泉镇实现公共财政预算收入2.47亿元，比上年增长27%；实现固定资产投资45.6亿元，增长29.5%；社会零售消费品总额4.68亿元，增长50%；实际利用内资17.1亿元，增长31.5%；15家规模以上工业企业实现工业总产值32.7亿元、销售收入33.9亿元、利润1.4亿元、利税3亿元。年内，新注册企业58家，注册资本1.24亿元；新签约项目7个；重点在谈项目13个；新实施项目10个，其中华宏电子、日系汽车销售等项目投产；复元山庄“农家乐”项目开始营业。

温泉镇

文登经济开发区

集聚高端产业　加快转型升级

2014年，开发区围绕“打造高端产业聚集区和转型升级示范区”的目标，全区各项事业健康平稳发展。引进惠明精细化工、轮胎胶囊、家禾海洋食品等13个项目，其中有10个投资过1亿元，合同投资额78亿元。电子商务产业以电子商务产业园和创业孵化基地为平台，实行“筑巢引凤”战略，引进电子商务和科技孵化类项目51个，电子商务产业园和创业孵化基地被威海市科技局认定为市级孵化器，创业孵化基地在威海市率先获“山东省创业孵化示范基地”称号。全年在建项目26个，在建面积51.2万平方米，其中新开工项目8个，新开工面积13.1万平方米，盘活闲置厂房7万多平方米，续建和新启动天润路、香山路大桥等9项基础设施工程，在建路网达24公里，配套完善项目区电网、通信、供热等各项设施，全年完成基建投入4.4亿元，园区发展承载功能进一步提升。持续加大民生投入力度，按照“先建后拆、按需躲迁”的思路，加快推进旧村改造，在建安置房19.7万平方米。按照“群众点餐、政府配菜”的思路，年度累计投入3000余万元，为19个社区居民投保基本医疗保险，为3000多户居民购买家庭财产保险；为2608位60~80周岁的老年人办理银龄安康意外伤害保险，建成11所老年人日间照料中心等。投入1100多万元，对广州路、金山路等16条街道，金山花园、新罗小镇等23个小区分批次开展整治，城市建设管理水平不断提升。

创业孵化基地

新改建的香山路大桥

开展送戏下乡活动

开发区装备制造业生产车间

中国太平洋财产保险股份有限公司威海中心支公司成立于1991年，秉承“诚信天下、稳健一生、追求卓越”的核心价值观，实施以客户需求为导向的战略转型，坚持推动和实现可持续的价值增长，为客户提供风险保障服务。公司承保人民币和外币的各种财产保险、短期健康保险和意外伤害保险业务，业务涉及航空航天、电力能源、石油化工、基础建设等领域。公司业务始终保持高速、稳健增长，至2014年末，业务规模突破3亿元。

2011至2014年，公司连续4年获得威海市“市级文明单位”“工会先进单位”“财务工作先进单位” 和“三星级劳动关系和谐企业”等称号。2013年至2014年，公司连续2年获“诚信威海——金融行业榜样企业”称号。公司先后获威海市委、市政府颁发的“纳税新星企业”称号和环翠区委、区政府颁发的“经济发展突出贡献单位”称号；获“威海市消费者满意单位”和“2014年度企业纳税先进单位”称号。总经理曲斌获“威海市劳动模范”“中国十大保险经理人” “威海市经济风云人物” “2014年建设‘美丽中国’百佳经济人物”等称号。

中国太平洋财产保险股份有限公司威海中心支公司

地址：威海市育华路21号

电话：（0631）5210713

邮箱：whcpicbgs@sina.com

太平洋保险
CPIC
财 富 世 界 500 强
用心承诺·用爱负责

中国太平洋财产保险股份有限公司
China Pacific Property Insurance Co.,Ltd.

太平洋直销车险
10108888.com.cn 电话网络1号通
- 量身定制精准报价
- 理赔报案咨询全年无休
- 95500秘书式服务
- 3G快速理赔
- 无限次免费道路救援
- 免费代办年检

（以上各项服务以各地区具体实施情况为准）

威海市大威石油公司

威海市大威石油公司系市经信委下属的国有企业，公司成立于1992年，下设14个分支机构，其中在威海市区繁华路段建有11座加油站，在文登区长会口建有一座库容为7000多立方米的油库。2008年，成立大威石油公司文登分公司，在文登区龙山路北首建有1座中型加油站。公司坚持“以人为本、以客为尊、以信立业、以质取胜”的服务宗旨，经过20多年的发展，公司实力不断壮大，声誉不断提高，拥有大批稳定的客户，为公司的可持续发展奠定了基础，得到了市委及上级主管部门的高度评价，先后获得“威海市市级文明企业”“重合同 守信用企业”“消费者满意单位”“劳动关系和谐企业”“价格诚信建设优秀单位”“交通安全示范单位”等称号。

泰山磐石 泰浩品质

如山鼎立 如山深沉 如山襟怀
泰浩能当 泰浩敢当 泰浩担当

威海泰浩建设集团成立于1993年，注册资本3.6亿元，是一家集房地产开发、建筑施工、物业管理为一体的综合性集团。集团拥有威海泰浩建设集团有限公司、威海泰浩房地产开发有限公司、威海泰浩物业服务有限公司、威海市东成房地产开发有限公司、荣成泰浩房地产开发有限公司、文登置业有限公司等多家子公司。

20多年来，泰浩建设集团在市场考验中走出了独特的经营之道，具有房产开发贰级资质、房屋建筑施工总承包贰级资质、市政公用工程施工总承包叁级资质、物业管理叁级资质、金属门窗工程专业承包贰级资质。形成了集房地产开发、建筑施工、物业管理全程一体化的运营模式，先后通过质量管理体系、环境管理体系和职业健康安全管理体系三大认证，确立了地产行业中的优势地位。集团始终秉承“以经营为龙头，以管理为手段，以创新为动力”的文化理念，坚持以人文主义理想为指导，专注于优质房产产品的开发，为城市留下许多优秀的建筑。“新浪屿花园”“正阳花园”“文苑花园”“福新园”“泰浩华府”“泰浩华居”“泰浩华新园”“泰浩华悦新城”等多个住宅小区得到社会各界的一致认可和广泛推崇。集团先后获省级“守合同 重信用企业”“诚实经营民营企业”“山东省诚信企业”及市级多项称号；近100个工程分别获得“省级安全文明示范工地”“市级安全文明工地”“质量诚信、用户满意示范工程”等称号及“山东省建设工程优质结构杯奖”。

文登区天福街道峰西社区

打造幸福社区 共建和谐峰西

文登区天福街道峰西社区位于文登区核心区域，社区稳定和谐，发展势头强劲，经济综合实力大幅跃升，位居2014年村（居）奋进榜第6名，成为文登区先进村（居）。2014年4月，峰西社区被中国镇域经济发展高峰论坛组委会授予“社会主义新农村建设模范村”称号。峰西社区“两委”不断加大民生投入，加快幸福社区建设步伐，筹资50多万元，建有高标准的警务室电子监控网络，维护社区平安稳定；投资50多万元，对7栋存在安全隐患的楼外墙进行整治；投资40多万元，改建老年人日间照料中心，为老年人晚年生活增添欢乐。“天地交，而后能成化育之功；上下交，而后能成和同之治。”干部与群众的心贴得越来越近，服务群众的舞台越来越大，峰西社区逐步发展成为文明、幸福、和谐、发展的新型社区。

文明曹城

乳山市城区街道曹城村位于市区东北部，南邻胜利街东段，西邻东内环路，与城区联为一体。1946年冬正式建立村党支部。2007年，村委会投入50万元为村民办理了失地保险，且每年投入近20万元为失地保险续费；每年投入近100万元为村民发放米、面、油等福利；先后投入近100万元对村里街道进行硬化并建设村级活动场所。2012年，村委会启动旧村改造工程。

村委会经济以房屋租赁为主，随着城区的扩大，土地逐年减少，为了更好地发展经济，先后成立了建筑公司、城东综合服务公司、房地产开发公司等村办企业。1990年以来，多次被评为威海市文明村。

乳山市金果花生制品有限公司

乳山市金果花生制品有限公司是由原国有山东乳山黄海花生制品厂整体改制组建的股份制有限责任公司，是境内最大的花生制品专业生产厂家之一，也是最早向国外出口花生制品的厂家之一。

公司有油炸花生仁、烤山东大花生（果）、烤带种皮生仁、可可花生、花生碎（颗粒）、脱皮生仁6大主导花生制品，95%以上出口日本、韩国和俄罗斯等国家和地区，年出口量达8000余吨。国内市场遍布全国大部分地区。公司拥有5条进口花生制品生产流水线和价值80多万元的全套进口花生检测设备，能独立承担花生黄曲霉毒素、丁酰肼等高精度项目的检测。公司质量体系完备，1998年通过ISO 9002国际质量体系认证，2001年获得中国绿色食品认证，2002年获得日本JAS有机食品认证，自2005年起连续被评为威海市重点龙头企业，2006年被中国农业部评为全国农产品加工业出口示范企业，2007年公司生产的海洋牌花生果又被评为山东名牌。公司遵循“诚信第一、质量优先”的发展理念，与社会各界共同合作，不断开拓国际国内两个市场，将花生制品产业做大做强。

中国工商银行，汇聚金融智慧

依托先进的信息科技、雄厚的资金实力、广泛的机构网络
以专业的金融服务和丰富的产品体系
助力全球个人、机构和企业客户

2014年，中国工商银行股份有限公司威海分行落实国家政策和金融监管要求，保持平稳发展的良好态势，各项经营管理工作迈上新台阶。年末，本外币各项存款余额242.29亿元，比年初增加8.41亿元。本外币各项存款日均余额229.56亿元，比上年增加11.84亿元，增长5.4%。其中，储蓄存款余额116.75亿元，比年初增加4.03亿元；对公存款余额125.51亿元，增加4.38亿元。本外币各项贷款余额192.02亿元，比年初增加9.1亿元，增长4.9%。其中，公司贷款余额121亿元，增加7.05亿元。流动资金贷款、票据贴现等品种增长较快，流动资金贷款余额80.45亿元，增加12.85亿元；票据贴现余额4.49亿元，增加3.98亿元。全年实现中间业务收入3.02亿元，比上年增加2530万元，增长9.1%，高于全省1.57个百分点。实现净利润3.92亿元，增加91万元。年内，加大人、财、物投入，拓展服务渠道，新增离行式自助银行13家，装修改造网点2个，网点升格1个。加快互联网金融业务发展，提升电子渠道的业务承载能力。个人网银客户增加6.47万户，个人手机银行客户增加9.18万户，工银E支付新增6.95万户。开展“人民满意银行建设年”活动，打造客户满意银行和客户首选银行服务品牌。

网站 www.icbc.com.cn 服务热线 95588